〔제 2 판〕

민법총칙

이준성 지음

三 英 社

제2판 머 리 말

1년이 지나지 않아 재판을 내게 되었다. 그 동안 졸저에 성원을 보내주신 독자 여러분께 감사드린다. 이 판에서는 초판의 오탈자를 바로잡고 민법일부 개정에 따른 수정을 가하였다. 그리고 그 동안에 나타난 판례의 변화를 상세하게 반영하였다.

앞으로도 더욱 분발할 것을 약속하면서 다시 한번 감사의 말씀을 올린다.

2008년 6월 30일

이 준 성

머 리 말

'회사후소(繪事後素)'라 하였는데, 이제는 채색을 할 만큼 바탕이 되었는가에 스스로 답을 하기가 부끄럽다. 그다지 아는 것도 많지 않고 내세울만한 것도 별로 없으면서 감히 총칙에 도전하게 되었다.

그러나 법과교수 20년을 부지런히 보내지는 못하였지만, 늘 머릿속에는 민법의 모든 논점에 대한 스스로의 견해를 정리해야겠다는 생각이 자리하고 있었다. 모자라지만 후에 채우겠다는 생각으로 출발선에 섰다.

흐름을 중시하여 특정한 부분이 장황해지는 것을 삼가고 일목요연하고 자연스럽게 흘러 갈 수 있도록 노력하였다. 다만 판례가 많이 양산된 분야에서는 아무래도 구성이 매끄럽지 못한 부분이 있다.

다음 사항을 유념하였다.

첫째, 전문을 한글화하였다. 사회 전반이 이미 한글세대로 교체되고 있고, 최근에는 국회에 완전 한글판 민법 전문 개정안이 상정된 것을 보면, 한글화는 이미 대세라고 생각한다. 법률용어와 혼동하기 쉬운 한자어 등만 괄호 안에 넣었다. 문장의 표현도 순 우리말을 많이 써서 부드럽게 하려고 하였다.

둘째, 학설은 가능하면 고유한 이름을 붙여서 구별하기 쉽도록 하였고, 다수설이나 소수설처럼 부정확한 개념은 사용하지 않고 해당문헌을 각주에 인용하여 그 다소를 알 수 있게 하였다. 다만 통설은 한 두 분의 반대가 있더라도 그 견해를 소개하면서 사용하였다.

셋째, 판례는 필요한 경우에는 괄호 안에 구체적 사안을 소개하여 어떻게 활용된 사례인지를 알 수 있게 하였다. 그리고 우리 사회의 급격한 변화는 대체로 1990년 이후라고 생각하여 반드시 필요한 판례만을 제외하고 1990년 이후의 판례를 주로 소개하였다.

그리고 가능한 한 많은 판례를 본문과 각주에 소화해서 소개하려고 하였는데 판례의 내용으로 인하여 어렵게 느껴지는 부분이 있다. 따라서 처음에는 본문만을 읽어서 입문이 된 다음에 본문의 판례를 읽고, 그 후에 각주에 소개된 판례까지 단계적으로 읽는 것이 효과적일 것으로 생각한다.

언제나 제 삶의 지표가 되시는 존경하옵는 장경학 교수님께 진심으로 감사드립니다. 그리고 졸고를 마다하지 않고 노고를 아끼지 않으신 김광식 부장님을 비롯한 출판사 관계자 여러분께 감사드립니다.

좀 더 분발하여 채우고 보태서 좋은 책이 되도록 하겠습니다.

2007년 7월 19일
이 준 성

차 례

제1편 서 론

제1장 민법의 의의

Ⅰ. 재산관계와 가족관계에 관한 법 ………… 3
Ⅱ. 민법의 명칭 ………… 4
1. 형식적 민법과 실질적 민법 / 4 2. 용어의 유래 / 4
Ⅲ. 사법으로서의 민법 ………… 5
Ⅳ. 일반법으로서의 민법 ………… 6
1. 일반법과 특별법 / 6 2. 일반사법과 특별사법 / 7
Ⅴ. 실체법으로서의 민법 ………… 8

제2장 민법의 법원

Ⅰ. 서 설 ………… 9
1. 법원 / 9 2. 민법 제1조 / 9
Ⅱ. 성문민법 ………… 11
1. 법률 / 11 2. 명령 / 14
3. 자치법규 / 15
Ⅲ. 불문민법 ………… 15
1. 관습법 / 15 2. 조리 / 18
Ⅳ. 판례의 법원성 ………… 20
1. 판례 · 판례법 / 20 2. 법원성에 관한 논의 / 20

제 3 장 민법전의 역사와 그 구성

Ⅰ. 서 설 ········· 22
Ⅱ. 민법전의 역사 ········· 23
1. 근대민법전의 성립 / 23 2. 한국민법전의 제정 / 27
3. 한국민법전의 개정 / 30
Ⅲ. 민법전의 구성 ········· 33
1. 민법전 편별의 종류 / 33 2. 우리 민법전의 구성 / 34

제 4 장 민법의 기본원리

Ⅰ. 서 설 ········· 36
Ⅱ. 법인격평등의 원칙 ········· 37
1. 원 칙 / 37 2. 생존권의 보장을 통한 보완 / 37
Ⅲ. 소유권절대의 원칙 ········· 38
1. 원 칙 / 38 2. 공공복리에 의한 제한 / 39
Ⅳ. 사적자치의 원칙 ········· 40
1. 원 칙 / 40
2. 계약의 공정성 확보에 따른 보완 / 41
Ⅴ. 과실책임의 원칙 ········· 41
1. 원 칙 / 41 2. 무과실책임에 의한 보완 / 42

제 5 장 민법의 해석

Ⅰ. 민법해석의 의의 ········· 43
1. 의 의 / 43 2. 대 상 / 43
3. 주 체 / 44
Ⅱ. 민법해석의 기술 ········· 44
1. 반대해석과 유추해석 / 44 2. 축소해석과 확장해석 / 45
3. 해석상의 주요 용어 / 45
Ⅲ. 민법해석의 기준 ········· 47
1. 문리해석과 논리해석 / 47 2. 목적론적 해석 / 47

3. 일반적 확실성과 구체적 타당성이 조화되는 해석 / 48

제6장 민법의 효력의 범위

Ⅰ. 시간에 관한 효력 ········ 49
Ⅱ. 사람에 관한 효력 ········ 50
Ⅲ. 장소에 관한 효력 ········ 50

제2편 본 론

제1장 권 리

제1절 법률관계와 권리·의무 ········ 53
Ⅰ. 법률관계 ········ 53
1. 의의 / 53 2. 구성 / 54
3. 호의관계 / 54
Ⅱ. 권 리 ········ 55
1. 권리의 의의 / 55 2. 권리의 본질 / 56
3. 권리와 구별되는 용어 / 57
Ⅲ. 의 무 ········ 58
제2절 사권의 종류 ········ 58
Ⅰ. 내용에 의한 분류 ········ 59
1. 재산권 / 59 2. 인격권 / 60
3. 가족권 / 61 4. 사원권 / 61
Ⅱ. 작용에 의한 분류 ········ 61
1. 지배권 / 62 2. 청구권 / 62
3. 형성권 / 63 4. 항변권 / 64
Ⅲ. 기타의 분류 ········ 64
1. 절대권·상대권 / 64 2. 일신전속권·비전속권 / 65

3. 주된 권리·종된 권리 / 65　　4. 기대권 / 66
제 3 절 권리의 충돌과 경합 ········· 66
Ⅰ. 권리의 충돌 ········· 66
1. 물권 상호간의 충돌 / 66　　2. 채권 상호간의 충돌 / 67
3. 물권과 채권의 충돌 / 67
Ⅱ. 권리의 경합 ········· 68
Ⅲ. 법규의 경합 ········· 69
제 4 절 권리의 행사 ········· 70
Ⅰ. 권리행사의 의의 ········· 70
Ⅱ. 권리의 행사방법 ········· 71
1. 지배권 / 71　　2. 청구권 / 71
3. 형성권 / 71　　4. 항변권 / 72
5. 기대권 / 72
Ⅲ. 권리행사의 자유와 제한 ········· 72
1. 권리행사자유의 원칙 / 72　　2. 권리행사의 제한 / 73
Ⅳ. 신의성실의 원칙 ········· 74
1. 총 설 / 74　　2. 신의칙의 기능 / 76
3. 신의칙의 적용 / 77　　4. 신의칙의 효과 / 81
5. 파생원칙 / 82
Ⅴ. 권리남용금지의 원칙 ········· 90
1. 총 설 / 90　　2. 요 건 / 93
3. 효 과 / 97
Ⅵ. 의무의 이행 ········· 97
제 5 절 권리의 보호 ········· 98
Ⅰ. 서 설 ········· 98
Ⅱ. 국가구제 ········· 98
1. 재판제도 / 98　　2. 조정제도 / 99
3. 중재제도 / 100
Ⅲ. 사력구제 ········· 100
1. 정당방위 / 101　　2. 긴급피난 / 101

3. 자력구제 / 101

제 2 장 권리의 주체

제 1 절 총 설 ······ 103
Ⅰ. 권리주체 ······ 103
Ⅱ. 권리능력 ······ 104
1. 의 의 / 104 2. 권리능력 평등의 원칙 / 104
3. 권리능력자 / 105 4. 강행규정성 / 105
Ⅲ. 민사상의 능력 ······ 106
1. 의사능력 / 106 2. 행위능력 / 106
3. 당사자능력 / 107 4. 소송능력 / 107
5. 책임능력 / 107
Ⅳ. 권리능력과 인격권의 보호 ······ 108
제 2 절 자연인 ······ 109
제 1 관 권리능력 ······ 109
Ⅰ. 권리능력의 발생 ······ 109
1. 출생의 시점 / 109 2. 출생의 효과 / 110
3. 출생의 증명 / 110
Ⅱ. 태아의 권리능력 ······ 111
1. 태아의 의의 / 111 2. 태아보호에 관한 입법주의 / 111
3. 개별보호주의 / 112 4. 태아의 법률상의 지위 / 116
Ⅲ. 외국인의 권리능력 ······ 119
1. 내외국인 평등주의 / 119 2. 외국인의 권리능력의 제한 / 119
Ⅳ. 권리능력의 소멸 ······ 121
1. 사 망 / 121 2. 동시사망의 추정 / 123
3. 인정사망 / 126 4. 실종선고 / 127
제 2 관 행위능력 ······ 128
Ⅰ. 서 설 ······ 128
1. 의사능력과 의사무능력 / 128 2. 행위능력과 행위무능력 / 131

Ⅱ. 미성년자 ······ 135

1. 미성년 / 135
2. 미성년자의 행위능력 / 138
3. 법정대리인 / 145

Ⅲ. 한정치산자 ······ 150

1. 한정치산자의 의의 / 150
2. 한정치산선고의 요건 / 151
3. 한정치산선고의 절차 / 152
4. 한정치산자의 행위능력 / 152
5. 후견인 / 154
6. 한정치산선고의 취소 / 154

Ⅳ. 금치산자 ······ 154

1. 금치산자의 의의 / 154
2. 금치산선고의 요건 / 155
3. 금치산선고의 절차 / 155
4. 금치산자의 행위능력 / 155
5. 후견인 / 156
6. 금치산선고의 취소 / 156

Ⅴ. 무능력자의 상대방의 보호 ······ 157

1. 서　설 / 157
2. 상대방의 최고권 / 158
3. 상대방의 철회권과 거절권 / 160
4. 취소권의 배제 / 161

제 3 관 주　소 ······ 164

Ⅰ. 주소의 의의 ······ 164

Ⅱ. 주소결정에 관한 입법주의 ······ 165

1. 형식주의와 실질주의 / 165
2. 의사주의와 객관주의 / 165
3. 단수주의와 복수주의 / 166
4. 민법상의 주소 / 166

Ⅲ. 주소와 구별되는 관념 ······ 166

1. 본　국 / 166
2. 등록기준지 / 166
3. 주민등록지 / 167
4. 법률행위지 / 167
5. 재산소재지 / 167
6. 사무소, 영업소 / 167

Ⅳ. 주소의 법률상의 효과 ······ 168

Ⅴ. 거소 · 현재지 · 가주소 ······ 169

1. 거　소 / 169
2. 현재지 / 169
3. 가주소 / 169

제 4 관 부재와 실종 ······ 170

Ⅰ. 서　설 ······ 170

1. 민법상의 부재와 실종 / 170
2. 특별법에 의한 부재와 실종 / 171

Ⅱ. 부재자의 재산관리 ………… 171
1. 부재자의 의의 / 171
2. 부재자가 재산관리인을 두지 않은 경우 / 172
3. 부재자가 재산관리인을 둔 경우 / 175
Ⅲ. 실종선고 ………… 177
1. 의 의 / 177
2. 실종선고의 요건 / 177
3. 실종선고의 효과 / 179
4. 실종선고의 취소 / 182
제 3 절 법 인 ………… 187
제 1 관 서 설 ………… 187
Ⅰ. 법인제도 ………… 187
1. 법인의 의의 / 187
2. 법인제도의 필요성 / 187
3. 법인제도의 한계 / 188
Ⅱ. 법인의 본질 ………… 189
1. 의 의 / 189
2. 전통적인 법인본질론 / 190
3. 우리의 학설 / 193
Ⅲ. 법인의 종류 ………… 193
1. 내국법인과 외국법인 / 194
2. 공법인과 사법인 / 194
3. 비영리법인과 영리법인 / 195
4. 사단법인과 재단법인 / 196
제 2 관 법인의 설립 ………… 197
Ⅰ. 법인설립 서설 ………… 197
1. 허가주의 원칙 / 197
2. 법인설립에 관한 입법주의 / 198
Ⅱ. 비영리사단법인의 설립 ………… 200
1. 설립요건 / 200
2. 설립중의 사단법인 / 206
Ⅲ. 비영리재단법인의 설립 ………… 208
1. 설립요건 / 208
제 3 관 법인의 능력 ………… 214
Ⅰ. 서 설 ………… 214
Ⅱ. 법인의 권리능력 ………… 215
1. 성질에 의한 제한 / 215
2. 법률에 의한 제한 / 216
3. 목적에 의한 제한 / 216

Ⅲ. 법인의 행위능력 ······ 219
1. 의 의 / 219
2. 대표기관의 법률행위 / 220
3. 행위능력의 범위 / 221
Ⅳ. 법인의 불법행위능력 ······ 222
1. 서 설 / 222
2. 불법행위의 요건 / 224
3. 불법행위의 효과 / 229
제 4 관 법인의 기관 ······ 230
Ⅰ. 서 설 ······ 230
1. 기관의 의의 / 230
2. 기관의 종류 / 231
Ⅱ. 이 사 ······ 231
1. 의 의 / 231
2. 임 면 / 232
3. 직무권한 / 234
4. 이사회 / 239
5. 임시이사 / 240
6. 특별대리인 / 241
7. 직무대행자 / 241
Ⅲ. 감 사 ······ 242
1. 의 의 / 242
2. 직무권한 / 242
Ⅳ. 사원총회 ······ 243
1. 의 의 / 243
2. 사원총회의 종류 / 243
3. 소집의 절차 / 244
4. 사원총회의 권한 / 245
5. 총회의 결의방법 / 246
Ⅴ. 사 원 권 ······ 248
1. 의 의 / 248
2. 종 류 / 249
3. 사원의 의무 / 250
4. 사원권의 이전성 / 250
5. 사원권의 소멸 / 250
제 5 관 법인의 주소 ······ 250
제 6 관 정관의 변경 ······ 251
Ⅰ. 서 설 ······ 251
Ⅱ. 사단법인의 정관변경 ······ 252
1. 요 건 / 252
2. 효 과 / 252
3. 정관변경의 한계 / 253

Ⅲ. 재단법인의 정관변경 …… 254
1. 정관규정에 의한 변경 / 254
2. 명칭 · 사무소 소재지의 변경 / 255
3. 목적의 변경 / 255
4. 기본재산의 처분 / 256
제 7 관 법인의 소멸 …… 256
Ⅰ. 서 설 …… 256
Ⅱ. 법인의 해산 …… 257
1. 사단법인 · 재단법인에 공통된 해산사유 / 257
2. 사단법인에만 특유한 해산사유 / 259
Ⅲ. 법인의 청산 …… 260
1. 의 의 / 260 2. 청산법인의 능력 / 260
3. 청산법인의 기관 / 261 4. 청산사무 / 262
제 8 관 법인의 등기 …… 267
Ⅰ. 법인등기의 의의 …… 267
Ⅱ. 등기의 종류 …… 268
1. 설립등기 / 268
2. 분사무소설치 및 사무소이전등기 / 268
3. 변경등기 / 269 4. 해산등기 / 269
제 9 관 법인의 감독 …… 270
Ⅰ. 법인의 감독 …… 270
1. 업무감독 / 270 2. 해산과 청산의 감독 / 270
Ⅱ. 법인에 대한 벌칙 …… 271
1. 의 의 / 271 2. 벌칙사항 / 271
제10관 권리능력 없는 사단과 재단 …… 272
Ⅰ. 총 설 …… 272
1. 의 의 / 272 2. 법인규정의 유추적용 / 272
3. 사단과 조합 / 273
Ⅱ. 권리능력 없는 사단 …… 274
1. 의의 및 성립요건 / 274 2. 종 류 / 275

3. 법적 지위 / 282
Ⅲ. 권리능력 없는 재단 ········ 285
1. 의 의 / 285 2. 종 류 / 286
3. 법적 지위 / 287

제 3 장 권리의 객체

제 1 절 총 설 ········ 289
Ⅰ. 권리의 객체의 의의 ········ 289
Ⅱ. 민법의 규정 ········ 290
제 2 절 물 건 ········ 290
Ⅰ. 물건의 의의 ········ 290
1. 유체물 또는 관리가능한 자연력 / 291
2. 관리가능성 / 291
3. 비인격성 / 292 4. 독립성 / 294
Ⅱ. 물건의 수적 취급 ········ 294
1. 물건의 일부 / 294 2. 단일물 / 295
3. 합성물 / 296 4. 집합물 / 296
Ⅲ. 재산의 개념 ········ 297
1. 민법상의 재산 / 297 2. 기업재산 / 298
Ⅳ. 물건의 분류 ········ 298
1. 융통물·불융통물 / 298 2. 가분물·불가분물 / 299
3. 대체물·부대체물 / 300 4. 특정물·불특정물 / 300
5. 소비물·비소비물 / 301
제 3 절 동산과 부동산 ········ 301
Ⅰ. 동산·부동산의 구별 ········ 301
1. 구별의 이유 / 301 2. 법률상의 차이점 / 302
Ⅱ. 부 동 산 ········ 303
1. 의 의 / 303 2. 토 지 / 303
3. 토지의 정착물 / 306
Ⅲ. 동 산 ········ 312

1. 의 의 / 312　　2. 금 전 / 312
제 4 절 주물과 종물 ······ 313
Ⅰ. 의 의 ······ 313
Ⅱ. 종물의 요건 ······ 313
1. 주물의 상용에 공할 것 / 313　　2. 독립한 물건일 것 / 314
3. 주물과 종물이 동일한 소유자에게 속할 것 / 315
Ⅲ. 종물의 효과 ······ 315
Ⅳ. 종물이론의 준용 ······ 316
제 5 절 원물과 과실 ······ 317
Ⅰ. 의 의 ······ 317
Ⅱ. 천연과실 ······ 317
1. 의 의 / 317　　2. 귀 속 / 318
3. 미분리의 천연과실 / 319
Ⅲ. 법정과실 ······ 319
1. 의 의 / 319　　2. 귀 속 / 320
3. 사용이익 / 320

제 4 장 권리의 변동

제 1 절 총 설 ······ 322
Ⅰ. 권리변동의 의의 ······ 322
Ⅱ. 권리변동의 모습 ······ 323
1. 권리의 발생 / 323　　2. 권리의 소멸 / 324
3. 권리의 변경 / 325
Ⅲ. 권리변동의 원인 ······ 325
1. 법률요건 / 325　　2. 법률사실 / 326
제 2 절 법률행위 ······ 330
제 1 관 서 설 ······ 330
Ⅰ. 법률행위의 의의 ······ 330
1. 개 념 / 330　　2. 성 질 / 330

Ⅱ. 법률행위자유의 원칙 ………… 333
1. 사적자치와 법률행위자유의 원칙 / 333
2. 법률행위자유의 원칙의 기능 / 334
3. 법률행위자유의 원칙의 보완 / 335
Ⅲ. 법률행위의 요건 ………… 338
1. 의 의 / 338 2. 성립요건 / 339
3. 효력요건 / 340
제 2 관 법률행위의 종류 ………… 342
Ⅰ. 단독행위 · 계약 · 합동행위 ………… 342
1. 단독행위 / 342 2. 계 약 / 344
3. 합동행위 / 345
Ⅱ. 요식행위 · 불요식행위 ………… 347
1. 의 의 / 347 2. 방식의 자유와 강제 / 347
Ⅲ. 채권행위 · 물권행위 · 준물권행위 ………… 348
1. 채권행위 / 348 2. 물권행위 / 349
3. 준물권행위 / 349 4. 의무부담행위와 처분행위 / 349
Ⅳ. 재산행위 · 신분행위 ………… 350
Ⅴ. 출연행위 · 비출연행위 ………… 350
1. 의 의 / 350 2. 출연행위의 종류 / 351
Ⅵ. 생전행위 · 사후행위 ………… 353
Ⅶ. 독립행위 · 보조행위 ………… 353
Ⅷ. 주된 행위 · 종된 행위 ………… 353
제 3 관 법률행위의 목적 ………… 354
Ⅰ. 서 설 ………… 354
Ⅱ. 목적의 확정성 ………… 354
Ⅲ. 목적의 가능성 ………… 355
1. 의 의 / 355 2. 가능 · 불능의 표준 / 356
3. 불능의 종류 / 356
Ⅳ. 목적의 적법성 ………… 358
1. 의 의 / 358 2. 강행법규 / 359

3. 단속법규 / 361　　4. 탈법행위 / 366
Ⅴ. 목적의 사회적 타당성 ······ 368
1. 제103조 / 368　　2. 선량한 풍속과 사회질서 / 370
3. 반사회질서 행위의 유형 / 371　　4. 반사회성의 모습에 따른 분류 / 377
5. 반사회질서 행위의 요건 / 381　　6. 반사회질서의 행위의 효력 / 382
7. 불공정한 법률행위 / 386
제 4 관　법률행위의 해석 ······ 396
Ⅰ. 총　　설 ······ 396
1. 법률행위 해석의 의의 / 396　　2. 법률행위 해석의 대상 / 397
Ⅱ. 법률행위 해석의 방법 ······ 398
1. 의　　의 / 398　　2. 자연적 해석 / 399
3. 규범적 해석 / 400　　4. 보충적 해석 / 403
Ⅲ. 법률행위의 해석의 기준 ······ 405
1. 의　　의 / 405
2. 당사자가 기도하는 목적 기타 제반사정 / 406
3. 사실인 관습 / 406　　4. 임의법규 / 412
5. 신의성실의 원칙 · 조리 / 413
6. 법률문제로서의 법률행위 해석 / 416
제 5 관 의사표시 ······ 416
Ⅰ. 의사표시의 구성요소 ······ 416
1. 의　　의 / 416　　2. 효과의사 / 417
3. 표시의사 / 418　　4. 표시행위 / 419
5. 의사표시의 본질 / 420
Ⅱ. 의사와 표시의 불일치 ······ 422
1. 서　　설 / 422　　2. 진의 아닌 의사표시 / 423
3. 허위표시 / 430　　4. 착　　오 / 440
Ⅲ. 하자 있는 의사표시 ······ 456
1. 의　　의 / 456　　2. 사기에 의한 의사표시 / 457
3. 강박에 의한 의사표시 / 461　　4. 하자 있는 의사표시의 효과 / 464
5. 제110조의 적용범위 / 467
Ⅳ. 의사표시의 효력발생 ······ 468

1. 서　　설 / 468　　2. 의사표시의 효력발생시기 / 469

제 6 관 법률행위의 대리 ……………………………………………… 478

Ⅰ. 서　　설 ……………………………………………… 478

1. 대리제도의 의의 · 기능 / 478　　2. 대리의 성질 / 479

Ⅱ. 대 리 권 ……………………………………………… 486

1. 대리권의 의의 / 486　　2. 대리권의 발생원인 / 487

3. 대리권의 범위 / 493　　4. 대리권의 제한 / 496

5. 대리권의 남용 / 501　　6. 대리권의 소멸 / 504

Ⅲ. 대리행위 ……………………………………………… 507

1. 현명주의 / 507　　2. 대리행위의 하자 / 512

3. 대리인의 능력 / 515

Ⅳ. 대리의 효과 ……………………………………………… 517

1. 대리효과의 본인에의 귀속 / 517　　2. 본인의 능력 / 518

Ⅴ. 복 대 리 ……………………………………………… 519

1. 복대리인의 의의 / 519　　2. 복임행위의 성질 / 519

3. 대리인의 복임권과 책임 / 520　　4. 복대리인의 지위 / 523

5. 복대리권의 소멸 / 524

Ⅵ. 무권대리 ……………………………………………… 525

1. 서　　설 / 525　　2. 표현대리 / 525

3. 표현대리의 효과 / 551　　4. 좁은 의미의 무권대리 / 553

제 7 관 법률행위의 무효와 취소 ……………………………………………… 568

Ⅰ. 서　　설 ……………………………………………… 568

1. 무효 · 취소의 발생 / 568　　2. 무효와 취소의 구별 / 569

3. 무효와 취소의 경합 / 571　　4. 무효 · 취소의 파생적 효력 / 571

Ⅱ. 법률행위의 무효 ……………………………………………… 572

1. 무효의 의의 / 572　　2. 무효의 일반적 효과 / 573

3. 무효의 종류 / 574　　4. 일부무효의 법리 / 575

5. 무효행위의 추인 / 578　　6. 무효행위의 전환 / 581

Ⅲ. 법률행위의 취소 ……………………………………………… 584

1. 취소의 의의 / 584　　2. 취소권 / 586

3. 취소의 방법 / 588　　4. 취소의 효과 / 591
5. 취소할 수 있는 행위의 추인 / 593　　6. 법정추인 / 596
7. 취소권의 소멸 / 598

제 8 관 조건과 기한 ………… 600

Ⅰ. 법률행위의 부관의 의의 ………… 600

Ⅱ. 조　　건 ………… 601

1. 조건의 의의와 성질 / 601　　2. 조건의 종류 / 602
3. 조건을 붙일 수 없는 법률행위 / 609
4. 조건의 성취·불성취 / 610　　5. 조건부법률행위의 효력 / 613

Ⅲ. 기　　한 ………… 617

1. 의　　의 / 617　　2. 기한의 종류 / 618
3. 기한을 붙일 수 없는 법률행위 / 619
4. 기한부법률행위의 효력 / 619　　5. 기한의 이익 / 621

제 5 장 기　　간

Ⅰ. 기간의 의의 ………… 623

Ⅱ. 기간의 계산방법 ………… 624

1. 자연적 계산방법과 역법적 계산방법 / 624
2. 시·분·초를 단위로 하는 기간 / 624
3. 일·주·월·년을 단위로 하는 기간 / 624
4. 기간의 역산 / 626

제 6 장 소멸시효

제 1 절 서　　설 ………… 627

Ⅰ. 시효제도의 의의 ………… 627

Ⅱ. 시효제도의 존재이유 ………… 628

Ⅲ. 시효의 성질 ………… 629

Ⅳ. 소멸시효와 유사한 제도 ………… 630

1. 제척기간 / 630　　2. 권리실효의 원칙 / 635

제 2 절 소멸시효의 요건 ······ 636
Ⅰ. 서 설 ······ 636
Ⅱ. 소멸시효의 객체 ······ 636
1. 소멸시효에 걸리는 권리 / 637
2. 소멸시효에 걸리지 않는 권리 / 637
3. 논란의 대상이 되는 권리 / 639
Ⅲ. 권리의 불행사 ······ 643
1. 소멸시효의 기산점 / 643
2. 각종 권리의 소멸시효 기산점 / 645
3. 소멸시효기간 / 648
제 3 절 소멸시효의 중단 ······ 654
Ⅰ. 의 의 ······ 654
Ⅱ. 중단사유 ······ 654
1. 청구 / 654
2. 압류 또는 가압류 · 가처분 / 670
3. 승인 / 662
Ⅲ. 시효중단의 효과 ······ 664
1. 중단의 상대적 효력 / 664
2. 중단 후의 시효진행 / 665
제 4 절 소멸시효의 정지 ······ 666
Ⅰ. 정지의 의의 ······ 666
Ⅱ. 정지사유 ······ 666
1. 무능력자를 위한 정지 / 666
2. 부부관계 종료에 의한 정지 / 667
3. 상속재산에 관한 정지 / 667
4. 천재 · 사변에 의한 정지 / 667
제 5 절 소멸시효의 효력 ······ 668
Ⅰ. 소멸시효완성의 효과 ······ 668
1. 완성의 의의 / 668
2. 절대적 소멸설 / 668
3. 상대적 소멸설 / 669
4. 이 원 설 / 669
5. 검 토 / 670
6. 판례의 태도 / 671
Ⅱ. 소멸시효의 소급효 ······ 672
Ⅲ. 시효이익의 포기 ······ 673
1. 시효기간완성 전의 포기금지 / 673

2. 시효기간완성 후의 포기 / 673
Ⅳ. 종속된 권리에 대한 소멸시효의 효력 ······ 674

사항색인 ······ **675**
조문색인 ······ **686**
판례색인 ······ **700**

인용문헌 약어표

高翔龍, 民法總則(法文社, 1999)	[고상룡]
郭潤直, 民法總則(第七版, 博英社, 2002)	[곽윤직]
郭潤直, 民法總則(新訂版, 博英社, 1989)	[곽윤직, (신정판)]
金基善, 韓國民法總則(法文社, 1985)	[김기선]
金玟中, 民法總則(斗聖社, 1995)	[김민중]
金容漢, 民法總則論(全訂版, 博英社, 1987)	[김용한]
金疇洙, 民法總則(第4版, 三英社, 1996)	[김주수]
金俊鎬, 民法總則(法文社, 1999)	[김준호]
金曾漢・金學東, 民法總則(第9版, 博英社, 1995)	[김증한・김학동]
白泰昇, 民法總則(法文社, 2000)	[백태승]
李英俊, 韓國民法論[總則編](修訂版, 博英社, 2004)	[이영준]
李銀榮, 民法總則(改訂版, 博英社, 2000)	[이은영]
張庚鶴, 民法總則(法文社, 1985)	[장경학]
黃迪仁, 現代民法論 I(博英社, 1985)	[황적인]
註釋 民法總則(上), 編輯代表 金曾漢, 朱宰璜 (韓國司法行政學會, 1985); (下), 1986	[주석(상), (하)]
民法注解[I]; 總則(1), [II]; 總則(2), [III]; 總則(3), 編輯代表 郭潤直(博英社, 1992)	[민법주해 I, II, III]

제1편
서　론

제 1 장　민법의 의의
제 2 장　민법의 법원
제 3 장　민법전의 역사와 그 구성
제 4 장　민법의 기본원리
제 5 장　민법의 해석
제 6 장　민법의 효력의 범위

제1장 민법의 의의

I. 재산관계와 가족관계에 관한 법

민법은 사인의 재산관계와 가족관계를 규율하는 일반사법이다. 그 규율의 대상은 일반 사인(私人)의 일상생활 중에서 경제와 가족에 관계된 생활관계인데, 사람은 경제생활을 통해서 재산관계, 가족생활을 통하여 가족관세를 맺게 된다. 따라서 민법은 재산관계를 대상으로 하는 재산법과 가족관계를 대상으로 하는 가족법을 그 내용으로 한다. 재산법(財產法)은 물권법과 채권법을, 가족법(家族法)은 친족법과 상속법을 포함한다.

사람은 다른 사람과의 결합을 통하여 생활을 유지해 가는 사회적 동물이다. 따라서 사람은 타인과 사회에서 고립되어 자급자족하면서 존재하기는 어렵고 사회 속에서 서로 관계를 맺고 그것을 통하여 다른 사람의 협조를 얻어서 욕구와 수요를 충족하여야 경제생활을 유지해갈 수 있다. 예컨대 우리가 필요로 하는 재화는 다른 사람과 매매계약을 통하여 사든가, 자기의 물건을 다른 사람의 물건과 교환계약으로 바꾸든가, 아니면 대가를 지급하면서 임대차계약을 통하여 빌리든가 또는 무상으로 사용대차계약으로 빌리든가, 소비물은 소비대차계약을 통하여 꾸든가 하여 조달하는 것이다. 또 타인의 노동력이 필요할 때에도 임금을 주면서 고용계약을 통하여 자기의 지휘·감독 하에 쓰든가, 도급계약으로 타인에게 일의 완성을 맡기든가, 아니면 위임계약으로 자기의 사무를 타인에게 맡겨서 대신 처리하도록 하든가 하여 목적을 달성할 수 있다. 이러한 계약을 체결함으로써 당사자는 서로 채권과 채무를 지게 되고 그 실현으로 재화와 용역을 제공받을 수 있다. 이에 관한 민법분야가 채권법(債權

法)이다. 그리고 이러한 계약을 통하여 발생한 채무의 이행으로 물건이나 금전 등의 소유권이 이전되고 양수인이 이를 지배하게 되는데, 이와 같은 물권의 변동과 지배에 관한 민법분야가 물권법(物權法)이다.

또한 사람은 혼인을 통하여 이성과 정신적·육체적으로 결합하여 부부관계를 맺고, 그 결과로 자(子)를 생산하여 친자관계를 맺으며, 그 범위가 더욱 넓어지면 친족관계를 이루게 되는데, 이와 같이 혈연관계를 대상으로 하는 법이 친족법(親族法)이다. 그리고 자연인이 사망하면 그에게 속하였던 권리와 의무는 혈연관계에 따라 정해지는 순위에 따라 승계되는데 이에 관한 법이 상속법(相續法)이다.

민법은 법질서의 일부로서 사법, 일반법, 실체법으로서의 특징을 가진다. 이에 대해서 차례로 살피기로 한다.

Ⅱ. 민법의 명칭

1. 형식적 민법과 실질적 민법

민법(民法)이라는 용어는 두 가지로 사용된다. 형식적 민법은 민법이라는 명칭을 가진 법률을 말하고, 실질적 민법은 개인의 사법적 생활관계를 규율하는 모든 법을 말한다. 1958년 2월 22일에 공포되고 1960년 1월 1일부터 시행된 대한민국 법률 제471호 민법이 우리나라의 형식적 민법이다. 그러나 일반적으로 민법은 실질적 민법, 즉 민법전만이 아니라 그 밖의 특별법, 또한 성문화되지 않은 불문법도 포함하여 실제로 민사관계에 관한 모든 법을 의미하는 것으로 쓰인다. 다만 형식적 민법 속에도 각종 벌칙과 같은 공법적 규정이 섞여 있기도 하고, 실질적 민법이 다양한 법률 심지어 공법 속에도 섞여 있는 것을 보면, 형식적 민법과 실질적 민법이 일치하지 않음을 알 수 있다.

2. 용어의 유래

민법이라는 용어는 로마법의 시민법(*ius civile*)에서 유래한 것인데, 이는 로마의 시민권을 가진 자에게만 적용되는 법체계를 의미하였다. 이러한 *ius* *civile*를 번역하여 프랑스에서는 droit civil로, 독일과 오스트리아에서는 Bürgerliches Recht로, 스위스에서는 Zivilrecht로 쓰고 있다. 민법이 법전의 용어로 최초로 쓰인 것은 교회법대전(*Corpus Iuris Canonici*)에 대항하기 위하여 프랑스의 법학자 고토프르뒤(Dionisius Gothofredus)가 시민법대전(*Corpus Iuris Civilis*, 로마법대전)이라는 명칭을 사용한 후인 18세기 중엽 이후부터라고 한다.

근대민법전에서 처음 민법이라는 용어를 사용한 것은 1804년의 프랑스민법전(Code civil)이었으며, 그 영향으로 1811년의 오스트리아민법전(Allgemeine Bürgerliches Gesetzbuch), 1900년에 시행된 독일민법전(Bürgerliches Gesetzbuch, B.G.B.), 1912년의 스위스민법전(Schweizerrisches Zivilgesetzbuch, Z.G.B.)도 같은 명칭을 사용하고 있다. 우리의 민법이라는 용어는 일본인이 ius civile의 네델란드어인 Burgeriyk Regt를 번역한 것이라 하며, 1895년에 발표된 홍범14조(洪範十四條)가 우리나라에서 민법이라는 표현이 사용된 최초의 법령이라고 한다.[1]

Ⅲ. 사법으로서의 민법

법은 크게 공법과 사법으로 나뉘는데, 민법은 개인의 사적 생활관계를 규율하는 법으로서, 상법과 함께 사법(私法)을 이룬다. 일반적으로 공법(公法)은 헌법・행정법・형법・민사소송법・형사소송법 등을 포함한다. 이렇게 법을 공법과 사법으로 분류하기 위해서는 양자를 구별하는 일정한 기준이 필요하다.

공법과 사법을 구별하는 표준에 대해서 오래 전부터 학설의 대립이 있어왔다. ① 이익설은 공익의 보호를 목적으로 하는 법이 공법이고 사익의 보호를 목적으로 하는 법이 사법이라고 한다. ② 주체설은 법률관계의 주체를 표준으로 국가나 공공단체 상호간의 관계, 또는 이들과 사인간의 관계를 규율하는 법이 공법이고, 사인 상호간의 관계를 규율하는 법이 사법이라고 한다.[2] ③ 성질설은 법이 규율하는 법률관계의 성질을 표준으로 하여, 공법은 불평등

1) 곽윤직, 4면; 김상용, 5면 참조.
2) 곽윤직, 3면.

관계를 대상으로 하는 법이고, 사법은 평등한 관계를 규율하는 법이라 한다. ④ 생활관계설은 사람의 생활관계를 표준으로 하여 공법은 국민으로서의 생활관계를 규율하는 법이고, 사법은 인류로서의 생활관계를 규율하는 법이라고 한다.[3] ⑤ 사적자치의 적용 여부설은 사적자치의 원칙의 적용을 받는 법이 사법이고 그렇지 않은 법이 공법이라고 한다.[4] ⑥ 절충설은 기본적으로는 주체설에 따르되 다른 학설을 동원하여 공법과 사법을 구분한다.[5]

생각건대 공법과 사법 중 어디에도 속하지 않는 사회법이나 경제법 등의 제3의 법역의 등장으로 인하여 그 구분은 더욱 어렵게 되었고, 어떠한 학설도 그 구별기준이 완전하지 않으므로 공법과 사법을 어느 하나의 기준으로 구분하는 것은 적절하지 않다. 따라서 절충설에 의하여 다원적으로 이해하는 것이 타당하다. 즉 공법은 국가 기타 공공단체와 개인과의 관계 및 공공단체 상호간의 불평등관계를 규율하는 법이고, 사법은 사인간의 평등한 관계를 규율하는 법이라고 구분할 것이다. 다만 이러한 구분도 유동적이고 상대적인 것이므로 법규의 적용에 있어서 공법과 사법의 구별에 얽매이지 않고 문제가 된 사실에 가장 적합한 법규를 발견하는 것이 필요하다.

그러므로 민법은 사인간의 평등한 관계를 규율하는 법으로서 그 규율의 대상은 사인의 재산관계와 가족관계를 포함하는 사적 생활관계이다. 그리고 시간과 장소에 얽매이지 않고 일반적으로 적용되는 일반사법이다.

Ⅳ. 일반법으로서의 민법

1. 일반법과 특별법

일반법(一般法)은 사람・장소・사항 등에 특별한 한정 없이 일반적으로 적용되는 법이고, 특별법(特別法)은 사람・장소・사항에 관하여 적용범위가 한정되어 있는 법이다. 어떤 법률이 다른 법률에 대하여 일반법인가 하는 것

3) 김용한, 4면.
4) 이영준, 5면.
5) 고상룡, 4면; 김민중, 7면; 김상용, 9면; 김주수, 36면; 김준호, 3면; 김증한・김학동, 5면; 백태승, 8면; 장경학, 27면.

은 상대적인 개념이다. 예컨대 상법은 민법에 대하여 특별법이지만, 은행법과 같은 상사특별법에 대해서는 일반법이다. 그리고 양자 사이에는 '특별법은 일반법을 깨뜨린다'(*Lex specialis derogat generali*)는 특별법우선의 원칙이 적용된다. 동일한 사항에 대하여 일반법과 특별법이 동시에 규정을 두고 있는 경우에는 특별법의 규정이 일반법에 우선하여 적용된다는 것으로, 이 점에서 특별법과 일반법을 구분하는 실익이 있다.

2. 일반사법과 특별사법

민법은 사람・장소・사항 등에 한정되지 않고 개인의 사적 생활관계에 일반적으로 적용되는 일반사법(一般私法)이다.

이러한 민법에 대하여 상법(商法)은 영리를 목적으로 하는 상인과 상행위에 그 적용범위가 한정되는 점에서 특별사법(特別私法)이다. 사인의 경제관계 또는 재산관계 일반을 규율하는 것이 민법이고 그 중 특히 기업활동 관계를 규율하는 것이 상법이다. 그러므로 상법은 민법에 비하여 합리성・타산성・기술성・계산가능성・획일성 등의 특징을 가진다. 그러나 그 적용에 있어서 상사에 관해서는 우선 특별사법인 상법이 적용되고 상법에 규정이 없는 때에만 민법이 적용된다(상법 제1조). 사인의 기업활동의 전부를 상법이 독점적으로 규율하는 것은 아니고, 민법의 규율만으로 불충분한 부분만을 상법이 특별히 규율하는 것이다. 이와 같이 민법과 상법은 적용에 있어서 서로 교차되기 때문에 그 구별은 상대적이며 유동적이다. 따라서 민상이법통일론(民商二法統一論)이 주장되거나 '민법의 상화(商化)'와 같은 현상이 나타나기도 한다.

그밖에 노동법은 노동자의 생활질서를, 경제법은 소비자의 보호와 경제질서의 안정을, 지적재산법은 사람의 정신적 노작물(勞作物)의 보호를 적용대상으로 하는 점에서 특별사법이다. 또한 주택임대차보호법은 주택의 임대차에만, 자동차손해배상 보장법은 자동차의 사고에만 적용된다는 점에서 역시 특별사법이다.

V. 실체법으로서의 민법

실체법(實體法)은 권리와 의무를 규정한 법이다. 즉 권리·의무의 종류, 그 변동, 그 귀속주체, 변동의 효과 등에 관한 법이며, 누가 누구에게 어떠한 권리를 가지고 또한 의무를 지는가를 정하는 법이다. 민법, 상법, 형법 등이 이에 속한다. 반면에 절차법(節次法)은 실체법상의 권리·의무를 확인·실현하기 위한 절차를 규정한 법이다. 사법상의 권리·의무의 실현을 위한 절차법은 민사소송법이고, 형사상의 절차를 규정하는 것이 형사소송법이다.

민법상의 권리와 의무를 실현하기 위한 민사절차법에는, 소송절차(訴訟節次)를 규정하는 절차법으로 민사소송법, 가사소송법, 소액사건심판법, 소송촉진 등에 관한 특례법 등이 있으며, 민사소송 이외의 민사사건에 관한 비송절차(非訟節次)를 규정하는 절차법은 민사조정법, 중재법, 채무자 회생 및 파산에 관한 법률, 부동산등기법, 공탁법, 가족관계의 등록 등에 관한 법률, 비송사건절차법, 민사집행법 등이 있다.

제2장 민법의 법원

I. 서 설

1. 법 원

법원(法源)이란 법의 존재형식 또는 현상형태를 말한다.[1] 법의 연원(淵源)을 줄여서 일컫는 용어인데, 넓은 의미로는 법을 형성하는 원동력 또는 법규범의 타당성의 근원을 의미한다. 민법의 법원은 민법의 인식근거로서, 법관이 재판기준으로 적용하는 실질적 민법의 객관적 존재형식을 말한다. 그러므로 사인의 재산관계와 가족관계에 관한 성문민법과 불문민법이 모두 포함된다. 민법의 법원은 사적 생활관계에 적용될 민법이 법체계 속에서 어떻게 존재하는가, 또는 무엇을 통해서 민사에 관한 행위규범을 알 수 있는가에 대한 해답이라 할 수 있다.

2. 민법 제1조

민법은 제1조[2]에서 「민사에 관하여 법률의 규정이 없으면 관습법에 의하고 관습법이 없으면 조리에 의한다」고 규정하고 있다.

---

1) 통설. 이에 반하여 이은영, 27면은 민법 제1조의 법원은 법의 인식연원(認識淵源)이라고 이해한다.
2) 이 책에서는 민법의 조문은 특별히 법명을 표기하지 않고 인용한다.

(1) 사법관계

여기서 민사는 사법관계(私法關係) 일반을 의미하는 것이라 할 것이다. 일반적으로 민사(民事)라는 용어는 상사에 대한 개념으로 쓰이기도 하고, 형사에 대한 개념으로 쓰이기도 한다. 그러나 민법은 사인의 사적 생활관계에 일반적으로 적용되는 사법으로서 사람·장소·사항에 한정되지 않는다. 따라서 여기서의 민사에는 그 적용범위가 상인과 상행위에 한정되어 있는 상법이 적용되는 상사(商事)가 포함되는 것으로 이해하여야 한다. 그러므로 「민사에 관하여」는 형사(刑事)에 대비되는 것으로서, 널리 「사적 생활관계에 관하여」를 의미한다고 할 것이다.

(2) 성문법주의

민사에 관하여, 즉 사법관계에 관하여 민법은 법률을 최우선으로 적용한다고 밝힘으로써 성문법주의(成文法主義)를 표방한 것이다. 여기서 법률이란 헌법절차에 따라 제정·공포된 좁은 의미의 법률만이 아니라 그밖에 명령, 조례, 규칙 등을 포함한 넓은 의미의 제정법(制定法)을 의미한다. 또한 민사에 관하여 적용되는 법규는 성문법만이 아니라 불문법도 적용되나, 성문법의 규정이 없을 때 보충적으로만 적용된다. 그리고 불문법 사이에서도 관습법이 우선 적용되고 조리는 아무런 적용법규가 없을 때 마지막으로 적용되는 법원이다.

성문법주의는 성문법을 주요 법원으로 하는 입장을 말하고, 주로 대륙법계 국가가 이를 취하고 있다. 반면에 불문법주의(不文法主義)는 관습법이나 판례법을 주요 법원으로 하는 입장을 말하고, 주로 영미법계 국가가 이를 취하고 있다. 그러나 성문법주의를 취한다 하더라도 성문법과 사회현실과의 괴리를 메우기 위해서 관습법이 생성되고 이것이 보충적 법원으로 활용된다. 또한 불문법주의를 취한다 하더라도 불문법만으로 모든 생활관계를 규율할 수 없기 때문에 성문법의 제정으로 이를 보충하고 있다. 영국에서는 보통법(common law)과 형평법(equity law)의 양대 판례법체계가 발전하여 왔으나, 부부재산·동산매매·건물임대차 등에 관하여 부분적으로 성문법이 제정되고 있다.

Ⅱ. 성문민법

1. 법 률

여기의 법률(法律)이란 헌법절차에 따라 국회가 제정하고 대통령이 공포한 형식적 의의의 법률을 말한다. 또한 헌법에 의하여 법률과 동일한 효력을 인정받은 헌법재판소의 결정과 대통령의 긴급명령, 조약이 이에 해당된다.

(1) 민 법

민법의 법원 중 가장 중요한 법률이 현행 민법(1958.2.22. 법률 제471호)이다. 본문 1118개조 및 부칙 29개조와, 제1편 총칙, 제2편 물권, 제3편 채권, 제4편 친족, 제5편 상속의 종 5편으로 구성되어 있다. 그러니 민법에는 실질적 민법에 속하지 않는 규정도 다수 섞여 있다. 예컨대 법인의 이사의 벌칙(제97조)과 같은 형벌법규, 또는 채권의 강제집행방법(제389조)과 같은 민사소송법규도 포함하고 있다.

(2) 민사특별법

민사특별법은 민법의 규정을 보완·수정하거나 또는 구체화하기 위해서 민사에 관하여 제정된 특별법이다. 민법의 분야별로 관련되는 특별법은 다음과 같다.

1) 민법총칙과 관련되는 특별법은, 부재선고 등에 관한 특별조치법(1967.1.16. 법률 제1867호), 공익법인의 설립·운영에 관한 법률(1975.12.31. 법률 제2814호) 등이 있다.

2) 물권법에 관련되는 특별법은, 공유토지분할에 관한 특례법(2003.12.31. 법률 제7037호), 집합건물의 소유 및 관리에 관한 법률(1984.4.10. 법률 제3725호), 입목에 관한 법률(1973.2.6. 법률 제2484호), 농지법(1994.12.22. 법률 제4817호), 공장저당법(1961.10.17. 법률 제749호), 자동차저당법(1993.12.27. 법률 제4646호 전문개정), 건설기계저당법(1966.12.23. 법률 제1855호), 항공기저당법(1961.12.23. 법률 제867호), 신탁법(1961.12.30. 법률 제900호), 외국인토지법(1998.5.25. 법률

第5544호 전문개정), 가등기담보 등에 관한 법률(1983.12.30. 법률 제3681호) 등이 있다. 또한 지적재산권에 관련되는 것은 특허법(1990.1.13. 법률 제4207호 전문개정), 실용신안법(2006.3.3. 법률 제7872호 전문개정), 디자인보호법(2004.12.31. 법률 제7289호), 저작권법(2006.12.28. 법률 제8101호 전문개정), 상표법(1990.1.13. 법률 제4210호 전문개정) 등이 있다.

3) 채권법에 관련되는 특별법은, 이자제한법(2007.3.29. 법률 제8322호), 신원보증법(2002.1.14. 법률 제6592호 전문개정), 약관의 규제에 관한 법률(1986.12.31. 법률 제3922호), 할부거래에 관한 법률(1999.5.24. 법률 제5982호 전문개정), 방문판매 등에 관한 법률(2002.3.30. 법률 제6688호 전문개정), 전자거래기본법(2002.1.19. 법률 제6614호 전문개정), 전자서명법(1999.2.5. 법률 제5792호), 주택임대차보호법(1981.3.5. 법률 제3379호), 상가건물임대차보호법(2001.12.29. 법률 제6542호), 국가배상법(1967.3.3. 법률 제1899호), 자동차손해배상 보장법(1999.2.5. 법률 제5793호 전문개정), 제조물책임법(2000.1.12. 법률 제6109호), 우주손해배상법(2008.2.29, 법률 제8852호) 등이 있다.

4) 가족법에 관련된 특별법은, 혼인신고특례법(1968.12.31. 법률 제2067호), 모자보건법(1986.5.10. 법률 제3824호 전문개정), 입양촉진 및 절차에 관한 특례법(1995.1.5. 법률 제4913호 전문개정) 등이 있다.

5) 기타 민법의 규정을 구체화하기 위한 민사부속법률은, 부동산등기법(1960.1.1. 법률 제536호), 부동산 실권리자명의 등기에 관한 법률(1995.3.30. 법률 제4944호), 부동산등기특별조치법(1990.8.1. 법률 제4244호), 가족관계의 등록 등에 관한 법률(2007.5.17. 법률 제8435호), 공탁법(2007.3.29. 법률 제8319호), 유실물법(1961.9.18. 법률 제717호), 국제사법(2001.4.7. 법률 제6465호 전문개정) 등이 있다.

6) 그밖에 소비자기본법(2006.9.27. 법률 제7988호 전문개정), 건축법(1991.5.31. 법률 제4381호 전문개정), 근로기준법(2007.4.11. 법률 제8372호 전문개정)과 같은 공법·사회법에도 민법법규가 다수 포함되어 있다.

(3) 헌법재판소의 결정

헌법재판소의 결정(決定)은 법률과 동일한 효력을 가지고 법원 기타 국가기관과 지방자치단체를 기속하므로(헌법재판소법 제47조, 제67조, 제75조) 그 결정내용이 민사에 관한 것인 때에는 민법의 법원이 된다. 헌법재판소가 위헌으로 결정한 법률 또는 법률의 조항은 그 결정이 있는 날로부터 효력을 상실한다(동법 제47조 2항).

헌법재판소의 결정 중 민사와 관련된 주요한 것은, ㉠ 금융기관의 연체대출금에 관한 특별조치법 제5조의 2에 대한 위헌결정(헌재 1989.5.24, 89헌가37, 96), ㉡ 같은 법 제7조 3항에 대한 위헌결정(헌재 1990.6.25, 89헌가98, 99, 100, 101), ㉢ 사죄광고에 관한 제764조에 대한 한정위헌결정(헌재 1991.4.1, 89헌마160), ㉣ 친생부인의 소의 1년 제척기간에 관한 제847조 제1항에 대한 헌법불합치결정(헌재 1997.3.27, 96헌가7(병합)), ㉤ 동성동본금혼에 관한 제809조 제1항에 대한 헌법불합치결정(헌재 1997.7.16, 95헌가6 내지 13(병합) 전원재판부), ㉥ 근로자퇴직금 무제한우선변제에 관한 근로기준법 제30조의 2 제2항에 대한 헌법불합치결정(헌재 1997.8.21, 94헌바19, 95헌바34, 97헌가11(병합) 전원재판부), ㉦ 상속개시 3월내에 한정승인이나 포기를 하지 않으면 단순승인으로 보는 제1026조 제2호에 대한 헌법불합치결정(헌재 1998.8.27, 96헌가22, 97헌가2·3·9, 96헌바81, 98헌바24·25(병합) 전원재판부)과 이에 따른 개선입법인 개정민법 제1019조 제3항의 소급적용의 경과규정을 두지 않은 것에 대한 위헌결정(헌재 2004.1.29, 2002헌가22, 2002헌바40, 2003헌바19,46(병합) 전원재판부), ㉧ 금전채무의 이행을 명하는 판결에서의 법정이율에 관한 소송촉진 등에 관한 특례법 제3조 1항에 대한 위헌결정(헌재 2003.4.24, 2002헌가15), ㉨ 자의 부가입적을 정한 제781조 1항 본문 후단과 처의 부가입적을 정한 제826조 3항 단서 및 호주제에 대한 헌법불합치결정(헌재 2005.2.3, 2001헌가9, 10, 11, 12, 13, 14, 15, 2004헌가5(병합) 전원재판부), ㉩ 민법 제781조 제1항 본문 중 "자(子)는 부(父)의 성(姓)과 본(本)을 따르고" 부분에 대한 헌법불합치결정(헌재 2005.12.22, 2003헌가5, 6(병합) 전원재판부), ㉪ 실화책임에 관한 법률에 대한 헌법불합치결정(헌재 2007.8.30, 2004헌가25 전원재판부) 등이 있다.

(4) 대통령의 긴급명령

대통령이 헌법의 요건에 따라 발하는 긴급재정·경제명령과 긴급명령(緊急命令)은 법률과 동일한 효력을 가지므로 그것이 민사에 관한 것이면 민법의 법원이 된다(헌법 제76조). 민사에 관한 것으로는, 금융실명거래 및 비밀보장에 관한 긴급재정경제명령(1993.8.12. 대통령긴급재정경제명령 제16호, [폐지] 1997.12.31, 대통령령 제15604호) 등이 있다.

(5) 조 약

헌법에 의하여 체결·공포된 조약과 일반적으로 승인된 국제법규는 국내법과 동일한 효력을 가지므로(헌법 제6조 1항), 민사에 관련된 조약(條約)은 민법의 법원이 된다. 조약은 협약, 헌장, 협정, 결정서, 의정서, 각서를 포함하는 국가간의 문서에 의한 합의를 말한다. 민사에 관련된 조약은, 세계저작권협약(1987.10.1. 조약 제936호), 음반의 무단복제로부터 음반제작자를 보호하기 위한 협약(1987.10.10. 조약 제937호), 국제연합헌장 및 국제사법재판소규정(1991.9.18. 조약 제1059호), 민사 또는 상사의 재판상 및 재판외 문서의 해외송달에 관한 협약(2000.8.1. 조약 제1528호), 근로자의 재해보상에 대한 내·외국인 근로자의 동등한 대우에 관한 협약(2001.3.29. 조약 제1556호) 등이 있다.

2. 명 령

명령(命令)은 국회의 의결에 의하지 않고 다른 국가기관에서 발하는 성문법이다. 민사에 관련된 명령도 민법의 법원이 된다. 명령을 발하는 주체를 기준으로 대통령령, 총리령, 부령이 있고, 그 목적에 따라 위임명령, 집행명령, 긴급명령 등이 있다.

(1) 위임명령

위임명령(委任命令)은 법률에서 일정한 범위를 정하여 위임된 사항을 정하는 명령이다. 법률에서 위임받은 범위를 넘지 못하며, 또한 법률이 구체적인 범위를 정하지 않고 포괄적으로 위임하지 못한다. 민사에 관련된 위임명령은, 전세금증액비율에 대한 민법 제312조의2의 단서의 시행에 관한 규정(1984.9.1. 대통령령 제11493호) 등이 있다.

(2) 집행명령

집행명령(執行命令)은 법률을 집행하기 위하여 필요한 세칙을 규정하는 명령이며, 민사에 관한 것이면 민법의 법원이 된다. 예컨대 주택임대차보호법시행령(1984.6.14. 대통령령 제11441호), 상가건물임대차보호법시행령(2002.10.14. 대통령령 제17757호) 등 각종 법률의 시행령이 민사에 관한 집행명령이다.

(3) 대법원규칙

대법원규칙(大法院規則)은 대법원이 소송에 관한 절차 및 법원의 내부규율과 사무처리에 관하여 정하는 규칙을 말하는데, 이는 명령과 동등한 효력이 있다. 부동산등기규칙(2006.5.30. 대법원규칙 제2025호), 법인과 부부재산약정 등기처리규칙(1988.6.14. 대법원규칙 제1021호), 부동산등기 특별조치법에 따른 대법원규칙(1998.6.20. 대법원규칙 제1556호), 공탁사무처리규칙(2006.12.28. 대법원규칙 제2055호), 공탁금의 이자에 관한 규칙(2004.1.28. 대법원규칙 제1866호), 공유토지 분할에 관한 특례법 시행에 따른 등기처리규칙(2004.3.31. 대법원규칙 제1880호) 등이 있다.

3. 자치법규

자치법규(自治法規)란 지방자치단체가 상위법규인 법률・명령이 위임하는 범위 내에서 제정하는 자치에 관한 법규를 말하며, 지방의회가 제정하는 조례(條例)와 지방자치단체의 장이 제정하는 규칙(規則)이 있다(지방자치법 제26조). 자치법규도 민사에 관한 것이면 민법의 법원이 된다.

Ⅲ. 불문민법

1. 관습법

(1) 의 의

관습법(慣習法)이란 사회에서 자연적으로 발생한 관행이 사회일반인의 법적 확신을 얻어서 법규범으로 승격된 불문법을 말한다. 민법 제1조는 법률의 규정이 없을 때에는 관습법이 적용된다고 함으로써 관습법을 제정법의 보충적인 법원으로 인정하고 있다. 역사적으로는 관습법은 성문법의 제정에 있어서 그 모체가 되었으나, 성문화된 이후에는 관습법은 성문법에 대하여 보충적인 역할을 하게 되었다.

관습법이 성립하기 위해서는, ㉠ 사회 속에서 반복되는 일정한 관행(慣行)이 존재하고, ㉡ 일반인이 그 관행에 대해서 법적 확신을 가져야 하며, ㉢ 그 내용이 선량한 풍속 기타 사회질서에 반하지 않아야 한다.[3] 판례는 「사회의 거듭된 관행으로 생성한 어떤 사회생활규범이 법적 규범으로 승인되기에 이르렀다고 하기 위하여는 그 사회생활규범은 헌법을 최상위 규범으로 하는 전체 법질서에 반하지 아니하는 것으로서 정당성과 합리성이 있다고 인정될 수 있는 것이어야 한다」고 하고, 「이미 관습법으로 승인되었다 하더라도 사회 구성원들이 그러한 관행의 법적 구속력에 대하여 확신을 갖지 않게 되었다거나, 사회를 지배하는 기본적 이념이나 사회질서의 변화로 인하여 그러한 관습법을 적용하여야 할 시점에 있어서의 전체 법질서에 부합하지 않게 되었다면 그러한 관습법은 법적 규범으로서의 효력이 부정될 수밖에 없다」고 한다.[4]

(2) 관습법의 근거와 성립시기

관습을 법규범으로 인정하는 근거가 무엇인가, 또한 관습은 언제 관습법이 되는가에 대해서 학설이 대립되어 왔다.

① 관행설은 일정한 사항에 대하여 사회에서 오랫동안 반복하여 관행되는 관습은 법으로 인정된다는 주장인데, 관행이라는 사회적 사실이 곧 법규범이라고 한다. 그러나 관행은 하나의 사실일 뿐이고 그 자체가 법규범은 아니므로 그것이 언제부터 관습법이 되는지 불분명하다.

② 의사설은 공동체가 관행을 법으로 받아들이려는 의사가 있기 때문에 관습법이 된다는 주장이다. 그러한 공동체의사는 관행으로 표시되며, 그 표시가 관습법의 성립요건이라고 한다. 그러나 실제로 법창설의사는 존재하지 않는다는 데 문제가 있다.

③ 국가승인설은 관습법은 입법자가 명시적으로 또는 묵시적으로 법으로 승인하였기 때문에 법규범이 된다는 주장이다. 그러므로 관행이 관습법이 되기 위해서는 입법자의 승인과 법원의 적용이 있어야 하며 이때 관습법이 성립한다고 한다. 그러나 법원은 관습법을 창조하지는 못하며 단지 이미 성립하여 존재하는 관습법을 확인할 수 있을 뿐이고, 국가가 승인하지 않은 관습법도

---

3) 대판[전합] 2003.7.24, 2001다48781(제정민법이 시행되기 전에 존재하던 상속회복청구권은 상속이 개시된 날로부터 20년이 경과하면 소멸한다는 관습에 대하여 관습법적 효력을 부인한 사례).

4) 대판[전합] 2005.7.21, 2002다13850(종중 구성원의 자격을 성년 남자만으로 제한하는 종래의 관습법은 더 이상 효력이 없다고 한 사례).

엄연히 사회 속에서 존재한다. 또한 법은 국가만이 창설할 수 있다는 입장으로서 이는 법의 역사적 발전을 무시한 것이므로 부당하다.

④ 법적 확신설은 관행을 다수인이 법이라고 확신할 때 관습법이 성립한다는 주장이다(통설). 관습법의 인정근거는 공동체의 법적 확신이라는 것이다. 이 설은 역사법학파가 주장한 것으로, 관습법은 민족정신의 소산이며 민족의 법적 확신이기 때문에 입법자가 임의로 제정한 데 불과한 성문법보다 관습법에 우월적 지위를 부여하였다.

생각건대 관습법의 성립시기에 대해서, 일정한 관행이 국민의 법적 확신을 얻었을 때 관습법이 성립하는 것이고 국가는 이미 성립되어 있는 관습법을 법원의 판결을 통하여 단지 확인할 뿐이라고 하여야 할 것이므로 법적 확신설이 타당하다.

(3) 관습법의 효력

관습법과 성문법의 적용순위에 대해서 민법 제1조는 법률의 규정이 없을 때 비로소 관습법을 적용한다고 하고 있다. 그럼에도 불구하고 해석상에서 관습법은 성문법을 보충하는 하위의 규범인가, 아니면 성문법과 대등한 지위에 있으므로 양자가 충돌하는 경우에는 관습법이 성문법을 개폐할 수 있는가 하는 것이 다투어지고 있다.

① 보충적 효력설은 민법 제1조를 근거로 하여 성문법에 규정이 없는 경우에 보충적으로 적용된다는 견해이다.[5] 따라서 민사에 관하여 성문법의 규정과 다른 관습법이 있다고 하더라도 그 관습법은 법으로서의 효력을 가지지 않고, 다만 특별히 관습법에 의한다는 법률의 규정이 있는 경우에만 예외적으로 규범력을 갖는다고 한다.[6] 관습법이 성문법을 개폐한다는 것은 민법 제1조의 취지에 정면으로 어긋나므로 입법론으로는 몰라도 해석론으로는 타당하지 않다고 한다. 판례도 보충적 효력설을 취하고 있다.[7] ② 변경적 효력설은 민법

5) 곽윤직, 19면; 김상용, 23면; 김준호, 9면; 이영준, 21면; 이은영, 44면; 민법주해 Ⅰ, 49면(최병조).

6) 이에 대한 근거로서, 이영준, 21면은 예컨대 수목의 집단 및 미분리의 과실의 소유권이전에 관한 명인방법(明認方法)과 동산의 양도담보(讓渡擔保) 등의 관습법이 성문법을 개폐하고 있는 현상은 제185조가 예정하고 있는 것이라고 한다. 그러나 위의 예는 성문법과 모순·대립하는 것이 아니라 보완·보충하는 관습법이라 할 것이므로 성문법을 개폐하는 경우라 보기 어렵다. 따라서 제185조를 제1조의 예외로 이해하는 것은 옳지 않고, 역시 이를 보충적 효력설에 의해서 이해할 것이다(같은 취지: 김상용, 23면).

7) 대판 1983.6.14, 80다3231(가정의례준칙 제13조의 규정과 배치되는 관습법의 효력을 인정

제1조의 규정에도 불구하고 관습법에 성문법과 대등한 지위를 인정하고 관습법이 성문법을 개폐(改廢)하는 효력이 있다는 견해이다.[8] 사회의 수요에 따른 자연스러운 관습법의 성립을 성문법으로 막을 수 없으며, 성문법의 규정과 다르게 생성된 관습법은 구법인 성문법에 비하여 신법이므로 신법우선의 원칙에 따라 관습법이 성문법을 변경하는 효력이 있다는 것이고, 또한 이러한 관습법의 효력은 민법 제1조가 어떠한 태도를 취하는가에 구속되지 않고 합리적으로 해석되어야 한다고 한다.[9] 그리고 프랑스민법에서도 학설에 의해 관습법의 법원성이 인정되어 있고, 스위스 민법 제1조 2항도 관습법의 보충적 효력을 규정하고 있지만 학설은 변경적 효력을 주장하고 있다고 한다.[10]

생각건대 민법 제1조가 명문으로 규정하고 있는 관습법의 보충적 효력을 정면으로 무시하는 견해는 해석론으로는 적절하지 않으며, 성문법이 경화되어 자연히 관습법이 생성되는 경우에는 이를 성문화함으로써 사회의 요구에 부응하는 것이 옳은 태도이고, 성문법이 엄존함에도 불구하고 관습법이 이를 개폐한다면 법적 안정성을 해치게 될 것이다. 따라서 관습법은 민법 제1조의 취지대로 성문법에 대하여 보충적 효력만을 가진다고 하여야 할 것이다.

2. 조 리

(1) 의 의

조리(條理)란 사물의 본질적 법칙을 말한다. 다른 표현으로는, 사물의 도리, 경험법칙, 사회통념, 사회적 타당성, 공서양속, 신의성실의 원칙, 정의, 형평 등이 있으며, 넓은 의미로는 실정법의 존립근거로서 자연법을 의미하기도

하는 것은 관습법의 제정법에 대한 열후적(劣後的), 보충적 성격에 비추어 민법 제1조의 취지에 어긋나는 것이라고 한 사례).

8) 고상룡, 384면; 김용한, 21면; 김주수, 45면; 김증한 · 김학동, 14면; 백태승, 19면; 장경학, 53면.

9) 그밖에도 민법 제106조가 사실인 관습이 임의법규를 개폐하는 효력을 인정하므로, 관습보다도 강고(強固)한 관습법이 성문법을 개폐하는 효력을 가지는 것은 당연하다는 것을 근거로 하고 있다. 그러나 제106조는 법률행위를 해석하는 기준으로서 선량한 풍속 기타 사회질서에 관계없는 임의법규에 우선하는 사실인 관습을 규정한 것이지 강행법규를 포함하는 법체계 전반에 있어서 법규범의 적용순서를 정한 것은 아니므로, 이 점은 관습법의 변경적 효력을 인정하는 근거로는 적절치 않다. 사실인 관습과 관습법에 대해서는 후술한다.

10) 김상용, 23면; 이은영, 44면; 주석(상), 83면 참조.

한다. '법은 항상 조리에 합치됨을 요한다'(*Lex semper intendit quod convenit rationi*). 조리는 법률 및 법률행위 해석의 기준이 되며, 또한 재판에서 적용할 법률이 없으면 법원으로서 기능한다. 민법 제1조는 민사에 관하여 법률의 규정도 관습법도 없는 경우에는 최후로 조리를 적용하여 재판할 것을 규정함으로써 조리의 법원성을 인정하고 있다. 법관은 법규범의 부존재를 이유로 재판을 거부할 수 없기 때문이다.[11)]

(2) 조리의 법원성

적용할 다른 법규범이 없을 경우에 조리가 재판의 준거가 되는 것은 분명하다. 그러나 조리는 법관에 의하여 비로소 규범으로 전화되는 추상적 관념에 불과하기 때문에, 민법 제1조의 규정에도 불구하고 조리를 법원으로 인정할 것인가에 대해 견해가 대립한다.

① 법원성인정설은 민법 제1조가 명문의 규정으로 조리를 법원으로 인정하고 있고, 법에 의해 재판하여야 할 법관이 다른 법규범이 없을 때에는 마지막으로 조리에 의하여 재판하게 되기 때문에 조리는 법원이라는 견해이다.[12)] 판례도 조리의 법원성을 인정하고 있다.[13)] ② 법원성부정설은 조리는 객관적 규범의 형태를 갖추고 있지 않으므로 이를 민법의 법원으로 볼 수는 없고, 다만 법의 흠결이 있는 경우에 법관이 법의 부재를 이유로 재판을 거부할 수 없으므로 법원에 의해 적용될 뿐이라는 견해이다.[14)]

생각건대 민법이 명문의 규정으로 조리의 보충적 법원성을 인정하고 있으며, 또한 조리가 객관적으로 외형을 갖춘 법규범으로 존재하는 것은 아니라 하더라도 법인식의 근원으로서 민법의 법원이라고 할 수 있을 것이다.

---

11) 입법례를 살펴보면, 프랑스민법은 「법률의 부존재, 불명확 또는 불충분을 이유로 재판을 거부한 법관은 재판거부로 소추될 수 있다」고 하고(동법 제4조), 오스트리아민법은 적용할 법률이 없는 경우에는 최종적으로 자연법원칙에 따라서 판단하도록 하고 있고(동법 제7조), 스위스민법도 적용할 법률이나 관습이 존재하지 아니하는 경우에는 법관 자신이 입법자였다면 법규로 설정하였을 규율에 따라서 재판한다고 규정한다(동법 제1조 2항).

12) 김상용, 27면; 김용한, 28면; 김주수, 47면; 김준호, 11면; 이은영, 52면; 장경학, 60면.

13) 대판 2003.1.10, 2000다70064(섭외사건에 관하여 적용될 외국법규의 흠결 또는 그 존재에 관한 자료의 미제출로 그 내용을 확인할 수 없는 경우에 법원으로서는 법원(法源)에 관한 민사상의 대원칙에 따라 외국 관습법에 의할 것이고, 외국 관습법도 그 내용의 확인이 불가능하면 조리에 의하여 재판할 수밖에 없다고 하여 조리를 보충적으로 적용될 법원(法源)으로 인정한 사례); 대판 2000.6.9, 98다35037.

14) 고상룡, 12면; 곽윤직, 23면; 김증한·김학동, 21면; 백태승, 24면; 이영준, 24면.

Ⅳ. 판례의 법원성

1. 판례 · 판례법

판결(判決)은 구체적 소송사건에 대하여 법원의 판단을 내리기 위한 재판을 말한다. 판례(判例)란 법원이 특정소송사건에 대하여 법을 해석적용하여 내린 판단을 의미하지만, 일반적으로는 법원의 판결의 집적(集積), 또는 그로 인하여 밝혀진 법이론 · 법원칙, 또는 재판의 선례 등을 말하기도 하므로 매우 다의적으로 사용된다. 그리고 판례법(判例法)은 판례가 법규범성을 갖춤으로써 성립하는 불문법을 말한다. 법관이 재판을 할 때 선판례의 구속을 받는다면 판례는 법원성(法源性)을 가지게 된다.

판례를 법원으로 인정하는가는 각 나라의 법제도와 재판제도에 따라 다르다. 불문법주의를 취하는 영미법계의 국가에서는 선례구속성의 원칙(doctrine of stare decisis)이 확립되어 법관은 선판례에 따라 재판하기 때문에 그 선판례가 가장 중요한 법원으로 기능한다. 판결 자체를 법이라고 생각하며, 성문법은 보충적인 법원이 된다. 한편 성문법주의를 취하는 대륙법계의 국가에서는 성문법이 주요 법원이 되고 관습법 · 조리 등의 불문법은 보충적인 법원이 된다. 그런데 성문법의 경화로 성문법과 사회와의 괴리를 메우는 데에는 판례가 중요한 기능을 수행한다고 할 수 있기 때문에, 성문법주의를 취하는 우리나라에서도 판례를 법원으로 인정할 것인가에 대해 논란이 있다.

2. 법원성에 관한 논의

성문법이 완비되어 있는 우리나라에서는 법관은 헌법과 법률에 의하여 그 양심에 따라 독립하여 심판하기 때문에 선례의 구속력은 인정되지 않는다. 그럼에도 불구하고 판례의 사실상의 기능과 관련하여 판례를 법원으로 인정하는 주장이 있으므로 견해가 대립한다.

① 법원성인정설은 판례를 법원으로 인정하는 견해이다.[15] 그 이유는, ㉠ 당해사건에 한해서만 상급법원의 판결이 하급심을 기속하지만(법원조직법 제8

조) 사실상은 일반적으로 구속력이 있다고 하고, ㉡ 소액사건에 있어서 대법원의 판례에 상반되는 판단에 대하여 상고 또는 재항고를 할 수 있고(소액사건심판법 제3조 2호),[16] ㉢ 대법원판결의 변경을 대법관 전원의 3분의 2 이상의 합의체에서 재판하도록 하여 신중을 기하는 것은 판례의 법원성을 반증하는 것이며, ㉣ 유사한 종류의 판결이 거듭되면 거기에 추상적인 법원칙이 성립되고 다른 사건에 대해서도 그 법원칙이 적용될 개연성이 생겨 판례법이 형성된다고 한다.

② 법원성부정설은 판례를 법원으로 인정하지 않는 견해이다.[17] 그 이유는, ㉠ 민법이 판례의 법원성을 인정하는 명문의 규정을 두고 있지 않으며, ㉡ 당해사건에 관한 상급법원의 판결의 하급심 기속은 삼심제도의 성질에 따른 것이지 일반적인 구속력을 인정한 것이 아니며, ㉢ 대법원판결의 변경이 어렵다는 것을 이유로 하지만 근본적으로 그 변경의 길은 열려 있는 것이며, ㉣ 법관은 헌법과 양심에 따라 독립하여 재판할 수 있으므로 제도상으로 선판례의 구속을 받지 않으며, ㉤ 법관의 법제정능력은 삼권분립의 원칙에 비추어 인정할 수 없으므로 판례가 법원이 될 수 없다고 한다.

생각건대 민법이 판례의 법원성을 인정하지 않으며, 법관은 당해사건 이외에 기왕의 선판례에 따라 재판할 의무가 없으므로 판례를 법원으로 인정할 수 없을 것이다. 선판례가 후판례에 대해 법률적 구속력은 없으며, 사실상으로만 구속력을 가진다고 할 것이다. 다만 성문법과 사회현실과의 괴리를 메우기 위해서 판례가 어느 정도 기능을 수행할 수밖에 없고, 비록 판례가 사실상의 구속력밖에 없는 법제도하에 있지만 민법제정 이후에 판례의 집적으로 형성된 판례이론이 법학의 발전에 중요한 역할을 하고 있는 것은 분명하다.

---

15) 고상룡, 15면; 김상용, 25면; 김증한 · 김학동, 18면.

16) 대판 1984.12.11, 84다447(소액사건심판법 제3조 제2호의 대법원의 판례에 상반되는 판단을 한 때라 함은 구체적인 당해사건에 적용할 법령의 해석에 관하여 대법원이 내린 판단과 상반되는 해석을 한 경우를 말한다고 한 사례).

17) 곽윤직, 21면; 김준호, 13면; 백태승, 22면; 이영준, 23면; 이은영, 62면; 장경학, 58면.

제 3 장 민법전의 역사와 그 구성

Ⅰ. 서 설

민법은 일반인의 경제생활과 가족생활을 규율하는 법이므로 역사상 어느 사회에서도 실질적으로 이에 관한 규범은 존재하였을 것이다. 그러나 실질적 민법의 형성과 그 발달에 있어서는 동양과 서양의 법제가 현격한 차이를 보인다.

중국법은 각 왕조가 독자적으로 구축한 율령법계를 통하여 제정법을 중심으로 발달하였는데, 그 중에서 당률(唐律)은 중국 최고의 법전이며 전국시대 이후의 국가 제정법 발달의 집대성이라고 평가받지만, 그것은 형법의 정화(精華)였다고 한다. 이와 같이 중국의 제정법은 형벌법규와 행정법규로 이루어졌고 그 중에서도 형벌법규가 크게 발달하였다. 법은 모두 황제의 의사에서 시작되었고 관료의 집무준칙이었던 만큼 백성이 법을 원용하여 권리를 주장할 수는 없었다. 결국 중국법에서는 민법을 형법 등 공법규정에 포함시켜 그 일부로 다루었기 때문에 독립된 실정사법체계(實定私法體系)는 창출해 내지 못했다.

이에 반하여 로마법은 사법을 중심으로 한 법체계였다. 예컨대 12표법은 1·2·3표는 소송절차법, 4·5표는 가족법과 상속법, 6·7표는 물권법과 채권법, 8표는 불법행위법과 형법, 9·10표는 공법과 신법(神法), 그리고 11·12표는 추가규정으로 구성되어 있다.

우리나라는 전통적으로 공법 중심의 중국법계에 속하였기 때문에 독자적인 사법체계를 갖추지 못하였다. 그러다가 일제의 강제합병 이후에 1912년 조선

민사령에 의해 일본민법이 의용되어 우리나라에서 현행법으로 적용되기 시작하였다. 재산법에 관한 규정은 처음부터 대부분 일본민법이 의용되었으나, 가족관계와 상속관계에 관한 규정은 처음에는 우리 관습에 의하였지만 일제말기에는 이에 대해서도 일본민법이 대부분 의용되었다. 이와 같은 일본민법은 프랑스민법과 독일민법의 영향으로 제정된 것이므로 우리는 일본민법을 통하여 근대민법전을 간접계수(間接繼受)한 것이다.

따라서 일본민법에 영향을 준 프랑스민법과 독일민법 등 주요 근대민법전의 전통이 그대로 우리 민법에도 영향을 주었으며, 오히려 중국법계의 특성이나 전통적인 고유법의 영향은 상대적으로 크지 않았다. 그러므로 우리 민법의 특성을 파악하기 위해서는 근대민법전의 바탕이 되었던 로마법, 게르만법, 자연법사상, 교회법 등의 기본적 요소에 대한 이해가 선행되어야 한다. 이러한 의미에서 근대민법전의 제정과 그 배경을 살펴보고, 다음으로 한국민법전의 제정과 그 이후의 개정, 민법전의 구조에 대해서 재산법과 가족법으로 나누어 서술한다.

Ⅱ. 민법전의 역사

1. 근대민법전의 성립

(1) 배 경

1) 로마법

로마법은 B.C. 753년 건국 이래부터 6세기 중엽 유스티니아누스황제의 법전 편찬에 이르기까지 로마에서 생성·발전한 법을 말한다. 로마의 법률문화는 주로 고전시대 법학이 형성한 법조(法曹)를 중심으로 하며, 그 주된 영역은 민법과 민사소송법이다. 로마법의 발전 단계는 다음과 같다.

제1기 로마법은 건국부터 B.C. 3세기 후반에 이르기까지 농업적 소도시국가의 가족중심의 엄격한 형식주의의 법이었고, 로마 시민에게만 적용되는 시민법(市民法, *ius civile*)이었다. 그 대표적 법원은 12표법(*lex duodecim tabularum*)이다. 제2기 로마법은 B.C. 3세기 후반부터 3세기까지에 걸친 시기로서, BC 201년 포에니전쟁에서 결정적으로 승리한 것을 계기로 농업사회적 도시국가에서 상업사회적 세계국가로 비약하자, 비시민에게도 적용되는 무방식주의적 거래법인 만민법(萬民法, *ius gentium*)이 발달하였다. 한편 시민법의 엄격한 형식주의를 보충하고 개폐하여 융통성을 부여한 명예법(名譽法, *ius honorarium*)이 발달하였다. 그 후 원수정시대에 이르러서는 법학자들이 구체적인 법률문제에 관하여 해답을 하는 방법으로 법을 발전시켰으며, 특히 원수가 권위를 인정한 법학자의 해답은 현행법으로서 효력을 가졌다. 이 시기를 로마법의 고전시대 또는 법학융성시대라고 한다. 제3기 로마법은 3세기에 전주정(專主政)의 확립과 제국의 동서분열 이후의 시기로서, 법학은 극도로 쇠잔해지고 칙법이 유일한 법원이 되었다. 서로마제국은 476년에 게르만족에 의해 멸망하고, 그 후에는 동로마제국만이 존속하게 되었다. 그런데 527년부터 565년까지 재위한 유스티니아누스(*Justinianus*)황제가 법전편찬사업을 벌여서 법을 통일하고 체계화하였다. 그 때까지의 황제의 칙령을 담은 칙법휘찬(勅法彙纂, *Codex*), 법학자들의 학설을 모아 담은 학설휘찬(學說彙纂, *Digesta*·*Pandektae*), 법학교육을 위한 법학제요(法學提要, *Institutiones*), 유스티니아누스황제 자신의 칙법을 모은 신칙법(新勅法, *Novellae*)을 편찬하였는데, 이 4가지의 법전을 후세에 로마법대전(*Corpus Iuris Civils*)이라고 부르게 되었다. 이와 같은 성문화 작업이 학설법 위주로 되어 있던 고전시대의 로마법이 근대법에 계승되는 데 중요한 징검다리가 되었다.

로마법의 근대법에의 계수는, ㉠ 중세 초기의 게르만 부족법에서의 로마 비속법(卑俗法)의 계수(조기계수), ㉡ 15~16세기의 중세 이탈리아의 보통법, 즉 주석학파 및 후기 주석학파에 의해 가공된 로마법의 계수(본계수), ㉢ 19세기의 판덱텐법학에 의한 로마법의 계수(후기계수)로 이루어졌다.

2) 게르만법

게르만법은 게르만족의 고유법을 말하며, 로마법에 대응하는 개념으로 의식된 때는 17세기 무렵이고, 더욱 분명해진 것은 독일 통일운동이 고양되고 게르만법학자의 대대적인 운동이 고조되었던 1830년대 말부터라고 한다.

게르만부족은 관습법에 따라 생활하여 왔는데, 4세기에서 5세기에 걸친 게르만 민족대이동으로 게르만관습법이 유럽 각 지역에 전해지게 되었다. 5세기 후반 또는 9세기 초반 사이에 유럽 본토와 영국, 멀리 아프리카 북부에까지 이동하여 각 부족에 따라 다른 관습법을 성문화하여 부족법전(部族法典)을 만들게 되었다. 그 내용은 속죄금에 관한 형사규정과 소송법 규정이 많으며 사법적인 규정은 별로 없었다. 프랑스는 로마법이 주로 적용되는 남부의 성문법지방과 게르만관습법이 주로 적용되는 북부의 관습법지방으로 나뉘었으나, 봉건영지를 중심으로 지방관습법이 폭넓게 자리하게 되었다. 한편 독일에서는 부족법이 지역적 효력을 가지는 란트법으로 대체되었고, 중세 중엽에 로마법과 교회법이 하나가 된 로마카논법이 독일보통법이 되었으며 관습법은 로마카논법과 서로 보충하고 혹은 대립하여 중세법을 형성하였다.

로마법은 자유주의·개인주의적 특색을 나타내며, 거래법, 상품경제법이 중심인 데 반하여, 게르만법은 관습법주의, 사회주의, 공·사법의 융합, 단체주의적인 특색이 있으며, 농업경제법이 중심이다. 프랑스나 독일 등 게르만민족에 뿌리를 둔 국가에서는 자연스럽게 게르만법도 로마법과 함께 근대민법전의 성립에 그 바탕이 되었다. 특히 독일법학계는 게르만법을 주된 연구대상으로 삼았던 게르만법학자들의 노력으로 인하여, 로마법 중심의 계수법에만 의존하지 않고 관습법 위주의 독일고유법을 중시하는 경향으로 바뀌었으며, 이것이 독일민법전의 제정에 영향을 미치게 되었다.

(2) 민법전의 제정

1) 프랑스민법전

프랑스 대혁명은 구질서를 타파하고 인권을 선언하고 자유주의 정치원리를 표명하게 함으로써, 근대시민사회를 열게 하였다. 그 결과 시민사회의 기본적인 틀이 제시될 필요가 생겼는데, 그로 인하여 탄생한 것이 1804년 3월 31일에 제정된 프랑스민법전(Code civil, 또는 Code Napoléon)이었다. 이것은 남부의 성문법주의와 북부의 관습법주의를 통합하여 만들어낸 통일법전이며, 역사상 최초의 근대 통일민법전이다. 근대 자유주의 입법의 선구인 프랑스민법전은 인, 물권, 재산취득의 총3편 2281개 조문을 담고 있으며, 자유와 평등 사상으로 일관되어 있고 그 용어가 간결하고 대중적인 점이 특징이다. 이 법전은 벨기에, 스페인 등 여러 다른 국가의 법전편찬에 크게 영향을 미쳤으며, 특히 일본민법의 제정에도 직접적으로 기초가 되었으므로 우리 민법의 제정에도 간접적으로 참고가 된 중요한 법전이다.

2) 독일민법전

독일에서는 계수된 로마법이 보통법이 되어 지방특별법에 보충적으로 적용되어 왔다. 프랑스민법의 제정 후에 독일 전역에 적용되는 통일적 법전의 제정이 요망되었으나, 티보(Thibaut)와 사비니(Savigny)의 법전논쟁 끝에 연기론이 득세하여 법전편찬이 미루어졌다. 1871년 독일제국 통일을 계기로 통일민법전의 편찬이 개시되었으며 1888년에 공표된 제1초안, 1895년에 제출되었지만 민법전이 제정된 후인 1898년에야 공표된 제2초안을 거쳐서, 1896년에 제출된 제3초안이 법안으로 완성되어 1896년 8월 24일에 공포되고, 1900년 1월 1일부터 시행된 것이 독일민법전(Bürgerliches Gesetzbuch, B.G.B.)이다. 이는 총칙, 채권, 물권, 친족, 상속의 총5편 2385개 조문의 대법전이며, 용어가 세련되고 논리가 치밀하며, 개인주의 사상을 기조로 하면서 단체주의 사상을 채용한 점이 특징이다. 이 법전은 스위스민법, 브라질민법 등에 영향을 미쳤으며, 특히 일본민법은 독일민법 제1초안을 크게 참고하였다고 한다. 따라서 우리 민법은 일본을 통하여 독일민법의 간접적인 영향을 받은 것은 물론이고, 나아가서 일본민법보다도 더 많은 독일의 법제도를 채용하여 독일민법전에 더 가까워졌다고 할 수 있다.

3) 스위스민법전

스위스에서는 각 주가 서로 다른 민법전을 가지고 있었기 때문에 법이 분열되어 있었지만, 19세기 말부터 통일민법의 제정을 시작하여 1912년 1월 1일부터 스위스민법전(Schweizerisches Zivilgesetzbuch, Z.G.B.)이 시행되었다. 인격, 가족, 상속, 물권, 채무의 총5편으로 구성되어 있는데, 제5편은 1881년에 제정되어 1883년에 시행된 스위스채무법(Schweizerisches Obligationenrecht)을 약간 수정하여 편입시켰고 상법의 규정도 포함하고 있기 때문에 실질적으로는 민법전으로부터 독립된 것으로 취급하여 채무법이라 한다. 스위스민법은 개인주의적 권리중심사상을 시정하는 새 사상을 채용한 점, 대강을 정하여 재판관의 자유재량의 여지를 많이 남겨 주어 구체적 타당성을 존중한 점, 고유법 적용의 여지를 많이 남겨 놓은 점, 각 지방의 관습을 존중하고 있는 점, 조문 자체가 짧고 간결하며 그 문언이 명료하다는 점, 민상법 통일주의를 취한 점 등이 특징이다. 그리고 이들 특징은 20세기의 민법학에 커다란 영향을 미치게 된다. 우리 민법 제1조가 조리를 법원으로 규정한 것이나, 제2조가 신의성실의 원칙과 권리남용금지의 원칙을 표방한 것 등은 스위스민법의 영향에 의한 것이다.

4) 일본민법전

일본은 1868년 명치유신 이후 근대적 법체제의 정비를 서둘렀다. 1870년부터 민법전 편찬사업이 시작되어 1878년에 초안이 완성되었으나, 그것은 프랑스민법의 번역 · 모사에 불과한 것으로 실시되지 않았다. 1879년에 프랑스의 부아소나드(Boissonade) 교수를 초빙하여 새롭게 민법초안을 기초하도록 하여 1890년에 공포하고 1893년부터 시행하려고 하였다. 그러나 연기론에 주장되어 1896년까지 시행이 연기되었다. 그래서 다시 1893년에 새롭게 민법초안을 작성하게 되었고, 이는 독일민법 제1초안을 기초로 하고 프랑스민법을 참고로 한 것이었다. 총칙 · 물권 · 채권의 3편은 1896년, 친족 · 상속의 2편은 1898년에 공포되고, 이 모두를 합한 일본민법전이 1898년 7월 16일부터 시행되었다. 친족 · 상속편에는 고래의 습속이 많이 채용되었는데도, 고유의 가족제도에 적합하지 않다는 비판이 가해져 부분적 개정이 있었다. 그런데 제2차 세계대전 후에는 새 헌법이 선언한 남녀의 실질적 평등의 이상에 따라서 친족 · 상속편이 전면적으로 개정되어 1948년 1월 1일부터 시행되었다. 우리나라에서는 민법이 제정되기까지 제2차 세계대선 이전의 일본민법이 의용되었고, 민법의 제정에 있어서는 개정된 일본민법이 참고가 되었다.

2. 한국민법전의 제정

(1) 민법전제정 이전

우리나라는 고래로 중국법을 계수하여 상당히 정비된 법전을 많이 편찬하였다. 그러나 그 법전의 내용은 형법 등의 공법관계 규정이 대부분이었으며, 민법관계 규정은 극히 제한적으로 몇 개의 조문에 불과하였고 그것도 여러 군데에 흩어져 있었다. 예컨대 대전회통(大典會通)에 규정된 민사법규로는, 시효(時效) · 매매취소(賣買取消) · 징채(徵債) · 입후(立後) · 호적(戶籍) · 혼가(婚家) 등의 규정이 발견된다.[1] 따라서 조선시대에는 통일적 민사법규는

---

1) 대전회통이 규정하고 있는 민사법규의 주요 내용은 다음과 같다. (1) 이전(吏典): 3년에 한 번씩 호적을 개편하여 호조(戶曹), 한성부, 본도, 본읍에 비치하고, 남자장정으로 16세 이상이면 호패(號牌)를 패용하도록 하였다. (2) 호전(戶典): ⓐ 시효에 있어서 전택(田宅)에 관한 소송은 원칙적으로 5년이 경과하면 청송(聽訟)하지 못하도록 하였다. ⓑ 매매를 취소할 수 있는 기간은 제한하였다. 일반적으로 짧은 기간 동안 취소할 수 없게 하였으나, 퇴도지매매(退賭地賣買)는 10년 이내에는 할 수 없도록 하였다. ⓒ 징채(徵債)에 관해서 모든 사채(私債)는 증인과 필자(筆者, 채무자)의 서명을 갖춘 문서를 가진 자에게

없었고 독립된 사법의 발전을 보지 못했다.

조선왕조 말기에 개혁의 바람을 타고 2차례에 걸쳐 민법제정이 시도되었다. 갑오경장 다음 해인 1895년에 민법의 제정을 위한 법률기초위원회가 설치되었으나, 1896년에 개혁파의 실각으로 인하여 무산되었다. 또 1905년에 민법의 제정을 위하여 법부에 법률기초위원회가 설치되어 민법제정에 들어갔으나, 일제의 강제합방으로 완성을 보지 못하였고 이로써 민족의 자주적인 민법제정의 싹은 완전히 꺾이게 되었다.

1910년 강제합방과 함께 공포된 '조선에 시행될 법령에 관한 건'이라는 칙령에 근거하여, 1912년 제령 제7호로 조선민사령을 제정하여 일본의 민법전과 각종의 특별법 및 부속법 등 23개의 일본국법령을 의용(依用)되었다. 이로써 우리나라에 대륙법계의 근대적 민법이 시행되게 되었다. 이때 모든 민법분야가 의용된 것은 아니고, 한국인의 능력 및 친족, 상속과 부동산관계의 일부에 대해서는 조선의 관습에 의하도록 하였다. 그러나 그 후 수차례의 개정을 거쳐 일제의 말기에는 친족상속법도 대부분 일본민법이 의용되었다.

1945년 일제로부터 해방이 되자 남한에서는 미군정이 시작되었다. 군정법령 제2호(1945.11.2.)는 당시 시행중이던 일본법률 또는 규칙, 명령 등은 폐지될 때까지 효력을 가지게 되어, 일제의 통치가 종식되었음에도 불구하고 일본의 법률은 우리나라에서 그 효력이 지속되었다. 다만 1946년에 조선성명복구령이 공포되어 일제의 창씨제도가 철폐되고 본래의 성으로 복귀하였다. 대한민국정부가 수립된 후에도 제헌헌법이 현행 법률은 헌법에 위배되지 않는 한 효력을 가진다고 하였기 때문에 의용된 일본민법은 1960년 민법전이 시행될 때까지 계속하여 현행민법으로 효력을 유지하게 되었다.

(2) 민법전의 제정과정

1948년 7월 17일 헌법제정에 이어 대한민국정부가 수립되고, 같은 해 9월 15일에 법전편찬위원회 직제(대통령령 제4호)를 공포하고, 같은 해 12월 15일 법전편찬위원회가 민법전의 기초를 시작하였다. 먼저 재산법편의 민법전편찬

호하되 1년이 경과하도록 관에 소송치 아니한 것은 청송치 못하게 하였다. (3) 예전(禮典): ⓐ 적처(嫡妻)와 첩에게 모두 무자(無子)한 자는 관에 신고하고 동성동본인 남의 지자(支子)를 세워 후사자(後嗣者)로 할 수 있게 하였다. ⓑ 허혼연령은 원칙적으로 남자는 15세로 하고, 여자는 14세로 하고, 사대부로서 처가 사망한 때에는 3년이 지난 후에야 개취(改娶)할 수 있으며, 관향(貫鄕)이 다르더라도 만일에 성자(姓字)가 같을 때에는 혼인하지 못하게 하였다(김상용, 61면 참조).

요강과 가족법편의 민법친족상속편찬요강을 작성하고, 이를 토대로 초안작성에 들어갔다. 한국전쟁을 발발로 민법편찬사업은 일시적으로 중단되었으나, 전쟁 중에도 사업을 계속하여 1953년 7월 4일에 초안의 기초를 완료하고, 1954년 10월 26일에 본문 1118조 부칙 32조로 된 초안이 정부안으로 국회에 제출되었다. 국회법사위원회는 민법심의소위원회를 구성하여 1957년 9월에 예비심사를 완료하고,[2] 그 수정안이 국회 본회의에 상정되어 1957년 12월 국회 본회의를 통과하였다. 그리고 1958년 2월 22일에 법률 제471호로 공포되어, 1960년 1월 1일부터 시행되었다. 제정 당시에 본문 1111개조에 부칙 28조였다.

(3) 일본민법과의 차이점

우리 민법은 프랑스민법과 독일민법 제1초안을 바탕으로 한 일본민법을 모체로 하여 제정되었다. 그러나 그 제정과 심의과정에서 독일민법을 비롯한 여러 외국의 민법전을 참고하여 나름대로 특색을 가지게 된 것도 사실이다. 친족법과 상속법분야는 비교적 다른 민법전의 영향이 적으나, 재산법분야는 일본민법과 독일민법을 계수한 것이라 할 것인데, 여기서 재산법분야에 있어서 일본민법과 다른 우리 민법의 특징을 살펴본다.[3]

1) 채택되지 않은 일본민법의 제도

영소작권(永小作權)·부동산질권·선취특권(先取特權)은 채택하지 않았다(부칙 제14·16조).

2) 수정 채택된 일본민법의 제도

ⓐ 법률행위로 인한 물권변동에서 대항요건이었던(일본민법 제176조~제178조) 등기와 인도를 성립요건으로 하고(제186조, 제188조 이하), ⓑ 총칙편의 취득시효규정(일본민법 제162조~제165조)을 물권편에 규정하였으며(제245조~제248조), ⓒ 위험부담의 채권자주의(일본민법 제534조)를 채무자주의로 바꾸고(제537조), ⓓ 요물계약이었던 소비대차·사용대차·임치(일본민법 제587조·제593조·제657조)를 낙성계약으로 하였다(제598조·제609조·제693조).

---

2) 예비심사의 결과로 만들어진 수정안이 1957년에 민법안심의록 상·하권으로 발간되었고, 같은 해에 민법학교수들로 구성된 민사법연구회가 민법안의견서를 출판하였다.

3) 김준호, 20면 참조.

3) 일본민법에는 없는 신설된 제도

(a) 총칙분야에서는, ⓐ 관습법·조리의 법원성(제1조), ⓑ 무능력자의 상대방의 철회권과 거절권(제16조), ⓒ 주소의 복수주의(제18조 2항)가 있다.

(b) 물권법분야에서는, ⓐ 상속에 의한 점유권의 이전(제193조), ⓑ 자력구제(제209조), ⓒ 소유권에 기한 물권적 청구권(제213조·제214조), ⓓ 생활방해의 금지(제217조), ⓔ 등기부취득시효(제245조 2항), ⓕ 공동소유의 형태로 공유만을 인정하였으나(일본민법 제249조 이하) 합유와 총유를 인정한 점(제262조 이하), ⓖ 전세권을 물권으로 신설한 점(제303조-319조·부칙 제11조), ⓗ 유치권자의 경매권과 간이변제충당(제322조), ⓘ 제3취득자의 변제(제364조)가 있다.

(c) 채권법분야에서는, ⓐ 이행보조자의 고의·과실(제391조), ⓑ 이행지체 중의 손해배상(제392조), ⓒ 이행지체와 전보배상(제395조), ⓓ 채권자지체(제401조-제403조·제538조 1항 후단), ⓔ 채무인수(제453조-제459조), ⓕ 교차청약(제533조), ⓖ 계약체결상의 과실(제535조), ⓗ 종류매매와 매도인의 담보책임(제581조), ⓘ 대물변제의 예약(제607조), ⓙ 도의관념에 적합한 비채변제(제744조), ⓚ 불법행위에서 배상액의 경감청구(제765조) 등이 있다.

3. 한국민법전의 개정

1960년에 시행된 민법전은 그 동안 모두 16차례의 개정을 거쳤으나, 대부분은 친족·상속편 및 부칙에 관한 개정이었고, 재산법에 관해서는 제6차 개정 한 차례에 불과하였다. 1999년부터 법무부에서 민법개정특별분과위원회를 구성하여 재산법분야의 전면개정 작업이 진행되어 민법개정안이 국회 법제사법위원회에 상정되어 있는 상태이다. 지금까지 우리 민법전의 개정내용을 보면 다음과 같다.

제1차 개정(1962.12.29. 법률 제1237호)은 강제분가규정을 개정하고, 법정분가조항을 신설하였다.

제2차 개정(1962.12.31. 법률 제1250호)은 부동산의 등기를 시행일로부터 3년 내에 하게 되어 있는 것을 5년 내로 부칙을 바꾼 것이다.

제3차 개정(1964.12.31. 법률 제1688호)은 제2차 개정으로 5년 내로 바뀐 그 부칙을 다시 6년 내로 개정한 것이었다.

제4차 개정(1970.6.18. 법률 제2200호)은 일자확정청구에 대한 수수료 결정에 관한 부칙을 바꾼 것이었다.

제5차 개정(1977.12.31. 법률 제3051호)은, ⓐ 성년자의 혼인에는 부모의 동의를 요건으로 하지 않고, ⓑ 성년의제제도를 신설하고, ⓒ 부부의 소속불명재산을 부부 공유재산으로 추정하고, ⓓ 협의이혼에 대하여 가정법원의 확인을 거치도록 하였고, ⓔ 친권을 부모가 공동으로 행사하도록 하고, ⓕ 특별수익자의 수익이 상속분을 넘어도 반환하지 않는다는 규정을 삭제하고, ⓖ 여자 및 유처(有妻)의 법정상속분을 조절하고, ⓗ 유류분제도를 신설하였다.

제6차 개정(1984.4.10. 법률 제3723호)은, ⓐ 항공기실종을 특별실종의 종류에 추가하고, 특별실종기간을 1년으로 단축하였고, ⓑ 구분지상권제도를 도입하고, ⓒ 전세금의 우선변제권을 인정하고, 1년의 최단존속기간의 규정을 신설하고, 건물전세권의 존속기간에 관한 묵시적 갱신을 인정하고, 전세금증감청구권을 신설하였다.

제7차 개정(1990.1.13. 법률 제4199호)은, ⓐ 친족의 범위를 합리적으로 조정하고, ⓑ 법정모자관계였던 적모서자관계와 계모자관계를 폐지하고 인척관계로 변경하고, ⓒ 호주상속제도를 호주승계제도로 하고 호주권과 남녀불평등 조항을 삭제하고, ⓓ 약혼해제사유 중 폐병을 삭제하고 불치의 정신병을 삽입하고 2년 이상의 생사불명을 1년 이상으로 개정하고, ⓔ 부부동거장소를 협의로 정하도록 변경하고, ⓕ 부부공동생활비용을 부부 공동의 부담으로 하고, ⓖ 이혼시 양육책임을 협의에 의해 정하도록 하고, ⓗ 면접교섭권을 신설하고, ⓘ 이혼배우자의 재산분할청구권을 신설하고, ⓙ 입양제도를 개정하고, ⓚ 가를 위한 양자제도를 폐지하고, ⓛ 친권행사에 있어서 부모의 의견이 불일치할 경우에 가정법원이 정하도록 하는 등 친권제도를 개정하고, ⓜ 기혼자에 대한 후견인의 순위를 개정하는 등 후견제도를 개정하고, ⓝ 상속인의 범위의 축소, 기여분제도의 신설 등 상속제도를 대폭 변경하였다.

제8차 개정(1997.12.13. 법률 제5431호)은 국적법 개정에 따라 부가 외국인인 때에는 모의 성과 본을 따를 수 있고 모가에 입적한다고 개정하였다.

제9차 개정(1997.12.31. 법률 제5454호)은 정부부처 명칭 등의 변경에 따른 개정이었다.

제10차 개정(2001.12.29. 법률 제6544호)은, 이사의 직무집행정지 등 가처분의 등기의무 규정을 신설하고, 직무대행자의 권한에 관한 규정을 신설하였다.

제11차 개정(2002.1.14. 법률 제6591호)은, 상속회복청구권의 권리행사기간을 상속권의 침해가 있은 날로부터 10년으로 개정하고, 상속인이 중대한 과실 없이 상속개시 있음을 안 날로부터 3월 이내에 상속채무가 상속재산을 초과하는 사실을 알지 못하고 단순승인한 경우에는 그 사실을 안 날로부터 3월 내에 한정승인할 수 있도록 개정하였다.

제12차 개정(2005.3.31. 법률 제7427호)은, ⓐ 호주제도 폐지와 이에 따른 입적·복적·일가창립·분가 등에 관한 규정을 삭제하고, 가족에 관한 규정을 새롭게 정하고, ⓑ 자녀의 성(姓)과 본(本)은 부(父)의 성과 본을 따르는 것을 원칙으로 하되, 혼인신고시 부모의 협의에 의하여 모(母)의 성과 본도 따를 수 있도록 하고, 자녀의 복리를 위하여 자녀의 성과 본을 변경할 필요가 있는 때에는 부(父) 또는 모(母) 등의 청구에 의하여 법원의 허가를 받아 이를 변경할 수 있도록 하였다. ⓒ 동성동본금혼제도를 폐지하고 근친혼제한의 범위를 합리적으로 조정하고, ⓓ 여성에 대한 재혼금지기간 제도를 폐지하고, ⓔ 처(妻)의 친생부인의 소 제기를 인정하였다. ⓕ 친양자제도를 신설하고, ⓖ 친권 행사에 있어서 자의 복리를 우선적으로 고려하여야 한다는 의무규정을 신설하였다.

제13차 개정(2005.3.31. 법률 제7428호)은 회사정리법, 화의법 및 파산법을 채무자 회생 및 파산에 관한 법률로 통합하여 규정함으로써 그에 따른 용어 등을 정리한 것으로, 제937조 제3호 및 제1098조 중 "파산자"를 각각 "파산선고를 받은 자"로 한 개정이었다.

제14차 개정(2005.12.29. 법률 제7765호)은 법명을 '民法'에서 민법으로 바꾸고, 한정승인에 대한 특례에 관한 부칙을 신설하였다.

제15차 개정(2007.5.17. 법률 제8435호)은 호적법 폐지와 가족관계 등록 등에 관한 법률의 제정에 따라서 법명을 조정한 것이다.

제16차 개정(2007.12.21. 법률 제8720호)은 법인의 기관의 과태료를 인상하고, 기간계산에 있어서 토요일을 공휴일에 포함하여 계산하고, 남녀의 약혼연령 및 혼인적령을 만 18세로 조정하고, 이혼숙려기간을 도입하고, 협의이혼시 자녀 양육사항 및 친권자 지정에 대한 합의를 의무화하였다. 그리고 자녀의 면접교섭권을 인정하고, 재산분할청구권 보전을 위한 사해행위취소권을 인정하였다.

Ⅲ. 민법전의 구성

1. 민법전 편별의 종류

민법전의 편별(編別)에는 인스티투치오넨시스템(Institutionensystem)과 판덱텐시스템(Pandektensystem)의 2종류가 있다.

(1) 인스티투치오넨시스템

로마 법학자 가이우스(*Gaius*)가 펴낸 법학제요(*Institutiones*) 교과서를 기초로 하여 유스티니아누스황제가 같은 이름으로 편찬한 민법전이 취한 편별방식을 말한다. 로마식 편별이라고도 불리운다. 그 구성이 사람, 물건, 소권(訴權)의 3편으로 이루어져 있었다. 이러한 법전편별 방식은 근대에는 프랑스민법이 계승하였는데, 프랑스민법전은 제1편 사람, 제2편 물권 및 소유권의 변동, 제3편 소유권의 취득방법으로 짜여져 있으며, 소권에 관한 사항은 민사소송법으로 분리되어 또 다른 법전을 이루고 있다.

구체적으로는 제1편에는 권리능력, 신분행위, 주소, 혼인, 이혼, 별거, 친생자, 양자, 친권, 미성년 · 후견, 성년이 속하고, 제2편에는 물권, 소유권, 용익물권을 규정하고, 제3편은 상속, 증여와 유증, 계약과 계약채무, 부당이득, 부부재산제, 매매, 교환, 부동산개발계약, 법인, 대차, 임치, 부양계약, 위임, 보증, 화해, 중재, 담보, 선취특권과 저당, 강제수용, 시효와 점유를 담고 있다.

(2) 판덱텐시스템

판덱텐시스템은 로마법대전 중에서 학설휘찬(*Digesta, Pandectae*)이 독일보통법으로 효력을 가졌던 로마법의 주요 대상이었고, 독일의 판덴텍법학자들이 그 내용을 총칙 · 채권 · 물권 · 친족 · 상속의 5편으로 분류하여 체계화하였기 때문에 붙여진 이름이다. 이 편별방식은 작센민법전, 독일민법전, 일본민법전, 스위스민법전, 그리고 우리 민법전에서 채택된 방식이다. 이 방식의 특색은 민법을 재산법과 가족법으로 나누고, 재산법은 물권법과 채권법으로 세분하고, 가족법을 친족법과 상속법으로 나누어 담고 있는 점이며, 또한 이 모든 법에 공통되는 통칙으로서, 법전의 맨 앞에 총칙편을 둔다는 점이다.

2. 우리 민법전의 구성

우리 민법전은 판덱텐시스템에 따라 총칙, 물권, 채권, 친족, 상속의 5편으로 구성되어 있다. 다만 채권, 물권의 순으로 규정되어 있는 독일민법전과는 달리 물권과 채권의 순으로 규정되어 있다.

(1) 총칙편

제1편 총칙(總則)은 맨 처음에 통칙으로서 법원과 신의성실의 원칙에 대해 규정을 두고, 그 다음은 권리를 중심으로 하여 권리의 주체, 권리의 객체, 그리고 권리의 변동으로 구성되어 있다. ㉠ 권리의 주체(主體)는 누가 권리를 향유할 수 있는가에 대한 규정인데, 자연인과 법인이 사람으로서 권리자가 된다. ㉡ 권리의 객체(客體)는 무엇이 권리의 대상이 되는가에 관한 규정인데, 민법총칙은 다양한 권리의 객체 중에서 대표적으로 물권의 객체인 물건에 관해서만 규정하고 있다. ㉢ 권리의 변동(變動)은 권리는 무엇을 매개로 하여 다른 권리자에게 이동하는가에 관한 규정인데, 한 사람의 권리는 계약으로 대표되는 법률행위에 의해 다른 사람의 권리로 될 수 있다. ㉣ 마지막에는 법전반에 걸친 통칙으로서 기간에 관한 규정과, 소멸시효를 규정하고 있다.

민법총칙의 규정은 민법의 구성으로 볼 때, 민법 전반에 걸친 통칙(通則)으로서의 성질을 가져야 할 것이나, 법원 · 신의칙 · 주소 · 실종 · 물건 · 기간 등의 규정 이외의 대부분의 규정은 물권법과 채권법에 관하여 적용되고, 친족편과 상속편에는 그 성질상 적용되지 않는다. 그런 의미에서 총칙편은 실질적으로는 민법 제2편 물권과 제3편 채권 분야를 위한 통칙을 규정한 데 불과하다고 할 것이다.

(2) 물권편

제2편 물권(物權)에는, 맨 처음에 물권법정주의와 물권변동에 관한 총칙을 두고, 기본적 물권으로 물건의 사실상의 지배에 관한 점유권과 물건을 사용 · 수익 · 처분할 수 있는 권능을 모두 가진 소유권을 규정하고, 그 권능의 일부 제한으로 성립하는 제한물권으로서 지상권 · 지역권 · 전세권의 용익물권과 유치권 · 질권 · 저당권의 담보물권을 규정한다.

(3) 채권편

제3편 채권(債權)에는, 그 발생원인으로 당사자의 의사표시에 의한 계약과 법률규정에 의한 사무관리, 부당이득, 불법행위를 차례로 규정하고 있는데, 이것을 통상 채권각론이라고 부른다. 그리고 이러한 원인에 의해 발생된 채권의 목적, 효력, 양도, 소멸에 관하여 통칙으로서 총칙편에서 규정하는데, 이것을 통상 채권총론이라고 한다.

(4) 친족편

제4편 친족(親族)에는, 제1장 총칙이 친족의 정의, 혈족과 인척, 촌수의 계산 등 친족관계에 관한 기본적인 규정, 제2장 가족의 범위와 자의 성과 본에 관한 규정, 제3장 혼인은 친족관계의 시발점으로서 혼인과 이혼에 관한 규정, 제4장은 부모와 자는 혼인관계의 결과로서 친생자관계와 양친자관계에 관한 규정, 제5장 후견은 각종 후견인의 자격과 권한 · 임무에 관한 규정, 제6장 친족회는 친족회의 조직 · 소집 · 결의 · 의무에 관한 규정, 제7장 부양은 부양의무와 부양의 순위 · 정도 · 방법 등에 관한 규정을 각각 두고 있다.

(5) 상속편

제5편 상속(相續)은 모두 3장으로 구성되어 있다. 제1장 상속은 총칙에서 상속개시의 원인과 장소, 상속회복청구권 등을 규정하고, 차례로 상속인, 상속의 효력, 상속의 승인과 포기, 상속재산의 분리, 상속의 부존재를 규정한다. 제2장 유언은 총칙에서 유언의 요식성, 유언능력 등을 규정하고, 유언의 방식, 유언의 효력, 유언의 집행, 유언의 철회를 차례로 규정하고 있다. 제3장 유류분에서는, 유류분의 권리자와 유류분, 유류분의 산정과 그 보전에 관하여 규정한다.

제 4 장 민법의 기본원리

I. 서 설

민법전은 일반인의 사적 생활관계를 규율하는 법으로서 총1118개 조문으로 이루어져 있으며, 민법전 이외에도 수많은 조문이 실질적 민법에 속한다. 그러나 그것은 단순한 조문의 집합에 그치는 것이 아니라, 민법 전반을 지배하는 기본원리를 바탕으로 하여 체계화된 것이다. 민법의 기본원리(基本原理)는 민법의 모든 규정에 관통하는 이념을 말하는 것으로, 법률의 흠결이나 불충분이 있는 경우에 이를 보충하여 사회실정에 맞는 법을 찾아내는 데 중요한 기준이 된다. 그러므로 민법의 해석과 적용에 있어서 초석이 된다 할 것이다.

우리 민법의 기본원리가 무엇인가에 대해서는, 전통적으로 근대 민법전의 바탕을 이루었던 기본원리가 우리 민법전에 있어서도 기본원리라고 할 수 있다. 시민혁명으로 구제도의 붕괴와 함께 사람은 모든 봉건적 구속에서 해방되어 법 앞의 자유·평등이 보장되었다(법인격평등의 원칙). 그러한 법인격자에게 소유권의 자유가 보장되어 생활의 물적 토대가 제공되었다(사유재산권존중의 원칙). 또한 국가는 질서유지를 주임무로 하고 국민에게 경제활동의 자유경쟁과 자유방임을 보장하여 사인의 자유로운 의사결정을 통한 활동을 존중하게 되었다(사적자치의 원칙). 그리고 국민의 자유로운 활동을 보장하기 위해서는 사법상의 활동에 있어서 과실 없이는 책임을 지지 않도록 하였다(과실책임의 원칙). 이러한 근대민법의 기본원리는 근대 초기의 개인주의·자유주의·민주주의의 법적 표현이었으며, 그것은 자본주의경제의 발전에 있어 역사적 사명을 수행하였다. 그러나 그 후 1세기 동안 자본주의경제의 급격한 발전으로 인하여 여러 가지 내재적인 모순이 노출되었다. 빈부의 심한 격차·계급의 날카로운 대립 등으로 사회의 발전은 균형을 상실하게 되었다. 개인에 대하여 형식적인 자유·평등을 보장한 결과 오히려 부자유·불평등을 초래하게 된 것이다. 그러므로 자본주의경제의 모순을 제거하고 개개인에게 실질적인 자유·평등을 보장하여 사회의 균형 있는 발전을 실현하기 위하여 위의 근대민법의 기본원리의 수정이 요망되었다. 아래에서 개별적으로 근본원리와 그 수정·보완에 대해서 살펴본다.

Ⅱ. 법인격평등의 원칙

1. 원 칙

법인격평등(法人格平等)의 원칙은 모는 자연인에게 평등하게 법인격을 부여한다는 원칙이다. 즉 사람이면 누구나 권리능력을 가진다는 것이다. 프랑스혁명에 의해 열린 근대사회에 있어서 법인격의 평등은 가장 중요한 기본원리가 되었다. 근대 이전의 사회에서는 신분에 따라 전혀 권리능력이 인정되지 않거나, 제한되기도 하였다. 그러나 근대시민혁명에 의하여 차별적인 신분제도가 타파되고 사람은 모든 봉건적 구속에서 해방되어 법 앞의 평등이 보장되었으며, 민법상으로도 모든 사람에게 권리능력, 즉 법인격을 인정하게 된 것이다. 헌법 제11조 1항에서 모든 국민은 법 앞에 평등하다고 규정하였으며, 이에 의거하여 민법 제3조는 사람은 누구나 출생하면 법인격, 즉 권리의무능력을 부여받는다고 규정한다. 그러므로 우리나라에서도 법인격평등의 원칙은 민법의 기본원리로서 인정되고 있는 것이다.

2. 생존권의 보장을 통한 보완

근대법은 모든 사람은 이성을 가진 인격자(Person)로 파악하고 추상적으로 자유롭고 평등하므로 이들의 자유경쟁에 의해서 사회는 조화를 이룰 수 있다고 판단하였다. 법인격평등의 원칙에 의하여 개인에게 평등하게 소유의 자유를 보장하고 자유경쟁을 허용하여 자본주의의 비약적 발전을 가져온 것은 사실이다. 그러나 그 결과 약육강식을 통하여 강자에 의한 약자의 지배라는 모순을 낳게 되었다. 이와 같이 근대법의 추상적 인간상은 실질적 자유와 평등을 보장하지 못하고, 더 이상 구체적인 사람은 모두 평등한 존재가 아니라는 것이 명백하게 되었다. 따라서 현대법은 사람을 사회·경제적으로 차이가 있고 계급적으로 구별이 되는 구체적인 인간(Mensch)으로 파악하게 되었다. 즉 구체적인 인간이 가지는 사회·경제상의 구체적 위치를 고려하여 실질적으로 자유와 평등을 확보하여 인간다운 생존(menschenwürdiges Dasein)을 보장하고, 이로써 사회정의를 구현하는 방향으로 전환하게 되었다. 현대국가는 자유방임을 버리고 국민에 대해 인간다운 생활의 보장을 위해 적극적으로 정책을 과감히 실천하게 되었다. 따라서 국가의 기능도 19세기의 자유방임의 야경국가에서 20세기의 복지국가로의 전환을 보이게 되었다.

우리 헌법 제34조가 국민에게 인간다운 생활을 할 권리를 보장한다고 선언한 것은 사람의 실질적인 자유와 평등을 확보하여 법인격평등의 원칙이 가지는 모순과 한계를 수정·보완하는 것을 의미한다. 그러므로 국가는 복지국가로서 독점기업의 횡포에 대해 제한을 가하고 소비자대중을 보호하고, 사회보장의 증진에 노력하여 생활능력이 없는 빈곤한 국민을 특별히 보호하며, 국민의 보건을 증진시키며, 노동자의 권리를 보장하고, 여자와 소년의 근로를 특별히 보호하는 등의 임무를 적극적으로 수행하게 되었다.

Ⅲ. 소유권절대의 원칙

1. 원 칙

소유권절대(所有權絶對)의 원칙은 소유권이 누구에 의해서도 방해받거나 침해받지 않는 절대불가침의 권리라는 점을 인정하는 원칙을 말한다. 법인격자의 물적 토대로서 소유권을 보장한 것이며, 소유권의 행사가 자유로워야 한다는 것을 의미한다. 또한 이 원칙은 각 개인의 사유재산권에 대한 절대적 지배를 인정하고, 국가나 다른 사람은 이에 간섭하거나 제한을 하지 못한다는 의미에서 사유재산권존중의 원칙이라고도 한다. 근대법 이전에는 소유가 신분제도와 결부되어 있어서 신분에 따라 각종의 의무를 부담하였으므로 피지배계층은 자유로운 생활을 할 수 없었다. 그런데 시민혁명을 통하여 개인이 신분제도에서 해방됨과 동시에 재산의 소유도 보장받게 되었다. 이러한 소유권의 절대성은 자연권의 신성불가침이라는 근대법사상을 바탕으로 하였기 때문에 소유권의 침해는 소유자의 인격에 대한 침해로 관념되었다. 그리고 소유권의 절대성은 이윤추구와 자유경쟁을 촉진시켜 자본주의경제가 눈부시게 발전하게 되었다. 즉 소유권의 절대성이 보장되기 때문에, 사람들은 그 소유재산을 자유로이 사용·수익·처분하고, 그것을 담보로 융자한 자본을 투자하여 많은 재산을 축적하고 이익을 취할 수 있게 되었다.

우리 헌법이 재산권을 보장하고(헌법 제23조), 민법이 소유권자에게 그 소유물을 사용·수익·처분할 수 있는 권리를 보장함으로써(제211조), 소유권절대의 원칙 또는 사유재산권존중의 원칙을 기본원리로 한 것이다.

2. 공공복리에 의한 제한

근대 이전의 구속과 제한에 대한 반동으로 인하여 근대 초기에는 소유권의 절대성과 그 행사의 자유가 최대한 보장되었다. 그러나 얼마 지나지 않아서 자본주의경제의 발전이 초래한 부의 편재·계급의 대립·자연의 파괴 등의 각종 사회적 해악이 나타났고, 이에 대한 반성이 뒤따르게 되었다. 그래서 소유권의 자의적인 행사를 공공복리(公共福利)를 위하여 제한하려는 경향을 보이게 되었다. 독일 바이마르헌법(1919년)이 소유권 행사의 공공성을 선언함으로써 프랑스인권선언(1789년)에 의해 보장되었던 소유권의 신성불가침성에 제한이 가해지게 되었다.

우리 헌법도 제23조 2항에서 재산권의 행사는 공공복리에 적합하도록 하여야 한다고 규정하였고, 이에 의거하여 민법에서는 소유권의 행사는 신의성실의 원칙과 권리남용의 원칙에 의한 제약을 받는다는 규정을 비롯하여, 소유권의 내용은 법률의 범위 내로 한정하고(제211조), 또한 토지소유권은 정당한 이익이 있는 범위 내에서 인정된다고(제212조) 규정하였고, 소유자 또는 이용자 간의 부동산의 이용을 조절하는 상린권(제216조 이하)을 규정하였다. 이러한 규정은 소유권 행사에 대한 일정한 제한을 정한 것으로 소유권절대의 원칙에 대한 수정을 반영한 것이다. 따라서 오늘날에는 소유권의 사회화에 의하여 소유권의 절대성의 원칙은 배제되고 소유권의 행사는 공공복리에 의해 제한되는 형태로 나타난다. '사법은 공공의 복지에 따른다'(*Privatum commodum publico cedit*).

Ⅳ. 사적자치의 원칙

1. 원 칙

사적자치(私的自治)의 원칙이란 개인은 자기의 의사에 따라 사법관계를 자유롭게 형성할 수 있다는 원칙이다. 법률관계의 형성은 주로 법률행위에 의해 이루어지므로 법률행위자유의 원칙이라고도 하며, 사적 자치는 법률행위 중에서도 주로 계약에 의하여 실현되므로 계약자유의 원칙이라고도 한다. 이 원칙에 따라, 이성과 인격을 갖춘 개인은 자유롭게 계약의 체결 등 법률행위를 함으로써 스스로의 행동결정에 의해서 법률관계를 형성하고 그에 대한 책임도 스스로 지게 된다. 따라서 이 원칙은 법인격평등을 바탕으로 하고 그 위에 절대적으로 보장되는 소유권을 물적 토대로 하여 사람을 자유로운 자기 결정에 따라 행동하게 함으로써, 개인의 경쟁심을 자극하여 창의에 의한 활발한 활동을 촉구하여 사회진보의 원동력이 되었다. 결국 이 원칙은 자본주의의 발전에 동적 활력을 불어넣었으며, 이를 기초로 하여 자본주의적 시장경제가 자율적으로 발전하게 되었다.

계약자유의 원칙에는, 계약의 체결 여부를 자유롭게 결정할 수 있는가에 관한 체결(締結)의 자유, 계약의 체결의 상대방을 자유롭게 선택할 수 있는가에 관한 상대방선택(相對方選擇)의 자유, 무엇을 계약의 내용으로 할 것인가를 자유롭게 결정할 수 있는가에 관한 내용결정(內容決定)의 자유, 어떤 방식으로 계약을 체결할 것인가를 자유롭게 결정할 수 있는가에 관한 방식(方式)의 자유가 포함된다. 이 중에서 상대방선택의 자유는 계약체결의 자유에 속하는 것으로 이해한다. 사적자치의 원칙은 재산법에서 확립되었으나, 점차 가족법에서도 채용되어 전 사법에 걸쳐 그 적용이 확대되었다.

우리 헌법은 모든 국민은 인간으로서의 존엄과 가치를 가지며, 행복을 추구할 권리를 가진다고 규정함으로써(동법 제10조), 모든 국민에게 일반적으로 행동의 자유를 부여하고 있다. 또한 법무부 민법개정안은 사람은 인간으로서의 존엄과 가치를 바탕으로 자신의 자유로운 의사에 좇아 법률관계를 형성한다고 함으로써(동개정안 제1조의 2), 사적자치의 원칙을 민법의 맨 처음에 규정하여 그 중요성을 강조하고 있다.

2. 계약의 공정성 확보에 따른 보완

자본주의경제는 소유권절대의 원칙을 근간으로 하는 사유재산제도와 계약자유의 원칙을 지주로 하여 발달하였다고 할 수 있다. 그러나 근대법이 계약자유의 원칙을 인정하여 자유경쟁을 허용한 결과 자본주의의 고도화와 더불어 빈부의 격차·계급대립의 격화를 낳게 되었다. 따라서 계약자유의 원칙은 더 이상 모든 사람에게 평등하게 생존을 보장할 수는 없게 되었고, 현대법은 이 원칙을 적당히 제한함으로써 사적 법률관계에 변화를 주려는 경향이 강하게 나타나게 되었다. 사회적·경제적 약자의 인간다운 생활의 보장을 위해서는 계약내용의 공정성 확보가 필요하며, 공정성을 잃은 내용의 계약은 무효화하여 약자를 보호하는 방향으로 발전되어 왔다.

사적자치에 대한 제한은 계약내용의 공정성의 확보를 통하여 계약자유를 제한하는 형태로 공·사법에 걸쳐 다양하게 표출되었다. 구체적으로는, 계약내용의 반사회성·불공정성에 의한 무효화, 전기·가스 등의 생활필수계약의 체약강제, 임대차 등 약자보호에 관련된 민법규정의 강행법규화와 특별법제정, 불공정한 약관의 무효화, 경제법령에 의한 가격통제 또는 특정거래행위의 금지 등이 사적자치의 제한의 모습이다.

V. 과실책임의 원칙

1. 원　　칙

과실책임(過失責任)의 원칙은 손해의 발생에 관하여 고의 또는 과실이 있는 경우에 한하여 그 배상책임을 진다는 원칙이다. 또한 개인은 오직 자기의 고의 또는 과실로 인하여 발생한 손해에 대해서만 손해배상책임을 진다는 의미에서 자기책임의 원칙이라고도 한다. 이는 개인의 자유활동을 광범위하게 보장하기 위하여 채용된 기본원리인데, 개인의 의사자유 · 자유경쟁을 통하여 사회생활을 영위하려면 계약의 자유를 인정하는 것뿐만 아니라 개인의 책임의 한계를 명확히 규정해 주어야만 더욱 활발한 활동을 할 수 있다는 데 근거하고 있다. 그러므로 개인은 자기의 행위에만 주의를 다하여 과실이 없으면 어떠한 책임도 지게 되지 않기 때문에 그 만큼 마음 놓고 활동할 수 있게 된다. 자본주의의 발전 특히 기업이 눈부시게 발전을 하게 된 것은 이 원칙에 힘입은 바 크다. 과실책임의 원칙은 채무불이행책임(제390조)과 불법행위책임(제750조)의 양 민사책임에 있어서 기본원칙으로 자리하고 있다.

2. 무과실책임에 의한 보완

산업의 발달로 기업은 타인에게 손해를 주면서도 사람의 힘으로 회피할 수 없는 위험이라는 이유로 책임을 지지 않고, 그로 인하여 막대한 이익을 취득하는 경우가 많아지게 되었다. 그 결과 이러한 기업에 대해 과실이 없다는 이유로 책임을 지울 수 없다는 것은 공평하지 않다는 생각에서 과실책임주의에 대한 반성이 일게 되었다. 이에 따라 손해발생에 있어서 고의 또는 과실이 없는 경우에도 배상책임을 지우는 무과실책임론(無過失責任論)이 제기되었다.

사실상으로 무과실책임의 원칙이 인정되는 경우로는, 과실에 관한 입증책임의 전환, 면책주장 채택의 거부 등이 있고, 법률상으로 무과실책임의 원칙이 인정된 것은 공작물의 점유자 · 소유자의 책임(제758조)이 있다. 오늘날 기계문명의 발달과 자본주의의 고도화로 인하여 무과실책임을 인정하는 경우가 날로 확대되어 가고 있다. 예컨대 공해기업의 환경오염 또는 환경훼손으로 인한 생명 · 신체의 피해에 대한 환경오염책임에 있어서, 무과실책임을 인정하였다(환경정책기본법 제31조). 또한 제조업자가 제조물의 결함으로 인하여 생명 · 신체 또는 재산에 손해를 입은 자에게 손해를 배상하도록 한 제조물책임(제조물책임법 제3조 1항), 그리고 우주손해가 발생한 경우에 우주물체 발사자가 손해를 배상하도록 한 우주손해배상책임(우주손해배상법 제4조 1항)에 있어서도 무과실책임이 인정되었다.

제 5 장 민법의 해석

I. 민법해석의 의의

1. 의 의

민법의 해석(解釋)은 민사분쟁에 적용될 민법법규의 내용을 확정하는 것을 말한다. 일반적으로 법의 적용은 추상적인 법규범을 대전제로 하고 구체적 법률관계를 소전제로 하여 추론을 통하여 법적 가치판단을 내리는 작업이라고 할 수 있다. 법의 적용에 있어서 문제가 된 사실관계를 증거에 의하여 인정하고 확정하여야 하지만, 동시에 추상적인 법규범의 의미를 명확히 하여야만 그것을 구체적인 분쟁사건에 적용할 수 있게 된다. 민사법규도 입법기술상으로 매우 추상적이고 일반적으로 표현되어 있기 때문에, 그 의미를 파악하고 내용을 확정하는 것이 요구된다. 또한 그 법규가 서로 모순되거나 흠결이 있는 경우도 있으므로 이러한 경우에는 그 모순을 해소하고 흠결을 보완하여 민법법규의 내용을 확정하는 것도 민법해석의 목적이다. 그러므로 민법의 해석이란 구체적 사실에 적용하기 위하여 민법법규의 의미를 체계적으로 이해하고 민법의 목적에 따라 그 규범내용을 명확하게 하는 이론적 · 기술적 조작이다.

2. 대 상

민법의 해석은 성문민법의 법규, 관습법 등 민법의 법원과 그밖에 판례도 그 대상으로 한다. 관습법에 있어서도 관습의 내용을 확인하고 그 법적 확신의 유무를 판단하여야 하므로 해석이 필요하다. 또한 사실상 법원의 기능을 한다고 할 수 있는 판례도 개개의 판례에 내재하는 합리성을 도출하여 공통적이고 추상적인 법원리를 구성하여야 하므로 해석이 요구된다. 그러나 가장 중요한 법원인 성문법이 민법해석의 주된 대상이다.

3. 주 체

민법해석은 그 주체가 국가기관이면 유권해석이고 사인이면 무권해석이다. 유권해석(有權解釋)은 해석하는 국가기관에 따라서 구분되는데, 입법기관이 법규의 의미를 명확히 하기 위하여 따로 규정을 두어서 하는 해석을 입법해석, 법원이 구체적 소송사건을 해결하기 위하여 판결의 형식으로 표현되는 해석을 사법해석, 행정관청이 법을 집행하거나 또는 하급관청에 대한 회답·훈령·지령 등을 발할 때 하는 법규의 해석을 행정해석이라고 한다. 그러나 입법해석은 법령 중에 해석규정을 두는 것이므로 본래의 의미의 법해석방법과는 다른 입법의 연장에 불과하며, 그 해석규정도 해석의 대상이 된다. 또한 행정해석은 그 구속력의 범위가 한정적이며 그 시비는 법원에서 가릴 수밖에 없으므로 최종적인 권위가 없는 것이다. 그러므로 개별적으로 취급하는 당해 사건에 관한 한 원칙적으로 최종적인 구속력을 가지는 사법해석이 법해석으로서 중요한 의의가 있다고 할 것이다. 한편 무권해석(無權解釋)은 법률적으로는 아무런 구속력이 없지만 법학자의 법해석은 재판과 입법의 기초가 되어 법학발전에 중요한 역할을 한다고 할 것이다.

Ⅱ. 민법해석의 기술

1. 반대해석과 유추해석

반대해석(反對解釋)은 일정한 법명제로부터 반대명제를 이끌어내는 해석기술이다. 예컨대 저당권은 부동산에 대하여 설정할 수 있다(제356조)는 명제에서 동산에 대해서는 저당권을 설정하지 못한다는 반대명제를 도출할 수 있는 것이다. 유추해석(類推解釋)은 법규가 정한 사항을 확충하여 그와 유사한 사항에 적용하여 같은 법적 효과를 인정하는 해석기술이다. 예컨대 사단법인에 관한 민법규정을 확충하여 법인격은 없지만 사단법인과 유사한 권리능력 없는 사단의 법률관계에 적용할 수 있는 것이다. 이는 법질서 전체의 목적과 개별적인 경우의 실정을 고려하여 필요한 경우에 인정되는 해석기술인데, 단순히 법규의 언어적 표현 자체의 의미를 확장하여 해석하는 확장해석과는 구별된다.

2. 축소해석과 확장해석

축소해석(縮小解釋)은 법조문의 자구를 문리적으로 해석하여 법조문의 언어적 표현보다 좁게 해석하는 기술이다. 예컨대 의사와 표시의 불일치가 있는 경우에 제3자보호규정(제107조 2항, 제108조 2항, 제109조 2항)에서 제3자는 언어적 표현으로는 당사자 이외의 모든 사람을 의미하지만, 새로운 이해관계를 가지게 된 제3자로 축소하여 해석한다. 확장해석(擴張解釋)은 법규의 명제와 용어를 본래 예정된 그 언어의 일상적인 일반의 의미 이상으로 확장하여 넓게 이해하는 해석기술이다. 예컨대 생명침해로 인한 위자료청구권자로서의 배우자(제752조)는 법률상의 배우자뿐만 아니라 사실상의 배우자도 포함하는 것으로 확장해서 해석한다.

3. 해석상의 주요 용어

민법을 해석하는 데 있어서 주로 사용되는 것으로서 일반적인 의미와 구별되는 용어는 다음과 같다.

(1) 유추 · 준용

유추(類推)는 법규가 정한 사항을 확충하여 그와 유사한 사항에 적용하는 것을 말하는 법해석상의 기술이고, 준용(準用)은 법규가 정한 사항을 필요한 변경을 가하여 그와 유사하지만 본질이 다른 사항에 적용하는 입법상의 기술이다. 예컨대 미성년자의 행위능력에 관한 규정(제5조 내지 제8조)은 한정치산자에 준용한다(제10조)고 하여 4개의 조문을 준용을 통하여 1개의 조문으로 하고 있다. 이와 같이 준용은 입법에 있어서 규정의 중복을 피하여 간결한 체계를 갖추는 데 활용되는 기술이므로, 법해석에 있어서 법규에 정함이 없는 사항에 관하여 유사한 사항에 관한 법규를 끌어다가 적용하는 유추와는 구별된다.

(2) 추정 · 간주

추정(推定)은 불명확한 사실을 일단 존재하는 것으로 정하여 법률효과를 발생시키는 것이며, 반증이 있으면 그 효과는 깨지는 것이다. 예컨대 부부 중 누구에게 속하는 것인지 불명한 재산은 부부의 공유로 추정되는데(제830조 2항), 일방의 재산임을 증명한다면 추정된 효과는 발생하지 않는다. 간주(看做)는 사실에 부합되는지를 묻지 않고 법률이 정한 효력을 당연히 생기게 하는 것이며, 반증에 의해서도 그 효과가 변하지 않는 것이다. 법률에 의한 의제(擬制)이며, 법문에서는 「본다」로 표현된다. 예컨대 채무이행에 있어서 이행보조자의 고의 · 과실은 채무자의 고의 · 과실로 본다(제391조)는 것은 사실이 어떠하든 채무자의 귀책사유가 있는 것으로 되어 확정된다는 것을 의미한다.

(3) 선의 · 악의

선의(善意)는 어떠한 사정을 알지 못하는 용태를 말하며, 악의(惡意)는 어떠한 사정을 알고 있는 용태를 말한다. 예컨대 허위표시의 무효로 대항하지 못하는 선의의 제3자(제108조 2항)는 당사자가 통정하여 한 의사표시인 것을 모르고 법률행위를 한 자를 말한다.

(4) 제3자

당사자 이외의 모든 자를 말하는 것이지만, 제한되는 경우도 있다. 예컨대 매매계약에서 매도인과 매수인은 당사자이고 그 이외의 사람은 제3자이지만, 허위표시의 무효로 대항하지 못하는 선의의 제3자는 허위표시행위를 기초로 하여 새로운 법률상의 이해관계를 맺은 자로 한정된다.

(5) 대항할 수 없다

법률행위의 당사자가 법률행위의 효과를 제3자에게 주장하지 못하지만, 반대로 제3자가 주장할 수 있다는 의미로 쓰인다. 선의의 제3자를 보호하여 거래의 안전을 꾀하려는 경우에 주로 사용된다(제60조, 제108조 2항, 제109조 2항, 제129조, 제449조).

Ⅲ. 민법해석의 기준

어떠한 기술을 활용하여 민법을 해석할 것인가는 각 경우에 따라 다를 것이지만, 기본적으로 민법의 해석을 함에 있어서 요구되는 기준이 있다. 그것은 단순히 규정의 문언의 의미만을 해석하는 데 그치지 않고 그것을 논리와 체계에 맞추어 해석하는 것이 필요하며, 나아가서 민법규정의 목적이나 취지에 맞추어 해석하고, 일반적 확실성과 구체적 타당성을 조화롭게 해석하는 일이다.

1. 문리해석과 논리해석

문리해석(文理解釋)은 법규용어의 통상의 의미에 따라서 문장의 문법에 좇아 해석하는 방법을 말하는데, 추상적인 용어는 문리해석만으로는 그 의미를 정확히 파악할 수 없다. 따라서 민법을 하나의 논리적 체계로 구성하여 개별조문의 의미를 법체계와 조화될 수 있도록 하는 논리해석(論理解釋) 또는 체계해석이 요구된다. 구체적으로는 민법규정을 해석하는 데 있어서는 다른 조문과 모순되지 않도록 하여야 하며, 또한 그에 관한 민사특별법이 있으면 특별법이 우선하여 적용된다. 또한 민법은 법체계적으로 헌법을 정점으로 한 국법체계의 일부를 이루고 있으므로 헌법정신에 적합하도록 해석되어야 한다. 그러나 논리해석은 법규의 문자나 문법적 의미에 사로잡히지 않고 법문의 논리적 의의만을 주목하여 해석하는 방법이므로, 법규의 발생적·심리적·주관적 의의를 초월하여 객관성을 보장하는 취지에는 합치되지만 지나치게 형식논리를 편중하는 경우에는 실제사회에 적합하지 않게 되는 모순이 생긴다. 그러므로 법의 구체적 타당성을 확보하기 위해서는 목적론적 해석에 의하여 보완되어야 한다.

2. 목적론적 해석

목적론적 해석(目的論的 解釋)은 법의 제정취지나 목적에 맞게 하는 해석을 말한다. 문리해석과 체계해석에 의하여 타당한 결론을 이끌어 내지 못할 때에는 목적론적 해석에 의하여야 한다. 목적론적 해석은 법의 목적에 관한 이해방법의 차이에 따라 입법자의사설과 법률의사설로 나뉜다.

① 입법자의사설은 입법의 자료 등에 의하여 법규의 입법당시의 목적·의미를 명백히 하여 입법자의 의사에 따라 법규를 해석하자는 견해이다. 입법자가 입법을 할 때 가지고 있던 목적이 곧 법의 목적이며, 법률의 문언이 명료하지 않은 때에는 역사적으로 입법자의 의사에 좇아서 해석을 해야 한다는 것이다. 이는 입법자의 의사가 명확한 경우에는 해석의 객관성을 보장할 수 있고, 성문법을 변동하는 사회에 적합하도록 하는 수단이 된다는 점이 장점이지만, 입법자의 의사가 무엇인지 분명하지 않거나 입법자가 전혀 예측하지 못한 문제가 있을 수 있고, 입법자의 의사는 사회변천을 좇아갈 수 없다는 점이 난점이다. ② 법률의사설은 법규는 법률 그 자체의 독자적인 의사에 따라 해석되어야 한다는 견해이다. 특정 법률의 목적은 입법자의 의사가 아니라, 그 법이 현재의 사회관계에서 가져야 할 목적이라는 것이다. 그러나 이 경우에는 법목적의 객관성을 보장하기 어렵다는 난점이 있다.

생각건대 민법을 해석하는 데 있어서는 입법자의 의사나 법률 자체의 의사를 모두 고려하여야 할 것이지만, 사회현실의 변화에 적절히 적응하기 위해서는 법률 그 자체의 독자적인 의사가 더욱 존중되어야 할 것이다.

3. 일반적 확실성과 구체적 타당성이 조화되는 해석

민법의 해석은 일반적 확실성과 구체적 타당성이 조화를 이루는 해석이어야 한다. 일반적 확실성(一般的 確實性)은 민법규정을 해석하는 데 있어서 인적, 장소적, 시간적인 차별 없이 언제나 한결같은 법적 결과에 도달하려는 이념이며, 민법의 해석에 있어서 확실한 규칙성 내지 예측가능성에 기한 요청이기도 하다.

구체적 타당성(具體的 妥當性)은 민법의 해석에 있어서 개별적·구체적 사건에 따라 가장 적절한 법적 결과에 도달하고자 하는 이념이며, 민법의 해석이 형평의 원리에 따라 구체적 실정에 합치되어야 한다는 요청이다.

이와 같은 양 이념 내지 요청은 서로 모순되는 것이다. 따라서 가장 이상적인 민법의 해석은 일반적 확실성과 구체적 타당성을 조화시키는 해석이고, 다시 말하면 일반적 확실성을 해하지 않는 범위 내에서 구체적 타당성을 최대한으로 보장하는 것이 바람직한 민법해석의 방향일 것이다.

제 6 장　민법의 효력의 범위

I. 시간에 관한 효력

법률은 그 효력이 발생한 후에 생긴 사항에 대해서만 적용되며, 그 이전에 소급되지 않는다는 원칙을 법률불소급(法律不遡及)의 원칙이라 한다. 이 원칙은 법률의 소급으로 발생하는 사회생활의 혼란과 분규를 피하며, 구법 하에서 발생한 기득권을 존중하여 법적 안정성을 확보하려는 것이다.

이 원칙은 죄형법정주의가 지배하는 형법에서 특히 엄격히 요구된다(헌법 제13조 1항, 형법 제1조). 그러나 사법관계에 있어서는 기득권을 침해하지 않거나 또는 정책상 필요한 경우에는 예외가 인정된다. 민법은 부칙 제2조에서 「본법은 특별한 규정이 있는 경우 외에는 본법시행일 전의 사항에 대하여도 이를 적용한다」고 규정하고 있는데, 이는 민법이 구민법과 그 내용에 있어서 실질적으로 그다지 다르지 않기 때문에 소급효를 인정하더라도 법적 안정성을 해하는 일은 없으리라고 판단하였기 때문이다. 그리고 같은 조문 단서에서 「그러나 이미 구법에 의하여 생긴 효력에 영향을 미치지 아니 한다」고 규정하여, 기득권을 존중하도록 배려하고 있기 때문에 실질적으로 법률불소급의 원칙을 채택한 것과 다름없다.

Ⅱ. 사람에 관한 효력

민법은 모든 대한민국 국민에게 적용되며, 대한민국에 있는 모든 사람에게 적용된다. 대한민국 국민이면 어디에 있든지 민법의 적용을 받는다는 것은 속인주의(屬人主義)에 의한 것이다. 또 대한민국 영토 내에 있는 내국인 및 외국인 모두에게 적용된다는 것은 속지주의(屬地主義)에 의한 것이며, 영토고권 내지 영토주의의 결과이다. 이와 같이 속지주의와 속인주의를 병용하는 것이 일반적인데, 자국의 속인주의와 타국의 속지주의가 충돌하고 자국의 속지주의와 타국의 속인주의가 충돌하게 된다. 이러한 법의 충돌(conflict of laws)을 해결하기 위하여 각국은 나름대로 일정한 규율을 하고 있는데, 국제적 사적 생활관계에 적용될 준거법을 지정하는 법이 국제사법이다.

또한 민법은 일반사법이기 때문에, 성별, 종교 또는 사회적 신분에 의하여 차별 받지 않고 모든 국민에 적용된다.

Ⅲ. 장소에 관한 효력

민법은 원칙적으로 대한민국의 영토 전역에 적용된다.

제 2 편

본 론

제 1 장 권 리
제 2 장 권리의 주체
제 3 장 권리의 객체
제 4 장 권리의 변동
제 5 장 기 간
제 6 장 소멸시효

제1장 권　　리

제 1 절　법률관계와 권리·의무

Ⅰ. 법률관계

1. 의　　의

법률관계(法律關係)는 법규범에 의해 규율되는 생활관계이다. 사람의 사회생활은 정치, 경제, 사회적으로 복잡하게 얽혀 있어서 법규범뿐 아니라 도덕, 종교, 관습 등의 사회규범에 의해서 규율되기도 한다. 예컨대 종교단체에 대한 헌금은 종교적 생활관계이지만 증여계약관계이기도 하며, 물건의 매매는 필요한 물건을 취득하는 경제생활관계이지만 계약을 통한 법률관계이기도 하고, 또 미성년의 자녀를 보호·교양하는 것은 도덕적 생활관계라 할 것이지만 친권의 효력으로서 법률관계이기도 하다. 사회가 발달하고 생활관계가 복잡해짐에 따라 법적 규율의 범위는 더욱 확대되어 왔다. 그러한 생활관계를 법적 측면에서 본 것이 법률관계이다.

법률관계는 그 적용되는 법률의 성질에 따라 공법적인 것과 사법적인 것으로 나뉜다. 공법적 법률관계는 사람이 행정관청으로부터 각종의 사업허가를 받고 세금을 납부하고, 법원에 소를 제기하여 재판을 받고, 국민으로서 선거를 하는 등의 공법이 적용되는 생활관계를 말한다. 사법적 법률관계는 사법이 적용되는 생활관계를 말하는데, 사람의 사적 생활관계 중에서 경제생활관계에 대한 법률관계가 재산법관계이고, 가족생활에 대한 법률관계가 가족법관계이다.

사법적 생활관계에는 채권관계나 친족관계와 같이 사람과 사람과의 관계,

물권관계나 지적재산관계와 같이 사람과 물건 등의 재화와의 관계, 주소와 같이 사람과 장소와의 관계가 포함된다. 그러나 채권관계는 사람에 대한 사람의 관계이기는 하나, 채권의 실현으로 결과적으로 재산을 취득하게 되므로 사람과 물건과의 관계이기도 하고, 물권관계는 사람과 물건과의 관계이기는 하나 타인의 물권침해로 인하여 사람과 사람과의 관계가 되기도 한다.

2. 구 성

법률관계는 권리와 의무로 구성되어 있다. 권리는 법이 인정하는 힘이며, 다른 측면에서 법규범에 의해 인정된 사인의 활동범위이기도 하다. 의무는 법률상의 구속이다. 따라서 법률관계는 법에 의하여 보호받는 권리자와 법에 의하여 구속되는 의무자를 당사자로 하여 성립된다. 그리고 권리에 대응하여 의무가 부여되므로 법률관계는 보통 권리의무관계(權利義務關係)로 나타난다. 예컨대 일정한 물건에 대하여 증여계약이 체결되면 증여자는 그 물건을 인도할 의무를 지고 수증자는 그 물건을 청구할 권리를 가지게 된다. 또한 매매계약이 체결되면 매도인은 매수인에 대하여 재산권이전의무와 함께 대금지급청구권을 가지며, 매수인은 매도인에 대하여 대금지급의무와 함께 재산권이전청구권을 갖는다.

법률관계를 구성하는 권리와 의무 중 어느 것을 중시하는가는 시대에 따라 다르다. 역사적으로 봉건사회의 법률관계는 신분에 따른 의무본위였으나, 근래에는 개인의 자유평등이 확인되고 기본적 인권이 보장됨으로써 권리가 중시되는 권리본위로 전환되었다. 또 현대에는 권리관념의 변천에 따라 권리의 사회성·공공성이 강조되어 권리자는 권리를 공정하게 행사할 의무를 부담하게 되었다. 즉 자유개인주의를 지양하고 공익우선의 사상의 진전으로 권리의 사회성이 강조되자 다시 의무를 고려하는 시대로 전환되었다.

3. 호의관계

호의관계(好意關係)는 호의에 의하여 어떤 이익을 주는 생활관계로서, 법률관계와 구별된다. 예컨대 식사에 초대한다든가, 모임에 참가하기로 약속한다든지, 자동차를 태워주는 관계 등이 그 예이다. 호의관계는 보통 무상의 급부인 경우가 많을 것이나, 무엇이 호의관계인가는 당사자의 구체적인 의사와 거래의 관행 등을 고려하여 신중하게 결정되어야 한다. 따라서 호의관계와 법률관계는 당사자 사이에 법적 구속의 의사가 있는가에 따라 구분될 것이므로 결국 의사해석의 문제가 된다. 호의관계는 법률관계가 아니기 때문에, 호의관계로부터는 법적인 권리의무가 발생하지 않는다. 즉 호의로 한 약속은 처음부터 법적으로 구속될 의사로 한 것이 아니기 때문에, 그로부터 어떠한 청구권도 발생하지 않는다.

그런데 호의관계로 인정되는 경우에도 그에 수반하여 손해가 발생한 경우에 그 손해를 누가 부담할 것인가 하는 문제가 제기될 수 있다. 예컨대 초대받은 식사 후에 식중독을 일으킨 경우나, 호의동승한 차량에 사고가 발생하여 동승자가 피해를 입은 경우에 그 손해는 누가 부담하여야 할 것이냐 하는 법률문제가 발생한다. 이와 같이 호의관계에서 손해가 발생하여 법률문제로 되는 경우에는 일반적으로 그 책임의 면제나 경감을 인정하는데, 그 근거를 책임면제나 경감에 대한 묵시적 합의 또는 무상계약에서의 책임감경의 법리에서 찾는다.[1] 뿐만 아니라 호의관계에 과실상계를 광범위하게 적용할 수도 있다. 판례는 호의동승 사실만으로는 배상액 경감 사유로 삼을 수 없고 여러 사정을 고려하여 가해자에게 일반 교통사고와 동일한 책임을 지우는 것이 불합리한 경우에 한하여 배상액을 경감할 수 있다고 한다.[2]

Ⅱ. 권 리

1. 권리의 의의

권리(權利)는 법이 인정하는 힘이다. 즉 일정한 이익을 향수하기 위하여

1) 같은 취지: 김상용, 95면; 이영준, 35면.
2) 대판 1999.2.9, 98다53141(차량의 운행자가 아무런 대가를 받지 아니하고 동승자의 편의와 이익을 위하여 동승을 허락하고 동승자도 그 자신의 편의와 이익을 위하여 그 제공을 받은 경우 그 운행 목적, 동승자와 운행자의 인적관계, 그가 차에 동승한 경위, 특히 동승을 요구한 목적과 적극성 등 여러 사정에 비추어 가해자에게 일반 교통사고와 동일한 책임을 지우는 것이 신의법칙이나 형평의 원칙으로 보아 매우 불합리하다고 인정될 때에는 그 배상액을 경감할 수 있으나, 사고 차량에 단순히 호의로 동승하였다는 사실만 가지고 바로 이를 배상액 경감사유로 삼을 수 있는 것은 아니라고 한 사례); 대판 1997.11.14, 97다35344; 대판 1996.3.22, 95다24302; 대판 1995.10.12, 93다31078; 대판 1994.11.25, 94다32917 등.

법에 의하여 허용되는 힘을 말한다. 권리는 법적인 존재이므로 법과 권리를 분리하여 다룰 수 없는 밀접한 관계에 있는 개념이다. 예컨대 Recht나 droit는 객관적으로는 법을 의미하고 주관적으로는 권리를 의미하는 것으로 쓰이는 것처럼, 권리가 객관화되면 법이 되고 법이 주관화되면 권리가 된다고 할 것이다.

역사적으로 법은 지배자의 명령에 따른 피지배자의 복종을 주로 요구하였기 때문에 의무본위로 파악되어 왔다. 그러나 19세기 근대사회에서 인간의 권리를 불가침의 자연권으로 파악하는 자연법사상의 영향으로 개인의 존엄과 가치가 강조되었고, 이에 따라 법률관계를 권리본위로 파악하게 되었고 권리는 사법의 중심개념이 되었다. 그래서 권리의 본질이 무엇인가 하는 문제가 집중적으로 논의되게 되었다. 그러나 오늘날에는 법률관계가 사법의 중심개념이 되었고, 권리는 의무와 함께 법률관계를 이루는 구성요소의 하나에 불과하게 되었다. 따라서 권리와 의무를 동시에 법률관계의 요소로 파악하게 된 것이다.

2. 권리의 본질

권리의 본질에 관하여 전통적으로 다양한 견해가 제시되어 왔다.

① 의사설(意思說)은 권리를 법에 의하여 인정되는 의사력이라고 하는 견해(Savigny 등)인데, 이는 법의 출발점은 의사에 있다고 전제하고 권리의 본질은 의사에 있다고 주장한 헤겔철학에서 유래한 것이다. 그러나 의사무능력자의 권리능력을 설명하지 못하는 단점이 있다. ② 이익설(利益說)은 권리는 법에 의하여 보호되는 이익이라고 하는 견해(Jhering)인데, 이익은 권리의 목적이지 본질은 아니므로 권리의 목적과 본질을 혼동한 것이라는 비판이 따른다. 또 권리자에게 이익이 없는 친권이 존재하고, 이익은 있으나 권리는 아닌 반사적 이익을 설명하기 곤란한 점이 있다. ③ 권리법력설(權利法力說)은 권리를 일정한 이익을 향수하기 위하여 법이 인정한 힘으로 이해하는 견해(Enneccerus)인데, 이익 자체를 권리라고 보지 않고 이익을 얻기 위한 수단이 권리라고 이해함으로써 의사설과 이익설의 단점을 보완하여 결합한 것이다. 오늘날의 통설이다.

3. 권리와 구별되는 용어

(1) 권 한

권한(權限)은 타인을 위하여 그 자에게 일정한 법률효과를 발생케 하는 행위를 할 수 있는 법률상의 지위 또는 자격을 말한다. 예컨대 이사의 대표권(제59조), 사원총회의 권한(제68조), 대리인의 대리권(제118조), 선택채권의 선택권(제380조), 변제수령의 권한(제472조) 등이 있다.

(2) 권 능

권능(權能)은 권리에서 파생하는 개개의 법률상의 힘을 말한다. 예컨대 소유권으로부터 사용 · 수익 · 처분의 권능이 나온다. 권리의 내용이 하나의 권능으로 성립하는 경우에는 권리와 권능은 같다. 권한의 의미로도 사용되기도 한다.

(3) 권 원

권원(權原)은 일정한 법률상 또는 사실상의 행위를 하는 것을 정당화시키는 원인을 말한다. 예컨대 타인의 토지에 물건을 부속시킬 수 있는 권원으로는 지상권(제285조 참조), 임차권(제647조 참조) 등이 있다. 이러한 권원이 없이 타인의 부동산에 물건을 부합시킨 경우에는 그 소유권은 부합시킨 자가 아니라 그 부동산의 소유자에게 귀속한다(제256조 단서).

(4) 반사적 이익

반사적 이익(反射的 利益)은 법률이 특정인 또는 일반인에게 특정한 행위를 명함으로써 다른 특정인 또는 일반인이 이익을 받게 되는 것을 말한다. 예컨대 도로가 개설됨으로써 그 인근의 부동산 소유자가 얻게 되는 이익이 반사적 이익이다. 그러나 자기 집 앞에 도로를 개설할 것을 법적으로 청구할 권리는 인정되지 않으며, 또한 반사적 이익이 감소된다 하더라도 이러한 반사적 이익을 소구할 수는 없는 것이다. 판례는 무자격자의 아파트 분양권의 전매이익,[3] 또는 운송사업구역 위반에 대한 과징금부과처분으로 얻은 동종업자의

---

3) 대판 1997.6.24, 97다14453(서울시가 시영아파트 분양신청자에 대해서만 무주택 요건을 심사함에 따라 무자격자인 철거 대상 건물의 소유자도 그의 지위(아파트 추첨권)를 무주

영업이익[4]도 반사적 이익이라고 하여 법적 권리로 인정하지 않고 있다.

III. 의 무

의무(義務)는 법률상의 구속을 말한다. 의무는 의무자의 의사와 관계없이 법률상 강요되는 것이다. 그 내용에 따라 작위의무와 부작위(不作爲)의무로 나뉜다. 일반적으로 의무는 권리에 대응하는 개념으로서 서로 표리(表裏)의 관계에 있다. 그러나 예외적으로 청산인의 공고의무(제88조, 제93조), 이사의 등기의무(제50조~제52조, 제85조, 제94조), 책임무능력자의 감독자의 감독의무(제753조)와 같이 의무만 있고 그에 대응하는 권리는 없는 경우도 있고, 형성권과 같이 권리만 있고 의무는 없는 경우도 있다.

의무자가 의무를 이행하지 않는 경우에는 상대방인 권리자에게 강제집행이나 손해배상청구가 허용된다. 그러나 승낙연착의 통지의무(제528조), 증여자・사용대차의 대주 등의 하자고지의무(제559조・제612조) 등과 같이 의무위반이 있더라도 강제집행 또는 손해배상청구가 허용되지 않는 간접의무(間接義務)도 있다.

제 2 절 사권의 종류

권리는 분류기준에 따라 여러 종류로 나뉜다. 공법상의 권리를 공권(公權), 사법상의 권리를 사권(私權)이라 하고, 그밖에도 근로자의 단결권, 노동조합의 단체교섭권과 같이 사회법에서 인정되는 권리를 사회권(社會權)이라 한다. 민법상의 권리는 사권인데, 다시 여러 가지 표준에 의하여 분류된다.

택자에게 양도함으로써 전매이익을 얻을 수 있는 경우, 이는 반사적 이익에 불과하다는 이유로 담당공무원의 과실로 추첨권을 상실한 자의 손해배상청구를 부인한 사례).

4) 대판 1992.12.8, 91누13700(면허받은 장의자동차운송사업구역에 위반하였음을 이유로 한 행정청의 과징금부과처분에 의하여 동종업자의 영업이 보호되는 결과는 사업구역제도의 반사적 이익에 불과하기 때문에 그 과징금부과처분을 취소한 재결에 대하여 처분의 상대방 아닌 제3자는 그 취소를 구할 법률상 이익이 없다고 한 사례).

Ⅰ. 내용에 의한 분류

사권은 그 내용을 형성하는 이익을 기준으로 재산권·인격권·신분권·사원권 등으로 분류할 수 있다.

1. 재산권

재산권(財産權)은 재산적 이익을 내용으로 하는 권리이다. 그러나 재산적 가치가 없는 것도 채권의 목적이 될 수 있으므로(제373조) 재산권이 되며, 타면에서 부양청구권(제974조 이하)이나 상속권(제1005조 이하) 등과 같이 재산적 가치를 내용으로 하지만 가족법상의 지위와 결부되어 있으므로 가족권에 속하는 것도 있다. 그러므로 재산권과 비재산권의 구별은 권리의 내용이 재산적 가치가 있느냐의 여부만으로는 불가능하며, 권리자의 인격이나 가족법상의 지위와 관련되지 않고 독립적으로 존재할 수 있는 권리만을 재산권이라 한다.[5] 물권, 채권, 무체재산권 등이 가장 중요한 재산권이며, 원칙적으로 재산권은 양도와 상속이 가능하다.

(1) 물 권

물권(物權)은 권리자가 물건을 직접 배타적으로 지배할 수 있는 권리이다. 물건의 직접 지배를 통하여 발생하는 이익을 독점적·배타적으로 향유할 수 있는 권리이다. 이러한 물권의 배타성으로 인하여, 동일물 위에서는 물권은 채권에 우선하며 물권 사이에서는 먼저 성립한 것이 우선한다는 물권의 우선적 효력(優先的 效力)과 물권의 내용의 실현이 방해받는 경우에 그 배제를 청구할 수 있는 물권적 청구권(物權的 請求權)이 발생한다. 그리고 물권은 제3자의 이해에 밀접한 관련이 있으므로 물권법정주의(物權法定主義)를 취하여 법률에서 정한 것 이외에는 새로이 창설하지 못하도록 하고 있으며, 또한 등기·인도와 같은 공시방법(公示方法)을 갖추어야 한다.

5) 같은 취지: 김상용, 99면; 장경학, 120면.

민법은 기본적 물권으로 점유권과 소유권, 용익물권으로 지상권 · 지역권 · 전세권, 담보물권으로 유치권 · 질권 · 저당권을 규정하고 있다. 또한 특별법에 의한 광업권 · 어업권은 물건을 직접 지배하지는 않으나, 물건을 전속적으로 취득할 수 있으므로 준물권(準物權)이라 하여 물권에 관한 규정을 준용한다(광업법 제10조 1항, 수산업법 제18조 2항).

(2) 채 권

채권(債權)은 특정인이 다른 특정인에 대하여 일정한 행위를 요구할 수 있는 권리이다. 채권의 객체는 채무자의 일정한 행위이며, 채권은 채권관계에 의하여 이미 정해진 채무자에게만 주장할 수 있기 때문에 대인권이며 상대권이다. 이 점에서 대물권이며 절대권인 물권과 대비된다. 채권은 주로 계약에 의해 발생되나, 불법행위 · 부당이득 · 사무관리와 같이 법률규정에 의해서도 발생한다. 또한 유언과 같은 단독행위에 의해서도 발생한다.

(3) 지적재산권

지적재산권(知的財産權)은 발명, 고안, 디자인, 상표, 저작 등의 정신적 창조물을 독점적으로 이용할 수 있는 권리이다. 인간의 지적 활동의 소산으로서의 창작물에 대한 지배권이므로 정신적 소유권 또는 무체재산권이라고도 한다. 특허권, 실용신안권, 디자인권, 상표권, 저작권 등이 이에 속한다.

2. 인격권

인격권(人格權)은 사람이 자신의 인격적 이익을 누릴 수 있는 권리이다. 인격권의 객체가 되는 인격적 이익은 생명 · 신체 · 정신의 자유이며, 정신의 자유는 명예 · 신용 · 정조 · 성명 · 초상 · 사생활(privacy)이다. 인격권은 권리자의 인격과 결합되어 있으므로 이를 분리, 양도, 상속할 수 없는 특질이 있다. 또한 인격권은 사람에게 법률상 인정되는 인격자로서의 지위 자체를 의미하므로 권리능력자인 사람은 당연히 인격권을 가진다. 이러한 인격권은 헌법이 보장하는 인간의 존엄과 가치가 구체화된 것인데, 민법은 제751조에서 타인의 신체 · 자유 · 명예 기타 정신적 고통을 가한 경우에 불법행위를 인정함으로써 소극적으로 보호하는 데 그치고 있다. 이에 보다 적극적인 보장이 요구되었던 것인데, 민법개정안이 인격권의 보호를 명문으로 보장하게 되었다.[6]

인격권 침해의 구체적인 사례로는 도청, 타인의 사진의 무단사용, 개인의 사생활이나 신용 등에 관한 허위사실의 유포 등을 들 수 있다.

3. 가족권

가족권(家族權)은 가족법상의 지위에 따르는 이익을 내용으로 하는 권리이다. 친족권과 상속권이 이에 속하는데, 친족권(親族權)은 친족관계에 있어서의 일정한 지위에 따르는 권리로서 부모의 미성년의 자에 대한 친권, 후견인의 동의권 · 대리권, 생계를 같이 하는 친족 간의 부양청구권, 이혼한 배우자의 재산분할청구권, 혼인외의 자(子)의 부에 대한 인지청구권 등이 있다. 일반적으로 가족권은 포괄적이며 의무적 성격이 강한 일신전속권이다. 상속권(相續權)은 일정한 친족적 지위에 있는 상속인이 상속개시와 함께 가지는 권리이다. 재산상속권, 상속회복청구권, 상속재산의 분리청구권, 유증의 수증자의 유증이행청구권, 유류분반환청구권 등이 이에 속하며, 재산권의 성격이 강한 권리이다.

4. 사원권

사원권(社員權)은 사단법인을 구성하는 사원이 사원으로서의 지위에 기하여 그 법인에 대하여 가지는 포괄적 권리를 말한다. 비영리사단법인의 사원권이나 주식회사의 주주권이 이에 속한다.

사원권에는, 결의권 · 소수사원권 · 사무집행권 · 감독권과 같이 사원이 법인의 목적사업수행에 참여하는 것을 내용으로 하는 공익권(共益權)과, 이익배당청구권 · 잔여재산분배청구권 · 시설이용권 등과 같이 사원이 법인으로부터 경제적 이익을 받는 것을 내용으로 하는 자익권(自益權)이 있다.

Ⅱ. 작용에 의한 분류

권리는 그 효력에 따라 지배권, 청구권, 형성권으로 분류할 수 있다.

---

6) 법무부 민법개정안 제1조의2 2항 「사람의 인격권은 보호된다」고 규정한다.

1. 지배권

지배권(支配權)은 객체를 직접 배타적으로 지배할 수 있는 권리이다. 대내적으로는 타인의 행위를 개재시키지 않고 직접 객체를 지배하고, 대외적으로는 타인의 침해를 배척하여 객체를 배타적으로 지배할 수 있는 권리이다. 그러므로 지배권에 대한 침해행위에 대해서는 방해제거청구권과 불법행위로 인한 손해배상청구권이 인정된다. 그 종류로는, 물건을 객체로 하는 물권, 발명·저작 등의 정신적 노작물(勞作物)을 객체로 하는 지적재산권, 광업권·어업권과 같은 준물권이 대표적인 것이다. 그밖에도 인격권·친권 등의 친족권·채권·사원권 등을 지배권으로 이해하는 견해가 있다. 그러나 인격권은 권리주체가 스스로 객체가 되어 지배의 대상이 될 수 없기 때문에,[7] 친권·후견권 등은 사람을 지배의 객체로 할 수 없기 때문에,[8] 채권은 채무자나 채무자의 행위를 지배하는 것이 아니라 채무자의 일정한 행위를 청구할 수 있는 권리이기 때문에,[9] 사원권은 사단운영에 대한 참여나 사원 자신의 경제적 이익을 얻는 것이지 객체를 지배하는 권리라고 하기 어렵기 때문에,[10] 모두 지배권이라고 할 수 없다.[11] 그리고 지배권은 그 자체로는 확인의 대상이 될 뿐이지만, 그 침해에 대해서는 방해제거청구권과 함께 불법행위로 인한 손해배상청구권이 생긴다.

2. 청구권

청구권(請求權)이란 특정인이 다른 특정인에 대하여 일정한 행위를 요구하는 권리이다. 권리의 내용을 실현하기 위하여 타인의 행위를 필요로 하는 점에서 지배권과는 다르다. 예컨대 자동차인도청구권의 경우에 채권자는 채무자에게 인도를 청구할 수 있을 뿐이고 그에 따라 채무자의 자동차 인도행위가 뒤따라야만 그 자동차를 지배할 수 있는 것이다. 채권은 전형적인 청구권이

---

7) 지배권이라고 하는 견해: 곽윤직, 52면; 김준호, 53면; 김증한·김학동, 53면; 이영준, 42면 등.
8) 지배권이라고 이해하는 견해: 고상룡, 40면; 곽윤직, 52면; 김주수, 90면; 김준호, 53면; 김증한·김학동, 53면; 이영준, 42면 등.
9) 지배권으로 이해하는 견해: 이은영, 112면.
10) 지배권으로 이해하는 견해: 이영준, 42면.
11) 같은 취지: 김상용, 103면.

다. 그러나 청구권은 채권의 본질적인 속성을 이루기 때문에 채권적 청구권인 것이 보통이지만, 물권으로부터 발생하는 물권적 청구권이나, 부양청구권이나 상속회복청구권과 같은 가족법적 청구권도 있다. 또한 채권의 속성으로 대표적인 것이 청구권이기는 하나, 그밖에도 채권에는 급부수령·보유력, 채권자취소권·채권자대위권 등도 있으므로 채권과 청구권은 동일한 개념이 아니다.

3. 형성권

형성권(形成權)은 권리자의 일방적인 의사표시에 의하여 법률관계의 발생·변경·소멸을 일어나게 하는 권리이다. 권리자가 일방적으로 법률관계를 변동시킬 가능성이 있다는 의미에서 가능권 또는 변동권이라고도 한다. 민법상 법률관계의 발생·변경·소멸은 당사자의 합의에 의하여 효력이 발생되는 것이 원칙인데, 형성권은 이러한 원칙에 대한 중요한 예외로서 권리자는 누구의 협력 없이도 법률관계를 발생·변경·소멸시키는 데 그 특질이 있다. 형성권의 종류는 다음과 같다.

㉠ 형성되는 법률관계를 표준으로 하여 해제권과 같은 재산적인 것과 인지권·이혼청구권 등과 같은 가족적인 것도 있다.

㉡ 효과를 표준으로 하여 예약완결권·동의권·추인권·계약청약수령자의 승낙권과 같은 창설권(創設權), 급부지정권·선택채무의 선택권과 같은 변경권(變更權), 취소권·해제권·해지권·약혼해제권·이혼권·파양권과 같은 소멸권(消滅權) 등으로 구별할 수 있다.

㉢ 권리행사의 방법에 따라서 두 가지로 나뉜다. 재판외의 형성권은 보통의 의사표시로 하는 것이 원칙인데, 동의권, 취소권, 추인권, 해제권, 해지권, 상계권, 예약완결권, 약혼해제권, 상속포기권 등이 그 예이다. 재판상의 형성권은 법원의 판결에 의하여 비로소 효력이 생기는 것으로서, 채권자취소권(제406조), 친생부인권(제846조), 재판상이혼권(제840조), 입양취소권(제884조), 재판상파양권(제905조) 등이 그 예이다. 이러한 소송을 형성의 소라 한다.

또 민법에서 청구라고 표현하지만 그 실질은 형성권의 행사를 의미하는 경우, 즉 청구권이라는 이름의 형성권이 있는데, 지료증감청구권(제286조)·지상권소멸청구권(제287조)·지상물매수청구권(제285조)·전세권소멸청구권(제311조)·전세금증감청구권(제312조의2)·부속물매수청구권(제316조)·매매대금감액청구권(제572조) 등이 그 예이다.

4. 항변권

항변권(抗辯權)은 청구권의 행사를 저지할 수 있는 권리이다. 상대방의 청구권을 인정하면서도 일정한 항변사유를 이유로 청구를 거절함으로써 그 효력을 저지하는 것이다. 항변권의 성질은, 상대방의 청구권을 승인하면서 청구권의 작용을 일방적으로 변경시키는 점에서 특수한 형성권이라 한다. 항변권은 그 항변의 효과가 일시적인가 아닌가에 따라 구분된다. ㉠ 연기적 항변권(延期的 抗辯權)은 상대방의 청구권의 행사를 일시적으로 저지할 수 있는 권리인데, 쌍무계약에 있어서 동시이행의 항변권(제536조) 및 보증인의 최고·검색의 항변권(제437조) 등이 이에 속한다. ㉡ 영구적 항변권(永久的 抗辯權)은 상대방의 권리의 행사를 영구적으로 거부하여 청구권소멸의 효과를 발생시키는 권리인데, 상속인의 한정승인의 항변권(제1028조)이 그 예이다. 또한 항변권은 실체법상의 권리이며, 실체법상의 효과와 관계없이 소송법상의 절차에서 공격·방어방법으로 주장되는 소송상의 항변과는 다르다.

Ⅲ. 기타의 분류

1. 절대권·상대권

권리에 대한 의무자의 범위를 표준으로 한 권리의 분류이다. 절대권(絶對權)은 상대방이 특정되지 않고 일반인을 의무자로 하여 모든 사람에게 주장할 수 있는 권리이다. 권리의 효력이 일반인에게 절대적으로 미치는 권리이므로 대세권이라고 하며, 물권·지적재산권·인격권 등이 이에 속한다. 상대권(相對權)은 특정인에 대해서만 주장할 수 있는 권리로서, 권리의 효력이 특정한 상대방에 대해서만 상대적으로 미치는 권리이므로 대인권이라고 하며, 채권이 이에 속한다. 따라서 절대권에 있어서는 어떠한 제3자에 의해서든 권리의 침해가 있으면 불법행위를 구성하나, 상대권에 있어서는 특정된 의무자의 권리침해만이 채무불이행을 구성하는 것이 원칙이다.

그러나 오늘날에는 제3자에 의한 채권침해도 불법행위로 인정하고 있기 때문에 절대권·상대권의 구별이 무의미하다는 견해[12]가 있으나, 제3자의 채권침해는 그 성립에 있어서 엄격한 요건을 필요로 하는 예외적인 것이지 절대권에서처럼 일반적인 것이 아니기 때문에 권리의 본래적 효력을 이해하는 데 여전히 의미가 있는 분류라고 할 것이다.[13]

2. 일신전속권·비전속권

권리와 그 주체와의 사이의 긴밀도를 표준으로 하는 구별이다. 일신전속권(一身專屬權)은 권리의 성질상 타인에게 귀속시킬 수 없는 권리이며, 여기에는 2종류가 있다. ㉠ 귀속상(歸屬上)의 일신전속권은 권리주체만이 향유할 수 있고 양도·상속에 의하여 타인에게 이전할 수 없는 권리이다. 가족권·인격권이 이에 속하나 재산권 중에도 위임에 기한 권리(제680조)나 종신정기금채권(제725조) 등은 이에 속하는 것도 있다. 이 중에서도 친권·부부상호간의 권리·부양청구권 등과 같이 양도·상속이 모두 불가능한 것과, 양도금지특약채권과 같이 양도는 불가능하지만 상속은 가능한 것이 있다. ㉡ 행사상(行使上)의 일신전속권은 권리의 주체만이 행사할 수 있는 권리이다.[14] 이 권리는 타인이 대위하여 행사할 수 없으므로 채권자대위권의 객체가 될 수 없다(제404조 1항 단서). 인격권침해에 기한 손해배상청구권·친권 등은 이에 속한다.

비전속권(非專屬權)은 양도와 상속이 가능한 권리이며, 원칙적으로 재산권이 이에 속하지만 예외는 있다.

3. 주된 권리·종된 권리

권리의 독립성에 의한 구별인데, 주된 권리에 종속하는 권리를 종된 권리라 한다. 종된 권리는 그 기능에 따라서, 채권에 대한 담보물권, 보증인에 대한 채권과 같이 주된 권리를 담보하여 그 권리의 실현을 확보하여 그 경제적 가치를 증가시키는 것과, 이자채권·건물소유권에 대한 대지이용권과 같이 주

12) 김용한, 67면.
13) 같은 취지: 곽윤직, 54면; 김상용, 106면; 김주수, 94면; 김준호, 54면; 장경학, 131면.
14) 대판 2007.5.10, 2006다82700, 82717(임대인의 임대차계약 해지권은 행사상의 일신전속권으로 볼 수 없다고 한 사례).

된 권리의 확장으로 볼 수 있는 것이 있다. 주된 권리에 대한 종된 권리의 종속성의 정도는 종된 권리의 성질에 따라 다르나, 대체로 종된 권리는 그 발생·변경·소멸 등에 관하여 주된 권리와 운명을 같이 한다(제100조 2항 참조).

4. 기대권

기대권(期待權)은 장래 일정한 사실이 발생하면 일정한 법률적 이익을 취득케 된다는 기대 또는 희망을 내용으로 하는 권리이며 희망권이라고도 한다. 조건부권리(제148조, 제149조)·기한부권리(제154조)·상속개시 전의 추정상속인의 지위 등이 이에 속한다.

제 3 절　권리의 충돌과 경합

I. 권리의 충돌

권리의 충돌(權利의 衝突)은 동일한 객체에 대하여 여러 개의 권리가 존재하여 그 객체가 모든 권리를 만족시킬 수 없는 현상을 말한다. 동일물 위에 존재하는 물권 상호간의 충돌, 물권과 채권의 충돌, 동일채무자에 대하여 채권 상호간의 충돌이 있다. 이러한 충돌의 해결은 권리상호간의 우선순위에 의한다.

1. 물권 상호간의 충돌

동일물 위에 여러 개의 물권이 성립하여 물권 상호간에 충돌이 있는 때에는 물권의 배타성으로 인하여 물권 사이에는 우선순위가 있게 된다. 원칙적으로 동일한 종류의 물권 상호간에는 '먼저 성립한 권리가 후에 성립한 권리에 우선한다'(*Prior tempore Potior jure*). 하나의 물건에 소유권이 성립하면 그 후의 소유권은 인정되지 아니하며, 서로 다른 제한물권 상호간이나 동일한 종류의 제한물권 상호간에는 그 성립시기의 선후에 따라 우선순위가 결정된다. 예컨대 하나의 부동산에 전세권, 대항력 있는 임차권, 저당권 등이 충돌하는 경우에는 등기 등 대항력을 갖춘 시기의 선후에 따라 차례로 권리를 행사할 수 있다. 그러나 소유권과 제한물권이 충돌하는 경우에는 그 성립시기에 관계없이 언제나 제한물권이 우선한다. 제한물권은 소유권의 권능을 제한하여 성립하기 때문이다. 예컨대 지상권설정기간 중에는 소유자는 그 토지를 사용·수익하지 못한다.

2. 채권 상호간의 충돌

채권은 배타성이 없기 때문에 한 사람의 특정인에 대하여 동일한 내용의 채권이 병존할 수 있다. 여러 개의 채권 상호간에는 발생의 선후에 따른 우열, 발생원인의 차이, 채권액의 과다에 불구하고 평등하게 다루어지며 어떤 채권자도 우선변제 받지 못하는 채권자평등(債權者平等)의 원칙이 지배한다. 따라서 여러 개의 채권 상호간에 우선순위가 없으므로 먼저 채무자로부터 변제를 받은 자가 만족을 얻고 다른 채권자는 그 나머지에서 변제를 받을 수 있을 뿐이다. 이것을 선행주의(先行主義)라 한다. 파산의 경우에도 모든 채권이 채무자의 총재산으로부터 안분비례(按分比例)에 따라 평등하게 만족을 얻게 되므로 역시 보통채권자는 평등하게 다루어진다. 또한 경매에 있어서 배당에 참가한 보통채권자에 있어서도 마찬가지이다.

3. 물권과 채권의 충돌

물권과 채권이 충돌할 경우에는 항상 물권이 우선한다. 위에서 본 바와 같이 한 명의 채무자에 대하여 여러 명의 채권자가 채권을 가지고 있는 경우에, 채권자 상호간에는 서로 평등한 것이 원칙이지만 담보물권이 설정된 채권은 다른 보통채권자에 우선하여 변제받게 된다. 즉 채권의 성립시기와 관계없이 담보 유무에 따라 변제의 우선순위가 정해진다. 또 부동산의 이중매매에 있어서 선매수인과 후매수인은 모두 인도청구권이라는 채권을 가지고 있으나, 누구라도 먼저 이전등기를 하면 소유권을 취득하게 되고, 다른 매수인은 인도청구권이라는 채권으로 소유권이라는 물권에 대항하지 못하게 된다.

Ⅱ. 권리의 경합

권리의 경합(權利의 競合)은 하나의 생활사실이 여러 개의 법규가 정하는 요건을 충족하여 여러 개의 권리가 발생하는 상태를 말한다. 이 경우에 경합된 여러 개의 권리는 각각 독립된 권리이므로 독자적으로 행사할 수 있으며 각각 독립하여 소멸시효가 진행된다. 그러나 경합된 모든 권리는 그 목적이 동일하기 때문에 그 중 하나의 권리의 행사로 목적을 달성하면 나머지 권리는 소멸하게 된다.

권리의 경합은 다양한 모습으로 나타난다. 담보물권의 경합은 동일한 채권에 대한 여러 개의 저당권이 경합할 수 있고, 형성권의 경합은 취소권과 해제권이 경합하는 경우인데, 사기・강박에 의한 의사표시로 체결된 계약에서 채무자의 채무불이행이 있은 경우에는 의사표시의 취소와 계약의 해제가 동시에 가능하게 되는 경우가 그 예이다. 그러나 가장 일반적인 권리의 경합은 청구권의 경합(請求權의 競合)이다. 예컨대 임대차계약의 종료 후에 임차물을 반환하지 않는 경우에는 소유권에 기한 반환청구권(제213조)과 임차권에 기한 반환청구권(제618조 이하)이 경합한다. 또 물건을 도난당한 경우에는 소유자에게 점유회복청구권(제204조), 소유물반환청구권(제213조), 부당이득반환청구권(제741조), 불법행위로 인한 손해배상청구권(제750조)이 경합하여 인정된다.

그런데 청구권경합이 가장 문제되는 것은 하나의 위법행위로 채무불이행으로 인한 손해배상청구권(제390조)과 불법행위로 인한 손해배상청구권(제750조)이 경합하는 경우이다. 예컨대 택시운전자가 과실로 승객을 다치게 한 경우에 가해행위로 타인에게 손해가 발생하였으므로 불법행위가 성립되는 한편, 운전자는 여객운송계약에 따라 승객을 안전하게 목적지까지 운송할 채무가 있는데도 이에 위반하였으므로 채무불이행의 요건도 충족하게 된다. 이와 같은 경우에, ① 법조경합설은 채무불이행에 의한 손해배상청구권만 인정된다는 견해이고, ② 청구권경합설은 양 청구권이 경합하므로 채권자의 선택에 따라 주장할 수 있다는 견해인데, 뒤의 견해가 통설・판례[15]의 입장이다.

15) 대판 2002.6.14, 2001다2112(선원법상의 재해보상청구권과 민법상의 불법행위로 인한 손해배상청구권은 청구권경합의 관계에 있는 것으로서 소송물을 달리 한다고 한 사례): 대

Ⅲ. 법규의 경합

법규의 경합(法規의 競合)은 동일한 생활사실이 여러 개의 법규가 정하는 법률요건을 충족하지만, 그 중의 하나의 법규가 다른 법규를 배제하고 우선적용되는 상태를 말한다. 경합하는 법규 중에서 한 법규가 다른 법규를 배제하고 적용된다는 점에서, 여러 법규에 의해서 여러 개의 권리가 개별적으로 발생하는 권리의 경합과는 구별된다.

법규의 경합은 경합하는 법규가 일반법과 특별법(特別法)일 때 일어나는데, 이때 특별법이 우선 적용되어 그에 의한 법률효과만이 발생하게 된다. 예컨대 공무원의 불법행위에 대한 국가 또는 공공단체의 책임에 대해서 일반규정인 사용자책임에 관한 제756조를 배제하고 국가배상법 제2조만이 적용된다. 또 주택의 임대차에 대해서는 민법상의 임대차에 관한 규정을 배제하고 특별법인 주택임대차보호법만이 적용된다.

판 1999.10.22, 97다26555(감사인의 선의의 투자자에 대한 손해배상책임은 민법상의 불법행위책임과는 별도로 인정되는 법정책임이라 할 것이므로, 양 청구권은 경합관계에 있다고 한 사례, 같은 취지: 대판 1998.4.24, 97다32215); 대판 1999.4.13, 98다51077 · 51084(임대인의 설치공사 수급인의 실화로 인한 손해에 대해 임대인에게 채무불이행책임이 있다고 한 사례); 대판 1967.12.5, 67다2251(전세권자의 실화로 인하여 가옥을 소실케 한 것은 전세권설정자에 대하여 불법행위가 되는 동시에 채무불이행이 된다고 한 사례) 등.

제 4 절 권리의 행사

Ⅰ. 권리행사의 의의

권리의 행사(權利의 行使)는 권리의 내용을 실현하는 것이다. 권리는 그 행사를 통하여 구체적으로 권리의 목적인 이익을 얻을 수 있으며, 행사가 없는 한 권리자는 단순히 이익을 얻을 가능성만을 가질 뿐이다.

권리의 행사는 권리의 내용에 따라 사실행위일 수도 있고, 법률행위일 수도 있다. 사실행위의 사례로는, 주택의 임차인이 임차한 주택에 거주하는 것이 임차권의 행사이며, 소유자가 소유물을 직접 사용하는 것이 소유권의 행사이며, 부모가 미성년의 자를 사실상 징계하는 것이 친권의 행사이다. 또한 법률행위의 사례로는, 임차인이 임대인에게 임차보증금의 반환을 요구하는 것도 임차권의 행사이며, 소유자가 소유물을 타인에게 매도하는 것도 소유권의 행사이고, 부모가 미성년의 자의 법률행위를 대리하거나 취소하는 것도 친권의 행사이다. 또한 권리의 행사는 재판상의 행위인 경우도 있고, 재판외의 행위인 때도 있다. 그리고 권리의 행사는 원칙적으로 권리자 자신이 하는 것이지만, 행사상의 일신전속권이 아닌 한 타인으로 하여금 행사하게 할 수 있다. 권리의 행사가 법률행위에 의한 때에는 대리인을 통하여 행사할 수 있다.

권리의 행사와 구별되는 개념으로서, 권리의 존재에 관하여 다툼이 있거나 방해를 받은 때 그 존재를 타인으로 하여금 승인하게 하는 권리의 주장(權利의 主張)이 있다. 그러나 권리의 주장을 통하여 실현되는 청구권의 행사와 같이 양자를 구별하기 곤란한 경우도 있다.

Ⅱ. 권리의 행사방법

권리의 종류에 따라 그 행사방법이 다르다.

1. 지배권

지배권은 권리의 객체를 직접 지배하는 것을 내용으로 하는 권리이므로 그 행사도 객체를 직접 지배하여 사실상 이익을 향수하는 형식을 취한다. 소유권은 사용·수익·처분 등의 행위에 의하여 행사되며, 지적재산권은 저작물이나 발명품을 복제함으로써 행사된다.

2. 청구권

청구권은 특정인이 다른 특정인에게 일정한 행위를 요구하는 권리이므로, 그 행사는 상대방에 대하여 일정한 행위를 청구하거나 그 결과를 수령·보유하는 것으로 행사한다. 금전의 지급·물건의 인도 등 주는 채무의 이행청구와 수령, 진료·출연·강연 등 하는 채무의 이행청구와 수령 등이 그 예이다.

3. 형성권

형성권은 권리자의 일방적 의사표시로 법률관계를 변동케 하는 권리이므로 실제로 권리자가 일방적 행위를 함으로써 행사된다. 예컨대 상속을 포기한다든가, 채무불이행을 이유로 계약을 해제한다든가, 사기나 강박을 이유로 법률행위를 취소하는 경우와 같이 일방적 행위에 의하여 행사된다. 보통은 권리자의 의사표시만으로 재판 외에서 행사가 가능하지만 채권자취소권(제406조)·친생부인권(제846조) 등과 같이 반드시 재판상으로만 행사할 수 있는 경우도 있다.

4. 항변권

항변권은 청구권의 행사를 저지할 수 있는 권리이므로 청구권의 행사에 대하여 그 청구를 거절하는 형식으로 행사된다. 구체적으로 항변권은 동시이행이나 보증인의 최고·검색 등의 항변사유를 주장함으로써 행사된다.

5. 기대권

기대권은 성립요건이 완전히 갖추어지기를 기다렸다가 완전권을 행사할 수도 있고, 기대권 자체를 양도하는 형식으로 행사될 수도 있다.

Ⅲ. 권리행사의 자유와 제한

1. 권리행사자유의 원칙

권리는 법이 그 내용을 인정하고 보장하는 힘이다. 따라서 개인이 자유롭게 권리를 행사하여 그 내용을 실현할 수 있는 것이 원칙이다. 이러한 권리행사자유의 원칙은 개인의 권리를 절대불가침한 것으로 인정한 근세 개인주의적 법사상의 영향을 받은 근대민법에 의해 확립되었다. 근대민법은 개인의 자유와 평등을 기본원리로 삼았으므로 권리의 행사도 방임하여 개인의 자유에 맡겼던 것이다. 그에 따라 봉건적 신분의 구속에서 인간이 해방되어 개인의 존엄과 가치를 확고히 할 수 있게 되었으며, 권리행사자유의 원칙은 권리를 중심으로 구축된 민법의 구조 하에서 필수불가결한 원칙으로 자리 잡게 되었다.

이와 같이 권리의 행사는 개인의 자유에 맡겨져 있기 때문에, '자기의 권리를 행사하는 자는 누구에 대해서도 불법을 행하지 아니한다'(*Nullus videtur dolo facere, qui suo jure utitur*)고 할 것이다. 따라서 이 원칙은 주관적으로 권리자에게 이익을 보장하고 객관적으로는 권리존중을 통한 사회질서의 유지를 확보하게 하였다.

2. 권리행사의 제한

권리본위의 개인주의적인 근대민법은 모든 사람의 법인격을 인정하고 개인의 권리를 자유롭게 행사하는 것을 그 기본으로 하였고, 봉건적 구제도로부터의 인간의 해방이라는 시대적 사명에 충실하여 권리의 개인성(個人性)을 강조하였다. 이러한 권리행사자유의 원칙은 근대자본주의의 발전에 큰 공헌을 하였다.

그러나 자본주의경제의 모순이 격화되면서 권리행사의 자유의 보장이 오히려 빈부의 차이를 조장하는 등 사회적 정의에 반하는 사태를 야기하게 되었다. 즉 공공성·사회성을 무시한 사권의 행사의 자유는 자본주의사회 자체의 유지에 장애물이 되었다. 이를 해결하기 위해서는 권리도 사회적 공공목적에 따라 행사되어야 한다는 인식이 확산되었고, 이에 따라 사권의 사회성·공공성이 인정받게 되었다. 그러므로 권리도 개인의 이익만을 위하여 행사하는 데 그쳐서는 안 되고, 사회적 이익에도 적합하여야 법에 의하여 보장을 받도록 함으로써 권리의 개인성과 사회성의 조화가 요구되었나.

그리하여 1919년의 바이마르 헌법은 모든 사람에게 인간다운 생존을 보장하기 위하여 「소유권은 의무를 부담한다. 소유권의 행사는 동시에 공공복리에 적합하여야 한다」고 규정하게 되었다(동법 제153조 2항). 우리 헌법도 제23조 2항에서 「재산권의 행사는 공공복리에 적합하도록 하여야 한다」고 규정함으로써, 권리의 사회성을 인정하고 권리행사의 자유에 대하여 제한을 가하고 있다. 이에 대하여 민법은 명문으로 규정하고 있지 않지만, 위의 헌법규정에 의거하여 사권의 공공성이 민법의 해석에 있어서도 기본원칙이 된다. 민법에서 이러한 사권의 공공성의 원칙을 구체화한 것이 민법 제2조의 신의성실의 원칙과 권리남용금지의 원칙이다.

Ⅳ. 신의성실의 원칙

1. 총 설

(1) 의 의

신의성실(信義誠實)의 원칙이란 사회공동생활의 일원으로서 상대방의 신뢰를 헛되이 하지 않도록 성의를 가지고 행동하여야 한다는 원칙이다.[16] 민법 제2조 1항은 「권리의 행사와 의무의 이행은 신의에 좇아 성실히 하여야 한다」고 규정하여 신의성실의 원칙을 선언하고 있다. 원래 신의성실(Treu und Glauben, bonne foi)이란 사람의 행위나 태도에 대한 사회 일반의 도덕규범을 가리키며, 정의 또는 형평을 의미하는 것이다. 이러한 도덕규범인 신의칙을 법규범화하여 법률상의 행동에 있어서 이를 준수하도록 한 것이다.

신의성실의 원칙은 권리행사와 의무이행에 있어서 공동사회의 유지・발전을 위하여 공공복리에 적합하도록 일정한 제한을 설정한 것으로, 사권의 사회성・공공성을 표현한 것이다. 그러므로 권리자가 권리의 사회적 목적을 저버리고 권리의 행사 및 의무의 이행에 부과된 사회적 제한을 무시한 행동을 하는 것은 용인되지 아니한다.

(2) 민법 제2조의 성격

1) 일반조항성과 유형화

신의성실의 원칙과 권리남용 금지의 원칙을 규정한 민법 제2조는 법률상의 요건을 추상적・일반적으로 정한 일반규정(一般規定)[17]이다. 따라서 그 구체적 적용은 개개의 사건에서 법관에게 일임되며, 그 내용은 재판을 통하여

---

16) 대판 2006.6.29, 2005다11602・11619(민법상 신의성실의 원칙은 법률관계의 당사자는 상대방의 이익을 배려하여 형평에 어긋나거나, 신뢰를 저버리는 내용 또는 방법으로 권리를 행사하거나 의무를 이행하여서는 아니 된다는 추상적 규범이라고 한 사례); 대판 2003.8.22, 2003다19961; 대판 2003.4.22, 2003다2390・2406; 대판 2002.3.15, 2001다67126; 대판 2001.5.15, 99다53490 등.

17) 제왕규정(帝王規定) 또는 백지규정(白紙規定)이라고도 한다.

실현된다. 이러한 일반규정을 통하여 경화하기 쉬운 성문법이 변화하는 사회사정에 대응할 수 있는 탄력성을 가지고 구체적 타당성을 추구할 수 있게 되기 때문에 '살아있는 법'으로 기능할 수 있게 된다. 그러나 이러한 일반조항은 자의적(恣意的)인 적용으로 법적 안정성을 해칠 위험이 있으므로 거래의 관행이나 법의 목적 및 공익과 사익의 조화를 고려하여 그 적용을 신중히 하여야 한다. 그러므로 가능한 최대의 법적 안정성을 확보하기 위하여 다수의 판례를 분석하여 신의성실의 원칙이 적용되는 경우를 유형화(類型化)함으로써 경험적인 것으로부터 규범적인 것으로 승화시키는 작업이 필요하다.[18]

2) 강행규정성

제2조는 강행규정의 성격을 가지므로 당사자가 신의칙이나 권리남용을 재판에서 주장하지 않더라도 법원이 이를 직권으로 고려하여야 한다.[19] 즉 소송에서 원고의 권리행사가 신의칙에 반하거나 권리남용에 해당된다는 것을 법관이 인식하였을 때에는 피고가 이를 주장하지 않았더라도 법관은 반드시 고려해야 한다. 이를 위해서는 법관은 당사자에게 입증의 기회를 주고 석명권을 행사하여 직접 심리·판단하여야 한다.[20]

(3) 연 혁

이 원칙은 선과 형평(善과 衡平)을 기초로 하는 일반적 악의의 항변[21] 및 선의소송[22]이라는 로마법의 소송절차에서 유래한다. 근대민법에서는 프랑스 민법이 계약법에 신의성실의 원칙을 두었고,[23] 그 후 독일민법은 계약의 해석과 채무이행의 원칙으로 규정하였다.[24] 그러나 프랑스나 독일의 학설·판

18) 같은 취지: 고상룡, 45면; 김상용, 114면; 이영준, 58면; 장경학, 146면.

19) 대판 1995.12.22, 94다42129(신의성실의 원칙에 반하는 것 또는 권리남용은 강행규정에 위배되는 것이므로 당사자의 주장이 없더라도 법원은 직권으로 판단할 수 있다고 한 사례); 대판 1989.9.29, 88다카17181 등.

20) 대판 1973.10.23, 73다995·73다996(권리남용의 항변이 있는 경우, 사실심인 원심으로서는 이에 대한 입증의 기회를 부여하고, 석명권을 행사하여 개개의 권리남용 요건의 구비여부를 심리한 후 판단하여야 함에도 불구하고, 동 항변이 있은 당일, 그대로 변론을 종결한 채 판결을 선고한 것은 원심이 이 사건에 대하여 제대로 심리를 다하였다고 볼 수 없다고 한 사례).

21) 일반적 악의의 항변(一般的 惡意의 抗辯, exceptio doli generalis)은 원고의 악의가 인정되면 피고에게 인정되던 항변으로서 선과 형평(bonum et aequum)에 근거한 것이다.

22) 선의소송(善意訴訟, actiones bonae fidei)은 엄격한 방식의 법률행위만을 대상으로 하는 엄격소송과는 달리, 구체적 사정을 기초로 하여 선 및 형평에 따라 판결하는 소송을 말한다.

23) 프랑스민법 제1134조는 「계약은 신의에 좇아서 이행하여야 한다」고 규정한다.

례는 신의성실의 원칙을 계약법이나 채권법뿐 아니라 민법 전반에 걸쳐서 광범위하게 적용되는 방향으로 발전하여 왔다. 이에 따라 20세기의 민법인 스위스민법은 「모든 사람은 권리행사와 의무이행에 있어서 신의성실에 따라 행동하여야 한다」고 규정하여(동법 제2조 1항), 신의칙이 권리행사에도 적용된다는 점과, 사법 전반에 걸쳐 적용된다는 점을 분명히 함으로써 권리의 사회성을 최대한 반영하고 있다. 우리 민법도 제2조에서 신의성실의 원칙을 민법 전반에 걸친 원칙으로 규정하였다.

2. 신의칙의 기능

신의칙의 기능은 학자에 따라 여러 가지로 분류되고 있으나, 일반적으로는 구체화기능, 형평기능, 수정기능, 법창조기능으로 나누어진다.

(1) 구체화기능

신의칙은 법률의 규정이 추상적인 경우에 권리와 의무의 내용을 보다 구체적으로 정하는 구체화기능을 갖는다. 예컨대 채무자가 이행기일에 이행하였다 하더라도 심야에 잠든 채권자를 깨워서 한 이행은 신의칙에 반하여 적법한 이행의 제공으로 인정될 수 없을 것이다. 또한 신의칙은 법률행위의 해석의 표준으로서 불명확한 권리와 의무의 내용을 적합하게 보충해 주는 기능을 한다.[25] 구체화기능은 이미 존재하고 있는 법률관계의 내용을 보다 구체적으로 정하는 기능을 수행하는 것이지 새로운 법률관계를 창설하는 데까지 이르지 않는 것이다.

(2) 형평기능

신의칙은 개별적인 권리・의무의 내용에 관하여 법률을 획일적으로 적용함으로써 발생하는 엄격성을 완화해주는 형평기능을 갖는다. 이 기능은 추상적인 형태의 법률이 그 성립과정에서 충분히 고려할 수 없었던 모든 개별사안의 특수성을 그 법규의 적용과정에서 정당하게 평가할 수 있게 하여 준다. 예컨

24) 독일민법은 제157조는 「계약은 거래의 관행을 고려하여 신의성실의 요구에 좇아서 해석하여야 한다」고 규정하고, 또 제242조는 「채무자는 거래의 관행을 고려하여 신의성실에 좇아 급부할 의무를 진다」고 규정한다.

25) 법무부 민법개정안 제106조 2항은 「법률행위는 당사자가 의도한 목적, 거래관행, 그밖의 사정을 고려하여 신의성실의 원칙에 따라 해석하여야 한다」고 하여 이를 신설하고 있다.

대 부수적인 채무의 불이행을 이유로 하여 전체 계약의 해제를 주장하는 것은 신의칙에 반하여 허용되지 않는 것을 들 수 있다.

(3) 수정기능

신의칙은 성문법규 또는 법률관계를 수정하는 수정기능을 갖는다. 법률의 규정이 시대의 요구에 적합하지 못하게 된 경우 신의칙의 적용에 의하여 사실상 법률의 규정을 변경 또는 수정하는 경우도 없지 않다. 예컨대 사정변경의 원칙과 관련하여 이 기능을 인정할 수 있다. 그러나 이와 같이 법률에 반하는 법형성은 사회나 경제 전반에 걸친 총체적인 파국이 발생한 경우에, 입법자가 가까운 시일 내에 개입할 가능성이 없는 경우에만 정당화된다고 한다.[26]

(4) 법창조기능

신의칙은 새로운 법규범을 창조하는 법창조기능을 갖는다. 신의칙을 적용한 판례가 축적되고 그것이 유형화되면 일종의 객관적인 법으로 정착되게 된다. 그리고 법률의 규정이 없고 관습법도 없는 경우에는 조리를 적용하여 재판할 수 있으므로 조리가 법원이 될 수 있는데, 신의칙은 조리의 내용 중의 하나이다. 그러한 면에서 신의칙이 법창조기능을 한다고 할 수 있다.

3. 신의칙의 적용

(1) 적용범위

신의성실의 원칙은 계약법에서 채권법으로 더 나아가서는 민법전반에 걸친 대원칙으로 그 적용영역이 확대되어 왔다. 우리 민법도 신의성실의 원칙을 민법의 맨 앞에 규정함으로써, 물권법, 채권법, 친족상속법 등 모든 민법의 영역에 적용되는 통칙으로 인정한 것이다. 또한 오늘날에는 민법분야에서만이 아니라 상법 등 모든 사법 분야에서도 적용된다.[27] 그 외에도 노동법[28]이나 기

26) 민법주해 Ⅰ, 104면(양창수) 참조.

27) 특별사법에 있어서도 신의칙을 규정하고 있는 것이 많다. 예컨대 약관규제에 관한 법률은 약관은 신의성실의 원칙에 따라 공정하게 해석할 것(제5조)과, 신의성실의 원칙에 반하여 공정을 잃은 약관은 무효로 한다(제6조 1항)고 하고 있다.

28) 대판 2003.6.10, 2001두3136(단체협약에 규정된 노동조합의 사전 동의 요건을 구비하지 못한 상태에서 행한 사용자의 징계해고도 신의성실의 원칙에 비추어 유효한 것으로 볼 수 있다고 한 사례) 등 부당해고 사건에 신의칙을 적용한 판례가 많이 있다.

타 경제법 등 사회법 분야에 있어서도 적용되는 경우가 많으며, 민사소송법에서도 판례가 신의칙의 적용을 인정하여 왔는데,[29] 2002년에 개정된 민사소송법 제1조 2항은 「당사자의 소송관계인은 신의에 따라 성실하게 소송을 수행하여야 한다」고 규정하여 이를 명문화하였다. 또한 헌법・행정법[30]・세법[31] 등의 공법분야에 있어서도 그 적용이 있는 것이다.

또한 신의성실의 원칙은 민법전반을 넘어서 법체계 전반에 걸쳐 광범위하게 적용되는 원칙이기 때문에, 그 적용을 받는 법률관계도 계약관계나 채권법관계에 한하지 않고 사회적 접촉관계에 있는 자들 상호간에 적용된다고 해석하게 되었다. 예컨대 계약의 교섭단계에 들어간 자 사이, 사실상 해고된 노동자와 기업 사이, 상린지의 소유자 사이, 부부・친자 등과 같은 특수한 권리의무관계에 있는 자들 사이와 같이 계약관계에 있지 않으나 서로 사회적 접촉관계에 있는 사람들을 말한다. 계약관계 여부와 관계없이 사회적 접촉관계에 있는 자들 사이는 신의칙에 의하여 규율된다.

(2) 구체적 적용

민법은 의무이행과 권리행사의 양면에 걸쳐서 신의칙이 적용된다고 규정한다. 여기서는 파생적 원칙을 제외하고 일반적으로 신의칙이 적용되는 경우를 의무이행과 권리행사로 나누어서 설명한다.

1) 의무이행의 경우

(가) 급부의 내용 또는 방식

급부의 종류 및 방법, 이행의 시기나 장소 등에 관한 사항의 결정에 있어서

---

29) 민사소송법에 신의칙을 적용한 판례는 대판 1984.10.23, 84다카855(별소에서 상대방의 주장사실을 부인하다가 그 주장사실과 같은 내용의 주장을 하면서 소를 제기하였다 하여도 신의칙에 반하는 것이라고 볼 수 없다고 한 사례) 등이 있다.

30) 대판 2003.7.25, 2001다57778(구 공공용지의 취득 및 손실보상에 관한 특례법 소정의 이주대책의 비용부담에 관한 같은 법 시행령의 규정에 위반되는 법률행위를 한 이주자들이 그 강행법규 위반을 이유로 무효를 주장함이 신의칙 또는 금반언의 원칙에 반한다고 할 수 없다고 본 사례); 대판 2001.11.9, 2001두7251(일본국 영주권 취득자에 대하여 징병검사 연기 및 국외여행허가를 해오다가 그 허가 대상자에 해당하지 않는다는 이유로 징병검사 연기 및 국외여행허가를 취소한 처분이 신뢰보호의 원칙에 반하지 않는다고 한 사례) 등 다수.

31) 세법에 신의칙을 적용한 판결로는, 대판 2004.4.9, 2003두13908(고지서송달에 관한 사례); 대판 2002.11.26, 2001두9103(조세법률관계에 있어서 과세관청의 행위에 대하여 신의성실의 원칙이 적용되기 위한 요건을 제시한 사례) 등이 있다.

신의성실의 원칙은 중요한 기준이 된다. 이행의 방법(제460조)에 관해서, 예컨대 월급 100만원을 1원권 동전으로 100만 개를 지급하는 것은 신의칙에 반한다고 할 것이다. 이행의 장소(제467조)에 관해서, 신의칙의 적용으로 이행장소 이외의 장소에서 한 변제제공을 거절하지 못한다고 해석하는 경우도 있다.[32)] 또한 종류채권에 있어서 특정된 후의 급부의 변경권을 인정하는 것도 신의칙에 기한 것이다.

(나) 채무불이행

채무자에게 고의·과실이 있을 때에만 채무불이행의 책임을 지는 것이 원칙이지만(제390조), 신의칙을 적용하여 이행보조자의 고의·과실을 채무자의 책임으로 인정하고(제391조), 이행지체 중에는 과실 없어도 채무자가 책임을 지게 된다(제392조).

(다) 수령의무의 근거

채권자가 채무자의 채무이행에 협력하여 급부를 수령할 의무가 있다고 인정할 것인가에 대해 논란이 있으나, 이를 긍정한다면 그 근거는 신의칙에 둔다. 이에 따르면 채권자지체에 관한 민법규정 이외에 손해배상청구와 계약해제를 채무자가 주장할 수 있게 된다.

(라) 부수적 주의의무의 근거

채권관계에서 채무자가 부담하는 의무는 급부의무이지만 그 이외에 사회적 접촉관계에 들어간 자들 사이에서는 신의칙에 근거한 부수적 주의의무가 발생한다고 이해하는 것은, 신의성실의 원칙에 근거하여 새로운 채무자의 의무를 창설한 것이다. 또 계약체결의 준비단계에서 신의칙상의 부수적 주의의무를 위반하여 과실로 상대방에게 손해를 야기한 자는 계약체결상의 과실책임을 진다(제535조). 판례는「부동산 거래에 있어 거래 상대방이 일정한 사정에 관한 고지를 받았더라면 그 거래를 하지 않았을 것임이 경험칙상 명백한 경우에는 신의성실의 원칙상 사전에 상대방에게 그와 같은 사정을 고지할 의무가

---

32) 이와 관련된 판례로는, 대판 1993.5.25, 92다49430(채권자가 기간을 명시하여 이행을 최고한 경우에 이행지체를 이유로 하는 계약을 해제하기 위하여는 기간의 최종일에 변제의 장소에서 변제를 수령할 준비를 갖추어야 하고 이때 변제의 장소는 당해 계약에서 약정된 장소가 있는 경우 그 약정장소라고 한 사례); 대판 1977.4.26, 76다3020(채권의 격지매매에서 매도인은 대금을 수령한 후 매수인의 영업지에 채권을 고속버스 편으로 발송하고 매수인에게 전화로 송장번호와 도착시간을 알려 주면 매수인은 도착 후에 채권을 인도받기로 한 경우 특별한 약정이 없는 한 매수인인 채권자가 고속버스가 도착하여 현실적으로 목적물을 수령할 때에 이행의 제공이 완료되어 채무의 본뜻에 따른 이행이 되었다고 본 사례) 등이 있다.

있다」고 한다.[33] 또 「사용자가 근로계약상 부수적 의무로서 피용자의 안전에 대한 보호의무를 진다」고 한다.[34]

2) 권리행사의 경우

(가) 계속적 채권관계

임대차계약과 같은 물건의 이용관계, 고용·위임·도급·신원보증 등 상호간에 신뢰와 협력이 요구되는 계속적 채권관계에서는 신의칙이 적용되는 경우가 많다. 예컨대 근로계약에 사용자의 해고권 행사의 남용으로 근로자가 부당해고를 당한 경우에도 신의칙에 근거하여 판단하여야 한다. 그리고 계속적 계약에 있어서 그 전제가 되는 상황이 변경되거나 소멸하여 그 내용을 관철하는 것이 불합리한 경우에 변경된 사정을 고려하여 계약을 수정하거나 해제할 수 있는 것이 사정변경의 원칙인데, 그 근거도 신의칙이다. 또 민법은 사정변경을 고려하여 임대차에서 차임증감청구권(제628조), 지상권의 지료증감청구권(제286조) 등을 인정한다.

(나) 계약의 해제·해지

상대방이 채무불이행한 부분이 극히 미미한 때에는 신의칙에 기하여 전부의 급부이행을 거절하는 동시이행의 항변권을 행사할 수 없으며, 전체 계약에 대한 해제권의 행사가 부인될 수도 있을 것이다.[35] 또 계속적 채권관계의 해소에 대해서 명문의 규정이 없더라도 일정한 사유가 있으면 신의칙에 근거하여 계약의 해지권을 인정할 것인가에 대해 논란이 있으나, 민법개정안 제544조의3이 이를 명문으로 규정하여 입법적으로 해결하고자 하고 있다.

(다) 기　타

채무자의 소멸시효에 기한 항변권의 행사도 신의칙의 적용을 받으며,[36] 신

---

33) 대판 2007.6.1, 2005다5812,5829,5836(아파트 분양자는 아파트단지 인근에 공동묘지가 조성되어 있는 사실을 수분양자에게 고지할 신의칙상의 의무를 부담한다고 한 사례); 대판 2006.10.12, 2004다48515(아파트 분양자는 아파트 단지 인근에 쓰레기 매립장이 건설예정인 사실을 분양계약자에게 고지할 신의칙상 의무를 부담한다고 한 사례).

34) 대판 2006.9.28, 2004다44506.

35) 대판 1966.5.31, 66다626(총14만원 중 3천원의 지급지연을 이유로 한 해제는 신의칙에 반한다고 한 사례); 대판 1971.3.31, 71다352·353·354(총매매대금이 2,000만원인 부동산의 매매대금중 미지급이 불과 105,000원일 뿐 아니라 그 미지급액에 대하여는 월5부의 지연이자를 지급하기로 약속한 경우에 위와 같은 미지급액이 있다는 이유만으로 위 매매계약을 해제한다는 것은 신의칙에 위배되는 것이라고 한 사례).

36) 대판 2007.7.26, 2006다43651; 대판 2007.3.15, 2006다12701; 대판 2002.10.25, 2002다32332(근로자가 추가 퇴직금 청구권을 행사하는 것이 객관적으로 불가능한 사실상의 장

의칙에 따라 상린권을 행사하도록 함으로써 상린관계를 조정한다든가, 손해배상청구권의 행사에 있어서도 신의칙을 바탕으로 배상액을 산정하거나 과실상계를 결정한다. 또한 유책배우자가 재판상 이혼청구권을 행사하지 못하도록 한 것도 신의칙에 따른 것이다.[37)]

또한 권리행사에 신의칙이 반영된 경우로는, 법률행위에 의하여 이미 발생한 권리를 그 남용을 이유로 하여 권리행사를 불허하는 권리남용금지의 원칙, 장기간의 권리의 불행사를 이유로 하여 그 행사를 불허하는 실효의 원칙, 선행행위와 모순된 권리의 행사를 불허하는 모순행위금지의 원칙 등 신의칙의 파생원칙을 들 수 있다.

4. 신의칙의 효과

의무의 이행이 신의성실의 원칙에 반하여 이루어진 때에는 의무를 이행하지 않은 것으로 되므로 의무불이행의 책임을 진다. 권리의 행사가 신의성실의 원칙에 반한 때에는 권리남용으로서 권리행사의 효과가 생기지 않는다.[38)] 그리고 법률이 명문으로 신의칙 위반의 효과에 대해서 규정을 두고 있으면 각 규정상의 효과가 발생한다. 또 신의칙은 법률·법률행위의 해석에 있어서 표준이 되므로 당사자 사이에 구체적으로 어떠한 권리·의무가 발생하는가를 결정하는 효력도 있다.

애사유가 있었다고 보아 사용자의 소멸시효 항변이 신의칙에 반하여 허용될 수 없다고 한 사례).

37) 대판 2006.1.13, 2004므1378; 대판 1998.6.23, 98므15, 98므22; 대판 1996.11.8, 96므998; 대판 1992.11.10, 92므549 등 많은 판례가 있다. 한편 유책배우자라고 하여도 그 상대방이 복수감정 등으로 고의로 이혼에 응하지 않는 경우에는 역시 신의칙을 반영하여 예외적으로 유책배우자의 이혼청구를 인용하는 사례도 있다(대판 2005.8.19, 2003므1166·1173; 대판 2004.9.24, 2004므1033; 대판 2004.2.27, 2003므1890; 대판 2000.9.5, 99므1886 등 다수).

38) 대판 2003.8.22, 2003다19961(신의성실의 원칙에 위배된다는 이유로 그 권리의 행사를 부정하기 위하여는 상대방에게 신의를 공여하였다거나, 객관적으로 보아 상대방이 신의를 가짐이 정당한 상태에 있어야 하고, 이러한 상대방의 신의에 반하여 권리를 행사하는 것이 정의관념에 비추어 용인될 수 없는 정도의 상태에 이르러야 한다고 한 사례); 대판 2001.7.13, 2000다5909; 대판 2001.3.13, 2000다48517·2000다48524·2000다48531 등.

5. 파생원칙

신의칙으로부터 모순행위금지의 원칙, 사정변경의 원칙, 실효의 원칙, 권리남용금지의 원칙 등이 파생된다. 권리남용금지의 원칙은 뒤에 설명하기로 하고 이곳에서는 나머지 세 원칙에 관하여 설명하기로 한다.

(1) 모순행위금지의 원칙

1) 의 의

모순행위금지(矛盾行爲禁止)의 원칙은 자신의 선행행위와 모순되는 행위는 허용되지 않는다는 원칙이다. 즉 권리자의 권리행사가 그것에 선행하는 행위와 모순되는 것이어서 그러한 후행행위대로 법률효과를 인정하게 되면 선행행위로 인하여 야기된 상대방의 신뢰를 해치는 경우 권리자의 그와 같은 권리행사를 제한하는 것이다. 신의성실의 원칙의 구체적 유형으로 볼 수 있다. 이는 영미법상의 금반언(禁反言, Estoppel)의 원칙[39]과 유사한 원칙으로서, 민법 제452조(양도통지와 금반언)나 판례에 있어서도 금반언의 원칙이라는 용어가 더 많이 쓰이고 있다.

2) 요건 및 효과

이 원칙을 적용하기 위해서는, ㉠ 객관적으로 모순적인 행태와 그에 대한 귀책가능성이 존재하여야 하며, ㉡ 그에 의하여 야기된 상대방의 신뢰가 보호받을 만한 가치가 있어야 한다. 이러한 요건을 충족하면, 후행행위가 법률행위이면 무효가 되며, 항변인 때에는 항변이 없는 것이 된다.

3) 판례의 태도

(가) 인정한 판례

㉠ 준소비대차에 관한 법리에 비추어 신채권의 성립은 기존채권의 소멸을

---

39) 금반언(禁反言)이란 영국에 있어서 국왕의 법원의 기록, 날인증서, 부동산에 관한 일정한 요식행위에 의하여 표시된 사실에 반하는 소송상의 주장을 금지하는 커먼로상의 원칙을 말하였다. 그런데 근대에 이르러 형평법 및 상사법의 영향을 받아서, 어떠한 행위에 의하여 어떠한 사실의 존재를 표시한 자에 대하여, 그것을 믿고 자신의 이해관계를 변경한 자를 보호하기 위하여, 표시한 사실에 반하는 주장을 금지하는 원칙으로 발달하였다. 여기에는 행위에 의한 금반언(estoppel by conduct), 계약에 의한 금반언(estoppel by contract), 날인증서에 의한 금반언(estoppel by deed) 등이 있다.

전제로 하는 것으로서, 두 채권이 법적 평가에서 완전히 동일한 채권이라고 할 수는 없다고 하더라도 적어도 같은 당사자와의 관계에서 두 채권이 동시에 양립할 수는 없는바 가압류채권자가 이미 위 준소비대차가 기존채권에 대한 자신의 가압류의 효력에 반하는 것으로 '가압류채권자에 대한 관계에서는 무효'임을 전제로 하여 신채권이 공제되지 않은 기존채권 전액에 대한 추심을 마친 경우, 가압류채권자가 이번에는 위 준소비대차가 채무자와 제3채무자 사이에서는 유효하므로 '가압류채권자에 대한 관계에서도 유효'함을 전제로 하여 신채권에 대한 추심을 주장하는 것은 금반언 내지 신의칙에 반하여 원칙적으로 허용될 수 없다고 한 사례[40)]

㉡ 특허출원인 내지 특허권자가 특허의 출원・등록과정 등에서 특허발명과 대비대상이 되는 제품을 특허발명의 특허청구범위에서 의식적으로 제외하였다고 볼 수 있는 경우, 특허권자가 그 대비대상이 되는 제품을 제조・판매하고 있는 자를 상대로 특허권의 침해를 주장하는 것은 금반언의 원칙에 위배된다고 한 사례[41)]

㉢ 근로자가 사직원의 작성・제출이 자신이 아닌 그의 형에 의하여 이루어졌음을 이유로 의원면직의 무효확인을 구하는 사안에서, 근로자의 형이 사직원을 제출하게 된 경위 및 근로자가 아무런 이의 없이 퇴직금을 수령한 점 등 제반 사정에 비추어 볼 때, 의원면직일로부터 5년여가 경과한 후에 위와 같은 소를 제기하는 것은 신의칙 내지 금반언의 원칙에 반하는 것으로서 부적법하다고 한 사례[42)]

㉣ 임대차가 종료된 경우에 배당요구를 한 임차인은 우선변제권에 의하여 낙찰대금으로부터 임차보증금을 배당받을 수 있으므로, 이와 같은 경우에 일반 매수희망자(낙찰자 포함)는 그 주택을 낙찰받게 되면 그 임대차에 관한 권리・의무를 승계하지 않을 것이라는 신뢰 하에 입찰에 참가하게 되는 것인바, 이러한 믿음을 기초로 하여 낙찰자가 임대차보증금을 인수하지 않을 것이라는 전제하에 낙찰이 실시되어 최고가 매수희망자를 낙찰자로 하는 낙찰허가결정이 확정되었다면, 그 후에 이르러 임차인이 배당요구시의 주장과는 달리 자신의 임대차기간이 종료되지 않았음을 주장하면서 우선변제권의 행사를 포기하고 명도를 구하는 낙찰자에게 대항력을 행사하는 것은, 임차인의 선행행위를 신뢰한 낙찰자에게 예측하지 못한 손해를 입게 하는 것이어서 위와 같은

40) 대판 2007.1.11, 2005다47175.
41) 대판 2006.6.30, 2004다51771.
42) 대판 2005.10.28, 2005다45827.

입장 변경을 정당화할 만한 특별한 사정이 없는 한 금반언 및 신의칙에 위배되어 허용될 수 없다고 한 사례[43]

㉤ 사용자로부터 해고된 근로자가 퇴직금 등을 수령하면서 아무런 이의의 유보나 조건을 제기하지 않았다면 해고의 효력을 인정하지 아니하고 이를 다투고 있었다고 볼 수 있는 객관적인 사정이 있다거나 그 외에 상당한 이유가 있는 상황 하에서 이를 수령하는 등의 특별한 사정이 없는 한 그 해고의 효력을 인정하였다고 할 것이고, 따라서 그로부터 오랜 기간(12년)이 지난 후에 그 해고의 효력을 다투는 소를 제기하는 것은 신의칙이나 금반언의 원칙에 위배되어 허용될 수 없다고 한 사례[44]

(나) 부인한 판례

㉠ 강행법규에 위반한 자가 스스로 그 약정의 무효를 주장하는 것이 신의칙에 위반되는 권리의 행사라는 이유로 그 주장을 배척한다면 이는 오히려 강행법규에 의하여 배제하려는 결과를 실현시키는 셈이 되어 입법 취지를 몰각하게 되므로, 달리 특별한 사정이 없는 한 위와 같은 주장은 신의칙에 반하는 것이라고 할 수 없다고 한 사례[45]

㉡ 피보험자의 서면동의 없이 체결된 타인의 사망을 보험사고로 하는 생명보험계약의 보험자가 수년간 보험료를 수령하거나 종전에 그 생명보험계약에 따라 입원급여금을 지급한 경우에도 위 생명보험계약의 무효를 주장하는 것이 신의성실의 원칙 등에 위반하지 않는다고 한 사례[46]

㉢ 의사무능력자가 사실상의 후견인이었던 아버지의 보조를 받아 자신의 명의로 대출계약을 체결하고 자신 소유의 부동산에 관하여 근저당권을 설정

---

43) 대판 2001.9.25, 2000다24078; 대결 2000.1.5, 99마4307(채무자가 동생 소유의 아파트에 관하여 근저당권을 설정하고 대출을 받으면서 채권자에게 자신은 임차인이 아니고 위 아파트에 관하여 일체의 권리를 주장하지 않겠다는 내용의 확인서를 작성하여 준 경우, 그 후 대항력을 갖춘 임차인임을 내세워 이를 낙찰받은 채권자의 인도명령을 다투는 것은 금반언 및 신의칙에 위배되어 허용되지 않는다고 본 사례); 대판 2004.5.27, 2003다24840(감정평가업자가 현장조사 당시 감정대상 주택 소유자의 처로부터 임대차가 없다는 확인을 받고 감정평가서에 "임대차 없음"이라고 기재하였으나 이후에 임차인의 존재가 밝혀진 경우, 감정평가업자는 감정평가서를 근거로 부실 대출을 한 금융기관의 손해를 배상할 책임이 있다고 한 사례).

44) 대판 2000.4.25, 99다34475; 대판 1989.9.29, 88다카19804(공탁퇴직금을 조건 없이 수령한 후 8월이 경과한 후 해고무효확인을 구한 사례).

45) 대판 2007.11.29, 2006다64552; 대판 2006.10.12, 2005다75729; 대판 2004.10.28, 2004다5556; 대판 2003.7.25, 2001다57778; 대판 2002.3.15, 2001다67126; 대판 2001.5.15, 99다53490.

46) 대판 2006.9.22, 2004다56677.

한 후, 의사무능력자의 여동생이 특별대리인으로 선임되어 위 대출계약 및 근저당권설정계약의 효력을 부인하는 경우에, 이러한 무효 주장이 거래관계에 있는 당사자의 신뢰를 배신하고 정의의 관념에 반하는 예외적인 경우에 해당하지 않는 한, 의사무능력자에 의하여 행하여진 법률행위의 무효를 주장하는 것이 신의칙에 반하여 허용되지 않는다고 할 수 없다고 한 사례[47)]

㉣ 집행채권자를 상대로 청구이의의 소를 제기하고 강제집행정지결정을 받았음에도 이를 집행법원에 제출하지 아니하였다는 사정만으로는 원고가 공정증서가 유효하다는 신뢰를 경락인에게 보인 것이라 할 수 없기 때문에 원고가 경매목적물에 대한 소유권이전등기의 말소를 청구하는 것은 금반언의 원칙 및 신의칙에 위반되지 않는다고 한 사례[48)]

㉤ 법정대리인의 동의없이 신용구매계약을 체결한 미성년자가 사후에 법정대리인의 동의 없음을 사유로 이를 취소하는 것이 신의칙에 위배된 것이라고 할 수 없다고 한 사례[49)]

(2) 실효의 원칙

1) 의 의

실효(失效)의 원칙은 권리행사의 기회가 있음에도 불구하고 권리자가 장기간에 걸쳐 그 권리를 행사하지 아니하였기 때문에 의무자인 상대방이 이미 그의 권리를 행사하지 아니할 것으로 믿을 만한 정당한 사유가 있게 됨으로써 새삼스럽게 그 권리를 행사하는 것이 신의성실의 원칙에 위반되는 결과가 될 때 그 권리행사를 허용하지 않는 원칙이다.[50)] 신의성실의 원칙에 바탕을 둔 파생적 원칙이다. 이 원칙은 독일민법이 소멸시효기간을 30년의 장기로 하고 있고 그 대상도 청구권에 한정하고 있기 때문에 이를 극복하기 위하여 독일의 판례와 학설을 통해서 발전되어 온 이론이다. 우리의 경우에도 소멸시효제도의 불완전성을 보완하기 위하여 해고무효확인청구권의 실효, 해제권의 실효 등의 경우에 실효의 원칙을 적용하고 있다.

2) 요건 및 효과

이 원칙의 적용요건은, ㉠ 시간의 경과가 필요하다. 즉 권리자가 권리를 상

---

47) 대판 2006.9.22, 2004다51627.
48) 대판 2000.2.11, 99다31193.
49) 대판 2007.11.16, 2005다71659,71666,71673.
50) 대판 2005.7.15, 2003다46963; 대판 2004.3.26, 2001다72081 등.

당히 오랫동안 행사하지 않고 있다가 후에 이르러 새삼스럽게 행사하였어야 한다. 권리불행사의 기간이 얼마나 요구되는지는 개별적인 경우에 따라 다르다.[51] ㉡ 특별한 사정이 있어야 한다. 권리행사가 지체된 것이 신의칙에 반한다고 보여지는 특별한 사정이 존재하여야 한다.[52] 이를 위해서는 의무자에게 더 이상 권리행사가 없으리라는 신뢰가 생겼고, 이러한 신뢰로 인하여 실제로 어떠한 대책을 하지 않았거나 그와 상반되는 조치를 취했어야 한다.[53] 모든 권리가 이 원칙의 적용대상이 되므로, 청구권만이 아니라, 형성권, 항변권, 소송법상의 권리[54] 등에 관하여도 인정되며, 소멸시효에 걸리는 권리인가는 묻지 않는다.

이와 같은 요건을 충족하는 권리의 행사는 허용되지 않고, 그에 따르는 법적 효과도 발생하지 아니한다.

3) 판례의 태도

판례가 실효의 원칙을 인정하여 권리자의 권리의 상실을 인정한 사례는 주로 해고무효확인청구와 해제권의 행사 등이 있고, 실무상으로는 장기간 권리의 불행사를 이유로 권리실효를 주장하였다가 거부된 사례가 많다.

(가) 인정한 판례

㉠ 회사의 자신에 대한 징계면직처분에 대하여 재심청구를 하였으나 기각되자 회사가 자신의 급여구좌에 입금한 해고예고수당을 반환하기 위하여 이를 공탁까지 하였다가 그 후 아무런 이의 없이 회사로부터 퇴직금을 수령하고 그 후로는 부당노동행위구제신청을 하는 등으로 징계면직처분을 다툼이 없이

---

51) 대판 1992.12.11, 92다23285(실효의 원칙이 적용되기 위하여 필요한 요건으로서의 실효기간(권리를 행사하지 아니한 기간)의 길이와 의무자인 상대방이 권리가 행사되지 아니하리라고 신뢰할 만한 정당한 사유가 있었는지의 여부는 일률적으로 판단할 수 있는 것이 아니라 구체적인 경우마다 권리를 행사하지 아니한 기간의 장단과 함께 권리자측과 상대방측 쌍방의 사정 및 객관적으로 존재한 사정 등을 모두 고려하여 사회통념에 따라 합리적으로 판단하여야 한다고 한 사례); 대판 1992.5.26, 92다3670.

52) 대판 2005.7.15, 2003다46963(양도담보권자가 본등기 이후 10여 년 동안이나 제세공과금을 납부하는 등 대외적으로 소유권을 행사해 오는 동안 양도담보설정자나 채무자가 정산절차의 이행을 촉구하거나 나아가 피담보채무의 변제를 조건으로 가등기 및 본등기의 말소를 요구하지 않았다고 하여, 이를 두고 묵시적 대물변제 또는 귀속정산이 이루어졌다고 할 수는 없다고 한 사례).

53) 김증한 · 김학동, 74면 참조.

54) 대판 1996.7.30, 94다51840(부(父)가 사위(詐僞)판결을 받아 소유권을 넘겨간 것을 알고도 4년간 아무런 법적 조치를 취하지 않던 자(子)가 부의 그 부동산 처분 사실을 듣고 항소를 제기한 경우, 자의 항소권이 실효된 것으로 본 원심판결을 파기한 사례).

다른 생업에 종사하여 오다가 징계면직일로부터 2년 10개월 가량이 경과한 후 제기한 해고무효확인의 소는 노동분쟁의 신속한 해결이라는 요청과 신의성실의 원칙 및 실효의 원칙에 비추어 허용될 수 없다고 한 사례[55)]

㉡ 일반적으로 권리의 행사는 신의에 좇아 성실히 하여야 하고 권리는 남용하지 못하는 것이므로, 해제권을 갖는 자가 상당한 기간(1년 4개월)이 경과하도록 이를 행사하지 아니하여 상대방으로서도 이제는 그 권리가 행사되지 아니할 것이라고 신뢰할 만한 정당한 사유(매매계약상의 매매대금 자체는 거의 전부가 지급된 점)를 갖기에 이르러 그 후 새삼스럽게 이를 행사하는 것이 법질서 전체를 지배하는 신의성실의 원칙에 위반하는 것으로 인정되는 결과가 될 때에는 이른바 실효의 원칙에 따라 그 해제권의 행사가 허용되지 않는다고 한 사례[56)]

(나) 부정한 판례

㉠ 송전선이 토지 위를 통과함을 알고서 토지를 취득하였거나, 토지를 취득한 후 장기간 송전선의 설치에 대하여 이의를 제기하지 않은 경우, 이러한 사정만으로는 토지소유자의 권리가 실효되었다거나 토지수요자가 그러한 제한을 용인하였다고 볼 수 없다고 한 사례[57)]

㉡ 설립등기가 경료된 지 8년이 경과한 후에 상호등기의 말소 및 상호사용의 금지를 구하는 사정만으로는 이 사건 청구가 권리남용에 해당한다거나 원고의 상호권이 실효의 원칙에 따라 소멸하였다고 볼 수 없다고 한 사례[58)]

㉢ 토지소유자가 그 점유자에 대하여 부당이득반환청구권을 장기간(56년간) 적극적으로 행사하지 아니하였다는 사정만으로는 부당이득반환청구권이 이른바 실효의 원칙에 따라 소멸하였다고 볼 수 없다고 한 사례(원고가 이 사

---

55) 대판 1996.11.26, 95다49004; 대판 1992.1.21, 91다30118(면직 후 12년이 경과하고, 의원면직처분이 무효임을 안 후 2년 4개월이 경과한 후에 제기한 사원지위확인청구); 대판 1995.3.10, 94다33552(해고 후 퇴직금을 수령하였고, 부당해고구제신청이 기각·확정된 후 1년 7개월 후에 제기한 해고무효확인청구); 대판 1993.4.13, 92다49171(징계해고 후 6일만에 다른 회사에 입사하였고 다른 회사에서의 보수도 해고된 회사보다 현저하게 낮다고 볼 수 없고, 또 복직의사가 없을 뿐만 아니라 복직이 현실적으로 어려운 상태에서 징계해고 후 9개월이 넘어 제기한 해고무효확인청구); 대판 1992.12.11, 92다23285(면직 후 바로 퇴직금을 수령하였으며 9년 후 1980년 해직공무원의 보상 등에 관한 특별조치법 소정의 보상금까지 수령하였다면 면직일로부터 10년이 다 되어 제기한 면직처분무효확인청구) 등.

56) 대판 1994.11.25, 94다12234.

57) 대판 2006.4.13, 2005다14083; 대판 1995.8.25, 94다27069.

58) 대판 2004.3.26, 2001다72081; 대판 1994.6.28, 93다26212(1983.4. 설립된 회사에 대하여 1991.1.에 이르러 상호사용중지를 구하는 소를 제기한 것이 신의칙에 위배되지 않는다고 한 사례).

건 토지에 관한 권리를 장기간 적극적으로 행사하지 아니한 사실은 인정되지만, 그러한 사정만으로 피고가 더 이상 원고가 이 사건 토지 소유권을 행사하지 아니할 것으로 믿을 만한 정당한 사유가 있다고 볼 수는 없다고 한 사례)[59]

(3) 사정변경의 원칙

1) 의 의

사정변경(事情變更)의 원칙은 법률행위의 성립의 기초가 된 사정이 당사자가 예견하지 못하였거나 예견할 수 없었던 중대한 변경이 있어서 처음에 정하여진 행위의 효과를 강제하는 것이 부당한 결과가 생기는 경우에, 그 내용을 변경된 사정에 맞게 수정하거나 계약을 해제·해지할 수 있는 원칙이다. 신의성실의 원칙의 파생원칙 중 하나이다. 사정변경의 원칙(*clausula rebus sic stantibus*)은 계약체결 당시의 사회적 사정이 변경한다면 계약은 그 구속력을 잃으므로 그에 맞추어 내용을 변경하거나 해소하자는 원칙으로 구체적 타당성의 확보에 기여하는 데 반하여, '계약은 지켜야 한다'(*Pacta sunt servanda*)는 원칙은 법적 안정성의 확보에 치중하는 원칙이다. 따라서 양자의 조화가 요구된다. 민법에는 이 원칙에 기한 개별적인 규정은 여러 곳에 산재하지만(제218조, 제286조, 제557조, 제628조, 제627·628조, 제661조, 제689조 등 참조) 일반적 규정은 두고 있지 않았으나, 민법개정안이 사정변경에 의한 계약내용의 수정과 계약의 해소를 규정하고 있다.[60]

2) 요건 및 효과

사정변경의 원칙을 적용하기 위한 요건은, ㉠ 법률행위 당시 그 기초가 된 사정이 현저히 변경되었고, ㉡ 그 사정변경을 당사자들이 예견하지 못하였거나 또는 예견할 수 없었고, ㉢ 그러한 사정의 변경이 당사자들에게 책임 없는 사유로 발생하였고, ㉣ 처음의 법률행위의 내용에 당사자를 구속시키는 것이 신의칙에 반하여 부당하여야 한다. 이와 같은 요건이 충족되면, 법률행위의 내용을 수정하든가 계약을 해제·해지할 수 있게 된다.

판례는 「사정변경으로 인한 계약해제는, 계약성립 당시 당사자가 예견할 수

---

59) 대판 2002.1.8, 2001다60019.

60) 법무부 민법개정안 제544조의 4는 「당사자가 계약 당시 예견할 수 없었던 현저한 사정변경으로 인하여 계약을 유지하는 것이 명백히 부당한 때에는 그 당사자는 변경된 사정에 따른 계약의 수정을 요구할 수 있고 상당한 기간 내에 계약의 수정에 관한 합의가 이루어지지 아니한 때에는 계약을 해제 또는 해지할 수 있다」고 규정하고 있다.

없었던 현저한 사정의 변경이 발생하였고 그러한 사정의 변경이 해제권을 취득하는 당사자에게 책임 없는 사유로 생긴 것으로서, 계약내용대로의 구속력을 인정한다면 신의칙에 현저히 반하는 결과가 생기는 경우에 계약준수 원칙의 예외로서 인정되는 것이고, 여기에서 말하는 사정이라 함은 계약의 기초가 되었던 객관적인 사정으로서, 일방당사자의 주관적 또는 개인적인 사정을 의미하는 것은 아니다. 또한, 계약의 성립에 기초가 되지 아니한 사정이 그 후 변경되어 일방당사자가 계약 당시 의도한 계약목적을 달성할 수 없게 됨으로써 손해를 입게 되었다 하더라도 특별한 사정이 없는 한 그 계약내용의 효력을 그대로 유지하는 것이 신의칙에 반한다고 볼 수도 없다」고 한다.[61]

3) 판례의 태도

판례는 인플레이션과 관해서는 일반적으로 사정변경의 원칙의 적용을 부정하고 있으며, 다만 계속적 채권관계에 있어서 사정변경의 원칙을 적용한 것이 있다.

(가) 인정한 판례

㉠ 부부공동명의의 부동산이 분할대상임을 전제로 피고에게는 지분의 이전등기를, 원고에게는 금전의 지급을 각 명한 재산분할재판이 확정되었으나, 위 부동산이 제3자가 명의신탁한 것임이 밝혀진 경우에 피고가 원고에 대하여 금전지급의무의 이행을 강제하는 것은 신의칙상 허용될 수 없다고 한 사례[62]

㉡ 이사의 지위에서 부득이 회사의 계속적 거래관계로 인한 불확정한 채무에 대하여 보증인이 된 자가 이사의 지위를 떠난 경우 사정변경을 이유로 보증계약을 해지할 수 있다고 한 사례[63]

㉢ 토지 소유자가 임료 상당 부당이득의 반환을 구하는 장래이행의 소를 제기하여 승소판결이 확정된 후 임료가 상당하지 아니하게 되는 등 사정이 변경된 경우에 판결에서 인용된 임료액과 적정한 임료액의 차액에 상당하는 부당이득금의 반환을 새로이 청구할 수 있다고 한 사례[64]

(나) 부정한 판례

㉠ 지방자치단체로부터 매수한 토지가 공공용지에 편입되어 매수인이 의도

61) 대판 2007.3.29, 2004다31302.
62) 대판 2003.2.28, 2000므582.
63) 대판 2002.5.31, 2002다1673; 대판 1998.6.26, 98다11826.
64) 대판[전합] 1993.12.21, 92다46226.

한 건축이 불가능하게 되었더라도 이는 매매계약을 해제할 만한 사정변경에 해당하지 않고, 매매계약을 그대로 유지하는 것이 신의칙에 반한다고 볼 수도 없다고 한 사례65)

㉡ 대표이사가 은행과 체결한 한정근보증 계약은 그 계약 형식에 불구하고 채무와 변제기가 특정되어 있는 확정채무에 대한 보증이기 때문에, 대표이사 직을 사임한 후에도 사정변경을 들어 위 한정근보증 계약을 해지할 수 없다고 한 사례66)

㉢ 새만금간척종합개발사업을 위한 공유수면매립면허 및 사업시행인가처분의 취소신청에 대하여 처분청이 구 공유수면매립법 제32조 제3호에 의한 취소권의 행사를 거부한 경우, 그 사업목적상의 사정변경, 농지의 필요성에 대한 사정변경, 경제적 타당성에 대한 사정변경, 수질관리상의 사정변경, 해양환경상의 사정변경이 위 개발사업을 중단하여야 할 정도로 중대한 사정변경이나 공익상 필요가 있다고 인정하기에 부족하다고 본 원심의 판단을 수긍한 사례67)

㉣ 계속적 보증의 성질을 가지는 신용보증계약상의 구상금채무를 연대보증한 자가 사정변경을 이유로 한 보증계약 해지를 주장함에 대하여 그 해지 이전에 주채무자의 사전구상채무가 확정되었음을 이유로 그 해지 주장을 배척한 사례68)

V. 권리남용금지의 원칙

1. 총 설

(1) 의 의

권리남용금지(權利濫用禁止)의 원칙이란 외형상 권리의 행사인 것과 같이

65) 대판 2007.3.29, 2004다31302.

66) 대판 2006.7.4, 2004다30675.

67) 대판[전합] 2006.3.16, 2006두330.

68) 대판 2002.5.31, 2002다1673; 대판 1999.12.28, 99다25938(이사가 재직중 회사의 확정채무를 보증한 후 사임한 경우); 대판 1999.1.15, 98다46082; 대판 1998.7.24, 97다35276; 대판 1996.2.9, 95다27431 등.

보이지만 실질적으로는 권리의 사회성에 반하여 권리의 정당한 행사라고 할 수 없기 때문에 이를 금지하여 법적 효과를 주지 않는 원칙이다. 민법은 「권리는 남용하지 못한다」고 규정하여(제2조 2항), 이 원칙을 권리의 사회성의 구체적 실천원리의 하나로 인정하고 있다. 그리고 민법 제2조는 일반규정성을 가지므로 재판을 통하여 그 내용이 구체화되며, 따라서 탄력성을 가진 살아있는 법으로서 기능할 수 있는 장점이 있는 반면에, 법적 안정성을 해칠 우려도 있으므로 최대한 유형화가 필요하다는 점과, 또한 강행규정성이라는 점도 앞의 신의성실의 원칙에서 설명한 바와 같다.

(2) 연 혁

로마법에서는 '자기의 권리를 행사하는 자는 어느 누구도 해하는 것이 아니다'(*Pui suo iure utitur, neminem laedit*)라는 법언이 지배하였으나, 권리의 행사가 권리자에게 아무런 이익을 가져오지 아니하고 단지 타인을 해하기만 하는 예외적인 경우에는 '악의의 항변'에 의하여 이를 저지할 수 있도록 하여 권리남용을 금지하고 있었다. 그러나 이는 주로 소유권의 특수한 행사에만 국한되었기 때문에 권리행사의 일반원칙으로 발전하지는 못하였다.

프랑스민법은 그 개인주의적이고 자유주의적인 경향으로 인하여 처음에는 권리의 절대성을 강조하였으나, 19세기 중반에 이르러 '가장의 굴뚝' 사건[69]과 '질투로 우물파기' 사건[70]을 시작으로 판례와 학설이 권리남용금지의 원칙을 확립하게 되었다. 한편 독일에서도 그와 유사한 '질투건축'이나 '질투로 우물파기' 등의 소유권의 행사를 권리남용으로 인정하는 판례가 등장하게 되었다. 이와 같이 타인을 해할 목적으로 하는 권리행사를 금지하는 것을 시카네의 금지(Schikaneverbot)라고 하고, 독일민법은 「권리의 행사는 타인에게 손해를 가할 목적만을 가진 경우에는 허용되지 않는다」라고 하여 이를 명문화하였다(동법 제226조). 그러나 시카네의 금지는 주관적인 가해목적의 입증이 없으면 권리남용을 인정할 수 없는 것으로서, 그것만으로는 권리행사의 자유

69) 이 사건은 1855년 5월 2일의 꼴마르 항소법원이 인근의 채광·통풍을 방해할 목적으로 인가의 창에 접한 자기의 집의 옥상에 쓸모없는 가장(假裝)의 굴뚝을 축조한 소유자에 대하여 그 굴뚝의 철거 및 손해배상을 명한 사안이다(Colmar, 2 mai 1855, D. 55, 2, 9; S.1925, 1, 217).

70) 이 사건은 1856년 4월 18일 리용 항소법원의 판결로서, 토지소유자가 인지에서 솟아나는 광천을 고갈시켜 인지 소유자에게 손해를 가할 목적으로 자기 토지에 우물을 파서 펌프로 물을 올려 하천에 버린 사건에서 토지소유자의 책임을 물은 사안이다(Lyon, 18 avril 1856, l'arrét Doerr, Rép.gén.V° propriété, n° 199).

를 근본적으로 수정할 수 없었다. 따라서 권리행사자유의 원칙에 대한 진정한 의미의 수정은 주관적 요건에서 벗어나서, 객관적으로 권리의 행사가 사회적 목적에 위배되는 경우에 그 권리행사를 인정하지 않는 때 가능한 것이다.

처음으로 이러한 취지에서 권리남용의 금지를 규정한 것이 스위스민법이다. 동법은 「권리의 명백한 남용은 법의 보호를 받지 못한다」고 규정함으로써 권리자의 가해목적을 권리남용금지의 요건으로 하지 않았다. 일본민법(제1조 3항)과 우리 민법(제2조 2항)도 이러한 경향에 따른 입법으로서, 권리의 사회적 기능을 존중하면서 권리행사로 인한 이익과 사회 전체에 미치는 해악을 비교형량하여 보호할 가치가 있는 권리행사인가를 객관적으로 판단해야 한다는 취지를 명시한 것으로 볼 수 있다.

(3) 신의성실의 원칙과의 관계

신의성실의 원칙과 권리남용금지의 원칙이 적용되는 분야를 구분하여, 신의칙은 계약관계, 친자관계 등과 같이 특수한 관계가 있는 당사자 간에 적용되는 원칙으로, 대인관계에서 신의칙이 적용된다. 이에 대하여 권리남용금지의 원칙은 특수한 관계가 없는 당사자 간에서 적용되는 원칙으로, 대물관계, 대사회관계에서 적용된다. 그리고 양자가 결합하여 있는 경우에는 각 관계의 측면에 대하여 각각 적용된다는 주장이 있다.[71] 그러나 발생사적으로 신의칙은 채권법분야에서, 권리남용금지의 원칙은 물권법분야에서 발달하였지만, 권리행사가 신의성실의 한계를 넘으면 권리남용이 되므로 권리남용 여부의 기준은 신의성실이다. 그리고 양자는 모두 권리의 사회성에 근거하여 일반원칙으로 인정된 것이고 양자는 공통의 가치관에 의한 것이고 단지 적용범위에서 신의칙이 권리남용금지의 원칙보다 넓은 점에서 차이가 있는 것이다. 따라서 양자는 중복적용이 가능하며 나아가서 규정의 위치로 볼 때도 권리남용금지의 원칙은 신의칙의 파생원칙이라고 하여도 좋을 것이다.[72] 판례는 그러한 구별을 하지 않고 신의칙에 반하여 권리남용이 된다고 하기도 하고,[73] 신의칙만

71) 고상룡, 66면.

72) 같은 취지 : 김증한 · 김학동, 81면; 이영준, 68면; 이은영, 88면.

73) 대판 2008.2.14, 2007다63690(동일 부동산에 관하여 이미 소유권이전등기가 경료되어 있음에도 그 후 중복하여 소유권보존등기를 경료한 자가 그 부동산을 20년간 소유의 의사로 평온 · 공연하게 점유하여 점유취득시효가 완성되었더라도, 선등기인 소유권 이전등기의 토대가 된 소유권보존등기가 원인무효라고 볼 아무런 주장 · 입증이 없는 이상, 뒤에 경료된 소유권보존등기는 실체적 권리관계에 부합하는지의 여부에 관계없이 무효이므로, 뒤에 된 소유권보존등기의 말소를 구하는 것이 신의칙위반이나 권리남용에 해당한다고

을 원용하여 사안을 해결하는 경우도 많다.[74)]

2. 요 건

권리의 행사가 남용이 되어 그 효과가 부인되기 위해서는 다음의 요건을 필요로 한다.

(1) 권리의 행사가 있을 것

권리남용이 인정되려면, 먼저 행사될 권리가 존재하여야 하고,[75)] 권리자가 그 권리를 적극적이든 소극적이든 행사하였을 것이 요구된다. 즉 권리의 행사로 볼 수 있는 행위가 있어야 한다. 행사될 권리에는 단순히 권리만이 아니라 법적 지위도 포함된다고 하여야 한다.[76)] 예컨대 채무를 면탈할 목적으로 법인격을 악용하는 경우에 법인격이 부인되는 것은 법적 지위의 남용으로서 권리남용에 해당한다. 또한 권리의 행사에는 적극적인 작위에 의한 행사만이 아니라 소극적인 부작위에 의한 불행사, 정당한 이유 없이 권리자가 권리를 행사하지 않는 것도 포함된다. 예컨대 친권자가 미성년의 자를 보호하기 위하여 반드시 필요한 조치를 취하지 않는 것도 불행사에 의한 친권의 남용이 될 수 있다. 그러나 판례는 「상속인이 피상속인의 사망신고와 상속등기를 게을리 하고 채권자가 피상속인을 피신청인으로 하여 한 가압류에 대하여 이의하지 않는 등 소극적으로 행동한 경우에, 상속인의 소멸시효 완성 주장을 권리남용이라고 할 수는 없다」고 한다.[77)]

할 수 없다고 한 사례); 대판 2003.7.25, 2001다60392; 대판 1999.12.7, 98다42929; 대판 1997.7.25, 96다52649; 대판 1992.6.12, 92다12384·92다912391(반소)(매매계약 후 부동산의 시가가 등귀하였고, 매수인이 잔대금 지급기일을 경과한 지금까지 매매대금 중 7분의 6을 지급하지 아니한 채 매매계약 후 19년이 지난 후에 소유권이전등기청구의 소를 제기하였다는 사유만으로 그 청구가 신의칙에 반하고 권리남용에 해당한다고 볼 수 없다고 한 사례) 등.

74) 대판 2002.10.25, 2002다32332; 대판 1992.11.10, 92다20170.

75) 대판 1992.4.28, 91다29972(일반적으로 동시이행의 관계가 인정되는 경우에는 그러한 항변권을 행사하는 자의 상대방이 그 동시이행의 의무를 이행하기 위하여 과다한 비용이 소요되거나 또는 그 의무의 이행이 실제적으로 어려운 반면 그 의무의 이행으로 인하여 항변권자가 얻는 이득은 별달리 크지 아니하여 동시이행의 항변권의 행사가 주로 자기 채무의 이행만을 회피하기 위한 수단이라고 보여지는 경우에는 그 항변권의 행사는 권리남용으로서 배척되어야 한다고 한 사례).

76) 같은 취지: 김상용, 124면; 김증한·김학동, 81면; 이영준, 69면; 이은영, 88면.

77) 대판 2006.8.24, 2004다26287·26294; 대판 2006.5.26, 2003다18401; 대판 2006.3.10,

(2) 권리의 행사가 신의칙에 반할 것

권리의 행사가 객관적으로 권리행사자의 이익과 그로 인하여 침해되는 상대방의 이익과의 현저한 불균형이 있는 경우에 그러한 권리의 행사는 신의칙에 반하여 권리의 사회적 목적에 부합되지 않으므로 권리남용이 된다. 이를 권리남용의 객관적 요건이라 한다.

구체적으로는 어떤 경우에 신의칙에 반한다고 할 것인가에 대해서 판례는 다양하게 표현하고 있다. 즉 권리의 행사가, 「권리의 사회적, 경제적 목적에 위반한 것일 때[78]」, 「정의에 반함이 명백하여 사회생활상 도저히 인용될 수 없을 때[79]」, 「사회적 한계를 초과한 때[80]」, 「형식만 가질 뿐이지 실질에는 부당한 이익을 얻기 위한 방편에 지나지 않을 때[81]」, 「공공복리를 위한 사회적 기능을 무시할 때[82]」, 「인륜에 반할 때[83]」, 「권리행사로 사회질서에 어긋나는

2002다1321.

78) 대판 1983.10.11, 83다카335(이 사건 토지의 면적이 4평 3홉에 불과할 뿐 아니라 지목이 도로이어서 어떠한 용도에 쓰여질 것인지 알 수가 없는데 반하여, 피고로서는 위 토지상의 건물부분은 주택으로 사용하는 16평 4홉 건물의 일부이어서 그 철거에는 상당한 비용이 소요되고 철거 후에도 그 잔존건물의 효용이 크게 감소되리라고 보여지는바 이와 같은 사정 아래서는 권리남용의 법리에 비추어 원고의 이 사건 청구가 떳떳한 권리행사라고는 보여지지 않는다고 한 사례) 등.

79) 대판 2007.5.31, 2006다85662; 대판 2001.11.13, 99다32899(확정판결의 내용이 실체적 권리관계에 배치되는 경우의 판결의 집행이 권리남용에 해당한다는 사례); 대판 1997.9.12, 96다4862 등.

80) 대판 1966.3.15, 65다2329(건축의 착수에 증축의 착수도 포함된다고 보아 권리남용을 부인한 사례).

81) 대판 1965.12.21, 65다1910(원고의 위 계쟁대지부분에 대한 매도의사표명이 있어 피고가 시가의 4~5배에 상당하는 금원에 매도할 것을 요구하여도 원고는 그 이상의 가격을 주장할 뿐더러 자기대지전부와 그 지상가옥까지를 전부 매수하라고 하면서 위 계쟁대지상의 공장건물을 철거하라는 본소청구를 고집하고 있으며 위 계쟁토지의 시가는 12,500원 상당인데 그 지상 공장건물과 기계 및 벽돌담장을 철거이전하려면 230,000여원의 비용이 소요되는 경우에 권리남용을 인정한 사례) 등.

82) 대판 1991.10.25, 91다27273(토지소유자가 다른 방법으로는 몰라도 자신의 토지 위에 설치된 수로의 폐쇄를 뜻하는 방법으로 소유권을 행사하는 것은 자신에게는 큰 이익이 없는 반면에 농지개량조합에게는 새로운 수로개설을 위한 막대한 시간과 비용이 필요하여 그 피해가 극심할 뿐만 아니라 재산권의 행사는 공공복리에 적합하게 행사해야 한다는 기본원칙에도 반하므로 권리남용에 해당한다고 본 사례); 대판 1978.2.14, 77다2324, 2325(토지취득 당시 국민학교 교사가 서 있었고 현재 교사로 사용되고 있다는 사실을 알면서도 이를 취득한 후 이에 대한 권리행사로서 학교 교사 철거청구를 함은 공공복리를 위한 사회적 기능을 무시한 것이 되고 신의성실의 원칙과 국민의 건전한 권리의식에 반하는 행위로서 권리남용에 해당한다고 한 사례) 등.

83) 대판 1998.6.12, 96다52670(외국에 이민을 가 있어 주택에 입주하지 않으면 안 될 급박한

결과를 초래할 때[84)]」, 「사회질서에 위반된다고 볼 수 있을 때[85)]」 권리남용이 있다고 판단한다.

그러나 권리남용을 이유로 권리의 행사가 거부된다는 것은 진정한 소유자에게는 권리의 박탈을 의미하는 것이므로 그 판단에 있어서 신중을 기할 필요가 있다. 실제로 판례도 건물철거사건에서 소유권의 행사가 권리남용으로 인정된 경우는 많지 않다.[86)]

(3) 주관적 요건의 필요 여부

권리남용이 인정되기 위한 요건으로서 권리의 행사자의 가해의사나 가해목적과 같은 주관적 요건은 요구되지 아니한다. 즉 주관적 의사와는 관계없이 객관적인 요건만으로 권리남용이 성립한다. 주관적 요건은 시카네금지의 법리가 지배하던 초기에는 중요한 역할을 하였으나, 오늘날에는 주관적 표준과 병용하여, 또는 그것과는 독립하여 객관적 표준으로 그 중점이 이동하여 왔다. 객관적 요건은 권리자와 상대방의 이익을 비교형량함으로써 얻어진다. 즉 권리자의 권리행사의 필요성의 정도, 그 이익의 대소 등과 그 권리행사를 인정함으로써 상대방에게 생길 손실의 대소, 그것이 사회에 미치는 영향 등을 비교형량하여 권리남용의 성부를 판단하여야 한다(통설). 이와 같이 권리남용의 판정의 중점이 주관적인 것으로부터 객관적인 것으로 이동한 것은 그만큼 구

사정이 없는 딸이 고령과 지병으로 고통을 겪고 있는 상태에서 달리 마땅한 거처도 없는 아버지와 그를 부양하면서 동거하고 있는 남동생을 상대로 자기 소유 주택의 명도 및 퇴거를 청구하는 행위가 인륜에 반하는 행위로서 권리남용에 해당한다고 본 사례).

84) 대판 1990.5.22, 87다카1712(부당이득금의 반환청구 사례); 대판 1983.10.11, 83다카335(건물의 철거가 권리남용에 해당한다는 사례) 등.

85) 대판 2003.11.27, 2003다40422; 대판 2003.2.14, 2002다62319 · 62326; 대판 2002.9.4, 2002다22083 · 22090 등.

86) 건물철거와 관련하여 권리남용이 인정된 사례는 대판 1992.7.28, 92다16911 · 92다16928(반소)(토지의 면적이 264평방미터임에 비하여 철거를 구하는 건축물의 침범부분은 약 11.6평방미터에 불과한 사례); 대판 1993.5.11, 93다3264(10층 아파트 건물 중 12.9㎡ 및 그 필수적인 부대시설인 분뇨탱크, 관리실, 출입통로 등에 대한 토지소유자의 철거청구 및 인도청구한 사례); 대판 2003.11.27, 2003다40422(송전선로철거소송에 이르게 된 과정, 계쟁 토지가 51㎡에 불과한 점, 위 송전선을 철거하여 이설하기 위하여는 막대한 비용과 손실이 예상되는 반면 송전선이 철거되지 않더라도 토지를 이용함에 별다른 지장이 없는 점 등에 비추어 농로 위로 지나가는 송전선의 철거를 구하는 청구가 권리남용에 해당한다고 한 사례); 대판 1993.5.14, 93다4366(건물철거소송에 이른 사정, 계쟁토지가 0.3㎡에 불과한 점, 철거에 상당한 비용이 들고 철거 후에도 잔존 2층건물의 효용이 크게 감소되리라는 점 등에 비추어 권리남용에 해당하지 않는다는 원심판결을 심리미진을 이유로 파기한 사례) 등.

체적 사안에 있어서 타당한 해결을 얻기 쉽게 되었다.

민법 제2조 2항은 「권리는 남용하지 못한다」고 규정하였으므로 객관적 요건이 충족되면 권리남용이 된다고 할 것이나, 판례의 태도는 반드시 명확하지 않다. 주관적 요건만을 요구한 판례[87]도 있고, 객관적 요건만으로 충분하다고 하는 판례[88]도 있으며, 주관적 요건과 객관적 요건을 선택적으로 요구하는 판례[89]도 있고, 주관적 요건과 객관적 요건을 함께 요구하는 판례[90]도 있다. 최근의 판례는 주관적 요건과 객관적 요건을 모두 갖출 것을 요구하고 있다고 하겠다. 따라서 객관적인 요건과 함께 가해목적의 주관적 요건을 갖추고 있는 경우에는 권리남용으로 인정되기 더욱 쉽다고 할 것이다. 그러나 이와 같이 판례가 권리남용의 성립요건으로 주관적 요건에 집착하는 것은 권리남용금지의 원칙의 발달과정이나 권리의 사회성이 가지는 현대적 의의에 비추어 타당하지 못한 태도라 할 것이다.[91]

---

87) 대판 1980.5.27, 80다484(원고소유 대지 위에 건립된 건물부분을 철거한다면 건물 전체가 붕괴될 위험이 있어 원고에게는 이득이 없으면서 오직 피고에게 손해만을 주기 위하여 소송에 이른 사정이 인정되는 경우에만 권리남용이 된다고 한 사례); 대판 1973.8.31, 73다91; 대판 1962.9.27, 62다424 등.

88) 대판 1982.9.14, 80다2859(이 사건 건물은 민법 제242조 소정의 확보거리 0.5미터를 다주지 못하고 원고소유 대지로부터 30센티미터를 두고 세워져 있어 동 건물의 각층마다 1.2평씩만이 법정거리내에 들어 있는바 동 건물이 건물이 건축된지 수년이 지난 지금 법정거리안에 있는 건물부분을 철거하는 것은 원고에게는 거의 어떠한 이익도 가져오지 못하고 오히려 사회, 경제적으로 보나 상린관계의 취지에서 보나 이를 철거한다는 것은 적절하지 아니하므로 원고의 위 건물 부분의 철거청구는 권리의 사회성에 비추어 권리남용에 해당한다고 한 사례); 대판 1978.2.14, 77다2324·2325 등.

89) 대판 1991.10.25, 91다27273(권리남용이라 함은, 권리자가 그 권리를 행사함으로 인하여 사회적, 경제적으로 얻는 이익보다 상대방에게 과대한 손해를 입히는 결과가 됨에도 불구하고, 권리자가 권리행사라는 구실로 상대방에게 손해를 가할 것만을 목적으로 하거나 또는 객관적으로 우리의 통념상 도저히 용인될 수 없는 부당한 결과를 자아내는 등 공공복리를 위한 권리의 사회적 기능을 무시하고, 신의성실의 원칙과 국민의 건전한 권리의식에 반하는 행위를 하는 것을 뜻한다고 할 것으로서 어느 권리행사가 권리남용이 되는가의 여부는 각 개별적이고 구체적인 사안에 따라 판단되어야 한다고 한 사례); 대판 1964.7.14, 64아4 등.

90) 대판 2003.11.27, 2003다40422(권리의 행사가 주관적으로 오직 상대방에게 고통을 주고 손해를 입히려는 데 있을 뿐 이를 행사하는 사람에게는 아무런 이익이 없고, 객관적으로 사회질서에 위반된다고 볼 수 있으면, 그 권리의 행사는 권리남용으로서 허용되지 아니한다고 한 사례-농로 위로 지나가는 송전선의 철거를 구하는 청구가 권리남용에 해당한다고 한 사례); 대판 2003.2.14, 2002다62319·62326; 대판 2002.9.4, 2002다22083·22090; 대판 1998.6.26, 97다42823 등.

91) 같은 취지: 곽윤직, 67면; 김상용, 127면; 백태승, 114면; 민법주해 Ⅰ, 194면(윤영섭).

3. 효　과

권리행사가 권리남용이 되는 경우에는 법의 보호를 받을 수 없으며, 본래의 권리행사의 효과가 발생하지 않는다. 권리남용에 의한 법적 효과는 권리의 종류 또는 남용의 형태에 따라 다르다. ㉠ 형성권의 행사가 권리남용이 되는 때에는 본래의 효과가 발생하지 아니한다. ㉡ 청구권의 행사가 권리남용이 되면 법은 그 청구에 대해 보호를 주지 않아서 청구의 내용이 실현되지 않는다. 따라서 토지소유권에 기한 방해배제청구권이 권리남용이 되는 경우에는 상대방의 침해의 배제 자체가 부정된다. ㉢ 권리행사가 남용이 되면 위법성을 띠게 되고, 그로 인하여 상대방에게 손해를 준다면 불법행위가 성립하여 그에 따른 손해배상책임을 지게 되며,[92] 또는 권리행사의 정지·예방·손해배상의 남보 등의 의무를 지게 된다. ㉣ 친권의 상실(제924조)과 같이 법률에 규정이 있는 경우에는 권리의 남용에 의하여 권리 자체를 박탈당하기도 한다.

Ⅵ. 의무의 이행

의무의 이행이란 의무자가 자기가 부담하는 의무의 내용을 실현하는 행위를 말한다. 의무의 내용에는 작위 또는 부작위가 있는데, 부동산을 인도하는 것과 같은 적극적 행위가 작위의무의 이행이고, 소음을 내지 않는 것과 같은 소극적 행위가 부작위의무의 이행이다.

의무의 이행도 신의에 좇아 성실하게 하여야 한다(제2조 1항). 만일 의무이행이 신의성실에 위반하는 때에는 정당한 이행이 되지 못하여 이행의 효과가 생기지 않으며, 의무불이행에 대해 채무불이행 또는 불법행위의 책임을 진다.

권리는 권리자가 이를 행사하지 않거나 포기할 수 있지만, 의무는 반드시 이행해야 한다. 의무불이행의 경우에는 법에 의해서 강제이행되거나 손해배상책임을 진다.

---

92) 대판[전합] 2008.4.27, 2006다35865(일조권을 침해하는 건축행위는 해당토지 소유자의 수인의 한계를 넘게 되면 정당한 권리의 행사를 벗어나 사법상의 위법한 가해행위가 된다고 한 사례).

제 5 절 권리의 보호

Ⅰ. 서 설

권리의 보호는 권리침해에 대한 구제를 말한다. 구제의 주체에 따라 국가구제와 사적 구제가 있다. 역사적으로 법문화의 발달에 따라 사인이 권리실현을 위하여 사력을 행사하는 사적 구제는 원칙적으로 금지되고, 국가가 강제력을 독점하는 국가구제의 형태가 되었다. 따라서 국민은 자신의 권리가 침해당한 경우에 국가에 대하여 그 보호를 요구할 수 있으며 국가는 공권력에 의하여 이를 구제·보호하는 역할을 하게 되었다.

한편 로마법에서는 「소권이 있는 곳에 권리가 있다」는 소권법체계(訴權法體系)를 취하여 권리는 있으나 소권이 없는 자연채무가 생기는 경우가 적지 않았다. 그러나 근대법은 「권리가 있는 곳에 소권이 있다」고 하는 실체법체계(實體法體系)를 취하여 권리의 침해가 있으면 언제나 구제를 받을 수 있게 되었다.

Ⅱ. 국가구제

국가구제(國家救濟)는 권리의 침해가 있을 때에 국가로부터 구제를 받을 수 있는 제도를 말하며, 여기에는 재판제도와 조정·중재제도가 있다.

1. 재판제도

재판제도(裁判制度)라 함은 권리자의 보호의 신청에 의하여 판결로써 의무자에게 권리를 실현하는 데 필요한 작위 또는 부작위를 명하는 제도이다.

법원은 권리자로부터 권리구제의 청구가 있을 때에는 먼저 그 사건의 사실을 확정하고, 다음에는 이에 적용될 법규의 내용을 명확히 한 후에, 추상적 법규를 대전제로 하고 구체적 사실을 소전제로 하여 법적 판단을 내리게 된다. 만일 의무자가 판결에 복종하지 않는 경우에는 강제집행에 의하여 판결의 내용을 실현하게 된다. 그리고 강제집행의 보전 또는 권리관계의 현재의 위험방지 및 그 현상유지를 위하여, 가압류·가처분 등의 제도가 있다.

2. 조정제도

조정제도(調停制度)는 판사 및 특별한 지식·경험이 있는 자로 구성되는 조정위원회가 분쟁당사자의 상호 양보를 유도하여 분쟁을 해결하는 제도이다. 분쟁의 해결을 위하여 국가가 설치한 처리기관이 당사자 간에 화해가 성립하도록 노력하는 것이다. 조정은 엄격한 법률의 적용에서 벗어나서 분쟁을 간편하고 신속하게 해결할 수 있으므로 재판에 의한 해결보다 시간과 경비를 절약할 수 있고, 당사자의 양보를 통한 화해로 분쟁을 해결하므로 재판의 경우와 같이 감정적 앙금이 남지 않아서 계속적 법률관계에 있어서의 분쟁해결에 적합하다는 장점이 있다.[93] 이에 반하여 재판의 경우와 같은 확실성이 없으며 당사자가 서로 양보를 거부하여 화해하지 못할 때에는 분쟁이 해결되지 못한다는 단점이 있다.

민사조정법은 모든 민사사건에 대하여 조정을 신청할 수 있고, 법원도 필요한 경우에 당사자의 동의를 얻어 조정에 회부할 수 있으며(동법 제2조·6조), 조정이 성립하지 아니하면 조정신청인은 제소신청을 할 수 있다고 규정한다(동법 제36조). 또한 가사소송법은 일정한 가사사건에 대해서 조정전치주의를 취하여 반드시 조정을 거치도록 하고 있으며, 그밖에도 노동조합 및 노동쟁의 조정법과 의료법에서 각 해당 사건에 대해 조정절차를 마련하고 있다.

---

93) 대판 2008.1.10, 2006다37304(조정은 당사자 사이에 합의된 사항을 조서에 기재함으로써 성립하고 조정조서는 재판상의 화해조서와 같이 확정판결과 동일한 효력이 있으며 창설적 효력을 가지는 것이어서 당사자 사이에 조정이 성립하면 종전의 다툼있는 법률관계를 바탕으로 한 권리·의무관계는 소멸하고 조정의 내용에 따른 새로운 권리·의무관계가 성립한다고 한 사례); 대판 2007.4.26, 2006다78732.

3. 중재제도

중재제도(仲裁制度)는 당사자가 선임한 사인(私人)으로 하여금 판단하게 하여 그 판단에 복종할 것을 약정함으로써 분쟁을 해결하는 제도이다. 다시 말하면 중재는 당사자 쌍방이 분쟁에 관한 판단을 제3자인 중재인에게 의뢰하고, 중재인의 판단에 복종하겠다는 중재계약을 체결한 후, 이 계약에 의하여 중재인이 중재절차에 의하여 분쟁을 해결하는 제도이다. 중재계약이 있는 때에 한하여 중재절차에 의하여 분쟁을 해결할 수 있으며 동시에 중재계약에 의하여 당사자는 그간의 분쟁을 중재절차에 의하여 종료시킬 의무를 진다.[94] 중재는 설득에 의한 양보가 아니라 중재판정에 의한 강제적 복종으로 분쟁을 해결한다는 점이 조정과 다르나, 다만 재판에 비하여 법규의 구속에서 오는 불합리를 제거하고, 간편하고 신속하며 경제적으로 구체적 사정에 적합한 분쟁해결이 가능하다는 점에서는 조정과 동일하다.

중재에 관하여는 중재법·노동조합 및 노동관계조정법 등이 있다. 중재제도가 기능을 발휘하는 것은 상사거래관계에서의 분쟁해결이고, 특히 국제상사거래에 관하여는 국내의 통상법원의 법관에게 그에 관한 특별한 지식과 경험을 기대하기 어렵기 때문에 상사중재에 의한 분쟁해결이 더 바람직할 수 있다. 따라서 상사중재는 각종의 국제계약에 의하여 규제되고 있다.

Ⅲ. 사력구제

사력구제(私力救濟)는 권리보호의 필요가 있음에도 국가기관의 구제를 기다릴 수 없는 긴급한 사정이 있는 때에는 예외적으로 허용되는 개인의 실력에 의한 구제방법이다. 정당방위, 긴급피난, 자력구제가 있다.

---

94) 대판 2007.5.31, 2005다74344(장래 분쟁을 중재에 의하여 해결하겠다는 명시적인 의사표시가 있는 한 비록 중재기관, 준거법이나 중재지의 명시가 되어 있지 않더라도 유효한 중재합의로서의 요건은 충족하는 것이며, 이러한 중재합의가 있다고 인정되는 경우, 달리 특별한 사정이 없는 한 당사자들 사이의 특정한 법률관계에서 비롯되는 모든 분쟁을 중재에 의하여 해결하기로 정한 것으로 봄이 상당하다고 한 사례).

1. 정당방위

정당방위(正當防衛)는 타인의 불법행위에 대하여 자기 또는 제3자의 이익을 방위하기 위하여 부득이 그 타인에게 가해행위를 하는 것을 말한다. 그러나 그 가해행위는 방어에 필요한 한도내의 행위로써 사회윤리에 위배되지 않는 상당한 행위이어야 한다.[95] 정당방위에 의한 가해행위는 그 위법성이 조각되어 불법행위가 성립하지 않으며 가해자는 손해배상책임을 면한다(제761조 1항).[96]

2. 긴급피난

긴급피난(緊急避難)은 급박한 위난을 피하기 위하여 부득이 타인에게 가해행위를 하는 것을 말한다. 긴급피난에 의한 가해행위도 위법성이 조각되어 불법행위책임이 면제된다(제761조 2항). 그러나 여기서의 위난은 가해자의 고의나 과실에 의하여 조성된 것은 포함되지 아니한다.[97]

3. 자력구제

자력구제(自力救濟)는 청구권을 보전하기 위하여 국가의 구제를 기다릴 여유가 없는 경우에, 권리자가 스스로 사력으로써 구제하는 행위이다. 즉 청구권의 보전을 위한 사력구제이다. 정당방위와 긴급피난이 현재 진행 중인 침해에 대한 방위행위인 데 반하여, 자력구제는 과거의 침해에 대한 회복이라는 점에서 다르다. 그리고 자력구제는 원칙적으로 위법행위이지만, 사정이 급박하여 뒤에 사법절차에 의하여 보호를 요구한다 하더라도 권리를 보호할 수 없

---

95) 대판 1991.9.10, 91다19913(병원에서의 난동을 제압하기 위하여 출동한 경찰관이 칼을 들고 항거하던 피해자를 총격 사망케 한 것은 총기사용의 한계를 벗어난 것으로 정당방위에 해당하지 않는다고 한 사례).

96) 대판 1991.11.26, 91다17375(가해자가 피해자의 멱살을 잡아 밀고 당겼지만 피해자의 부당한 공격을 벗어나려고 한 행위로서 사회통념상 허용될 정도의 상당성이 있어 위법성이 없다고 한 사례).

97) 대판 1981.3.24, 80다1592; 대판 1975.8.19, 74다1487; 대판 1968.10.22, 68다1643(운전자가 과속으로 달리다가 보행인 3인과의 충돌을 피하기 위하여 방향을 바꾸다가 점포를 들이 받아 화재가 난 경우에 긴급피난에 해당하지 않는다고 한 사례).

는 경우에 행해진 자력구제는 예외적으로 위법성이 조각된다. 민법에서는 자력구제라고 하고, 형사법에서는 자구행위(自救行爲), 국제법에서는 자조(自助)라고 한다.

민법은 점유침탈에 관하여서만 자력구제를 인정하고 있고(제209조), 자력구제를 인정한 일반규정은 두고 있지 않다. 그러나 정당한 자력구제행위를 초법규적 위법성조각사유로 보아 불법행위의 성립을 부정함이 타당하다(통설). 다만, 사태의 긴급성과 수단의 상당성이 요구된다.[98]

98) 대판 1987.6.9, 86다카1683(병(丙)을 상대로 한 점포명도 판결에 기하여 을(乙)이 점유하고 있는 점포에 대한 명도집행을 단행하자 즉시(2시간 이내) 을의 자력으로 점유를 회복한 경우에 자력구제에 해당한다고 한 사례).

제 2 장 권리의 주체

제 1 절 총 설

I. 권리주체

권리주체(權利主體)는 권리의 귀속자를 말한다. 권리의 주체는 의무의 귀속자이기도 하므로 의무의 주체도 된다. 권리의무의 주체라고 하여야 정확한 표현이다. 그러나 권리중심의 근대민법에서는 일반적으로 권리의 주체 또는 법인격이라고 불리어 왔다.

사회생활관계 중에서 법률에 의하여 규율되는 관계를 법률관계라 하며, 이는 권리 · 의무관계로 분해된다. 예컨대 증여자가 자기 소유의 노트북 한 대를 수증자에게 주기로 합의하면, 수증자에게는 인도청구권이 증여자에게는 인도의무가 발생된다. 그리고 소유권자인 증여자가 노트북을 인도하면 그 소유권은 이전되어 수증자에게 귀속한다. 권리주체에 변동이 생기는 것이다. 또한 증여자나 수증자는 자연인일 수도 있고 법인일 수도 있다. 법률상 권리주체는 자연인과 법인이기 때문이다.

Ⅱ. 권리능력

1. 의 의

권리능력(權利能力)은 권리의 주체가 될 수 있는 지위 또는 자격을 말한다.[1] 권리능력을 가지는 자는 권리를 가질 수 있는 가능성이 있으나, 권리능력 자체가 곧 권리는 아니다. 권리능력은 사법관계에서 자유롭게 재산관계나 가족관계를 맺을 수 있는 일반적·추상적 자격이지 구체적으로 누가 어떠한 권리를 가지고 의무를 지는가 하는 것을 말하는 것은 아니기 때문이다.

권리본위·권리중심을 지양하여 권리에는 의무가 수반하는 것으로 보는 현대민법에서는 권리능력은 곧 의무능력을 의미한다. 이에 민법도 「사람은 살아 있는 동안에 권리와 의무의 주체가 된다」고 규정하여(제3조), 모든 사람은 누구나 권리능력을 가지는 동시에 의무능력도 가지는 것을 명정하고 있다.

2. 권리능력 평등의 원칙

민법은 모든 사람을 법률상의 인격자로서 성·연령·계급의 구별 없이 평등하게 권리능력자로 인정하고 있다. 이러한 권리능력 평등의 원칙은 근대시민사회에 이르러 비로소 확립된 것이다.

근대 이전의 사회는 사람을 신분·직업·성 등에 따라서 차별하는 신분사회였다. 고대사회의 가족집단에서는 가장만이 완전한 권리능력을 가지고 가족이나 노예의 권리능력은 거의 인정되지 않았으며 특히 노예는 소유권의 객체에 불과하여 권리능력이 인정되지 않았다. 중세의 봉건사회에서는 농노는 지주인 영주에게 귀속되어 권리능력이 제한되었다. 근대사회에 이르러 계몽주의 철학과 자연법사상을 바탕으로 하고 프랑스혁명을 계기로 하여 비로소 사회적·신분적 차별이 타파되고 만인에게 법 앞의 평등이 보장되었다. 이에 따라

1) 입법례에 따라서는 권리능력이라고 하지 않는 경우가 있는데, 프랑스민법 제1권 제1편 제1장은 그 표제를 「사권의 향유」(la jouissances des droits civils)라고 하며 이에 따라 일본민법 제1조도 「사권의 향유」라고 하고 있다.

서 사법관계에서 권리의 주체가 되어 그 생명·신체·자유 등의 인격의 존엄을 보호받게 되었으며, 구제도에 존재하였던 성별·연령·종교·신분 등에 따른 권리능력의 불평등은 모두 철폐되었다. 그리고 마침내 모든 사람은 권리능력의 평등을 누리게 된 것이다.

우리 민법도 제3조에서 권리능력 평등의 원칙 또는 법인격 평등의 원칙을 분명히 하였다.

3. 권리능력자

민법상의 권리능력자(權利能力者)는 자연인과 법인이다. 자연인은 살아 있는 모든 사람을 말하며 정신적·육체적인 장애 여부와 관계없이 권리능력자가 된다. 법인은 일정한 사람의 집단인 사단법인과 일정한 목적에 바쳐진 재산인 재단법인이 설립등기를 통하여 법인격을 취득한 때부터 권리능력자가 된다. 따라서 사람이 아닌 동물 등은 자신의 이름으로 권리의 주체가 될 수 없으며, 법인격이 없는 단체도 원칙적으로 권리능력자가 될 수 없다.

민법은 자연인과 법인을 포함하여 인(人) 또는 자(者)로 사용할 때가 많다. 예컨대 본인·대리인(제114조), 타인·제3자(제125조), 경매인·저당권자, 보증인·주채무자(제428조), 매도인·매수인(제568조), 임대인·임차인(제623조), 도급인·수급인(제667조), 위임인·수임인(제682조) 등에서의 인이나 자는 모두 자연인과 법인을 포괄한다. 그러나 무능력자·법정대리인(제15조), 미성년자·후견인(제928조), 배우자·피상속인(제1003조) 등의 인이나 자는 자연인만을 표현하기도 한다. 따라서 우리 민법에서 인이라고 할 때, 그것이 자연인과 법인의 양자를 포함하고 있는가, 또는 자연인만을 가리키는가는 그 때그때 검토하여야 한다.

4. 강행규정성

권리능력에 관한 규정은, 인간의 존엄과 가치에 바탕을 둔 원칙규정일 뿐 아니라 사회의 거래관계에 직접 영향을 미치는 규정이므로, 강행규정(强行規定)이다. 따라서 당사자의 합의로 권리능력을 포기하거나 제한하지 못한다. 스위스민법 제27조 1항은 「어느 누구도 권리능력 및 행위능력의 전부 또는 일부를 포기할 수 없다」고 명언하고 있다. 우리 민법은 이러한 규정을 두고 있지 않으나 같은 취지로 해석한다. 따라서 개인의 의사로 특정인의 권리능력을 제한하거나 박탈하는 노예계약은 무효이다.

Ⅲ. 민사상의 능력

위에서 살펴본 권리능력과 의무능력 이외에 민법이나 민사소송법에서 쓰이는 각종 능력은 다음과 같다.

1. 의사능력

의사능력(意思能力)은 자기의 행위의 의미와 결과를 판단하여 정상적인 의사결정을 할 수 있는 정신적 능력이다. 예컨대 어린이・만취자・심신상실자 등과 같이 의사능력을 결여한 자를 의사무능력자라 하고 이들의 법률행위는 언제나 무효이다. 사람의 행위가 법률상 효과를 가져 오려면 반드시 의사능력이 필요하기 때문이다. 사적자치(私的自治)란 사법상의 권리・의무관계는 행위자 자신의 자유로운 의사에 의하여 형성된다는 원칙인데, 정상적으로 권리・의무의 형성이라는 법률효과를 판단할 수 없는 의사무능력자의 행위에 법적으로 효과를 줄 수 없는 것이다.

2. 행위능력

행위능력(行爲能力)은 단독으로 유효한 법률행위를 할 수 있는 능력이다. 민법에서 단순히 능력이라고 할 때에는 행위능력을 의미하며(제5조 이하, 제112조, 제179조 참조), 행위능력이 없는 자를 무능력자라 한다. 민법상 무능력자는 미성년자・한정치산자・금치산자이며, 이들을 보호하기 위하여 무능력자가 단독으로 한 법률행위는 취소할 수 있도록 하였다. 예를 들면 의사능력이 없는 어린이의 행위는 무효이며,[2] 의사능력은 있으나 만 20세 미만으로 행위능력이 없는 미성년자의 단독의 법률행위는 취소할 수 있을 뿐이다.

---

2) 다만 이 경우에도 「무효・취소의 이중효」를 인정하여 취소의 효과도 주장할 수 있음을 주의하여야 한다.

3. 당사자능력

당사자능력(當事者能力)은 민사소송의 당사자가 될 수 있는 자격이다. 소송의 주체가 되어 재판권의 행사의 효력을 받는 소송법상의 권리능력이다. 그러나 당사자능력은 어떠한 자를 당사자로 한다면 분쟁의 해결이 적절한가를 기준으로 하는 개념이므로, 민법상의 권리능력과 반드시 일치하지 않는다. 자연인과 법인은 모두 당사자능력을 가지지만(민사소송법 제51조), 법인 아닌 사단 또는 재단은 대표자 또는 관리인이 있는 경우에는 그 사단이나 재단의 이름으로 당사자가 될 수 있다(동법 제52조).

4. 소송능력

소송능력(訴訟能力)은 민사소송의 당사자로서 자신이 스스로 소송을 수행하는 데 필요한 능력이다. 소송에 있어서 유효하게 소송행위를 하며 또는 받을 수 있는 능력이며, 소송법상의 행위능력을 말한다. 민사소송법은 소송상 자기의 이익을 충분히 주장·옹호할 수 없는 자를 보호하기 위하여 소송능력의 기준을 정하고, 소송무능력자는 단독으로 소송행위를 할 수 없게 하였다. 행위능력자를 소송능력자로 인정하고(민사소송법 제51조), 무능력자는 법정대리인에 의해서만 소송행위를 할 수 있고, 다만 미성년자나 한정치산자는 단독으로 법률행위를 할 수 있는 경우에는 스스로 소송행위를 할 수 있도록 하였다(동법 제55조). 한편 혼인·친자·입양에 관한 가사소송사건에서는, 소송무능력자도 의사능력이 있으면 법정대리인의 동의를 얻어 소송행위를 할 수 있다(가사소송법 제24조, 제28조, 제31조). 소송능력은 소송행위의 유효요건이므로, 소송무능력자가 한 소송행위는 무효이다. 그러나 법정대리인의 추인으로 유효로 할 수 있다(민사소송법 제60조).

5. 책임능력

책임능력(責任能力)은 불법행위의 책임을 변식(辨識)할 수 있는 정신능력을 말한다. 법률행위의 의사능력에 대응하는 개념으로서 불법행위능력이라고도 한다. 즉 법률상 손해배상책임을 부담할 수 있는 자격을 말하는데, 예컨대 유년자·정신병자와 같은 책임무능력자는 타인의 권리를 침해하여 손해를 가하여도 손해배상책임을 지지 않는다(제753조, 제754조). 책임무능력자의 감독자가 그 책임을 진다(제755조). 책임능력의 유무는 각자의 지능·발육정도·환경·지위·신분·평소의 행동 등에 의하여 개별적으로 판단·결정되어야 한다. 판례는 중학교 2학년에 재학 중인 13세 3개월이 된 자가 책임능력이 있다고 하지만,[3] 13세 5개월 된 중학생[4]이나 14세 2개월 된 중학생[5]도 책임능력이 없다고 하기도 한다.

IV. 권리능력과 인격권의 보호

인격권(人格權)은 사람이 자신의 인격적 이익을 누릴 수 있는 권리이다. 이러한 인격권의 보호는 모든 사람에게 권리능력을 인정하는 것과 밀접한 관련이 있는 것이다. 생명·신체 등의 자유를 박탈할 수 있다면 권리능력을 인정하는 의미가 없기 때문에, 모든 사람이 신체·생명·정신의 자유에 대한 법적 보호를 청구할 수 있는 권리가 보장되어야 한다. 이에 대하여 우리 민법은 인격권의 불법 침해에 대하여 제750조 및 제751조에 기한 손해배상청구권을 인정하고 있다. 그러나 이는 간접적이고 소극적인 보호에 불과한 것이다. 그래서 법무부 민법개정안은 제1조의2 1항에서 「사람은 인간으로서의 존엄과 가치를 바탕으로 자신의 자유로운 의사에 좇아 법률관계를 형성한다」고 하고, 2항에서는 「사람의 인격권은 보호된다」고 하여 인격권의 보호에 대해서 정면으로 규정을 두고 있다. 우리 민법도 스위스민법에서와 같이 첫머리에 인격권

---

3) 대판 1969.7.8, 68다2406. 또 판례는 14세된 자(대판 1971.3.23, 70다2986), 14세 3개월 된 자(대판 1969.2.25, 68다1822), 만 16세 5개월 남짓된 고등학교 2학년에 재학 중인 자(대판 1989.5.9, 88다카2745) 등을 책임능력이 있는 자라고 한다.

4) 대판 1977.5.24, 77다354(만 13세 5개월 된 성적이 우수한 중학생이 길이 70센티미터의 강한 고무줄 총을 피해자의 뒤에서 겨누고 이름을 불러 뒤를 돌아보는 순간 그의 안면을 향하여 밤알만한 돌을 발사한 행위를 책임능력이 있는 자의 행위라 할 수 없다고 한 사례); 대판 1978.7.11, 78다729(13세 5개월이 된 중학생이 전쟁놀이 중 장난감이라고 할 수 없는 위험한 물건인 고무총으로 땅콩 크기의 돌을 발사하여 같이 놀던 아이의 좌안을 실명하게 한 소위는 불법행위의 책임을 변식할 수 있는 지능을 가진 사람의 행위라고 단정하기는 어렵다고 한 사례).

5) 대판 1978.11.28, 78다1805(가해자가 14세 2개월 된 중학생이라 해도 다치기 쉬운 콘크리트로 된 다리의 맨바닥에 얼굴을 지면으로 향하여 엎드려 있는 피해자를 아무런 예고 없이 발로 밀어버린 행위는 책임능력자의 행위로 볼 수 없다고 한 사례).

에 관한 규정을 가지게 되는 것이다.

제 2 절 자 연 인

제 1 관 권리능력

Ⅰ. 권리능력의 발생

1. 출생의 시점

사람은 살아 있는 동안 권리와 의무의 주체가 되므로(제3조), 권리능력은 출생한 때 취득하고 사망하는 때에 상실한다. 그러면 구체적으로 어느 시점을 출생(出生)으로 볼 것인가가 문제이다. 이에 관하여 ① 진통설, ② 일부노출설, ③ 전부노출설, ④ 독립호흡설의 4가지 견해가 있을 수 있는데, 이 중에서 형법상으로는 진통설을 취하여 진통 후 분만 중의 태아를 질식케 한 행위는 살인으로 다룬다.[6] 그러나 민법상으로는 사법관계의 법적 주체로 인정하는 데에는 그 시점을 객관적으로 명확하게 정할 수 있는 전부노출설이 타당하다(통설). 그러므로 출생이란 태아가 모체로부터 완전히 이탈하여 하나의 독립된 객체로 되는 것을 말하며, 이는 출생의 완료를 의미한다.[7]

출생의 시기를 어떻게 이해하는가 하는 문제는 연령, 성년에 달하는 시점(제4조), 출생신고기간의 시기(始期) 등의 결정(가족관계의 등록 등에 관한 법률 제44조), 상속 등에 중요한 의미가 있다. 예컨대 할아버지・어머니・태아만을 남기고 아버지가 사망하였을 때, 태아가 살아서 출생하였으나 울지도 못하고

---

6) 대판 1982.10.12, 81도2621은「형법상의 해석으로는 사람의 시기는 규칙적인 진통을 동반하면서 태아가 태반으로부터 이탈하기 시작할 때, 다시 말하여 분만이 개시된 때(소위 진통설 또는 분만개시설)라고 봄이 타당하며, 조산원이 분만 중인 태아를 질식사에 이르게 한 경우에는 업무상 과실치사죄가 성립한다」고 한다.

7) 독일민법 제1조 및 스위스민법 제31조 참조.

끝내 사망하였다 하더라도, 어머니와 태아가 공동상속인이 되어 일단 피상속인인 아버지의 재산을 상속하고 곧이어 그 태아도 사망하였으므로 어머니가 단독으로 상속받게 된다.[8] 그러나 태아가 사산되었다면 태아는 상속인이 되지 못하고 어머니와 할아버지가 공동상속하게 된다(제1003조 1항 참조).

2. 출생의 효과

사산이 아니고 살아서 출생한 이상 일순간이라도 살아 있었으면 비록 생존능력이 없는 경우라도 권리능력을 취득한다. 따라서 살아서 출생한 이상은 성별, 기형아, 조산아, 쌍둥이, 인공수정아, 출생 후의 생존 유무 등을 묻지 않고 모두 권리능력을 취득한다. 그러나 사산된 때에는 태아로서 권리능력을 가졌던 일이 없었던 것이 된다.

3. 출생의 증명

출생의 사실은 친생자는 1차로 부 또는 모, 그리고 혼인외의 출생자는 모가 1개월 이내에 출생지에서 신고할 의무를 진다(가족관계의 등록 등에 관한 법률 제46조). 출생신고(出生申告)는 창설적 신고가 아니라 보고적 신고에 불과하므로 가족관계 등록부의 기재로 권리능력이 취득되지 않는다. 권리능력은 출생의 사실에 의해서 실체적으로 취득된다. 따라서 타인의 자를 친생자로 한 출생신고는 무효이다. 다만 판례는 입양의 실질적 요건을 갖춘 때에는 양친자관계가 발생한다고 한다.[9] 또 가족관계의 등록 등에 관한 법률상의 기재된 사실은 일단 진실에 부합되는 것으로 추정받지만, 반증이 있다면 번복된다.[10]

---

8) 다만 출생의 시기에 관하여 독립호흡설에 의하면 울지 못하여 독립적으로 호흡하지 못하였으므로 출생한 것이 아니며 따라서 태아는 상속인이 되지 못하고 어머니와 할아버지가 공동상속인이 될 것이다.

9) 대판 1977.7.26, 77다492(입양신고도 당사자의 입양에 관한 합의의 존재와 그 내용을 명백히 하여 실질적 요건을 갖추지 아니한 입양을 미리 막아 보자는 것이 그 기준이라고 본다면, 당사자 사이에 양친자관계를 창설하려는 명백한 의사가 있고 나아가 기타 입양의 성립요건이 모두 구비된 경우에 입양신고 대신 친생자출생신고가 있다면, 형식에 다소 잘못이 있더라도 입양의 효력이 있다고 한 사례).

10) 대판 1994.6.10, 94다1883(호적에 기재된 사항은 진실에 부합하는 것이라는 추정을 받는다 할 것이나, 그 기재에 반하는 증거가 있거나, 그 기재가 진실이 아니라고 볼 만한 특별한 사정이 있는 때에는 그 측정을 번복할 수 있다고 한 사례); 대판 1987.12.22, 87다카1932; 대판 1987.2.24, 86므119 등.

Ⅱ. 태아의 권리능력

1. 태아의 의의

태아(胎兒)는 수정으로부터 출생의 완료까지의 자연인이 될 생명체이다. 그 시기는 수정란(受精卵)이 된 시점에서부터 모체로부터 완전히 분리되는 때까지를 말하며 일부 노출되더라도 완전히 노출되기 전까지는 태아이다. 그러나 일반적으로는 태아를 모체 안에 자라고 있는 어린 생명체라거나, 또 수태시부터 출생완료시까지의 전(前)단계의 자연인이며, 수태란 수정란이 모태에 착상(着床)한 때라고 한다.[11] 이와 같이 태아를 어떻게 관념하는가는 체외수정의 경우에 모태에 착상되기 전의 수정란도 태아로서 권리능력을 부여하여 보호할 가치가 있는가 하는 문제와 직결된다. 이에 대해서 ① 착상설은 수정란이 처의 자궁에 착상된 때에 비로소 태아로 볼 수 있기 때문에 착상 전의 수정란은 태아로 보기 어렵다는 견해이고,[12] ② 수정설은 체외수정란도 이미 인간의 실체를 가지고 있으므로, 장차 자연인으로 출생될 것이 기대되는 한 태아로 인정할 필요가 있다는 견해이다.[13] 생각건대 시험관아기의 출산이 급증하고 시술의 성공률도 매우 높아지고 있는 상황을 고려하면 수정란을 태아로 인정하여 보호할 가치가 있다고 할 것이다.

2. 태아보호에 관한 입법주의

(1) 태아보호의 필요성

출생하지 않은 태아는 권리능력이 없는 것이 원칙이다. 그러나 이를 관철하면, 예컨대 부(父)가 사망한 후에 태어난 자(子)는 상속권을 인정받지 못하게 되고, 또한 부가 사고로 사망한 후에 태어난 자는 가해자에 대하여 정신적

11) 이영준, 722면; 이은영, 130면 등.
12) 고상룡, 87면; 김주수, 121면; 이은영, 131면.
13) 김민중, 132면.

고통으로 인한 손해배상도 청구하지 못하게 될 것이다. 출생이 예정되어 있는 태아에 대하여 단지 부의 사망이 그 출생보다 먼저 일어났다는 우연한 사정만으로 권리능력을 부정하는 것은 태아에게 불이익·불공평하며, 국민의 법감정에도 반하는 결과를 가져온다. 결국 출생할 태아의 생존권을 침해하게 된다. 이러한 부당한 결과를 해결하기 위해서는 태아에게도 권리능력을 부여하여 보호할 필요가 있는 것이다.

(2) 입법주의

태아의 보호를 위한 입법주의는 일반주의와 개별주의가 있다. 일반주의는 모든 법률관계에 관하여 일반적으로 태아를 이미 출생한 것으로 보는 입법주의이다. 로마법·스위스민법이 취하는 것이다.[14] 개별주의는 일정한 경우에만 예외적으로 태아를 출생한 것으로 보는 입법주의이다. 프랑스민법·독일민법·일본민법·우리 민법이 취하는 것이다.[15] 일반주의는 태아의 이익을 망라적(網羅的)으로 보호할 수 있으나, 구체적인 경우에 적용의 범위가 불명확한 점이 문제이다. 이에 반하여 개별주의는 적용의 범위가 명확하지만 망라적이지 않음으로써 태아의 보호에 충분하지 않은 점이 문제이다.

3. 개별보호주의

민법은 태아보호에 관하여 개별주의를 취하고 있다. 불법행위에 의한 손해배상청구권(제762조), 재산상속(제1000조 3항), 대습상속(제1001조), 유증(제1064조), 인지(제858조)에 있어서 태아의 권리능력을 인정하고 있다. 이 밖에 민법의 규정이 없지만 태아의 권리능력 유무가 문제되는 경우는 태아의 인지청구권, 생전증여, 사인증여 등이 있다.

---

14) 로마법에서는 '태아는 그 이익에 관한 한 항상 출생한 것으로 본다'(*Qui in utero est, pro jam nato habetur, quoties de ejus commodo quaeritur*)는 격언과 같이 일반적으로 태아를 보호하였으며, 스위스민법도 제31조 2항에서 「출생 전의 자는 살아서 태어난다는 조건 아래 권리능력이 있다」고 규정하고 있다.

15) 프랑스민법 제725조는 상속능력이 없는 자의 하나로 「아직 회임(懷妊)되지 않은 자」를 들고 있으며, 제906조는 「생전증여를 받을 능력을 가지기 위해서는 증여시에 회임된 것으로 족하다」고 하고 또한 유언에 대해서도 동일하게 규정한다. 독일민법은 제1923조 2항에서 「태아는 상속개시 전에 출생한 것으로 본다」고 규정하고, 제1844조 2항은 태아의 부양청구권침해에 의한 손해배상청구권에 대해서 규정하고 있다. 일본민법 제886조 1항은 「태아는 상속에 관하여 이미 출생한 것으로 본다」고 규정하고, 유증에 대해서는 제965조, 불법행위로 인한 손해배상청구권은 제721조가 규정하고 있다.

(1) 민법규정에 의한 개별보호

1) 불법행위에 의한 손해배상청구

제762조는 「태아는 손해배상의 청구에 관하여 이미 출생한 것으로 본다」고 규정한다. 이 규정은 태아 자신에 대한 불법행위(不法行爲)로 인하여 발생한 손해의 배상청구권에 관한 것이다. 따라서 부의 재산적·정신적 손해배상청구권은 일단 사망한 부에게 귀속하고 그것이 상속인인 태아에게 상속되는 것이므로, 태아의 상속능력에 관한 제1000조 3항이 적용된다. 그러므로 제762조는, 부의 사망[16]·부상[17] 등에 대하여 자(子) 자신이 위자료를 청구하는 경우, 태아 자신이 입은 불법행위에 대하여 손해배상을 청구하는 경우에 적용된다.[18] 예컨대 산모가 교통사고를 당하여 태아가 뇌손상을 입는 등과 같이 모체에 대한 물리적 공격 또는 약물투여가 태아의 기형의 원인이 된 경우에 태아에게 손해배상청구권이 인정되는 것이다. 다만 태아가 출생한 경우에 한할 것이다.[19]

수태 전에 행하여진 가해행위로 태아가 손해를 입은 경우에도 태아에게 손해배상청구권을 인정할 수 있는가가 문제이다. 예컨대 병원의 과실로 부인이 매독균이나 에이즈균에 감염된 혈액을 수혈받았고 그 후에 임신된 태아가 감염되어 출생한 경우에 그 신생아는 제762조에 의하여 손해배상청구권을 가지는가 하는 것이다. 가해행위와 태아의 손상 간에 인과관계가 존재한다면 가해행위 당시의 수태 여부와 관계없이 손해배상청구권을 인정하는 것이 타당하다.[20]

---

16) 대판 1962.3.15, 4294민상903(부의 사망 당시 아직 태아인 상태여서 정신적 고통에 대한 감수성이 없었다고 하더라도 장래 이를 감수할 것임이 합리적으로 기대할 수 있는 경우에는 태아 자신이 가해자에 대해 위자료청구권을 가진다고 한 사례).

17) 대판 1993.4.27, 93다4663(태아도 손해배상청구권에 관하여는 이미 출생한 것으로 보는 바, 교통사고로 상해를 입을 당시 태아가 출생하지 아니하였다고 하더라도 그 뒤에 출생한 이상 부의 부상으로 인하여 입게 될 정신적 고통에 대한 위자료를 청구할 수 있다고 한 사례).

18) 대판 1968.3.5, 67다2869는, 임신 중의 모가 교통사고를 당한 충격으로 태아가 조산되고, 그로 인하여 제대로 성장하지 못하고 사망한 사안에서, 「위 불법행위는 산모에 대한 불법행위인 동시에 한편으로는 태아 자신에 대한 불법행위이며, 따라서 그 아이는 그 생명침해로 인한 재산상 손해를 청구할 수 있다」고 하였다.

19) 대판 1976.9.14, 76다1365(태아가 손해배상청구권에 관하여는 이미 태어난 것으로 본다는 민법 제762조의 취지는 태아가 살아서 출생한 때에 출생시기가 문제의 사건의 시기까지 소급하여 그 때에 태아가 출생한 것과 같이 법률상 보아준다고 해석함이 상당하므로 그가 모체와 같이 사망하여 출생의 기회를 가지지 못하였다면 배상청구권을 논할 여지가 없다고 한 사례).

2) 재산상속

재산상속(財産相續)에 대하여, 민법은 「태아는 상속순위에 관하여는 이미 출생한 것으로 본다」(제1000조 3항)고 하여 태아의 상속능력을 인정한다.[21] 또 대습상속권(제1001조), 유류분권(제1118조의 제1001조의 준용)도 가진다.

3) 유 증

유증(遺贈)에 대해서도 태아의 권리능력이 인정된다(제1064조). 유언의 효력발생시기인 유언자의 사망 시에 태아였던 자에 대한 유증도 유효하다. 유증은 유언으로 재산을 타인에게 무상으로 급여하는 단독행위이며 계약인 증여와 다르다.

4) 인 지

인지(認知)는 부가 포태 중에 있는 자에 대해서도 할 수 있다(제858조). 이는 생모가 해산하기 전에 생부가 사고로 빈사상태에 있을 때 태아를 인지할 수 있으면 편리할 뿐 아니라, 인지받은 태아가 출생 후에는 안정적으로 신분상의 이익을 누릴 수 있기 때문이다. 인지란 혼인외의 자의 부 또는 모가 그 자를 자기의 자로서 승인하여 법률상 친자관계를 생기게 하는 단독행위이다.

(2) 민법규정이 없는 경우

민법에 명문의 규정이 없는 경우에는 원칙적으로 태아의 권리능력은 인정되지 않는다. 그러나 우리 민법의 개별보호주의가 망라적이지 못하기 때문에 태아의 보호에 만전을 기할 수 없다는 단점이 있다. 이 점을 해결하기 위하여, ① 유추적용긍정설은 민법의 태아 보호규정을 원칙규정으로 보고 다른 경우에도 이를 유추적용하자고 하고,[22] ② 유추적용부정설은 민법이 태아의 권리능력을 일정한 경우에 한하여 예외적・제한적으로 인정하고 있는 것이므로 일반적으로 유추적용하는 것은 그 취지에 맞지 않다고 하는 견해[23]가 대립하

20) 같은 취지: 김상용, 140면; 김증한・김학동, 101면; 백태승, 129면; 이영준, 724면.

21) 태아의 상속권에 대하여, 조고판 1916.4.14, 집3507은 「태아라도 남자로 출생한 때에는 태아인 당시에 소급하여 이미 출생한 것으로 간주하여 상속권을 가지는 관습이 있다」고 하며, 대판 1949.4.9, 4281민상197은 「관습상 유복자는 아버지의 사망시에 소급하여 상속권을 가진다」고 하여 현행민법 시행전에도 이는 인정되었다(이은영, 132면 참조).

22) 곽윤직, 76면; 이은영, 135면.

23) 같은 취지: 김용한, 96면; 김상용, 142면; 김준호, 83면; 김증한・김학동, 101면; 이영준, 725면; 장경학, 177면.

는데, 후자가 타당하다. 다음은 민법의 규정은 없으나 태아의 보호와 관련하여 해석상 문제가 되는 것이다.

1) 태아의 인지청구권

부는 태아를 인지할 수 있으나(제858조), 반대로 태아가 부에 대하여 인지청구권(認知請求權)을 가지는가에 대해서는 명문의 규정이 없다. 이에 대해서 ① 인지청구긍정설은 태아의 보호를 위하여 태아에게도 인지청구권을 인정하는 것이 좋으며, 또 제858조가 이를 부정하는 취지는 아니라는 견해이다.[24] ② 인지청구부정설은 입법론으로서는 타당하지만 해석론으로서는 태아의 인지청구권을 인정할 수 없다고 한다.[25] 생각건대 개별보호주의를 취하는 민법의 태도를 고려할 때 명문의 규정이 없는 태아의 인지청구권을 유추적용을 통하여 인정하는 해석은 무리가 있으며, 태아가 출생한 후에 부 또는 모를 상대로 하여 인지청구의 소를 제기할 수 있으므로(제863조) 태아에게 크게 불리하다고 할 수 없다. 따라서 태아는 부에 대하여 인지를 청구할 수 없고 성장에 필요한 비용도 청구할 수 없다.

2) 생전증여

생전증여(生前贈與)의 경우에 태아에게 일반적으로 수증능력이 있는가에 대해서도 명문의 규정이 없다. 이에 대해서 ① 수증능력긍정설은 유증의 규정을 유추적용하여 태아도 증여를 받을 능력이 있다는 견해이다.[26] ② 수증능력부정설은 민법이 규정하고 있지 않은 증여계약에 관하여 권리능력을 인정할 필요는 없다는 견해이며,[27] 판례의 입장도 같다.[28] 생각건대 증여자가 증여하고자 하는 시기에 아직 태아가 출생하지 않은 경우에는 증여자는 태아의 출생을 기다려 이를 할 수 있으며, 증여자의 중병 등의 사정으로 그럴만한 여유가 없는 경우에는 유증에 의하여 증여의 목적을 달성할 수 있다. 따라서 태아에게 일반적으로 수증능력을 인정할 필요는 없다.

---

24) 곽윤직, 76면; 이은영, 134면.

25) 고상룡, 86면; 김용한, 96면; 김상용, 142면; 김주수, 친족상속법(제6전정판), 273면; 김준호, 84면; 김증한 · 김학동, 102면; 이영준, 725면; 장경학, 178면.

26) 고상룡, 84면; 곽윤직, 76면.

27) 김민중, 135면; 김상용, 142면; 김준호, 85면; 김증한 · 김학동, 102면; 이은영, 133면.

28) 대판 1982.2.9, 81다534(증여에 관해서는 태아의 수증능력이 인정되지 아니하였고, 또 태아인 동안에는 법정대리인이 있을 수 없으므로, 법정대리인에 의한 수증행위도 할 수 없다고 한 사례).

3) 사인증여

사인증여(死因贈與)에 관하여 태아의 권리능력이 인정되는가 하는 것도 문제된다. 원래 유증은 유언으로 재산을 타인에게 무상으로 급여하는 단독행위이고, 사인증여는 증여자의 사후에 효력이 생기는 증여계약인 점에서 서로 다르다. 그러나 양자는 증여자의 사후에 효력이 생기는 점에서는 동일하므로, 유증의 규정이 사인증여에 준용된다(제562조). 그런데 이 준용규정이 태아의 권리능력을 인정한 규정(제1064조)까지를 포함함으로써, 사인증여에 관하여도 태아에게 권리능력이 있는 것으로 인정할 것인가에 대하여 학설의 대립이 있다. ① 사인증여인정설은 사인증여에 유증의 규정이 준용되어 태아의 권리능력도 인정된다고 하는 견해이다.[29] ② 사인증여부정설은 계약인 사인증여와 단독행위인 유증은 그 성질을 달리하고 태아의 권리능력을 인정한다 하더라도 별로 실익이 없으므로 권리능력에 관한 규정은 준용되지 않는다는 견해이다.[30] 생각건대 계약인 사인증여는 유언자의 일방적인 의사표시로 효력이 발생하는 유증과는 법률행위의 성립과정에 있어서 다르므로 사인증여에의 유증규정의 준용이 태아의 권리능력에까지 미치지 못한다. 또한 증여자는 사인증여를 통하여 달성하고자 하는 목적을 유증에 의해서도 충분히 달성할 수 있으므로 태아에 대한 권리능력의 부여에 제한적인 민법의 해석론으로는 사인증여에 있어서 태아의 권리능력은 인정하지 않는 것이 타당하다. 판례의 입장도 같다.[31]

4. 태아의 법률상의 지위

상속이나 손해배상청구 등 제한적인 경우에 태아를 「이미 출생한 것으로 본다」는 것이 법률상 무엇을 의미하는가, 즉 태아 자신이 실제로 권리능력자가 되어 권리를 취득할 수 있다는 것인지 또는 태아는 잠정적으로 권리취득의 가능성만을 가지고 있다가 출생을 기다려서 확정적으로 권리를 취득할 수 있다는 것인지가 문제이다. 이러한 태아의 법률상의 지위에 대하여 학설은 해제

29) 곽윤직, 76면; 김증한·김학동, 101면; 김용한, 103면; 이은영, 133면; 장경학, 178면.
30) 김민중, 134면; 김상용, 141면; 김주수, 124면; 김준호, 85면; 백태승, 126면; 이영준, 724면.
31) 대판 1996.4.12, 94다37714(포괄적 사인증여에 '포괄적 유증을 받은 자는 상속인과 동일한 권리·의무가 있다'는 민법 제1078조가 준용된다면 양자의 효력이 같게 되어 결과적으로 포괄적 유증에 엄격한 방식을 요하는 요식행위로 규정한 조항들은 무의미하게 될 것이므로 동조는 포괄적인 사인증여에 준용되지 않는다고 한 사례).

조건설과 정지조건설로 대립되어 있다.[32]

(1) 정지조건설

정지조건설(停止條件說)은 태아인 동안에는 태아는 권리능력을 가지지 못하고, 살아서 출생한 때에 한하여 소급하여 상속 또는 손해 등의 발생 시점부터 권리능력을 가진다는 견해이다.[33] '출생하지 않은 것과 사산은 동일하다'(*Non nasci, et natum mori, paria sunt*)는 것이다. 태아의 출생을 정지조건으로 하여 권리능력을 인정하려는 것이며, 출생시기를 과거의 문제의 시기까지 소급시킨다는 의미에서 인격소급설이라고도 한다. 이 견해에 의하면 태아인 동안에는 권리능력이 없기 때문에 그 법정대리인도 있을 수 없고, 출생 전에 상속이 개시되는 경우라 하더라도 태아는 아무런 권리를 주장할 수 없다. 다만 출생 후에 상속회복청구권을 행사할 수 있는데 실제상 그 상속재산이 확보되어 있지 않는 경우도 있을 것이다. 그러므로 이 견해는 상대방 또는 제3자를 보호하여 거래안전에 충실한 반면에 태아 자신의 보호에는 소홀한 면이 있다.

(2) 해제조건설

해제조건설(解除條件說)은 태아도 출생한 것으로 간주되는 경우에는 권리능력을 가지므로 그 법정대리인도 인정되지만, 사산이 된 때에는 소급하여 권리능력이 소멸한다는 견해이다.[34] 태아의 사산을 해제조건으로 하여 권리능력을 인정하려는 견해로서 제한된 범위 내에서 태아에게도 권리능력이 인정된다는 의미에서 제한인격설이라고도 한다. 이 견해에 의하면 태아로 있는 동안에도 법정대리인을 통하여 태아에의 손해배상과 상속재산의 분할을 청구할 수 있으나 태아가 사산이 된 경우에는 이미 법정대리인이 행한 행위가 소급하여 무효로 된다. 따라서 태아 자신을 두텁게 보호할 수는 있으나, 그 상대방 및 제3자에게 예상치 못한 손해를 주어 거래안전을 해하게 되는 면이 있다. 그러나 오늘날 의학의 발달로 태아의 사산율보다 출산율이 높기 때문에 상대방・제3자에게 손해를 줄 가능성은 매우 낮다고 한다.

---

32) 정지조건은 법률행위의 효력의 발생을 장래의 불확실한 사실에 의존케 하는 조건이며, 해제조건은 법률행위의 효력의 소멸을 장래의 불확실한 사실에 의존케 하는 조건이다.

33) 김기선, 85면; 김민중, 138면; 김상용, 144면; 김주수, 126면; 김준호, 87면; 백태승, 128면; 이영준, 726면.

34) 고상룡, 82면; 곽윤직, 77면; 김용한, 97면; 김증한・김학동, 103면; 장경학, 181면.

(3) 판례의 입장

판례는 태아가 살아서 출생한 때에 출생시기가 문제의 사건의 시기까지 소급하여 그 때에 태아가 출생한 것과 같이 법률상 보아준다고 해석함이 상당하다거나,[35] 태아인 동안에는 법정대리인이 있을 수 없으므로 법정대리인에 의한 수증행위도 할 수 없다고 하여,[36] 정지조건설을 취하고 있다.

(4) 사 견

결국 태아보호와 거래안전 중 어느 쪽에 중점을 두어 해석할 것인가에 따라 결론이 달라지는데, 다음과 같은 이유에서 정지조건설이 타당하다고 생각한다.

첫째, 일반주의에 의하여 모든 태아에게 법인격을 인정하는 것이 아니라 오로지 상속과 불법행위의 경우에만 모가 법정대리인이 될 수 있다는 것은 논리적 일관성이 없다고 할 것이다. 태아의 보호를 위한 관리인을 선임할 수 있는 독일민법(제1912조, 제1913조, 제1960조)의 경우와는 달리 이에 관한 명문의 규정을 두고 있지 않은 민법 하에서 모의 법정대리를 인정하는 것을 해석론으로는 무리한 것이라고 아니할 수 없다.

둘째, 해제조건설은 출산율이 사산율에 비하여 압도적으로 높기 때문에 해제조건설을 취함으로써 상대방 또는 제3자에게 손해를 줄 가능성은 정지조건설에 의한 경우보다 훨씬 적다고 한다. 그러나 해제조건설에 의하는 경우에도, 모가 태아의 포태사실을 모르고 태아를 제외하고 상속하거나, 상속재산의 분할에 있어서 부(夫)의 자(子)가 아닌 태아에게 상속재산을 나누어준다거나, 쌍둥이가 출생한다거나, 태아가 사산한다거나 한 때에는 진정상속인으로부터의 상속회복청구의 문제가 생기며 그 상대방과 제3자에게 예상치 못한 손해를 주는 등 그 관계가 복잡하게 된다. 또한 모가 태아를 위하여 절차를 밟지 않는다거나 모가 대리하여 태아의 권리를 처분하는 경우에는 역시 사실상 불이익이 생기게 된다. 결국 해제조건설에 의하더라도 법률관계는 더욱 복잡해지고 태아의 이익보호에도 충실하다고 할 수 없다. 오히려 정지조건설을 취하여 일률적으로 출생 후에 소급하여 권리능력을 인정하는 것이 법률관계를 명확하게 하여 법적 안정성에도 기여할 수 있을 것이다.

---

35) 대판 1976.9.14, 76다1365.
36) 대판 1982.2.9, 81다534.

III. 외국인의 권리능력

1. 내외국인 평등주의

외국인을 법적으로 어떻게 다룰 것인가에 대해서는 역사적으로 많은 변천을 거듭하여 왔다. 여기에는 외국인에게 전혀 권리능력을 인정하지 않는 적대주의, 권리능력을 극도로 제한하는 배외주의, 외국인의 본국이 내국인에게 인정하는 것과 같은 정도로 권리능력을 인정하는 상호주의, 내국인과 동등한 권리능력을 인정하는 평등주의가 있다. 현대에는 국제간의 경제거래와 문화교류의 증진에 따라 내외국인 평등주의를 취하는 나라가 많다. 우리 헌법은 제6조 2항에서 「외국인에 대하여는 국제법과 조약에 정한 바에 의하여 그 지위를 보장한다」고 규정하여 내외국인 평등주의를 기본원칙으로 밝히고 있다.

원칙적으로 모든 자연인은 성별, 연령, 직업, 국적 등에 관계없이 평등하게 권리능력을 가진다. 그러나 외국인에 대해서는 국가의 정책과 관련하여 법률과 조약에 의하여 약간의 제한을 가하고 있는 것이다. 외국인이란 대한민국국적을 가지지 않는 자연인을 말하며, 무국적자를 포함한다. 국적의 득실은 국적법이 규정한다. 대한민국국적을 상실하면 외국인이 되므로 각종의 권리를 향유하지 못하게 되지만, 국적상실시부터 3년 이내에 그 권리를 대한민국국민에게 양도할 수 있도록 하여(국적법 제18조), 국적상실자를 보호하고 있다.

2. 외국인의 권리능력의 제한

국가정책상 특별법에 의하여 외국인의 권리능력이 제한된다. 이러한 제한규정은 강행규정이므로 이에 관한 외국인의 권리취득을 목적으로 하는 계약은 무효이다.

(1) 권리능력이 부정되는 경우

한국선박 · 한국항공기의 소유권(선박법 제2조, 항공법 제6조) 등의 물권취득은 외국인이 향유할 수 없다.[37] 또한 외국인은 도선사(도선법 제6조) 등의 자유직업에 종사할 수 없으며,[38] 무선국의 개설(전파법 제20조 1호)·항공운송사업(항공법 제114조) 등의 사업은 금지된다.

(2) 상호주의에 의하여 제한되는 경우

1) 토지소유권취득의 제한

외국인토지법 제3조는 「건설교통부장관은 대한민국국민, 대한민국의 법령에 의하여 설립된 법인 또는 단체나 대한민국정부에 의하여 자국 안의 토지의 취득 또는 양도를 금지하거나 제한하는 국가의 개인·법인·단체 또는 정부에 대하여는 대통령령이 정하는 바에 따라 대한민국 안의 토지의 취득 또는 양도를 금지하거나 제한할 수 있다」고 하여 상호주의에 의한 토지취득의 제한을 정하고 있다. 외국인의 토지 소유권취득에 대해서 허가주의를 원칙으로 하여왔으나, 1998년의 개정으로 신고주의를 원칙으로 하고 허가주의를 예외로 하고 있다(동법 제4조).

2) 지적재산권취득의 제한

특허권(특허법 제25조)·실용신안권(실용신안법 제3조)·디자인권(디자인보호법 제4조)·상표권(상표법 제5조) 등의 지적재산권의 취득에 있어서, 상호주의에 의하여 그 외국인이 속하는 국가에서 대한민국국민에 대하여 그 국민과 동일한 조건으로 이러한 권리의 향유를 인정하는 등의 경우에 외국인의 권리능력을 인정한다.

3) 손해배상의 제한

국가나 지방자치단체에 대한 손해배상청구권에 있어서도 상호보증이 있는 때에 한하여 외국인 피해자가 청구권을 행사할 수 있도록 하고(국가배상법 제7조), 또 우주물체의 발사 운용 등으로 인한 우주손해의 배상(우주손해배상법 제3조 2항)에 있어서도 상호주의를 취하고 있다.

---

37) 광업권(광업법 제6조)과 조광권(동법 제53조)도 제한되었으나, 1999.2.9에 삭제되거나 개정되어 외국인에 대한 제한은 없어졌다.

38) 종전에는 공증인(공증인법 제12조), 변리사(변리사법 제3조)도 될 수 없었으나 각각 1998.12.28과 1998.2.8의 개정으로 그러한 제한이 없어졌다.

(3) 그밖에 제한이 있는 경우

어업권은 국회의 동의를 얻어서 정부가 면허할 때 취득할 수 있다(수산업법 제5조). 그리고 외국인이 대한민국의 법인이나 국민이 영위하는 기업의 기존 주식의 취득에 의하여 외국인투자를 하거나 그 내용을 변경하고자 할 때에는 산업자원부장관에게 신고를 하여야 한다(외국인투자촉진법 제6조 1항). 또 외국인의 저작물은 대한민국이 가입 또는 체결한 조약에 따라 보호되나 국내에 상주하는 외국인의 저작물과 맨 처음 국내에서 공표된 외국인의 저작물은 이와 무관하게 보호된다(저작권법 제3조).

IV. 권리능력의 소멸

자연인의 권리능력은 사망에 의하여 소멸한다. 그러나 사망의 여부나 시기 등의 입증이 곤란한 경우에 이를 구제하기 위한 제도로서 동시사망의 추정·인정사망·실종선고가 있다.

1. 사　　망

(1) 사망의 시점

자연인은 언제 사망(死亡)에 이르렀다고 하겠는가. 이에 관하여 민법은 규정을 두고 있지 않으나, 일반적으로 호흡과 혈액순환의 정지, 즉 심장의 영구적 정지를 사망으로 보아 왔다(통설). 그러나 심장·신장 등의 장기이식이 발달하고 장기 등 이식에 관한 법률[39]이 제정·시행되었다. 이 법 제17조는「뇌사자가 이 법에 의한 장기 등의 적출(摘出)로 사망한 때에는 뇌사의 원인이 된 질병 또는 행위로 인하여 사망한 것으로 본다」고 규정하여 뇌사(腦死)를 사망으로 볼 것인가에 관하여 의문이 제기되고 있다.

사망의 시점에 대한 학설의 대립은 다음과 같다. ① 심장사설은 심장의 기능이 회복불가능한 상태로 정지된 때를 사망시기로 보는 견해이다.[40] 이 견

39) 1999.2.8. 법률 제5858호. 2000.2.9일부터 시행됨.
40) 곽윤직, 80면; 김상용, 149면; 백태승, 133면; 이영준, 729면; 장경학, 182면.

해는 그 동안의 지배적인 학설로서 호흡기능 및 심장박동의 정지, 동공의 확대의 세 가지 징후가 나타난 경우에 사망이라고 인정하므로 삼징후설이라고 하기도 한다. ② 뇌사설은 장기이식의 필요성에 착안하여 사망시기를 뇌사의 시점으로 앞당겨서 인정하자는 견해이다.[41] 뇌사를 사망시점으로 보고, 그 후 인공호흡 등을 통하여 심장박동·맥박·혈압·체온·호흡을 지속시키면서 필요한 장기를 적출할 수 있다는 것이다. 그리고 장기 등 이식에 관한 법률에 의한 뇌사판정이 있으면 뇌사자의 장기 등의 적출 및 이식이 가능하므로 결국은 뇌사를 사망으로 인정하게 된 것이라고 한다. ③ 절충설은 장기이식을 허용하는 경우에는 뇌사를 사망시점으로 보고, 통상의 경우에는 심장사를 사망시점으로 보자는 견해이다.[42] 생각건대 심장 등의 이식수술의 성공도가 그리 높지 않으며, 뇌사 후에 뇌사자가 소생한다면 법률관계가 복잡해지는 등의 혼란이 있을 수 있다. 또한 장기 등 이식에 관한 법률에서의 사망의제는 장기이식을 위한 것일 뿐이고, 권리능력 소멸사유로서의 사망으로 인정되지는 않는다고 하여야 한다.[43] 따라서 사람은 심장의 기능이 회복 불가능한 상태로 정지된 때 사망에 이른다고 하여야 할 것이다.

(2) 사망의 효과

자연인은 사망의 순간부터 모든 권리와 의무의 주체가 될 수 없다. 오로지 사망에 의해서만 권리능력은 소멸한다. 역사적으로 로마법에는 자유인이 노예로 전락하는 인격대소멸, 게르만법에서는 반역죄나 파렴치죄를 범한 때의 평화상실, 중세에는 수도원에 들어감으로써 사망한 것으로 다루는 수도원사, 사형 또는 종신징역의 유죄판결을 받은 자의 사권을 상실시키는 민사사(民事死) 등이 있었다. 그러나 근대법에서는 이러한 권리능력 박탈제도는 없으며, 사망에 의해서만 권리능력이 소멸된다. 실종선고제도도 권리능력을 소멸시키는 제도는 아니다.

자연인의 사망은, 상속(제997조 이하)·유언의 효력발생(제1073조 이하), 잔존배우자의 재혼(제810조), 보험금청구(상법 제727조, 제730조), 연금청구(공무원연금법 제25조 등), 사인증여의 효력의 발생(제562조) 등의 여러 가지 법률문제를 발생시킨다.

41) 고상룡, 88면.
42) 이은영, 141면.
43) 같은 취지: 김상용, 149면; 백태승, 133면.

(3) 사망의 증명

사람이 사망하면 동거하는 친족이 신고의무를 지며, 그밖의 친족 · 동거자 또는 사망장소를 관리하는 사람, 사망장소의 동장 또는 통 · 이장도 사망신고(死亡申告)를 할 수 있다(가족관계의 등록 등에 관한 법률 제85조). 신고는 사망의 사실을 안 날부터 1월 이내에 사망지의 시 · 읍 · 면의 장에게 진단서 또는 검안서를 첨부하여 하여야 한다(동법 제84조 1항). 그러나 부득이한 사정으로 인하여 진단서나 검안서를 얻을 수 없는 때에는 목격자의 진술서와 같은 사망의 사실을 증명할만한 서면으로 이에 갈음할 수 있다(동법 제84조 3항).

사망의 사실 및 시기는 가족관계등록부의 기재에 의한다. 그러나 가족관계등록부의 기재도 사실상의 추정력이 인정될 뿐이며, 실체적인 사실을 좌우하지는 못한다. 따라서 반증에 의하여 뒤집을 수 있다.[44] 또한 사망의 증명이 곤란한 경우가 적지 않으므로 이에 대처하기 위해 민법은 인정사망 · 동시사망의 추정 · 실종선고 등의 제도를 둔다.

2. 동시사망의 추정

(1) 의 의

동시사망의 추정은 2인 이상이 동일한 위난(危難)으로 사망한 경우에는 동시에 사망한 것으로 추정하는 것이다(제30조). 사망의 여부나 시기의 증명이 곤란한 경우에 이러한 입증의 어려움을 완화하기 위하여 동시에 사망한 것으로 추정하는 제도이다. 즉 동일한 위난으로 여러 명이 사망하였을 때 그 사망의 선후가 불분명하여 상속관계의 처리가 곤란한 경우에, 그들을 동시사망자로 추정하여 그들 사이에는 상속이 생기지 않았던 것으로 처리하려는 제도이다.

---

44) 대결 1995.7.5, 94스26(호적부의 사망기재는 쉽게 번복할 수 있게 되어서는 안되고, 그 기재내용을 뒤집기 위해서는 사망신고 당시에 첨부된 서류들이 위조 또는 허위조작된 문서임이 증명되거나, 신고인이 공정증서원본 등의 부실기재죄로 처단되었거나 또는 이에 준하는 사유가 있을 때 등에 한해서 호적상의 사망기재의 추정력을 뒤집을 수 있을 뿐이고, 그러한 정도에 미치지 못한 경우에는 그 추정력을 깰 수 없다고 보아야 한다고 한 사례); 대결 1984.9.13, 84스11(호적부의 기재에 어떤 사람의 사망 사실이 기재되어 있으면 그 사람은 반증이 없는 한 사망한 것으로 추정된다고 할 것이나 6.25사변 당시 행방불명이 된 이래 현재까지 그 생사를 알 수 없는 부재자를 허위의 인우보증서를 받아 사망한 것으로 신고하여 호적부에 기재한 것이라면 위 호적상의 사망기재는 그 기재내용이 허위임이 명백하여 추정력이 깨어졌다고 한 사례).

예컨대 아버지와 미혼인 아들이 동일한 선박의 침몰로 모두 사망한 경우에 그 유족으로 어머니와 할머니가 있었다면, 그 상속관계는 아버지와 아들의 사망의 선후에 따라 결과가 달라진다. 아버지가 아들보다 먼저 사망한 것이 입증되면 일단 어머니와 아들이 상속하고(제1000조 1항 1호 및 2항, 제1003조 1항), 다시 아들의 상속분은 모두 어머니에게 상속된다(제1000조 1항 2호). 그러나 아들이 아버지보다 먼저 사망한 것이 입증되면, 아버지의 상속재산은 어머니와 할머니에 의하여 공동상속된다(제1000조 1항 2호, 1003조 1항). 이와 같이 아버지와 아들의 사망의 선후에 따라서 상속인의 이해가 달라진다. 이러한 모순을 제거하기 위하여 동일한 위난으로 사망한 자는 동시사망으로 추정하도록 한 것이다. 따라서 아버지와 아들은 동시에 사망한 것으로 추정되고 동사자 사이에는 상속이 생기지 않는 것으로 되어 상속재산은 어머니와 할머니가 공동상속하게 된다.

(2) 입법주의

동일한 위난으로 여러 명이 사망한 경우에 사망시기의 결정에 관하여 다음의 세 가지의 입법주의가 있다. ㉠ 구체적 생존추정주의는 연령・성별・체력의 강약 등에 따라 사망의 선후를 추정하는 입법주의로, 로마법과 프랑스민법[45]이 이에 속한다. ㉡ 추상적 생존추정주의는 일률적으로 재산권에 영향을 미칠 모든 문제에 관하여 연장자의 순으로 사망한 것으로 추정하는 입법주의로, 영국법이 이에 속한다(Law of property, 제184조). ㉢ 동시사망추정주의는 구체적 사정에 관계없이 일률적으로 사망한 것으로 추정하는 입법주의로, 독일실종법(제11조)・스위스민법(제32조)・일본민법(제32조의2)과 우리 민법이 이에 속한다.

---

45) 프랑스민법은 연령과 성별에 의하여 생존을 추정하는 상세한 규정을 둔다. 먼저 동사자(同死者)가 모두 15세 미만인 경우에는 남녀를 불문하고 연장자가 뒤에 사망한 것으로 추정한다(동법 제720조). 그리고 동사자가 모두 15세 이상 60세 미만인 경우에는 남녀간에서는 동연령 또는 그 차가 1년 이내의 경우에는 남자가 뒤에 사망한 것으로 추정되고(동법 제721조), 이에 반하여 역시 남녀간에서 연령의 차가 1년을 초과한 경우에는 남녀를 불문하며 연소자가 뒤에 사망한 것으로 추정된다. 또 동사자가 동성인 때에는 연소자가 나중까지 생존한 것으로 추정한다(동법 제722조).

(3) 효 과

1) 상속 · 대습상속 · 유증에의 적용

동시사망의 추정을 받는 자 상호간에는 상속이 생기지 않는다. 위의 예에서 아들은 아버지의 상속인으로 되지 못하고, 어머니와 할머니만이 상속인이 되므로 마치 아버지가 아들보다 뒤에 사망한 경우와 동일한 결과가 된다.

또한 위의 예에서 손자가 있었다면, 그 손자는 대습상속에 의하여 상속인이 되어 자신의 할머니와 공동으로 할아버지를 상속하게 된다(제1001조).[46] 그리고 동시사망의 추정은 유증의 경우에도 적용되어, 유언자와 유증을 받는 자가 동시사망의 경우에는 유증의 효력은 생기지 아니한 것으로 된다(제1089조 1항).

2) 추정의 정도

동시사망의 추정은 어디까지나 추정이며 일방이 타방보다 먼저 사망한 것의 반증을 들어 그 추정을 깨뜨릴 수 있다. 그러나 동시사망의 추정을 깨뜨린다는 것은 거의 불가능에 가까운 것으로 생각되므로 여기의 추정은 거의 간주에 가깝다고 할 것이다. 반증의 정도는 충분히 명확한 것이어야 할 것이다.[47] 그러나 반증은 사망의 선후에 대한 증명으로 충분하며 엄격한 사망시기의 증명일 필요는 없다.

3) 상이한 위난에의 유추적용

제30조는 동일한 위난으로 사망한 경우만을 규정한다. 그런데 비슷한 시기에 한 사람은 지진으로 다른 한 사람은 비행기사고로 사망하여 그 선후를 알 수 없을 경우에도 동시사망의 추정에 의하여 그들 간에는 상속이 이루어지지 않는다고 할 수 있는가 하는 것이 문제이다. 이와 같이 상이한 위난에 의하여 2인 이상이 사망하였으나 그 사망의 선후가 불분명한 경우에 제30조를 유추적용할

---

46) 대판 2001.3.9, 99다13157(민법 제1001조의 상속인이 될 직계비속이 상속개시 전에 사망한 경우에는 상속인이 될 직계비속이 상속개시와 동시에 사망한 것으로 추정되는 경우도 포함하는 것으로 합목적적으로 해석함이 상당하다고 한 사례).

47) 대판 1998.8.21, 98다8974(민법 제30조의 동사추정은 법률상 추정으로서 이를 번복하기 위해서는 동일한 위난으로 사망하였다는 전제사실에 대하여 법원의 확신을 흔들리게 하는 반증을 제출하거나 또는 각자 다른 시각에 사망하였다는 점에 대하여 법원에 확신을 줄 수 있는 본증을 제출하여야 하는데 이에 대해서 충분하고 명백한 입증이 없는 한 위 추정은 깨어지지 아니한다고 한 사례).

것인가에 대하여 학설의 대립이 있다. ① 유추적용긍정설은 동일한 위난으로 사망한 경우만을 규정한 제30조를 상이한 위난의 경우에도 유추적용하자는 견해이다.[48] 동일한 위난에 국한하면 그 적용범위가 좁아지므로 일반적으로 사망의 선후가 불명한 경우에도 동시사망의 추정을 인정하는 다른 입법례[49]와 같이 해석하자는 것이다. ② 유추적용부정설은 민법이 동일한 위난에 한정하고 있는 상황에서 상이한 위난에 관하여 유추적용하는 것은 해석상 무리이며, 보통의 입증을 통해서 그 사망의 선후를 정해야 한다는 견해이다.[50] 다만 입법론으로는 상이한 위난의 경우까지 동시사망의 추정을 허용할 것을 주장한다. 생각건대 민법의 해석론으로도 제30조의 유추적용을 통하여 동시사망의 추정은 장소를 달리한 수인의 사망자의 경우에도 적용하는 것이 타당하다.

이와 같은 논란이 반영되어 민법개정안은 「수인의 사망자 중 한 사람이 다른 사람의 사망 후에도 생존한 것이 분명하지 아니한 경우에 이들은 동시에 사망한 것으로 추정한다」고 하여, 동일한 위난뿐만 아니라 상이한 위난에 의한 경우에도 동시사망의 추정이 가능하게 하였다(동안 제30조).

3. 인정사망

(1) 의 의

인정사망(認定死亡)은 사망의 확증은 없으나 수난·화재 기타 사변으로 인하여 사망이 확실시되는 경우에 관공서의 사망보고에 의한 가족관계등록부의 기재로 사망을 추정하는 제도이다(가족관계의 등록 등에 관한 법률 제87조). 시체의 발견이나 확인이 되지 않아서 사망의 확증은 없으나 수난·화재·홍수·항공기추락·전쟁·지진 등과 같이 사망의 개연성이 대단히 높아서 생존을 도저히 기대할 수 없는 경우에 실종선고절차를 거치지 않고 사고조사담당

---

48) 고상룡, 94면; 곽윤직, 82면; 김민중, 145면; 김상용, 153면; 김주수, 130면; 백태승, 137면; 장경학, 186면.

49) 스위스민법 제32조 2항(「수인의 사망자 중 누가 다른 사람보다 뒤에까지 생존했었는가를 입증할 수 없을 경우에는 동시에 사망한 것으로 본다」고 하여 추정이 아니라 간주를 하고 있다), 독일실종법 제11조(「수인의 사망자 또는 사망선고를 받은 자 중 누가 다른 사람보다 뒤에까지 생존했었는가를 입증할 수 없을 경우에는 동시에 사망한 것으로 추정한다」), 일본민법 제32조의2(「사망한 수인 중 누가 다른 사람보다 뒤에까지 생존했다는 것이 분명하지 않은 경우에는, 이들은 동시에 사망한 것으로 추정한다」) 등이 있다.

50) 김증한·김학동, 106면; 이영준, 731면; 이은영, 147면.

관공서의 보고와 가족관계등록부의 사망기재로 사망을 인정하는 제도이다.

(2) 효 과

사망의 개연성이 큰 점에서는 특별실종과 공통점이 있으나, 실종보다 요건이 간편하여 간이한 실종선고라고도 한다. 그러나 그 효력은 보통의 사망신고에 기한 등록부기재와 마찬가지로 실체상의 효력은 인정되지 않으며, 반증이 없는 한 등록부기재에 따라 사망일에 사망한 것으로 추정될 뿐이다. 따라서 생존의 확증이 있으면 당연히 그 추정력이 상실된다. 그러므로 사망의 대세적 효과를 인정받기 위해서는 다시 실종선고를 받아야 한다.

그런데 인정사망에 의하여 사망이 추정된 자가 생존해 있는 경우에는 사망자로 다루어진 자가 살아 돌아온 점에서 실종선고의 취소의 경우와 동일하다. 이와 관련하여 실종선고의 취소의 효과에 관한 제29조를 인정사망의 경우에 유추적용할 것인가에 대해서 견해의 대립이 있다. ① 유추적용긍정설은 인정사망에 관하여 실체적 규정이 없어서 생기는 입법적 불비를 해석을 통하여 보충하는 것이 필요하므로 제29조의 유추적용을 인정하자는 견해이다.[51] ② 유추적용부정설은 인정사망은 공적 기관에 의한 행정적 처분이기 때문에, 법원에 의한 사법적 처리인 실종선고에 관한 규정은 유추적용할 수 없다는 견해이다.[52] 그러나 인정사망의 경우에도 상속인으로부터 상속재산을 취득한 제3자나 재혼한 잔존배우자의 혼인관계를 보호할 필요성이 실종선고의 경우와 마찬가지로 존재하므로 제29조를 유추적용하여 가족관계등록부의 기재를 신뢰한 제3자를 보호할 필요가 있다고 생각한다.

4. 실종선고

실종선고(失踪宣告)는 일정기간 생사불명의 상태가 지속되고 사망의 개연성이 높은 경우에 법원의 선고에 의하여 일정한 시기에 사망한 것으로 간주하는 제도이다. 이는 상속인·생존배우자 기타의 이해관계인을 위하여 실종자의 법률관계를 확정할 필요가 있기 때문에 실종자의 종래의 주소를 중심으로 하는 사법상(私法上)의 법률관계를 사망으로 간주해서 처리하는 제도이며, 실종자의 권리능력 자체를 소멸케 하는 제도는 아니다. 이에 대해서는 후술한다.

---

51) 곽윤직, 171면(신정판); 김상용, 150면; 백태승, 135면.
52) 고상룡, 98면; 김민중, 142면.

제 2 관 행위능력

I. 서 설

1. 의사능력과 의사무능력

(1) 의사능력의 의의

의사능력(意思能力)은 자기의 행위의 의미와 결과를 판단하여 정상적인 의사결정을 할 수 있는 정신능력이다.[53] 사람은 누구나 권리와 의무의 주체가 될 수 있는 권리능력을 가진다. 그러나 권리능력자의 행위가 모두 법률상의 효과를 가져 오지는 못한다. 민법은 사적 생활관계의 기초를 사람의 의사에서 구하며 그 의사표시로 법률관계가 형성·변경·소멸하는 구조를 취하기 때문에, 사람의 행위가 법률상의 효과를 발생시키려면 항상 의사능력을 필요로 한다. 사적사치의 원칙상 권리·의무의 형성이라는 법률효과를 정상적으로 판단할 수 없는 의사무능력자의 행위에 법적으로 효과를 줄 수 없기 때문이다.

이러한 의사능력은 법률행위에 관한 개념이며, 불법행위에 있어서 책임을 변식할 수 있는 정신능력은 책임능력 또는 불법행위능력이라고 한다.

(2) 의사무능력자

의사무능력자(意思無能力者)는 정신이 미숙하거나 결함이 있어서 정상적인 의사결정을 할 수 없는 자이다. 보통사람이 가지는 정상적인 판단능력을

---

53) 대판 2006.9.22, 2006다29358(의사능력이란 자신의 행위의 의미나 결과를 정상적인 인식력과 예기력을 바탕으로 합리적으로 판단할 수 있는 정신적 능력 내지는 지능을 말하는 바, 특히 어떤 법률행위가 그 일상적인 의미만을 이해하여서는 알기 어려운 특별한 법률적인 의미나 효과가 부여되어 있는 경우 의사능력이 인정되기 위하여는 그 행위의 일상적인 의미뿐만 아니라 법률적인 의미나 효과에 대하여도 이해할 수 있을 것을 요한다고 보아야 하고, 의사능력의 유무는 구체적인 법률행위와 관련하여 개별적으로 판단되어야 한다고 한 사례); 대판 2002.10.11, 2001다10113.

가지지 못한 사람을 말하며, 일반적으로 유아, 만취자, 백치자 등이 그 예이다. '광인(狂人)은 의사를 가지지 않는다'(*Furiosi voluntas nulla est*). 그러나 의사무능력의 판단기준에 관하여 민법은 규정을 두고 있지 않다. 따라서 의사능력의 유무는 개개의 구체적 법률행위와 관련하여 개별적으로 판단하여야 한다. 행위자의 연령, 지능, 정신상태, 법률행위의 성질 등을 고려하여야 할 것이다. 예컨대 아이스크림을 사는 매매계약에는 7세 정도의 판단능력으로 의사능력을 인정할 수 있지만, 자동차 등의 고가품의 매매계약에는 좀 더 높은 연령의 판단능력이 필요하다고 할 것이다. 보통 부동산매매계약은 13세 정도, 신분행위는 15세 정도의 판단능력이 필요하다고 한다.[54]

판례는 지능지수가 58로서 경도의 정신지체 수준에 해당하는 38세의 정신지체 3급 장애인,[55] 지능지수는 73, 사회연령은 6세 수준으로서 이름을 정확하게 쓰지 못하고 간단한 셈도 불가능한 사람,[56] 또는 반혼수상태인 사람[57]은 의사무능력자라고 한다.

(3) 의사무능력의 효과

의사무능력자의 법률행위는 모두 무효(無效)이다. 이에 관하여 민법은 규정하고 있지 않으나, 명문의 규정으로 의사무능력자의 행위를 무효로 하는 입법례도 있다(독일민법 제105조, 스위스민법 제18조, 프랑스민법 제489조). 사법관계는 행위자의 자유로운 의사에 의하여 형성되는 것이므로 자신의 의사를 정상적으로 결정할 수 있는 의사능력은 반드시 필요하며, 이러한 능력이 없는 자의 법률행위는 무효가 되는 것이다.

---

54) 김민중, 147면; 김주수, 134면; 장경학, 189면 참조.

55) 대판 2006.9.22, 2006다29358(지능지수가 58로서 경도의 정신지체 수준에 해당하는 38세의 정신지체 3급 장애인이 2,000만원이 넘는 채무에 대하여 연대보증계약을 체결한 사안에서, 연대보증계약 당시 그 계약의 법률적 의미와 효과를 이해할 수 있는 의사능력이 없었다고 본 사례); 대판 1994.9.9, 93다31191(60 내지 65 정도의 지능지수를 가진 바로서 의사능력이 전혀 없다고 할 정도는 아니나 그러한 능력이 박약하다고 한 사례).

56) 대판 2002.10.11, 2001다10113(원고가 어릴 때부터 지능지수가 낮아 정규교육을 받지 못한 채 가족의 도움으로 살아왔고, 위 계약일 2년 8개월 후 실시된 신체감정결과 지능지수는 73, 사회연령은 6세 수준으로서 이름을 정확하게 쓰지 못하고 간단한 셈도 불가능하며, 원고의 본래 지능수준도 이와 크게 다르지 않을 것으로 추정된다는 감정결과가 나온 경우에 그가 체결한 근저당권설정계약이 의사능력을 흠결한 상태에서 체결된 것으로서 무효라고 본 사례).

57) 대판 1996.4.23, 95다34514(유언공정증서를 작성할 당시 반혼수상태인 유언자가 유언공정증서의 취지를 듣고 고개만 끄덕인 경우, 그 유언은 무효라고 한 원심판결을 수긍한 사례); 대판 1993.6.8, 92다8750.

그런데 이 경우의 무효가 어떠한 효력을 가지는가에 대해서 견해의 대립이 있다. ① 절대적 무효설은 의사무능력자의 행위는 당연 무효이며, 의사무능력자 측은 물론이고 그 상대방 및 제3자도 언제나 그 무효를 주장할 수 있다는 견해이다.[58] ② 상대적 무효설은 의사무능력자를 보호하기 위하여 상대방은 무효를 주장할 수 없고 의사무능력자만이 무효를 주장할 수 있는 편면적(片面的) 무효라고 이해하여, 취소권자만이 취소할 수 있는 것과 유사하다는 견해이다.[59] 생각건대 의사무능력으로 인한 무효와 행위무능력으로 인한 취소권의 발생과는 별개의 문제이고, 또한 법률효과의 발생근거를 개인의 의사에 두고 있는 민법의 체계 하에서 의사를 정상적으로 형성할 수 없는 의사무능력자의 행위는 절대적 무효라고 할 것이다.

(4) 의사무능력과 행위무능력의 경합

행위무능력자가 의사무능력 상태에서 법률행위를 한 경우에, 그 법률행위에 대하여 행위무능력의 취소와 의사무능력의 무효가 경합하여 양자가 모두 주장될 수 있다.[60] 이를 '무효와 취소의 경합(競合)' 또는 '무효와 취소의 이중효(二重效)'라고도 한다. 예컨대 금치산자 · 한정치산자 · 미성년자가 만취하여 의식불명의 상태에서 계약을 체결한 경우에는 그 계약은 무효이며 또한 취소할 수 있다. 만약 금치산선고를 받지 않은 의사무능력자는 무효를 주장할 수 있는 데 반하여 금치산자는 취소만을 주장할 수 있다고 해석한다면, 취소권은 단기소멸시효(제146조)의 적용을 받지만 무효의 주장은 그렇지 않기 때문에 금치산선고를 받은 금치산자가 오히려 보호받지 못하는 불합리한 결과가 된다. 따라서 취소권이 소멸하였거나 또는 심신상실 중의 행위인 것이 증명되는 때에는 무효를 주장할 수 있어야 한다. 또 행위무능력자가 무효를 주장하는 경우에는 제141조가 유추적용되어 그 행위로 인하여 받은 이익이 현존하는 범위 내에서만 상환할 책임을 진다고 하여야 할 것이다.

---

58) 곽윤직, 84면; 김상용, 154면; 김용한, 100면; 김준호, 94면; 김증한 · 김학동, 110면; 백태승, 139면; 이영준, 733면; 이은영, 158면.

59) 김민중, 147면; 김주수, 134면; 장경학, 190면.

60) 통설. 다만 이영준, 구판 803면은 취소만을 인정한다고 하여 이견이 보였으나, 신판 736면은 무능력자에게 최대한 유리하게 선택적으로 적용하여야 한다고 하여 그 견해를 바꾼 것으로 이해된다.

2. 행위능력과 행위무능력

(1) 행위능력의 의의

행위능력(行爲能力)은 사법상 법률행위를 단독으로 유효하게 할 수 있는 능력이다. 자연인은 누구나 권리능력을 가지나, 모두 의사능력을 가지는 것은 아니다. 의사능력이 없는 자의 행위는 무효이다. 의사무능력자는 법률행위시에 의사능력이 없었음을 입증하여 무효를 주장할 수 있다. 그러나 그 입증은 쉽지 않으며, 또 입증이 이루어지면 그 거래상대방은 예상치 않은 손해를 입게 된다. 그리하여 의사능력이 부족한 자를 정형화하여 입증의 곤란을 제거함으로써 무능력자를 보호하고, 거래의 상내방으로 하여금 미리 경계할 수 있도록 할 필요가 있다. 이에 따라 의사능력은 있다 하더라도, 독립하여 거래를 할 수 있는 능력이 부족한 자가 거래상에서 손해를 입지 않도록 보호·감독하는 제도가 행위무능력자제도이다. 따라서 행위능력에 관한 민법규정은 강행규정이며, 행위능력을 제한하는 당사자 간의 합의는 효력이 없다.

민법은 미성년자·한정치산자·금치산자를 행위무능력자로 하며, 행위무능력자가 법정대리인의 동의 없이 단독으로 법률행위를 한 경우에는 이를 취소할 수 있도록 하여 보호하고 있다. 그러나 행위무능력자제도는 법률행위에만 적용되며, 불법행위에서는 개개의 가해행위에 있어서 행위자에게 개별적으로 책임능력이 있는가를 구체적으로 판단하여 책임의 유무를 결정한다.

(2) 행위무능력자제도의 사회적 작용

행위무능력자제도(行爲無能力者制度)는 행위무능력을 획일적으로 정형화함으로써 무능력의 입증면제에 의하여 본인을 보호하는 제도이다. 한편 행위무능력자와 거래하는 상대방이 정형화된 기준에 의하여 행위무능력자를 구별하여 그러한 거래에서 발생할 수 있는 상대방의 손해를 미리 방지하게 한다는 면에서는 거래의 안전을 보호하는 제도이기도 하다. 그러나 실제로 거래의 상대방이 무능력자인가를 일일이 조사하기 어렵고, 조사한다고 하여도 그만큼 거래의 신속·원활을 방해한다. 또한 무능력을 이유로 하는 취소는 악의의 제3자는 물론이고 선의의 제3자에게까지 주장할 수 있으므로 그 효과가 절대적이다. 행위무능력자의 상대방은 무능력자를 능력자로 믿은 데 대하여 과실이 없는 경우에도 보호받지 못한다. 그러므로 행위무능력자제도는 거래의 안전을 희생시키면서 무능력자 본인의 보호에 치우친 제도라 할 수 있다. 따라서 본인의 보호와 거래의 안전의 조화에 유의하여 행위무능력자제도를 해석하고 적용할 것이 요구된다.

(3) 행위무능력자제도의 적용범위

행위무능력자제도는 의사결정력을 보완하여 무능력자를 보호하기 위한 제도이므로 원칙적으로 의사표시를 요소로 하는 법률행위에 적용되며, 의사적 요소가 강한 의사의 통지 및 관념의 통지와 같은 준법률행위에도 유추적용된다(통설). 행위자의 의식과는 무관하게 일정한 행위와 그 행위로 생긴 결과만이 법률상 의미가 있는 것으로 인정되는 사실행위(事實行爲)나 가해행위에 대한 책임능력의 유무만을 요소로 하는 불법행위(不法行爲)에는 적용되지 아니한다.

그밖에 행위무능력자제도의 적용이 부정되거나 제한되는 경우는 다음과 같다.

1) 가족법상의 행위와 행위능력

행위능력자제도가 모든 법률행위에 당연히 적용되는 것이 아니고, 합리적이고 신속한 처리가 존중되는 재산법상의 법률행위에 주로 적용된다. 한편 가족법상(家族法上)의 법률행위에서는 본인의 의사가 절대적으로 중시되고, 행위의 진실성이 존중되어야 하기 때문에 재산법상의 법률행위에서처럼 행위능력을 획일화하는 것은 타당하지 않다. 그러므로 행위무능력자라 하더라도 의사능력이 있다면 가족법상의 행위는 단독으로 유효하게 할 수 있다는 것이 원칙이고, 민법총칙편의 행위능력에 관한 규정은 특별한 규정이 없는 한 가족법상의 법률행위에는 적용되지 않는다. 그래서 민법은 행위능력자제도를 가족법상의 행위에 적용함에 있어서 특별규정을 두고 있다.

총칙편의 행위능력규정의 적용을 배제하는 경우로는 무능력자의 유언능력(제1062조)이 있고, 그 기준을 완화하여 이와는 다른 능력을 요구하는 경우는 약혼연령(제801조), 혼인적령(제807조), 15세 미만자의 입양승낙(제869조), 유언능력(제1061조), 금치산자의 유언능력(제1063조)이 있다. 반면에 총칙편의 행위능력규정이 그대로 적용되는 경우로는 후견인의 결격사유(제937조) 등이 있다.

이와 같이 민법은 문제가 된 행위의 성질에 따라 적합한 능력을 요구하고 있으므로 구체적인 행위마다 그 성질을 따진 다음에 총칙편의 행위능력규정의 적용 여부를 결정할 것이다.

2) 근로계약과 행위능력

판단능력이 불완전한 무능력자가 사려 깊지 못한 거래로 인하여 재산을 잃게 된 경우에 그에게 취소권을 주어 보호하는 것이 행위무능력자제도이다. 반대로 재산이 없는 무능력자가 재산을 얻기 위하여 적극적으로 법률행위를 하고자 하는 경우에는 무능력자제도는 도움이 되지 못하며 그를 보호하기 위해서는 따로 사회정책적인 대책이 필요하다. 무산자(無産者)인 무능력자가 생계를 유지하기 위해서는 근로계약을 체결하고 임금을 청구할 수 있어야 하는데, 법정대리인이 근로계약을 강요하고 임금도 무능력자를 대신하여 수령할 수 있게 되면 경우에 따라서는 그러한 무능력자는 희생될 수 있다. 따라서 근로기준법은 부모 등이 미성년자를 대리하여 근로계약을 체결할 수 없도록 하고(동법 제67조 1항), 임금도 미성년자가 독자적으로 청구할 수 있도록 하였다(동법 제68조). 이밖에도 무산자인 무능력자를 보호하기 위하여 다양한 특별입법이 요구되는데, 이러한 특별입법은 행위무능력자제도의 적용을 그만큼 제한하게 된다.

3) 단체설립행위와 행위능력

민법상 단체설립행위인 조합계약이 체결되어 현실적으로 활동을 시작한 이후에 일부 조합원의 의사무능력·행위무능력을 이유로 하여 조합계약 자체가 무효·취소가 된다고 할 것인가. 이를 인정한다면, 조합원상호간의 법률관계 및 조합과 거래한 제3자와의 법률관계도 처음부터 존재하지 않았던 것이 되어 거래의 안전을 침해하게 된다. 이러한 경우에는 조합계약 자체는 유효하고, 다만 무능력자인 조합원에 대해서만 탈퇴의 허용과 함께 소급적 무효의 주장을 인정하는 것이 타당하다.[61] 이와 같은 논리는 사단법인설립행위에 있어서도 같다.

4) 사실적 계약관계론과 행위능력

사실적 계약관계론(事實的 契約關係論)은, 수도·전기·가스·우편·전신전화·대중교통기관이나 유료주차장의 이용 등과 같이 대량적·유형적으로 반복되는 사회정형적 행위(社會定型的 行爲)에 있어서는 비록 의사의 합

---

61) 같은 취지: 고상룡, 158면; 김민중, 156면; 김증한·김학동, 115면; 장경학, 200면.

치가 없더라도 일정한 사실에 의해서 계약이 성립한다는 이론이다. 위와 같은 정형적 · 집단적 · 대량적 거래에서 행위무능력자제도의 적용을 배제하기 위하여 사실적 계약관계론을 도입할 것인가에 대해서 학설의 대립이 있다.

① 도입인정설은 사실적 계약관계론을 도입하여 사회정형적 행위에 있어서는 행위무능력 규정의 적용을 배제하자는 견해이다.[62] 이 견해는 사회정형적 행위에 대하여도 행위능력 규정을 적용하여 취소를 인정한다면, 거래상대방에게 예측하지 못한 불이익을 주고 거래안전을 침해하게 된다. 따라서 이러한 행위에서는 행위능력의 유무를 따질 필요 없이 자기의 사회정형적 의미를 이해하는 의사능력만 있다면, 계약이 유효하게 성립하여 취소하지 못한다고 이해한다. 반대로 ② 도입부정설은 민법의 전통적 이론에 의해서도 문제의 해결이 가능하므로 사실적 계약관계론의 도입을 반대하고 사회정형적 행위에 대해서도 행위능력 규정의 적용을 긍정하는 견해이다.[63] 생각건대 행위능력 규정의 적용이 배제된다면 사려 깊지 못한 재산거래를 한 무능력자에게 취소권을 주어 우선 보호하자는 제도의 취지에 어긋나고, 사회정형적 행위의 문제도 묵시의 의사표시나 의사실현에 의한 계약의 성립 등의 전통적인 계약이론에 의해서 이를 해결할 수 있고, 또 처분이 허락된 재산이나 허락받은 영업행위 등 무능력자가 예외적으로 행위능력을 가질 수 있는 경우가 있기 때문에 사실적 계약관계론을 도입할 필요가 없다고 본다.[64]

5) 필수계약의 법리와 행위능력

필수계약(必需契約, contract for necessaries)의 법리는 보호자 없는 미성년자가 일상생활에 필요한 생필품의 공급, 의료혜택, 교육, 법률상의 조언 등을 위한 계약을 확정적으로 유효하게 체결할 수 있다는 영미법상의 법리이다. 이와 같은 필수계약의 법리를 도입하여 부모나 후견인의 보호를 받지 아니하는 무능력자가 체결한 필수계약에는 행위무능력 규정의 적용을 배제할 것인가에 대하여 학설이 대립한다.

① 도입부정설은 필수계약의 법리는 영미법상의 것으로 현행민법의 체계에 맞지 않고, 영미법과는 달리 우리 민법은 취소할 수 없는 예외를 광범위하게

62) 고상룡, 158면; 곽윤직, 87면; 김민중, 155면; 김상용, 161면; 김주수, 142면; 백태승, 147면; 장경학, 199면.

63) 김준호, 98면; 김증한 · 김학동, 116면; 이영준, 740면; 이은영, 153면.

64) 참고로 사실적 계약관계론이 제기되었던 독일에서도 최근에는 이 이론에 반대하는 견해가 압도하고 있다고 한다(백태승, 147면 참조).

인정하고 있기 때문에 필수계약법리의 도입을 반대하면서 필수계약에도 행위능력 규정을 그대로 적용하자는 견해이다.[65] 반대로 ② 도입인정설은 필수계약의 법리를 도입하여 보호자 없는 무능력자가 체결한 필수계약에는 민법의 행위능력 규정의 적용을 배제하자는 견해이다.[66] 보호자 없는 무능력자도 생활을 위하여 필수계약을 체결하여야 하는데 행위무능력 규정을 적용하여 법정대리인의 동의가 없음을 이유로 항상 취소를 인정하면, 무능력자와 거래한 상대방은 항상 예상치 못한 불이익을 받게 되고 상대방의 필수계약체결의 거부로 이어져서 무능력자도 보호받지 못하게 될 것이므로 여기에 행위능력에 관한 민법상의 규정을 그대로 적용하기 곤란하다는 것이다. 또 필수품을 구입한 보호자 없는 무능력자가 능력을 회복한 후에 취소에 나선다면 법률관계의 번복을 통하여 거래안전이 침해될 우려도 있다. 생각건대 보호자 없는 무능력자의 필수계약은 거래의 안전이나 무능력자의 보호를 위해서도 확정적으로 유효한 것으로 하여야 하고 이를 위하여 영미법상의 필수계약의 법리를 도입할 필요가 있으며, 이것이 영미법상의 법리임을 이유로 배척할 것은 아니다. 또한 이 법리는 계약 전반에 걸친 광범위한 예외를 인정하사는 사실석 계약관계론과는 달리, 다만 보호자가 없어서 능력을 보충받을 수 없는 무능력자의 필수계약에 한정하여 예외를 인정하자는 데 불과한 것이다. 또한 도입부정설은 이 법리를 도입하지 않아도 처분이 허락된 재산의 법리에 의해서 해결할 수 있다고 주장하지만, 친권자·후견인이 아예 없는 무능력자가 체결한 필수계약은 누구에게서도 허락받지도 받을 수도 없는 행위이다. 도입인정설이 타당하다.

Ⅱ. 미성년자

1. 미 성 년

(1) 성년과 그 완화

미성년자는 연령이 성년에 달하지 않은 자를 말하며, 만 20세가 성년의 기

65) 김증한·김학동, 116면; 이영준, 740면; 이은영, 153면.
66) 고상룡, 157면; 김민중, 154면; 김주수, 140면; 백태승, 148면; 장경학, 199면.

준이 된다(제4조).[67] 연령은 출생일을 산입하여 역(曆)에 의하여 계산한다(제158조). 예컨대 1989년 4월 15일에 출생한 자는 초일(初日)을 산입하여 2009년 4월 15일에 성년이 된다. 성년의 판단은 가족관계등록부의 기재에 의할 것이다. 다만 이는 사실적 추정에 불과하므로 실제 출생일의 반증이 있으면 번복될 수 있다.

제4조가 만 20세를 성년으로 정한 취지는, 성년을 개별적으로 정할 경우에는 거래의 안전을 해치게 되고 법률관계가 복잡하게 되기 때문에, 정신능력에 있어서 개인 간의 차이를 고려하지 않고 일률적이고 획일적으로 능력의 유무를 규정한 것이다. 그러나 성년기준을 완화할 특별한 사정이 있는 때에는 예외를 인정한다. ㉠ 혼인한 미성년자를 성년자로 의제하는 혼인에 의한 성년의제(成年擬制)제도, ㉡ 일정한 연령(18세)을 넘는 특정한 미성년자에 대하여 본인의 승낙과 부모의 동의하에 후견감독기관이 성년자와 동일한 능력을 인정하는 성년선고(成年宣告)제도,[68] ㉢ 일정한 조건하에 만 16세 이상의 특정한 미성년자에게 일정 범위의 능력을 주는 자치산(自治產)제도 등이 있다.[69] 우리 민법은 혼인에 의한 성년의제만을 1977년 민법개정을 통하여 신설하였다.

(2) 혼인에 의한 성년의제

1) 의 의

민법은 「미성년자가 혼인을 한 때에는 성년자로 본다」고 하여(제826조의2), 혼인을 한 미성년자를 성년자로 간주하고 행위능력을 인정한다. 혼인에 의한 성년의제는 프랑스민법(제476조)[70]·스위스민법(제14조 2항)·일본민법(제753조) 등의 입법례도 인정하는 제도이다. 이 제도의 취지는, 미성년자도 혼인하면 정신적으로 더 성숙해진다는 점, 친권자 등의 부당한 간섭으로부터 벗어날 수 있게 함으로써 혼인생활의 독립성을 보장할 수 있는 점, 혼인으로 인하여 새로운 경제단위의 담당자가 되기 때문에 성년의제를 통하여 그와 거래한 제3자를 보호하고 거래안전을 보장할 수 있는 점, 성년인 배우자가 미성년인

---

67) 법무부 민법개정안 제4조는 성년기를 만 19세로 하고 있다.

68) 스위스민법(제15조) 참조. 독일민법도 성년선고제도를 채용하고 있었으나 1974년 7월 31일 법에 의하여 18세로 성년이 인정됨과 동시에(독일민법 제2조) 이 제도를 폐지하였다.

69) 프랑스민법 제477조. 1974년 개정으로 성년연령이 만 18세로 낮춰지면서 자치산제도의 기준연령이 만 16세로 되었으며, 1964년 개정 전까지는 만 15세, 1964년 이후에는 만 18세였었다.

70) 엄밀하게 말하면, 혼인에 의한 자치산제도라고 할 것이다.

배우자의 후견인이 되는 것도 부부평등의 원칙에 어긋난다는 점 등을 들 수 있다.

2) 혼인의 의미

혼인은 법률혼인가 사실혼인가, 즉 법률혼뿐 아니라 사실혼(事實婚)의 경우에도 성년의제를 인정할 것이냐에 대해서 학설의 대립이 있다. ① 사실혼포함설은 사실혼의 미성년자에게도 위에서 열거한 제도의 취지가 그대로 인정되므로 법률혼의 경우와 마찬가지로 성년의제를 인정하자는 견해이다.[71] ② 사실혼배제설은 사실혼에 의해서도 성년의제를 인정한다면 성년이 되는 시기가 불명확하게 되어 법적 안정성을 해치게 되므로 이를 부정하는 견해이다.[72] 생각건대 획일적 기준에 의해 능력의 유무를 판단하는 행위능력제도의 취지를 고려할 때 그 시기의 입증도 어려운 사실혼의 미성년자를 성년으로 간주하는 해석은 역시 불안정하며, 또 성년의제의 규정이 행위무능력제도에 대한 예외규정임을 고려하면 혼인은 법률혼에 한정하는 것이 타당하다.

3) 성년의제의 효과

혼인한 미성년자는 성년자와 동일한 행위능력을 가진다. 혼인이 성립할 때부터 미성년자에 대한 친권은 소멸하고, 후견도 종료한다. 그 결과 친권자 및 후견인은 재산관리의 계산을 하여야 한다(제923조 1항, 제957조). 단독으로 유효한 법률행위를 할 수 있고, 자(子)에 대하여 친권을 행사할 수 있고, 후견인이 될 수 있고, 소송능력도 인정된다(민사소송법 제55조). 유언의 증인(제1072조)이나 유언집행자(제1098조)도 될 수 있다. 다만 혼인한 미성년자에게도 양자(養子)를 하는 능력이 인정되는가에 대해서는, 제866조가 「성년에 달한 자는 양자를 할 수 있다」고 규정하고 있으므로 양자제도의 취지에 비추어서 만 20세에 달한 경우에만 양친이 될 수 있다고 볼 것이다.[73]

성년의제제도는 민법상의 제도이므로 민법상의 법률관계에만 적용되며, 예컨대 대통령선거법 · 국회의원선거법 · 국민투표법 · 지방자치법 · 미성년자보호법 · 근로기준법 · 형법과 같은 공법적 규정에는 적용되지 아니한다. 이런

---

71) 고상룡, 127면; 이은영, 162면.

72) 곽윤직, 135면; 김민중, 158면; 김준호, 103면; 김증한 · 김학동, 117면; 백태승, 151면; 이영준, 742면.

73) 같은 취지: 고상룡, 126면; 김주수, 146면. 반대로 이은영, 163면은 성년의제에 의해서도 양친이 될 자격이 부여된다고 한다.

경우에는 혼인을 하였더라도 여전히 미성년자로 취급된다.

4) 혼인의 해소

성년의제 후 만 20세 미만인 상태에서 이혼이나 사망으로 혼인이 해소(解消)된 때에도 미성년자로 환원되지 않고 그대로 성년의제의 효과가 존속한다는 데 학설이 일치한다.[74] 그러나 그 이유에 대하여, 성년의제제도의 인정근거를 미성년자의 정신적 성숙에 두는 입장에서는 혼인에 의하여 한번 성숙해진 정신능력이 혼인의 해소로 다시 환원될 수 없기 때문에 그 해소된 이후에도 성년의제는 존속한다고 해석한다(통설). 그러나 혼인생활의 독립의 요청에 근거를 두는 입장에서는 혼인생활의 종료로 성년의제도 소멸된다고 볼 수 있으나 거래의 안전 및 혼인 중에 출생한 자의 친권문제 등 혼란이 생기므로 성년의제는 계속 존속한다고 한다.[75] 생각건대 성년의제의 인정근거를 다원적으로 이해하면 위의 어느 입장에 서거나 혼인의 해소로 미성년자로 환원되는 일이 없이 그대로 성년의제가 존속된다고 할 것이다.

2. 미성년자의 행위능력

(1) 원 칙

미성년자는 법정대리인의 동의를 얻어서 유효한 법률행위를 할 수 있는 것이 원칙이며, 동의를 얻지 아니한 법률행위는 미성년자 본인 또는 법정대리인이 이를 취소(取消)할 수 있다(제5조, 제140조).[76] 그러나 미성년자가 동의 없이 단독으로 법률행위를 하였더라도 의사능력만 있으면 일단은 유효하고, 이를 취소하는 경우에만 처음부터 무효가 된다. 미성년자 측에 취소권을 인정함

---

74) 고상룡, 127면; 곽윤직, 135면; 김민중, 158면; 김상용, 157면; 김주수, 146면; 김준호, 103면; 김증한·김학동, 117면; 백태승, 151면; 이영준, 742면; 이은영, 163면; 장경학, 204면.

75) 김주수, 146면.

76) 준법률행위에 대한 민법 제5조의 유추적용 : 미성년자의 능력에 관한 제5조는 법률행위에 대해서만 규정하고 있고 준법률행위에 대해서는 규정을 두고 있지 않기 때문에 제5조를 의사의 통지, 관념의 통지 등과 같은 준법률행위에 유추적용할 것인가가 문제이다. 법률행위는 법에 의하여 행위자의 의사표시대로의 법률효과가 발생하지만, 준법률행위는 행위자가 의욕한 것과는 관계없이 법률에 규정된 대로 효과가 발생한다는 점에서 구별된다. 그러나 의사의 표백(表白)을 요하는 점에서는 의사표시와 다르지 않다. 따라서 미성년자의 법률행위에 관한 제5조의 규정은 준법률행위인 의사통지·관념통지 등에도 준용된다.

으로써 '법은 미성년자를 보호한다'(*Lex succurrit minoribus*).

판례는 법정대리인은 미성년자의 승낙을 받을 필요없이 자신의 이름으로 법률행위를 할 수 있음은 물론이고 미성년자 본인의 이름으로 법률행위를 한 경우에도 법정대리인이 그 행위를 한 이상 미성년자에 대하여 법률행위의 효과가 발생한다고 하며,[77] 미성년자 명의의 법률행위는 일단 적법하게 법정대리인의 동의를 얻어서 한 것으로 추정된다고 한다.[78] 어떠한 행위가 미성년자의 행위인가의 여부는 형식적으로 명의만을 기준으로 할 것이 아니라 실질적으로 판단하여야 한다. 또한 미성년자가 법률행위를 부인하는 경우에 법정대리인의 동의가 있었다는 입증책임은 미성년자에게 있지 않고 이를 주장하는 상대방에게 있다.[79]

(2) 예 외

미성년자도 법정대리인의 동의 없이 단독으로 유효한 법률행위를 할 수 있는 예외가 있다. 이러한 법률행위는 미성년자에게 불이익이 되지 않기 때문에 보호할 필요가 없다. 따라서 그 행위는 확정적으로 유효한 것이므로 이를 취소할 수 없다. 다만 이 경우에도 미성년자에게 의사능력은 있어야 하고 이를 결하면 의사무능력을 이유로 무효를 주장할 수 있다.

1) 권리만을 얻거나 의무만을 면하는 행위

단순히 권리만을 얻거나 또는 의무를 면하는 행위는 미성년자에게 이익을 주는 일이기 때문에 법정대리인의 동의 없이 미성년자가 단독으로 할 수 있다(제5조 1항 단서). 예컨대 부담 없는 증여의 수락, 채무의 면제를 받는 계약의 체결, 미성년자의 채권에 대한 담보물권의 설정이나 보증을 받는 계약의 체결, 제3자를 위한 계약의 수익자로서 하는 수익의 의사표시, 서면에 의하지 않은 증여계약의 해제(제555조), 의무만을 부담하는 계약(무상수치 · 무상수임 등)의 해제 등이 그것이다.

---

77) 대판 1962.9.20, 62다333.

78) 대판 1969.2.4, 68다2147(미성년자 명의의 매매계약서 등 기타 소요문서에 의하여 등기가 경료된 경우에는 법정대리인의 동의를 얻어 그 등기가 적법하게 경료된 것으로 추정된다고 한 사례).

79) 대판 1970.2.24, 69다1568(미성년자가 토지매매행위를 부인하고 있는 이상, 미성년자가 그 법정대리인의 동의를 얻었다는 입증책임은 미성년자에게 없고 이를 주장하는 상대방에게 있다고 한 사례).

그러나 어떠한 행위가 비록 경제적으로는 미성년자에게 이익이 된다 하더라도 법률적으로는 의무를 부담하게 되는 경우에는 미성년자가 단독으로 이를 행할 수 없다. 예컨대 채무변제의 수령,[80] 부담 있는 증여의 수락, 경제적으로 유리한 매매계약의 체결 또는 상속의 승인 등은 미성년자가 단독으로 하지 못한다.

2) 처분이 허락된 재산의 처분행위

법정대리인이 일정한 재산의 범위를 정하여 처분을 허락한 재산은 미성년자가 임의로 처분할 수 있다(제6조).

(가) 사용목적의 고려 여부

「범위를 정하여」의 범위 안에 사용목적도 포함되는 것으로 이해할 것인가, 법정대리인이 지정한 사용목적에서 벗어나서 재산을 처분한 경우에 그 처분은 유효한가에 대하여 견해가 대립한다. ① 사용목적고려설은 재산의 사용목적이 지정된 경우에 허락 재산의 금액의 과다 등 다른 요인과 함께 사용목적도 처분행위의 유효성 판단에 고려되어야 한다는 견해이다.[81] ② 사용목적고려불요설은 본조의 범위는 재산의 범위를 말하므로 법정대리인이 사용목적을 정하였다 하더라도 그 목적과는 상관없이 임의로 처분할 수 있다는 견해이다.[82] 생각건대 사용목적은 주관적인 것이어서 거래의 제3자는 이를 알기 어렵다. 제3자는 알 수 없는 사용목적을 벗어난 것이라 하여 그 처분이 취소된다면 거래안전을 해치게 된다. 따라서 처분행위의 효력은 법정대리인이 허락한 재산에 대한 것인가에 의해서만 판단하여야 할 것이다. 예컨대 부모로부터 받은 등록금을 유흥 또는 물품구입에 썼다고 하더라도 지정된 사용목적에 반함을 이유로 취소할 수는 없다. 또한 미성년자가 하는 생활필수품계약이나 일상의 정형적인 거래행위는 처분의 허락을 받은 행위로서 유효하다고 이해된다.

---

80) 그러나 권리만 얻거나 의무를 면하는 행위에 의하여 취득한 채권에 대한 변제의 수령은 그 성질상 동의는 요하지 않는다고 하여야 한다(같은 취지: 장경학, 206면). 또한 변제는 법률행위가 아닌데도 미성년자의 변제의 수령에 법정대리인의 동의를 요한다고 하는 것은 준법률행위인 변제에도 제5조가 유추적용되기 때문이라고 이해한다(같은 취지: 김민중, 162면; 김상용, 165면; 김증한·김학동, 118면; 장경학, 205면. 이에 반대하는 견해로는 김준호, 106면이 있음).

81) 김상용, 165면.

82) 고상룡, 129면; 곽윤직, 89면; 김민중, 163면; 김주수, 149면; 김증한·김학동, 119면; 백태승, 155면; 이영준, 755면; 이은영, 171면; 장경학, 206면.

(나) 재산의 범위

법정대리인이 처분을 허락하는 재산의 범위는 미성년자의 모든 재산의 처분을 허락하는 것과 같이 포괄적인 처분의 허락은 무능력자제도의 목적에 반하는 것으로서 허용되지 않으며, 일정범위의 재산에 한하여야 할 것이다(통설).[83]

(다) 재산의 처분

제6조는 재산의 처분이라고만 하고 있으나, 사용·수익도 포함한다(통설). 처분이 허락된 재산의 처분행위로 인한 후속적인 조치도 미성년자가 단독으로 할 수 있다고 할 것이다. 처분이 허락된 재산으로 변제할 채무의 부담행위나, 기존의 채무를 처분허락 받은 재산으로 변제하는 행위는 단독으로 하여도 모두 유효하다. 또한 처분이 허락된 재산으로 매수한 물건의 하자에 대하여 하자담보책임을 주장한다든가, 계약상대방에게 채무불이행을 이유로 손해배상을 청구하는 행위 등은 미성년자가 단독으로 할 수 있다고 할 것이다. 그리고 허락 받은 재산으로 취득한 재산을 재처분하는 행위에 법정대리인의 동의를 요하는지는 처음의 처분허락행위의 취지를 고려하여 판단할 것이다.[84]

3) 영업이 허락된 미성년자의 그 영업에 관한 행위

미성년자가 법정대리인으로부터 허락을 얻은 특정한 영업에 관하여는 성년자와 동일한 행위능력이 있다(제8조). 일단 허락 받은 영업에 대하여 구체적인 거래행위마다 일일이 허락을 요구한다면 이는 지나치게 번잡하고 영업의 신속한 수행에 지장을 주게 되므로, 이 경우에 미성년자를 행위능력으로부터 해방한 것이다. 이 조문은 상대방 등의 거래안전을 꾀하고 동시에 미성년자의 활발한 영업활동을 보호하는 데 그 취지가 있다.

(가) 영업의 의의

「영업」이란 널리 영리를 목적으로 하는 독립적·계획적·계속적 사업을 말하며, 상업·공업·농업 기타의 실업(實業), 자유업도 포함한다. 그런데 법정대리인의 동의를 얻어 근로하는 미성년자에게 이 조문을 유추적용할 수 있는가에 대해서 견해의 대립이 있다. ① 유추적용부인설은 여기서 영업은 미성

83) 대판 2007.11.16, 2005다71659,71666,71673(만 19세가 넘은 미성년자가 월 소득범위 내에서 신용구매계약을 체결한 사안에서, 스스로 얻고 있던 소득에 대하여는 법정 대리인의 묵시적 처분허락이 있었다고 보아 위 신용구매계약은 처분허락을 받은 재산범위 내의 처분행위에 해당한다고 본 사례).

84) 같은 취지: 김상용, 166면; 김준호, 107면; 김증한·김학동, 119면; 백태승, 155면.

년자 자신이 영리추구의 사업주체임을 요하며, 사업주체에 종속하여 이에 노무를 제공하는 데 불과한 지위에 있는 자는 포함되지 않는다고 하면서, 이를 유추하여 확장해석을 하는 것은 무능력자제도의 취지에 반한다는 견해이다.[85] ② 유추적용인정설은 영업을 직업으로 이해하지는 않는다 하더라도 적어도 법정대리인의 동의를 얻어 영업이 아닌 업무에 종사하는 미성년자에 대해서는 제8조를 유추적용하여야 한다는 견해이다.[86] 생각건대 근로를 통하여 부모와 독립된 생활을 꾸려나가는 미성년자도 있음을 고려하면 법정대리인의 동의를 얻어 근로하는 미성년자에 대해서는 제8조를 유추적용하여 영업자와 마찬가지로 행위능력을 인정하는 것이 타당하다.

(나) 영업종류의 특정

법정대리인이 영업을 허락함에는 영업의 종류를 특정하여야 한다. 어떠한 영업을 해도 좋다는 식의 포괄적 허락은 미성년자 본인의 보호에 충실하지 못하기 때문에, 한 종류의 영업의 일부만을 허용한다는 식의 제한적 허락은 거래안전의 보호에 충실하지 못하기 때문에 인정되지 않는다. 예컨대 일정액수 이하의 거래만 허용하는 경우가 그것이다. 그렇지만 여러 개의 영업종류를 특정하여 허락하는 것은 가능하다.

(다) 영업의 허락

영업의 허락은 명시적이든 묵시적이든 특별한 방식을 요하지 않는다. 부모가 미성년자의 영업을 도와서 금전의 출납이나 업무의 감독을 하는 것은 묵시의 허락으로 볼 것이다. 다만 영업이 상업인 때에는 제3자에 대항하기 위하여 상업등기를 하여야 한다(상법 제6조, 제34조 이하 참조). 제3자는 등기를 통하여 허락 여부를 확인할 수 있으나, 상업이 아닌 영업에는 제3자는 공시방법이 없기 때문에 예측하지 못한 손해를 입을 염려가 있다. 따라서 법정대리인의 허락이 있었다는 입증책임은 법률행위의 유효를 주장하는 상대방에게 있다고 할 것이다.[87] 만약 미성년자 측에 입증책임이 있다고 하면 미성년자가 하는 영업은 일단 허락을 얻은 것으로 추정되고 반증이 없는 한 취소를 주장할 수

85) 곽윤직, 89면; 김상용, 166면; 김준호, 108면; 김증한 · 김학동, 119면; 이은영, 171면.
86) 고상룡, 130면; 김민중, 164면; 김용한, 109면; 김주수, 149면; 이영준, 756면; 장경학, 207면.
87) 고상룡, 130면; 곽윤직, 90면; 김민중, 165면; 김상용, 166면; 김주수, 150면; 김준호, 109면; 백태승, 157면; 이영준, 755면; 이은영, 171면. 이에 반하여 장경학, 208면은 영업을 할 정도의 미성년자라면 의사능력이 있다고 추정되므로, 미성년자에게 불허락의 입증책임을 주더라도 무방하다고 한다.

없게 될 것이므로 무능력자의 보호에 소홀하게 된다.

(라) 영업에 관련된 행위

영업의 허락을 받은 미성년자는 그 영업에 관하여는 성년자와 동일한 행위능력이 있다. 「영업에 관하여」라 함은 그 영업을 하는 데 있어서 직접 · 간접으로 필요하다고 인정되는 일체의 행위를 포함한다. 예컨대 자금의 차용, 점포의 구입, 점원의 고용, 신문광고 등과, 이에 관련된 소송능력도 가진다(민사소송법 제55조 단서). 또 「성년자와 동일한 행위능력이 있다」고 함은, 허락 받은 영업에 관련된 개개의 행위에 대해서 따로 법정대리인의 동의가 필요하지 않을 뿐만 아니라, 이에 관해서는 법정대리인의 대리권도 소멸한다는 것을 의미한다.

4) 대리행위

대리인은 행위능력자임을 요하지 아니 한다고 규정한다(제117조). 대리행위의 효과는 직접 본인에게 귀속하므로 미성년자 자신에게는 불이익이 없다. 따라서 무능력자제도의 취지에 어긋나지 않으므로 미성년자가 타인의 대리인으로 법률행위를 할 때에는 행위능력이 제한되지 아니한다. 그러므로 타인의 대리인인 미성년자는 언제나 단독으로 유효한 대리행위를 할 수 있다.

5) 유언행위

만 17세가 된 미성년자는 단독으로 유언을 할 수 있기 때문에(제1061조), 제5조는 유언에 관하여는 그 적용이 없다.

6) 무한책임사원의 행위

법정대리인의 허락을 얻어 회사의 무한책임사원이 된 미성년자가 그 사원자격에 의하여 행하는 행위에 관하여서는 행위능력자로 본다(상법 제7조).

7) 임금의 청구와 근로계약체결

(가) 임금의 청구

미성년자는 독자적으로 임금을 청구할 수 있다(근로기준법 제66조). 임금의 청구는 미성년자가 언제나 단독으로만 할 수 있으며, 법정대리인은 미성년자의 임금청구를 대리하지 못한다. 따라서 임금청구소송에 있어서 미성년자는 소송능력을 갖는다.[88] 이러한 입법취지에 따라, 미성년자가 수령한 임금을 처

분할 때에는 다시 법정대리인의 처분의 허락이 필요하지 않다고 할 것이다.[89]

(나) 근로계약체결의 문제

미성년자의 근로계약은 법정대리인이 대리할 수 없다(근로기준법 제65조). 본조의 취지가 미성년자가 근로계약을 체결할 때에 법정대리인의 동의를 얻을 필요도 없다는 것을 의미하는 것인가에 대해서 논란이 있다. ① 동의필요설은 본조가 법정대리인이 대리만 할 수 없다는 취지이므로 근로계약체결에는 법정대리인의 동의가 필요하다는 견해이다.[90] ② 동의불필요설은 재산이 없는 무능력자에게는 무능력자제도가 실익이 없다는 점을 고려하여 미성년자가 단독으로 체결할 수 있다는 견해이다.[91] 생각건대 동법 제65조가 금지한 것은 법정대리인이 대리로 체결하는 근로계약이지 미성년자 스스로 체결하는 근로계약에 대한 것은 아니다. 따라서 미성년자는 법정대리인의 동의를 얻어서 계약을 체결하여야 하고 이를 결하면 원칙에 따라 취소할 수 있다고 하여야 미성년자를 보호할 수 있다고 생각된다.

(3) 동의와 허락의 취소 또는 제한

1) 동의 · 처분허락의 취소

법정대리인은 미성년자가 아직 법률행위를 하기 전에는 그가 한 동의나 허락을 취소할 수 있다(제7조). 법정대리인이 법률행위에 대한 동의(제5조)나 재산처분에 대한 허락(제6조)을 취소하는 것도 미성년자를 보호하기 위하여 필요하기 때문이다. 그런데 본조에서의 취소는 아직 법률행위를 하기 전에 동의나 허락을 거두어들이는 것이고 취소와 같은 소급효가 없기 때문에 철회(撤回)를 의미한다.[92] 이 철회의 의사표시는 동의나 허락을 받은 미성년자나 그의 상대방에 대하여 할 수 있으며, 철회를 미성년자에게 한 경우에 공시방법이 없으므로 영업허락에 관한 제8조 2항을 유추적용하여 선의의 제3자에게

---

88) 대판 1981.8.25, 80다3149(미성년자는 원칙적으로 법정대리인에 의하여서만 소송행위를 할 수 있으나 미성년자 자신의 노무제공에 따른 임금의 청구는 근로기준법 제54조의 규정에 의하여 미성년자가 독자적으로 할 수 있다고 한 사례).

89) 같은 취지: 김증한 · 김학동, 121면. 이에 반하여 김상용, 167면은 수령한 임금을 처분함에는 법정대리인의 동의를 얻어야 한다고 한다(같은 취지: 김민중, 166면).

90) 고상룡, 131면; 곽윤직, 93면; 김민중, 166면; 김주수, 150면; 김상용, 167면; 백태승, 158면; 이은영, 173면. 그런데 김준호, 110면은 18세 이상의 경우에 한해 법정대리인의 동의 없이도 미성년자가 단독으로 체결할 수 있다고 해석하고 있다(같은 취지: 민법주해 Ⅰ, 280면(양삼승)).

91) 김용한, 111면; 김증한 · 김학동, 121면; 이영준, 756면; 장경학, 209면.

92) 법무부 민법개정안 제7조는 취소를 철회로 개정하고 있다.

대항하지 못한다고 해석할 것이다.

2) 영업허락의 취소와 제한

법정대리인은 미성년자에게 준 영업의 허락을 취소 또는 제한할 수 있다(제8조 2항 본문). 여기서의 취소도 장래에 향하여 없었던 것으로 하는 것이므로 그 법적 성질은 철회이다.[93] 그리고 영업의 제한이란 여러 종류의 영업을 허락한 경우에 그 일부를 금하는 것이고, 역시 장래에 대하여서만 효력이 생기므로 그 취소는 일부철회를 의미한다.

영업의 허락의 취소나 제한은 선의의 제3자에게 대항하지 못한다(동조 2항 단서). 허락의 취소나 제한은 공시방법이 없기 때문에 미성년자와 거래한 상대방 또는 제3자는 예측지 못한 손해를 입을 수 있기 때문에, 거래의 안전을 보호하기 위하여 둔 규정이다. 다만 영업이 상업인 때에는 등기의 말소나 변경등기를 하여야 하고 그 이전의 선의의 제3자는 상법 제40조와 제37조에 의하여 보호되므로 본조의 적용은 없다.

3. 법정대리인

(1) 법정대리인이 되는 자

법정대리인은 법률의 규정 또는 법원의 선임에 의해 대리권을 부여받는 자를 말하며, 본인의 수권행위에 의해 선임되는 임의대리인에 대한 개념이다. 미성년자의 법정대리인은 제1차로 친권자, 제2차로 후견인이 된다.

1) 친권자

친권을 행사하는 부 또는 모는 미성년자인 자의 법정대리인이 된다(제911조). 친권은 부모가 미성년인 자를 보호・교양하고 그 재산을 관리하는 것을 내용으로 하는 권리의무의 총칭이며(제913조), 이를 행사하는 자를 친권자(親權者)라 한다. 친권자가 친권을 행사하는 방법은 다음과 같다.

친권은 부모가 혼인 중인 때에는 공동으로 행사하며 양자의 경우에는 양부모가 친권자가 된다(제909조 1항). 그러나 부모의 의견이 일치하지 아니하는 경우에는 당사자의 청구에 의하여 가정법원이 이를 정한다(동조 2항). 부모의 일

---

93) 법무부 민법개정안 제8조 2항은 취소를 철회로 개정하고 있다.

방이 친권을 행사할 수 없을 때에는 다른 일방이 이를 행사한다(동조 3항). 혼인외의 자가 인지된 경우와 부모가 이혼한 경우에는 부모의 협의로 친권자를 정하고, 협의할 수 없거나 협의가 이루어지지 아니하는 경우에는 가정법원은 직권으로 또는 당사자의 청구에 따라 친권자를 지정하여야 한다. 다만, 부모의 협의가 자의 복리에 반하는 경우에는 가정법원은 보정을 명하거나 직권으로 친권자를 정한다(동조 4항). 혼인의 취소, 재판상의 이혼 또는 인지청구의 소의 경우에는 가정법원이 직권으로 친권자를 정한다(동조 5항). 그리고 가정법원은 자의 복리를 위하여 필요하다고 인정되는 경우에는, 자의 4촌 이내의 친족의 청구에 의하여 정하여진 친권자를 다른 일방으로 변경할 수 있다(동조 6항). 혼인외의 자가 인지되지 아니한 때에는 그 모가 친권자가 된다.

2) 후견인

후견인(後見人)은 미성년자에 대하여 친권자가 없거나, 친권자가 법률행위의 대리권과 재산관리권을 행사할 수 없는 때 법정대리인이 된다(제928조, 제938조). 후견인에는, 제1순위로 미성년자에 대하여 친권을 행사하는 부모가 유언으로 지정한 지정후견인(제931조), 제2순위로 후견인의 지정이 없는 때에 미성년자의 직계혈족·3촌 이내의 방계혈족의 순위로 정해지는 법정후견인(제932조), 제3순위로 법정후견인이 될 자가 없는 경우에 미성년자의 친족 기타 이해관계인의 청구에 의하여 가정법원이 선임하는 선임후견인(제936조)이 있다.

(2) 법정대리인의 권한

1) 권한의 종류

미성년자의 법정대리인인 친권자와 후견인은 동의권·대리권·취소권을 갖는다.

(가) 동의권

미성년자는 법정대리인의 동의를 얻어 단독으로 유효한 법률행위를 할 수 있다. 따라서 법정대리인은 미성년자에게 동의를 주는 권리인 동의권을 갖는다. 재산처분이나 영업의 허락도 그 성질은 동의와 같다. 동의는 일정한 행위에 찬성하는 단독행위이다. 동의의 방법은 묵시의 동의라도 유효하며,[94] 미성

94) 대판 2007.11.16, 2005다71659,71666,71673(미성년자의 행위가 법정대리인의 묵시적 동의가 인정되거나 처분허락이 있는 재산의 처분 등에 해당하는 경우라면, 미성년자로서는

년자나 그와 거래한 상대방에 대해서도 할 수 있다. 동의는 개개의 행위에 관하여 주는 것이 보통이나 대체로 예견할 수 있는 행위의 범위 내에서 포괄적으로 주어도 좋다.

(나) 대리권

법정대리인은 미성년자를 대리하여 재산상의 법률행위를 할 수 있는 권한을 갖는다(제920조, 제938조, 제949조). 특히 의사능력이 없는 미성년자는 법정대리인이 동의를 주어도 단독으로 법률행위를 할 수 없으므로 오직 법정대리인의 대리권의 행사에 의해서만 보호된다. 또한 의사능력이 있는 미성년자에 대해서는 법정대리인이 동의를 주어 단독으로 법률행위를 하게 할 수도 있고, 법정대리인이 대리하여 법률행위를 할 수도 있으며, 일단 동의를 준 행위라 하더라도 대리할 수 있다. 다만 영업의 허락에 있어서는 법정대리인의 대리권은 소멸한다.

(다) 취소권

법정대리인은 미성년자가 동의를 얻지 않고 한 법률행위를 취소할 수 있다(제5조 2항, 제140조 이하 참조).

2) 권한행사의 제한

법정대리인이 그 권한을 행사하는 데 있어서는 다양한 제한이 따르며, 경우에 따라서는 권한행사 자체가 금지되기도 한다.

(가) 부모공동의 권한행사

부모가 동의권이나 대리권을 행사할 때에는 부모공동으로 하여야 한다(제909조 1항). 따라서 부모가 공동으로 친권을 행사하는 경우에 부모의 일방이 공동명의로 자의 법률행위에 동의하거나 자를 대리한 때에는 그 동의나 대리행위는 효력이 없다. 그러나 상대방이 선의인 경우에는 다른 일방의 의사에 반한다 하더라도 유효하다(제920조의2).

(나) 친족회의 동의

후견인이 법정대리인으로서 일정한 권한을 행사하는 데에는 제한이 따른다. 후견인은 미성년자가 영업, 차재(借財) 또는 보증, 부동산 또는 중요한 재산

더 이상 행위무능력을 이유로 그 법률행위를 취소할 수 없다고 한 사례); 대판 2000.4.11, 2000다3095(모(母)와 미성년자인 딸이 함께 있는 자리에서 주민등록등본을 첨부하여 도피 중이던 부(父)의 채무를 연대하여 지급하기로 하는 지불각서를 작성·교부해 준 경우, 모(母)가 딸의 위 의사표시에 대하여 법정대리인으로서 묵시적으로 동의한 것으로 본 사례).

에 관한 권리의 득실변경을 목적으로 하는 행위, 소송행위를 하는 데 동의를 주거나 또는 대리를 함에는 친족회의 동의를 얻어야 한다. 이에 위반한 행위는 미성년자 또는 친족회가 취소할 수 있다(제950조).[95]

(다) 미성년자의 동의

법정대리인은 미성년자의 행위를 목적으로 하는 채무를 부담할 경우에는 미성년자 본인의 동의를 얻어야 대리권을 행사할 수 있다(제920조 단서, 제949조 2항). 그러나 근로계약체결과 임금청구는 친권자 또는 후견인이 대리하지 못한다(근로기준법 제65조 1항, 제66조).

(라) 이해상반행위의 금지

법정대리인인 친권자와 미성년자 사이에 이해상반(利害相反)되는 행위나, 동일한 친권에 따르는 여러 명의 미성년자 사이에 이해가 상반되는 행위에 관해서는 친권자는 가정법원에 그 미성년자의 특별대리인의 선임을 청구하여야 한다(제921조). 법원이 선임한 특별대리인은 미성년자를 대리하고, 공동친권자 중 일인만이 이해상반시에는 타방의 친권자와 공동으로 대리한다. 이에 위반하여 이해상반행위를 특별대리인에 의하지 않고 친권자가 대리한 경우에는, 무권대리행위로서 본인의 추인이 있어야 유효한 행위로 인정된다.[96]

이해상반되는 행위라 함은 친권자와 미성년자인 자가 각각 당사자일방이 되어서 하는 법률행위뿐만 아니라 친권자를 위해서는 이익이 되나 미성년자를 위해서는 불이익이 되는 행위도 포함된다.[97] 그리고 이는 행위의 객관적 성질상 친권자와 자 사이 또는 친권에 복종하는 수인의 자 사이에 이해의 대립이 생길 우려가 있는 행위를 가리키는 것으로서 친권자의 의도나 그 행위의 결과 실제로 이해의 대립이 생겼는가의 여부는 묻지 아니하며,[98] 그 행위의

95) 대판 1989.10.10, 89다카1602・1619(후견인이 친족회의 동의를 얻지 못하고 한 부제소합의를 미성년자가 성년에 달한 후 3년 이내에 취소한 것은 적법하다고 한 사례).

96) 대판 1964.8.31, 63다547(친권자가 미성년자와 이해상반되는 행위를 특별대리인에 의하지 않고 한 경우에는 특단의 사유 없는 한 무효라고 한 사례); 대판 1987.3.10, 85므80.

97) 대판 1971.7.27, 71다1113.

98) 대판 1996.11.22, 96다10270(친권자인 모가 자신이 대표이사로 있는 주식회사의 채무 담보를 위하여 자신과 미성년인 자(子)의 공유재산에 대하여 자의 법정대리인 겸 본인의 자격으로 근저당권을 설정한 행위는, 친권자가 채무자 회사의 대표이사로서 그 주식의 66%를 소유하는 대주주이고 미성년인 자에게는 불이익만을 주는 것이라는 점을 감안하더라도, 그 행위의 객관적 성질상 채무자 회사의 채무를 담보하기 위한 것에 불과하므로 친권자와 그 자 사이에 이해의 대립이 생길 우려가 있는 이해상반행위라고 볼 수 없다고 한 사례); 대판 1993.4.13, 92다54524(공동상속재산분할협의는 행위의 객관적 성질상 상속인 상호간에 이해의 대립이 생길 우려가 있는 행위라고 할 것이므로 공동상속인인 친권자와 미성년인 수인의 자 사이에 상속재산분할협의는 이해상반행위에 해당한다고 한

동기나 연유를 고려할 필요도 없다.[99] 예컨대 미성년자의 재산을 친권자가 매입하거나, 친권자가 금전을 차용할 때 미성년자의 부동산에 저당권을 설정하는 행위가 이해상반행위이다.[100] 그러나 친권자가 부동산을 매수하여 이를 미성년인 자에게 증여하는 행위는 미성년자에게 이익만을 주는 행위이므로 이해상반행위에 해당하지 아니한다.[101]

그리고 동일한 친권에 복종하는 수인의 미성년자가 있을 때, 미성년자 일방을 위해서는 이익이 되고, 다른 미성년자를 위해서는 불이익이 되는 행위도 역시 이해상반되는 행위에 해당한다. 예컨대 공동상속인인 친권자와 수인의 자 사 사이의 공동상속재산 분할협의도 이해상반행위이다.[102] 다만, 성년의 자와 미성년의 자의 이해상반행위는 이에 해당하지 아니한다.[103]

사례); 대판 1991.11.26, 91다32466(미성년자의 친권자인 모가 자기 오빠의 제3자에 대한 채무의 담보로 미성년자 소유의 부동산에 근저당권을 설정하는 행위가, 채무자를 위한 것으로서 미성년자에게는 불이익만을 주는 것이라고 하더라도, 민법 제921조 제1항에 규정된 "법정대리인인 친권자와 그 자(子) 사이에 이해상반되는 행위"라고 볼 수는 없다고 한 사례).

99) 대판 2002.1.11, 2001다65960.

100) 대판 2002.2.5, 2001다72029(전 등기명의인이 미성년자이고 당해 부동산을 친권자에게 증여하는 행위가 이해상반행위라 하더라도 친권자에게 이전등기가 경료된 이상, 그 이전등기에 관하여 필요한 절차를 적법하게 거친 것으로 추정된다고 한 사례); 대판 2002.1.11, 2001다65960(친권자인 모가 자신이 연대보증한 채무의 담보로 자신과 자의 공유인 토지 중 자의 공유지분에 관하여 법정대리인의 자격으로 근저당권설정계약을 체결한 행위는 이해상반행위로서 무효라고 한 사례); 대판 1993.3.9, 92다18481(피상속인의 처가 미성년자인 자와 동순위로 공동상속인이 된 경우에 미성년자인 자의 친권자로서 상속재산을 분할하는 협의를 하는 행위는 민법 제921조 소정의 "이해상반되는 행위"에 해당하므로 특별대리인을 선임받아 미성년자를 대리하게 하여야 한다고 한 사례); 대판 1971.2.23, 70다2916(부가 자신의 채무를 변제하기 위하여 자를 대리하여 공동명의로 어음을 발행한 행위는 자와의 이해상반되는 행위로서 자에 대해서는 효력이 없다고 한 사례).

101) 대판 1981.10.13, 81다649; 대판 1998.4.10, 97다4005(법정대리인인 친권자가 부동산을 미성년자인 자에게 명의신탁하는 행위는 친권자와 사이에 이해상반되는 행위에 속한다고 볼 수 없으므로, 이를 특별대리인에 의하여 하지 아니하였다고 하여 무효라고 볼 수 없다고 한 사례).

102) 대판 2001.6.29, 2001다28299(수인의 미성년자 각자마다 특별대리인을 선임하지 않고 친권자가 수인의 미성년자의 법정대리인으로서 행한 상속재산 분할협의는 무효라고 한 사례).

103) 대판 1989.9.12, 88다카28044(민법 제921조 제2항의 경우 이해상반행위의 당사자는 쌍방이 모두 친권에 복종하는 미성년자일 경우이어야 하고, 성년이 되어 친권자의 친권에 복종하지 아니하는 자와 친권에 복종하는 미성년자인 자 사이에 이해상반이 되는 경우가 있다 하여도 친권자는 미성년자를 위한 법정대리인으로서 그 고유의 권리를 행사할 수 있으므로 그러한 친권자의 법률행위는 같은 조항 소정의 이해상반행위에 해당한다 할 수 없다고 한 사례); 대판 1976.3.9, 75다2340.

(마) 자가 무상으로 수증한 재산의 관리

제3자가 무상으로 미성년의 자에게 재산을 수여하는 경우에 친권자의 재산관리에 반대하는 의사를 표시한 때에는 친권자는 재산을 관리하지 못한다(제918조 1항). 부모공동친권의 경우에는 부 또는 모 중 어느 한 쪽에 대해서만 관리권을 배제할 수도 있다.[104)]

Ⅲ. 한정치산자

1. 한정치산자의 의의

한정치산자라 함은 심신이 박약하거나 재산의 낭비로 자기나 가족의 생활을 궁박하게 할 염려가 있는 자로서 가정법원에서 일정한 절차에 따라 한정치산의 선고를 받은 자를 말한다(제9조). 사실상 심신의 박약이나 낭비의 우려가 있는 자라 하더라도 선고를 받아야만 한정치산자가 된다.

한정치산자제도는 구민법의 준금치산자제도를 정리하여 수용한 것이나, 선고의 원인으로서 농자(聾者)·아자(啞者)·맹자(盲者)를 제외시킨 반면에, 준금치산자는 9종의 중요 법률행위에 대하여만 보좌인의 동의를 얻어 행위할 수 있었던 데 반하여 민법의 한정치산자에게는 미성년자와 동일한 능력을 부여함으로써 그 능력의 범위가 축소된 것이다. 그리고 한정치산제도는 판단능력이 부족한 자를 법원의 선고에 의해 무능력자로 인정함으로써 본인을 보호하고 거래안전도 꾀하는 제도이다. 그러나 한정치산자는 금치산자와 비교하여 판단능력이 부족한 정도에 따라 심신박약자는 한정치산자로 하고 심신상실자는 금치산자로 하나 그 구별이 쉽지 않으므로 독일법의 감호제도 등과 같이 양자를 통합하고 낭비자는 제외시키자는 입법론이 있다.[105)]

104) 같은 취지: 김민중, 171면; 김상용, 171면; 김주수, 155면; 장경학, 215면.
105) 곽윤직, 87면; 백태승, 161면; 장경학, 216면.

2. 한정치산선고의 요건

(1) 실질적 요건

1) 심신박약자

심신박약자(心神薄弱者)는 판단능력이 불완전한 자로서 심신상실(心神喪失)의 상태(常態)에 이르지는 않은 자를 말한다. 의사능력이 없을 정도는 아니나 자신의 행위와 그 결과를 합리적으로 판단할 능력이 통상인에 비하여 부족한 자를 말한다. 이러한 상태에 있는 자에 대하여 한정치산선고를 내리게 된다. 법원은 본인의 심신상태에 관하여 다른 충분한 자료가 있는 경우를 제외하고는 의사에게 감정을 시켜야 한다(가사소송규칙 제33조). 그러나 법원이 그 감정의 결과에 기속(羈束)되어 판단하는 것은 아니며, 한정치산제도의 목적을 고려하여 독자적으로 결정할 것이다. 또한 실제로 심신박약과 심신상실은 정도의 차에 불과하므로, 가정법원은 청구인의 주장에 구속됨이 없이 한정치산 또는 금치산의 선고를 할 것인가를 결정할 것이다. 한정치산선고의 청구에 대하여 금치산을, 금치산선고의 청구에 대하여 한정치산선고를 할 수도 있다(통설).

2) 낭비자

낭비자(浪費者)는 앞뒤를 가리지 않고 재산을 헛되이 씀으로써 자기나 가족의 생활을 궁박하게 할 염려가 있는 자를 말하며, 한정치산선고의 대상이 된다. 낭비 여부의 판단은 획일적인 기준에 의할 것이 아니라 본인의 지위, 환경, 재산상태 등을 고려하여야 한다. 낭비의 목적은 묻지 않으므로, 자선사업이나 종교단체에 대한 기부와 같은 도덕적인 소비라 하더라도 자기나 가족의 생활을 궁박하게 할 염려가 있다면 낭비에 해당된다.

(2) 형식적 요건

본인, 배우자, 4촌 이내의 친족, 후견인 또는 검사가 가정법원에 한정치산선고를 청구하여야 한다(제9조). 검사를 청구권자로 한 것은, 다른 청구권자가 없거나 또는 있더라도 청구하지 않을 경우에, 본인의 이익과 거래안전을 위하여 공익의 대표자로서 청구할 수 있도록 한 것이다.

한정치산선고를 청구할 수 있는 후견인에는 금치산자의 후견인과 미성년자의 후견인이 있다. 그런데 금치산자는 한정치산자보다 그 능력이 많이 제한되어 있으므로 금치산자의 후견인은 한정치산선고를 청구할 필요가 있다. 그러나 미성년자의 후견인이 한정치산선고를 청구할 수 있는가에 대해서는 견해가 대립한다. ① 청구불요설은 미성년자의 능력과 한정치산자의 능력은 동일하므로 미성년자에 대하여 한정치산선고의 청구를 허용할 필요가 없다는 견해이다.[106] ② 청구필요설은 성년을 앞둔 미성년자에게 한정치산의 원인이 있는 경우에는 미리 선고를 받게 함으로써 보호 상의 공백을 메울 수 있는 실익이 있으므로 이를 긍정하여야 한다는 견해이다.[107] 생각건대 한정치산자를 더욱 확실하게 보호하기 위해서는 청구필요설이 타당하다.

3. 한정치산선고의 절차

이와 같은 요건이 충족되면 가정법원은 반드시 한정치산선고를 하여야 한다(제9조). 선고의 절차는 가사소송법 및 가사소송규칙의 규정에 의한다. 한정치산선고는 통지·공고되고 가족관계등록부상에 공시된다(가사소송규칙 제7조, 제37조).

4. 한정치산자의 행위능력

한정치산선고를 받은 자는 미성년자와 동일한 행위능력을 갖는다(제10조).[108] 따라서 미성년자의 능력에 관한 원칙과 예외, 법정대리인의 동의와 허락의 취소 또는 제한에 관한 설명은 한정치산자의 경우에도 그대로 해당된다. 그러나 다음의 경우에는 견해가 일치하지 않는다.

(1) 근로계약체결과 임금청구

근로기준법은 미성년자가 법정대리인의 동의 없이 단독으로 임금청구를 할

106) 곽윤직, 95면; 이은영, 164면.

107) 고상룡, 140면; 김민중, 174면; 김용한, 121면; 김주수, 156면; 김준호, 116면; 김증한·김학동, 126면; 백태승, 162면; 이영준, 760면; 장경학, 218면.

108) 대판 1992.10.13, 92다6433(표의자가 법률행위 당시 심신상실이나 심신미약상태에 있어 금치산 또는 한정치산선고를 받을 만한 상태에 있었다고 하여도 그 당시 법원으로부터 금치산 또는 한정치산선고를 받은 사실이 없는 이상 그 후 금치산 또는 한정치산선고가 있어 그의 법정대리인이 된 자는 금치산 또는 한정치산자의 행위능력 규정을 들어 그 선고 이전의 법률행위를 취소할 수 없다고 한 사례).

수 있으며, 미성년자의 근로계약은 법정대리인이 대리할 수 없다고 규정하고 있다(근로기준법 제65조, 제66조). 이 규정을 한정치산자의 경우에 유추적용할 수 있는가에 대해서 학설의 대립이 있다. ① 유추적용인정설은 명문의 규정은 없으나 한정치산자의 보호를 포기할 이유가 없기 때문에 한정치산자에게도 이 규정을 유추적용하자는 견해이다.[109] ② 유추적용부정설은 미성년자의 근로계약체결과 임금청구는 무산(無產)의 미성년자보호를 목적으로 하고, 한정치산제도는 유산자(有產者)의 재산보호가 주된 목적이므로 그 유추적용이 사회적 의미가 없다는 견해이다.[110] 생각건대 근로기준법의 입법취지는 부당한 근로의 강요와 임금의 대리청구를 금지하여 미성년자의 이익을 보호하는 것이므로, 이러한 보호는 한정치산자에게도 필요하다고 할 것이다.

(2) 신분행위

민법은 일정한 가족법상의 법률행위에 대해서 미성년자와 금치산자에 관해서만 규정하고 한정치산자에 대해서는 규정하고 있지 않다. 즉 약혼(제801조, 제802조), 혼인(제807조, 제808조), 협의이혼(제835조), 입양(제871조, 제873조), 협의파양(제900조, 제902조) 등에 관해서도 한정치산자를 미성년자와 동일하게 다루어야 하는가에 대하여 견해의 대립이 있다. ① 제한능력설은 한정치산자에 대한 규정이 없는 것을 입법적 불비로 보고 미성년자와 동일하게 취급해야 한다는 견해이다.[111] ② 완전능력설은 명문의 규정이 없으므로 위의 신분행위를 하는 데 있어서 한정치산자는 완전한 행위능력을 가진다는 견해이다.[112] 생각건대 신분행위의 특수성을 고려할 때 민법총칙의 규정이 신분행위에 있어서도 통칙이 되는 것은 아니며, 가족법상의 행위라도 재산적 행위에 관해서는 한정치산자를 무능력자로 보호하면서(제1020조) 신분행위에는 한정치산자만을 제외하고 있는 것은 한정치산자를 완전한 능력자로 이해한 것으로 보아야 하며, 또한 낭비자를 이유로 한정치산자가 된 경우에는 신분행위능력을 제한 받을 근거가 없다고 할 것이다.

---

109) 고상룡, 141면; 곽윤직, 96면; 김민중, 176면; 김상용, 174면; 김주수, 158면; 김증한·김학동, 126면; 백태승, 163면; 이영준, 760면.

110) 김용한, 122면; 장경학, 219면.

111) 곽윤직, 96면.

112) 고상룡, 142면; 김민중, 176면; 김용한, 115면; 김주수, 157면; 김준호, 117면; 김증한·김학동, 127면; 백태승, 162면; 이영준, 760면; 이은영, 176면; 장경학, 220면.

5. 후견인

한정치산자에게는 반드시 1인의 후견인을 두어야 한다(제929조, 제930조). 후견인에는 한정치산자의 배우자, 직계혈족, 3촌 이내의 방계혈족의 순위로 되는 법정후견인(제933조, 제934조)과, 후견인이 될 자가 없을 경우에 가정법원이 선임하는 선임후견인이 있다(제936조). 후견인은 한정치산자의 법정대리인으로서 동의권, 대리권, 취소권을 가지며, 미성년자의 법정대리인과 권한이 동일하다. 다만 일정한 행위에 대한 동의나 대리에 있어서는 친족회의 동의를 얻어야 한다는 점이 다르다(제950조).

6. 한정치산선고의 취소

한정치산의 원인이 소멸한 때에는, 가정법원은 일정한 자의 청구에 의하여 한정치산선고를 취소하여야 하며(제11조), 그 절차는 가사소송법에 의한다(동법 제2조 1항 나(1) 1호). 즉 심신박약의 상태에서 벗어났거나 또는 낭비의 버릇이 없어져서 더 이상 자기나 가족의 생활을 궁박하게 할 염려가 없게 된 경우를 말한다. 취소의 효과는 소급하지 않고 장래에 향하여만 효력이 있으므로 한정치산선고의 취소로 한정치산자는 장래에 대하여 완전한 능력자로 복귀한다. 취소 후 다시 한정치산의 원인이 있게 되면 절차에 따라 선고를 할 수 있다.

Ⅳ. 금치산자

1. 금치산자의 의의

금치산자(禁治産者)는 심신상실의 상태에 있는 자로서 가정법원에서 금치산선고를 받은 자를 말한다(제12조). 금치산의 선고를 받지 않는 한 중증의 정신병자라 하더라도 금치산자가 아니다. 다만 심신상실의 상태에서 한 법률행위는 의사능력 없음을 입증하여 이를 무효로 할 수 있으나, 사실상 그 입증이 어렵다. 그러한 입증의 곤란을 제거하고 거래의 안전을 꾀하기 위하여 심신상실자에게 획일적으로 금치산을 선고하고, 그 행위는 행위능력 없음을 이유로 언제나 취소할 수 있도록 한 것이다. 또 미성년자나 한정치산자도 심신상실의 상태에 있는 한 금치산선고를 받을 수 있다.

2. 금치산선고의 요건

(1) 실질적 요건

본인이 심신상실의 상태에 있어야 한다. 심신상실(心神喪失)이라 함은 자기의 행위와 그 결과에 대하여 이해득실과 시비선악을 판단할 능력이 없고, 합리적 판단을 할 수 없다는 것, 즉 의사능력이 없음을 말한다. 상태(常態)에 있다는 것은 때때로 의사능력이 회복되는 일이 있더라도, 대체로 심신상실의 상태에 있는 것이 보통인 것을 말한다. 또한 심신상실의 상태에 있는가의 판단은 심신상태를 판단할 만한 다른 충분한 자료가 있는 경우 이외에는 의사에게 감정을 시켜야 하지만 법원이 이에 기속되지 않는 법률상의 개념이라는 점도 한정치산의 경우와 같다.

(2) 형식적 요건

본인, 배우자, 4촌 이내의 친족, 후견인 또는 검사가 가정법원에 금치산선고를 청구하여야 한다(제12조). 다만 본인이 청구하는 경우에는 의사능력이 회복되고 있는 경우에 한한다.

3. 금치산선고의 절차

요건이 갖추어지면 가정법원은 반드시 금치산선고를 하여야 한다(제12조). 선고의 절차는 한정치산선고의 경우와 같다(가사소송법 제2조 1항 (나)(1) i 호, 가사소송규칙 제32조 이하).

4. 금치산자의 행위능력

원칙적으로 금치산자의 법률행위는 언제나 취소할 수 있다(제13조). 후견인의 동의 없이 한 행위는 물론이며, 후견인의 동의를 얻어서 한 행위도 본인 또는 후견인이 언제나 취소할 수 있다. 그러나 금치산자가 단독으로 법률행위를 하였을 경우에 이를 취소하지 않고, 의사능력 없었음을 입증하여 법률행위의 무효를 주장할 수도 있다(무효와 취소의 이중효). 그밖에도 금치산자는 의사표시를 수령할 능력도 없으며(제112조), 보증인(제431조 1항), 후견인(제937조 2호), 유언의 증인(제1072조 2호), 유언집행자(제1098조)가 될 수 없다. 다만 금치산자도 타인의 대리인은 될 수 있다(제117조).

예외적으로 가족법상의 행위는 그 특수성을 고려하여 금치산자의 의사를 존중하고 있다. 금치산자도 후견인의 동의를 얻어서 약혼(제802조), 혼인(제808조 2항), 협의이혼(제835조), 인지(제856조), 입양(제873조), 파양(제902조)을 할 수 있다. 또한 의사능력이 회복된 때에는 유언도 단독으로 할 수 있다(제1063조).

5. 후견인

금치산자에게는 1인의 후견인을 두어야 하며(제930조), 누가 후견인이 되는가와 후견인이 금치산자의 법정대리인으로서 대리권과 취소권을 가진다는 점은 한정치산자의 경우와 같다(제933조~제936조, 제949조~제950조). 그러나 금치산자는 후견인의 동의를 얻어서도 유효한 법률행위를 할 수 없으므로 후견인은 동의권을 가지지 못한다. 다만 가족법상의 행위는 후견인의 동의를 얻어 금치산자가 유효하게 할 수 있다.

6. 금치산선고의 취소

금치산자가 심신상실의 상태에서 벗어남으로써 금치산선고의 원인이 소멸한 때에는 가정법원은 선고청구권자의 청구에 의하여 선고를 취소하여야 한다(제14조). 그 절차와 효과는 한정치산선고의 취소의 경우와 동일하다. 즉 취소의 효과는 소급하지 않는다.

V. 무능력자의 상대방의 보호

1. 서 설

(1) 상대방보호의 필요성

취소할 수 있는 법률행위는 일단은 유효하나, 취소권자의 취소권행사에 의하여 처음부터 효력이 없는 것으로 된다. 따라서 취소할 수 있는 법률행위는 취소권 행사의 여부에 따라 그 효력이 좌우되므로 그 거래상대방은 항상 불안정한 '유동적 유효'상태에 놓이게 된다. 그러므로 일정한 경우에 취소권의 행사를 제한하여 그 상대방을 보호할 필요가 있으며, 이에 민법은 취소권을 단기에 소멸하도록 하고, 일정한 사유가 있는 경우에는 당연히 추인된 것으로 간주하는 제도를 두고 있다.

그러나 무능력자의 법률행위는 무능력자라는 이유만으로 무능력자 측에서만 취소할 수 있으며, 선의의 제3자에게도 주장할 수 있는 무능력자 본인을 보호하기 위한 강력한 제도이다. 따라서 일반적인 취소권의 경우보다 거래안전을 꾀하기 위하여 상대방보호가 더욱 필요한 것이다. 그래서 민법은 취소권 행사의 일반적 제한 이외에 무능력자 상대방을 보호하기 위한 특별한 제도를 두고 있다.

(2) 취소권행사의 상대방보호를 위한 일반규정

무능력뿐만 아니라 사기·강박, 착오 등 취소할 수 있는 법률행위의 상대방을 보호하기 위하여 민법이 마련하고 있는 일반적인 제도는 다음과 같다.

1) 법정추인제도

법정추인제도는 취소할 수 있는 법률행위를 이행 또는 이행의 청구 등의 일정한 사유가 있을 때에 추인한 것으로 간주하여 취소권을 배제하고 그 법률행위를 유효하게 하는 제도이다(제145조). 무능력자의 경우에도 그대로 적용이 되는 것이다. 그러나 법정추인사유가 예외적인 사유에 불과하며, 무능력자가 능력자로 되어 취소원인이 종료된 후에 발생한 것이라야 하기 때문에 무능력자의 상대방을 보호하는 데에는 별로 실효성이 없다.

2) 취소권의 단기소멸기간제도

취소권은 추인할 수 있는 날로부터 3년 내에, 법률행위를 한 날로부터 10년 내에 행사하지 않으면 소멸하도록 하여 단기소멸기간을 두고 있다(제146조). 무능력자의 경우에도 그대로 적용되나, 이 취소권의 소멸기간은 비교적 장기간이어서 상대방을 조속히 불확정상태에서 벗어나게 하는 조치로서는 미흡하다. 따라서 민법은 무능력자의 상대방을 보호하기 위한 특별규정을 둔 것이다.

(3) 무능력자의 상대방보호를 위한 특별규정

취소권에 관한 일반적인 제도 이외에, 무능력자의 상대방을 특별히 보호하기 위하여 민법은 상대방의 최고권, 철회권 및 거절권을 인정하고, 또한 사술을 쓴 무능력자의 취소권을 배제하는 제도를 마련하였다.

2. 상대방의 최고권

(1) 의 의

무능력자의 상대방의 최고권(催告權)은 무능력자 측에 대하여 취소할 수 있는 법률행위의 추인 여부에 대한 확답을 촉구할 수 있는 상대방의 권리이다. 이러한 최고에 대해서 확답이 있으면 그 내용에 따라 취소 또는 추인의 효과가 발생되고, 확답이 없으면 법률이 정하는 바에 따라 추인이 되거나 취소가 된다(제15조). 최고권의 행사로 문제된 법률행위의 운명을 명확하게 하여 불안정한 법률관계에서 벗어날 수 있도록 함으로써 상대방을 보호하기 위한 제도이다.

최고는 상대방에 대하여 일정한 행위를 할 것을 요구하는 통지이다. 최고는 의사의 작용에 의하여 행하여진다는 점에서는 의사표시와 같지만, 그 효과는 최고자의 의사와는 관계없이 법률의 규정에 의하여 부여되는 점에서 의사표시와는 다른 의사의 통지이며, 준법률행위의 일종이다. 또한 최고권은 권리자의 일방적 행위에 의하여 법률관계의 변동을 일으키는 권리이므로 일종의 형성권에 속한다.[113]

(2) 최고의 요건

무능력자의 상대방이 무능력자 측에 대하여 최고권을 행사하려면, 취소할 수 있는 행위를 적시하고, 1개월 이상의 유예기간을 정하여, 이를 추인할 것인가의 여부를 확답하도록 요구하여야 한다(제15조 1항).

(3) 최고의 상대방

최고의 상대방은, 무능력자가 능력자로 된 후에는 본인, 아직 능력자가 되지 못한 때에는 그 법정대리인이 된다(제15조 1항, 2항). 그것은 최고를 수령할 능력이 있고(제112조), 또한 추인할 수 있는 자만이 최고의 상대방이 될 수 있기 때문이다(제140조, 제143조). 따라서 무능력자에 대한 최고는 효력이 없다.

(4) 최고의 효과

최고에 대하여 유예기간 내에 확답이 있는 경우에는 그 내용에 따라 취소 또는 추인의 효과가 발생한다. 그러나 이는 취소 또는 추인의 의사표시의 효과이지 최고의 효과는 아니다. 따라서 최고의 효과는 최고에 대하여 무능력자 측이 확답을 발하지 아니한 때에 발생하며, 그 효과는 최고의 상대방이 단독으로 추인할 수 있는가 여부에 따라 다르다.

1) 추인되는 경우

무능력자였다가 능력자로 된 자나, 무능력자의 법정대리인은 단독으로 추인(追認)할 수 있는 지위에 있기 때문에, 이들이 유예기간 내에 추인 여부의 확답을 발하지 아니하면 추인한 것으로 간주한다(제15조 1항, 2항). 따라서 문제된 법률행위는 유효한 것으로 그 효력이 확정된다. 그런데 상대방 있는 의사표시는 상대방에게 도달한 때에 효력이 발생하는 도달주의를 원칙으로 하는데(제111조), 이 경우에는 확답의 발송으로 효력이 발생되는 것으로 함으로써 발신주의(發信主義)의 예외를 취한 것이다.

---

113) 같은 취지: 곽윤직, 101면; 김민중, 184면; 김상용, 180면; 김주수, 158면; 김준호, 123면; 백태승, 168면; 이영준, 763면; 장경학, 227면. 그러나, 이은영, 180면은 이 최고권은 그의 효과로서 언제나 법률관계의 변동을 가져오는 것은 아니기 때문에 형성권이 아니라고 한다.

2) 취소되는 경우

특별한 절차를 요하는 행위에 관하여는 그 유예기간 내에 그 절차를 밟은 확답을 발하지 아니한 때에는 취소(取消)한 것으로 간주한다(제15조 3항). 이 경우에는 문제된 법률행위는 확정적으로 취소됨으로써 처음부터 무효로 다루어진다. 여기서의 특별한 절차란, 후견인이 영업, 차재 또는 보증, 부동산 또는 중요한 재산에 관한 권리의 변동, 소송행위를 대리하거나 미성년자 또는 한정치산자에게 동의를 주는 경우에 요구되는 친족회의 동의를 말한다(제950조 1항).

3. 상대방의 철회권과 거절권

(1) 의 의

상대방의 최고권행사는 1개월 이상의 유예기간을 요하며, 그 확답의 여부는 무능력자 측의 의사에 의해 좌우되는 극히 소극적인 방법에 불과하므로, 무능력자의 상대방의 보호에 충분하지 못하다. 그러므로 보다 적극적으로 상대방을 불안전한 상태에서 벗어나게 하는 방법이 필요하고, 이에 민법은 무능력자의 상대방에게 철회권과 거절권을 준 것이다. 따라서 상대방이 무능력자와 한 법률행위의 효력을 스스로 부인하여 그 구속에서 벗어날 수 있다.

(2) 철회권

철회권(撤回權)은 상대방이 무능력자와 맺은 계약상의 의사표시를 추인이 있기 전에 철회할 수 있는 권리이다(제16조 1항 본문). 철회권은 계약(契約)을 체결하면서 상대방이 표시한 청약 또는 승낙을 대상으로 하며, 그 행사는 법정대리인이나 무능력자에 대한 일방적 의사표시로 한다. 상대방이 철회권을 행사하면 계약은 소급적으로 소멸하므로 그 이후에는 무능력자 측에서 추인할 수 없다. 그러나 무능력자임을 알고서 계약을 체결한 때에는 상대방은 그 의사표시를 철회하지 못한다(동항 단서). 악의의 상대방은 보호할 필요가 없기 때문이다.

(3) 거절권

거절권(拒絶權)은 상대방이 무능력자의 단독행위(單獨行爲)를 추인이 있기 전에 거절할 수 있는 권리이다(제16조 2항). 여기서는 상계(제493조), 채무면제(제506조)와 같은 상대방 있는 단독행위만이 문제가 되며, 상대방 없는 유언(제1060조), 재단법인설립행위(제43조)와 같은 단독행위는 대상이 되지 아니한다. 거절권의 행사도 법정대리인 또는 무능력자에 대한 일방적 의사표시로 한다(제16조 3항).

거절권은 상대방의 선의·악의를 묻지 않고 언제나 거절할 수 있다고 할 것이다(통설). 왜냐하면 계약은 무능력자와 상대방의 의사표시의 합치로 성립하므로 상대방도 그 계약에 대하여 책임을 지게 되지만, 단독행위에는 무능력자의 의사표시만 존재하고 상대방은 그 의사표시를 수령할 뿐이므로 무능력자임을 알고 있었다고 하더라도 상대방에게 책임을 지울 수 없기 때문이다. 그러므로 계약에 관한 철회권과는 달리, 단독행위에 관한 거절권은 무능력자의 상대방이 의사표시를 수령할 때에 무능력자임을 알고 있었다 하더라도 행사할 수 있다.

4. 취소권의 배제

(1) 의 의

무능력자제도는 무능력자 본인을 보호하기 위한 제도이지만, 정당하지 못한 방법으로 상대방을 속이는 무능력자까지 보호하는 것은 아니다. 그러한 취지에서 민법 제17조는 무능력자가 사술(詐術)을 써서 상대방으로 하여금 자기가 능력자임을 믿게 하거나 또는 법정대리인의 동의를 얻은 것으로 믿게 한 경우에 무능력자의 취소권을 배제하고 있다.

이러한 취소권의 배제 이외의 일반적인 제도로서, 무능력자가 사술을 쓴 경우에, 한편으로 상대방은 사기를 이유로 하여 그 법률행위를 취소할 수 있으나(제110조) 이로써 법률행위 자체가 효력을 잃게 된다. 다른 한편으로 위법하게 타인을 속여서 그 정신적 자유를 침해하였으므로 불법행위로 인한 손해배상을 청구할 수 있으나(제750조) 그 배상의 범위가 계약이 유효할 것이라고 믿었는데 취소가 되어 입은 손해(신뢰이익의 손해)에 불과하기 때문에 충분한 배상이 이루어지기 어렵다. 이러한 제도에 의해서는 상대방이 원래 의도했던 법률행위의 효과를 거둘 수 없게 된다. 상대방에게 가장 바람직한 방법은 처음에 의도하였던 대로 법률행위가 완전히 유효하게 되는 것이므로, 무능력자가 사술을 쓴 때에는 그 취소권을 배제하여 상대방을 보호하고 나아가서 거래안전을 꾀하는 것이다.

(2) 요 건

1) 상대방을 오신케 하였을 것

무능력자가 능력자임을 오신(誤信)케 하였거나(제17조 1항), 미성년자나 한정치산자가 법정대리인의 동의가 있는 것으로 오신케 하였어야 한다(동조 2항). 능력자임을 오신케 하는 경우에는 미성년자, 한정치산자, 금치산자가 모두 포함된다. 그러나 동의 있음을 오신케 하는 경우에는 금치산자는 제외되는데, 금치산자의 행위는 법정대리인의 동의가 있다 하더라도 언제나 취소할 수 있기 때문이다.

2) 무능력자가 사술을 썼을 것

무능력자가 사술(詐術)을 써서 능력자로 믿게 하거나 또는 법정대리인의 동의가 있는 것으로 믿게 하였어야 한다.

그런데 사술의 의미에 대해서 견해가 대립된다. ① 적극적 기망설은 무능력자가 적극적인 기망수단을 사용한 경우에만 사술에 해당한다는 견해이다.[114] 예컨대 호적등본을 위조하거나, 법정대리인의 동의서를 위조하는 등 적극적으로 상대방을 속이는 경우에 사술이 되고, 상대방의 오신을 묵인하거나 질문에 침묵하는 것만으로는 사술이 되지 않는다고 한다. 판례도 성년자로 믿게 하기 위하여 미리 관계동사무소 직원과 통정하여 원고의 생년월일을 고쳐서 기재한 인감증명을 교부받아 이를 피고에게 제시한 것[115]은 사술로 인정하지만, 단순히 '군대에 갔다 온 성년자'라고 하거나[116] '스스로 사장이다'라고 한 경우[117]에는 사술이 되지 않는다고 한다. ② 소극적 기망설은 적극적인 기망수

114) 이은영, 184면.

115) 대판 1971.6.22, 71다940.

116) 대판 1954.3.31, 4287민상77(소위 "무능력자가 능력자인 것을 믿게 하기 위하여 사술을 쓴 때"라 함은 무능력자가 상대방으로 하여금 그 능력자임을 믿게 하기 위하여 적극적으로 기사기단을 쓴 것을 말하는 것으로서 단순히 자기가 능력자라 칭한 것만으로는 동조에 소위 사술을 쓴 것이라 할 수 없다고 한 사례).

117) 대판 1971.12.14, 71다2045(이른바 "무능력자가 사술로써 능력자로 믿게 한 때"에 있어서의 사술을 쓴 것이라 함은 적극적으로 사기수단을 쓴 것을 말하는 것이고 단순히 자기가 능력자라 사언함은 사술을 쓴 것이라고 할 수 없으므로, 미성년자인 원고가 본건 매매계약 당시 원고 본인이 스스로 사장이라고 말하였거나, 또는 동석한 소외인이 상대방인 피고에 대하여 원고를 중앙전선주식회사의 사장이라고 호칭한 사실이 있었다 하더

단뿐만 아니라, 경우에 따라서는 단순한 침묵 또는 묵비(默秘) 등의 소극적 기망수단에 의해서 오신을 유발하거나 강화시키는 것도 사술에 해당한다는 견해이다.118) 생각건대 적극적 기망설은 본인의 보호에 치중하는 견해이고 소극적 기망설은 거래안전의 보호에 중점을 두는 견해라 할 수 있다. 본래 무능력자제도는 거래안전보다 본인의 보호에 치우친 제도이고 이를 완화하기 위해서 무능력자의 사술의 범위를 넓게 이해함으로써 무능력자제도와 거래안전의 조화를 꾀하는 것이 바람직하다 할 것이다.

3) 사술과 오신 사이에 인과관계가 존재할 것

취소권을 배제하기 위하여는 무능력자의 사술에 의하여 상대방이 오신하여야 하므로, 사술과 오신 사이에는 인과관계가 존재하여야 한다. 예컨대 거래중개인에 대하여 사술을 썼다 해도 그 사술이 상대방에게 미치지 못한 경우에는 취소권배제의 효과는 생기지 않는다.119)

사술의 유무에 대한 입증책임은 상대방이 진다.120) 이에 반하여, 상대방의 오신의 유무에 대한 입증책임은 무능력자 측에서 부담하여야 한다.121) 사술이 인정되는 경우에는 상대방의 오신이 추정되기 때문이다. 예컨대 주민등록을 위조하여 성년으로 행세한 경우에 그 위조 사실은 상대방이 입증책임을 지고, 위조사실이 밝혀진 경우에는 상대방은 그 위조로 인하여 능력자로 오신한 것으로 추정되므로 이를 뒤집기 위해서는 미성년자 측에서 상대방이 무능력자임을 알고 있었다는 것을 입증하여야 한다.

그리고 상대방이 오신하는 데 과실이 있는 경우에도 취소권이 상실되는가에 대해서도 견해가 대립한다. ① 과실무관설은 제17조의 문언상 상대방의 과실 유무에 관계없이 취소권이 배제된다는 견해이고,122) ② 중과실배제설은 상대방에게 중과실이 있는 때에는 무능력자는 취소권을 상실하지 않는다는 견해이다.123) 생각건대 상대방에게 중과실이 있는 경우에는 무능력자의 취소권

라도 이것만으로는 이른바 사술을 쓴 경우에 해당되지 않는다고 한 사례).

118) 곽윤직, 104면; 김민중, 191면; 김상용, 183면; 김증한 · 김학동, 135면; 김주수, 162면; 김준호, 127면; 백태승, 171면; 이영준, 765면; 장경학, 232면. 다만 고상룡, 153면은 이에 찬동하면서도 단순한 침묵을 사술로 보는 데 대해서는 의문을 제기한다.

119) 장경학, 233면 참조.

120) 대판 1971.12.14, 71다2045(앞에서 소개).

121) 같은 취지: 고상룡, 154면; 김상용, 183면; 백태승, 171면.

122) 백태승, 171면; 장경학, 233면.

123) 고상룡, 154면.

을 다시 인정하여 무능력자와 상대방 사이의 이익을 균형 있게 조정하는 것이 타당하다.

4) 오신에 의하여 법률행위를 하였을 것

무능력자의 사술로 인하여 상대방이 능력자로 오신하거나 동의 있음을 오신하여 무능력자와 법률행위를 하여야 한다. 상대방의 오신과 법률행위 사이에 인과관계가 존재하여야 한다.

(3) 효　과

무능력자 측은 그 행위를 취소하지 못한다(제17조). 그러므로 무능력자와 상대방 사이에 체결된 계약은 확정적으로 유효하게 되며, 무능력자는 계약에 의하여 발생된 채무를 이행하여야 한다.

제3관 주　소

Ⅰ. 주소의 의의

주소(住所)는 사람의 생활의 근거가 되는 곳이다(제18조 1항). 즉 사람의 생활관계의 중심이 되는 장소를 말한다. 사람은 일정한 장소에서 사회생활을 영위하며 법률관계를 형성하므로, 법률관계도 그 장소를 기준으로 처리하는 것이 합리적이다. 그러므로 민법은 주소에 관한 일반적 규정을 두어 주소의 판단기준을 명시함과 동시에 거소와 가주소로 주소의 기능을 보충하고 있다. 그러나 주소개념은 민법에서뿐만 아니라 다른 법분야에서도 독자적으로 다루고 있기 때문에 각 영역에서 주소가 가지고 있는 성격을 고려하여 그 내용을 구체화할 필요가 있다.

Ⅱ. 주소결정에 관한 입법주의

1. 형식주의와 실질주의

형식주의는 형식적 표준에 따라서 획일적으로 주소를 결정하는 주의이며, 실질주의는 생활의 실질적 관계에 기하여 구체적으로 주소를 결정하는 주의이다. 형식적 표준이란 로마법에서처럼 가신의 제단(祭壇)이 있는 곳 또는 본적이 있는 곳과 같은 것을 말하며, 실제로 그 장소가 생활의 중심이 될 필요는 없다는 것이다. 그러나 오늘날의 생활관계는 여러 장소에 걸쳐서 다양하게 이루어지므로 형식주의로는 한계가 있으며 거의 모든 나라가 실질주의를 채택하고 있다. 민법도 생활의 근거지를 주소로 함으로써 실질주의에 입각하고 있다.

2. 의사주의와 객관주의

객관주의는 주소의 설정 또는 변경에 관하여 정주(定住)의 사실만을 필요로 하는 주의이고, 의사주의는 정주의 사실뿐 아니라 정주의 의사까지 필요로 하는 주의이다. 주소결정에 있어서 객관적 요소(*corpus*, 체소(體素))만을 요구하는가, 이와 함께 주관적 요소(*animus*, 심소(心素))도 요구하는가에 따른 구별이다. 그러나 어떤 장소를 생활의 중심지로 하겠다는 의사는 그 자체가 존재하지 않는 경우도 있고 외부에서 그 존부를 알기 어렵기 때문에 상대방이 법적 대응을 하는 데 혼란을 주게 된다. 따라서 이와 같은 의사적 요소를 배제하여 주소의 개념을 객관적으로 결정하는 객관주의가 타당하다. 민법은 명문으로 규정하지는 않으나, 의사무능력자를 위한 법정주소의 규정이 없고, 주소를 정하는 표준으로 실질주의를 취하며, 주소의 개수에 관하여 복수주의를 취하는 점을 볼 때, 객관주의를 채용한 것으로 볼 수 있다.124)

---

124) 입법례를 보면, 프랑스민법은 주소의 변경에 관하여(동법 제103조), 스위스민법은 그 성립에 관하여(동법 제23조 1항) 정주의 의사를 요하고 있으며, 독일민법은 주소의 폐지의 경우에 폐지의사를 요한다고 규정하고 그 설정에는 명문의 규정은 없으나 학설이 의사

3. 단수주의와 복수주의

단수주의는 하나만의 주소를 인정하는 주의이고, 복수주의는 여러 개의 주소를 인정하는 주의이다. 입법례도 스위스민법(제23조 2항)은 단수주의를, 독일민법(제7조 2항)은 복수주의를 취하고 있다. 오늘날 생활관계가 분화되고 다면화되어 한 사람이 여러 곳에 생활근거를 가지고 있음을 고려할 때, 민법이 복수주의를 취한 것은 타당한 입법이다.

4. 민법상의 주소

민법은 생활의 근거가 되는 곳을 주소로 함으로써 실질주의를 취하고, 주소의 설정·변경에는 객관주의를 채용하였고, 주소의 개수에 관해서는 복수주의를 취하였다(제18조 1항·2항 참조).

Ⅲ. 주소와 구별되는 관념

1. 본 국

사람의 국적이 있는 나라를 본국(本國)이라 하고, 그 이외의 나라를 외국이라 한다. 당사자의 국적이 있는 곳의 법률을 본국법이라 하며, 이는 일정한 국제적 사적생활관계에 있어서 하나의 준거법(準據法)이 된다(국제사법 제3조 등).

2. 등록기준지

등록기준지(登錄基準地)는 가족관계 등록의 기준이 되는 곳을 말한다. 호적법이 폐지되고 가족관계 등의 등록에 관한 법률이 제정되면서 본적지에 대

를 필요로 한다고 하여 의사주의에 따르고 있다. 그리고 이러한 입법례에서는 의사무능력자를 위하여 법정주소(法定住所)를 정하고 있다(프랑스민법 제108조, 독일민법 제9조~제11조, 스위스민법 제25조 등).

체된 개념이다.[125] 가족관계등록은 국민 각 개인의 신분관계를 기재하는 공문서이며, 등록기준지에 따라 개인별로 구분하여 작성한다(가족관계의 등록 등에 관한 법률 제9조 1항). 가족관계등록은 신고에 의하여 형식적으로 정해지는 것으로, 실제상의 주소와는 관계없이 사람의 동일성을 증명하는 데 활용된다.

3. 주민등록지

주민등록지(住民登錄地)는 30일 이상 거주할 목적으로 일정한 장소에 주소 또는 거소를 가지는 자가 주민등록법에 따라 등록한 장소이다(동법 제6조 1항). 주민등록은 거주의 실태를 명확히 하기 위한 제도이나, 반드시 주민등록지를 실제로 생활의 본거지로 하지 않기 때문에 민법상의 주소와 일치하지 않는 경우도 있다. 그러나 주민등록지는 주소를 판단하는 데 유력한 자료가 되며, 반증이 없는 한 주소로 추정될 것이다.

4. 법률행위지

법률행위지(法律行爲地)는 법률행위를 한 장소로서 일정한 경우에 국제적 사적생활관계에 있어서 준거법을 결정하는 표준이 된다(국제사법 제17조 2항).

5. 재산소재지

재산소재지(財産所在地)는 재산이 있는 곳을 말하며, 채무변제의 장소(제467조), 임치물의 반환장소(제700조), 물권의 준거법(국제사법 제19조), 재산이 있는 곳의 특별재판적(민사소송법 제11조) 등의 법률효과가 부여된다.

6. 사무소, 영업소

사람이 사무를 집행하는 장소가 사무소(事務所)이다. 민법은 법인에 있어서만 사무소라는 용어를 쓰고 있다(제40조, 제49조, 제51조). 영업소는 영업을 하는 장소로서 본점과 지점이 있다.

---

125) 2007.5.17. 법률 제8435호로 제정되고, 2008.1.1.부터 시행된 법률이다. 이 법률의 시행과 함께 호적법은 폐지되었다.

Ⅳ. 주소의 법률상의 효과

민법 기타의 법률이 주소에 주고 있는 법률효과는 다음과 같다.

(1) 부재 및 실종의 표준

종래의 주소나 거소를 떠난 자를 부재자로 하고, 그 생사가 불명한 경우에 실종선고를 한다(제22조, 제27조).

(2) 채무이행의 장소를 정하는 표준

특정물인도 이외의 채무변제는 채권자의 현주소에서 하여야 한다(제467조).

(3) 상속개시지

상속은 피상속인의 주소지에서 개시한다(제998조).

(4) 어음행위의 장소

지급지의 기재가 없는 때에는 지급인의 명칭에 부기한 지(地)를 지급인의 주소지로 보며(어음법 제2조 3항), 환어음의 소지인 또는 단순한 점유자는 만기에 이르기까지 인수를 위하여 지급인에게 그 주소에서 어음을 제시할 수 있다(동법 제21조). 또한 환어음이나 수표는 지급인의 주소지에 있거나 또는 다른 지에 있음을 불문하고 제3자방에서 지급할 것으로 할 수 있다(동법 제4조, 수표법 제8조).

(5) 재판관할의 표준

사람의 보통재판적은 주소에 의하여 정하며, 가사소송도 피고의 보통재판적 소재지의 가정법원이 관할하며, 파산사건도 채무자가 영업자가 아닌 경우에는 보통재판적의 소재지를 관할하는 지방법원본원의 관할에 전속한다(민사소송법 제3조, 가사소송법 제12조, 채무자 회생 및 파산에 관한 법률 제3조).

(6) 민사소송법상의 부가기간

법원은 불변기간에 대하여 주소 또는 거소가 멀리 떨어진 곳에 있는 사람을 위하여 부가기간을 정할 수 있다(민사소송법 제172조 2항).

(7) 귀화의 요건

외국인이 귀화허가를 받기 위해서는 5년 이상 계속하여 대한민국에 주소가 있어야 하며, 또한 대한민국에 주소가 있는 외국인에 한하여 특별귀화가 허용된다(국적법 제5조, 제7조).

V. 거소 · 현재지 · 가주소

1. 거　　소

거소(居所)는 사람이 상당한 기간 계속하여 거주하는 장소로서, 주소의 정도에 이르지 못한 곳을 말한다. 사람은 주소 이외에 거소를 가질 수 있으나, 거소만을 가질 수도 있다. 민법은 주소를 알 수 없는 때와, 국내에 주소가 없을 때에는 각각 거소를 주소로 한다(제19조, 제20조).

2. 현재지

현재지(現在地)는 거소보다 더 장소적 관계가 희박한 곳을 말한다. 가족관계 등의 등록에 관한 법률상 신고인의 현재지에서 각종 신고를 할 수 있도록 하고 있으나(동법 제20조), 현재지에 대하여 법률상 특별한 효과를 주는 바는 없다. 그러나 현재지는 거소를 판단하는 기준이 될 수 있으며, 경우에 따라서는 거소의 개념에 포함되는 경우도 있다(제19조, 제20조).

3. 가주소

가주소(假住所)는 당사자가 특정한 법률행위에 관하여 일정한 장소를 선택하여 그 거래관계에 있어서 주소로서의 법률적 기능을 부여한 장소를 말한다(제21조). 가주소는 당사자의 의사에 기하여 거래의 편의상 정해지는 것이며, 생활의 실질과는 관계가 없다. 따라서 일시적인 주소라는 의미가 아니며, 합의에 의하여 정해진 편의상의 주소라는 의미에 불과하다. 그리고 주소와 가주소의 관계에 대하여, 당사자의 의사가 명확치 않을 때에는 당해 거래관계에 있어서는 가주소가 기준이 되어 주소를 배척한다고 하는 것이 타당하다.[126)]

제 4 관 부재와 실종

I. 서 설

1. 민법상의 부재와 실종

사람이 주소를 떠나서 장기간 돌아오지 않는 경우에, 방치된 잔류재산을 관리하면서 돌아오기를 기다리고, 생사불명의 상태가 오랫동안 계속되는 경우에는 잔존배우자나 상속인을 보호하기 위하여 남아 있는 법률관계를 확정하는 법적 조치가 필요하다. 이러한 필요에 응하여, 민법은 부재자의 생존을 전제로 하여 재산을 관리하는 부재자제도를 두고, 부재자의 사망을 전제로 하여 사후의 법률관계을 정리하고 확정하는 실종선고제도를 두고 있다.

부재자에 대한 법적 조치에 관한 입법례는 대체로 프랑스민법식과 독일민법식으로 나뉜다. 프랑스민법은 관리인을 선임하여 부재자의 재산을 관리하다가, 부재자가 돌아올 가능성이 적어짐에 따라서 점차로 잔류자의 권리를 증가시키지만 부재자에 대하여 사망의 선고를 하지 아니하는 입장을 취한다(동법 제112조~제143조). 로마법에서도 실종선고 또는 사망선고의 제도를 인정하지 않고 불확정상태에 두는 점에서 이와 같다. 이에 대하여 독일민법은 일단 부재자보호인으로 하여금 재산을 관리하도록 하다가, 일정한 조건하에 사망의 선고를 하는 입장을 취한다(동법 제1911조, 독일실종법 제2조 이하). 스위스 민법도 같다(동법 제393조).

민법은 독일민법식에 따라 일단 부재자가 생존하고 있다고 추정하여 잔류

126) 같은 취지: 고상룡, 164면; 김상용, 187면.

재산을 관리하다가, 다음으로 일정한 절차에 따라 실종선고를 통하여 사망한 것으로 간주하고 있다.

2. 특별법에 의한 부재와 실종

부재와 실종에 관한 특별법으로서 '부재선고 등에 관한 특별조치법'(1967년 법 제1867호)이 있다. 동법에는 해방 후 한국전쟁을 거쳐 휴전협정이 성립할 때까지의 사이에 행방불명된 자에 대한 특별실종선고제도와 미수복지구 잔류자에 대한 부재선고제도가 있다. 앞의 특별실종제도는 1969년 1월 17일까지만 한시적으로 시행되었으며, 뒤의 부재선고제도는 지금도 존속하고 있으나 사실상 거의 활용되고 있지 않다. 그리고 여기서의 부재자란 「1945년 8월 15일부터 1953년 7월 28일 사이에 군사분계선 이남의 지역에서 그 주소나 거소를 떠난 후 생사가 분명하지 아니한 자」로 한정하고 있으므로(동법 제2조 3항), 민법상의 부재자와는 다른 개념이다.

Ⅱ. 부재자의 재산관리

1. 부재자의 의의

부재자(不在者)는 종래의 주소 또는 거소를 떠나 당분간 돌아올 가망이 없어서 종래의 주소나 거소에 있는 그의 재산을 관리하여야 할 필요가 있는 자를 말한다. 부재자가 되기 위해서는 종래의 주소를 중심으로 한 부재와 함께 잔류재산의 관리필요성이 요구된다. 부재자는 반드시 생사불명일 필요는 없으나, 생사불명인 자도 실종선고나 인정사망을 받을 때까지는 부재자이다. 그리고 성질상 부재자는 자연인에 한하며 법인에는 부재자 개념을 인정할 수 없다.[127] 또한 부재의 요건 이외에 잔류재산의 관리필요성이 요구되는데, 주소나 거소를 떠나 있는 자라 하더라도 관리될 재산이 전혀 없다거나 잔류재산이 관리되고 있는 경우에는 이를 부재자로 다룰 필요가 없을 것이다.[128]

127) 대결 1953.5.21, 4286민재항7; 대결 1965.2.9, 64스9.
128) 대판 1960.4.21, 4292민상252(당사자가 외국에 가 있다 하여도 그것이 정주의 의사로써

2. 부재자가 재산관리인을 두지 않은 경우

(1) 재산관리에 관한 처분

부재자가 재산관리인을 정하지 아니한 때에는 법원은 이해관계인이나 검사의 청구에 의하여 재산관리에 관하여 필요한 처분을 명하여야 한다(제22조 1항 전단).

1) 청구권자

청구권자는 이해관계인이나 검사이다. 여기서 이해관계인(利害關係人)이란 부재자의 재산의 보전에 법률상 이해관계를 가지는 자를 말하며, 상속인, 배우자, 부양청구권자, 채권자, 보증인, 연대채무자 등이다. 검사를 청구권자로 한 것은 부재자의 재산관리 등이 공익에 관한 일이 있기 때문이다.

2) 처분의 종류

필요한 처분이란 재산관리인의 선임(가사소송규칙 제41조), 잔류재산의 매각(동규칙 제49조) 등이 있으나, 그 중에서 가장 일반적인 처분이 재산관리인의 선임이다.

(2) 선임된 관리인

1) 지 위

가정법원에 의하여 선임된 부재자재산관리인은 부재자 본인의 의사와는 관계없이 선임되는 자이므로 일종의 법정대리인이다. 선임된 재산관리인은 가정법원에 그 사유를 신고하여 사임할 수 있고, 법원도 언제나 개임할 수 있다(가사소송규칙 제42조).

2) 권 한

법원이 선임한 재산관리인은 원칙적으로 제118조의 관리행위를 할 권한만

한 것이 아니고 유학의 목적으로 간 것에 불과하고 현재 그 국의 일정한 주거지에 거주하여 그 소재가 분명할 뿐만 아니라 계쟁부동산이나 기타의 그 소유재산을 국내에 있는 사람을 통하여 그 당사자가 직접 관리하고 있는 사실이 인정되는 때에는 부재자라 할 수 없다고 한 사례).

을 가지며, 이를 넘는 행위를 하는 데에는 법원의 허가를 얻어야 한다(제25조 전단). 허가를 요하지 않는 관리행위와 허가를 요하는 처분행위를 구체적으로 살펴보면 다음과 같다.

(가) 허가를 요하지 않는 관리행위

부재자의 재산을 보존, 이용, 개량하는 행위 등의 관리행위(管理行爲)는 재산관리인이 단독으로 할 수 있다(제25조 전단). 판례에 의하면, 부재자재산에 관한 임료청구 또는 손해배상청구,[129] 부재자의 부동산소유권이전등기·말소등기절차 이행청구나 인도청구,[130] 부재자를 위한 소송비용을 위해 차용한 돈을 임대보증금으로 하여 임야를 임대하는 행위,[131] 선임된 재산관리인이 권한을 초과하여 체결한 부동산 매매계약에 관하여 허가신청절차의 이행을 약정하는 행위[132] 등은 관리행위에 해당하다고 한다. 또한 재판상의 행위를 보존행위로 보아 재산관리인이 이를 할 수 있는가가 문제이다. 일반적으로 소의 제기는 보존행위에 해당하지 않으나, 시효중단을 위한 소제기, 경우에 따라서는 항소, 상고, 응소를 할 수 있는 권한이 있다고 한다.[133]

(나) 허가를 요하는 처분행위

재신관리인이 관리행위를 넘는 처분행위(處分行爲)를 하는 데에는 법원의 허가가 있어야 한다(제25조 전단). 부재자의 재산을 매각하는 행위[134] 등은 법원의 허가를 얻어서 하여야 한다. 이에 위반하여 허가 없이 한 처분행위는 무효이다.[135] 그러므로 법원의 허가 없이 한 재판상의 화해[136] 또는 인낙[137]은

---

129) 대결 1957.10.14, 4290민재항104.

130) 대판 1964.7.23, 64다108.

131) 대판 1980.11.11, 79다2164.

132) 대판 2002.1.11, 2001다41971.

133) 같은 취지: 고상룡, 169면; 장경학, 245면.

134) 대판 1956.2.25, 4288민상455(부재자 재산관리인이 부재자의 재산을 매각하려면 법원의 허가를 요하는 것이고 법원이 허가를 함에 있어서는 매각의 방법에 관하여는 경매법에 의한 매각을 명할 수도 있고 경매의 방법에 의하지 않고 임의매각하는 권한을 부여할 수도 있는 것이므로 법원이 허가함에 있어 매각방법에 관하여 하등 제한이 없는 경우에는 재산관리인은 임의매각도 할 수 있다고 한 사례).

135) 대판 1977.3.22, 76다1437(부재자 재산처분에 있어서는 민법 제25조에 따른 권한 초과행위 허가를 받아야 하며 그 허가를 받지 아니하고 한 부재자의 재산매각은 무효라고 한 사례).

136) 대판 1968.4.30, 67다2117(부재자재산관리인이 법원의 허가를 얻지 않고 한 재판상 화해는 재심사유가 되고 그 재심의 소는 그 사유를 안 날로부터 30일 내에 제기하여야 한다고 한 사례).

137) 대판 1968.12.3, 68다1981(부재자 재산관리인이 법원의 허가를 얻지 않고 한 인낙행위(認諾行爲)는 대리권의 특별수권의 흠결이 있는 때에 해당하므로 그 사유를 원인으로

재심사유가 된다. 또한 법원의 처분허가가 있었더라도 부재자와 관련 없는 행위는 허가 얻은 행위로 볼 수 없으며,[138] 처분허가의 취소는 소급하지 아니한다.[139] 또 판례는 법원의 재산관리인의 초과행위 허가결정의 효력은 그 허가받은 재산에 대한 장래의 처분행위뿐만 아니라 이미 행한 처분행위를 추인하는 행위로도 할 수 있다고 한다.[140]

3) 직무집행

재산관리인은 법원이 선임한 일종의 법정대리인이므로, 부재자와의 사이에 위임계약이 체결되지는 않았으나, 그 직무의 성질상 위임의 규정이 준용된다(통설). 따라서 재산관리인은 선량한 관리자의 주의의무로 직무를 집행하여야 하고(제681조), 부재자가 사망한 경우에는 일정한 기간까지 그의 직무를 수행하여야 한다(제691조).

그밖에도 재산관리인은 이해관계인의 입회하에 그가 관리할 재산목록을 작성해야 하며(제24조 1항), 재산을 보존하기 위하여 가정법원이 명하는 처분을 수행하여야 하며(제24조 2항), 재산의 관리 및 반환에 관하여 상당한 담보를 제공하여야 하는(제26조 1항) 등의 의무를 부담한다.

4) 권 리

가정법원은 부재자의 재산으로 관리인에게 상당한 보수를 줄 수 있으나(제26조 2항), 반드시 지급해야 하는 것이 아니다. 보수지급 여부・지급액・지급방법 등은 관리인과 부재자의 관계 기타 사정을 고려하여 법원이 임의로 정할 수 있다. 또한 관리인은 재산관리를 위하여 지출한 필요비와 그 이자의 상환을 청구할 수 있고, 과실 없이 손해를 입었을 때에는 그 배상청구를 할 수 있

하는 재심의 소는 위 인낙조서 작성 후 5년을 경과하면 제기하지 못한다고 한 사례).

138) 대결 1976.12.21, 75마551(법원의 처분허가를 얻었다 하더라도 부재자와 아무런 관계가 없는 남의 채무의 담보만을 위하여 부재자 재산에 근저당권을 설정하는 행위는 통상의 경우 객관적으로 부재자를 위한 처분행위로서 당연하다고는 경험칙상 볼 수 없다고 한 사례).

139) 대판 1960.2.4, 4291민상636(부재자재산관리인이 권한초과처분허가를 얻어 부동산을 매매한 후 그 허가결정이 취소되었다 할지라도 위 매매행위 당시는 그 권한초과처분허가 처분이 유효한 것이고 그 후에 한 동 취소결정이 소급하여 효력을 발생하는 것이 아니라고 한 사례).

140) 대판 2000.12.26, 99다19278(부재자 재산관리인에 의한 부재자 소유의 부동산 매매행위에 대한 법원의 허가결정은 그 허가를 받은 재산에 대한 장래의 처분행위뿐만 아니라 기왕의 매매를 추인하는 방법으로도 할 수 있다고 한 사례).

다(제638조, 제24조 4항). 판례는 재산관리비용은 가정법원에 대해서가 아니라 통상의 법원에 대하여 청구하여야 한다고 한다.[141)]

(3) 관리의 종료

재산관리가 필요 없게 된 때에는 관리는 종료한다. 즉 부재자가 그 후에 재산관리인을 둔 때(제22조 2항), 본인 스스로 재산관리를 할 수 있게 된 때, 또는 그의 사망[142)]이 분명하게 되거나 실종선고[143)]가 있은 때에는, 가정법원은 본인, 재산관리인, 이해관계인, 검사의 청구에 의하여 그가 명한 처분명령을 취소하여야 한다(제22조 2항). 이것으로 부재자의 재산관리는 종료한다. 부재자의 재산관리인에 의하여 소송절차가 진행되던 중 부재자 본인에 대한 실종선고가 확정되면 소송절차가 중단된다.[144)]

이 취소의 효력은 소급하지 않으며, 장래에 대하여서만 효력이 있다. 취소 전에 관리인이 한 권한 내의 행위는 그대로 유효하다고 해석된다.[145)]

3. 부재자가 재산관리인을 둔 경우

(1) 원 칙

부재자가 스스로 재산관리인을 둔 경우에는 가정법원은 원칙적으로 이에 간섭하지 않는다. 이 경우에 관리인은 부재자의 위임을 받은 임의대리인이므

---

141) 대결 1971.2.26, 71스3. 그러나 소송경제상 재산관리비용의 청구도 보수청구와 마찬가지로 가정법원에 대하여 하도록 하는 것이 타당하다(같은 취지: 곽윤직, 160면(신정판); 김상용, 193면).

142) 대판 1971.3.23, 71다189(법원에 의하여 부재자의 재산관리인에 선임된 자는 그 부재자의 사망이 확인된 후라 할지라도 위 선임결정이 취소되지 않는 한 그 관리인으로서의 권한이 소멸되는 것이 아니라고 한 사례); 대판 1970.1.27, 69다719.

143) 대판 1991.11.26, 91다11810(사망한 것으로 간주된 자가 그 이전에 생사불명의 부재자로서 그 재산관리에 관하여 법원으로부터 재산관리인이 선임되어 있었다면 재산관리인은 그 부재자의 사망을 확인했다고 하더라도 선임결정이 취소되지 아니하는 한 계속하여 권한을 행사할 수 있다 할 것이므로 재산관리인에 대한 선임결정이 취소되기 전에 재산관리인의 처분행위에 기하여 경료된 등기는 법원의 처분허가 등 모든 절차를 거쳐 적법하게 경료된 것으로 추정된다고 한 사례); 대판 1981.7.28, 80다2668(부재자 재산관리인으로서 권한초과행위의 허가를 받고 그 선임결정이 취소되기 전에 위 권한에 의하여 이루어진 행위는 부재자에 대한 실종선고기간이 만료된 뒤에 이루어졌다고 하더라도 유효하다고 한 사례); 대판 1975.6.10, 73다2023.

144) 대판 1987.3.24, 85다카1151; 대판 1983.2.22, 82사18; 대판 1977.3.22, 77다81,82.

145) 대판 1971.3.23, 71다189.

로 그 권한, 직무, 권리 등 모든 사항은 부재자와 관리인 사이의 위임계약에 의하여 정하여진다.[146] 부재자로부터 재산처분권까지 위임받은 재산관리인은 그 재산을 처분함에 있어 법원의 허가를 요하는 것은 아니다.[147] 다만 계약에 정한 바가 없으면 관리인의 권한은 민법 제118조의 관리행위에 한하며, 부재자가 사망한 때에도 상속인 등이 위임사무를 처리할 수 있을 때까지 그 사무의 처리를 계속하여야 한다(제681조, 제691조).

(2) 예 외

부재자 스스로 재산관리인을 두었다 하더라도 예외적으로 가정법원이 간섭하는 경우가 있다.

1) 부재자의 부재중에 관리인의 권한이 소멸한 때

이 경우에는 처음부터 부재자가 관리인을 두지 않은 경우와 같은 상태이기 때문에, 가정법원은 부재자가 관리인을 두지 않은 경우와 같이 재산관리인의 선임 등의 처분을 명하여야 한다(제22조 1항 후단).

2) 부재자의 생사가 분명하지 않은 때

부재자가 재산관리인을 정한 경우에도 그 생사가 불명한 때에는 부재자 본인의 관리인에 대한 지휘·감독을 기대하기 어렵기 때문에, 가정법원은 재산관리인, 이해관계인 또는 검사의 청구에 의하여 관리인을 개임(改任)할 수 있다(제23조). 이때에는 재산관리인의 권한, 관리의 방법 등의 사항은 부재자가 재산관리인을 두지 아니 한 경우와 같다. 한편 가정법원은 재산관리인을 개임하지 않고 감독만 할 수 있는데, 이때에는 가정법원은 관리인에 대하여 재산목록작성·재산보존에 필요한 처분을 명하고(제24조 3항, 가사소송규칙 제44조, 제47조, 제49조), 재산관리인의 권한을 넘는 행위에 대하여 허가를 주고(제25조), 상당한 담보를 제공케 하거나, 부재자의 재산으로 상당한 보수를 지급할 수도 있다(제26조 3항).

---

146) 대판 1972.2.22, 71다2152(부재자 재산관리계약에 있어 변호사가 아닌 재산관리인에게 상당한 보수를 지급할 것을 약정하였다 하여 그 재산관리계약이 법률사무 취급단속법에 저촉되는 선량한 풍속 기타 사회질서에 위반되는 무효의 계약이라고 할 수 없다고 한 사례).

147) 대판 1973.7.24, 72다2136.

Ⅲ. 실종선고

1. 의 의

실종선고(失踪宣告)는 부재자의 생사불명의 상태가 일정기간 계속된 경우에 가정법원의 선고에 의하여 사망을 의제하는 제도이다. 실종선고를 받은 부재자를 실종자라 한다. 부재자의 생사가 불분명한 상태를 장기간 방치한다면 부재자를 둘러싸고 있는 법률관계가 확정되지 않아서 이해관계인에게 불이익을 주게 된다. 이에 실종선고로 부재자의 사망을 확정함으로써, 종래의 주소 또는 거소를 중심으로 한 부재자의 법률관계를 확정하고, 그 결과 잔존배우자의 재혼 및 상속인의 재산상속을 가능하게 하려는 것이다.

2. 실종선고의 요건

다음의 요건을 갖추었을 때에는 가정법원은 심판에 의하여 실종선고를 하여야 한다(제27조).

(1) 부재자의 생사불분명

부재자에 대한 생존의 증명도 사망의 증명도 없는 생사불분명의 상태에 있어야 한다.[148] 생사불분명은 선고청구권자와 가정법원에 불분명하면 되고 누구에게나 절대적으로 불분명하여야 하는 것은 아니다. 그리고 사망한 것은 확실하나 사체를 확인할 수 없는 경우에는 실종선고의 절차를 밟지 않고 인정사망, 즉 관공서의 사망보고에 의하여 사망한 것으로 인정할 수 있다. 그밖에도 판례는 법원이 직접 사망사실을 인정할 수 있다고 한다.[149]

---

148) 대결 1997.11.27, 97스4(호적상 이미 사망한 것으로 기재되어 있는 자는 그 호적상 사망기재의 추정력을 뒤집을 수 있는 자료가 없는 한 그 생사가 불분명한 자라고 볼 수 없어 실종선고를 할 수 없다고 한 사례).

149) 대판 1989.1.31, 87다카2954(북태평양에서 어로작업중 바다에 추락한 갑판원이 행방불명되었으나 시신이 확인되지 않은 사안에서, 「수난, 전란, 화재 기타 사변에 편승하여 타인의 불법행위로 사망한 경우에 있어서는 확정적인 증거의 포착이 손쉽지 않음을 예

(2) 실종기간의 경과

생사불분명인 상태가 실종기간 동안에 계속되어야 한다. 그 기간은 보통실종과 사망의 개연성이 현저히 높은 특별실종에 따라 다르다. 그리고 실종기간은 끊임없이 계속하여 경과되어야 하고, 통산(通算)할 수 없다.

1) 보통실종

보통실종의 실종기간은 5년이다(제27조 1항). 실종기간의 기산점은 생존을 증명할 수 있는 최후의 시점이다.[150]

2) 특별실종

특별실종기간은 1년이다. 민법제정시에는 3년이었으나 1984년의 민법개정으로 1년으로 단축되었다.[151] 민법은 4종의 특별실종을 규정하고 있다. ㉠ 전쟁실종은 군인, 종군기자, 일반인을 포함하여 전지에 임한 자가 실종이 된 것을 말한다. 그 기산점은 전쟁이 종지(終止)한 때인데, 이는 정전, 휴전선언, 항복선언과 같은 사실상 전쟁의 종지를 말하며, 강화조약체결과 같은 형식적 전쟁종료를 말하는 것이 아니다. ㉡ 선박실종은 침몰한 선박 중에 있은 자의 실종을 말하며, 그 기산점은 선박이 침몰한 때이다. ㉢ 항공실종은 추락한 항공기 중에 있던 자의 실종을 말하며, 항공기가 추락한 때부터 기산한다. ㉣ 위난실종은 전쟁, 선박침몰, 항공기추락 이외에 지진, 홍수, 공장폭발, 화재 등의 위난으로 인한 실종이다. 이때에는 그 위난이 종료한 때부터 기산한다.

(3) 청구권자의 청구

이해관계인이나 검사의 청구가 있어야 한다(제27조). 실종선고를 청구할 수 있는 이해관계인은 부재자의 법률상 사망으로 인하여 일정한 권리를 얻고 의무를 면하는 등의 신분상 또는 경제상의 이해관계를 갖는 자를 말한다. 따라

상하여 법은 인정사망, 위난실종선고 등의 제도와 그밖에도 보통실종선고제도도 마련해 놓고 있으나 그렇다고 하여 위와 같은 자료나 제도에 의함이 없는 사망사실의 인정을 수소법원이 절대로 할 수 없다는 법리는 없다」고 한 사례).

150) 스위스민법은 최후의 소식이 있는 때(제36조 1항), 독일실종법은 생존 소식이 있었던 해가 종료한 때로 규정하고 있다(제3조 1항).

151) 법무부 민법개정안에서는 특별실종 중에서 사망의 개연성이 높은 선박침몰과 항공기추락의 경우에는 1년에서 6개월로 단축하고 있다.

서 부재자의 처 및 장녀가 있는 경우에 부재자의 형[152] 또는 자매,[153] 제1순위의 상속인이 따로 있어 제2순위의 상속인에 불과한 부재자의 종손자,[154] 부재자의 제1순위 재산상속인이 있는 경우에 제4순위의 재산상속인[155]과 같은 추정상속인이 아닌 친족은 이해관계인이 아니다. 또 부재자의 채권자나 채무자도 법원이 선임하는 재산관리인을 상대로 채권추심이나 채무변제를 할 수 있기 때문에 이에 해당되지 않는다. 그러므로 이해관계인에 해당하는 자는 배우자 및 추정상속인, 연금채무자, 상속인의 채권자, 부재자의 재산관리인, 보험금수익자 등이다. 또 검사를 청구권자로 한 것은 공익의 대표자로서 상속세 수입 등 공익상 필요하기 때문이다.

(4) 공시최고

실종선고의 청구를 받은 가정법원은 선고에 앞서 6개월 이상의 기간을 정한 공시최고를 하여 부재자 및 부재자의 생사를 아는 자에 대하여 신고하도록 촉구하고, 공시최고기간이 경과하도록 신고가 없을 때에 비로소 실종을 선고하여야 한다(가사소송규칙 제26조, 제53조~제55조). 선고는 임의적인 것이 아니라 반드시 하여야 하는 필언적 선고이다.

3. 실종선고의 효과

실종선고를 받은 자는 그 기간이 만료한 때에 사망한 것으로 본다(제28조).

(1) 사망의 의제

실종선고의 확정으로 실종자는 사망한 것으로 의제(擬制)된다. 따라서 추정주의를 취하는 독일실종법(제9조) · 스위스민법(제38조)과는 달리 의제주의를 취한 것이다. 추정주의에서는 개개의 경우에 반증을 들어 사망의 효과를 부인할 수 있으나, 의제주의에서는 실종선고의 취소에 의해서만 사망의 효과를 소멸시킬 수 있다. 따라서 선고가 취소되지 않는 한 생존의 반증을 들더라도 선고의 효력을 부정할 수 없다.[156] 우리 민법은 의제주의를 취함으로써 사

152) 대판 1961.12.19, 4294민재항649.
153) 대결 1992.4.14, 92스4 · 92스5 · 92스6.
154) 대결 1992.4.14, 92스4 · 92스5 · 92스6.
155) 대결 1980.9.8, 80스27.
156) 대판 1995.2.17, 94다52751(실종선고가 취소되지 않는 한 반증을 들어 실종선고의 효과

람의 생사에 관한 중대한 법률관계를 획일적으로 처리한다. 따라서 선고는 청구인만이 아니라 모든 사람에 대하여 절대적 효력을 갖는다.

(2) 사망의제의 시기

민법은 실종기간의 만료시에 실종자는 사망한 것으로 간주하여(제28조), 실종기간만료시주의(失踪期間滿了時主義)를 취하였다.

사망의제의 시기에 대해서는 다른 입법주의가 있다. ㉠ 최후소식시 또는 위난발생시주의(스위스민법 제38조 2항, 독일실종법 제9조 c항(특별실종))는 사실에 부합할 가능성이 크지만 선고의 효과가 위난발생시·최후소식시까지 소급하게 되어 그 동안에 법률관계를 맺은 자에게 불측의 손해를 줄 염려가 있다. ㉡ 선고시주의(독일민법 제1초안)는 법률관계의 처리가 분명하고 사망의제의 효과도 소급하지 않는다는 점은 있으나, 청구시기의 선후와 재판절차의 완급에 의하여 사망시기가 달라질 수 있다. ㉢ 실종기간만료시주의(독일실종법 제9조 a항(보통실종))는, 인위적인 이유로 사망시기의 변동이 생길 염려가 없고 사망 효과의 소급시기도 길지 않다.

그러나 실종기간만료시주의에 의하더라도, 선고시로부터 실종기간 만료시까지는 소급하므로 그 사이의 법률관계는 선고에 의하여 영향을 받게 된다. 예컨대 피상속인이 1951년 7월 2일에 사망하고 그 후에 1970년 1월 30일에 실종선고가 이루어졌으나 피상속인의 사망 이전인 1950년 8월 1일에 실종기간이 만료된 경우에 실종선고된 자는 상속개시 이전에 사망한 것으로 간주되므로 상속인이 될 수 없다.[157] 또한 기간만료와 선고 사이에 재산관리인의 대리로 부재자와 법률행위를 한 선의의 제3자의 보호에 관하여는, 명문으로 제3자 보호규정을 두지 않은 이상 해석론으로 다른 규정을 유추하는 것은 타당하지 않다.[158] 다만 판례는 실종선고의 효력이 발생하기 전에는 실종기간이 만

를 다툴 수는 없다고 한 사례); 대판 1994.9.27, 94다21542(실종선고 후 그 취소원인이 생겼다고 하더라도 실제로 실종선고가 취소되지 않는 한, 임의로 실종기간이 만료하여 사망한 때로 간주되는 시점과는 달리 사망시점을 정하여 이미 개시된 상속을 부정하고 이와 다른 상속관계를 인정할 수는 없다고 한 사례).

157) 대판 1982.9.14, 82다144.

158) 같은 취지: 김증한·김학동, 148면. 이에 반하여 입법론상으로 선의의 제3자를 보호하는 제도가 필요하다는 견해(곽윤직, 165면(신정판))와, 제129조의 표현대리규정을 유추적용하려는 견해(고상룡, 106면; 장경학, 253면), 그리고 우리 민법이 거래안전보다는 구체적 타당성을 우선시켜 부동산에 관하여 공신의 원칙을 취하지 않은 것이라는 견해(이영준, 778면)가 있다.

료된 실종자라 하여도 소송상 당사자능력을 상실하는 것은 아니므로 실종선고 확정 전에는 실종기간이 만료된 실종자를 상대로 하여 제기된 소도 적법하고 실종자를 당사자로 하여 선고된 판결도 유효하며 그 판결이 확정되면 기판력도 발생한다고 한다.[159]

(3) 사망의제의 범위

실종선고는 실종자의 주소 또는 거소를 중심으로 하는 사법상(私法上)의 법률관계만을 종료시키는 것이다. 즉 재산법상의 권리와 의무를 상실하므로 그의 재산은 상속인에게 상속되고, 가족법상의 법률관계가 소멸하므로 혼인도 해소되어 잔존배우자는 재혼을 할 수 있게 된다. 그러나 실종선고는 종래의 주소를 중심으로 한 법률관계만을 종료시킬 뿐이지 선고를 받은 자의 권리능력 자체를 박탈하는 제도는 아니다. 그러므로 생존한 실종자가 다른 주소에서 맺은 사법적 법률관계에는 사망의 의제가 영향을 미치지 않으며, 종래의 주소에 돌아온 후에 새롭게 맺은 법률관계에도 사망의 효과가 미치지 않는다. 다만 실종자가 돌아오기 전의 법률관계는 실종선고가 취소되지 않는 한 부활하지 아니한다. 그리고 실종선고는 사법적 법률관계에만 관한 제도이므로 공법상의 선거권이나 피선거권의 유무 및 범죄의 성립 여부 등에는 아무런 영향을 미치지 아니한다.

(4) 실종선고와 생존추정

실종선고를 받은 경우에는 실종자가 실종기간이 만료하는 때까지 생존한 것으로 추정된다(통설).

그런데 실종선고를 받지 않은 경우에도 생사불명인 부재자가 실종기간만료시까지 생존한 것으로 추정할 수 있는가에 대하여 견해가 대립한다. ① 추정긍정설은 만약 실종자가 실종선고를 받았더라면 사망으로 보는 시기까지만 생존한 것으로 추정하고, 그 이후에는 사망한 것으로 추정하자는 견해이다.[160] ② 사실문제설은 생사불명인 자의 연령, 원인 등을 종합적으로 고려하여 사실문제로서 해결하여야 한다는 견해[161]인데, 생존추정은 생사 여부의 사

---

159) 대판 1992.7.14, 92다2455. 또한 참고로 대판 1995.12.22, 95다12736은 「실종기간이 민법 시행 전의 구법 시행기간 중에 만료하는 때에도 그 실종이 민법 시행일 이후에 선고된 때에는 그 상속순위, 상속분 기타 상속에 관하여는 민법의 규정을 적용하여야 한다」고 한다(같은 취지: 대판 1992.2.25, 91다44605).

160) 김용한, 139면; 백태승, 185면.

실이 증명되지 않기 때문에 이를 해결하기 위하여 생기는 문제임을 고려할 때 해결책이 되지 못한다고 할 것이다. ③ 추정부정설은 부재자가 실종선고를 받지 않는 한 언제까지나 생존을 추정하여야 한다는 견해162)이다. 생각건대 실종선고가 없는 경우에 함부로 생존이나 사망을 추정하는 해석은 선고절차에 따라 사망을 의제하는 민법의 태도에 비추어 부당하다고 할 것이므로, 선고를 받지 않는 한 그 기간과 관계없이 생존이 추정된다고 할 것이다. 판례의 입장도 이와 같다.163)

4. 실종선고의 취소

실종선고의 취소는 실종선고에 의하여 사망으로 간주되는 효과를 번복하기 위한 가정법원의 심판절차를 말한다. 실종선고로 실종자는 실종기간의 만료시에 사망한 것으로 간주되므로 생존자의 생존 기타의 반증이 있다 하더라도 그것만으로는 의제된 사망의 효과를 번복할 수 없다. 반드시 법원의 취소심판에 의해서만 실종선고의 효과를 소멸시킬 수 있다.164)

(1) 실종선고취소의 요건

1) 실질적 요건

다음 중 하나의 증명이 있어야 한다. ㉠ 실종자가 생존하고 있다는 사실(제29조 1항 본문), ㉡ 실종기간이 만료한 때와 다른 시기에 사망한 사실(동항 본문), ㉢ 실종선고의 기산점 이후의 어떤 시기에 생존하고 있었던 사실을 증명하여야 한다. ㉢의 사실은 민법 제29조가 취소원인으로 규정하고 있지 않지만, 실종선고의 기산점이 다르면 사망의제의 시기가 달라질 것이므로 선고를 취소할 필요가 있다.

---

161) 곽윤직, 114면; 김상용, 199면.

162) 고상룡, 109면; 김민중, 210면; 김주수, 177면; 김준호, 149면; 김증한 · 김학동, 148면; 이영준, 779면; 이은영, 200면; 장경학, 255면.

163) 대판 1995.7.28, 94다42679(1938년에 함경북도로 전적한 후 호적, 주민등록 등 생존을 입증할 증거가 없다 하더라도 그가 허무인이 아닌 실존인물임이 명백하고, 또한 오늘날에 있어서 사람이 95세까지 생존한다는 것이 매우 희귀한 예에 속한다고도 할 수 없는 것이어서, 특별한 사정이 없는 한 현재 생존하고 있는 것으로 추정된다 할 것이고, 오히려 그가 사망하였다는 점은 상대방이 이를 적극적으로 입증하여야 한다고 한 사례); 대판 1994.10.25, 94다18683.

164) 대판 1994.9.27, 94다21542 등.

2) **형식적 요건**

본인, 이해관계인 또는 검사의 청구가 있어야 한다(제29조 본문 후단). 공시최고를 요건으로 하지 않는다.

(2) 실종선고취소의 절차

실종선고의 취소는 가정법원의 관할에 속하고, 절차는 가사소송법・가사소송규칙에 의한다. 실종선고의 취소심판은 취소심판청구인에게 고지하면 되고, 실종선고의 청구인에게 고지하여야 하는 것은 아니다.[165]

(3) 실종선고취소의 효과

1) **소급의 원칙**

실종선고취소의 심판이 확정되면 취소의 소급효(遡及效)로 인하여 실종선고가 처음부터 없었던 것으로 된다. 그러므로 실종선고를 이유로 발생되었던 법률관계는 소급하여 무효가 되어 실종자의 재산관계와 가족관계는 실종선고 전의 상태로 회복된다. ㉠ 실종자의 생존을 이유로 취소된 때에는 실종자의 혼인관계는 해소되지 않은 것으로 되고, 상속도 개시되지 않은 것으로 된다. ㉡ 선고에 의한 사망의제 시기와 다른 시기에 사망하였음을 이유로 하는 경우에는 실제의 사망시기를 표준으로 하여 다시 사망에 기한 법률관계가 확정된다. ㉢ 실종선고 기산점 이후의 생존을 이유로 취소하는 경우에는 일단 선고 전의 상태로 회복되고 이해관계인은 새로운 실종선고를 청구할 수 있다.

2) **불소급의 예외**

민법은 실종선고를 신뢰한 이해관계인을 보호하기 위하여 취소의 소급효의 원칙에 대하여 두 가지 예외를 두고 있다.

(가) 선의로 한 행위의 효력

(a) 의 의: 실종선고 후 그 취소 전에 선의(善意)로 한 행위의 효력에는 영향이 미치지 아니한다(제29조 1항 단서). 실종선고 후 그 취소 전에 한 행위여야 하며, 선고가 사실에 반함을 알지 못하고 선의로 한 행위여야 한다. 즉

---

165) 대결 1983.9.17, 83스30(실종선고취소심판에 있어서 당초의 실종선고청구인은 이해관계인은 될 수 있을지언정 그 취소심판청구인과 같은 지위에 선다고 볼 수 없으므로, 실종선고 취소심판은 취소심판청구인 뿐만 아니라 당초의 실종선고 심판청구인에게도 고지하여야 한다는 논지는 이유없다고 한 사례).

실종자의 생존사실 등을 모르고 한 잔존배우자의 재혼이나 상속인의 상속재산의 처분행위는 선고가 취소되더라도 그대로 유효하다. 법률행위시에 선의이면 되며, 선의인 데 무과실을 요하지 않는다.

다만 법률행위의 종류에 따라 당사자 중 쌍방이 모두 선의를 필요로 하는가, 아니면 일방이 악의인 경우에도 선의자는 보호를 받는 것인가에 대하여 견해가 대립한다.

(b) **단독행위**: 채무면제, 계약의 해제, 취소 등 상대방 있는 단독행위에 있어서 행위자가 선의이면 상대방이 악의이더라도 선고취소에 의해 영향을 받지 않는가에 대하여 견해가 대립한다. ① 유효설은 단독행위에 있어서는 상대방이 있는 경우라 하더라도 표의자가 선의이면 실종선고의 취소가 있다고 하더라도 그 단독행위는 유효하다는 견해이다.[166] ② 반환의무인정설은 단독행위 자체는 유효하지만 상대방이 악의인 때에는 수익이 있으면 악의의 수익자로서 책임이 있다는 견해이다.[167] 생각건대 단독행위에 있어서 상대방의 악의 여부는 법률행위의 효력에 영향을 미치지 않으며, 선의로 한 단독행위가 유효인 이상 부당이득이 있다고 할 수 없을 것이다. 다만 악의의 상대방에게 부작위에 의한 기망이 인정된다면 실종자는 불법행위에 의한 손해배상책임을 물을 수 있다고 생각된다.

(c) **계 약**: 계약의 경우에 당사자 쌍방이 모두 선의이어야 하는가, 아니면 그 중 일방이 선의이더라도 제29조 1항의 선의자로서 보호를 받을 수 있는가에 대해서 학설이 대립하고 있다.

① 쌍방선의설은 당사자 쌍방이 선의여야 보호받을 수 있고, 그 중 1인이라도 악의일 때에는 계약은 무효가 되고 취득한 물건 또는 이득을 반환하여야 한다는 견해이다.[168] 당사자는 물론이고 전득자도 모두 선의일 경우에만 계약이 유효하므로 돌아온 실종자를 두텁게 보호하는 견해이다. ② 일방선의설은 당사자 일방만이 선의이더라도 선의자에 대해서는 효력을 인정하고 악의자에 대해서는 무효로 하여 당사자에 따라 개별적으로 효력을 정하자는 견해이다.[169] 따라서 전득자가 선의이면 당사자가 악의이더라도 보호받으므로 거래안전에 중점을 둔 견해이다. 그러나 당사자는 선의이더라도 전득자가 악의이

166) 고상룡, 114면; 곽윤직, 115면; 김용한, 149면; 백태승, 187면; 장경학, 260면.
167) 김기선, 120면; 김상용, 202면.
168) 곽윤직, 116면; 김상용, 204면; 김증한・김학동, 152면; 백태승, 188면; 이영준, 781면; 장경학, 262면.
169) 김용한, 143면; 김주수, 179면.

면 취득한 물건 또는 이득을 반환하여야 한다. ③ 선의승계설은 당사자 일방만이 선의이더라도 효력이 있는 것은 일방선의설과 같지만, 전득자가 악의이더라도 선의의 당사자로부터 재산을 승계한 때에는 그 선의도 함께 승계된 것으로 이해하여 유효하게 재산을 취득한다는 견해이다. 물론 전득자가 선의인 때에는 당사자가 악의이더라도 보호된다.[170] ④ 전득자선의설은 제29조 1항 단서는 선의의 상속인에 대한 보호와는 직접 관련이 없고 전득자의 보호를 위한 규정이므로 전득자가 선의이면 보호를 받게 되고 전득자가 악의이면 보호받지 못한다는 견해이다.[171] 생각건대 실종자가 살아 돌아오는 것은 매우 이례(異例)에 속하는 일임을 고려할 때, 돌아온 실종자의 보호보다는 실종선고로 형성된 법률관계를 신뢰하고 행동한 전득자를 보호하여 거래안전을 꾀하는 것이 좋을 것이므로 가장 전득자의 보호에 충실한 선의승계설이 타당하다.

(d) 신분행위: 신분상의 행위로서 문제가 되는 것은 잔존배우자의 재혼이다. 재혼 후 선고가 취소된 경우에 전혼과 후혼의 효력을 정하는 데 당사자의 선의 여부가 고려되는가에 대해서 학설이 대립한다.

① 쌍방선의설은 재혼당사자 쌍방이 선의이면, 비록 실종선고가 취소되더라도 전혼의 효력에는 영향이 없으므로 전혼은 부활하지 않고 후혼이 유효하다는 견해이다(통설). 재혼당사자의 일방 또는 쌍방이 악의이면 전혼이 부활하여 이혼원인이 되고(제840조 1호) 후혼은 중혼이 되어 취소할 수 있게 된다(제810조, 제816조, 제818조). ② 선의무관설은 제29조 1항 단서는 혼인에는 적용할 수 없으므로, 재혼한 당사자 쌍방이 선의라 하더라도 전혼이 부활하기 때문에 언제나 중혼이 되며 어떤 혼인을 유지할 것인가는 3자의 협의에 맡겨야 한다는 견해이다.[172] 그러나 실종자의 생존사실 등을 모르고 재혼한 배우자를 보호하는 것이 제29조 1항 단서의 취지에 맞다고 생각되므로 당사자 쌍방이 선의로 한 재혼은 유효하다고 하여야 한다.

(나) 이득반환의 범위

실종선고를 직접원인으로 하여 재산을 취득한 자가 선의인 경우에는 그 받은 이익이 현존하는 한도에서 반환할 의무가 있고, 악의인 경우에는 그 받은 이익에 이자를 붙여서 반환하고 손해가 있으면 이를 배상하여야 한다(제29조 2항).

170) 고상룡, 113면; 김민중, 214면; 김준호, 154면.
171) 이은영, 205면.
172) 고상룡, 115면.

(a) 반환의무자: 반환의무자는 실종선고를 직접원인으로 재산을 얻은 자에 한한다. 실종자의 상속인, 수유자(受遺者), 사인증여의 수증자, 생명보험금의 수익자 등이 이에 속한다. 그러나 상속인으로부터 상속재산을 매수한 전득자는 간접원인으로 재산을 취득한 것이므로 이에 해당하지 않는다.

(b) 반환범위: 이득반환의 법적 성질은 부당이득반환이다. 따라서 그 반환범위도 부당이득의 수익자의 반환범위와 같다(제748조 참조). 선의(善意)의 재산취득자는 '이익이 현존하는 한도'에서 반환할 의무가 있다. 현존하는 이익이란 취득한 재산이 원형대로 있으면 그것을 반환하고, 그 재산을 팔고 다른 물건을 샀거나 그 대금을 예금하고 있는 경우에는 그 변형물을 반환하면 된다. 그러나 취득한 재산을 기초로 하여 재산을 증가시킨 때에는 증가분의 반환은 필요가 없으며, 손실이 있는 때에는 잔액만 반환하면 된다. 또 그 재산을 전부 소비하여 이득이 없는 경우에는 반환할 것이 없으므로 반환할 필요가 없다. 다만 생활비, 학비 등으로 지출한 재산에 관하여는 그 금액만큼 생활비 등으로 예정된 재산이 감소하지 않은 것이므로 그 지출한 재산은 반환하여야 한다. 악의(惡意)의 재산취득자는 그가 받은 이익에 이자를 붙여 반환하고, 손해가 있으면 그것도 배상하여야 한다.

(c) 반환이 불가능한 경우: 실종선고가 취소된 자의 부당이득반환청구권은 선고취소시부터 10년의 소멸시효에 걸리므로 그 이후에는 반환이 불가능하게 된다. 그밖에 수익자가 별도로 취득시효, 매장물발견, 부합 등의 권리취득원인을 가지고 있는 때에도 반환의무가 없다.

또한 실종선고에 의하여 직접 재산을 취득한 표현상속인 또는 그의 전득자에 대한 재산회복을 청구하는 경우에, ① 상속회복청구에 해당하여 10년의 제척기간에 걸린다는 견해가 있으나,[173] ② 상속회복청구제도는 유효하게 개시된 상속에서 자신의 상속분을 회복하는 제도이므로 실종선고의 취소로 상속개시 자체가 소멸되는 경우에는 적용되지 않는다고 하여야 한다.[174]

173) 이영준, 782면.
174) 같은 취지: 김상용, 205면.

제 3 절 법 인

제 1 관 서 설

Ⅰ. 법인제도

1. 법인의 의의

법인이란 법률에 의하여 법인격이 인정된 단체 또는 재산을 말한다. 일정한 목적 하에 결합된 사람의 조직체에 권리능력을 인정한 사단법인(社團法人)과 일정한 목적에 바쳐진 재산에 권리능력을 인정한 재단법인(財團法人)이 있다. 법인은 자연인과 함께 민법상 사람을 구성하며, 스스로 권리와 의무의 주체가 된다. 즉 법인은 직접 법률행위를 할 수 있고 그로 인한 권리와 의무는 법인 자신에게 귀속하며, 법인의 재산은 그 구성원의 재산과는 별개로 독립적으로 존재한다.

2. 법인제도의 필요성

사단과 재단에 권리능력을 부여하여 독자적으로 거래하게 하는 것은 다음의 두 가지의 필요에 의한 것이다. ㉠ 법률관계의 단순화를 통하여 관계당사자가 법적 거래에 쉽게 참여할 수 있게 할 필요에 의한 것이다. 법인에 독자적인 법인격을 인정하지 않는다면 사단과 재단이 취득하는 권리나 의무 및 재산이 그 구성원 전체의 공동에 속하게 되어 그 법률관계가 극히 복잡하게 될 것이다. 이를 극복하기 위해서는 법인이 구성원과 독립하여 단체 자체가 권리와 의무의 주체가 되고 스스로의 이름으로 타인과 거래하고 소송할 필요가 있다. 이에 따라 그 법률관계를 단순화하여 법적 처리를 편리하게 함으로써 단체나 재단이 거래에 참여하기 쉽게 한 것이다. ㉡ 단체의 재산과 구성원의 개인재산을 구별함으로써 책임을 분리할 필요에 의한 것이다. 단체나 재단 자체에 권리능력을 부여하여 독자적으로 그 재산을 소유하게 함으로써 그 구성원의 개인재산과의 혼동을 방지하고 각 구성원은 법인의 채무와 책임에서 자유로울 수 있게 할 필요가 있다. 따라서 법인명의로 부동산을 등기하여 소유할 수 있고, 구성원은 법인의 채무에 대해서 책임을 지지 않으므로 법인의 채권자는 법인재산에 대해서만 집행할 수 있게 된다.

3. 법인제도의 한계

이와 같이 법인에 독자적으로 법인격을 부여하여 법인의 채무와 책임에 대해서 각 구성원은 책임을 부담하지 않는 것이 법인제도의 존재이유이자 필요성이다. 그러나 실제로 세금의 포탈이나 강제집행의 면탈, 재산의 은닉 등의 부정한 목적으로 법인의 형식을 악용하는 경우에도 법인제도의 취지를 그대로 적용한다면 정의·공평의 이념에 반한다. 이러한 경우에 그 법률관계의 배후에 있는 사회적 실체를 파악하여 법인격을 부인하는 이론이 법인격부인(法人格否認)의 법리이다. 법인에 법인격이 부여되는 것은 실체와 사회적 가치를 가질 때에만 가능한 것이고 이에 부합되지 않을 경우에는 그 법인격이 인정될 수 없다는 것이다. 이 법리의 실정법적 근거로는 제2조의 권리남용금지와 신의성실의 원칙을 든다. 구체적으로는 이용하는 자와 법인이 실질적으로 동일하여 법인격이 형해화(形骸化)되거나 법률의 적용을 회피하기 위하여 법인격이 남용(濫用)된 경우가 있다.

판례는 법인격부인의 기준에 대해서, 「회사가 외형상으로는 법인의 형식을 갖추고 있으나 이는 법인의 형태를 빌리고 있는 것에 지나지 아니하고 그 실질에 있어서는 완전히 그 법인격의 배후에 있는 타인의 개인기업에 불과하거나 그것이 배후자에 대한 법률적용을 회피하기 위한 수단으로 함부로 쓰여 지는 경우에는, 비록 외견상으로는 회사의 행위라 할지라도 회사와 그 배후자가 별개의 인격체임을 내세워 회사에게만 그로 인한 법적 효과가 귀속됨을 주장하면서 배후자의 책임을 부정하는 것은 신의성실의 원칙에 위반되는 법인격의 남용으로서 심히 정의와 형평에 반하여 허용될 수 없고, 따라서 회사는 물론 그 배후자인 타인에 대하여도 회사의 행위에 관한 책임을 물을 수 있다고 보아야 한다」고 한다.[175] 초기의 판례는 법인격부인으로 판단한

175) 대판 2001.1.19, 97다21604.

원심에 대해서 법인격을 부인할만한 형해화에 이르지 않았다는 이유로 배척하였으나,[176] 그 후에 다른 국가에 형식상 설립한 회사의 명의로 선박의 적을 두고(편의치적(便宜置積)) 실제로는 사무실과 경영진이 동일한 경우에 법인격부인을 인정하였다.[177]

Ⅱ. 법인의 본질

1. 의 의

법인본질론은 법인이 어떠한 사회적 실체 내지 구조를 가지고 있는가를 규명하는 이론이다. 과연 법인은 어떠한 사회적 실체를 가지며, 왜 자연인이 아닌 존재에 대하여 법인격을 인정하는가를 밝히는 것이다. 법인의 본질을 보는 관점에 따라 법인의 권리능력, 행위능력 및 불법행위능력에 관한 이론구성 등 법인의 법률관계의 처리방향이 달라진다.

법인본질론은 19세기 말 이래로 독일과 프랑스에서 활발히 전개되었는데, 그 주된 것은 로마법학자의 법인의제설과 게르만법학자들의 법인실재설이다. 처음에는 법인 금압(禁壓)의 정책에 따라 법인의제설이 주장되고 그 연장선상에서 법인부인론이 주장되었으나, 이후 법인설립이 자유롭게 됨에 따라 법인실재설이 나타나게 되었다. 오늘날 법인의 각종 능력이 입법화함으로써 법인본질에 관한 논쟁은 그 실익이 적다고 하겠으나, 법인제도의 이해와 법인규정의 해석에 있어서는 여전히 그 의미가 있다고 할 것이다.

176) 대판 1977.9.13, 74다954(이른바 법인 형해론의 입장에서 회사의 법인격이 부인되기에 이르렀다고 보려면 회사의 대표이사가 회사의 운영이나 기본재산의 처분에 있어서 주식회사 운영에 관한 법적 절차 등을 무시하고 위법 부당한 절차에 의하여 외형상 회사형태를 유지하는데 불과한 경우를 말한다고 한 사례).

177) 대판 1988.11.22, 87다카1671; 대판 2004.11.12, 2002다66892(기존회사의 채무면탈을 목적으로 기업의 형태와 내용이 실질적으로 동일하게 설립된 신설회사가 기존회사와 별개의 법인격임을 내세워 그 책임을 부정하는 것은 신의성실에 반하거나 법인격을 남용하는 것으로서 허용될 수 없다고 한 사례).

2. 전통적인 법인본질론

(1) 법인의제설

법인의제설은 자연인만이 권리의무의 주체가 될 수 있다는 전제 하에 법인은 법률에 의하여 자연인에 의제된 것으로 본다. 법인은 자연인과는 달리 의사를 가지고 있지 않으므로 원칙적으로 행위능력, 불법행위능력, 책임능력, 범죄능력 등도 없는 순전한 법의 세계에서의 존재물이라 한다. 그러므로 법률이 법인에 권리능력을 인정하더라도 제한적으로 인정하고 행위능력이나 불법행위능력도 좁게 인정하며, 법인의 대표자는 법인의 대리인에 불과한 것으로 이해한다. 의제설은 사뷔니(Savigny) 등의 역사법학파에 의해 주장된 이론으로, 19세기 초기의 절대주의적인 국가만능사상과 반단체적 사상을 배경으로 하여, 법인설립에 대한 국가의 특허주의 또는 허가주의의 이론적 근거가 되었다.

그러나 법인이 자연적 존재물이 아니고 법적 창조물이라는 지적은 타당하나, 자연인만이 권리의무의 주체가 될 수 있다는 전제는 오늘날의 법사상에 맞지 않으며, 이 학설로는 법인의 실체를 규명할 수 없다는 단점이 있다.

(2) 법인부인설

법인부인설은 법인은 독자적인 사회적 실체를 가지지 않는 것으로서, 법인의 이익을 현실적으로 향수하는 개인 또는 재산이 법인의 본체이며, 별도로 사단과 재단을 법적 주체로 인정할 필요가 없다고 하는 견해이다. 여기에는 ① 일정한 목적에 제공된 재산을 법인의 본체로 보는 목적재산설(Brinz), ② 법인으로부터 이익을 얻고 있는 다수의 개인이 법인의 본체라고 하는 향익자주체설(Jhering), ③ 현실적으로 법인을 관리하는 자를 법인의 본체라고 하는 관리자주체설(Hölder)이 있다.

그러나 법인부인설이 재단의 사회적 실체를 관리자 등으로 분해하면서 그 배후에 법적 주체를 인정하지 않는 것은 오류이며, 실제로 법인이 권리의무의 주체가 되어 활발하게 사회적 활동과 작용을 하고 있는 점을 무시한 것으로서 오늘날의 실정법에 맞지 않는 이론이다.

(3) 법인실재설

법인실재설은 법인은 법률이 의제한 공허물이 아니라 자연인과 마찬가지로 법인격이 인정될 수 있는 사회적 실존체라는 견해이다. 그 실존체가 무엇인가에 따라 다음의 세 가지 학설로 나뉜다.

1) 유기체설

유기체설(有機體說)은 자연인이 유기체로서 개인의사를 가지는 것과 마찬가지로 법인도 사회적 유기체로서 단체의사를 가진다는 견해이다. 즉 통일체를 이루고 활동하는 단체는 사회적 유기체를 구성하면서 단체의사를 가지므로 이러한 사회적 실재에 대하여 권리능력을 준 것이 법인이라는 것이다. 이에 의하면 사회에서 활동하는 모든 단체에 법인격을 주어야 한다. 이 설은 게르만법학자 기에르케(Gierke)가 주장한 것으로 반단체사상이 쇠퇴하고 자본주의의 발달로 인한 회사설립의 자유의 필요성에 의해 지배적인 학설이 되었다.

그러나 유기체설은 단체의사를 가진 법인이 권리능력을 가지는 것은 의사를 가진 자연인과 동일하다고 하나 이 또한 하나의 의제이며, 법인의 사회적 실체에 착안하여 단체의 내부관계의 분석에만 관심을 가졌을 뿐 그 대외적 거래에 있어서 표시되는 법적 기술면에 관하여서는 명확한 해명을 하지 못한 점이 지적된다.

2) 조직체설

조직체설(組織體說)은 법인을 법인격을 부여하는 데 적합한 법률적 조직을 갖춘 조직체로 이해한다. 유기체설과 같이 사회적 실체를 그대로 법인으로 인정하지 않고 그것에 법인격을 부여할만한 가치성을 중시한다. 법인설립에 관한 준칙주의에 대응하는 학설이다. 이 설은 프랑스의 미슈(Michoud), 살레이유(Saleilles) 등이 주장하였다. 이 설은 법인의 사회적 실체뿐 아니라 가치적 측면에도 착안한다는 점에서 장점이 있다.

그러나 유기체설에서 볼 때, 법인을 유기체로 보지 않고 법률에 의하여 조직된 법적 실재라고 함으로써, 결국 법 이전에는 자연인의 실재만을 인정하는 의제설의 입장에 가깝다는 점과, 어떠한 기능을 하는 단체에 법인격을 인정할 것인가에 대해서는 충분한 설명이 없다는 비판이 있다.

3) 사회적 가치설

사회적 가치설(社會的 價値說)은 법인은 법인격을 부여할만한 사회적 가치를 가지고, 독자적인 사회적 작용을 하는 실체라는 견해이다. 즉 법인도 지연인과 마찬가지로 사회적 실체로서 설정된 목적을 위한 활동을 통해 독립된 사회적 작용을 담당하므로 법인격을 부여할만한 가치가 있다고 한다. 이 설은 독일의 콜러(Kohler), 일본의 와가쯔마(我妻榮) 등이 주장하였다.

그러나 사회적 가치설은 사회적 실체로부터 파생되는 현상인 작용만을 중시할 뿐 사회적 작용을 하는 법인의 실체 및 본질을 구체적으로 제시하지 못한 점이 있다.

(4) 법인본질론에 따른 차이점

법인본질론은 시대적 요청에 따라 변화하여 왔고 입법을 통하여 해결되었기 때문에 논의의 중요성을 잃은 것으로 보인다. 그러나 법인의 본질에 대한 파악방식의 차이는 법인의 이사의 지위, 법인의 권리능력·행위능력·불법행위능력 등에 대한 견해의 차이를 보이고, 또한 법인격 없는 사단·재단에 대하여 얼마나 법인에 준한 효과를 인정하려고 하는가의 태도의 차이로 표시된다. 이제는 법인부인설은 주장되지 않으므로 법인의제설과 법인실재설을 기준으로 차이점을 살펴본다.

㉠ 법인의 권리능력의 범위에 관하여, 의제설은 법률이 인정하는 범위 내지 사항에 대해서만 한정하여 권리능력을 인정하기 때문에 법인의 활동범위가 엄격하게 제한된다. 이에 반하여 실재설은 목적수행에 상당한 범위 내까지 확장하여 권리능력을 인정하려고 하므로 법인의 활동범위를 광범위하게 인정한다.

㉡ 법인의 행위능력에 관하여, 의제설은 이사의 행위는 법인의 대리행위이며, 법인 자신의 행위는 인정하지 않는 대리설을 취하므로 법인의 이사는 법인의 대리인으로 본다. 이에 반하여 실재설은 이사의 행위는 법인 자신의 행위라고 하여 대표설을 취하므로 법인의 이사는 법인의 기관으로 본다. 따라서 점유관계에 대해서도 의제설은 법인 자신의 점유는 인정될 수 없으므로 이사는 독립된 점유자라 하고, 실재설은 법인 자신의 점유이고 이사는 점유의 기관에 불과하고 점유자가 아니라고 한다.

㉢ 법인의 불법행위능력에 관하여, 의제설은 이를 부정하여 법인의 사용자책임으로 해석하므로 이사 자신의 불법행위책임을 당연히 인정하며, 제35조는 편의적·정책적 규정으로 이해한다. 이에 반하여 실재설은 법인의 불법행

위능력을 인정하므로 이사 개인의 불법행위책임은 원칙적으로 부정하고 제35조는 당연규정이라고 하는 데 차이가 있다.

㉣ 권리능력 없는 사단·재단에 관하여, 의제설은 권리능력을 인정하는 데 부정적인 태도를 취하는 데 반하여, 실재설은 실체에 입각하여 권리능력을 인정함으로써 가능한 한 법인에 준하는 효과를 인정하려고 하는 차이가 있다.

3. 우리의 학설

우리나라에서 주장되는 법인본질론은 다음과 같다. ① 법인의제설은 민법이 법인을 인정하는 것은 권리주체임에 적합한 조직체에 대하여 법률이 인격을 부여한 의제적 성격을 갖는다고 하며, 법인의 사회적 기능과 법인에게 법인격을 부여하는 것과는 별개의 문제라고 하는 견해이다.[178] ② 사회적 가치설은 법인의 본질을 개인 이외에 이와 마찬가지로 하나의 독립한 사회적 작용을 담당함으로써 권리능력의 주체임에 적합한 사회적 가치를 가진 것이라는 견해이다.[179] ③ 조직체설은 법인의 실체는 일정한 목적을 위하여 인적·물적 요소가 결합된 법률상의 조직체라는 견해이다.[180] ④ 절충설은 의제설이나 실재설의 어느 하나만을 파악하지 않고 법인의 법기술적 측면과 기능적 측면의 양면성을 고려하여야 한다는 견해이다.[181] 생각건대 법인본질론은 법인격을 부여할만한 존재가 무엇인가를 규명하는 이론임을 고려할 때, 법인의제설이나 사회적 가치설, 그리고 절충설은 법인의 실체를 파악하기에 충분하지 못하며, 법인의 실체를 일정한 목적을 위한 법적 조직체로 파악하는 조직체설이 타당하다.

Ⅲ. 법인의 종류

법인은 그 준거법에 따라 외국법인과 내국법인으로 나뉘고, 내국법인에는

178) 이영준, 786면; 이은영, 234면.
179) 곽윤직, 179면(신정판); 김증한·김학동, 158면.
180) 김기선, 132면; 김상용, 216면; 백태승, 199면; 장경학, 285면.
181) 고상룡, 179면; 김주수, 188면; 김준호, 160면.

공법인과 사법인, 사법인에는 영리법인과 비영리법인, 비영리법인에는 사단법인과 재단법인으로 나뉜다. 민법이 대상으로 하는 법인은 비영리의 사법인인 사단법인과 재단법인이다.

1. 내국법인과 외국법인

내국법인(內國法人)은 대한민국의 법률에 준거하여 설립된 법인을 말하며, 외국법인(外國法人)이란 내국법인이 아닌 법인을 말한다. 내국법인과 외국법인을 구별하는 법률이 없기 때문에 그 구별의 표준에 관하여 학설의 대립이 있다. ① 준거법설은 외국법에 준거하여 설립된 법인을 외국법인이라 하고, 내국법에 준거하여 설립된 법인을 내국법인이라고 하는 견해이다. ② 주소지설은 주사무소가 국내에 있느냐 아니냐를 표준으로 구별하는 견해이다. ③ 설립자국적표준설은 설립자가 내국인이냐 외국인이냐를 표준으로 구별하는 견해이다. ④ 절충설은 준거법설과 주소지설의 합일주의를 취하는 견해이다. 이 중 준거법설[182]과 절충설[183]이 대립하고 있는데, 우리나라에서는 대한민국의 법률에 준거하여 설립된 법인은 당연히 국내에 주소를 두게 되므로(제33조, 제36조, 제49조 1항) 준거법설(準據法說)이 타당하다.

외국법인의 능력에 관하여 민법에 규정이 없으므로 외국인의 능력에 준하여, 내외국법인의 평등주의를 원칙으로 하고, 법률이나 조약에 의해 제한될 수 있다고 할 것이다.

2. 공법인과 사법인

공법인(公法人)이란 특정한 공익목적을 수행하기 위하여 공법에 의하여 설립된 법인을 말한다. 따라서 국가의 공권력이 그 설립·운영·관리에 관여하여 법인의 설립이나 가입이 강제되거나 법인의 임원이 국가에 의하여 임명되거나, 국가공무원으로 된다. 국가나 지방자치단체도 포함하는 넓은 개념이나, 보통은 공공단체를 의미한다. 사법인(私法人)이란 사적 목적을 위하여 사법에 의하여 설립된 법인을 말하며, 민법상의 법인, 상법상의 회사가 이에 속

182) 곽윤직, 166면; 김민중, 235면; 김주수, 191면; 백태승, 279면; 이은영, 224면; 장경학, 290면.

183) 김상용, 221면; 김용한, 206면; 김증한·김학동, 228면.

한다.

공법인과 사법인을 구별하는 실익은, ㉠ 공법인에 관한 쟁송은 행정소송, 사법인에 관한 것은 민사소송으로 하며, ㉡ 구성원으로부터 각종의 부담을 징수하는 절차에 있어서 공법인은 세법상의 강제징수절차에 의하여, 사법인은 민사집행법상의 강제집행절차에 의하고, ㉢ 법인의 불법행위책임에 관하여는 공법인은 국가배상법상의 배상책임을 지고 사법인은 민법상의 불법행위책임을 지며, ㉣ 구성원의 범죄에 관하여 공법인의 경우에는 형법상 직무에 관한 죄가 성립하며 사법인의 경우에는 일반범죄를 구성하고, ㉤ 관계문서위조에 관하여 공법인의 경우에는 공문서위조, 사법인의 경우에는 사문서위조가 되는 등에 있다.

중간법인(中間法人)은 공법인과 사법인의 구별이 명확하지 못하고 복리국가적 성격의 강화로 산업·경제·문화 등의 활동에 대한 국가의 간섭이 확대됨에 따라 나타난 공법인과 사법인의 중간에 위치하는 법인을 말한다. 예컨대 한국은행, 대한주택공사, 대한상공회의소, 농업협동조합, 노동조합 등이 이에 해당한다. 이와 같은 특수법인이 다수 등장함에 따라 법인을 획일적으로 공법인·사법인으로 구별하기 어렵게 되고 구별의 실익이 감소되었다. 따라서 문제가 되는 법률관계가 공법관계이냐 사법관계이냐를 구체적으로 결정하여 공법 또는 사법을 적용함이 타당할 것이다(통설).

3. 비영리법인과 영리법인

법인의 목적의 영리성(營利性)에 따라 사법인은 비영리법인과 영리법인으로 나뉜다. 비영리법인이란 학술·종교·자선·기예·사교 기타 영리 아닌 사업을 목적으로 하는 법인을 말하며(제32조), 이에 반하여 영리를 목적으로 하는 법인을 영리법인이라 한다. 영리를 목적으로 한다는 것은 단체활동에 의하여 얻은 이익을 구성원에게 분배하는 것을 의미한다. 그러므로 이익분배를 목적으로 하지 않는 사립학교 등이 그 경영자금에 충당하기 위하여 영리행위를 하더라도 그것은 영리법인이 아니다. 비영리법인은 민법에 의하여 설립되고, 영리법인은 상법에 의하여 설립된다. 재단법인은 취득한 이익을 분배할 구성원이 없기 때문에 비영리법인으로만 설립된다.

민사회사(民事會社)는 상업 이외의 어업·농업·광업을 목적으로 하는 영리법인을 말하는 것으로 상행위를 하는 것을 목적으로 하는 상사회사와 구별한다. 그러나 상법에서는 민사회사를 상인으로 보아서(상법 제5조 2항), 상사회사로 취급한다(상법 제169조). 실제로 민사회사에도 상법의 규정이 직접 적용되므로 상사회사와 민사회사를 구별할 실익은 없다.

4. 사단법인과 재단법인

(1) 사단법인과 재단법인

민법은 비영리법인으로 사단법인과 재단법인을 인정하고 있다. 사단법인이란 일정한 목적을 위하여 결합되어 법인격이 인정된 사람의 단체를 말하며, 재단법인이란 일정한 목적을 위하여 제공되어 법인격이 인정된 재산을 말한다. 양 법인은 그 활동의 자율성 여부에 따라 구분되는데, 사단법인은 사원을 필수적인 구성요소로 하고, 사원총회에서 결정된 의사에 의하여 법인을 관리·운영하므로 자율적(自律的) 법인인 데 반하여, 재단법인에는 사원이나 사원총회도 없이 설립자의 의사에 따라 일정한 자연인이 법인을 위하여 활동하므로 타율적(他律的) 법인이다. 또한 사단법인은 사원총회의 결의에 의하여 정관 또는 목적을 변경할 수 있으므로 탄력적인 법인인 데 반하여, 재단법인은 정관 또는 목적의 변경이 제한을 받기 때문에 고정적인 법인이라는 데 차이가 있다. 또한 사단법인은 비영리사단법인과 영리사단법인으로 나뉘는 데 반하여(제32조), 재단법인은 비영리재단법인만이 인정된다. 그밖에도 양 법인은 설립행위, 정관의 기재사항, 해산사유 등에서 차이가 있다.

학교법인 등과 같이 인적 요소와 물적 요소를 모두 갖춘 중간적 법인이 존재하지만, 민법은 사단법인과 재단법인만 인정하고 있으므로 양자 중의 하나를 선택하여 법인을 설립할 수밖에 없다. 그런데 그 선택은 반드시 실체에 구속되지 않으므로, 민법상의 요건을 충족시키는 범위 안에서는 그 실체가 사단적인 것을 재단법인으로, 반대로 그 실체가 재단적인 것을 사단법인으로 할 수도 있다.

(2) 재단법인과 공익신탁

개인의 재산을 출연하여 공익목적으로 활용하는 제도로 재단법인제도가 주로 이용되고 있지만, 신탁법상의 공익신탁제도도 이와 동일한 사회적 기능을 할 수 있다. 재단법인은 공익목적에 바쳐진 일정재산을 가지고 법인조직을 만들고 이사 기타의 기관으로 하여금 관리・운영케 하는 제도이고, 공익신탁(公益信託)은 그 일정재산을 신탁자가 수탁자에게 신탁양도하고 수탁자가 자신의 명의로 일정한 목적에 좇아 관리・운영되는 제도이다(신탁법 제1조 2항).

양 제도는 그 목적이나 사회적 기능에 있어서 거의 동일한 것이지만, 그 법적 구성에 있어서 근본적으로 법인과 신탁으로서의 차이가 존재한다. 즉 재단법인에 있어서는 출연된 재산으로 법인을 설립하고 그 재산은 설립된 법인에 귀속되며, 이사 기타 기관은 그 재산의 관리・운영을 담당하지만 그 권한 내의 행위의 법률효과는 법인 자신에 귀속한다. 따라서 재단법인은 법적으로 독립적인 조직을 가지고 이사 기타의 기관에 통하여 자율적으로 활동한다. 한편 공익신탁은 신탁재산은 수탁자에게 귀속하고 그의 명의로 운영되기 때문에 수탁자는 신탁재산의 형식적 귀속자라는 의미에서는 법인의 이사보다도 강한 권한을 가진 것이라 할 수 있다. 따라서 신탁법은 수탁자의 의무와 책임에 대한 상세한 규정(동법 제28조～제50조)과, 또 수익자 혹은 신탁자의 관여권(동법 제15조, 제34조, 제38조, 제52조)과 주무관청에 의한 감독에 관한 규정(동법 제66조, 제72조)을 두고 있다.[184)]

제 2 관 법인의 설립

Ⅰ. 법인설립 서설

1. 허가주의 원칙

민법은 「법인은 법률의 규정에 의함이 아니면 성립하지 못한다」고 규정하여(제31조), 법인설립에 대해서 자유설립주의를 배제하고 법률에 의해 일정한 제한을 부과한다는 뜻을 분명히 밝히고 있다. 원칙적으로 단체의 결성도 자유롭게 할 수 있어야 사적 자치가 보장된다고 할 수 있겠으나, 단체의 결성이나 사적 자치도 모두 법질서의 범위 내에서 인정되는 것이므로 법인설립을 법률의 범위 내로 제한한 것이다. 그 제한의 정도는 법인의 종류와 그에 적용되는

---

184) 상세한 것은, 이준성, 공익신탁에 관한 연구, 박사학위논문(동국대), 1991, 141면～150면 참조.

법률의 규정에 따라 다르다.

민법은 법인의 설립에 있어서 비영리성과 주무관청의 허가를 요구함으로써(제32조, 제33조) 허가주의(許可主義)의 원칙을 취한 것이다.[185] 그러나 상법은 회사의 설립에 있어서 준칙주의를 취하며(상법 제172조), 기타 특별법은 그 목적에 따라 다양한 입법주의를 취하고 있다. 우리 법제에서는 자유설립주의를 제외하고 법인의 종류에 따라 다양한 입법주의가 병용되고 있다.

2. 법인설립에 관한 입법주의

법인의 설립에 관한 국가의 태도는 시대에 따라 변천되어 왔다. 근대에 들어 처음에는 단체활동을 금압(禁壓)하고 특별히 허용하는 때에만 법인의 설립을 인정하는 특허주의를 취하였으나, 자본주의의 발전에 따라 회사의 자유로운 활동을 보장하기 위하여 법률이 정한 요건을 갖추면 곧 법인으로 인정하는 준칙주의를 채용하게 되었으며, 또 법인의 실체만 있으면 법인격이 인정되는 자유설립주의를 채용하는 국가도 나타나게 되었다. 그리고 한 나라의 입법도 법인의 종류에 따라 여러 가지 태도를 취한다. 법인설립에 관한 여러 입법주의를 국가의 개입 정도가 약한 것부터 설명하면 다음과 같다.

(1) 자유설립주의

자유설립주의(自由設立主義)는 법인설립에 아무런 제한을 두지 않고, 법인으로서의 실체를 갖추면 당연히 법인격을 인정하는 입법주의이다. 이에 의하면 법인의 조직이 불분명하여 거래의 제3자에게 해를 끼칠 염려가 있으므로 스위스채무법(제60조) 이외에는 이를 취하는 입법례를 찾아볼 수 없다.

(2) 준칙주의

준칙주의(準則主義)는 법인설립에 관한 요건을 법률로 미리 규정하고 그 요건을 충족하게 되면 당연히 법인이 성립하는 것으로 하는 입법주의이다. 이 주의는 법인설립에 대한 국가의 간섭을 배제하는 장점이 있으나, 법인성립의 여부를 외부에서 알기 어려워서 거래의 안전을 해할 수 있는 단점이 있다. 따라서 등기 등의 공시방법을 갖춤으로써 그 조직내용을 외부에서 알 수 있도록

---

185) 법무부 민법개정안 제32조는 허가를 인가로 개정하고 있다.

하는 것이 보통이다. 우리나라에서는 민법상의 영리법인(제39조), 상법상의 회사(동법 제172조), 노동조합(노동조합 및 노동관계조정법 제6조) 등이 준칙주의에 의한 법인이다.186)

(3) 인가주의

인가주의(認可主義)는 법률이 정하는 요건을 갖추고 행정관청의 인가를 얻음으로써 법인이 성립하는 것으로 하는 입법주의이다. 신청자가 법정요건을 갖추고 법인의 인가를 신청하면 인가권자는 반드시 인가해야 한다는 점에서 허가주의와는 다르다. 우리나라에서는, 농업협동조합(동법 제15조), 법무법인 · 지방변호사회 · 대한변호사협회(변호사법 제41조 · 65조 · 79조 참조), 약사회 · 한약사회(약사법 제13조), 상공회의소(동법 제6조), 수산업협동조합(동법 제16조), 운수사업공제조합(여객자동차운수사업법 제62조), 중소기업협동조합(동법 제32조), 해운조합(한국해운조합법 제9조) 등이 인가주의에 의한 법인이다.

(4) 허가주의

허가주의(許可主義)는 법인설립에 관하여 행정관청의 허가를 필요로 하는 입법주의이다. 신청자가 법정요건을 갖추고 법인의 허가를 신청하더라도 허가 여부는 허가권자의 자유재량에 속한다. 따라서 법인설립이 국가에 의하여 억압되고 설립절차가 복잡한 면이 있다. 우리나라에서는 민법상의 비영리법인(제32조),187) 학교법인(사립학교법 제10조), 의사회 · 치과의사회 · 한의사회 · 조산사회 · 간호사회(의료법 제29조 1항), 의료법인(의료법 제48조) 등이 허가주의에 의한 법인이다.

(5) 특허주의

특허주의(特許主義)는 법인설립을 위하여 특별법의 제정을 필요로 하는 입법주의이다. 국가가 재정 · 금융 · 산업 등에 관한 정책을 통제 · 강화하기

186) 노동단체인 노동조합은 자연발생적인 단체이며 법에 의하여 창설되는 것이 아니므로, 법의 간섭은 오히려 부당한 결과를 초래할 염려가 있으므로 자유설립주의에 의함이 좋을 것이라는 주장도 있다(장경학, 303면).

187) 입법론으로는 비영리법인의 설립에 허가를 요하는 것은 단체설립자유의 원칙에 반하며 법인격 없는 사단 또는 재단의 발생원인이 되므로 준칙주의 혹은 인가주의를 취하는 것이 바람직하다는 견해가 있다(고상룡, 188면; 김민중, 237면; 김용한, 161면; 김주수, 211면; 김증한 · 김학동, 172면; 이은영, 261면; 장경학, 303면 등). 이에 따라 법무부 민법개정안은 인가주의로 하고 있다.

위하여 스스로 자본의 일부를 투자한 국영기업을 특별법을 통하여 독립된 법인으로 다루고자 할 때 채용되는 주의이다. 우리나라에서는 한국은행(동법), 한국산업은행(동법), 한국수출입은행(동법), 중소기업은행(동법), 국민은행(동법), 대한석탄공사(동법), 대한주택공사(동법), 한국전력공사(동법), 한국토지공사(동법), 한국방송광고공사(동법), 한국도로공사(동법), 한국공항공사(동법), 한국과학기술원(동법), 한국가스공사(동법), 한국환경자원공사(동법), 한국철도공사(동법), 한국마사회(동법) 등이 특허주의에 의한 법인이다.

(6) 강제주의

강제주의는 법인의 설립을 국가가 강제하는 입법주의이다. 법률상 일정한 범위에 있는 자가 법인을 설립하도록 강제하고, 그로 인하여 법인이 설립되면 일정한 범위에 있는 자의 가입이 강제되는 특성이 있다. 이는 실질적으로는 단체결성이 강제되어 개인의 자유를 심하게 제한하므로 사회공익을 위하여 필요한 경우에 한정되어야 할 필요가 있다. 한편 위의 4가지 입법주의는 법인설립의 요건에 따른 분류였으나 강제주의는 이와는 관계없이 단순히 법인설립과 가입이 강제된다는 의미에 불과한 것이다. 따라서 각 입법주의에 따른 법인 중에서도 법률의 강제에 의해 설립되는 것도 있게 된다. 우리나라에서는 변호사회(변호사법 제64조 · 78조), 의사회 · 치과의사회 · 한의사회 · 조산사회 · 간호사회(의료법 제26조), 약사회 · 한약사회(약사법 제11조 · 제12조), 변리사회(변리사법 제11조) 등이 강제주의에 의한 법인이다. 또한 회원의 가입이 강제되는 형태인 공인회계사회(공인회계사법 제42조) 등의 경우도 강제주의의 한 예이다.

Ⅱ. 비영리사단법인의 설립

1. 설립요건

비영리사단법인의 설립에는 목적의 비영리성(非榮利性), 설립행위(정관작성), 주무관청의 허가, 설립등기의 요건이 필요하다.

(1) 목적의 비영리성

「학술 · 종교 · 자선 · 기예 · 사교 기타의 영리 아닌 사업」을 목적으로 하여야 한다(제32조). 「영리 아닌 사업」이란 개개의 구성원의 경제적 이익을 목적으로 하지 않으며 또한 종국적으로 구성원에게 이익이 분배되지 않는 사업을 말한다. 적극적으로 공익을 목적으로 하는 사업일 필요는 없다. 비영리법인이 영리행위를 하는 경우에는 그 목적은 영리성을 띠게 된다. 그러나 비영리사업의 목적을 달성하기 위하여 필요한 한도에서 그의 본질에 반하지 않는 정도의 영리행위는 할 수 있으며, 이로써 목적의 비영리성이 훼손되지는 않는다.[188] 비영리법인인 학교법인(사립학교법 제6조 · 제46조)과 사회복지법인(사회복지사업법 제17조)은 법률에 의해 수익사업이 허용된다.[189] 그러나 그 수익은 언제나 사업목적에 충당하여야 하며 어떠한 형식으로든지 구성원에게 분배하여서는 안 된다.[190]

(2) 설립행위

1) 의 의

사단법인의 설립행위는 설립자가 법인의 근본규칙인 정관을 작성하는 행위이며, 법인설립을 위한 법률행위이다. 사단법인을 설립하려면 2인 이상의 설립자가 정관(定款)을 정하여 이를 서면에 기재하고 기명날인하여야 한다(제40조). 그 작성된 서면이 정관[191]이고 정관의 작성은 서면에 의한 요식행위이

---

188) 대판 1996.6.14, 95누14435(한국음악저작권협회가 회원들에게 음악저작권 신탁관리 용역을 제공하면서 수수료를 받은 것이 비영리법인의 수익사업에 해당하지 않는다고 한 사례).

189) 이러한 수익사업의 범위에서는 그 법인은 상인이 되며, 법인세의 납부의무도 진다. 이와 관련하여 「학교법인이 설치한 의과대학의 부속병원에서 얻은 수익은 그 경영목적이 그 법인의 고유의 목적인 학교의 유지라고 보아야 하므로 법인세 과세대상이 될 수 없다」고 한 판례(대판 1970.12.22, 70누105)와, 「공익을 목적으로 하는 비영리법인이 그 목적사업으로서 종합병원을 설립하고 그 병원 부지 내에 그 의사들의 주거를 위한 아파트를 건축하여 그 의사들의 주거용으로 무료로 제공하였다면 이 건물은 위 법인이 종합병원을 운영함에 있어 직접 사용하기 위하여 취득한 것이라 할 것이므로 취득세 등의 부과대상이 되지 아니한다」고 한 판례(대판 1980.8.26, 80누167)가 있다.

190) 판례가 구성원에 이익이 분배되므로 비영리법인에 해당하지 않는다고 한 것으로는, 건설공제조합(대판 1975.1.14, 74누252; 대판 1983.12.13, 80누496), 농업협동조합(대판 1978.2.14, 77누250), 수산업협동조합(대판 1978.3.14, 77누246), 신용협동조합(대판 1987.12.8, 86누824) 등이 있다. 이에 반하여 대한교원공제조합(대판 1993.6.29, 92누14168), 사단법인 부산항부두관리협회(대판 1988.9.27, 86누827), 주택개량재개발조합(대판 2005.5.27, 2004두7214)은 비영리법인이라고 하였다.

다. 설립자의 수(數)에 대해서는 명문으로 규정이 없으나 사단의 성질상 2인 이상이어야 한다. 또 정관작성에는 반드시 설립자의 기명날인이 있어야 하며, 기명날인이 없는 정관은 효력이 없다.

2) 설립행위의 성질

사단법인의 설립행위는 정관작성 행위이며, 이는 일정 단체에 법인격을 취득케 하려는 법률행위이다. 그런데 그 법률행위의 성질이 무엇인가에 대해서 견해가 대립되고 있다.

① 특수계약설은 사단법인의 설립행위를 단체적 효과의 발생을 목적으로 하는 특수한 계약이라고 보는 견해이다.[192] 즉 수인의 의사표시의 합치로 성립하는 계약이기는 하나 공동으로 단체를 창립하고 표의자는 스스로 그 단체의 구성원으로 되는 단체적 효과의 발생을 목적으로 하는 점에서 특수한 계약이라는 것이다. 따라서 계약에 의하여 설명이 가능하므로 합동행위라는 개념을 별도로 인정할 필요가 없다는 것이다.

② 합동행위설은 사단법인의 설립행위를 제3의 법률행위인 합동행위로 보는 견해이다.[193] 설립행위는 여러 명의 설립자가 단체설립의 공동목적을 위하여 협력하고 그 법률효과도 각 당사자에게 동일하게 발생하는 법률행위이다. 이는 당사자가 서로 대립되는 의사표시의 합치로 발생하는 채권・채무를 가지게 되는 계약과는 다르며, 성질상 적어도 2인 이상의 합의가 필요하므로 단독행위도 아니다. 생각건대 설립행위는 계약으로 이해하기 어려운 단체법적

---

191) 정관의 법적 성질에 대해서는, 독일에서 ① 국가의 법규범과 대등한 사인에 의한 법규범으로 보는 규범설, ② 단순한 계약으로 보는 계약설, ③ 국가의 법규범과 대등하지는 않으나 제한된 범위에서 효력을 가지는 객관적인 규범이라고 하는 수정규범설이 있다고 한다(김상용, 225면-226면). 우리나라에서는 정관은 법규범이 아니며 ① 단체자치에 기한 규율(이영준, 857면; 민법주해 Ⅰ, 550면(홍일표))이라거나, 단지 ② 법률행위적 합의(김증한・김학동, 12면・173면)라고 한다. 이에 대해서 판례는 「사단법인의 정관은 이를 작성한 사원뿐만 아니라 그 후에 가입한 사원이나 사단법인의 기관 등도 구속하는 점에 비추어 보면 그 법적 성질은 계약이 아니라 자치법규이다」(대판 2000.11.24, 99다12437)라거나, 또 「사단법인의 정관은 그 기관과 구성원에 대하여 구속력을 갖는 법규범(자치법규)이라 할 것이니, 그 정관의 무효확인을 구하는 것은 결국 일반적, 추상적 법규의 효력을 다투는 것일 뿐 구체적 권리 또는 법률관계를 대상으로 하는 것이 아님이 명백하므로, 이를 독립한 소로써 구할 수는 없다」(대판 1995.12.22, 93다61567)고 한다. 타당한 결론이다.

192) 김증한・김학동, 175면; 이영준, 165면・857면; 이은영, 258면; 장경학, 306면.

193) 고상룡, 193면; 곽윤직, 199면; 김기선, 141면; 김민중, 241면; 김상용, 225면; 김용한, 204면; 김주수, 213면; 김준호, 171면; 백태승, 223면.

특성을 가지는 것이므로, 이를 그 구성원과는 독립된 법인격을 갖는 조직체를 창설하는 합동행위로 이해하는 것이 타당하다.

3) 설립행위의 성질론과 관련되는 해석상의 문제

설립행위의 성질을 달리 이해함에 따라서 실제로 다음의 민법상의 문제해결에 어떻게 영향이 미치는가에 대해서 살펴본다.

(가) 자기계약 · 쌍방대리의 허용 여부

자기계약 · 쌍방대리를 금지하는 제124조가 설립행위에 적용되는가 하는 문제이다. 이에 대해서 ① 합동행위설은 설립행위의 당사자는 서로 대립하는 관계가 아니기 때문에 자기계약 · 쌍방대리에 해당하지 않으므로 제124조는 이에 적용되지 않으며, 설립자 중의 한 사람이 다른 설립자를 위하여 대리하는 것은 가능하고 이것은 자기계약에 해당하지 않는다고 본다. 따라서 설립자 중의 1인이 다른 설립자를 대리하여 설립행위를 하여도 그 효력이 유지된다.

반면에, ② 특수계약설은 설립행위의 당사자관계를 계약관계로 파악하므로 제124조는 처음부터 그 적용이 있으며 본인의 허락이 없는 한 자기계약이나 쌍방대리는 금지된다고 하여야 옳다. 그러나 계약설을 취하는 분들도 역시 제124조의 적용이 배제된다고 하는데 그 근거는 동일하지 않다. 첫째 설립발기행위에는 제124조 본문이 적용되어 자기계약 · 쌍방대리가 금지되나 이로부터 분리된 설립행위는 설립발기행위의 「채무이행」이라고 할 수 있으므로 제124조 단서를 적용하여 자기계약 · 쌍방대리가 허용된다는 견해,[194] 둘째 자기계약 · 쌍방대리 자체의 취지로부터 제124조의 적용 배제가 도출된다는 견해,[195] 셋째 설립자 상호간의 이익대립이 첨예하지 않다는 특성상 제124조의 적용이 제한된다는 견해[196]가 있다.

이와 같이 특수계약설의 입장에서도 결국은 제124조의 적용 배제를 인정함으로써 합동행위설의 입장과 동일한 결론을 취하고 있다.

(나) 무능력 · 의사흠결로 인한 무효 · 취소 여부

설립자가 행위무능력자이거나 허위표시를 제외한 의사흠결의 경우에 그 설립행위에 어떠한 영향을 미치는가 하는 문제이다. 이에 관하여 ① 특수계약설은 일부 설립자의 무능력(제5조 2항) 또는 의사흠결(제107조, 제109조, 제110조)

---

194) 장경학, 306면.
195) 김증한 · 김학동, 176면; 이영준, 165면.
196) 이은영, 259면.

로 인한 무효·취소는 다른 설립자의 의사표시에 영향을 미치므로 그 설립행위를 취소할 수 있지만 일단 인정된 법인격은 존중되어야 하므로 단지 그 소급효는 인정되지 않아야 한다고 한다.[197] 반면에 ② 합동행위설은 표의자만의 문제로 그치고, 다른 설립자의 의사표시에까지 영향을 주지 않는 것으로 이해한다.[198] 합동행위를 이루는 일부가 무능력이나 의사흠결로 무효·취소되는 경우에도 다른 의사표시의 효력에 영향을 미치지 아니하여 나머지의 의사표시만으로 목적을 달성할 수 있게 된다. 이러한 해석이 거래의 안전을 해치지 않아서 타당하다고 생각된다.

(다) 허위표시인 설립행위의 무효 여부

설립자가 통정한 허위표시에 의하여 사단을 설립하였을 경우에 제108조 허위표시의 규정이 적용되어 설립행위가 무효로 되는가의 문제이다. 이에 대해서 ① 특수계약설은 설립행위의 당사자는 서로 상대방이 있기 때문에 제108조가 적용되어 그 설립행위가 무효로 된다고 한다. 그리고 합동행위에 상대방이 없음을 이유로 제108조의 적용을 배제하는 것은 형식론에 치우친 것이고 실질적으로 설립행위의 당사자는 상대방이라고 할 수 있으므로 제108조의 적용을 긍정하여야 한다고 한다.[199] 반면에 ② 합동행위설은 제108조는 상대방 있는 법률행위에 적용될 수 있는 것이므로 상대방이 없는 합동행위인 설립행위에는 제108조는 적용되지 않는다고 할 것이다. 허위표시는 상대방과 통정하여 하는 법률행위이므로 반드시 상대방의 존재가 필요한데, 설립행위에 있어서는 설립자가 다수이더라도 다른 설립자는 계약관계의 상대방이라고 볼 수 없다. 또 허위표시의 무효의 주장으로 영향을 받는 거래의 안전을 고려하면 제108조는 사단의 설립행위에는 적용되지 않는다고 하여야 할 것이다.

4) 정관의 기재사항

(가) 필요적 기재사항

정관에 반드시 기재하여야 할 것으로 법률이 정한 사항이다. 그 중 하나라도 빠지면 정관으로서의 효력이 생기지 않는다. 제40조가 규정하는 필요적 기재사항은 다음과 같다.

---

197) 김증한·김학동, 176면; 이영준, 165면. 그러나 특수계약설을 취하면서도 일부의 무효·취소로 다른 의사표시가 영향을 받지 않는다고 하여 합동행위설과 동일한 해석을 하는 견해도 있다(이은영, 259면).

198) 고상룡, 193면; 곽윤직, 199면; 김민중, 241면; 김상용, 225면 등.

199) 장경학, 307면.

㉠ 목 적 비영리사업을 목적으로 하여야 한다.

㉡ 명 칭 법인의 명칭에는 특별한 제한이 없으며, 「사단법인」이라는 말을 쓸 필요도 없다(다만 회사의 경우에는 합명회사·합자회사·유한회사·주식회사의 명칭을 사용하여야 한다. 상법 제19조).

㉢ 사무소의 소재지 사무소가 여러 개 있을 때에는 이를 모두 기재하고, 주된 사무소를 정하여야 한다(제36조).

㉣ 자산에 관한 규정 자산의 종류·구성·운용방법·관리·회비 기타 출자의무 등에 관한 사항을 기재하여야 한다.

㉤ 이사의 임면에 관한 규정 이사의 수·자격·임기·선임·해임 등 임면에 관한 방법을 규정하여야 한다. 이에 관하여 특별한 제한이 없으므로 이사의 임명은 총회의 결의에 의하지 않는다고 하거나, 사원이 아닌 자를 임명할 수 있다고 규정하여도 상관없다(주식회사의 이사 선임은 주주총회의 결의에 의하여야 한다. 상법 제382조).

㉥ 사원자격의 득실에 관한 규정 사원자격·입사·퇴사·제명 등에 관한 사항을 정한다.

㉦ 존립시기나 해산사유를 정하는 때에는 그 시기나 사유 이에 관한 사항의 기재는 강제되는 것이 아니나, 특별히 이를 정하였을 때에는 반드시 기재하여야 한다. 따라서 존립시기나 해산사유를 정하지 않은 때에는 이를 정관에 기재하지 않아도 정관은 무효가 되지 않는다.

(나) 임의적 기재사항

필요적 기재사항에 해당하지는 않지만 사단법인의 근본규칙으로서 정관에 기재된 사항이다. 예컨대 이사의 대표권 제한(제41조), 정관변경(제42조), 이사의 사무집행방법(제58조), 이사의 대리인 선임(제62조), 감사제도의 인정(제66조), 법인의 사무위임(제68조), 임시총회의 정족수(제70조 2항), 총회의 소집방법(제71조), 총회의 결의사항(제72조), 사원의 결의권(제73조), 총회의 결의방법(제75조), 해산결의의 정족수(제78조), 잔여재산의 귀속자 지정(제80조), 청산인의 선임(제82조) 등에 관하여 정관의 기재가 있으면 이것이 민법규정에 우선하여 적용된다. 그러므로 이러한 규정에 관한 정관의 내용은 임의적 기재사항이다. 임의적 기재사항도 일단 정관에 기재되면 필요적 기재사항과 동일한 효력을 가지며 그 변경도 정관변경의 절차에 의한다.

(3) 주무관청의 허가

민법은 허가주의를 취하여 사단의 설립에 주무관청의 허가를 요한다(제32조). 주무관청이란 법인이 목적으로 하는 사업을 주관하는 행정관청이다. 허가 여부는 행정관청의 자유재량에 속하며[200] 허가를 얻지 못하여도 행정소송의 대상이 되지 못한다.[201] 그런데 사단이 목적으로 하는 사업이 두 개 이상의 행정관청의 관할에 속하는 경우에, ① 단일허가설은 수 개의 행정관청 중 한 곳의 허가만으로 충분하다는 견해이고,[202] ② 중복허가설은 해당 관청은 모두 주무관청이고 각 관청으로부터 다 허가를 받아야 하며 그 중의 어느 하나의 허가를 얻지 못하면 법인은 설립될 수 없다는 견해인데[203] 양자가 대립한다. 생각건대 앞의 견해에 따르면 사단의 목적 사업이 다수일 경우에 주된 사업의 허가를 회피하고 종된 사업의 허가만을 받아서도 사단이 설립될 수 있게 되므로 허가주의의 본래의 취지에 반하는 결과가 될 것이다.

(4) 설립등기

주된 사무소의 소재지에서 설립등기를 하여야 하며, 그 등기가 있을 때 법인격을 취득하여 사단법인이 성립된다(제33조, 상법 제37조). 설립등기는 사단법인의 성립요건이다.

2. 설립중의 사단법인

설립중의 사단법인은 정관작성으로 법인의 실질은 갖추었으나 설립등기에 이르지 않은 단계의 법인을 말한다.[204] 사단법인의 설립과정을 보면, 제1단계

200) 주무관청의 재량의 정도 : 「비영리법인의 설립허가를 할 것인지 여부는 주무관청의 정책적 판단에 따른 재량에 맡겨져 있다. 따라서 주무관청의 법인설립 불허가처분에 사실의 기초를 결여하였다든지 또는 사회관념상 현저하게 타당성을 잃었다는 등의 사유가 있지 아니하고, 주무관청이 그와 같은 결론에 이르게 된 판단과정에 일응의 합리성이 있음을 부정할 수 없는 경우에는, 다른 특별한 사정이 없는 한 그 불허가처분에 재량권을 일탈·남용한 위법이 있다고 할 수 없다」(대판 1996.9.10, 95누18437(부동산중개업법에 의한 전국부동산중개업협회 외에 민법에 의한 한국공인중개사회의 법인설립을 불허가한 처분에 재량권의 일탈·남용이 없다고 본 사례)).

201) 대판 1979.12.26, 79누248.

202) 고상룡, 195면; 김용한, 159·160·165면; 김증한·김학동, 174면.

203) 곽윤직, 197면; 김민중, 243면; 김상용, 228면; 김주수, 215면; 김준호, 173면; 백태승, 224면; 이영준, 858면; 장경학, 309면; 민법주해Ⅰ, 555면(홍일표).

204) 대판 2000.1.28, 99다35737(설립중의 회사가 성립하기 위해서는 정관이 작성되고 발기

는 법인설립을 준비하기 위한 설립자 상호간의 계약관계가 성립하고, 제2단계로 정관을 작성하여 법인으로서의 실체를 갖춘 후, 제3단계로 주무관청의 허가를 얻고 설립등기를 하여 법인격을 취득한다. 제1단계의 계약관계를 발기인조합 또는 설립자연합이라 하고, 제2단계의 법인을 설립중의 사단법인이라 하며, 제3단계에 이르면 완전한 사단법인으로 성립된다.

발기인조합은 법인설립을 위하여 예컨대 정관의 원안작성, 필요한 서류작성, 사무소의 임차 등의 준비행위를 한다. 이러한 준비행위는 정관작성으로 법인의 실질을 갖춘 설립중의 사단법인의 행위와는 구별되며, 이에 대해서는 설립되는 법인이 아니라 발기인조합에 책임이 귀속된다. 그리고 이 조합의 성질은 민법상의 조합으로 이해하는 것이 통설이므로 결국 이러한 준비행위에 대하여 조합원인 발기인이 개인적으로 책임을 지게 된다. 그러므로 발기인이나 발기인조합의 명의로 취득한 권리·의무는 특별한 이전행위가 없으면 완성된 법인에 귀속되지 아니 한다.[205)]

설립중의 사단법인의 법적 성질은 등기가 완료되지 않아서 법인격이 없으나 단체로서의 실질은 갖춘 상태이므로 권리능력 없는 사단이라 할 것이다(통설). 그런데 설립중의 법인과 완성된 법인 사이의 동일성 여부에 관해서는, ① 동일성부인설은 설립중의 법인은 후에 등기됨으로써 법인격을 취득하는 법인과 동일체는 아니라고 하고,[206)] ② 동일성인정설은 설립중의 법인은 태아와 마찬가지로 장차 성립할 법인의 전신이며, 법인격의 유무를 제외하고는 양자는 실질적으로 동일하다고 한다.[207)] 생각건대 양자의 동일성을 인정하여 설립중의 법인의 행위는 완성된 법인의 행위로 되며, 설립중의 법인이 취득한 재산은 별도의 성립요건이나 효력요건을 요하지 않고 당연히 완성된 법인의 재산이 된다고 할 것이다.

인이 적어도 1주 이상의 주식을 인수하였을 것을 요건으로 한다고 한 사례); 대판 1998.5.12, 97다56020; 대판 1990.12.26, 90누2536.

205) 대판 2008.2.28, 2007다37394,37400(교회가 법인 아닌 사단으로 성립하기 전에 설립의 주체인 개인이 취득한 권리의무는 그것이 앞으로 성립할 교회를 위한 것이라 하더라도 바로 법인 아닌 사단인 교회에 귀속될 수는 없다고 한 사례); 대판 1990.12.26, 90누2536; 대판 1994.1.28, 93다50215; 대판 1998.5.12, 97다56020. 그러나 대판 2000.1.28, 99다35737은 「발기인 중 1인이 회사의 설립을 추진 중에 행한 불법행위가 외형상 객관적으로 설립 후 회사의 대표이사로서의 직무와 밀접한 관련이 있다고 보아 회사의 불법행위책임을 인정하여야 한다」고 한다.

206) 이영준, 858면.

207) 곽윤직, 200면; 김민중, 244면; 김상용, 229면; 김주수, 216면; 김준호, 174면; 김증한·김학동, 177면; 백태승, 225면; 이은영, 254면; 장경학, 309면.

또한 설립중의 법인의 행위가 완성된 법인의 행위로 인정되는 범위에 관해서, ① 제한설은 설립중의 법인의 목적범위 내의 행위만이 완성된 법인의 행위로 된다고 하고[208], ② 무제한설은 설립중의 법인과 완성된 법인은 동일한 것이므로 설립중의 법인이 한 일체의 행위가 완성된 법인의 행위로 된다고 하는데,[209] 이 견해가 타당하다. 양자 간에는 동일성이 인정되며 설립중의 법인도 권리능력 없는 사단으로서 법인격의 유무 이외에는 실제로 법인격 있는 법인과 마찬가지로 활동하기 때문이다.

Ⅲ. 비영리재단법인의 설립

1. 설립요건

(1) 목적의 비영리성

재단법인도 「학술・종교・자선・기예・사교 기타의 영리 아닌 사업」을 목적으로 하여야 한다(제32조). 사단법인에서 설명한 바와 같다.

(2) 설립행위

1) 의 의

재단법인의 설립자는 일정한 재산을 출연하고, 재단법인의 근본규칙을 기재한 서면을 작성하여 기명날인하여야 한다(제43조). 재단법인의 설립행위는 정관작성과 함께 재산출연이 있어야 한다는 점에서 정관작성만이 설립행위인 사단법인과 다르다.

2) 설립행위의 성질

재단법인의 설립행위는 일정한 재산을 출연하고 서면으로 정관을 작성하여야 하는 요식행위이며, 재단에 법인격취득의 효과를 발생시키려고 하는 의사

---

208) 이영준, 859면. 판례도 그 인정범위를 「설립 자체를 위한 행위」로 제한하고 있다(대판 1965.4.13, 64다1940).

209) 곽윤직, 200면; 김민중, 245면; 김상용, 229면.

표시를 요소로 하는 법률행위이다. 이는 설립자의 생전행위로 할 수 있으며, 유언으로도 할 수 있다(제47조).

설립행위의 법적 성질은 설립자가 1인인 경우에는 상대방 없는 단독행위라는 것이 통설・판례이다.[210] 그러나 설립자가 2인 이상인 경우에는 그것이 합동행위인가 단독행위인가에 관하여 의견이 대립한다. ① 합동행위설에 의하면 재단법인의 설립은 반드시 합동행위에 의하여야 하는 것은 아니므로, 그것은 임의적 합동행위라 하면서 사단법인의 설립행위는 필요적 합동행위라 하여 이에 대립시킨다.[211] ② 계약설은 출연행위는 재산권의 양도행위이고 이는 양도인과 양수인간의 계약으로 이루어지므로 그 성질은 계약이라는 견해이다.[212] ③ 단독행위경합설에 의하면 2인 이상의 설립자가 공동으로 하는 설립행위의 성질도 단독행위이고 다만 단독행위가 경합한 것이라고 한다.[213] 생각건대 재단법인의 설립자는 보통 1인이며 2인 이상이라 하더라도 상대방 없는 행위라 할 것이므로 재단법인 설립행위는 설립자의 수를 묻지 않고 언제나 단독행위라고 할 것이다.

3) 재산의 출연

(가) 재산출연의 의의

재단법인의 설립에는 반드시 설립자의 재산출연이 필요하며 재산출연은 재단법인 설립행위의 본체적 요소이다. 출연되는 재산은 부동산・동산에 관한 물권 및 각종의 채권 등 그 종류에는 제한이 없다. 출연(出捐)이란 자기의 의사에 의한 재산상의 손실로 타인의 재산을 증가시키는 것이다. 한편 설립되는 재단법인에의 재산출연은 설립자가 하는 것이 보통이나, 설립자가 법인설립 허가를 받기 위한 준비행위로 제3자로부터 재산의 증여를 받을 수 있고 이러한 법률행위의 효과는 그 법인이 법인격을 취득함과 동시에 당연히 이를 승계한다.[214]

재산출연은 무상으로 하는 행위이므로 생전처분으로 출연할 때에는 증여에

---

210) 대판 1999.7.9, 98다9045 등. 다만 이를 설립자와 재단 사이의 계약이라고 이해하는 견해가 있다(이은영, 264면).

211) 김기선, 145면.

212) 이은영, 264면.

213) 고상룡, 196면; 곽윤직, 205면; 김민중, 246면; 김용한, 161면; 김상용, 230면; 김주수, 217면; 김준호, 176면; 김증한・김학동, 179면; 백태승, 227면; 장경학, 311면.

214) 대판 1973.2.28, 72다2344・2345.

관한 규정, 유언으로 재단법인을 설립하는 때에는 유증에 관한 규정이 준용된다(第47條). 그러나 생전처분의 경우에 증여는 계약이고 설립행위는 단독행위인 점에서 그 준용에는 한계가 있으며, 주로 증여자의 재산상태변경과 증여의 해제에 관한 제557조나 증여자의 담보책임에 관한 제559조 등이 준용될 수 있을 것이다.[215] 유언의 경우에는 주로 유언의 방식(第1060條, 第1065條 내지 第1072條)과 효력(第1078條 내지 第1085條, 第1087條, 第1090條)에 관한 규정이 준용될 것이다.

(나) 출연재산의 귀속시기

(a) 제48조와 그 해석: 민법은 생전처분으로 재단법인을 설립한 경우에는 출연재산은 법인이 성립한 때에, 유언으로 설립하는 경우에는 유언의 효력이 발생한 때에 법인에 귀속된다고 규정한다(第48條). 법인의 성립은 설립등기를 한 때이고 유언의 효력발생시기는 유언자의 사망시이다. 출연재산이 유언자의 사망 시에 거슬러 올라가서 법인에 귀속한 것으로 봄으로써 소급효를 인정한 것이다. 이는 귀속시기가 법인성립시라고 하면 그 재산은 일단 유언자의 상속인에게 귀속되고 이로 인하여 발생하는 출연재산의 침해 및 법인설립의 지연 등의 불합리를 방지하기 위한 것이다.

그런데 출연재산의 귀속시기를 정한 민법 제48조는 다른 민법규정의 내용과 관련하여 해석상의 문제점을 낳고 있다. 민법은 권리변동의 공시방법으로서 부동산은 등기(第186條), 동산은 인도(第188條), 지시채권은 배서 및 교부(第508條), 무기명채권은 교부(第523條)를 각각 요구하여 이를 갖추어야 권리변동의 효력이 발생하는 것으로 하고 있다. 그러면 재단법인의 설립을 위한 재산의 출연의 경우에도 등기 · 인도 · 배서 및 교부 · 교부가 있어야 출연재산이 재단법인에 귀속된다고 하여 일반원칙에 따를 것인가, 아니면 제48조의 규정에 따라 이들 공시방법을 갖추지 않더라도 법인의 설립등기시 혹은 유언 설립자의 사망시에 당연히 법인에 귀속하는가에 대하여 학설이 대립되고 있다. 출연재산이 물권인 경우와 채권인 경우를 나누어서 살펴본다.

---

215) 대판 1999.7.9, 98다9045은 「민법 제47조 제1항에 의하여 생전처분으로 재단법인을 설립하는 때에 준용되는 민법 제555조는 "증여의 의사가 서면으로 표시되지 아니한 경우에는 각 당사자는 이를 해제할 수 있다"고 함으로써 서면에 의한 증여(출연)의 해제를 제한하고 있으나, 그 해제는 민법 총칙상의 취소와는 요건과 효과가 다르므로 서면에 의한 출연이더라도 민법 총칙규정에 따라 출연자가 착오에 기한 의사표시라는 이유로 출연의 의사표시를 취소할 수 있고, 상대방 없는 단독행위인 재단법인에 대한 출연행위라고 하여 달리 볼 것은 아니다」라고 하여 제555조의 준용을 인정하였다.

(b) 물권의 귀속시기: 물권이 출연된 경우에 출연재산의 귀속시기에 관한 제48조와 물권변동에 관한 형식주의를 밝힌 제186조 · 제188조간의 충돌을 어떻게 해결할 것인가에 대해서 견해가 대립한다.

① 등기 · 인도시설은 제48조의 규정에도 불구하고 출연된 물권의 귀속시기는 제186조 · 제188조의 등기 · 인도가 있는 때라는 견해이다.216) 그리고 실제로 이전등기나 인도가 완료되기 전까지는 법인은 설립자 또는 그 상속인에 대해 출연재산 이전청구권을 가지고, 등기 · 인도가 완료되면 법인설립시에 소급하여 귀속된 것으로 의제하는 견해이다. 또한 제187조의 「기타의 법률의 규정」이란 당사자의 의사에 기하지 아니한 모든 경우를 총칭하는 것이고, 재단법인 설립행위는 의사에 기초하는 법률행위이므로 재단법인의 설립에 관하여는 제187조를 적용할 수 없다고 주장한다. 판례는 초기에는 법인성립시설에 따르고 있었으나,217) 1979년의 전원합의체판결이 「출연자와 법인간에는 등기 없이도 법인설립과 동시에 재단법인에 귀속하지만, 법인이 취득한 부동산을 가지고 제3자에게 대항하기 위해서는, 제186조의 원칙에 따라서 등기를 하여야 한다」고 하여218) 태도를 바꾼 뒤로는 이에 따르고 있다.219)

② 법인성립시설은 제48조를 물권변동에 관한 형식주의의 예외규정으로 파악하여 제186조의 등기나 제188조의 인도가 없이도 법인성립시 또는 유언자 사망시에 출연된 물권이 당연히 재단법인에 귀속된다는 견해이다.220) 제48조

216) 김증한 · 김학동, 180면; 백태승, 231면; 이영준, 862면; 이은영, 268면.

217) 대판 1976.1.11, 76다1656; 대판 1973.2.28, 72다2344,2345.

218) 대판[전합] 1979.12.11, 78다481. 그러나 대법원의 견해는 대내적으로는 의사주의, 대외적으로는 형식주의라고 하는 법에 근거 없는 복잡한 이원적인 제도를 창안하여 재단법인의 성립과 그 기능의 혼란을 야기한다는 소수의견이 있었으며, 제48조의 입법정신과 물권변동에 관하여 구민법의 대항요건주의를 버리고 성립요건주의를 채택한 입법취지를 고려할 때 이는 타당하지 않다(같은 취지: 곽윤직, 203면; 김민중, 249면; 김상용, 232면; 김주수, 219면; 김준호, 179면; 백태승, 229면; 장경학, 314면).

219) 대판 1993.9.14, 93다8054(유언으로 재단법인을 설립하는 경우에도 제3자에 대한 관계에서는 출연재산이 부동산인 경우는 그 법인에의 귀속에는 법인의 설립 외에 등기를 필요로 하는 것이므로, 재단법인이 그와 같은 등기를 마치지 아니하였다면 유언자의 상속인의 한 사람으로부터 부동산의 지분을 취득하여 이전등기를 마친 선의의 제3자에 대하여 대항할 수 없다고 한 사례); 대판 1981.12.22, 80다2762,2763(민법 제48조 제1항은 재단법인 설립에 있어 재산출연자와 법인과의 관계에 있어서의 출연재산의 귀속에 관한 규정이고, 제3자에 대한 관계에 있어서는 출연행위가 법률행위이므로 출연재산의 법인에의 귀속은 부동산의 권리에 관해서는 법인의 성립 외에 등기를 필요로 한다고 한 사례).

220) 고상룡, 198면; 곽윤직, 202면; 김기선, 148면; 김민중, 249면; 김용한, 165면; 김상용, 233면; 김주수, 218면; 김준호, 179면; 장경학, 312면.

는 설립자의사의 존중과 출연재산의 보호를 위하여 출연재산을 조속하고 직접적으로 귀속시키려는 특별규정이다. 따라서 제48조는 물권변동에 등기·인도의 형식을 요구하지 않는 제187조의 「기타의 법률의 규정」에 해당하므로 제186조나 제188조의 규정이 적용되지 않는다. 출연된 물권은 등기나 인도가 없이도 제48조에 의해서 법인성립시 또는 유언자사망시에 당연히 법인에 귀속한다고 해석한다.

생각건대 등기·인도시설은 다음과 같은 문제점이 있다. 첫째, 재단법인이 설립등기를 한 후에도 출연재산에 대한 이전등기나 인도가 없이는 재산 없는 재단법인이 존재하는 결과가 되고 이는 재단법인의 본질에 반한다. 둘째, 설립행위는 재산출연을 포함하는 물권행위라고 하면서[221] 여기에서 출연재산의 이전청구권이라는 채권적 청구권이 생긴다고 하는 모순이 있다. 셋째, 제187조의 「법률의 규정」이라 함은 법률행위 이외의 경우를 말하고 제48조는 법률행위에 관한 규정이므로 이에 해당하지 않는다고 하지만 이와 같이 축소해석할 근거가 없으며 제48조를 전적으로 무시하는 것은 옳다고 할 수 없다. 넷째, 이 설에 의하면 물권의 출연 후 이전등기까지 사이에 설립자가 제3자에게 처분한 경우에 법인은 제3자에 대항하지 못하므로 거래안전에 이바지한다고 하나, 다른 한편으로 설립된 재단법인이 재산이 없는 상태에서 또 다른 제3자와 거래를 함으로써 발생하는 거래의 불안전도 문제될 수 있다. 즉 출연재산이 침해되어 제3자에게 일탈됨으로써 생기는 혼란도 거래안전에 해를 끼치는 일이라 생각된다.

따라서 현행법의 해석론으로는 재단법인의 재산을 조속히 확정하고 그것이 침해·일탈되는 것을 방지하려고 하는 제48조의 입법취지를 존중하여, 법인성립시 또는 유언자사망시에 물권은 재단에 귀속하는 것으로 이해할 것이다. 다만 입법론으로는 물권변동에 관한 성립요건주의에 적합하지 않은 제48조를 성립요건주의에 맞게 삭제하거나 개정함이 좋다고 생각된다.[222]

(c) **채권의 귀속시기:** 출연된 지명채권은 제48조가 규정하는 시기에 당

---

221) 이에 대해서, 재단법인에의 출연행위는 물권행위이기는 하나, 설립자가 재단을 만들기 위해서 하는 출연행위는 채권행위라는 견해도 있다(이은영, 265면).

222) 같은 취지: 곽윤직, 203면; 김민중, 249면; 김상용, 233면; 백태승, 231면; 이은영, 268면; 장경학, 314면; 민법주해 Ⅰ, 636면(홍일표). 법무부 민법개정안 제48조 3항은 「권리변동에 등기, 인도 등이 필요한 출연재산은 이를 갖추어야 법인의 재산이 된다」는 규정을 신설하고 또 그 4항은 「설립자의 사망 후에 재단법인이 성립된 때에는 설립자의 출연에 관하여는 그의 사망 전에 재단법인이 성립한 것으로 본다」고 하여 이 문제를 해결하고자 하고 있다.

연히 법인에 귀속된다는 데 학설은 일치한다. 그러나 출연재산이 지시채권이나 무기명채권인 경우에는 학설이 대립된다. ① 배서·교부시설은 지시채권의 경우에는 민법 제508조의 규정에 의하여 배서·교부를 하여야 법인에게 귀속되고, 무기명채권은 제523조에 의하여 교부하여야 법인에게 귀속된다고 주장한다.[223] 이에 대하여 ② 법인성립시설은 지시채권이나 무기명채권이 출연재산인 경우에 그 배서·교부 또는 교부가 불필요하며, 제48조가 정하는 시기에 당연히 법인에게 귀속된다고 한다.[224] 그러나 출연재산이 물권인 경우에서와 마찬가지로 제48조의 입법정신을 존중하여 지시채권이나 무기명채권도 법인성립시 또는 유언자 사망시에 법인에 귀속한다고 할 것이다.

4) 정관의 작성

설립자는 정관을 작성하고 이에 기명날인하여야 한다(제43조). 정관의 기재사항에는 목적, 명칭, 사무소의 소재지, 자산에 관한 규정·이사의 임면에 관한 규정만 사단법인의 규정을 준용하여 필요적 기재사항으로 한다(제43조). 그 이외의 사원자격득실에 관한 규정(제40조 6호)은 재단법인에는 사원이 없기 때문에 준용하지 않았고, 존립시기나 해산사유(제40조 7호)는 재단법인의 영속성과 설립자의사를 고려하여 임의적 기재사항으로 하기 위하여 사단법인의 규정을 준용하지 않았다. 유언에 의하여 재단법인을 설립하는 경우에는 유언의 방식에 따라야 한다(제47조 2항).

5) 정관의 보충

재단법인의 설립자가 정관의 필요적 기재사항 중 정관 중에서 가장 중요한 사항인 목적과 자산은 정하였고, 명칭, 사무소의 소재지 또는 이사 임면의 방법과 같이 비교적 경미한 사항을 정하지 않고 사망한 경우에는 재단법인의 설립을 부인하는 것보다는 부족한 사항을 보충하여 설립자의 의사를 달성시키는 것이 공익에 이바지하게 될 것이므로, 이해관계인 또는 검사의 청구에 의하여 법원이 이를 보충하여 재단법인을 설립할 수 있도록 하였다(제44조).

---

223) 김증한·김학동, 180면; 백태승, 232면; 이영준, 862면; 이은영, 268면.

224) 고상룡, 200면; 곽윤직, 204면; 김기선, 148면; 김민중, 250면; 김용한, 165면; 김상용, 233면; 김주수, 224면; 김준호, 179면; 장경학, 314면.

(3) 주무관청의 허가

비영리사단법인의 경우와 같다.

(4) 설립등기

비영리사단법인의 경우와 같다.

제 3 관 법인의 능력

I. 서 설

법인도 스스로 법률행위를 하여 권리를 취득하고 의무를 부담하며 위법한 행위로 타인에게 손해를 준 때에는 직접 그 손해를 배상할 책임도 진다. 법인은 법인격을 부여받아 권리와 의무의 주체가 될 수 있는 권리능력을 가진다. 또 법인은 그 목적사업을 영위하기 위해서 일정한 범위의 행위능력을 가져야 한다. 그러나 자연인의 행위능력은 의사능력을 바탕으로 인정되므로 무능력자 제도가 존재하지만 법인은 자연적인 생명체가 아니므로 정신적인 판단능력의 차이에 따른 행위무능력자는 될 수 없다. 따라서 법인의 행위능력에 있어서는 누가 어떠한 종류의 행위를 어떠한 방식으로 할 때 법인의 행위로 되는가 하는 것이 문제로 된다. 또 위법하게 타인에게 준 손해에 대해서 배상을 인정하기 위해서는 법인에게도 불법행위능력이 필요하다. 그런데 법인은 자연인처럼 행위의 책임을 변식할 수 있는 지능이 부족하여 책임무능력자가 될 수는 없으므로 누구의 행위가 어떠한 요건을 갖춘 경우에 법인 자신의 불법행위로 되는가 하는 것이 문제로 된다.

법인의 능력은 입법정책의 긍정적 변천과 법인학설로서 법인실재설의 득세에 따라 그 범위가 점차 확장되어 왔다. 오늘날 법인의 사회적 작용이 증대되고 그 활동범위가 확장됨에 따라 수많은 제3자가 법인과 법률관계를 맺게 된다. 거래안전을 위하여 법인과 거래하는 제3자를 보호하여야 하고 이를 위해서는 법인의 능력이 보다 넓게 해석될 필요가 있다.

법인의 능력에 관한 민법의 규정은 강행규정이며, 다른 특별한 규정이 없는 한 모든 법인에 적용된다. 그러나 회사의 불법행위능력에 대해서는 상법이 특별규정을 두고 있다(상법 제210조, 제269조, 제389조, 제567조).

Ⅱ. 법인의 권리능력

법인도 자연인처럼 법률에 의해 법인격을 인정받으므로 권리와 의무의 주체가 되는 권리능력을 가진다. 그러나 자연인과는 달리 육체가 존재하지 않는다는 자연적 성질에 의하여 법인의 권리능력은 일정한 제한을 받는다. 또한 민법은 「법인은 법률의 규정에 좇아 정관으로 정한 목적의 범위 내에서 권리와 의무의 주체가 된다」고 규정하여(제34조), 법인의 권리능력은 법률과 목적에 의하여 제한된다.

1. 성질에 의한 제한

법인은 자연의 생활체가 아니므로 자연인의 자연적 성질을 전제로 하는 권리, 즉 생명권, 신분권, 친권, 정조권, 기타 신체상의 자유권은 가지지 못한다. 상속권도 민법이 상속인의 자격을 자연인에 한정하므로(제1000조 내지 제1004조) 이를 가지지 못하나 포괄유증을 받음으로써 동일한 효과가 생기게 할 수는 있다. 그러나 자연인의 자연적 성질을 전제로 하지 않는 물권・채권・무체재산권 등 각종의 재산권, 명예권, 성명권, 신용권, 정신적 자유권은 가질 수 있다.[225)]

법인도 권리능력이 있으므로 소송상 당사자능력을 가진다(민사소송법 제51조). 또 법인은 다른 법인의 사원, 유언집행인,[226)] 파산관재인(채무자 회생 및 파산에 관한 법률 제355조)은 될 수 있으나, 성질상 자연인이어야 하는 후견인, 다른 법인의 이사, 청산인[227)]은 될 수 없다.

---

225) 대판 1965.11.30, 65다1707(법인의 명예・신용이 침해되어 그 법인의 목적인 사업수행에 영향을 미치게 될 경우와 같이 법인의 사회적 평가가 침해되는 경우에는 불법행위를 이유로 침해를 한 자에게 손해의 배상을 청구할 수 있다고 한 사례).

226) 김주수, 친족상속법(제6전정판), 651면 참조.

227) 반대: 김준호, 182면.

2. 법률에 의한 제한

일반적으로 법인의 권리능력을 제한하는 법률 규정은 없다. 개별적으로 법인의 권리능력을 제한하는 경우로는, 청산법인의 권리능력은 「청산의 목적의 범위 내」로 한정되고(제81조), 회사는 「다른 회사의 무한책임사원」이 되지 못한다고 규정한 것(상법 제173조)을 들 수 있다. 또한 법인의 권리능력은 법률에 의해서만 제한할 수 있으며 명령으로는 이를 제한하지 못한다.

3. 목적에 의한 제한

(1) 제34조의 의의

민법 제34조는 「법인은 정관으로 정한 목적의 범위 내에서 권리와 의무의 주체가 된다」고 규정하고 있다. 그러므로 법인의 목적에 의하여 그 권리능력이 제한된다는 것을 인정한 것으로 이해되는데, 이 규정이 가지는 의의에 대해서 학설의 대립이 있다. 이에 대한 입법례와 학설대립을 살펴본다.

1) 입법례

독일민법(제26조)과 스위스민법(제53조)은 목적에 의하여 권리능력을 제한하지 않는다. 그러므로 법인은 그 목적에 구애받지 않고 모든 분야에서 권리능력을 갖고 활동할 수 있으며 이는 법인실재설의 입장에 따른 것이다. 반면에 영미법은 ultra vires이론[228]에 의하여 법인의 권리능력을 그 목적의 범위 내로 제한하는 태도를 취하므로 법인의제설의 입장에 따른 것이라 할 것이다. 일본민법(제43조)은 영미법상의 ultra vires이론을 도입한 것이라 하며,[229] 우리 민법 제34조는 일본민법을 본받은 것이다. 그러나 ultra vires이론은 영국에서조차 거래안전의 보호에 충실하지 못하여 점차 그 기능이 상실되고 있는 실정이라고 한다. 따라서 민법의 해석에 있어서 법인실재설의 입장에서 정관에서 열거하는 목적 자체만을 의미하는 것으로 보지 않고 가능한 한 그 범위

---

228) ultra vires(권한유월(權限踰越))의 이론: 회사는 정관으로 정한 범위 내에서만 능력을 가지고 이를 넘는 계약은 능력 외의 행위로서 무효라고 하는 원칙이며, 19세기 중기에 영국의 판례에 의하여 특별법상의 회사에 대하여 형성되었으며, 후에 일반회사에까지 적용되었다(자세한 것은 고상룡, 209면 참조).

229) 고상룡, 208면; 장경학, 319면; 황적인, 111면 등.

를 확대하여 해석할 것이 요구된다.

2) 학 설

민법 제34조의 의의에 관하여는 다음과 같이 학설이 대립한다.

① 권리능력제한설은 법인은 목적의 범위 내에서만 권리능력을 가지므로 제34조는 법인의 권리능력의 한계를 규정한 것이며, 동시에 행위능력의 한계를 정한 것이라는 견해이다.[230] 법인의 기관이 목적범위를 벗어난 행위를 한 때에는 그 행위는 법인의 권리능력 및 행위능력의 범위를 벗어난 것으로서 그 효과가 법인에 귀속하지 않는다. 법인에 있어서는 권리능력의 범위와 행위능력의 범위는 일치하기 때문이라고 한다.

② 행위능력제한설은 제34조는 권리능력의 제한이 아니고 행위능력을 제한한 것이며 결국 이사의 대표권의 제한을 의미한다는 견해이다.[231] 즉 법인에 귀속하는 권리·의무의 종류를 제한한 것이 아니라, 법인이 행위할 수 있는 범위를 정한 것이고 법인의 행위는 이사를 통하여 행해지므로 이사의 대표권의 제한의 문제로 된다는 견해이다. 법인이 현실적으로 활동하는 이상 취득하는 권리의무의 종류를 제한하는 것은 법인의 본질론에 반한다는 것이다.

③ 대표권제한설은 제34조를 법인의 이사의 대외적 대표권의 범위를 의미할 뿐이지, 법인 자체의 권리능력이나 행위능력의 제한이 아니라는 견해이다.[232] 원칙적으로 모든 재산상의 권리의무가 법인에 귀속되므로 목적범위 내로의 제한은 권리의무의 귀속의 범위에 대한 제한에 불과하고, 목적의 범위 외의 행위는 단지 무권대리의 문제가 된다고 한다.

대표권제한설은 법인과 거래한 제3자의 보호에, 권리능력제한설은 법인의 보호에 중점을 두고 있다. 법인이 정관에 정한 「목적의 범위 외」의 행위를 하였을 경우에, 대표권제한설은 그것은 법인의 행위이며 다만 실제로 그 행위를 한 이사가 대표권의 제한을 넘어선 행위를 하였으므로 표현대리나 무권대리가 될 수 있다는 것으로 법인과 거래한 상대방은 두텁게 보호받게 된다. 그런데 권리능력제한설은 정관에 정한 「목적의 범위」를 벗어난 행위는 법인의 행

---

230) 곽윤직, 208면; 김기선, 198면; 김용한, 179면; 김상용, 236면; 김주수, 226면; 김준호, 184면; 김증한·김학동, 188면; 백태승, 234면; 이영준, 866면; 장경학, 318면; 황적인, 112면; 민법주해 Ⅰ, 572면(홍일표).

231) 고상룡, 207면.

232) 김민중, 255면. 그러나 이은영, 238면은 이사의 대표권제한뿐 아니라 권리능력의 제한의 의미도 함께 가진다고 한다.

위가 아니므로 법인은 이에 대하여 책임을 지지 않게 되어 제3자의 보호에 문제가 있을 수 있다.

그렇지만 이러한 단점은 법인과 거래할 자가 법인의 목적을 언제든지 열람할 수 있도록 등기를 통하여 공시되어 있고, 또한 「목적의 범위」의 해석을 보다 폭넓게 함으로써 보완될 수 있을 것이다. 다른 한편, 법인을 보호하여 그 재산을 확고히 하는 것이 장차 법인과 거래하게 될 제3자를 보호하게 되어 다른 측면에서의 거래안전에 이바지하는 결과가 될 것이다.[233] 따라서 이사의 목적범위 외의 행위는 그 이사의 개인의 행위에 지나지 않으며 법인의 행위로는 인정되지 않는다고 하여야 할 것이다.

(2) 「목적의 범위 내」의 의미

1) 학 설

제34조의 「목적의 범위 내」의 의미에 관하여, 정관에 기재된 목적에 한정하지 않고 이를 확대해석하자는 데에는 다툼이 없다. 다만 확대해석의 범위를 넓게 보는가 좁게 보는가에 관해서 견해가 대립된다. ① 협의설은 적극적으로 「목적을 달성하는 데 필요한 범위 내」라고 해석하려는 견해이고,[234] ② 광의설은 소극적으로 「목적에 위반하지 않는 범위 내」의 의미로 넓게 해석하는 견해이다.[235] 사회적으로 그 존재가치가 커진 법인에게 충분한 활동의 기회를 줄 수 있다는 점과, 법인과 거래하는 당사자의 보호와 거래안전을 꾀할 수 있다는 점에서, 정관에서 정한 목적에 위반하지 않는 한 법인의 목적이 될 수 있다고 폭넓게 해석하여야 한다.

2) 판 례

판례는, 「법인의 권리능력 혹은 행위능력은 법인의 설립근거가 된 법률과 정관상의 목적에 의하여 제한되나, 그 목적 범위 내의 행위라 함은 법률이나 정관에 명시된 목적 자체에 국한되는 것이 아니라 그 목적을 수행하는 데 있어 직접, 간접으로 필요한 행위는 모두 포함한다」고 한다.[236] 협의설을 취하

233) 같은 취지: 김준호, 184면.
234) 김주수, 227면.
235) 고상룡, 207면; 곽윤직, 208면; 김기선, 147면; 김민중, 256면; 김용한, 178면; 김상용, 237면; 김준호, 184면; 김증한·김학동, 189면; 백태승, 234면; 이은영, 239면; 장경학, 319면.
236) 대판 2007.1.26, 2004도1632; 대결 2001.9.21, 2000그98; 대판 1991.11.22, 91다8821.

는 것으로 보이나, 실제 적용에 있어서는 신축적인 해석을 함으로써 광의설과 거의 같은 입장을 취하고 있다.[237]

판례가 법인의 목적범위 내에 해당한다고 한 경우는, ㉠ 회사가 거래관계 또는 자본관계에 있는 주채무자를 위하여 보증하는 등의 행위, ㉡ 영리회사가 부정수표단속법 위반으로 구속되어 있는 대표이사의 아들을 석방시키기 위하여 다른 회사의 손해배상채무를 인수한 행위, ㉢ 내빈 등의 접대를 위한 채무부담행위, ㉣ 특수공익법인이 기존채무에 대한 채권양도를 승낙하는 행위, ㉤ 중소기업협동조합이 동법 소정의 사업에 수반되는 구매자금을 선급하거나 이를 위한 약속어음을 발행하는 행위, ㉥ 주식회사의 대표이사가 회사의 영리목적과 관계없이 자기 또는 제3자의 이익을 도모할 목적으로 그 대표권의 범위 내에서 권한을 남용하여 한 행위, ㉦ 신용협동조합중앙회가 대금채권의 확보를 위하여 신용협동조합과 관련 없이 그 조합원과 체결한 변제약정 행위 등이다.[238]

반면에 ㉧ 건설공제조합 출장소장이 비조합원의 차금행위에 대하여 한 보증행위, ㉨ 주식회사의 대표이사가 그 회사를 대표하여 타인의 손해배상의무를 연대보증한 행위, ㉩ 회사의 대표이사가 회사를 대표하여 타인의 극장위탁경영으로 인한 손해배상의무에 대한 연대보증행위 등은 목적의 범위 내가 아니라고 하였다.[239]

Ⅲ. 법인의 행위능력

1. 의 의

법인의 행위능력은 누가, 어떤 형식으로, 어떤 범위 내에서 한 행위가 법인 자신의 행위로 인정되는가 하는 것이다. 법인도 그 권리능력의 범위 내에서

237) 고상룡, 205면; 이영준, 865면 참조.
238) ㉠ 대판 2005.5.27, 2005다480, ㉡ 대판 1968.5.21, 68다461, ㉢ 대판 1974.6.25, 74다7, ㉣ 대판 1976.3.23, 74다2088, ㉤ 대판 1981.3.13, 80다1049,1050, ㉥ 대판 1987.10.13, 86다카1522; 대판 1997.8.29, 97다18059, ㉦ 대판 1991.11.22, 91다8821.
239) ㉧ 대판 1972.7.11, 72다801, ㉨ 대판 1974.11.26, 74다310, ㉩ 대판 1975.12.23, 75다1479.

권리의 취득과 의무의 부담을 위하여 법률행위를 할 수 있어야 사회적으로 그 기능을 할 수 있다. 그러나 법인은 관념적 존재에 불과하며 자연인처럼 자연 의사를 가진 생활체가 아니므로 그 법률행위를 자연인을 통하여 할 수밖에 없다. 결국 어떤 자연인이 어떻게 한 행위가 법인의 행위로 되는가 하는 것이 법인의 행위능력의 문제인데, 이것은 법인학설에 따라 이해를 달리하게 된다. 법인의제설에 의하면, 법인은 의사능력도 행위능력도 없으므로 법인 자신의 행위는 없으며 법인과 독립된 인격을 가진 이사라는 대리인의 행위가 법인에 귀속한다고 한다. 법인실재설은 법인도 단체의사를 가지고 있으므로 행위능력이 있으며, 법인조직의 일부인 이사가 법인을 대표하여 행한 행위가 곧 법인의 행위가 된다고 이해한다. 실재설에 의하여 법인 자신의 행위능력을 긍정하여야 할 것이다.

2. 대표기관의 법률행위

법인도 행위능력을 가지므로 타인과의 거래를 위하여 자신의 의사표시로 법률행위를 할 수 있다. 그러나 현실적으로는 대표기관인 자연인의 실제 행위를 통하여서만 법인은 법률행위를 할 수 있다. 즉 법인의 권리능력의 범위 내에서 대표기관이 행한 행위가 법인 자신의 행위가 된다. 법인의 대표기관은 정관에 따라 법인의 내부조직에 의하여 정해지는데, 비영리법인의 경우에는 이사(제57조), 임시이사(제63조), 특별대리인(제64조), 청산인(제82조)이 대표기관이다. 또 대표기관의 대표권의 범위는 정관 또는 사원총회의 결의에 의하여 제한할 수 있다(제59조 1항).

기관은 법인을 대표(代表)하므로(제59조 1항) 대표기관의 행위가 곧 법인 자신의 행위가 된다. 법인의 행위를 하는 데 있어서 기관은 법인의 한 구성부분을 이루기 때문이다. 이 점에서 법률상 별개의 인격체인 대리인이 한 행위의 효과가 본인에게 귀속되는 대리와는 다른 것이다. 그러나 사실상 행위자와 그 효과를 받는 자가 다르다는 점에서 대표와 대리의 구조는 동일하므로 민법은 법인의 대표에 관하여 대리에 관한 규정을 준용한다(제59조 2항). 따라서 대표기관이 법인을 대표할 때에는 현명주의에 따라서 법인을 위한 것임을 표시하여야 한다(제114조 참조).[240] 또한 무권대리 및 표현대리에 관한 규정도

240) 대판 1964.10.31, 63다1168(법인이 어음을 배서·양도함에 있어서 법인명을 기재하여 법인인만을 날인하고 그 대표자의 기명날인을 하지 않았다면 그 배서는 무효라고 한 사

준용된다.

3. 행위능력의 범위

민법은 자연인의 경우와는 달리 법인의 행위능력에 관해서는 적극적인 규정이 없다. 그러나 법인의 권리능력과 행위능력의 범위는 일치하므로 권리능력의 제한에 관한 제34조가 동시에 행위능력의 제한에 관한 규정이기도 하다.[241] 따라서 법인의 목적에 위반하지 않는 범위 내에서 권리능력을 가지므로, 그 권리능력의 범위 내에서는 모든 행위를 할 수 있다. 목적 범위 내의 행위인가의 판단은 대표기관의 행위가 법인에 유리한 것인가에 관계없이 그 행위의 종류에 의하여 행할 것이다.

법인의 권리능력 및 행위능력의 범위를 벗어난 대표기관의 행위는 그 대표기관 개인의 행위일 뿐이다.[242] 그러한 행위는 법인의 행위로 인정될 수 없으므로 그 효과는 법인에 귀속되지 않는다.[243] 그러나 이는 대표기관의 행위가 법인의 행위능력의 범위 내에 속하지만 정관 및 총회의 의결로 제한되어 있는 대표권을 넘는 행위이기 때문에 무권대리·표현대리의 규정이 준용되는 경우와는 구별되어야 한다.

한편 대표권의 범위 내의 행위이기는 하나 대표권이 남용되어 대표기관의 개인적 이익을 꾀할 목적으로 행한 경우에는 그 행위는 대표권의 범위 내의 행위이므로 원칙적으로 법인의 행위로 된다. 다만 상대방이 그러한 사정을 알았거나 알 수 있었을 때에는 예외적으로 법인의 행위로 되지 않는다.[244]

례).

241) 통설. 다만 제34조를 행위능력만의 제한으로 보는 반대설이 있다(고상룡, 207면).

242) 같은 취지: 곽윤직, 209면; 김상용, 238면; 김준호, 187면; 백태승, 236면; 이영준, 866면 등. 이에 반하여 김증한·김학동, 191면은 대표기관이 행위능력을 넘는 행위를 한 경우에도 그 개인의 행위로 되지 않으며 일종의 무권대리로 된다고 한다.

243) 대판 1975.12.23, 75다1479(회사의 대표이사가 회사를 대표하여 타인의 극장위탁경영으로 인한 손해배상의무를 연대보증한 것이 회사의 사업목적범위에 속하지 아니하는 경우에는 회사를 위하여 효력이 있는 적법한 보증으로 되지 아니하므로 회사는 손해배상책임이 없다고 한 사례).

244) 대판 1987.10.13, 86다카1522(주식회사의 대표이사가 그 대표권의 범위내에서 한 행위는 설사 대표이사가 회사의 영리목적과 관계없이 자기 또는 제3자의 이익을 도모할 목적으로 그 권한을 남용한 것이라 할지라도 일응 회사의 행위로서 유효하고 다만 그 행위의 상대방이 그와 같은 정을 알았던 경우에는 그로 인하여 취득한 권리를 회사에 대하여 주장하는 것이 신의칙에 반하므로 회사는 상대방의 악의를 입증하여 그 행위의 효과를 부인할 수 있을 뿐이라는 사례).

IV. 법인의 불법행위능력

1. 서 설

(1) 제35조의 의의

민법 제35조 1항은 「법인은 이사 기타 대표자가 그 직무에 관하여 타인에게 가한 손해를 배상할 책임이 있다」고 하여 법인의 불법행위책임의 요건과 효과를 정하고 또한 대표자 자신도 법인과 함께 책임을 부담한다고 규정한다.

이 규정이 어떠한 의의를 가지는가에 대해서 법인본질론 등과 관련하여 견해가 대립된다.

① 특별규정설은 제35조 1항을 정책적인 특별규정이라고 하는 견해인데, 그 근거에 따라 다시 2가지 견해로 나뉜다. ㉠ 이 규정은 법인실재설에 의하면 법인과 함께 대표기관이 책임을 지는 점을 설명하는 데 난점이 있으므로 법인의제설에 입각하여 민법이 특별히 둔 규정이라는 견해[245]와, ㉡ 제35조는 법인의 불법행위능력에 관한 규정이 아니고 대표자 개인만이 아니라 법인도 함께 책임을 지게 하는 것이 사회적으로 타당하다는 정책적 고려 등에 의하여 민법이 특별히 규정한 것이라는 견해[246]가 있다.

② 당연규정설은 법인은 행위능력이 있고, 대표자의 행위가 곧 법인 자신의 행위이므로 그 행위로 타인에게 손해를 가하는 경우에 법인이 스스로 배상책임을 지는 것은 당연하다고 이해하는 법인실재설에 입각하여 민법 제35조 1항은 법인의 불법행위책임에 관한 당연한 규정이라고 하는 견해이다.[247]

생각건대 대표기관의 직무집행행위는 법인 그 자신의 행위이므로, 대표기관이 행한 불법행위도 법인 자신의 불법행위가 된다고 하여야 한다. 따라서 법인도 불법행위능력을 가지며 제35조 1항 본문은 당연한 규정이라 할 수 있다. 다만 대표기관 개인의 책임을 인정한 제35조 1항 단서는 사용자책임과는

---

245) 김준호, 189면; 이영준, 867면.
246) 고상룡, 215면; 백태승, 238면.
247) 곽윤직, 210면; 김기선, 148면; 김민중, 258면; 김상용, 239면; 김용한, 182면; 김주수, 231면; 김증한·김학동, 193면; 장경학, 324면; 황적인, 116면 등.

달리 면책가능성을 배제하여 무과실책임을 인정한 점에서 피해자 및 거래의 제3자의 보호를 위한 입법정책상의 배려에 의한 것이라고 이해된다. 그러나 제35조가 명문으로 책임의 요건과 효과를 정하고 있는 이상은 어느 학설에 의하든지 법인이 배상책임을 진다는 점에서는 동일하다.

그리고 제35조는 정관으로 그 적용을 배제할 수 없는 강행규정이다.

(2) 제35조 이외에 법인의 불법행위책임

1) 법인 자신의 책임

법인의 불법행위책임은 제35조 1항의 규정에 의한 법인의 대표자의 직무에 관한 것이다. 그러나 법인이 지는 불법행위책임은 이에 그치지 아니하며, 법인의 대표기관의 불법행위를 매개로 하지 않고도 법인 자신이 불법행위에 관한 권리·의무의 주체가 된다. 법인 자신이 불법행위법상의 권리를 취득하는 경우로서 법인의 소유재산이 타인의 고의·과실로 인한 멸실·훼손되면 피해자인 법인이 손해배상청구권을 취득한다(제750조).[248] 반면에 법인이 대표자와 관계없이 불법행위책임을 지는 경우로는 법인 소유의 공작물의 설치·보존상의 하자로 인하여 타인이 입은 손해에 대해서 법인이 지는 공작물의 점유자 내지 소유자로서 배상책임(제758조), 자동차의 보유자인 법인이 「자기를 위하여 자동차를 운행하는 자」로서 그 운행으로 인한 인적 손해에 대해서 지는 자동차손해배상보장법에 따른 배상책임(동법 제3조) 등이 있다.

2) 사용자책임

법인이 사용하는 피용자의 불법행위로 인하여 타인에게 손해를 가한 때에는 법인은 사용자로서 배상책임을 진다(제756조). 여기서의 피용자는 널리 법인의 사무에 종사하는 자를 말하므로 일반 피용자뿐만 아니라 대표기관도 이에 포함된다. 따라서 대표기관의 불법행위에 대해서도 법인이 사용자책임을 지는가 하는 것이 문제될 수 있다. 그러나 제35조의 법인의 불법행위책임은 대표기관의 불법행위가 법인의 불법행위가 되어 법인 자신이 지는 배상책임이므로, 피용자인 타인의 불법행위에 대하여 별개의 인격체인 사용자가 지는 제756조의 사용자책임(使用者責任)과는 그 법적 구조가 다르다. 또한 제35

248) 대판 1999.10.22, 98다6381(법인의 목적사업 수행에 영향을 미칠 정도로 법인의 사회적 명성, 신용을 훼손하여 법인의 사회적 평가가 침해된 경우에는 그 법인에 대하여 불법행위를 구성한다고 한 사례).

조의 입법취지가 법인의 대표기관은 일반 피용자와는 달리 사업주체의 조직 속에 깊이 관여하므로 법인을 배경으로 행해진 대표기관의 행위에 대해서 법인 자신의 책임을 광범위하게 인정하기 위한 것임을 고려하면, 제35조의 책임이 성립하는 경우에는 대표기관의 불법행위에 대하여는 제756조의 사용자책임은 성립하지 않는다고 할 것이다.[249] 결국 법인은 대표기관 이외의 피용자의 불법행위에 대해서만 사용자책임을 진다.

2. 불법행위의 요건

(1) 대표기관의 행위일 것

법인의 책임이 인정되는 것은 대표기관의 불법행위가 있는 경우에 한한다(제35조 1항). 법인의 대표기관은 이사(제57조), 임시이사(제63조), 특별대리인(제64조), 청산인(제82조, 제83조)이 있다. 판례는 과거에 대표기관이었던 자[250]나 발기인[251]의 불법행위에 대해서도 법인의 책임을 인정하며, 대표권이 없는 이사는 법인의 기관이기는 하지만 대표기관은 아니기 때문에 그들의 행위로 인하여 법인의 불법행위가 성립하지 않는다고 한다.[252]

사원총회와 감사의 행위가 타인에게 손해를 야기한 경우에 제35조를 적용할 것인가에 대해서 학설이 나뉜다. ① 적용부정설은 사원총회와 감사는 법인의 기관이나, 대외적으로 활동하는 대표기관이 아니므로 그들의 행위로 법인의 불법행위가 성립하지 않는다고 한다.[253] ② 적용긍정설은 법인의 기관이면 비록 대표권이 없다 하더라도 사원총회의 결의에 의하여 타인의 명예를 훼손하는 경우처럼, 경우에 따라서는 법인의 불법행위책임을 인정하여야 한다는 주장이다.[254] 생각건대 대표기관은 아니라 하더라도 그 기관의 활동으로 법

---

249) 통설. 다만 이영준, 870면은 양자의 경합을 인정한다. 판례도 「법인의 대표자였던 자의 차용행위가 불법행위가 되는 경우, 이는 사용자의 배상책임이 아니고 제35조에 의한 법인 자체의 불법행위가 된다」고 한다(대판 1978.3.14, 78다132).

250) 대판 1978.3.14, 78다132.

251) 대판 2000.1.28, 99다35737(발기인 중 1인이 회사의 설립을 추진 중에 행한 불법행위가 외형상 객관적으로 설립 후 회사의 대표이사로서의 직무와 밀접한 관련이 있다고 보아 회사의 불법행위책임을 인정한 사례).

252) 대판 2005.12.23, 2003다30159.

253) 곽윤직, 210면; 김기선, 148면; 김상용, 239면; 김준호, 190면; 백태승, 241면; 이영준, 867면; 장경학, 325면 등.

254) 고상룡, 216면; 김민중, 259면; 김용한, 183면; 김주수, 232면; 이은영, 285면 등.

인이 이익을 취한 만큼 그로 인한 불이익에 대해서도 책임이 있다 할 것이므로 확대적용하는 것이 타당하다.

이사의 대리인, 즉 지배인 · 개개의 행위의 임의대리인 등의 행위에 대해서도 불법행위가 성립할 수 있는가에 대해서도 견해가 일치하지 않는다. ① 적용긍정설은 이사의 대리인에 대해서도 대표자의 행위와 같이 취급하여 제35조를 유추적용하여 법인의 불법행위책임을 인정하자는 견해이다.[255] ② 적용부정설은 이사의 대리인은 법인의 대표기관이 아니므로 그들의 행위에 의하여 제3자에게 손해를 가한 경우에도 법인의 불법행위는 성립하지 아니하며, 법인은 단지 사용자로서의 책임을 지게 된다고 한다.[256] 생각건대 적용긍정설은 제35조를 유추적용하면 제756조 1항의 피용자의 선임 및 감독에 대한 주의에 따른 사용자의 면책가능성이 배제됨으로써 피해자를 두텁게 보호하게 된다고 하나, 실제로 사용자의 면책가능성은 인정되지 않는 것이 보통이며, 이사의 대리인이 법인의 기관은 아니므로 사용자책임만을 지는 것이 타당하다.

(2) 대표기관이 그 직무에 관하여 타인에게 손해를 주었을 것

1) 「직무에 관하여」의 의미

대표기관은 자신이 담당하는 직무에 관하여 한 행위의 범위 내에서만 법인을 대표하므로 직무관련성이 있는 행위만이 법인의 행위가 된다. 또한 법인의 불법행위도 대표기관이 「직무에 관하여」 타인에게 손해를 가한 때에만 성립한다. 그러므로 대표기관이 직무수행의 기회를 이용하여 그의 직무와 관련이 없는 행위를 한 경우와 같이 대표기관의 행위가 직무관련성의 범위를 벗어난 것이면, 그 행위는 더 이상 법인의 불법행위로 되지 아니하고 기관 개인의 불법행위가 될 뿐이다. 그리고 직무(職務)는 제35조 2항이 법인의 목적 범위 외의 행위에 대해서는 법인의 불법행위가 성립하지 않는다고 하는 점을 고려하면 「목적의 범위 내」를 의미하는 것이라 할 것이다.[257]

「그 직무에 관하여」는 일반적으로 행위의 외형상 기관의 직무수행행위라고 볼 수 있는 행위는 물론이며 그 자체로서는 본래 직무행위에 속하지 않으나 직무행위와 사회관념상 상당한 견련성을 가지는 행위를 포함한다고 이해한다.

---

255) 김용한, 178면; 김증한 · 김학동, 193면; 이영준, 867면; 이은영, 286면.

256) 고상룡, 216면; 곽윤직, 210면; 김민중, 259면; 김상용, 240면; 김주수, 231면; 김준호, 190면; 백태승, 241면; 장경학, 325면.

257) 같은 취지: 김준호, 191면; 김증한 · 김학동, 193면. 반대 견해 : 이은영, 287면; 민법주해 Ⅰ, 598면(홍일표); 주석(상), 397면.

그리고 직무에 관한 행위인가의 여부는 외형표준설(外形標準說)에 따라 행위의 외형으로부터 객관적으로 판단하여야 한다. 과연 대표기관의 행위로 법인이 이득을 얻었는가 또는 법인 내부에서의 직무수행관계가 어떠한가는 별개의 문제이다. 판례도 「행위의 외형상 법인의 대표자의 직무행위라고 인정할 수 있는 것이라면 설사 그것이 대표자 개인의 사리를 도모하기 위한 것이었거나 혹은 법령의 규정에 위배된 것이었다 하더라도 직무에 관한 행위에 해당한다고 보아야 한다」고 한다.[258] 이것은 제756조의 「사무집행에 관하여」 행한 행위의 해석과 같은 것이다.

2) 직무에 관한 행위

(가) 직무행위

행위의 외형상 기관의 직무행위라고 인정되는 직무행위 자체는, 그것이 비록 부당하게 행해진 것이라도 「직무에 관하여」에 해당한다. 판례는, 대표이사가 법인소유의 자동차에 대한 집행관의 강제집행을 방해함으로써 압류를 불가능하게 하여 채권자에게 손해를 입힌 경우에 그 행위는 재산관리라는 직무행위에 상당하는 것이라고 하였다.[259] 또 학교법인의 이사장이 이사회의 결의나 주무관청의 허가 없이 금전을 차용한 경우에도 외형상 직무행위로 보고 있다.[260]

(나) 직무견련행위

직무행위와 사회관념상 상당한 견련관계가 있는 직무견련행위도 직무에 관한 행위에 포함된다. 외형상 법인이 담당하는 사회적 작용을 실현하기 위하여 행하는 행위라고 인정되는 행위도 「직무에 관하여」에 포함된다. 판례는 회사운용자금을 마련하기 위한 전무이사의 대출담보용 수표의 위조[261] 또는 타인으로부터 예금 명목으로 교부받은 돈을 정상적으로 입금시키지 않은 대표기관의 예금유용[262]도 직무행위와 견련관계가 있으므로 「직무에 관하여」에 해당

---

258) 대판 2004.2.27, 2003다15280(토지구획정리조합의 대표자가 구획정리사업 시공회사의 원활한 자금 운용 등을 위하여 시공회사의 채무를 연대보증하였으나 조합원총회 등의 결의를 거치지 아니함으로써 연대보증행위가 무효로 된 경우, 민법 제35조 제1항에 의하여 조합의 불법행위책임을 인정한 사례).

259) 대판 1959.8.27, 4291민상365.

260) 대판 1987.11.10, 87다카473(상호신용금고의 대표이사의 불법행위에 대하여 당해 금고의 배상책임을 인정한 사례) 등.

261) 대판 1974.5.28, 73다2014.

262) 대판 1999.1.15, 98다39602.

한다고 한다.

(다) 직무남용행위

법인의 대표기관이 자기의 사리를 도모하기 위하여 대표권한을 남용하여 행한 부정한 직무남용행위에 대해서도 법인은 책임을 지는가? 이에 대해서 제35조 1항을 유추적용하여 법인의 불법행위책임을 인정할 것인가, 그러한 행위는 무권대리로서 법인에 대하여 효력이 없지만 제126조의 요건을 갖추면 표현대리가 성립되어 그 효과가 법인에 미치는가의 문제이다. 그 법적 효과의 차이는, 제35조 1항의 불법행위책임을 인정한다면 대표기관의 직무남용행위가 법인 자신의 불법행위가 되어 손해배상책임을 지게 되는 데 반하여, 제126조에 의하여 권한을 넘은 표현대리가 인정된다면 대표자가 한 거래행위의 효과가 직접 법인에 미치게 되고, 법인은 대표자의 거래행위의 내용에 따라 이행책임을 지게 되는 점에 있다.[263)]

제35조와 제126조 중 어떤 규정을 적용할 것인가에 관하여 학설이 대립한다. ① 제35조 적용설은 법인의 불법행위의 성립을 인정하여 법인으로 하여금 손해배상책임을 지우자는 견해이다.[264)] ② 제126조 우선적용설은 거래안전을 한층 더 두텁게 보호하기 위하여 먼저 표현대리책임을 적용하여 보고, 그 결과 당사자에게 불공평한 효과를 초래하는 때에는 불법행위책임을 적용한다는 주장이다.[265)] ③ 선택적 적용설은 제35조의 법인의 불법행위책임과 제126조의 표현대리의 규정을 당사자가 선택적으로 적용할 수 있다고 하는 주장이다.[266)] 이에 대해서 판례는 표현대리 규정의 적용을 배제하고 제35조의 법인의 불법행위책임을 인정하고 있다.[267)] 생각건대 대표기관이 개인적으로 사리를 도모하기 위하여 행위를 하였다 하더라도 그것이 대표권의 범위 내의 행위인 한은 그 자체가 유효하므로 표현대리가 문제되지 아니한다. 또 표현대리를 인정하면 법인이 이행책임을 지게 되어서 불법행위에 의한 손해배상책임을

263) 그 밖의 차이로는, 제35조는 상대방에게 과실이 있으면 대표자 개인의 책임까지도 추급할 수 있는데 제126조는 상대방의 선의・무과실이 있는 경우에 적용이 있으며, 또 제35조에 의하면 법인만이 아니라 대표자 개인의 책임도 물을 수 있으나, 제126조는 본인의 책임만 물을 수 있으며, 또 제35조는 단기 소멸시효가 적용되지만 제126조는 그러하지 아니하다.

264) 김민중, 261면; 김상용, 242면; 김준호, 191면; 김증한・김학동, 197면; 백태승, 243면; 이영준, 869면.

265) 곽윤직, 211면; 고상용, 224면; 김용한, 174면; 장경학, 237면.

266) 김주수, 233면; 황적인, 112면.

267) 대판 2004.2.27, 2003다15280; 대판 2003.7.25, 2002다27088 등.

지는 것보다 과중하게 되므로 서로 균형이 맞지 않는다. 또 실제로 표현대리책임을 적용하는 때에는 그 요건이 충족되기가 어려워서 그 실익은 별로 없다고 한다.[268)] 그러므로 대표권을 남용하여 사리를 채울 목적으로 한 대표기관의 행위도 제35조를 적용하여 법인이 이에 대해서 불법행위책임을 진다고 할 것이다.[269)]

그러나 상대방이 악의인 경우에는 그 상대방은 피해자로서 보호할 가치가 없다고 할 것이므로 법인에 대하여 손해배상책임을 물을 수 없을 것이다. 판례도 이와 같은 경우에 법인은 불법행위책임을 지지 않는다고 한다.[270)] 다만 그 책임근거에 대해서는 진의 아닌 의사표시에 관한 제107조 1항 단서를 유추적용하여 상대방이 그 사실을 알았거나 알 수 있었을 경우에 법인의 책임을 배제하는 판례[271)]와 제2조 1항을 적용하여 상대방이 알았을 경우에 신의칙상 법인의 책임을 물을 수 없다는 판례[272)]로 나뉘어져 있다.

(3) 불법행위에 관한 일반적 요건을 갖출 것

제35조 1항은 불법행위책임의 일반규정인 제750조에 대한 특별규정이므로 제750조가 요구하는 일반불법행위의 요건을 갖추어야 한다. 대표기관이 책임능력을 가지고 있을 것, 고의·과실이 있을 것, 가해행위가 위법할 것, 가해행위로 피해자에게 손해가 발생하였을 것[273)] 등을 요한다(통설).

다만 대표기관의 책임능력이 요구되는가에 대하여는 견해의 대립이 있다.

---

268) 장경학, 327면 참조.

269) 대판 1987.4.28, 86다카2534(학교법인의 설립자로서 이사 겸 학교장인 자가 자기 개인의 사업자금으로 사용할 목적으로 학교법인의 명의로 금원을 차용하면서 그 차용을 위하여 학교법인의 이사회 결의까지 있었다면 그 차용금의 사용목적이 무엇이든 간에 위 학교장의 차용행위는 학교법인의 사무집행 행위라 하지 않을 수 없다고 한 사례).

270) 대판 2008.1.18, 2005다34711(법인의 대표자의 행위가 직무에 관한 행위에 해당하지 아니함을 피해자 자신이 알았거나 또는 중대한 과실로 인하여 알지 못한 경우에는 법인에게 손해배상책임을 물을 수 없다고 한 사례); 대판 2004.3.26, 2003다34045.

271) 대판 1999.3.9, 97다7721; 대판 1999.1.15, 98다39602; 대판 1997.8.29, 97다18059; 대판 1988.8.9, 86다카1858 등.

272) 대판 1990.3.13, 89다카24360; 대판 1988.8.9, 86다카1858; 대판 1987.10.13, 86다카1522 등.

273) 손해의 개념에 대해서, 판례는 「도시개발법에 의하여 설립된 재개발조합의 대표기관의 직무상 불법행위로 조합에게 과다한 채무를 부담하게 함으로써 재개발조합이 손해를 입고 결과적으로 조합원의 경제적 이익이 침해되는 손해와 같은 간접적인 손해는 민법 제35조에서 말하는 손해의 개념에 포함되지 아니하므로 이에 대하여는 손해배상을 청구할 수 없다」고 한다(대판 1999.7.27, 99다19384. 같은 취지: 대판 1993.1.26, 91다36093).

① 책임능력불요설은 대리인은 행위능력자임을 요하지 않는다는 제117조의 규정을 유추적용하여 대표기관도 책임능력을 갖출 필요가 없다는 견해인데, 그 근거로 만약 책임능력을 요건으로 하면 법인이 책임무능력자를 대표기관에 임명하여 불법행위책임을 면하고자 할 경우에 속수무책이 된다거나,[274] 대표기관의 행위 자체가 독자적으로 불법행위책임의 요건을 갖출 필요가 없기 때문에 책임능력을 요구하지 않는다고 한다.[275] ② 책임능력요건설은 대표기관의 책임능력은 법인의 불법행위책임의 성립요건이라고 하여야 한다는 견해이다(통설). 책임능력은 자신의 행위의 귀책성을 인식할 수 있는 능력으로서 고의·과실의 전제가 되며 또한 보통은 책임능력은 행위능력보다 낮아서 행위무능력자라 하더라도 책임능력은 인정될 수 있으며, 책임무능력자를 대표기관으로 선임하는 것은 실제로 가능성이 없는 일이라 할 것이다.

3. 불법행위의 효과

(1) 법인의 손해배상책임

법인의 불법행위의 요건이 갖추어지면, 법인은 가해자로서 피해자에게 가해행위로 인한 손해를 배상하여야 한다. 이 경우에 법인은 제756조의 사용자책임도 불법행위책임과 병존적으로 부담하는가에 대해서 앞에서 언급한 바와 같이 일반적으로 제35조 1항의 책임만을 인정한다.

(2) 기관 개인의 손해배상책임

1) 법인의 불법행위가 성립할 때

민법은 법인 자신이 불법행위책임을 질 때 현실로 가해행위를 한 기관 개인도 자기의 손해배상책임을 면하지 못한다고 규정하므로(제35조 1항 단서), 법인과 기관 개인은 경합하여 피해자에 대하여 손해배상책임을 진다.

따라서 피해자는 법인 또는 대표기관의 어느 쪽에 대해서도 선택적으로 손해배상을 청구할 수 있으며, 그 일방으로부터 변제를 받으면 다른 일방에 대한 손해배상청구권은 소멸하므로 양자의 채무는 연대채무와 같다. 그러나 양자의 채무는 처음부터 공동의 목적을 가지고 발생한 것이 아니어서 서로 주관

274) 이영준, 870면.
275) 이은영, 289면.

적 관련이 없으므로 부진정연대채무로 해석된다.

또한 법인이 먼저 피해자에게 배상한 때에는 법인은 기관 개인에 대하여 구상권을 행사할 수 있다(제65조). 기관은 법인에 대하여 선량한 관리자의 주의의무를 지는데(제61조) 법인의 기관이 그 직무에 관하여 타인에게 손해를 가하여 법인이 이를 배상하였다면, 그 주의의무를 게을리 한 것이므로 법인은 기관 개인에 대하여 구상권을 행사할 수 있을 것이다.

2) 법인의 불법행위가 성립하지 않을 때

대표기관의 가해행위가 직무집행의 범위를 벗어난 것인 때에는 법인의 불법행위가 아니라 기관 개인의 행위에 불과하므로 법인은 책임을 지지 않고 대표기관 개인만이 손해배상책임을 진다. 이러한 경우에 민법은 특별히 피해자를 두텁게 보호하기 위하여 그 사항의 의결에 찬성하거나 그 의결을 집행한 사원, 이사 및 기타 대표자는 공동불법행위(제760조)의 성립 여부를 묻지 않고, 법인제도의 신용유지를 위하여 언제나 연대하여 배상책임을 지도록 하였다(제35조 2항).[276]

제 4 관　법인의 기관

Ⅰ. 서　설

1. 기관의 의의

기관(機關)이란 법인의 의사결정・의사집행・감독 등에 참여할 수 있는 지위에 있는 자로서, 그 행위가 법인의 행위로 되는 자연인을 말한다. 즉 법인은 그 자체가 육체나 생명을 가진 자연인처럼 활동할 수는 없으므로 법인이

276) 대판 2007.5.31, 2005다56995(부실대출이 실행된 후 여러 차례 변제기한이 연장된 끝에 최종적으로 당해 대출금을 회수하지 못하는 손해가 발생한 경우, 그에 대한 손해배상책임은 원칙적으로 최초에 부실대출 실행을 결의하거나 이를 추인한 이사들만이 부담하고, 단순히 변제기한의 연장에만 찬성한 이사들은 그 기한 연장 당시에는 채무자로부터 대출금을 모두 회수할 수 있었으나 기한을 연장함으로써 채무자의 자금사정이 악화되어 대출금을 회수할 수 없게 된 경우가 아닌 한 손해배상책임을 부담하지 않는다고 한 사례).

독립한 인격체로서 사회적으로 활동하기 위해서 일정한 인적 조직을 필요로 하는데, 그 조직을 이루는 것이 법인의 기관이다. 이러한 기관의 행위를 통하여 법인은 의사를 결정하고 그 의사에 의하여 대내적인 사무를 처리하고, 대외적으로도 법인 자신의 이름으로 당사자가 되어 계약을 체결하는 등의 행위를 하고 직접 권리・의무의 주체가 될 수 있는 것이다. 이와 같은 기술은, 기관을 흡사 자연인의 수족이나 두뇌와 같이 법인의 구성부분으로서 법인의 존립을 담당하는 것이라 이해하는 법인실재설의 입장에 의한 것이다(통설). 그러나 법인의제설에 의하면 법인의 기관은 계약에 의하여 법인의 외부에서 법인과는 별개의 인격체로서 법인을 대리하는 것이라고 해석하고 기관의 지위는 포괄대리관계에 있다고 한다.[277]

2. 기관의 종류

법인의 기관에는 의사결정기관인 사원총회・의사집행기관인 이사・감독기관인 감사의 3종이 있다. 사원총회는 사단법인의 필수적 기관이고 사원이 없는 재단법인에는 없는 기관이다. 이사는 양 법인 모두에 있어서 필수적 집행기관이며, 내부적으로 법인의 사무를 집행하며 대외적으로는 법인을 대표한다. 감사는 이사의 감독기관이며 양 법인이 모두 둘 수도 있고 두지 않을 수도 있으므로 임의기관이다.

민법의 기관에 관한 규정은 비영리법인에 적용되는 것이며, 영리법인에 대해서는 상법에서 더욱 자세한 규정을 두고 있다.

Ⅱ. 이 사

1. 의 의

이사(理事)는 대외적으로 법인을 대표하는 대표기관이고, 대내적으로 법인의 업무를 집행하는 필수・상설의 집행기관이다. 사단법인과 재단법인이 모

277) 고상룡, 227면.

두 이사를 두어야 한다(제57조). 이사의 수에는 제한이 없으며(제57조, 제58조 2항), 정관에서 임의로 정할 수 있다(제40조, 제43조 참조). 이사가 될 수 있는 자격은 그 성질상 자연인만이 가진다. 그러나 자격상실이나 자격정지 이상의 형을 받은 자는 이사가 될 수 없으며(형법 제43조 1항), 법정대리인의 동의를 얻지 않은 행위무능력자 및 파산자도 이사가 될 수 없다고 한다.[278]

2. 임 면

(1) 선 임

이사의 임면(任免)에 관한 규정은 정관의 필요적 기재사항이다(제40조 5호).[279] 이사의 선임행위는 법인이 이사에게 사무를 위탁하는 것을 내용으로 하는 위임과 유사한 계약이므로 위임에 관한 규정이 유추적용된다(통설). 이 계약에 의하여 이사는 법인의 기관의 지위를 취득한다. 선임행위는 묵시적으로도 인정되는 경우가 있다. 판례는 법인대표자의 유임이나 중임을 특히 금하는 정관의 규정이 없는 경우에 임기만료 후에 대표자의 개임이 없었다면 그 대표자를 묵시적으로 다시 선임한 것이라고 한다.[280]

(2) 해임 · 퇴임

이사의 해임과 퇴임에 관하여는 정관의 규정에 의하여야 하나, 정관에 규정이 없거나 혹은 있더라도 그 규정이 불충분한 경우에는 민법의 대리와 위임의 규정이 준용될 것이다(제127조, 제689조). 따라서 위임계약은 각 당사자가 자유롭게 해지할 수 있으므로(제689조) 법인은 이사를 해임할 수 있고 이사는 법인에 대한 단독행위로 사임할 수 있다.[281] 이사가 사망하거나 파산 또는 금

278) 민법주해 Ⅰ, 656면~658면(최기원) 참조.
279) 대판 2007.12.28, 2007다31501(법인의 정관에 이사가 갖추어야 할 자격("설립취지에 찬동하고 재단 발전에 기여할 의사를 가진 사회적 덕망이 있는 자")을 규정하고 있을 뿐 그 자격이 흠결된 경우의 효과 내지 취급에 관하여 아무런 규정도 두고 있지 아니하다면, 이사회의 적법한 결의를 거쳐 선임된 이사가 정관에서 정한 자격을 흠결한 것으로 사후에 밝혀진다고 하더라도, 이를 이유로 그 이사를 해임함은 별론으로 하고, 그러한 사정만으로는 그 이사선임결의가 무효로 되거나 이미 선임된 이사가 그 지위를 당연히 상실하게 되는 것이라고 할 수 없다고 한 사례).
280) 대판 1970.9.17, 70다1256.
281) 대판 2007.5.10, 2007다7256(법인의 대표이사가 사임하는 경우에는 그 사임의 의사표시가 대표이사의 사임으로 그 권한을 대행하게 될 자에게 도달한 때에 사임의 효력이 발

치산선고를 받으면 법인과의 위임관계는 종료하므로 이사는 퇴임한다(제690조). 또 수임인은 위임종료시에도 긴급사무처리 계속의무를 지므로(제691조) 이사의 경우에도 이 규정이 유추적용된다.[282] 따라서 이사가 임기만료 또는 사임[283]으로 그 직을 물러난 후에도 그 후임자가 정해질 때까지는 계속하여 사무를 처리할 의무와 권한을 가진다고 할 것이다.[284] 예컨대 임기만료된 이사가 행한 후임이사의 선임결의도 유효하다.[285] 다만 임기가 남아 있는 다른 이사가 있어서 법인의 정상적인 활동을 계속할 수 있는 경우에는 사무의 긴급성이 인정되지 않으므로 임기가 만료된 이사는 당연히 퇴임하여 직무수행권이 없다고 할 것이다.[286] 그러나 임기가 만료되지 아니한 다른 이사나 감사만으로는 정상적인 법인의 활동을 할 수 없는 경우에는, 구 이사는 후임 이사가 선임될 때까지 종전의 직무를 수행할 수 있다.[287]

(3) 등 기

이사의 성명 · 주소는 등기사항이며(제49조 2항 참조), 등기 없이는 이사의 선임 · 해임 · 퇴임을 가지고 제3자에게 대항하지 못한다(제54조 1항). 즉 이사의 임변에 관한 변경등기는 대항요건이지 효력발생요건은 아니다.[288] 그러므로 실제로 해임 또는 퇴임이 되었다 하더라도 이에 관한 변경등기가 종료되기

생하고 그 의사표시가 효력을 발생한 후에도 마음대로 이를 철회할 수 없으나, 사임서 제출 당시 그 권한 대행자에게 사표의 처리를 일임한 경우에는 권한 대행자의 수리행위가 있어야 사임의 효력이 발생하고, 그 이전에 사임의사를 철회할 수 있다고 한 사례); 대판 2006.6.15, 2004다10909; 대판 1993.9.14, 93다28799.

282) 대판 2002.7.8, 2002다74817(권리능력 없는 사단(재건축조합)의 임기만료된 대표자의 사무처리에 대하여 유추적용되는 민법 제691조는 종전 대표자가 임기만료 후에 수행한 업무를 사후에 개별적 · 구체적으로 가려 예외적으로 그 효력을 인정케 하는 근거가 될 수 있을 뿐, 그로 하여금 장래를 향하여 대표자로서의 업무수행권을 포괄적으로 행사하게 하는 근거가 될 수는 없으므로, 법인 아닌 사단의 사원 기타 이해관계인이 임기가 만료된 대표자의 직무수행금지를 소구하여 올 경우 민법 제691조만을 근거로 이를 배척할 수는 없다고 한 사례).

283) 대판 2003.1.10, 2001다1171(학교법인의 이사는 법인에 대한 일방적인 사임의 의사표시에 의하여 법률관계를 종료시킬 수 있고, 그 의사표시는 수령권한 있는 기관에 도달됨으로써 바로 효력을 발생하는 것이며, 그 효력발생을 위하여 이사회의 결의나 관할관청의 승인이 있어야 하는 것은 아니라고 한 사례).

284) 대판 2007.6.15, 2007다6291; 대판 2003.7.8, 2002다74817; 대판 2000.1.28, 98다26187 등.

285) 대판 1967.2.21, 66다1347.

286) 대판 2003.1.10, 2001다1171.

287) 대판 2006.4.27, 2005도8875; 대판 2005.3.25, 2004다65336.

288) 대판 1967.2.21, 66다1347.

전에 행해진 이사의 직무행위에 대해서는 법인이 책임을 진다. 예컨대 감독청으로부터 취임인가 취소처분을 받은 학교법인의 이사가 변경등기 전에 발행한 어음,[289] 또한 사임등기를 하기 전에 한 이사의 차용행위[290]에 대해서 법인은 책임을 진다.

3. 직무권한

(1) 선관의무와 연대책임

집행기관으로서 이사는 대내적으로 법인의 업무집행과 대외적으로 법인을 대표하는 직무권한을 가진다. 이사와 법인과의 관계는 특수한 위임관계라 할 것이므로 수임인인 이사가 선량한 관리자의 주의[291]로 그 직무를 수행하여야 하는 것은 위임계약의 특성상 당연한 것이다(제681조 참조). 그런데 민법은 제61조에서 이사의 직무의 중요성을 고려하여 이를 특별히 규정한 것이다. 판례는 감독관청의 지휘감독을 받는 임원들이 법률해석을 잘못한 감독관청의 명령에 따른 것은 선관주의에 위반한 것이 아니라고 한다.[292]

이사가 선관주의에 위반하여 법인에 손해를 입힌 경우에는 특수한 위임계약상의 채무를 이행하지 않은 것이 되어 채무불이행으로 인한 손해배상책임을 지게 된다(제390조).[293] 그런데 민법은 여러 명의 이사가 그 임무를 해태한 경우에는 법인에 대하여 연대책임을 지도록 함으로써 이사들에게 무거운 책임을 지워서 법인의 이익을 보호하고 있다(제65조). 이 책임은 이사의 법인에 대한 책임으로서 그 성격은 채무불이행책임이다. 따라서 대표기관의 불법행위에 의한 법인의 제3자에 대한 책임이나 기관 개인의 제3자에 대한 책임이 불법행위책임인 것과 구별된다. 그밖에 이사가 일정한 직무를 해태한 때에

289) 대판 1965.6.29, 65다848.

290) 대판 1966.2.28, 65다2630.

291) 선량한 관리자의 주의의무란, 행위자의 직업 · 지식 · 경험에 비추어 거래상 일반적으로 요구되는 정도의 주의의무이다. 민법상 원칙적인 주의의무이며 이에 위반하는 것을 추상적 과실이라고 한다. 반면에 선관주의를 경감하여 행위자의 구체적 · 주관적인 주의능력에 대응한 주의로 「자기재산과 동일한 주의의무」(제695조)를 예외적인 주의의무로 인정하고, 이를 위반한 것을 구체적 과실이라고 한다. 이는 로마법은 「선량한 가부의 주의」(*diligentia boni patris familias*)에서 유래한 것이다.

292) 대판 1985.3.26, 84다카1923.

293) 대판 2002.3.15, 2000다9086(은행의 대표이사 내지 이사가 대출결정에 있어서 선관의무에 위반하여 임무를 해태하였다는 이유로 회사에 대한 손해배상책임을 인정한 사례).

는 과태료에 처한다(제97조).

(2) 대외적 대표권

1) 대표권의 의의

대표권(代表權)은 법률상 법인의 행위와 동일한 효력을 발생하는 행위를 할 수 있는 법인의 기관이 가지는 권한을 말한다. 이사는 법인의 사무에 관하여 법인의 대표할 권한을 가진다(제59조). 즉 이사는 법인과 대립하는 지위에 있는 것이 아니고 이사의 행위가 곧 법인 자신의 행위로 되며, 그 행위의 효과는 모두 법인에 관하여 생긴다. 그러므로 대표권은 대리권과는 구별되는 개념이다.[294] 그러나 실제상으로 행위자와 그 효과의 귀속자가 다르다는 점에서 대표와 대리의 구조는 동일하므로 민법은 법인의 대표에 관하여 대리에 관한 규정을 준용한다(제59조 2항). 따라서 현명주의의 원칙(제114조)·무권대리 및 표현대리(제126조·제129조)에 관한 규정도 준용된다.

2) 대표권의 범위

대표권의 범위에는 제한이 없으므로 이사가 대표할 수 있는 사무는 법인의 모든 사무에 미치는 것이 원칙이다. 법인의 행위능력의 범위에 속하는 것은 이사가 대표할 수 있다. 예컨대 이사가 대표자로서 물건을 점유하는 것도 법인의 점유가 되므로 불법점유를 이유로 한 명도청구의 대상은 그 이사가 아니라 법인이다. 그러나 법인은 가족법상의 권리의 주체가 될 수 없으므로 대표권의 범위는 재산법적 법률행위에 국한된다.

대표권의 행사방식은 이사가 여러 명이 있는 때에도 단독대표가 원칙이다(제59조 1항 본문). 이사는 각자 단독으로 법인을 대표할 수 있고, 제3자의 법인에 대한 의사표시는 여러 이사 중 1인에 대하여 하면 된다(독일민법 제28조 1항 참조). 다만 법인 내부의 사무집행에 관해서는 이사가 여러 명이 있을 경우에는 이사의 과반수로 결정한다(제58조 2항).

3) 대표권의 제한

(가) 정관에 의한 제한

이사의 대표권은 정관에 의하여 제한될 수 있다(제59조 1항 단서). 그러나

294) 통설. 다만 법인의제설의 입장에서 대표권도 대리권을 의미하는 것이라고 이해하는 견해가 있다(고상룡, 229면; 이영준, 873면).

그 제한은 정관에 기재하여야만 효력이 있으며, 정관에 기재되지 않은 대표권의 제한은 무효이다(제41조). 구체적으로 대표권이 제한되는 모습은, 법인의 일정한 행위에 대하여 이사 전원이 공동으로 대표하도록 하는 경우, 이사의 다수결에 의한 이사회의 결의를 거치도록 하는 경우,[295] 사원총회의 의결을 거치도록 하는 경우,[296] 이사회의 결의와 사원총회의 의결을 거치도록 하는 경우,[297] 집중대표방식을 채용하여 이사장에게만 대표권을 주고 보통 이사의 대표권을 제한하는 경우 등으로 나타난다.

이와 같이 정관에 기재된 대표권의 제한도 이를 등기하지 않으면 제3자에게 대항하지 못한다(제60조). 그런데 여기서 제3자의 범위에 악의의 제3자가 포함되는가 아니면 선의의 제3자만이 포함되고 악의의 제3자는 배제되는가에 대하여 학설의 대립이 있다. ① 악의자포함설은 제3자에 선의·악의의 제3자가 모두 포함되므로 등기를 하지 않으면 선의의 제3자뿐만 아니라 악의의 제3자에 대하여도 대항할 수 없다는 견해이다.[298] 판례도 이에 따르고 있다.[299] ② 악의자배제설은 제3자에는 선의의 제3자만이 포함되므로 등기를 하지 않아도 악의의 제3자에게는 대항할 수 있다는 견해이다.[300] 생각건대 대표권의 제한 사실을 알고 있는 악의의 제3자는 이미 그 제한을 위반하여 행한 행위가 법인의 행위로 인정되지 않을 수 있음을 알고서도 대표기관과 거래한 자로서 보호할 가치가 없다고 할 수 있다. 그리고 상법은 상업등기의 효력에 관하여 등기가 없으면 선의의 제3자에게 대항하지 못한다고 하여 상거래에서도 등기가 없이도 악의의 제3자에게 대항할 수 있다고 하는 것과 비교하여 볼 때도 그 균형이 맞지 않으므로 악의자배제설이 타당하다.[301]

(나) 총회의 결의에 의한 제한

이사가 사단법인을 대표하는 데는 총회의 결의에 의하여야 한다(제59조 1항 단서). 따라서 사단법인의 이사의 대표권은 사원총회의 의결에 의하여 제한할 수도 있다. 그런데 사원총회의 결의에 의한 이사의 대표권제한이 등기되지 않

295) 대판 1992.2.14, 91다24564.
296) 대판 2003.7.22, 2002다64780.
297) 대판 1987.11.24, 86다카2484.
298) 고상룡, 231면; 김용한, 184면; 김준호, 202면.
299) 대판 1992.2.14, 91다24564; 대판 1987.11.24, 86다카2484.
300) 곽윤직, 216면; 김민중, 272면; 김상용, 247면; 김주수, 243면; 김증한·김학동, 204면; 백태승, 250면; 이은영, 278면; 장경학, 333면; 민법주해 Ⅰ, 686면(최기원).
301) 같은 취지: 김증한·김학동, 204면. 법무부 민법개정안 제60조는「제3자」를「선의의 제3자」로 바꾸고 있다.

으면 이에 위반하여 행한 이사의 행위는 유효하다.[302)]

(다) 이익상반의 경우

법인과 이사의 이익이 상반되는 사항에 관하여는 그 이사는 대표권이 없으며, 이 경우에는 이해관계인이나 검사의 청구에 의하여 법원이 선임한 특별대리인이 법인을 대표한다(제64조). 구체적으로는 이사의 법인재산의 양수, 이사재산의 법인에 대한 양도, 이사 개인 채무의 법인의 인수 등이 이익상반의 행위이다. 판례는 사단법인의 이사장 직무대행자가 개인의 입장에서 그 사단법인을 상대로 소송을 하는 것은 이익상반 사항에 해당한다고 한다.[303)]

특별대리인은 그 권한이 당해 사항에 한한 것이기는 하나 이사와 마찬가지로 법인의 대표기관이다. 이사가 여러 명이 있고 그 중 일부 이사와 법인간의 이익이 상반하는 경우에는, 특별대리인을 선임할 필요 없이 다른 이사가 법인을 대표하며, 다른 이사가 없는 경우에만 특별대리인이 법인을 대표한다고 해석한다.[304)] 이사가 민법 제64조에 위반하여 법인을 대표한 경우에는 무권대리에 관한 규정이 준용된다(제130조 이하).

(라) 복임권의 제한

이사가 스스로 대표권을 행사하는 것이 원칙이다. 다만 정관 또는 총회의 결의로 금지하지 않은 사항에 한하여 특정한 행위에 관해서만 타인에게 대리시킬 수 있다(제62조). 이사의 복임권(復任權)은 특정한 소송사건에 관한 소송행위 또는 특정재산에 대한 관리행위 등과 같이 특정행위에 국한되고 포괄적으로는 인정되지 않는다.[305)]

이사의 복임권의 범위는 본인의 승낙이나 부득이한 사유가 있는 때에 한하여 복대리인을 선임할 수 있는 제한적인 임의대리인의 복임권(제120조)과 자신의 책임으로 복대리인을 선임할 수 있는 자유로운 법정대리인의 복임권(제122조)의 중간에 속한다고 할 수 있다. 이사는 법인의 의사에 의해서 선임된다는 점에서 그 법적 구조가 임의대리인과 유사하다 할 것이나, 제62조는 이사의 직무의 중요성을 고려하여 임의대리인의 복임권을 확대하여 특별히 규

302) 대판 1975.4.22, 74다410.
303) 대판 2003.5.27, 2002다69211.
304) 통설. 다만 일률적으로 다른 이사가 법인을 대표할 수 있다는 데 대하여 의문을 제기하는 견해가 있다(고상룡, 232면).
305) 대판 1996.9.6, 94다18522(비법인사단 대표자가 행한 타인에 대한 업무의 포괄적 위임과 그에 따른 포괄적 수임인의 대행행위는 민법 제62조의 규정에 위반된 것이어서 비법인사단에 대하여는 그 효력이 미치지 아니한다고 한 사례).

정한 것이다.

이사에 의하여 선임된 대리인은 법인의 기관이 아니다. 그러나 법인의 임의대리인으로서 법인을 위하여 대리행위를 하며 그 효과는 법인에 귀속한다. 이사는 이러한 대리인의 선임·감독에 관하여 책임을 진다(제121조 1항).

(3) 대내적 사무집행권

1) 범위 및 집행방법

이사는 법인의 모든 내부적 사무를 집행할 권한이 있다(제58조 1항). 대외적 대표사무에 있어서와 같은 명문의 규정은 없지만, 대내적 사무집행에 있어서도 정관의 규정 및 사원총회의 의결에 따라야 한다. 그러므로 정관으로 각 이사의 담당사무에 대하여 분야별로 나누어 규정할 수 있고 이에 따라 이사의 업무는 제한을 받을 수 있다.

이사가 여러 명인 경우에는 정관에 다른 규정이 없으면 법인의 사무집행은 이사의 과반수로 결정한다(제58조 2항). 이사의 대표권의 행사를 각자 대표로 하는 것과는 구별된다.

2) 사무내용

(가) 재산목록의 작성

재산목록은 일정시기에 있어서의 법인의 총재산에 관하여 개별적으로 가액을 붙인 명세표, 즉 법인의 적극·소극의 총 재산의 명세서이다. 이사로 하여금 재산목록을 작성하게 하는 것은, 법인의 재산상태를 명료하게 하여 법인의 자산 상태를 일반 제3자에게 알림과 동시에 이사 개인의 재산과의 혼동을 방지하여 제3자를 보호하기 위한 것이다.

이사는 법인이 성립한 때에 기본재산목록을 작성하고, 또한 매년 초 3월 이내에 작년 말 현재의 매년도 재산목록을 작성하여야 한다(제55조 1항 전단). 다만 사업연도를 정하고 있는 법인에 있어서는 그 성립시에 기본재산목록을 작성하고, 매년도 재산목록은 그 사업연도 말에 작성하여야 한다고 하고 있다(제55조 1항 후단). 그러나 차기 사업연도 시작 후 3개월 이내에 작성하면 된다고 이해한다(통설). 이렇게 작성한 재산목록은 사무소에 비치하여 열람할 수 있도록 하여야 한다(제55조 1항). 만약 이사가 재산목록의 작성 및 비치의 의무를 게을리 하거나, 부정기재를 한 때에는 과태료의 처분을 받는다(제97조 2항).

(나) 사원명부의 작성

사단법인의 이사는 사원명부를 작성하여 사무소에 비치하고, 사원의 변경이 있는 때에는 이를 정정하여 기재하여야 한다(제55조 2항). 이사가 이 의무를 게을리 하거나 부정기재를 한 때에는 과태료에 처한다(제97조 2호).

(다) 사원총회의 소집

사단법인의 이사는 매년 1회 이상 통상총회를 소집하여야 하며(제69조), 필요하다고 인정하는 때에는 임시총회를 소집할 수 있다(제70조 1항). 또한 총사원의 5분의 1 이상 또는 정관에 의해 증감된 수의 사원이 회의의 목적사항을 제시하여 청구한 때에는 이사는 임시총회를 소집하여야 한다(제70조 2항).

(라) 총회의사록의 작성

총회의 의사에 관하여는 의사록을 작성하여야 하는데(제76조 1항), 이에는 의사의 경과, 요령 및 결과를 기재하고 의장 및 출석한 이사가 기명날인하여야 한다(제76조 2항). 그리고 이사는 그 의사록을 주된 사무소에 비치하여야 한다(제76조 3항). 이사가 의사록에 관한 의무를 게을리 한 때에도 과태료의 처분을 받는다(제97조 5항).

(마) 파산신청

법인이 채무를 완제하지 못하게 된 때에는 이사는 지체없이 파산을 신청하여야 한다(제79조). 이사가 이 신청을 게을리 한 때에도 과태료의 처분을 받는다(제97조 6호).

(바) 청산인이 되는 것

법인이 해산한 때에는, 파산의 경우를 제외하고 이사가 청산인이 되는 것이 원칙이다(제82조).

(사) 등 기

이사는 법인에 관한 각종의 등기를 하여야 하며 이를 게을리 한 때에는 과태료의 처분을 받는다(제97조 1호).

4. 이사회

이사가 여러 명이 있는 경우에는 정관에 다른 규정이 없으면, 법인의 사무집행은 이사의 과반수로 결정한다(제58조 2항). 이러한 경우에 법인의 사무집행에 관한 의사를 결정하기 위하여 이사전원으로써 이사회(理事會)를 구성하는 것이 보통이다. 민법은 이사회에 관한 규정을 두지 않았으나 정관의 규정에 의해서 이사회를 집행기관으로 할 수 있다. 그러나 사립학교와 같은 특수법인에는 이사회를 두며(사립학교법 제15조), 주식회사의 이사회는 상설의 필요기관이다(상법 제390조 이하 참조). 이사회의 소집·결의·의사록의 작성 등에 관해서는 정관에 특별한 규정이 없는 한 사원총회에 관한 규정을 유추적용할 것이다.306) 판례는 민법상 법인의 이사회의 결의에 부존재 혹은 무효 등 하자가 있는 경우에 법률에 별도의 규정이 없으므로 이해관계인은 언제든지 또는 어떤 방법에 의하든지 그 무효를 주장할 수 있다고 한다.307)

5. 임시이사

임시이사(臨時理事)는 법인의 이사가 없거나 결원이 있는 경우에 이로 인하여 손해가 생길 염려가 있을 때에는, 이해관계인이나 검사의 청구에 의하여 법원이 선임하는 일시적 이사이다(제63조).

임시이사의 선임요건은, ㉠ 이사가 전혀 없거나 결원이 있어야 한다. 여기서 「결원」의 의미는 정관에 규정한 수의 이사의 정원에 부족함이 있음을 말한다.308) ㉡ 손해가 발생할 염려가 있어야 한다. 정규 이사를 선임하고 보충하는 데 시일을 요하여 법인 또는 타인에게 손해가 생길 염려가 있어야 한다. 따라서 통상적인 선임절차에 의해 이사를 선임할 수 있는 경우에는 임시이사를 선임할 수 없다고 할 것이다. ㉢ 이해관계인과 검사의 청구가 있어야 한다. 이해관계인이란 임시이사의 선임에 대하여 법률상 이해관계를 가지는 자로서 본인, 법인의 다른 이사, 사원, 채권자 등을 말한다.309)

임시이사의 선임절차는 민사소송법에 의하는 것이 아니라 비송사건절차법에 의한다. 따라서 선임절차에 대한 불복방법도 비송사건절차법에 의한 항고에 의해서만 가능하다.310) 또한 법원은 임시이사가 불필요하게 되면 언제든지

---

306) 통설. 판례도 「의료법인 이사회의 결의가 법령 또는 정관이 정하는 바에 따른 정당한 소집권자 아닌 자에 의하여 소집되고 적법한 소집절차 없이 개최되었으며 총원 9인의 이사 중 7인의 이사만이 참석하여 결의를 한 것이라면, 참석하지 아니한 2인의 이사 중 1인은 이미 이사 사임의 의사를 표시한 자이고, 나머지 1인은 이사로서의 권한을 다른 이사에게 위임하였다고 할지라도 그와 같은 이사회의 결의는 부존재한 결의로서 아무 효력이 없다」고 한다(대판 1992.11.24, 92다428. 같은 취지: 대판 1992.7.24, 92다749 등).

307) 대판 2003.4.25, 2000다60197.

308) 대결 1975.3.31, 74마562.

309) 대결 1976.12.10, 76마394.

310) 대판 1976.10.26, 76다1771; 대판 1963.12.12, 63다321.

이를 취소 또는 변경할 수 있다.311) 행정청이 이사취임승인취소처분을 취소한 경우에는 본래의 이사의 지위가 회복되므로 법원에 의하여 선임된 임시이사는 법원의 해임결정이 없더라도 당연히 그 지위가 소멸된다.312)

임시이사의 지위는 법인의 기관으로서 이사와 동일한 직무 · 권한을 가진다.313) 다만 일시적 기관이므로 정규 이사가 선임되면 임시이사의 권한은 소멸한다(통설). 한편 선임된 임시이사는 법원의 승낙 없이도 스스로 사임할 수는 있다.

6. 특별대리인

특별대리인(特別代理人)은 법인과 이사와의 이익상반하는 사항에 대하여 법인을 대표하게 하기 위하여 이해관계인이나 검사의 청구에 의하여 법원이 선임하는 대리인이다(제64조, 제63조). 특별대리인은 당해 특정 사항에 대해서만 대표권을 가지지만 그 한도 내에서는 이사와 마찬가지로 법인의 기관이다. 또한 이사가 여러 명이 있고 그 중 일부 이사와 법인간의 이익이 상반하는 경우에는, 특별대리인을 선임할 필요 없이 다른 이사가 법인을 대표하며, 다른 이사가 없는 경우에만 특별대리인이 법인을 대표한다는 것은 앞에서 기술한 바와 같다.

7. 직무대행자

직무대행자(職務代行者)는 이사의 선임행위에 흠이 있어서 이해관계인의 신청으로 법원이 가처분으로 선임하는 임시적 기관이다. 직무대행자는 가처분명령에 다른 정함이 있거나 법원의 허가를 얻은 경우 이외에는 법인의 통상사무에 속하지 아니한 행위를 하지 못한다(제60조의2 1항).314) 이를 위반한 행위를 한 경우에도 법인은 선의의 제3자에 대하여 책임을 진다(동조 2항).

311) 대결 1992.7.3, 91마730.
312) 대판 1997.1.21, 96누3401.
313) 대판 1963.3.21, 62다800(법원이 선임한 임시이사도 일반 이사와 동일한 결의권이 있다고 한 사례); 대판 1963.12.12, 63다449(임시이사가 한 정관변경도 유효하다고 한 사례).
314) 대판 2006.1.26, 2003다36225(가처분결정에 의하여 선임된 학교법인 이사직무대행자가 그 가처분의 본안소송인 이사회 결의무효 확인의 제1심판결에 대하여 항소권을 포기하는 행위는 학교법인의 통상업무에 속하지 않는다고 한 사례).

Ⅲ. 감 사

1. 의 의

감사(監事)는 법인의 재산상황 및 이사의 업무집행의 상황에 대한 감독기관이다. 민법은 정관이나 총회의 결의로 1인 또는 수인을 둘 수 있다(제66조)고 하여 감사를 임의기관으로 하고 있는데, 이는 비영리법인이 주무관청의 감독을 받을 뿐 아니라 법인의 목적·규모 기타 사정에 따라서는 감독기관을 둘 필요가 없는 경우도 있기 때문이다.

감사의 자격·선임방법·선임행위의 성질·해임·퇴임 등은 모두 이사의 경우와 같다. 그러나 법인이 해산하면 이사는 그 지위를 잃고 청산인이 집행기관이 되는 데 반하여, 감사는 계속해서 청산인의 청산사무의 집행을 감독하게 된다. 또한 감사는 이사와는 달리 대외적 대표기관이 아니어서 제3자의 이해에 영향을 미칠 염려가 없기 때문에, 감사의 성명·주소는 등기사항이 아니다.

2. 직무권한

감사는 법인의 내부에서 이사의 업무집행을 감독한다. 감사가 그 직무를 게을리 하거나 또는 직무 수행에 있어서 선관주의의무를 위반하여 법인에 손해를 준 때에 법인에 대하여 채무불이행으로 인한 손해배상책임을 지는 점은, 이사의 경우와 같다(제390조 참조).[315] 그러나 감사가 여러 명인 경우에도 이사의 경우와는 달리 연대하여 배상책임을 지지 아니한다(통설). 그것은 감독사무의 성질상 감사는 각자 단독으로 직무를 수행하기 때문이다.

민법이 열거하는 감사의 주요한 직무권한은, 법인의 재산상황을 감사하는 일, 이사의 업무집행의 상황을 감사하는 일, 재산상황 또는 업무집행에 관하여 부정, 불비한 것이 있음을 발견한 때에는 이를 총회 또는 주무관청에 보고하는 일, 이

315) 대판 1985.6.25, 84다카1954(주식회사의 이사 또는 감사의 회사에 대한 임무해태로 인한 손해배상책임은 일반불법행위 책임이 아니라 위임관계로 인한 채무불이행 책임이므로 그 소멸시효 기간은 일반채무의 경우와 같이 10년이라고 보아야 한다고 한 사례).

러한 보고를 하기 위하여 필요한 때에는 총회소집을 하는 일 등이다(제67조). 이 이외의 행위도 감사의 직무수행에 필요하면 이를 할 수 있다고 하여야 한다.

IV. 사원총회

1. 의 의

사원총회(社員總會)는 사단법인의 구성원인 사원 전원으로 구성되는 총회이다. 이 기관은 정관의 변경, 법인의 해산 등을 비롯하여 사단법인에 관한 모든 근본적인 의사를 결정하는 최고의 의사결정기관이며, 정관의 규정에 의하여서도 폐지할 수 없는 필수기관이다. 사원이 없는 재단법인에는 사원총회는 있을 수 없고 그 의사결정은 정관에 의하여 정해진다.

2. 사원총회의 종류

(1) 통상총회

통상총회(通常總會)는 적어도 1년에 1회 이상 일정한 시기에 소집되는 사원총회이다(제69조). 소집시기는 보통 정관에서 정해지나, 정관에 규정이 없으면 총회의 결의로 정할 수 있고, 총회의 결의도 없는 경우에는 이사가 임의로 결정할 수 있다.[316]

(2) 임시총회

임시총회(臨時總會)는 필요한 경우에 임시로 소집되는 사원총회이다. 이사가 필요하다고 인정하는 때(제70조 1항), 감사가 필요하다고 인정하는 때(제67조 4호), 또는 총 사원의 5분의 1 이상의 사원이 회의의 목적사항을 제시하여 청구하는 때(제70조 2항 전단)에 열린다. 총 사원의 5분의 1 이상의 소수사원

316) 대판 2001.10.12, 2001다24082(일부 종중원들이 정기총회의 연기를 선언한 종회장의 결정에 반대하여 사전에 정기총회의 장소로 지정된 적이 없는 곳에서 별도로 개최한 정기총회는 적법한 장소가 아닌 곳에서 개최된 것으로 위법하다고 한 사례).

의 총회소집권은 사원의 고유권인 소수사원권이며, 이는 사단에서 다수의 사원의 횡포를 견제하고 사단의 공정한 이익을 수호하기 위하여 소수의 사원에게 주어지는 권리이며, 다수결에 의해서도 박탈할 수 없는 권리이다. 그러므로 정관에 의하여 그 정족수를 증감할 수는 있으나(제70조 2항 후단), 총회소집권 자체를 박탈할 수는 없다. 소수사원의 총회소집의 청구가 있은 후 2주일 이내에 이사가 총회를 소집하지 않는 때에는, 이를 청구한 사원은 법원의 허가를 얻어서 스스로 총회를 소집할 수 있다(제70조 3항).

3. 소집의 절차

사원총회의 소집은 1주일 전에 그 회의의 목적사항을 기재한 통지를 발송하고, 기타 정관에 정한 방법에 의하여야 한다(제71조). 「1주일」의 기간은 기간의 첫날은 빼고 계산하므로 총회일이 3월 31일이면 30일부터 기산하여 1주일에 해당하는 3월 23일까지는 소집통지가 발송되어야 한다. 이 기간은 정관에 의해서도 단축하지는 못하지만 적당한 기간으로 연장하는 것은 가능하다(통설). 통지는 목적사항을 기재한 서면으로 하는 것이 원칙이다.[317] 통지를 발송한다는 것은 민법상 도달주의 원칙에 대한 예외로서 발신주의를 채택한 것이다(제111조 참조). 따라서 발송된 통지가 일부사원에게 도달되지 않더라도 총회의 개최에는 영향을 주지 않는다.

통지의 방법은 개별적 통지 · 신문광고 · 기관지 게재 등이 보통이나, 정관에 아무런 규정이 없으면 전 사원에게 알릴 수 있는 적당한 방법을 이사가 선택할 것이다. 판례는 관례에 따른 총회의 소집도 유효하다고 한다.[318]

법률 또는 정관규정의 위반으로 소집절차에 하자가 있는 경우에 그 효과에 관하여는 민법은 아무런 규정을 두고 있지 않으므로, 상법에서와 같이 일단 유효한 것으로 하고 각종의 소송[319]에 의해서 그 효력을 다툴 수 있다고 해석할 수는 없다. 따라서 소집절차에 하자가 있는 사원총회의 결의는 무효인 것이 원칙이다. 예컨대 소집권한이 없는 자에 의해 소집된 총회의 결의[320]는 무

317) 그러나 「총회소집통지를 서면에 의하지 않고 전화로 하였다는 경미한 하자만으로는 총회의 결의를 무효라고 할 수 없다」고 한 판례가 있다(대판 1987.5.12, 86다카2705).

318) 대판 1993.7.16, 92다53910; 대판 1993.5.25, 92다47694 등.

319) 예컨대 주주총회의 결의취소의 소(상법 제376조), 결의무효 및 결의부존재확인의 소(상법 제380조).

320) 대판 1990.4.10, 89다카6102 등.

효이다. 그러나 비교적 경미한 하자는 상당한 기간이 지나면 치유되어 무효를 주장할 수 없다고 할 것이다.321)

판례는 일단 소집된 사원총회가 개최되기 전에 당초 그 총회의 소집이 필요하거나 가능하였던 기초 사정에 변경이 생겼을 경우에는, 그 소집권자는 소집된 총회의 개최를 연기하거나 소집을 철회 · 취소할 수 있으며, 그 방식은 반드시 총회의 소집과 동일한 방식을 요하는 것은 아니고 구성원들에게 소집의 철회 · 취소결정이 있었음이 알려질 수 있는 적절한 조치가 취하여지는 것으로써 충분히 그 소집 철회 · 취소의 효력은 발생한다고 한다.322)

4. 사원총회의 권한

사원총회는 포괄적으로 모든 법인사무에 관하여 결의권을 가진다(제68조). 다만 정관으로 이사 기타 임원에게 위임한 사항, 강행규정 및 사회질서에 위반하는 사항, 법인의 본질에 반하는 사항에 대해서는 결의권이 없다.323) 그러나 정관의 변경(제42조)과 임의해산(제77조 2항)은 법인구조를 본질적으로 변경하는 것이므로 반드시 총회의 결의를 거쳐야 하는 총회의 전권사항이다. 정관에 의해서도 이를 박탈하여 다른 기관의 권한으로 하지 못한다. 사원총회는 의결기관이지 집행기관은 아니므로 대외적인 대표권이나 대내적인 업무집행권을 가지지 않으며, 총회가 의결한 사항은 이사 등의 집행기관이 집행한다. 즉 총회는 예산 · 결산과 업무집행의 심사 · 승인 등에만 관여하고, 실제로 법인의 운영은 포괄적으로 이사 또는 이사회에 위임하는 경우가 많다.

사원의 고유권을 총회의 결의로 박탈할 수 있는가 하는 것이 문제이다. 고유권이란 사원이 사원의 자격에 기하여 사단법인에 대하여 가지는 권리 중에서 그 사원의 동의 없이는 정관의 규정 또는 총회의 결의에 의하여서도 빼앗

---

321) 같은 취지: 고상룡, 241면; 김상용, 254면; 백태승, 257면. 이에 대하여 판례는 「단지 소집권한 없는 자에 의한 총회에 소집권자가 참석하여 총회소집이나 대표자선임에 관하여 이의를 하지 아니하였다고 하여, 이것만 가지고 총회가 소집권자의 동의에 의하여 소집된 것이라거나 그 총회의 소집절차상의 하자가 치유되어 적법하게 된다고는 할 수 없다」고 한다(대판 1994.1.11, 92다40402).

322) 대판 2007.4.12, 2006다77593(주지후보자 선출을 위한 산중총회의 소집과 철회에 관한 사례).

323) 대판 1975.4.22, 74다410(민법상의 사단법인에 있어서는 비록 재산이 중요하고 유일한 것이라 하여도 그 처분에 있어 반드시 사원총회의 결의를 필요로 하는 것은 아니라고 한 사례).

지 못하는 권리이며, 소수사원권(제70조 2항)과 사원의 결의권(제73조)이 이에 해당한다. 총회에서 다수결에 의한 결의가 행해지면 소수자는 다수자의 의사에 따를 수밖에 없게 되므로 그만큼 구성원은 자유를 구속당하게 된다. 그러나 총회의 다수결에 의한 지배에도 일정한 한계는 있다고 할 것이므로, 사원 자신의 동의가 없으면 사원총회의 결의에 의해서도 그 고유권을 박탈하지 못한다고 해석할 것이다.

5. 총회의 결의방법

(1) 총회의 성립

총회 자체가 적법하게 성립하여야만 그 총회가 통지된 사항에 대해서 토의 및 결의를 할 수 있다. 총회의 성립요건은, 소집절차가 적법하여야 하고, 각 사원에게 결의에 참가할 기회가 주어져야 하고,[324] 총회성립에 요구되는 의사 정족수의 사원이 참석하여야 할 것 등이다.

의사 정족수에 관하여 민법에는 규정이 없다. 이에 대하여, ① 2인설은 정관에 따로 정함이 없으면 2인 이상의 사원의 출석이 있으면 총회가 성립한다고 하고,[325] ② 과반수설은 의결정족수에 관한 제75조 1항을 근거로 총회의 성립에도 사원의 과반수 이상의 출석이 요구된다고 한다.[326] 그러나 제75조 1항은 의결정족수를 정한 것이지 의사정족수를 정한 것이 아니고, 총회가 오로지 결의만을 전제로 열리는 것은 아니라고 할 것이므로 총회는 2인 이상의 사원의 출석으로 성립한다고 할 것이다.

(2) 결의사항

총회는 소집할 때 통지된 사항에 대해서만 결의할 수 있다(제72조 본문).[327]

---

324) 대판 1978.11.14, 78다1269(주주의 전부 또는 대부분의 주주에게 소집통지를 발송하지 아니하고 개최된 주주총회는 특별한 사정이 없는 한 그와 같은 총회는 그 성립과정에 있어 하자가 너무나도 심한 것이어서 사회통념상 총회 자체의 성립이 인정되기 어렵다고 한 사례).

325) 고상룡, 240면; 곽윤직, 222면; 김민중, 280면; 김용한, 186면; 김상용, 255면; 김주수, 249면; 백태승, 258면; 이영준, 879면; 장경학, 340면.

326) 김준호, 212면; 김증한·김학동, 212면; 민법주해 Ⅰ, 734면(최기원).

327) 대판 1996.10.25, 95다56866(비법인사단인 재건축조합이 총회소집통지를 함에 있어서 회의의 목적사항을 열거한 다음 '기타 사항'이라고 기재한 경우, 총회소집통지에는 회의의 목적사항을 기재토록 한 민법 제71조 등 법규정의 입법취지에 비추어 볼 때, '기타

다만 정관에 다른 규정이 있는 때에는 미리 통지되지 않은 사항에 대해서도 결의할 수 있다(제72조 단서). 또한 결의사항은 총회의 권한에 속하는 것이어야 하고 사회질서나 강행법규에 위반하지 않는 것이어야 한다.

(3) 결의권

각 사원은 누구나 평등하게 결의권을 가진다(제73조 1항).[328] 결의권평등의 원칙은 정관으로 변경할 수 있다(제73조 3항). 그러나 결의권은 사원의 고유권이므로 이를 완전히 박탈하지는 못한다. 그리고 법인과 어느 사원이 관계되는 사항에 관하여 결의하는 경우에는 그 사원은 결의권이 없다(제74조). 어느 사원과 법인 사이에 매매 등의 계약체결이나 법인의 사원에 대한 소송제기 등이 이에 해당된다.

결의권은 정관에 다른 규정이 없는 한 서면에 의하여 행사하거나, 대리인에 의해서도 행사할 수 있다(제73조 2항).[329]

(4) 결의의 성립

결의의 성립에 필요한 의결정족수는 민법 또는 정관에 다른 규정이 없으면, 사원과반수의 출석과 출석사원의 결의권의 과반수이다(제75조 1항).[330] 판례는 「직선제에 의한 종중의 회장 선출시 의결정족수를 정하는 기준이 되는 출석종원이라 함은 당초 총회에 참석한 모든 종원을 의미하는 것이 아니라 문제가 된 결의 당시 회의장에 남아 있던 종원만을 의미한다고 할 것이므로 회의 도중 스스로 회의장에서 퇴장한 종원들은 이에 포함되지 않는다」고 한다.[331] 그러나 출석종원으로 개의하여 출석인원 과반수의 찬성에 의하여 종중결의를 하도록 규정한 종중규약은 유효하다고 한다.[332]

사항'이란 회의의 기본적인 목적사항과 관계가 되는 사항과 일상적인 운영을 위하여 필요한 사항에 국한된다고 보아야 한다고 한 사례).

328) 주식회사는 1주식 1의결권의 원칙에 따른다(상법 제369조).

329) 대판 2000.2.25, 99다20155; 대판 1998.10.13, 97다44102(새마을금고의 회원으로부터 대리인이 기재되지 않은 백지위임장이 제출되고 총회시까지 대리인이 보충기재되지 아니한 경우, 그 위임장을 소지한 자를 대리인으로 지정한 것으로 보아야 한다고 한 사례).

330) 대판 2006.2.23, 2005다19552 · 19569(재건축조합은 민법상 비법인사단으로서 민법의 법인에 관한 규정 중 법인격을 전제로 하는 조항을 제외한 나머지 조항이 원칙적으로 준용되므로, 위 조합의 창립총회에서는 민법 제75조 제1항에 따라 사원 과반수의 출석과 출석사원 결의권의 과반수로써 유효한 결의를 할 수 있다고 한 사례).

331) 대판 2001.7.27, 2000다56037.

332) 대판 1993.1.26, 91다44902.

그밖에 정관변경의 결의는 총 사원의 3분의 2 이상(제42조 1항), 임의해산의 결의는 총 사원의 4분의 3 이상의 동의가 있어야 하는데(제78조), 이러한 정족수도 정관에 다른 규정이 있으면 그에 따른다(제42조 1항 단서, 제78조 단서).[333)]

또한 서면 또는 대리인에 의하여 결의권을 행사하는 사원은 출석한 것으로 간주한다(제75조 2항).[334)] 그러나 통지가 가능한 사원의 일부에 대해 소집통지를 하지 않은 채 개최된 총회의 결의는 무효이다.[335)]

(5) 총회의 의사록의 작성

총회의 의사에 관하여는 의사록을 작성하여 이사는 이를 주사무소에 비치하여야 한다(제76조 1항·3항). 의사록에는 의사의 경과·요령 및 결과를 기재하고 의장 및 출석한 이사가 기명날인하여야 한다(동조 2항).[336)]

V. 사 원 권

1. 의 의

사원권(社員權)은 사단법인을 구성하는 사원이 사원으로서의 지위에 기하여 그 법인에 대하여 가지는 포괄적 권리이다. 사원권의 개념구성에 대해서 견해가 일치하지 않는다. ① 법률관계설은 사원권을 사원의 사단에 대한 법적

---

333) 대결 2007.7.24. 2006마635(주택재건축정비사업조합이 정관으로 해산결의의 요건을 민법 제78조에 정한 총조합원 4분의 3 이상의 동의보다 완화하여 규정하는 것도 가능하고, 그것이 통상의 결의 요건에도 미달하는 등 현저히 타당성이 없는 경우가 아닌 한 유효하다고 한 사례).

334) 대판 2000.2.25, 99다20155(종중총회의 결의방법에 있어 종중규약에 다른 규정이 없는 이상 종원은 서면이나 대리인으로 결의권을 행사할 수 있으므로 일부 종원이 총회에 직접 출석하지 아니하고 다른 출석 종원에 대한 위임장 제출방식에 의하여 종중의 대표자 선임 등에 관한 결의권을 행사하는 것도 허용된다고 한 사례).

335) 대판 1997.2.28, 95다44986; 대판 1992.11.27, 92다34124 등.

336) 대판 1984.5.15, 83다카1565(법인의 총회 또는 이사회의 의사에는 의사록을 작성하여야 하고 의사록에는 의사의 경과, 요령 및 결과 등을 기재하고 이와 같은 의사의 경과, 요령 및 결과 등은 의사록을 작성하지 못하였다든가 또는 이를 분실하였다는 등의 특단의 사정이 없는 한 이 의사록에 의하여서만 증명된다고 한 사례).

지위 내지 사단과의 포괄적 법률관계 그 자체라고 하고 개개의 권리·의무는 그로부터 나오는 지분권능이라고 한다.[337] ② 권리설은 사원권을 사원의 사단법인에 대한 법적 지위 내지 법률관계로부터 유출하는 제권리를 포괄하는 권리라거나[338] 또는 사원의 지위로부터 법인의 사업에 참여할 기능을 중심으로 하여 도출되는 포괄적인 권리[339]라고 하여, 사원권을 권리로 이해하는 견해이다. 생각건대 사원권은 법적 지위나 법률관계 그 자체가 아니라 그로부터 발생하는 모든 권리를 포함하는 포괄적인 권리라 할 것이다. 그리고 재산권·신분권 또는 인격권의 어느 것에도 속하지 않는 특수한 권리이며 그 내용은 각 법인에 따라 다르다.

사원은 사단법인의 구성요소 및 존재근거로서 의사결정기관인 사원총회를 구성하지만, 각 사원이 사단법인의 기관은 아니다. 그리고 법적으로 사원은 사단법인의 구성원을 말하며, 법인의 피용자는 사원이 아니다. 주식회사에서는 사원을 주주라고 한다.

2. 종 류

사원권의 내용은 공익권과 자익권으로 분류된다.[340]

(1) 공익권

공익권(共益權)은 사단법인의 관리·운영에 참여하는 것을 내용으로 하는 권리이며, 결의권, 소수사원권, 업무집행권, 감독권 등이 이에 속한다. 비영리법인에서는 공익권이 주가 된다.

(2) 자익권

자익권(自益權)이란 법인으로부터 사원 자신이 이익을 향수하는 것을 내용으로 하는 권리이며, 영리법인의 경우에는 이익배당청구권·잔여재산분배청구권, 비영리법인의 경우에는 법인의 시설이용권이 그 예이다. 영리법인에

---

337) 고상룡, 241면; 곽윤직, 223면; 김민중, 283면; 김용한, 193면; 김준호, 214면; 김증한·김학동, 213면; 장경학, 341면.

338) 김상용, 257면; 백태승, 260면.

339) 이영준, 880면.

340) 이에 대해서 공로이익배당청구권과 같은 특별권을 공익권과 자익권과 함께 사원권에 포함시키는 견해(이영준, 880면)가 있으나 이는 자익권에 포함시켜도 무방하다고 생각된다.

서는 자익권이 주가 된다.

3. 사원의 의무

사원은 그 사원의 자격으로 사단법인에 대하여 일정한 의무를 부담한다. 사원의 의무로는 회비납부의무 또는 영리법인의 출자의무와 같은 일반의무와, 일정 사원에게 부과되는 특별회비 납부의무와 같은 특별의무가 있다.

4. 사원권의 이전성

공익성이 강한 비영리법인의 사원권은 양도·상속할 수 없다(제56조). 그러나 제56조의 규정은 강행규정은 아니므로, 정관에 의하여 이를 인정하고 있을 때에는 양도·상속이 허용된다.[341] 그러나 자익성이 강한 영리법인의 사원권은 양도·상속이 허용된다(상법 제355조, 다만 합명회사의 경우에는 금지된다. 동법 제197조).

5. 사원권의 소멸

사원권은 사원의 사망·탈퇴·총회의 결의·정관이 규정하는 파면에 의하여 소멸한다. 사원권의 박탈은 특별한 사유가 없는 한 법인의 이익을 위하여 불가피한 경우에 최종적인 수단으로서만 인정되어야 한다.[342]

제 5 관 법인의 주소

법인도 자연인과 마찬가지로 그 활동의 근거가 되는 장소를 주소로 인정하

---

341) 대판 1997.9.26, 95다6205; 대판 1992.4.14, 91다26850.

342) 대판 2006.10.26, 2004다47024(종중이 '종원 중 불미부정(不美不正)한 행위로 종중에 대하여 피해를 끼치거나 명예를 오손하게 한 종원은 이를 변상시키고 이사회의 결의를 거쳐 벌칙을 가하고 총회에 보고한다'는 내용의 종종 규약에 근거하여 종원에 대하여 10년 내지 20년간 종원의 자격(각종 회의에의 참석권·발언권·의결권·피선거권·선거권)을 정지시킨다는 내용의 처분을 한 것은 종원이 가지는 고유하고 기본적인 권리의 본질적인 내용을 침해하므로 그 효력을 인정할 수 없다고 한 사례). 그밖에 사원권 박탈을 인정하지 않은 것으로는 대판 1994.5.10, 93다21750(사단법인 부산시개인택시여객운송연합회가 단체의 구성원인 조합원에 대한 가한 제명처분)이 있다.

고 이를 법률관계의 기준으로 할 필요가 있다. 민법은 법인의 주소를 그 주된 사무소의 소재지에 있는 것으로 한다(제36조). 「주된 사무소」란 여러 개의 사무소 중에서 법인을 일반적으로 통솔하는 최고수뇌부가 존재하는 장소를 말한다. 정관에 주된 사무소로 기재된 사무소와 사실상 주된 사무소의 기능을 하는 장소가 일치하지 않는 경우에는 사무소가 후자로 이전되었다고 보아야 할 것이다(통설).

법인의 설립등기는 주사무소의 소재지에서 하여야 하고(제49조 1항), 사무소를 이전한 경우에는 그것을 등기하지 아니하면 제3자에 대항하지 못한다(제54조 1항). 그 밖의 주소의 효과는 자연인의 경우와 같다.

제 6 관 정관의 변경

Ⅰ. 서 설

정관의 변경이란 법인의 동일성을 유지하면서 그 조직을 변경하는 것을 말한다. 법인도 사회적으로 실재하는 존재물이므로 사회의 변화에 따라 그 조직을 변경할 필요가 생긴다. 그러나 조직의 동일성을 인정할 수 없을 정도로 함부로 정관을 변경하면 새로운 법인을 설립하는 것이 될 것이므로, 법인의 정관변경은 그 동일성을 해하지 않는 한도에서만 허용한다. 또한 정관변경의 허용 정도는 법인의 종류에 따라 다르다.

사단법인은 인적 결합체이며 그 최고기관인 사원총회의 결의에 의하여 자주적으로 법인의 의사를 결정하고 자율적으로 활동한다. 그러므로 법인의 동일성을 해하지 않는 한 원칙적으로 사단법인의 정관변경은 가능하다. 이에 반하여 재단법인은 설립자가 결정한 정관의 규정대로 목적재산이 운영되는 타율적 법인이므로 재단법인의 정관변경은 원칙적으로 불가능하다. 그러나 정관변경을 전혀 인정하지 않는다면, 사회의 변화에 따른 적절한 활동을 기대할 수 없게 된다. 그러므로 민법은 일정한 제한 아래 예외적으로 재단법인의 정관도 변경할 수 있도록 하였다.

II. 사단법인의 정관변경

1. 요 건

사단법인의 정관을 변경하기 위해서는 사원총회의 결의와 주무관청의 허가가 필요하다.

(1) 사원총회의 결의

정관의 변경에는 총 사원의 3분의 2 이상의 동의가 있어야 한다(제42조 1항 본문). 다만 의결정족수에 관해서는 정관에서 다르게 규정할 수 있으나(제42조 1항 단서), 정관변경은 사원총회의 전권사항이므로 정관변경 자체에 대해서 정관에 다른 규정을 둘 수 없다. 정관에서 이사 또는 이사회의 결의로 변경할 수 있다고 규정하더라도 그러한 정관의 규정은 무효이다.

(2) 주무관청의 허가

정관의 변경은 주무관청의 허가를 얻지 않으면 그 효력이 없다(제42조 2항).[343] 여기서의 「허가」에 대해서 종래의 판례는 허가 여부가 주무관청의 자유재량에 속하는 행정법상의 허가로서 허가처분에 대해 이를 다툴 수 없는 것으로 보았으나,[344] 현재는 그 법적 성질을 인가로 이해하여 그 인가처분의 무효나 취소를 다툴 수 있는 것으로 보고 있다.[345]

2. 효 과

사원총회의 결의와 주무관청의 허가만 있으면 정관변경의 효력이 생긴다.

---

343) 법무부 민법개정안 제42조는 허가를 인가로 바꾸고 있다.

344) 대판 1985.8.20, 84누509 등.

345) 대판[전합] 1996.5.16, 95누4810. 인가의 법적 성질에 대해서는 대판 2004.10.28, 2002두10766(행정청의 사립학교 정관변경에 대한 인가는 기본행위인 사립학교의 정관변경에 대한 법률상의 효력을 완성시키는 보충행위로서 그 기본행위인 정관변경에 하자가 있을 때에는 그에 대한 인가가 있다 하더라도 정관변경이 유효한 것으로 될 수 없다고 한 사례) 참조.

다만 변경사항이 등기사항인 경우에는(제49조 2항 참조) 그 변경을 등기하지 않으면 그 변경을 가지고 제3자에게 대항하지 못한다(제54조 참조).

3. 정관변경의 한계

(1) 정관변경 금지조항의 변경

정관에 그 정관변경을 할 수 없다고 적극적으로 규정한 정관변경 금지조항이 있는 경우에도, 전 사원의 동의를 얻어 변경할 수 있다(통설). 사단법인은 사원의 의사에 의해 자율적으로 활동하는 인적결합체이므로 그 구성원 모두가 동의하면 정관변경 금지조항 자체를 변경할 수 있다고 할 것이다.

(2) 목적의 변경

정관에 규정한 법인의 목적도 변경할 수 있는가. 이에 관한 명문의 규정은 없다.[346] 그러나 사단법인은 자율성을 그 본질로 하기 때문에 정관 중의 모든 사항을 변경할 수 있으며, 자주적으로 목적을 변경하여도 동일성을 잃지 않는다고 할 것이다. 또한 제42조가 목적의 변경을 특히 제외하고 있지 않으며 타율적인 재단법인의 경우에도 민법이 목적변경을 허용하는 것을 볼 때, 사단법인의 목적변경도 가능하다(통설). 그리고 정관의 목적변경에 대한 의결정족수는 보통의 정관변경의 경우와 같이 총사원의 3분의 2 이상의 동의가 필요하다.[347] 이러한 목적변경에 찬성하지 않는 사원은 퇴사의 자유를 주어야 할 것이다.

사단법인의 목적변경이 가능하다 하더라도 일정한 한계가 있다. 비영리법인의 본질에 반하는 목적변경은 불가능하다. 비영리의 목적을 영리의 목적으로 정관을 변경한다면, 민법상의 사단법인의 비영리성 요건에 반하여 법인의 동일성이 상실될 것이므로 이를 허용할 수 없다.

(3) 본질에 반하는 변경

사단법인의 본질에 반하는 정관의 변경은 무효이다. 예컨대 일부 사원을 인

---

346) 이에 관한 입법례로서, 독일민법 제33조는 총 사원의 동의가 있으면 목적의 변경도 가능하다고 하고, 스위스민법 제74조는 사원은 목적변경을 강제 당하지 않는다고 한다.
347) 통설. 다만 고상룡, 243면은 전 사원의 동의를 필요로 한다고 한다.

정하지 않거나 그 자격을 영원히 박탈하는 등의 정관변경은 효력이 없다고 할 것이다.[348)]

Ⅲ. 재단법인의 정관변경

재단법인은 설립자가 정한 정관대로 목적재산을 운영해야 하는 타율적 법인이므로 정관변경을 인정하지 않는 것이 원칙이다. 그러나 다음과 같은 예외가 있다.

1. 정관규정에 의한 변경

재단법인의 정관은 설립자가 정관에서 그 변경방법을 규정한 때에는 그 방법에 따라서 변경이 가능하다(제45조 1항). 그러나 이것은 본래의 의미에서의 정관의 변경이 아니라 단순한 정관내용의 실행이다(통설).

정관규정에 의한 정관변경의 경우에도 주무관청의 허가를 얻어야만 변경의 효력이 생긴다(동조 3항). 이는 주무관청의 허가를 얻은 기존의 정관을 변경하는 일이므로 다시 허가를 요구하는 것이다. 판례는 여기서의 허가의 성질에 대해서 법률상의 표현이 허가로 되어 있기는 하나, 그 성질에 있어 법률행위의 효력을 보충해 주는 것이지 일반적 금지를 해제하는 것이 아니므로, 그 법적 성격은 인가라고 한다.[349)]

그리고 변경된 사항이 등기사항이면 등기를 하여야 그 변경에 대해서 제3자에게 대항할 수 있다(제54조 1항, 제49조 2항).

---

348) 대판 1978.9.26, 78다1435(종중원과 그 후손 중 일부에 대하여 종원으로 취급하지도 아니하였고 다른 일부에 대하여 영원히 종원으로써 자격을 박탈하는 것으로 규정을 개정한 것은 원고 종중의 원래의 설립목적과 종중으로서의 본질에 반하는 것으로서 그 규약개정의 한계를 넘은 무효의 것이라고 보지 않을 수 없다고 한 사례).

349) 대판[전합] 1996.5.16, 95누4810; 대판 2000.1.28, 98두16996(재단법인의 임원취임이 사법인인 재단법인의 정관에 근거한다 할지라도 이에 대한 행정청의 승인(인가)행위는 법인에 대한 주무관청의 감독권에 연유하는 이상 그 인가행위 또는 인가거부행위는 공법상의 행정처분으로서, 그 임원취임을 인가 또는 거부할 것인지 여부는 주무관청의 권한에 속하는 사항이라고 할 것이고, 재단법인의 임원취임승인 신청에 대하여 주무관청이 이에 기속되어 이를 당연히 승인(인가)하여야 하는 것은 아니라고 한 사례).

2. 명칭 · 사무소 소재지의 변경

정관에서 정관변경의 방법을 정하지 않은 경우에도, 재단법인의 목적달성 또는 재산보전을 위하여 적당한 때에는 법인의 본질과는 거리가 먼 명칭이나 사무소의 소재지 등은 변경할 수 있다(제45조 1항). 이 경우에도 주무관청의 허가를 얻어야 그 변경의 효력이 발생하며(제45조 3항), 변경등기가 제3자에 대한 대항요건이라는 점은 위의 경우와 같다(제54조 1항, 제49조 2항).

3. 목적의 변경

재단법인이 그 목적을 달성할 수 없게 되면 해산하게 된다(제77조 1항). 그러나 민법은 가능한 한 이를 소멸시키지 않고 설립자의 의사 및 법인의 사회경제적 기능을 고려하여 계속하여 존속 · 활동할 수 있도록 하고 있다. 즉 「재단법인의 목적을 달성할 수 없는 때에는 설립자나 이사는 주무관청의 허가를 얻어 설립의 취지를 참작하여 그 목적 기타 정관의 규정을 변경할 수 있다」고 규정하고 있다(제46조). 제46조에 의한 정관변경의 요건은 다음과 같다. ㉠ 재단법인의 목적달성이 불가능하게 되었어야 한다. ㉡ 주무관청의 허가를 얻어야 한다.[350] ㉢ 설립자의 취지를 참작하여야 한다. 이에 대해서 변경 전의 목적과 비슷한 목적으로 변경하여야 함을 의미한다는 견해가 있으나,[351] 이에 국한하지 않고 설립자가 있다면 그 의사를 존중한다는 정도의 의미로 해석할 것이다.[352] ㉣ 변경사항은 목적규정을 비롯한 필요한 모든 정관규정이다. ㉤ 변경할 수 있는 자는 설립자 또는 이사이다. 재단법인은 사원이 없는 법인이므로 설립자나 그 관리책임자인 이사가 변경의 주체가 된다. 그리고 목적의 변경은 등기를 하여야 제3자에게 대항할 수 있다(제54조).

350) 법무부 민법개정안 제46조는 허가를 인가로 하고 있다.
351) 김기선, 167면.
352) 같은 취지: 김민중, 288면; 김용한, 197면; 김상용, 261면.

4. 기본재산의 처분

재단법인은 재산의 집합체이므로 설립시에 출연되어 법인의 기초를 이룬 기본재산은 법인의 실체인 동시에 법인의 목적을 달성하기 위한 기본적 수단이다. 따라서 기본재산은 그 성질상 처분할 수 없는 것이 원칙이다. 그러나 설립자의 의사와 그 사회경제적인 기능에 적합한 활동을 기대하기 어려운 경우에는 목적의 변경과 더불어서 기본재산의 처분도 가능하다고 할 것이다. 이에 관하여 민법은 규정을 두고 있지 않으나 기본재산에 관한 사항은 정관의 필요적 기재사항이므로 그 처분이나 증가에는 정관변경이 선행되어야 한다. 따라서 주무관청의 허가를 얻어야 그 효력이 발생한다.[353] 판례는 재단법인의 기본재산의 처분,[354] 감소 및 증가[355]는 모두 정관의 변경이 되므로 주무관청의 허가가 있어야 유효하다고 하였다. 그러나 기본재산이 아닌 재산의 매각은 정관변경사항이 아니므로 허가를 요하지 아니하며, 재단법인과 비슷하나 재단법인이 아닌 경우에는 허가를 요하지 않는다.[356]

제 7 관 법인의 소멸

I. 서 설

법인의 소멸이란 법인이 그 권리능력을 상실하는 것을 말하며, 자연인의 사망에 해당된다. 그러나 자연인은 사망과 동시에 권리능력을 상실하고 상속이 개시되어 그 권리·의무는 모두 상속인에게 승계되나, 법인은 일시에 소멸되

353) 대판 1994.4.12, 93다52747(공원묘지의 유지관리를 목적사업으로 하는 재단법인이 그 묘역 일부에 대한 분양권을 공사비채무의 변제에 갈음하여 양도하는 내용의 대물변제계약은 재단법인의 기본재산의 처분으로서 정관을 변경하는 행위에 해당하여 주무관청의 허가가 없는 한 무효라고 한 사례).

354) 대판 2006.3.23, 2004다25727(의료법인에 대한 주무관청의 해산허가를 그 해산허가조건의 취지 등에 비추어 볼 때, 위 해산허가가 이전에 이미 허가 없이 이루어진 기본재산의 처분에 대한 사후 허가로 볼 수 없다고 한 사례).

355) 대판 1982.9.28, 82다카499; 대판 1978.8.22, 78다1038,1039.

356) 대판 1992.6.23, 92다12933(영연방아동구호재단 공공직업훈련소는 위 재단법인의 산하기관에 불과하여 그 재산의 처분에 주무관청의 허가가 요구되지 않는다고 한 사례).

지 않고 일정한 절차를 거쳐서 단계적으로 소멸한다. 먼저 해산에 의하여 적극적 활동을 정지하고 그 다음에 청산에 들어가서 해산한 법인의 잔여사무와 잔여재산을 정리하여 청산이 종결됨으로써 법인은 완전히 소멸한다. 청산종결등기가 있은 때가 아니라 사실상 청산사무가 종결된 때 법인은 소멸한다.[357]

법인이 해산에 들어가면 본래의 법인은 청산법인으로 바뀌고 청산의 종결이 있을 때까지 그 권리능력은 청산에 필요한 범위 내로 제한된다. 청산법인은 해산전의 본래의 법인과 별개의 법인이 아니며 동일성이 유지된다.[358]

Ⅱ. 법인의 해산

해산(解散)이란 법인이 본래 목적수행을 위한 적극적 활동을 정지하고 청산절차에 들어가는 것을 말하며, 그 사유는 다음과 같다.

1. 사단법인 · 재단법인에 공통된 해산사유

(1) 존립기간의 만료 기타 정관에 정한 해산사유의 발생

법인의 존립기간이나 해산사유는 사단법인에서는 정관의 필요적 기재사항이고(제40조 7호), 재단법인에서는 임의적 기재사항이다(제43조 참조). 그러나 일단 정관에 규정을 둔 이상, 존립기간이 만료되거나 정해진 해산사유가 발생하면 해산하게 된다는 데에는 차이가 없다.

(2) 법인의 목적달성 또는 달성불가능

법인의 목적이 이미 달성되었거나 달성이 불가능한 것으로 확정된 경우에는 법인은 더 이상 존속할 필요가 없으므로 해산한다. 목적달성의 불가능 여

357) 대판 2003.2.11, 99다66427,73371.

358) 청산법인의 성질에 관하여는, ① 해산으로 법인은 소멸하고 청산목적을 위하여 존속이 의제된다고 보거나, ② 해산으로 별개의 법인이 된다고 보거나, ③ 동일법인이나 이사의 대표권이 청산의 목적 범위 내로 한정된다고 보거나, ④ 동일법인이기는 하나 권리능력이 청산의 목적범위 내로 한정된다고 보는 등 다양한 견해가 있을 수 있다. 법인실재설에 입각한 마지막의 견해가 통설이다.

부는 사회관념에 의하여 결정할 것이다. 그러나 목적달성이 불가능하게 되었다 하더라도 이로써 당연히 해산되지는 않는다고 하여야 한다. 왜냐하면 경우에 따라서 정관의 개정을 통하여 목적을 변경함으로써 법인이 해산하지 않고 계속 존속할 수 있기 때문이다(제42조, 제45조 2항).

(3) 파 산

법인이 채무를 완제하지 못하게 된 때에는 이사는 지체없이 파산신청을 하여야 한다(제79조). 이사가 파산의 신청을 게을리 하면 과태료의 처분을 받는다(제97조 6호). 이사, 무한책임사원 또는 청산인이 법인파산의 파산신청권자가 된다(채무자 회생 및 파산에 관한 법률 제295조 · 제296조 · 제297조). 해산한 법인은 파산의 목적의 범위 안에서는 아직 존속하는 것으로 본다(동법 제328조). 파산의 요건으로서, 자연인의 경우에는 채무자의 지급불능,[359] 즉 유형 · 무형의 재산 · 노무 및 신용 등 3자로 구성되는 변제력에 의해서도 지급할 수 없는 상태에 있을 것을 요건으로 하지만, 법인의 경우에는 지급불능은 요구되지 않으며 단순히 소극재산이 적극재산을 초과하는 채무초과를 요건으로 한다(동법 제305조, 제306조 참조).[360] 채무초과 상태의 법인을 존속시키는 것은 제3자에게 손해를 미칠 염려가 있기 때문이다.

(4) 설립허가의 취소

법인이 ㉠ 목적 이외의 사업을 하거나, ㉡ 설립허가의 조건에 위반하거나,[361] ㉢ 기타 공익을 해하는 행위를 한 때[362]에는 주무관청은 그 허가를 취소할 수 있다(제38조).[363] 법인의 설립 후에 설립허가의 취소는 제38조에 해

---

359) 대결 1999.8.16, 99마2084(지급불능이라 함은 채무자가 변제능력이 부족하여 즉시 변제하여야 할 채무를 일반적 · 계속적으로 변제할 수 없는 객관적 상태를 말한다고 한 사례).

360) 대결 2007.11.15. 2007마887(법인의 파산선고를 위하여 채무초과 상태 이외에 지급불능 상태에 이르렀을 것까지 요하는 것은 아니며, 주식회사에게 회생가능성이 있다는 사정은 파산선고를 하는 데 장애사유가 된다고 할 수 없다고 한 사례).

361) 대판 1977.8.23, 76누145(감독관청에 제출할 서류를 기한보다 지연하여 제출한 사실만으로는 설립허가조건의 위반을 이유로 허가를 취소할 수 없다고 한 사례).

362) 대판 1982.10.26, 81누363(비영리법인이 공익을 해하는 행위를 한 때라 함은 법인의 기관이 공익을 침해하는 행위를 하거나 그 사원총회가 그러한 결의를 한 때를 의미한다고 한 사례).

363) 법무부 민법개정안 제38조는 「설립허가의 조건에 위반하거나 기타」를 「법령에 위반하여」로 바꾸고, 허가를 인가로 바꾸었다. 그리고 동 제77조는 설립「허가」의 취소를 설립「인가」의 취소로 하고 있다.

당하는 경우에 한하여 가능하며,[364] 단순히 목적달성이 불가능하게 된 것만으로는 허가를 취소할 수 없다.[365] 그러나 법인이 정당한 사유 없이 일정한 기간 동안 목적사업을 하지 않은 경우에도 해석상 설립허가의 취소가 가능할 것이다.[366] 설립허가의 취소로 법인은 해산하고 청산절차에 들어가게 된다. 그리고 설립허가의 취소는 소급효가 없기 때문에 장래에 대해서만 법인의 존재를 부인하는 효력이 생긴다.

2. 사단법인에만 특유한 해산사유

(1) 사원이 없게 된 때

사원이 1명도 없게 되면 사원을 필수적 구성요소로 하는 사단법인의 성질상 법인은 해산하게 된다.[367] 사원이 단 1명만이라도 있는 경우에는 법인은 존속한다. 사원 2명 이상이 있어야 한다는 것은 설립요건이지 법인의 존속요건은 아니기 때문이다.

(2) 총회의 결의

사원총회의 결의에 의한 해산은 임의해산이다. 해산결의권은 총회의 전권사항이므로 정관에 의하여 총회의 해산결의권을 박탈하거나, 총회 이외의 다른 기관이 이 권한을 행사할 수 있다고 규정할 수 없다. 해산결의의 의결정족수에 대해서는 정관에 다른 규정을 둘 수 있으며, 이러한 규정이 없으면 총사원의 4분의 3 이상의 특별결의가 요구된다.[368] 기한 또는 조건이 붙은 해산

---

364) 대판 1982.10.26, 81누363 등.

365) 대판 1968.5.28, 67누55.

366) 같은 취지: 김민중, 297면.

367) 대판 1992.10.9, 92다23087(사단법인에 있어서는 사원이 없게 된다고 하더라도 이른 해산사유가 될 뿐 막바로 권리능력이 소멸하는 것이 아니므로 법인 아닌 사단에 있어서도 구성원이 없게 되었다 하여 막바로 그 사단이 소멸하여 소송상의 당사자능력을 상실하였다고 할 수는 없고 청산사무가 완료되어야 비로소 그 당사자능력이 소멸하는 것이라고 한 사례).

368) 대판 1989.8.8, 88다카26123(사단법인의 구성원들이 그 법인을 해산하고 신 법인을 결성한 경우 구 법인과 신 법인의 구성원이 동일하고 그 두 법인의 임원과 대표자가 일시 부분적으로 중복된 때가 있었으면 두 법인의 설립목적이 같고 구 법인이 해산하면서 그 재산을 신 법인에 승계시키기로 결의하고 신 법인이 구 법인의 재산을 사실상 인수하여 관리한 바 있더라도 구 법인이 청산절차를 종료하지 않은 이상 엄연히 법인으로 존속하므로 구 법인과 신 법인과는 별개의 법인으로 보아야 한다고 한 사례).

결의는 제3자를 해할 염려가 있으므로 허용되지 아니한다.[369]

Ⅲ. 법인의 청산

1. 의 의

법인의 청산(清算)이란 해산한 법인이 잔무를 처리하고 재산을 정리하여 법인을 완전히 소멸시키는 절차이다. 청산이 종료되면 법인은 소멸하는데, 청산종결의 등기를 마쳤으나 실제로 아직 청산이 종결되지 않은 때에는 법인은 소멸하지 않고 계속 존속한다.[370] 청산절차에는 2가지 방법이 있는데, 해산사유가 파산인 경우에는 채무자 회생 및 파산에 관한 법률이 정하는 절차에 따라서 청산하고, 기타의 해산사유로 인한 경우에는 민법이 규정하는 절차에 의한다. 그 어느 절차나 모두 제3자의 이해관계에 중대한 영향을 미치기 때문에 이에 관한 규정은 강행규정이다.[371] 따라서 정관에 이와 다른 규정이 있더라도 무효이다.

2. 청산법인의 능력

해산과 동시에 본래의 법인은 청산법인으로 바뀐다. 해산 전의 법인과 해산 후의 청산법인은 동일성이 유지되지만, 청산법인의 권리능력은 감축되어 청산의 목적범위 내에서만 권리가 있고 의무를 부담한다(제81조).[372] 그러나 그 범위는 엄격히 청산목적과 직접 관련 있는 것에 한정할 것이 아니라, 청산의 목적달성을 위하여 필요한 행위이면 청산의 목적범위 내의 행위로 넓게 해석

369) 통설. 이에 반대하여 해산결의는 독립된 해산사유이므로 조건부 또는 기한부로 해산결의를 할 수 있다는 견해가 있다(민법주해 Ⅰ, 741면(최기원)).

370) 대판 2003.2.11, 99다66427,73371; 대판 1997.4.22, 97다3408.

371) 대판 1995.2.10, 94다13473; 대판 1980.4.8, 79다2036 등.

372) 대판 2007.11.16. 2006다41297(비법인사단에 해산사유가 발생하였다고 하더라도 곧바로 당사자능력이 소멸하는 것이 아니라 청산사무가 완료될 때까지 청산의 목적범위 내에서 권리·의무의 주체가 되고, 이 경우 청산 중의 비법인사단은 해산 전의 비법인 사단과 동일한 사단이고 다만 그 목적이 청산 범위 내로 축소된 데 지나지 않는다고 한 사례).

된다(통설). 예컨대 회사의 공로자에게 공로금을 주거나, 필요자금을 차용하거나, 경매절차에 참가하는 일 등은 청산의 목적범위 내에 속한다. 그러나 청산목적의 변경 또는 해산 전의 본래의 적극적 사업을 하는 행위 등은 청산의 목적범위를 벗어난 것으로서 무효이다.[373)]

3. 청산법인의 기관

청산법인에서는 청산인이 본래의 이사에 갈음하여 대표기관이 되고, 감사와 사원총회는 종전대로 청산법인의 기관으로서의 지위를 유지한다.

(1) 청산인

1) 청산인의 지위

법인의 해산으로 이사는 그 직무권한을 상실하고 청산인이 청산법인의 집행기관이 된다. 청산인은 청산법인의 능력의 범위 내에서 대외적으로 청산법인을 대표하고 내부의 사무를 집행한다(제87조 2항). 청산인은 법인의 대표기관으로서 해산 전의 이사와 동일한 지위에 선다. 따라서 본래의 이사의 사무집행의 방법(제58조 2항)・대표권(제59조)・대표권에 대한 제한의 대항력(제60조)・주의의무(제61조)・대리인선임(제62조)・특별대리인의 선임(제64조)・임무해태(제65조)・임시총회의 소집(제70조) 등에 관한 규정은 모두 청산인에게도 준용된다(제96조).

2) 청산인의 선임

해산 당시의 이사가 청산인이 되는 것이 원칙이다. 다만 정관이나 사원총회의 결의로 달리 정한 바가 있으면 이에 의한다(제82조).[374)] 파산을 이유로 한 해산인 경우에는 파산선고와 동시에 파산관재인이 선임된다(채무자 회생 및 파산에 관한 법률 제312조). 그러나 법인의 해산 시에 청산인이 될 이사가 없거나, 청산절차 진행 중에 청산인이 결원이 되어 그로 인하여 손해가 생길 염려가

373) 대판 1980.4.8, 79다2036.

374) 대판 2003.11.14, 2001다32687(비법인사단인 교회의 교인들이 예배를 중단하고 다른 교회로 나가기로 결의한 후 교인 중 한 사람인 갑(甲)이 교회의 재산을 보관・관리하여 오다가 교회건물에 대하여 보상금이 책정된 경우, 위 교회의 보상금처리를 위한 청산업무를 수행할 자는 해산 당시 교인들에 의하여 묵시적인 방법으로 청산인으로 선임된 갑이라고 한 사례).

있는 때에는 법원이 직권 또는 이해관계인이나 검사의 청구에 의하여 청산인을 선임할 수 있다(제83조). 이와 같은 법원에 의한 청산인의 선임은 임시이사의 선임의 경우와 유사하나 법원이 직권으로도 선임할 수 있다는 점에서 차이가 있다(제63조 참조).

3) 청산인의 해임

중요한 사유가 있는 때에는 법원이 직권 또는 이해관계인이나 검사의 청구에 의하여 청산인을 해임할 수 있다(제84조). 「중요한 사유」란 예컨대 청산인이 법인의 재산을 횡령하였다거나, 일부의 채권자의 이익을 꾀하였다거나, 중병으로 직무를 수행할 수 없다거나 하여 청산인을 해임할 수 있는 사유를 말한다.[375] 이와 같은 법원에 의한 청산인의 해임은 청산이 제3자에게 미치는 영향이 크기 때문에 법원의 감독권을 강화한 것이다.

(2) 기타의 기관

감사와 사원총회는 여전히 청산법인의 기관이다. 따라서 감사는 청산인의 직무를 감독하고, 사원총회는 청산법인의 최고의사결정기관으로서 활동한다.

4. 청산사무

제87조 1항은 청산인의 직무에 대하여 ㉠ 현존사무의 종결, ㉡ 채권의 추심 및 채무의 변제, ㉢ 잔여재산의 인도를 열거하고 있다. 그러나 청산인의 직무는 반드시 이에 한정되는 것은 아니고, 청산의 본질상 필요한 모든 사항을 청산인은 처리할 수 있다(통설). 청산인의 직무범위가 청산법인의 청산사무의 내용이 된다. 민법이 규정하는 청산사무는 다음과 같다.

(1) 해산의 등기와 신고

청산인은 취임 후 3주일 내에 해산의 연월일 · 청산인의 성명 · 주소, 그리고 청산인의 대표권을 제한한 때에는 그 제한을 주사무소 및 분사무소의 소재지에서 등기하고(제85조 1항), 또한 이를 주무관청에 신고하여야 한다(제86조

375) 대결 1967.6.2, 66마872(청산법인의 총출자 좌수 6,000좌중 일본인이 가지고 있던 2881좌와 11명의 이사 중 일본인 이사 9명의 이사행사권이 국가에 귀속되었을 경우에는 민법 제84조의 중요한 사유 있는 때에 해당한다고 한 사례).

1항).

청산중에 해산등기의 내용에 변경이 생기면, 3주일 내에 변경등기를 하여야 하며(제85조 2항, 제52조), 청산중에 새로이 취임한 청산인은 그 성명과 주소를 주무관청에 신고하여야 한다(제86조 2항). 만약 청산인이 해산등기 등을 해태하거나, 주무관청에 대하여 사실 아닌 신고를 하거나, 또는 사실을 은폐하면 과태료의 처분을 받는다(제97조 1호, 4호).

파산에 의한 청산에 있어서는 등기는 법원이 직권으로 등기소에 촉탁하고(채무자 회생 및 파산에 관한 법률 제23조), 주무관청에도 법원이 직권으로 통지하게 되므로(동법 제314조), 청산인에게는 등기와 신고의 의무가 없다.

(2) 현존사무의 종결

청산인은 해산 전부터 계속되어 오는 현존사무를 종결해야 한다(제87조 1항 1호). 현존사무는 대부분 법률행위이지만, 법인재산에 대해 내려진 가처분의 취소신청과 같은 사무도 이에 해당한다. 또 청산인은 법인의 적극적인 활동은 정지하고 소극적으로 이미 착수된 사무만을 종결시켜야 하므로 새로운 사무는 개시하지 못하며, 비록 해산 전에 결정되었더라도 착수되지 않은 사무는 개시하지 못한다. 다만 현존사무를 종결시키기 위해서 필요한 때에는 새로운 법률행위를 할 수 있다(제87조 2항 참조).

(3) 채권의 추심

청산인은 변제기가 도래한 채권은 추심(推尋)한다. 그러나 변제기가 도래하지 않은 채권이나 조건부채권과 같이 즉시 추심할 수 없는 채권은 양도 기타의 환가처분을 하거나(민사집행법 제241조), 이를 잔여재산에 포함시킬 수 있다.

(4) 채무의 변제

채무의 변제(辨濟)는 법인을 둘러싼 법률관계를 신속히 종결하여 법인의 채권자의 채권회수를 확실히 하는 일이므로 법인의 청산사무 중에서 가장 어렵고 중요한 일이다. 민법은 청산절차의 신속하고 확실한 종결과 법인의 채권자를 보호하기 위하여 채무의 변제에 관하여 다음과 같이 자세한 규정을 두고 있다.

1) 채권신고의 최고

법인의 채권관계를 종결하기 위해서는 법인의 채무의 규모를 정확히 파악하는 것이 필요하다. 그러나 청산인이 법인의 채무를 모두 알 수는 없으므로 법인의 채권자로 하여금 스스로 채권신고를 하도록 하여 이를 확정하도록 한 것이다. 청산인은 취임한 날로부터 2개월 내에 3회 이상의 공고로 일반채권자에 대하여 일정한 기간 내에 그의 채권을 신고할 것을 최고하여야 한다. 신고기간은 2개월 이상으로 정하여야 하는데(제88조 1항), 이 기간은 제척기간이다. 이 공고에는 채권자가 기간 내에 신고하지 않으면 청산으로부터 제외된다는 것을 표시하여야 한다(동조 2항). 그리고 이 공고는 법원의 등기사항의 공고와 동일한 방법으로 하여야 한다(동조 3항).[376] 청산인이 이러한 공고를 해태하거나 부정공고를 하는 경우에는 과태료의 처분을 받는다(제97조 7호). 그러나 청산인이 알고 있는 채권에 대하여는 채권신고를 개별적으로 최고하여야 한다(제89조 전단).

2) 변 제

청산인은 채권신고기간 내에는 채권자에 대하여 변제하지 못한다(제90조 본문). 이는 채권신고기간제도의 입법취지가 청산에 있어서 법인의 모든 채권자에게 동등하게 기회를 주는 것임을 고려할 때, 신고기간이 경과하기 전에 일부 채권자에게 변제함으로써 다른 신고채권자에게 변제할 수 없게 되면 불공평하기 때문이다. 채권자는 변제기에 도래한 후에도 신고기간이 경과할 때까지 변제받을 수 없게 된다. 다만 이로써 법인의 이행지체책임이 면제되지는 않으므로 법인은 이러한 채권자에게 지연손해배상을 해야 한다(제90조 단서).

청산중의 법인은 변제기에 이르지 않은 채권에 대하여도 변제할 수 있다(제91조 1항). 이는 청산사무의 신속한 종결을 위하여 청산법인이 가지는 기한의 이익을 포기할 수 있도록 한 것이다(제153조 참조). 그리고 조건부채권, 존속기간이 불확정한 채권, 기타 가액이 불확정한 채권에 관하여는 법원이 선임한 감정인의 평가에 의하여 변제하여야 한다(제91조 2항).

채권신고기간 내에 신고하지 않은 채권자는 청산에서 제외된다. 그러나 미신고채권자도 법인의 채무를 완제한 후 귀속권리자에게 인도하지 않고 있는 재산에 대해서는 변제를 청구할 수 있다(제92조). 잔여재산이 이미 귀속권자

---

376) 법무부 민법개정안은 제88조 3항을 삭제하고 있다.

에게 인도된 후에는 청구하지 못한다. 그리고 미신고채권자라도 청산인이 알고 있는 경우에는 청산에서 제외하지 못하며 반드시 변제하여야 한다(제89조 단서). 판례는 법인의 해산결의 전에 손해배상의 소를 제기한 채권자는 청산인이 알고 있는 채권자에 해당한다고 한다.[377] 만약 채권자가 수령하지 않으면 공탁하여야 한다(제487조 이하 참조).

(5) 잔여재산의 인도

잔여재산이란 청산하고 남은 법인의 적극재산을 말한다. 청산절차를 밟은 후에 잔여재산이 있는 경우에는 청산인은 이를 귀속권리자에게 인도하여야 하는데, 사단법인의 사원이나 재단법인의 설립자가 당연히 귀속권자가 되는 것은 아니다.

잔여재산의 귀속권리자는, ㉠ 정관에서 지정한 자이다(제80조 1항). 판례는 여기서의 지정은 정관의 규정에 의한 직접지정뿐만 아니라 사원총회나 이사회의 결의에 따라 정하도록 한 간접지정도 유효하며,[378] 이와 같이 정관의 지정이 있음에도 이에 위반한 잔여재산의 처분은 무효라고 한다.[379] ㉡ 정관으로 지정한 자가 없거나 또는 지정방법을 정관이 규정하고 있지 않은 때에는 이사 또는 청산인이 주무관청의 허가를 얻어서 법인의 목적과 유사한 목적을 위하여 처분할 수 있다(제80조 2항).[380] 사단법인의 경우에는 주무관청의 허가 이외에 총회의 결의가 있어야 한다(제80조 2항 단서). ㉢ 위의 어느 방법에 의하여도 처분할 수 없는 잔여재산은 국고에 귀속한다(제80조 3항).

비영리법인의 특성상 어떤 경우에도 구성원에게 잔여재산을 분배할 수는

377) 대판 1964.6.16, 64다5.

378) 대판 1995.2.10, 94다13473.

379) 대판 2000.12.8, 98두5279(민법 제80조 제1항, 제81조 및 제87조 등 청산절차에 관한 규정은 모두 제3자의 이해관계에 중대한 영향을 미치는 것으로서 강행규정이므로, 해산한 법인이 잔여재산의 귀속자에 관한 정관규정에 반하여 잔여재산을 달리 처분할 경우 그 처분행위는 청산법인의 목적범위 외의 행위로서 특단의 사정이 없는 한 무효라고 한 사례).

380) 가급적근사해석의 원칙(Cy-près(씨프레) doctrine)은 공익신탁이 설정된 이후에 사회사정이나 법제도의 변화 등에 의하여 설정자가 의도했던 목적이 달성불가능·부적법하게 되어 공익신탁이 종료함에도 불구하고 아직 기본재산이 소비되지 않고 잔존하는 경우에, 그 공익신탁에 대하여 가능한 한 설정자의 의도에 근사한 목적에 사용되어야 한다는 원칙을 말한다. 이는 원래 영국법에서 유언해석의 원칙의 하나로서 특히 유언에 의한 공익신탁에서 발달한 제도이다(이준성, "공익신탁에 관한 연구" 동국대 박사학위논문(1991), 113면~139면 참조). 법무부 민법개정안 제80조 2항은 「허가」를 「인가」로 바꾸고 있다.

없다. 영리법인에 있어서 주주나 사원에게 잔여재산의 분배가 인정되는 것과 구별된다(상법 제260조, 제299조, 제538조, 제612조 참조).

(6) 파산신청

청산중에 법인의 재산이 그 채무를 완제하기에 부족한 것이 분명하게 된 때에는 청산인은 지체 없이 파산선고를 신청하고 이를 공고하여야 한다(제93조 1항). 이 공고에는 법원의 등기사항의 공고방법을 준용한다(제93조 3항).[381] 청산인이 파산신청을 해태하거나(제97조 6호), 공고를 해태하거나 또는 부정공고를 하면 과태료의 처분을 받는다(제97조 7호).

법인의 파산으로 파산관재인이 정해지면 청산인은 파산관재인에게 사무를 인계하여야 하며 이로써 청산인의 임무는 종료한다(제93조 2항). 그러나 파산관재인에게 인계되는 사무는 어디까지나 파산재단에 관한 사무에 한정되며, 그 밖의 사무에 관하여는 여전히 청산인이 청산법인을 대표한다(통설). 파산관재인과 청산인은 각각의 직무권한을 가지고 병존하게 된다.

(7) 청산종결의 등기와 신고

청산이 종결된 때에는 청산인은 3주일 내에 이를 등기하고 주무관청에 신고하여야 한다(제94조). 그런데 판례는 청산종결등기가 종료된 후에도 청산사무가 종결되었다고 할 수 없는 경우에는 청산법인은 계속 존속한다고 하고 있다.[382] 예컨대 채권의 추심이나 채무의 변제가 사실상 종결되지 않은 상태에서 청산종결등기가 마쳐진 경우에는 청산법인은 소멸하지 않는다. 따라서 법인의 소멸은 청산종결등기가 된 때가 아니라 청산사무를 사실상 종결한 때이고, 그 등기는 법인소멸의 대항요건에 불과하다고 할 것이다(제54조 1항).

---

381) 법무부 민법개정안은 이 공고를 「제88조 1항에 의한 채권신고의 공고와 동일한 방법으로 하여야 한다」고 개정하고 있다.

382) 대판 1997.4.22, 97다3408. 또한 파산법인의 경우에도 「법인에 대한 파산절차가 잔여재산 없이 종료되면 청산종결의 경우와 마찬가지로 그 인격이 소멸한다고 할 것이나, 아직도 적극재산이 잔존하고 있다면 법인은 그 재산에 관한 청산목적의 범위 내에서는 존속한다」고 한다(대판 1989.11.24, 89다카2483).

제 8 관 법인의 등기

I. 법인등기의 의의

법인은 사회적인 실존체로서 독립된 인격을 가지고 활동하는 것이나, 자연인과 비교하면 그 조직이나 재산상태를 외부에서 명확하게 인식하기가 어렵다. 그런데 법인과 거래하는 제3자가 법인의 존재·조직·재산상태 등을 알지 못하면 예측할 수 없는 손해를 입을 염려가 있으므로 거래안전을 꾀하기 위하여 법인의 조직·내용에 관한 공시가 필요하다. 이러한 공시제도에는 정관의 서면작성, 재산목록 및 사원명부의 의무적 비치 등도 있으나, 가장 중요한 것은 법인등기제도이다.

법인등기는 민법상의 비영리법인 및 특수법인에 관한 등기를 말하고, 상법상의 상사법인에 관한 등기는 상업등기라 한다. 법인등기는 권리의 주체인 법인 자체에 관한 등기이므로 법인소유의 부동산에 관한 등기는 부동산등기법에 따르고 이는 법인등기에 포함되지 않는다.

법인등기의 효력에 대해서 민법은 설립등기는 법인의 성립요건으로 하고(제33조), 기타의 등기는 모두 제3자에 대한 대항요건으로 하고 있다(제54조 1항).[383] 법원은 모든 법인등기사항을 지체 없이 공고하도록 하고 있다(제54조 2항).[384] 또한 등기신청의 의무를 지는 이사·감사·청산인이 등기신청을 게을리 한 때에는 과태료에 처함으로써 그 신청을 강제하고 있다(제97조 1호).

383) 대판 2000.1.28, 98다26187(이사 변경의 법인등기는 대항요건에 불과하므로 등기된 대로의 실체적 효력을 갖는 것이 아니라고 한 사례).

384) 법무부 민법개정안 제54조는 「등기한 사항은 법원이 지체 없이 공고하여야 한다」는 제2항을 삭제하고 있다.

Ⅱ. 등기의 종류

1. 설립등기

설립등기는 주무관청으로부터 법인설립의 허가가 있는 때에는 3주일 이내에 주사무소 소재지에서 등기하여야 한다(제49조 1항). 3주일의 기간은 주무관청의 허가서[385]가 도착한 날부터 기산한다(제53조, 제155조 이하 참조). 설립등기는 법인의 성립요건이므로 법인은 설립등기를 함으로써 비로소 성립한다(제33조).

등기사항은 목적, 명칭, 사무소, 설립허가의 연월일, 존립시기나 해산사유를 정한 때에는 그 시기 또는 사유, 자산의 총액, 출자의 방법을 정한 때에는 그 방법, 이사의 성명·주소, 이사의 대표권을 제한한 때에는 그 제한 등이다(제49조 2항).

2. 분사무소설치 및 사무소이전등기

(1) 분사무소설치의 등기

주사무소 이외의 따로 설치된 사무소가 분사무소이며, 그 수에는 제한이 없다. 법인이 분사무소를 설치한 때에는, 주사무소 소재지에서는 3주일 내의 분사무소를 설치한 것을 등기하고, 그 분사무소 소재지에서는 동기간 내에 위의 법인설립등기사항을 등기해야 하고, 다른 분사무소 소재지에서는 3주일 내에 그 분사무소를 설치한 것을 등기하여야 한다(제50조 1항). 그러나 주사무소 또는 분사무소 소재지를 관할하는 등기소의 관할구역 내에 새로운 분사무소를 설치한 때에는 3주일 내에 그 분사무소를 설치한 것만을 등기하면 된다(제50조 2항). 설립등기사항을 등기할 필요가 없다. 그리고 3주일의 기간은 등기사항이 관청의 허가를 필요로 하는 것이면 그 허가서가 도착한 날부터 기산한다(제53조).

---

385) 법무부 민법개정안 제53조는 허가서를 인가서로 바꾸고 있다.

분사무소설치의 등기는 제3자에의 대항요건이므로 그 등기 후가 아니면 제3자에게 대항하지 못한다(제54조 1항). 여기의 제3자는 법인에 관여하는 자 이외의 자를 말한다. 따라서 사단법인의 사원은 제3자가 아니므로 분사무소설치 등기 전이라도 법인이 분사무소에 대한 회비납부 등을 청구할 수 있다고 할 것이다. 또한 대항할 수 없다는 것은 법인이 분사무소의 설치를 제3자에게 주장할 수 없다는 의미이고, 제3자는 분사무소의 설치에 대해 부인할 수도 있고 인정할 수도 있다.

(2) 사무소이전의 등기

법인이 그 사무소를 이전(移轉)하는 때에는, 구소재지에서 3주일 내에 이전등기를 하고, 신소재지에서도 같은 기간 내에 법인설립등기사항을 등기해야 한다(제51조 1항). 동일한 등기소의 관할 내에서 사무소를 이전한 때에는 그 이전한 것을 등기하면 된다(제51조 2항). 등기기간의 기산과 등기의 효력은 분사무소 설치등기의 경우와 같다(제53조, 제54조 1항).

3. 변경등기

설립등기사항 중에 변경이 있는 때에는 3주일 내에 변경등기를 하여야 한다(제52조).[386] 등기기간은 허가서의 도착일부터 기산한다는 점과 변경등기를 대항요건으로 한다는 점은 분사무소설치등기의 경우와 같다(제53조, 제54조 1항).

4. 해산등기

법인의 해산의 경우에 청산인은 그 취임 후 3주일 내에 해산사유와 연월일, 청산인의 성명・주소, 청산인의 대표권을 제한한 때에는 그 제한 등을 주사무소와 분사무소의 소재지에서 등기하여야 한다(제85조 1항). 이와 같은 등기사항에 변경이 생긴 경우에도 3주일 내에 변경등기를 하여야 한다(제85조 2항). 등기기간은 허가서의 도착일부터 기산한다는 점과 변경등기를 대항요건으로 한다는 점은 역시 분사무소설치등기의 경우와 같다(제53조, 제54조 1항). 그러

386) 법무부 민법개정안 제63조는 2항을 신설하여 임시이사에 관한 등기에 대하여 제52조의 2의 규정을 준용한다고 하여, 임시이사에 관한 등기규정을 신설하고 있다.

나 파산에 의한 해산에 있어서는 법원이 직권으로 파산등기를 주사무소 및 분사무소 소재지의 등기소에 촉탁하는 등 파산등기에 관한 규정을 채무자 회생 및 파산에 관한 법률이 따로 규정하고 있다(동법 제23조).

제 9 관 법인의 감독

Ⅰ. 법인의 감독

1. 업무감독

법인의 업무감독은 주무관청이 한다(제37조). 민법이 비영리법인의 설립에 주무관청의 허가를 받도록 한 것과 대응하는 것이다(제32조). 이와 같이 주무관청이 법인의 업무감독을 맡는 이유는 법인의 업무가 법인의 목적에 따라 다르기 때문에 처음에 설립을 허가한 주무관청이 계속하여 감독하는 것이 적당하기 때문이다.

주무관청의 업무감독의 구체적인 내용은, ㉠ 법인 사무의 검사・감독(제37조), ㉡ 설립허가의 취소(제38조), ㉢ 정관변경에 대한 허가(제42조 2항, 제45조 3항, 제46조), ㉣ 감사의 보고(제67조 3호), ㉤ 청산인의 법인해산・청산인취임・청산종결 등 각종의 신고(제86조・제94조), ㉥ 잔여재산의 처분에 대한 허가(제80조 2항) 등이다.

2. 해산과 청산의 감독

법인의 해산과 청산에 대해서는 법원이 감독한다. 이는 해산・청산이 법인의 목적이 무엇인가에 관계없이 재산의 정리에 관한 일이며, 제3자의 이해관계와 밀접한 관련이 있기 때문이다.

법원의 감독권의 구체적인 내용은 ㉠ 법인의 해산 및 청산에 대한 검사・감독(제95조), ㉡ 해산할 때 청산인이 될 자가 없거나 청산인의 결원으로 손해가 생길 염려가 있거나(제83조), 중요한 사유가 있는 때(제84조)에 직권 또는 이해관계인이나 검사의 청구에 의한 청산인의 선임・해임 등이다.

Ⅱ. 법인에 대한 벌칙

1. 의　　의

법인에 대한 법적 규제와 업무감독을 철저하게 하기 위하여 일정한 사항에 대하여 이사・감사 또는 청산인에게 과태료의 제재를 가할 수 있도록 하고 있다. 과태료[387]는 500만원 이하이다(제97조).이는 상사법인의 경우에 과태료뿐만 아니라, 벌금 또는 징역까지 과하는 것과 구별된다(상법 제622조 이하 참조).

2. 벌칙사항

과태료의 처분을 할 수 있는 사항은 다음과 같다(제97조).

㉠ 법인에 대한 등기를 해태한 때(제1호)

㉡ 재산목록 또는 사원명부의 작성・설치에 관한 의무(제55조)에 위반하거나, 재산목록 또는 사원명부에 부정기재를 한 때(제2호)

㉢ 주무관청 또는 법원의 검사・감독을 방해한 때(제3호)

㉣ 주무관청 또는 총회에 대하여 사실 아닌 신고를 하거나, 사실을 은폐한 때(제4호)

㉤ 총회의사록의 작성・비치의무(제76조)에 위반하거나, 또는 청산인이 채권신고기간 내에 변제를 한 때(제5호, 제90조)

㉥ 파산선고의 신청을 해태한 때(제6호, 제79조, 제93조)

㉦ 청산인이 채권신고의 공고(제88조)나 또는 파산선고신청의 공고(제93조 1항)를 해태하거나 부정공고를 한 때(제7호)

387) 과태료는 금전벌의 일종이나, 벌금과 과료(형법 제41조)와 같은 형사벌이 아니라 질서벌이다. 따라서 과태료선고절차는 형사소송법에 의하지 않고 비송사건절차법(제247조 이하)에 의한다. 과태료사건의 관할은 그 처분을 받게 되는 자의 주소지의 지방법원의 관할에 속한다. 그 절차는 당사자의 진술과 검사의 의견을 듣고 결정의 형식으로 재판한다. 이 결정에 대하여는 즉시항고를 할 수 있다. 과태료의 제재는 검사의 명령으로 집행한다.

제10관　권리능력 없는 사단과 재단

Ⅰ. 총　설

1. 의　의

권리능력 없는 사단이나 권리능력 없는 재단은 법인으로서의 실체를 갖추고 있으면서도 법인격을 취득하지 못한 단체나 재산을 말한다. 법인격 없는 사단 또는 재단, 법인 아닌 사단 또는 재단이라고도 한다. 그런데 현행민법은 구민법과는 달리 공익도 영리도 아닌 중간적 목적의 단체도 비영리법인으로 할 수 있음에도 불구하고 여전히 권리능력 없는 사단 또는 재단이 존재한다. 그 이유는 법인설립에 관하여 허가주의를 취하므로 정관작성 등 설립행위를 하였으나 허가를 얻지 못하거나, 행정관청의 감독 기타 법적 규제를 받기를 원하지 않거나, 허가는 받았으나 설립등기를 하지 않거나, 또는 법인설립의 절차를 밟는 동안에 권리능력 없는 사단 또는 재단으로 활동할 수밖에 없기 때문이다.

2. 법인규정의 유추적용

권리능력 없는 사단이나 재단에 대하여 어떠한 법적 지위를 부여할 것인가가 문제이다. 그런데 이에 대하여 민법은 법인 아닌 사단의 사원이 집합체로서 물건을 소유할 때에는 총유로 하는 규정(제275조~제278조)만을 두고 있고, 부동산등기법은 대표자나 관리인이 있는 법인 아닌 사단이나 재단에 속하는 부동산의 등기에 관하여서는 그 사단 또는 재단을 등기권리자 또는 등기의무자로 할 수 있도록 하여 등기능력을 인정하고(동법 제30조), 민사소송법이 대표자나 관리인이 있으면 권리능력 없는 사단이나 재단의 이름으로 당사자가 될 수 있도록 하여 당사자능력을 인정하고 있다(동법 제52조). 따라서 이 이외의 사항에 대해서는 학설과 판례에 의존하고 있는 실정인데, 통설은 이러한 단체에 대하여 조합에 관한 규정을 적용할 것이 아니라[388] 법인의 실체가 존

388) 독일민법 제54조, 스위스민법 제62조에서는 조합의 규정을 적용한다.

재하기 때문에 법인에 관한 규정 가운데서 법인격을 전제로 하는 것을 제외하고는 모두 이를 유추적용하여야 한다고 하며, 판례의 입장도 같다.389) 또한 법무부의 민법개정안도 「법인 아닌 사단과 재단에 대하여는 그 성질에 반하지 아니하는 한 법인의 규정을 준용한다」고 하여 입법적인 해결을 시도하고 있다(동개정안 제39조의2).

3. 사단과 조합

사람이 결합하여 공동목적을 달성하려고 할 때 그 법적 구성으로서 민법이 인정하는 것은 사단법인과 조합의 두 가지 유형이 있다.

사단은 공동목적의 사업을 하기 위하여 결합한 인적 단체로서 정관이 작성되어 실체가 생기면 그 구성원과 별개의 독립된 법적 주체가 된다. 설립등기에 의해 법인격을 취득하면 사단법인이 되고 그렇지 않으면 권리능력 없는 사단이 된다. 반면에 조합(組合)은 조합원이 서로 출자하여 공동사업을 경영할 것을 약정함으로써 생기는 조합원 사이의 계약관계이다(제703조 이하).

사단과 조합은 그 단체성의 강약에 있어서 근본적인 차이가 있다.390) 구체적으로 양자의 차이점을 살펴보면 다음과 같다. ㉠ 대외관계에서 사단은 구성원의 개성이 단체에 매몰되어 그 자체가 주체가 되며, 대표기관의 행위에 의하여 활동한다. 이에 반하여, 조합에서는 조합원 모두가 주체가 된다.391) ㉡ 재산소유관계에서 사단은 구성원의 개인재산으로부터 독립된 사단 자체의 소유에 속하며 독자적으로 등기능력과 당사자능력을 가진다. 이에 반하여, 조합의 재산은 조합원 전원의 합유에 속하고(제271조), 등기능력과 당사자능력은 인정되지 아니한다. ㉢ 채무부담관계에서 사단의 채무는 사단 자체가 부담하

389) 대판 1997.1.24, 96다39721,39738; 대판 1996.9.6, 94다18522.

390) 대판 1999.4.23, 99다4504(민법상의 조합과 법인격은 없으나 사단성이 인정되는 비법인사단을 구별함에 있어서는 일반적으로 그 단체성의 강약을 기준으로 판단하여야 하는바, 조합은 2인 이상이 상호간에 금전 기타 재산 또는 노무를 출자하여 공동사업을 경영할 것을 약정하는 계약관계에 의하여 성립하므로 어느 정도 단체성에서 오는 제약을 받게 되는 것이지만 구성원의 개인성이 강하게 드러나는 인적 결합체인 데 비하여 비법인사단은 구성원의 개인성과는 별개로 권리·의무의 주체가 될 수 있는 독자적 존재로서의 단체적 조직을 가지는 특성이 있다고 한 사례).

391) 대판 2007.9.7, 2005다18740(설립중의 회사로서 실체가 갖추어지기 이전에 발기인이 취득한 권리의무의 귀속관계 및 발기인의 개인 명의로 부담한 채무가 발기인 조합에 귀속되려면 그 차용행위가 조합원들의 의사에 기해 발기인 조합을 대리하여 이루어져야 한다고 한 사례).

며 사원은 유한책임을 지는 것이 원칙이다. 이에 반하여, 조합의 채무는 조합원 자신의 채무이므로 전원이 공동으로 부담한다(제712조). ㉣ 내부관계에서 사단은 설립행위에 의해 작성된 정관을 통하여 단체의사를 가지므로 사원의 변경과 관계없이 조직의 계속성이 유지되는 데 반하여, 조합은 조합원 사이의 계약관계에 불과하므로 조합원의 가입·탈퇴는 조합 자체의 변동을 가져오므로 조합원의 합의가 요구된다.

사단과 조합의 공통점은 구성원이 공동의 목적으로 공동사업을 경영하는 이익공동체라는 점이다. 그러므로 사단과 조합은 그 명칭에 의하여 정해지는 것이 아니라 그 실질에 의해 구분된다.[392] 예컨대 노동조합은 그 명칭에 불구하고 실질은 사단이며, 합자회사는 법인으로 등기되지만 그 실질은 조합이다. 이와 같이 사단적 색채와 조합적 색체를 모두 가지고 있는 중간적 유형이 존재하지만, 그 내부규칙이 사단법인의 규정과 동일하면 사단이고 조합의 규정과 같으면 조합으로 이해할 것이다.[393]

Ⅱ. 권리능력 없는 사단

1. 의의 및 성립요건

권리능력 없는 사단은 사단의 실체를 가지고 있으나 설립등기를 하지 않아서 법인격이 부여되지 않은 단체를 말한다. 정관작성을 통한 설립행위로 사단으로서의 실체는 갖추었으나 주무관청의 허가를 받지 못하였거나 허가는 있었어도 등기가 경료되지 않은 경우에 권리능력 없는 사단에 머무르게 될 것이다. 이러한 권리능력 없는 사단에 관한 규정이 충분하지 못하므로 사단법인에

---

392) 판례가 조합의 명칭을 가지는 단체를 비법인사단으로 인정한 것으로는 연합주택조합(대판 1994.4.26, 93다51591; 대판 1993.4.27, 92누8163), 선어(鮮魚)중매조합(대판 1992.7.10, 92다2431), 재건축조합(대판[전합] 2007.4.19, 2004다60072,60089; 대판 2006.7.13, 2004다7408) 등이 있다.

393) 조합적 색채가 남아 있는 조합형 사단에 대해서는 사단의 규정과 조합의 규정을 병존적으로 적용하자는 견해가 있으나(김주수, 197면), 단체의 법적 성질이 사단에 속하는 한 그 재산은 총유에 속하므로 사단의 규정이 유추적용되어야 할 것이다(같은 취지 : 장경학, 296면).

관한 규정이 유추적용되어야 한다는 점은 앞에서 밝힌 바 있다.

그런데 설립등기도 되어 있지 않은 단체를 사단법인에 유사하게 취급하려면 그 단체가 어느 정도의 실체(實體)를 갖추어야 할 필요가 있다. 이에 대해서 판례는 다음과 같은 기준을 제시하고 있다. 「어떤 단체가 고유의 목적을 가지고 사단적 성격을 가지는 규약을 만들어 이에 근거하여 의사결정기관 및 집행기관인 대표자를 두는 등의 조직을 갖추고 있고, 기관의 의결이나 업무집행방법이 다수결의 원칙에 의하여 행하여지며, 구성원의 가입, 탈퇴 등으로 인한 변경에 관계없이 단체 그 자체가 존속되고, 그 조직에 의하여 대표의 방법, 총회나 이사회 등의 운영, 자본의 구성, 재산의 관리 기타 단체로서의 주요사항이 확정되어 있는 경우에는 비법인사단으로서의 실체를 가진다」고 한다.[394] 단체의 명칭에 불구하고 그 실체에 따라 판단할 것이다.[395] 판례가 비법인사단으로 인정한 주요한 것으로는 종중, 교회, 사찰, 공동주택의 주민단체, 동·리 등 자연부락 등이 있다.

2. 종 류

(1) 종 중

1) 의 의

종중(宗中)은 공동선조의 후손을 구성원으로 하여 공동선조의 분묘수호, 제사, 종원 상호간의 친목을 목적으로 하는 종족의 자연발생적 집단이다.[396] 종중의 실체를 파악하고 특정하는 데에는 공동선조(共同先祖)가 누구인가가 기준이 되는데,[397] 이는 공동선조를 누구로 하느냐에 따라 종중 안에 무수한

394) 대판 1999.4.23, 99다4504(부도난 회사의 채권자들이 조직한 채권단이 비법인사단으로서의 실체를 갖추지 못했다는 이유로 그 당사자능력을 부인한 사례); 대판 1994.4.26, 93다51591(주택조합을 비법인사단의 실체가 있다고 인정한 사례).

395) 대판 2004.11.12, 2002다46423('성균관'은 비법인사단으로서 당사자능력이 인정된다고 한 사례).

396) 대판 2007.9.6, 2007다34982; 대판[전합] 2005.7.21, 2002다13850은 「종중이란 공동선조의 분묘수호와 제사 및 종원 상호간의 친목 등을 목적으로 하여 구성되는 자연발생적인 종족집단이므로, 종중의 이러한 목적과 본질에 비추어 볼 때 공동선조와 성과 본을 같이 하는 후손은 성별의 구별 없이 성년이 되면 당연히 그 구성원이 된다고 보는 것이 조리에 합당하다」고 하여, 종중의 구성원을 후손 중에서 성년의 남성에 한정하였던 그 동안의 일관된 판례의 입장을 변경하였다(대판 1997.10.10, 95다44283; 대판 1995.11.14, 95다16103; 대판 1972.9.12, 72다1090 등).

397) 대판 2007.10.25, 2006다14165.

소종중이 있을 수 있기 때문이다.[398]

2) 성 립

종중은 봉사되는 선조마다 그 자손을 일단으로 하여 성립하게 되고, 한 사람이 다수의 종중의 종원이 될 수 있다. 또한 종중은 살아있는 자손들에 의하여 당연히 구성되기 때문에 종중이 성립하기 위하여서 종중구성의 결의 등 특별한 조직행위를 필요로 하거나 이를 규율화하기 위한 성문의 규약이 있어야 하는 것은 아니고,[399] 종중의 대표자가 계속하여 선임되어 있는 등의 조직을 갖추어야 하는 것은 아니다.[400] 다만 그 목적인 공동선조의 분묘수호와 제사 및 종중원 상호간의 친목을 목적으로 하는 자연발생적인 종족집단체가 됨으로써 충분하다. 이와 같은 고유의미의 종중은 공동선조의 종족 중 그 범위가 제한된 집단을 말하는 종중 유사의 단체와 구분된다.[401] 즉 종중의 회칙규정으로 일부 종원의 자격을 임의로 제한하거나 확장한 종중은 그 본질에 반하므로 고유의미의 종중이 아니다.[402] 종중에 대한 판단은 그 명칭 여하에 관계없이 봉제사의 대상인 공동시조와 구성원인 후손의 범위 및 분묘관리의 상황 등 그 실체적 내용에 의하여야 한다.[403]

3) 종 원

공동선조의 후손 중 남녀를 불문하고 성년자가 종중의 구성원인 종원이 된다. 따라서 종원의 수는 종중의 성립에 영향이 없으며,[404] 미성년의 자 및 출계자(出系子)는 제외한다.[405] 성년자는 자기의 의사와 관계없이 종중의 구성

---

398) 대판 2002.8.23, 2001다58870(항소심에서 제1심에서 주장했던 공동선조를 변경하여 주장하는 것은 당사자의 변경에 해당하므로 허용되지 않는다고 한 사례); 대판 2002.5.10, 2002다4863.

399) 대판 2002.6.28, 2001다5296; 대판 1998.7.10, 96다488; 대판 1997.11.14, 96다25715.

400) 대판 1995.11.14, 95다16103.

401) 대판 2002.4.12, 2000다16800; 대판 1992.9.22, 92다15048.

402) 대판 2002.5.10, 2002다4863(특정지역 내에 거주하는 일부 종중원이나 특정 항렬의 종중원만을 그 구성원으로 하는 단체는 고유한 의미의 종중이 아니라 종중 유사의 단체라고 한 사례); 대판 1996.2.13, 95다34842.

403) 대판 1996.8.23, 96다20567; 대판 2002.6.28, 2001다5296(어느 종중의 명칭 사용이 비록 명칭 사용에 관한 관습에 어긋난다고 하여도 그 점만 가지고 바로 그 종중의 실체를 부인할 수는 없다고 한 사례).

404) 대판 1992.2.14, 91다1172(총종원 10여 명); 대판 1991.11.26, 91다31661(총종원 15명).

405) 대판 1983.2.22, 81다584(출계자의 자손들이 종중의 종원들과 종중구성의 합의를 하였다거나 종산을 마련하고 사실상 종중일에 계속 관여하였다 하더라도 그러한 사정으로 인하

원이 되고, 임의로 탈퇴하지도 못한다.[406] 종중도 종원을 축출할 수 없으며, 일부 종원에 대한 자격박탈을 내용으로 하는 규약은 종중의 본질에 반하는 것으로서 무효이다.[407]

4) 기 관

종중의 대내외적 관계에 대해서 성문의 규약이 있는 경우에는 그에 따를 것이나 특별한 조직행위 없이 자연적으로 구성되는 종중의 성질상 종중규약이나 따로 정한 기관이 없는 경우가 보통이다. 일반적으로 종중의 중요한 목적인 제사에 관해서는 전적으로 시조를 계승하는 적장자인 종손(宗孫)이 대표자가 되므로, 다른 후손이나 종중에서 제사에 관여할 수 없다.[408] 그러나 제사 이외의 대내외적 관계에 대한 대표기관이나 집행기관을 평소에 두고 있지 않으며 필요에 따라 선임하는 것이 보통이다. 대표자의 선임은 규약이 있으면 그 정함에 따르고, 규약이 없으면 관습에 의하여 종장(宗長)이 그 종원을 소집하여 최고의결기구인 종회를 개최하여 출석자의 과반수 결의로써 대표자를 선임한다.[409] 종장은 다른 규약이 없으면, 생존하는 종원 중 항렬(行列)과 연령이 가장 높은 사람이 되는 것이 관습이다.[410] 그러나 종장에게는 종중을 법적으로 대표할 권한은 없다.[411]

종회의 소집절차 등은 사단법인의 사원총회의 규정이 유추적용된다. 종중총회는 특별한 사정이 없는 한 족보에 의하여 소집통지 대상이 되는 종중원의 범위를 확정한 후 국내에 거주하고 소재가 분명하여 통지가 가능한 모든 종중원에게 개별적으로 소집통지를 함으로써 각자가 회의와 토의 및 의결에 참가

여 원래 종원아닌 그들이 새삼스레 종원자격을 취득하게 되는 것은 아니라고 한 사례).

406) 대판 1983.2.8, 80다1194; 대판 1978.9.26, 78다1435.

407) 대판 2007.9.6, 2007다34982(종중의 성격과 법적 성질에 비추어 종중이 그 구성원인 종원이 가지는 고유하고 기본적인 권리의 본질적인 내용을 침해하는 처분을 하는 것은 허용되지 않으므로, 여성의 종중원 자격과 종중총회에서의 의결권을 제한하는 내용으로 종중규약을 개정하고, 소유 부동산에 관한 수용보상금을 남성 종중원들에게만 대여하기로 한 종중 임시총회 결의를 무효라고 판단한 사례); 대판 2006.10.26, 2004다47024(종중이 종원의 고유하고 기본적인 권리의 본질적인 내용을 침해하는 처분은 할 수 없으므로 종중이 종중의 의사결정에 참여할 수 있는 종원의 모든 권리를 장기간 동안 정지시킨 처분은 무효라고 한 사례).

408) 대판 1992.3.13, 91다30491.

409) 대판 2005.7.15, 2003다61689(종중의 연고항존자의 동의 아래 다른 종중원이 소집한 종회도 유효하다고 한 사례); 대판 1987.2.24, 86다215.

410) 대판 1985.4.23, 84다카2053.

411) 대판 1983.12.13, 83다카1463.

할 수 있는 기회를 주어야 하고, 일부 종중원에게 소집통지를 결여한 채 개최된 종중총회의 결의는 효력이 없으나, 소집통지의 방법은 반드시 직접 서면으로 하여야만 하는 것은 아니고 구두 또는 전화로 하여도 되고 다른 종중원이나 세대주를 통하여 하여도 무방하다.[412] 그러나 종중의 규약이나 관행에 의해 매년 일정한 날에 일정한 장소에서 정기적으로 종중원들이 집합하여 종중의 대소사를 처리하여 온 경우에는 별도의 종중회의의 소집절차가 필요하지 않다고 할 것이다.[413]

5) 종중재산

종중재산은 종중이 그 목적을 위하여 소유하는 재산을 말하는데, 주로 선조의 제사를 위한 재산인 것이 보통이다. 여기에는 선조의 분묘가 있는 임야인 종산(宗山)과, 제사비용에 충당하기 위한 토지인 위토(位土) 내지 제전(祭田)이 있다. 종중을 권리능력 없는 사단으로 이해하여 종중재산은 종중원의 총유에 속한다는 것이 통설・판례이다.[414] 종중재산의 처분을 위해서는 종중규약이나 종중의 관례에 따르고,[415] 그러한 규약이나 관례가 없으면 종회의 결의가 있어야 하는데, 이러한 절차를 거치지 아니 한 종중대표자의 처분행위는 무효이다.[416] 또 종중재산은 종중의 명의로 등기할 수 있지만(부동산등기법 제30조), 실제로는 종가의 자손이나 기타 종원 또는 일부 종원의 공동명의로 등기를 하는 명의신탁[417]이 많이 이용되고 있다. 그밖에도 판례는 종중의 분묘기지권의 시효취득을 인정하고 있으며,[418] 종중을 과세단위로 인정하고 있다.[419]

(2) 교 회

교회(教會)는 기독교 신도들의 신교를 목적으로 구성된 단체이며, 그 성질은 권리능력 없는 사단이다.[420] 따라서 교회재산의 소속신도들의 총유에 속

412) 대판 2007.9.6, 2007다34982(종중의 족보에 종중원으로 등재된 성년 여성들에게 소집통지를 함이 없이 개최된 종중 임시총회에서의 결의는 모두 무효라고 한 사례).
413) 대판 2007.5.11, 2005다56315; 대판 2005.12.8, 2005다36298.
414) 대판 1992.10.13, 92다27034; 대판 1989.2.14, 88다카3113 등.
415) 대판 1970.2.24, 69다1774.
416) 대판 2007.6.29, 2005다69908; 대판 2005.8.25, 2005도4910; 대판 2005.1.28, 2004다60287; 대판 2000.10.27, 2000다22881 등.
417) 대판 2006.8.24, 2006다20023; 대판 2006.7.28, 2005다33060; 대판 2006.1.27, 2005다59871 등.
418) 대판 1970.2.10, 69다2013.
419) 대판 1983.4.12, 82누444.

한다.421)

교회의 분열에 대하여, 판례는 「교회의 분열을 인정하고 재산의 귀속은 분열 당시 교인들의 총유에 속한다고 하면서, 잔류교인들 쪽의 교회가 교단을 변경한 쪽의 교회에 대하여 종전의 교회건물의 명도를 구할 수 없다」고 하였다.422) 최근에 이와 같은 법원의 입장이 변경되었다.423) 이를 요약하면 다음과 같다.

민법이 사단법인의 구성원의 탈퇴나 해산은 인정하지만 사단법인의 분열은 인정하지 않으므로 교회의 분열도 인정할 수 없고, 종전 교회의 재산은 그 교회에 소속된 잔존 교인들의 총유로 귀속됨이 원칙이고 신설 교회 소속 교인들은 더 이상 종전 교회의 재산에 대한 권리를 보유할 수 없게 된다.424) 또 소속 교단에서의 탈퇴 내지 소속 교단의 변경은 사단법인 정관변경에 준하여 의결권을 가진 교인 2/3 이상의 찬성에 의한 결의를 필요로 하고,425) 그 결의요건을 갖추어 소속 교단을 탈퇴하거나 다른 교단으로 변경한 경우에 종전 교회의 실체는 이와 같이 교단을 탈퇴한 교회로서 존속하고 종전 교회 재산은 위 탈퇴한 교회 소속 교인들의 총유로 귀속된다.426)

생각건대 사단의 단체성과 총유의 법적 성질을 비추어 볼 때 사단법인의 분열은 인정하기 어렵기 때문에 적법한 절차 없이 집단탈퇴한 교인들은 교회의 재산에 대한 권리가 없으며, 소속 교단의 변경은 단체가 해산되었다가 다

---

420) 대판 2003.11.14, 2001다32687; 대판 1962.7.12, 62다133.

421) 대결 2007.6.29, 2007마224; 대판 1990.12.7, 90다카23561.

422) 대판[전합] 1993.1.19, 91다1226.

423) 대판[전합] 2006.4.20, 2004다37775; 대판 2006.6.30, 2000다15944.

424) 이에 대해서 [별개의견]은 사단법인의 분열은 허용되므로 교회의 분열도 인정하여야 하며, 종전 교회에 속한 권리의무가 분열된 각 교회에 공유적 형태로 분리하여 포괄승계되고 각 교회의 공유지분 비율은 분열 당시 분열된 각 교회의 등록된 세례교인의 수에 의하여 결정되어야 한다고 하고, [반대의견]은 교회의 분열을 인정하고 분열 전의 교인들의 총유에 속한다는 기존의 판례가 유지되어야 한다고 한다.

425) 대판 2008.1.10, 2006다39683; 대결 2007.6.29. 2007마224(교회의 교인총회에서 소속 교단에서의 탈퇴결의가 이루어졌으나 그 소집절차나 결의방법 등에 중대한 흠이 있어 의결권 있는 교인 2/3 이상의 찬성이라는 의결정족수 충족 여부를 알 수 없다는 이유로 위 탈퇴결의가 무효라고 한 사례); 대결 2006.6.9, 2003마1321.

426) 대판 2007.12.27, 2007다17062. 이에 대해서 [별개의견]은, 교회의 소속 교단의 변경에 관하여는 사단법인의 정관변경에 관한 민법 제42조 제1항을 유추적용할 것이 아니라 사단법인의 해산결의에 관한 민법 제78조를 유추적용함이 옳고, 따라서 교회는 교회의 규약 등에 정하여진 적법한 소집절차를 거친 총회에서 의결권을 가진 교인 3/4 이상의 동의를 얻은 경우에 한하여 적법하게 소속 교단을 탈퇴하거나 변경할 수 있다고 보는 것이 옳다고 한다.

시 신설된다기 보다는 기존의 단체가 동일성을 유지하면서 변경되는 것으로 보아서 제48조 1항(정관변경의 의결정족수)이 유추적용되는 것이 옳다.

(3) 사 찰

사찰(寺刹)이란 불교교의를 선포하고 불교의식을 행하기 위한 시설을 갖춘 승려, 신도의 조직인 단체를 말한다. 사찰이 독립한 실체를 가지고 있다고 하기 위하여는 물적 요소인 불당 등의 사찰재산이 있고, 인적 요소인 주지를 비롯한 승려와 상당수의 신도가 존재하며, 단체로서의 규약을 가지고 사찰이 그 자체 생명력을 가지고 사회적 활동을 할 것이 필요하다.[427] 사찰이 독립된 단체로서의 실체를 가지고 있으면 권리능력 없는 사단이 되며,[428] 사찰이 독립된 단체로서의 실체를 가지는 경우에는 독자적인 권리능력과 당사자능력을 가질 수 있다.[429] 그리고 사찰등록[430]이나 특정 종단에 소속하는 것[431]은 그 요건이 아니다. 그리고 사찰 재산의 관리처분권은 그 사찰을 대표하는 주지에게 일임되어 있는 것이므로 사찰의 주지가 소속 종단의 결의나 승인 등 내부적인 절차를 거치지 않았다고 하더라도 그 처분행위는 유효하다.[432] 또한 사찰은 일반의 재단과는 달리 이념적, 행위적, 조직적 요소로서 결합되어 성립하므로 일단 사찰이 설립된 이상 그 분열은 인정되지 않으며,[433] 그 요소의

427) 대판 2004.10.28, 2004다32206,32213; 대판 2001.1.30, 99다42179.

428) 대판 1997.12.9, 94다41249(기존의 사찰에서 이탈한 신도들과 승려가 조계종에 소속될 새로운 사찰의 건립이라는 공동 목적으로 사찰의 대표, 신도회장 등 체계적인 조직을 만들고 그들의 출재와 노력에 의하여 토지를 매수하여 그 지상에 불당을 완공한 경우, 불당의 완공 당시 위 단체는 그 명칭이나 특정 종단의 귀속 여부에 불구하고 독립된 사찰로서의 실체를 갖추게 된 것으로 그 실질은 권리능력 없는 사단이라고 한 사례).

429) 대결 1992.1.23, 91마581(대한불교조계종이 그 산하의 사찰과 승려 및 신도로써 구성되는 비법인사단으로서의 법적 성격을 가지는 것이어서, 위 종단에 소속된 사찰은 그 구성분자로서 종단의 자치법규인 종헌, 종법 등의 적용을 받아 자율적인 주지 임면권 등을 상실하고 위 종단이 그 권한 등을 행사하게 되어 있지만, 사찰도 독립된 단체로서의 실체를 가지는 경우에는 독자적인 권리능력과 당사자능력을 가질 수 있는 것이므로 그러한 사찰의 주지 임명에 관하여 당해 사찰과 아무런 관계도 없는 자가 다만 위 종단의 구성원이라는 막연한 지위에서 그 효력을 다툴 법률상의 이해관계가 있다고 볼 수 없다고 한 사례).

430) 대판 1992.6.12, 92다12018,12025; 대판 1988.3.22, 85다카1489.

431) 대판 1997.12.9, 94다41249(신도와 승려가 독립된 사찰의 건립이라는 공동 목적하에 체계적인 조직을 만들고 그들의 출재로 불당을 완공하였으나 특정 종단에는 아직 소속되지 않는 경우에 그 단체의 실질은 권리능력 없는 사단인 사찰이라고 한 사례).

432) 대판 2003.9.26, 2003다22028; 대판 1995.7.14, 93다60038.

433) 대판 2000.5.12, 99다69983(신도와 승려의 결합으로 소속 종단을 탈종한 경우에 종단변경을 인정하지 않은 사례).

하나인 신도회도 분열될 수 없다.[434]

그러나 판례는 사찰을 권리능력 없는 사단으로 보지 않고, 후술하는 권리능력 없는 재단으로 보거나 순수 개인사찰로 보는 경우도 있는데, 대체로 사찰을 일반사찰과 개인사찰로 나누고 일반사찰을 권리능력 없는 사단과 권리능력 없는 재단으로 성격을 구분하여 다루는 것으로 판단된다.[435] 그 중에서 개인사찰(個人寺刹)은 단순한 불교목적시설일 뿐 그것이 독립한 사찰로서의 단체를 이루고 그 단체가 소유하는 재산이라고 할 수 없으므로 소송상 당사자능력은 인정되지 않는다.[436] 개인사찰의 경우에는 비록 신도들의 시주를 주요재원으로 건립되었다 하더라도 그 사찰건물은 창건주의 소유이다.[437] 또 일반 사찰 소유의 사찰재산이나 불교시설일지라도 개인이 이를 일반사찰과는 무관하게 사인의 자격에서 사실상 지배하는 경우에는 그 점유의 귀속 주체는 어디까지나 그 개인일 뿐 일반사찰이 그를 통하여 당해 재산이나 시설을 점유하고 있다고 볼 수 없다고 한다.[438]

(4) 동 · 리 · 부락

동(洞)이나 리(里)는 하나의 행정구역으로 그 자체가 법률상 독립한 인격을 갖는 것은 아니다. 그러나 판례는 행정구역과 같은 주민공동체를 의미할 때에는 권리능력 없는 사단으로 이해하여 그 재산은 주민 전체의 총유에 속한다고 하고,[439] 자연부락(自然部落)도 그 부락 주민을 구성원으로 하여 고유목적을 가지고 의사결정기관과 집행기관인 대표자를 두어 독자적인 활동을

---

434) 대판 1997.12.9, 94다41249.

435) 대결 2005.11.16, 2003마1419; 대판 2005.6.24, 2005다10388.

436) 대판 1994.6.28, 93다56152; 대판 1991.2.22, 90누5641(명목상 중앙종단 소속으로 등록되어 있으나 실제 그 재산일체를 주지가 사찰명의로 등기하거나 미등기인 채 소유하면서 단독으로 운영하는 개인사찰은 단순한 불교목적시설일 뿐 그것이 독립한 사찰로서의 단체를 이루고 그 단체가 소유하는 재산이라고 할 수 없으므로 소송상 당사자능력은 인정되지 않는다고 한 사례).

437) 대판 2005.6.24, 2003다54971(개인사찰에 있어서 창건주에 의하여 건립되었던 사찰건물이 그와 무관하게 멸실된 후 동일 용도의 사찰건물을 새로 건립하거나 산신각 등 추가적인 사찰건물이 필요하게 되어 이를 건립한 경우 창건주가 직접 그 건물들을 건립하지 아니하고 창건주에 의하여 임명된 주지가 주도하여 신도들의 시주를 주된 재원으로 하여 이를 건립하였다고 할지라도 특정 신도가 대부분의 자금을 출연하고 건물의 소유권을 보유하되 사찰의 건물로만 제공한다는 등의 특별한 사정이 존재하지 않는 이상 신도들의 시주와 건물 건립은 모두 그 사찰을 위하여 이루어진 것으로서 위 추가로 건립된 사찰건물들은 역시 창건주의 소유로 귀속된다고 한 사례).

438) 대판 1997.4.25, 96다46484.

439) 대판 1990.6.26, 90다카8692 등.

하는 사회조직체라면 비법인사단으로서의 권리능력 내지 당사자능력을 가진다고 한다.440)

(5) 기 타

그밖에 판례가 권리능력 없는 사단으로 인정하는 것으로, 각종 주택재건축조합,441) 기타 조합,442) 주민단체443) 및 각종 모임,444) 기타 기관445) 등이 있다.

이에 반하여 판례가 권리능력 없는 사단이 아니라고 한 부인한 것으로는, 농지위원회 등 다수가 있다.446)

3. 법적 지위

(1) 내부관계

권리능력 없는 사단의 내부관계에 대해서는, 제1차적으로는 사단의 정관이 적용되며, 정관에 규정이 없는 경우에는 민법의 사단법인의 내부관계에 관한

---

440) 대판 2008.1.31, 2005다60871(예산군 광시면 대리); 대판 2003.4.8, 2002다70181(달성군 옥포면 강림2리); 대판 1999.1.29, 98다33512(수하리부락); 대판 1993.3.9, 92다39532(의령군 궁유면 토곡리 당동부락); 대판 1980.1.15, 78다2364(김해군 장유면 신문리 용산부락).

441) 대판 2003.7.25, 2002다27088 · 대판 1999.11.9, 99다34420 · 대판 1995.2.3, 93다23862(주택조합); 대판 1969.4.22, 68다757(자활정착난민단체); 대판 1993.4.27, 92누8163(연합직장주택조합). 대판 2002.9.10, 2000다96(수개의 직장주택조합 내지 지역주택조합이 공동으로 주택건설사업을 추진하기 위하여 각 조합의 조합원 전원을 구성원으로 하여 결성된 연합주택조합); 대판 2003.5.13, 2000다50688(상가분양계약에 있어서 연합주택조합); 대판[전합] 2007.4.19, 2004다60072,60089 · 대판 2006.7.13, 2004다7408 · 대판 2006.2.23, 2005다19552,19569 · 대판 2003.7.22, 2002다64780(재건축조합).

442) 대판 1977.1.25, 76다2194(전국해운노동조합지부); 대판 1992.7.10, 92다2431(선어중매조합).

443) 대판 1991.4.23, 91다4478(공동주택입주자가 주택건설촉진법 제38조, 공동주택관리령 제10조에 따라서 구성한 입주자대표회의: 같은 취지, 대판 2007.5.15, 2007다6291); 대판 1991.5.28, 91다7750(산제치성을 목적으로 한 동민회).

444) 대판 2004.11.12, 2002다46423(성균관); 대판 2003.4.11, 2002다59337(사단법인 대한약사회 서울시지부 도봉 · 강북구 분회); 대판 1995.11.21, 94다15288 · 대판 1967.12.26, 67다2302(보중(洑中)); 대판 1996.6.28, 96다16582 · 대판 1968.7.16, 68다736(채권자들로 구성된 청산위원회).

445) 대판 1992.6.23, 92다12933(영연방아동구호재단 공공직업훈련소).

446) 대판 1962.4.18, 4294민상1397(농지위원회); 대판 1993.5.25, 92다35950(노인회); 대판 1991.4.23, 91다3987(조선학교비령에 의한 학교비(學校費)); 대판 1991.1.29, 90다4419(전국화물자동차 운송사업조합연합회 공제조합); 대판 1967.7.4, 67다549(대한불교조계종 총무원); 대판 1974.9.24, 74다573(동백흥농계); 대판 1999.4.23, 99다4504(부도난 회사의 채권자들이 조직한 채권단) 등이 있다.

규정을 유추적용한다. 법인의 내부관계에 관한 규정은 사단이라는 성질에 기한 것이지 법인이라는 성질에 기한 것은 아니기 때문이다. 정관에 따라 총회가 최고의사결정기관이 되며, 정관에 특별히 정하고 있지 않는 한 과반수로 성립하고, 총회의 다수결은 모든 사원을 구속한다. 사단의 모든 업무집행은 총회에 의하여 선임된 업무집행기관이 선량한 관리자의 주의의무를 다하여 처리한다.

(2) 외부관계

권리능력 없는 사단은 외부관계에서 어떠한 지위에 있는가에 대하여, 그 사단성으로 인하여 사단법인의 규정이 유추적용된다. 그러므로 사단법인의 권리능력・행위능력・불법행위능력・대표기관의 권한과 대표형식 등은 무두 권리능력 없는 사단에 적용된다. 즉 권리능력 없는 사단은 사단법인과 마찬가지로 대표기관이 대외적으로 사단을 대표하여 행위하고 그 행위가 곧 사단의 업무가 되며, 대표기관의 직무에 관한 불법행위에 대해서 권리능력 없는 사단이 배상책임을 부담하여야 한다.[447] 또한 권리능력 없는 사단도 그 대표자가 정하여져 있으면 소송상의 당사자능력을 가진다(민사소송법 제52조). 따라서 제3자는 권리능력 없는 사단에 대한 집행권원으로 사단재산에 대하여 강제집행을 할 수 있다. 그러므로 소송과 강제집행에 있어서는, 권리능력 없는 사단은 사단법인과 다를 것이 없다. 그리고 권리능력 없는 사단도 사회적으로 독립된 존재이므로, 그 성명권・명예권 등의 인격권을 가진다. 또한 권리능력 없는 사단이 법인격을 취득한 경우에는 사단으로서는 전후 동일성을 잃지 않으므로 권리의무는 당연히 법인인 사단에 이전된다(통설).

(3) 재산권의 귀속관계

1) 총유적 귀속

권리능력 없는 사단의 재산은 총유(總有)에 속하며(제275조), 소유권 이외의 재산권은 사원의 준총유로 속한다(제278조). 사단의 재산은 각 구성원의

447) 대판 2003.7.25, 2002다27088(주택조합과 같은 비법인사단의 대표자가 직무에 관하여 타인에게 손해를 가한 경우 그 사단은 민법 제35조 제1항의 유추적용에 의하여 그 손해를 배상할 책임이 있으며, 비법인사단의 대표자의 행위가 대표자 개인의 사리를 도모하기 위한 것이었거나 혹은 법령의 규정에 위배된 것이었다 하더라도 외관상, 객관적으로 직무에 관한 행위라고 인정할 수 있는 것이라면 민법 제35조 제1항의 직무에 관한 행위에 해당한다고 한 사례).

재산과는 독립하여 구성원 전원의 총유에 속하므로, 각자에게 공유나 합유에서와 같은 지분권이나 분할청구권은 인정되지 아니한다.[448] 그러나 사단법인의 재산이 법인 자신의 단독소유에 속하는 것과는 다르다. 총유의 내용은 정관이나 기타 규약에 의해 정해질 것이나 보충적으로 민법의 규정이 적용된다. 총유물에 대한 사원의 권리의무는 사원의 지위의 득실에 따라 취득·상실된다(제277조).

총유물의 관리와 처분은 총유물 그 자체에 관한 이용·개량행위나 법률적·사실적 처분행위를 말하는 것으로 이는 사원총회의 결의에 따른다.[449] 그리고 비법인사단이 타인 간의 금전채무를 보증하는 행위는 총유물의 관리·처분행위라고 볼 수는 없다고 한다.[450] 각 사원은 정관이나 기타 규약에 따라 총유물을 사용·수익할 수 있다(제276조 2항).

2) 공시방법

권리능력 없는 사단의 재산의 공시방법에 대해서는 부동산에 관해서만 특별규정을 두고 있다. 부동산등기법 제30조 1항에서 「종중·문중 기타 대표자나 관리인이 있는 법인 아닌 사단이나 재단에 속하는 부동산의 등기에 관하여는 그 사단 또는 재단을 등기권리자 또는 등기의무자로 한다」고 규정하고, 동조 2항에서 「전항의 등기는 그 사단 또는 재단의 명의로 그 대표자 또는 관리인이 이를 신청한다」고 규정한다. 따라서 권리능력 없는 사단도 직접 사단의 명의로 등기할 수 있게 되어 그 독립성이 확보되었지만, 그 재산이 사단 자체에 속하는 것은 아니고 여전히 사원 전원의 총유나 준총유에 속한다.

부동산 이외의 재산권의 공시방법에 대해서는 특별규정을 두고 있지 않다. 일반적으로 동산에 관해서는 사단의 대표자가 직접 점유하고 사단은 간접점유를 하게 되고, 예금채권 등에 관해서는 대표자의 성명에 사단대표자임을 표기하여 개인재산과 구별할 수 있을 것이다.

---

448) 대판 1969.4.22, 68다757. 다만 조합형 사단도 있음을 생각하면 단순히 총유라고 할 수만은 없고 합유로 보아야 할 경우도 있다는 반대의 견해가 있다(김주수, 197면).

449) 대판 1994.4.26, 93다51591.; 대판 2007.7.26, 2006다64573(비법인사단이 사원총회의 결의 없이 제기한 소송은 소제기에 관한 특별수권을 결하여 부적합하다고 한 사례); 대판 2007.6.28, 2007다16885(총유물인 임야에 대한 분묘설치 행위는 처분행위이므로 사원총회의 결의가 필요하다고 한 사례).

450) 대판[전합] 2007.4.19, 2004다60072,60089.

(4) 채무의 귀속문제

권리능력 없는 사단의 채무는 모든 구성원에게 총유적으로 귀속된다.[451] 따라서 그 채무에 대해서는 총유재산만으로 책임을 지게 되고 각 구성원이 개인재산으로 책임을 지지 않는다(유한책임). 사단의 채권자가 구성원의 개인재산을 압류할 수 없으며, 또한 구성원의 채권자가 총유재산을 압류하지 못한다. 이는 사단으로서의 조직이 정비되어 있으므로 제3자에게 불이익을 미칠 우려는 없기 때문이다.

Ⅲ. 권리능력 없는 재단

1. 의 의

권리능력 없는 재단은 재단법인의 실제가 되는 목적재산은 존재하나 설립등기를 하지 아니하여 법인격을 취득하지 못한 재단을 말한다. 일정한 재산을 중심으로 하여 사실상 사회생활의 하나의 단위를 이루는 조직을 가짐으로써 법률상 특수한 사회적 작용을 담당하는 하나의 독자적 존재가 될 때 권리능력 없는 재단으로 인정된다. 권리능력 없는 재단의 설립행위는 설립자의 단독행위의 성질을 가지며, 증여 및 유증의 규정이 준용된다(제47조). 그리고 권리능력 없는 재단에 대하여 법인격을 전제로 하지 않는 대내외적 사항에는 재단법인에 관한 규정이 준용된다. 그러므로 대외적으로 권리능력 없는 재단은 관리자의 대표행위에 의하여 타인과 법률행위를 하고 그 법률행위는 곧 권리능력 없는 재단의 행위가 된다고 하여야 한다. 그리고 권리능력 없는 재단도 성명·명예·신용 등의 인격권이 인정된다. 권리능력 없는 재단은 법인격을 취득하지 못한 장학재단, 종교재단 등이 이에 해당하는데, 판례는 사찰과 유치원을 권리능력 없는 재단으로 인정하고 있다.

---

451) 입법론으로, 영리단체의 경우에는 구성원의 무한책임을 인정하자는 견해(김주수, 198면)와, 제3자보호를 위해서 합유, 즉 준합유라고 하자는 견해(곽윤직, 192면(신정판))가 있다.

2. 종 류

(1) 사 찰

판례는 사찰을 권리능력 없는 사단으로 보는 경우가 대부분이나, 권리능력 없는 재단으로 보는 경우도 있고 순수 개인사찰이라고 보는 경우도 있다. 종래부터 존재하여 오던 사찰의 재산을 기초로 전통사찰보존법(1987년 11월 28일 법률 제3974호)의 시행으로 폐지된 불교재산관리법에 따라 불교단체등록을 한 사찰[452]과, 전통사찰보존법에 따라 문화공보부에 전통사찰로 등록되어 있고 독립한 사찰로서의 실체도 갖춘 사찰[453]을 권리능력 없는 재단의 성격을 갖는 사찰로 인정한다. 이와 같이 권리능력 없는 재단인 사찰에 있어서는 신도들이 사찰재산의 조성 또는 사찰의 창건·재산관리에 공헌하였다 하더라도 그 재산은 신도와 승려의 총유에 속하는 것이 아니라 권리능력 없는 사찰 자체에 속한다고 하였다.[454]

(2) 유치원

판례는, 어린이 보육을 위하여 원사를 신축하고 관계당국으로부터 개원허가를 받았으며 한편으로 교육법에 따른 원칙을 제정하여 계속 운영해 온 유치원은 권리능력 없는 재단이라고 하고, 유치원에 설립자를 관리인으로 하여 당사자능력을 인정하였다.[455] 한편 어떤 유치원이 별개 독립한 설립자에 의하여 설립 유지·운영되고 있는 유치원시설의 명칭에 불과하고 그 자체로서 설립자와 독립하여 독자적인 존재와 활동을 할 수 있는 권리능력 없는 재단으로 볼 수 없다는 판례도 있다.[456]

---

452) 대판 1994.12.13, 93다43545.
453) 대판 1991.6.14, 91다9336.
454) 대판 1994.12.13, 93다43545; 대판 1991.6.14, 91다9336.
455) 대판 1968.4.30, 65다1651.
456) 대판 1965.8.31, 65다693(본건 용산유치원은 별개 독립한 설립자에 의하여 설립 유지·운영되고 있는 유치원시설의 명칭에 불과하고 그 자체로서 설립자와 독립하여 독자적인 존재와 활동을 할 수 있는 「법인 아닌 재단」이라고는 볼 수 없어 그 형식적 당사자능력을 인정할 수 없다고 한 사례).

3. 법적 지위

(1) 부동산물권의 귀속

권리능력 없는 재단에 속하는 부동산은 재단의 명의로 등기할 수 있다(부동산등기법 제30조). 따라서 등기능력이 인정되므로 권리능력 없는 재단도 등기권리자 또는 등기의무자가 될 수 있으며, 등기를 요하는 부동산에 관한 권리는 권리능력 없는 재단의 단독소유에 속한다.

(2) 기타 재산권의 귀속

기타 재산권의 귀속에 대해서는 아무런 규정이 없는데, 재단은 사단과는 달리 구성원이 없으므로 총유 등의 공동소유관계를 인정할 수는 없다. 이에 관하여 학설의 대립이 있다. ① 신탁설은 권리능력 없는 재단은 법인격이 없으므로 재단 자신의 소유에 속한다고 할 수 없고 신탁의 법리를 통해서 관리자 개인의 명의로 보유하는 수밖에 없다는 견해이다.[457] 설립자를 위탁사, 대표자를 수탁자, 장래 탄생할 재단법인을 수익자로 하여 사적 신탁이 설립한다고 한다. ② 단독소유설은 재단이라는 실체와 관리자, 정관에 명칭이 정하여져 있으므로 권리능력 없는 재단은 권리주체성을 가진다는 견해이다.[458] 생각건대 권리능력은 없지만 일정한 목적 재산을 중심으로 사회생활상 활동하는 독립된 사회적 실체이므로 재단의 권리·의무는 재단에 귀속하며, 기타의 재산권도 권리능력 없는 재단 자체에 귀속한다고 하여야 한다.

(3) 채무의 귀속

권리능력 없는 재단의 채무도 재단 자체에 속하며, 이에 대한 책임도 사단의 경우와 마찬가지로 재단의 목적 재산에 한정하여야 할 것이다.[459]

---

457) 곽윤직, 129면; 김주수, 200면; 김증한·김학동, 169면.

458) 고상룡, 272면; 김상용, 284면; 김준호, 247면; 백태승, 218면; 이영준, 808면; 이은영, 251면; 장경학, 301면.

459) 이에 반하여 부동산을 제외한 목적재산은 공시방법이 없으므로 1차적으로는 재단의 책임재산에 한정할 것이나, 그것으로 부족할 때에는 2차적으로 대표자의 담보책임을 인정하여야 한다는 견해가 있다(김상용, 284면; 장경학, 301면).

(4) 당사자능력

소송상에서 권리능력 없는 재단도 대표자 또는 관리인이 있으면 당사자능력이 인정된다(민사소송법 제52조).

제 3 장 권리의 객체

제 1 절 총 설

I. 권리의 객체의 의의

권리의 객체는 권리의 목적을 구성하는 대상이다. 권리의 목적은 권리에 의하여 보호되는 이익, 즉 법률에 의하여 권리주체에 귀속되는 사회적 이익이다. 그리고 그 대상이 되는 것이 권리의 객체이다.

권리의 객체는 권리의 종류에 따라 다르다. ㉠ 물권은 물건을 직접 배타적으로 지배할 수 있는 권리이므로 그 물건, ㉡ 채권은 특정인이 다른 특정인에게 일정한 행위를 요구할 수 있는 권리이므로 채무자의 행위, ㉢ 지적재산권은 저작·발명 등과 같은 정신적 창조물을 독점적으로 이용할 수 있는 권리이므로 정신적 창조물, ㉣ 친족권은 특정의 친족관계를 가지는 자 사이의 친족법상의 이익을 내용으로 하는 권리이므로 권리자의 친족법상 지위, ㉤ 상속권은 피상속인의 재산법상의 지위를 승계할 수 있는 권리이므로 피상속인의 권리·의무를 포함하는 상속재산, ㉥ 인격권은 신체·자유·명예 등 권리자와 분리할 수 없는 이익을 목적으로 하는 권리이므로 권리자 자신의 인격적 이익,[1] ㉦ 형성권은 당사자 일방의 의사표시로 법률관계를 발생·변경·소멸시킬 수 있는 권리이므로 그 법률관계, ㉧ 항변권은 청구권에 대하여 그 청구를 거절할 수 있는 권리이므로 상대방의 청구권, ㉨ 권리 위의 권리는 하나의

1) 같은 취지: 김민중, 320면; 김삼용, 285면; 김주수, 268면; 김준호, 251면; 장경학, 357면. 이에 대하여 반대설은 권리주체 자신이라고 한다(고상룡, 274면; 곽윤직, 240면; 김증한·김학동, 230면; 백태승, 278면; 이영준, 893면).

권리가 다른 권리를 대상으로 하는 경우이므로 그 대상이 된 권리(예컨대 채권질권에서의 채권, 전세권을 목적으로 하는 저당권에서의 전세권)가 각 권리의 객체가 된다.

Ⅱ. 민법의 규정

민법은 권리의 객체에 관한 일반적 규정을 두지 않고, 물건에 관해서만 총칙에 규정을 두고 있다. 그것은 권리의 객체가 다양하여 이를 일반적으로 규정하는 것이 어렵기 때문이다. 그리고 물건의 개념은 직접적으로 물권의 대상으로서만이 아니라 다른 권리에 있어서도 간접적으로 관련이 있어서 중요하기 때문이다. 예컨대 물건의 인도를 목적으로 하는 채권의 객체는 채무자의 물건인도행위라는 급부지만, 급부의 목적은 그 물건이다. 그리고 채권자의 물건인도청구를 거절할 수 있는 권리가 항변권이고, 채무자가 물건인도를 지체하는 때에 채무자가 채무불이행으로 인한 계약해제권이라는 형성권을 행사할 수 있다. 그런 의미에서 물건에 관한 규정은 총칙적 성질을 가지고 있다. 그렇지만 물건은 물권법 분야에서 더욱 중요한 기능을 하는 개념인 것은 분명하다.[2)]

제 2 절 물 건

Ⅰ. 물건의 의의

민법은 「본법에서 물건(物件)이라 함은 유체물 및 전기 기타 관리할 수 있는 자연력을 말한다」고 하여 물건에 관한 정의규정을 두고 있다(제98조). 민

2) 입법정책상 물건에 관한 규정은 물권편에서 규정하는 것이 옳았다고 하는 견해가 있다(김상용, 285면; 김용한, 214면; 이영준, 893면).

법상 물건으로 인정되어서 권리의 객체가 되고 거래의 대상이 되기 위해서는 구체적으로 다음의 요건이 필요하다.

1. 유체물 또는 관리가능한 자연력

물건은 유체물 또는 무체물 중에서 관리가능한 자연력이다. 유체물(有體物)이란 공간의 일부를 차지하며, 사람의 오감으로 지각할 수 있는 유형적 존재인 물질, 즉 고체・액체・기체이다. 보통 물건이라고 할 때에 토지・건물과 같은 부동산이나 컴퓨터・장신구・자동차와 같은 동산을 말하는데 이들이 모두 유체물이고 보면, 민법상 물건으로서 중요한 것은 유체물이다. 무체물(無體物)은 형체가 없고 다만 사람의 사고에 의해서만 존재하는 것을 말하며, 형체가 없는 자연력과 각종의 권리 등이 포함된다. 그러나 관리할 수 없는 자연력은 물건이 될 수 없으며, 권리도 거래의 객체가 될 수는 있으나 물건은 아니다. 따라서 민법이 물건으로 인정하는 무체물은 전기・열・빛・소리・향기・원자력・풍력・에너지・전파 등과 같은 관리가능한 자연력에 한한다. 이는 사람의 힘으로 자연력을 관리하여 지배할 수 있는 기술의 개발로 인한 것이며 과학의 발달로 그 범위는 앞으로 확대되어 갈 것이다. 그리고 「전기」는 관리할 수 있는 자연력을 예시한 것으로 이해된다.

입법례로는 독일민법(제90조)・일본민법(제85조)은 유체물만을 물건으로 인정하고 있으며, 로마법・프랑스민법(제516조 이하)은 모든 무체물을 물건으로 하고 있다. 스위스민법(제713조)은 무체물 중에서 관리할 수 있는 자연력만을 물건으로 하고 있어서 우리 민법의 태도와 같다.

2. 관리가능성

물건은 사람이 관리(管理)할 수 있는 것이어야 한다. 관리가능성은 배타적 지배가능성을 의미한다. 사람의 힘으로 관리 또는 지배할 수 없는 것은 사용・수익・처분할 수 없으므로 권리의 객체가 될 수 없다. 관리가능성은 상대적인 개념으로서 시대에 따라 변천하며 그 범위는 과학의 발달로 확대되고 있다.

민법은 자연력에 관해서만 관리가능성을 요구하고 있으나, 유체물의 경우에도 관리가능성이 요구된다고 하여야 한다. 따라서 유체물이라 하더라도 해・달・별 등과 같이 사람이 지배할 수 없는 것이거나, 햇빛・공기・바다 등과 같이 모든 사람에게 그 이용이 개방되어 있어서 타인을 배제하여 배타적으로 지배할 수 없는 것은 법률상 물건이 될 수 없다. 다만 바다는 인위적으로 일정한 범위를 구획하여 배타적 지배가 가능한 경우에는 어업권의 객체가 된다.

3. 비인격성

(1) 원 칙

사람은 물건이 될 수 없다. 물건은 사람이 아닌 외계의 일부여야 한다. 근대법은 개인의 존엄을 기본원리로 하기 때문에 살아 있는 사람에 대하여는 타인의 배타적 지배를 인정하지 않는다. 타인의 신체뿐 아니라 자기의 신체도 소유권의 객체가 되지 못하며, 인체의 일부도 물건이 아니다. 인위적으로 인체에 부착한 의안·의족·의치·의수·가발 등도 인체에 고착되어 있는 한 외계의 일부가 아니므로 물건이 아니다. 그러나 다음의 경우에는 예외적으로 물건으로 취급된다.

(2) 예 외

1) 분리된 인체의 일부

모발·치아·혈액 등과 같이 생체의 일부라 하더라도 분리된 것은 물건으로 다루어지며, 분리당한 사람의 소유에 속한다. 인체의 일부를 분리하는 계약 및 분리된 신체의 처분행위도 사회질서에 반하지 않는 한 유효하다고 해석한다(통설). 따라서 신체의 절단수술 계약이나 장기이식 및 수혈 등의 계약도 유효하다. 다만 이러한 계약의 사회적 타당성 여부에 대한 판단은 신중을 기해야 하며, 그 불이행에 대하여 강제집행은 허용되지 않는다.

2) 시체·유골

(가) 물건성의 인정 여부

시체·유골이 물건인가에 대해서, ① 물건성긍정설은 사체나 유골은 더 이상 살아 있는 인체가 아니므로 물건이라고 하는 견해이다.[3] ② 물건성부정설

3) 고상룡, 277면; 곽윤직, 242면; 김기선, 195면; 김용한, 216면; 김주수, 270면; 김증한·김학동, 233면; 이은영, 301면; 장경학, 360면 등.

은 시체는 사망을 초월하여 존재하는 인격의 잔존이므로 물건이 아니라고 하면서 다만 미이라 또는 학술용 유골과 같이 더 이상 인간의 잔존이라고 볼 수 없는 경우에는 물건이 된다는 견해이다.[4] 생각건대 시체는 사자의 인격과는 무관한 보통의 물건이라고 할 수는 없으나 사망 이후에도 여전히 영혼과 생명을 가진 사람으로 다룰 수는 없을 것이다.

(나) 시체 · 유골에 대한 권리의 성질

시체 · 유골에 대한 유족의 권리를 무엇으로 파악할 것인가에 대하여는, 그 물건성을 어떻게 이해하는가에 따라서 견해가 대립한다. ① 특수소유권설은 시체 · 유골에 대한 소유권의 성립을 인정하나, 그 내용은 보통의 소유권과 달라서 사용 · 수익 · 처분할 수 없고 단지 매장 · 제사 · 공양 등을 할 수 있는 권능과 의무를 내용으로 하는 특수한 소유권이라는 견해이다.[5] ② 관습법상의 사자보호권설은 시체에 대한 소유권은 인정되지 않고 단지 사자의 의사를 존중하여 매장 · 제사의 방법을 결정하고, 타인의 권한 없는 침해를 방어할 수 있는 관습법상의 사자보호권이라는 견해이다.[6] 생각건대 시체를 물건으로 인정한다면 그 위에 성립하는 권리는 소유권이라고 할 것이다. 다만 그 내용이 극히 제한되어 있으므로 보통의 소유권과는 매우 다른 종류의 소유권이라 할 것이다. 어느 설에 의하거나 그 결과에는 차이가 없다.

(다) 권리의 귀속권자

시체 · 유골에 대한 권리의 귀속권자는 상주(喪主)라고 할 것이다. 제1008조의3은 분묘에 속하는 1정보 이내의 금양임야와 600평 이내의 묘토인 농지, 족보와 제구의 소유권은 제사를 주재하는 자가 승계한다고 규정하고 있다. 이에 따라 분묘 등의 소유권자인 제사의 주재자에게 시체 · 유골에 관한 권리도 귀속되는 것으로 해석된다.

(라) 처분행위의 효력

시체 · 유골에 대한 권리의 성질이 무엇이든 특수한 내용의 권리이므로 그 귀속권자의 처분행위는 사회질서에 반하는 법률행위로서 무효이다.[7] 그리고 시체의 취급에 관하여는 형법(제159조~제161조), 경범죄처벌법(제1조 6호), 장

---

4) 김민중, 325면; 김상용, 288면; 백태승, 282면; 이영준, 895면.
5) 고상룡, 277면; 곽윤직, 242면; 김기선, 195면; 김용한, 216면; 김주수, 270면; 김증한 · 김학동, 233면; 이은영, 301면; 장경학, 360면.
6) 김민중, 325면; 김상용, 288면; 백태승, 282면; 이영준, 895면.
7) 통설. 그러나 유족은 사회질서에 반하지 않고 사자의 의사에 명백하게 반하지 않는 한 그 관습법상의 사자보호권의 범위 내에서 시체를 처분할 수 있다는 견해가 있다(김민중, 325면).

사 등에 관한 법률, 시체해부 및 보존에 관한 법률 등 공법상의 제한이 따르며, 사법상으로도 매장·부양 등에 관한 관습법상의 제한을 받는다.

그러나 고인이 생전에 자기 유해의 처분방법에 대해 의사를 표명한 경우에는 그 방법이 사회질서에 반하지 않는 한 사전의 자기결정을 존중하여 유효하다고 하여야 한다.[8] 장기기증이나 대학병원의 교육을 위한 시신기증 등이 그 예이다. 다만 고인의 유해처분방법이 시신의 매매 등과 같이 사회질서에 반하는 경우에는 법률상 사후의 귀속권자를 구속할 수 없을 것이다.

4. 독립성

물건은 독립성이 있어야 한다. 물건이 배타적 지배의 객체로 되기 위해서는 공간적으로 한계가 있는 독립된 존재이어야 한다는 것을 말한다. 그러므로 물건의 일부이거나 물건의 구성부분에 불과한 것이거나 물건의 집단은 독립성이 없는 것이다. 물건의 독립성의 여부는 보통은 그 물리적 형태에 의해서 결정되지만, 물리적 형태에 불구하고 거래의 실제에 대응하여 사회관념에 의하여 결정된다고 하여야 할 것이다.

채권은 물건의 일부에 대해서도 성립될 수 있으므로 물건이 단순히 채권의 객체가 되는 경우에는 물건으로서의 독립성의 유무가 문제가 되지 않는다. 그러나 물권은 배타적인 지배권이기 때문에 물건이 물권의 객체가 되는 경우에는 독립성이 강하게 요구된다. 물권은 독립된 물건 위에 성립하며, 또한 하나의 물건에는 하나의 물권만을 인정하는 일물일권주의가 지배한다.

Ⅱ. 물건의 수적 취급

1. 물건의 일부

물건의 일부는 원칙적으로 물권의 객체가 될 수 없다. 일물일권주의의 원칙상 독립된 존재인 하나의 물건에 대해서 하나의 물권만 성립한다. 따라서 독

8) 같은 취지: 고상룡, 278면; 김민중, 325면; 민법주해 Ⅱ, 32면(김병재); 김용한, 216면; 김준호, 255면; 김증한·김학동, 233면; 백태승, 282면; 이영준, 896면.

립적 존재를 가지지 않는 물건의 일부는 하나의 물권의 객체가 되지 못하며, 물건의 구성부분[9]에 불과하다. 판례가 물건의 구성부분으로 보아 독립성이 없다고 한 것은, 옥개(屋蓋)나 정화조 없이는 건물이 완성될 수 없으므로 건물의 옥개 부분[10] 또는 정화조,[11] 주택의 부속건물,[12] 논의 유지보호상 절대적으로 필요불가결한 논의 논둑,[13] 부지에 계속적으로 고착되어 있는 상태에서 사용된 시설부지에 정착된 레일[14] 등이 있다. 다만 임야 내에 자연석을 조각하여 제작한 석불[15]은 임야의 일부를 구성하는 것이라 할 수 없으므로 독립하여 소유권의 대상이 된다고 한다.

그러나 예외적으로 물건의 일부에 대한 물권을 인정할 필요성이 있고, 또한 어느 정도의 공시가 가능하거나 공시와는 관계가 없는 때에는 물건의 일부도 하나의 물건으로 인정될 수 있다. 예컨대 부동산의 일부는 용익물권의 객체가 되며(부동산등기법 제136조, 제137조, 제139조 2항), 수목과 미분리의 천연과실의 집단도 명인방법에 의하여 공시방법을 갖춘 때에는 독립된 부동산 또는 동산으로서 소유권의 객체가 된다.

2. 단일물

단일물(單一物)은 형체상 단일한 일체를 이루고 각 구성부분이 개성을 잃고 있는 물건이다. 예컨대 책 1권, 도자기 1점, 소 1마리 등이 이에 속하고, 단일물은 하나의 물건이다.

---

9) 독일민법은 어느 부분을 파괴하거나 또는 그 본질을 변하게 하지 않고서는 분리할 수 없는 것을 본질적 구성부분(wesentlicher Bestandteil)이라 하고(제93조), 그렇지 않은 것을 비본질적 구성부분이라고 한다. 본질적 구성부분은 따로 권리의 목적이 될 수 없는데(제93조), 그 예로서 토지 위의 건물(제94조 1항), 건물의 완성을 위하여 덧붙여진 물건(제94조 2항), 토지소유권과 결합된 권리(제96조)를 들고 있다.

10) 대판 1960.8.18, 4292민상859.

11) 대판 1993.12.10, 93다42399.

12) 대결 1990.10.11, 90마679(1동의 건물은 그 전체를 경락허가의 대상으로 삼아야 할 것이고 그 일부분을 분리하여 따로 경락허가의 대상으로 삼을 수는 없는 것인바, 이 사건에서 경매의 대상이 된 건물인 1동의 주택 및 창고와 부속건물 4동이 한 개의 건물로 등기되어 있는데 경매법원이 위 등기된 건물 중 원채인 주택 및 창고와 부속건물 중 1동을 제외한 부속건물 3동을 따로 떼어 경락허가한 것은 일물일권주의에 위반되어 위법하다고 한 사례).

13) 대판 1964.6.23, 64다120.

14) 대결 1972.7.27, 72마741.

15) 대판 1970.9.22, 70다1494.

3. 합성물

합성물(合成物)은 각 구성부분이 개성을 잃지 않으면서 결합하여 형체상 단일한 일체를 이루는 물건이다. 예컨대 보석반지, 건물, 자동차, 선박 등이다. 합성물은 물건의 결합으로 이루어지는 것이나, 법률상 하나의 물건이다. 그리고 합성물이 동일한 소유자의 물건 간의 결합에 의한 것인 때에는 소유권의 변동은 생기지 않고 물건의 개수가 감소한다. 그러나 소유자를 달리하는 물건들이 결합하여 합성물이 되면 각자의 소유권이 그대로 존속하는 것이 아니라 부합・혼화・가공의 법리에 따라서 소유권의 변동이 생긴다(제256조 내지 제261조 참조).

4. 집합물

집합물(集合物)은 하나하나가 단일물 또는 합성물인 다수의 물건이 집합하여, 경제적으로 단일한 가치를 가지고, 거래상으로도 일체로서 다루어지는 물건을 말한다. 예컨대 공장에 있는 시설이나 기계의 전부, 도서관의 장서, 상점에 있는 상품 전체 등이 이에 속한다. 집합물을 이루는 개개의 물건에 각각 물권이 성립하는 것이며, 집합물 위에 하나의 물권이 성립할 수 없다고 하여야 일물일권주의의 원칙에 적합하다. 그러나 집합물을 하나의 물건으로 다루어야 할 사회경제적 필요성이 인정되고 또한 적절한 공시방법을 갖출 수 있으면, 그 한도 내에서 예외적으로 집합물 위에 하나의 물권의 성립을 인정할 수도 있다. 그리하여 일정한 집합물을 특별법(공장저당법・광업재단저당법 등)에 의하여 특별한 공시방법을 인정하여, 법률상 하나의 물권으로 다룰 수 있게 하고 있다.

특별법이 없는 경우에는 집합물은 하나의 물건으로 다루어지지 않는다(통설). 이에 대해서 물권법에서의 공시방법에 어긋나지 않는 한, 경제적으로 일체를 이루는 집합물은 법률적으로도 일체로 인정하여야 한다는 견해가 있다.[16] 판례도 특별법에 의하지 아니하고도 양도담보목적물이 '장소・종류・수량 등의 지정'에 의해 다른 일반재산과 구별・특정되는 한도에서는 집합물 전부를 하나의 물건으로 인정한다.[17]

---

16) 김증한・김학동, 236면. 또한 고상룡, 280면도 같은 취지로 파악된다.

17) 「재고상품, 제품, 원재료 등과 같은 집합물을 하나의 물건으로 보아 이를 일정기간 계속

Ⅲ. 재산의 개념

1. 민법상의 재산

넓은 의미로 재산(財産)은 어떤 주체를 중심으로, 또는 일정한 목적 하에 결합된 경제적 가치가 있는 물건 및 권리·의무의 총체를 말한다. ㉠ 주체를 중심으로 한 재산은, 한정승인의 경우의 상속인이 취득한 재산(제1028조)과 같이 적극재산만을 의미하는 경우도 있고, 상속재산(제1005조)·부재자의 재산(제22조 이하)·채무자의 재산과 같이 적극재산 및 소극재산을 의미하는 경우도 있다. 이 경우에는 재산의 독립성과 일체성이 약하므로 재산 자체가 권리의 객체가 되지 못하고 재산에 속하는 개개의 물건과 권리·의무가 권리의 객체가 될 뿐이다. ㉡ 목적을 중심으로 한 재산은, 조합재산(제704조), 재단법인의 출연재산(제48조), 신탁재산, 파산재단, 재단저당에 있어서의 재단과 같이 일정한 목적을 위하여 결합된 물건, 권리·의무의 총체를 의미한다. 이 경우에는 재산의 독립성·일체성이 강하나 그 정도는 경우에 따라서 다르다. 재단법인의 출연재산(제48조)은 그 자체에 법인격이 부여되고, 재단저당에 있어서의 재단은 그 자체로 저당권의 객체가 된다. 그러나 그 이외의 경우에는 그 자체로 권리의 객체가 되지는 않는다.

좁은 의미로 재산의 개념을 동산·부동산 또는 재산권의 뜻으로 사용하기도 한다. 예컨대 미성년자에게 처분이 허락된 재산(제6조), 증여의 목적인 재산(제554조), 매매의 목적인 재산권(제563조), 제3자가 자(子)에게 준 재산(제918조), 자가 취득한 재산(제916조), 현물출자의 목적인 재산(상법 제290조) 등

하여 채권담보의 목적으로 삼으려는 이른바 집합물에 대한 양도담보권설정계약에 있어서는 그 목적동산을 종류, 장소 또는 수량지정 등의 방법에 의하여 특정할 수만 있다면 그 집합물 전체를 하나의 재산권으로 하는 담보권의 설정이 가능하다」고 하였다(대판 1988.10.25, 85누941; 대판 1988.12.27, 87누1043; 대판 1990.12.26, 88다카20224). 이에 대해서 집합물의 개념은 민법이 인정하지 않는 것으로서 부인되어야 하고, 위 사안의 경우에는 '포괄적 사전점유개정의 약정'의 법률구성에 의해 달성할 수 있으므로 굳이 집합물의 개념을 인정하여야 할 이유가 없다는 비판이 있다(양창수, "재산과 물건", 고시연구(98.9), 36면).

은 경제적 가치가 있는 물건 · 권리 등을 가리킬 뿐이다.

이와 같이 재산이란 용어가 여러 경우에 다양하게 사용되고 있으며, 그 의미도 통일되어 있지 않다.

2. 기업재산

기업재산(企業財産)은 기업이 가지는 경제적 가치가 있는 물건 및 권리 · 의무의 총체를 말한다. 기업은 영리를 목적으로 하여 계속적 · 계획적으로 영리활동을 하는 하나의 독립한 경제적 생활체이며, 이러한 기업의 영리성으로 인하여 기업재산에는 물건, 물권 · 채권 · 무체재산권 · 형성권 등의 권리뿐만 아니라, 상호 · 영업상의 비밀 · 고객관계 · 경영전략 등의 무형의 재산가치도 포함된다. 이러한 기업재산은 독립성과 단일성이 인정되어 거래의 객체가 될 수 있으며, 기업재산을 대상으로 체결된 매매 · 대차 · 담보 등의 채권계약은 유효하다. 그러나 기업재산을 하나로 취급하는 공시방법이 인정되지 않으므로 법률상 1개의 물건으로 다루어지지 않는다. 또 그 양도에 있어서도 일체로서의 포괄적인 양도방법은 마련되어 있지 않으므로, 기업재산을 이루는 개개의 물건 · 권리 등의 이전은 그 각각의 특별한 방법에 의한 양도행위를 필요로 한다.

IV. 물건의 분류

물건은 여러 가지 기준으로 분류하고 있으나 민법총칙에서는 동산 · 부동산, 주물 · 종물, 원물 · 과실 등에 관해서만 규정한다. 여기에서는 그 이외에 일반적인 분류에 관하여 살펴본다.

1. 융통물 · 불융통물

사법상 거래의 객체가 될 수 있는 물건을 융통물이라 하고, 그렇지 못한 물건을 불융통물이라고 한다. 불융통물에는 다음과 같은 것이 있다.

(1) 공용물

공용물(公用物)은 국가나 공공단체의 소유에 속하고 그 자신의 사용에 제공되는 공물을 말한다. 관공서의 건물 · 국공립학교의 건물 · 군부대의 건물 · 교도소 등은 그 예이다. 공용물은 공공용물과 함께 국유재산법상의 행정재산을 구성하며(동법 제4조), 정당한 이유에 의하여 사용 · 수익이 허가되는 경우를 제외하고는, 사법상의 거래가 허용되지 않는다(동법 제5조, 제20조 참조). 그러나 공용물이더라도 공용폐지 후에는 융통물이 되어 사법상의 거래의 객체가 될 수 있다.

(2) 공공용물

공공용물(公共用物)은 일반공중의 공공사용에 제공되는 공물이다. 도로 · 하천 · 교량 · 제방 · 공원 · 항만[18] · 천연기념물 등은 그 예이다. 공물 중에서 가장 공공성이 강한 공물이며, 좁은 의미의 공물은 공공용물을 가리킨다. 공공용물은 공용물과는 달리 반드시 국가 · 공공단체의 소유에 속하는 것이어야 하는 것은 아니므로, 도로부지(도로법 제5조)와 같이 사인의 소유에 속하는 공공용물도 있을 수 있다. 공공용물도 사법상의 거래의 객체가 되지 않으며 공용폐지에 의해 융통물이 된다는 점은 공용물과 같다.

(3) 금제물

금제물(禁制物)은 법령의 규정에 의하여 거래가 금지되는 물건을 말한다. 그 종류에는 아편 · 아편흡입기구(형법 제198조 이하 참조), 위조 · 변조의 통화(형법 제207조 이하), 음란한 문서 · 도화 등과 같이 소유 또는 소지 자체가 금지되는 것과, 국보 · 지정문화재(문화재보호법 제35조) 등과 같이 국외로 수출하거나 반출하는 행위 등이 금지 또는 제한되는 것이 있다.

2. 가분물 · 불가분물

가분물(可分物)은 물건의 성질 또는 가치를 현저하게 손상시키지 않고도 분할할 수 있는 물건이고, 그 예로는 금전 · 곡물 · 토지 · 액체 등이 있다. 불

18) 대판 2002.2.26, 99다35300(「백사장」을 어선어업자가 사용한 것은 관행어업권에 기한 사용이 아니라 공공용물의 일반사용이라고 한 사례).

가분물은 소·말·건물·자동차 등과 같이 분할하면 그 성질이나 가치가 현저히 손상되는 물건을 말한다. 가분물과 불가분물의 구별은 객관적 성질에 의해 결정되는 것이 보통이지만, 가분물은 당사자의 거래목적에 따라서 주관적으로 불가분물로서 다루어지는 수도 있다(제409조). 이 구별의 실익은 공유물의 분할(제269조), 다수당사자의 채권관계(제408조 이하)에 있다.

3. 대체물·부대체물

대체물(代替物)은 물건의 개성이 중요시되지 않고, 단순히 그 종류·품질·수량에 의하여 결정되며, 동종·동질·동량의 물건으로 바꾸어도 당사자에게 영향을 주지 않는 물건이다. 금전·서적·곡물·술 등이 그 예이다. 부대체물은 물건의 개성이 중요시되어 다른 물건으로 바꿀 수 없는 물건이며, 토지·건물·소·말 등이 그 예이다. 대체물과 부대체물의 구별은 물건의 성질에 따른 객관적 구별이다. 그 실익은 대체물만이 소비대차(제598조 이하)·소비임치(제702조 이하)의 대상이 된다는 데 있다.

4. 특정물·불특정물

특정물(特定物)은 구체적인 거래에 있어서 당사자가 물건의 개성을 중시하여 동종의 다른 물건으로 바꿀 수 없게 한 물건이며, 불특정물은 다른 물건으로 바꿀 수 있게 한 물건이 불특정물이다. 특정물·불특정물의 구별은 당사자의 의사에 의한 주관적 구별이므로 객관적인 구별인 대체물·부대체물의 구별과 다르다. 따라서 그것은 물건의 구별이 아니라 오히려 거래방법의 구별이라 할 수 있다. 일반적으로 당사자들은 물건의 성질에 따라서 거래하는 것이 보통이므로, 대체물은 불특정물이고 부대체물은 특정물인 것이 보통이다. 그러나 금전·유가증권과 같은 대체물도 번호를 특정하여 거래할 때에는 특정물이 되고, 소·말과 같은 부대체물도 개성을 무시하고 대량으로 거래하는 경우에는 불특정물로 다루어질 수 있다. 구별의 실익은 채권의 목적물의 보관의무(제374조), 채무변제의 장소(제467조), 매도인의 담보책임(제580조, 제581조) 등에 있다.

5. 소비물 · 비소비물

소비물(消費物)은 물건의 성질상 그 용도에 따라 1회의 사용으로 소멸하여 다시 동일한 용도에 사용할 수 없는 물건이다. 금전 · 곡물 · 술 등이 그 예이다. 비소비물은 반복해서 사용 · 수익할 수 있는 물건이며, 건물 · 토지 · 서적 등이 그 예이다. 이 구별은 소비대차 · 사용대차 · 임대차에 관하여 실익이 있다. 즉 소비대차의 목적물은 소비물에 한정되고(제598조 이하), 사용대차와 임대차는 비소비물만을 목적물로 할 수 있다(제609조 이하, 제618조 이하). 금전은 물질적으로는 소비되지 않으므로 반복하여 사용할 수 있으나, 한 번 사용하면 그 주체의 변경이 생기고 이전의 사용자는 이를 다시 사용할 수 없기 때문에, 역시 소비물로 다루어진다. 따라서 금전은 소비대차의 목적물이 된다.

제 3 절　동산과 부동산

I. 동산 · 부동산의 구별

1. 구별의 이유

민법 제99조는 「토지 및 그 정착물」을 부동산(不動產), 「부동산 이외의 물건」을 동산(動產)이라고 하여 양자를 구별하고 있다. 동산과 부동산의 구별은 물건의 구별 중에서 가장 기본적이고 중요한 것이며, 실제로 그 법률상의 취급에도 차이가 있다. 이와 같이 양자를 구별하는 이유로 다음 두 가지를 드는 것이 보통이다.

㉠ 경제적 가치의 차이이다. 부동산은 동산에 비하여 경제적 가치가 크기 때문에 법률상 특별한 보호가 필요하다. 특히 토지는 예로부터 가장 중요한 생산수단이었으며 생활의 기반이 되었지만 그 공급이 한정되어 있다. 따라서 그 경제적 가치가 동산에 비하여 훨씬 크기 때문에 특별하게 다루어져 왔다. 예를 들면 후견인은 동산거래는 단독으로 대리할 수 있지만, 부동산의 거래는

친족회의 동의를 얻어서 대리하도록 하는 민법규정(제950조 1항 3호) 등은 부동산의 경제적 가치의 우월성을 근거로 한 것이다. 그러나 오늘날에는 부동산보다 가치가 큰 동산이 출현하고, 화폐자본과 유가증권의 사회경제적 중요성이 현저히 증대되고 있으므로 이러한 구별의 의의가 감소되어 가고 있다.

ⓛ 공시방법의 차이이다. 동산은 움직일 수 있는 물건으로서 소재지의 변동이 쉬운 성질을 가지는 데 반하여, 부동산은 움직일 수 없는 물건으로서 장소변경이 불가능한 성질을 가진다. 그러므로 부동산 위의 권리관계는 공적장부에 공시하는 데 적합하나 동산은 그러한 공시가 어렵기 때문에 사실적 지배상태를 공시방법으로 한다는 점에서 구별된다. 즉 부동산은 등기를, 동산은 점유를 공시방법으로 하고 있다. 오늘날에는 이 점이 양자의 구별에 있어서 경제가치의 차이보다 더 의의가 있다 할 것이다. 그러나 오늘날 자동차 · 선박 · 항공기와 같이 경제적 가치가 큰 중요한 동산에 대해서는 특별히 등기 · 등록제도가 마련되어 있으므로 공시방법에 의한 구별의 의의도 점차 감소되어 가고 있다.

2. 법률상의 차이점

현행법상 동산 · 부동산을 구별하는 실익은 다음과 같은 점에서 볼 수 있다. ㉠ 물권변동에 있어서 부동산에 관하여는 등기, 동산에 관하여는 인도를 원칙적인 공시방법으로 한다(제186조, 제188조 참조). ⓛ 공신력은 동산거래에서 점유에는 인정되지만, 부동산거래에서 등기에는 인정되지 아니한다. 동산에만 선의취득(제249조)이 인정된다. ⓒ 무주물이 동산인 경우에는 선점자에게 소유권이 귀속되나, 부동산인 경우에는 국가에 귀속한다(제252조). ⓔ 부합의 요건과 효과는 동산과 부동산에 따라 다르다(제256조, 제257조). ⓜ 취득시효의 요건도 동산 또는 부동산인가에 따라 다르다(제245조, 제246조). ⓑ 지상권, 지역권, 전세권, 저당권은 부동산에만 성립하고(제279조 · 제291조 · 제303조 · 제356조), 질권은 동산에만 설정된다(제329조). ⓢ 후견인이 대리권 또는 동의권을 행사함에 있어서, 부동산을 목적으로 하는 행위에 대해서는 친족회의 동의를 얻어야 한다(제950조 1항 3호). ⓞ 재판관할에 있어서 부동산에 관해서만 특별규정을 두고 있다(민사소송법 제20조). ⓙ 강제집행의 절차와 방법이 동산 또는 부동산에 따라 크게 다르다(민사집행법 제188조 이하, 제78조 이하 참조). 예컨대 동산의 경우에는 집행관(동법 제189조)이, 부동산에 관하여는 그 부동산소재지의 관할 법원이 관장한다(동법 제79조).

Ⅱ. 부 동 산

1. 의 의

부동산은 토지 및 그 정착물이다(제99조 1항). 민법은 토지와 그 정착물을 별개의 독립된 부동산으로 명정하고 있다. 이는 동일한 내용을 가진 일본민법 제86조 1항을 따른 것이라고 할 수 있는데, 그 입법취지는 명확하게 밝혀져 있지 않다. 다만 입법과정에서 처음에는 건물을 포함한 정착물은 토지의 일부로 하였으나, 건물은 물론 산림의 입목도 토지와는 달리 독립된 물건이라는 반대의견이 우세하게 되어 입법화된 것이라 한다.[19]

반면에 서양에서는 토지의 정착물은 독립된 부동산으로 보지 않고 토지에 포함시켜 토지만을 부동산으로 본다. '지상물은 토지에 따른다'(*superficies solo cedit*). 예컨대 독일민법은 건물 · 수목 등의 정착물은 토지의 본질적 구성부분으로서 권리의 목적이 되지 못하며(동법 제94조), 스위스민법(제655조, 제667조 참조)도 같다. 이와 같은 태도는 대체로 프랑스민법(제517조 이하 참조) 및 영미법에 있어서도 마찬가지이다.

2. 토 지

(1) 의 의

토지(土地)란 일정한 범위의 지면 및 정당한 이익의 범위 내에서의 지하와 지상을 말한다(제212조 참조). '토지를 소유하는 자의 권리는 그 지하와 지상에 미친다'(*Cujus est solum, ejus est usque ad coelum*).

1) 지표면

지표면(地表面)은 당연히 토지의 소유권의 객체가 된다. 예컨대 「논둑」도

19) 고상룡, 284면 참조.

논의 유지보호상 절대적으로 필요불가결한 구성부분이므로, 논의 넓이에 포함시켜 계산하는 것이 보통이다.[20] 또 지표면상의 「자연석」도 토지의 범위에 속하는 것이나, 다만 판례는 임야 내에 자연석을 조각하여 제작한 석불은 임야의 일부를 구성하는 것이라 할 수 없으므로 독립하여 소유권의 대상이 된다고 한다.[21] 또 「바다」는 사적 소유권의 대상이 될 수 없다.[22] 다만 이용권만 법률에 의해 인정되며(수산업법 제24조 이하, 공유수면매립법 제4조 이하), 바다와 토지는 만조수위선을 기준으로 나뉜다(공유수면관리법 제2조 2항). 또 「하천」은 국유에 속하므로(하천법 제3조), 사적으로 소유하지 못한다. 따라서 토지가 포락 등으로 인하여 바다나 하천부지로 되면 토지소유권은 소멸한다.[23] 다만 하천도 허가를 얻어 점유할 수 있다(동법 제33조). 「도로」는 사적 소유권의 대상이 되나, 그 행사는 크게 제한된다(도로법 제5조).

2) 지 하

지하(地下)의 암석 · 토사 · 동굴 · 지하수 등은 토지의 구성부분이므로 토지와는 별개의 독립된 물건이 아니며 토지의 소유권은 당연히 그 구성부분에 미친다. 지하수 중의 온천수도 별도로 온천권이 인정되지 않으므로 토지의 구성부분에 불과하다.[24]

그러나 매장되어 있는 「미채굴의 광물」은 국가가 광업권을 부여하도록 되어 있으므로 토지의 소유권이 이에 미치지 못한다. 그 성질을 부동산으로 볼 것이냐에 관하여는, ① 부동산부정설은 이를 독립된 부동산으로 보지 않고, 국가의 배타적인 채굴취득허가권의 객체라고 하고,[25] ② 부동산인정설은 국

---

20) 대판 1964.6.23, 64다120.
21) 대판 1970.9.22, 70다1494.
22) 대판 1957.12.26, 4290민상262(해면, 즉 공유수면은 소유권의 목적이 될 수 없는 것인바, 해빈(海濱)지대에 사토의 추적으로 인하여 일정한 면적에 노초가 생성하고 다년간 그것을 점유하여 노초를 수확한 사실이 있다고 하더라도 조수의 출입으로 아직 해면으로 볼 수 있는 한 그에 대한 소유권을 취득할 수는 없는 것이라고 한 사례).
23) 토지의 포락(浦落)은 바다 또는 하천에 인접한 토지가 태풍 · 해일 · 홍수 등으로 인하여 바다나 하천의 일부가 되는 것을 말한다. 일단 포락된 토지에 대한 소유권은 영구적으로 소멸한다. 다만 제방의 건설 등으로 인하여 다시 토지화되었을 경우에, 판례는 원상복구에 과다한 비용이 들지 않고 또 복구할만한 경제적 가치가 있는 경우에는 원소유자에게 소유권을 귀속시킨다(대판 1972.9.26, 71다2488). 그러나 그렇지 않은 경우에는 원래의 소유권은 소멸한다고 한다(대판 1995.8.25, 95다18659).
24) 대판 1970.5.26, 69다1239(온천에 관한 권리를 관습법상의 물권이라고 볼 수 없고, 온천수는 민법 제235조, 제236조 소정의 공용수 또는 생활상 필요한 용수에 해당하지 아니한다고 한 사례).

유에 속하는 독립된 부동산이라고 한다.[26] 생각건대 국가가 채굴취득허가권을 가진다면 그 전제로서 국가의 소유권이 요구되므로 미채굴의 광물은 개인의 토지소유권의 영향을 받지 않는 국유의 부동산이라고 할 것이다.

3) 지 상

지상(地上)의 일정한 범위의 공간에까지 토지의 소유권은 그 효력을 미친다. 판례는 시설부지에 정착된 레일도 그 부지 위에 계속적으로 고착되어 있는 상태에서 사용된 것이므로 토지소유권의 효력이 미친다고 한다.[27]

이와 같이 토지의 소유권은 지표면뿐 아니라 지상과 지하에도 효력이 미친다. 그러나 오늘날에는 토목건축공학의 발달로 지하상가·지하철도나 고가도로 등의 건설이 증가함에 따라, 타인의 토지의 지상 또는 지하의 일부분만을 대상으로 하는 구분소유권이 인정되었다(제289조의2).

(2) 토지의 개수

토지는 끊이지 않고 연속되어 있으므로 이를 거래의 단위로 하기 위해서는 인위적으로 지표에 선을 그어 나누는 구분이 필요하다. 이렇게 구분된 1구역을 지적공부에 등록하여 지번을 부여하고 「필(筆)」을 단위로 그 개수를 계산한다(지적법 제2조, 제3조, 부동산등기법 제15조). 1필의 토지를 수필로 분할하거나, 수필의 토지를 1필로 합병하려면 분필 또는 합필의 절차를 밟아야 한다(지적법 제17조 이하, 부동산등기법 제93조). 따라서 1필의 토지의 일부는, 양도·담보물권의 설정이나 시효취득의 대상이 되지 않는다(통설). 우리 민법은 형식주의를 취하므로 토지의 물권변동에는 등기가 필요하나 토지의 일부에 대해서는 등기가 인정되지 않기 때문이다. 다만 용익물권의 설정은 분필절차를 밟지 않더라도 토지의 일부 위에 설정할 수 있다(부동산등기법 제136조, 제137조, 제139조).

---

25) 고상룡, 285면; 김민중, 335면; 김용한, 223면; 김주수, 277면; 김준호, 265면; 김증한·김학동, 240면; 백태승, 290면; 이영준, 901면.

26) 곽윤직, 251면; 김기선, 196면; 김상용, 297면; 장경학, 371면.

27) 대결 1972.7.27, 72마741.

3. 토지의 정착물

(1) 의 의

토지의 정착물(定着物)이란 거래관념상 토지에 고정되어 사용되는 것으로 인정된 물건이다. 따라서 토지에 고정되어 있어서 쉽게 이동할 수 없는 건물·수목·교량·돌담·도로의 포장 등이 정착물로서 부동산으로 다루어지며, 가건물·가식의 수목·공중전화 부스·토지나 건물에 충분히 정착되지 않은 기계 등은 정착물이 아니므로 동산으로 다룬다. 무엇이 정착물인가의 판단은 그 형태, 토지에의 고정 정도, 물건의 경제적 가치 및 일반적인 거래의 실정이나 거래관념 등의 객관적 기준에 따라야 한다.[28)]

토지의 정착물은 모두 부동산이다. 그러나 토지의 정착물에는 토지와 별개의 독립된 부동산인 독립정착물(예: 건물, 입목법상의 입목 등)뿐만 아니라, 그 정착 토지의 일부에 지나지 않아서 독립성이 없는 종속정착물(예: 교량, 돌담, 도로의 포장, 도로 등)도 포함된다(통설). 다만 정착물은 토지와는 별개의 독립된 부동산이어야 한다는 견해가 있다.[29)] 그러나 토지에의 고정 여부에 따라 무엇이 정착물인가를 판단하는 것과, 정착물 자체를 토지와 별개의 부동산으로 다룰 것인가 하는 것은 다른 문제이므로 통설이 타당하다.

현행법상 토지와 별개의 부동산으로 다루어지는 정착물은 다음과 같다.

(2) 건 물

1) 의 의

건물(建物)은 토지 위에 세워 이룬 집을 말한다. 민법은 언제나 건물을 토지에서 독립된 또 하나의 부동산으로 다룬다. 건물은 토지와는 따로 권리의 객체가 되며, '건물은 그 토지의 양도에 수반되는 것은 아니다'(*Aedificia solo cedunt*). 그 물권변동도 토지등기부와는 별도로 마련된 건물등기부에 의해 등기를 하여야 효력이 발생한다(제186조, 제187조, 부동산등기법 제14조 1항).

2) 건물의 성립과 변경

짓고 있는 건물이 언제 독립된 부동산이 되며 또한 헐고 있는 건물은 언제

---

28) 대판 2003.9.26, 2001다52773.
29) 김기선, 197면.

부터 건물이 아닌가. 이에 관한 법적 기준은 마련되어 있지 않으며 사회통념 또는 거래관념에 따라 결정할 것이다. 판례는 「건물의 기능과 효용 면에서 적어도 기둥과 지붕 그리고 주벽만이라도 이루어져야 한다」고 하며,[30] 「단지 4개의 나무기둥을 세우고 유지로 만든 지붕을 얹고 송판을 띄엄띄엄 가로질러 놓았으나 벽이라고 볼만한 시설이 되어 있지 않은 것은 쉽게 해체 이동할 수 있으므로 부동산이라고 할 수 없다」고 한다.[31] 결국 최소한 외부와 차단되어 비바람을 막을 수 있고 사람이 거주할 수 있을 정도의 완성도를 갖추어야 하는 것으로 이해된다. 또한 헐고 있는 건물의 경우에도 이에 준하여 판단할 것이다. 건물의 성립시기는 양도 · 압류 등에 있어서 중요한 문제가 된다. 건축중인 건물을 양도한 경우에, 그것이 건물이면 양수인은 등기를 하여야 소유권을 취득하지만, 아직 건물에 이르지 않았으면 인도를 받음으로써 취득한다(제188조). 동산의 집난에 불과하기 때문이다. 또한 압류방법도 서로 다르다.

건물이 붕괴하면 이미 부동산은 아니므로, 그 위에 설정된 저당권 등은 소멸한다.

건물의 증축 · 개축으로 인하여 종전의 건물과 동일성을 유지하는가에 대하여는 사회관념에 의하여 판단하여야 할 것이다. 판례는 「건눌이 증축된 경우에 증축 부분이 기존건물에 부합된 것으로 볼 것인가 아닌가 하는 점은 증축부분이 기존건물에 부착된 물리적 구조뿐만 아니라, 그 용도와 기능의 면에서 기존건물과 독립한 경제적 효용을 가지고 거래상 별개의 소유권 객체가 될 수 있는지의 여부 및 증축하여 이를 소유하는 자의 의사 등을 종합하여 판단하여야 한다」고 한다.[32] 증축 · 개축하거나 장소를 이전한 경우에도 반드시 동일성이 상실되는 것은 아니다.[33] 건물의 동일성이 상실되면 종전의 등기는 효

30) 대판 2005.7.15, 2005다19415; 대판 2003.5.30, 2002다21592,21608(신축중인 건물의 지상층 부분이 골조공사만 진행되었을 뿐이라고 하더라도 지하층 부분만으로도 독립된 건물로서의 요건을 갖추었다고 본 사례); 대판 2002.4.26, 2000다16350; 대판 1996.6.14, 94다53006; 대판 1994.1.11, 93다22043(지하 1층, 지상 2층 건물공사에서 1층 일부와 2층 벽 및 지붕 등이 완성되지 않은 미완성 건물이라도 사회관념상 독립한 건물이라고 한 사례).

31) 대판 1966.5.31, 66다551.

32) 대판 2002.10.25, 2000다63110(기존건물의 옥상 부분에 무허가로 최상층과 같은 면적으로 증축하여 최상층의 복층으로 사용한 경우, 제반 사정에 비추어 그 신축 부분이 기존건물에 부합되었다고 본 사례); 대판 2002.5.10, 99다24256(기존건물 및 이에 접한 신축건물 사이의 경계벽체를 철거하고 전체를 하나의 상가건물로 사용한 경우, 제반 사정에 비추어 신축건물이 기존건물에 부합되어 1개의 건물이 되었다고 볼 수 없다고 한 사례).

33) 대판 1999.7.27, 98다32540(기존 건물에 관하여 증축 후의 현존 건물의 현황에 맞추어 증축으로 인한 건물표시변경등기가 경료된 경우에는 특별한 사정이 없는 한 그 소유자는

력을 상실하고 그 위에 설정된 저당권도 소멸한다.

3) 건물의 개수

건물의 개수(個數)는 등기부에 의하지 아니하고 사회관념에 의하여 정한다.[34] 따라서 등기부상 1개의 건물로서 한 용지에 기재되어 있더라도 사실상 분할하여 2개의 건물로 거래할 수 있으며, 반면에 여러 동의 건물이라도 거래상 1개의 건물로 다룰 수 있다.

건물의 일부도 독립하여 소유권의 객체가 된다(구분소유권, 제215조). 공동주택[35]에서는 1개의 건물에 수 개의 구분소유권이 성립하는데 이는 집합건물의 소유 및 관리에 관한 법률에 의하여 규율된다. 물론 건물의 일부도 구분 또는 분할의 등기절차를 밟기 전에는 처분할 수 없다.[36] 다만 전세권은 도면을 붙여 등기함으로써 한 채의 건물의 일부에 대하여도 설정할 수 있다(부동산등기법 제139조 2항).

그러나 건물의 구성부분은 독립하여 물권의 객체가 되지 못한다.[37]

(3) 수 목

수목(樹木)은 토지의 일부이며 독립한 부동산이 아니다. 그러나 수목을 토지와 분리하여 거래할 사회경제적 필요성이 있고 일정한 공시방법을 갖춘 경우에는 수목을 토지와 별개의 독립한 부동산으로 다룬다. 그 공시방법에는 입목법에 의한 소유권보존등기와 관습상의 명인방법이 있다.

증축 부분을 구분건물로 하지 않고 증축 후의 현존 건물 전체를 1개의 건물로 하려는 의사였다고 한 사례); 대판 1999.7.27, 98다35020.

34) 대판 1961.11.23, 4293민상623,624(건물의 개수를 판단함에 있어서는 물리적 구조뿐만 아니라, 거래 또는 이용의 목적물로서의 건물의 상태도 중요한 자료가 될 것이고, 그러한 상태의 판별을 위해서는 주위 건물과의 접근의 정도·주위의 상황 등 객관적 사정은 물론, 건축한 자의 의사와 같은 주관적 사정도 고려하여야 한다고 한 사례).

35) 공동주택은 단독주택에 대한 개념으로서, 그 종류는 아파트(5층 이상의 주택), 연립주택(동당 건축연면적이 660제곱미터를 초과하는 4층 이하의 주택), 다세대주택(동당 건축연면적이 660제곱미터 이하인 4층 이하의 주택)이 있다(주택건설촉진법 제3조 3호, 동법 시행령 제2조 1항, 건축법시행령 별표 1 제2호 가목 내지 다목).

36) 대판 1962.1.31, 4293민상859은 건평 55평의 단층주택의 약 3분의 1에 상당하는 14평여를 매매한 사안에서, 「하나의 건물의 일부분의 매매는 법률상 유효하게 성립될 수 없다」고 하였다.

37) 대판 1993.12.10, 93다42399(정화조는 건물의 대지가 아닌 다른 필지의 지하에 설치되어 있다 하더라도 독립된 물건인 종물이라기보다는 건물의 구성부분이라고 한 사례).

1) 입목법에 의한 입목

입목(立木)은 토지에 부착한 수목의 집단으로서 입목에 관한 법률에 의하여 그 소유자가 소유권보존등기를 한 것을 말한다(동법 제2조). 1필의 토지뿐만 아니라 1필의 토지의 일부에서 생육하는 수목의 집단도 등기할 수 있으며(동법 제15조 참조), 등기할 수 있는 수목의 종류에도 제한이 없다. 입목은 지반으로부터 독립된 부동산으로 보고, 토지와 분리하여 이를 양도하거나 이에 대하여 저당권을 설정할 수 있으며 토지소유권 및 지상권의 처분의 효력은 입목에 미치지 않는다(동법 제3조).

2) 명인방법에 의하여 공시된 수목의 집단

소유자가 입목등기를 하지 않은 수목의 집단은 토지의 정착물로서 토지의 일부에 속하여 그 토지의 처분에 의하여 영향을 받는 것이 원칙이다. 그러나 입목이 아닌 수목의 집단도 명인방법(明認方法)이라는 관습법상의 공시방법을 갖춘 경우에는 토지로부터 독립된 부동산으로서 거래의 목적이 될 수 있다. 그러나 입목과 같이 저당권의 목적이 될 수는 없으며, 오로지 소유권의 객체가 될 뿐이다. 다만 양도담보의 목적이 될 수 있다.

명인방법은 입목이 아닌 수목의 집단, 개개의 수목, 미분리의 과실의 소유자를 제3자가 명확하게 인식할 수 있게 하는 관습법상의 공시방법이다. 예컨대 수피를 벗기고 소유자명을 묵서한다거나, 임야 곳곳에 입산금지와 소유자명을 쓴 송판을 세우는 것으로 명인방법이 된다. 판례는 「입목에 새끼줄을 치고 또한 철인으로 ○표를 하였고 요소에 소유자를 게시하였다면 입목에 관한 명인방법으로 인정할 수 있다」고 하며,[38] 반대로 「각 수 십 정보가 넘는 임야 3필지 지상의 소나무 약 400,000재를 매수하고 임야를 1필지마다 1개씩 명인방법인 게시판을 부착시켰을 뿐이라면 입목의 소유권취득을 위한 공시방법을 갖추었다고 볼 수 없다」고 한다.[39] 또 명인방법은 특정된 목적물에 대해서만

---

38) 대판 1976.4.27, 76다72; 대판 1989.10.13, 89다카9064(갑이 제3자를 상대로 입목소유권 확인판결을 받아 확정된 후 법원으로부터 집행문을 부여받아 집달관에게 의뢰하여 그 집행으로 집달관이 임야의 입구부근에 그 지상입목들이 갑의 소유에 속한다는 공시문을 붙인 팻말을 세웠다면, 명인방법이 실시되었다고 한 사례); 대판 1976.12.28, 76다2557(게시판에 의한 공시가 일정한 수량의 입목에 대한 명인방법으로서 미흡하지 아니하다고 판시한 사례); 대판 1967.12.18, 66다2382,2383(임야지반과 분리하여 입목을 매수하여 그 소유권양도를 받은 사람이 임야의 수 개소에 "입산금지 소유자 아무"라는 표기를 써서 붙였다면 입목 소유권 취득의 명인방법으로 부족하다 할 수 없다고 한 사례).

39) 대판 1973.9.25, 73다1229; 대판 1990.2.13, 89다카23022(법원의 검증당시 시행한 페인트

인정되며, 특정되지 않은 목적물에 대한 명인방법은 인정되지 아니한다.[40)]

개개의 수목도 수목의 집단에 비해 독립성이 약한 것이 보통이나, 명인방법을 갖추면 토지와 분리된 독립 부동산으로 거래할 수 있다.

(4) 농작물

토지에서 경작·재배되는 각종 농작물(農作物)은 토지의 일부이며, 독립한 물건이 아니다. 그러나 정당한 권원에 의하여 타인의 토지에서 경작·재배한 경우에는 부동산 부합의 예외로서 그 농작물은 토지에 부합하지 않고 토지로부터 독립된 부동산으로 다루어진다(제256조 단서). 반면에 아무런 권원 없이 타인의 토지에서 경작·재배한 경우에는 부동산 부합의 원칙에 따라 그 농작물은 토지에 부합하고 그 소유권은 토지소유권자에게 귀속함으로써 독립된 부동산이 될 수 없다고 할 것이다(제256조 본문).

그런데 판례는 부합에 관한 민법규정에 반대되는 결론을 취하여 왔다. 즉 농작물에 관하여는 경작자가 권원 없이 경작한 경우뿐 아니라,[41)] 위법하게 토지의 소유자나 점유자를 배제하여 경작한 경우에도[42)] 그 농작물의 소유권은 명인방법을 갖출 필요도 없이 경작자에게 귀속한다고 한다. 입목의 경우와는 다르게 다루고 있다.[43)] 그러나 수확되지 않은 농작물을 거래하는 경우에는

칠과 번호표기를 수목의 소유권을 공시하는 명인방법으로 볼 수 없다고 한 사례); 대판 1991.4.12, 90다20220(토지의 주위에 울타리를 치고 그 안에 수목을 정원수로 심어 가꾸어 온 사실만으로는 명인방법을 갖춘 것으로 보기 어렵다고 한 사례); 대판 1973.5.22, 72다2351(회사가 그 영업소장 명의로 "본건 임야 내 입목을 당회사에서 매수한 지상권림임을 공시함"이라는 내용의 게시판을 세워 둔 것을 명인방법으로 볼 수 없다고 한 사례) 등.

40) 대판 1972.12.12, 72다1351(특정한 임야에 있는 목재 중 수령 20년 이상이고 가슴 높이의 직경 10.3cm 이상의 소나무 500m를 매매하여 명인방법을 갖추어도 그것은 효력을 발생하지 않는다고 한 사례); 대판 1975.11.25, 73다1323.

41) 대판 1963.2.21, 62다913(토지에 대한 소유권이 없는 자가 권원없이 경작한 입도라 하더라도 성숙하였다면 그에 대한 소유권은 경작자에게 귀속된다고 한 사례); 대판 1969.2.18, 68도906(남의 땅에 권한 없이 경작 재배한 농작물의 소유권은 그 경작자에게 있고 길이 4, 5센티미터에 불과한 묘자리도 농작물에 해당한다고 한 사례); 대판 1981.2.24, 80다2811(경작권은 토지에 농작물을 식부 재배하는 토지에 대한 일종의 점유권이므로 타인의 토지를 무단히 개간 경작하였다고 하더라도 경작권을 취득할 수 있고 그러한 경작권의 매매를 법률상 당연무효라고 할 수 없다고 한 사례) 등.

42) 대판 1965.7.20, 65다874(타인이 점유하고 있는 토지를 침범하여 묘판을 설치하고 이식을 하는 등의 경작행위가 가사 위법한 행위라 하여도 그 경작으로 인하여 생긴 입도는 경작자의 소유에 귀속한다고 한 사례).

43) 대판 1970.11.30, 68다1995(타인의 임야에 권한 없이 식부한 입목의 소유권은 민법 제256조에 의하여 임야소유자에게 귀속한다고 할 것이고, 정당한 권한 없이 타인의 농지를 경

명인방법을 갖추어야 소유권을 취득한다.[44)]

이와 같은 판례의 입장에 대해서 학설은 대립한다. ① 토지소유자귀속설은 정당한 권원 없이 타인의 토지에 경작한 농작물은 부합의 원칙에 의하여 토지소유자에게 소유권이 귀속하며 특별히 농작물을 예외로 할 필요가 없다고 하는 견해이다.[45)] ② 경작자귀속설은 농작물은 임야와는 달리 파종부터 수확까지 불과 수 개 월 밖에 걸리지 않고 끊임없이 관리를 하여야 하며 또한 경작자가 점유하고 있어서 공시가 비교적 용이하다는 점에서 경작자에게 소유권을 인정하는 견해이다.[46)] 생각건대 농작물의 부합문제는 주로 토지소유자가 스스로 토지를 이용하지 않는 경우에 발생하고 대상이 되는 농작물도 벼 · 약초 · 마늘 · 양파 · 고추 등과 같이 경작기간이 짧은 경우에 한정되므로 토지소유자의 이익을 중대하게 침해하지 않으며, 또 경자유전의 정신에도 어울리는 해석이므로 판례의 태도는 타당하다고 생각된다.

(5) 미분리의 과실의 동산성

미분리(未分離)의 과실은 수목의 일부이지만 명인방법을 갖추면 독립한 물건으로 거래의 목적이 될 수 있다. 예컨대 잎담배 · 뽕잎 · 입도(立稻) · 과수의 열매 등이 그것이다. 이와 같이 명인방법을 갖춘 미분리의 과실의 성질에 관하여, ① 부동산설은 분리되기 전에는 아직 토지의 정착물이므로 부동산이라고 하고,[47)] ② 동산설은 미분리의 과실은 수확기에 독립하여 거래의 객체가 되며 민사집행법(제213조)에서도 유체동산으로 다루므로 동산이라고 한다.[48)] 그러나 미분리의 과실은 수목과 비교할 때 토지에의 정착의 정도가 약

작한 경우에도 그 생산물의 소유권은 경작자에게 귀속한다는 본원의 판례는 농작물재배의 경우에는 파종시부터 수확까지 불과 수개월밖에 안 걸리고 경작자의 부단한 관리가 필요하며, 그 점유의 귀속이 비교적 명백함에 반하여 임야의 경우에는 이와 판이하여 입목의 성장이 장기간을 요하고 그 점유상태도 보통 명백한 것이 아니므로 임야에 대해 타인이 권원 없이 식부한 경우에는 적절하지 아니 하다는 취지로 판단하였음은 정당하다고 한 사례).

44) 대판 1996.2.23, 95도2754(쪽파와 같은 수확되지 아니한 농작물에 있어서는 명인방법을 실시함으로써 그 소유권을 취득한다고 해석하여야 할 것이므로, 수확되지 않은 쪽파를 전전매수하였다고 하더라도 명인방법을 갖추지 아니한 이상 소유권을 취득하였다고 볼 수 없다고 한 사례).

45) 곽윤직, 257면; 백태승, 294면.

46) 김민중, 342면; 김상용, 301면; 김준호, 269면; 김주수, 282면; 김증한 · 김학동, 244면.

47) 김민중, 342면; 김상용, 300면; 김용한, 228면; 김준호, 268면; 김증한 · 김학동, 243면; 백태승, 295면; 이영준, 904면.

48) 고상룡, 290면; 곽윤직, 256면; 김주수, 282면; 장경학, 377면.

하여 쉽게 토지에서 분리될 수 있는 성질을 가지므로 그 거래방법이나 점유의 공시성에서도 차이가 있다. 특히 미분리의 과실의 선의취득자를 보호하기 위해서는 이를 동산으로 보는 것이 타당하다.

Ⅲ. 동 산

1. 의 의

동산은 부동산 이외의 모든 물건이다(제99조 2항). 토지에 부착되어 있더라도 정착물이 아니면 동산이다(예: 가건물, 공중전화 부스 등). 전기 기타 관리할 수 있는 자연력도 동산이다. 선박 · 자동차 · 항공기 · 중기 등은 동산이지만 등기 · 등록의 공시방법을 갖추도록 함으로써 특별법상 부동산으로 다루어진다.

무기명채권은 동산이 아니라 채권으로 다룬다(제523조 이하). 무기명채권이란 상품권 · 식권 · 승차권 · 입장권과 같이 특정의 채권자를 지정하지 않고 채권증서의 정당한 소지인에게 변제해야 할 증권적 채권을 말하며, 채권이 증권에 화체되어 있어서 채권의 성립 · 존속 · 행사에는 반드시 증권을 필요로 하는 것이다.

2. 금 전

금전은 동산이다. 그러나 일정한 가치를 나타내는 수단으로서 그 교환가치만이 법적으로 의미를 가지는 점에서 다른 동산과 구별되는 특수한 동산이다. 따라서 금전은 물건으로서의 개성은 문제가 되지 않으며 동산에 관한 규정도 적용되지 않는다. 즉 금전에는 물권적 청구권은 인정될 여지가 없고(제213조, 제214조), 일정량의 가치의 급부를 청구하는 채권적 반환청구권이 인정될 뿐이다. 또한 금전은 점유와 소유가 일치되어 있어서 그 점유자가 곧 소유자가 되므로, 금전에 대해서는 선의취득(제249조), 간접점유(제195조 참조), 도품 · 유실물에 대한 특례(제250조) 등도 인정하지 아니 한다. 그리고 금전은 소비물로서 임대차나 사용대차의 목적이 될 수 없고 소비대차의 목적이 될 뿐이다.

제 4 절 주물과 종물

I. 의 의

주물(主物)은 종물이 부속되어 있는 물건이고, 종물(從物)은 계속적으로 어떤 물건의 이용을 돕기 위하여 그것에 부속된 물건을 말한다(제100조 1항). 예컨대 시계와 시계줄, 안채와 사랑채, 몸채와 광, 가옥과 덧문, 농장과 그 부속시설, 배와 노, 자물쇠와 열쇠 등이 주물과 종물의 관계에 있는 것이다. 주물과 종물의 결합관계는 물건의 소유자가 그 물건의 경제적 가치를 높이기 위하여 자기 소유의 다른 물건을 이에 부속시켜 보조적으로 이용하는 경우에 발생한다. 또 경제적 이용을 돕기 위해서 발생한 결합관계가 깨지지 않도록 하기 위하여 종물은 주물의 처분에 따르게 하고 있다(제100조 2항). 주물과 종물을 법률적으로도 운명을 같이 하도록 한 것이다.

II. 종물의 요건

종물의 요건은 다음과 같다(제100조 1항).

1. 주물의 상용에 공할 것

「상용(常用)에 공한다」는 것은 사회관념상 계속하여 주물의 경제적 효용을 돕는 작용을 하는 것을 말한다. 판례가 경제적 효용을 이유로 종물성을 인정한 것은, 농지와 양수시설,49) 횟집과 수족관,50) 주유소와 주유기,51) 백화점

49) 대판 1967.3.7, 66누176(농지에 부속한 양수시설은 농지의 종물로 보아 귀속재산처리법에 의하여 위 시설이 처분된 경우에는 그 처분은 당연무효이고, 이는 주물인 몽리농지를

건물과 전화교환설비[52] 등이다. 그러나 일시적으로 어떤 물건의 효용을 돕는다거나, 주물의 소유자가 계속 사용하더라도 주물 그 자체의 효용과 직접 관계가 없는 물건은 종물이 아니다.[53] 그러므로 식기·침구·책상 등 가재도구는 건물의 종물이 아니다. 주물의 상용에 공한다는 요건은 부속시키는 자의 의사에 불구하고 객관적으로 결정된다. 또한 주물에 「부속」하게 한 것으로 인정할 만한 정도의 장소적 관계가 있어야 한다(독일민법 제97조 1항에서 명언하고 있다).[54] 다만 일시적으로 주물로부터 분리되더라도 종물성을 잃지 않는다.

2. 독립한 물건일 것

종물은 주물과 관계없이 하나의 독립한 물건이어야 한다. 따라서 주물의 구성부분(예: 건물의 창문·대문, 자동차의 타이어)은 종물이 아니다. 종물은 동산만이 아니라 부동산일 수 있다.[55] 입법례에 따라서는 동산만을 종물로 하는

분배받은 자의 소유라고 한 사례).

50) 대판 1993.2.12, 92도3234(횟집으로 사용할 점포 건물에 거의 붙여서 횟감용 생선을 보관하기 위하여, 즉 위 점포 건물의 상용에 공하기 위하여 신축한 수족관 건물은 위 점포건물의 종물이라고 한 사례).

51) 대판 1995.6.29, 94다6345(주유소의 주유기가 비록 독립된 물건이기는 하나 유류저장탱크에 연결되어 유류를 수요자에게 공급하는 기구로서 주유소 영업을 위한 건물이 있는 토지의 지상에 설치되었고 그 주유기가 설치된 건물은 당초부터 주유소 영업을 위한 건물로 건축되었다는 점 등을 종합하여 볼 때, 그 주유기가 건물 자체의 경제적 효용을 다하게 하는 작용을 하고 있으므로 주유소 건물의 상용에 공하기 위하여 부속시킨 종물이라고 한 사례).

52) 대판 1993.8.13, 92다43142(백화점 건물의 지하 2층 기계실에 설치되어 있는 전화교환설비가 독립한 물건이기는 하나, 그 용도, 설치된 위치와 그 위치에 해당하는 건물의 용도, 건물의 형태, 목적, 용도에 대한 관계를 종합하여 볼 때, 위 건물에 연결되거나 부착하는 방법으로 설치되어 위 건물의 10층 백화점의 효용과 기능을 다하기에 필요불가결한 시설들로서, 위 건물의 상용에 제공된 종물이라고 한 사례).

53) 대결 2000.11.2, 2000마3530(주물의 상용에 이바지한다 함은 주물 그 자체의 경제적 효용을 다하게 하는 작용을 하는 것을 말하는 것으로서 주물의 소유자나 이용자의 상용에 공여되고 있더라도 주물 그 자체의 효용과는 직접 관계없는 물건은 종물이 아니라고 한 사례); 대판 1997.10.10, 97다3750; 대판 1994.6.10, 94다11606.

54) 대판 1956.5.24, 4288민상526은, 「특정의 주물에 부속된다고 인정할 만한 장소권관계에 있음을 요하므로 본옥과는 거리가 15척이나 떨어지고 또 목조와즙(木造瓦葺)으로 건축된 부속건물이 주물의 상용에 공하는 물이라고는 해석하기 어렵다」고 하여 종물성을 인정하지 않았다. 이와 반대로 대판 1991.5.14, 91다2779는, 「낡은 가재도구 등의 보관장소로 사용되고 있는 방과 연탄창고 및 공동변소가 본채에서 떨어져 축조되어 있기는 하나 본채의 종물이다」고 하여 종물로 인정한 사례가 있다.

55) 대판 1988.2.23, 87다카600(어느 건물이 주된 건물의 종물이기 위하여는 주된 건물의 경제적 효용을 보조하기 위하여 계속적으로 이바지되어야 하는 관계가 있어야 한다고 한

경우도 있으나[56] 민법은 종물을 동산에 한정하고 있지 않다.

3. 주물과 종물이 동일한 소유자에게 속할 것

주물과 종물의 소유자는 같아야 한다. 이는 타인 소유의 종물도 주물의 처분에 따르게 됨으로써 타인의 권리가 침해당하지 않도록 하기 위한 것이다. 그러나 물건의 경제적 효용을 위하여 소유자가 다른 물건 사이의 결합을 인정할 필요가 있으며 실제상으로도 이러한 결합이 성립하는 경우도 없지 않다. 그러므로 타인의 권리를 해하지 않는다면 제100조의 확장해석을 통하여 소유자가 다른 물건 사이에도 주물・종물의 관계를 인정하는 것이 타당하다.

주물의 소유자가 종물을 부속시켰어야 하는가. 이에 대해서 주물과 종물이 소유자가 처음부터 같을 필요는 없으며, 임차인이 부속시킨 종물을 임대인이 매수하여 소유권을 취득한 경우와 같이 나중에 소유자가 동일인으로 되어도 종물성이 인정된다.

Ⅲ. 종물의 효과

종물은 주물의 처분에 따른다(제100조 2항). 종물이 주물과 법률적 운명을 같이 한다는 의미이다. '종물은 주물을 따른다'(*Accessorius sequitur principalis*).

(1) 제100조 2항의 처분은 소유권의 양도・제한물권의 설정 등과 같은 물권적 처분만이 아니라, 매매・증여・임대차 등과 같은 채권적 처분도 포함하는 넓은 의미로 해석된다. 따라서 주물 위에 설정된 저당권의 효력은, 설정당시에 존재하였던 종물뿐만 아니라 설정 후에 부속시킨 종물에도 미친다(제358조 참조).[57] 이는 부동산소유권의 양도나 부동산의 압류의 경우에도 같다. 그

사례).

56) 독일민법(제97조 1항), 스위스민법(제644조 2항) 등.

57) 대판 1993.8.13, 92다43142(부동산의 종물은 주물의 처분에 따르고 저당권은 그 목적 부동산의 종물에 대하여도 그 효력이 미치기 때문에, 저당권의 실행으로 개시된 경매절차에서 부동산을 경락받은 자와 그 승계인은 종물의 소유권을 취득하고, 그 저당권이 설정된 이후에 종물에 대하여 강제집행을 한 자는 위와 같은 경락인과 그 승계인에게 강제집

러나 질권・유치권 등과 같이 점유를 존재근거로 하는 권리의 경우에는 그 성질상 설정 당시에 있어서 종물의 제공 여부를 기준으로 판단하여야 할 것이다. 즉 인도되지 않은 종물은 질물이 될 수 없다.

(2) 제100조 2항은 강행규정이 아니다. 당사자의 합의로 주물만을 처분하거나, 종물만을 처분할 수 있다.[58] 다만 채권자는 다른 특별한 사유가 없는 한 종물에 대해서만 강제집행을 할 수 없다(공장저당법 제7조, 독일민사소송법 제592조, 프랑스민사소송법 제865조 참조). 물건의 경제적 가치를 부당하게 파괴시킬 우려가 있기 때문이다.

Ⅳ. 종물이론의 준용

주물과 종물의 이론은 물건 상호간의 관계에 적용되는 것이다. 그렇지만 주종의 결합관계는 권리 상호간에도 성립할 수 있으므로 제100조는 권리 상호간의 관계에 유추적용된다. 예컨대 원본채권이 양도되면 이자채권도 함께 이전하고, 건물이 양도되면 그 대지의 임차권이나 지상권도 종된 권리로서 건물의 양수인에게 이전된다.[59]

행의 효력을 주장할 수 없다고 한 사례).

58) 대판 1978.12.26, 78다2028(어선의 의장품(艤裝品)이 선체의 종물이라 하더라도 특히 당사자가 선체와 기관만을 계약의 목적물로 하고 의장품은 그 계약의 목적물로 삼지 않기로 합의한 것이라면 의장품이 그 법적 운명에 있어서 반드시 선체와 함께 하여야 될 이유는 없다고 한 사례).

59) 대판 2006.10.26, 2006다29020(민법 제100조 제2항의 종물과 주물의 관계에 관한 법리는 물건 상호간의 관계뿐 아니라 권리 상호간에도 적용되고, 위 규정에서의 처분은 처분행위에 의한 권리변동뿐 아니라 주물의 권리관계가 압류와 같은 공법상의 처분 등에 의하여 생긴 경우에도 적용되어야 하므로, 구분건물의 전유부분에 대한 소유권보존등기만 경료되고 대지지분에 대한 등기가 경료되기 전에 전유부분만에 대해 내려진 가압류결정의 효력이 그 대지권에 미친다고 한 사례); 대판 1996.4.26, 95다52864(경락인이 건물을 제3자에게 양도한 때에는, 민법 제100조 제2항의 유추적용에 의하여 건물과 함께 종된 권리인 지상권도 양도하기로 한 것으로 본 사례); 대판 1993.4.13, 92다24950(건물에 대한 저당권이 실행되어 경락인이 건물의 소유권을 취득한 때에는 건물의 소유를 목적으로 한 토지의 임차권도 경락인에게 이전된다고 한 사례).

제 5 절 원물과 과실

I. 의 의

원물(元物)은 과실을 생기게 하는 물건이고, 과실(果實)은 원물로부터 생기는 경제적 수익이다. 민법은 그 수익이 원물로부터 산출되는 천연과실과 원물을 타인에게 이용케 한 대가로서 수익하는 법정과실로 나눈다. 또한 물건의 과실만을 인정하고, 권리의 과실은 인정하지 않는다(주식의 배당금, 특허권의 사용료 등).60)

II. 천연과실

1. 의 의

천연과실(天然果實)은 물건의 용법에 의하여 수취하는 산출물이다(제101조 1항).

(1) 「산출물(產出物)」은 자연적 산출물과 인공적 산출물을 포함한다. 과일나무의 열매 · 닭의 달걀 · 젖소의 우유 · 동물의 새끼 · 밭의 야채 등과 같이 자연히 얻게 되는 유기물뿐만 아니라, 광구의 광물 · 토지의 흙이나 석재 · 인공산림의 목재 등과 같이 인공적으로 얻는 무기물이지만 원물이 곧바로 없어지지 않고 경제적으로 원물의 수익이라고 인정되는 것도 과실이다.

---

60) 독일민법 제99조 2항은 권리의 과실을 규정한다. 이에 대해서는 김상용, 305면이 상세하다.

(2) 「물건의 용법(用法)에 의하여」란 원물의 경제적 용도에 의하여 수취되는 것을 말한다. 그런데 물건의 용법의 해석에 대해서 ① 협의설은 용법의 의미를 엄격하게 보아서 원물의 경제적 사명과 달리 수취하는 산출물은 천연과실이 아니라고 하고,[61] ② 광의설은 천연과실의 개념이 과실의 소유권귀속의 결정에 의미가 있는 것이므로 추상적으로 천연과실인가 아닌가를 결정하기보다는 용법에 얽매이지 않고 소유자가 누구인가를 결정해야 한다고 한다.[62] 예컨대 경주마의 새끼, 일소의 우유, 관상용 화분에 심은 식물의 열매 등과 같이 물건의 용법에 의해 수취된 것이 아닌 산출물은 협의설에 의하면 과실이 될 수 없을 것이다. 그러나 광의설에 의하면 관상용 화분을 빌리는 경우에 그 임대차관계가 단순히 관상만을 목적으로 하면 과실이라 할 수 없지만 관상만이 아니라 수익도 목적으로 하는 경우에는 과실로 다루게 될 것이다. 물건의 용법을 엄격하게 해석할 필요는 없다고 생각한다.

2. 귀 속

천연과실은 원물로부터 분리한 때에 이를 수취할 권리자에게 속한다(제102조 2항). 천연과실의 귀속에 관하여 게르만법은 생산주의를, 로마법은 분리주의 또는 원물주의를 취하였는데, 민법은 분리주의를 채용한 것이다.[63] 따라서 천연과실은 분리하기 전에는 원물의 일부로서 원물의 소유자가 소유하나, 분리되면 독립된 동산이 되고, 그 소유권은 당연히 수취권자에게 귀속한다. 다만 제102조는 임의규정이므로 당사자의 합의에 의하여 다른 자에게 귀속시킬 수 있다.

천연과실의 수취권자는 원칙적으로 원물의 소유자(제211조)이나,[64] 예외적으로 선의의 점유자(제201조), 지상권자(제279조), 전세권자(제303조), 유치권자(제323조), 질권자(제343조), 저당권자(제359조), 매도인(제587조), 사용차주

61) 김기선, 202면; 김주수, 287면.

62) 고상룡, 297면; 곽윤직, 261면; 김민중, 349면; 김준호, 275면; 이영준, 907면; 장경학, 384면.

63) 그러나 농작물에 대해서는 앞에서 소개한 바와 같이, 판례는 생산주의를 취하여 경작자에게 소유권이 귀속한다는 입장을 취한다.

64) 대판 1994.12.2, 93다62577(원물인 한우, 꽃사슴 등을 매수하여 매매대금 전부를 지급하고 인도를 받아 타인에게 위탁하여 사육하도록 하였고 이로부터 가축이 생산되어 증식된 것이라면 특별한 사정이 없는 한 그 가축은 원물의 소유라 할 것이고 수탁자에 대한 채무명의에 기하여 그 가축에 대하여 한 가압류집행은 불허되어야 한다고 한 사례).

(제609조), 임차인(제618조), 친권자(제923조), 수증자(제1079조) 등과 같이 물건의 점유를 수반하는 권리를 가진 자가 과실수취권을 갖는다.[65]

3. 미분리의 천연과실

미분리의 천연과실은 원물의 일부이고 독립한 물건은 아니므로, 보통은 물권의 객체가 되지 않는다. 그러나 거래상의 필요에 따라 관습법상의 명인방법을 갖추면 분리되지 않은 채로 독립된 물권의 객체가 되므로 제102조는 적용되지 않는다.

Ⅲ. 법정과실

1. 의 의

법정과실(法定果實)은 물건의 사용대가로 받는 금전 기타의 물건이다(제101조 2항). 사용대가는 타인에게 물건을 사용시키고 사용 후에 원물 자체, 또는 그 물건과 동종·동량의 물건을 반환하여야 할 법률관계가 있는 경우에 인정된다. 예컨대 부동산을 빌리면서 지상권을 설정한 경우에는 지료, 임차한 경우에는 차임, 또 자동차를 빌리면서 지불하는 렌트비용 등이 법정과실이다. 따라서 매매대금과 같이 원물 자체의 대가이거나, 차용금의 월부변제와 같이 월부액에 사용대가가 아닌 원물이 포함되어 있는 경우에도 법정과실이 아니다.

이자가 법정과실인가에 관하여는 학설이 대립한다. ① 긍정설은 금전도 물건이므로 그 사용대가인 이자를 법정과실이라고 이해하며,[66] ② 부정설은 이

---

65) 대판 1996.9.10, 96다25463(돼지를 양도담보로 하여 소유권을 양도하되 점유개정의 방법으로 양도담보설정자가 계속하여 점유·관리하면서 무상으로 사용·수익하기로 약정한 경우, 양도담보 목적물로서 원물인 돼지가 출산한 새끼 돼지는 천연과실에 해당하고, 그 천연과실의 수취권은 원물인 돼지의 사용·수익권을 가지는 양도담보설정자에게 귀속되므로, 다른 특별한 사정이 없는 한, 천연과실인 새끼 돼지에 대하여는 양도담보의 효력이 미치지 않는다고 한 사례).

66) 고상룡, 298면; 곽윤직, 262면; 김준호, 276면; 김증한·김학동, 249면; 백태승, 302면; 이은영, 307면; 장경학, 386면.

자는 물건의 수익이 아니라 원본채권의 수익이므로 정확히 말하면 법정과실은 아니지만, 다만 그 귀속에 관해서는 제102조 2항을 유추적용할 것이라고 한다.[67] 생각건대 금전도 물건이므로 이자도 물건의 사용대가로서 법정과실이라고 할 것이다. 판례도 같다.[68]

원물과 법정과실은 모두 물건이어야 하는가에 관하여도 견해의 대립이 있다. ① 긍정설은 원물과 과실은 모두 물건이어야 하므로, 노동의 대가 · 주식배당금 · 권리사용의 대가는 법정과실이 아니라는 견해이다.[69] ② 부정설은 법정과실에 관한 규정은 원물이 물건인가 권리인가에 따라 달리 적용할 이유는 없기 때문에 실질적으로 실익이 없으며, 법정과실은 계약관계를 매개로 하여 받은 금전 기타의 채권으로서 민법상의 물건이 아니므로 권리의 과실 및 노동의 대가도 법정과실로 인정해야 한다는 견해이다.[70] 생각건대 제101조 2항이 명문으로 물건에 한정하고 있으므로 권리의 과실을 인정하는 해석은 무리라고 할 것이다.

2. 귀 속

법정과실은 수취할 권리의 존속기간 일수의 비율로 취득한다(제102조 2항). 예컨대 임대가옥의 소유자가 변경된 때에 차임은 소유권의 존속기간에 따라서, 소비대차의 채권자가 변경된 때에 이자는 원본채권의 존속기간에 따라서 일수의 비율로 분배된다. 그러나 제102조는 임의규정이기 때문에 그 내부관계에서 특약이나 관습에 의하여 달리 할 수 있다.

3. 사용이익

사용이익은 원물 그 자체의 이용에 의한 이익을 말하며, 주택의 주거이익과 같은 것이다. 원물에서 분리되는 과실을 얻는 것은 아니므로 과실과는 다르

67) 김상용, 307면; 김민중, 351면; 김주수, 288면.
68) 대판 1985.9.24, 85누455(금융기관으로부터 받은 예금 이자소득은 거기에 면세소득을 원본으로 하는 소득이 포함되어 있고 그것이 운영자금의 일시적 보관에 따르는 자연적 법정과실이라고 하더라도 면세소득인 외국항행으로 인하여 발생한 소득으로 볼 수는 없다고 한 사례).
69) 곽윤직, 262면; 김상용, 307면; 김증한 · 김학동, 249면; 백태승, 302면; 장경학, 386면.
70) 고상룡, 298면; 김민중, 351면.

나, 그 실질은 다르지 않으므로 그 사용이익의 귀속이나 반환의무에 관하여 과실에 관한 규정(제102조, 제201조)을 유추적용하여야 할 것이다.[71]

71) 대판 1996.1.26, 95다44290(건물을 사용함으로써 얻는 이득은 그 건물의 과실에 준하는 것이므로, 선의의 점유자는 비록 법률상 원인없이 타인의 건물을 점유・사용하고 이로 말미암아 그에게 손해를 입혔다 하더라도 그 점유・사용으로 이득을 반환할 의무는 없다고 한 사례); 대판 1995.5.12, 95다573,580.

제 4 장 권리의 변동

제 1 절 총 설

Ⅰ. 권리변동의 의의

권리의 변동은 권리의 발생, 변경, 소멸을 말한다. 사람의 생활관계 중에서 법규범에 의해 규율되는 것이 법률관계이고, 법률관계는 권리와 의무로 구성되어 있다. 생활관계의 변화에 따라 법률관계는 변동하게 되고, 이에 따라 권리·의무의 변동이 일어난다. 그러므로 권리의 발생·변경·소멸이 법률관계 변동의 내용이 된다.

법률관계의 변동은 당사자의 의사 또는 법률의 규정에 의해 일정한 효과를 가지게 되는데, 이러한 법률관계의 변동의 원인을 법률요건(法律要件)이라고 하고, 그로 인하여 발생하는 결과를 법률효과(法律效果)라고 한다. 또 법률요건을 구성하는 개개의 사실을 법률사실(法律事實)이라고 한다. 이와 같은 법률효과로서의 법률관계의 변동은 권리귀속의 주체를 중심으로 볼 때에는 권리의 취득과 상실이며, 권리 자체를 중심으로 볼 때에는 권리의 발생·변경·소멸이라는 사실로 나타난다.

예컨대 매도와 매수의 의사표시(법률사실)의 합치로 자동차매매계약(법률요건, 법률행위)이 체결되면, 매도인에게는 대금지급청구권, 매수인에게는 자동차소유권이전청구권이 발생한다(법률효과). 계약대로 대금지급과 함께 소유권이 이전되면, 매도인의 소유권은 소멸하고 매수인이 소유권을 취득하게 되어 소유권의 변경이 일어난다. 이와 같이 권리를 중심으로 생기는 변화가 권리의 변동이고 또 법률관계의 변동이기도 하다. 불법행위에 있어서는 위법한 가해행위로 손해를 초래한 순간에(법률요건, 위법행위), 가해자와 피해자 사이에는 손해배상의 책임관계가 발생하고 피해자는 가해자에 대해 손해배상청구권을 취득하게 된다(법률효과). 가해자의 손해배상채무가 이행되면 피해자의 권리는 소멸하고 양자 간의 법률관계도 소멸하게 된다.

Ⅱ. 권리변동의 모습

권리의 변동은 객관적으로 권리의 발생·변경·소멸을 내용으로 하지만, 권리가 귀속하는 권리주체를 기준으로 본다면 다음과 같이 권리의 취득·변경·상실로 구별된다.

1. 권리의 발생

권리의 발생(發生)을 주관적으로 권리의 주체를 중심으로 본다면 특정인이 권리를 취득하는 것이 된다. 두 가지 경우가 있다.

(1) 원시취득

원시취득(原始取得)은 타인의 권리를 바탕으로 하지 않고 새로운 권리를 취득하는 것을 말한다. 사회적으로 이전에는 없었던 권리가 새롭게 발생하는 것이므로, 권리의 절대적 발생이라고도 한다. 예컨대 공작물의 제작이나 건물의 신축, 무주물선점(제252조)·유실물습득(제253조)·매장물발견(제254조)·시효취득(제245조)·선의취득(제249조) 등에 의한 소유권의 취득이나, 저작물의 완성으로 인한 저작권의 취득, 계약이나 법률에 의한 새로운 채권 또는 형성권의 취득, 또 인격권·신분권의 취득도 원시취득이다.

(2) 승계취득

승계취득(承繼取得)은 타인이 가지고 있는 권리를 이어받아 취득하는 것이다. 권리의 상대적 발생이라고도 한다. 예컨대 특정인의 물건에 대한 소유권을 매매·증여·상속 등에 의하여 다른 자가 이어받아 취득하는 것이다. 승계취득의 성질상, 자기가 가지는 것보다 더 큰 권리를 타인에게 이전하지 못한다. 그리고 구권리자가 무권리자인 때에는 신권리자는 권리를 취득하지 못하며, 권리에 제한이나 하자가 있는 때에는 신권리자도 이를 그대로 이어받는다. 승계취득은 이전적 승계와 설정적 승계, 특정승계와 포괄승계로 구분된다.

1) 이전적 승계와 설정적 승계

이전적 승계(移轉的 承繼)는 권리가 동일성을 유지하면서 남김없이 그대로 신권리자에게 이전되고, 구권리자는 권리를 상실하기 때문에 권리의 주체에 변경이 생긴다. 예컨대 매매계약에 의하여 매도인의 재산권이 매수인에 이전되는 경우가 이에 속한다. 반면에 설정적 승계(設定的 承繼)는 구권리자는 그의 권리를 그대로 보유하면서 그 권리의 내용의 일부만을 신권리자가 취득하고, 그 한도에서 구권리자는 제한을 받게 된다. 예컨대 소유권 위에 지상권・저당권・전세권 등 제한물권의 설정이나 임차권을 설정하는 경우가 이에 속한다. 구권리자의 소유권은 신권리자가 설정받은 제한물권에 의해 제한을 받게 된다.

2) 특정승계와 포괄승계

특정승계(特定承繼)는 개개의 권리가 개개의 취득원인에 기하여 취득되는 것을 말한다. 예컨대 매매나 증여와 같이 하나의 원인으로 하나의 권리를 취득하는 것을 말한다. 반면에 포괄승계(包括承繼)는 하나의 취득원인에 기하여 다수의 권리가 일괄적으로 취득되는 것을 말한다. 상속・포괄유증・회사의 합병이 그 예이다.

2. 권리의 소멸

권리의 소멸(消滅)은 권리가 주체로부터 이탈하는 것이다. 권리자로 볼 때는 권리의 상실이다. 권리의 소멸은 다시 상대적 소멸과 절대적 소멸로 구별된다. 상대적 소멸(相對的 消滅)은 권리의 주체가 변경되는 것을 말하며, 권리의 이전을 구권리자의 입장에서 본 것이지 권리 자체는 소멸하지 않는다. 예컨대 자동차매매로 인하여 매도인은 자동차의 소유권을 상실하지만 소유권 자체는 소멸하지 않고 매수인에게 이전되는 데 불과하다. 반면에 절대적 소멸(絶對的 消滅)은 권리 자체가 완전히 소멸하는 것을 말한다. 예컨대 목적물의 멸실 또는 목적의 불능으로 인한 권리의 소멸, 권리의 포기, 변제로 인한 채권의 소멸 등의 경우를 말한다.

3. 권리의 변경

권리의 변경(變更)은 권리가 동일성을 잃지 않고 그 주체·내용·작용이 바뀌는 것을 말한다.

㉠ 권리주체의 변경은 권리의 이전적 승계로 이루어진다. 또한 공유물의 분할에 의해서도 권리주체의 수가 변경된다. ㉡ 권리내용의 변경에는, 첨부(제256조 이하), 권리의 목적물의 증감, 채권의 일부변제로 인한 축소 등과 같은 양적 변경과, 채무불이행으로 급부청구권이 손해배상청구권으로 변하거나, 물상대위(제342조, 제370조), 대물변제(제466조) 등에 의한 변경과 같은 질적 변경이 있다. ㉢ 권리작용의 변경은, 부동산임차권의 등기(제621조 2항)나 채권양도의 통지(제450조) 등과 같이 제3자에 대한 대항요건을 취득하는 것을 말한다.

Ⅲ. 권리변동의 원인

1. 법률요건

법률요건(法律要件)은 법률효과를 발생하게 하는 원인이다. 또 다른 측면에서 사회생활 중의 사실관계가 법률관계로 되기 위한 요건이기도 하다. 법률요건으로 인하여 발생하는 법률상의 일정한 결과가 법률효과이다. 법규는 원인인 요건이 갖추어진다면 결과로서 효과가 발생한다는 식의 가언적 판단(假言的 判斷)으로 구성되어 있다. 따라서 전건(前件)인 법률요건이 갖추어지면, 후건인 법률효과가 발생하게 된다. 어떤 구체적 생활관계가 법률관계로 전화(轉化)하기 위해서는 위와 같은 가언적 명제를 충족시켜야 한다. 이와 같이 법률요건이 갖추어질 때 법률효과로서 권리의 변동이 생기므로 법률요건은 권리변동의 원인이다.

민법상 법률요건이 되는 것은, 법률행위·불법행위·취득시효·부당이득·사무관리·소멸시효·첨부·선점·상속 등이 있다.

2. 법률사실

(1) 의 의

법률사실(法律事實)은 법률요건을 구성하는 개개의 사실이다. 법률요건은 여러 개의 법률사실로 성립하는 것이 보통이나, 하나의 법률사실로 성립하는 경우도 있다. 예컨대 계약은 청약과 승낙이라는 두 개의 법률사실로 성립하며, 사단법인의 설립행위는 여러 개의 법률사실이 결합하여 법률요건을 이룬다. 그러나 상속은 피상속인의 사망, 또는 취소나 해제는 권리자의 일방적 의사표시라는 하나의 법률사실이 법률요건이 된다. 이때에는 법률사실이 곧 법률요건이 된다. 법률사실이 법률요건을 구성하고 이를 원인으로 발생하는 법률효과가 권리의 변동이다.

(2) 분 류

법률사실은 여러 가지 관점·표준에 따라 여러 가지로 분류할 수 있다. 일반적으로는 사람의 정신작용에 의한 법률사실과 사람의 정신작용에 의하지 않은 법률사실로 구분한다.

1) 사람의 정신작용에 기한 법률사실

사람의 정신작용에 의한 법률사실을 용태(容態)라고 한다. 용태는 외부적으로 사람의 행위(行爲)로 표현되는 외부적 용태와, 외부로 표현되지 않고 사람의 의식(意識)에 머물러 있는 내부적 용태로 나뉜다.

(가) 외부적 용태

외부적 용태는 사람의 행위를 말한다. 행위는 가람의 일정한 의식이 외부로 나타나는 것이므로 의식을 요건으로 한다. 따라서 무의식적 행위나 법률사실로서의 가치가 인정되지 않는 행위는 행위가 아니다. 행위는 적극적인 행위인 작위와 소극적인 행위인 부작위를 포함한다. 법률상의 행위는 법적 평가에 따라 적법행위와 위법행위로 나뉜다.

(a) 적법행위: 적법행위(適法行爲)는 법률이 허용하여 일정한 효과를 확보하게 함으로써 보호하고 있는 행위이다. 그 표준에 따라 여러 가지로 나뉜다.

(i) 의사표시: 의사표시(意思表示)는 일정한 법률효과의 발생을 의욕하

는 효과의사의 표시행위이다. 따라서 의사표시는 법률행위에 있어서 필수불가결한 구성요소이다. 예컨대 계약은 청약과 승낙의 의사표시의 합치로 성립하여 그 내용대로 법적 효과가 인정되는 법률행위이므로 그 의사표시의 내용이 중요하게 된다. 그리고 계약은 가장 일반적인 법률요건이다.

다만 청약에 대하여 승낙의 의사표시가 없더라도 일정한 사실에 의해 계약성립이 인정되는데(제532조), 이러한 의사실현(意思實現)은 효과의사가 외부로 표현되는 것은 아니어서 의사표시와는 다르나, 그로부터 효과의사를 추단할 수 있다는 점에서 승낙에 갈음하여 계약을 성립시키는 것이다. 또 사실적 계약관계론에 의하면 사회정형적 행위(社會定型的 行爲)가 의사표시도 아니고 의사실현도 아니나 그러한 행위에 의하여 법적 구속을 받는다는 법적 확신이 사회적으로 확립되어 있으므로 그에 의하여 계약이 성립한다고 한다. 이에 의하면 사회정형적 행위도 계약이 성립을 가져오는 법률사실이 될 수 있을 것이나, 이에 대해서는 논란이 있다.

(ii) 준법률행위: 준법률행위(準法律行爲)는 당사자의 의사와 관계 없이 법률의 규정에 의하여 법률효과가 인정되는 행위이다. 즉 법률질서를 유지하기 위하여 당사자의 의사와는 무관하게 법률에 의하여 일정한 법률효과가 부여되는 사람의 행위이다. 사람의 행위에 의하여 일정한 법률효과가 발생한다는 점에서는 의사표시와 동일하지만 의사표시는 표의자가 의욕하였기 때문에 효과가 주어지는 것인 데 반하여, 준법률행위는 표의자의 의욕과는 아무런 관계없이 법률에 의하여 효과가 주어진다는 점에서 구분된다. 법률적 행위라고도 한다. 이것은 표현행위와 비표현행위로 크게 나뉜다.

a) 표현행위: 표현행위(表現行爲)는 일정한 의식내용을 외부에 표현하는 행위이다. 의사표시는 표현된 대로 효과가 생기는 데 반하여, 법률이 인정하는 일정한 효과만이 발생한다는 점에서 다르다. 그러나 의식내용의 외부적 표현이라는 점에서 의사표시와 동일하므로, 법률행위에 권한 규정이 유추적용된다는 것이 통설이다.

ⓐ 의사의 통지: 의사의 통지(意思의 通知)는 효과의사가 아닌 의사를 외부에 표시하는 행위이다. 자신의 의사를 외부에 표시한다는 점에서는 의사표시와 동일하나, 그 의사가 법률효과에 향하여진 효과의사가 아닌 점에서 다르다. 자기의 의사를 타인에게 통지하는 행위이다. 각종의 최고와 거절이 이에 속한다. 예컨대 채무이행을 최고하면 이로 인하여 소멸시효가 중단되고(제174조), 채무자가 지체에 빠지며(제387조 2항), 또 해제권이 발생된다(제544

조). 이와 같이 행위자의 의도와는 관계없이 민법이 부여하는 일정한 법률효과가 직접 발생한다.

ⓑ 관념의 통지: 관념의 통지(觀念의 通知)는 객관적인 사실을 알리는 행위이다. 사실의 통지라고도 한다. 예컨대 사원총회소집의 통지(제71조), 채권양도의 통지 또는 승낙(제450조), 공탁의 통지(제488조), 승낙연착의 통지(제528조) 등이 이에 속한다. 이 경우에도 행위자의 의욕과는 관계없이 법률규정에 의하여 일정한 법률효과가 발생한다.

ⓒ 감정의 표시: 감정의 표시(感情의 表示)는 일정한 감정을 표시하는 행위이다. 수증자의 망은행위의 용서(제556조)와 이혼사유로서의 부정행위에 대한 용서(제841조)가 그 예이다. 용서가 있으면, 증여의 해제권과 재판상 이혼청구권이 소멸한다.

b) 비표현행위: 비표현행위(非表現行爲)는 행위로 표시되는 의식내용과는 관계없이 행위의 존재 자체 또는 그 결과만이 법률상의 의미가 있는 것으로 인정하는 행위이다. 사실행위(事實行爲)라고도 한다. 사람의 정신작용에 기하여 이루어진 행위이지만 내심의 의식내용 자체가 외형적으로 표시된 것이 아닌 점에서 표현행위와 다르다. 따라서 의사표시에 관한 규정이 유추적용될 수 없고, 법률상으로 사건과 동일하게 다루어진다.

ⓐ 순수사실행위: 일정한 외부적 결과의 발생만 있으면 법률이 일정한 효과를 부여하는 행위이다. 행위자의 의사능력은 요구되지 아니한다. 예컨대 주소의 설정(제18조), 매장물의 발견(제254조), 가공(제259조) 등이 이에 속한다.

ⓑ 혼합사실행위: 외부적인 결과의 발생 이외에 일정한 의식내용도 따를 것이 요구되는 행위이다. 따라서 행위자의 의사능력이 요구된다. 예컨대 무주물의 선점(제252조, 소유의 의사), 사무관리(제734조, 타인을 위한다는 의사), 부부의 동거(제826조, 동거의사) 등이 이에 속한다. 이러한 의사는 자연적·사실적 의사라고 하여 법률행위에서의 의사와 구분된다.

(b) 위법행위: 위법행위(違法行爲)는 법률이 허용할 수 없는 것으로 평가하여 행위자에게 불이익한 효과를 발생시키는 행위이다. 민법상의 위법행위는 채무불이행(제390조 이하)·불법행위(제750조 이하)가 있으며, 민법의 규정에 따라 손해배상책임이 인정된다.

(나) 내부적 용태

내부적 용태는 내부적 의사 또는 내부적 관념이다. 즉 마음속의 의식(意識)[1)]이다. 표시되지 않은 의식에는 법적 효과가 주어지지 않는 것이 원칙이지만, 예외적으로 다른 법률사실과 관련되어서 법률사실이 되는 경우를 말한다.

(a) **관념적 용태:** 관념적 용태(觀念的 容態)는 일정한 사실에 관한 관념 또는 인식이 있는가에 대한 내심적 의식을 말한다. 예컨대 선의·악의(제107조~제110조), 신뢰(제125조) 등이 이에 속한다.

(b) **의사적 용태:** 의사적 용태(意思的 容態)는 어떤 사람이 일정한 의사를 가지느냐에 대한 내심적 의식을 말한다. 예컨대 소유의 의사(제197조), 제3자의 변제에 있어서 채무자의 허용 또는 불허용의 의사(제469조), 사무관리에서의 본인의 의사(제734조) 등이 이에 속한다.

2) 사람의 정신작용에 기하지 않는 법률사실

사람의 정신적 작용에 바탕을 두고 있지 않은 법률사실을 사건(事件)이라고 한다. 예컨대 사람의 생사·실종·사람의 육체적 또는 정신적 상황·물건의 자연적 발생과 소멸·시간의 경과 등과 같이, 전혀 사람의 정신작용과는 관계없지만 법률에 의하여 의미가 인정되는 사실을 말한다. 그밖에 사람의 정신작용에 의한 것이라 하더라도 오직 그 결과발생만을 문제로 하지 정신작용을 전혀 문제 삼지 않는 때에는 이것도 사건에 해당한다. 예컨대 사람의 행위로 인한 천연과실의 분리, 물건의 파괴, 부합·혼화(제256조 이하) 등을 들 수 있다.

---

1) 참고로 여기에서 사용되는 개념의 사전적 의미를 밝혀둔다. 의식(意識)은 「정신이 든 상태에서 사물을 깨닫는 일체의 작용」이며, 인식(認識)은 「사물을 분명히 알고 그 의의를 바르게 이해·판별하는 일」이며, 의사(意思)는 「마음먹은 생각」이며, 관념(觀念)은 「대상을 표시하는 심적 형상의 총칭」이다.

제 2 절 법률행위

제 1 관 서 설

I. 법률행위의 의의

1. 개 념

법률행위는 의사표시를 본질적 요소로 하는 법률요건이다. 의사표시를 반드시 필요한 구성요소로 하여 성립하며, 의사표시의 내용에 따라 일정한 법률효과가 발생한다.

로마법에서는 매매나 임대차 등의 용어를 개별적으로 사용하고 있었을 뿐이고 법률행위를 알지 못하였다. 법률행위의 개념은 자연법론의 영향 아래 18세기 말 독일 보통법시대의 판덱텐법학에서 처음 등장하였다. 그러나 초기에는 의사표시와 법률행위를 체계화하지 못하고 각자 독자적인 개념으로 사용되었다. 그러나 사뷔니가 의사표시를 법률행위와 동일한 개념으로 파악하였으며, 독일민법의 제정자들도 양 개념을 동의어로 보았다. 그 후 형법의 구성요건이론의 발전에 힘입어 19세기 말 정밀한 법률행위이론으로 발전하게 된 것이다.[2] 그 후 법률행위론은 독일민법학에서 중심개념으로 자리 잡게 되었고, 이러한 독일민법의 영향 아래 우리 민법에서도 법률행위의 개념이 중요한 민법의 개념이 되었다.

2. 성 질

법률행위의 개념을 나누어 설명하면 다음과 같다.

2) 김상용, 320면~325면; 백태승, 310면; 이영준, 88면~90면; 이은영, 317면~326면 참조.

(1) 의사표시와의 관계

법률행위는 의사표시를 필수적인 구성요소로 하여 성립하는 법률요건이다. 그리고 의사표시는 일정한 법률효과의 발생을 의욕하면서 하는 의사의 표시이다. 의사표시의 성립과정을 분석하면, 먼저 어떤 동기에 의하여 일정한 효과발생을 의욕하는 의사인 효과의사를 결정하고 다음에는 이 효과의사를 타인에게 알리기 위하여 외부에 표시하려는 의사인 표시의사의 매개로, 그 의사를 외부에 표시하는 표시행위로 이어진다. 그런데 표시의사를 의사표시의 구성요소로 보지 않는 것이 일반적이므로 이를 효과의사의 표시행위라고 할 수 있다.

의사표시는 법률행위 자체는 아니며 개념상 구별하여야 한다. 그러나 양자의 밀접한 관계로 인하여 혼용되는 경우가 있으나, 양자는 그 존재의 수준을 달리한다. 법률행위는 법률요건인데 반하여 의사표시는 법률요건을 구성하는 하나의 법률사실에 불과하다. 그리고 유언과 같은 단독행위는 유언자의 유언의 의사표시만으로 구성되는 경우도 있으나, 계약에 있어서는 청약과 승낙의 서로 대립하는 2개 이상의 의사표시가 있어야 성립된다. 또 합동행위는 법인설립이라는 공동의 목적을 위하여 여러 개의 의사표시가 있어야 성립한다. 이와 같이 어떠한 법률행위도 의사표시를 구성요소로 성립한다. 그러나 경우에 따라서는 의사표시 이외에도 일정한 법률사실을 필요로 하는 수도 있다. 예컨대 동산질권설정에는 물건의 인도, 혼인에는 신고, 법인설립에는 주무관청의 허가 등의 법률사실이 요구된다.

(2) 사법상의 법률요건

법률행위는 사법상의 법률관계 변동의 원인이 되는 법률요건이다. 따라서 법률행위는 사법상의 법률효과 발생의 원인이 되며, 당사자의 의사표시의 내용대로 그 법률효과가 발생한다. 따라서 행정법적인 의사표시를 요소로 하는 법률요건인 행정행위와는 구별되는 것인데, 이 개념은 민법상의 법률행위의 관념을 공법에 원용한 것이다.

그러나 법률행위가 사법상의 법률요건이기는 하나, 그 개념이 구체적인 법률행위로부터 귀납적으로 형성된 것이 아니라 연역적으로 탄생한 것이기 때문에 법률행위에 관한 민법총칙의 규정이 일부 특수한 법률행위의 유형에는 적용되지 않는 특성이 있다. 즉 법률행위 규정은 주로 재산법상의 법률행위에 적용되고 친족법상의 법률행위에는 원칙적으로 적용되지 않으며(통설), 사단의 설립과 같은 단체법적 법률행위에도 그대로 적용될 수 없다. 따라서 법률행위 규정이 주로 적용되는 대상은 채권계약 분야이다. 이와 같이 법률행위는 추상적이고 연역적인 개념이므로 그 적용을 위해서는 구체적 법률행위의 유형에 따라 개별적인 검토가 필요한 것이다.

그리고 법률행위는 법률이 그 행위를 인정하여 그 효과를 확보해주는 적법행위이므로 법률이 허용하지 않는 채무불이행이나 불법행위와 같은 위법행위와는 구별된다.

(3) 법률효과의 발생

법률행위는 사적자치의 법률상의 수단이다. 사적자치를 허용하는 범위 내에서는 법률이 개인의 창의성을 존중하여 당사자가 의욕하는 대로 법률관계의 형성을 허용한다. 당사자가 일정한 목적을 위하여 법률행위를 하면 그 의사표시의 내용대로 법률효과가 귀속된다. 그러므로 일정한 사법상의 법률효과의 발생을 의욕하는 의사표시가 법률행위의 필수불가결의 구성요소가 된다. 예컨대 채무면제의 의사표시는 채권자가 의욕한대로 채무소멸의 효과를 가져오고, 자동차 매수의 의사표시는 매도의 의사표시와의 합치로 성립한 매매계약의 이행에 따라 자동차소유권의 이전이라는 효과를 가져온다. 다만 직접 권리변동을 발생시키지 않더라도 간접적으로 권리변동에 관계가 있는 의사표시도 법률행위이다. 예컨대 미성년자에 대한 법정대리인의 동의 또는 허락(제5조, 제6조)은 직접 권리변동을 가져오지는 않으나, 미성년자의 행위를 법률상 유효로 하는 법률행위이다.

이에 반하여 법률행위에 속하지 않는 법률적 행위는 행위자의 의사와는 관계없이 그 효과가 발생한다. 각종의 통지나 최고·거절과 같은 준법률행위에 있어서는 행위자가 어떠한 의사를 가지고 있는가에 상관없이 법률이 정한 효과만이 발생하며, 사실행위의 경우에도 같다. 예컨대 타인의 토지에 심은 나무는 심은 자의 의사와 관계없이 권원이 있으면 그 소유가 되지만 권원이 없으면 토지의 소유자의 소유가 된다(제256조). 이러한 점에서 법률행위와 구별된다.

또한 법률행위는 호의에 의하여 어떤 이익을 주는 생활관계인 호의관계와 구별된다. 법률행위는 의사표시의 내용대로 법률적 구속을 받는 것이지만, 호의행위는 그러한 법률적 구속을 받으려는 의사가 없는 행위이기 때문이다.

한편 사적 자치의 제한을 받는 경우에는 당사자가 의욕한 의사표시의 내용대로 효과가 발생하지 않는다. 예컨대 당사자 간에 합의한 의사표시의 내용이 전세권·임대차의 존속기간을 넘는 때에는 법정기간 내로 단축되는 경우와 같이(제312조, 제651조), 법률이 행위자가 의욕하는 효과를 그대로 부여하지 않는 때가 있다. 또 매매계약에 있어서 매도인이 의욕하는 것은 대금을 받고 재산권을 이전하는 것이지만 매도한 권리나 물건에 하자가 있는 때에는 그에 대해서 담보책임을 지게 되므로, 법률이 당사자가 의욕하는 것 이상의 효과를 부여한 것이다. 또한 의사와 표시가 불일치한 경우(제107조~제109조)에는 법률행위가 무효로 되거나 취소할 수 있게 됨으로써 법률이 당사자가 의욕하는 것과는 다른 효과를 부여하고 있는 것이다.

II. 법률행위자유의 원칙

1. 사적자치와 법률행위자유의 원칙

사적자치(私的自治, Privatautonomie, l'autonomie volontée)의 원칙이란 개인은 자기의 의사에 따라 사법관계를 자유롭게 형성할 수 있다는 원칙이다. 근대법은 자유주의와 개인주의를 바탕으로 하므로, 개인 간의 법률관계는 그들 자신의 행위에 의하여 그들이 의욕하는 데 따라 결정·형성하는 것을 원칙으로 하였다. 개인 간의 법률관계는 개인의 의사표시를 통하여 성립되므로 사적 자치를 위하여 가장 중요한 법적 수단은 법률행위이다. 그러므로 사적자치의 원칙은 곧 법률행위자유의 원칙이다.

법률행위의 자유에는 계약의 자유, 유언의 자유, 법인설립의 자유가 있다. 그 중에서 사적자치의 원칙이 가장 중요한 기능을 하는 것은 계약자유이다. 법인설립의 자유에 있어서는 법인의 자유설립을 허용하는 입법례가 거의 없고, 대부분의 국가가 준칙주의 또는 허가주의에 의하여 그 설립을 제한하고 있기 때문에 그 만큼 자유롭지 않다. 또한 유언의 자유에서는 유언자의 의사가 왜곡되는 위험을 방지하기 위하여 유언행위에 엄격한 방식을 요구하며, 또한 유언자의 사망 후에만 실현이 가능한 특수한 법률행위이기 때문에 그 만큼 자유가 제한된다. 스위스채무법(제19조 1항)도 「계약내용은 법의 범위 내에서 자유로 정할 수 있다」고 규정하여 계약자유에 대한 일반원칙을 명문으로 선언하였다. 따라서 법률행위자유의 원칙을 계약자유의 원칙이라고도 한다.

우리 헌법은 모든 국민은 인간으로서의 존엄과 가치를 가지며, 행복을 추구할 권리를 가진다고 규정함으로써(제10조), 모든 국민에게 일반적으로 행동의 자유를 부여하고 있으며, 민법 제106조가 강행규정에 반하지 않는 법률행위는 자유로이 할 수 있다고 규정한 것도 간접적으로 계약자유 또는 법률행위자유의 원칙을 선언한 것이다. 그리고 법무부의 민법개정안은「사람은 인간으로서의 존엄과 가치를 바탕으로 자신의 자유로운 의사에 좇아 법률관계를 형성한다」고 함으로써(동개정안 제1조의 2), 사적자치의 원칙을 민법의 맨 처음에 규정하여 그 중요성을 강조하고 있다.

법률행위 또는 계약의 자유에는, 계약의 체결 여부를 외부로부터 강제당하지 않고 당사자 스스로 자유롭게 결정할 수 있는 체결(締結)의 자유, 계약의 체결의 상대방을 자유롭게 선택할 수 있는 상대방선택(相對方選擇)의 자유, 무엇을 계약의 내용으로 할 것인가를 자유롭게 결정할 수 있는 내용결정(內容決定)의 자유, 어떤 방식으로 계약을 체결할 것인가를 자유롭게 결정할 수 있는 방식(方式)의 자유가 포함된다. 이 중에서 상대방선택의 자유는 계약체결의 자유에 속하는 것으로 이해한다.

이와 같이 사적자치의 원칙은 계약법을 중심으로 한 채권법 분야에서 확립되었으나, 그것은 개인의사에 의한 자기결정에 대한 원칙이므로 물권행위나 가족법상의 행위도 지배한다. 따라서 그 적용범위는 물권법 및 가족법에서도 적용되는 사법 전반에 걸쳐 그 적용이 확대되었다. 그러나 강행규정 위주로 구성되어 있는 물권법·가족법에서는 그 적용범위가 그만큼 제한적일 수밖에 없다.

2. 법률행위자유의 원칙의 기능

근대 이전에는 인간의 사회생활관계는 신분 또는 계급에 의하여 결정되고, 개인의 의사에 의하여 자유로이 정해질 여지는 극히 적었으나, 근대에 이르러 봉건적 신분 내지 계급상의 구속이 타파되고 계약만이 개인의 사회관계를 결정하게 되자 계약자유의 원칙이 확립되었다. 이 원칙은 개인주의·자유주의에 적합하고 사회생활의 다양성에 대응할 수 있었기 때문에, 당사자가 서로 납득한 계약의 내용이 그대로 법률효과로 인정되었다. 따라서 이 원칙은 개인의 경쟁심을 자극하여 각자의 창의력을 바탕으로 한 활발한 경제생활을 촉진시켜 사회발전의 원동력이 되었다. 근대자본주의경제와 민주주의 문화는 계약자유의 원칙과 사유재산권제도의 2대 지주에 의지하여 눈부신 발전이 가능했다. 국가의 경제력이 미약한 근대초기에 있어서는 경제는 개인의 계약자유·자유방임에 맡기고, 국가는 야경국가의 위치에 머물러 있는 것으로 충분하였고 국가경제상 특별한 배려의 필요가 없었으며, 간섭과 통제의 번거로움을 덜 수 있었다는 장점이 있었다. 이와 같이 계약자유의 원칙은 자본주의와 민주정치의 발전에 커다란 공헌을 하였다.

3. 법률행위자유의 원칙의 보완

(1) 변 용

근대법이 계약자유의 원칙을 인정하여 자유경쟁을 허용한 결과 자본주의가 고도로 발전하였다. 그러나 자본주의경제의 고도성장과정에서 기업이 독점화하고 빈부의 차가 격심해지고, 법 앞의 자유와 평등은 공허하게 되었고, 강자에의 약자의 예속을 재촉하고 사회적 불평등이 격화되어 계급간의 대립이 극심하게 되었다. 따라서 법률행위의 자유는 강자가 약자에게 부자유를 강요하는 억압의 수단으로 변해갔다.

이와 같은 경제적 약자에 대한 강자의 지배의 법적 형식으로 나타난 것은, 취업규칙, 보통거래약관과 그에 따른 부합계약 등이다. ㉠ 취업규칙은 사용자가 노동자의 취업조건 및 제재 등을 정한 규칙인데, 사용자가 일방적으로 정형화하여 정한 조건으로 노동자는 수락하든가, 거절하든가를 택일할 수밖에 없게 된다. ㉡ 보통거래약관은 기업 또는 개인이 그의 업종에 속하는 다수의 계약을 장차 체결할 때에, 그들 계약에 포함시킬 목적으로, 미리 일방적으로 작성한 정형적 계약조건인데, 소비자는 대기업의 일방적 약관을 인정하여 계약을 체결하든가 거절하든가를 택일할 수밖에 없게 된다. ㉢ 부합계약(附合契約, contrat d'adhésion)은 이러한 약관에 의한 계약체결에 있어서 경제적으로 약한 당사자가 강자인 기업이 제시하는 약관을 전면적으로 그대로 받아들이지 않을 수 없는 계약을 말한다. 이와 같은 현상은 기업의 독점화로 점차 더 확대되어, 노동자나 소비자는 대기업이 제시하는 취업규칙이나 약관에 대해서 더 이상 절충할 수 없을 뿐 아니라, 심지어 계약체결의 자유조차도 박탈당하게 되었다. 결국 계약자유의 원칙은 실질적으로는 적용되는 범위가 극히 좁아지게 되었다.

(2) 제 한

근대사회의 발전과정에서 계약자유의 원칙이 계약당사자의 불평등과 부자유를 낳았기 때문에, 그 원칙은 더 이상 모든 사람에게 평등하게 생존을 보장할 수는 없게 되었다. 이에 따라 경제적 약자를 보호하여 실질적 평등과 정의·공평을 구현하기 위하여, 현대법은 계약내용의 공정성을 확보하고, 공정성을 잃은 내용의 계약은 효력을 인정하지 않음으로써 약자를 보호하는 방향으로 발전되어 왔다. 사적자치에 대한 제한은 계약내용의 공정성의 확보를 통하여 계약자유를 제한하는 형태로 공·사법에 걸쳐 다양하게 표출되었다. 이러한 제한을 일반적 제한과 개별적 제한으로 구별할 수 있다.[3]

1) 일반적 제한

법률행위의 자유를 원칙으로 하나, 민법 내에 이를 일반적으로 제한하는 규정을 두어, 거래상의 모순과 폐단을 시정하려고 하였다. 이러한 일반적 제한은 사회질서에 반하거나(제103조) 현저하게 불공정한 법률행위(제104조)는 무효로 하고, 계약당사자에게 신의성실의 원칙을 지키게 하여 법률행위의 자유의 결과로 발생하는 모순을 제거한다(제2조). 또 사정변경의 원칙에 의하여 계약의 내용을 강제한다면 현저히 형평에 반하는 경우에 법관이 공정하게 이를 시정하도록 한다(제218조, 제286조, 제557조, 제627조, 제628조, 제661조, 제689조 등). 또한 조리를 법원으로 규정하여(제1조) 법률과 법률행위의 해석에 있어서 구체적 타당성을 기하도록 배려한다.

2) 개별적 제한

사적자치에 대한 제한은 계약내용의 공정성의 확보를 통하여 계약자유를 제한하는 형태로 공·사법에 걸쳐 다양하게 표출되었다.

㉠ 계약체결의 자유의 제한으로서, 철도·우편·운송 등 공익적 독점기업에 대하여 체약(締約)이 강제되고, 공증인·법무사·의사 등의 공공적·공익적 직무담당자도 체약이 강제된다. 그리고 경제적 위기에 대비한 통제경제

3) 장경학, 402면 이하 참조.

체제에서는 계약체결의 자유가 제한된다. 또한 명령된 계약에서는 국가가 사인에게 특정한 상대방과 계약을 체결할 것을 강제하는데(양곡관리법 제15조의 2 등 참조), 이것은 상대방선택의 자유에 대한 제한이 된다.

㉡ 계약내용결정의 자유의 제한으로서, 일반적으로 강행법규에 의하여 제한을 받지만, 특별법에 의해서도 개별적으로 제한을 받는다. 계약당사자간의 실질적 불평등을 시정하기 위하여 경제적 강자에게 지나치게 유리하고 경제적 약자에게 지나치게 불리한 계약의 효력을 부정한다(근로기준법 제20조, 제23조, 제27조 등). 또 부합계약에 의하여 독점기업이 경제적 약자의 계약의 자유를 박탈하는 것을 방지하기 위하여 불공정한 약관을 무효화하는 등의 조치를 취하고 있다(약관의 규제에 관한 법률 제6조, 제17조).

㉢ 계약방식의 자유의 제한으로서, 단체계약과 같이 서면에 의한 계약의 체결을 의무화하는 경우도 있고(노동조합 및 노동관계조정법 제31조), 유가증권과 같이 거래안전을 위하여 엄격한 방식을 요구하는 경우도 있으며(어음법 제1조, 수표법 제1조), 부동산의 등기나 가족관계등록에 있어서의 신고와 같이 일정한 절차를 요하는 경우도 있다. 또한 학교재산의 처분이나 토지거래허가지역에서의 토지거래 또는 농지매매와 같이 국가의 허가나 일정한 증명을 요하는 경우도 있다(사립학교법 제28조, 국토의 계획 및 이용에 관한 법률 제56조 이하, 농지법 제8조 참조).

(3) 확 장

사적자치의 제한은 한편으로는 계약체결의 강제나 계약의 공정성 보장을 위하여 그 내용이 규제되고 제한되지만, 다른 한편으로는 사적자치의 확장의 의미를 가지고 있다.

노동계약에서 사용자가 만든 취업규칙의 내용이 그 공정성의 확보를 위하여 사적자치가 제한되지만, 노동자에게는 그만큼 사적자치가 확장되는 것이며, 또 노동자는 단체협약을 통하여서도 사적자치가 실질적으로 강화되는 것이다. 그리고 계약내용의 반사회성·불공정성에 의한 무효화, 전기·가스 등의 생활필수계약의 체약강제, 임대차 등 약자보호에 관련된 민법규정의 강행법규화와 특별법제정, 불공정한 약관의 무효화, 경제법령에 의한 가격통제 등은 전형적인 사적자치의 제한의 모습이다. 그러나 이러한 소비자 대중이나 경제적 약자를 보호하기 위한 사적자치의 제한은 다른 한편으로는 곧 경제적 약자나 노동자 또는 소비자대중의 입장에서는 사적자치의 강화나 확장으로 작용한다. 이와 같이 사적자치의 제한은 자유를 제한하는 측면만이 아니라 사적

자치의 강화 내지 확장하는 측면도 담고 있다.

따라서 사적자치의 원칙 또는 법률행위자유의 원칙은 제한을 통하여 사회정의와 긴장관계에 있으면서도, 사회정의와 조정 및 조화를 이루어 나아가야 하는 것이다.

이상과 같이 사적자치의 원칙은 제한을 받게 되었지만, 그것은 자본주의경제의 불균형한 발전과 사회계급의 분열의 격화에서 파생된 여러 모순을 시정하기 위한 것이었다. 한편 사적자치의 제한은 그 강화 또는 확장을 의미하는 측면도 가지고 있으므로 양 측면을 조화롭게 조정하는 것이 필요하다. 따라서 자본주의와 자유경제 하에서는 계약자유의 원칙은 기본적인 원칙으로서 여전히 중요한 위치를 차지하고 있다.

III. 법률행위의 요건

1. 의 의

법률행위로 법률효과를 완전하게 발생하게 하기 위해서는, 우선 법률행위로서 성립하고 다음에 그 법률행위가 유효하여야 한다. 즉 법률행위가 성립하기 위한 요건인 성립요건을 갖추어서 불성립이 되지 않아야 하고, 성립한 법률행위가 유효하기 위한 요건인 효력요건을 갖추어서 무효가 되지 않아야 한다. 예컨대 매도의 청약과 매수의 승낙의 합치가 있으면 일단 매매계약은 성립하지만, 그 목적물이 마약이면 그 계약은 강행법규에 위반하여 무효가 된다. 또한 정지조건부 매매에서는 성립요건을 갖추면 일단 계약은 성립하지만, 조건이 성취되지 못하면 계약의 효력은 아직 발생하지 않게 된다.

법률행위의 성립·불성립과 유효·무효를 구별하는 실익은 입증책임의 부담[4]에 있다. 즉 성립요건은 권리관계의 발생의 근거가 되는 적극적인 요건이므로 법률행위의 존재를 주장하는 당사자가 입증책임을 지나, 유효요건은 소

4) 입증책임의 분배에 관하여 통설·판례는 법률요건분류설(法律要件分類說)에 따르고 있다. 즉 권리발생사실은 권리를 주장하는 당사자가 입증하고, 권리장애사실·권리멸각사실·권리행사저지사실에 대해서는 권리주장의 상대방이 이를 입증하는 것으로 이해한다(송상현, 민사소송법(신정 제4판), 629면 참조).

극적으로 효과를 부정하기 위한 요건이므로 법률행위의 효력을 다투는 측에서 요건의 부존재의 입증책임을 진다는 데 있다(통설). 그러나 그 구별의 표준은 반드시 명확치 못하므로 계약의 체결은 계약의 성립과 효력발생을 의미하는 것으로 양자를 포괄하여 사용하기도 한다.

2. 성립요건

성립요건(成立要件)은 법률행위의 존재를 인정받기 위해서 요구되는 최소한의 외형적·형식적 요건이다. 이러한 성립요건을 갖추지 못하면 법률행위는 성립하지 않으므로 그 효력 유무를 따질 필요도 없다. 이것은 다시 모든 법률행위에 공통되는 일반적 성립요건과 법률행위에 따라 특별히 요구되는 특별성립요건으로 나뉜다.

(1) 일반성립요건

1) 당사자

법률행위의 수체로서 당사자(當事者)가 존재하여야 하며 특정할 수 있어야 한다. 행위자가 누구인지 불명확한 경우에는 법률행위는 성립하지 않는다. 판례는 계약당사자의 확정방법에 대하여, 「계약을 체결하는 행위자가 타인의 이름으로 법률행위를 한 경우에 행위자 또는 명의인 가운데 누구를 계약의 당사자로 볼 것인가에 관하여는, 우선 행위자와 상대방의 의사가 일치한 경우에는 그 일치한 의사대로 행위자 또는 명의인을 계약의 당사자로 확정해야 하고, 행위자와 상대방의 의사가 일치하지 않는 경우에는 그 계약의 성질·내용·목적·체결 경위 등 그 계약 체결 전후의 구체적인 제반 사정을 토대로 상대방이 합리적인 사람이라면 행위자와 명의자 중 누구를 계약 당사자로 이해할 것인가에 의하여 당사자를 결정하여야 한다」고 한다.[5]

---

5) 대판 2007.9.7, 2005다 48154,48161(타인을 통하여 부동산을 매수하면서 매수인 명의를 타인으로 한 경우에는 그 타인이 매매당사자라고 한 사례); 대판 2007.9.6, 2007다31990; 대판 2007.6.14, 2004다45530(금융실명제 시행 이후 금융거래 계약상의 당사자는 명의자라고 한 사례); 대판 2003.12.12, 2003다44059(일방 당사자가 대리인을 통하여 계약을 체결하는 경우에 있어서 계약의 상대방이 대리인을 통하여 본인과 사이에 계약을 체결하려는 데 의사가 일치하였다면 대리인의 대리권 존부 문제와는 무관하게 상대방과 본인이 그 계약의 당사자라고 한 사례); 대판 2001.5.29, 2000다3897(행위자가 타인의 이름으로 계약을 체결한 후 그 타인의 사업자등록명의를 자기 앞으로 변경한 경우 그 타인의 채무를 중첩적으로 인수한 것으로 본 사례).

2) 목 적

법률행위의 목적(目的)은 그 내용을 말한다. 법률행위의 내용이 존재하고 특정될 수 있어야 한다. 예컨대 증여에서는 무엇을 주는지, 매매에서는 무엇을 얼마에 파는지가 특정되어야 한다는 것이다. 법률행위의 내용이 무엇인지 알 수 없을 때에는 법률행위는 성립할 수 없다.

3) 의사표시

의사표시(意思表示), 즉 효과의사를 외부에 표시하는 행위가 존재하여야 한다. 다만 단독행위는 하나의 의사표시만으로 성립하지만, 계약은 청약과 승낙의 의사표시의 합치가 있어야 성립한다.

(2) 특별성립요건

개개의 법률행위에 관하여 법이 그 성립에 필요한 요건으로 규정하고 있는 것이 특별성립요건이다. 설립등기를 요구하는 법인설립(제33조), 신고를 요구하는 혼인(제812조), 일정한 방식을 요구하는 유언(제1060조), 일정한 사항의 기재를 요구하는 어음행위(어음법 제1조) 등과 같은 요식행위(要式行爲)나, 물건의 인도를 요구하는 동산질권설정(제330조)·대물변제(제466조)와 같은 요물행위(要物行爲)가 특별성립요건이 요구되는 법률행위에 해당한다.

3. 효력요건

효력요건(效力要件)은 이미 성립한 법률행위가 효력을 발생하는 데 필요한 요건이다. 그것은 다시 일반효력요건과 특별효력요건으로 나뉜다.

(1) 일반효력요건

일반적으로 모든 법률행위에 관하여 요구되는 효력요건이다.

1) 당사자의 의사능력·행위능력

의사무능력자의 법률행위는 무효이고, 행위무능력자의 법률행위는 취소할 수 있기 때문에 법률행위가 효력을 발생하려면 당사자가 의사능력, 행위능력을 갖출 것이 요구된다. 다만 권리능력이 없는 자의 의사표시는 의사표시로서의 존재를 인정할 수 없기 때문에 권리능력의 유무는 효력요건이 아니라 성립

요건으로 분류할 수 있다.[6)]

2) 목적의 확정성 · 가능성 · 적법성 · 사회적 타당성

법률행위의 목적은 당사자가 법률행위를 통하여 얻고자 하는 법률효과이며, 법률행위의 내용이다. 따라서 법률행위의 목적은 확정되어 있거나 장래에 일정한 표준에 의하여 확정할 수 있어야 하며, 또한 그 목적이 실현가능한 것이어야 하며, 강행법규에 반하지 않아서 적법하여야 하며, 선량한 풍속 기타 사회질서에 반하지 않아서 사회적 타당성이 있어야 한다. 이와 같은 요건을 갖추지 못한 법률행위는 무효이다.

3) 의사표시의 완전성

의사표시로 볼 수 있는 표시행위가 존재하면 법률행위는 일단 성립하지만, 실제로 의사표시로서의 실질을 갖추고 있는가의 여부는 효력요건으로서 검토된다. 의사표시가 그 효과의사와 표시행위가 일치되고, 사기나 강박에 의한 의사표시가 아닌 완전한 의사표시일 것이 요구된다. 의사와 표시가 불일치한 의사표시로서, 상대방이 알았거나 알 수 있었던 비진의표시(제107조)나 통정허위표시(제108조)는 무효이고, 착오에 의한 의사표시(제109조)는 취소할 수 있다. 그리고 사기나 강박에 의한 의사표시(제110조)는 취소할 수 있다.

(2) 특별효력요건

일정한 법률행위에 당사자 간의 합의 또는 법률의 규정에 의하여 요구되는 특별한 효력요건이다.[7)] 민법상의 특별효력요건으로는, 미성년자 · 한정치산자의 법률행위에서의 법정대리인의 동의(제5조, 제10조), 대리행위에서의 대리권의 존재(제114조~제136조), 조건부 · 기한부 법률행위에서의 조건의 성취 · 기한의 도래(제147조~제154조), 유언에서의 유언자의 사망(제1073조) 등을 들 수 있다. 그밖에 특별법에 의한 법률행위의 특별효력요건으로는, 농지매매에

---

6) 같은 취지: 김상용, 353면; 백태승, 324면; 민법주해Ⅱ, 166면(송덕수). 그밖에 김민중, 386면; 김주수, 306면; 김증한 · 김학동, 271면도 권리능력을 효력요건으로 열거하고 있지 않다. 반대로 권리능력을 법률행위의 효력요건으로 하는 견해는, 고상룡, 321면; 이영준, 146면; 이은영, 356면; 장경학, 412면이 있다.

7) 특별효력요건을, 대리행위에 있어서는 대리권의 존재와 같이 법률행위의 효과가 그 행위자 이외의 자에게 귀속하는 데 필요한 효과귀속요건과, 법정조건과 조건 · 기한과 같은 효력발생요건으로 구분하는 견해가 있다(고상룡, 321면 이하).

서의 소재지 관서의 농지취득자격증명(농지법 제8조), 사립학교의 기본재산의 처분에서의 주무관청의 허가(사립학교법 제16조, 제28조) 등이 있다.

제 2 관　법률행위의 종류

법률행위의 종류는 여러 가지 기준에 따라 분류할 수 있으나, 그 구성요소인 의사표시의 모습을 표준으로 하는 분류가 대표적이며, 그 이외에도 법률행위의 효과 등 다양한 기준에 의해 분류할 수 있다. 이러한 법률행위의 분류는 각 법률행위에 적용될 법규정이나 법원리를 유형화하기 위하여 필요하다. 전통적인 분류는 다음과 같다.

Ⅰ. 단독행위 · 계약 · 합동행위

의사표시의 수와 모습에 따른 구별이다. 단독행위와 계약은 의사표시의 수와 그 방향이 다르고, 단독행위와 합동행위는 그 수가 다르고, 계약과 합동행위는 의사표시의 방향이 다르다.

1. 단독행위

(1) 의　의

단독행위(單獨行爲)는 한 개의 의사표시만으로 성립하는 법률행위이며, 일방적 행위라고도 한다. 하나의 권리주체와 한 개의 의사표시만으로 성립한다는 점에서 복수의 주체와 복수의 의사표시를 필요로 하는 계약과 합동행위와 구분된다.

(2) 종　류

1) 상대방 있는 단독행위

상대방 있는 단독행위는 의사표시가 특정의 상대방에게 도달하여야 효력이 생기는 단독행위이다. 여기서 상대방은 단지 의사표시의 수령자에 불과하며 자신도 의사표시를 하는 법률행위의 당사자가 아닌 점에서 계약의 경우와 다르다. 이에 해당되는 것으로는, 동의 · 취소 · 추인 · 채무면제 · 상계 · 해제 · 해지 등이 있다.

2) 상대방 없는 단독행위

상대방이 존재하지 않는 단독행위를 말한다. 의사표시를 수령할 상대방이 특정되어 있지 않고 의사표시가 있으면 곧 효력이 생기는 것이다. 유언 · 재단법인의 설립행위 · 권리의 포기 등이 이에 속한다. 상대방 없는 단독행위는 상대방 있는 단독행위보다 그 예가 드물고 의사표시의 진실성 · 명백성 등을 확보할 필요가 있기 때문에 대부분이 요식행위로 되어 있다. 예컨대 상속의 포기는 가정법인에 신고를 요하며(제1041조), 유언은 일정한 방식을 갖추어야 한다(제1060조).

단독행위는 한 사람의 하나의 의사표시로서 성립하는 것이 원칙이나, 여러 명이 공동으로 하지 않으면 성립하지 않는 경우도 있다. 계약의 해제는 일방당사자가 수인인 때에는 언제나 그 전원에 대하여, 또는 그 전원으로부터 1개의 단독행위로서 해야 한다(제547조 1항).

(3) 법적 성질

1) 법정주의

단독행위는 원칙적으로 법률의 규정에 의해서 인정되는 경우에만 효력을 발생하므로 이를 일종의 법정주의(法定主義)라 할 것이다. 특히 취소 · 해제 등과 같이 타인의 권리에 불이익한 변동을 가져오는 단독행위는 법률에 의하여 특별히 허용되는 경우에만 효력이 생긴다. 법률행위자유의 원칙상 단독행위의 자유도 인정되어야 한다. 그러나 단독행위의 자유가 인정되는 범위는 계약이나 합동행위보다 훨씬 좁다. 그 이유는 행위자 이외의 타인이 그의 의사와는 관계없이, 의무를 부담하고 불이익을 받게 될 염려가 있기 때문이다. 따라서 당사자 일방의 단독행위에 의해 권리가 변동하는 것은 예외에 속하며, 자기결정의 원칙에 따라 당사자 간의 의사의 합치로 권리변동의 효과가 발생하는 것이 원칙이다.

2) 조건 · 기한부 단독행위의 금지

단독행위는 일방적 행위로서 예외적으로 법률효과를 인정하는 것인 데 불구하고, 다시 여기에 조건이나 기한을 붙이게 되면 상대방의 법률상의 지위가 불안정하게 될 것이다. 따라서 단독행위에는 조건과 기한을 붙이지 못한다고 해석하여야 한다. 민법은 상계의 의사표시에 관하여 조건 또는 기한을 붙이지 못한다고 규정하고 있다(제493조 1항 단서). 이러한 원칙은 해제·해지·취소 등의 다른 단독행위에도 적용된다. 다만 유언의 경우에는 법률의 규정에 따라 정지조건을 붙일 수 있다(제1073조 제2항).

2. 계　약

(1) 의　의

계약(契約)은 복수의 당사자의 서로 대립하는 의사표시의 합치로 성립하는 법률행위이다. 청약과 승낙의 두 개의 의사표시의 합치로 성립한다. 청약은 어떤 법률효과의 발생을 의욕한다는 내용의 의사표시이며, 승낙은 그 법률효과의 발생에 의하여 권리의무관계의 변동이 생기는 자가 그것을 의욕한다는 내용의 의사표시이다. 또 의사표시의 합치는, 양 의사표시가 내용적으로 일치하여 객관적 합치를 이루고, 또 당사자의 의사표시가 상대방의 의사표시와 결합해서 계약을 성립시키려는 의의(意義)를 가져서 주관적 합치를 이루어야 한다. 즉 합의가 있어야 한다. 그리고 계약에서의 의사표시는 그 향하는 방향에 있어서 서로 대립하고, 당사자 사이에서 교환적으로 행하여져야 한다. 복수의 의사표시를 요하는 점에서 단독행위와 다르고, 또한 복수의 의사표시의 방향이 평행적·구심적이 아니라 대립적·교환적인 점에서 합동행위와 다르다.

(2) 종　류

민법에서의 계약은 주로 채권발생을 목적으로 하는 채권계약을 말하는데, 이를 좁은 의미의 계약이라고 한다. 한편, 물권이나 가족법상의 권리의 발생을 목적으로 하는 의사표시의 합치는 넓은 의미의 계약이라고 하며, 이를 합의라고 구분하여 쓰기도 한다. 민법은 채권편에서 계약의 종류로 14개의 계약을 열거하고 있다. ㉠ 재산권의 설정·이전 또는 재산권의 급부를 목적으로 하는 재산권이전계약으로서 증여(贈與)·매매(賣買)·교환(交換)·화해(和解)·종신정기금(終身定期金), ㉡ 일정기간 동안 타인의 물건이나 재산권을 경제적으로 이용하는 재산권이용계약으로서 소비대차(消費貸借)·사용대차

(使用貸借) · 임대차(賃貸借), ㉢ 사람의 노동력의 공급을 목적으로 하는 노무계약으로서 고용(雇傭) · 위임(委任) · 도급(都給) · 현상광고(懸賞廣告), ㉣ 물건의 보관을 목적으로 하는 계약인 임치(任置), ㉤ 단체의 결성을 목적으로 하는 단체계약인 조합(組合)을 규정하고 있다.8)

3. 합동행위

(1) 의 의

합동행위(合同行爲)는 평행적 · 구심적으로 방향을 같이 하는 두 개 이상의 의사표시의 합치로 성립하는 법률행위이다. 합동행위는 복수의 당사자와 복수의 의사표시를 필요로 한다는 점에서 단독행위와 다르고, 의사표시의 방향이 대립적 · 교환적인 계약과는 달리 평행적 · 구심적이라는 점에서 다르고, 또한 당사자가 각각 독립하는 두 개 이상의 목적으로 가지고 있는 계약과는 달리 당사자가 공동의 목적을 가지고 있다는 점에서 차이가 있다. 그리고 합동행위는 독일의 쿤츠에(Kuntze)가 계약과 구별하기 위해서 처음 사용한 개념이다.

(2) 인정 여부

합동행위를 단독행위와 계약 이외에 제3의 법률행위로 인정할 것인가에 대하여 논란이 있다.

① 합동행위인정설은 합동행위가 개념상 계약과 구별되고 또한 구별의 실익도 있으므로 제3의 법률행위로 인정하자는 견해이다.9) 합동행위는 의사표시의 방향이 평행적이고 구심적이라는 점과 당사자가 동일한 목적을 가지고 있다는 점에서 계약과는 구별되므로 사단법인의 설립행위는 계약과 별개의 법률행위로 다루어져야 한다는 것이다. 구체적으로 사단법인을 설립함에 있어서, 자기계약 · 쌍방대리에 의하거나(제124조), 무능력 · 의사흠결이 있거나(제5조 · 제107조~제110조), 허위표시에 의하여 설립의 의사표시를 한 경우에 이와 같은 사유로 그 설립행위가 무효나 취소가 되지 않는다고 해석하는 데 그

---

8) 법무부 민법개정안은 여행계약(제674조의2~제674조의9)과 중개계약(제692조의2~제692조의5)을 추가하고 있다.

9) 고상룡, 313면; 곽윤직, 201면; 김민중, 394면; 김상용, 365면; 김용한, 241면; 김주수, 289면; 김준호, 296면; 백태승, 327면; 민법주해 Ⅱ, 158면(송덕수).

합동행위 인정의 실익이 있다고 한다. 이에 반하여, ② 합동행위부정설은 합동행위는 그 개념이 애매하고 다의적이고 또 계약에 포섭될 수 있으므로 별개의 법률행위로 인정할 필요가 없다는 견해이다.[10] 따라서 사단법인의 설립행위를 단체적 효과의 발생을 목적으로 하는 특수한 계약이라고 한다. 생각건대 합동행위는 계약의 성질과는 분명히 구별되고, 제124조 등의 적용에 대해서 부인설도 사단법인 설립행위의 특수성을 인정하여 인정설과 동일한 결론을 내리고 있으며, 또한 합동행위를 부정한다 하더라도 사단법인의 설립행위는 보통의 계약과는 다른 계약유형으로 분류할 수밖에 없음을 고려하면, 합동행위를 법률행위의 제3유형으로 인정하는 것이 타당하다.

(3) 종 류

1) 결합적 합동행위와 집합적 합동행위

결합적 합동행위는 당사자의 의사표시는 반드시 모두 결합하여야 하나 각 의사표시는 독립성을 잃지 않는 행위를 말한다. 사단법인의 설립행위가 그 예이다.[11] 또 집합적 합동행위는 다수결의 원칙이 적용되고 집합된 다수의 의사표시는 독립성을 잃고 각 의사표시와는 별개의 독립된 하나의 의사표시로 존재하는 행위를 말한다. 그 예로는 총회의 결의 · 선거 · 토지공유자가 공동으로 지역권을 설정하는 행위 등이 이에 속한다.[12] 다만 결의(決議)를 독립된 법률행위의 유형으로 파악하는 견해도 있다.[13]

2) 필요적 합동행위와 임의적 합동행위

필요적 합동행위는 성질상 진정한 합동행위를 말하고, 임의적 합동행위는 법률행위의 성질상 단독행위를 우연히 2인 이상이 공동으로 하는 행위를 말한다. 예컨대 여러 명이 재단법인을 설립하는 행위가 마치 합동행위와 유사한 데서 붙여진 이름이다. 그러나 이는 외형상 합동행위와 비슷하다는 것뿐이지, 그 본질은 합동행위가 아니라 단순한 단독행위의 경합에 불과한 것이다.

---

10) 김증한 · 김학동, 278면; 이영준, 154면; 이은영, 338면; 장경학, 418면.
11) 조합의 법적 성질을 합동행위로 이해하는 경우에는 조합결성행위도 합동행위로 볼 수 있겠으나, 통설은 조합을 계약으로 이해하고 있다.
12) 같은 취지: 곽윤직, 285면(신정판); 장경학, 417면.
13) 고상룡, 314면; 김민중, 394면; 김상용, 365면; 김주수, 289면; 김준호, 297면; 김증한 · 김학동, 277면; 백태승, 326면. 다만 이은영, 335면은 계약의 일 유형으로 분류하고 있으며, 이영준, 153면도 유사하다.

II. 요식행위 · 불요식행위

1. 의 의

이는 의사표시를 하는 데 있어서 일정한 방식이 요구되는가에 따른 구분이다. 요식행위(要式行爲)는 법률이 서면 · 증서 · 공증인의 공증[14] · 관청에의 신고 또는 검인 등의 일정한 방식을 요구하는 법률행위이다. 또한 반드시 재판상으로 행사할 수 있는 행위(세406조)나 요물계약도 요식행위이다. 요구되는 방식이 결여되면 법률행위가 성립하지 않거나 효력이 발생되지 않는다. 한편 일정한 방식을 요하지 않는 법률행위가 불요식행위(不要式行爲)이다.

2. 방식의 자유와 강제

법률생활의 발전의 초기단계에서는 법률행위의 방식을 엄격히 요구하여 일정한 단어나 표시가 사용되거나 또는 일정한 장소에서 행해진 경우에만 법률행위의 효력이 인정되었다. 로마법도 계약의 방식을 엄격하게 요구하였으나, 후기에는 점차 낙성계약이 증가하여 방식강제에서 벗어나게 되었다. 근대자연법론은 방식을 법률행위의 유효를 위한 부가적 요건에 불과하다고 이해하게 되었고 이러한 사상이 독일보통법에 계수된 것이다. 근대에 이르러서는 법률효과의 발생은 엄격한 형식의 준수가 아니라 행위당사자가 표시한 의사를 근거로 한다고 믿게 된 것이다. 이와 같이 방식자유의 원칙이 확립되어 방식은 의사표시의 요소에 해당하지 않는 것으로 이해되었다. 따라서 일반적으로 법

14) 공증(公證)은 사실이나 법률관계의 존부를 공적으로 증명하는 행위로서 공적 증명의 준말이다. 공증에는 공정증서와 사서증서의 인증이 포함된다. 공정증서(公正證書)란 공증인이 공증인법에 따라 작성한 문서로서 공정력을 가지는 공문서이다(공증인법 제25조 이하). 공정증서는 진정한 공문서로 추정되므로 증서에 기재된 의사표시나 법률행위의 진정성립이 증명된다. 사서증서(私書證書)의 인증(認證)은 사서증서의 작성자의 서명이나 날인의 진정성립을 공증인이 인증하여 그 증서의 성립을 증명하는 행위를 말한다(동법 제57조 이하). 공증인이 그 면전에서 당사자가 작성한 문서에 스스로 서명날인하는 것을 확인하고 그 사실을 증서에 기재한다. 인증된 사서증서는 형식적으로 진정성립한 것으로 추정되지만 그 문서의 내용이 사실과 일치한다는 실질적 진정성을 증명하는 것은 아니다.

률행위에 있어서 불요식이 원칙이다.

예외적으로 법률에 의해 일정한 방식이 강제되는 경우도 있는데 이러한 요식행위에 있어서 방식을 강제하는 이유는 일정하지 않다. ㉠ 의사표시를 신중하고 명확하게 할 필요가 있는 경우에는 의사표시 자체에 대하여, 혹은 의사표시와 함께 일정한 방식(예: 신고)을 요구한다. 예컨대 유언에 있어서의 일정한 방식(제1060조 이하), 법인설립행위에 있어서의 정관작성(제40조, 제43조), 인지(제859조)·입양(제878조)·혼인(제812조)에서의 신고 등이다. 이러한 요식행위는 방식으로부터 독립하여 존재한다고 할 수 있으므로 이러한 방식을 부가적(附加的) 방식이라고도 한다.[15] ㉡ 거래가 외형을 신뢰하여 민활하게 이루어지는 행위에는 거래의 안전을 꾀하기 위하여 일정한 방식을 엄격히 요구한다. 예컨대 어음의 방식(어음법 제1조, 제2조), 수표의 방식(수표법 제1조, 제2조) 등이다. 이러한 요식행위에 있어서는 방식이 법률행위와 일체를 이루어서 일정한 방식을 갖추지 못하면 법률행위가 존재할 수 없으므로 이를 본체적(本體的) 방식이라고도 한다.[16]

Ⅲ. 채권행위 · 물권행위 · 준물권행위

법률행위에 의하여 발생하는 법률효과의 종류에 따라 채권행위, 물권행위, 준물권행위로 분류한 것인데, 이 중에서 채권행위를 일정한 의무를 발생시키는 의무부담행위라 하고 물권행위와 준물권행위를 권리의 이전·변경·소멸케 하는 처분행위라고 하기도 한다.

1. 채권행위

채권행위(債權行爲)는 채권과 채무의 발생을 목적으로 하는 법률행위이다.

---

15) 그리고 물권변동에 있어서 등기·인도(제186조, 제188조)나 지시채권양도에서의 배서·교부, 또는 관청의 허가나 증명을 요하는 경우도 넓은 의미에서의 요식행위로 이해하는 견해가 있으나(이영준, 157면; 이은영, 349면), 이는 법률효과의 발생을 위한 또 하나의 요건이지 민법이 말하는 방식은 아니라고 할 것이므로 그러한 법률행위는 요식행위라 할 수 없다(같은 취지: 김상용, 369면; 김증한·김학동, 278면 등).

16) 이영준, 156면 참조.

매매 · 증여 · 임대차 등의 채권계약이 이에 속하나, 유언 등의 단독행위도 채권행위이다. 채권행위는 이행(履行)의 문제를 남긴다는 점에서 물권행위 · 준물권행위와 다르다. 예컨대 증여계약의 체결로 증여자는 수증자에게 재산권이전의 채무를 부담하게 되고 증여자가 그 채무를 이행하여 채권이 실현됨으로써 증여계약의 목적을 달성하게 된다.

2. 물권행위

물권행위(物權行爲)는 직접 물권의 변동을 가져오게 하는 법률행위이다. 물권의 발생 · 변경 · 소멸을 목적으로 하는 법률행위를 말한다. 소유권의 이전이나 시상권 · 저당권 등 제한물권의 설정행위가 이에 속한다. 물권행위에 의하여 직접 물권변동의 효과가 발생하고 따로 이행의 문제가 생기지 않는다. 계약 등의 채권행위로 발생한 채무가 이행됨으로써 그 결과로 소유권이전이라는 물권행위가 이루어진다. 따라서 채권행위를 원인행위라 하는 데 반하여 그 결과인 물권행위를 결과행위라고 한다. 그런데 물권행위에 관하여 입법주의가 대립하고 있다. 형식주의는 물권변동이 생기려면 물권행위 외에 등기 · 인도를 필요로 하며, 의사주의는 물권변동은 물권행위만으로 발생하고 등기 · 인도는 제3자에 대한 대항요건으로 한다. 우리 민법은 형식주의를 취하고 있다.

3. 준물권행위

준물권행위(準物權行爲)는 직접 물권 이외의 재산권의 변동을 목적으로 하는 법률행위이다. 이행의 문제를 따로 남기지 않는 점에서 물권행위와 같다. 채권양도 · 채무면제 · 무체재산권의 양도 등이 이에 속한다.

4. 의무부담행위와 처분행위

법률행위의 효력이 의무의 부담인가 권리의 변동인가에 따른 구별로서 위의 채권행위 · 물권행위 · 준물권행위의 구분과 밀접한 관련이 있다. 의무부담행위(義務負擔行爲)는 일정한 의무를 발생시키는 법률행위이며, 채권행위가 이에 속한다. 또 권리자의 입장에서 보면 일정한 권리를 취득하는 것이므로 취득행위라고도 한다. 처분행위(處分行爲)는 직접 권리의 이전・변경・소멸을 가져오는 법률행위이며, 권리의 변동을 직접 목적으로 하는 물권행위와 준물권행위가 이에 속한다. 또한 해제권・해지권・취소권・상계권과 같은 형성권의 행사도 그 결과가 권리변동을 가져오는 경우에는 처분행위이다. 처분행위가 유효하게 되기 위해서는 처분자에게 처분능력이나 처분권이 있어야 한다.

Ⅳ. 재산행위・신분행위

재산행위(財產行爲)는 재산상의 법률효과를 발생케 하는 법률행위이고, 신분행위(身分行爲)는 신분상의 법률효과를 발생케 하는 법률행위이다. 법률행위에 의하여 변동하는 법률관계가 재산관계냐 신분관계냐에 의한 구별이다. 재산행위에는 매매・임대차와 같은 채권법적 재산행위와 소유권이전행위・저당권설정행위와 같은 물권법적 재산행위가 있다. 신분행위에도 혼인・입양・인지 등과 같은 친족법적 신분행위와 유언・상속의 포기와 같은 상속법적 신분행위가 있다. 그리고 신분관계를 기초로 하는 재산관계에 관한 행위는 신분행위에 포함된다.

재산행위는 사적자치의 원칙의 지배를 받기 때문에 행위자가 타산적・이성적・합리적・선택적인 의사결정에 의한 행위인 데 반하여, 신분행위는 본능적・감성적・비합리적・비타산적인 의사에 의한 행위인 점에서 차이가 있다. 그러므로 민법총칙편의 법률행위 규정은 재산행위를 전제로 하는 것으로, 신분행위에는 원칙적으로 적용되지 않는다.

Ⅴ. 출연행위・비출연행위

1. 의　　의

재산행위는 다시 재산의 증감을 기준으로 하여 출연행위와 비출연행위로 나뉜다. 출연행위(出捐行爲)는 행위자의 재산을 감소시켜서 타인의 재산을 증가케 하는 법률행위이며, 출재행위라고도 한다. 증여 · 매매 · 임대차 · 소유권양도 · 채권양도 등의 행위가 이에 속한다. 비출연행위(非出捐行爲)는 타인의 재산을 증가시키지 않고 행위자의 재산만을 감소시키거나, 또는 직접 재산의 증감을 가져오지 않는 법률행위이다. 소유권의 포기, 대리권의 수여 등이 이에 속한다.

2. 출연행위의 종류

(1) 유상행위 · 무상행위

유상행위(有償行爲)는 행위자의 출연에 상대방의 대가적 출연이 수반되는 법률행위이고, 그러한 대가적 출연이 수반되지 않는 법률행위를 무상행위(無償行爲)라 한다. 이 구분은 채권계약을 유상계약과 무상계약으로 분류하는 데 주로 활용된다. 민법의 전형계약 중에서 매매 · 교환 · 임대차 · 고용 · 도급 · 조합 · 화해 · 현상광고가 유상계약이고, 증여 · 사용대차는 무상계약이다. 그리고 소비대차 · 위임 · 임치 · 종신정기금은 대가적 출연에 대한 약정 유무에 따라 유상계약이 되기도 하고 무상계약이 되기도 한다. 이 구별은 대가의 문제가 있을 수 없는 단독행위에는 인정될 수 없으나, 대가적 출연을 조건으로 할 수 있는 부담부유증(제1088조)은 유상행위이다. 구별의 실익은 담보책임의 유무 · 동시이행의 항변권의 유무 · 위험부담의 적용 유무 등에 있다.

(2) 유인행위 · 무인행위

유인행위(有因行爲)는 원인이 불성립 · 무효 · 취소 · 해제로 인하여 실효된 경우에 출연행위 자체도 무효가 되는 법률행위이고, 무인행위(無因行爲)는 그 원인이 실효되어도 출연행위는 영향을 받지 않는 법률행위이다. 출연행위가 그 원인으로부터 단절되어 있는가에 따른 구분이다. 일반적으로 법률행위는 그 법률상의 원인이 실효되면 출연행위도 효력을 잃게 되므로 출연행위는 원칙적으로 유인행위이다. 예외적으로 무인행위로 인정되는 법률행위는 어음행위이고, 그밖에 물권행위와 수권행위는 그 유인성과 무인성에 대해 학설의 대립이 있다. 예컨대 채무의 변제를 위하여 어음을 배서 · 교부한 때에는 그 원인채무가 효력을 잃게 되더라도 그 영향을 받지 않으므로 어음행위 자체는 유효하다. 이와 같이 출연행위의 무인성을 인정하면 행위자가 희생되는 데 반하여, 거래의 안전과 민활을 확보할 수 있다.

(3) 신탁행위

신탁행위(信託行爲)라는 용어는 두 가지로 사용된다. 하나는 신탁법에서 신탁을 설정하는 법률행위를 말하며, 또 하나는 민법상에서 사용되는 신탁행위를 말한다.

1) 신탁법상의 신탁행위

신탁법상 신탁행위(信託行爲)는 신탁자가 특정의 재산권을 수탁자에게 이전하거나 기타의 처분을 하고 수탁자로 하여금 수익자의 이익을 위하여 또는 특정의 목적으로 위하여 그 재산권을 관리・처분하게 하는 법률행위이다(동법 제1조). 신탁(trust)은 계약이나 유언에 의하여 설정할 수 있다(동법 제2조). 신탁은 신탁자 자신의 이익을 목적으로 하는 자익신탁과 제3의 수익자의 이익을 목적으로 하는 타익신탁으로 나뉜다. 또한 학술, 종교, 제사, 자선, 기예 기타 공익을 목적으로 하는 공익신탁이 있다(동법 제65조 이하). 그리고 신탁재산의 종류에 따라 금전신탁, 부동산신탁 등으로 분류되며, 최근에 환경운동의 일환으로 활용되고 있는 '내쇼널 트러스트(national trust)'도 있다.[17)]

2) 민법상의 신탁행위

민법상 신탁행위(fiducia)는 신탁자가 상대방을 신뢰하고 그 경제적 목적을 달성하기 위하여 그 목적달성에 필요한 정도를 넘는 권리를 이전하면서, 수탁자는 이전받은 권리를 그 경제적 목적의 범위를 넘어서 행사하지 아니한다는 의무를 부담하게 하는 법률행위이다. 채권행위와 처분행위와의 특수한 결합형태이다. 양도담보와 추심을 위한 채권양도가 그 예이다. 그리고 신탁행위는 경제적 목적과 법적 수단이 일치하지 않아서, 허위표시 여부가 논의되지만 소유권이전의 진의가 있으므로 허위표시로 볼 수 없다. 이것은 일반적으로 담보 등 경제적 수요를 충족시킬 법적 수단이 결여되는 때의 자구행위로서 발전한 것이며, 로마법의 신탁에서 유래하여 독일보통법이 구축한 개념이다.

---

17) 이를 위하여 문화유산과 자연환경자산에 관한 국민신탁법(2006.3.24 법률 제7912호)이 제정되었고, 이에 따라 국민신탁법인이 설립되어 국민신탁을 수탁・운영하고 있다.

VI. 생전행위 · 사후행위

생전행위(生前行爲)는 행위자의 생존 중에 효력이 발생하는 법률행위이고, 사후행위(死後行爲)는 행위자의 사망으로 효력이 발생하는 법률행위이다. 예컨대 유언(제1073조) · 사인증여(제562조)는 행위자가 생존 중에 의사표시를 하지만 그 효력은 사후에 생기므로 사후행위이다.[18] 사후행위는 그 효력이 발생하는 때에는 행위자가 이미 사망하고 없는 상태이기 때문에 그 법률상의 취급에 신중을 기하여야 한다. 따라서 유언에 있어서는 엄격한 법정의 방식을 통하여 그 행위의 존재나 내용을 명확하게 할 것을 요구한다(제1060조 이하).

VII. 독립행위 · 보조행위

독립행위(獨立行爲)는 직접 법률관계의 변동을 일어나게 하는 법률행위이고, 보조행위(補助行爲)는 다른 법률행위의 효과를 형식적으로 보충하거나 확정하는 법률행위이다. 법률행위의 대부분은 독립행위이나, 무능력자의 법률행위에 대한 법정대리인의 동의 · 추인 또는 본인의 대리인에 대한 대리권의 수여행위 등은 보조행위이다.

VIII. 주된 행위 · 종된 행위

종된 행위는 법률행위가 유효하게 성립하기 위하여 다른 법률행위의 존재를 전제로 하는 법률행위이며, 주된 행위는 종된 행위의 전제가 되는 법률행

---

18) 사인증여를 사후행위라고 이해하는 것이 통설이나, 이에 대하여 이는 증여자의 사망을 시기(始期)로 하는 증여이기 때문에 생전행위라고 주장하는 견해가 있다(김상용, 371면).

위이다. 예컨대 부부재산계약은 혼인의 성립을 전제로 하는 종된 계약이며, 담보물권설정계약은 소비대차계약의 존재를 전제로 하는 종된 계약이다. 종된 법률행위는 주된 법률행위에 부종(附從)하는 것이 원칙이다.

제 3 관 법률행위의 목적

Ⅰ. 서 설

법률행위의 목적이란 행위자가 법률행위에 의하여 발생시키려고 하는 법률효과이다. 의사표시의 목적인 효과의사의 내용을 말하며, 법률행위의 내용이라고도 한다. 예컨대 매매계약의 목적은 매도인의 재산권이전과 매수인의 대금지급이며, 고용계약의 목적은 피용자의 노무제공과 사용자의 노임지급이고, 단독행위인 재단법인 설립행위의 목적은 법인의 성립과 설립자의 재산출연이다.

법률행위는 사적자치의 법적 수단이므로 법률은 개인이 법률행위를 통하여 의욕하는 법률효과가 발생하도록 협조하고 보호하여야 한다. 그러나 그것은 법률의 이상에 비추어 타당하다고 인정되는 법률행위에 한한 것이다. 따라서 법의 보호를 받을 수 있는 법률행위의 내용은 확정할 수 있어야 하고, 가능하여야 하며, 위법하지 않아야 하고, 사회적으로 타당성이 인정된 것이어야 한다. 불명확한 목적에 법률효과를 인정할 수 없으며, 불가능한 목적은 이루어질 수 없으며, 법질서에 반하거나 사회적으로 타당성을 결여한 목적은 그 효력을 보장받을 수 없다.

Ⅱ. 목적의 확정성

법률행위의 목적은 확정(確定)되어 있거나, 또는 확정할 수 있는 것이어야 한다. 법률행위의 목적이 전혀 불확정한 경우에는 이에 법률효과를 부여하기가 불가능하기 때문이다. 그러므로 목적이 불확정한 법률행위는 외형상 법률

행위의 모습을 갖추고 있더라도 무효이다.[19]

일반적으로 내용의 전부가 확정되어 있을 필요는 없으며, 장차 법률행위의 내용이 실현될 때까지 확정할 수 있는 일정한 표준이 정해져 있으면 된다. 그 확정의 표준은 보통 당사자의 의사에 의하여 정해지나, 경우에 따라서는 주위의 상황 특히 거래의 관습에 의하여 정해지며(제106조), 또한 법률의 규정에 의하여 그러한 표준이 주어지는 경우도 있다(제375조, 제376조). 이러한 표준을 통하여 구체적으로 법률행위의 목적을 확정하기 위해서는 법률행위의 해석이 요구된다. 그리고 법률행위의 해석을 통하여 확정된 목적을 기초로 하여, 그것의 가능성 · 적법성 · 사회적 타당성을 논하게 되는 것이다.

III. 목적의 가능성

1. 의 의

법률행위의 목적은 실현이 가능(可能)한 것이어야 한다. 목적이 불가능한 법률행위에 효과를 줄 수 없기 때문에 법률행위 당시에 이미 실현될 수 없는 것을 내용으로 하는 법률행위는 무효이다. '불가능한 채무는 존재하지 않는다'(*Impossibilium nulla obligatio*). 예컨대 이미 화재로 멸실된 가옥이나 자동차를 매도하기로 하는 약정은 그 실현이 불가능하므로 효력이 없다. 여기서의 불능은 법률행위의 성립 당시에 불가능한 원시적 불능을 말하며, 그 성립 이후에 불가능하게 된 후발적 불능은 이에 해당하지 않는다.

또한 법률행위의 목적 자체는 실현이 가능하지만 그 효력발생을 정지시키고 있는 정지조건이 성취될 수 없는 것인 때에도, 그 법률행위는 불능으로 무효가 된다. 이에 대하여 민법은 조건의 절에서 규정하고 있으나(제151조 3항), 이론상으로는 목적의 불능에 속한다.

---

19) 대판 1993.5.27, 93다4908,4915,4922(시(市)의 상설시장 건설계획에 상호 협조하여 시장대지를 불하받기로 한 약정에 대하여 일방예약이 성립하려면 그 예약에 터잡아 맺어질 본계약의 요소가 되는 매매목적물, 이전방법, 매매가액 및 지급방법 등의 내용이 확정되어 있거나 확정할 수 있어야 하나, 본계약의 구성요소들이 확정되어 있다고 할 수 없고 약정의 당사자도 달라서 매매의 예약이라고 단정할 수 없다고 한 사례).

2. 가능 · 불능의 표준

불능은 사회관념에 따라서 결정된다. 그러므로 법률행위 목적의 실현이 물리적 · 자연적으로 불능한 것만을 의미하는 것이 아니라, 사회생활상에 있어서의 경험법칙 또는 거래관념에 비추어 그 실현을 기대할 수 없는 것도 불능이 된다.[20] 불능의 결정은 사회관념에 의하여 상대적으로 정해지는 것이지 물리적 관념에 의하여 절대적으로 정해지는 것이 아니다. 그러므로 물리적으로는 가능하다 하더라도 그 실현을 위하여 지나치게 과다한 노력 · 비용이 들거나, 법률에 의하여 불가능한 경우에는 사회적 관념에 따라 불능으로 취급된다. 그러나 사회관념은 과학의 발달 등 시대의 변천에 따라 바뀔 수 있으므로 어제의 불능이 내일의 가능으로 평가될 수도 있다.

확정적 불능만을 불능으로 하고, 일시적 불능은 불능으로 다루지 아니한다. 일시적으로 불능한 것이라도 가능하게 될 개연성이 높은 것은 불능이 아니다.

3. 불능의 종류

(1) 원시적 불능 · 후발적 불능

원시적 불능(原始的 不能)은 법률행위의 성립당시에 이미 그 목적의 실현이 불가능한 상태를 말하고, 후발적 불능(後發的 不能)은 법률행위의 성립당시에는 가능했지만 그 이행 전에 불가능한 상태를 말한다. 예컨대 계약체결 이전에 목적 건물이 멸실된 경우는 원시적 불능이고, 체결 이후에 멸실된 경우는 후발적 불능에 해당한다.

원시적 불능의 경우에는 그 법률행위는 무효가 된다.[21] 다만 채무자가 그 불능의 사실을 알았거나 알 수 있었고 그 상대방이 선의 · 무과실인 때에는 계약체결상의 과실책임(제535조)에 따라 그 상대방이 계약의 유효를 믿음으

---

20) 통설 · 판례(대판 2003.1.24, 2000다22850; 대판 1996.7.26, 96다14616 등).

21) 통설. 그러나 이에 대해서 목적물의 멸실이라는 우연한 사정에 의해서 원시적 불능과 후발적 불능으로 나누어 효과를 달리 한다는 것이 타당한지 의문을 제기하면서 이는 입법정책상의 문제이지 논리적으로 당연한 것은 아니며(김증한 · 김학동, 299면), 나아가서 입법정책상 재고되어야 한다는 주장이 있다(이영준, 171면). 참고로 입법례를 보면, 독일 민법은 「불능한 이행을 목적으로 하는 계약은 무효이다」라고 규정하였고(제306조), 스위스채무법도 「계약의 내용이 실현불가능인 때에는 무효이다」라고 규정하였으나(제20조), 민법은 이러한 규정을 두고 있지 않다.

로써 입은 손해를 배상하여야 한다. 후발적 불능의 경우에는 그 법률행위는 무효로 되지 않으며, 이행불능(제390조)과 위험부담(제537조, 제538조)이 문제될 뿐이다.

(2) 일부불능 · 전부불능

일부불능(一部不能)은 법률행위의 목적의 일부가 불가능한 상태를 말하고, 전부불능(全部不能)은 목적의 전부가 불가능한 상태를 말한다. 전부불능의 법률행위는 무효이며, 일부불능의 법률행위 중에서 그 불능부분도 무효가 되는 것은 당연하다. 다만 나머지 불능하지 않은 부분도 무효인가 문제이다. 이는 '일부무효의 법리'에 따라, 원칙적으로 일부가 무효이면 전부가 무효이다(제137조 본문). 다만 불능으로 무효가 된 부분이 없더라도 법률행위를 하였을 것이라고 인정되는 때에는 무효부분을 제외한 나머지 가능한 부분에 대해서만 법률행위의 유효를 인정한다(동조 단서).

(3) 법률적 불능 · 사실적 불능

법률적 불능(法律的 不能)은 물리적으로는 가능하다 하더라도 법률이 금지하고 있거나, 또는 법률상의 장애사유가 존재하기 때문에 법률행위의 목적을 실현할 수 없는 상태를 말한다. 예컨대 부동산질권계약이나 동산저당권계약 등은 법률이 허용하지 않으므로 법률적으로 불능이 된다. 사실적 불능(事實的 不能)은 법률행위의 목적이 자연적 · 물리적으로 실현될 수 없는 상태를 말한다. 그러나 불능의 근거가 사실적이든 법률적이든 모두 불능으로 다루어지므로 그 구별의 실익은 없다.

(4) 주관적 불능 · 객관적 불능

객관적 불능(客觀的 不能)은 법률행위의 목적을 어느 누구도 실현할 수 없는 상태를 말하고, 일반인은 가능하나 당해 채무자는 급부를 실현시킬 수 없는 상태를 주관적 불능(主觀的 不能)이라고 한다. 법률행위의 목적이 쌀이나 공산품과 같은 종류물의 인도인 경우에는 당해 채무자가 주관적으로 그 이행이 불가능하다 하더라도 동종의 물건이 거래사회에서 모두 없어지지 않는 한 불능으로 다루어지지 않으므로 이 경우에는 객관적 불능만이 불능이 된다. 그러나 법률행위의 목적이 일신전속적인 것인 경우에는 화가의 실명(失明)과 같은 주관적 불능도 불능으로 다루어진다. 따라서 불능이 주관적인 것인가 객관적인 것인가에 불구하고 사회관념상 채무자에게 급부의 실현을 기대할 수 없는 경우이면 불능이 된다고 하여야 한다. 그러므로 우리 민법상 양자를 구별하는 것은 실익이 없다.

Ⅳ. 목적의 적법성

1. 의 의

법률행위는 그 목적이 적법성(適法性)을 갖추어야 유효하다. 법률행위의 내용이 법규에 위반하여 부적법하거나 위법한 것인 때에는 그 법률행위는 효력이 인정되지 않는다. 예컨대 사람의 권리능력을 제한하는 것을 내용으로 하는 노예계약은 살아 있는 모든 사람에게 권리능력을 인정하는 제3조에 위반하는 것으로서 무효이다. 법률행위의 목적이 위법하다는 것은 법질서를 유지하기 위하여 그 준수가 강제되는 강행법규에 위반함을 의미하며, 법률행위의 목적의 적법성을 판단하는 기준이 되는 것도 법령 중에서 선량한 풍속 기타 사회질서에 관계있는 강행법규이다. 사람은 자신의 자유로운 의사에 따라 법률행위를 할 수 있지만, 그 내용이 사회질서에 반하여 법질서에 의해서 보호받을 수 없는 경우에는 그 자유가 제한되는 것이다. 따라서 법률행위자유의 원칙도 강행법규에 위반하지 않는 한도에서 인정된다.

그런데 목적의 적법성과 사회적 타당성은 어떠한 관계에 있는가. 적법성은 포괄적이고 일반적인 개념인 사회적 타당성에 비하여 특별한 개념으로 이해하여야 한다. 그러므로 개개의 강행법규에 위반하지 않더라도 그 목적이 선량한 풍속 기타 사회질서에 반하면 사회적 타당성이 없게 되어 무효가 된다. 양자는 각각 독립된 법률행위의 유효요건이며, 적법성이 사회적 타당성에 우선하여 검토되는 것이다.[22)]

22) 통설. 그러나 적법성과 사회적 타당성은 사적 자치의 한계를 선언한 동일한 개념이므로 사회적 타당성으로부터 적법성을 분리하는 것은 우리 민법의 체계에 반한다는 반대 견해가 있다(이영준, 178면).

2. 강행법규

(1) 의 의

강행법규(强行法規)란 법령 중의 선량한 풍속 기타 사회질서에 관계있는 규정이며, 법률행위의 당사자의 의사에 의해서 배제하거나 변경할 수 없는 규정을 말한다. 이에 반하여 임의법규(任意法規)는 선량한 풍속 및 사회질서와 관계없는 규정으로서 당사자의 의사에 의해 그 적용이 배제될 수 있는 규정이다. 어떠한 법규가 강행법규인가에 대해서는, 제105조가 「법률행위의 당사자가 법령 중의 선량한 풍속 기타 사회질서에 관계없는 규정과 다른 의사를 표시한 때에는 그 의사에 의한다」고 간접적으로 규정하고 있다.[23]

강행법규와 임의법규의 구별은 사적자치를 배제하는 기능을 가지는 규정과 사적자치를 보충하는 기능을 가지는 규정의 구별을 의미하며, 법률행위를 통하여 당사자가 달성하려는 효과의 실현을 법질서가 거부하는가의 여부에 따른 구별이기도 하다. 그러므로 양자의 구별은 매우 중요한 문제이다.

(2) 강행법규 판정의 표준

강행법규와 임의법규의 구별에 대한 일반적인 원칙은 없으며, 구체적으로 각 법규의 종류 · 성질 · 입법취지 등을 고려하여 판정하여야 한다. 그러므로 강행법규인가는 규정의 체제에 의하여 명백한 경우 이외에는, 규정의 취지에 좇아 판단할 수밖에 없다. 어떤 규정이 당사자의 의사에 의하여 그 적용이 배제될 수 없는 것인가, 즉 사적 자치가 허용될 수 없는 것인가에 따라 결정하게 될 것이다. 일반적으로 강행법규로 판정할 수 있는 것을 분류하면 다음과 같다.

1) 법률질서의 기본구조에 관한 규정

권리능력, 행위능력, 법인제도 등과 같이 누가 권리자가 되고 의무자가 될 수 있으며, 또한 혼자서 유효하게 법률행위를 할 수 있는가를 규정하는 민법총칙의 권리의 주체에 관한 규정은 강행규정이다.

---

23) 이 점에 대해서 독일민법 제134조, 스위스채무법 제20조 등도 명문으로 규정하고 있다.

2) 제3자의 신뢰 및 거래의 안전에 관한 규정

물건을 배타적으로 지배할 수 있는 물권에 관한 규정은 그 배타성으로 인하여 물권자 이외의 제3자 및 사회 일반의 이해(利害)에 직접 중요한 영향을 끼치므로 강행규정성이 강하다. 또한 어음·수표 등의 유가증권에 관한 규정 등은 배서를 통한 양도에 관계하는 거래자의 이해관계에 직결되어 거래안전에 영향이 있으므로 강행규정이다.

3) 경제적 약자의 보호에 관한 규정

폭리행위(제104조), 지상권자의 보호(제289조), 유질계약의 금지(제339조), 소비대차의 차주에 불이익한 약정의 금지(제608조), 임차인의 보호(제652조)에 대해서는 사회적·경제적인 약자를 보호하기 위하여 민법이 강행규정임을 밝히고 있다. 그밖에도 특별법상으로 소유권이전형태의 담보채무자를 위한 가등기담보 등에 관한 법률, 세입자를 위한 주택임대차보호법·상가건물임대차보호법, 근로자를 위한 근로기준법, 소비자의 보호를 위한 약관규제에 관한 법률 등이 경제적 약자의 보호를 위한 강행법규이다. 그런데 이와 같은 분야는 본래에는 임의법규에 의하여 규율되었던 것이나 경제적 약자를 보호하기 위하여 사법의 공법화 및 사회화의 흐름에 따라 점차 강행법규화(强行法規化)된 분야이다.

이와 같이 약자의 보호를 위한 강행법규는 그 내용과 다른 약정이 약자에 불리하면 이를 무효로 하지만, 강자에게 불리한 약정은 유효한 것으로 규정한다. 이러한 강행규정은 편면적 강행규정(片面的 强行規定)이라고 하여, 당사자 쌍방에게 모두 강행규정인 쌍방적 강행규정과 구분한다.

4) 가족관계의 질서에 관한 규정

사회의 기본적인 윤리관을 반영하는 일부일처제를 근거로 한 중혼금지(제810조), 부부의 동거·부양의무(제826조), 혼인·친자·친족 등 가족관계의 질서에 관한 친족법의 규정은 대부분 강행규정이다. 그리고 일정한 혈연관계에 따른 상속에 관한 규정도 강행법규성이 강하다.

3. 단속법규

(1) 의 의

단속법규(團束法規)는 행정상의 목적을 위하여 일정한 법률행위를 금지하거나 제한하는 공법법규를 말한다. 그런데 강행법규와 단속법규를 어떻게 분류하는가에 대해서 학설이 대립한다.

① 양분설(兩分說)은 강행법규를 효력법규와 단속법규로 나누는 견해이다.[24] 단속법규는 국가가 일정한 행위를 단속할 목적으로 금지나 제한하는데 불과하며, 이에 위반하여도 처벌을 받거나 행정상의 불이익을 받을 뿐이며, 그 행위 자체의 사법상의 효과에는 영향이 없는 법규이고, 효력규정은 위반행위의 사법상의 효과가 발생하지 않는 법규라고 한다. 따라서 강행법규위반으로서 무효가 되는 것은 효력법규위반의 법률행위에 한한다고 한다. ② 다분설(多分說)은 법규를 공법법규와 사법법규로 나누고, 사법법규를 다시 강행법규와 임의법규로, 공법법규는 허용법규와 금지법규로 나눈다. 그 중에서 공법상의 금지법규를 단속법규라 하고, 단속법규는 도로교통법규와 같은 사실행위적 단속법규와 거래행위를 금지·제한하는 법률행위적 단속법규로 나눈다. 또 법률행위적 단속법규는 사법상의 효력까지 부인하는 효력법규와 사법상의 효력에는 영향을 미치지 않는 단순단속규정으로 분류하는 견해이다.[25]

생각건대 사실행위적 단속법규는 법률행위와는 무관한 것이므로 법률행위의 목적의 적법성을 판정하는 데에는 행정상의 목적을 위하여 법률행위를 금지하는 법률행위적 단속법규만이 그 대상으로 된다고 할 것이다. 그리고 그 속에 효력법규와 단순단속법규가 있고, 이들 단속법규는 행정상의 목적을 위하여 법률행위를 금지하는 것일 뿐이고 선량한 풍속 기타 사회질서와 관계없는 사항에 대해서도 규율하기 때문에, 사법법규 중 강행법규와는 다른 개념이라고 할 수 있다. 따라서 다분설이 논리적으로 타당하다. 다만 적용의 강제성만에 착안한다면 단속법규도 넓은 의미의 강행법규라고 할 수는 있을 것이다.

---

24) 곽윤직, 211면; 김주수, 313면; 김증한·김학동, 303면; 김준호, 325면; 장경학, 436면.
25) 고상룡, 331면; 김기선, 236면; 김민중, 430면; 김상용, 388면; 백태승, 339면; 이영준, 184면.

(2) 효력법규와 단순단속법규의 구별

행정상의 목적을 위하여 사인간의 법률행위를 제한·금지하는 단속법규에는, 그 법률행위의 사법상의 효력까지를 부인하는 효력법규와 사법상의 효력에는 영향이 없는 단순단속법규가 있다. 그러므로 법규의 성질이 어떠한가에 따라 단속법규에 위반하는 법률행위가 무효가 되기도 하고 유효가 되기도 한다. 개별 법규가 그 효력에 대해서 명문으로 규정하는 경우에는 양자의 구별에 문제가 없다. 그러나 그렇지 않은 경우가 많으며 그러한 경우에 어떠한 기준에서 구분할 것인가에 대해서 획일적인 원칙은 없다. 일반적으로 법규의 입법취지, 법률행위 당사자 간의 이익형량, 제3자에 미치는 효력 등을 고려하여 구분할 것이다.

㉠ 단속법규의 입법취지를 고려하여, 그 취지가 일정한 행위 자체를 금지하는 것인가, 법률행위의 결과로 일정한 재화가 이동하는 것을 금지하고자 하는 것인가를 판단하여야 한다. 즉 법규가 행위 자체만을 금지하고, 행위의 결과로 생기는 재화의 이동은 문제삼지 않는다면 단순단속법규라 할 수 있고, 이에 반해 단속법규가 재화의 이동을 금지하는 때에는 그 법률행위 자체를 무효로 하여야 그 입법취지가 이루어지기 때문에 이를 효력법규라고 할 것이다. 그러나 행위 자체만을 금지하는 단속법규라 하더라도 그 금지의 취지가 강력한 경우에는 예외적으로 그에 반하는 법률행위를 무효로 할 필요가 있을 것이다. 그것은 처벌을 받는다 하더라도 거래의 성사로 얻는 이익이 크다면 행위 자체의 금지라는 목적을 이룰 수 없게 되기 때문이다.

㉡ 당사자 간의 이익을 고려하여, 효력법규 여부를 판단하여야 한다. 또한 어떤 법규를 효력법규로 판단하는 것은 제3자의 이익에도 영향을 미치므로 제3자의 보호도 고려되어야 한다.

이와 같은 점을 고려하여 단속법규의 해석을 통해 밝혀진 입법취지와 사법상의 무효로 인한 이해관계인의 이익 등을 적절하게 조화하여 효력법규와 단순단속법규를 구분하는 데 신중을 기하여야 할 것이다.

결국 이 문제는 각 법규의 해석의 문제로서 개별적으로 판단할 수밖에 없다. 종래에 문제가 되고 있는 것과 개별 법규의 성질에 관한 판례를 유형별로 보면 다음과 같다.

(3) 단속법규의 유형

1) 경찰법규

행정법규 특히 경찰법규는 단순한 단속법규인 것이 보통이며 이에 위반하는 행위는 원칙적으로 무효로 되지 아니한다.

법규의 성질상 단순단속법규에 해당하는 것은, ㉠ 무허가음식점의 유흥영업행위 또는 음식물을 판매하는 행위(식품위생법 제22조, 제74조), ㉡ 신고 없이 숙박업·목욕장업·이용업·세탁업·위생관리용역업을 하는 행위(공중위생관리법 제2조, 제3조, 제20조), ㉢ 등록을 하지 않고서 개설한 대규모점포에서의 영업행위(유통산업발전법 제8조, 제49조), ㉣ 공무원의 영리행위(국가공무원법 제64조), ㉤ 허가를 받지 않은 총포화약류의 판매행위(총포·도검·화약류 등 단속법 제6조, 제70조), ㉥ 허가를 받지 않고 신용정보를 수집제공하는 행위(신용정보의 이용 및 보호에 관한 법률 제4조, 제32조), ㉦ 검사를 받지 아니하고 또한 검사에 불합격한 농작물의 거래행위(농산물품질관리법 제19조, 제36조) 등을 금지하는 각 행정법규가 이에 속한다.

단순단속법규로 판단하여 그 위반행위가 무효로 되지 않는다고 한 판례는, ㉠ 외국환관리법에 위반한 외화거래행위,[26] ㉡ 의료법에 위반하여 의료기관을 개설하지 않고 한 의료인의 의료행위,[27] ㉢ 사립학교법에 위반하여 학교회계에 속하는 수입을 학교회계 이외의 회계에 전입하거나 유용하는 행위,[28] ㉣ 부동산등기특별조치법에 위반한 명의신탁행위,[29] ㉤ 국토이용관리법상의

---

26) 대판 1995.5.9, 94다48738(거주자와 비거주자 사이의 채권의 발생, 변제, 거주자의 비거주자에 대한 지급을 제한 또는 금지하는 외국환관리법상의 제한규정들은 단속법규라고 해석함이 타당하고, 이에 저촉되는 행위라 할지라도 그 행위의 사법상의 효력에는 영향이 없다고 한 사례).

27) 대판 1974.3.12, 73다1736(병원을 개설하지 않은 자는 의료업을 할 수 없다는 의료법 제30조의 규정은 의료행위를 하는 것까지 금지하는 취지는 아니므로 의료법 30조에 위반된 치료행위가 의료법에 의한 제재적인 조치를 받은 것은 별론으로 하고 치료비청구권행사에는 지장이 없다고 한 사례).

28) 대판 1974.7.16, 73다1741(학교회계에 속하는 수입은 학교회계 이외의 회계에 전입하거나 유효함을 금지하는 사립학교법 제29조 3항은 학교법인 내부관계를 규율함에 불과하고 대외관계에 있어서도 강행성을 갖는 효력규정으로 볼 수 없으므로 학교회계에 속하지 아니하는 당해 학교법인에 대한 채무명의로써 학교회계에 속하는 재산에 대하여 한 강제집행을 무효라고 볼 수 없다고 한 사례).

29) 대판 1993.8.13, 92다42651(부동산등기특별조치법 제7조 제1항, 제8조의 규정 자체에 의하더라도 등기신청의 원인행위인 같은 법 제7조 제1항 소정의 목적에 의한 계약명의의 신탁약정 자체가 금지된다고는 해석할 수 없으므로 그와 같은 명의신탁약정이 그 사법적 법률행위의 효력까지 부인되는 것은 아니라고 한 사례).

신고의무에 위반한 거래행위,[30] ⓑ 화전정리에 관한 법률에 위반하여 국세청장의 허가를 받지 아니하고 정리된 농경지를 매도한 행위,[31] ⓢ 주택건설촉진법에 위반하여 주택을 전매하는 행위,[32] ⓞ 금융산업의 구조개선에 관한 법률에 위반하여 금융감독위원회의 승인을 얻지 않고 금융기관이 다른 회사 주식을 일정 한도 이상으로 소유하는 행위[33], ⓩ 도매시장법인은 도매시장에서 농수사물을 경매 또는 입찰의 방법으로 매매한다고 규정한 농수산물유통 및 가격안정에 관한 법률 제32조를 위반하여 맺은 수의계약[34] 등이 있다.

효력규정으로 이해하여 위반행위 자체를 무효라고 한 판례는 다음과 같다. ㉠ 하천법(제20조)에 위반하여 관리청의 허가 없이 하천을 점용하는 행위에 대해서 하천법의 입법취지가 허가 없이 하천을 점용하는 어떠한 계약도 효력을 인정하지 않는 것이므로 무효가 된다고 하여 이 규정을 효력법규로 이해하고 있다.[35] ㉡ 불교재산관리법(현재는 전통사찰보존법)을 위반하여 주무관청의 허가 없이 행한 사찰재산의 처분행위,[36] ㉢ 농촌근대화촉진법에 위반하여 도지사의 승인 없이 농지개량조합이 체결한 농기계임대차행위,[37] ㉣ 상호신용금고법을 위반하여 상호신용금고가 이사회의 결의 등의 절차를 갖추지 않고 한 채무부담행위,[38] ㉤ 부동산중개업법 소정의 상한을 초과하는 부동산중개

---

30) 대판 1993.5.25, 93다296(국토이용관리법 소정의 신고구역에 관한 규정은 단속법규에 속하고 신고의무에 위반한 거래계약의 사법적 효력까지 부인되는 것은 아니라고 한 사례), 같은 취지: 대판 1993.3.9, 92다56575 등.

31) 대판 1992.1.17, 91다37331(화전정리에 관한 법률의 입법 취지는 국가가 이미 비합법적으로 이루어진 화전 경작행위를 추인하여 행정단속의 효율을 기하겠다는 것이라고 해석되는 점과 위 법에서는 농지개혁법과는 달리 매매 대상 경작지의 대금상환완료전 매매를 절대적으로 금지하고 있지는 아니한 점, 그리고 위 법 제17조 제2항에서 국세청장의 허가를 받도록 요구하고 있는 이유는 위 매매 및 상환대금 수납업무의 소관청인 국세청장의 업무수행상 편의를 도모하는 데에 있다고 해석되는 점들을 종합해 볼 때 위 규정은 단속법규라고 해석되고, 따라서 국세청장의 허가 없이 "정리된 농경지"를 매도한 행위는 무효가 아니라고 한 사례).

32) 대판 2004.1.29, 2003다52210(주택공급 사업주체가 구 주택건설촉진법상의 전매금지규정을 위반하여 당해 주택 또는 대지를 담보로 제공하거나 처분하였다고 하더라도 그 사법적 효력까지 부인된다고 볼 수는 없다고 한 사례); 대판 2002.12.6, 2002다43516.

33) 대판 2003.11.27, 2003다5337.

34) 대판 2007.10.26, 2005다33121

35) 대판 1962.3.22, 4294민상1051. 그러나 관리청으로부터 하천부지점용권의 양도허가를 받아서 개간한 토지의 일부를 양도하는 행위는 무효가 되지 않는다고 한다(대판 1968.6.4, 68다337).

36) 대판 1981.12.22, 81다731,732.

37) 대판 1981.5.26, 80다2922.

38) 대판 2004.6.11, 2003다1601; 대판 2002.4.9, 2000다42625.

수수료 약정,[39] ⓑ 보조금의 예산 및 관리에 관한 법률에 위반하여 농림부장관의 승인없이 축협중앙회가 체결한 토지매수약정[40] 등은 효력법규의 위반행위로서 그 행위 자체가 무효가 된다고 하였다.

2) 자격부여법규

법률이 특히 엄격한 표준을 정하여 일정한 자격을 구비한 자에 대해서만 일정한 영업을 허용하고, 자격자의 명의를 대여하는 행위를 제한·금지하는 법규는 효력법규에 속한다(통설). 따라서 자격부여법규에 의하여 허가나 면허를 받은 자가 자신의 명의를 대여하는 계약은 무효이다. 예컨대 광업법(제8조, 제11조)에 의하여 대차가 금지되어 있는 광업권을 대여하는 행위,[41] 구수산업법(제28조)에 의하여 대여가 금지되어 있는 어업권을 대여하는 행위,[42] 증권거래법(제63조)에 의하여 금지되어 있는 증권회사의 명의대여행위, 의료법(제87조)과 약사법(제93조)에 의해 금지되어 있는 의사 및 약사의 면허의 대여행위, 변호사법에 위반하여 이익취득을 목적으로 하는 법률행위,[43] 건설업면허의 명의대여에 따른 명의대여료나 소개수수료의 각 지급약정,[44] 건설업법(제29조, 제96조)에 따른 건축업 면허가 없는 자가 체결한 건설공사도급계약 등은 그 금지법규가 효력법규이므로 모두 효력이 인정되지 않는다.

그러나 명의대여계약에 의하여 자격자로부터 명의를 빌린 자가 제3자와 맺은 계약, 예컨대 타인의 명의를 빌려 건설업을 하는 자의 도급계약 등은 유효

---

39) 대판 2002.9.4, 2000다54406,54413.

40) 대판 2004.10.28, 2004다5563; 대판 2004.10.28, 2004다5556.

41) 다만, 광업권의 임대차계약인 덕대계약(德大契約)은 무효이나, 1973년 2월 7일의 법개정으로 광업실시상의 권능을 전적으로 배제하여 광물을 채굴할 수 있는 조광권(粗鑛權)제도가 마련됨으로써 일정한 요건 하에서 광업권의 임대차가 합법화되었다(광업법 제47조~제61조).

42) 대판 1964.5.26, 63다778; 대판 1967.3.28, 67다135. 그러나 어업권의 이전·분할·변경을 금지한 법규(구수산업법 제29조 1항)는 단속규정에 불과할 뿐 그 위반행위의 사법상의 효력을 부인하는 효력규정은 아니라고 한다(대판 1992.9.22, 92다24769).

43) 대판 1978.5.9, 78다213(변호사법 제48조는 강행법규로서 같은 법조에서 규정하고 있는 이익취득을 목적으로 하는 법률행위는 그 자체가 반사회적 성질을 띠게 되어 사법적 효력도 부정된다고 한 사례).

44) 대판 1988.12.27, 86다카2452(건설업면허를 받은 건설업자가 건설업면허 없는 사람에게 건설업면허를 대여하기로 하는 명의대여계약은 구 건설업법(1984.12.31. 법률 제3765호로 개정되기 전의 것) 제5조, 제6조, 제7조의4 등의 각 규정에 비추어 무효라고 할 것이므로 그 명의대여에 대한 대가로 지급되는 명의대여료의 지급 약정이나 명의대여를 소개한데 대한 대가로 지급되는 소개수수료의 지급 약정은 모두 무효라고 한 사례).

하다고 하여야 한다. 그것은 이러한 계약까지도 무효로 한다면 거래의 안전에 해가 되기 때문이다.

4. 탈법행위

(1) 의 의

탈법행위(脫法行爲)는 직접 강행법규 또는 효력법규를 위반하지는 않으나, 그 법규가 금지하고 있는 행위를 회피수단에 의하여 실질적으로 실현하는 행위를 말한다. 판례는 무효인 건설업면허의 대여계약을 회피하기 위하여 체결된 건설업양도양수계약,[45] 취득·교환이 금지되어 있는 국유재산의 사무종사자가 타인의 명의로 국유재산을 취득하는 행위,[46] 대물변제의 형식을 회피하기 위하여 체결한 채권자의 친·인척 등과의 주택분양계약[47] 등은 탈법행위로서 무효가 된다고 한다.

탈법행위는 정면으로 강행법규에 위반하는 것은 아니나, 그것은 강행법규의 정신에 반하고, 법률이 인용하지 않는 결과의 발생을 목적으로 하기 때문에 효력이 인정되지 않는 것이다. 로마법에서는 '법이 금지하는 것을 행하는 것은 법을 위반하는 것이고, 법의 문언에는 반하지 않으나 법의 정신을 잠탈하는 것은 탈법행위이다'(*Contra legem facit, qui id facit quod lex prohibet; in fraudem vero, qui salvis verbis legis sententiam eius circumvenit*)라는 원칙이 지배하였다. 이러한 원칙이 독일보통법 이래로 법률해석론과 독립된 이론으로 발전되어 온 것이다.[48]

---

45) 대판 1988.11.22, 88다카7306(구 건설업법(1981.12.31. 법률 제3501호로 개정되기 전의 것) 제7조의4, 제38조 제8호, 제51조 제9호의 규정취지 등을 종합하면, 건설업면허의 대여계약은 동법에 위반하는 계약으로서 무효이고 건설업면허대여의 방편으로 체결되는 건설업양도양수계약 또한 강행규정인 위 동법 규정들의 적용을 잠탈하기 위한 탈법행위로서 무효라고 한 사례).

46) 대판 1997.6.27, 97다9529(국유재산에 관한 사무에 종사하는 직원이 타인의 명의로 국유재산을 취득하는 행위는 강행법규인 같은 법 규정들의 적용을 잠탈하기 위한 탈법행위로서 무효라고 한 사례); 대판 1997.5.16, 96다43799; 대판 1996.4.26, 94다43207.

47) 대판 2002.9.6, 2001다5111(주택건설사업자가 그 채권자에 대한 채무의 대물변제를 위하여 그 채권자의 친·인척 등과 주택분양계약을 체결한 것으로서 대물변제의 형식에서 벗어나려는 탈법행위에 해당하므로, 대한주택보증 주식회사는 그 분양에 따른 보증책임을 부담하지 않는다고 한 사례).

48) 이에 대해서 탈법행위론은 강행법규 또는 효력규정의 법률해석 및 법률행위해석의 문제에 귀착하므로 이를 독립된 이론으로 인정할 필요가 없다는 견해가 있다(김준호, 327면;

탈법행위를 법률에서 명문으로 금지하고 있는 경우도 있다. 예컨대 이자제한법 제4조와 대부업의 등록 및 금융이용자 보호에 관한 법률 제8조 2항은 사례금 · 할인금 · 수수료 · 공제금 · 체당금 기타 여하한 명칭에 불구하고 금전의 대차에 관하여 여신업자가 받은 것은 이자로 간주하고 있으며, 독점규제 및 공정거래에 관한 법률 제15조는 일정한 탈법행위를 금지하고 있다. 이와 같이 명문으로 탈법행위를 금지하는 경우는 물론이고, 명문의 규정이 없는 경우에도 탈법행위는 당연히 무효이다. 그리고 당사자의 법률행위의 일부만이 탈법행위가 되는 경우에 그 행위의 전부를 무효로 하느냐 또는 일부만을 무효로 하느냐 하는 것은, 일부무효의 법리에 의하여 해결할 것이다(제137조).

(2) 탈법행위의 한계

강행법규가 금지하는 것을 회피하는 행위를 모두 탈법행위로서 무효로 할 것인가 하는 것이 탈법행위의 한계의 문제이다. 강행법규는 일정한 사회적 목적 및 이익의 실현을 강력하게 부정하는 취지에서 규정된 것이고 따라서 그 실현을 위한 모든 법적 수단을 인정하지 않는 것이 보통이다. 그러므로 이에 위반하는 탈법행위는 모두 무효이다.

그러나 강행법규 중에는 특정한 법률적 수단을 사용하는 것을 금지할 뿐 그것을 통한 목적달성 자체를 금지하지는 않는 취지의 것이 있다. 이때에는 금지되어 있는 법률적 수단이 아닌 다른 수단을 사용하여 그 목적을 달성하는 것이므로 그 법률행위는 무효가 되지 아니한다. 판례는 ㉠ 미등기건물을 승계취득한 자가 원시취득자 명의의 보존등기 없이 직접 자기명의로 보존등기를 하는 것이 탈법행위가 된다고 하더라도 양당사자 사이의 합의가 있는 이상 그 등기는 실체적 권리관계에 부합되어 유효하다고 한다.[49] ㉡ 근로자의 자유로운 선택에 따라 근로자를 중간퇴직 처리한 뒤 그 중간퇴직금을 지급한 행위를 근로기준법상의 퇴직금규정에 위배되는 탈법행위로서 무효라고 할 수 없다고 한다.[50]

결국 탈법행위의 한계는 강행법규의 해석의 문제이고 당해 법규가 당사자가 기도하는 사회적 목적을 얼마나 강력하게 부정하려고 하는가에 따라 결정

이영준, 190면).

49) 대판 1995.12.26, 94다44675(미등기건물의 원시취득자와 그 승계취득자 사이의 합의에 의하여 직접 승계취득자 명의로 한 소유권보존등기는 적법한 등기로서의 효력을 가진다고 한 사례): 대판 1981.1.13, 80다1959,1960.

50) 대판 1992.9.14, 92다17754; 대판 1991.5.28, 90다20398 등.

될 문제이다.[51]

그리고 탈법행위가 발생하는 근본적인 이유는 기존의 강행법규가 변화하는 사회・경제적인 요구에 부응하지 못하여 타당성을 잃기 때문이다. 따라서 강행법규의 해석에 있어서는 법규의 본래의 취지와 함께 새로운 경제적 요구를 비교형량하는 것이 필요하다. 또 근본적으로는 변화하는 경제적 수요에 맞추어서 새로운 입법이 추진되어야 할 것이다.

V. 목적의 사회적 타당성

1. 제103조

(1) 의 의

제103조는 「선량한 풍속 기타 사회질서에 위반한 사항을 내용으로 하는 법률행위는 무효로 한다」고 하여, 법률행위의 목적이 사회적 타당성(社會的 妥當性)을 갖출 때에만 효력이 인정된다는 것을 밝히고 있다. 즉 법률행위의 목적이 강행법규에 위반하지 않는다 하더라도 선량한 풍속 기타 사회질서에 위반하여 그 법률행위는 무효가 되며, 이러한 사회적 타당성이 없는 법률행위를 반사회질서의 법률행위라고 한다. 제103조는 법률행위에만 적용되므로 법률행위 이외의 행위가 사회질서에 반한다 하더라도 이 조문은 적용되지 아니한다.[52]

---

51) 대판 2004.8.20, 2002다20353(온천법 제19조 제2항에 의하여 온천관리대장에 온천발견자의 성명을 등재하는 행위는 행정사무집행상의 편의를 위한 것에 불과하여 온천발견자 신고상의 양도인 명의를 양수인 명의로 직접 변경할 것의 이행을 구하는 것은 허용될 수 없는 것이라 할 것이나, 온천공 발견신고자의 명의를 변경하기로 하는 당사자 사이의 계약은 사적자치의 원칙에 따라 이를 금지하는 강행규정이 없는 이상 보호되어야 하고, 비록 해당 법규에서 위 명의를 변경하는 근거 규정을 두지 않았다는 사유만으로는 당사자 사이의 계약이 탈법행위로서 무효가 된다고는 할 수 없다고 한 사례).

52) 판례는 경매는 법률행위가 아니므로 제103조가 적용되지 않는다고 한다(대결 1967.1.16, 66마1189; 대결 1967.1.18, 66마1120). 또한 법률행위라 하더라도 무능력자보호와 같이 약자의 보호나 구체적 타당성이 존중되어야 하는 경우에는 이 조문의 적용을 거부한다(대판 1955.3.31, 4287민상77(법률행위 취소 당시의 목적물의 가격이 행위무능력자의 행위 당시의 그것에 비하여 현저히 앙등하였다 할지라도 그 법률행위가 공서양속에 위반하는 무효의 것이라고 할 수 없다고 한 사례)).

연혁상 반사회질서의 법률행위를 무효로 하는 것은 로마법 이래로 모든 법제에서 인정하는 것이다. 로마법은 선량한 관습(bones mores)에 반하는 법률행위에 기한 청구권은 소권을 인정하지 않았으며, 프랑스민법(제1133조)은 「선량한 풍속 또는 공공질서」(bonnes mœurs ou l'ordre public)에 반하는 급부의 원인은 불법이라고 하고, 독일민법(제138조)은 법률행위의 내용이, 스위스채무법(제20조)은 계약의 내용이 「선량한 풍속」(die guten Sitten)에 반할 때에는 무효로 하고, 영미법은 「공공의 질서」(public policy)에 반하는 행위의 효력을 부인하고 있다. 일본민법(제89조)은 「공의 질서 또는 선량한 풍속」에 반하는 법률행위를 무효로 한다. 민법 제103조도 이와 같은 취지를 분명히 한 규정이다.

(2) 기 능

1) 제103조는 사적자치의 한계를 밝힌 것이다. 원칙적으로 당사자가 원하는 대로 자유롭게 법률행위를 할 수 있지만, 그 내용이 선량한 풍속 기타 사회질서에 위반하여 사회적 타당성을 갖추지 못한 경우에는 그 자유가 제한되는 것이다. 법률행위의 자유는 법률행위의 목적이 사회적 타당성을 갖추는 한도에서만 인정된다는 것을 의미한다. 따라서 제103조가 요구하는 사회적 타당성은 사적자치의 내재적 한계를 이룬다고 할 것이다.

2) 제103조는 일반조항(一般條項)이다. 강행법규에 위반하여 적법하지 못한 법률행위는 무효이다. 그러나 사회의 일반적 법질서에 위반하여 효력을 인정받지 못하는 법률행위의 내용을 성문법으로 낱낱이 구체적으로 규정하는 것은 불가능하며, 또한 시대에 따른 사회의 변화에 부응할 수도 없는 일이다. 그러므로 일반적이고 포괄적으로 법의 근본이념을 밝히는 일반조항을 두어 개개의 법률행위의 사회적 타당성을 판단하도록 한 것이다. 그리고 사회적 타당성의 내용은 개개의 재판에 있어서 제103조의 적용 여부에 관한 법원의 판단에 따라 구체화될 것이다. 따라서 이와 같은 백지규정의 의미내용을 명백하게 하는 데에는 판례의 태도가 중요한 역할을 하게 된다. 한편으로 이러한 일반조항은 그 내용이 구체적 사례에 따라 결정되므로 탄력성과 융통성이 있는 반면에, 규정의 추상성으로 인하여 법적 안정성을 해칠 위험이 있다.

3) 제103조는 윤리규범성을 띤다. 선량한 풍속이란 사회의 최소한의 도덕

률이며 사회질서란 사회의 공공적 질서를 말하는 것으로서 전체 법질서에 내재하는 윤리적 가치이며 그 시대의 지배적인 윤리관을 반영한 것이다. 따라서 이 조문은 법과 도덕을 연결시켜서 도덕규범을 법규범화하는 기능을 한다. 특히 법과 도덕 간의 간격이 현저한 오늘날에는 사회질서의 관념은 그 간격을 최소화하는 기능을 할 수 있다. 그러나 일반조항에로의 도피로 인하여 이 조문이 남용될 위험이 있는 것도 사실이다.

4) 제103조는 헌법이념의 실천원리로 기능한다. 이 조문은 헌법의 이념에 부합하는 범위에서 인정된다. 즉 법률행위가 헌법상의 근본적인 가치에 반하는 경우에 이 조문을 통하여 반사회질서의 법률행위를 무효로 함으로써 그 가치를 실현할 수 있다. 특히 헌법이념 중에서 인간의 존엄성, 기본권보장, 혼인과 가족의 보호 등에 관한 규정은 제103조를 통하여 사법관계에도 간접적으로 그 효력을 발휘하게 된다.

2. 선량한 풍속과 사회질서

선량한 풍속(善良한 風俗)은 사회의 일반적 윤리관념을 말하고, 사회질서(社會秩序)는 국가·사회의 공공적 질서를 의미하는 것으로 사회생활의 평화를 유지하기 위하여 국민이 지켜야 할 사회규범을 말한다. 사회적 타당성의 판단기준에 대해서, 선량한 풍속만을 규정하고 사회질서는 이에 포함된다고 해석하는 경우가 있고, 선량한 풍속 또는 사회질서라고 규정하는 경우가 있음은 앞에서 본 바와 같다.

그런데 민법 제103조는 다른 입법례와는 달리 「선량한 풍속 기타 사회질서」라고 함으로써 양 개념간의 관계에 대해 논란이 있다. ① 별개개념설은 선량한 풍속은 윤리개념인 데 대하여 사회질서는 공익개념으로서 양 개념은 그 규율대상을 달리하므로 이를 별개의 개념으로 구분하여 이해하여야 한다는 견해이다.[53] ② 상하개념설은 양 개념을 구분하면서 선량한 풍속은 사회질서의 일종이고 사회질서가 상위개념으로서 제103조의 중심개념이라는 견해이다.[54] ③ 단일개념설은 양 개념을 구분하기도 어렵고 그 실익도 없기 때문에 양자를 포괄하여 사회적 타당성, 사회질서, 공서양속, 양속질서 등의 개념으로 통

---

53) 김상용, 398면; 이영준, 197면.

54) 곽윤직, 215면; 김용한, 260면; 김준호, 329면.

합하여 이해하자는 견해가 있다.[55] 생각건대 선량한 풍속은 윤리개념으로 사회규범에 속하며, 양 개념이 반드시 별개의 내용을 가지고 있지 않으며, 구별의 한계가 애매하며, 구분한다 하더라도 그 법적 효과는 동일하다. 따라서 불확정개념인 양자를 무리하게 구별하기보다는 통합하여 사회적 타당성 또는 사회질서의 단일개념으로 이해하는 것이 타당하다.

3. 반사회질서 행위의 유형

판례에 나타난 반사회질서 행위를 유형에 따라 분류하면 다음과 같다.

(1) 인륜에 반하는 행위

혼인질서 · 성도덕 · 신분질서에 반하는 법률행위는 인륜에 어긋나는 것이므로 반사회질서의 행위로서 무효이다.

1) 혼인질서에 반하는 행위

일부일처제와 성생활의 기본적 도의질서를 해하는 내용의 계약은 혼인질서에 반하는 것으로서 효력이 인정되지 않는다. 첩계약(妾契約),[56] 첩관계를 계속하기 위한 증여 · 부양계약, 장래의 부첩관계(夫妾關係)를 승인하는 합의,[57] 호적상의 처가 있는 남자와의 사실혼관계의 합의,[58] 현재의 처와 이혼하면 혼인한다는 계약[59] 등은 무효이다. 또한 혼인예약 중에 동거를 거부하면 금전을 지급하기로 하는 계약[60]도 무효이다. 다만 불법의 첩관계나 사통

---

55) 고상룡, 341면; 김민중, 436면; 김주수, 318면; 김증한 · 김학동, 310면; 백태승, 350면; 이은영, 367면; 장경학, 444면.

56) 대판 1998.4.10, 96므1434; 대판 1960.9.29, 4293민상302 등.

57) 대판 1967.10.6, 67다1134(혼인관계가 존속중인 사실을 알면서 남의 첩이 되어 부첩행위를 계속한 경우에는 본처의 사전승인이 있었다 하더라도 장래의 부첩관계의 사전승인이라는 것은 선량한 풍속에 위배되는 행위이므로 본처에 대하여 불법행위가 성립한다고 한 사례).

58) 대판 1955.10.13, 4288민상245.

59) 대판 1955.7.14, 4288민상156(부첩관계를 맺음에 있어서 처의 사망 또는 이혼이 있을 경우에 입적하게 한다는 부수적 약정도 첩계약의 일부로서 공서양속에 위반하는 무효의 행위라고 한 사례); 대판 1965.7.6, 65므12(상대방이 내연의 처가 있고 그 사이에 4남매의 자녀를 둔 남자이어서 정식으로 혼인하기 어려운 사정임을 알고 있었다면 그 남자의 꾀임에 빠져 동거생활 중 그 사이에 아들을 분만하였다 하여도 진실한 혼인예약이 성립될 수 없다고 한 사례) 등.

60) 대판 1963.11.7, 63다587.

을 그만두는 것을 조건으로 하는 이별금계약,[61] 자녀의 양육비를 지급하는 계약[62]은 유효하다고 할 것이다.

2) 신분질서를 문란케 하는 행위

부모와 자녀의 관계에서 인륜에 반하는 법률행위는 효력이 인정되지 않는다. 부정행위를 이유로 이혼 당한 모와 성년인 자의 동거를 금지하는 부자간의 약속, 자녀를 출산하여 주기로 하는 대리모계약도 무효이다.[63]

(2) 정의의 관념에 반하는 행위

1) 범죄 기타 부정행위

범죄 기타 부정행위를 하게 하거나 또는 이에 가담하는 법률행위는 그 자체가 정의 관념에 반하여 반사회질서에 해당한다. 판례는 ㉠ 밀수입을 위한 자금의 출자계약,[64] 경매 또는 입찰에서의 담합행위,[65] ㉡ 공무원의 직무에 관하여 특별한 청탁을 하고 이에 대하여 보수를 지급할 것을 내용으로 하는 계약,[66] ㉢ 행정기관에 진정서를 제출하여 상대방을 궁지에 빠뜨린 다음 이를 취하하는 조건으로 거액의 급부를 제공받기로 한 약정,[67] ㉣ 아파트분양업무의 수임자가 제3자와 통모하여 한 외상분양계약,[68] ㉤ 수사기관에서 허위 진술을 해 주는 대가로 지급하기로 한 급부의 약정,[69] ㉥ 증권회사 또는

---

61) 대판 1980.6.24, 80다458(피고가 원고와의 부첩관계를 해소하기로 하는 마당에 그동안 원고가 피고를 위하여 바친 노력과 비용 등의 희생을 배상 내지 위자하고 또 원고의 장래 생활대책을 마련해 준다는 뜻에서 금원을 지급하기로 약정한 것이라면 부첩관계를 해소하는 마당에 위와 같은 의미의 금전지급약정은 공서양속에 반하지 않는다고 한 사례) 등.

62) 대판 1987.12.22, 87므59(실부가 혼인외 출생자에 대한 인지를 하기 전에 생모에게 자의 양육을 부탁하면서 그 양육비를 지급하기로 약정하였다면 그러한 약정은 유효하다고 한 사례).

63) 대구지판 1991.9.17, 91가합8269.

64) 대판 1956.1.26, 4288민상96.

65) 조고판 1933.10.12, 민집 20.377(담합경매); 조고판 1918.3.12, 민집 5.182(담합입찰).

66) 대판 1971.10.11, 71다1645.

67) 대판 2000.2.11, 99다56833.

68) 대판 1999.9.3, 97다56099.

69) 대판 2001.4.24, 2000다71999(수사기관에서 참고인으로 진술하면서 자신이 잘 알지 못하는 내용에 대하여 허위의 진술을 하는 경우에 그 허위 진술행위가 범죄행위를 구성하지 않는다고 하여도 이러한 행위 자체는 국가사회의 일반적인 도덕관념이나 국가사회의 공공질서이익에 반하는 행위라고 볼 것이니, 그 급부의 상당성 여부를 판단할 필요 없이 허위 진술의 대가로 작성된 각서에 기한 급부의 약정은 민법 제103조 소정의 반사회적질서 행위로 무효라고 한 사례).

그 임직원이 고객에 대하여 증권거래와 관련하여 발생한 손실을 보전하여 주기로 하는 약속이나 그 손실보전행위,[70] ㉦ 보험사고를 가장하거나 혹은 그 정도를 실제보다 과장하여 보험금을 부당하게 취득할 목적으로 체결하였음을 추인할 수 있는 보험계약[71] 등은 반사회질서의 법률행위이므로 무효라고 한다.

그러나 ㉠ 강제집행을 면할 목적으로 부동산에 허위의 근저당권설정등기를 경료하는 행위,[72] ㉡ 매매계약체결 후 그 목적물이 범죄행위로 취득된 것을 알게 된 경우에 그 계약의 이행을 구하는 행위,[73] ㉢ 반사회적 행위에 의하여 조성된 재산인 이른바 비자금을 소극적으로 은닉하기 위하여 임치한 행위[74] 등은 사회질서에 반하지 않는다고 한다.

한편 법률행위 자체는 사회질서에 반하지 않으나 대가와 결합하여 정의관념에 반하는 경우도 있다. 예컨대 진실대로 증언을 한다면 대가를 지급하겠다는 계약,[75] 금전을 받고 증인신청을 취하하는 계약, 명예훼손 등의 범죄행위를 하지 않는 것을 조건으로 대가를 지급하는 계약 등이 이에 속한다.

2) 이중매매

부동산의 이중매매(二重賣買)는 자유경쟁의 원리에 비추어서 원칙적으로 유효하다. 예컨대 매도인이 제1매수인과 매도한 후에 다시 제2매수인에게 매도하여 이전등기를 마친 때에는 제1매수인이 가지는 소유권이전청구권은 채권으로서 배타성이 없으므로 제2매수인은 적법하게 소유권을 취득하게 된다. 그러나 이중매매가 매도인의 배신행위에 제2매수인이 적극가담(積極加擔)하여 이루어진 때에는, 그 행위는 사회정의에 반하여 윤리적 비난가능성이 있기 때문에 반사회질서의 법률행위로서 무효가 된다는 것이 판례의 입장이다.[76]

---

70) 대판 2001.4.24, 99다30718.
71) 대판 2005.7.28, 2005다23858.
72) 대판 2004.5.28, 2003다70041.
73) 대판 2001.11.9, 2001다44987(매매계약체결 당시에 정당한 대가를 지급하고 목적물을 매수하는 계약을 체결하였다면, 비록 그 후 목적물이 범죄행위로 취득된 것을 알게 되었다고 하더라도, 계약의 이행을 구하는 것 자체가 선량한 풍속 기타 사회질서에 위반하는 것으로 볼 만한 특별한 사정이 없는 한, 그러한 사유만으로 당초의 매매계약에 기하여 목적물에 대한 소유권이전등기를 구하는 것이 민법 제103조의 공서양속에 반하는 행위라고 단정할 수 없다고 한 사례).
74) 대판 2001.4.10, 2000다49343.
75) 대판 1994.3.11, 93다40522.
76) 대판 2002.9.6, 2000다41820; 대판 2002.3.15, 2001다77352,77369 등 다수.

따라서 제1매수인은 제2매수인 명의의 소유권이전등기의 무효를 주장할 수 있다.[77]

적극가담의 정도에 대해서, 판례는 「이중매도는 민형사상 아무 문제가 없고 만일 문제가 되면 자기가 전부 책임을 지겠다는 등 설득함으로써 배임행위에 적극 가담했다는 비난가능성이 있어야 한다」고 하였으나,[78] 「제2매수인이 다른 사람에게 매매목적물이 매도된 것을 안다는 것만으로는 부족하고 적어도 그 매도사실을 알고도 매도를 요청하여 매매계약에 이르는 정도가 되어야 한다」[79]고 하여 그 요건을 완화하고 있다. 따라서 단순히 이중매매를 한다는 사정을 알고 있다는 것만으로는 부족하고,[80] 나아가 매도인의 배임행위를 유인, 교사하거나 이에 협력하는 등 적극적으로 가담하지 않은 이상 반사회질서의 법률행위에 해당한다고 볼 수 없다고 한다.[81]

이중매매가 무효로 되는 것은 매매에 국한하지 않고, 적극가담하여 증여를 받거나,[82] 근저당설정을 받거나,[83] 강제경매에 의하여 경낙 받거나,[84] 형식상 등기명의자로부터 소유권이전등기를 받는 경우[85]에도 제2의 행위가 무효

77) 대판 2002.4.26, 2001다8097,8103(부동산의 제2매수인이 매도인의 배임행위에 적극 가담한 결과 제2매매계약이 반사회적 법률행위에 해당하여 무효인 경우에, 그 무효인 제2매매계약을 원인으로 하는 제2매수인 앞으로의 소유권이전등기가 확정판결에 따라 마쳐졌다 하더라도, 그 확정판결의 기판력에 저촉되지 않는 범위에서는 제1매수인이 위 소유권이전등기의 무효를 주장할 수 있다고 한 사례).

78) 대판 1969.11.25, 66다1565.

79) 대판 2002.12.27, 2000다47361; 대판 2002.9.6, 2000다41820; 대판 1994.3.11, 93다55289 등 다수.

80) 대판 1983.12.13, 83다카1347; 대판 1965.6.15, 65다596 등.

81) 대판 1989.11.28, 89다카14295.

82) 대판 1991.10.22, 91다26072; 대판 1983.4.26, 83다카57; 대판 1982.2.9, 81다1134(부가 타에 매도한 부동산을 부로부터 증여받은 행위). 그러나 일부 부동산 지분의 매도 후에 타인에 행한 나머지 지분의 증여행위는 배임행위가 되지 않는다고 한다(대판 2002.11.22, 2002다11496).

83) 대판 1997.7.25, 97다362; 대판 2002.9.6, 2000다41820(이미 매도된 부동산에 관하여 체결한 근저당권설정계약이 반사회적 법률행위로 무효가 되기 위하여는 매도인의 배임행위와 근저당권자가 매도인의 배임행위에 적극 가담한 행위로 이루어진 것으로서 그 적극 가담하는 행위는 근저당권자가 다른 사람에게 그 목적물이 매도된 것을 알고도 근저당권 설정을 요청하거나 유도하여 계약에 이르는 정도가 되어야 한다는 사례).

84) 대판 1985.11.26, 85다카1580; 대판 1988.9.27, 84다카2267.

85) 대판 1978.1.24, 77다1804(일정말기 면이 매수하여 저수지부지로 사용하고 있으나 아직 그 소유권이전등기를 경료하지 않은 토지에 관하여 그러한 사정을 알면서 형식상 등기명의자인 형으로부터 동생이 그 소유권 이전등기를 경료한 것은 특별한 사정이 없는 한 형의 배신행위에 동생이 알면서 가담한 것으로서 배신적 악의취득에 해당되어 그 소유권취득행위는 무효라고 한 사례).

가 된다. 그리고 제1의 행위도 매매에 국한하지 않고, 증여,[86] 양도담보,[87] 취득시효가 완성된 경우[88] 등도 이에 해당한다. 또한 대리인이 부동산을 이중으로 매수한 경우에는 그 반사회성 여부의 판단은 대리인을 기준으로 할 것이다.[89] 한편 이중매매의 무효는 제2매수인으로부터 다시 매수한 전득자에게도 미치므로 전득자는 제2매수인의 등기를 신뢰하였다 하더라도 이로써 이중매매를 유효로 주장하지 못한다.[90]

(3) 자유를 극도로 제한하는 행위

1) 정신적 · 신체적 자유를 제한하는 행위

개인의 정신상 또는 신체상의 자유를 극도로 제한하는 행위는 사회질서에 반하여 무효이다. 예컨대 인신매매나 매춘행위는 무효이며, 이에 수반하는 금전소비대차계약도 무효이다.[91] 또한 평생 혼인하지 않겠다는 독신계약이나 어떠한 일이 있더라도 이혼을 하지 않겠다는 각서의 교부도 신분행위의 의사결정을 구속하는 것이므로 무효이다.[92] 그러나 단지 법률행위의 성립 과정에서 불법적 방법이 사용된 데 불과하거나,[93] 단순히 법률행위의 성립시에 강

---

86) 대판 1972.4.28, 72다343(타인에게 이미 기증된 사실을 잘 알면서도 매도인의 배임행위를 적극 교사하여 시가의 1/3이라는 근소한 값에 자기에게 팔게 한 사례) 등.

87) 대판 1975.8.19, 74다2243; 대판 1991.10.22, 91다26072(부동산을 명의신탁하였다가 이를 해지하였음에도 수탁자가 이러한 사실을 알면서 타인에게 증여한 행위는 무효라고 한 사례).

88) 대판 2002.3.15, 2001다77352,77369(취득시효 완성 후 경료된 무효인 제3자 명의의 등기에 대하여 시효완성 당시의 소유자가 무효행위를 추인하여도 그 제3자 명의의 등기는 그 소유자의 불법행위에 제3자가 적극 가담하여 경료된 것으로서 사회질서에 반하여 무효라고 한 사례).

89) 대판 1998.2.27, 97다45532(대리인이 본인을 대리하여 매매계약을 체결함에 있어서 매매대상 토지에 관한 저간의 사정을 잘 알고 그 배임행위에 가담하였다면, 대리행위의 하자유무는 대리인을 표준으로 판단하여야 하므로, 설사 본인이 미리 그러한 사정을 몰랐거나 반사회성을 야기한 것이 아니라고 할지라도 그로 인하여 매매계약이 가지는 사회질서에 반한다는 장애사유가 부정되는 것은 아니라고 한 사례).

90) 대판 1996.10.25, 96다29151; 대판 1979.7.24, 79다942.

91) 대판 2004.9.3, 2004다27488,27495(영리를 목적으로 윤락행위를 하도록 권유 · 유인 · 알선 또는 강요하거나 이에 협력하는 것은 선량한 풍속 기타 사회질서에 위반되므로 그러한 행위를 하는 자가 영업상 관계있는 윤락행위를 하는 자에 대하여 가지는 채권은 계약의 형식에 관계없이 무효라고 본 사례).

92) 대판 1969.8.19, 69므18.

93) 대판 1996.4.26, 94다34432(재무부장관의 주거래은행에 대한 행정지도가 위헌이더라도, 이를 받아들인 주거래은행의 권유에 따라 성립된 주식 매매계약 자체는 반사회질서 행위가 아니라고 한 사례).

박이 있었다는 것만으로는 사회질서에 반하는 행위가 되지 아니한다.[94]

2) **경제적 자유를 제한하는 행위**

개인의 경제적 자유를 극도로 제한하는 행위는 사회질서에 반한다. 영업의 양도인이 일정한 같은 종류의 영업을 하지 않기로 하는 경업금지계약이나 퇴직 후에 일정한 영업을 하지 않는다는 사용자와 피용자간의 계약과 같은 영업자유를 제한하는 계약은 그 영업금지의 기간·장소·종류 등으로 보아서 개인의 생존권적 자유권을 극도로 제한하는 경우에는 사회질서에 반할 것이다.[95] 그러나 그 제한의 정도가 사회관념에 비추어 합리적일 경우에는 사회질서에 반하지 않는다.[96] 그밖에 당사자의 한 쪽이 그의 독점적 지위 내지 우월한 지위를 악용하여, 자기는 부당한 이득을 얻고 상대방에게는 과도한 반대급부 또는 기타의 부당한 부담을 과하는 법률행위는 사회질서에 반한다.[97]

(4) 생존의 기초가 되는 재산의 처분행위

생존에 있어서 기초가 되는 장래의 재산을 과도하게 양도하거나 증여하는 행위는 그 사람의 생존을 불가능하게 하는 것이므로 사회질서에 반한다. 이에 관하여 민법은 명문의 규정을 두고 있지 않으나, 프랑스민법(제943조)은 「생전증여는 증여자의 현재의 재산만을 그 내용으로 할 수 있으며, 장래의 재산이 포함된 때에는 그 부분은 무효이다」라고 하며, 독일민법(제310조)은 「장래의 재산의 전부 또는 일부를 양도하거나 이에 용익권을 설정할 의무를 부담하는 계약은 이를 무효로 한다」고 한다. 판례도 사찰이 그 존립에 필요불가결한 재산인 임야를 증여하는 행위는 사찰의 존립과 존재의의를 상실케 하는 행위

94) 대판 2002.12.27, 2000다47361(단지 법률행위의 성립과정에 강박이라는 불법적 방법이 사용된 데에 불과한 때에는 강박에 의한 의사표시의 하자나 의사의 흠결을 이유로 효력을 논의할 수는 있을지언정 반사회질서의 법률행위로서 무효라고 할 수는 없다고 한 사례); 대판 1992.11.27, 92다7719 등.

95) 대판 1964.5.19, 63다915(환경위생협회에서 협정한 요금 및 공휴일을 준수함과 동시에 종업원의 유인고용을 하지 않기로 하고 이를 위반한 때에는 위약금을 지급한다는 약정은 그 협회 회원의 영업상의 자유를 일방적으로 제한하는 것이므로 언제든지 해지할 수 있다고 한 사례) 참조.

96) 대판 1982.6.22, 82다카90(해외파견된 근로자가 귀국일로부터 일정기간 소속회사에 근무하여야 한다는 사규나 약정은 민법 제103조 또는 제104조에 위반된다고 할 수 없고, 일정기간 근무하지 않으면 해외 파견 소요경비를 배상한다는 사규나 약정은 근로계약기간이 아니라 경비 반환채무의 면제기간을 정한 것이므로 근로기준법 제21조에 위배하는 것도 아니라고 한 사례).

97) 대판 1996.4.26, 94다34432.

이므로 사회질서에 반하여 무효라고 한다.[98)]

(5) 사행성이 현저한 행위

일반적으로 사람은 우연한 이익이나 행운을 바라는 마음을 가지고 있고, 거래에는 어느 정도의 사행성(射倖性)이 따르는 것이 보통이다. 그러나 지나치게 사행성이 있는 행위는 사회질서에 반한다. 사행계약의 대표적인 예는 도박계약이다. 판례는 도박채무 부담행위 및 그 변제약정,[99)] 도박채무의 변제를 위한 토지양도계약,[100)] 도박채무의 변제를 위한 담보의 방법으로 이루어진 가등기와 소유권이전의 본등기,[101)] 도박자금에 제공할 목적으로 이루어진 대차계약[102)] 등의 도박에 관련된 행위는 모두 반사회질서의 행위로서 무효라고 한다. 그러나 사행성이 현저한 행위라도 법률이 허용하는 승마투표권(한국마사회법 제36조 이하), 복권(복권 및 복권기금법 제3조), 승자투표권(경륜·경정법 제3조) 등의 각종 복권은 그 반사회성이 조각되어 유효하다.

(6) 불공정한 법률행위

당사자의 궁박·경솔·무경험 등을 이용하여 현저하게 공정을 잃은 법률행위는 폭리행위로서 무효이며 제104조가 명문으로 규정하는 것으로 후술한다.

4. 반사회성의 모습에 따른 분류

반사회성을 띠는 모습에 따른 형식적인 분류이다. 이에 대하여 판례는 「무효인 반사회질서행위는 법률행위의 목적인 권리의무의 내용이 선량한 풍속

98) 대판 1991.8.27, 90다19848(사찰에의 진입로 중 주요 경내지에 근접된 토지부분은 사찰의 목적수행이나 존립에 필요불가결한 재산이라고 볼 여지가 있다고 한 사례).

99) 대판 1995.7.14, 94다40147(도박채무의 변제를 위하여 채무자로부터 부동산의 처분을 위임받은 채권자가 그 부동산을 제3자에게 매도한 경우, 도박채무 부담행위 및 그 변제약정이 민법 제103조의 선량한 풍속 기타 사회질서에 위반되어 무효라 하더라도, 그 무효는 변제약정의 이행행위에 해당하는 위 부동산을 제3자에게 처분한 대금으로 도박채무의 변제에 충당한 부분에 한정되고, 위 변제약정의 이행행위에 직접 해당하지 아니하는 부동산 처분에 관한 대리권을 도박 채권자에게 수여한 행위 부분까지 무효라고 볼 수는 없으므로, 위와 같은 사정을 알지 못하는 거래 상대방인 제3자가 도박 채무자부터 그 대리인인 도박 채권자를 통하여 위 부동산을 매수한 행위까지 무효가 된다고 할 수는 없다고 한 사례).

100) 대판 1966.2.22, 65다2567.

101) 대판 1974.11.12, 74다960.

102) 대판 1973.5.22, 72다2249.

기타 사회질서에 위반되는 경우뿐만 아니라 그 내용 자체는 반사회질서적인 것이 아니라고 하여도 법률적으로 이를 강제하거나 법률행위에 반사회질서적인 조건 또는 금전적 대가가 결부됨으로써 반사회질서적 성질을 띠게 되는 경우 및 표시되거나 상대방에게 알려진 법률행위의 동기가 반사회질서적인 경우를 포함한다」고 한다.[103)]

(1) 법률행위의 내용 자체가 반사회적인 경우

법률행위에 의해 발생하는 권리의무의 내용이 사회질서에 반하는 경우로서 반사회질서 행위의 전형적인 형태이다. 살인 · 협박 · 매음 · 도박 등의 범죄행위 또는 부정행위를 목적으로 하는 계약 등이 그 예이다.

(2) 법률행위의 내용을 법률적으로 강제하기 때문에 반사회적인 경우

법률행위의 내용 그 자체는 사회질서에 위반하지 않으나 그것을 법률적으로 강제하기 때문에 사회질서에 반하는 경우이다. 일정한 영업을 제한하는 계약 · 위약금의 지급계약 · 금연계약, 모델계약 · 적정량의 수혈계약 등은 그 내용 자체는 사회질서에 반하지 않으나, 이를 강제하는 경우에는 사회질서에 반하게 된다. 판례에 의하면 약정한 위약벌이 그의 이행을 강제함으로써 얻게 될 채권자의 이익에 비하여 지나치게 무거울 때에는, 그 일부 또는 그 전부가 사회질서에 반하여 무효라 한다.[104)]

(3) 법률행위의 조건이 반사회적인 경우

범죄행위를 할 것을 조건으로 하는 증여계약과 같이 계약 자체는 사회질서에 반하지 않으나 불법한 조건이 붙었기 때문에 법률행위 전체가 반사회질서 행위가 되는 경우, 또한 범죄행위를 중지할 것을 조건으로 하는 금전지급계약과 같이 원래 해서는 안되는 불법행위를 특별히 하지 않을 것을 조건으로 하기 때문에 반사회질서 행위가 되는 경우가 있다(제151조 1항 참조). 그러나 불륜관계를 단절할 것을 조건으로 하는 금전지급계약이나, 타인의 처와 간통 후 사죄의 목적으로 그 남편에게 하는 금전지급계약 등은 유효하다.

---

103) 대판 2002.12.27, 2000다47361; 대판 2001.2.9, 99다38613 등.

104) 대판 1993.3.23, 92다46905(백화점 수수료위탁판매매장계약에서 임차인이 매출신고를 누락하는 경우 판매수수료의 100배에 해당하고 매출신고누락분의 10배에 해당하는 벌칙금을 임대인에게 배상하기로 한 위약벌의 약정이 공서양속에 반하지 않는다고 한 사례).

(4) 법률행위에 금전적 대가가 결부되어 반사회적인 경우

법률행위 자체는 반사회성이 없지만 일정한 금전적 대가가 결합되었기 때문에 반사회질서 행위가 되는 경우이다. 예컨대 진실대로 증언한다면 대가를 지급하기로 하는 계약, 당연히 하여야 할 직무행위를 하는 대가로 금전을 수뢰하는 계약, 범죄행위를 하지 않을 것을 대가로 금품을 수수하는 계약 등이 이에 속한다.

(5) 법률행위의 동기가 반사회질서적인 경우

동기(動機)의 불법이란 표의자가 의사표시를 하게 된 동기가 사회질서에 반함을 의미한다. 즉 도박을 하거나 마약을 구입하기 위해서 금전을 차용하는 경우와 같이, 금전차용하는 법률행위 자체는 반사회성이 없으나 그 동기가 불법인 것을 말한다. 동기는 효과의사를 가지게 된 이유이며 의사표시에 선행하는 사람의 심리적 과정에 불과하므로 의사표시의 구성요소는 아니다. 여기서 이러한 동기의 불법이 법률행위 자체의 효력에 어느 정도 영향을 미치는가가 문제가 되며, 이에 대해서 견해의 대립이 있다.[105)]

① 표시설은 동기의 불법이 무효로 되는 것은 그 반사회적 동기가 법률행위의 내용으로서 표시되거나 또는 발표된 경우에 한하며, 그 밖의 경우에는 동기는 이를 고려할 필요가 없다는 견해이다.[106)] 내심의 동기가 법률행위를 무효로 한다면 거래의 안전을 해하며 표시주의이론에 맞지 않는다고 한다.

② 인식가능성설은 동기가 표시되었거나 명시적으로 표시되지 않더라도, 상대방이 그 불법의 동기를 알았거나 또는 통상인이라면 그것을 알 수 있었을 것이라고 인정되는 경우에는 무효라는 견해이다.[107)] 법률행위의 반사회성은

---

105) 학자마다 다양하게 주장하는 문제이므로 학설의 분류도 매우 다양하다. 따라서 불법한 동기의 표시 여부, 인식 여부, 인식이 가능함에도 과실로 인식하지 못한 경우를 포함시키는가의 여부, 표시나 인식에 무관하게 종합판단할 것인가에 따라 분류하였다.

106) 곽윤직, 219면.

107) 김기선, 231면; 김용한, 265면; 장경학, 450면. 그밖에도 그 표현은 다양하나 「알 수 있었을 것」을 포함시키고 있는 견해로는, 김상용, 408면(표시된 경우는 물론 표시되지 않았다 하더라도 상대방이 알았거나, 알 수 있었을 경우에는, 목적 · 동기 · 내용을 종합적으로 고려하여, 그 법률행위를 무효로 보아야 할 것이다); 김준호, 334면(표시된 때는 물론이고, 여러 사정을 종합하여 상대방이 그 동기를 인식할 수 있었다고 보아야 할 객관적인 사정이 존재하는 경우도 이에 포함되나, 우연한 사정으로 그 동기를 안 경우는 제외된다); 김증한 · 김학동, 312면(동기가 표시된 경우 그리고 동기를 표시하지 않았어도 이를 알 수 있었다고 판단되는 경우에 한하여 그 행위는 무효로 된다); 이영준, 217면(표시되거나 표시되지 않았다 하더라도 통상의 주의를 하였더라면 상대방의 동기

동기를 고려하여야 정당하게 판단할 수 있으며, 상대방이 표의자의 불법동기를 알았거나 알 수 있었는데도 이에 협력하였기 때문에 그 반사회성이 인정되는 것이며 그로써 제103조의 취지를 잘 살릴 수 있다고 한다. 그리고 표시주의의 원칙에는 의사주의의 가미가 필요한 것이며, 또한 거래안전에 대한 우려는 입증책임의 부담으로 해결할 수 있다고 한다.

③ 인식설은 동기가 표시되었거나 상대방이 알고 있는 경우에만 법률행위의 내용으로 되어 무효가 되며, 과실로 인하여 알 수 있었는데도 알지 못하는 경우까지 포함시키는 것은 거래의 안전을 지나치게 해치게 되므로 부당하다는 견해이다.[108] 인식가능성설과 그 맥을 같이 하는 주장이지만 불법동기의 과실에 의한 부지를 제외하고 있는 점에서 구별된다. 판례도 표시되거나 상대방에게 알려진 법률행위의 동기가 반사회질서적인 경우에도 그 법률행위를 무효로 함으로써 인식설에 따르고 있다.[109]

④ 종합판단설은 동기의 표시나 인식 여부에 한하지 않고 여러 요소를 종합적으로 고려하여 무효 여부를 판단하여야 한다는 견해이다. 여기에는, 동기의 위법성의 정도와 상대방의 관여 내지 인식의 정도와의 상관관계에서 결정하여야 한다거나,[110] 또 양당사자가 불법동기에 관여한 정도·태양 등 양당사자에 존재하는 불법성의 강도에 관해 비교하고 당사자에게 사법적 구제를 하는 경우와 이를 거부하는 경우에 양당사자 사이의 이익을 형량하고 거래안전의 배려 등을 요소로 하여 종합적으로 판단해야 한다거나,[111] 또한 불법동기를 가진 법률행위에서 그 불법동기가 처분행위를 통하여 실현되어야 하는 경우에 그 법률행위는 동기의 표시나 인식가능성 여하를 불문하고 항상 무효라고 하는 주장이 있다.[112]

생각건대 동기가 반사회성을 띠는 경우에, 동기는 의사표시의 구성요소가 아니므로 법률행위에 전혀 영향을 미치지 않는다면 이는 반사회질서의 행위

를 알 수 있었던 경우도 그 동기가 양속질서에 반하면 무효가 된다(다만 경우를 나누어 고찰하고 있다)); 이은영, 370면(표시되지 않았더라도 객관적으로 인지가능한 동기를 포함하여 법률행위의 반사회성을 판단하여야 한다) 등이 있다.

108) 백태승, 358면; 민법주해Ⅱ, 223면(민일영).

109) 대판 2002.12.27, 2000다47361; 대판 2001.2.9, 99다38613; 대판 2000.2.11, 99다56833 등. 다만 동기만이 사회질서에 반하는 법률행위는 무효가 아니라고 하여 표시설에 따른 것도 있다(대판 1972.10.31, 72다1271,1272).

110) 김주수, 322면.

111) 고상룡, 352면.

112) 김민중, 449면.

를 금지하는 제103조의 취지에 맞지 않으며, 일방 당사자의 불법동기가 전적으로 법률행위에 영향을 미친다면 이는 거래안전을 해치게 될 것이다. 그러므로 불법한 동기가 법률행위의 내용을 이루어 무효가 되기 위해서는, 그 동기가 표시되었거나, 표시되지 않았다 하더라도 상대방이 알고 있는 것이 요구된다. 다만 일반적으로 거래의 상대방이 표의자의 불법동기에 대한 주의의무를 진다고 할 수는 없기 때문에, 상대방이 알지 못하였다 하더라도 통상인이면 알 수 있었을 경우에도 무효로 하는 것은 거래안전을 해치는 일이 될 것이다. 그러므로 인식설이 타당하다.

단독행위에 있어서는 불법동기의 표시 유무는 문제가 되지 않으며, 동기의 불법이 명백하다면 그 행위는 무효로 할 것이다.[113]

5. 반사회질서 행위의 요건

(1) 요 건

객관적 요건으로, 법률행위가 선량한 풍속 기타 사회질시에 반하는 사항을 내용으로 할 것이 요구된다. 구체적으로 어떠한 법률행위가 객관적으로 반사회성을 띠는가는 제103조의 일반규정성으로 인하여 개별 판례를 통하여 나타날 수밖에 없으며, 이에 대해서는 반사회질서 행위의 유형과 반사회성의 모습에 따른 분류에서 상세하게 설명하였다.

주관적 요건으로, 표의자가 주관적으로 법률행위가 사회질서에 반한다는 인식이 요구되는가에 대해서 견해가 일치하지 않는다. ① 인식필요설은 법률행위의 반사회성을 판단하는 데에는 주관적으로 행위자의 인식이 요구된다는 견해이다.[114] 다만 행위자의 인식은 그 법률행위의 반사회성 그 자체에 대한 인식이 아니라, 그 법률행위가 반사회성을 띠는 기초사정에 대한 인식이라고 한다. ② 인식불요설은 반사회성의 판단에는 행위자의 주관적 인식은 요건이 아니라는 견해이다.[115] 생각건대 위법성의 인식이 요구되는 범죄행위와 같이 행위 자체가 반사회적인 경우에는 반사회성에 대한 인식은 당연히 존재하는 것이며, 법률행위의 목적이나 동기가 반사회적인 경우에도 그 인식이 요구된

113) 같은 취지: 백태승, 357면; 이영준, 217면; 장경학, 451면.
114) 김상용, 408면; 김준호, 333면; 이영준, 215면. 다만 김민중, 449면은 모든 경우에 동일하게 대답할 수 없다고 하여 제한적으로 긍정하는 듯하다.
115) 이은영, 364면.

다고 할 것이므로 인식필요설이 타당하다.

(2) 판단시기

법률행위의 반사회성은 어느 시점을 기준으로 판단하여야 하는가에 대하여 견해의 대립이 있다. ① 행위시설은 반사회질서 행위를 무효로 하는 것은 법률행위 자체에 대한 가치판단이지 법률행위의 결과에 대한 가치판단은 아니기 때문에 법률행위시를 기준으로 반사회성을 판단하여야 한다는 견해이다.[116] ② 효력발생시설은 행위시에는 사회질서에 반하는 내용이었으나, 그 행위가 효력을 발생할 때에는 그 주위사정이 변하여 더 이상 사회질서에 반하지 않게 되는 경우에는 무효가 되지 않는다는 견해가 있다.[117] 생각건대 반사회성 여부는 법률행위 자체에 대한 판단이며 상황에 따라 변화하는 법률행위 결과에 대한 판단은 아니기 때문에, 행위시에 반사회질서로 무효가 된 법률행위는 그 후에 사회질서의 개념이 바뀐다 하더라도 유효가 된다고 할 것은 아니다. 예컨대 혼인 외의 생활을 유지하기 위하여 사인증여를 한 후, 사인증여 행위시와 사망시 사이에 사인증여자가 본처와 이혼을 하거나 또는 수증자와 혼인한 경우에, 사정변경의 여부와 관계없이 그 계약은 여전히 무효라고 할 것이다.

6. 반사회질서의 행위의 효력

(1) 무 효

사회질서에 반하는 사항을 내용으로 하는 법률행위는 무효(無效)이다. 법률행위를 통하여 의도하였던 법률효과는 발생되지 아니한다. 권리의 포기와 같은 단독행위는 없었던 것으로 되고, 매매 등과 같은 계약도 처음부터 없었던 것으로 되므로 그로 인한 채권·채무도 발생하지 않는다. 따라서 무효인 법률행위에 있어서의 채권자는 그 권리를 주장할 수 없고 채무자는 그 무효를 이유로 그 이행을 거절할 수 있다.

이러한 무효는 절대적 무효로서 당사자뿐 아니라 제3자에게도 그 무효를 주장할 수 있는 것이며, 당사자가 그 무효를 알고 추인(追認)을 하여도 새로

116) 김상용, 409면; 김준호, 334면.
117) 김민중, 451면; 김증한·김학동, 313면; 이영준, 219면.

운 법률행위를 한 효력이 생기지 않는다.[118] 또한 법률행위의 일부만이 사회질서에 위반한 경우에는 일부무효의 법리(제137조)에 따라 원칙적으로 그 법률행위 전부가 무효가 되고, 그 무효부분이 없더라도 법률행위를 하였을 것이라고 인정되는 때에는 그 잔존부분은 유효하게 존속하게 된다.

(2) 반환청구

1) 불법원인급여의 반환청구 금지

무효인 반사회질서 행위에 의해서는 권리・의무가 발생하지 않으므로 아직 이행하지 않은 경우에는 이행하거나 이행청구에 응할 필요도 없다. 그러면 이미 이행한 경우에 반환청구를 할 수 있는가. 원칙적으로 무효인 법률행위에 의하여 당사자 간에 이행이 이루어진 때에는 법률상 원인 없이 이득을 취한 것이 되어 부당이득(不當利得)으로서 그 반환을 청구할 수 있다(제741조, 제748조 참조).

그러나 제746조는 "불법의 원인으로 인하여 재산을 급여하거나 노무를 제공한 때에는 그 이익의 반환을 청구하지 못한다. 그러나 그 불법원인이 수급인에게만 있는 때에는 그러하지 아니하다"고 규정하여, 급여의 원인인 법률행위가 제103조의 반사회성을 띠는 경우에는 불법원인급여(不法原因給與)에 해당하므로 그 반환청구를 허용하지 않는다.[119] 즉 제103조와 제746조는 표리일체(表裏一體)의 관계를 이루고 있으므로, 적극적으로 그 법률행위에 기하여 급부를 청구할 수 없을 뿐만 아니라, 소극적으로도 이미 이행한 급부의 반환을 청구하지도 못한다. 급여자는 부당이득반환청구뿐 아니라 소유권에 기한 반환청구도 할 수 없게 되므로 그 반사적 효과로서 그 소유권은 급여 받은 자에게 귀속하게 된다.[120] 다만 불법원인급여에 따른 이익을 수익자가 종국적으로 취득한 상태에 한하여 반환청구를 할 수 없게 된다.[121]

---

118) 대판 1973.5.22, 72다2249.

119) 대판 1989.9.29, 89다카5994(도박채무가 불법무효로 존재하지 않는다는 이유로 양도담보조로 이전해 준 소유권이전등기의 말소를 청구하는 것은 허용되지 않는다고 한 사례).

120) 대판[전합] 1979.11.13, 79다483.

121) 대판 1994.12.22, 93다55234(도박자금을 제공함으로 인하여 발생한 채권의 담보로 부동산에 관하여 근저당권설정등기가 경료되었을 뿐이라면 위와 같은 근저당권설정등기로 근저당권자가 받을 이익은 소유권이전과 같은 종국적인 것이 되지 못하고 따라서 민법 제746조에서 말하는 이익에는 해당하지 아니한다고 할 것이므로, 그 부동산의 소유자는 민법 제746조의 적용을 받음이 없이 그 말소를 청구할 수 있다고 한 사례).

2) 반환청구의 예외적 허용

반환청구의 금지로 인한 반사적인 소유권의 귀속은 결과적으로 반사회적 행위를 유효로 하는 것과 다름없으며, 당사자 일방만이 급여한 경우에는 그 반환청구의 거부로 당사자 간에 이익불균형이 초래된다. 여기에서 반사회적 행위로 인한 급부라 하더라도 예외적으로 그 반환청구를 허용하여 반환청구 금지의 축소를 인정할 것인가가 문제된다. 그 필요성에 대해서는 학설이 대체로 긍정하고 있으나, 그 근거(根據)에 대해서는 견해가 대립하고 있다.

① 불법개념축소설은 제103조의 반사회질서 개념에 비하여 제746조의 불법개념을 축소하여 예외적으로 반환청구를 허용하자는 견해인데, 여기에는 ㉠ 제746조의 불법을 인격적 비난을 받아야만 할 악(惡)으로 이해하여 이에 해당하지 않는 경우에는 제746조의 적용이 없다는 견해,[122] ㉡ 계약전체의 불법성의 강약·양당사자의 각자에 존재하는 불법성의 대소, 당사자 간의 형평, 거래안전 등을 종합적으로 판단하여, 제103조에 해당하는 불법이라도 제746조의 불법에는 해당되지 않는 경우도 있을 수 있다고 하는 견해[123]가 있다. ② 제3자자동귀속설은 제103조의 반사회질서와 제746조의 불법은 동일한 개념이나, 출연이 출연자 또는 출연의 수취자가 아닌 원래 귀속되어야 할 제3자에게 자동적으로 귀속되는 경우에는 제746조의 적용이 배제되어 반환청구가 가능하다는 견해이다.[124] ③ 불법성차등설은 반사회질서와 불법은 동일한 개념이며 반환청구의 예외적 허용의 근거는 손실자와 수익자 사이의 불법원인의 차등성에 찾아야 한다는 견해이다.[125] 판례의 태도도 같다.[126]

이와 같은 논란의 초점은 이중매매가 제2매수인의 적극가담으로 무효로 되는 경우에 제1매수인이 제2매수인에게 넘어간 물건의 소유권을 취득할 수 있는가에 있다. 이에 대하여 불법개념축소설은 반사회적 이중매매는 제746조의

122) 고상룡, 356면.
123) 김용한, 266면; 김주수, 342면; 장경학, 453면.
124) 김상용, 414면; 이영준, 224면.
125) 이은영, 384면.
126) 대판 1997.10.24, 95다49530,49547(민법 제746조에 의하면 급여가 불법원인급여에 해당하고 급여자에게 불법 원인이 있는 경우에는 수익자에게 불법 원인이 있는지의 여부나 수익자의 불법 원인의 정도 내지 불법성이 급여자의 그것보다 큰 지의 여부를 막론하고 급여자는 그 불법원인급여의 반환을 구할 수 없는 것이 원칙이나, 수익자의 불법성이 급여자의 그것보다 현저히 크고 그에 비하면 급여자의 불법성은 미약한 경우에도 급여자의 반환 청구가 허용되지 않는다고 하는 것은 공평에 반하고 신의성실의 원칙에도 어긋나므로 이러한 경우에는 민법 제746조 본문의 적용이 배제되어 급여자의 반환 청구는 허용된다고 한 사례).

불법의 개념에 포함되지 않는다는 이유로 제3자자동취득설은 제2매매가 무효이면 제1매수인에게 자동적으로 귀속되어야 하기 때문에 제746조는 적용되지 않는다는 이유로 반환청구를 인정한다는 것이다. 그리고 불법성차등설은 적극가담한 제2매수인 행위의 불법성이 매도인의 불법성에 비하여 더욱 강하므로 제746조 단서를 적용하여 반환청구를 인정할 수 있다는 것이다. 판례는 매도인의 제1매수인에 대한 배임행위에 적극가담하여 매수하고 이를 원인으로 소유권이전등기를 경료한 제2매수인에 대하여 제1매수인은 형식주의 아래서의 등기청구권의 성질에 비추어 직접 청구할 수는 없으나,[127] 매도인을 대위하여 등기의 말소를 청구할 수 있다고 한다.[128]

생각건대 제103조의 반사회질서와 제746조의 불법은 동일한 개념이며 선량한 기타 사회질서에 위반하는 법률행위는 무효일 뿐 아니라 이미 이행한 것도 불법을 원인으로 한 급부이므로 반환청구를 할 수 없는 것이 원칙이다. 그러나 위에서 본 바와 같이 불법원인을 이유로 한 반환청구의 불가능이 갖는 부작용을 고려하여 반환청구의 예외적 허용이 요구된다고 할 것이며, 그 근거는 손실자의 불법성과 수익자의 불법성을 비교하여 후자가 현저하게 큰 경우에는 제746조 단서를 적용하여 예외적으로 반환청구를 할 수 있다고 할 것이다. 이중매매가 무효가 되기 위해서는 매도인의 배임행위에 제2매수인이 적극가담할 것이 요구된다. 따라서 일단 무효가 인정되는 경우에는 제2매수인의 불법성이 매도인의 불법성보다 클 것이므로 예외적으로 반환청구를 인정하는 것이 타당하다고 할 것이다.

그밖에도 판례는 불법성차등설의 입장에서 선량한 풍속 기타 사회질서에 위반하여 무효인 부분의 이자 약정을 원인으로 차주가 대주에게 임의로 지급한 이자의 반환을 청구할 수 있다고 한다.[129]

---

127) 대판 1983.4.26, 83다카57(매도인의 배임행위에 적극가담하여 증여를 받은 수증자에 대하여 등기말소를 청구한 사례).

128) 대판 1980.5.27, 80다565(소외인으로부터 피고에게 소유권이전등기가 경료된 것이 원고에 대한 배임행위로서 반사회적 법률행위에 의한 것이라면 원고는 소외인을 대위하여 피고 앞으로 경료된 등기의 말소를 구할 수 있다고 한 사례); 대판 2002.4.26, 2001다8097,8103.

129) 대판[전합] 2007.2.15, 2004다50426([다수의견] 선량한 풍속 기타 사회질서에 위반하여 무효인 부분의 이자 약정을 원인으로 차주가 대주에게 임의로 이자를 지급하는 것은 통상 불법의 원인으로 인한 재산 급여라고 볼 수 있을 것이나, 불법원인급여에 있어서도 그 불법원인이 수익자에게만 있는 경우이거나 수익자의 불법성이 급여자의 그것보다 현저히 커서 급여자의 반환청구를 허용하지 않는 것이 오히려 공평과 신의칙에 반하게 되는 경우에는 급여자의 반환청구가 허용되므로, 대주가 사회통념상 허용되는 한도를 초

7. 불공정한 법률행위

(1) 서 설

1) 의 의

불공정(不公正)한 법률행위란 상대방의 궁박·경솔·무경험을 이용하여 현저하게 공정을 잃은 법률행위를 말한다. 즉 상대방의 자유로운 의사결정이 곤란한 상태를 이용하여 자기의 급부에 비하여 현저히 균형을 잃은 반대급부를 취하여 부당한 재산적 이익을 얻는 행위이며, 이를 폭리행위(暴利行爲)라고도 한다. 이러한 법률행위는 제104조에 의하여 무효이다. 이는 당사자의 의사결정의 자유와 서로 상응하는 교환가치의 지급을 이상으로 하는 거래관계에서 경제적 강자가 약자를 착취하는 것을 방지하여 공정한 법질서를 유지하려는 것이다. 따라서 여기서의 폭리행위에는 물건적 폭리행위뿐만 아니라 금전적 폭리행위도 포함된다.

또한 제104조 이외에도 폭리행위를 규율하는 사법규정으로는 유질계약의 금지(제339조), 대물반환의 예약(제607조·제608조) 등이 있다. 그리고 제104조에 대응하여 형법은 사람의 궁박한 상태를 이용하여 현저하게 부당한 이익을 얻거나, 또는 제3자를 이용하여 현저하게 부당한 이득을 얻게 하는 행위를

과하는 이율의 이자를 약정하여 지급받은 것은 그의 우월한 지위를 이용하여 부당한 이득을 얻고 차주에게는 과도한 반대급부 또는 기타의 부당한 부담을 지우는 것으로서 그 불법의 원인이 수익자인 대주에게만 있거나 또는 적어도 대주의 불법성이 차주의 불법성에 비하여 현저히 크다고 할 것이어서 차주는 그 이자의 반환을 청구할 수 있다. [반대의견] 사회통념상 허용될 수 있는 한도를 초과하는 부분의 이자 약정이 일정한 요건하에 민법 제103조에 위반된 법률행위로서 무효로 평가될 수 있다 하더라도, 사회통념상 허용될 수 있는 한도란 약정 당시의 경제적·사회적 여건의 변화에 따라 유동적일 수밖에 없고 법률적인 평가나 가치판단이 개입되어야만 비로소 그 구체적인 범위를 확정할 수 있어 그 무효의 기준과 범위에 관하여 대주에게 예측가능성이 있다고 보기는 어려우며, 따라서 대주가 차주로부터 적정이율을 초과하는 이자를 지급받았다고 하더라도 대주가 명확하게 불법성을 인식했다고 평가하기는 어렵다. 적정이율을 초과하는 이자 약정이 민법 제103조에 위반되어 무효라고 보더라도 당사자 사이의 약정에 따라 이자가 지급된 이상 그 불법원인은 대주와 차주 쌍방 모두에게 있다고 볼 수밖에 없고, 일반적으로 차주가 대주보다 경제적으로 열악한 지위에 있다는 점을 감안하더라도 대주가 불법성을 명확하게 인식했다고 평가하기는 어렵다는 점에 비추어 보면, 일률적으로 대주의 불법성이 차주의 그것에 비해 현저히 크다고 단정할 수만은 없으며, 임의로 이자를 지급함으로써 이미 거래가 종료된 상황에서 다시 차주의 반환청구를 허용한다면 법적 안정성을 해칠 우려도 있으므로 결국 민법 제746조 본문에 따라 차주의 반환청구는 허용될 수 없다).

부당이득죄로 처벌한다(형법 제349조).

2) 입법례

폭리행위에 관한 입법례는 반사회질서의 법률행위에 관한 규정 이외에 폭리행위에 관하여 규정하지 않는 경우와 독립된 규정을 두고 있는 경우로 나뉜다. 먼저 프랑스민법은 「법률의 규정에 위배되거나 선량한 풍속 또는 공공질서에 위반한 원인은 불법으로 한다」고 할 뿐이고(제1133조), 일본민법도 「공서양속 또는 선량한 풍속에 반하는 사항을 목적으로 하는 법률행위는 무효이다」고 할 뿐이고, 폭리행위에 관하여 독립된 규정은 두고 있지 않음으로써 폭리행위를 반사회질서의 법률행위의 일종으로 파악하는 태도를 취한다.

그러나 독일민법과 스위스민법은 폭리행위에 관해 반사회질서의 법률행위와 별도의 규정을 두고 있다. 독일민법은 반사회질서의 법률행위에 관한 제138조 1항에 이어서 제2항에서 「특히 상대방의 강박상태(1976년 개정 전에는 궁박)·무경험·판단능력의 결여 또는 의사의 현저한 허약(1976년 개정 전에는 경솔)을 이용하여 자기 또는 제3자에게 자기의 급부에 비하여 현저하게 불균형한 재산적 이익을 약속 또는 공여하게 하는 법률행위는 무효이다」라고 하고 있으며 이는 우리 민법의 제정에 모범이 되었다. 또한 스위스채무법도 제21조 1항에서 「일방당사자가 상대방의 궁박·무경험 또는 경솔을 이용하여 체결한 계약에 의하여 급부와 반대급부 사이에 명백한 불균형이 발생한 때에는 피해자는 1년의 기간 내에 계약무효의 의사표시를 할 수 있고 이미 이행한 것의 반환을 청구할 수 있다」고 규정하고 있다. 다만 계약에 국한하고 있는 점과 무효주장의 기간이 1년에 국한된다는 점에서 특징이 있다.

영미법에서는 비양심적인 계약 및 계약조항은 구속력이 없다는 「비양심성의 원칙」(doctrine of unconscionablity)이 확립되어 폭리행위를 금지하는 기능을 수행한다.[130]

3) 제103조와의 관계

독일민법은 반사회질서의 법률행위에 관한 제138조 1항과 폭리행위에 관한

130) 미국통일상법전(UCC)도 제2-302조에서 「계약의 전부 또는 일부조항이 계약성립시 비양심적이었다고 판단되는 경우, 법원은 그 계약 전부 또는 일부의 집행을 거절하거나 또는 비양심적인 조항의 적용을 제한할 수 있다」고 규정하여, 비양심성의 원칙을 채택하고 있다.

동조 2항의 사이에 「특히」라는 표현을 써서 폭리행위는 반사회질서의 법률행위의 특별한 경우임을 밝히고 있다. 그런데 우리 민법은 제103조와 제104조를 분리하여 규정하면서 양자 간의 관계에 대해서는 명확한 기준을 제시하고 있지 않다. 이에 대해서 ① 별개제도설은 제103조와 제104조는 제도적 측면이나 요건·효과적 측면에서 별개의 제도라는 견해이다.131) ② 예시설은 민법은 제103조와 제104조를 분리하여 규정하지만 양규정은 대등하게 병립하는 것은 아니며 제104조는 제103조의 예시로 보는 견해이다.132) 판례도 이에 따른다.133) 생각건대 민법이 양자를 별개의 규정으로 하고 있다는 점을 근거로 별개의 독립된 제도라고 이해하기는 어렵고, 제104조는 반사회질서의 법률행위 중에서 특히 급부의 균형에 관한 측면만을 대상으로 한 것으로 보아서 폭리행위는 반사회질서의 법률행위의 특별유형에 속한다고 할 것이다. 따라서 제104조의 특별요건을 충족하지 못하여 폭리행위로서 무효가 되지 않는다 하더라도, 그것이 사회질서에 반하는 경우에는 제103조에 의하여 이를 무효로 할 수 있을 것이다.134)

4) 적용범위

우리 민법은 계약에의 적용만을 규정하는 스위스채무법과는 달리 아무런 제한 없이 법률행위라고 규정하고 있다. 따라서 제104조가 구체적으로 어떠한 법률행위에 적용되는가에 대해서 견해가 일치하지 않는다.

① 유상행위설은 금전의 소비대차에 한하지 않고 모든 재산상의 유상행위(有償行爲)에 적용된다는 견해이다.135) 판례도 증여계약과 같이 아무런 대가관계 없이 당사자 일방이 상대방에게 일방적인 급부를 하는 무상행위에는 적

---

131) 고상룡, 357면; 김증한·김학동, 319면.

132) 곽윤직, 221면; 김민중, 458면; 김상용, 415면; 김용한, 263면; 김주수, 326면; 백태승, 364면; 이영준, 229면; 이은영, 408면; 장경학, 454면.

133) 대판 1965.11.23, 65사28(제103조, 제104조 모두 구민법 제90조에 속하는 것으로서, 전자가 행위의 객관적 성질을 기준으로 반사회성을 판단하는 데 반해, 후자는 행위의 주관적 사항을 참작하여 현저히 불공정한 것인지 여부를 판단할 것이라는 차이가 있음에 지나지 않는다고 한 사례); 대판 1964.5.19, 63다821; 대판 1963.3.28, 62다862 등.

134) 대판 2000.2.11, 99다56833(행정기관에 진정서를 제출하여 상대방을 궁지에 빠뜨린 다음 이를 취하하는 조건으로 거액의 급부를 제공받기로 약정한 경우에, 그 행위는 증여계약과 같은 일방적 급부행위이므로 민법 제104조 소정의 불공정한 법률행위에 해당될 수 없으나, 민법 제103조 소정의 반사회질서의 법률행위에 해당한다고 본 사례).

135) 곽윤직, 220면; 김상용, 417면; 김주수, 325면; 김준호 337면; 백태승, 363면; 장경학, 453면.

용되지 않는다고 한다.[136] 다만 채권자의 채권포기행위[137]는 비록 단독행위이지만 그로 인하여 채무자는 채무를 면함으로써 소극적으로 그만큼 재산이 증대되므로 유상행위에 해당되어 본조의 적용을 받는다고 한다.[138] 또한 판례는 어업권 소멸로 인한 손실보상금의 분배에 관한 어촌계 총회의 결의와 같은 합동행위도 현저하게 불공정한 경우에는 제104조를 적용한다.[139]

② 확대적용설은 유상행위뿐만 아니라, 부담부증여와 같은 무상행위(無償行爲)라 하더라도 부담이 과도한 경우나, 경솔 또는 궁박으로 소유권을 포기하는 경우에도 본조가 적용된다는 견해이다.[140] 그밖에도 단체 설립행위에 있어서 일부 설립자가 과도하게 부담하는 경우나, 가족법상의 행위에 있어서도 경솔한 상속포기 또는 배우자의 무경험을 이용한 이혼동의를 얻는 경우에는 제104조가 적용된다고 한다.[141]

생각건대 제104조의 현저하게 불공정한 법률행위는 대가관계에 있는 당사자 간의 급부의 불균형을 말하는 것이므로 유상행위설이 타당하다. 유상행위는 재산의 출연을 목적으로 하는 법률행위 중에서 법률행위의 내용의 이행이 대가를 수반하는 것을 말하는 것이므로, 유상·쌍무계약이 주를 이루지만, 단독행위나 합동행위라 할지라도 당사자 간에 대가관계가 존재하는 경우에는 유상행위에 속한다고 할 것이다. 따라서 채권포기와 같은 단독행위나 손실분배에 대한 어촌계의 결의와 같은 합동행위도 유상성이 있다. 그러나 균등한 대가관계에 있지 않는 무상행위나 소유권의 포기나 기타 가족법상의 행위에

136) 대판 2000.2.11, 99다56833(민법 제104조가 규정하는 현저히 공정을 잃은 법률행위라 함은 자기의 급부에 비하여 현저하게 균형을 잃은 반대급부를 하게 하여 부당한 재산적 이익을 얻는 행위를 의미하는 것이므로, 증여계약과 같이 아무런 대가관계 없이 당사자 일방이 상대방에게 일방적인 급부를 하는 법률행위는 그 공정성 여부를 논의할 수 있는 성질의 법률행위가 아니라고 한 사례) 등.

137) 대판 1975.5.13, 75다92(채무자인 회사가 남편의 징역을 면하기 위하여 부정수표를 회수하려면 물품외상대금 중 금 100만원을 초과하는 채권에 대한 포기서를 써야 된다는 강압적인 요구를 하므로 사회적 경험이 부족한 가정부인이 경제적 정신적 궁박상태 하에서 구속된 자기남편을 석방 구제하는 데에는 위 수표의 회수가 필요할 것이라는 일념에서 회사에 대한 물품잔대금 채권이 얼마인지 조차 확실히 모르면서 보관 중이던 남편의 인감을 이용하여 남편을 대리하여 위임장과 포기서를 작성하여 준 채권포기행위는 거래관계에 있어서 현저하게 균형을 잃은 행위로서 사회적 정의에 반하는 불공정한 불법행위로 본 사례).

138) 김상용, 417면.

139) 대판 2003.6.27, 2002다68034; 대판 1999.7.27, 98다46167.

140) 김증한·김학동, 320면; 이영준, 231면.

141) 이은영, 411면.

는 제104조를 적용할 수 없으며, 반사회질서의 법률행위 또는 강박 · 사기 등의 다른 민법상의 제도에 의하여 그 효력의 유무를 가려야 할 것이다.

(2) 성립요건

제104조의 폭리행위가 성립하기 위해서는 객관적으로 급부와 반대급부 사이에 현저한 불균형이 존재하여야 하며, 주관적으로는 피해자가 궁박 · 경솔 · 무경험의 상태에 있어야 하고, 이러한 상태를 이용하려는 폭리자의 악의가 필요하다.

1) 현저한 불균형의 존재

법률행위가 현저하게 공정을 잃은 것이어야 하며, 그 행위가 궁박 · 경솔 · 무경험으로 인한 것이라도 현저히 불공정한 것이 아니면 이를 무효로 하지 못한다. 즉 폭리행위가 되기 위해서는 외부에서 인식할 수 있을 정도로 급부와 반대급구 사이에 현저한 불균형이 존재하여야 한다. 그리고 현저한 불균형의 존재 여부는 당사자의 주관적 가치에 의할 것이 아니라, 객관적 가치에 의하여 판단하여야 한다.

(가) 불균형의 정도

어느 정도의 차이가 있을 때에 그러한 불균형이 있다고 인정되느냐는 법률이 이를 명시하지 않으므로 획일적인 기준은 존재하지 않으며, 이는 법관이 구체적인 사건에서 재량으로 결정할 사항이다. 그러나 제103조의 선량한 풍속 기타 사회질서가 추상적인 표준이 될 수 있을 것이다.

판례는 ㉠ 시가의 3분의 1에 미달하는 건물의 매매대금,[142] ㉡ 채권의 3.4배에 달하는 양도담보 목적물의 가격,[143] ㉢ 의료수가인 의료보험수가보다 204.9%가 더 높은 원고병원의 일반의료수가,[144] ㉣ 시가의 2분의 1 밖에 안되는 헐값의 부동산매매계약대금[145] 등은 폭리성을 인정하여 무효라고 한다.[146]

---

142) 대판 1973.5.22, 73다231.

143) 대판 1954.12.23, 54민상70.

144) 대판 1995.12.8, 95다3282.

145) 대판 1964.12.29, 64다1188.

146) 그밖에 현저한 불균형이 있다고 인정한 판례로는, ㉤ 임야의 대금액이 평당시가의 2.5분의 1 내지 5분의 1에 불과한 경우(대판 1955.7.7, 4288민상66), ㉥ 매매가격이 시가의 약 8분의 1 정도로 현저한 차이가 있고, 매수인이 이를 매수한 후 약 3개월 후에 매수가격의 4.5배 정도로 전매한 경우(대판 1977.12.13, 76다2179), ㉦ 사고로 피해를 입은 자

한편 ㉠ 소송을 제기하면 패소될 것이 분명하니 좋게 해결하는 것이 좋다는 취지의 말을 하여 시가 금 10,000,000원 정도의 부동산을 금 5,000,000원에 매매한 것은 불공정한 법률행위에 해당한다고 할 수 없다고 하고,[147] ㉡ 심지어는 시가 금 2,543,000원의 토지를 금 200,000원에 매도하였다 하여도 주관적 요건이 입증되지 아니 하는 한 폭리행위가 될 수 없다고 한다.[148]

따라서 객관적으로 급부와 반대급부가 현저하게 불균형한 경우라 하더라도 피해자의 궁박 등의 상태와 그 이용이라는 주관적 요건을 갖추어야 비로소 폭리행위로 인정받을 수 있으므로, 폭리행위의 인정은 오히려 주관적 요건의 구비 여부에 달려 있다고 할 것이다.

(나) 불균형의 판단기준시점

불균형의 판단기준시점에 관하여 견해가 대립한다. ① 행위시설은 독일민법과 같이 행위시, 즉 계약체결시를 표준으로 하여야 한다는 견해이고,[149] ② 이행기설은 불균형은 행위시뿐만 아니라 변제기에도 존재하여야 하므로 이행기를 표준으로 하여야 한다는 견해이다.[150] 판례는 대물변제예약의 경우에는 대물변제의 효력이 발생할 변제기일을 표준으로 하고 있다.[151] 생각건대 행위 당시에 정상적인 법률행위가 행위 후에 발생하는 사정에 의해서 폭리행위로 되는 것은 불합리하기 때문에 행위시를 판단기준으로 하여야 한다.

가 손해배상합의를 할 때 그 받을 수 있는 금액의 8분의 1도 안되는 금액을 합의금을 정하고 가해자 등에 대해 민·형사상 더 이상 문제삼지 않기로 한 경우(대판 1979.4.10, 78다2457), ⓞ 감정가격의 30%에도 미치지 못하는 가격으로 토지를 매수한 경우(대판 1992.2.25, 91다40351), ⓩ 금 1,300만원 이상의 채권이 있었음에도 일부만을 변제받고 금 1,000만원 이상의 채권을 포기하기로 약정한 경우(대판 1992.4.14, 91다23660), ⓧ 시가 2억 2천만 원 상당인 위 임야에 대하여 더 이상 권리주장을 하지 아니하는 대가로 금 7억 5천만 원을 받기로 약정한 경우(대판 1995.4.11, 94다17000,17017), ㉪ 5억여 원에 경락받은 토지지분 편취에 따른 손해배상으로 지분반환 외에 2억 4천만 원을 추가지급키로 합의한 경우(대판 1996.6.14, 94다46374) 등이 있다.

147) 대판 1991.11.12, 91다10732.

148) 대판 1969.7.24, 69다594.

149) 고상룡, 364면; 곽윤직, 221면; 김상용, 419면; 김준호, 336면; 김증한·김학동, 320면; 백태승, 364면; 이영준, 237면; 장경학, 456면.

150) 김주수, 326면.

151) 대판 1965.6.15, 65다610(대물변제예약이 불공정한 법률행위가 되는 요건의 하나인 대차의 목적물가격과 대물변제의 목적물가격에 있어서의 불균형이 있느냐 여부를 결정할 시점은 대물변제의 효력이 발생할 변제기당시를 표준으로 하여야 할 것임이 원칙이므로 채권액수도 역시 변제기까지의 원리액을 기준으로 하여야 할 것이라고 한 사례). 이 판례를 이행기설을 따른 사례로 인용하는 견해가 있으나(곽윤직, 221면), 이는 대물변제의 특성상 그 불균형 여부의 결정은 대물변제의 효력이 발생하는 변제기라고 한 것이므로 이로써 판례가 이행시설을 취한 것이라고 볼 수는 없다는 것이 일반론이다.

2) 피해자의 궁박 · 경솔 · 무경험

피해자는 궁박, 경솔 또는 무경험의 상태에 있어야 한다. 당사자 일방의 궁박, 경솔, 무경험은 모두 구비하여야 하는 요건이 아니고 그중 어느 하나만 갖추어져도 불공정한 법률행위에 해당한다.152) 또한 대리인에 의하여 법률행위가 이루어진 경우 그 법률행위가 제104조의 불공정한 법률행위에 해당하는지 여부를 판단함에 있어서 경솔과 무경험은 대리인을 기준으로 하여 판단하고, 궁박은 본인의 입장에서 판단하여야 한다.153)

(가) 궁 박

궁박(窮迫)이란 급박한 곤궁을 의미하는데, 그것은 반드시 경제적인 사정에 한하지 않으며 정신적 또는 심리적 원인에 기인한 것도 포함한다. 그리고 당사자가 궁박한 상태에 있었는지 여부는 그의 나이와 직업, 교육 및 사회경험의 정도, 재산상태 및 그가 처한 상황의 절박성의 정도 등 제반 상황을 종합하여 구체적으로 판단하여야 한다.154) 궁박은 계속될 필요는 없고 일시적이라도 무방하다.

판례가 궁박한 상태로 인정한 경우로는, ㉠ 수사기관에 불법구금된 상태,155) ㉡ 가친의 병이 위독하여 그 치료비 등 비용관계로 할 수 없이 처분하게 된 상태,156) ㉢ 민사소송과 함께 형사고소를 제기하여 구속 및 거액의 손해배상 가능성을 내세워 위협하는 상황에서 아무런 법률적인 소양도 없는 상태,157) ㉣ 계(契) 관계로 고소당하여 삼청교육대까지 다녀온 여자가 다시 고소를 당하여 삼청교육대에 갈지 모른다는 정신적 압박을 받는 상태,158) ㉤ 망인의 채권자들이 그 손해배상청구권에 대하여 법적 조치를 취할 움직임을 보이자 전업주부로 가사를 전담하던 망인의 처가 망인의 사망 후 5일이 지난 상태,159) ㉥ 사실과 다른 고소에 의하여 구속된 상태에서, 시부모와 남편 및 본인까지도 병중에 있었고, 경영하던 회사는 부도 위기에 처한 상태160) 등이 있다.

그러나 ㉠ 단체협약이 노동조합의 쟁의행위 끝에 체결되었고 사용자측의

---

152) 대판 1993.10.12, 93다19924 등 참조.
153) 대판 2002.10.22, 2002다38927; 대판 1972.4.25, 71다2255.
154) 대판 2002.10.22, 2002다38927; 대판 1999.5.28, 98다58825 등.
155) 대판 1996.6.14, 94다46374.
156) 대판 1968.7.30, 68다88.
157) 대판 1995.4.11, 94다17000,17017.
158) 대판 1992.4.14, 91다23660.
159) 대판 1999.5.28, 98다58825.
160) 대판 1998.3.13, 97다51506.

경영상태에 비추어 그 내용이 다소 합리성을 결하였다고 하더라도 그러한 사정만으로 이를 궁박한 상태에서 이루어진 불공정한 법률행위에 해당한다고 할 수 없다고 한다.[161]

(나) 경 솔

경솔(輕率)의 개념에 대해서, ① 광의설은 의사를 결정할 때에 그 행위의 결과에 관하여 통상인이 베푸는 고려를 하지 않는 심리상태를 말한다고 하고,[162] ② 협의설은 선천적 경솔 또는 주위사정으로 피할 수 없었던 고려의 부족을 의미한다고 한다.[163] 생각건대 보통의 경솔로 인한 결과는 행위자가 감수하도록 하는 것이 거래관념에 부합되므로, 신중하지 못한 거래를 바로 무효로 하는 것은 입법적으로 문제가 있다. 따라서 이를 축소해석하는 것이 옳다고 생각한다. 참고로 독일민법은 경솔을 '판단능력의 결여 또는 의사의 현저한 허약'으로 개정하였으며, 법무부의 민법개정안도 '경솔'을 '판단력의 부족'으로 하고 있다(동개정안 제104조).

판례는 ㉠ 평당단가를 10배로 오기하고 이를 발견하지 못하고 계약을 체결한 경우,[164] ㉡ 소송의 패소로 궁박한 상태에 빠질 것을 속단하여 계약을 체결한 경우[165] 등에 피해자의 경솔을 이유로 폭리행위를 인정하고 있다.

(다) 무경험

무경험(無經驗)이란 일반적인 생활경험이 부족한 것을 의미한다. 그러나 어느 특정영역에 있어서의 경험부족이 아니라 거래일반에 대한 경험부족을 뜻하는 것이므로,[166] 단순히 문제가 된 법률행위에 있어서의 무경험으로는 불

161) 대판 2007.12.14, 2007다18584.

162) 곽윤직, 221면; 김상용, 420면; 김주수, 252면; 김준호, 337면.

163) 고상룡, 362면; 김민중, 462면; 김증한 · 김학동, 321면; 백태승, 365면; 이영준, 235면.

164) 대판 1977.5.10, 76다2953(본건 토지들은 원고 시에서 시행하는 북악 스카이웨이 도로부지에 편입되는 토지들로서 본건 매매계약의 가격을 정함에 있어서 원고소속 공무원들이 재산가격조서를 작성할 때에 원고산하 사유재산심의회의 결의에 의하여 사정확정된 본건 토지의 평당 단가 금 2,100원으로 기재하여야 할 것을 그 10배인 21,000원으로 오기한 것은 경솔로 인한 것이고 매매계약체결 당사자인 관리 1과 직원도 그 계약체결함에 있어서 사정가격 평당 금 2,100원을 21,000원으로 10배의 가격을 오기한 것을 발견치 못하고 그냥 10배인 오기내용대로 사정가격으로 하여 계약을 체결하였음은 일련의 경솔에 기인한 것이라고 봄이 상당하다 할 것이라고 한 사례).

165) 대판 1973.5.22, 73다231(건물의 매도인이 건물철거소송의 패소확정에 의하여 건물을 철거당함으로써 생업을 중단하게 될 궁박한 상태를 매수인이 이용하고 또 위 소송의 패소로써 위 궁박한 상태에 이르를 것으로 속단한 매도인의 경솔로 인하여 시가의 3분의1에 미달하는 금액을 대금으로 하여 이루어진 건물의 매매는 불공정한 법률행위로서 무효라고 한 사례).

충분하다고 할 것이다.

판례는, ㉠ 별로 교육을 받지 못하고 시골에서 날품팔이로 생계를 유지하는 66세의 노인,[167] ㉡ 무학문맹으로 나이 어린 외손녀 하나만을 데리고 가옥일부를 임대한 수입으로 생계를 이어오는 67세의 노파,[168] ㉢ 농촌에서 농사만 짓고 처음 사고를 당하는 무경험자,[169] ㉣ 농촌에 거주하는 79세된 노인,[170] ㉤ 초등학교 밖에 나오지 아니한 자로서 어부로 종사하면서 섬 안에서만 생활하였기 때문에 그 밖의 사회경험이 거의 없었던 사람[171]을 무경험자로 인정하고 있다. 그러나 정규 4년제 대학교를 졸업하고 직장생활을 한 경험이 있는 만 32세 6개월이 된 사람[172]은 무경험에 해당하지 않는다고 한다.

3) 폭리자의 악의

폭리자는 악의(惡意), 즉 피해자가 궁박·경솔·무경험의 사정이 있음을 알고서 그것을 이용하려는 의사가 있어야 하는가에 대하여 견해의 대립이 있다. ① 악의설은 피해자의 주관적 사정을 인식하는 것만으로는 부족하고, 그것을 이용하려는 의사도 있어야 한다는 견해이다.[173] ② 인식설은 이용하려는 의사는 필요하지 않고 다만 그러한 사정을 인식하는 것으로 충분하다는 견해이다.[174] ③ 불요설은 이용하려는 의사나 인식은 제104조의 요건이 아니라는 견해이다.[175] 생각건대 제104조는 폭리자의 부도덕성을 근거로 법률행위를 무효화하는 규정이므로, 피해자의 주관적 사정을 폭리자가 인식하는 것만으로는 부족하고 이를 이용하여 폭리를 취하려는 의사를 가지고 있어야 비로소 비난가능성을 인정할 수 있을 것이다. 판례는 초기에는 단순한 인식으로 족하다고 하였으나,[176] 지금은 「피해 당사자가 궁박, 경솔 또는 무경험의 상태에 있었다고 하더라도 그 상대방 당사자에게 위와 같은 피해 당사자 측의 사정을

166) 대판 2002.10.22, 2002다38927.
167) 대판 1987.5.12, 86다카1824.
168) 대판 1979.4.10, 79다275.
169) 대판 1979.4.10, 78다2457.
170) 대판 1992.2.25, 91다40351.
171) 대판 1994.10.14, 94다18539,18546(반소).
172) 대판 1983.4.26, 81다289.
173) 곽윤직, 221면; 백태승, 365면; 김상용, 419면; 김주수, 328면; 김준호, 338면; 장경학, 456면.
174) 고상룡, 363면; 김민중, 463면; 이영준, 236면.
175) 김증한·김학동, 322면; 이은영, 415면.
176) 대판 1956.2.16, 4288민상401; 대판 1970.11.24, 70다2065.

알면서 이를 이용하려는 의사, 즉 폭리행위의 악의가 없었다면 불공정 법률행위는 성립하지 않는다」고 일관하고 있다.177)

4) 입증책임

이상의 요건에 대한 입증책임은 무효를 주장하는 자가 부담한다. 폭리행위의 무효를 주장하는 자는 급부와 반대급부 사이에 현저한 불균형이 있다는 사실, 피해자가 궁박·경솔·무경험의 상태에 있었다는 사실, 폭리자가 이를 알면서 이용하려고 하였다는 사실을 모두 입증하여야 한다.178) 따라서 그 법률행위가 현저하게 공정을 잃었다 하여 곧 그것이 경솔하게 이루어졌다고 추정하거나 궁박한 사정이 인정되는 것이 아니다.179)

(3) 효 과

1) 무 효

불공정한 법률행위는 무효(無效)이다(제104조). 따라서 법률행위가 아직 이행되지 않은 때에는 전체가 무효로 되므로 폭리자나 피해자 모두 채무이행을 청구할 수 없다. 이 무효는 절대적인 것으로서 누구에게나 주장할 수 있다.180) 또 법률행위의 일부가 불공정한 법률행위일 때에는 일부무효의 법리에 따라서 처리된다.181) 그리고 불공정한 법률행위로서 무효인 경우에는 추인에 의하여 무효인 법률행위가 유효로 될 수 없다.182)

2) 반환청구권의 행사

이미 급부가 이루어진 경우에 피해자는 폭리자에게 반환청구권을 행사할 수 있다. 그러나 그 근거와 관련하여 쌍방의 채무가 모두 무효인가, 아니면 일방의 채무만이 무효인가에 대하여 견해의 대립이 있다. ① 쌍방채무무효설은

---

177) 대판 2002.9.4, 2000다54406,54413; 대판 1997.7.25, 97다15371; 대판 1997.3.25, 96다47951; 대판 1996.10.11, 95다1460; 대판 1996.11.12, 96다34061; 대판 1992.10.23, 92다29337; 대판 1992.5.26, 92다84; 대판 1988.9.13, 86다카563 등.

178) 대판 1991.5.28, 90다19770; 대판 1975.10.7, 75다867 등.

179) 대판 1969.12.30, 69다1873; 대판 1969.7.24, 69다594.

180) 대판 1963.11.7, 63다479(대물변제계약이 불공정한 법률행위로서 무효인 경우에는 목적부동산이 제3자에 소유권이전등기가 된 여부에 불구하고 누구에 대하여서도 무효를 주장할 수 있다고 한 사례).

181) 같은 취지: 고상룡, 367면; 김민중, 463면; 김상용, 421면; 백태승, 365면; 이영준, 238면; 이은영, 417면.

182) 대판 1994.6.24, 94다10900.

폭리자와 피해자 사이의 채무는 모두 무효가 되나, 폭리자에게만 불법원인이 있으므로 폭리자는 반환청구할 수 없고 피해자는 반환청구할 수 있게 되어 반사적으로 이득을 얻는다는 견해이다.[183] ② 일방채무무효설은 피해자가 폭리자에게 한 급부행위만 무효이고, 폭리자가 한 급부행위는 유효이기 때문에 피해자만이 반환청구를 할 수 있다는 견해이다.[184] 생각건대 제104조는 법률행위 자체를 무효화하는 취지이고, 견련성을 가지는 쌍무계약의 양 채무 중 하나만을 무효로 하는 것은 논리적이라 할 수 없다. 쌍방의 채무가 무효라고 하는 것이 타당하다. 따라서 폭리행위는 급부의 원인행위나 이행행위 모두가 무효가 되어 급부한 것의 반환을 청구할 수 있으나, 폭리행위는 불법원인으로 인한 급여로서 그 반환청구를 할 수 없게 되지만, 그 불법원인이 폭리자에게만 있기 때문에 피해자는 폭리자에 대해서 반환청구를 할 수 있다고 하여야 한다(제746조 단서).

제 4 관 법률행위의 해석

I. 총 설

1. 법률행위 해석의 의의

법률행위 해석(法律行爲 解釋)은 법률행위의 내용을 확정하는 것을 말한다. 법률이 하나의 법률행위에 어떠한 법률효과를 부여하는가를 분명히 하기 위해서는 법률행위의 내용이 명확하게 확정되어야 하고, 이를 위해서 법률행위의 해석이 필요한 것이다. 즉 의사표시나 법률행위가 그 자체로서 명확하지 않은 경우에, 해석을 통하여 불완전하고 애매한 점을 완전하고 명확하게 하고, 비법률적인 것을 법률적으로 구성하여, 당사자가 의욕한 법률행위의 목적에 적합한 법률을 적용할 수 있도록 하는 것이다. 예컨대 「빌린다」는 일반적인 표현은 동산·부동산을 대가 없이 빌리는 것은 사용대차계약(제609조~제

183) 곽윤직, 222면; 김상용, 422면; 김증한·김학동, 322면; 백태승, 366면; 이은영, 417면; 장경학, 457면.
184) 고상룡, 367면; 김민중, 464면; 김주수, 328면; 이영준, 238면.

617조)이 되고, 대가를 지불하고 빌리는 것은 임대차계약(제618조~제654조)이 된다. 그리고 금전과 같은 소비물을 빌리는 것은 소비대차계약(제598조~제608조)이 될 것이다. 특히 법률행위의 해석이 요구되는 때는, 어떠한 표시가 논리성이 결여되어 의시표시의 존부가 불명확한 경우, 사용된 용어가 불명확하기 때문에 표시행위가 다의적이거나 숨은 불합의가 있는 경우, 의사와 표시가 일치하지 않는 경우, 중요 사항에 관하여 의사표시가 명확하지 않은 경우 등이다.

그리고 법률행위는 의사표시를 본질적 요소로 하는 법률요건이고, 법률행위의 목적은 곧 의사표시의 내용에 따라 결정된다. 따라서 법률행위의 해석은 결국 의사표시의 해석으로 귀착한다.[185]

2. 법률행위 해석의 대상

법률행위는 당사자의 의사를 존중하여 그에 따르는 법률효과를 부여하는 사적자치를 본질로 하는 것이므로, 당사자가 법률행위를 통하여 이루고자 하는 바가 무엇인가를 밝히는 것이 그 해석의 지향점이 되어야 한다. 그런데 구체적으로 무엇을 법률행위 해석의 대상으로 할 것인가에 대해서는 견해가 대립된다.

① 내심적 효과의사설은 법률행위 해석의 대상은 원칙적으로 표의자의 내심적(內心的) 효과의사이고, 내심적 효과의사를 확정할 수 없을 때에 비로소 표시상의 효과의사를 대상으로 하게 된다는 견해이다.[186] 제1차적으로 표의자의 내심적 효과의사를 확정하고, 그것이 불가능할 경우에 표시행위로부터 추단되는 효과의사를 확정한다는 것이다.

② 객관적 표시행위설은 당사자의 객관적 표현인 표시행위를 대상으로 하여 그 객관적 의미를 밝히는 것이 법률행위 해석이며, 내심적 효과의사는 해석을 통하여 법률행위의 내용이 확정된 다음에 법률의 적용이나 법적 가치판단에 있어서 고려할 문제라는 견해이다.[187] 먼저 표시행위의 객관적 의미를

185) 같은 취지 : 고상룡, 368면; 곽윤직, 222면; 김민중, 465면; 김상용, 423면; 김준호, 305면; 김증한·김학동, 282면; 장경학, 426면. 그러나 이에 대하여, 양자는 별개의 것이며 법률행위 해석은 의사표시 해석보다 포괄적인 작업이라는 반대견해가 있다(이영준, 240면; 이은영, 420면).

186) 이영준, 244면. 같은 취지 : 고상룡, 371면(제1단계로 당사자의 진의를 탐구하고 제2단계로 표시가 가지는 객관적 의미를 밝혀야 한다고 한다).

확정하고 다음으로 당사자의 진의를 밝혀서 법률행위의 유효 여부를 결정하는 것이다. 판례도 「법률행위의 해석은 당사자가 그 표시행위에 부여한 객관적인 의미를 명백하게 확정하는 것」이라고 하여 이에 따르고 있다.[188]

③ 주관적 표시행위설은 법률행위 해석의 대상은 표시행위이나 해석의 목적은 표시행위로부터 표의자의 내심적 효과의사를 탐지하는 데 있다는 견해이다.[189] 법률행위의 해석은 표시행위의 객관적 의미의 확정이나 표시상의 효과의사의 추단이 아니라 표의자의 진정한 의사를 밝히는 것이라는 것이다.

④ 절충적 표시행위설은 법률행위의 유형과 특성을 고려하여 특히 표의자의 진의가 중시되는 경우에는 표의자의 진의를 탐구하고, 상대방의 신뢰보호가 요구되는 경우에는 표시행위의 객관적 의미를 탐구하여야 한다는 견해이다.[190]

생각건대 해석의 대상은 표시행위이어야 하나, 그 목적은 궁극적으로 표시행위를 통하여 표의자의 진정한 의사를 밝혀내는 일이라고 할 것이므로 주관적 표시행위설이 타당하다.

Ⅱ. 법률행위 해석의 방법

1. 의 의

법률행위의 해석은 당사자의 구체적 행위의 내용을 확정하는 것이나, 법률의 해석은 법률의 각 조항의 의미와 내용을 명확히 하는 것이므로 양자는 본질적으로 차이가 있다. 그러나 법률행위의 해석도 당사자 사이 뿐만 아니라 널리 불특정다수인에게 그 행위의 효과가 영향을 미치는 경우에는 객관적이고 통일적으로 이루어져야 한다는 점에서는 법률의 해석과 유사하며, 특히 문서로 표현된 내용을 해석하는 데에는 법률의 해석에 있어서의 여러 해석방법

187) 곽윤직, 223면; 김기선, 235면; 김민중, 467면; 김용한, 219면; 김준호, 307면; 장경학, 426면; 황적인, 152면.

188) 대판 2006.5.12, 2005다68295,68301; 대판 2005.1.27, 2004다50877; 대판 2005.6.24, 2005다17501; 대판 2005.7.15, 2005다19415 등.

189) 김상용, 425면; 백태승, 370면.

190) 김증한 · 김학동, 284면; 민법주해 Ⅱ, 177면(송덕수).

이나 원칙이 활용될 수 있을 것이다.

법률행위 해석은 세 가지 방법을 통하여 이루어지는데, 먼저 표의자의 시각에 의한 자연적 해석을 통하여 표의자의 진정한 의사를 밝혀내고, 다음으로 상대방의 시각에 의한 규범적 해석을 통하여 표시행위의 객관적·규범적 의미를 밝히고, 마지막으로 제3자의 시각에 의한 보충적 해석을 통하여 법률행위의 내용의 흠결을 보충하게 된다.

2. 자연적 해석

(1) 의 의

자연적 해석(自然的 解釋)은 표시의 문자적·언어적 의미에 구속되지 아니하고, 표의자의 내심의 효과의사를 밝히는 것을 말한다. 표의자의 내심적 효과의사를 탐구하는 데에는 표시행위가 가장 중요한 자료가 되는 것이나 그 밖에 존재하는 모든 사정도 함께 고려되어야 한다. 이와 같은 자연적 해석은 법률행위 해석의 제1차적인 작업에 속하며, 표의자의 진의에 따른 효과이익이 우선되고 상대방의 이해는 다음 단계인 규범적 해석의 단계에서 고려된다.

자연적 해석의 원칙을 법률로 명정한 입법례가 많지만,[191] 우리 민법은 이에 대해서 명문의 규정을 두고 있지 않다. 다만 법무부 민법개정안 제106조 1항은 「법률행위의 해석에 있어서는 표현된 문언에 구애받지 아니하고 당사자의 진정한 의사를 밝혀야 한다」고 하고 있으므로 장래에 이 해석원칙에 관하여 입법적 해결이 기대되고 있다. 판례도 이에 따르고 있다.[192]

자연적 해석이 적용되는 전형적인 예로는, 오표시무해의 원칙이 적용되는 경우와 상대방 없는 단독행위를 들 수 있다. 유언이나 권리의 포기, 그리고 재단법인의 설립행위와 같은 상대방 없는 단독행위의 해석에 있어서는 표의자의 내심의 효과의사를 밝히는 것이 중요하고, 이를 해석하는 데에는 문자의

---

191) 독일민법 제133조, 프랑스민법 제1156조, 스위스채무법 제18조, 오스트리아민법 제914조, 이탈리아민법 제1362조~제1371조 등.

192) 대판 1991.9.10, 91다6160('서면에 의한 증여'란 증여계약 당사자 간에 있어서 증여자가 자기의 재산을 상대방에게 준다는 증여의사가 문서를 통하여 확실히 알 수 있는 정도로 서면에 나타낸 증여를 말하는 것으로서 비록 서면 자체는 매매계약서, 매도증서로 되어 있어 매매를 가장하여 증여의 증서를 작성한 것이라고 하더라도 증여에 이른 경위를 아울러 고려할 때 그 서면이 바로 증여의사를 표시한 서면이라고 인정되면 이는 민법 제555조에서 말하는 서면에 해당한다고 한 사례).

의미에 얽매이지 말고 유언자 등의 진의를 탐구하는 것이 요청된다.

(2) 오표시무해의 원칙

오표시무해의 원칙(誤表示無害의 原則, *falsa demonstratio non nocet*)은 표의자 및 그 상대방이 표시행위를 원래의 의미대로 이해하지 아니하고 이와 다른 의미로 이해한 때에는 법률행위는 표의자와 상대방이 실제로 이해한 의미대로 성립한다고 하는 원칙이다. 즉 표의자가 의사표시를 잘못하였더라도 상대방도 표시의 진정한 의미를 인식할 수 있거나 혹은 그것이 명백한 때에는 그 표의자에게 불리한 결과가 되어서는 안 된다는 것이며, 이는 자연적 해석의 원칙이 적용되는 전형적인 예이다.

구체적으로 오표시무해의 원칙이 적용되는 경우는, 표의자와 상대방이 합의에 의하여 표시행위의 원래의 의미와는 다른 의미로 이해하는 경우와, 표의자와 상대방의 착오에 의하여 표시행위를 일치하여 다른 의미로 이해한 경우가 있다. 어느 경우나 표시행위에 불구하고 실제로 일치하여 이해한 대로 법률행위가 성립한다.

판례는 ㉠ 매매계약의 당사자가 목적물의 지번에 관하여 착오를 일으켜 계약서상 목적물을 잘못 표시한 경우에 쌍방당사자의 합의가 있으면 원래의 토지를 목적물로 하는 계약이 성립한다고 하고,[193] ㉡ 계약을 체결하는 행위자가 타인의 이름으로 법률행위를 한 경우에 행위자와 상대방의 의사가 일치하면 그 일치한 의사대로 행위자 또는 명의인을 계약당사자로 확정한다고 한다.[194]

3. 규범적 해석

(1) 의 의

규범적 해석(規範的 解釋)은 내심의 효과의사와 표시행위가 일치하지 않는 경우에 상대방의 시각에서 표시행위에 따라 법률행위의 성립을 인정하는

193) 대판 1996.8.20, 96다19581,19598; 대판 1993.10.26, 93다2629,2636; 대판 1992.11.24, 92다31514(토지매매계약서상의 목적물 표시에도 불구하고 다른 토지를 특정하여 매매의 목적물로 하기로 하는 의사합치가 있었다고 본 사례) 등.

194) 대판 2007.9.6, 2007다31990; 대판 2003.12.12, 2003다44059; 대판 2001.5.29, 2000다3897.

해석을 말한다. 자연적 해석에 의해서 표시행위 등 모든 사정을 고려하여도 표의자의 진정한 의사를 밝힐 수 없는 경우에는, 표시행위로부터 추단되는 표시상의 효과의사를 탐구하는 것이 규범적 해석이다.[195] 즉 상대방의 이해가능성을 고려하여 상대방이 표의자의 표시를 믿은 신뢰를 보호하고자 하는 것이므로, 상대방이 표의자의 표시를 어떻게 이해하였는가가 표의자의 내심적 효과의사에 따른 효과이익보다도 우선된다. 규범적 해석은 상대방 있는 의사표시에 있어서 상대방의 신뢰보호에 그 근거를 두고 있다.

어떠한 경우에 규범적 해석을 할 것인가는 구체적인 경우에 따라 여러 사정을 고려하여 합리적으로 결정하여야 한다. 이에 대해서 판례는 「법률행위의 해석은 당사자가 그 표시행위에 부여한 객관적인 의미를 명백하게 확정하는 것으로서 당사자가 표시한 문언에 의하여 객관적인 의미가 명확하게 드러나지 않는 경우에는 그 문언의 내용과 그 법률행위가 이루어진 동기 및 경위, 당사자가 그 법률행위에 의하여 달성하려고 하는 목적과 진정한 의사, 거래의 관행 등을 종합적으로 고찰하여 사회정의와 형평의 이념에 맞도록 논리와 경험의 법칙, 그리고 사회일반의 상식과 거래의 통념에 따라 합리적으로 해석하여야 할 것이다」라고 한다.[196]

(2) 판 례

판례에 나타난 규범적 해석의 구체적인 경우는 다음과 같다.

㉠ "총완결": "총완결"이라는 문언이 부기된 영수증에 있어서 동 영수증 작성경위가 그렇게 쓰지 아니하면 돈을 주지 않겠다고 하기에 당시 궁박한 사정에 비추어 우선 돈받기 위하여 거짓 기재한 것이라는 이유만으로는 총완결이란 의사표시가 당연무효라고 할 수 없다고 한 사례[197]

㉡ "모든 경우": 임차인이 음식점을 경영하면서 종업원이나 고객의 부주

---

195) 대판 2002.6.28, 2002다23482(의사표시 해석에 있어서 당사자의 진정한 의사를 알 수 없다면, 의사표시의 요소가 되는 것은 표시행위로부터 추단되는 효과의사, 즉 표시상의 효과의사이고 표의자가 가지고 있던 내심적 효과의사가 아니므로, 당사자의 내심의 의사보다는 외부로 표시된 행위에 의하여 추단된 의사를 가지고 해석함이 상당하다고 한 사례); 대판 2002.2.26, 2000다48265.

196) 대판 2007.11.16, 2007다11316(특히 당사자 일방이 주장하는 계약의 내용이 상대방에게 중대한 책임을 부과하게 되는 경우에는 그 문언의 내용을 더욱 엄격하게 해석하여야 한다고 한 사례; 같은 취지, 대판 2007.10.25, 2007다40765; 대판 2007.9.7, 2005다50690; 대판 2006.3.9, 2004재다672; 대판 2005.7.15, 2005다19415; 대판 2001.3.23, 2000다40858; 대판 2000.11.10, 98다31493 등.

197) 대판 1969.7.8, 69다563.

의로 인한 경우는 물론 그 밖의 "모든 경우의 화재"에 대해서도 임차인이 손해를 부담하기로 특약을 맺은 경우에는 불가항력의 경우도 포함된다고 한 사례198)

㉢ "회수책임": 상호신용금고의 임직원이 친·인척 등을 추천하여 신용대출을 해 주고자 하는 경우에 있어 대출관계서류에 "회수책임"이라고 기재한 것을 대출금채무에 대하여 민법상의 보증을 한 것으로 볼 수 없다고 한 사례199)

㉣ "최대 노력하겠습니다": 어떠한 의무를 부담하는 내용의 기재가 있는 문면에 "최대 노력하겠습니다"라고 기재되어 있는 경우, 특별한 사정이 없는 한 당사자가 위와 같은 문구를 기재한 객관적인 의미는 문면 그 자체로 볼 때 그러한 의무를 법적으로는 부담할 수 없지만 사정이 허락하는 한 그 이행을 사실상 하겠다는 취지로 해석함이 상당하다고 한 사례200)

㉤ "권리금을 임차인에게 변제한다": 임대차계약서상의 "권리금은 임대인이 인정하되, 임대인이 점포를 요구시는 권리금을 임차인에게 변제한다"라는 기재에 관하여, 임대인이 임차인에게 점포의 명도를 요구하거나 특별한 사유도 없이 점포에 대한 임대차계약의 갱신을 거절하고 타에 처분하면서 권리금을 지급받지 못하도록 하는 등 점포에 대한 임차인의 권리금회수를 방해하는 경우에는 임대인이 임차인에게 직접 권리금을 지급하겠다는 취지로 보일 뿐이고, 점포의 임대차기간이 만료된다고 하여 당연히 임차인에게 권리금을 지급하겠다고 약정한 것으로는 볼 수 없다고 한 사례201)

㉥ "협조를 최대한 한다": 어떠한 의무를 부담하는 내용의 기재가 있는 문면에 "협조를 최대로 한다"라고 기재되어 있는 경우, 특별한 사정이 없는 한 당사자가 그와 같은 문구를 기재한 객관적인 의미는 문면 그 자체로 볼 때 그러한 의무를 법적으로 부담할 수는 없지만 사정이 허락하는 한 그 이행을 사실상 하겠다는 취지로 해석함이 상당하다고 한 사례202)

198) 대판 1979.5.22, 79다508.
199) 대판 1992.5.26, 91다35571.
200) 대판 1994.3.25, 93다32668.
201) 대판 1994.9.9, 94다28598.
202) 대판 1996.10.25, 96다16049.

4. 보충적 해석

(1) 의 의

보충적 해석(補充的 解釋)은 법률행위의 내용에 흠결이 있는 경우에 이를 보충해서 하는 해석을 말한다. 보충적 해석은 계약은 성립하였으나 일정한 사항에 관하여 당사자가 규정하지 않았을 때 비로소 문제되기 때문에, 자연적 해석과 규범적 해석을 통하여 계약이 성립한 경우에만 가능하다. 물론 단독행위도 그 대상이 된다.

당사자가 계약에서 정하지 않은 사항에 대하여 다툼이 생겼을 때에는 우선 임의법규를 적용하여 이를 해결할 수 있는데, 이러한 임의법규에 의한 보충은 법률의 적용이지 보충적 해석이 아니다. 보충적 해석이 문제가 되는 것은 임의법규가 적용될 수 없는 경우이거나, 적용될 임의법규가 존재하지 않는 경우에 법률행위에서의 흠결이 존재할 때이다. 그러한 흠결은 표시행위 당시의 흠결만이 아니라 사후에 생긴 흠결도 포함하며, 당사자가 그 흠결을 알고 있더라도 보충적 해석이 요구된다.

(2) 보충적 해석의 성질과 보충방법

보충적 해석의 성질에 대해서 견해가 대립하며, 그에 따라 보충방법 또는 해석표준도 달리한다. ① 해석설은 보충적 해석은 해석에 의하여 법률행위를 보충이라고 보는 견해이다.[203] 따라서 그 보충은 법률행위의 흠결이 있을 때 당사자의 실제의 의사를 확정하는 것이 아니라, 법률행위의 당시 및 보충적 해석을 할 당시에 있어서의 사정, 신의성실의 원칙과 거래관행에 의하여 인정되는 당사자의 가상적 의사(假想的 意思)를 확정하는 방법으로 이루어진다.[204] 이를 위해서는 계약에서 당사자가 추구하는 목적과 당사자가 그러한 흠결을 알았더라면 합리적으로 무엇을 합의하였으리라는 것을 기초로 하여야

203) 김상용, 431면; 백태승, 374면; 이영준, 263면; 민법주해 Ⅱ, 206면(송덕수).

204) 대판 2006.11.23, 2005다13288(계약당사자 쌍방이 계약의 전제나 기초가 되는 사항에 관하여 같은 내용으로 착오가 있고 이로 인하여 그에 관한 구체적 약정을 하지 아니하였다면, 당사자가 그러한 착오가 없을 때에 약정하였을 것으로 보이는 내용으로 당사자의 의사를 보충하여 계약을 해석할 수 있는바, 여기서 보충되는 당사자의 의사는 당사자의 실제 의사 또는 주관적 의사가 아니라 계약의 목적, 거래관행, 적용법규, 신의칙 등에 비추어 객관적으로 추인되는 정당한 이익조정 의사를 말한다고 한 사례).

한다는 것이다.[205] ② 법적용설은 법률행위에 의해 성립된 법률관계에 관하여 보충적으로 임의규정이 적용되는 것이라는 견해이다.[206] 따라서 법률행위 흠결은 관습과 임의법규에 의해 보충되고 관습이나 법률규정이 없는 경우에는 조리나 판례 등을 통해 보충된다고 한다. 생각건대 당사자 간의 특수한 사정을 구체적으로 반영하기 위해서는 가상적 의사의 확정을 통한 해석으로 법률행위의 흠결을 보충하는 것이 타당하다.

(3) 보충적 해석의 한계

보충적 해석은 법률행위의 내용의 흠결을 보충하는 것이므로 그러한 흠결이 존재하는 경우에 한하여 가능한 것이다. 당사자가 합의한 법률행위의 내용이 존중되어야 하며, 그러한 의미에서 보충적 해석에는 일정한 한계가 있다.

보충적 해석의 결과는 당사자 의사 또는 계약내용에 반하지 못하며, 보충적 해석으로 계약의 대상을 변경하거나 확대하지 못하며, 유효한 계약을 무효로 하지 못한다. 다시 말하면 사적 자치의 원칙에 반하거나 해석의 범위를 넘는 해석은 허용되지 않는다. 따라서 해석은 이미 행하여진 합의의 범위 내에서 이루어져야 하며, 계약내용을 본질적으로 일탈하는 조건을 설정하거나, 또는 당사자 일방에게 계약내용에서 약정하지 아니한 권리를 추가적으로 부여하는 것도 허용되지 아니한다.

(4) 판 례

보충적 해석에 의한 판례로 주요한 것은 다음과 같다.

㉠ 국가와 기부채납자가 국유지인 대지 위에 건물을 신축하여 기부채납하고 그 사용수익권을 받기로 약정하면서 그 기부채납이 부가가치세 부과대상인 것을 모른 채 계약을 체결한 사안에서, 두 계약당사자의 진의(眞意)가 국가가 부가가치세를 부담하는 것이었다고 추정하여 그러한 내용으로 계약을 수정 해석하여야 한다고 본 원심판결을 파기한 사례[207]

㉡ 불법행위로 인한 손해배상에 관하여 가해자와 피해자 사이에 피해자가 일정한 금액을 지급받고 그 나머지 청구를 포기하기로 합의가 이루어진 때에

205) 다만 민법주해 Ⅱ, 209면(송덕수)은 가정적인 당사자의사는 해석의 표준이 될 수 없고, 법률행위에서의 규율 기타의 모든 사정 하에서 신의성실에 의하여 해석되어야 한다고 한다.

206) 김준호, 312면; 이은영, 429면.

207) 대판 2006.11.23, 2005다13288.

는 그 후 그 이상의 손해가 발생하였다 하여 다시 그 배상을 청구할 수 없는 것이지만, 그 합의가 손해의 범위를 정확히 확인하기 어려운 상황에서 이루어진 것이고, 후발손해가 합의 당시의 사정으로 보아 예상이 불가능한 것으로서, 당사자가 후발손해를 예상하였더라면 사회통념상 그 합의금액으로는 화해하지 않았을 것이라고 보는 것이 상당할 만큼 그 손해가 중대한 것일 때에는 당사자의 의사가 이러한 손해에 대해서까지 그 배상청구권을 포기한 것이라고 볼 수 없으므로 다시 그 배상을 청구할 수 있다고 보아야 한다고 한 사례[208)]

ⓒ 공해로 인한 손해배상에 관하여 가해자와 피해자 사이에 피해자가 일정한 금액을 지급받으면서 향후 일체의 청구를 포기하기로 합의하였으나 제반 사정에 비추어 그와 같은 권리포기조항은 그 후에 발생한 손해에는 미치지 않는 것으로 한정적으로 해석함이 당사자의 합리적 의사에 합치한다고 보아 그 합의 당시 예상하지 못하였던 추가손해의 배상을 인정한 사례[209)]

ⓓ 이혼위자료 명목으로 유일한 재산을 증여한 경우에 이 증여가 이혼에 따르는 재산분할의 성격을 포함하는 이혼급부로 볼 수 있다고 한 사례[210)]

ⓔ 따로 손해배상에 관하여 정함이 없이 하자보수보증금만이 약정된 경우에 그 성질을 손해배상액의 예정으로 본 사례[211)]

Ⅲ. 법률행위의 해석의 기준

1. 의　　의

법률행위 해석의 주된 대상은 외부로 표출한 표시행위이다. 그러나 그밖에도 여러 가지 점이 참조되어야 한다. 민법은 다만 사실인 관습(제106조)과 임의법규(제105조)를 해석의 기준으로 규정할 뿐이다.[212)] 전통적 견해에 따르면, 법률행위해석의 본질에 비추어 당사자의 목적 기타 표시행위 당시의 사정, 사

208) 대판 2001.9.14, 99다42797.
209) 대판 2002.10.22, 2000다65666,65673.
210) 대판 2001.5.8, 2000다58804.
211) 대판 2001.9.28, 2001다14689.
212) 법무부 민법개정안 제106조 2항은 「법률행위는 당사자가 의도한 목적, 거래관행 그밖의 사정을 고려하여 신의성실의 원칙에 따라 해석하여야 한다」고 하고 있다.

실인 관습, 임의법규, 신의성실의 원칙과 조리를 해석의 기준으로 들고 있다.

2. 당사자가 기도하는 목적 기타 제반사정

법률행위는 사회적·경제적 목적을 달성하려는 법률상의 수단이므로, 표시행위에서 사용된 문자에 구애받지 말고 당사자가 기도하는 목적을 파악하여 실현되도록 해석하여야 할 것이다. 따라서 당사자가 기도하는 목적이 가장 중요한 해석의 표준이 되는 것이나 그밖에도 법률행위 당시의 제반사정(諸般事情)도 고려하여 해석하여야 한다.[213] 즉 표시행위의 장소나 시간, 표시행위와 관련된 정황, 당사자 간에 주고받은 상담·발언, 지금까지의 관례, 당사자의 경제적 또는 사회적 목적 등이 고려되어야 할 사정이다.[214]

이와 같이 당사자가 기도하는 목적과 기타 제반사정을 참작하여 법률행위의 목적을 달성하도록 노력하고, 법률행위에 서로 모순되는 조항을 포함하는 경우에는 통일하도록 해석하여야 하며, 계약이 무효·유효의 두 가지로 해석될 때에는 유효로 해석하여야 한다.

3. 사실인 관습

(1) 의 의

사실인 관습(事實인 慣習)은 임의법규에 우선하여 법률행위 해석의 기준이 되는 관행을 말한다. 사실인 관습은 일정한 영역의 거래참여자에 의하여 성립·준수·인식되어 있는 행위적 관례 혹은 언어적 관행을 말한다. 사실인 관습의 가장 대표적인 것은 거래관행이다.

민법은 「법령 중의 선량한 풍속 기타 사회질서에 관계없는 규정과 다른 관습이 있는 경우에 행위당사자의 의사가 명확하지 아니한 때에는 그 관습에 의한다」고 규정한다(제106조).[215] 즉 강행법규에 위반하지 않고 또한 임의법규

213) 대판 1965.9.28, 65다1519(계약서에 사용된 문자의 의미는 계약당사자가 기도하는 목적과 계약 당시의 제반사정을 참작하여 합리적으로 해석하여야 한다고 한 사례).

214) 대판 2007.9.21, 2006다63747('치킨판매 영업'을 지정받은 점포에서 실질적으로 '호프판매 영업'을 한 것이 아파트상가분양계약상 업종제한에 관한 약정을 위반한 것이라고 한 사례).

215) 법무부 민법개정안 제106조는 [사실인 관습]의 제목을 [법률행위의 해석]으로 바꾸고 있다. 그 내용도 제1항은 「법률행위의 해석에 있어서는 표현된 문언에 구애받지 아니하

와 다른 관습이 있는 때에는 당사자의 의사가 그 관습에 의하지 않는다는 것을 명백히 한 경우를 제외하고는 그 관습은 임의법규에 우선하여 법률행위의 해석의 기준이 된다. 관습을 임의법규에 우선시킨 것은, 거래당사자들은 임의법규는 알지 못하더라도 그가 속하는 거래영역에서의 관습은 잘 알고 있는 것이 보통이며, 그것이 당사자의 의사에 부합되기 때문이다.

(2) 판례에 나타난 사실인 관습

판례가 사실인 관습으로 인정한 주요한 사례는 다음과 같다.

① 계금반환: 파계되지 않고 계가 종료되면 계원은 급부금을 탄 후 아직 물지 않은 계금을 계주에게 지급하고, 계주는 급부금을 타지 못한 계원으로부터 받은 계금을 이자 없이 그 계원에게 반환하여야 한다는 사실인 관습[216)]

② 수입권 등의 귀속: 수출업자가 물자를 수출함에 있어서 수출대전의 회수의 편의상 다른 수출업자명의의 신용장에 의하여 수출을 실시하는 수출대행계약에 있어서 수출실적에 따른 수입권·수출보상금은 실제의 수출업자에게 귀속한다는 사실인 관습[217)]

③ 임치계약의 수탁자의 책임: 냉동을 위한 생선임치계약에 있어 출고시에 임치인이 이의 없이 수치물인 생선을 반환받았으면 수탁자의 책임이 면제된다는 사실인 관습[218)]

④ 인수증의 발행요건: 상인인 법인간의 계속적인 물품공급거래에 있어서는 인수증은 물건의 인도, 인수사실을 증명하는 문서이므로 특단의 사정이 없는 한 물품의 종류, 규격, 수량, 인수법인, 인수자의 직위, 성명을 기재하고 작성자의 날인을 하여 인수일자마다 개별적으로 발행한다는 거래의 상례[219)]

⑤ 소유권이전형의 담보물권의 형식: 담보목적으로 소유권이전등기 등을 경료하는 경우라도 형식상으로는 매매를 원인으로 하여 소유권을 이전하는 것이 일반관행[220)]

⑥ 주택부금부매매의 결제방법: 은행에 부동산을 담보로 제공하고 주택

고 당사자의 진정한 의사를 밝혀야 한다」고 하고, 제2항을 신설하여 「법률행위는 당사자가 의도한 목적, 거래관행 그밖의 사정을 고려하여 신의성실의 원칙에 따라 해석하여야 한다」고 하였다.

216) 대판 1962.11.15, 62다240.
217) 대판 1964.12.29, 64다1246.
218) 대판 1967.12.18, 67다2093,2094.
219) 대판 1983.2.8, 82다카1275.
220) 대판 1984.2.14, 83다카1645.

자금을 융자받아 주택부금의 원리금을 변제중인 동안에 그 부동산을 매매하는 경우에 있어서는 통상 당해 부동산의 매매대금을 확정하고 주택부금 중 아직 변제되지 아니하고 있는 원금을 매수인이 인수하여 매매대금을 지급할 때에 이를 대금에서 공제하고 매도인이 지급한 원금은 매매대금에 포함하여 결제하는 방법으로 하는 거래의 관행[221]

⑦ 콘테이너 운송료의 범위: 우리나라 보세운송업계에 있어서는 보세운송업자가 콘테이너에 적재된 수입화물을 하주(荷主)의 보세장치장(保稅藏置場)까지 운송하였을 때 즉시 화물반출작업이 가능한 경우를 제외하고는 통관절차와 화물반출작업으로 소요되는 시간을 일반적으로 3일 정도로 보아 콘테이너와 콘테이너를 실은 샷시(콘테이너용 트레일러)를 보세장치장에 둔 채 견인차만 회송하여 갔다가 하주가 3일 이내에 화물의 통관절차를 마치고 화물을 반출하였을 때에는 별도로 사용료를 받지 아니하나, 3일이 경과하였을 때에는 시간에 따라 운송료 외에 별도로 샷시의 사용료를 받는 사실상의 관습[222]

⑧ 종중대표자 및 그 선출: 평소에 종장이나 문장이 선임되어 있지 아니하고 그 선임에 관한 종중 규약이나 관례가 없으면 생존하는 종중원 중 항렬이 가장 높고 나이가 많은 연고항존자가 종장 또는 문장이 되는 일반관습,[223] 종장이나 문장이 그 종족 중 성년 이상의 남자를 소집하여 출석자의 과반수 결의로 그 대표자를 선출한다는 일반관습[224] 등이 있다.

(3) 요 건

제106조가 적용되기 위한 요건은 다음과 같다.

1) 당사자 사이에 공통된 관습이 존재할 것

법률행위 해석의 기준이 되기 위해서는 사실인 관습이 존재하여야 한다. 관습은 당사자의 직업·계급·환경 등에 보편적(普遍的)으로 지배하는 것이어야 하며, 규범성이 없는 단순한 관행·습성에 머물러 있는 것은 관습이라고

221) 대판 1989.11.14, 89다카227.
222) 대판 1991.4.26, 91다1523.
223) 대판 1999.4.13, 98다50722; 대판 1997.2.28, 95다44986 등.
224) 대판 1993.12.6, 91다44902; 대판 1990.4.10, 89다카6102 등. 그러나 이는 대판[전합] 2005.7.21, 2002다13850에 의하여 남녀불문하고 성년 이상의 후손으로 종중을 구성하는 것으로 판례가 그 입장을 바꾸었다.

할 수 없다.[225] 사실인 관습은 단순한 거래관념 이상의 것으로서, 일정한 거래에 관계되는 모든 사람들이 실제로 그러한 형태로 거래행위를 하는 것이 존재하여야 한다. 관습이 존재하면 당연히 법률행위 해석의 기준이 되므로 당사자가 관습의 존재를 알고 있을 필요는 없다. 사실인 관습의 존재 여부는 법률행위 당시를 기준으로 판단하여야 하고, 실제로 판례를 통하여 나타난다.

또한 사실인 관습은 거래당사자에 공통(共通)된 것이어야 하며, 법률행위의 일방당사자만을 지배하는 관습을 타방당사자에게 적용할 수 없을 것이다. 지역 간의 관습이 다르거나 계층 간의 관습이 다른 경우에 어느 쪽의 관습도 해석의 기준이 되지 않으며, 당사자 간의 공통된 관습만이 적용될 수 있다.[226]

2) 관습이 강행법규에 위반하지 않을 것

강행법규에 위반하는 관습은 그 효력이 인정되지 아니한다. 임의법규와 다른 관습이 있는 때에는 제106조에 의하여 관습이 임의법규에 우선하여 해석의 기준이 되며, 강행법규와 임의법규에 규정이 없는 사항에 관하여 관습이 있는 경우에도 그 관습이 해석의 기준이 된다. 판례는 「사실인 관습은 사적 자치가 인정되는 분야, 즉 그 분야의 제정법이 주로 임의규정일 경우에는 법률행위의 해석기준으로서 또는 의사를 보충하는 기능으로서 이를 재판의 자료로 할 수 있을 것이나 이 이외의, 즉 그 분야의 제정법이 주로 강행규정일 경우에는 그 강행규정 자체에 결함이 있거나 강행규정 스스로가 관습에 따르도록 위임한 경우 등 이외에는 법적 효력을 부여할 수 없다」고 한다.[227]

3) 당사자의 의사가 명확하지 않을 것

당사자가 관습에 의한다는 의사나, 의하지 않는다는 의사를 명확하게 표시

225) 대판 2002.4.23, 2000다50701(사용자가 이미 퇴직한 근로자들에게 퇴직 이후에 체결된 단체협약에 의한 임금인상분 및 퇴직금인상분 차액을 추가 지급한 관행이 있었으나 그것은 노동조합 또는 근로자집단과 사용자 사이의 규범의식이 있는 노사관행으로는 볼 수 없다고 한 사례).

226) 같은 취지: 곽윤직, 226면; 김상용, 438면; 김주수, 299면; 김준호, 315면; 이은영, 433면; 장경학, 428면. 이에 대하여는, ① 표의자가 속하는 지역 및 계층의 관습이 원칙적인 기준이 된다고 하는 견해(이영준, 284면), ② 상대방이 속하는 직업 또는 계층에 속하는 관습에 의하여 해석하여야 한다는 견해(고상룡, 376면; 김민중, 479면), ③ 상대방이 표의자 권역의 관습을 알았던 경우에는 그 관습에 의하고, 쉽게 알 수 없었던 경우에는 어느 쪽의 관습에도 의할 수 없다는 견해(김증한·김학동, 288면)가 있다.

227) 대판 1983.6.14, 80다3231.

하지 아니한 경우에 제106조는 적용된다. 따라서 당사자가 관습에 의할 의사를 명확히 표시한 경우에는 그 관습은 법률행위의 내용이 되므로 제105조에 의하여 당연히 그 관습에 의하게 되며, 제106조는 적용될 여지가 없다. 또한 당사자가 관습에 의하지 않겠다는 의사를 명확히 표시한 때에는 그 관습이 해석의 기준이 될 수 없다.

(3) 사실인 관습의 성질

1) 법규범성 여부와 입증책임

사실인 관습은 법규범성을 가지는가에 대해서 견해의 대립이 있고, 그에 따라서 사실인 관습의 존부나 그 내용이 법원의 직권조사사항인가에 대해서도 주장이 일치하지 않는다. ① 법규범설은 사실인 관습을 임의법규에 준하는 규범으로 파악하고 당사자의 의사와 직접 관계없이 법률처럼 적용되는 것이며, 따라서 이는 법원의 직권조사사항이라는 견해이다.[228] ② 의사해석기준설은 사실인 관습은 의사표시의 해석기준에 불과할 뿐이고 임의법규처럼 적용되는 것이 아니므로 이는 직권조사사항으로 보기 어렵고 당사자가 주장·입증할 사항이라고 하는 견해이다.[229] 생각건대 사실인 관습은 법적 확신을 얻지 못한 관행으로서 법규범이 아니다. 사실인 관습을 임의법규와 동일하게 다루어서 법률처럼 적용되는 것은 타당하지 않으며, 다만 법률행위 해석의 기준이 될 뿐이다. 그러므로 관습의 존부나 그 내용은 법원의 직권조사사항이 아니라 단순히 당사자의 입증주장 사항에 불과하다고 하여야 한다.

판례는 입증책임의 소재에 대해서 일관된 입장을 취하고 있지 않다. 일부는 「사실인 관습은 일상생활에 있어서의 일종의 경험칙에 속하는 것으로 그 유무를 판단함에는 당사자의 주장이나 입증에 구애됨이 없이 법관 스스로의 직권에 의하여 이를 판단할 수 있다」고 하고,[230] 반대로 「사실인 관습은 그 존재를 당사자가 주장 입증하여야 한다」고 하는 판례도 있다.[231]

---

228) 고상룡, 382면; 곽윤직, 227면; 이은영, 432면; 장경학, 430면.

229) 김민중, 477면; 김상용, 438면; 백태승, 378면; 이영준, 280면. 다만 김증한·김학동, 289면은 사실인 관습은 비록 법규범은 아니나, 법원의 직권조사사항이라고 한다.

230) 대판 1977.4.12, 76다1124; 대판 1976.7.13, 76다983.

231) 대판 1983.6.14, 80다3231(법령과 같은 효력을 갖는 관습법은 당사자의 주장 입증을 기다림이 없이 법원이 직권으로 이를 확정하여야 하고 사실인 관습은 그 존재를 당사자가 주장 입증하여야 하나, 관습은 그 존부자체도 명확하지 않을 뿐만 아니라 그 관습이 사회의 법적 확신이나 법적 인식에 의하여 법적 규범으로까지 승인되었는지의 여부를 가리기는 더욱 어려운 일이므로, 법원이 이를 알 수 없는 경우 결국은 당사자가 이를 주장

2) 관습법과의 관계

제106조에 의하여 법률행위의 해석의 기준이 되는 사실인 관습과 제1조의 관습법을 어떻게 이해할 것인가가 문제이다. 즉 제1조에 의하면 법의 적용의 순위는 강행법규, 임의법규, 관습법의 순위로 되지만, 제106조에 의하면 강행법규, 사실인 관습, 임의법규, 관습법의 순위가 되므로, 사실인 관습은 임의법규에 우선하지만 관습법은 임의법규의 하위에 있게 된다는 차이가 생긴다. 이와 같은 모순을 해결하기 위해서, 학설은 관습법과 사실인 관습을 구별할 것인가의 여부를 두고 대립하고 있다.

① 구별부정설은 관습법과 사실인 관습은 실질적으로 동일한 것이므로 이를 구별할 필요가 없다는 견해이다.[232] 사적 자치가 인정되는 영역에서는 사실인 관습은 실질적으로 법원성을 가지므로 관습법과 사실인 관습은 모두 재판규범이며, 또한 양자가 모두 임의법규에 우선하여 해석의 기준이 되기 때문에 구별할 실익이 없다고 한다.

② 구별긍정설은 관습법과 사실인 관습은 그 성질·효력·적용범위가 다르므로 이를 구별하여야 한다는 견해이다. 그런데 그 구별방법에 있어서 두 가지 견해가 있다. ㉠ 관습법을 강행법규적 성질을 가지는 관습법과 임의법규적 성질을 가지는 사실인 관습으로 나누는 견해가 있고,[233] ㉡ 관습법은 법규범성을 가지므로 법률행위에 적용되는 데 반하여 사실인 관습은 당사자의 의사가 불분명한 경우에 한하여 이를 확정하는 해석의 기준이 되는 데 불과하다는 견해가 있다.[234] 판례도 이 견해에 따라 양자를 구별하고 있다.[235]

생각건대 관습법과 사실인 관습은 구별하여야 한다. 양자는 법적 확신의 여부·입증책임의 귀속에 있어서 차이가 있다. 또한 관습법은 법규범으로서 민사에 관한 모든 법률사실에 적용되고 법률해석의 대상이 되는 데 반하여, 사

입증할 필요가 있다고 한 사례).

232) 고상룡, 383면; 곽윤직, 227면; 김용한, 272면; 김주수, 301면 등.

233) 이은영, 435면.

234) 김민중, 440면; 김상용, 441면; 김준호, 315면; 백태승, 378면; 이영준, 288면.

235) 대판 1983.6.14, 80다3231(관습법이란 사회의 거듭된 관행으로 생성한 사회생활규범이 사회의 법적 확신과 인식에 의하여 법적 규범으로 승인·강행되기에 이르는 것을 말하고, 사실인 관습은 사회의 관행에 의하여 발생한 사회생활 규범인 점에서 관습법과 같으나 사회의 법적 확신이나 인식에 의하여 법적 규범으로서 승인된 정도에 이르지 않은 것을 말하는 바, 관습법은 바로 법원으로서 법령과 같은 효력을 갖는 관습으로서 법령에 저촉되지 않는 한 법칙으로서의 효력이 있는 것이며, 이에 반하여 사실인 관습은 법령으로서의 효력이 없는 단순한 관행으로서 법률행위의 당사자의 의사를 보충함에 그치는 것이라고 한 사례).

실인 관습은 그것이 강행법규에 반하지 않으며 당사자의 의사가 불분명할 경우에 한하여 법률행위 해석의 기준이 되는 데 불과한 것이다. 따라서 제1조의 관습법과 제106조의 사실인 관습은 그 기능과 적용범위가 다르므로 충돌할 염려도 없는 것이다.

4. 임의법규

(1) 의 의

임의법규(任意法規)는 법령 중에서 선량한 풍속 기타 사회질서에 관계없는 규정이다. 따라서 당사자의 의사로 그 적용을 배제할 수 있다. 채권법 분야 특히 계약자유의 원칙이 지배하는 계약법의 분야에서는 원칙적으로 대부분의 규정이 임의법규이다.

제105조는 「법률행위의 당사자가 법령 중의 선량한 풍속 기타 사회질서에 관계없는 규정과 다른 의사를 표시한 때에는 그 의사에 의한다」고 하여, 의사표시의 내용이 임의법규와 다를 때에는 그 임의법규는 적용이 배제된다. 이는 사적자치의 원칙을 밝힌 것이며, 특별한 의사의 표시가 없는 경우나 의사표시가 불완전·불명확한 경우에는 임의법규를 적용한다는 것이므로 그러한 의미에서 임의법규가 법률행위 해석의 표준이 된다고 할 것이다.236)

(2) 해석규정과 보충규정

임의법규는 해석의 작용에 따라 해석규정과 보충규정으로 나누어진다. 해석규정(解釋規定)은 당사자의 의사가 불명확한 때 이를 일정한 의미로 해석하는 것으로서, 보통 「추정한다」는 표현이 사용된다. 예컨대 공유지분의 균분추정(제262조 2항), 위약금약정의 손해배상예정으로의 추정(제398조 4항), 연대채무자의 부담부분의 균분 추정(제424조) 등이 있다. 보충규정(補充規定)은 의사표시의 내용이 불완전한 경우에 그 부족한 부분을 보충하는 것으로서, 보통 「다른 의사표시가 없으면」 또는 「특별한 규정이 있는 때」등으로 표현된다(제358조, 제394조 등). 그러나 양자의 구별이 법규의 표현상으로도 명확하

236) 같은 취지: 고상룡, 385면; 곽윤직, 227면; 김민중, 482면; 김주수, 302면; 김준호, 316면; 김증한·김학동, 289면; 이은영, 436면; 장경학, 430면. 그러나 이에 대해서 임의법규는 법률의 적용의 문제이지 해석의 표준은 아니라는 견해가 있다(김상용, 433면; 김준호, 316면; 백태승, 377면; 이영준, 276면).

지 않으며, 그 구별의 실익도 없다.

5. 신의성실의 원칙 · 조리

(1) 의 의

당사자의 목적 · 사실인 관습 · 임의법규가 없는 경우에는 법률상의 행동원리인 신의성실의 원칙 또는 법의 근본원리인 조리에 의하여 법률행위를 해석하는 것은 당연하다. 법률행위의 해석은 표시행위가 상대방 또는 대(對)사회적인 관계에 있어서 가져야 할 객관적인 법률적 의의를 확정하는 작업이기 때문이다. 이를 명문으로 규정하는 입법례도 있으나,[237] 이에 관한 명문의 규정을 두고 있지 않은 민법의 해석에 있어서도 신의칙을 법률행위의 해석의 기준으로 하는 데에는 이견이 없다.

(2) 예문해석

1) 의 의

예문해석(例文解釋)은 일정한 불공정 약관조항은 당사자를 구속할 수 없는 하나의 예문에 불과하므로 무시할 수 있다는 해석을 말한다. 부동산의 임대차 · 전세 · 금전소비대차 등의 계약에 있어서, 경제적 강자인 임대인 등에게 유리한 조항을 미리 인쇄한 증서를 사용하는 경우가 많은데, 그러한 조항들은 단순히 예로서 든 문언에 지나지 않기 때문에 당사자를 구속하지 못한다는 것으로 판례가 발전시킨 해석이론이다. 이를 통하여 판례는 부당약관에 대한 내용통제를 해 온 것이다.

그러나 이에 대해서 학설은 비판적이다. 예문해석을 이유로 부동문자로 된 조항을 무시하는 것은 잘못이며, 오히려 신의칙이나 조리에 반하므로 그 구속력을 인정할 수 없다고 해석하여야 할 것이다. 그리고 편입되기 전에는 예문임이 분명하나 그러한 조항이 계약에 편입되면 계약의 내용이 되며, 또한 약관의 규제에 관한 법률 제6조는 「신의성실의 원칙에 반하여 공정을 잃은 약관조항은 무효이다」라고 규정하고 있으므로 예문해석의 법리에 의존하지 않고도 불공정 약관조항이 당사자를 구속하지 못하는 것으로 해석이 가능하게 되었다.

---

237) 독일민법 제157조는 「계약은 거래상 관습을 고려하여 신의칙에 좇아 해석하여야 한다」고 명정한다.

2) 판례의 태도

판례도 부동의 인쇄된 문자를 언제나 예문으로 무효화하는 것은 아니다. 서식이나 약관 등 문서에 기재된 문자는 원칙적으로 그 기재내용대로 법률행위의 내용을 이룬다는 것은 인정하고 있다. 특히 처분문서의 해석에 대해서, 판례는 「처분문서의 진정성립이 인정되면 법원은 그 기재 내용을 부인할 만한 분명하고도 수긍할 수 있는 반증이 없는 한 원칙적으로 그 처분문서에 기재되어 있는 문언대로의 의사표시의 존재와 내용을 인정하여야 하고, 당사자 사이에 계약의 해석을 둘러싸고 이견이 있어 처분문서에 나타난 당사자의 의사해석이 문제되는 경우에는 그 문언의 내용, 그러한 약정이 이루어진 동기와 경위, 그 약정에 의하여 달성하려는 목적, 당사자의 진정한 의사 등을 종합적으로 고찰하여 논리와 경험칙에 따라 합리적으로 해석하여야 한다」고 한다.[238]

예문해석을 부인한 판례로는, ㉠ 약정서의 용지가 미리 부동문자를 인쇄하여 두었던 것이고 원고는 근저당권계약체결시 그 계약서의 근저당설정에 관한 조항내용을 자세히 조사하여 본 일이 없었던 것이었다는 사실만으로서는 처분문서인 계약서의 가장 중요한 내용에 속하는 그 조항의 효력을 부정할 수 없다는 사례,[239] ㉡ 20세의 거래경험이 전혀 없는 여자가 부가 철도사고로 사망하여 철도청으로부터 위자료를 받을 때 사망상해위자료 등으로 금 30만원을 수령하고 민사상의 손해배상청구는 아니하겠다고 확약한다는 취지의 부동의 문자로 된 각서를 제출한 사안에 관하여 법원은 이를 소위 예문에 불과하다고 단정할 수 없다고 한 사례,[240] ㉢ 부동문자로 인쇄된 매매계약서의 계약조항이 매도인은 어떠한 경우에도 책임을 지지 않고 매수인에게만 모든 책임을 지우도록 되어 있다고 하여 그 계약조항의 내용을 일률적으로 예문이라고 단정할 수는 없고 구체적인 사안에 따라 계약당사자의 의사를 고려하여 그 계약 내용의 의미를 파악하고 이것이 예문에 지나지 않는 것인지 여부를 판단하여야 한다는 사례,[241] ㉣ 채무자의 주거래은행 변경으로 인하여 종전의 주거래은행이 새로운 주거래은행으로부터 대출채권의 담보로 지급보증서를 받은 경우, 그 지급보증서상에 기재된 보증기간 및 보증채무 이행청구기간을 단순한 예문에 불과한 것으로 볼 수 없다고 한 사례[242] 등이 있다.

---

238) 대판 2008.2.14, 2007다17222; 대판 2008.1.10, 2006다37304; 대판 2007.12.27, 2005다73914; 대판 2007.9.20, 2006다15816; 대판 2007.7.12, 2007다13640 등.
239) 대판 1970.9.22, 70다1611.
240) 대판 1970.12.29, 70다2494.
241) 대판 1989.8.8, 89다카5628.

예문해석을 인정하여 불공정한 기내내용을 예문으로 보아 무효화한 판례로는, ㉠ 매매계약 당시 후일 대지평수에 이상이 있으면 대금을 새로이 하자는 원고의 제의를 피고가 거절하고 특정물을 현상 그대로 매도하기로 한 경우에는, 비록 매매계약서상에 "면적이나 대금총액에 착오가 있을 때는 등기부상의 면적과 평당 가격으로 재청산한다"는 조항이 있어도, 이는 부동문자로 인쇄된 예문에 지나지 않아 원·피고간의 진정한 합의내용이라 볼 수 없다는 사례,[243] ㉡ 근저당설정에 있어서 여러 사정에 비추어 인쇄된 계약 문언대로 피담보채무의 범위를 해석하면 오히려 금융기관의 일반 대출 관례에 어긋난다고 보여지고 당사자의 의사는 당해 대출금 채무만을 그 근저당권의 피담보채무로 약정한 취지라고 해석하는 것이 합리적일 때에는 위 계약서의 피담보채무에 관한 포괄적 기재는 부동문자로 인쇄된 일반거래약관의 예문에 불과한 것으로 보아 그 구속력을 배제하는 것이 타당하다고 한 사례,[244] ㉢ 부동산 매매계약서상 "매도인이 위약시에는 계약금의 배액을 매수인에게 배상하고 매수인이 위약시에는 계약금을 포기하기로 하여 위 계약은 통지 없이 해약하기로 한다"는 내용이 부동문자로 인쇄되어 있으나 이를 단순한 예문조항으로서 무효라고 한 사례,[245] ㉣ 근저당권설정계약서상 주채무자가 은행에 대한 현재 또는 장래의 모든 채무를 공동담보하기 위하여 계쟁부동산에 근저당권을 설정하는 것으로 부동문자로 인쇄되어 있으나 이는 예문에 불과하고 피담보채무가 특정 채무로 한정된다고 본 사례,[246] ㉤ 교통사고 피해자가 합의금을 수령하면서 민·형사상의 소송이나 그 밖의 어떠한 이의도 제기하지 아니한다는 내용의 부동문자로 인쇄된 합의서에 날인한 경우, 그 피해 정도, 피해자의 학력, 피해자와 가해자의 관계, 합의에 이르른 경위, 가해자가 다른 피해자와 합의한 내용 및 합의 후 단기간 내에 소송을 제기한 점 등 제반 사정에 비추어 위 합의서의 문구는 단순한 예문에 불과할 뿐 이를 손해 전부에 대한 배상청구권의 포기나 부제소의 합의로는 볼 수 없다고 한 사례[247] 등이 있다.

242) 대판 1999.9.7, 98다8028.
243) 대판 1979.11.27, 79다1141.
244) 대판 2003.3.14, 2003다2109; 대판 2001.7.13, 2001다9267 등.
245) 대판 1992.2.11, 91다21954.
246) 대판 1992.11.27, 92다40785.
247) 대판 1999.3.23, 98다64301.

6. 법률문제로서의 법률행위 해석

법률행위는 의사표시를 요소로 하는 법률요건이며, 법률요건을 구성하는 것이 법률사실이다. 법률행위의 해석은 이러한 법률사실에 대한 법률적인 가치평가를 하는 것이므로 사실문제가 아니라 법률문제이다.[248] 따라서 법률행위의 해석은 당사자가 주장하지 않더라도 법원이 직권조사하여 확정하여야 하고, 사실문제와는 달리 법률문제로서 상고이유가 된다(민사소송법 제423조).

제 5 관 의사표시

Ⅰ. 의사표시의 구성요소

1. 의 의

의사표시(意思表示)는 일정한 법률효과의 발생을 의욕하는 효과의사의 표시행위이다. 그 성립의 심리적 과정을 분석하면, 먼저 일정한 목적(동기)을 가지고 일정한 효과발생을 의욕하는 의사(효과의사)를 결정하고 다음에는 이 의사를 타인에게 알리기 위하여 외부에 표시하려는 의사(표시의사)의 매개로, 그 의사를 외부에 표시하는 것이다(표시행위). 예컨대 상가건물을 지으려고 일정한 대지를 살 생각을 하고, 그 대지의 소유자에게 자신의 매입의사를 밝히는 청약서를 작성하여, 그것을 상대방에게 보내는 형태로 의사표시는 행해진다. 그러나 의사표시를 하게 된 동기나 연유는 표시되지 않으면 외부에서 이를 알 수가 없으므로 보통은 의사표시의 구성요소로 다루지 않는다. 따라서 의사표시의 구성요소로 문제가 되는 것은 효과의사, 표시의사, 표시행위이다.

248) 이에 대해서 법률행위의 해석은 표의자의 실존하는 의사 또는 가정적 의사를 확정하는 것이므로 사실문제라고 하는 견해가 있다(이영준, 303면).

2. 효과의사

효과의사(效果意思)는 일정한 법률효과의 발생을 의욕하는 의사를 말한다. 그런데 효과의사의 내용(內容), 즉 효과의사를 통하여 발생을 원하는 효과가 사실적인 것으로 충분한가, 아니면 법률적인 것이어야 하는가에 대해 견해가 대립된다. ① 사실적 효과설은 효과의사를 법이 법률효과를 부여할 가치가 있다고 인정하는 사실적 효과를 의욕하는 의사라는 견해이고,[249] ② 법률적 효과설은 효과의사를 일정한 법률효과를 의욕하는 의사라는 견해이다.[250] 생각건대 표의자는 의사표시를 통하여 일정한 법률관계를 맺고 그에 따르는 법적인 권리·의무의 발생에 대해서도 의식하고 있는 것이 필요할 것이다. 구체적으로는 자동차를 산나고 할 때, 자동차의 배수 사실만을 의식하면 충분한가, 대금지급의무 등의 매매계약에 따르는 법률효과까지 의식하여야 하는가의 차이이다. 다만 사실적 효과설에서도 법률이 당사자가 의욕한대로 법률효과를 부여할 가치가 있다고 인정하는 것만을 효과의사의 내용으로 하고, 법률적 효과설에서도 효과의사는 표의자가 특정의 법률효과에 구속된다는 인식 정도면 충분하고, 개개의 구체적인 법률효과까지를 인식할 필요가 없다고 하는 점에서 양자는 접근하고 있다. 어느 설이든 예컨대 친구의 초대나 순수 사교상의 약속과 같은 단순한 호의관계는 효과의사가 없는 것으로 이해한다.

또한 효과의사의 본체(本體)는 표시상의 효과의사인가 내심적 효과의사인가에 대하여 견해가 대립된다. ① 표시상의 효과의사설은 상대방에게 전달되는 것은 표시상의 효과의사이므로 의사표시의 요소가 되는 것은 표시상의 효과의사라는 견해이다.[251] 판례의 입장도 같다.[252] ② 내심의 효과의사설은 사람의 의사는 진정한 내심의 의사이므로 효과의사의 본체는 내심적 효과의사

249) 곽윤직, 197면; 김기선, 241면; 김주수, 338면; 김준호, 343면; 장경학, 409면.

250) 김민중, 491면; 김상용, 335면; 김증한·김학동, 261면; 백태승, 313면; 이영준, 106면; 이은영, 450면; 민법주해Ⅱ, 140면(송덕수).

251) 곽윤직, 198면; 김주수, 338면; 이은영, 449면; 장경학, 409면. 이에 대해서 김증한·김학동, 265면은 표시행위를 효과의사의 본체라고 하면서도 의사도 본체를 이룬다고 한다.

252) 대판 2002.6.28, 2002다23482(의사표시 해석에 있어서 당사자의 진정한 의사를 알 수 없다면, 의사표시의 요소가 되는 것은 표시행위로부터 추단되는 효과의사, 즉 표시상의 효과의사이고 표의자가 가지고 있던 내심적 효과의사가 아니므로, 당사자의 내심의 의사보다는 외부로 표시된 행위에 의하여 추단된 의사를 가지고 해석함이 상당하다고 한 사례); 대판 2002.2.26, 2000다48265; 대판 1996.4.9, 96다1320.

이고 표시상의 효과의사는 의사와 표시가 불일치할 때 표시를 믿은 상대방 보호관점에서 의제한 것에 불과하다는 견해이다.253) 생각건대 상대방은 표시를 통하여 그 효과의사를 추단할 수밖에 없으므로 거래의 안전을 중시하는 표시주의의 입장에서 그 본체를 표시상의 효과의사로 보는 것이 타당하다. 다만 언제나 표시상의 효과의사에 따라 법률효과가 발생한다고 하면 당사자에게 가혹한 경우가 있기 때문에 여러 사정을 종합하여 내심의 효과의사에 접근하는 해석을 하여야 할 것이다.

3. 표시의사

표시의사(表示意思)는 효과의사를 외부에 대하여 표시하려는 의사이다. 자기의 행위가 일정한 법적 의미를 가지는 표시를 나타낸다는 인식을 말한다. 이것은 효과의사와 표시행위를 심리작용으로 매개한다. 이러한 표시의사가 의사표시의 구성요소인가에 대해서 견해가 대립하는데, '표의자가 자신의 동작이 일정한 법적 의미를 가지는 표시라는 의식'을 가져야 하는가의 문제이다. ① 비요소설은 표시주의의 입장에 서서 표시행위를 한다는 인식이 없는 경우에도 의사표시는 성립하며, 그 법률행위는 착오에 의한 의사표시로서 취소의 대상이 될 뿐이라는 견해이다.254) ② 요소설은 의사주의의 입장에서 표시의사가 없는 경우에는 의사표시가 성립하지 않는다는 견해이다.255) 생각건대 표시의사의 부존재를 이유로 의사표시의 불성립을 인정하는 것은 표시행위를 믿은 상대방의 보호 및 거래의 안전에 문제가 생기므로 이를 요소로 할 수 없고 착오의 문제로 파악하는 것이 타당하다.

예컨대 포도주경매시장에서 손을 들면 100마르크를 더 비싸게 사겠다는 증가신청을 의미하는 것이었는데, 이를 모르는 외국인이 그의 친구를 부르기 위하여 손을 들었는데, 이를 경매신청으로 이해하고 경락결정을 내렸다고 하자(트리어 포도주 경매사건). 이 경우에 요소설에 의하면 표시의사가 없는 행위이므로 의사표시는 성립하지 않는다고 할 것이다. 반면에 비요소설에 의하면, 표시의사가 없다고 하더라도 의사표시는 유효하게 성립되며 다만 착오를 이유로 이를 취소할 수 있을 뿐이다.

253) 김상용, 336면; 백태승, 313면; 이영준, 110면; 민법주해Ⅱ, 141면(송덕수).
254) 고상룡, 393면; 곽윤직, 198면; 김주수, 339면; 백태승, 312면; 이은영, 453면.
255) 김상용, 336면; 이영준, 106면.

4. 표시행위

표시행위(表示行爲)는 효과의사를 외부에 표시하는 행위이다. 그리하여 효과의사의 내용대로 일정한 법률효과를 발생시키려는 행위이다. 의사표시의 행위적 요소이다.

사람의 생활관계는 외형적 행위를 매개로 하여 행해지며, 법률은 이렇게 외부에 표시된 표시행위를 파악하여 표의자가 의욕하는 효과를 부여한다. 그러므로 의사표시가 법률효과를 부여받기 위해서는 타인이 자신의 의사표시를 추단할 수 있을만한 표시행위를 하여야 한다.

표시행위는 적극적으로 언어·문자 등으로 표현되는 명시적 의사표시(明示的 意思表示)가 보통이다. 그 외에도 분명하지는 않지만 여러 사정을 고려하여 의사표시가 있었다고 인정되는 묵시적 의사표시(默示的 意思表示)가 있다. 여기에는 거동에 의한 의사표시(예컨대 고개를 끄덕이거나, 손을 들거나, 손뼉을 치는 등), 추단된 의사표시(예컨대 매도인이 청약과 함께 보내준 상품을 포장을 뜯어 사용하는 경우 등), 단순한 부작위인 침묵도 경우에 따라서는 의사표시가 될 수 있다. 일단 표시행위로 인정되면 그 효과면에서는 명시든 묵시든 차이가 없다.

특히 민법이 의사표시로 간주하는 것으로는, 특별한 사정이 있는 경우에 의사표시로 평가되는 침묵(제15조, 제131조), 일정한 사유가 있으면 추인한 것으로 보는 법정추인(제145조), 일정한 사실에 의해 계약의 성립을 인정하는 의사실현(제532조), 임대차계약에서의 묵시의 갱신(제639조 1항 본문)이 있다.

그리고 표시행위는 표의자의 의사에 의해 규제된 의식 있는 행동이어야 한다. 따라서 수면 중이거나 의식불명상태에서 행한 행동은 행위가 아니며 표시행위로서의 가치가 없다. 이에 대해서 어떤 행위를 한다는 인식을 행위의사라고 하고 이러한 행위의사를 의사적 요소로 보아서 이를 결여한 행위이기 때문에 의사표시가 성립되지 않는다고 하는 견해도 있다.[256]

256) 백태승, 311면; 이영준, 117면; 김상용, 337면.

5. 의사표시의 본질

(1) 의 의

의사와 표시가 일치하지 않는 경우에 의사표시의 효과를 어떻게 인정할 것인가, 즉 효과의사와 표시행위 중에서 어느 것을 중시하느냐가 문제이다.

법률행위의 효력의 근거는 개인의 의사에 있다고 하는 생각을 중시한다면, 표시행위에 대응하는 내심의 의사가 존재하지 않는 경우에는 의사표시는 효력이 생기지 않는다고 해야 할 것이다. 그러나 이렇게 취급한다면 표시행위를 신뢰한 거래의 상대방에 대하여 예측하지 못한 손해를 주게 되어 거래의 안전을 해하게 된다. 이와 반대로 의사표시가 있으면, 그 진의의 존부를 불문하고 그 표시대로의 효력을 생기게 한다면 표의자에게 가혹한 결과가 생기지만 거래의 안전은 보호받게 될 것이다.

이와 같이 의사와 표시 중 어느 것을 중시하느냐에 따라 의사주의, 표시주의, 효력주의가 대립하고 있다.

(2) 의사주의

의사주의(意思主義)는 표의자의 의사를 존중하고 의사를 의사표시의 본체로 보고, 표의자를 보호하기 위하여 표시행위를 돌보지 않고 내심의 진의대로 효과를 발생시키려는 이론이다. 표시행위는 타인에게 의사가 인식되게 하는 수단에 불과하다고 한다. 이 주의에 의하면 표시행위가 있더라도 이에 대응하는 내심의 의사가 존재하지 않는다면 의사표시는 원칙적으로 존재하지 않거나 무효로 취급하게 된다. 따라서 표의자는 보호되지만 표시행위를 신뢰하고 거래한 상대방은 뜻하지 않는 손해를 입게 되고 결국 거래안전을 희생시키는 단점이 있다. 이러한 주장은 사적자치의 원칙에 충실하고 자본주의의 성립기에 독일에서 사뷔니(Savigny) 등에 의하여 주장된 이론으로서, 사적자치의 원칙의 이론적 기초가 되는 자연법이론의 영향 하에 독일보통법시대에는 의사주의가 지배적이었다.

(3) 표시주의

표시주의(表示主義)는 표시행위를 존중하고 그것을 의사표시의 본체로 보고 표시행위에 대응하는 내심의 의사가 없는 경우에도 표시행위로부터 추단되는 의사가 존재하는 것으로 하여 표시행위대로의 효과를 생기게 하는 이론이다. 이에 의하면 상대방을 강하게 보호하여 거래안전은 보호되는 반면에 표의자는 불의의 손해를 입게 된다. 이 이론은 표의자의 표시행위에 대한 상대방의 신뢰를 보호하기 위하여 예링(Jhering)에 의하여 처음으로 주장된 것이다.

(4) 효력주의

효력주의(效力主義)는 의사와 표시의 2원적 구별을 배격하고 양자는 일체로서 함께 의사표시의 본체를 이룬다고 하는 점을 강조하는 이론이다. 의사표시를 효력표시로 보며, 객관적으로 표의자에게 법률효과를 귀속시킬 수 있게 하는 모든 행위가 의사표시라고 한다. 이 견해는 개인의 의사를 중시한 점과 표시의 의미를 명확한 점이 있으나, 표시에 따르는 의사가 없는 경우에 표시에 따라 법률효과를 인정할 것인가에 대해서는 표시주의의 결론과 별로 다를 바 없다. 이 이론은 독일의 뷜로우(Bülou)에 의하여 처음으로 주장된 것이다.

(5) 절충주의

절충주의(折衷主義)는 효과의사와 표시행위 중 하나를 주로 하고 다른 하나를 가미하는 이론이다. 의사주의는 의사가 의사표시의 본체이고 표시는 그 수단에 불과하다고 하고, 표시주의는 표시를 의사표시의 본체로 봄으로써 표의자의 보호에 소홀한 점이 있다. 양자 모두 어느 정도의 조정이 필요하다. 따라서 의사주의를 원칙으로 하고 표시주의를 예외로 하는 절충주의와 반대로 표시주의를 원칙으로 하고 의사주의를 예외로 가미하는 절충주의가 있다. 대부분의 입법례는 정도의 차이는 있어도 모두 절충주의를 채택하고 있다.

우리 민법의 해석론으로 주장되는 것은 다음과 같다. ① 절충적 표시주의는 민법이 표시주의를 원칙으로 하고 예외적으로 의사주의를 가미하는 표시주의에 치중된 절충주의를 취하고 있다고 이해하는 견해이다.[257] 민법은 거래의 안전을 해하지 않는 한도에서 표의자의 진의를 존중하여 본인의 이익과 사회일반의 이익을 조화시키고 있다고 한다. ② 신의사주의는 표시행위는 단순한 의사의 외피가 아니라 의사를 완성하게 하는 것이므로 기본적으로 의사주의가 타당하며, 부분적으로 자기책임의 원칙에 따라 상대방의 신뢰보호를 꾀하는 수정된 의사주의를 취해야 한다는 견해이다.[258] ③ 효력주의는 의사와 표

257) 고상룡, 395면; 곽윤직, 230면; 김주수, 341면; 김준호, 349면; 백태승, 390면; 이은영, 446면; 장경학, 410면.

시가 불일치하는 경우에 그 표시행위에 따른 법률효과를 발생시키므로 일응 표시행위가 본체라 하겠으나, 표시에 따른 법률효과를 인정하는 것은 표의자가 이를 의욕하였기 때문이므로 의사도 본체를 이룬다는 견해이다.[259] 생각건대 민법의 규정은 표시주의를 원칙으로 삼고 이에 따르는 표의자의 희생을 줄여가는 태도를 취한다고 할 것이다.

한편 법률행위의 성질과 종류에 따라서 다르게 이해하여야 할 것이다. 일반적으로 표시주의가 강조되는 법률행위는, 거래의 민활과 안전을 최고의 이상으로 하는 상거래와 다수인의 이해관계가 긴밀하게 결합하는 단체관계, 공법상의 행위, 민법상의 재산행위 등이고, 이에 반하여 신분상의 법률행위에 있어서는 표의자의 진의를 보다 더 존중해야 하므로 의사주의가 강조될 것이다.

Ⅱ. 의사와 표시의 불일치

1. 서 설

의사표시가 당사자가 의욕한대로 효과를 발생하려면 표의자의 의사와 표시가 일치하여야 한다. 그러나 경우에 따라서 의사와 표시가 일치하지 않을 수 있다. 즉 표의자의 마음속의 의사(내심적 효과의사 · 진의(眞意))와 표시행위로부터 미루어 알 수 있는 의사(표시상의 효과의사)가 일치하지 않는 경우가 있다. 이를 의사와 표시의 불일치라 한다.

여기에는 의사와 표시의 불일치를 표의자가 스스로 알고 있는 「진의 아닌 의사표시」(제107조), 불일치를 알고 있을 뿐 아니라 상대방과 통정한 「허위표시」(제108조), 그 불일치를 알지 못하는 「착오」(제109조)가 있다. 그밖에 의사와 표시는 일치하지만 사기나 강박에 의하여 자유롭지 못한 상태에서 행한 하자있는 의사표시(제110조)가 있다. 우리 민법은 이와 같은 경우에 표시된 대로 효과를 인정하여 상대방을 보호하고, 때로는 무효나 취소를 통해서 의사대로의 효과를 인정하여 표의자를 보호하기도 하는데, 어느 경우나 선의의 제3

---

258) 김상용, 456면; 이영준, 126면.
259) 김증한 · 김학동, 265면.

자에 대해서는 대항하지 못하게 함으로써 거래의 안전을 꾀하고 있다.

2. 진의 아닌 의사표시

(1) 의 의

진의 아닌 의사표시 또는 비진의표시(非眞意表示)는 표시행위가 진의와 다르다는 것을 알고 하는 의사표시이다. 예컨대 근로자가 직장을 그만 둘 생각이 없으면서 어떤 사유로 사직서를 제출한 경우에 사직한다는 표시와는 다르게 사직하지 않겠다는 진심을 마음속에 유보하고 있는 것이다. 그런 의미에서 심리유보(心裡留保)라고도 한다. 이와 같은 비진의표시의 효력에 대해서 민법은 원칙적으로 유효로 하고, 상대방이 표의자의 진의 아님을 알았거나 또는 알 수 있었을 경우에 예외적으로 무효로 하고 있다(제107조 제1항). 이는 표의자의 내심의 의사와 표시된 의사가 일치하지 아니한 경우에는 표의자의 진의가 어떠한 것이든 표시된 대로의 효력을 생기게 하여 거짓의 표의자를 보호하지 아니한다. 그러나 그 표의자의 상대방이 표의자의 진의 아님에 대하여 악의 또는 과실이 있는 선의라면 그 상대방을 보호할 필요가 없이 표의자의 진의를 존중하여 그 진의 아닌 의사표시를 무효로 하는 것이다.[260)]

비진의표시는 표의자가 의사와 표시의 불일치를 알고 있는 의사의 의식적 흠결이라는 점에서 허위표시와 같고, 이를 알지 못하는 의사의 무의식적 흠결인 착오와는 다르다. 또 상대방과 통정하지 않고 단독으로 하는 점에서 통정허위표시와 구별된다.

(2) 요 건

1) 의사표시가 있을 것

의사표시가 있다고 하기 위해서는 일정한 효과의사를 추단할 만한 가치 있는 행위가 있어야 한다. 법률관계의 발생을 원하지 않는 것이 명백하여 의사표시가 없는 경우, 예컨대 누가 보아도 명백한 농담, 배우가 무대 위에서 하는 대사, 교수가 강의실에서 학생에게 표본으로 어음·수표를 교부하는 행위 등에서는 비진의표시의 문제는 생기지 않는다.

그러나 상대방 또는 일반 제3자가 표의자의 진의가 아니라는 것을 이해하

260) 대판 1987.7.7, 86다카1004.

리라는 기대 하에서 하는 의사표시는, 비록 표의자가 농담으로 하였다 하더라도 상대방에게는 의사표시로 여겨질 가능성이 있다면 그것은 하나의 의사표시로서 비진의표시가 된다. 이와 관련하여 판례는 「표의자가 의사표시의 내용을 진정으로 마음속에서 바라지는 아니하였다고 하더라도 당시의 상황에서는 그것이 최선이라고 판단하여 그 의사표시를 하였을 경우」[261]나 「비록 재산을 강제로 뺏긴다는 것이 표의자의 본심으로 잠재되어 있었다 하여도 표의자가 강박에 의하여서나마 증여를 하기로 하고 그에 따른 증여의 의사표시를 한 경우」[262]에는 이를 내심의 효과의사가 결여된 진의 아닌 의사표시라고 할 수 없다고 한다.

여기서의 의사표시는 사법상의 의사표시를 말한다. 비록 비진의표시라 하더라도 공법상의 의사표시에는 제107조가 적용되지 않으므로 그 무효를 주장할 수 없다.[263]

2) 표시와 진의가 불일치할 것

내심적 효과의사(진의)와 표시상의 효과의사(표시)가 객관적으로 일치하지 아니하여야 한다. 이는 법률행위의 해석을 통하여 판단하여야 할 것이다.

여기서 진의(眞意)는 특정한 내용의 의사표시를 하고자 하는 표의자의 생각을 말하는 것이지 표의자가 진정으로 마음속에서 바라는 사항을 뜻하는 것은 아니다.[264] 판례에 나타난 사례로는, 대출절차상 편의를 위하여 제3자가 채무자에게 명의를 빌려준 행위에서, 제3자의 의사는 특별한 사정이 없는 한 대출에 따른 경제적인 효과는 채무자에게 귀속시킬지라도 법률상의 효과는 자신에게 귀속시킴으로써 대출금채무에 대한 주채무자로서의 책임을 지겠다는 것으로 보아야 할 것이라고 하여 비진의표시로 무효가 되지 아니 한다고

---

261) 대판 2005.9.9, 2005다34407(사직서제출로 인한 의원면직처분); 대판 2003.4.25, 2002다11458(명예퇴직신청); 대판 2000.4.25, 99다34475(근로자가 징계면직처분을 받은 후 당시 상황에서는 징계면직처분의 무효를 다투어 복직하기는 어렵다고 판단하여 퇴직금 수령 및 장래를 위하여 사직원을 제출하고 재심을 청구하여 종전의 징계면직처분이 취소되고 의원면직처리된 경우) 등 참조.

262) 대판 2002.12.27, 2000다47361(강박에 의한 부동산의 증여 후 제3자에게 이중양도한 사례); 대판 1993.7.16, 92다41528,41535(계엄사령부 소속 합동수사본부의 수사관 등에 의하여 강박을 받은 끝에 부동산을 증여하기로 한 사례).

263) 대판 1994.1.11, 93누10057(군인의 전역지원); 대판 1992.8.14, 92누909(공무원의 사직서); 대판 1978.7.25, 76누276(영업재개업신고) 등 참조.

264) 대판 2005.9.9, 2005다34407; 대판 2003.4.25, 2002다11458; 대판 2002.12.27, 2000다47361; 대판 2001.1.19, 2000다51919,51926; 대판 2000.4.25, 99다34475 참조.

한다.[265)]

한편 진의 아닌 의사표시인지의 여부는 효과의사에 대응하는 내심의 의사가 있는지 여부에 따라 결정되는 것이다. 그러므로 근로자가 사용자의 지시에 좇아 일괄하여 사직서를 작성 제출할 당시 그 사직서에 기하여 의원면직처리될지 모른다는 점을 인식하였다고 하더라도 이것만으로 그의 내심에 사직의 의사가 있는 것이라고 할 수 없다.[266)] 그러나 보통 사직서의 제출로 인한 의원면직처리되는 사례에서는, 그 사직서의 제출이 자의(自意)라고 판단되면 퇴직의 진의에 의한 의사표시로서 의사와 표시의 불일치는 없는 것으로 이해하고 있다.[267)] 대개는 퇴직금의 수령 또는 퇴직금 수령과 함께 재입사 등이 그 판단의 기준이 된다. 다만 사용자의 지시나 강요에 의하여 사직서가 제출된 때에는 비진의표시로 인정하여 무효로 처리하고 있다.[268)]

3) 표의자가 불일치를 알고 있을 것

표의자가 스스로 불일치를 알고 있어야 한다. 그러나 표의자가 그러한 행위를 하게 된 이유나 동기를 묻지 않는다. 상대방이나 제3자를 속이려고 하였거

---

265) 대판 1997.7.25, 97다8403(제3자가 채무자로 하여금 제3자를 대리하여 금융기관으로부터 대출을 받도록 하여 그 대출금을 채무자가 부동산의 매수자금으로 사용하는 것을 승낙한 사례); 대판 1996.9.10, 96다18182(법률상 또는 사실상의 장애로 자기 명의로 대출받을 수 없는 자를 위하여 대출금채무자로서의 명의를 빌려준 사례); 대판 1980.7.8, 80다639(학교법인이 사립학교법상의 제한규정 때문에 그 학교의 교직원들의 명의를 빌려서 금원을 차용한 사례) 등.

266) 대판 1992.5.26, 92다3670(국가보위비상대책위원회 주관으로 시작된 공직자와 정부투자기관 임직원 등의 기강의 확립 및 비위자 숙정방침에 따라 사직서를 제출케 되어 의원면직처리된 사례); 대판 1991.7.12, 90다11554(언론인 강제해직조치에 따른 의원면직처분).

267) 대판 2000.4.25, 99다34475(앞의 소개 참조); 대판 1999.1.26, 98다46198(회사가 합병되면서 근로자가 자의로 사직하고 퇴직금을 청구하여 수령한 후 합병 후의 회사에 신규입사한 경우); 대판 1996.4.26, 95다2562,2579(근로자가 자유로운 의사에 따라 중간퇴직을 하고 퇴직금을 수령한 후 재입사한 경우); 대판 1992.9.14, 92다17754(근로자가 자의로 사직서를 제출하여 한 중간퇴직의 의사표시를 한 경우); 대판 1992.5.22, 92다2295(자신의 선택에 의하여 일단 퇴직금을 수령하면서 퇴직하고, 재입사하는 데 이의를 제기하지 않았으며, 근로기준법상의 제반 문제는 거론치 않기로 각서까지 작성한 경우) 등.

268) 대판 2005.11.25, 2005다38270(의원면직의 형식을 취하였으나 사직의 의사 없는 근로자로 하여금 어쩔 수 없이 사직서를 작성·제출하게 한 경우); 대판 1992.9.1, 92다26260(해외근로자가 업무상 재해의 치료를 위하여 중도 귀국함에 있어 회사의 강요에 의하여 제출한 사직의 뜻이 담긴 귀국청원서에 기하여 의원면직처분을 한 경우); 대판 1992.5.26, 92다3670(사용자의 지시에 따른 사직서 제출의 경우) 등 참조.

나, 또는 그들이 진의 아닌 것을 당연히 이해하리라는 기대를 가지고 하였거나 묻지 않는다.

(3) 효 과

1) 원 칙

비진의표시는 표시된 대로 효력이 생기며(제107조 1항 본문), 의사표시의 효력에 영향을 주지 않는다. 즉 효과의사를 추단할 만한 정도의 의사표시가 있고 이것이 표의자의 마음속의 진의와 일치하지 않으며 이 불일치를 스스로 알고 있어서 비진의표시로서 요건을 갖춘 경우에는 그 의사표시는 유효(有效)하다. 이는 표시주의를 취한 것으로서 표시를 믿은 상대방을 보호하기 위하여 의사표시가 진의가 아니라고 하더라도 표시된 대로 효력을 부여하는 것이다. 어떠한 의사표시를 비진의표시라고 주장하는 경우에 그 주장자가 입증책임을 부담한다.[269]

2) 예 외

상대방이 표의자의 진의 아님을 알았거나 알 수 있었을 경우에는 무효(無效)로 한다(제107조 1항 단서). 악의 또는 과실로 인하여 선의인 상대방은 보호할 필요가 없으며, 오히려 본인의 진의를 존중하여 그 비진의표시를 무효로 하는 것이다.

(가) 상대방의 악의

상대방이 표의자의 의사와 표시의 불일치를 알았음을 말한다. 일반적으로 표의자가 진의 아님을 표시하여 상대방이 알게 되는 경우가 많을 것이다.[270] 특히 상대방의 지시나 강요[271] 또는 요청[272]이 있는 경우에는 상대방의 악의

---

269) 대판 1992.5.22, 92다2295.

270) 대판 1998.12.11, 98다36924(근로자가 중간퇴직금을 지급받으려는 내심의 의사로 사직원을 제출하였고, 소속 회사도 근로자의 형식상 퇴직 의사가 진의 아님을 알았던 사례); 대판 1993.5.25, 91다41750(사직서가 진의에 의하여 제출되는 것이 아님을 알면서도 의원면직처리한 경우); 대판 1993.1.15, 92다37673(퇴직금지급률을 변경하려는 방침에 따라 중간퇴직금을 받겠다는 의사에 기하여 사직원을 제출하였고, 사용자도 이를 알고 있었던 경우); 대판 1992.8.14, 92다21036(근로자들이 근로계약관계를 종료시키고자 하는 내심의 의사 없이 일괄적으로 사직원을 제출하였고, 사용자도 이러한 사정을 알고서 사직원을 수리한 경우) 등.

271) 대판 2005.11.25, 2005다38270(앞에서 소개); 대판 1992.9.1, 92다26260(앞에서 소개); 대판 1992.5.26, 92다3670(앞에서 소개) 등 참조.

272) 대판 1999.2.12, 98다45744(증권회사 직원이 증권투자로 인한 고객의 손해에 대하여 책임을 지겠다는 내용의 각서를 작성해 준 사안에서, 그 각서를 단지 그 동안의 손실에 대하여 사과하고 그 회복을 위해 최선을 다하겠다는 의미로 해석하는 것은 경험칙과 논

는 쉽게 인정할 수 있을 것이다.

(나) 상대방의 선의·유과실

상대방이 선의이지만 과실이 있었던 경우, 즉 표의자의 의사와 표시의 불일치를 알 수 있었지만 이를 과실로 알지 못한 경우를 말한다. 보통 사람의 주의를 하였다면 알았을 경우를 말한다. 예컨대 표의자가 표시가 자신의 진의와 다르다는 것을 명시적으로 표현했는데도 상대방이 이를 알지 못하였거나, 그러한 표현이 없었더라도 주위사정에 비추어 보통은 알 수 있었다고 기대되는 경우가 이에 속할 것이다.

판례는 명의를 차용하여 대출을 받은 사안에서 명의대여자의 진의 아닌 의사표시라고 하여도 금융기관이 이를 알았거나 알 수 있었다고 볼 수 없다는 이유로 비진의표시에 해당되지 않아서 유효하다고 한다.[273)]

(다) 판단의 기준시점

비진의라는 사실의 지·부지나 과실의 유무의 판단의 기준시점에 대해서 견해의 대립이 있다. ① 요지시설은 상대방이 그 의사표시를 요지(了知)한 때, 즉 행위의 당시를 기준으로 하여야 한다는 견해이다.[274)] ② 도달시설은 상대방의 인지가능성을 도달시를 기준으로 객관적으로 판단하여야 한다는 견해이다.[275)] 생각건대 도달만으로는 의사표시의 내용을 알 수 없어서 진의 여부를 판단할 수 없으며, 상대방이 도달시에는 표의자의 진의 아님을 몰랐지만 요지시에는 이를 알았다면 표의자는 무효를 주장할 수 있다고 할 것이므로 요지시설이 타당하다.

(라) 손해배상책임의 인정여부

상대방의 악의를 이유로 무효가 된 경우에는 표의자가 손해배상책임을 질

리칙에 반하지만, 그 각서가 남편을 안심시키려는 고객의 요청에 따라 작성된 경위 등에 비추어 비진의 의사표시로서 무효라고 본 사례); 대판 1998.12.23, 97다20649(농수산물 도매시장의 지정도매인인 회사가 그 영업을 위해 지방자치단체와 시설물사용계약을 체결하기 위한 방편으로서 사후에 주주권을 원상회복해 줄 것을 약속하고 주주와 중매인을 겸할 수 없다는 지방자치단체의 방침에 따라 주주들로부터 주식포기각서를 받은 경우, 그 주식 포기는 비진의 의사표시로서 무효라고 한 사례).

273) 대판 1996.9.24, 96다21492(단위농협의 1인당 영농자재 외상공급 한도를 회피하기 위하여 제3자 명의를 빌려 영농자재구매약정을 맺은 경우, 제3자가 자기 명의로 구매약정을 체결하도록 승낙한 이상, 제3자의 의사는 위 약정에 관하여 주채무자로서 채무를 부담하겠다는 뜻으로 해석함이 상당하다고 한 사례); 대판 1996.9.10, 96다18182(앞에서 소개) 등이 있다.

274) 고상룡, 400면; 곽윤직, 232면; 김민중, 507면; 김주수, 345면; 김증한·김학동, 330면; 백태승, 394면; 장경학, 462면; 민법주해 Ⅱ, 312면(송덕수).

275) 김상용, 460면; 이영준, 318면; 이은영, 478면.

이유는 없다. 그러나 상대방이 선의였지만 그 선의인 데 과실이 있어서 비진의표시가 무효로 되는 경우에, 표의자는 상대방에 대하여 불법행위책임을 지는가에 대하여 견해가 대립한다.

① 책임긍정설은 표의자가 비진의표시를 하였는데도 상대방이 이를 진정한 의사표시로 신뢰하여 손해를 입었다면, 표의자는 불법행위책임(제750조)이나 계약체결상의 과실책임(제535조)에 기하여 그 신뢰이익을 배상하여야 하고 상대방에게도 과실이 있으므로 이에 대해서는 과실상계가 가능하다고 하는 견해이다.276) ② 책임부정설은 민법이 상대방이 알았거나 알 수 있었을 것을 유책사유로 하고 있어서 과실이 있는 경우에도 무효로 하고 있으므로 유책사유가 있는 상대방에게 배상책임은 인정될 수 없다는 견해이다.277) 또한 민법은 악의의 경우에만 무효로 하는 독일민법(제116조)과 규정형식을 달리하며, 배상책임(동법 제119조)을 명문으로 인정하고 있지 않는 점에서도 다르다고 한다. 생각건대 상대방이 선의인 데 과실이 있어서 무효가 되는 경우에, 표의자의 진의 아닌 표시행위를 신뢰하여 상대방은 무효가 된 법률행위를 유효하다고 믿고 일정한 법률행위를 하였고, 결국 비진의표시의 무효로 상대방에게 손해가 발생하였다면, 이 경우에 표의자에게 불법행위로 인한 손해발생의 요건으로서의 귀책사유는 존재하고, 상대방의 과실은 과실상계의 참작 사유이지 손해발생의 요건은 아니다. 따라서 명문의 규정이 없는 민법의 해석론으로서도 상대방의 표의자에 대한 신뢰이익의 배상책임은 인정하여야 할 것이다. 다만 그 배상은 신뢰이익의 배상이고 또 과실상계를 감안하면 그 실익은 크지 않을 것이다.

(마) 유추적용

배임적 대리행위(背任的 代理行爲)에도 제107조 1항은 유추적용되고 있다. 판례는「진의 아닌 의사표시가 대리인에 의하여 이루어지고 그 대리인의 진의가 본인의 이익이나 의사에 반하여 자기 또는 제3자의 이익을 위한 배임적인 것임을 그 상대방이 알았거나 알 수 있었을 경우에는 민법 제107조 제1항 단서의 유추해석상 그 대리인의 행위에 대하여 본인은 아무런 책임을 지지 않는다고 보아야 하고, 그 상대방이 대리인의 표시의사가 진의 아님을 알았거나 알 수 있었는가의 여부는 표의자인 대리인과 상대방 사이에 있었던 의사표

276) 고상룡, 402면; 김민중, 508면; 김상용, 462면; 김주수, 346면; 이영준, 319면; 이은영, 480면.

277) 곽윤직, 232면; 김준호, 356면; 김증한 · 김학동, 330면; 백태승, 395면; 장경학, 464면.

시 형성과정과 그 내용 및 그로 인하여 나타나는 효과 등을 객관적인 사정에 따라 합리적으로 판단하여야 한다」고 하고 있다.[278)]

3) 제3자에 대한 관계

진의 아닌 의사표시가 예외적으로 무효가 되는 경우에 그 무효는 선의의 제3자에게 대항하지 못한다(제107조 2항). 선의의 제3자의 보호와 거래의 안전을 위한 것이며 표시주의에 의한 것이다. 여기의 「선의」·「제3자」·「대항할 수 없다」 등의 의미에 관하여는 제108조 2항의 허위표시의 무효가 선의의 제3자에게 대항할 수 없다는 것과 대체로 같으므로 그 곳에서 설명하기로 한다.

(4) 적용범위

1) 제107조는 계약상의 의사표시뿐만 아니라, 단독행위에도 적용된다. 또한 상대방이 있는 단독행위뿐만 아니라 상대방 없는 의사표시에도 적용된다. 따라서 상대방 없는 의사표시에 대하여도 제107조 1항 본문이 적용되어 표시된 대로 효력이 발생한다. 다만 그 단서도 적용될 것인가에 대하여 견해가 대립한다. ① 적용부정설은 상대방 없는 단독행위에는 이 조문 단서가 적용되지 않기 때문에 언제나 유효하다는 견해이다.[279)] ② 적용긍정설은 상대방이 없는 단독행위라 하더라도 이 단서를 유추적용하여야 한다는 견해이다.[280)] 생각건대 진의 아닌 유언에서 수유자(受遺者)가 유언의 진의를 알고 있는 경우에는 그 유언을 유효로 할 이유가 없을 것이다.

또한 제107조는 준법률행위에도 유추적용될 수 있다. 채권양도의 통지(제450조) 등이 이에 속한다.

2) 혼인·입양과 같이 당사자의 진의를 절대적으로 필요로 하는 신분행위에 대해서는 본조는 적용되지 않으며 언제나 무효이다. 혼인과 입양에 관하여는 이 뜻을 명문으로 규정한다(제815조 1호, 제883조 1호). 또한 상법은 주식인수의 청약에 관하여 제107조의 적용을 배제하고 있다(동법 제302조 3항).

---

278) 대판 2006.3.24, 2005다48253; 대판 2004.3.26, 2003다34045; 대판 2004.2.26, 2003다59662; 대판 2002.11.26, 2001다5876; 대판 2001.1.19, 2000다20694 등.

279) 곽윤직, 233면; 김준호, 357면; 김증한·김학동, 331면; 이은영, 472면; 민법주해 Ⅱ, 329면(송덕수).

280) 고상룡, 403면; 김민중, 509면; 김상용, 463면; 김주수, 347면; 백태승, 397면; 장경학, 465면.

3. 허위표시

(1) 의 의

허위표시(虛僞表示)란 상대방과 통정(通情)하면서 하는 진의 아닌 의사표시이다(제108조). 표의자가 상대방의 양해 또는 합의 하에 진의 아닌 의사표시를 하는 것을 말하며, 상대방과의 통정이 있다는 의미에서 통정허위표시라고도 한다. 이러한 허위표시를 요소로 하는 법률행위를 가장행위(假裝行爲)라고 한다.

판례가 통정한 허위표시로 인정하여 무효라고 한 사례를 보면 다음과 같다. ㉠ 동일인 대출한도를 회피하기 위하여 상호신용금고의 양해 하에 형식상 제3자 명의를 빌려 체결된 대출약정,[281] ㉡ 실제로 어음상의 권리를 취득하게 할 의사는 없이 단지 채권자들에 의한 채권의 추심이나 강제집행을 피하기 위한 약속어음 발행행위,[282] ㉢ 명의신탁자가 새로운 소송을 제기하여 승소할 것에 대비하여 그 강제집행을 면탈하기 위하여 명의수탁자와 제3자 사이에 체결한 교환계약,[283] ㉣ 모기업의 일부 사업 부문이 인적 조직 및 물적 시설은 해체됨이 없이 동일성을 유지하면서 계열회사에게 이관됨에 따라 그 소속 근로자들이 회사방침에 의하여 중간퇴직을 하고 퇴직금을 수령한 후 신규 입사절차를 밟은 경우, 그 중간퇴직행위,[284] ㉤ 취득시효가 완성된 부동산의 소유자가 그 부동산을 아들에게 증여하여 소유권이전등기를 넘겨준 행위,[285] ㉥ 점유취득시효완성을 원인으로 한 소유권이전등기의 의무를 면탈하기 위하여 체결된 토지 매매계약과 이를 원인으로 한 소유권이전등기,[286] ㉦ 채권자들의 채권담보를 목적으로 이루어졌다기 보다는 재산의 도피 또는 은닉을 그 목적으로 이루어진 가등기[287] 등이 있다.

---

281) 대판 2002.10.11, 2001다7445; 대판 2001.5.29, 2001다11765; 대판 2001.2.23, 2000다65864; 대판 1999.3.12, 98다48989; 대판 1996.8.23, 96다18076 등.
282) 대판 2005.4.15, 2004다70024; 대판 1996.8.23, 96다18076.
283) 대판 2002.5.10, 2000다55171.
284) 대판 1997.6.27, 96다49674; 대판 1997.3.28, 95다51397; 대판 1994.1.25, 92다23834; 대판 1992.7.14, 91다40276; 대판 1991.3.22, 90다6545.
285) 대판 1995.6.30, 94다52416.
286) 대판 1994.10.11, 94다16090 등.
287) 대판 1990.10.30, 89다카34572; 대판 1990.6.26, 89다카27116.

(2) 요 건

1) 의사표시가 있을 것

일정한 효과의사를 추단할 만한 의사표시가 있어야 한다. 제3자가 보아서 사회통념상 의사표시가 있다고 생각할 만한 외관 내지 외형이 있으면 충분하다. 그러나 표의자와 상대방이 통정하여 제3자에게 진의를 숨겨서 제3자를 속일 목적으로 허위표시가 행해지는 것이 보통이다. 따라서 단순히 허위의 의사표시만 행해지는 것이 아니라, 증서작성 · 등기 · 등록 등 의사표시에 의한 법률행위의 성립을 신뢰하도록 하는 외관을 수반한다. 예컨대 가장매매계약 또는 가장교환계약을 원인으로 하는 소유권이전등기, 가장의 대출약정에 따르는 근저당설정등기 또는 어음발행행위, 가장의 임대차에 기한 주택의 인도와 주민등록이전[288)] 등이다.

2) 표시와 진의가 일치하지 않을 것

표시상의 효과의사와 진의가 일치하지 않아야 한다. 표의자가 외관상의 의사표시로부터 추단되는 효과의사를 내심에 가지고 있지 않는 것이 필요하다. 그러므로 신탁행위는 법적 효과(소유권이전)와 이를 통하여 달성하고자 하는 경제적 목적(채권담보)이 서로 다르지만 외관대로 당사자에게 소유권이전이라는 진의를 가지고 있기 때문에 허위표시가 아니다.

표시와 진의의 불일치한 경우로는, 어음상의 권리를 취득하게 할 의사 없이 하는 어음발행행위, 취득시효가 완성된 부동산을 아들이나 아내에게 증여하거나 매도하는 행위 등 허위표시로 인정되는 사례가 이에 속한다.

판례는 ㉠ 금융기관이 동일인 대출한도를 회피하기 위하여 형식상 제3자 명의로 대출약정을 체결하면서 대물변제 등의 방법에 의해 제3자에게 대출에 따른 책임을 묻지 않기로 합의한 경우, 그 합의는 대출약정이 통정허위표시임을 명백히 뒷받침하는 징표에 불과할 뿐 별개의 법률행위라고 볼 수 없어 이에 터 잡아 제3자의 대출금채무가 대물변제로 소멸되었다고 주장할 수는 없

---

288) 대판 2002.3.12, 2000다24184,24191(기존 채권을 우선변제 받을 목적으로 주택임대차계약의 형식을 빌려 기존 채권을 임대차보증금으로 하기로 하고 주택의 인도와 주민등록을 마침으로써 주택임대차로서의 대항력을 취득한 것처럼 외관을 만들었을 뿐 실제 주택을 주거용으로 사용 · 수익할 목적을 갖지 아니 한 계약은 주택임대차계약으로서는 통정허위표시에 해당되어 무효라고 할 것이므로 이에 주택임대차보호법이 정하고 있는 대항력을 부여할 수는 없다고 한 사례); 대판 2002.1.8, 2001다47535; 대판 2001.5.8, 2001다14733.

다고 한다.[289] 그러나 ㉡「금융기관이 대출규정의 제한을 회피하기 위하여 실질적 주채무자 아닌 제3자와 사이에 제3자를 주채무자로 하는 소비대차계약을 체결한 경우, 제3자가 금융기관을 직접 방문하여 금전소비대차약정서에 주채무자로서 서명 날인하였다면 소비대차계약에 따른 경제적 효과를 타인에게 귀속시키려는 의사에 불과할 뿐, 그 법률상의 효과까지도 타인에게 귀속시키려는 의사로 볼 수는 없으므로, 제3자의 진의와 표시에 불일치가 있다고 보기는 어렵다」고 한다.[290] ㉢「매매계약을 체결함에 있어 조세감면규제법상의 감면제도를 활용하여 조세부담을 감면받기 위한 방책으로 매매대금을 증액하고 이행기를 늦추기로 한 경우에 증액하기로 약정한 매매대금을 약정기일까지 실제로 지급할 의사로 계약을 체결한 이상 통정허위표시로서 무효라고 할 수 없다」고 한다.[291]

이러한 불일치를 표의자가 알고 있어야 한다. 이 점에서 착오와 구별된다.

3) 상대방과의 통정이 있을 것

표시와 진의가 일치하지 않는 의사표시를 하는 데 있어서 표의자와 상대방 사이에 통정(通情)이 있어야 한다.[292] 이것은 법률행위의 거짓의 외관을 만들어 내는 데 관한 당사자의 합의이다. 구체적으로는 당사자가 합의하거나 상대방이 양해(諒解)하거나[293] 각서를 작성하는[294] 형태로 나타난다. 그러나

289) 대판 2007.11.29, 2007다53013.

290) 대판 2003.6.24, 2003다7357(금융기관이 대출규정의 제한을 회피하기 위하여 실질적 주채무자 아닌 제3자와 사이에 제3자를 주채무자로 하는 소비대차계약을 체결한 경우에, 이 소비대차계약은 통정허위표시가 아니라는 사례); 대판 2003.4.8, 2002다38675; 대판 1998.9.4, 98다17909; 대판 1997.7.25, 97다8403 등 참조.

291) 대판 1992.12.22, 91다35540,35557.

292) 통정(通情): 허위표시에 있어서의「통정」은 표의자와 상대방 사이의 복합적인 합의이다. 이 합의에는 ⓐ 표의자가 일정한 진의를 가질 것, ⓑ 표의자가 그것과 다른 외형상의 의사표시를 할 것, ⓒ 외형상의 의사표시에 의하여 진의를 숨길 것 등의 3점에 관하여 상대방과 합의가 이루어지는 것이다. ⓐ의 표의자의 진의는 일정한 권리의무관계의 변동을 의욕하는 진정한 효과의사인 경우도 있고, 또는 권리의무관계의 불변경의 의사인 경우도 있다. ⓑ의 합의의 내용이 외형상의「허위의 의사표시」이다. ⓒ는 ⓑ의 전제로서 어떠한 외형에 의하여 숨기는가에 관한 합의 및 ⓑ의 뒷처리로서 장차 어떻게 외형을 해소하는가에 관한 합의이다. 민법은 이와 같은 복합적인 합의 중에서 ⓑ의 내용만을 취하여「허위표시」라고 말한다(장경학, 466면).

293) 대판 2002.10.11, 2001다7445(동일인 대출한도를 회피하기 위하여 상호신용금고의 양해하에 형식상 제3자 명의를 빌려 체결된 대출약정이 무효라고 한 사례); 대판 1996.8.23, 96다18076(상호신용금고의 양해 하에 체결된 형식상 주채무자 명의의 대출약정 및 그에 따른 어음발행행위가 무효라고 본 사례) 등.

당사자쌍방이 별개로 심리유보를 한 경우와, 일방의 심리유보를 타방이 숙지하고 있는 것만으로는 허위표시로 되지 않는다. 특히 상대방이 허위표시로 받아들일 것으로 기대하고 비진의표시를 하였으나 이를 진정한 의사표시로 받아들인 경우에는 가장행위의 미수(未遂)에 해당된다. 이러한 경우에는 통정이 결여되었기 때문에 허위표시는 성립하지 않고, 비진의표시의 문제로 다루어진다.

통정을 하게 된 동기나 목적은 허위표시의 요건이 아니다

(3) 효 과

1) 당사자 간의 효력

(가) 무 효

허위표시는 낭사자 사이에서는 언제나 무효(無效)이다(제108조 1항). 당사자는 허위표시의 외관을 만드는 데 합의하고 있으므로, 이에 법적 구속력을 인정한 필요가 없기 때문이다. 통정한 허위의 의사표시는 선의의 제3자를 제외한 누구에 대하여서나 무효이고, 또한 누구든지 그 무효를 주장할 수 있다.[295] 따라서 허위표시로 무효인 가장행위에서 발생하는 채무는 이행할 필요가 없다. 가장행위의 결과로 소유권이전등기가 행해졌다면 그 가장등기도 무효이며, 원래의 권리자는 외형상의 소유자를 상대로 가장등기의 말소를 청구하거나 그에 갈음한 이전등기를 청구할 수 있다. 즉 허위표시의 외관제거에 협력할 것을 청구할 수 있다.

(나) 부당이득반환청구

허위표시는 무효이므로 아직 이행하고 있지 않으면 이행할 의무가 없고, 이미 이행하였더라도 부당이득을 이유로 반환청구를 할 수 있다(제741조). 허위표시는 그 자체가 불법은 아니기 때문에 불법원인으로 인한 급여에 대해 반환청구를 허용하지 않는 제746조가 적용되지 아니한다.

(다) 채권자취소권 행사

294) 대판 2006.4.28, 2005다76265(조합의 이사장으로부터 대출금의 실제 채무자는 근저당권설정자가 아니라는 등의 각서를 받은 경우에 그 대출약정과 근저당설정등기를 무효라고 한 사례).

295) 대판 2003.3.28, 2002다72125; 대판 2000.7.6, 99다51258. 그리고 대판 1993.4.27, 92다51747은 「비록 형사사건에서 부동산의 이중매도인이 배임죄로 처벌받았을지라도 민사사건에서는 이중매매가 통정허위표시에 기한 무효의 법률행위라고 판단할 수 있다」고 한다(같은 취지: 대판 1992.5.26, 91도2963).

허위표시에 의한 가장행위가 채권자취소권(제406조)의 요건을 갖춘 경우에는 허위표시를 한 채무자의 채권자는 채권자취소권을 행사할 수 있다.[296] 예컨대 채무자가 강제집행을 면할 목적으로 타인과 통정하여 가장의 부동산매매계약과 함께 소유권등기도 이전하였고, 이러한 채무자의 행위가 그의 채권자를 해치는 사해행위(詐害行爲)에 해당할 경우에 채권자는 그 가장행위를 취소하여 그 소유권을 채무자에게 원상회복케 할 수 있다. 반대로 채권자취소권의 대상으로 된 채무자의 법률행위라도 통정허위표시의 요건을 갖춘 경우에는 무효이다.[297]

2) 제3자에 대한 효력

허위표시의 무효는 선의의 제3자에게 대항하지 못한다(제108조 2항). 이는 허위표시의 외관을 신뢰한 제3자를 보호하기 위한 규정이다.

(가) 등기의 공신력과의 관계

「선의의 제3자에게 대항하지 못한다」는 선의자보호규정(善意者保護規定)은 외관을 신뢰한 자를 보호하기 위한 규정으로서, 허위표시(제108조 2항)에서만이 아니라 비진의표시(제107조 제2항), 착오(제109조 2항), 사기·강박(제110조 3항)에서도 동일한 규정을 두고 있다. 이들 규정은 등기의 공신력(公信力)을 인정하고 있지 않은 우리 법제 하에서, 부동산의 거래에 있어서 공신의 원칙[298]에 갈음하는 기능을 담당하게 된다. 예컨대 가장매매로 가장의 매수인에게 소유권등기가 이전된 경우에 그 등기를 믿고 거래한 제3자는 허위표시의 무효주장으로 인하여 이미 취득한 소유권을 박탈당하게 된다. 등기의 공신력이 인정되지 않기 때문이다. 여기에서 선의의 제3자에게 대항하지 못한다고 함으로써 등기의 공신력이 인정되는 것과 같은 효과가 있게 된다. 다만 동산의 거래에 있어서는 선의취득(제249조)이 적용되어 외관을 신뢰한 자를 보호하기 때문에 선의자보호규정은 큰 의의를 가지지 않는다.

---

296) 대판 1984.7.24, 84다카68.

297) 대판 1998.2.27, 97다50985.

298) 공신의 원칙(公信의 原則)은 실제로는 권리관계가 존재하지 않는데도 불구하고 권리관계의 존재를 추측할만한 외형적 표상(등기·점유)이 있는 경우에, 이 외형을 신뢰하여 거래한 자를 보호하여 진실로 권리관계가 존재한 것과 같은 법률효과를 인정하려고 하는 원칙이다. 구체적으로 민법은 동산의 선의취득제도(제247조 이하), 지시채권의 선의취득제도(제514조, 제515조), 표현대리제도(제125조, 제126조, 제129조), 채권의 준점유자에 대한 변제의 보호제도(제470조, 제471조) 등을 인정하고 있으나, 등기에 대해서는 그 공신력을 인정하고 있지 않다.

(나) 제3자의 범위

제3자는 허위표시행위를 기초로 하여 새로운 법률상의 이해관계를 맺은 자를 말한다. 허위표시의 당사자와 포괄승계인 이외의 자로서 그 허위표시에 의하여 외형상 형성된 법률관계를 토대로 실질적으로 새로운 법률상 이해관계를 맺은 자를 말한다.[299] 그리고 제3자의 범위는 권리관계에 기초하여 형식적으로만 파악할 것이 아니라 허위표시행위를 기초로 하여 새로운 법률상 이해관계를 맺었는지 여부에 따라 실질적으로 파악하여야 한다.[300]

제3자에 해당하는 자로는, 가장매매의 매수인으로부터 그 재산권을 다시 매수한 자, 가장양수인으로부터 저당권 기타의 제한물권의 설정을 받은 자, 가장매매에 기한 대금채권의 양수인, 가장소비대차에 기한 채권의 양수인 또는 가압류권자,[301] 통정에 의한 타인명의의 예금통장의 명의인으로부터 예금채권을 양수한 자, 가장매매의 매수인에 대한 압류채권자, 가장소비대차의 대주가 파산선고를 받은 경우에 그 파산관재인,[302] 임대차보증금 반환채권을 담보하기 위하여 전세권설정등기를 경료한 후 그 전세권에 대하여 저당권이 설정된 경우에 저당권자,[303] 파산관재인[304] 등이 이에 해당한다.

반면에 가장매매에 기한 손해배상청구권의 양수인, 채권의 가장양도에 있어서의 채무자,[305] 가장소비대차계약을 이전(移轉) 받은 양수인[306] 등은 허위표시의 당사자로서 독립한 이익을 갖는 법률관계에 들어간 자가 아니기 때문에 제3자에 속하지 않는다.

(다) 선 의

선의(善意)란 그 의사표시가 허위표시임을 알지 못하는 것이다. 선의이면 충분하고 무과실임을 요구하지 않는다.[307] 제108조 2항이 무과실을 요구하고

---

299) 대판 2003.3.28, 2002다72125; 대판 1996.4.26, 94다12074 등.

300) 대판 2000.7.6, 99다51258(보증인이 주채무자의 기망행위에 의하여 주채무가 있는 것으로 믿고 주채무자와 보증계약을 체결한 다음 그에 따라 보증채무자로서 그 채무까지 이행한 경우, 그 보증인이 주채무자의 채권자에 대한 채무 부담행위라는 허위표시에 기초하여 구상권 취득에 관한 법률상 이해관계를 가지게 되었다고 보아 민법 제108조 제2항 소정의 '제3자'에 해당한다고 한 사례).

301) 대판 2004.5.28, 2003다70041; 대판 2000.7.6, 99다51258.

302) 대판 2006.11.10, 2004다10299; 대판 2003.6.24, 2002다48214.

303) 대판 2007.10.26, 2005다42545.

304) 대판 2006.2.9, 2005다59864.

305) 대판 1983.1.18, 82다594.

306) 대판 2004.1.15, 2002다31537.

307) 통설. 그러나 중과실이어서는 안된다는 견해가 있다(고상룡, 412면). 판례는 통설과 같다. 대판 2006.3.10, 2002다1321(민법 제108조 제2항에 규정된 통정허위표시에 있어서

있지 않으며, 허위표시의 당사자는 제3자를 오신케 하는 외관을 고의로 만들어 낸 자이므로 제3자 보호의 요건도 완화할 수 있는 것이다.

선의이냐의 여부는 제3자가 법률상 이해관계에 서게 된 시점을 기준으로 하여야 할 것이다. 선의의 제3자로부터 전득한 악의의 전득자도 제3자로부터 선의자의 지위를 승계한 것이므로 보호받을 수 있다.[308] 또 누구를 기준으로 선의·악의를 판단하는가에 대해서, 판례는 파산관재인이 선임된 경우에 총 파산채권자를 기준으로 하여 파산채권자 모두가 악의로 되지 않는 한 파산관재인은 선의의 제3자라고 할 수밖에 없다고 한다.[309]

또한 선의에 대한 입증책임은 무효를 주장하는 쪽이 부담한다는 것이 통설·판례의 입장이다.[310]

(라) 대항하지 못한다

대항하지 못한다는 것은 표시된 대로 효력이 생긴다는 것이다. 따라서 선의의 제3자에 대하여는 허위표시의 당사자뿐만 아니라 표의자의 채권자를 포함하여 그 누구도 허위표시의 무효로 대항하지 못하고, 따라서 선의의 제3자에 대한 관계에 있어서는 허위표시도 그 표시된 대로 효력이 있다.[311]

그러나 선의의 제3자가 허위표시의 무효를 주장할 수 있는가에 대하여 견해가 대립된다. ① 주장가능설은 선의의 제3자 스스로 무효를 주장할 수도 있다는 견해이다.[312] ② 주장불가설은 선의자라 하여 자기의 유불리에 따라 유·무효를 마음대로 주장하는 것은 불공평하고 거래안전의 규정취지에 반한

의 제3자는 그 선의 여부가 문제이지 이에 관한 과실 유무를 따질 것이 아니라고 한 사례); 대판 2004.5.28, 2003다70041; 대판 2000.7.6, 99다51258 등.

308) 통설. 이에 반하여 악의의 양수인은 선의자의 권리를 승계할 수 없다는 견해가 있다(주석(하), 235면).

309) 대판 2007.10.26, 2005다42545; 대판 2006.11.10, 2004다10299(파산관재인이 파산선고 전에 개인적인 사유로 파산자가 체결한 대출계약이 통정허위표시에 의한 것임을 알게 되었다고 하더라도 그러한 사정만을 가지고 파산선고시 파산관재인이 악의자에 해당한다고 할 수 없다고 한 사례).

310) 대판 2007.11.29, 2007다53013; 대판 2006.3.10, 2002다1321(민법 제108조 제1항에서 상대방과 통정한 허위의 의사표시를 무효로 규정하고, 제2항에서 그 의사표시의 무효는 선의의 제3자에게 대항하지 못한다고 규정하고 있는데, 여기에서 제3자는 특별한 사정이 없는 한 선의로 추정할 것이므로, 제3자가 악의라는 사실에 관한 주장·입증책임은 그 허위표시의 무효를 주장하는 자에게 있다고 한 사례); 대판 2003.12.26, 2003다50078,50085 등.

311) 대판 1996.4.26, 94다12074; 대판 1983.1.18, 82다594; 대판 1982.5.25, 80다1403.

312) 고상룡, 414면; 곽윤직, 235면; 김민중, 514면; 김상용, 469면; 김준호, 363면; 백태승, 402면; 이은영, 504면; 장경학, 474면; 민법주해 Ⅱ, 377면(송덕수); 주석(하), 235면.

다는 견해이다.[313] 생각건대 무효로 대항하지 못하게 하여 보호받는 선의의 제3자가 그러한 보호를 포기하고 스스로 무효를 주장하는 것은 가능하다고 할 것이다.

3) 허위표시의 철회

허위표시를 한 당사자가 합의에 의하여 외형상의 법률행위를 소멸케 하고, 진정한 권리자에게 증서·등기 등의 권리명의를 회복하는 것이 허위표시의 철회이다. 이러한 철회는 인정되는 것이지만 이로써 선의의 제3자에게 대항할 수 없다.[314] 예컨대 가장매도와 이전등기를 마친 후에 이를 철회하였으나, 등기를 말소하지 않았는데 이를 모르고 제3자가 매수한 경우에 그 철회로 제3자에게 대항하지 못한다.

(4) 적용범위

1) 재산법상의 행위

계약은 청약자와 승낙자가 당사자가 되는 대표적인 상대방 있는 의사표시이므로 상대방과의 통정이 요구되는 허위표시의 주된 대상이 된다. 채권계약이나 물권계약을 묻지 않는다.

단독행위 중에서도 예컨대 채무면제, 계약해제, 취소 등과 같이 상대방이 있는 단독행위에는 당연히 적용된다. 하지만 상대방이 없는 단독행위에도 적용될 것인가에 대해 견해가 대립된다. ① 적용부인설은 통정이 있기 위해서는 상대방이 필요하므로 상대방 없는 단독행위에는 허위표시규정이 적용될 수 없다는 견해이다.[315] ② 적용긍정설은 상대방 없는 단독행위에 관하여 허위표시의 성립을 부인하면 그로 인한 결과를 원상회복할 수 없으므로 제108조의 적용을 인정하여야 한다는 견해이다.[316] 생각건대 부동산공유자 전원의 합의로 1인을 제외하고 가장의 공유지분포기를 하고, 그 1인의 단독소유의 등기로 고친 경우에, 직접 수익자인 공유자와 통정하여 허위로 한 때에는 제108조를 유추적용하는 것이 타당하다고 할 것이다. 이러한 포기는 상대방을 필요로

313) 김주수, 352면; 김증한·김학동, 336면; 이영준, 329면.
314) 통설. 그러나 허위표시의 철회는 불가능하며, 의사표시의 외관제거만이 가능하다는 견해가 있다(이은영, 505면).
315) 곽윤직, 236면; 김증한·김학동, 337면; 김준호, 364면; 백태승, 403면.
316) 고상룡, 415면; 김민중, 515면; 김상용, 470면; 김주수, 353면; 이영준, 330면; 이은영, 496면.

하지 않는 단독행위이지만 실질적으로 그에 관하여 이해관계를 가지는 사람을 보호할 필요가 있을 것이다.

합동행위에는 제108조가 적용될 것인가에 대해서도 견해가 대립한다. ① 적용부인설은 정관적성행위는 상대방 없는 합동행위이므로 상대방 없는 의사표시이기 때문에, 제108조는 적용되지 않으며 언제나 유효하다는 견해이다.[317] ② 적용긍정설은 합동행위가 상대방 없는 법률행위라 하더라도 합명회사 등 인적회사의 설립행위에 관해서는 실질적으로 당해의사표시에 의하여 직접 권리관계의 변동이라는 효과를 받을 자와의 관계에서는 제108조의 적용이 있다는 견해이다.[318] 생각건대 합동행위인 설립행위에 있어서는 설립자가 다수이더라도 이들을 합동행위의 상대방이라고 볼 수 없으므로 제108조가 적용될 수 없다고 할 것이다.

2) 가족법상의 행위

가족법상의 행위는 당사자의 진정한 의사가 절대적으로 존중되므로 제108조의 적용이 없으며, 그 행위의 성질상 모든 관계에 있어서 무효이다. 다만 가족법상의 행위라 하더라도 예컨대 상속재산분할의 협의(제1013조), 재산상속의 포기(제1041조) 등과 같이 재산법적 요소가 강한 행위에는 제108조가 적용될 수 있다.[319]

3) 제108조 2항의 유추적용 문제

가장의 법률행위는 존재하지 않으나 허위의 외관이 형성된 경우에 이러한 외관을 신뢰한 선의자를 보호하기 위하여 제108조 2항이 유추적용될 수 있는가.[320]

이에 대해서 학설은 일치하지 않는다. ① 유추적용인정설은 진실과 다른 외관을 작출하는 데 진정권리자의 귀책이 인정되는 경우에는 선의자 보호와 거래안전을 위하여 제108조 2항이 유추적용되어야 한다는 견해이다.[321] ② 제

317) 곽윤직, 236면; 백태승, 403면; 장경학, 480면.

318) 고상룡, 415면; 김상용, 470면; 김주수, 353면; 김증한·김학동, 337면; 이영준, 331면.

319) 같은 취지: 고상룡, 415면; 김민중, 515면; 김상용, 470면; 김주수, 353면; 이영준, 331면; 이은영, 496면; 장경학, 480면. 이에 대하여 반대하는 견해는, 곽윤직, 236면; 김준호, 364면; 김증한·김학동, 338면; 백태승, 403면이 있다.

320) 이에 관하여 일본판례에서 문제된 판례의 유형과 학설의 동향에 대한 자세한 설명은 장경학, 476면-479면 참조.

321) 김상용, 472면; 장경학, 477면.

한적인정설은 진정한 권리자의 보호와 조화되는 범위 내에서[322] 또는 다른 방법에 의하여는 적절한 결과에 달할 수 없는 경우에 한하여[323] 제한적으로 인정할 수 있다는 견해이다. ③ 유추적용부정설은 민법이 등기의 공신력을 인정하지 않으므로 해석을 통하여 그것을 광범위하게 인정하게 되는 것은 바람직하지 않다는 견해이다.[324] 생각건대 등기의 공신력은 입법정책상의 결단으로 해결할 문제이지 제108조 2항의 확대적용으로 해결할 문제는 아니므로 민법이 인정하는 외관우월을 인정하는 제도에 의해서 간접적으로 등기의 공신력이 보완되는 것이 타당하다.

판례는, 담보권설정의 대리권을 수여받은 자가 그 명의로 소유권이전등기하여 자신의 이름으로 담보권을 설정하여 준 경우,[325] 담보권설정의 대리권을 수여받은 자가 그 부동산을 자신의 명의로 소유권이전등기를 한 후 제3자에게 다시 소유권이전등기를 경료한 경우[326]에, 기장의 등기명의사가 소유권등기를 이전하는 데 진정한 소유자가 이를 통정 · 용인하였거나 이를 알면서 방치하였다고 볼 수 없다면 제108조 제2항을 유추할 수는 없다고 한다.

(5) 허위표시와 구별해야 할 행위

1) 은닉행위

은닉행위(隱匿行爲)는 가장매매로 증여를 은닉하는 행위와 같이 진실로 다른 행위를 할 의사가 있기 때문에 허위표시로 취급하지 않는 행위이다. 이 경우 증여가 은닉행위이고 매매가 가장행위이다. 이에 관하여 명문의 규정은 없으나, 은닉행위의 효력은 은닉행위 자체가 의사표시로서 요건을 구비하였느냐의 여부에 따라서 결정할 것이다. 허가나 증명을 요구하는 경우에 은닉행위 자체에 대한 허가나 증명이 있어야 하고, 은닉행위가 요식행위인 경우에는 이를 갖추어야 유효하다.

판례는 「매도인이 경영하던 기업이 부도가 나서 그가 주식을 매도할 경우 매매대금이 모두 채권자은행에 귀속될 상황에 처하자 이러한 사정을 잘 아는 매수인이 매매계약서상의 매매대금은 형식상 금 8,000원으로 하고 나머지 실질적인 매매대금은 매도인의 처와 상의하여 그에게 적절히 지급하겠다고 하

322) 이영준, 334면.
323) 김증한 · 김학동, 337면.
324) 김준호, 363면; 백태승, 405면.
325) 대판 1981.12.22, 80다1475.
326) 대판 1991.12.27, 91다3208.

여 매도인이 그와 같은 주식매매계약을 체결한 경우, 매매계약상의 대금 8,000원이 적극적 은닉행위를 수반하는 허위표시라 하더라도 실지 지급하여야 할 매매대금의 약정이 있는 이상 위 매매대금에 관한 외형행위가 아닌 내면적 은닉행위는 유효하고 따라서 실지매매대금에 의한 위 매매계약은 유효하다」고 한다.[327)]

2) 신탁행위

신탁행위(信託行爲)는 표의자가 경제적 목적을 달성하기 위하여 상대방을 신뢰하고 그 경제적 목적 이상의 법적 지위를 설정하고, 상대방으로 하여금 그 목적의 범위 내에서 그 권리를 행사케 하는 행위이다. 예컨대 채권추심을 위하여 채권을 양도하는 경우에, 채권추심이라는 경제적 목적을 달성하기 위하여 그 필요한 한도를 넘어서 권리를 이전하면서 경제적 목적의 범위 내에서만 권리를 행사할 의무를 지는 법률관계이다. 신탁행위에 있어서는 경제적 목적 이상의 법적 지위를 설정하고자 하는 진의가 표의자의 내심에 존재하므로, 이는 허위표시가 아니다. 다만 명의신탁은 이와 다르다.[328)]

4. 착 오

(1) 의 의

착오(錯誤)에 의한 의사표시라 함은 표의자가 의사표시에 이르는 과정 또는 의사표시 자체에 있어서 모르고 사실과 일치하지 않는 인식 내지 추단을 하고, 이에 의하여 의사표시를 한 것이다. 일반적으로 착오는 어떤 객관적인 사실에 대한 인식에 잘못이 있는 것을 말한다. 그러나 여기서는 착오에 의한 의사표시를 의미한다. 이는 표시상의 효과의사에 대응하는 내심의 효과의사가 존재하지 않는 것을 표의자가 모르는 것이며, 표시에 대응하는 의사가 결여되

---

327) 대판 1993.8.27, 93다12930.

328) 명의신탁(名義信託)은 대내적으로 신탁자가 여전히 목적물의 소유권을 보유하면서 관리·수익하지만 공부상으로만 수탁자의 소유명의로 하는 것이다. 여기에서는, 수탁자는 외관상 권리자인 것처럼 보일 뿐이지 그 소유권을 행사하지 못한다. 당사자 간에 단지 가장소유권이전으로 통정한 것이므로 허위표시로서 무효이다. 이에 대해서 판례가 시종일관 유효로 하였으며, 학설도 명의신탁을 허위표시가 아니라 신탁행위로 보아 유효하다고 한 견해(이영준, 335면)가 있었으나, 「부동산실권리자명의 등기에 관한 법률」(1995년 법률 4944호)이 제정되어 부동산명의신탁을 무효화하였다.

어 있으므로 의사표시를 취소할 수 있다.

법률행위의 내용의 중요부분에 착오가 있는 때에는 그 의사표시를 취소할 수 있으나, 표의자의 중대한 과실로 인한 때에는 취소하지 못하며, 그 취소는 선의의 제3자에게 대항하지 못한다(제109조).

(2) 착오의 정의에 관한 학설

착오를 어떻게 정의할 것인가에 대해 견해가 다양하게 대립하고 있는데, 이는 주로 동기의 착오를 어떻게 이해할 것인가에 따른 대립이다. 동기의 착오가 착오에 포함되는가와 제109조가 적용될 것인가의 여부에 따라 학설을 분류하면 다음과 같다.

① 제한적 포함설은 착오를「표시행위로부터 추단된 의사와 진의가 일치하지 않는 의사표시로서 그 불일치를 표의자 스스로 알지 못하는 것」이라고 정의하면서 동기의 착오는 원칙적으로 포함되지 않으나, 동기가 표시되고 상대방이 알고 있는 경우에는 그 동기가 의사표시의 내용이 되므로, 그 범위 내에서 동기의 착오가 고려되고 제109조가 적용된다는 견해이다.[329] 판례의 입장도 이와 같다.[330]

② 당연포함설은「표의자가 의사표시에 이르는 과정 또는 의사표시 자체에 있어서 모르고 사실과 일치하지 않는 인식 내지 추단을 하고, 이에 의하여 의사표시를 한 것」이라고 정의하면서, 동기의 착오는 표시와 무관하게 언제나 의사표시의 착오로 제109조가 적용된다는 견해이다.[331]

③ 포함불가설은「내심적 효과의사와 표시행위의 불일치」라고 정의하면서, 동기의 착오는 법률행위의 착오가 아니므로 제109조의 착오에 포함되지 않는다는 견해이다. 여기에는 다시 제109조의 적용과 관련하여 견해가 일치하지 않는다. ㉠ 제109조 유추적용설은 동기도 법률행위의 내용에 관련되는 것이므로 거래에 있어서 중요한 동기의 착오에 관해서는 그 표시여부와 관계없이 제109조를 유추적용하여야 한다는 견해이다.[332] ㉡ 제109조 적용불가설은 동

329) 김주수, 356면; 김준호, 370면; 곽윤직, 237면은 동기의 착오까지 포함해서 설명해 주는 정의로「의사와 진의의 불일치」라고 하고 여기서 진의는 착오가 없었더라면 가졌을 것으로 생각되는 의사라고 하면서, 동기의 착오까지 포함하는 견해이나, 동기가 표시될 것을 요건으로 하는 점에서 이 견해로 분류할 수 있다.

330) 대판 1985.4.23, 84다카890(착오라는 것은 의사표시의 내용과 내심의 의사가 일치하지 않는 것을 표시자가 모르는 것이라고 한 사례).

331) 고상룡, 437면; 김용한 295면; 장경학, 483면.

332) 김민중, 528면; 김상용, 477면; 백태승, 410면; 이영준, 348면.

기의 착오는 표시되었다 하더라도 제109조에 의해서는 고려되지 않으며, 동기가 상대방에 의하여 유발된 경우에는 신의성실의 원칙에 의해서 또는 동기를 조건으로 삼은 경우에는 조건의 법리에 의하여 그 효력이 영향을 받는다는 견해이다.[333]

생각건대 동기의 착오도 제109조에 포함되며 착오부분의 중요도나 중대한 과실 여부에 따라 취소 여부가 결정되는 것이 타당하다.

(3) 착오의 유형

의사표시의 착오는 의사표시의 생성과정의 어느 곳에 착오가 존재하는가에 따라 분류된다.

1) **표시상의 착오**

(가) 의 의

표시행위 자체를 잘못한 것을 말한다. 오기(誤記)나 오담(誤談), 그리고 어떤 사람이 자신의 의사와 다른 법률효과를 발생시키는 내용의 서면에, 그것을 읽지 않거나 올바르게 이해하지 못한 채 기명날인을 하는 기명날인의 착오(또는 서명의 착오)도 이에 속한다.[334] 이는 표시에 의하여 추단되는 효과의사에 대응하는 내심의 효과의사가 결여되고, 표의자가 그 불일치를 모르기 때문에 착오의 전형적인 경우이다.

다만 표시의사를 의사표시의 요소로 생각하는 설에 의하면 표시상의 착오에 있어서는, 표시의사가 없으므로 의사표시는 무효이며, 착오의 문제는 생기지 않는다고 한다. 그러나 표시의사를 의사표시의 요소로 하지 않는 입장에서는 당연히 착오의 문제로 다루게 된다.

표시상의 착오는 오표시무해의 원칙에서의 「오표시」(誤表示)와는 구별된다. 이 원칙은 표의자 및 그 상대방이 표시행위를 원래의 의미대로 이해하지 아니하고 이와 다른 의미로 이해한 때에는 법률행위는 표의자와 상대방이 실제로 이해한 의미대로 성립한다고 하는 원칙이다. 따라서 착오에 의한 취소의 문제는 생기지 않는다.

표시상의 착오는 「숨은 불합의」와 구별된다. 숨은 불합의(不合意)란 계약

333) 김증한 · 김학동, 343면; 민법주해 Ⅱ, 436면(송덕수).
334) 대판 2005.5.27, 2004다43824(신원보증서류에 서명날인한다는 착각에 빠진 상태로 연대보증의 서면에 서명날인한 사례).

을 체결할 때 의사표시의 불합치를 당사자가 모르는 것을 말하는데, 이 경우에는 합의의 결여로 계약은 성립하지 않으므로 일단 법률행위의 유효를 전제로 하는 착오와 다르다.

(나) 표시기관의 착오

표시기관(表示機關)의 착오는 중개자를 통하여 의사표시를 하는 경우에, 그 표시기관이 잘못하여 표의자의 표시와는 다른 의사표시를 하는 것을 말한다. 예컨대 사자(使者)를 시켜 의사를 전달시키거나 전신기관을 통하여 의사를 타전시킨 경우에, 중개자의 잘못으로 표의자의 표시와 다르게 표시된 경우이다. 독일민법은 이를 표시상의 착오와 마찬가지로 다룬다(동법 제120조). 명문의 규정이 없는 우리 민법의 해석에 있어서도 중개적 표시기관의 잘못된 표시는 표의자가 스스로 표시를 잘못한 표시상의 착오로 다루어야 할 것이다.[335]

대리인이 중개자로서 표시를 잘못한 경우에는, 표시상의 착오가 되지 아니한다. 이 경우에는 대리인의 표시만으로 효과가 발생하고 착오의 유무는 대리인을 표준으로 판단하기 때문에(제116조), 대리인의 표시의 내용이 본인의 의사와 다르더라도 본인 자신의 착오로는 되지 않는다.[336]

이미 완성된 의사표시를 전달하는 전달기관으로서의 사자가 서신을 다른 주소에 잘못 전달한 경우에는 착오의 문제는 생기지 않고 의사표시의 부도달(不到達)의 문제가 생길 뿐이다(제111조 1항).

(다) 법률의 착오

법률의 착오는 법률의 규정 또는 그 의의에 관하여 잘못 인식하는 것을 말한다. 형법은 이를 책임조각사유로 하고 있다(동법 제16조). 이에 대해서 민법은 제109조가 특히 법률의 착오를 제외하지 않으므로 일반이론에 의하여 착오를 인정할 것이다(통설). 판례는 양도소득세가 부과될 것인데도 부과되지

---

335) 이에 대해서 이영준, 349면은 표시기관의 착오에 관하여 제109조를 유추적용하여야 한다고 한다.

336) 대판 1996.2.13, 95다41406(매수인이 대리인을 통하여 분양택지 매수지분의 매매계약을 체결한 경우, 대리행위의 하자의 유무는 대리인을 표준으로 판단하여야 하므로, 대리인이 매도인과 분양자와의 매매계약에 있어서 매수인의 1인으로서 그 계약 내용, 잔금의 지급 기일, 그 지급 여부 및 연체 지연손해금 액수에 관하여 잘 알고 있었다고 인정되는 때에는, 설사 매수인이 연체 지연손해금 여부 및 그 액수에 관하여 모른 채로 대리인에게 대리권을 수여하여 매도인과의 사이에 그 매매계약을 체결하였다고 하더라도, 매수인으로서는 그 자신의 착오를 이유로 매도인과의 매매계약을 취소할 수는 없다고 한 사례).

아니하는 것으로 오인하는 법률상의 착오가 있더라도 그것이 법률행위의 내용의 중요부분에 관한 것인 때에는 표의자는 그 의사표시를 취소할 수 있다고 한다.[337]

2) 내용의 착오

내용의 착오는 표시행위 자체에는 착오가 없으나, 표시행위가 가지는 의의를 잘못 이해하는 것을 말한다. 예컨대 일본의 엔(円)과 우리나라의 원을 동일 가치의 것으로 오신하고 100원이라고 적을 생각으로 100엔이라고 적은 경우, 보증을 서준다는 것이 연대채무와 보증이 같은 줄로 알고 연대채무자가 된 경우 등은 모두 내용의 착오가 있는 예이다. 내용의 착오는 표의자가 사용하고자 원하는 표시수단의 의미를 잘못 이해하는 것이므로, 표의자가 원하지 않는 표시수단을 사용하는 표시상의 착오와는 구별된다.

3) 동기의 착오

(가) 의 의

동기의 착오(動機의 錯誤)는 의사표시를 하게 된 동기에 착오가 있는 것이다.[338] 동기의 착오는 표의자가 효과의사의 결정에 의미 있는 상황을 잘못 인식한 경우이다. 따라서 동기의 착오는 표시에 대응하는 내심의 의사는 존재하지만, 그 내심의 의사를 결정할 때의 동기나 내심의 의사를 결정하는 과정에 착오가 있는 것을 말한다. 연유(緣由)의 착오라고도 한다. 예컨대 모조품을 진품인 줄 알고 매입했다거나, 장차 고속도로가 부설될 예정지의 인접지라고 오신하고 그렇지 않은 토지를 고가로 매입한 경우 등은 모두 동기의 착오에 속한다.[339]

판례가 동기의 착오로 취소를 인정한 것으로는, ㉠ 상대방을 토지소유자의 적법한 상속인인 것으로 잘못 알고 토지소유권을 환원시켜 주기로 하는 합의

---

337) 대판 1981.11.10, 80다2475.

338) 법무부 민법개정안 제109조 2항은 「당사자, 물건의 성질 그밖의 법률행위의 동기에 착오가 있는 경우에도 그 착오가 거래의 본질적인 사정에 관한 것인 때에는 제1항을 준용한다」고 하여 동기의 착오의 명문화를 꾀하고 있다.

339) 그러나 판례는 매매계약 당시 정차 도시계획이 변경되어 공동주택, 호텔 등의 신축에 대한 인·허가를 받을 수 있을 것이라고 생각하였으나 그 후 생각대로 되지 않은 경우, 이는 법률행위 당시를 기준으로 장래의 미필적 사실의 발생에 대한 기대나 예상이 빗나간 것에 불과할 뿐 착오라고 할 수는 없다고 한 사례(대판 2007.8.23, 2006다15755)도 있다.

에 이른 경우,[340] ㉡ 금융기관이 신용보증기금에게 연체가 발생하여 신용보증 제한 대상이 되는 기업에 대한 거래상황확인서를 발급함에 있어서 아무런 연체가 없는 것처럼 기재함으로써 신용보증기금이 신용보증을 하게 된 경우,[341] ㉢ 귀속 해제된 토지인데도 귀속재산인줄로 잘못 알고 국가에 증여를 한 경우[342] 등이 있다.

(나) 학 설

동기의 착오를 이유로 제109조의 적용이 가능한가, 그리고 가능하다면 표시가 그 요건이 되는가에 학설이 대립한다.

① 적용가능설은 동기의 착오에 대해서 제109조를 적용하여 취소할 수 있다는 견해이고, 그 적용의 폭과 요건에 대해서 동기의 표시를 기준으로 분류하면 다음과 같다. ㉠ 표시요건설은 동기가 표시되고, 상대방이 알고 있는 경우에는 그 동기는 의사표시의 내용이 되므로 그 범위 안에서 동기의 착오는 내용의 착오의 문제로 된다는 견해이다.[343] 동기는 심리적인 것에 불과하므로 표시의 유무를 객관적인 표준으로 함으로써 표의자의 보호와 거래안전의 요구를 조화시킬 수 있다고 한다. ㉡ 표시불문설은 동기가 표시되었거나 표시되지 않았거나를 묻지 않고 다른 유형의 착오와 마찬가지로 취급하여야 한다는 견해이다.[344] 그 취소를 인정하는 데에는 법률행위의 중요부분인가의 여부와 중대한 과실의 유무에 따라 판단하는 것이 타당하다고 한다. ㉢ 표시무관설은 동기가 법률행위의 조건이 되거나 법률행위의 해석을 통하여 법률행위의 내용이 되면 내용의 착오로 되고 표시는 해석의 기준이 될 뿐이라고 하며, 동기의 착오는 통상의 착오와 동일하게 취급할 수는 없으나 거래에 있어서 중요한 사람 또는 물건의 성질에 관한 착오에는 제109조를 유추적용하자는 견해이다.[345]

② 적용불가설은 동기의 착오는 비록 동기가 표시되어 상대방이 알고 있더라도 제109조에 의하여 고려되지 않아야 한다는 견해이다.[346] 동기의 착오가 상대방의 유발에 의한 경우에도 제109조에 의해서가 아니라 신의성실의 원칙

340) 대판 1994.9.30, 94다11217.
341) 대판 1992.2.25, 91다38419.
342) 대판 1978.7.11, 78다719.
343) 곽윤직, 239면; 김기선, 272면; 주석(하), 250면.
344) 고상룡, 436면-438면; 김상용, 484면; 김용한, 293면; 김주수, 360면; 이은영, 519면; 장경학, 489면.
345) 백태승, 414면; 이영준, 348면.
346) 김증한·김학동, 343면~344면; 민법주해 Ⅱ, 431면~436면(송덕수).

에 따라 취소를 인정하여야 한다고 하며, 다만 무상계약에서는 동기의 착오에 의한 취소를 인정한다.

생각건대 동기가 효과의사를 구성하지는 않는다 하더라도 법률행위의 내용에 영향을 미치며, 표시 여부로 법률행위의 내용이 되었는가를 판단하는 것은 다른 착오에서는 그것을 문제 삼지 않는 것과 일관되지 않으며, 실제의 사례도 표시상의 착오나 내용의 착오에 관한 것보다는 동기의 착오에 관한 것이 많은 것을 보면, 양자의 구별로 제109조의 실효성을 제한하는 결과가 될 것이다. 따라서 동기의 착오와 다른 착오를 구별하지 않고 어떠한 유형의 착오이든 중요부분의 착오인가 표의자에게 중대한 과실이 있는가의 여부에 따라 취소 여부를 결정하는 것이 타당하다.

(다) 판례의 태도

판례는 동기의 착오가 법률행위의 내용의 중요부분의 착오에 해당함을 이유로 표의자가 법률행위를 취소하려면 그 동기를 당해 의사표시의 내용으로 삼을 것을 상대방에게 표시하고 의사표시의 해석상 법률행위의 내용으로 되어 있다고 인정되면 충분하고 당사자들 사이에 별도로 그 동기를 의사표시의 내용으로 삼기로 하는 합의까지 이루어질 필요는 없다고 한다.[347] 그밖에도 당사자 사이에 그 동기를 의사표시의 내용으로 삼았을 경우에만 취소할 수 있다고 하는 것도 있다.[348] 그러나 당사자들이 그 동기를 의사표시의 내용으로 삼지 않은 경우에는 취소할 수 없다고 한다.[349]

또 판례는 동기의 착오가 상대방의 적극적인 행위에 의해 유발되는 경우에 그 동기가 상대방에게 표시되어 있지 않아도 법률행위의 중요부분의 착오에 해당하고 표의자에게 중대한 과실이 없으면 제109조의 착오를 인정하고 있

347) 대판 2000.5.12, 2000다12259(매매대상 토지 중 20～30평 가량만 도로에 편입될 것이라는 중개인의 말을 믿고 주택 신축을 위하여 토지를 매수하였고 그와 같은 사정이 계약체결 과정에서 현출되어 매도인도 이를 알고 있었는데 실제로는 전체 면적의 약 30%에 해당하는 197평이 도로에 편입된 경우, 동기의 착오를 이유로 매매계약의 취소를 인정한 사례); 대판 1998.2.10, 97다44737; 대판 1997.9.30, 97다26210; 대판 1995.11.21, 95다5516; 대판 1995.5.23, 94다60318.

348) 대판 1999.4.23, 98다45546; 대판 1996.3.26, 93다55487.

349) 대판 1997.4.11, 96다31109(매수인이 공장의 신축부지로 사용하기 위하여 토지를 매입하였는데, 그 토지가 개간농지로서 농지의 전용을 제한하는 법령에 의한 복잡한 절차를 거쳐야만 공장의 부지로 사용할 수 있다는 사실을 매수인이 알고 있었고, 또 그 토지가 곧바로 공장의 부지로 전용될 수 있다는 것을 당사자들이 의사표시의 내용으로 삼지 않은 경우, 부지의 전용이 매매계약의 동기가 되었다고 할 수 없다고 하여 매수인의 동기의 착오를 이유로 한 의사표시의 취소 주장을 배척한 사례).

다.[350]

(4) 착오로 인한 취소의 요건

1) 법률행위 내용의 중요부분의 착오

(가) 의 의

법률행위의 내용의 중요부분의 착오는 착오가 의사표시의 내용에 관한 것이고, 또한 내용의 중요부분에 관한 착오를 말한다. 중요부분이라 함은 표의자가 착오가 없었다면 그러한 의사표시는 하지 않았을 것이라고 생각되는 정도의 중요부분일 뿐만 아니라(주관적 요건), 보통 일반인도 그러한 형편 하에 표의자의 입장에 서게 된다면 착오 없이는 그러한 의사표시를 하지 않았을 것이라고 생각될 정도의 중요부분이어야 한다(객관적 요건)는 것을 의미한다.[351] 즉 의사와 표시의 불일치가 주관적 현저성과 객관적 현저성을 갖추어야 한다.[352] 의사와 표시의 불일치의 객관적 현저성은 그 경제적 목적도 고려하여 판단할 것이다.

판례는 ㉠ 착오가 법률행위 내용의 중요 부분에 있다고 하기 위하여는 표의자에 의하여 추구된 목적을 고려하여 합리적으로 판단하여 볼 때 표시와 의사의 불일치가 객관적으로 현저하여야 하고, 만일 그 착오로 인하여 표의자가 경제적인 불이익을 입은 것이 아니라면 이를 법률행위 내용의 중요 부분의 착오라고 할 수 없다고 한다.[353] 그리고 ㉡ 착오를 이유로 의사표시를 취소하는 자는 법률행위의 내용에 착오가 있었다는 사실과 함께 그 착오가 의사표시에 결정적인 영향을 미쳤다는 점, 즉 만약 그 착오가 없었더라면 의사표시를 하지 않았을 것이라는 점을 증명하여야 한다고 한다.[354]

---

350) 대판 1997.9.30, 97다26210.

351) 대판 2000.5.12, 2000다12259; 대판 1999.4.23, 98다45546; 대판 1998.2.10, 97다44737; 대판 1997.9.30, 97다26210; 대판 1996.3.26, 93다55487(매수인이 대출을 받아 잔금을 지급하기로 한 잔금지급계획은 매매계약의 중요한 부분이라고 할 수 없다고 한 사례); 대판 1995.11.21, 95다5516; 대판 1995.5.23, 94다60318.

352) 통설. 이에 반하여 이은영, 521면은 객관적으로 판단하여야 한다고 한다.

353) 대판 2006.12.7, 2006다41457; 대판 1999.2.23, 98다47924(군유지로 등기된 군립공원 내에 건물 기타 영구 시설물을 지어 이를 군(郡)에 기부채납하고 그 부지 및 기부채납한 시설물을 사용하기로 약정하였으나 후에 그 부지가 군유지가 아니라 이(里) 주민의 총유로 밝혀진 사안에서, 군수가 여전히 공원관리청이고 기부채납자의 관리권이 계속 보장되는 점에 비추어 소유권 귀속에 대한 착오가 기부채납의 중요 부분에 관한 착오라고 볼 수 없다고 한 사례); 대판 1998.9.22, 98다23706.

354) 대판 2008.1.17, 2007다74188

(나) 중요부분의 모습

이러한 표준도 추상적인 것에 불과하기 때문에, 중요부분의 여부에 관해서는 결국 법관의 합리적 판단에 대폭적으로 위임할 수밖에 없을 것이다. 따라서 각 계약마다 그 거래의 성질과 여러 사정을 고려하여 각 당사자의 이해를 비교형량하여 결론을 내려야 할 것이다. 일반적으로 중요부분의 착오로 인정되는 경우를 유형별로 보면 다음과 같다.

㉠ 법률행위의 성질에 관한 착오: 법률행위의 성질을 잘못 안 경우, 예컨대 임대차를 사용대차인 줄 잘못 알았거나, 연대채무를 보증채무로 잘못 안 경우는 보통 중요부분의 착오가 된다. 그러나 준소비대차계약을 소비대차계약으로 잘못 안 경우에는 양자가 법률효과가 동일하므로 중요부분의 착오가 아니다.[355)]

㉡ 사람의 동일성의 착오: 법률행위의 성질상 상대방의 개성이 중요시되는 증여·신용매매·임차·고용·혼인·입양 등에서는 사람의 동일성에 대한 착오는 중요부분의 착오가 된다. 판례는 근저당권설정계약상 채무자의 동일성에 관한 착오,[356)] 기술신용보증기금이 금융부실거래자인 갑을 을로 오인하고 신용보증을 한 경우[357)]에 중요부분의 착오로 인정하고 있다.

㉢ 사람의 속성에 관한 착오: 사람의 신분·자력 등이 중요한 의의를 가진 법률행위에 있어서는 사람의 속성에 관한 착오가 중요부분의 착오가 될 수 있다. 판례는 재건축조합이 재건축아파트 설계용역계약을 체결함에 있어서 상대방의 건축사 자격 유무에 관한 착오,[358)] 신용보증기금의 신용보증에 있어서 보증대상기업의 신용 유무에 관한 착오[359)] 등은 중요부분의 착오라고 한다. 그러나 공동상속인을 단독상속인으로 오인한 착오[360)]는 중요부분의 착오

355) 대판 2006.12.7, 2006다41457(주채무자의 차용금반환채무를 보증할 의사로 공정증서에 연대보증인으로 서명·날인하였으나 그 공정증서가 주채무자의 기존의 구상금채무 등에 관한 준소비대차계약의 공정증서이었던 사례).

356) 대판 1995.12.22, 95다37087(채권자란이 백지로 되어 있는 저당권설정계약서를 제시받은 갑이 채무자는 을이라고 생각하여 서명·날인하였는데, 실제로는 병을 채무자로 하는 저당권등기가 경료되었다면, 이는 채무자의 동일성에 관한 착오로서 중요부분의 착오에 해당한다고 한 사례).

357) 대판 1993.10.22, 93다14912.

358) 대판 2003.4.11, 2002다70884.

359) 대판 2007.8.23, 2006다52815; 대판 2005.5.12, 2005다6228; 대판 1998.9.22, 98다23706.

360) 대판 1996.12.23, 95다35371(등기명의자 갑과 종전 소유자의 상속인으로서 소유권이전등기의 원인무효를 주장하는 을 사이에 토지 소유권 환원의 방법으로 을 앞으로 소유권이전등기를 경료하여 주기로 하는 합의가 이루어진 경우, 을이 공동상속인들 중 1인이라면 공유물에 대한 보존행위로서 단독으로 공유물에 관한 원인무효의 등기의 말소를

에 해당하지 않는다고 한다.

㉣ 물건의 동일성에 관한 착오: 법률행위의 성질상 물건 자체에 중점을 두는 경우에는, 예컨대 갑마인 줄 알고 을마를 사는 계약을 한 경우, 1번지의 토지를 판다는 것이 2번지의 토지를 판다는 계약을 한 경우, 갑의 보증을 한다는 것이 을의 채무를 보증하는 계약을 한 경우에는 모두 중요부분의 착오가 된다. 판례는 매수인의 매매목적물에 대한 착오[361]를 중요부분의 착오라 한다. 그러나 물건 자체에 중점을 두지 않는 경우에는 중요부분의 착오가 되지 않는다.

㉤ 물건의 성상·내력에 관한 착오: 물건의 성상(性狀)·내력(來歷)에 관한 착오는 일반적으로 동기의 착오이나 그것이 거래상 중요한 의의를 가지는 경우에만 중요부분의 착오가 된다. 예컨대 가축매매에 있어서의 연령·수태능력, 기계의 성질 등을 오신한 경우 등이 그 예이다. 판례는 고려청자로 알고 매수한 도자기가 진품이 아닌 것으로 밝혀진 경우,[362] 토지의 현황경계에 관한 착오,[363] 귀속재산이 아닌 것을 귀속재산으로 알고 국가에 증여한 것을 중요부분의 착오라고 한다.[364] 그러나 공(空)리스에 있어서 리스물건의 존재여부에 관한 보증인의 착오[365]는 단순한 동기의 착오에 불과할 뿐이고 법률

구하거나 소유권이전등기에 관한 합의를 할 수 있다고 보아야 하므로, 갑이 을을 단독상속인으로 믿고서 그와 같은 소유권환원의 합의에 이르렀더라도 그와 같은 착오는 합의내용의 중요부분에 해당한다고 볼 수 없다고 한 사례).

361) 대판 1991.8.27, 91다11308.

362) 대판 1997.8.22, 96다26657(고려청자로 알고 매수한 도자기가 진품이 아닌 것으로 밝혀진 경우, 개인 소장자인 매수인이 그 출처의 조회나 전문적 감정인의 감정 없이 매수한 점만으로는 중과실이 인정되지 않으므로 착오를 이유로 계약을 취소할 수 있다고 본 사례).

363) 대판 1997.8.26, 97다6063(상대방의 경계선 침범 주장에 따라 착오로 보상금을 지급한 사례); 대판 1993.9.28, 93다31634,31641(외형적인 경계(담장)를 기준으로 하여 갑, 을 사이에 인접토지에 관한 교환계약이 이루어졌으나 그 경계가 실제의 경계와 일치하지 아니함으로써, 결국 을이 그 소유대지와 교환으로 제공받은 갑의 대지 또한 그 대부분이 을의 소유인 것으로 판명된 사례); 대판 1989.7.25, 88다카9364(주위토지통행권자가 인접대지위의 담장이 그 대지의 경계선과 일치하는 것으로 잘못 알고 이 담장을 기준으로 통로폭을 정하여 주위토지소유자의 담장설치에 합의한 사례); 대판 1968.3.26, 67다2160(본건 토지 답 1,389평을 전부 경작할 수 있는 농지인 줄 알고 매수하여 그 소유권이전등기를 마쳤으나 타인이 경작하는 부분은 인도되지 않고 있을 뿐 아니라 측량결과 약 600평이 하천을 이루고 있는 사례).

364) 대판 1978.7.11, 78다719.

365) 대판 2001.2.23, 2000다48135(금융리스(finance lease)는 실질에 있어 리스이용자에게 리스물건을 취득하는 데 소요되는 자금에 관한 금융의 편의를 제공하는 것을 내용으로 하는 물적 금융이고, 공(空)리스도 리스물건 대금 상당액의 융자를 받아 이에 이자 상

행위의 중요부분의 착오라 할 수 없다고 한다.

ⓑ 물건의 수량·가격 등에 관한 착오: 물건의 객관적인 가격이나 예기된 수량과 상당히 큰 차이가 있는 특별한 경우에는 중요부분으로 인정할 수 있으나, 일반적으로는 중요부분의 착오가 되지 않는다. 판례는 토지현황의 부지(不知)로 시가보다 싼값으로 매도하는 등 부동산의 시가(時價)에 관한 착오는 동기의 착오에 불과할 뿐 중요부분의 착오는 아니라고 한다.[366] 또 매매목적물에 관한 지분의 근소한 부족(4평)에 관하여 0.211평(계산상 0.201평))의 착오도 중요부분의 착오가 아니다.[367]

ⓢ 법률상태의 착오: 거래상 중요한 의의를 가지는 경우, 예컨대 소송이 제2심에서 자기에게 유리하게 판결로 확정된 것을 알지 못하고 양보를 하여 맺은 화해계약의 경우 등이 중요부분의 착오로 다루어진다. 판례는 기술신용보증기금이 잘못 작성된 거래상황확인서를 믿고 보증한 경우,[368] 전문건설공제조합이 도급금액이 허위로 기재된 계약보증신청서를 믿고서 조합원이 수급할 공사의 도급금액이 조합원의 도급한도액 내인 것으로 잘못 알고 계약보증서를 발급한 경우,[369] 부동산의 양도에 부과될 세액의 착오,[370] 공사도급계약에 관한 이행보증보험계약체결에 있어서 공사의 실제 착공일에 관한 보험자의 착오[371]는 모두 중요부분의 착오가 된다고 한다.

그러나 온천여관 매매에 있어서 온천공의 단독사용권 여부에 대한 착오,[372] 무효인 건축허가조건을 유효한 것으로 믿고 토지를 증여한 착오,[373] 기부채납한 시설물의 부지의 소유권 귀속에 대한 착오,[374] 중요부분의 착오라 할 수

당액을 추가한 금액을 리스료라는 이름으로 반환하는 점에 있어 정상적인 리스와 차이가 없으며 다만 담보역할을 할 것으로 기대되는 리스물건의 존재 여부에 차이가 있을 뿐이므로, 리스물건의 인도가 없는 점에 보증인의 착오가 있는 경우에도, 리스이용자가 리스회사로부터 금융의 이익을 얻어 이를 리스료로 할부변제하는 것을 보증하는 의사가 보증인에게 있었던 이상, 보증인의 위와 같은 착오는 원칙적으로 법률행위의 중요부분의 착오가 아니고 동기의 착오에 불과하다고 한 사례).

366) 대판 1992.10.23, 92다29337; 대판 1991.2.12, 90다17927 등.

367) 대판 1984.4.10, 83다카1328,1329.

368) 대판 1996.7.26, 94다25964.

369) 대판 1997.8.22, 97다13023.

370) 대판 1981.11.10, 80다2475. 그러나 대판 1994.6.10, 93다24810은 「추가로 양도소득세가 부과되는 사실을 알았더라면 매수인이 그것까지 부담하기로 약정하였으리라고 인정되는 경우에 세액에 관한 착오가 있었다는 이유만으로 매매계약을 취소하는 것은 허용되지 않는다」고 한다.

371) 대판 2002.7.26, 2001다36450.

372) 대판 1987.4.14, 86다카1065.

373) 대판 1995.6.13, 94다56883.

없고 동기의 착오에 불과하다고 한다.

2) 표의자에게 중과실이 없을 것

표의자에 중대한 과실이 없어야 한다(제109조 1항 단서). 표의자의 경과실에 의한 착오는 취소할 수 있지만, 중대한 과실로 인한 착오는 비록 중요부분의 것이더라도 취소하지 못한다. 중대한 과실(重大한 過失)이라 함은 표의자의 직업, 행위의 종류, 목적 등에 비추어 보통 요구되는 주의를 지나치게 결여한 것이다.[375]

판례가 중대한 과실에 해당하여 그 법률행위를 취소할 수 없다고 한 경우로는, ㉠ 공장을 경영하는 자가 새로운 공장을 설립할 목적으로 토지를 매수함에 있어서 공장을 건축할 수 있는 토지인지의 여부를 관할관청에 알아보지 아니 한 것,[376] ㉡ 신용보증기금의 신용보증서를 담보로 금융채권자금을 대출해 준 금융기관이 위 대출자금이 모두 상환되지 않았음에도 착오로 신용보증기금에게 신용보증서 담보설정 해지를 통지한 것[377] 등이 있다.

그러나 중대한 과실에 해당하지 아니하여 그 법률행위를 취소할 수 있다고 한 판례는, ㉠ 재건축조합이 상대방의 건축사 자격 유무를 조사하지 아니한 것,[378] ㉡ 고려청자로 알고 매수한 도자기가 진품이 아닌 것으로 밝혀진 경우에 개인 소장자인 매수인이 그 출처의 조회나 전문적 감정인의 감정 없이 매수한 것,[379] ㉢ 매매대상 토지 중 도로편입 부분에 대한 매수인의 착오,[380] ㉣ 부동산중개업자가 다른 점포를 매매 목적물로 잘못 소개하여 매수인이 매매 목적물에 관하여 착오를 일으킨 것,[381] ㉤ 전문건설공제조합이 계약보증서를 발급하기에 앞서 조합원이 수급하는 공사의 도급금액이 도급한도액 범위 내인지 여부를 확인하는 것을 게을리 한 것[382] 등이다.

중대한 과실이 있다고 하는 입증책임은 착오를 이유로 법률행위를 취소하

---

374) 대판 1999.2.23, 98다47924.
375) 대판 2007.8.23, 2006다52815; 대판 2003.4.11, 2002다70884; 대판 2000.5.12, 99다64995 등.
376) 대판 1993.6.29, 92다38881; 대판 1992.11.24, 92다25830,25847.
377) 대판 2000.5.12, 99다64995.
378) 대판 2003.4.11, 2002다70884.
379) 대판 1997.8.22, 96다26657.
380) 대판 2000.5.12, 2000다12259.
381) 대판 1997.11.28, 97다32772,32789.
382) 대판 1997.8.22, 97다13023.

고자 하는 표의자의 상대방이 부담한다.

표의자가 중대한 과실에 빠졌지만 상대방이 이러한 표의자의 착오를 악용하는 경우에는 착오자는 취소할 수 있는가? 제109조 1항 단서에서 표의자에게 중과실의 부존재를 요구하는 것은 상대방의 이익과 조화를 이루기 위한 것이므로, 표의자의 착오를 악용하는 상대방은 더 이상 보호받을 이유가 없다고 하여야 한다. 따라서 악의의 상대방이 표의자의 중과실을 주장하는 것은 신의성실의 원칙에 어긋난다고 할 것이다.[383]

3) 상대방의 인식가능성의 문제

착오를 이유로 한 취소권을 행사하기 위해서 제109조가 요구하는 요건 이외에 상대방에게 착오표시의 인식가능성이 요구되는가에 대해서 견해가 대립한다.

① 인식가능성요건설은 표의자가 착오로 인하여 의사표시를 한 것을 상대방이 의사표시 당시에 이를 알았거나 알 수 있었음을 취소요건으로 하여야 한다는 견해이다.[384] 상대방의 예견가능성의 요건을 추가한다면 취소를 제한하는 효과를 거둘 수 있기 때문에 상대방의 보호가 가능하게 되며 이로써 동기의 착오와 다른 착오를 동일한 대상으로 취급할 수 있는 장점이 있다고 한다. ② 인식가능성불요설은 상대방의 인식가능성은 착오로 인한 취소의 요건으로 할 필요가 없다는 견해이다.[385] 생각건대 인식가능성을 요건으로 하면 착오에 의한 취소를 사실상 봉쇄하는 결과가 되며, 거래안전의 보호는 중요부분 또는 중대한 과실의 해석을 통하거나 표의자의 신뢰이익의 배상책임을 인정함으로써 해결할 수 있으므로 그 요건화는 필요하지 않다고 한다. 명문의 규정이 없는 사항을 취소의 요건으로 하는 것은 해석론으로는 무리라고 할 것이다.

(5) 취소의 효과

1) 법률행위의 소급적 무효

법률행위의 내용의 중요부분에 착오가 있고 표의자에게 중대한 과실이 없는 때에만 취소할 수 있다(제109조 1항 참조). 착오를 이유로 취소가 되면 그

---

383) 같은 취지: 김상용, 495면; 김주수, 365면; 김준호, 372면; 김증한·김학동, 349면; 백태승, 423면; 이영준, 364면; 이은영, 524면. 대판 1955.11.10, 4288민상321.

384) 김주수, 364면; 장경학, 493면.

385) 고상룡, 447면; 김상용, 496면; 김증한·김학동, 350면; 백태승, 424면; 이영준, 365면; 이은영, 525면.

법률행위는 그 전체가 소급하여 무효가 된다. 그 법률행위는 부분적으로 무효가 되어 수정이 되는 것이 아니라 폐기되어 처음부터 없었던 것이 된다. 따라서 채무가 아직 이행되지 않은 경우에는 그대로 소멸한다. 그러나 이미 이행이 이루어진 후에 소급적으로 소멸한 경우에는 그 급부는 법률상 원인 없는 이득이 되므로 부당이득반환청구의 대상이 된다.

판례는 「매도인이 매수인의 중도금 지급채무 불이행을 이유로 매매계약을 적법하게 해제하여 처음부터 계약이 존재하지 않았던 것으로 되었더라도, 매수인으로서는 상대방이 한 계약해제의 효과로서 발생하는 손해배상책임을 지거나 매매계약에 따른 계약금의 반환을 받을 수 없는 불이익을 면하기 위하여 착오를 이유로 한 취소권을 행사하여 매매계약 전체를 무효로 돌리게 할 수 있다」고 한다.[386]

나만 법률행위의 일부에 착오가 존재하면 그 부분만 취소가 되고 나머지 부분은 일부무효의 법리(제137조)에 따라 효력을 유지하게 된다.

2) 표의자의 손해배상책임

표의자의 경과실로 법률행위가 취소되어 계약의 효력이 생기지 않는 경우에 상대방은 계약이 유효하다고 믿었기 때문에 일정한 손해를 입게 된다. 이러한 경우에 상대방은 착오자를 상대로 신뢰이익의 배상을 청구할 수 있는가는 문제이다. 독일민법(제122조)과 같은 명문의 규정을 두고 있지 않은 민법하에서는 원시적 불능에 관한 제535조의 「계약체결상의 과실책임」의 규정을 확대 적용하여 경과실의 착오자에게 신뢰이익의 배상을 긍정하자는 것이 보통이다.[387] 따라서 착오의 의사표시를 한 자가 이를 취소한 때에도 표의자의 계약체결상의 과실로 인하여 상대방이 입은 손해에 대해서 신뢰이익의 범위에서 배상을 인정할 수 있는 것으로 해석한다. 그런데 법무부 민법개정안은 그 제109조의2에서, 「제109조에 의하여 의사표시를 취소한 자는 그 착오를 알 수 있었던 경우에는 상대방이 그 의사표시의 유효함을 믿었음으로 인하여 받은 손해를 배상하여야 한다. 그러나 그 배상액은 의사표시가 유효함으로 인

---

386) 대판 1996.12.6, 95다24982,24999; 대판 1991.8.27, 91다11308(시유지인 일정한 부동산 전부를 불하받을 목적에서 매수하였으나 실제로는 건물지번이 상이하여 불하받기 어렵게 되어 취소한 사례).

387) 곽윤직, 242면; 김상용, 502면; 김주수, 367면; 백태승, 427면; 이영준, 374면; 이은영, 533면; 장경학, 495면. 이에 반하여 제535조의 유추적용에 반대하는 견해로는, 고상룡, 448면; 김준호, 375면; 김증한·김학동, 351면이 있다.

하여 생길 이익액을 넘지 못한다. 이는 상대방이 표의자(表意者)의 착오를 알았거나 알 수 있었을 경우에는 적용하지 아니한다.」고 함으로써 독일민법과 같은 명문의 규정을 두고자 하고 있다.

3) 제3자에 대한 관계

착오에 의한 의사표시의 취소는 선의의 제3자에게 대항하지 못한다(제109조 2항). 거래의 안전을 보호하기 위한 것이다. 즉 갑이 착오로 인하여 을에게 부동산을 팔고 을이 이것을 다시 선의의 병에게 전매하면 갑은 매매를 취소할 수 있으나, 병으로부터 부동산의 반환은 청구할 수 없고 을로부터 금액의 상환을 청구할 수 있을 뿐이다. 이러한 선의의 제3자의 보호는 등기의 공신력이 인정되지 않는 민법 하에서는 이를 갈음하는 기능한다는 점은 앞에서 설명한 바와 같다. 또한 여기서의 제3자, 선의, 대항할 수 없다 등은 모두 허위표시의 경우와 같다.

(6) 적용범위

1) 상대방 없는 단독행위

제109조의 착오는 계약뿐만 아니라 상대방 있는 단독행위에도 적용된다. 그러면 상대방 없는 단독행위에도 적용될 수 있는가. 취소는 상대방에 대한 의사표시로서 하게 되어 있으므로 그 적용이 배제되는가. 이에 대해서 제109조가 특별히 상대방 있는 경우에 한정하고 있지 않으므로 상대방 없는 단독행위에 적용된다고 할 것이다.[388] 판례도 「민법 제47조 제1항에 의하여 생전처분으로 재단법인을 설립하는 때에 준용되는 민법 제555조는 "증여의 의사가 서면으로 표시되지 아니한 경우에는 각 당사자는 이를 해제할 수 있다."고 함으로써 서면에 의한 증여(출연)의 해제를 제한하고 있으나, 그 해제는 민법 총칙상의 취소와는 요건과 효과가 다르므로 서면에 의한 출연이더라도 민법 총칙규정에 따라 출연자가 착오에 기한 의사표시라는 이유로 출연의 의사표시를 취소할 수 있고, 상대방 없는 단독행위인 재단법인에 대한 출연행위라고 하여 달리 볼 것은 아니다」라고 한다.[389]

---

388) 같은 취지: 김준호, 375면.
389) 대판 1999.7.9, 98다9045.

2) 가족법상의 행위

제109조는 가족법상의 행위에는 적용되지 아니한다. 착오에 의한 혼인·입양 등은 무효로 한다는 다른 규정에 의해 규율된다(제815조 1항, 제883조 1항). 당사자의 의사를 존중하는 가족법상의 행위에서는 중과실의 착오자도 무효를 주장할 수 있고 선의의 제3자에게도 그 무효로 대항할 수 있다.

3) 공법행위

소송행위는 일반 사법상의 행위와는 달리 그 절차의 안정과 명확성이 요구되므로 내심의 의사보다 그 표시를 기준으로 하여 효력 유무를 판정할 수밖에 없는 것이다. 따라서 착오에 의한 소취하,[390] 처분금지가처분의 취소[391]라도 제109조에 의해 이를 취소할 수 없다. 행정처분에는 민법상의 법률행위의 중요부분의 착오에 관한 제109조가 당연히 적용되는 것이 아니다.[392]

4) 화해계약

화해계약(제731조)에 관해서는 그 계약의 특수성 때문에 화해당사자의 자격 또는 화해의 목적인 분쟁에 관하여 착오가 있더라도 취소하지 못한다(제733조).[393] 그러나 이 이외의 사항에 관한 착오는 제109조에 의하여 취소할 수 있다.[394]

5) 상법상의 행위

상법상의 각종의 행위는 거래안전이 특히 요구되므로 표시주의의 관철이 요구된다. 따라서 회사성립 후에는 착오를 이유로 주식인수를 취소할 수 없도록 하고 있다(상법 제320조 1항).

---

390) 대판 1997.10.24, 95다11740; 대판 1997.6.27, 97다6124.

391) 대판 1984.5.29, 82다카963.

392) 대판 1962.11.22, 62다655; 대판 1956.3.29, 4288민상448.

393) 대판 2001.10.12, 2001다49326(의사의 치료행위 직후 환자가 사망하여 의사가 환자의 유족에게 거액의 손해배상금을 지급하기로 합의하였으나 그 후 환자의 사망이 의사의 치료행위와는 전혀 무관한 것으로 밝혀진 사안에서, 의사에게 치료행위상의 과실이 있다는 점은 위 합의의 전제이었지 분쟁의 대상은 아니었다고 보아 착오를 이유로 화해계약의 취소를 인정한 사례).

394) 대판 1960.8.25, 4292민상101(화해계약에 관하여는 화해당사자의 자격 또는 화해의 목적이 된 분쟁 이외의 사항으로서 그 화해계약의 요소가 된 사항에 관한 착오가 있을 때에 한하여 그 착오를 이유로 화해계약의 효력을 다툴 수 있고 또 취소 사유가 있을 시는 그 취소를 주장할 수 있다고 한 사례).

(7) 다른 제도와의 경합

1) 사기와 착오

타인의 기망행위로 초래된 착오가 「법률행위의 내용의 중요부분의 착오」가 되는 경우에는 착오와 사기의 경합이 있게 된다. 이 경우 당사자는 어느 쪽이든 선택적으로 주장할 수 있다고 해석한다(통설). 판례도 「기망행위로 인하여 법률행위의 중요부분에 관하여 착오를 일으킨 경우뿐만 아니라 법률행위의 내용으로 표시되지 아니한 의사결정의 동기에 관하여 착오를 일으킨 경우에도 표의자는 그 법률행위를 사기에 의한 의사표시로서 취소할 수 있다」고 한다.395)

2) 담보책임과 착오

민법 제570조 이하의 담보책임에 관한 규정의 적용범위는 제109조의 「법률행위의 내용의 중요부분의 착오」가 있는 경우까지 포함하기 때문에, 이 두 제도의 관계가 문제가 된다. 이에 대하여 담보책임의 규정은 착오의 특칙을 이루므로 이를 우선적으로 적용하고 착오의 규정은 배척하여야 한다고 할 것이다.396)

Ⅲ. 하자 있는 의사표시

1. 의 의

하자(瑕疵) 있는 의사표시는 표의자가 타인으로부터 사기나 강박의 위법한 간섭을 받아 의사결정에 있어서 자유롭지 못한 상태에서 한 의사표시를 말한다. 표시에 대응하는 내심의 의사는 있었으므로 의사와 표시의 불일치는 없으나, 표의자가 타인에게 속거나 위협을 당해서 의사결정의 자유가 침해당한 상태에

395) 대판 1985.4.9, 85도167.
396) 같은 취지: 고상룡, 450면; 곽윤직, 채권각론(신정판), 256면; 백태승, 429면; 이영준, 377면; 장경학, 497면. 이에 반대하여 경합을 인정하는 견해로는, 김상용, 504면; 이은영, 525면이 있다.

서 행한 의사표시이기 때문에 그 의사표시가 불완전하고 하자가 있는 것이다. 이에 민법은 표의자에게 취소권을 주어 의사결정의 자유를 보호하고 있다.

그런데 타인을 속여서 착오에 빠지게 하는 사기나 타인에게 해악을 주겠다고 하여 공포심을 일으키게 하는 강박은 모두 위법행위이다. 이러한 위법행위에 대하여 법제도 전반에 걸친 대응은 세 가지 측면에서 가해지고 있다. ㉠ 형법은 사기와 강박을 행한 자의 범죄행위(犯罪行爲)에 대해 사회적 비난가능성을 따져서 사기죄·협박죄·공갈죄를 인정하고 형벌을 가한다(형법 제347조, 제283조, 제350조). ㉡ 민법은 사기와 강박으로 인하여 타인에게 손해를 입혀서 그 행위가 불법행위(不法行爲)의 요건을 갖추는 때에는 사기·강박을 행한 자에게 피해자에 대해 손해배상책임을 지게 한다(제750조). ㉢ 사기·강박으로 인한 의사표시를 취소할 수 있게 하여 당사자 간의 법률행위 자체를 무효화함으로써 피해자를 구제한다(제110조). 이와 같은 세 가지 측면의 피해자 구제제도는 각각 고유의 목적을 가지고 있으므로 언제나 세 가지 효과가 모두 발생하는 것은 아니다. 예컨대 제3자에 의한 사기행위로 계약을 체결한 경우에 그 계약을 취소하지 않고 제3자에 대하여 불법행위로 인한 손해배상청구를 할 수 있는 것이며,[397] 그 제3자의 사기죄의 구성과 처벌 여부는 별도로 형사사건으로 다루어질 것이다.

여기서는 의사표시의 취소에 한해서만 다룬다.

2. 사기에 의한 의사표시

(1) 의 의

사기(詐欺)에 의한 의사표시는 표의자가 타인의 기망행위로 인하여 착오에 빠지고, 그러한 상태에서 한 의사표시를 말한다. 그러므로 거기에는 의사와 표시의 불일치가 있을 수 없고, 표의자가 착오에 빠져서 한 행위라는 점에서는 보통의 착오와 같지만, 단지 의사의 형성과정, 즉 의사표시의 동기에 착오가 있는 것에 불과하므로, 법률행위의 내용의 중요부분에 착오가 있을 것이

397) 대판 1998.3.10, 97다55829(제3자의 사기행위로 인하여 피해자가 주택건설사와 사이에 주택에 관한 분양계약을 체결하였다고 하더라도 제3자의 사기행위 자체가 불법행위를 구성하는 이상, 제3자로서는 그 불법행위로 인하여 피해자가 입은 손해를 배상할 책임을 부담하는 것이므로, 피해자가 제3자를 상대로 손해배상청구를 하기 위하여 반드시 그 분양계약을 취소할 필요는 없다고 한 사례).

필요하지 않다는 점에서 구분된다.[398] 그러나 사기에 의하여 법률행위의 내용의 중요부분에 착오가 생기면 제109조의 착오와 제110조의 사기가 경합하게 된다.

(2) 요 건

1) 사기자에게 고의가 있을 것

사기자에게 2단계의 고의(故意)가 필요하다. 즉 사기자가 상대방을 기망하여 착오에 빠지게 하려는 고의와, 착오에 의하여 상대방에게 일정한 의사표시를 시키려는 고의를 필요로 한다.[399] 고의가 요건이므로 과실만으로는 부족하다. 또한 사기자는 사기의 고의가 요구되므로 의사능력이 없는 유아나 광인의 언동에 속았더라도 그것은 착오는 될 수 있지만 사기로는 되지 않는다.[400]

예컨대 자기의 명품시계가 가짜라는 것을 알면서 친구에게 팔 생각으로 진짜명품시계라고 속인 경우에는 2단계의 고의가 있는 것이지만, 팔 생각이 없이 단순히 자랑삼아 속인 경우에는 1단계의 고의만 존재하므로 사기에 의한 의사표시가 아니다. 또 스스로도 가짜라는 것을 알지 못하고 행한 의사표시는 과실이 있는 데 불과하여 사기에 의한 의사표시가 되지 않는다.

사기에 의한 의사표시는 2단의 고의 이외에 사기자가 기망행위에 의하여 재산상의 이익을 얻으려는 고의 또는 표의자에게 재산상의 손실을 주려는 고의 등은 필요하지 않다. 그리고 고의에 대한 입증책임은 표의자가 부담한다.

2) 기망행위가 있을 것

기망행위(欺罔行爲)란 타인으로 하여금 그릇된 판단을 가지게 하거나, 그러한 관념을 강화 또는 유지하려는 모든 행위이다. 착오에 빠지게 하거나, 이미 빠져 있는 착오를 강화 또는 유지시키는 행위를 말한다.

적극적(積極的)으로 허위사실을 명시적 또는 묵시적으로 주장하는 경우가 보통이다. 예컨대 ㉠ 금융기관에서 대출이나 채무감면 등의 결정권한이 없는

---

398) 대판 2005.5.27, 2004다43824(제3자의 기망행위에 의하여 신원보증서류에 서명날인한다는 착각에 빠진 상태로 연대보증의 서면에 서명날인한 경우, 상대방이 그러한 제3자의 기망행위 사실을 알았거나 알 수 있었을 경우가 아닌 한 의사표시자가 취소권을 행사할 수 없다는 민법 제110조 제2항의 규정을 적용할 것이 아니라, 착오에 의한 의사표시에 관한 법리만을 적용하여 취소권 행사의 가부를 가려야 한다고 한 사례).

399) 통설. 이에 대하여 사기행위, 착오의 야기, 이에 의한 의사표시라는 3단계의 고의가 요구된다는 견해가 있다(이영준, 381면).

400) 장경학, 501면 참조.

직원이 그 결정권한을 가진 자에게 허위의 승인품의서를 올려 대출이나 채무감면 등을 하게 한 경우,[401] ㉡ 공사도급계약과 관련하여 체결되는 이행(계약)보증보험계약 또는 지급계약보증보험계약에 있어서 공사기간이나 선급금액을 허위로 고지한 경우,[402] ㉢ 도급한도액의 제한을 피하기 위하여 실질적으로는 단일한 하도급공사를 3차로 구분하여 각 별개의 공사인 것처럼 가장하여 전문건설공제조합에 대하여 각 공사이행보증계약서의 발급을 신청하여 이를 발급받은 경우[403] 등이 이에 해당한다.

소극적(消極的)으로 진실된 사실을 고지할 법률상의 의무가 있음에도 불구하고 이를 고지하지 않은 경우에는 부작위에 의한 기망으로 취급될 것이다. 경우에 따라서는 침묵이나, 의견 혹은 평가의 진술 등도 기망행위가 된다. 예컨대 ㉠ 리스물건 공급자는 리스회사에게 그 매매가격의 내역을 고지하여 승낙을 받을 신의칙상의 주의의무를 부담하지만 리스회사는 이를 고시 받지 못한 경우,[404] ㉡ 임차권 양도에 관한 임대인의 동의 여부 및 임대차 재계약 여부에 대한 설명 없이 임차권을 양도하는 행위,[405] ㉢ 보험계약의 중요부분인 잔대금의 지급방법을 고치고 이를 피고에게 알리지 않은 행위[406] 등이 이에 해당한다.

3) 기망행위가 위법할 것

기망행위가 위법하여야 한다. 기망행위가 사회통념상 위법으로 인정되지 않는 정도로 경미한 경우에는 사기가 되지 않는다. 어떤 경우에 어느 정도의 기망행위가 허용되는가는 신의칙상 시인될 수 있는 것인가에 따라 구체적으로 결정할 것이다.

판례는, 상품의 선전, 광고에 있어 다소의 과장이나 허위가 수반되는 것은 그것이 일반 상거래의 관행과 신의칙에 비추어 시인될 수 있는 한 기망성이 결여된다고 하겠으나, 거래에 있어서 중요한 사항에 관하여 구체적 사실을 신

---

401) 대판 2002.6.14, 2002다14853.
402) 대판 2002.11.26, 2002다34727; 대판 1998.6.12, 97다53380.
403) 대판 1997.10.24, 97다28704.
404) 대판 1997.11.28, 97다26098.
405) 대판 1996.6.14, 94다41003; 대판 1993.6.8, 92도2622.
406) 대판 1991.12.27, 91다1165(보험계약을 체결함에 있어 중요한 사항에 관하여 보험계약자의 고지의무위반이 사기에 해당하는 경우에는 보험자는 상법의 규정에 의하여 계약을 해지할 수 있음은 물론 민법의 일반원칙에 따라 그 보험계약을 취소할 수 있다고 한 사례).

의성실의 의무에 비추어 비난받을 정도의 방법으로 허위로 고지한 경우에는 기망행위에 해당한다고 한다.[407] 그러나 상대방의 의사결정에 불법적인 간섭을 한 것이라고 볼 수 없다고 한 것으로는, 상가를 분양하면서 그 운영방법 및 수익보장에 대하여 다소의 과장・허위 광고가 수반된 경우,[408] 교환계약의 당사자가 목적물의 시가를 묵비하여 상대방에게 고지하지 아니하거나 혹은 허위로 시가보다 높은 가액을 시가라고 고지한 경우[409]가 있다.

4) 표의자가 착오에 빠져서 의사표시를 하였을 것

사기가 성립하기 위해서는 기망행위에 의하여 표의자가 착오에 빠지는 것이 필요하다. 표의자가 착오에 빠지지 않고 사기자의 기망의도를 미리 알면서 의사표시를 하는 자는 보호할 필요가 없을 것이다. 착오의 발견의 방해 또는 착오의 정도의 강화는 사기로 되나, 표의자가 기망을 당하였으나 착오에 빠지지 않으면 사기로 되지 않는다. 민법상 사기에 미수(未遂)는 없다.

표의자가 기망행위로 인하여 착오에 빠지고, 그 착오로 인하여 사기자가 기도한 대로 표의자가 의사표시를 하여야 한다. 의사결정에 있어서 기망행위에 의한 착오가 직접 동기가 된 것을 요한다. 그러한 착오가 없었다면 그런 의사표시를 하지 아니했을 것이라고 하는 인과관계가 착오와 의사표시 사이에 존재하여야 한다. 이러한 인과관계는 표의자에게 주관적으로 존재하면 충분하며, 일반인을 판단기준으로 하는 객관적 인과관계는 요구되지 않는다. 따라서 보통사람이라면 속지 않았을 정도의 기망이라도 표의자가 부족하여 착오에 빠진 경우에도 보호한다.

사기에 의한 의사표시라고 하는 데 대한 입증책임은 사기를 주장하는 자에게 있다.

---

407) 대판 1993.8.13, 92다52665(대형백화점의 이른바 변칙세일이 기망행위에 해당한다고 한 사례); 대판 1992.9.14, 91도2994(대형백화점에서의 이른바 변칙세일이 사기죄의 기망행위를 구성한다고 한 사례).

408) 대판 2001.5.29, 99다55601,55618(상가에 첨단 오락타운을 조성하고 전문경영인에 의한 위탁경영을 통하여 일정 수익을 보장한다는 취지의 광고를 한 사례); 대판 1995.9.29, 95다7031(백화점 부대 특수시설에 대한 지분을 분양함에 있어 분양회사의 지분보유율이나 이익배당률에 관하여 다소 과장된 설명을 한 사례); 대판 1995.7.28, 95다19515,19522(연립주택 분양에 있어 서비스면적을 포함하여 평형을 과장한 광고를 한 사례).

409) 대판 2002.9.4, 2000다54406,54413; 대판 2001.7.13, 99다38583(교환계약의 당사자가 목적물의 시가를 묵비하거나 허위로 높은 가액을 시가라고 고지한 경우 불법행위가 성립하지 않는다고 한 사례).

3. 강박에 의한 의사표시

(1) 의 의

강박(强迫)에 의한 의사표시는 표의자가 타인의 강박에 의하여 공포심을 가지게 되고 그 결과로 하게 된 의사표시를 말한다. 강박이란 고의로 해악(害惡)의 고지로 위협을 주어서 공포심을 생기게 하는 위법행위이다. 따라서 강박에 의한 의사표시라고 하려면 상대방이 불법으로 어떤 해악을 고지하고 이로 인하여 공포를 느끼고 의사표시를 한 것이어야 한다.410)

강박에 의한 의사표시는 강박이라는 간섭을 받았지만 의사결정의 자유는 여전히 표의자에게 보류되어 있어서 표의자에게 착오가 없다는 점에서 사기나 착오에 의한 의사표시와 다르다. 또한 표의자가 원하지 않는 바를 알면서 한다는 점에서 비진의표시나 허위표시와 유사하나, 그 내심의 효과의사의 결정이 해악의 고지에 의한 것이라는 점에서 다르다.

(2) 요 건

1) 강박자에게 고의가 있을 것

강박자에게 2단계의 고의가 필요하다. 상대방을 강박하여 공포심을 일으키게 하려는 고의와, 그 공포심에 의하여 일정한 의사표시를 하게 하려는 고의를 필요로 한다. 강박자도 고의가 요구되므로 자기의 행위의 결과에 관한 인식능력을 가져야 한다. 강박자는 의사능력자이어야 한다.

상대방을 강박하여 공포심을 생기게 하려는 고의는 자기의 행위가 상대방에 대한 해악의 고지가 된다는 것을 인식하고, 또한 상대방이 이로 인해 공포심을 가지게 되는 것이 가능하다는 것을 인식하는 것이다. 이와 같은 인식이 없는 경우에는 강박행위로는 되지 않는다. 또 공포심에 의하여 일정한 의사표시를 하게 하려는 고의는 상대방이 공포심에 의하여 일정한 의사표시를 할 것이라는 것을 강박자가 의욕하는 것이다.

법률행위 취소의 원인이 될 강박이 있다고 하기 위하여서는 표의자로 하여금 외포심(畏怖心)을 생기게 하고 이로 인하여 법률행위 의사를 결정하게 할 고의를 가지고 불법으로 장래의 해악을 통고한 경우라야 한다.411)

---

410) 대판 2000.3.23, 99다64049.
411) 대판 1992.12.24, 92다25120; 대판 1975.3.25, 73다1048.

그러나 강박자가 강박행위에 의하여 재산상의 이득을 얻고자 한다는 고의, 또는 표의자로 하여금 재산상의 손실을 입게 하려는 고의 등은 필요로 하지 않는다.

2) 강박행위가 있을 것

강박행위란 장래 해악이 생길 것이라 함을 고지하여 상대방에게 공포심을 생기게 하는 행위이다. 해악의 종류에 관해서는 아무런 제한이 없다. 재산적인 해악이든 생명·자유·명예 등의 비재산적 해악이든 묻지 않으며, 직접 표의자 자신에 대한 해악뿐 아니라 제3자에 대한 해악이라도 표의자에게 공포심이 생길 수 있는 것이면 충분하다. 고지의 방법에도 제한이 없으며, 구두·서면에 의하거나 기타의 용태, 심지어 침묵도 경우에 따라서는 강박행위로 될 수 있다.

예고한 해악의 발생 또는 불발생이 강박자 자신의 실력으로 좌우된다고 피강박자가 신뢰하여야 한다. 신뢰시킨다면 목적은 달성된 것이고, 반드시 강박자의 실력으로 해악사실의 실현이 가능해야 하는 것은 아니다. 또한 강박자는 해악의 고지를 진정으로 의욕하지 않았으나 피강박자가 이를 진정으로 받아들이게 되면 강박행위가 될 수 있다.

3) 강박행위가 위법할 것

강박에 의하여 의사결정을 하게 하는 것이 부적법한 것을 말한다. 일반적으로 위법성의 유무는 객관적인 표준에 의하여 강박의 수단과 목적을 상관적으로 고찰하여 판단할 수밖에 없으며, 공서양속, 신의칙 등이 일반적 판단표준이 될 것이다. 판례는 「강박행위가 위법하다고 하기 위하여는, 강박행위 당시의 거래관념과 제반 사정에 비추어 해악의 고지로써 추구하는 이익이 정당하지 아니하거나 강박의 수단으로 상대방에게 고지하는 해악의 내용이 법질서에 위배된 경우 또는 어떤 해악의 고지가 거래관념상 그 해악의 고지로써 추구하는 이익의 달성을 위한 수단으로 부적당한 경우 등에 해당하여야 한다」고 한다.[412] 결국 강박의 목적과 수단이 정당한 것인가의 판단에 따라 달라질

---

412) 대판 2000.3.23, 99다64049(갑이 자신이 최대주주이던 A금융회사로 하여금 실질상 자신 소유인 B회사에 부실대출을 하도록 개입하였다고 판단한 A금융회사의 새로운 경영진이 갑에게 위 대출금채무를 연대보증하지 않으면 갑 소유의 C회사에 대한 어음대출금을 회수하여 부도를 내겠다고 위협하여 갑이 법적 책임 없는 위 대출금채무를 연대보증한 경우, 강박에 의한 의사표시에 해당하지 않는다고 한 사례); 대판 1996.4.26, 94다

것이다.

정당한 권리의 행사와 사회상 허용될 수 있을 정도의 행위는 이에 의하여 상대방이 공포심을 일으켰다 하더라도 위법성이 결여된다. 예컨대 부정한 행위를 한 자를 고소·고발하겠다고 위협하여 민사상의 문제를 유리하게 해결하려고 하는 경우에 부정한 행위의 고소·고발 자체는 국민에게 주어진 권리이므로 위법이 아니다.[413] 그러나 이러한 부정행위에 대한 고소, 고발이 부정한 이익의 취득을 목적으로 하면 위법한 강박행위가 되는 경우가 있고 목적이 정당하다 하더라도 행위나 수단 등이 부당한 때에는 위법성이 있는 경우가 있을 수 있다.[414]

4) 표의자가 공포심에 의하여 의사표시를 하였을 것

공포심은 강박행위에 의하여 생긴 것이어야 한다. 아무런 강박행위가 없었는데도 표의자 스스로 공포심을 가지는 것은 강박이 될 수 없으며, 강박에 의하여 새로 생긴 공포심이 아니더라도 이미 존재하는 공포심이 다시 그 정도가 강화된 것이어도 좋다. 또한 보통 사람은 공포심이 생기지 않는 강박행위인데도 특히 표의자가 공포심을 가진 경우라도 좋다.

그러나 강박의 정도가 지나치게 극심하여 표의자에게 공포심을 일으킬 뿐만 아니라 표의자의 의사결정의 자유가 완전히 박탈된 정도인 때에는 그 강박에 의한 의사표시는 효과의사에 대응하는 내심의 의사가 없는 것이 되므로 그 의사표시는 무효이다. 판례는 「강박에 의한 법률행위가 하자 있는 의사표시로서 취소되는 것에 그치지 않고 나아가 무효로 되기 위하여는, 강박의 정도가 단순한 불법적 해악의 고지로 상대방으로 하여금 공포를 느끼도록 하는 정도가 아니고, 의사표시자로 하여금 의사결정을 스스로 할 수 있는 여지를 완전히 박탈한 상태에서 의사표시가 이루어져 단지 법률행위의 외형만이 만들어진 것에 불과한 정도이어야 한다」고 한다.[415] 또 「기본권을 침해하는 국가기

34432.

413) 대판 1997.3.25, 96다47951(간통으로 고소하지 않기로 하는 등의 대가로 금 170,000,000원의 합의금을 받게 된 경우, 상간자의 배우자가 부정한 이익을 목적으로 위법한 강박행위를 한 것으로 볼 수 없다고 한 사례).

414) 대판 1992.12.24, 92다25120.

415) 대판 2003.5.13, 2002다73708,73715(비록 피고들이 원고들로부터 위 지불각서, 이행각서를 작성 받는 과정에서 다소 고성이 오가고 진정이나 처벌에 관한 언급이 있었다고 하더라도 위 각서들에 기한 원고들의 의무부담 의사표시가 원고들에게 가하여진 강박으로 인하여 의사결정을 스스로 할 수 있는 여지를 완전히 박탈당한 상태에서 이루어진 것으로서 위 각서들이 법률행위의 외형만을 갖추기 위하여 만들어진 것에 불과하다고 보기는 어렵다고 한 사례); 대판 1998.2.27, 97다38152; 대판 1997.3.11, 96다49353; 대

관의 위헌적 공권력 행사에 외포되어 강박에 의한 의사표시를 한 경우라도, 그 효력은 의사표시의 하자에 관한 민법의 일반원리에 의하여 판단되어야 할 것이고, 그 강박행위의 주체가 국가 공권력이고 그 공권력 행사의 내용이 기본권을 침해하는 것이라고 하여 그 강박에 의한 의사표시가 항상 반사회성을 띠게 되어 당연히 무효로 된다고는 볼 수 없다」고 한다.[416]

또한 공포심과 의사표시 사이에 인과관계가 있어야 한다. 상대방이 불법으로 어떤 해악을 고지함으로 말미암아 공포를 느끼고 의사표시를 한 것이어야 한다.[417] 그러나 이 인과관계는 표의자를 중심으로 주관적으로 판단하는 것으로 충분하며, 객관적으로 일반인을 기준으로 할 수는 없다. 입증책임은 강박을 주장하는 자에게 있다.

4. 하자 있는 의사표시의 효과

사기와 강박에 의한 의사표시의 효과는 동일하다.

(1) 상대방의 사기 · 강박의 경우

표의자의 상대방이 사기나 강박으로 의사표시를 한 때에는 표의자는 그 의사표시를 취소(取消)할 수 있다(제110조 1항). 표의자가 취소함으로써 비로소 그 의사표시는 유효가 아닌 것으로 된다. 따라서 표의자가 취소하지 않는 한 비록 사기나 강박이 범죄가 되거나 불법행위를 이유로 손해배상청구를 하는 경우에도 하자 있는 의사표시는 유효하다.

그러므로 비록 강박에 의한 의사표시에 기하여 금원이 교부하였다 할지라도 그것만으로는 부당이득에 기한 반환청구권은 발생하지 않으며,[418] 표의자가 사기나 강박에 의한 법률행위를 취소함으로써 그 법률행위는 처음부터 무효로 되어서 이미 이행된 급부는 부당이득에 기한 반환청구의 대상이 될 것이다. 판례는 「법률행위가 사기에 의한 것으로서 취소되는 경우에 그 법률행위가 동시에 불법행위를 구성하는 때에는 취소의 효과로 생기는 부당이득반환청구권과 불법행위로 인한 손해배상청구권은 경합하여 병존하는 것이므로, 채

판 1996.10.11, 95다1460.

416) 대판 2002.12.10, 2002다56031; 대판 1996.12.23, 95다40038.

417) 대판 2003.5.13, 2002다73708,73715; 대판 2000.3.23, 99다64049; 대판 1996.4.26, 94다34432; 대판 1992.12.24, 92다25120.

418) 대판 1990.11.13, 90다카17153.

권자는 어느 것이라도 선택하여 행사할 수 있지만 중첩적으로 행사할 수는 없다」고 한다.[419)]

(2) 제3자의 사기 · 강박의 경우

표의자가 상대방이 아닌 제3자의 사기 · 강박으로 인하여 의사표시를 한 때에는 표의자가 제3자에게 기망이나 강박을 당한 사실을 모르고 법률행위를 한 상대방을 보호하기 위하여 표의자의 취소권을 인정하지 않지만, 그러한 사실을 알았거나 알 수 있었을 상대방은 보호할 가치가 없기 때문에 표의자에게 취소권을 인정하는 것이다(제110조 2항).

1) 상대방 없는 의사표시

제3자의 사기나 강박으로 상내방 없는 의사표시를 한 때에는 표의자는 언제든지 그 의사표시를 취소할 수 있으며, 제110조 2항은 적용되지 않는다.

2) 상대방 있는 의사표시

제3자의 사기나 강박으로 상대방 있는 의사표시를 한 경우에는, 표의자는 그 의사표시의 상대방이 제3자에 의한 사기나 강박임을 알고 있거나 또는 알 수 있었을 경우에 한하여, 그 의사표시를 취소할 수 있다(제110조 2항). 선의의 상대방을 보호하기 위한 것이다.

「알 수 있었을 경우」라 함은 과실에 의한 부지(不知)를 의미한다. 보통사람의 주의를 했다면 알았을 것을 그러한 주의를 게을리 하여 알지 못한 경우를 말한다. 판례는 「채무자가 대출금액을 속이고 물상보증인이 되게 한 경우, 금융기관이 물상보증인에게 금액란이 백지인 대출서류에 서명날인하게 함에 있어 보충될 금액을 확인해 주지 않았으면, 대출담당자에게 물상보증인의 보증의 의사표시가 사기로 인한 것임을 알지 못한 데에 과실이 있다」고 하고,[420)] 또 「비상계엄하에 있던 1980년 9월 당시 시(市)에 대한 금원기부 등

---

419) 대판 1993.4.27, 92다56087.

420) 대판 1997.9.9, 96다15183; 대판 1996.7.30, 95다6861(상호신용금고가 어음할인거래 채무자를 위한 연대보증인으로부터 할인대상 어음과 별도로 담보 목적의 약속어음을 발행 · 교부받고 어음할인거래 채무자에게 할인대상 어음을 할인하여 주었는데, 그 할인대상 어음이 위조된 것이었으나 연대보증인이 어음할인거래 채무자에게 기망을 당하여 그 위조사실을 모르고 연대보증 및 담보 목적의 약속어음을 발행한 사안에서, 상호신용금고로서는 위조어음을 할인할 당시 알 수 있었던 것으로 봄이 상당하다고 하여 그 취소를 인정한 사례).

행위가 제3자인 국가보안사령부 예하 보안부대의 강박으로 인한 것이고 시도 이를 알았거나 알 수 있었다」고 하여[421] 법률행위의 취소를 인정하고 있다. 선의·악의나 과실의 유무는 행위의 당시를 기준으로 결정하여야 한다.

「제3자」는 원칙적으로 표의자와 상대방 이외의 모든 자라고 할 것이다. 그러나 상대방의 대리인 등 상대방과 동일시할 수 있는 자는 의사표시의 상대방의 의사에 좇아 계약에 관여한 자이므로 여기서의 제3자에 해당하지 않는다고 할 것이다. 판례도 은행의 출장소장이 어음할인을 부탁받자 그 어음이 부도날 경우를 대비하여 담보조로 받아두는 것이라고 속이고 금전소비대차 및 연대보증 약정을 체결한 사안에서, 그 출장소장의 행위를 제3자에 의한 사기로 볼 수 없다고 한다.[422] 그러나 단순히 상대방의 피용자이거나 상대방이 사용자책임을 져야 할 관계에 있는 피용자에 지나지 않는 자는 상대방과 동일시할 수는 없으므로 제110조 2항의 제3자에 해당한다고 한다.[423]

(3) 제3자에 대한 관계

사기·강박에 의한 의사표시의 취소는 선의의 제3자에게 대항하지 못한다(제110조 3항). 이는 거래의 안전을 보호하기 위한 것이다. 여기서의 제3자·선의·대항할 수 없다 등은 허위표시에 관하여 설명한 것과 같다.

「제3자」라 함은 사기에 의한 의사표시의 당사자 및 포괄승계인 이외의 자로서 사기에 의한 의사표시를 기초로 하여 새로운 법률원인으로써 이해관계를 맺은 자를 의미한다.[424] 따라서 약속어음 발행인이 제3자에게 기망을 당하여 어음발행행위를 한 경우, 그 약속어음의 수취인은 제3자에 해당하지 아니하고,[425] 기망에 의한 어음발행행위의 취소에 있어서 어음발행행위의 직접 상대방이 아닌 소지인은 제3자에 해당된다.[426]

---

421) 대판 1991.9.10, 91다18989. 그밖에도 대판 2002.11.8, 2000다19281(제반 사정에 비추어 보험계약자의 기망행위에 의하여 보증보험계약이 체결되었음을 피보험자가 알았거나 알 수 있었다는 이유로, 보험자의 보험계약자의 기망을 이유로 한 보험계약 취소의 효력은 피보험자에게도 미친다고 한 사례); 대판 2001.2.13, 99다13737 참조.

422) 대판 1999.2.23, 98다60828,60835.

423) 대판 1998.1.23, 96다41496(상호신용금고의 기획감사실 과장이 기망행위에 가담하여 근저당권설정자에게 대출금의 직접 지급을 약속하면서 근저당권설정계약 체결을 권유한 후 그 대출금을 편취한 경우, 위 금고는 피용자의 사기 사실을 알지 못한 데 과실이 있으므로 근저당권설정자는 그 근저당권설정계약을 취소할 수 있다고 본 사례).

424) 대판 1997.12.26, 96다44860.

425) 대판 1996.7.30, 95다6861.

426) 대판 1997.5.16, 96다49513.

제3자의 악의에 대한 입증책임은 제3자의 선의는 추정되므로 악의를 이유로 취소를 주장하는 자에게 있다.[427] 판례도 같은 입장을 취하고 있다.[428]

5. 제110조의 적용범위

(1) 가족법상의 법률행위

가족법상의 법률행위에 대해서는 따로 친족법의 규정이 있으므로(제816조, 제823조, 제838조, 제861조, 제894조 참조) 제110조는 적용되지 아니한다.

(2) 정형적인 거래행위

재산법상의 행위에 있어서 외형을 신뢰하고 신속히 대량으로 행해지는 정형적인 거래행위나 일반공중에게 영향이 크게 미치는 단체적 행위에 관해서는 거래안전상 이 조문의 적용이 제한되는 추세이다. 상법은 회사성립 후의 주식인수에 관하여 이러한 취지의 규정을 두고 있다(동법 제320조 1항 참조).

(3) 공법상의 행위

공법상의 행위에도 제110조는 적용되지 아니한다. 따라서 표시된 대로 효력이 발생한다. 판례는 「소송행위가 강박에 의해 이루어졌다고 하더라도 민법상의 법률행위에 관한 규정은 민사소송법상의 소송행위에는 특별한 규정 기타 특별한 사정이 없는 한 적용이 없는 것이므로 소송행위가 강박에 의하여 이루어진 것임을 이유로 취소할 수는 없다」고 한다.[429]

---

427) 같은 취지: 김상용, 512면; 김주수, 374면; 김준호, 384면; 백태승, 439면; 이영준, 398면; 이은영, 551면; 장경학, 507면. 다만 고상룡, 462면은 제3자가 스스로 선의라는 것을 입증하여야 한다고 한다.

428) 대판 1970.11.24, 70다2155 참조.

429) 대판 1997.10.10, 96다35484; 대판 1984.5.29, 82다카963 등.

Ⅳ. 의사표시의 효력발생

1. 서 설

의사표시는 표의자가 먼저 의사를 표백(表白)하고, 다음에 이를 발신(發信)하고, 그 후에 상대방에게 도달(到達)되어 마지막으로 상대방이 이를 요지(了知)하는 4단계의 순서를 거치게 된다. 이 중에서 언제 의사표시가 효력을 발생한다고 할 것인가.

먼저 상대방이 없는 의사표시는 그 의사표시를 요지할 상대방이 없기 때문에 특별히 규정이 없는 한 표의자의 표백으로 의사표시가 성립하면 곧 효력이 발생한다. 민법은 이에 관하여 일반규정을 두고 있지 않다. 다만 특별히 그 의사표시의 특성으로 인하여 유언은 유언자의 표백만으로는 효력이 생기지 않고 유언자가 사망한 때부터 완전한 효력이 발생한다(제1073조).

한편 상대방 있는 경우에는 그 의사표시가 표백된 것만으로는 상대방은 알 수 없으므로 그것이 알 수 있도록 표시되어야 효력이 발생할 것이다. 이에 대해서 민법은 제111조에서 도달주의를 취하여 그 의사표시가 상대방에 도달하여 상대방이 이를 알 수 있게 되어야 효력이 생긴다고 규정하고 있다. 상대방이 있는 의사표시라 하더라도 대화자 간에서는 표백과 동시에 도달이 이루어지지만, 격지자 간에는 그 시간적 간격으로 인하여 그 시기가 문제된다. 그러나 격지자간이라 하더라도 통신수단의 눈부신 발달로 그 격지성이 극복되어 대화자간과 동일하게 취급하여야 경우가 급증하고 있다.

또한 상대방이 불명확하거나 그 소재를 알 수 없는 경우에 의사표시의 효력발생에 대한 대책으로 공시송달제도(제113조)와 의사표시의 수령능력(제112조)의 문제도 여기에서 다룬다.

2. 의사표시의 효력발생시기

(1) 입법주의

상대방 있는 의사표시에서 표의자의 의사표시가 상대방에게 전달되는 표백, 발신, 도달, 요지의 4단계 중 어느 것을 강조하느냐에 따라서 의사표시의 효력발생시기에 관하여 다음의 4가지의 입법주의가 대립한다.

1) 표백주의

표백주의(表白主義)는 표의자가 의사를 표명했을 때, 즉 외형적 존재를 가지게 된 때에 효력이 생긴다는 주의이다. 서면으로 의사표시를 한 때에는 그 서면작성이 끝나는 대로 그 효력이 발생한다는 것이다. 상대방이 전혀 일지 못하는데도 효력이 생긴다는 것은 표의자의 입장만을 중요시하는 것이다.

2) 발신주의

발신주의(發信主義)는 의사표시가 외형적 존재를 가지고 상대방에 향하여 발신된 때에 효력이 생긴다는 주의이다. 표의자의 지배범위의 이탈을 기준으로 한다. 이는 민활·신속을 요하는 거래에 적합하며, 특히 다수인에게 동일한 통지를 해야 할 경우에 의사표시의 효력발생시기를 획일적으로 할 수 있다. 그러나 상대방이 그 존재를 아직 모르는 의사표시의 효력을 강요하여 표의자의 보호에 더 치우친 주의이다. 민법은 특별한 경우에는 법률관계를 속결하기 위하여 예외적으로 발신주의를 취한 경우가 있다.

3) 도달주의

도달주의(到達主義)는 의사표시가 상대방에게 도달한 때 효력이 발생한다는 주의이다. 상대방의 지배범위 내에 들어간 때를 말하며, 수신주의 또는 수령주의라고도 한다. 이 주의는 표의자와 수령자의 이익을 가장 잘 조화시킬 수 있고 법률관계를 간단·명료하게 할 수 있기 때문에 민법은 의사표시의 효력발생시기에 관한 일반원칙으로서 도달주의를 취한다.

4) 요지주의

요지주의(了知主義)는 상대방이 의사표시의 내용을 요지한 때에 그 의사표시의 효력이 생긴다고 하는 주의이다. 이에 의하면 의사표시의 효력발생이 상대방의 의사에 의하여 좌우되므로 수령자의 이익만 보호하고, 또 상대방이 요지한 시기의 입증이 곤란하므로 거래당사자의 이익의 조화가 어렵다. 민법은 이 주의를 취하는 경우는 없다.

(2) 도달주의의 원칙

1) 도달주의와 발신주의

여러 입법주의 중에서 민법은 도달주의를 취한다. 민법 제111조 1항은 「상대방 있는 의사표시는 그 통지가 상대방에게 도달한 때부터 그 효력이 생긴다」고 규정하여, 도달주의를 원칙으로 한다. 다만 일정한 경우에 발신주의의 예외를 정하는 경우가 있다.

민법이 발신주의의 예외를 규정한 것은 다음과 같다. ㉠ 계약의 성립: 격지자 간의 계약은 승낙의 통지를 발송(發送)한 때 성립한다(제531조). ㉡ 무능력자의 확답: 무능력자의 상대방이 한 취소할 수 있는 행위의 추인여부의 확답의 최고에 대한 무능력자 측의 확답은 기간 내에 발(發)하지 않으면 추인한 것으로 본다(제15조). ㉢ 본인의 확답: 무권대리인의 상대방이 한 무권대리행위의 추인여부의 확답의 최고에 대한 본인의 확답은 그 기간 내에 발(發)하지 않으면 추인을 거절한 것으로 본다(제131조). ㉣ 채권자의 확답: 채무인수인과 채무자가 한 승낙여부의 확답의 최고에 대한 채권자의 확답은 그 기간 내에 발송(發送)하지 않으면 거절한 것으로 본다(제455조). ㉤ 총회의 소집통지: 총회의 소집은 1주간 전에 목적사항을 기재한 통지를 발(發)하여야 한다(제71조).

2) 의사표시의 도달

(가) 도달의 의의

도달이란 상대방의 지배범위 내에 들어가서 거래관념상 의사표시의 내용을 알 수 있는 상태에 놓이는 것을 말한다.[430] 판례도 「사회관념상 채무자가 통지의 내용을 알 수 있는 객관적 상태에 놓여 졌다고 인정되는 상태를 지칭하며, 수령자가 이를 현실적으로 수령하였다거나 그 내용을 알았을 것까지는 필

---

430) 통설. 이에 반하여 도달은 의사표시가 상대방의 지배영역 내에 진입하는 것만을 요건으로 하고, 그 내용을 상대방이 알 수 있는 상태가 존재하는 것은 요건이 아니라고 하는 반대설이 있다(이영준, 408면; 이은영, 558면).

요로 하지 않는다」고 한다.431)

도달은 상대방의 적극적 수신행위를 필요로 하지 않으며, 실제로 상대방이 요지할 수 있는 상태가 생기면 도달한 것으로 된다. 일반적으로 우편물이 상대방의 우편물수신함에 투입된 때, 상대방이 어떤 사정으로 이것을 요지하지 않더라도 도달한 것으로 되고 효력이 생긴다. 다만 판례는 우편물이 수취인 가구의 우편함에 투입되었다는 사실(아파트 경비원이 집배원으로부터 우편물을 수령한 후 이를 우편함에 넣어 둔 사실)만으로 수취인이 그 우편물을 실제로 수취하였다고 추단할 수는 없다고 한다.432)

도달은 상대방이 요지가능한 상태에 있어야 한다. 비밀로 수령자의 주머니 속에 넣거나, 쉽사리 발견될 수 없는 상태로 문서가 삽입된 상품이 송부된 때에도 도달이 있다 할 수 없다. 판례는 「채권양도의 통지서가 들어 있는 우편물을 채무자의 가정부가 수령한 직후 한 집에 거주하고 있는 통지인인 채권자가 그 우편물을 바로 회수해 버린 경우에 그 통지는 사회관념상 채무자가 그 통지내용을 알 수 있는 객관적 상태에 놓여 있는 것이라고 볼 수 없으므로 그 통지는 채무자에게 도달되었다고 볼 수 없다」고 한다.433)

타인이 임의로 발송한 경우, 즉 서신을 작성하였으나 발신할 결의를 하지 않고 방치하고 있는 상태에서 타인이 임의로 발송한 경우에는 상대방이 그것을 수령한 때에도 도달은 아니라고 할 것이다. 타인이 임의로 발송한 것은 그 표시행위에 표의자의 의욕과는 다른 요소가 개입된 것이므로 이를 정상적인 표시행위라고 할 수 없을 것이고 그 도달은 효과를 발생시킬 수 없다고 할 것이다.

수령의 거절도 정당한 이유가 없는 것이면 도달이 된다.

(나) 주소 이외의 장소에의 송달

상대방의 주소에 송달되지 않더라도 사실상 상대방이 요지할 수 있는 상태가 생기면 도달한 것으로 된다. 현실로 요지하였는가의 여부는 묻지 않는다. 표의자의 의사에 기하여 상대방에 향하여 발신한 것이면, 도달하기까지의 경로가 표의자의 예상과 다르더라도 결과적으로 도달한 것으로 된다. 예컨대 옛 주소에 송달한 경우라도 그 곳의 거주자를 통하여 수령한 경우에는 도달이 된다. 판례는 채권양도통지서가 채무자의 동업자의 사무소에서 그 신원이 분명

---

431) 대판 1997.11.25, 97다31281; 대판 1983.8.23, 82다카439.
432) 대판 2006.3.24, 2005다66411.
433) 대판 1983.8.23, 82다카439.

치 않은 자에게 송달된 경우에는 채권양도의 통지가 채무자에게 도달된 것으로 볼 수 없다고 한다.434)

(다) 수령자가 다른 경우

의사표시는 동거하는 친족·가족이나 고용인이 수령하더라도 사실상 상대방이 요지할 수 있으면 도달한 것으로 된다. 다만 수령자는 수령능력 즉 수령한다는 사실을 이해할 수 있는 정신능력은 있어야 한다. 사실상의 처, 장기 투숙하고 있는 호텔의 관리인, 상대방의 피용자에게 송달되어도 도달로 인정할 것이다. 또 회사 등의 사무소에의 도달은 엄격한 의미에서 수령권한을 가질 필요는 없고 사실상 본인에게 전달할 것으로 인정되는 자에게 교부되면 충분하다고 할 것이다.435) 판례는 신원이 분명치 않은 자에게 송달된 경우에 도달로 보지 않고,436) 송달을 받을 수 있는 동거자는 동일세대에 속하여 생활을 같이 하는 자를 말하므로 동일 송달장소에 거주하더라도 세대를 달리하는 가옥의 주인은 동거자라고 볼 수 없다고 한다.437)

(라) 자동기계장치 및 전자적 의사표시의 도달

텔렉스, 팩시밀리 등 기계장치를 통하여 의사표시가 전달된 경우에도 의사표시의 도달시기에 관한 일반원칙은 적용된다. 상대방의 지배권 내에 진입한 것만으로는 부족하고 상대방이 요지할 수 있는 상태에 있을 때 도달이 있다고 하여야 할 것이다.

그러나 이러한 기계장치는 야간에도 작동하므로, 상대방이 잠자고 있는 밤중이나 상대방이 근무하지 않는 일요일 또는 공휴일에 전달된 경우에는, 그 다음 날 근무 시간이 시작되면서 상대방이 요지할 수 있는 상태에 있다고 보아서 그 때에 도달하였다고 하여야 할 것이다.438)

3) 격지자와 대화자의 구별

민법 제111조는 상대방 있는 의사표시라고 표현할 뿐이지 그 상대방이 격지자(隔地者)이냐 또는 대화자이냐를 구별하지 않으므로 도달주의의 원칙은

434) 대판 1997.11.25, 97다31281.

435) 대판 1983.9.13, 83누320(징계처분사유의 설명서가 우편(등기)에 의하여 수취인의 대리인(동거하고 있는 동생)에게 배달되었다면, 이는 우편규칙 제135조의 요건이 구비된 것으로서 위 설명서는 정당히 교부된 것이라고 본 사례).

436) 대판 1997.11.25, 97다31281(앞에서 소개).

437) 대판 1978.2.28, 77다2029.

438) 같은 취지: 고상룡, 469면; 김상용, 521면; 백태승, 446면. 이에 반하여 수신기에 투입될 때 의사표시의 도달이 있다고 견해가 있다(이영준, 409면; 이은영, 558면).

양자에 모두 적용된다. 양자의 구별은 거리적 · 장소적 관념이 아니라 시간적 관념이다. 격지자간이라도 전화 · 화상전화 등으로 대화를 통하여 하는 의사표시는 대화자간의 의사표시이나, 사람끼리의 대화가 아니라 기계장치를 통한 간접적인 의사표시는 비록 즉시 요지할 수 있다 하더라도 격지자간의 의사표시라고 할 것이다. 다만 그 경우에도 화면을 통하여 직접 대화를 주고받는 형식을 취한다면 대화자로 볼 것이다.

대화자에 있어서는, 의사표시의 표백 · 발신 · 도달 · 요지의 4단계가 모두 동시에 성립한다. 따라서 역시 도달주의의 원칙이 적용된다.[439] 다만 고의로 요지하려고 하지 않을 때에는 도달은 있으나 요지는 없는 결과가 된다. 그러나 이런 경우에도 도달에 의하여 효력이 생긴다고 해야 표의자에게 불이익이 되지 않을 것이다.

4) 도달에 대한 추정

우편으로 발송된 경우에 그 의사표시가 발송되었다는 사실만 입증이 되면 도달된 것으로 추정되는가에 대해서 판례의 입장은 다음과 같다.

보통우편의 방법으로 우편물을 발송한 경우에 그 송달을 추정할 수 없으며,[440] 우편법의 규정에 따라 우편물이 배달되었다고 하여 의사표시의 통지가 상대방에게 도달된 것으로 볼 수 없다고 한다.[441]

한편 우편법 등 관계 규정의 취지에 비추어 볼 때 우편물이 등기취급의 방법으로 발송된 경우 반송되는 등의 특별한 사정이 없는 한 그 무렵 수취인에게 배달되었다고 보고 있다.[442] 나아가서 내용증명의 우편으로 발송한 우편물은 특별한 사정이 없는 한 그 무렵에 배달되었다고 보고,[443] 반송되지 아니

439) 통설. 이에 대해서도 민법은 대화자 사이의 의사표시의 효력은 상대방이 요지한 때 생긴다고 하는 반대견해도 있다(이영준, 412면).

440) 대판 2002.7.26, 2000다25002; 대판 2002.2.5, 2001다70559,70566; 대판 1993.5.11, 92다2530; 대판[전합] 1977.2.22, 76누263.

441) 대판 2007.12.27, 2007다51758; 대판 1997.11.25, 97다31281; 대판 1993.11.26, 93누17478(우편법 제31조, 제34조, 같은 법 시행령 제42조, 제43조의 규정취지는 우편사업을 독점하고 있는 국가가 배달위탁을 받은 우편물의 배달방법을 구체적으로 명시하여 그 수탁업무의 한계를 명백히 한 것으로서 위 규정에 따라 우편물이 배달되면 우편물이 정당하게 교부된 것으로 인정하여 국가의 배달업무를 다하였다는 것일 뿐 우편물의 송달로써 달성하려고 하는 법률효과까지 발생하게 하는 것은 아니므로 위 규정에 따라 우편물이 배달되었다고 하여 언제나 상대방 있는 의사표시의 통지가 상대방에게 도달하였다고 볼 수는 없다고 한 사례); 대판 1984.2.14, 83누233.

442) 대판 1992.3.27, 91누3819; 대판 1992.12.11, 92누13127.

443) 대판 1980.1.15, 79다1498; 대판 1969.3.25, 69다2449.

한 내용증명 우편물은 송달되었다고 본다.444)

(3) 도달주의의 효과

1) 의사표시의 불착 · 연착

일정한 시기까지 의사표시가 도달하여야 할 때에 그 의사표시의 불착 · 연착 등은 표의자의 불이익으로 돌아간다. 최고기간(催告期間) 등의 계산도 도달한 때로부터 산정하게 된다.

2) 의사표시의 철회

표의자는 발신 후 도달 전에는 의사표시를 철회할 수 있다. 철회의 의사표시는 늦어도 먼저 발신한 의사표시와 동시에 도달하여야 한다. 의사표시가 도달하여 그 효력이 생기면 철회하지 못한다. 민법은 계약의 청약의 의사표시는 철회하지 못한다고 하여 구속력을 인정하고 있다(제527조). 다만 계약이 당사자의 인격이나 개성이 중요시되는 위임 · 고용 · 조합 등의 계약인 경우에는 사망한 청약자의 상속인이 이를 승계하는 것으로 볼 수는 없으므로 그 청약은 효력을 잃는 것으로 해석할 것이다.

3) 발신 후의 사정변화

의사표시의 발신 후 도달 전에 표의자가 사망 또는 행위능력을 상실하더라도 그 때문에 의사표시의 효력에는 아무런 영향을 미치지 아니한다(제111조 2항). 발신 후 표의자가 의사능력을 상실하거나 대리권과 같이 의사표시를 할 수 있는 권한이 소멸한 경우에도 마찬가지로 이해할 것이다.

4) 임의규정

제111조의 규정은 임의규정이므로 이와 다른 내용의 합의가 당사자 간에 선행하는 경우에는 이 규정이 적용되지 아니한다.

(4) 의사표시의 공시송달

1) 의 의

표의자가 과실 없이 상대방을 알지 못하거나 또는 그 소재를 알지 못하는

444) 대판 2000.10.27, 2000다20052; 대판 1997.2.25, 96다38322.

경우에는, 의사표시를 상대방에게 도달시킬 수 없으므로, 이를 해결하기 위하여 공시의 방법에 의한 의사표시, 즉 공시송달(公示送達)이 인정된다(제113조). 이는 법원이 송달할 서류를 보관해 두었다가 당사자가 나타나면 언제라도 교부할 뜻을 법원 게시장에 게시하는 민사소송법상의 송달방법이다(동법 제194조~제196조).

2) 요 건

(가) 상대방을 알지 못하거나 또는 소재를 알지 못하였을 것

상대방을 알지 못하는 경우는, 상대방이 사망하고 그 상속인이 누구인지 불명한 때 또는 백지위임장을 준 경우에 수임인이 누구인지 불분명한 때가 해당된다. 그리고 소재(所在)를 알지 못하는 경우는, 행방불명 등으로 상대방이 누구인지는 알고 있으나 현재의 주소를 알지 못하는 경우가 해당된다.[445] 다만 소재가 불명하더라도 친권자 · 후견인 · 부재자 재산관리인 등 법정대리인이 있는 때에는 공시송달의 방법은 허용되지 않는다.

(나) 표의자에게 과실이 없을 것

상대방 또는 그의 소재를 알지 못하는 데 대하여 표의자에게 과실이 없어야 한다. 「과실이 없다」는 것은 일반인에게 요구되는 추상적 · 객관적 주의의무인 선량한 관리자의 주의를 다하였음에도 불구하고 상대방의 소재를 알지 못한 것을 말한다.[446]

과실 유무에 대한 입증책임을 누가 지는가에 대해 견해가 대립한다. ① 표의자입증설은 무과실의 입증책임은 의사표시의 도달을 주장하는 표의자 자신에게 있다는 견해이다.[447] ② 상대방입증설은 의사표시의 도달의 효력을 다투는 상대방이 표의자에게 과실 있음을 입증하여야 한다는 견해이다.[448] 공

---

445) 대판 1994.1.25, 93도3430(소송서류의 우편집배인에 의한 배달에 있어서 수취인부재로 송달불능이 되었다는 점만으로는 공시송달의 요건인 주거 사무소와 현재지를 알 수 없는 때에 해당한다고 할 수 없다고 한 사례).

446) 선량한 관리자의 주의(善良한 管理者의 注意)란, 「채무자의 직업 · 지식 · 경험에 비추어 거래상 일반적으로 요구되는 정도의 주의의무」이다. 이는 채무자 개인의 능력을 고려하지 않는 추상적 · 객관적인 주의의무이며, 이에 위반하는 것을 추상적 과실(抽象的 過失)이라고 한다. 그리고 선관주의는 민법상의 주의의무의 원칙이며 따라서 보통 과실이라고 하면 선관주의의 위반에 의한 추상적 과실을 가리킨다. 이 원칙의 예외는 주의의무를 경감하여 「행위자의 구체적 · 주관적인 주의능력」에 대응한 주의로 「자기재산과 동일한 주의의무」(제695조)가 있고, 이 주의를 결하는 것을 구체적 과실이라고 한다.

447) 김상용, 524면; 김증한 · 김학동, 378면; 이영준, 414면.

448) 고상룡, 471면; 곽윤직, 250면; 김주수, 379면; 김준호, 391면; 장경학, 516면.

시송달에 의하여 이미 의사표시의 효력이 발생하였으므로 그 효력을 부인하는 상대방이 표의자의 과실 있음에 대해서 입증책임을 진다는 것이 타당하다.

(다) 공시의 방법

민사소송법의 공시송달의 규정에 의한다. 법원사무관 등이 송달할 서류를 보관하고 그 사유를 법원게시장에 게시하거나(동법 제195조), 관보・공보 또는 신문에 게재하거나, 전자통신매체를 이용하여 공시하여야 하고(민사소송규칙 제54조 1항), 그 날짜와 방법을 기록에 표시하여야 한다(동조 2항).

(라) 효과발생

첫 공시송달은 제195조의 규정에 따라 실시한 날부터 2주가 지나야 효력이 생긴다. 다만 같은 당사자에게 하는 그 뒤의 공시송달은 실시한 다음 날부터 효력이 생긴다(민사소송법 제196조 1항). 또 외국에서 할 송달에 대한 공시송달의 경우에는 2월이 지나야 효력이 생긴다(동조 2항). 그리고 이들 기간은 줄일 수 없다(동조 3항). 공시기간이 지나면 도달의 효과가 생긴다. 다만 표의자가 상대방 또는 그 소재를 알지 못하는 데 과실이 없는 때에만 도달의 효력이 생기고, 과실이 있거나 악의인 때에는 도달의 효력이 생기지 않는다. 판례는 「판사의 공시송달명령에 의하여 공시송달을 한 이상 공시송달의 요건을 구비하지 않은 흠결이 있다 하더라도 공시송달의 효력에는 영향이 없다」고 한다.449)

(5) 의사표시의 수령능력

1) 수령능력의 의의

수령(受領)은 의사표시의 도달을 표의자의 상대방을 기준으로 본 관념이다. 의사표시가 도달로 상대방이 그 내용을 요지할 수 있는 상태에 들어가므로, 수령자가 그 의사표시를 요지할 만한 능력을 가지지 않는다면 의사표시가 그의 지배범위 내에 들어갔다고 하더라도 도달이라고 할 수는 없다. 이와 같이 의사표시의 도달을 수령자 측에서 보아 타인의 의사표시의 내용을 이해할 수 있는 능력을 의사표시의 수령능력(受領能力)이라 한다.

이와 같이 수령능력은 자기에 대한 타인의 의사표시의 내용을 이해할 수 있는 능력을 의미하므로, 정신능력의 정도로서는 어느 정도 낮은 것이라고 생각할 수 있다.450) 그러나 의사표시가 효력을 발생하면 일정한 법률효과가 생

449) 대결[전합] 1984.3.15, 84마20.

450) 대판 2006.3.10, 2006다3844(만 17세에 이른 당사자의 손녀는 비록 미성년자라고 하더라도 송달의 취지를 이해하고 교부받은 서류를 당사자인 할아버지 또는 그 대리인에게

기게 되므로 민법은 행위무능력자를 보호하기 위하여 모든 무능력자를 의사표시의 수령무능력자로 하고 있다(제112조 본문).

2) 무능력자에 대한 의사표시의 효력

의사표시의 상대방이 의사표시의 수령 당시에 무능력자이면, 표의자는 그 무능력자에 대하여 의사표시의 도달을 주장하지 못한다(제112조 본문). 그러나 표의자가 의사표시의 도달, 즉 효력의 발생을 주장할 수 없을 뿐이고, 수령무능력자가 도달을 주장할 수는 있다.

상대방이 무능력자이더라도, 그의 법정대리인이 의사표시의 도달을 안 후에는 표의자도 그 의사표시의 도달을 주장할 수 있다(제112조 단서). 도달의 시기는 소급하지 않으므로 무능력자에게 도달한 때가 아니라 법정대리인이 안 때이다. 다만 무능력자라도 미성년자・한정치산사로서 예외적으로 행위능력이 인정되는 경우에는(제5조 단서, 제6조, 제8조, 제10조 등), 수령능력이 있는 것으로 인정된다.

3) 적용범위

제112조는 상대방에 대한 의사표시의 도달을 전제로 한 규정이기 때문에, 상대방 없는 의사표시나 발신에 의하여 효력이 발생하는 의사표시, 공시송달에 의한 의사표시에는 적용되지 아니한다.

상대방이 행위무능력자는 아니나 일시적 또는 계속적으로 의사무능력의 상태에서 의사표시를 수령한 경우에 도달의 효력이 발생할 것인가. 일반적으로 일시적인 심신상실의 경우에는 상대방에게 도달한 때에 효력이 발생한다고 할 수 있다. 그러나 계속적 심신상실의 경우에는 수령무능력자로 보아 도달의 효력은 생기지 않는다고 할 것이다.[451]

교부하는 것을 기대할 수 있는 정도의 지능은 가지고 있다고 할 것이므로, 만 17세에 이른 당사자의 손녀가 당사자의 주민등록지에서 당사자에게 온 서류를 송달받았다면 그 송달은 적법하게 이루어졌다고 한 사례); 대결 1990.2.14, 89재다카9(만 11세 6월인 아이의 송달수령능력을 인정한 사례); 대결 1995.8.16, 95모20(8세 4월 정도의 여자 어린이의 수송달능력을 인정한 사례) 참조.

451) 같은 취지: 고상룡, 474면; 김상용, 528면; 백태승, 451면. 그러나 이에 반하여, 의사무능력자에 대한 의사표시는 일단은 효력이 발생하고, 의식상실이나 정신장애를 입증하여 무효를 주장할 수 있다는 반대견해가 있다(김주수, 380면; 김증한・김학동, 380면; 이영준, 417면)

제 6 관 법률행위의 대리

Ⅰ. 서 설

1. 대리제도의 의의 · 기능

(1) 의 의

대리(代理)란 대리인이 본인의 이름으로 제3자에게 의사표시를 하며 또는 상대방으로부터 의사표시를 받음으로써 거기에서 생긴 법률효과가 직접 본인에게 귀속되는 제도이다(제114조). 본래 법률행위의 효과는 행위자 자신에게 귀속하는 데 대하여, 대리에서는 행위자와 법률효과 귀속자가 분화되어 있는 점이 특색이다.

예컨대 소유자 본인이 대리인을 시켜서 상대방과 자동차매매계약을 체결하게 하였다면, 이때 계약체결은 대리인과 상대방이 하였으나, 계약당사자는 본인과 상대방이 되며, 이 계약으로부터 발생하는 소유권이전청구권은 매수인인 상대방이, 대금지급청구권은 매도인인 본인이 가지게 된다. 이와 같이 대리인의 대리행위의 효과는 그대로 본인에게 귀속된다. 그러므로 그 대리인에게는 정당한 대리권(代理權)이 존재하여야 하고, 또 대리권의 범위 내에서 본인을 위하여 대리행위(代理行爲)를 하여야만 그로부터 발생하는 권리 · 의무의 대리효과(代理效果)가 본인에게 귀속된다. 이와 같이 대리에서는 본인과 대리인과의 대리권 수여관계, 대리인과 상대방과의 법률행위 내지 대리행위관계, 상대방과 본인과의 대리효과 귀속관계가 성립하고, 이를 대리의 3면관계라고 한다. 이 중에서 가장 중요한 것은 대리권의 존재여부이다. 따라서 대리권이 존재하지 않거나 소멸한 후에 법률행위를 하였거나, 본인을 위하여 법률행위를 한다는 의사 없이 자신을 위하여 법률행위를 한 경우에는 본인에게 그 법률효과가 귀속되지 않는다. 그 행위의 효과는 대리권 없는 무권대리인(無權代理人) 자신의 책임으로 돌아간다. 다만 예외적으로 상대방이 표현대리인(表見代理人)에게 대리권이 있는 것으로 신뢰하고 그 신뢰에 정당한 이유가 있는 때에는 본인에게 효과를 귀속시키고 있다.

(2) 사회적 기능

1) 사적자치의 확장

근대 시민사회에서는 개인의 자유의사에 의하여 법률행위를 하는 것이 원칙이고, 그것으로 거래관계를 충분히 처리해 갈 수 있었다. 타인의 힘을 빌리지 않고 자기 개인의 행위로 자기가 원하는 거래를 해나갈 수 있었다. 그러나 자본주의경제가 고도로 발전하게 되자, 거래관계는 질적으로 전문화·기술화되고 또한 양적으로 세계적인 규모로 확대되었다. 이러한 거래관계를 기업주체가 모두 단독으로 처리하기는 현실상 불가능하게 되었다. 거대한 자본가가 다각적으로 수많은 기업에 관여하고, 그만큼 기업활동을 확대하는 데에는 기업주체를 대신하여 독립적으로 거래할 수 있는 임의대리제도(任意代理制度)가 더욱 필요하게 되었다. 이러한 의미에서 대리제도는 사적자치의 확장을 요구하는 자본주의경제의 요청에 의해 그 기능을 발휘하게 된 것이다.

2) 사적자치의 보충

사람은 생존하는 동안 권리와 의무의 주체가 되지만, 의사능력이 없는 자는 전혀 유효한 법률행위를 할 수 없으며, 행위능력이 없는 자는 단독으로는 유효한 법률행위를 할 수 없다. 따라서 이러한 의사무능력자 및 행위무능력자를 위하여서는 본인을 대신하여 법률상의 자치활동을 보조하기 위해서 법정대리제도(法定代理制度)가 필요하고, 이러한 법정대리는 사적자치를 보충하는 기능을 한다.

2. 대리의 성질

(1) 대리의 본질

1) 고전적 이론

대리관계에서 의사표시를 하거나 받는 자는 대리인인데, 그 의사표시의 효과가 직접 본인에게 생기는 이론적인 근거에 대해서 독일보통법에서 그 견해가 크게 대립되어 있었다. ① 본인행위설(Savigny)은 본인과 상대방을 본래의 행위당사자로 보고, 대리인은 본인의 기관에 불과하므로 대리인의 행위를 본인의 행위로 의제하는 것이며, 이 의제된 행위에 의하여 본인에게 효과가 귀속된다는 견해이다. 그러므로 법률행위의 여러 가지 요건은 현실의 행위자인 대리인을 표준으로 하지 않고 본인을 표준으로 결정한다고 한다. ② 공동행위설(Mitteis, Dernburg)은 대리인은 본인의 수권을 받아 그 지시대로 본인과 공동으로 행위한다거나, 또는 본인의 대리인에 대한 의사와 대리인의 상대방에 대한 의사가 결합하여 효력이 생긴다는 주장이다. ③ 대리인행위설(Windscheid, Jhering)은 대리행위는 대리인의 행위이며 이에 의하여 타인인 본인에게 효과가 생긴다는 주장이다. 그밖에 독일에서 새로운 이론으로 통합요건설(Müller-Freienfels)과 행위와 규율의 분리론(Flume)이 주장되고 있다.

2) 우리나라의 학설

이와 같은 독일민법의 논쟁에 따라 우리 민법의 해석에 있어서도 대리의 본질과 관련하여 이론적 대립이 있다.

① 행위규율분리론은 법률행위는 규율의 측면과 이 규율에 도달하기 위한 과정으로서 행위의 측면이 있다고 분석하고, 행위로서의 법률행위는 대리인의 것이고 규율로서의 법률행위는 본인의 것이라는 견해이다.[452)]

② 통합요건설은 본인의 수권행위와 대리인의 대리행위가 적법한 대리를 위한 통합요건이 된다는 견해이다. 양 행위가 합체하여 하나의 요건이 되는 것이 아니라 각각 별개로 법률행위의 요건이 된다는 점에서 행위와 규율의 분리론과는 다르다는 것이다.[453)]

③ 대리인행위설은 대리인은 본인의 효과의사를 대리하는 것이 아니라 자기의 효과의사에 기하여 본인의 이름으로 법률행위를 행한다는 견해이다.[454)] 대리행위는 대리인의 행위이지만, 대리인이 그 법률효과를 직접 본인에게 발생시키려는 내심의 효과의사(대리의사)를 가지고 대리행위를 행하고 그 의사에 따라 본인에게 효과가 귀속된다는 것이다. 그러므로 사적자치에 반하지 않는다고 한다. 또 대리행위의 하자의 유무는 대리인을 표준으로 결정한다고 규정한 제116조 1항이 실정법적 근거라고 한다.

생각건대 본인의 수권행위가 대리행위와 긴밀한 관계에 있으나, 양 행위 중

452) 이영준, 428면.

453) 김상용, 539면; 백태승, 454면; 이은영, 579면; 민법주해 Ⅲ, 8면 이하(손지열).

454) 고상룡, 483면; 곽윤직, 254면; 김준호, 396면; 김증한·김학동, 385면; 장경학, 523면.

에서 무엇을 대리에 의한 법률행위로 인식할 것인가, 누구를 기준으로 하자 여부를 판단할 것인가에 대해서는 제116조를 규정한 입법취지를 존중해야 할 것으로 판단된다.

(2) 대리와 구별하여야 할 제도

1) 사 자

사자(使者)는 본인이 결정한 의사를 전달하거나 표시하는 데 불과한 자를 말한다. 사자에는 본인이 완성한 의사표시를 그대로 전달하는 전달기관인 사자와, 의사표시의 대강은 완성되었으나 미완성인 부분을 상대방에게 전달하면서 완성하는 표시기관인 사자가 있다. 후자가 대리와 유사하나, 의사결정 자체를 자신이 하는 대리와는 다르다. 대리인은 적어도 의사표시를 위한 의사능력은 요구되나, 사자는 타인의 의사표시를 전달할 수만 있으면 충분하므로 의사능력도 필요로 하지 않는다. 다만 표시기관인 사자는 의사능력을 필요로 한다. 사자의 본인은 반드시 행위능력이 있어야 하나, 대리인의 본인은 행위능력자임을 요하지 않는다.

의사표시의 하자 유무, 어떤 사실의 지·부지는, 대리인을 표준으로 하나 사자의 경우에는 본인을 표준으로 한다.

본인의 의사와 표시가 불일치한 경우에도 양자는 그 법률효과를 달리한다. 전달기관인 사자의 표시가 본인이 결정한 의사에 어긋난 경우에는 의사표시의 부도달(不到達)로 효력이 생기지 않으며, 표시기관인 사자의 표시가 본인의 의사와 다른 경우에는 본인의 착오와 동일하게 취급한다. 이에 대하여 대리인의 표시와 본인의 의사가 어긋나는 경우에는 표현대리의 문제로 된다. 사자에 대해 표현대리의 법리가 유추적용될 수 있는가의 여부의 문제가 생긴다. 판례는 「대리인이 아니고 사실행위를 위한 사자라 하더라도 외견상 그에게 어떠한 권한이 있는 것의 표시 내지 행동이 있어 상대방이 그를 믿었고 또 그 믿음에 정당한 사유가 있다면 표현대리의 법리에 의하여 본인에게 책임이 있다」고 한다.[455] 그러나 사자는 독립하여 의사결정을 하는 자가 아니기 때문에 대리에서의 무권대리인의 책임과 유사한 책임은 인정되지 않는다.

---

455) 대판 1962.2.8, 4294민상192(제1, 2차 거래시에 현금 등의 영수청산을 보조하는 사자가 본인의 수표를 가지고 와서 금융하여 갔기 때문에 상대방이 사자가 본인 명의의 수표 내지 어음을 가지고 금원을 차용할 권한이 있다고 믿은 데 대해 정당한 이유가 있다고 한 사례).

대리와 사자의 구별에 관한 판단은, 표의자가 본인이 결정한 효과의사라고 하면서 표시하였는가 또는 표시자 자신이 결정한 효과의사라고 하면서 표시하였는가에 따라 결정된다. 그러므로 행위자 또는 표시자가 사용한 언어, 소지 또는 제시된 서면의 내용, 기타 행위 당시의 환경 등을 종합적으로 관찰하여야 할 것이며 일반적이고 획일적인 기준을 세우기는 어렵다. 더구나 능동적으로 의사표시를 하는 경우에는 구별이 명확하나, 수동적으로 상대방으로부터 의사표시를 받는 경우에는 실제상 구별이 어렵다.

2) 간접대리

간접대리(間接代理)란 위탁매매업(상법 제101조)과 같이 본인의 계산으로 행위하지만, 자기의 이름으로 제3자와 법률행위를 하고, 일단 그 행위의 효과는 직접 행위자에게 귀속하나 그것을 본인에게 이전할 의무를 부담하는 관계를 말한다. 간접대리인이 자기의 이름으로 법률행위를 한다는 점과 행위의 효과가 직접 본인에게 귀속하지 않는다는 점이, 본인의 이름으로 의사표시를 하고 그 법률효과도 본인에게 직접 귀속되는 대리와 다르다.

3) 대 표

대표(代表)는 법인의 기관이 한 행위에 의하여 법인이 권리・의무를 취득하게 되는 관계를 말한다. 대표기관의 행위로 직접 권리・의무를 취득하는 점에서 대리인의 행위로 직접 법률효과가 귀속되는 대리와 같다. 결국 행위자와 그 법률효과의 귀속자가 다르다는 점에서 양자는 동일하다. 따라서 민법은 대표에 관한 특별규정을 두지 않고 대리의 규정을 준용한다(제59조 2항). 그러나 대표는 법인을 구성하는 하나의 기관으로 평가되어 대표기관의 행위는 곧 법인 자신의 행위로 인정되는 점에서 대리와는 구별된다. 그리고 대리는 법률행위에 한하여 인정되는 데 반하여, 대표는 법률행위뿐만 아니라 불법행위나 사실행위에 관해서도 인정된다는 점에서도 구별된다. 대표기관의 불법행위는 법인 자신의 불법행위로 되며(제35조), 대표기관의 점유는 법인의 점유가 된다.

4) 간접점유

간접점유(間接占有)는 점유자와 물건 사이에 타인이 개재하여 그 타인의 점유를 매개로 하여 점유하는 것을 말한다. 지상권・전세권・임차권 등을 이유로 타인에게 물건을 점유케 한 자는 간접적으로 점유권이 있다(제194조).

그러나 대리는 의사표시에 관하여 인정되는 제도이며, 사실관계인 점유는 의사표시가 아닌 점에서 대리와는 다르다.

5) 기타 구별되는 개념

중개인(仲介人) 기타 보조인은 직접 계약을 체결하지 아니하고 계약의 체결을 주선하거나 계약의 체결을 돕는 자이므로 대리인이 아니다. 이행보조자(履行補助者)는 채무자가 채무의 이행을 위하여 사용하는 자로서 그의 고의·과실은 채무자의 고의·과실로 본다(제391조). 또 피용자(被用者)는 타인이 사용하여 어느 사무에 종사하게 하는 자로서 피용자가 사무집행에 관하여 타인에게 손해를 준 때에는 사용자는 배상책임을 진다(제756조). 그러나 양자는 모두 채무불이행과 불법행위라는 위법행위에 적용되는 개념이므로 법률행위의 대리와는 다르다.

(3) 대리의 종류

대리에는 여러 가지 표준에 따라 분류할 수 있는데, 그 주요한 것은 다음과 같다.

1) 임의대리 · 법정대리

대리권의 발생원인에 따른 분류이다. 임의대리(任意代理)는 본인의 수권행위에 의해 대리권이 부여되는 대리이고, 법정대리(法定代理)는 법률의 규정에 의하여 대리권이 부여되는 대리이다. 법정대리에는 본인에 대하여 일정한 지위에 있는 자가 법률상 당연히 대리인이 되는 친권자·법정후견인, 사인(私人)의 지정에 의해 대리인이 되는 지정후견인·지정유언집행자, 법원의 선임에 의해 대리인이 되는 상속재산관리인·선임후견인·선임유언집행자가 있다.

사회적 기능에 있어서 임의대리는 사적자치의 확장에, 법정대리는 사적자치의 보충에 그 초점이 있으며, 대리권의 범위는 임의대리는 수권행위의 해석에 의해 정해지지만 법정대리는 법률규정에 의해 정해진다. 대리권의 소멸에 있어서도 임의대리에는 법정대리와는 다르게 원인된 법률관계의 종료와 수권행위의 철회가 그 원인으로 인정된다(제128조). 그리고 임의대리인에게는 원칙적으로 복임권이 없으나(제120조, 제121조), 법정대리인에게는 원칙적으로 복임권이 넓게 인정된다(제122조).

2) 능동대리 · 수동대리

대리행위의 모습에 따른 구별이다. 능동대리(能動代理)는 대리인이 제3자에 대하여 의사표시를 하는 적극대리를 말하며, 수동대리(受動代理)는 제3자가 하는 의사표시의 수령을 본인에 갈음하여 하는 소극대리를 말한다. 일반적으로 말하면 수권행위의 통상의 내용으로서의 임의대리권은 그 권한에 부수하여 필요한 한도에서 상대방의 의사표시를 수령하는 이른바 수령대리권을 포함하는 것으로 보아야 한다.[456]

3) 유권대리 · 무권대리

대리권의 유무에 관한 구별이다. 유권대리(有權代理)가 정당한 대리권을 가지는 정상적인 대리이며, 무권대리(無權代理)는 대리인이라 칭하는 자가 정당한 대리권을 가지고 있지 않은 비정상적인 대리를 말한다. 이는 다시 좁은 의미의 무권대리와 표현대리로 나뉜다.

(4) 대리가 인정되는 범위

1) 법률행위

대리는 대리인이 법률행위를 하고 그 효과를 본인에게 귀속시키는 제도이기 때문에 의사표시를 요소로 하는 법률행위에만 인정된다. 단독행위, 합동행위에도 대리가 인정되지만 주로 계약에 활용되는 제도이다. 재산상의 법률행위에는 일반적으로 대리가 허용된다. 다만 재산법상의 법률행위 중에서도 근로계약은 법률의 규정에 의하여 대리가 허용되지 않는다(근로기준법 제67조 1항).

이에 반하여 가족법상의 법률행위는 대리에 친하지 않은 법률행위이다. 혼인 · 인지 · 유언 등과 같은 행위는 본인 자신에 의한 의사결정이 절대적으로 필요한 행위이므로 대리는 허용되지 않는다. 이에 반하는 대리행위는 무효이며, 추인에 의해서도 유효로 되지 아니한다.

---

456) 대판 1994.2.8, 93다39379(부동산의 소유자로부터 매매계약을 체결할 대리권을 수여받은 대리인은 특별한 사정이 없는 한 그 매매계약에서 약정한 바에 따라 중도금이나 잔금을 수령할 권한도 있다고 보아야 한다고 한 사례); 대판 1992.4.14, 91다43107(매매계약의 체결과 이행에 관하여 포괄적으로 대리권을 수여받은 대리인이 약정된 매매대금의 지급기일을 연기하여 줄 권한을 가진다고 한 사례).

2) 준법률행위

준법률행위(準法律行爲)는 의사표시가 아니므로 원칙적으로 대리는 허용되지 않는다. 다만 준법률행위 중에서도 의사통지 또는 관념통지에 관해서는 의사표시의 규정과 함께 대리의 규정도 유추적용된다.

3) 사실행위

사실행위(事實行爲)에는 대리가 허용되지 아니한다. 예컨대 주소의 설정, 매장물의 발견, 가공, 무주물의 선점, 유실물의 습득, 사무관리, 부부의 동거 등의 사실행위에 제3자의 협력이 있다고 하더라도 이는 보조행위이고, 여기에 대리규정이 적용될 수 없다.

그러나 인도(引渡), 즉 동산의 점유이전에 대리가 인정될 수 있는가에 관하여 견해의 대립이 있다. ① 대리불허설은 인도는 사실행위이므로 언제나 대리가 허용되지 않는다는 견해이다.[457] ② 대리허용설은 현실의 인도는 대리가 허용되지 않으나, 간이인도, 점유개정, 목적물반환청구권의 양도는 의사표시를 요소로 하므로 대리가 허용된다는 견해이다.[458] 생각건대 이들 경우에도 동산양도계약과 같은 원인된 법률행위의 대리의 효과로 인도가 이루어진 것이며, 제3자의 협력이 있다고 하여도 이는 단순한 점유매개자 또는 점유보조자에 불과하고 이들의 보조행위를 통하여 인도의 효과가 생긴 것이라고 하여야 한다.

4) 불법행위

불법행위(不法行爲)는 법률행위가 아니므로 대리가 허용되지 아니한다. 대리인이 본인의 피용자인 경우에 피용자의 불법행위에 의하여 손해배상책임을 지지만, 이는 대리행위의 효과귀속에 따른 것이 아니라 피용자를 고용한 사용자로서 배상책임을 지는 것이다(제756조). 또 법인은 이사 기타의 대표자가 그 직무에 관하여 타인에게 한 불법행위에 대한 손해배상책임을 지나(제35조 1항), 이는 법인의 구성요소인 대표기관의 불법행위로 발생한 손해에 대해서 법인 자신의 불법행위책임을 규정한 것이지 불법행위의 대리를 인정한 것은 아니다.

---

457) 곽윤직, 255면; 김주수, 385면; 김준호, 396면; 김증한·김학동, 386면; 백태승, 455면; 장경학, 523면.

458) 고상룡, 487면; 김상용, 533면; 이영준, 419면; 이은영, 567면.

Ⅱ. 대 리 권

1. 대리권의 의의

대리권이란 대리인이 본인의 이름으로 의사표시를 하거나 또는 받아서 본인에게 직접 법률효과를 귀속시킬 수 있는 본인에 대한 지위 또는 자격이다. 그러므로 대리권은 대리인에게 이익을 주는 것이 아니므로 본래의 의미의 권리는 아니며, 단지 대리할 수 있는 권한에 불과하다.

대리권의 성질에 관하여 견해의 대립이 있다. ① 자격설(資格說)은 대리권은 권리가 아니라 본인을 위하여 의사표시를 하거나 수령하여 본인에게 법률효과를 발생시키는 자격이며, 대리권을 대리권한으로 이해하는 견해이다.[459] ② 무실체성설(無實體性說)은 대리권은 규율로서의 법률행위를 본인의 것으로 정당화하는 무실체성의 것이고, 이는 권리도 아니고 자격도 아니라는 견해이다.[460] ③ 법력설(法力說)은 대리권은 본인의 행위 내지 행위영역을 확대할 수 있는 가능성으로서의 법적인 힘이라고 하고 이는 법적인 힘이기는 하지만 권리도 능력도 아닌 것으로 이해하는 견해이다.[461] ④ 권한설(權限說)은 대리권을 행위능력과 같은 능력 또는 자격으로 보는 것보다는 일종의 권한으로 보자는 견해이다.[462] 생각건대 대리인은 대리행위의 효과를 본인에게 귀속시킬 수 있는 자격이 있고 이 자격에 의하여 대리할 수 있는 행위의 범위가 대리권한이다. 따라서 자격설이 타당하다.

459) 고상룡, 489면; 곽윤직, 259면; 김주수, 393면; 김준호, 405면; 김증한・김학동, 390면; 이은영, 594면; 장경학, 533면.
460) 이영준, 448면.
461) 김상용, 555면.
462) 백태승, 459면.

2. 대리권의 발생원인

(1) 법정대리권의 발생원인

법정대리권은 법정대리인의 종류에 따라 친권자, 후견인, 부부 등은 직접 법률의 규정에 의하여, 지정후견인, 지정유언집행자는 지정권자의 지정에 의하여, 선임후견인, 부재자재산관리인, 상속재산관리인 등은 법원의 선임에 의해서 발생한다.

(2) 임의대리권의 발생원인

1) 수권행위의 의의

수권행위(授權行爲)는 본인이 대리인에게 대리권을 수여하는 법률행위를 말한다. 이에 의하여 임의대리권이 발생한다. 수권행위에 의하여 본인에게서 대리권을 부여받지 못하면 본인에게 대리효과도 귀속될 수 없다. 일상가사대리권이 있는 배우자라 하더라도 일상의 가사가 아닌 법률행위를 대리하여 행할 때에는 별도로 대리권을 수여하는 수권행위가 필요하며,[463] 대여금의 영수권한만을 위임받은 대리인이 그 대여금 채무의 일부를 면제하기 위해서는 본인의 특별수권이 필요하다.[464]

수권행위의 개념에 대해서 판례는 「수권행위를 대리권 수여의 의사표시와는 별개의 의미・내용을 가지는 권한수여행위를 표현하는 것이라고는 할 수 없고, 따라서 대리권의 주장을 대리권 수여의 의사표시가 아닌 다른 권한의 수여가 있었다는 이유로 배척할 수는 없다」고 하였다.[465]

---

463) 대판 2000.12.8, 99다37856(부부의 일방이 의식불명의 상태에 있어 사회통념상 대리관계를 인정할 필요가 있다는 사정만으로 그 배우자가 당연히 채무의 부담행위를 포함한 모든 법률행위에 관하여 대리권을 갖는다고 볼 것은 아니라고 한 사례).

464) 대판 1981.6.23, 80다3221; 대판 2008.1.31, 2007다74713(계약 체결에 관한 권한을 수여받은 대리인에게 그 계약의 해제 등 처분권과 상대방의 의사를 수령할 권한을 가지고 있다고 볼 수는 없다고 한 사례).

465) 대판 1997.4.22, 96다56122(본인이 성업공사에게 부동산의 처분권한을 수여한 것은 위임이나 대리권의 수여가 아니라, 이른바 수권행위로서 처분수권을 받은 위 회사로서는 그 수권범위 내에서 이 사건 부동산을 처분함에 있어 법률행위의 방식, 상대방, 그 내용 등에 관하여 독자적으로 포괄적인 일체의 권한을 가진다 할 것이고, 따라서 그 권한은 당연히 복위임권(復委任權)을 포함하고 나아가 권한수여자의 사망 여부에 관계없이 존속한다고 할 것이므로, 이 건의 권한수여행위가 위임이나 대리권의 수여임을 전제로 하는 피고들의 주장(부동산의 처분에 관한 복임권을 준바 없고, 그 처분을 복대리로 처

2) 수권행위와 기초적 내부관계의 구별

기초적 내부관계(基礎的 內部關係)는 대리의 원인이 된 법률관계를 말한다. 민법은 「대리권을 수여하는 법률행위」와 그 「원인된 법률관계」를 분명히 구분함으로써(제128조), 임의대리에 있어서는 기초적 내부관계와 별도로 수권행위라는 독립된 법률행위에 의하여 대리권이 주어지는 것임을 밝히고 있다. 수권행위의 기초적 내부관계에 대한 독자성(獨自性)을 인정한 것이다.

기초적 내부관계는 위임계약(제680조), 고용계약(제655조), 도급계약(제664조), 조합계약(제703조) 등에 의해서 형성되며, 여기에 대리가 수반되는 것이 보통이다. 예컨대 토지매매계약을 맺는 일을 수임인에게 맡기기로 합의하면 위임계약이 성립하며, 그 위임으로 수임인이 처리하여야 할 사무가 매수인과의 매매계약체결이다. 이와 같이 보통은 기초적 내부관계에 대리관계가 수반된다. 그러나 기초적 내부관계와 대리관계는 이론상 전혀 별개의 것이고, 또한 위임 등과 대리가 항상 연결되는 것도 아니다. 중개업(상법 제93조)과 위탁매매(상법 제101조) 등과 같이 위임이면서도 대리가 수반되지 않는 경우도 있다.

그러나 수권행위와 기초적 행위가 반드시 따로 행해져야 하는 것은 아니다. 오히려 기초적 내부관계에 수권행위가 수반하여 나타나는 것이 보통이다. 또 수권행위만 있고 기초행위는 없든가, 반대로 기초행위는 있는데 수권행위가 없을 수도 있다. 결국 법률행위의 해석을 통하여 밝힐 일이다.

3) 수권행위의 성질

수권행위의 법적 성질이 단독행위인가 계약인가에 관하여 다투어져 왔으나, 단독행위(單獨行爲)로 파악되고 있다.[466] 따라서 수권행위에 대리인의 동의를 필요로 하지 않으며, 대리인이 될 자에게 무능력, 의사와 표시의 불일치, 사기, 강박 등의 사유가 있더라도 수권행위에는 아무런 영향이 없고 대리행위도 유효하다. 반면에 수권행위를 계약이라고 한다면, 이들 사유가 있으면 그 수권행위는 효력을 잃게 될 것이다. 또한 본인이 무능력자에게 대리권을 수여할 때에는 그 법정대리인의 동의가 필요하게 된다. 그러나 이는 대리인의 행위능력을 요구하지 않는 민법(제117조)의 구성에 맞지 않는 것이다. 또 제128

리하여야 할 부득이한 사유도 없었다는 등)은 그 자체로 이유 없다는 이유로 이를 배척한 원심을 대리권에 관한 법리를 오해한 위법이 있다고 하여 파기한 사례).

466) 통설. 이에 반하여 수권행위는 위임과 동일한 것은 아니나, 본인과 대리인 간에 체결되는 위임과 유사한 일종의 무명계약(無名契約)이라 하는 견해가 있다(김기선, 280면).

조 후단이 수권행위의 철회를 규정한 것도 역시 수권행위가 단독행위임을 전제로 하는 규정이라고 할 수 있다.

4) 수권행위와 기초적 내부관계의 원인관계

수권행위는 위임·고용·도급 등의 계약과 같은 수권자와 대리인 사이의 다른 법률관계를 토대로 행해진다. 그런데 원인된 법률관계가 무효, 취소 등의 사유로 실효하게 되면 그 영향으로 수권행위도 효력을 잃게 되는가, 아니면 그것과 무관한가. 즉 원인관계인 기초적 내부관계의 실효로 인하여 그 결과인 수권행위도 실효하게 되는가에 대하여 견해가 대립하고 있다.

① 유인설(有因說)은 본인·대리인 사이의 기초적 법률관계가 무효·취소·해제되면, 수권행위도 그 영향을 받아 효력을 상실하게 된다는 견해이다.[467] 이와 같이 해석하는 것이 당사자의 의사에 부합되며, 제128조에서 기초적 법률관계가 종료하면 대리도 종료한다고 규정하는 것을 그 근거로 한다. 이러한 유인성은 수권행위가 원인행위와 일체를 이루는 경우만이 아니라, 그것이 독립된 별개의 행위로 행해진 경우에도 인정된다고 한다.

② 무인설(無因說)은 수권행위는 단독행위이므로 그 원인이 되는 기초적인 계약관계로부터 구별되며 원인관계가 무효·취소·해제된 경우에도, 수권행위에는 영향을 미치지 않으며 여전히 유효하다는 견해이다.[468] 제3자가 알지 못하는 본인·대리인 간의 내부관계에 있어서 무효·취소의 원인이 제3자에게 영향을 미친다는 것은 제3자의 보호 내지 거래안전을 해치는 것이라고 한다. 다만 원인된 법률관계와 합체되어 행해진 경우에는 기본관계의 종료로 대리권은 소멸한다고 한다(제128조).

③ 절충설은 내부적 수권행위는 유인성을 띠고 외부적 수권행위는 무인성을 띤다는 견해이다.[469] 내부적 수권의 경우 기초적 법률행위가 무효·취소되면 수권행위도 효력을 잃는 반면에, 본인과 대리인간의 기초적 내부관계의 약정이 무효라고 하더라도 이와는 독립된 상대방에 대한 외부적 수권은 유효하게 존속한다고 한다.

생각건대 유인설은 원인행위의 종료로 대리도 종료한다는 제128조를 근거

467) 고상룡, 498면; 곽윤직, 261면; 김민중, 585면; 김상용, 561면; 김준호, 407면; 이은영, 602면.
468) 김주수, 395면; 김증한·김학동, 393면; 백태승, 463면; 장경학, 537면.
469) 이영준, 458면.

로 원인행위의 실효로 수권행위도 실효하지만 이미 행하여진 대리행위는 유효한 것으로 본다. 따라서 원인행위와 수권행위가 있었으나 아직 대리행위를 하지 않은 경우에만 그 효용을 발휘할 것이다. 이에 반하여 무인설은 수권행위는 독자성이 있으므로 원인행위의 실효 후에도 영향 받지 않고 그대로 유효하다고 하고, 다만 원인된 법률관계와 합체되어 행해진 경우에는 기본관계의 종료로 대리권은 소멸한다고 한다(제128조). 따라서 별도로 수권행위가 이루어진 경우에만 무인적인 효과가 발생한다고 하여야 하나, 보통은 양 행위가 합체되어 일어나고 따로 독립적으로 일어나는 것은 이례적인 일이다.

이와 같이 양설의 주장의 적용범위가 매우 한정적이다. 그러나 상대적으로 무인설이 그 예외적 상황이 적고 논리적이며, 또 외관신뢰의 보호로 거래의 안전을 도모하기 위해서도 수권행위는 원인행위와 독자성을 가지고 원인행위의 실효에도 불구하고 그 영향을 받지 않고 유효하다고 하는 것이 명쾌하다.

5) 수권행위의 방식

수권행위는 불요식행위(不要式行爲)이므로 특별한 방식을 필요로 하지 않으며, 명시적으로나 묵시적으로 할 수 있다.

(가) 서면의 교부 등

보통 대리인에게 위임장(委任狀)을 교부하는 형태로 수권행위가 이루어지며, 대리인이라고 칭하는 자가 위임장을 가지고 있으면 보통 수권행위에 기인한 행위라고 생각하게 된다. 다만 위임장은 위임계약의 내용을 기록한 계약증서가 아니라, 실제로는 어떤 사항에 관하여 대리권을 주었다는 사실을 증명하는 문서에 불과하다. 따라서 위임장 없이도 수권은 가능하며, 위임장을 가지고 있다는 사실만으로 수권행위가 있었다고 단정할 수 없다. 이런 경우에는 수권이 없더라도 위임장을 가지고 있는 이상, 표현대리의 법리에 의하여 상대방은 보호를 받을 수 있을 것이다.

따라서 위임장에 한하지 않고 매도를 촉구한 서신(書信)의 내용,[470] 서명무인(署名拇印)한 동의서[471] 등과 같은 서면이 교부되면 명시의 수권행위로

---

470) 대판 1982.9.28, 82다카177(미국에서 아내가 남편에게 집을 복덕방에 내어 놓아 시세보다 싸게 팔도록 촉구한 서신의 내용은 남편에게 매각처분을 위임한 취지라고 한 사례).

471) 대판 1992.10.13, 92다25427(갑이 자기 이외의 연립주택 소유자들이 매각추진위원회를 구성하여 을로 하여금 원매자를 물색하게 하고 일정 대금 수준이면 매각에 동의한다는 내용의 동의서에 서명날인하였다는 말을 듣고 을을 찾아가 동의서에 서명무인하여 주었다면 특별한 사정이 없는 한 을에게 자신을 대리하여 연립주택을 매도할 권한을 수여

인정될 것이다. 또한 인감도장과 인감증명서를 교부한 행위도 수권행위로 인정된다.[472] 그러나 상대방이 본인의 자필서명을 받거나 전화 등으로 본인의 의사를 확인할 의무는 없다고 할 것이다.[473]

(나) 백지위임장

백지위임장(白紙委任狀)은 위임장의 기재사항 중 일부를 기재하지 않고 남겨 둔 채 그것을 일정한 사람에게 보충시키고자 하는 형식으로 된 위임장을 말한다. 신속을 요하는 거래의 필요에 따라서 발생한 수권행위의 한 변종이라고 할 수 있다. 백지위임장도 나중에 백지부분이 보완되면 위임장으로서 유효하게 된다. 이것은 일정한 사항을 상세히 기재하는 번거로움을 피하기 위하여 이용되지만, 대리인이 그 권한을 남용할 가능성이 크다. 따라서 이런 경우에 상대방의 이익은 권한을 넘은 표현대리의 법리에 의하여 보호될 것이다.

흔히 대리인의 이름을 백지로 하는 수인자백지위임장이 이용된다. 부동산등기신청의 위임, 주주총회에서의 의결권 행사, 주식의 명의개서 등을 위한 위임장 등이 그러한 예이다. 또한 대리권의 범위를 공란으로 두는 경우도 있을 수 있는데, 이는 포괄적 대리권의 수권으로 이해될 것이다.

판례는 대리인을 공란으로 한 백지소송위임장을 작성·교부한 경우,[474] 매매대금수령에 관한 수령인 백지의 위임장인 대금수령확인서의 작성·교부,[475] 총회에서 대리인이 기재되지 않은 백지위임장의 제출·소지[476] 등은

한 것이라고 본 사례).

472) 대판 1996.2.9, 95다10549(아버지가 아들의 채무에 대한 담보 제공을 위하여 아들에게 인감도장과 인감증명서를 교부한 행위가 복임권을 포함하여 채무 담보를 위한 일체의 대리권을 준 것이라고 본 사례); 대판 1991.1.15, 90다10605(딸이 아버지에게 은행으로부터 금원을 차용하는데 필요하다고 하여 받은 인감도장과 "대부용" 인감증명서를 이용하여 타인으로부터 금원을 차용하면서 아버지를 보증인으로 하여 작성한 차용증서의 보증부분이 무효라고 한 원심판결을 파기한 사례).

473) 대판 1997.7.8, 97다9895(대리인에 의하여 보증보험계약이 체결되는 경우, 본인의 자필서명을 받지 아니하였다는 사정만으로 표현대리의 성립을 부정한다면 모든 대리행위에 있어 본인의 출석을 요구하여야 한다는 결과를 초래하여 결국 대리행위의 필요성을 부정하는 데까지 나아갈 우려가 있어 본인의 자필서명이 그 보증보험계약의 유효요건이 된다고 볼 수 없고, 또한 반드시 본인에게 전화 등으로 보증의사를 확인하여야 할 의무가 있다고도 볼 수 없다고 한 사례).

474) 대판 1979.12.26, 79다1851(피신청인이 신청인으로부터 금원을 차용하면서 후일 채무를 변제하지 못할 경우, 신청인이 제소전 화해로서, 이미 가등기가 설정된 담보물에 대하여, 쉽게 본등기절차를 할 목적으로 피신청인의 대리인을 선임하기 위하여 그 대리인을 공란으로 한 백지소송위임장을 작성한 후 이를 신청인에게 교부한 경우에는 신청인에게 피신청인의 대리인을 선임할 권한을 수여한 것으로 볼 것이라고 한 사례).

475) 대판 1990.2.23, 88다카30108(매수인으로부터 매매대금을 지급받는 데 필요하다는 소외

유효한 수권행위로 인정하였다. 그러나 매수인란이 공란으로 된 백지의 매도증서와 위임장 및 인감증명서의 교부는 수권행위로 보지 아니하였다.477)

(다) 묵시의 수권행위

수권행위는 법률상 방식이 요구되지 않으므로 묵시적인 수권행위도 유효하다. 예컨대 특정인이 자신의 대리인이라고 칭하면서 거듭 행위를 하는 경우에 그 사실을 알고 이의를 제기할 수 있음에도 불구하고 방임하면 이는 수권행위가 있는 것으로 취급한다.

판례는 금전차용의 알선을 의뢰하여 인장을 보관시킨 경우,478) 본인이 계약체결 장소에 임하여 계약조건에 관하여 의견을 제시하고 그의 장남명의로 매매계약을 체결하는 장소에 끝까지 있었던 경우479) 등에서는 대리권이 수여되었다고 하였다. 그러나 매매계약체결 당시 매도인을 보조하여 계약서와 영수증에 날인한 데 불과한 사람에게 매도인이 중도금이나 잔금수령권한까지 있는 매매계약체결에 관한 대리권을 묵시적으로 수여한 것으로 볼 수 없다고 하고,480) 단순히 남편이 아내의 인감도장을 보관하고 있었다는 사실만으로 이 인감도장의 사용에 관하여 포괄적 대리권을 위임받은 것이라 볼 수 없다고 한다.481)

갑회사의 직원의 요구에 응하여 매도인이 그 직원에게 대금수령확인서와 입금표를 작성하여 준 경우 대금수령확인서는 매매대금수령에 관한 수령인 백지의 위임장이며 입금표는 매매대금의 영수증임이 명백하므로 다른 특별한 사정이 없는 한 위와 같은 증거만으로도 매도인이 위 회사직원에게 매매대금의 수령권한을 위임하였다고 보아야 한다고 한 사례).

476) 대판 1998.10.13, 97다44102(새마을금고의 회원으로부터 대리인이 기재되지 않은 백지위임장이 제출되고 총회시까지 대리인이 보충기재되지 아니한 경우, 그 위임장을 소지한 자를 대리인으로 지정한 것으로 보아야 한다는 사례).

477) 대판 1996.4.12, 95다49882(아파트 분양신청권이 전전매도된 경우, 설사 최종 매수인이 백지 매도증서, 위임장 등을 소지하고 있더라도 최초 매도인은 그에게 최초 매매계약의 해제를 주장할 수 있다고 본 사례); 대판 1991.4.23, 91다5761(최초 양도인이 중간등기생략을 거부하고 있어 매수인란이 공란으로 된 백지의 매도증서와 위임장 및 인감증명서를 교부한 것만으로는 중간등기생략에 관한 합의가 있었다고 할 수 없다고 본 사례).

478) 대판 1965.8.24, 65다1174.

479) 대판 1990.5.25, 89다카30884(부동산매매에 관하여 본인이 장남에게 대리권을 수여하였다고 보는 것이 합리적이라고 인정한 사례).

480) 대판 1993.6.11, 93다7938.

481) 대판 1984.7.24, 84도1093.

3. 대리권의 범위

(1) 법정대리권의 범위

법정대리권은 법률의 규정에 의하여 주어지므로, 그 범위는 그 법규에 의하여 개별적으로 정해진다. 친권자, 후견인은 미성년의 자(子), 한정치산자, 금치산자의 재산에 관한 법률행위에 대하여 대리하고(제920조, 제948조, 제949조), 부부는 일상의 가사에 관하여 서로 대리권이 있으며, 부재자재산관리인과 상속재산관리인은 보존·이용·개량의 범위 내의 법률행위에 대하여 부재자와 상속인을 대리하며(제25조, 제118조, 제1023조 2항, 제1047조 2항, 제1053조 2항), 유언집행자는 유증의 목적인 재산의 관리 및 유언 집행에 필요한 행위를 하는 데 있어서 상속인의 대리인이 된다(제1101조, 제1103조).

(2) 임의대리권의 범위

1) 수권행위의 해석

임의대리권의 범위는 수권행위의 내용에 따라 결정된다. 본인은 일정한 사항을 한정하거나 또는 일정한 범위의 사항을 포괄하여 대리권을 줄 수 있고, 상대방을 한정하거나 또는 그러한 제한 없이 대리권을 줄 수 있다. 그러므로 임의대리권의 범위는 결국 수권행위의 해석에 의하여 결정된다. 우선 위임장에 적힌 문장, 특히 위임사항의 내용·성질·종류라든가, 본인·대리인의 지위·상황 등을 고려하여 해석할 것이다.

일반적으로 대리권한이 있다고 판단되는 것으로는, 명시된 사항에 당연히 포함된다고 생각하는 사항, 이에 부수되는 관계에 있다고 보이는 사항, 반드시 부수적이라고 할 수 없는 관련사항으로서 본인에게 새로운 불이익을 주지 않는 사항 등이다. 반대로 명시된 사항의 전제 내지 기반이 되는 생활관계에까지 변화를 미치는 사항에 관해서는 대리권의 범위를 벗어난 것으로 해석한다.

판례가 대리권한이 있다고 인정한 것은 다음과 같다. ㉠ 매매계약을 체결할 권한이 있는 대리인에게 그 중도금이나 잔대금수령권, 매매대금의 지급기일을 연기하여 줄 권한도 있다고 하고,[482] ㉡ 부부가 공동으로 남편 명의의 점포를 운영하면서 처가 점포에 보관 중인 남편의 인감을 이용하여 차용증을 작성하

482) 대판 1994.2.8, 93다39379; 대판 1992.4.14, 91다43107; 대판 1991.1.29, 90다9247.

여 주고 금원을 차용한 경우에서 남편이 처에게 점포 운영에 필요한 자금을 자신의 명의로 차용할 권한을 포괄적으로 위임하였다고 볼 수 있다고 한다.[483)]

수권행위의 존재를 부인하는 사례는 다음과 같다. ㉠ 금전소비대차 내지 담보권설정계약을 체결할 권한을 수여받은 대리인에게 계약관계를 해제할 대리권은 없고,[484)] ㉡ 예금계약의 체결을 위임받은 자가 가지는 대리권에 당연히 그 예금을 담보로 대출을 받거나 이를 처분할 수 있는 대리권이 포함되는 것은 아니며,[485)] ㉢ 부동산을 매수할 권한을 수여받은 대리인에게 그 부동산을 처분할 대리권은 없고,[486)] ㉣ 채권자가 채무 담보의 목적으로 채무자를 대리하여 부동산을 처분하는 권한을 위임받은 경우에 그 부동산의 가치를 임의로 평가하여 자신의 채권자에게 대물변제할 권한까지 부여받은 것으로 볼 수 없다고 한다.[487)]

2) 보충규정

민법 제118조는 권한을 정하지 않은 대리인이 할 수 있는 행위에 대해서 보충규정을 두고 있다. 본인이 대리권을 수여하였으나 그 범위가 정하여져 있지 않거나, 대리권의 범위가 불분명한 경우에, 보존행위와 대리의 목적인 물건이나 권리의 성질을 변하지 아니하는 범위에서 그 이용 또는 개량하는 행위를 할 수 있다. 보존·이용·개량의 관리행위(管理行爲)는 스스로 할 수 있으나 처분행위는 하지 못한다. 이 규정은 수권행위의 해석에 관한 보충적 임의규정이므로 수권행위로 대리권의 범위가 정하여져 있는 경우에는 적용되지 아니한다.

원칙적으로 이 규정은 임의대리에 적용되는 것이고 법정대리에는 적용되지 않는다. 그러나 법원이 선임한 부재자재산관리인이 법원의 허가 없이 할 수

483) 대판 2003.1.24, 2002다64377.

484) 대판 1997.9.30, 97다23372; 대판 1997.3.25, 96다51271; 대판 1993.1.15, 92다39365.

485) 대판 2002.6.14, 2000다38992(예금명의자가 아니고 예금통장도 소지하지 않은 예금행위자에 의한 정기예금의 중도해약 및 그에 대한 예금의 지급이 권한 없는 자에 대한 변제로서 유효하지 않다고 한 사례); 대판 1995.8.22, 94다59042; 대판 1992.6.23, 91다14987.

486) 대판 1991.2.12, 90다7364; 대판 1987.4.28, 85다카971.

487) 대판 1997.9.9, 97다22720. 그밖에 대리권의 범위에 관한 판례로는 대판 1993.5.14, 93다4618,4625(통칭 매니저의 대리권의 범위는 연주자의 연주활동의 주선이나 연주에 관하여 공연장확보, 공연비용 또는 출연료결정, 연주일정의 확정 등에만 미칠 뿐 공연계약에 관하여는 대리권이 없다 한 사례) 등이 있다.

있는 행위의 범위와, 법원이 선임한 상속재산관리인이 할 수 있는 행위의 범위에는 이 규정이 준용된다(제25조, 제1023조 2항).

(가) 보존행위

보존행위(保存行爲)는 재산의 가치를 현상대로 유지하는 것을 목적으로 하는 모든 행위이다. 예컨대 가옥의 수선, 소멸시효 중단, 미등기부동산의 보존등기 등이다. 또한 기한이 도래한 채무의 변제나, 부패하기 쉬운 물건의 처분 등과 같이 그 형식은 처분행위이지만 본인의 재산 전체에 비추어 볼 때 현상유지라고 볼 수 있는 행위도 이에 포함된다. 보존행위는 대리인이 무제한으로 할 수 있다(제118조 1호).

(나) 이용행위 · 개량행위

이용행위(利用行爲)는 대리의 목적인 물건 또는 권리를 사용 · 수익함으로써 재산의 수익을 꾀하는 행위이다. 예컨대 가옥을 임대하거나, 금선을 이자부로 대여하는 행위 등이다. 물건을 현상대로 보존하지 않는 점에서 보존행위와 다르고, 목적물 자체에 변경을 가하지 않는 점에서 개량행위와 다르다. 또 개량행위(改良行爲)는 대리의 목적인 물건 또는 권리의 사용가치 또는 교환가치를 증가시키는 행위이다. 무이자부채권을 이자부채권으로 바꾸는 경우가 그 예이다.

이용행위나 개량행위는 대리의 목적인 객체의 성질이 변하지 않는 범위 내에서만 할 수 있다. 따라서 예금을 주식으로 바꾸거나, 은행예금을 찾아서 개인에 대부하는 것 등은 이용행위이기는 하나 성질이 변하는 경우에 해당한다. 그리고 성질의 변경 여부는 거래통념에 의하여 판단할 것이다.

보존행위 · 이용행위 · 개량행위의 범위에 속하는가의 여부는 문제가 되는 행위의 종류에 따라서 판단할 것이다. 따라서 행위의 성질이 관리행위에 속하는 경우에는, 본인에게 불이익한 결과가 생기더라도 대리행위로서는 유효하다. 다만 기초적 내부관계에서 손해배상책임은 생길 수 있다. 반대로 대리인이 성질이 변하는 관리행위를 한 때에는, 본인의 이익이 되다 하더라도 대리권의 범위를 벗어나는 행위이며, 대리행위로 성립하지 않는다. 다만 표현대리가 인정되는 경우에는 상대방은 보호받을 수 있으며, 본인이 추인하여 유효한 대리행위로 할 수 있을 것이다.

4. 대리권의 제한

(1) 자기계약 · 쌍방대리의 금지

1) 자기계약 · 쌍방대리의 원칙적 금지

민법은 대리권의 범위를 정하는 외에 본인의 이익을 보호하기 위하여 자기계약과 쌍방대리를 제한한다(제124조).

자기계약(自己契約)이란 대리인이 본인의 이름으로 본인을 대리하면서 동시에 스스로 그 상대방이 되어 혼자서 법률행위를 하는 것을 말한다. 대리인이 자기의 이익을 꾀하고 본인의 이익이 해를 입을 염려가 있으므로 원칙적으로 금지한 것이다. 예컨대 매도인이 대리인에게 그 소유의 자동차를 팔아 달라고 하였는데, 이것을 대리인 자신이 매수인이 되어 혼자서 매매계약을 체결한다면, 그 매매가액 등 모든 사항을 대리인에게 유리하게 결정할 염려가 있기 때문이다. '동일인이 대리인과 그 상대방의 쌍방을 겸할 수 없는 것이다'(*Idem agens et patiens esse non potese*).

쌍방대리(雙方代理)란 한 사람이 동시에 당사자 쌍방의 대리인이 되어 혼자서 법률행위를 하는 것이다. 대리인이 어느 한 쪽의 계약당사자의 이익만을 고려하고 다른 당사자의 이익을 해할 염려가 있으므로 금지한 것이다. 예컨대 아파트를 사고파는 데 한 사람이 매도인과 매수인의 대리인이 되어 혼자서 계약을 체결한다면, 양자에게 공평하고 객관적인 결정을 기대하기 어렵기 때문이다. 판례는 부동산 입찰절차에서 동일한 물건에 관하여 1인이 이해관계가 다른 2인 이상의 대리인이 된 경우, 그 대리인이 한 입찰행위는 무효라고 한다.[488)]

그러나 이러한 문제는 대리권을 부여받은 자가 본인과의 사이에서 대리인 이외의 지위를 동시에 가질 수 있는가의 문제와는 다르다. 판례는 부동산의 분양에 관한 대리권을 부여받은 자라고 하여 반드시 본인의 대리인 이외의 지위를 가질 수 없는 것은 아니고 거래의 실질적 목적과 내용 등에 따라 적합한 다른 지위를 아울러 가질 수도 있다고 한다.[489)]

---

488) 대결 2004.2.13, 2003마44(대리인이 2인의 낙찰자를 대리하여 수십 건의 부동산에 관하여 낙찰을 받은 사안에서, 대리인이 동일물건에 대하여 2인의 낙찰자 쌍방을 대리하여 이 사건 입찰 절차에 참여한 사실을 인정할 자료가 없다고 보아 낙찰허가결정의 취소 주장을 배척한 원심의 판단이 정당하다고 한 사례).

2) 자기계약 · 쌍방대리의 예외적 허용

자기계약과 쌍방대리는 본인의 이익을 해할 염려가 있으므로 금지된 것이므로 이러한 염려가 없다면 이를 특별히 금지할 이유가 없게 된다.

(가) 본인의 허락이 있는 경우

본인이 미리 자기계약 · 쌍방대리를 허락하거나 또는 대리권수여로 인정한 때에는 그러한 대리행위는 유효하다(제124조 본문).[490] 본인에게 장래 생길지 모르는 불이익을 스스로 감수하겠다는 것이므로 사적자치의 원칙상 허용되는 것이다. 이는 명시적으로나 묵시적으로도 할 수 있다.

판례는 ㉠ 사채알선업자는 어느 일방만의 대리인이 아니고 채권자쪽을 대할 때는 채무자측의 대리인 역할을 하게 되는 것이고, 반대로 돌아서서 채무자쪽을 대할 때에는 채권자측의 대리인으로서 역할을 하게 된다고 한다.[491] 그리고 ㉡ 소송행위의 대리에 있어서, 원고 소송복대리인으로서 변론기일에 출석하여 소송행위를 하였던 변호사가 피고 소송복대리인으로도 출석하여 변론한 경우,[492] ㉢ 원고의 소송대리인이 원고승계참가인의 소송행위를 대리한 경우[493]에 모두 유효한 것으로 이해하고 있다. 또한 ㉣ 형식상 전연 별개의 회사의 대표이사를 겸하고 있는 자가 그 양 회사를 대표하여 어느 일방회사에 불리한 내용의 협약을 체결하려면 그 불리한 입장에 있는 회사의 이사회의 승인을 받아야 한다고 한다.[494]

(나) 채무의 이행

채무의 이행의 경우에도 자기계약 · 쌍방대리는 허용된다(제124조 단서). 채무이행은 이미 확정된 법률관계를 결제할 뿐이며, 그것으로 당사자 간에 새로운 이해관계가 생기는 것이 아니기 때문이다. 판례는 해산한 법인의 대표청산

489) 대판 1996.10.25, 94다41935,41942(상가건물 소유자가 분양업체와 건물 매매계약을 체결하면서 특약사항으로 분양 대리권 위임 약정을 한 사안에서, 분양업체가 매수인의 지위와 동시에 분양 대리인의 지위도 갖는다고 본 사례); 대판 1989.2.28, 87다카823,824(상가건물의 소유주가 상가개설업자에게 점포의 임대분양권을 수여한 경우 상가개설업자가 임차인으로부터 받은 권리금에 대하여 소유주에게 반환의무가 없다고 본 사례).

490) 대판 1973.10.23, 73다437(본인의 허락이 있는 경우에 특정한 법률행위에 관한 대리인은 그 법률행위를 위하여 당사자 쌍방을 유효하게 대리할 수 있다고 한 사례); 대판 1969.6.24, 69다571.

491) 대판 1997.7.8, 97다12273(사채알선업자가 대주(貸主)와 차주(借主) 쌍방을 대리하여 소비대차계약과 담보권설정계약을 체결한 경우, 차주가 그 사채알선업자에게 한 변제가 유효하다고 한 사례); 대판 1993.1.15, 92다39365.

492) 대판 1995.7.28, 94다44903; 대판 1995.7.28, 94다44910.

493) 대판 1991.1.29, 90다9520,9537.

494) 대판 1969.11.11, 69다1374.

인이 정관 규정에 따라 잔여재산이전의무의 이행으로서 잔여재산을 그 대표청산인이 대표자를 겸하고 있던 귀속권리자에게 이전한 것은 채무이행에 해당한다고 한다.[495)]

그밖에 채무이행과 동일시할 수 있는 경우에도 자기계약·쌍방대리는 허용된다. 예컨대 금전출납권이 있는 대리인이 본인에 대하여 채권이 있는 경우에 그 기한이 도래한 후에 본인의 예금에서 금전을 인출하여 변제에 충당하거나, 주식의 명의개서에 관하여 매수인이 매도인의 대리인으로 되는 것이나, 또는 이전등기절차에 있어서 동일인이 등기권리자·등기의무자의 쌍방을 대리하여 등기를 신청하는 것도 허용된다. 채무이행에 준하는 상계에 있어서도 자기계약이나 쌍방대리가 허용된다.

그러나 채무이행이라도 언제나 자기계약·쌍방대리가 허용되는 것은 아니다. 다툼이 있는 채무의 이행, 기한미도래의 채무의 변제, 항변권이 붙은 채무의 변제에는 자기계약·쌍방대리가 허용되지 않는다. 그리고 대물변제(제466조), 경개(제500조)는 실질적으로 본인에 대하여 새로운 이익의 교환 내지 이해관계가 생겨서 본인에게 불이익을 초래할 염려가 있으므로 허용되지 않는다. 또 상계라 하더라도 본인을 위하여 기한의 이익이나 항변권을 포기하는 결과로 되는 상계는 허용되지 않는다.

그밖에 당사자 간에 새로운 이해관계가 생기지 않는 경우에는 채무이행에 준하여 자기계약·쌍방대리가 허용된다. 본인에 대한 증여나 채무면제는 본인에게 유리할 뿐 해를 끼칠 염려가 없기 때문이다.

3) 위반행위의 효력

자기계약·쌍방대리 금지 규정에 위반하는 행위는 본인에게 효력이 생기지 아니한다. 그러나 그것은 절대무효가 아니라 무권대리행위가 되므로, 본인이 이를 추인하면 행위시에 소급하여 유효한 것으로 된다.

4) 적용범위

(가) 임의대리와 법정대리

제124조의 금지규정은 법정대리와 임의대리에 모두 적용되는 일반규정이다. 이에 대하여 법정대리에서는 특별규정을 두고 있다. 법정대리에 관해서는,

495) 대판 2000.12.8, 98두5279.

자기계약·쌍방대리의 제한 이외에도 법정대리인과 본인이 이해상반(利害相反)되는 경우에는 대리권이 없다고 규정하는 특별규정이 있다(제65조, 제921조, 제951조, 상법 제398조). 이해가 상반되지 않고 본인에게 이익만 주는 경우에는 자기계약이라도 유효하다고 하여야 한다. 친권자가 자를 대리하여 자에게 증여하는 것이 그 예이다.496)

(나) 법인대표에서의 특칙

법인의 이사는 법인과의 이해가 상반되는 행위에 대하여 대표권을 가지지 못하며 특별대리인을 선임하여야 한다(제64조). 이 규정도 제124조에 대한 특별규정이다. 또 상법상에서도 이사 또는 사원과 회사와의 사이의 일정한 거래에 관하여 이사회의 승인을 필요로 하는 형식으로 민법 제124조의 적용을 배제한다(상법 제199조, 제269조, 제398조).

(다) 확장적용

판례는 형식적으로 자기계약이나 쌍방대리에 해당하지 않더라도 본인과 대리인간에 이해의 충돌이 생기는 경우에 제124조를 확장적용하고 있다. 즉 제소전 화해(提訴前 和解)의 신청인이 피신청인의 소송대리인을 선임한 것이 피신청인의 위임에 의하여 이루어진 것이라면 그것은 유효한 것이고 쌍방대리의 원칙에 따라 무효한 행위였다고 할 수는 없다고 한다.497)

(2) 공동대리

1) 각자대리의 원칙

대리인이 여러 명인 때에는 각자가 단독으로 본인을 대리하는 각자대리(各自代理)가 민법상의 원칙이다(제119조 본문). 법인의 이사가 여러 명인 때에도 각자대표가 원칙이다. 다만 법률 또는 수권행위에 다른 정한 바가 있을 때에는 공동대리로 한다(제119조 단서). 해당 법규정과 수권행위의 해석에 따라서 공동대리 여부가 정해진다.

2) 공동대리의 의의

공동대리(共同代理)란 여러 명의 대리인이 공동으로만 대리할 수 있는 경

496) 대판 1981.10.13, 81다649(법정대리인인 친권자가 부동산을 매수하여 이를 그 자에게 증여하는 행위는 미성년자인 자에게 이익만을 주는 행위이므로 친권자와 자 사이의 이해상반행위에 속하지 아니하고, 또 자기계약이지만 유효하다고 한 사례).

497) 대판 1990.12.11, 90다카27853; 대판 1979.12.26, 79다1851.

우를 말한다. 공동으로 하지 않고 대리인 일부만으로는 완전한 대리를 할 수 없으므로 대리인 각자에 대한 대리권의 제한으로 작용한다. 따라서 공동대리에 위반하여 1인의 대리인이 단독으로 대리행위를 하였거나 그 중 일부가 제외된 채 대리행위가 행해졌을 때에는 권한을 넘은 표현대리가 된다(제126조). 친권을 행사하는 부모의 공동대리가 그 예이다(제909조 1항 참조).

3) 공동대리의 방식

여러 명의 대리인이 어떠한 방식으로 대리하는가는 무엇을 공동으로 하는가와 직결된다. 여기서 공동(共同)의 의미는 의사결정의 공동인가 표시행위의 공동인가에 대해서 견해가 대립한다. ① 의사결정공동설은 공동대리인의 전원일치의 의사결정이 있으면 표시행위는 그 중 일부의 대리인이 하는 것으로 충분하다는 견해이다.[498] ② 표시행위공동설은 공동대리인 전원이 모두 현실적으로 의사표시행위를 하여야 한다는 견해이다.[499] 생각건대 공동대리제도의 취지가 대리인 간의 상호규제라고 이해하면, 내부적으로 공동대리인의 의사의 합치가 있는 것으로 충분하고 외부에는 합치된 의사를 일부의 대리인이 표시할 수 있다고 할 것이다. 그러나 공동대리인 전원의 합의로 포괄적으로 1인에게 권한을 부여하는 것은 허용되지 아니한다.

4) 수동대리에의 적용 여부

대리인이 여러 명이어서 공동대리의 제약이 있는 경우에, 상대방의 의사표시를 수령하는 데 반드시 공동으로만 하여야 하는지, 아니면 능동대리와는 달리 대리인 중 일부가 단독으로 수령할 수 있는가에 관하여 견해가 대립된다. ① 공동수령설은 민법이 공동대리를 능동대리에 한정하고 있지 않으므로 수동대리에 있어서도 공동으로 의사표시를 수령하여야 한다는 견해이다.[500] ② 단독수령설은 공동대리라 하더라도 단순히 의사표시를 수령하는 데 불과한 수동대리의 경우에는 각 대리인이 단독으로 수령할 권한이 있다는 견해이다.[501] 생각건대 비록 공동대리라 하더라도 단지 상대방의 의사표시를 수령하는 데 그

---

498) 고상룡, 507면; 김민중, 592면; 김상용, 577면; 김주수, 399면; 김준호, 411면; 장경학, 547면.

499) 이영준, 489면; 이은영, 617면.

500) 곽윤직, 265면.

501) 고상룡, 508면; 김상용, 578면; 김주수, 399면; 김준호, 411면; 김증한 · 김학동, 403면; 백태승, 472면; 이영준, 490면; 이은영, 618면; 장경학, 548면.

치는 수령대리에 있어서는 대리권의 남용이나 본인에게 불이익을 줄 염려가 없고, 또 공동대리를 알지 못하는 상대방을 보호하고 거래안전을 기하기 위해서는, 대리인 각자가 단독으로 의사표시를 수령할 수 있다고 할 것이다.502)

5. 대리권의 남용

(1) 의 의

대리권의 남용(代理權의 濫用)은 대리인이 형식적으로는 대리권의 범위 내에서 한 행위이지만 오직 자기 또는 제3자의 이익을 꾀할 목적으로 행한 배임적 대리행위를 말한다. 이러한 대리행위의 효과가 본인에게 귀속하게 되는가. 예긴대 보험회사의 직원이 회사를 대리하여 보험계약자들과 보험계약을 체결할 의사가 없음에도 불구하고 이를 빙자하여 보험료를 받아서 임의로 사용한 경우, 신용협동조합의 상무가 조합원들의 예탁금을 수기식 예탁금원장에만 기재하고 별도로 관리하면서 임의로 사용한 경우에, 본인인 보험회사나 신용협동조합은 상대방인 보험계약자나 예금채권자에 대해서 그 보험금이나 예금을 지급할 책임이 있는가의 문제이다.

이러한 경우에 정상적인 대리권의 범위 내에서 법률행위가 이루어진 것이므로 원칙적으로 본인에게 법률효과가 귀속되는 것은 당연하다. 그러나 언제나 이러한 결과가 인정된다면 본인에게는 가혹한 결과가 될 것이다. 따라서 대리인의 권한남용으로 인한 위험을 본인과 상대방에 어떻게 분배하는가 하는 것이 문제이다.

(2) 남용의 효과

대리권이 남용된 경우에 상대방이 보호받을 만한 가치가 없기 때문에 본인을 보호할 필요가 있는데, 이에 관한 명문의 규정은 없다. 따라서 어떠한 규정을 근거로 이론구성을 할 것인가에 관하여 견해의 대립이 있다.

① 제107조 1항 단서 유추적용설: 대리인이 배임적 대리행위라 하더라도 대리의사는 존재하므로 대리행위로서 유효하게 성립하여 원칙적으로 본인에게 효과가 귀속하지만 대리인의 배임적 의도를 상대방이 알았거나 또는 알 수 있었을 경우에는 제107조 1항 단서의 취지를 유추하여 대리행위의 효력을

---

502) 상법 제12조 2항은 공동지배인에 관하여 단독수령을 명문으로 규정하고 있다.

부인하자는 견해이다.[503)]

② 신의칙설: 대리권남용의 경우에, 대리인의 배임적 의도에 대해서 상대방이 악의이거나 중대한 과실로 알지 못한 때에는 이것을 유효한 대리행위라고 주장하는 것이 제2조 신의칙에 반하기 때문에 본인에게 대항하지 못한다는 견해이다.[504)] 대리권남용의 문제는 본인의 이익과 상대방의 이익이 대립하는 상황에서 권한남용의 위험을 어떻게 분배하는가의 문제이며, 거래보호를 중시하는 입장에서 대리권남용을 권리남용이론 또는 신의칙이론으로 구성하자는 것이다.

③ 대리권부인설: 배임적 대리행위는 대리권 없는 행위로서 무권대리행위가 되며, 상대방이 배임적 대리행위를 대리권 있는 행위로 믿는 데 정당한 사유가 있는 때에만 제126조를 유추적용하여 표현대리로 다루자는 견해이다.[505)] 대리권의 독립성은 남용방지를 위한 내재적 한계를 가지며 그 한계를 넘는 대리권은 부정되어야 한다는 것이며, 대리의 문제는 대리의 영역 외에서 해결을 시도할 것은 아니라고 한다.

④ 판례의 태도: 초기에 판례는 제107조 1항 단서를 유추적용하여 상대방이 알았거나 알 수 있었던 경우에는 무효가 된다고 하였다.[506)] 그 후에 제2조를 적용하여 「주식회사의 대표이사가 그 대표권의 범위내에서 한 행위는 설사 대표이사가 회사의 영리목적과 관계없이 자기 또는 제3자의 이익을 도모할 목적으로 그 권한을 남용한 것이라 할지라도 일응 회사의 행위로서 유효하고 다만 그 행위의 상대방이 그와 같은 정을 알았던 경우에는 그로 인하여 취득한 권리를 회사에 대하여 주장하는 것이 신의칙에 반하므로 회사는 상대방의 악의를 입증하여 그 행위의 효과를 부인할 수 있을 뿐이다」라고 한 판례도 있다.[507)] 그러나 그 후에는 일관되게 제107조 1항 단서를 유추적용하여 오고 있는데, 「진의 아닌 의사표시가 대리인에 의하여 이루어지고 그 대리인

503) 곽윤직, 268면; 장경학, 556면.

504) 고상룡, 512면; 김민중, 596면.

505) 김주수, 402면; 이영준, 476면; 이은영, 622면. 다만 백태승, 476면은 정당한 이유를 요건으로 할 것이 아니라, 대리인의 배임행위의 명백성에 따라 대리행위의 효력을 부정하는 것이 타당하다고 한다.

506) 대판 1975.3.25, 74다1452(조합의 이사장직무대행자가 자기의 이익을 위한 것이고 조합을 위하여 차용하는 것이 아님을 대부자가 주의했더라면 알 수 있었을 경우에는 민법 제107조 단서를 유추하여 그 대차계약은 조합에 대하여 효력을 발생할 수 없다고 한 사례).

507) 대판 1987.10.13, 86다카1522.

의 진의가 본인의 이익이나 의사에 반하여 자기 또는 제3자의 이익을 위한 배임적인 것임을 그 상대방이 알았거나 알 수 있었을 경우에는 민법 제107조 제1항 단서의 유추해석상 그 대리인의 행위에 대하여 본인은 아무런 책임을 지지 않는다」 한다.508)

생각건대 대리권부인설은 본인의 수권행위에는 본인의 이익에 반하여 대리행위를 해도 좋다는 내용이 포함되어 있지 않으므로 배임적 대리행위는 대리권에 기한 대리행위가 아니라고 한다. 그러나 이는 대리권을 본인의 주관적 심리상태에 치우쳐서 파악한 것이고, 대리인이 그 권한 내에서 대리행위를 함에 있어 본인을 위한 것임을 표시하도록 한 것은 본인에게 대리효과를 귀속시킴을 뜻하는 것이지 본인의 이익을 위하여서라는 뜻은 아니다. 또한 일단 대리권을 수여하였으나 결과적으로 배신행위가 있으면 소급하여 수권행위가 없었던 것이 되어 대리권이 부정된다는 점은 의문이다.

그러므로 대리권을 수여하고 대리인이 그 대리권의 범위에 대리행위를 하였다면, 배임적 대리행위라 하더라도 원칙적으로 유효한 것이다. 다만 제107조 1항 단서의 유추적용설은 배임적 대리행위를 비진의표시로 이해하는 것이나, 비록 대리인이 자기 또는 제3자의 이익을 위한다는 배임적 의도가 있다 하더라도 그 효과는 본인에게 귀속시키려는 의사가 있는 것이므로 비진의표시는 아니라고 할 것이다. 또한 제107조 1항 단서를 유추적용하면 상대방이 배임적 의도에 대해서 악의가 있거나 선의이더라도 경과실이 있는 경우에는 본인에게 효과귀속이 차단된다고 하고 있으나, 단순한 경과실의 경우에도 법률행위의 무효를 인정한다는 것은 상대방에게 과중한 위험을 지우는 것이며 따라서 거래의 안전에도 도움이 되지 못한다 할 것이다.

따라서 상대방이 대리인의 배임적 의도에 대해서 악의이거나 중대한 과실

---

508) 대판 2007.4.12, 2004다51542(예금주가 예금에 대한 금융기관 임직원의 비진의 내지 배임적 의사를 알았거나 알 수 있었던 경우에 금융기관이 그 예금에 대한 반환책임을 지지 않는다는 사례); 대판 2006.3.24, 2005다48253(보험회사의 직원이 회사를 대리하여 보험계약자들과 보험계약을 체결할 의사가 없음에도 불구하고 이를 빙자하여 보험료를 받아서 임의로 사용한 사례); 대판 2004.3.26, 2003다34045(대표이사가 회사의 권리능력 범위 내에서 대표권한을 초과하여 행한 행위를 유효하다고 한 사례); 대판 2004.2.26, 2003다59662(신용협동조합의 상무가 정상이자와는 별도의 고율의 이자를 먼저 지급하고 이른바 부외거래의 수법으로 예탁금을 받아 임의로 유용한 사례); 대판 2002.11.26, 2001다5876(신용협동조합의 상무가 조합원들의 예탁금을 수기식 예탁금원장에만 기재하고 별도로 관리하면서 임의로 사용한 사례); 대판 2001.1.19, 2000다20694(증권회사 직원이 고객으로부터 채권과 채권매수대금을 교부받아 임의로 운용한 사례) 등.

이 있는 경우에만 신의칙 또는 권리남용금지의 원칙에 의거하여 그 권리행사를 본인에게 할 수 없도록 하는 것이 타당하다.

6. 대리권의 소멸

(1) 민법의 규정

대리권의 소멸원인에는 임의대리와 법정대리에 공통되는 것과 각 경우에 특유한 경우가 있다. 민법은 총칙편에서는 공통의 소멸원인은 제127조가 규정하고, 임의대리에 특유한 소멸원인은 제128조가 규정하고 있다. 그리고 법정대리에 특유한 소멸원인은 각개의 법정대리에 관하여 규정하고 있다. 부재자재산관리인의 선임처분의 취소(제22조 2항), 부재자재산관리인의 개임(제23조), 친권상실의 선고(제924조), 친권자의 대리권·재산관리권 상실의 선고(제925조), 친권자의 대리권·재산관리권의 사퇴(제927조), 후견인의 결격사유 발생(제937조), 후견인의 사퇴(제939조), 후견인의 변경(제940조), 후견사무의 종료(제957조), 상속재산관리인의 임무의 종료(제1055조) 등이다.

(2) 공통의 소멸원인

제127조는 공통의 소멸사유로, 본인의 사망, 대리인의 사망, 금치산 또는 파산을 규정한다.

1) 본인의 사망

(가) 원 칙

원칙적으로 본인이 사망하면 대리권은 소멸한다(제127조 1호). 법정대리에 있어서는 본인의 사망으로 대리가 필요 없게 되고, 임의대리에서는 본인과 대리인 사이에 긴밀한 신뢰관계가 터 잡고 있어서 본인이 신뢰하는 대리인을 상속인의 대리인으로 하는 것은 적절치 않기 때문이다. 본인의 실종선고나 인정사망의 경우도 마찬가지이다.[509]

(나) 예 외

(a) 대리권 불소멸의 특약이 있는 경우: 본인이 사망하더라도 본인의 상

509) 대판 1984.11.13, 84다284(이미 사망한 자의 대리인으로서 작성한 문서를 적법한 대리권에 기하여 작성된 것이라고 보기는 어렵다고 한 사례).

속인을 위하여 대리관계가 존속한다는 합의가 허용될 수 있는가에 대해서 견해의 대립이 있다. ① 합의허용설은 제127조 1호의 규정은 임의규정이므로 대리권 불소멸의 특약은 허용되지만 상속인의 지위를 해할 염려가 있기 때문에, 상속인의 합리적 의사에 반하는 대리권 불소멸의 합의는 권리남용 · 신의칙의 이론에 의하여 수정될 수 있다는 견해이다.510) ② 합의불허설은 본인의 의사에 의해서 상속인의 의사결정권을 박탈하는 결과가 되므로 대리권 불소멸의 특약은 허용되지 않는다는 견해이다.511) 생각건대 이 규정을 강행법규로 볼 필요는 없으나 대리권 불소멸의 특약으로 상속인의 의사결정의 자유가 침해되어서는 안 될 것이다.

또 등기신청의무자가 등기신청의 대리권을 수여한 후 사망한 경우에 대리권 존속의 묵시적 합의가 있었다고 보아 그 등기를 유효하다고 할 것이다.512)

(b) **급박한 사정이 있는 경우:** 위임자의 사망으로 위임관계는 종료하는 것이 원칙이다(제690조). 그러나 상속인이 스스로 위임사무를 처리할 수 없는 급박한 사정(急迫한 事情)이 있어서 대리인이 필요한 조치를 취할 의무가 인정되는 경우(제691조 참조)에는 그 범위 내에서 대리권이 존속한다고 해석할 것이다. 위임 이외에 고용 · 도급 · 조합의 경우에도 제691조를 유추적용하여 급박한 사정이 있는 경우에는 본인이 사망하더라도 대리권은 소멸하지 않는다고 할 것이다.513)

(c) **상사대리권:** 상법 제50조는 상행위의 위임에 의한 대리권은 본인이 사망하여도 소멸하지 않는다고 규정한다. 상사대리권(商事代理權)은 위임에 의하여 행하는 행위가 상행위인 경우가 아니고 상행위인 수권행위에 의하여 발생한 대리권을 말한다. 예컨대 지배인의 선임에 의하여 발생하는 대리권 등을 의미한다. 이는 상사대리권이 개인적 신임관계가 아니라 기업 중심의 객관적인 신임관계를 기초로 하기 때문이며, 거래의 안전을 도모하는 일이기도 하다.

(d) **소송대리권:** 소송대리권(訴訟代理權)도 당사자의 사망에 의하여 소멸하지 않는다고 규정한다(민사소송법 제95조). 그리고 당사자가 사망하더라도 소송대리인이 있는 동안은 소송절차는 중단되지 않는다고 규정하고 있다(동법 제238조).

510) 고상룡, 517면; 김주수, 405면; 김준호, 416면; 이영준, 492면; 장경학, 550면.
511) 김상용, 580면; 이은영, 611면.
512) 같은 취지: 김주수, 405면; 이영준, 492면; 이은영, 612면; 장경학, 550면.
513) 같은 취지: 김상용, 580면; 김주수, 404면; 김증한 · 김학동, 410면; 이영준, 492면.

2) 대리인의 사망

대리인이 사망한 경우에 대리인의 상속인을 대리인으로 하는 것은 부적절하므로 법정대리와 임의대리를 가리지 않고 대리권은 소멸한다. 다만 대리인의 사망 후에도 대내관계의 존속을 인정하는 긴급한 사정이 있는 경우에는 제691조를 유추적용하여 대리권은 소멸하지 않는다고 할 것이다.[514)]

3) 대리인의 금치산 또는 파산

금치산자나 파산자를 대리인으로 하는 것은 가능하지만, 이미 대리인이 된 후에 금치산선고를 받거나 파산선고를 받은 경우에는 본인과의 신뢰관계가 단절되므로 대리권은 소멸한다고 할 것이다. 그러므로 민법은 이것을 대리권 소멸의 공통원인으로 하고 있다.

(2) 임의대리에 특유한 소멸원인

1) 원인된 법률관계의 종료

임의대리권은 그 원인된 법률관계의 종료에 의하여 소멸한다(제128조 전단). 일반적으로 당사자 간에 원인된 법률관계가 형성되고 그 관계를 처리하기 위하여 대리권이 수여되므로, 원인된 법률관계와 대리권의 법률적 운명을 함께 하는 것이 당사자의 의사에 부합된다고 추정한 것이다. 그러나 이 조문은 임의규정이므로 특약에 의하여 본인은 원인된 법률관계가 종료한 후에도 대리권만을 그대로 존속시킬 수 있다. 그리고 원인된 법률관계의 종료사유는 무효 또는 취소, 해제·해지 등 어떠한 것이든 이를 묻지 않는다.

2) 수권행위의 철회

원인된 법률관계의 종료 전에도 본인은 수권행위를 철회하여 대리권을 소멸시킬 수 있다(제128조 후단). 철회는 표의자가 의사표시의 효과를 장래에 대하여 소멸시키려는 수령을 요하는 상대방 있는 단독행위이다. 그러므로 이 규정은 수권행위가 아니라 단독행위라고 하는 이론의 근거가 된다. 수권행위의 철회는 위임장의 반환요구와 같이 묵시적으로도 할 수 있으며, 대리인 또는 대리행위의 상대방인 제3자에 대해서도 할 수 있다. 이 규정은 임의규정이므

---

514) 같은 취지: 곽윤직, 266면; 김상용, 582면; 김준호, 417면; 김증한·김학동, 411면; 백태승, 478면; 이은영, 613면; 장경학, 551면. 이에 반하여 이영준, 493면은 대리인이 사망한 경우 그 상속인이 대리인으로서 행위하여야 하다고 하는 것은 대리제도 및 사적자치제도의 근본이념에 반하므로 그 유추적용은 타당하지 않다고 한다.

로 원인된 법률관계의 종료 전에는 수권행위를 철회하지 아니하겠다고 하는 특약은 원칙적으로 유효하다.

3) 본인의 파산

본인의 파산(破產)으로 대리권이 소멸하는가에 관하여는 민법에 명문의 규정은 없으며 이에 대해서 견해가 대립한다. ① 대리권소멸설은 본인의 파산으로 대리권이 소멸한다는 견해인데, 그 적용규정에 따라 다시 나뉜다. ㉠ 제690조 유추적용설은 수권행위는 본인·대리인 간의 신임관계를 기초로 하는 점에서 위임계약과 비슷하므로, 제690조를 유추적용하여 대리권의 소멸을 인정하는 견해이다.[515] ㉡ 파산법적용설은 채무자회생 및 파산에 관한 법률 제342조, 제473조 6호는 본인의 파산에 의하여 대리권이 소멸한다는 것을 전제로 한 규정으로 보아 대리권의 소멸을 긍정하는 견해이다.[516] ② 대리권존속설은 본인의 파산은 임의대리권의 소멸원인이 아니며, 본인의 파산으로 원인된 법류관계가 종료된 후에도 대리권은 그대로 존속시킬 수 있다고 하면서 원인관계 종료에 의한 대리권소멸의 일반원칙에 따른다는 견해이다.[517] 생각건대 수권행위는 위임계약과 비슷하고, 채무자회생 및 파산에 관한 법률의 규정은 제690조 및 제691조와 동일한 취지이므로 제690조를 유추적용하는 것이 타당하다.

Ⅲ. 대리행위

1. 현명주의

(1) 의 의

현명주의(顯名主義)는 대리인이 대리행위를 함에 있어서 본인을 위하여 하는 것임을 나타내야 하는 입법주의이다. 민법은 대리인의 의사표시가 대리

515) 김상용, 584면; 이은영, 612면; 장경학, 552면.
516) 고상룡, 521면; 이영준, 494면.
517) 곽윤직, 267면; 김주수, 412면.

행위로서 효과가 생기기 위하여서는, 그것이 본인을 위한 것임을 표시하도록 하여(제114조 1항), 현명주의를 채택하고 있다. 현명을 하지 않는다면 누구에게 효과를 귀속시키려고 하는지 알 수 없기 때문이다.

본인을 위한 것임을 표시한다는 것은, 그 대리행위의 효과를 본인에게 직접 귀속시키려고 한다는 의사, 즉 대리의사(代理意思)를 표시하여야 한다는 것이다. 현명의 본질에 대해서, ① 대리의사설은 현명을 대리의사의 표시로 이해하는 견해이고,[518] ② 의사통지설은 현명은 대리적 효과의사의 표시가 아니고 의사의 통지(또는 관념의 통지)라는 견해이다.[519]

그리고 본인을 위한다는 것은 본인의 이익을 취하는 것이라는 의미가 아니다. 따라서 대리인이 본인의 이익을 위하지 않고 자기의 이익을 위하여 대리행위를 하더라도 그것은 대리의사가 있는 대리행위로서 유효하게 성립한다. 예컨대 횡령의 목적으로 채권추심의 대리권을 행사하는 경우라도 원칙적으로 대리행위는 성립하고 그 효과는 본인에게 생긴다.

대리인과 거래하는 상대방은 그 법률행위의 당사자가 누구이며 그 효과가 누구에게 귀속될 것인가에 대해서 알 권리가 있다. 따라서 현명이 되지 않은 의사표시는 상대방이 대리행위임을 인지할 수 없으므로 본인에게 효과가 귀속되지 아니하고, 대리인 자신을 위한 것으로 본다(제115조 본문). 그러나 현명되지 않았다 하더라도 다른 방법으로 상대방이 인지하였거나 인지할 가능성이 있는 때에는 대리의 효과가 인정된다(제115조 단서). 이와 같이 현명을 통하여 상대방의 이익을 보호하여 거래의 안전을 꾀하는 것이 현명주의를 채택하는 입법취지이다.

(2) 현명의 방법

1) 원 칙

본인을 위한 것임을 표시하는 방법은 명시·묵시, 서면·구두를 묻지 않는다. 「갑의 대리인 을」이라고 서면으로 표시하는 것이 보통이다. 판례는 「대리에 있어 본인을 위한 것임을 표시하는 이른바 현명은 반드시 명시적으로만 할 필요는 없고 묵시적으로도 할 수 있는 것이고, 채권양도통지를 함에 있어 현

518) 곽윤직, 268면; 김주수, 408면; 이은영, 582면; 장경학, 553면. 다만 양 견해가 모두 현명의 법적 성질을 밝히는 데 있어서 차이가 없다는 견해(고상룡, 522면; 김준호, 419면)도 대체로 이에 동조하는 것으로 이해된다.

519) 김민중, 603면; 김상용, 587면; 김증한·김학동, 413면; 백태승, 480면; 이영준, 497면; 민법주해 Ⅲ, 24면(손지열).

명을 하지 아니한 경우라도 채권양도통지를 둘러싼 여러 사정에 비추어 양수인이 대리인으로서 통지한 것임을 상대방이 알았거나 알 수 있었을 때에는 민법 제115조 단서의 규정에 의하여 유효하다」고 한다.[520)]

2) 주위사정에 의한 현명

본인의 성명이 명료하지 않더라도 모든 주위사정으로 판단하여 대리행위라는 취지가 명백하면 된다. 예컨대 회사명 · 직명 등을 기재한다든가, 일정한 영업소 · 상점 · 식당 내에서의 직원이나 종업원과 같은 피용자의 행위는 일반적으로 그 영업주를 위한 것임을 표시한 것으로 볼 것이다.

판례는 ㉠ 지입차주가 지입차량을 직접 운행 · 관리하면서 그 명의로 화물운송계약을 체결한 경우에 대외적으로는 그 차량의 소유자인 회사의 위임을 받아 운행 · 관리를 대행하는 지위에 있는 지입차주가 지입회사를 대리한 행위로 본다.[521)] ㉡ 매매위임장을 제시하고 매매계약을 체결하는 자는 소유자를 대리하여 매매행위하는 것이라고 보아야 하고 매매계약서에 대리관계의 표시 없이 그 자신의 이름을 기재하였다고 하더라도 유효한 대리행위를 한 것으로 본다.[522)]

3) 본인의 이름만을 사용한 현명

대리인이 자기의 이름으로 표시하지 아니하고, 본인의 이름만으로 표시하여 본인의 인장을 찍어서 행위하기 때문에 본인 자신이 하는 것과 같은 외관을 갖춘 경우도 있다. 이 경우에도 우리 사회가 인장(印章)문화권에 속해 있음을 고려하면 대리의사가 있다고 인정되는 한 유효한 대리행위로 보아야 한다.[523)] 가령 친권자가 유아의 대리인으로 계약을 할 때, 유아 본인의 이름으로 표시하는 것이 그 예이다.[524)] 다만 본인의 지시에 의하여 대서 또는 기명

---

520) 대판 2004.2.13, 2003다43490(채권양도통지서 자체에 양수받은 채권의 내용이 기재되어 있고, 채권양도양수계약서가 위 통지서에 첨부되어 있으며, 채무자로서는 양수인에게 채권양도통지 권한이 위임되었는지 여부를 용이하게 알 수 있었다는 사정 등을 종합하여 무현명에 의한 채권양도통지를 민법 제115조 단서에 의해 유효하다고 본 사례).

521) 대판 2000.10.13, 2000다20069.

522) 대판 1982.5.25, 81다1349,81다카1209.

523) 대판 1963.5.8, 63다67(대리인은 대리인임을 표시하여 의사표시를 하여야 하는 것이 아니고 본인명의로도 할 수 있다고 한 사례).

524) 대판 1962.9.20, 62다333(친권을 행사하는 부친은 미성년자 본인 이름으로 법률행위를 한 경우에도 법정대리인이 그 행위를 한 이상 미성년자에게 대하여 법률행위의 효과가 발생한다고 한 사례).

날인하는 행위는 본인의 의사표시를 완성하기 위한 표시기관으로서의 사자의 행위로 볼 수 있는 경우도 있다.

그러나 대리인이 임차인 명의를 본인 명의로 하기는 하였으나 자신의 이름이 본인인 것 같이 행세하여 계약을 체결함으로써 임대인은 대리인과 본인을 동일인으로 알고 계약을 맺게 되었다면 비록 대리인이 본인을 위하여 하는 의사로서 계약을 체결하였다 하더라도 그 계약의 효력은 본인에게 미치지 않는다.[525]

4) 수동대리의 현명

수동대리의 경우에는, 상대방이 본인에 대한 의사표시임을 표시해야 한다. 대리인이 현명하면서 수령한다는 것은 불가능하기 때문이다.

(3) 현명하지 않은 행위의 효력

대리인이 본인을 위한 것임을 표시하지 않고 한 의사표시, 즉 대리의사가 표시되지 않은 대리인의 의사표시는 그 대리인 자신을 위하여서 한 것으로 본다(제115조 본문). 따라서 현명되지 않은 의사표시에 대하여 대리인은 비록 그의 내심에 본인을 위한 의사가 있더라도 의사와 표시가 불일치함을 이유로 착오를 주장하지 못하게 된다.[526] 이 규정의 취지는 대리인의 착오의 주장을 금함으로써 상대방이 입게 될 불측의 손해를 방지하고, 거래안전을 꾀하려는 데 있다.

판례는 ㉠ 종중으로부터 임야의 매각과 관련한 권한을 부여받은 갑이 임야의 일부를 실질적으로 자기가 매수하여 그 처분권한이 있다고 하면서 을로부터 금원을 차용하고 그 담보를 위하여 위 임야에 대하여 양도담보계약을 체결한 경우,[527] ㉡ 타인의 부동산을 원인 없이 혹은 서류를 조작하여 자기 명의로 등기를 이전하고 이를 자기 소유라 하여 매도한 경우[528] 등은 대리행위로 인정할 수 없다고 한다.

이 규정의 입법취지가 상대방을 보호하여 거래의 안전을 꾀하는 것이므로, 상대방이 대리인으로서 한 것임을 알았거나 알 수 있었을 때에는 그 의사표시는 대리행위로서 효력이 생긴다(제115조 단서).[529]

525) 대판 1974.6.11, 74다165.
526) 통설. 이에 반하여 착오에 의한 취소가 가능하다는 반대견해가 있다(이은영, 589면).
527) 대판 2001.1.19, 99다67598.
528) 대판 1992.11.13, 92다33329; 대판 1972.12.12, 72다1530.
529) 대판 2008.2.14, 2007다77569(채권의 양도인이 양수인에게 채권양도통지 권한을 위임하

제115조는 수동대리에는 적용되지 않으므로 상대방이 본인에게 효과를 미칠 의사를 가지고 있으나, 표시하지 않은 채 대리인에게 의사표시를 한 때에는 일반적으로 효력이 생기지 않을 것이다.

(4) 현명주의의 예외

1) 상사대리

상행위에 관해서는, 상거래의 비개인적인 성격으로 말미암아 현명주의 원칙이 채용되어 있지 않다.530) 상법 제48조는 「상행위의 대리인이 본인을 위한 것임으로 표시하지 아니하여도 그 행위는 본인에 대하여 효력이 있다. 그러나 상대방이 본인을 위한 것임을 알지 못한 때에는 대리인에 대하여도 이행의 청구를 할 수 있다」고 한다.

2) 개인을 중시하지 않는 민사거래

민법의 법률행위에 있어서도 상대방이 대리인 개인을 중시하지 않는 거래, 예컨대 특정의 영업주를 상대로 하는 거래나 생활용품의 현찰거래와 같이 거래상대방의 개별성에 중점을 두지 않는 서래에서도 반드시 현명이 요구되는가에 대해서 견해가 대립된다. ① 현명불요설은 이러한 거래에서는 상사대리에서와 마찬가지로 현명주의의 예외를 인정하여 본인에게 효과가 생기게 하자는 견해이다.531) ② 현명필요설은 명문의 규정이 없는 민법에서는 그러한 예외를 인정하는 것은 무리라는 견해이다.532) 생각건대 스위스 채무법(제32조 2항)과 같은 명문의 규정은 없다고 하더라도, 개인을 중시하지 않는 민사거래에서 현명이 없는 경우에 본인에게 효과를 귀속시켜도 상대방에게 예측하지 못한 불이익을 주는 일은 없을 것이며 오히려 상대방의 의사에도 부합된다고 할 것이다.

지 않은 경우, 무현명의 양수인이 한 채권양도통지는 민법 제115조 단서에 의해 유효하게 될 수 없다고 한 사례); 대판 2004.2.13, 2003다43490(채무자로서는 양수인에게 채권양도통지 권한이 위임되었는지 여부를 용이하게 알 수 있었으므로 무현명에 의한 채권양도통지가 유효하다고 본 사례).

530) 대판 1996.10.25, 94다41935,41942(점포 분양행위가 상행위에 해당하는 경우, 분양 대리인이 본인을 위한 것임을 표시하지 않고 체결한 분양계약의 효력이 본인인 건물소유자에게 미친다고 한 사례).

531) 김상용, 390면; 김증한・김학동, 416면; 백태승, 480면; 이영준, 505면; 장경학, 560면.

532) 고상룡, 525면; 곽윤직, 270면; 이은영, 587면.

2. 대리행위의 하자

(1) 원 칙

대리행위의 하자(瑕疵)에 대해서, 민법은 「의사표시의 효력이 의사의 흠결, 사기・강박, 또는 어느 사정을 알았거나 과실로 알지 못한 것으로 인하여 영향을 받을 경우에 그 사정의 유무는 대리인을 표준으로 하여 결정한다」고 규정한다(제116조 1항). 대리에 있어서 실제로 법률행위를 하는 것은 대리인이고 본인은 그 법률효과의 귀속자에 불과하기 때문에, 의사표시에 관한 요건은 본인이 아니라 대리인에 관하여 정하여야 함은 밝힌 것이다. 임의대리나 법정대리를 가리지 않고 대리행위의 하자 유무는 대리인을 표준으로 판단한다.[533] 대리행위의 하자를 경우에 따라 살펴보면 다음과 같다.

1) 비진의표시

대리인이 상대방에게 비진의표시를 한 경우에 그 요건은 대리인을 표준으로 하여 결정하고, 그 의사표시는 표시된 대로 효력이 생기므로(제107조 1항 본문), 그 효과는 본인에게 귀속한다. 다만 상대방이 이를 알았거나 알 수 있었을 경우에는 무효이다(제107조 1항 단서). 본인은 이 무효로 대항할 수 없는 선의의 제3자에 해당하지 아니한다(제107조 2항).

반대로 상대방이 대리인에게 비진의표시를 한 경우에 그 사실을 알았거나 알 수 있었는가의 여부는 본인이 아니라 대리인을 표준으로 결정한다.

2) 허위표시

대리인이 상대방과 통정하여 허위표시를 한 경우에는 그 의사표시는 무효이며(제108조) 그 효과는 본인에게 직접 귀속하므로 본인이 이를 몰랐다 하더라도 선의의 제3자로서 보호를 받을 여지는 없다.

다만 대리인이 본인을 기망할 목적으로 상대방과 통정한 경우에 본인을 보호할 것인가에 대해 견해가 대립한다. ① 유효설은 본인의 보호를 위해서 본

533) 대판 1998.2.27, 97다45532(대리인이 본인을 대리하여 매매계약을 체결함에 있어서 매매대상 토지에 관한 저간의 사정을 잘 알고 그 배임행위에 가담하였다면, 대리행위의 하자 유무는 대리인을 표준으로 판단한다고 한 사례); 대판 1996.2.13, 95다41406.

인과의 관계에서는 유효하다는 견해이다.534) ② 비진의표시설은 상대방이 대리인을 사자(使者)로 하여 본인에 대해 비진의표시를 한 것이므로 본인에 대하여 유효하다는 견해이다.535) ③ 무효설은 본인의 보호에는 별 지장이 없고 법률관계를 간명하게 처리할 수 있기 때문에 상대방은 무효를 주장할 수 있다는 견해이다.536) ④ 무효주장불가설은 본인은 무효를 주장할 수 있으나 상대방은 신의칙상 법률행위의 무효를 주장할 수 없다는 견해이다.537) 생각건대 이러한 허위표시에서도 그 법률효과는 본인에게 직접 귀속하는 것이므로 무효라고 할 것이나, 상대방의 무효주장을 차단함으로써 본인을 보호하는 것이 타당하다.

반대로 대리인을 배제한 채, 본인과 상대방 사이에 대리행위의 효력을 발생하지 않도록 합의를 한 경우에는, 비록 대리인이 상대방과 법률행위를 하더라도 그 효력이 없다.

3) 착 오

대리인이 착오로 인하여 대리행위를 하였을 때에는 그 대리행위는 취소할 수 있으며(제109조), 그 취소권자는 본인이다. 그러나 표의자인 대리인에게 중대한 과실이 있는 때에는 취소할 수 없다. 착오의 유무, 중대한 과실의 유무는 대리인을 표준으로 결정한다. 그러나 법률행위의 내용의 중요부분에 관한 것인가의 여부는 법률행위의 효과의 귀속자인 본인의 사정을 기초로 이를 결정할 것이다.538)

판례는 「매수인이 대리인을 통하여 매매계약을 체결한 경우에, 대리행위의 하자의 유무는 대리인을 표준으로 판단하여야 하므로 매수인 본인에게 계약 내용, 잔금 지급 내역 등에 관하여 착오가 있었다 하더라도 이를 이유로 매매계약을 취소할 수 없다」고 한다.539)

4) 사기 · 강박

상대방이 대리인을 사기 · 강박하여 법률행위를 하게 한 경우에, 본인은 이

534) 김용한, 333면.
535) 민법주해Ⅲ, 52면(손지열).
536) 이영준, 514면; 장경학, 561면.
537) 고상룡, 527면; 김상용, 595면.
538) 같은 취지: 이영준, 514면; 장경학, 562면.
539) 대판 1996.2.13, 95다41406.

를 취소할 수 있다(제110조 1항). 사기・강박의 유무는 대리인을 기준으로 결정한다. 따라서 본인이 사기 또는 강박을 받았다 하더라도 대리인이 사기나 강박을 받지 않은 경우에는, 본인은 법률행위를 취소할 수 없다.

대리인이 상대방을 사기・강박한 경우에는 상대방은 그 의사표시를 취소할 수 있다(제110조 1항). 이 경우에는 대리인의 의사표시에 하자가 있는 것이 아니라, 상대방의 의사표시에 하자가 있는 것이므로 제116조 1항이 적용되지 않는다. 그러나 대리인은 본인을 위하여 행위를 하는 것이며, 본인이 당사자이므로 대리인의 사기・강박은 상대방의 입장에서 볼 때 제3자의 사기라고 할 수 없고, 본인이 사기・강박을 한 것과 동일하게 취급된다. 따라서 상대방은 본인이 알았는가의 여부를 묻지 않고 이를 취소할 수 있다.

본인이 상대방을 사기・강박한 경우에는 대리인이 그 사실을 알지 못하였다 하더라도 상대방은 이를 취소할 수 있다.[540]

제3자가 상대방을 사기・강박한 경우에는, 대리인이나 본인이 사기・강박으로 인한 법률행위임을 알았거나 알 수 있었을 경우에 한하여 법률행위를 취소할 수 있을 것이다(제110조 2항).

5) 어떤 사정의 지・부지

의사표시의 효력이 어느 사정을 알았거나 과실로 알지 못한 것으로 인하여 영향을 받을 경우에 그 사실의 유무는 대리인을 표준으로 결정한다(제116조 1항). 예컨대 매도목적물이 매도인에게 속하지 않은 사실(제570조, 제571조), 매수목적물의 하자 여부(제580조 1항) 등을 알았는가의 여부는 매도인 또는 매수인의 대리인을 표준으로 하여 결정하는 것이다.

(2) 예 외

예외적으로 특정(特定)한 법률행위를 위임한 경우에 대리인이 본인의 지시에 좇아 그 행위를 한 때에는, 본인은 자기가 안 사정 또는 과실로 인하여 알지 못한 사정에 관하여 대리인의 부지를 주장할 수 없다(제116조 2항). 그렇게 하는 것이 공평의 원리에 부합하며, 본인의 지(知)・과실로 인한 부지(不知)는 본인을 기준으로 판단하게 된다. 예컨대 본인이 매수할 가옥을 특정하여 대리권을 수여한 경우에, 본인이 그 물건에 하자가 있는 것을 알고 있으면, 대

540) 같은 취지: 김상용, 596면; 이영준, 515면; 민법주해 Ⅲ, 53면(손지열).

리인이 그 사실을 알지 못하였다 하더라도 본인은 매도인에 대하여 하자담보 책임을 물을 수 없다는 것이다.

「본인의 지시」는 단지 문제의 부분이 본인의 의사에 의하여 결정된다는 것을 의미할 뿐이고 본인의 지시 또는 위탁을 받았다는 특별한 사실을 필요로 하지 않는다.

제116조 2항이 「특정한 법률행위를 위임」한 경우라고 하고 있기 때문에, 임의대리에만 적용되고 법정대리에는 적용되지 않는다고 할 것인가에 대해서, 행위무능력자인 본인도 어떠한 행위를 법정대리인에게 지시하는 것이 불가능하지는 않으므로 법정대리에도 적용된다고 하여야 할 것이다.541)

3. 대리인의 능력

(1) 대리행위를 위한 능력

1) 의 의

대리인은 행위능력자임을 필요로 하지 않는다(제117조). 따라서 행위무능력자도 대리인이 될 수 있으며, 무능력자 스스로 대리인으로서 대리행위를 할 수 있다. 그리고 본인은 대리인이 행위무능력자라는 이유로 그 대리행위를 취소할 수 없다. 본인이 무능력자를 대리인으로 선임하더라도, 그 대리행위의 효과는 모두 본인에게 귀속하므로 무능력자보호제도의 취지에 어긋나지 않으며, 무능력자의 대리행위에서 생기는 불이익은 무능력자를 대리인으로 선임한 본인이 감수하여야 하기 때문이다.

그러나 대리인이 의사능력은 있어야 한다. 대리인은 적극적으로 의사표시를 하며 또는 소극적으로 의사표시를 받는 자이므로 의사능력만은 있어야 한다. 의무능력자인 대리인이 한 대리행위는 무효이다.

또한 법인의 대표에 관하여는 대리에 관한 규정이 준용되므로(제59조 2항), 법인의 이사 기타 대표자도 행위능력자임을 요하지 아니한다.

---

541) 같은 취지: 김상용, 597면; 김증한·김학동, 421면; 백태승, 484면; 이영준, 515면; 장경학, 564면. 그러나 고상룡, 529면은 무능력자인 본인이 알았거나 알 수 있었을 때까지 그 본인에게 책임을 지게 하는 것은 무능력자제도의 취지에 반하므로 법정대리에는 적용되지 않는다고 한다.

2) 금치산자 포함 여부

행위무능력자 중에서 미성년자나 한정치산자가 대리인이 될 수 있는 것은 제117조의 규정에 의해 당연한 것이다. 그러나 금치산자도 대리인이 될 수 있는가, 또 스스로 대리행위를 할 수 있는가에 대해서 견해의 대립이 있다. ① 금치산자포함설은 금치산자의 대리행위를 금지하는 근거가 없으므로 금치산자라도 의사능력이 있는 한 스스로 대리행위를 할 수 있다는 견해이다.[542] ② 금치산자불포함설은 금치산자는 법정대리인의 동의를 얻어서도 법률행위를 할 수 없도록 하고 있음을 고려할 때 금치산자는 대리인이 될 수 없다는 견해이다.[543] ③ 후견인행위설은 금치산자도 임의대리인이 될 수 있으나, 그 대리행위는 언제나 후견인이 하여야 한다는 견해가 있다.[544] 생각건대 본인의 의사에 의하여 행위무능력자를 대리인으로 선임한다는 것은 그 대리행위에서 오는 불이익을 감수하겠다는 뜻이므로 특별히 금치산자를 따로 다룰 것은 없을 것이다.

3) 법정대리에 적용 여부

제117조가 임의대리에 적용되는 것은 의문의 여지가 없다. 법정대리에 대해서는 민법이 법정대리인의 능력에 대해서 특별규정을 두고 있는데, 모든 무능력자는 후견인(제937조)·유언집행자(제1098조)가 될 수 없으며, 혼인하지 아니한 미성년자는 친권을 행사할 수 없다(제910조).

그렇다면 명문으로 무능력자가 법정대리인이 될 수 없다는 금지규정이 없는 경우에도, 일반적으로 무능력자는 법정대리인이 될 수 없다고 할 것인가에 대해서 견해가 대립한다. ① 법정대리인가능설은 법률에 명문의 규정이 없는 한, 무능력자라 하더라도 법정대리인이 될 수 있다는 견해이다.[545] 민법이 일정한 경우에 특별규정을 두고 있으므로 그 이외의 경우까지 이를 확대하는 것은 옳지 않다는 것이다. ② 법정대리인불가능설은 특별규정이 없더라도 법정대리제도의 취지에 비추어 법정대리인은 능력자이어야 한다는 견해이다.[546]

---

542) 김상용, 593면; 이은영, 594면; 장경학, 565면.
543) 김증한·김학동, 423면.
544) 이영준, 511면.
545) 김준호, 423면; 김증한·김학동, 422면; 이영준, 511면; 이은영, 594면; 민법주해 Ⅲ, 56면(손지열).
546) 고상룡, 531면; 곽윤직, 271면; 김상용, 593면; 김주수, 413면; 백태승, 485면; 장경학, 565면.

생각건대 일반적으로 행위무능력자의 능력을 보충하여야 할 법정대리인이 행위무능력자인 것을 허용한다면, 본인인 행위무능력자를 보호하는 데 충분하다고 할 수 없다. 그러므로 법정대리인은 명문의 규정이 없더라도 능력자이어야 할 것이다.

(2) 무능력자인 대리인과 본인과의 관계

대리인은 행위능력자임을 필요로 하지 않는다는 것은 대(對) 상대방의 관계에서일 뿐이고, 본인과 대리인 간의 관계에서 무능력자가 수권행위의 기초가 되는 위임 기타의 계약까지도 단독으로 완전하게 할 수 있다는 것을 의미하지는 않는다. 따라서 위임계약이 취소되면 수권행위 자체도 효력을 잃는가에 대해서는 수권행위의 성질을 어떻게 이해하는가에 따라 견해가 대립한다.

수권행위 자체의 효력에 관하여, ① 무명계약설은 수권계약은 대리인에게 아무런 구속이나 불이익을 주는 것이 아니므로 미성년자나 한정치산자는 이를 취소하지 못하나, 금치산자만은 이를 취소할 수 있다. 대리행위는 소급적으로 무권대리로 되고, 상대방 등의 보호는 표현대리의 법리에 의하여 가능하다고 이해한다. ② 단독행위설은 행위무능력을 이유로 수권행위의 취소의 문제는 생기지 아니한다고 할 것이다.

또 수권행위와 원인된 법률관계와의 관계에 대해서는, ① 무인설은 거래의 안전을 위하여 본인·대리인 간의 내부관계가 대리인의 무능력을 이유로 취소되어 그 효력을 상실하더라도 수권행위 자체의 효력에는 아무런 영향을 미치지 아니한다고 할 것이다. ② 유인설은 본인·대리인 간의 내부관계가 무능력을 이유로 취소되면, 이에 따라 수권행위도 실효되지만, 거래의 안전을 위하여 장래에 향하여 소멸한다고 할 것이다.

Ⅳ. 대리의 효과

1. 대리효과의 본인에의 귀속

대리인이 한 의사표시의 효과는 전부 직접 본인에게 귀속한다(제114조). 그 법률효과가 일단 대리인에게 귀속되었다가 본인에게 귀속되는 것이 아니라, 본인과 상대방이 직접 법률행위를 한 때와 같은 효과가 생긴다는 의미이다. 예컨대 대리인이 주택매도계약을 체결한 경우에는 본인인 매도인은 대금지급청구권을 매수인에게 직접 취득하고, 반면에 소유권이전의무, 주택의 하자로 인한 하자담보책임, 채무불이행시의 계약해제권 및 손해배상청구권 등 법률행위로 인한 중심적 효과인 모든 권리·의무가 직접 본인에게 귀속하며, 대리인의 의사의 하자로 인한 취소권과 같은 비법률행위적인 효과도 본인에게 귀속한다. 그리고 이와 같은 대리에 따른 법적 효과는 오로지 본인에게만 발생하지 대리인에게는 발생하지 않는다.

판례는, ㉠ 미성년자의 법정대리인의 법률행위는 미성년자를 위하여 한 행위로 추정되므로 후견인의 피후견인 재산에 관한 처분행위는 피후견인인 미성년자를 대리하여 한 행위로서 미성년자에 대하여 그 효과가 발생한다고 한며,[547] ㉡ 어음행위의 대리 또는 대행권한을 수여받은 자가 그 수권의 범위를 넘어 어음행위를 한 경우에 본인은 그 수권의 범위 내에서는 대리 또는 대행자와 함께 어음상의 채무를 부담한다고 한다.[548]

그러나 대리인의 불법행위책임은 본인에게 귀속되지 않는다. 대리제도는 의사표시를 요소로 하는 적법행위에 대해서만 적용되기 때문이다. 다만 대리인이 본인의 피용자인 때에는, 본인은 사용자로서 책임을 지는 경우는 있다(제756조). 또한 대리인의 사실상의 행위의 효과도 본인에게 귀속되지 아니한다.

2. 본인의 능력

본인은 스스로 법률행위 내지 의사표시를 하지 아니하므로 의사능력 및 행위능력을 가질 필요는 없으나, 대리행위의 효과가 직접 본인에게 귀속하므로 본인은 권리능력은 가져야 한다. 따라서 외국인은 우리나라에서 향유할 수 없는 권리에 대하여 내국인을 대리인으로 하여 그 권리를 취득하지 못한다.

기초적 내부관계 및 수권행위에 있어서 본인은 행위능력자이어야 하고, 본인이 무능력자인 경우에는 이를 취소할 수 있다.

---

547) 대판 1994.4.29, 94다1302; 대판 1992.4.28, 92다3328(보험회사가 보험가입자를 대리하여 손해배상의 일부를 지급하다가 그 소멸시효완성 전에 손해배상채무를 승인한 경우에 보험가입자를 위한 포괄대리권이 있다고 해석되는 보험회사의 승인의 효과는 보험가입자에게 미친다고 한 사례) 등.

548) 대판 2001.2.23, 2000다45303,45310.

V. 복 대 리

1. 복대리인의 의의

복대리인(復代理人)이란 대리인이 자기의 권한 내의 행위를 행하기 위하여, 자기의 이름으로 선임한 본인의 대리인이다. 복대리인을 선임할 수 있는 권한을 대리인의 복임권이라 하고 복대리인의 선임행위를 복임행위라 한다. 복대리인도 본인의 대리인으로서 대리행위를 하는 점에서는 대리인과 같으나, 대리인에 의해 선임된 점에서 본인의 선임에 의한 대리인과 다르다. 복대리인은 다음과 같은 특성이 있다.

㉠ 복대리인도 대리인이다. 복대리인은 법률행위를 할 때 대리인의 지휘감독을 받지만(제121조 1항) 스스로 의사를 결정하여 복대리행위를 한다. 자신의 의사에 따라 행위한다는 점에서 단순히 대리인의 사자나 보조자가 아니다.

㉡ 복대리인은 대리인이 복임권에 기하여 자기의 이름으로 선임한 자이다. 대리인의 복대리인 선임행위는 본인의 이름으로 하는 대리행위가 아니다. 대리인이 본인의 이름으로 대리행위로서 선임한 자는 단순히 본인의 대리인이지 복대리인이 아니다.

㉢ 복대리인은 본인의 대리인이다. 복대리인은 그 권한 내에서 본인을 대리하며(제123조 1항), 대리인을 대리하는 것이 아니다.

㉣ 복대리인을 선임한 후에도 대리인은 자신의 대리권을 보유한다(제123조 2항 참조). 대리인은 복대리인과 더불어 대리권을 행사한다(제119조 참조).

2. 복임행위의 성질

대리인의 복대리인 선임행위의 법적 성질에 대하여 견해가 대립한다. ① 설정적 양도설(設定的 讓渡說)은 복임행위는 대리권의 완전한 양도가 아니라, 대리인이 복대리인의 선임 후에도 대리권을 보유하기 때문에 설정적 양도라는 견해이다.[549] ② 병존적·설정적 양도설(竝存的 設定的 讓渡說)은 복대리인의 대리권의 범위에 속하는 사항에 관하여 복수의 대리인이 생기게 되고 이들은 원칙적으로 단독대리권을 가지며(제119조 참조), 또한 대리인의 복대리인에 대한 감독권·해임권 등을 고려하여 복임행위를 병존적·설정적 양도라고 하는 견해이다.[550] ③ 병존적 설정행위설(竝存的 設定行爲說)은 복임행위는 복임권을 양도하는 행위가 아니라, 대리인이 본인을 위하여 대리행위를 할 수 있는 지위를 부여하는 복수권행위(復授權行爲)로 보아야 하며 복대리인의 선임 이후에도 대리인이 대리권을 보유하므로 병존적 설정행위라고 하는 견해이다.[551] 생각건대 복임행위를 복임권의 양도로 보기 보다는 또 하나의 대리권 수여로 보아서 병존적 설정행위로 보는 것이 타당하다.

3. 대리인의 복임권과 책임

(1) 복임권의 성질

복임권은 대리인이 복대리인을 선임할 수 있는 권리이다. 복임권의 법적 성질에 관해서 견해의 대립이 있다. ① 독립권능설은 대리권 자체와는 별도로, 일정한 경우에 법률의 규정에 의하여 부여된 별개의 권능이라는 견해이다.[552] ② 권능설은 본인·대리인 사이의 내부관계로부터 발생한 대리인이 가지는 법률상의 일종의 권능이라는 견해이다.[553] ③ 대리권내용설은 복임권은 대리권의 내용 자체이지 별개의 권능이 아니며, 따라서 대리인은 언제나 복대리인을 선임할 수 있으나 본인의 대리인에 대한 인적 신뢰관계를 고려하여 복임권을 제한하고 있을 뿐이라는 견해이다.[554] 생각건대 대리인의 선임과 복대리인의 선임을 동일하게 볼 수는 없으며, 대리인 스스로 대리행위를 하여야 하는 것이 원칙이지만, 대리권 자체와는 별도로 제120조 및 제122조의 법률규정에 의해서 부여된 권능으로 이해된다.

549) 장경학, 572면.
550) 곽윤직, 274면; 김준호, 427면.
551) 고상룡, 538면; 김상용, 603면; 김주수, 417면; 백태승, 488면; 이영준, 523면; 이은영, 624면.
552) 김민중, 619면; 김상용, 604면; 김준호, 427면; 장경학, 573면.
553) 곽윤직, 274면; 백태승, 488면.
554) 이영준, 524면.

(2) 임의대리인의 복임권

1) 예외적 복임권

임의대리인은 본인의 신임을 바탕으로 대리인이 되며 언제든지 사임할 수 있으므로 원칙적으로 복대리인을 선임할 권리가 없다. 예외적으로 본인의 승낙이 있거나 부득이한 사유가 있는 때에는 복임권이 인정된다(제120조).

본인의 승낙은 반드시 명시적인 것에 한하지 않으며 묵시적 승낙도 경우에 따라서는 승낙이 될 수 있다. 판례는 ㉠ 임의대리인의 복대리인 선임에 관하여 대리의 목적인 법률행위의 성질상 대리인 자신에 의한 처리가 필요하지 아니한 경우에는 본인이 복대리 금지의 의사를 명시하지 아니하는 한 복대리인의 선임에 관하여 묵시적인 승낙이 있는 것으로 보고,[555] ㉡ 채권자를 특정하지 아니한 채 부동산을 담보로 제공하여 금원을 차용해 줄 것을 위임한 자의 의사에 '복대리인 선임에 관한 승낙'이 포함되어 있다고 본다.[556]

부득이한 사유의 의미에 대해서도 견해의 대립이 있다. ① 협의설은 본인의 소재가 불분명하여 대리인이 본인의 승낙을 받거나, 또는 사임할 수 없는 사정이 있는 것을 요한다고 제한적으로 해석하는 견해이다.[557] ② 광의설은 객관적 사정에 비추어 대리인 자신에 의한 임무수행을 기대하기 어려운 한편, 본인에 의한 별도의 조치를 기다릴 여유가 없는 경우를 널리 부득이한 사유로 인정하여야 한다는 견해이다.[558] 생각건대 판례가 복대리 금지의 의사를 명시하지 아니하는 한 복대리인의 선임에 관하여 묵시적인 승낙이 있는 것으로 보고 있음을 비추어 볼 때, 후자와 같이 광의로 해석하는 것이 타당하다.

위의 요건에 위반하여 선임된 복대리인이 한 대리행위는 무권대리가 된다.

---

555) 대판 1996.1.26, 94다30690(오피스텔의 분양업무는 그 성질상 대리인의 능력에 따라 본인의 분양사업의 성공 여부가 결정되는 것이므로, 대리인 자신에 의한 처리가 필요한 경우에 해당한다고 한 사례); 대판 1999.9.3, 97다56099(아파트 분양업무는 그 성질상 분양 위임을 받은 수임인의 능력에 따라 그 분양사업의 성공 여부가 결정되는 사무로서, 본인의 명시적인 승낙 없이는 복대리인의 선임이 허용되지 아니하는 경우로 본 사례).

556) 대판 1993.8.27, 93다21156(갑이 채권자를 특정하지 아니한 채 부동산을 담보로 제공하여 금원을 차용해 줄 것을 을에게 위임하였고, 을은 이를 다시 병에게 위임하였으며, 병은 정에게 위 부동산을 담보로 제공하고 금원을 차용하여 을에게 교부하였다면, 을에게 위 사무를 위임한 갑의 의사에는 '복대리인 선임에 관한 승낙'이 포함되어 있다고 봄이 타당하다고 한 사례).

557) 고상룡, 539면; 곽윤직, 274면; 김주수, 417면; 김준호, 427면; 김증한 · 김학동, 427면; 장경학, 573면.

558) 김상용, 606면; 민법주해 Ⅲ, 69면(손지열).

2) 책 임

복임권에 의하여 복대리인을 선임한 경우에 대리인은 원칙적으로 복대리인의 행위에 관하여 아무런 책임을 지지 않는다. 다만 대리인은 복대리인의 선임과 감독에 과실이 있는 경우에 한하여 본인에 대하여 그 책임을 진다(제121조 1항). 부적임자를 복대리인으로 선임하거나, 또는 복대리인에 대한 감독을 게을리 하여 본인에게 손해를 입힌 때에는, 대리인은 이를 배상할 책임이 있다.

그러나 대리인이 본인의 지명(指名)에 의하여 복대리인을 선임한 경우에는 복대리인의 부적임 또는 불성실함을 알고 본인에 대한 통지나 그 해임을 태만한 때에 한하여 그 책임을 진다(제121조 2항). 여기서 지명은 본인의 자발적인 행위임을 요하고 대리인의 복대리인 선임에 대한 승낙이나 양해는 이에 해당하지 아니한다. 이 경우에도 대리인이 자기의 이름으로 선임한 경우와 마찬가지로 대리인은 복대리인에 대하여 감독권·해임권을 가진다고 할 것이다.

(3) 법정대리인의 복임권

1) 예외 없는 복임권

법정대리인은 언제나 복임권을 가진다(제122조 본문). 법정대리인은 본인의 신임에 의하여 선임된 자가 아니므로 임의로 사임할 수 없고, 그 권한이 임의대리인보다 현저히 넓으며, 법정대리의 경우에는 의사능력 또는 행위능력이 없는 본인이 복대리인 선임을 승낙할 능력이 없기 때문이다.

2) 책 임

법정대리인은 복대리인의 행위로 본인에게 손해가 생긴 경우에는 선임·감독상의 과실의 유무를 막론하고 본인에 대하여 모든 책임을 진다(제122조 본문). 법정대리인에 대하여 자유롭게 복대리인을 둘 수 있도록 하는 대신에, 그에 비례하여 책임을 무겁게 지도록 한 것이다. 이것은 일종의 무과실책임이다. 예외적으로 법정대리인이 부득이한 사유로 복대리인을 선임한 경우에는 책임이 경감되어, 임의대리인의 책임과 동일하게 선임·감독에 대한 책임만을 진다(제122조 단서). 이러한 법정대리인의 복대리인에 대한 책임의 성질은 ① 제756조의 사용자책임이라는 견해가 있으나,[559] 복대리인의 대리행위는 법률행위이기 때문에 불법행위책임인 사용자책임으로 이해할 수 없고 ② 제

559) 이영준, 525면.

122조의 법정책임으로 이해하는 것이 타당하다.560)

4. 복대리인의 지위

(1) 대리인에 대한 관계

복대리인은 대리인의 복임권에 기하여 선임된 자이므로, 대리인의 지휘·감독을 받을 뿐만 아니라 그 대리권도 대리인의 대리권의 존부 및 범위에 의존한다. 그러므로 복대리인의 대리권이 대리인의 대리권보다 넓을 수 없으며 대리인의 대리권이 소멸하면 복대리인의 대리권도 소멸한다. 그러나 복대리인의 선임으로 대리인의 대리권이 소멸하는 것은 아니며, 대리인은 복대리인과 더불어 본인을 대리한다. 임의대리의 복내리인은 물론이고, 법정대리의 복대리인도 법정대리인의 수권행위에 의하여 선임되므로 임의대리인의 지위에 있다.

(2) 상대방에 대한 관계

복대리인은 본인의 대리인이므로 제3자에 대한 관계에서는 대리인과 다름이 없이 본인의 이름으로 대리행위를 한다(제123조 1항). 따라서 대리의 일반원칙이 그대로 적용된다.

현명주의에 따라 복대리인은 본인을 위한 것임을 현명하여 복대리행위를 하여야 하고(제114조 1항), 그렇지 않은 경우에는 자기를 위한 것으로 간주되고 다만 상대방이 복대리인으로서 한 것임을 알았거나 알 수 있었을 때에 한하여 본인에 대하여 효력이 발생한다(제115조). 그밖에 복대리행위의 하자(제116조)나 행위능력을 요하지 않는 점(제117조), 대리권의 범위에 관한 보충규정(제118조), 여러 명의 복대리인이 있는 경우에 각자대리의 원칙(제119조)이 그대로 적용되며, 기타 제3자에 대해서는 대리인과 동일한 권리의무가 있다(제123조 2항).

표현대리의 규정도 복임권 없는 대리인에 의하여 선임된 복대리인의 대리행위에 관하여도 적용된다.561) 그밖에 표현대리의 요건을 구비하지 못하고,

---

560) 같은 취지: 김상용, 607면; 민법주해 Ⅲ, 75면(손지열).

561) 대판 1979.11.27, 79다1193(원고가 그 소유토지를 타인에게 매도한 후 그 매수인이 소외인 을(乙)과 같이 원고의 대리인 갑(甲)에게 와서 소유권이전등기를 할 수 있는 서류를 해주면 딴 데 융통하여서 잔대금을 갚겠다고 청함에 원고의 대리인 갑(甲)이 그

대리인에게 대리권이 없거나 복대리인을 선임할 수 없음에도 불구하고 선임된 복대리인이 한 법률행위에는 무권대리의 규정이 적용된다(제130조 이하).

(3) 본인에 대한 관계

복대리인은 본인의 대리인이기는 하나, 대리인에 의하여 대리인의 이름으로 선임된다. 따라서 복대리인은 본인과의 사이에는 아무런 내부관계가 생기지 않는다. 그러나 복대리제도의 운용을 위하여 본인과 대리인 간에 있어서와 마찬가지의 내부관계가 생기는 것으로 하였다(제123조 2항). 본인·대리인 간에 위임관계가 있는 경우에는 복대리인은 본인에 대하여 수임인으로서의 권리·의무를 가진다. 따라서 복대리인도 본인에 대하여 선량한 관리자의 주의를 가지고 대리행위를 할 의무(제681조), 수령한 취득물 등의 인도의무(제684조) 등을 부담하고, 비용의 상환을 받으며(제688조), 대리인과의 사이에서 정한 보수를 받을 권리(제686조) 등을 가지게 된다.

(4) 복대리인의 복임권

복대리인은 본인 및 제3자에 대하여 대리인과 동일한 권리의무를 가지는 것이므로 복대리인도 역시 대리인과 동일한 자격과 책임을 가지고 복대리인을 선임할 수 있다고 할 것이다(통설).

5. 복대리권의 소멸

복대리권도 대리권의 소멸원인에 의하여 소멸하게 된다. 또 대리인·복대리인 사이의 수권관계의 소멸에 의하여서나, 또한 모권(母權)인 대리인의 대리권의 소멸에 의해서도 복대리권은 소멸한다.

들에게 등기권리증 원고의 인감증명, 주민등록표, 근저당권설정계약서 등의 서류를 해주어 동 소외인 을(乙)이 위 토지에 대하여 피고 명의로 근저당권 설정등기를 경료한 경우 피고는 위 소외인 을(乙)을 원고의 대리인으로 믿은 데는 정당한 사유가 있다 할 것이라고 한 사례).

VI. 무권대리

1. 서 설

무권대리(無權代理)는 대리권 없는 대리인이 행한 대리행위를 말한다. 대리행위로서 다른 요건을 갖추고 있지만 대리권만 없는 행위이다. 대리인의 대리행위가 본인에게 효과가 귀속되는 것은 전적으로 본인이 수권행위를 통하여 대리인에게 대리권을 수여하기 때문이며, 대리권을 부여받은 대리인이 그 범위 내에서 대리행위를 하고 그 효과가 본인에게 귀속하는 것이다. 따라서 대리권이 없이 한 대리행위의 효과는 본인에게 귀속시킬 수 없고, 또한 대리의사를 가지고 한 행위의 효과를 행위자인 대리인에게 돌릴 수도 없으므로 무효가 되며, 상대방은 대리인에 대하여 불법행위책임을 물을 수밖에 없을 것이다.

그러나 이것만으로는 대리권 없음을 모르고 거래한 상대방의 보호로서는 충분하지 못하다. 또 대리권의 수수와 대리권의 범위는 본인과 대리인 사이의 내부관계로서 외부에 공시되지 않으므로 상대방은 이를 쉽게 알기 어렵다. 그러므로 대리제도의 신용을 유지하고 거래의 안전을 보호하는 동시에 본인의 이익과의 조화를 확보하기 위하여, 대리권 없이 한 대리행위에 대해서도 일정한 요건 하에 어느 정도의 일정한 효력을 인정하지 않을 수 없는 것이다.

민법은 무권대리행위를 당연 무효로 하지 않고, ㉠ 본인과 무권대리인 사이에 상대방보호를 위해 정당하다고 인정되는 특정한 긴밀한 관계가 존재하는 경우에는 본인에게 책임을 지게 하는 표현대리제도(表見代理制度)와, ㉡ 본인의 추인에 의하여 대리효과의 발생을 인정하고 추인이 없을 경우에는 무권대리인에게 책임을 지게 하는 무권대리제도(無權代理制度)를 두고 있다.

2. 표현대리

(1) 서 설

1) 의 의

표현대리(表見代理)는 대리인에게 대리권이 없음에도 불구하고 대리권이 있는 것과 같은 외관의 발생에 관하여 본인이 어느 정도의 원인을 주고 있는 경우에, 그 무권대리행위의 효과를 본인에게 귀속시키는 제도이다. 표현대리는 무권대리행위임에도 불구하고 외관상으로는 대리권이 있는 것으로 보이고 이러한 외관의 발생에 본인이 그 원인을 제공한 경우에 외관(外觀)을 신뢰한 상대방을 보호하기 위한 제도이다.[562] 나아가서 거래의 안전을 도모하여, 대리제도의 신용을 유지하기 위한 제도이다. 이러한 표현대리제도의 이론적 근거는 영미법상의 금반언의 법리, 독일법상의 권리외관이론에 기초한 것이다.

표현대리가 인정되기 위해서는 대리권이 있는 것과 같은 외관이 필요한데, 그러한 외관은 대리권의 성립·범위·존속에 관하여 존재하는 것으로 분류할 수 있다.[563] 민법이 인정하는 표현대리의 종류는, ㉠ 대리권의 성립(成立)에 관하여 외관이 존재하는 경우로서 대리권수여의 표시가 있었으나 실은 대리권을 주고 있지 않은 대리권 수여의 표시에 의한 표현대리(제125조), ㉡ 대리권의 범위(範圍)에 관하여 외관이 존재하는 경우로서 대리인이 대리권의 범위를 넘은 행위를 한 권한을 넘은 표현대리(제126조), ㉢ 대리권의 존속(存續)에 관하여 외관이 존재하는 경우로서 대리권이 있었으나 이미 소멸하여 존재하지 않는 대리권 소멸 후의 표현대리(제129조)가 있다. 이와 같은 표현대리가 성립하면, 상대방은 본인에 대하여 그 효과발생을 주장할 수 있다.

2) 표현대리의 본질

표현대리는 무권대리인가 유권대리인가 아니면 중간형태의 독자유형인가에 따라 견해가 대립하고 있다.

(가) 무권대리설

무권대리설은 표현대리를 무권대리로 분류하는 견해이다. 여기에는 무권대리에 관한 규정 중에서 제130조 이하(추인권·최고권·철회권)는 적용하지만, 제135조(무권대리인의 책임)의 규정도 적용할 것인가에 대해서 견해의 대립이 있으며, 그에 따라 무권대리의 분류가 달라진다. 또 무권대리에 관한 모든 규정이 표현대리에는 적용되지 않는다는 견해도 있다.

① 제135조 적용배제설은 넓은 의미의 무권대리를 표현대리와 좁은 의미의

---

562) 판례도 「표현대리의 법리는 거래의 안전을 위하여 어떠한 외관적 사실을 야기한 데 원인을 준 자는 그 외관적 사실을 믿음에 정당한 사유가 있다고 인정되는 자에 대하여는 책임이 있다는 일반적인 권리외관 이론에 그 기초를 두고 있다」고 한다(대판 1998.5.29, 97다55317).

563) 김증한·김학동, 434면 참조.

무권대리로 나누고, 표현대리는 무권대리로서의 효과도 잃지 않으므로 제130조 이하의 무권대리의 규정의 적용도 있다고 한다. 따라서 본인의 추인, 상대방의 추인 여부의 최고, 상대방의 철회가 가능하게 된다. 그러나 제135조는 본인의 추인을 받지 못한 때에 무권대리인에게 책임을 물을 수 있도록 한 규정이기 때문에 표현대리가 인정되어 본인이 확정적으로 책임을 져야 할 때에는 적용되지 아니한다는 견해이다.[564] 제135조에 의해 표현대리인에게 책임을 물을 수도 있고 표현대리에 의해 본인에게 이행책임을 물을 수 있게 하는 것은 상대방에게 부당한 이익을 주는 것이 된다는 것이다.

② 제135조 적용설은 좁은 의미의 무권대리와 넓은 의미의 무권대리는 동일한 개념이며 표현대리는 무권대리의 특수한 형태로 이해하면서, 무권대리에 관한 모든 규정이 적용된다는 견해이다.[565] 즉 제130조 이하의 규정은 물론이고 제135조도 표현대리에 적용된다고 한다. 따라서 상대방은 표현대리를 주장하여 본인에게 이행책임을 묻든지 또는 표현대리인에게 제135조에 의한 이행 또는 손해배상책임을 묻든지 선택하여 주장할 수 있다는 것이다.

③ 무권대리규정 적용불가설은 표현대리가 무권대리이기는 하지만 무권대리에 관한 제130조 이하의 규정 및 제135조의 규정은 적용되지 않고 표현대리에 관한 규정만 적용된다고 한다.[566] 표현대리의 성립으로 유권대리와 동일한 효과가 발생하므로 그것으로 상대방의 보호는 충분하며, 다른 무권대리의 효과를 인정하다면 상대방은 지나치게 이익을 보게 되며, 상대방에게 철회권을 인정한다면 자신의 약속을 파기할 수 있게 되어 계약정의에 반한다고 한다.

(나) 독자유형설

표현대리를 무권대리의 일종으로 분류하기보다는 유권대리와 무권대리의 중간에 존재하는 독자적인 대리유형이라고 한다. 표현대리는 외관에 따른 법정책임이라고 하며, 무권대리에 관한 제130조 이하의 규정 및 제135조는 표현대리에 적용되지 않는다고 한다.[567]

(다) 유권대리설

표현대리는 본인과 대리인 사이의 내부적 수권(授權)은 존재하지 않으나, 대리인과 상대방 사이의 외부적 수권은 유효하게 존재하므로 무권대리가 아

564) 곽윤직, 277면; 김상용, 616면; 백태승, 491면; 장경학, 580면.
565) 고상룡, 545면, 573면; 김주수, 420면, 454면; 김준호, 436면, 448면.
566) 김증한 · 김학동, 432면, 455면.
567) 이은영, 631면, 649면, 651면.

니라 유권대리의 아종(亞種)이라는 견해이다.[568] 무권대리에 관한 제130조 이하의 규정 및 제135조의 규정은 유권대리인 표현대리에는 당연히 적용되지 않는다고 한다.

(라) 판례의 태도

판례는 「유권대리에 있어서는 본인이 대리인에게 수여한 대리권의 효력에 의하여 법률효과가 발생하는 반면 표현대리에 있어서는 대리권이 없음에도 불구하고 법률이 특히 거래상대방 보호와 거래안전유지를 위하여 본래 무효인 무권대리행위의 효과를 본인에게 미치게 한 것으로서 표현대리가 성립된다고 하여 무권대리의 성질이 유권대리로 전환되는 것은 아니다」라고 하여 표현대리가 무권대리임을 확인하고 있다.[569] 따라서 「대리권이 있다는 것과 표현대리가 성립한다는 것은 그 요건사실이 다르므로 유권대리의 주장이 있으면 무권대리인 표현대리의 주장이 당연히 포함되는 것은 아니고 이 경우 법원이 표현대리의 성립 여부까지 판단해야 하는 것은 아니다」라고 한다.[570]

생각건대 유권대리설은 표현대리의 경우에 내부적 수권은 없었으나 외부적 수권은 있었기 때문에 유권대리라고 한다. 그러나 대리권의 수여는 본인이 대리인에게 하는 행위인데 이러한 수권행위가 없이 본인이 줄 대리권을 대리인이 상대방에게 수여하였기 때문에 유권행위라고 하는 것은 의문이 있으며 또 유권대리·무권대리의 구별은 대리권의 외관에 의하여 정해지는 것이 아니라 본인의 대리인에 대한 수권행위의 존부에 따라 정해질 문제이다.

독립유형설은 표현대리는 유권대리도 무권대리도 아닌 중간형태의 대리라고 한다. 대리권의 측면에서는 분명히 대리권이 없으므로 무권대리이나 대리효과의 귀속의 측면에서는 본인에게 효과가 귀속되므로 유권대리와 같다. 그러나 표현대리가 유권대리인가 무권대리인가의 문제는 수권행위의 존부에 따라 정해질 문제이지 대리효과의 귀속 여부에 따라 정해질 문제는 아니다. 대리권이 없음에도 불구하고 본인에게 대리효과를 귀속시키는 것은 본인의 외관제공과 상대방의 그 외관에 신뢰를 보호하기 위한 입법적 배려이지 수권행위가 존재해서가 아니다. 따라서 표현대리는 무권대리라고 할 것이다.

제135조 적용설에 의하면, 상대방은 본인의 이행책임 또는 무권대리인의

568) 이영준, 533면, 561면.
569) 대판[전합] 1983.12.13, 83다카1489.
570) 대판 1990.3.27, 88다카181; 대판[전합] 1983.12.13, 83다카1489(대판 1964.11.30, 64다1082를 폐기함).

책임을 선택하여 주장할 수 있다는 것이다. 그러나 이는 유권대리의 경우에는 본인에게만 이행책임을 물을 수 있을 뿐이나, 표현대리의 경우에는 상대방이 표현대리인과 법률행위를 하였다는 우연한 사실로 인하여 이중의 보호를 받게 되는 형평에 맞지 않는다 할 것이다.

무권대리규정 적용불가설에 의하면 제135조만이 아니라 제130조 이하의 규정도 적용될 필요가 없다고 한다. 표현대리의 효과로 유권대리의 경우와 동일하게 본인에게 대리효과가 귀속되면 그것으로 상대방의 보호는 충분하며, 본인의 추인권, 상대방의 추인 여부의 최고권, 상대방의 철회권을 인정하는 것은 역시 상대방을 과도하게 보호하는 것이 되어 부당하다는 것이다.

그러나 본인이 추인함으로써 표현대리행위의 효과를 스스로 확정할 수 있고, 상대방은 최고권을 행사하여 본인이 스스로 책임을 질 것인가를 확인받을 수 있고, 상대방이 철회권을 행사하여 본인에게의 효과발생을 저지시킬 수 있다. 이는 표현대리가 무권대리이기 때문에 인정되는 최소한의 효과라고 할 것이다. 결국 표현대리는 무권대리이며 무권대리에 관한 규정 중에서 제130조 이하의 규정은 그 적용이 있으나, 제135조는 그 적용이 없고, 표현대리는 좁은 의미의 무권대리와 함께 넓은 의미의 무권대리에 포함된다고 할 것이다.

(2) 제125조의 표현대리

1) 의 의

제3자에 대하여 타인에게 대리권을 수여함을 표시한 자는 그 대리권의 범위 내에서 행한 그 타인과 제3자 간의 법률행위에 대하여 책임이 있다(제125조 본문). 즉 내부적으로는 대리권이 수여되지 않았으나 본인이 상대방에 대하여 대리인에게 대리권을 주었다고 표시하여 대리권 성립의 외관이 존재하는 때에, 대리인이 대리권의 범위 내에서 상대방과 한 법률행위에 대하여 본인에게 책임을 지우는 제도이다. 이것이 대리권수여의 표시에 의한 표현대리이다.

2) 요 건

(가) 대리권 수여의 표시

본인이 제3자(상대방)에 대하여 타인에게 대리권을 주었다고 표시하였어야 한다. 대리권 수여의 표시만 있으면 본인과 대리행위를 한 자 사이의 기본적인 법률관계의 성질이나 그 효력의 유무와는 관계없이 표현대리가 성립될 수 있다.[571] 또 대리권의 수여의 표시가 있다고 볼 수 없는 경우에는 표현대리가 성립할 수 없다.[572]

(a) **표시의 방법**: 그 표시의 방법에는 제한이 없다. 보통 위임장 같은 서면으로 하나, 구두로도 할 수 있고, 또한 신문광고 등에 의한 불특정인에게 대한 것도 허용된다. 대리권수여의 표시를 본인이 직접 하지 않고 대리인이 될 자를 통하여 할 수도 있다.[573]

백지위임장(白紙委任狀)이 교부된 것도 여기서의 대리권 수여의 표시로 인정할 것인가에 대해서 견해가 대립된다. ① 인정불가설은 백지위임장의 교부는 대리권 수여행위이므로 제125조의 표현대리가 성립한다고 하기 보다는 정상적인 대리권 수여에 의한 유권대리로 보는 견해이다.[574] ② 인정설은 백지위임장의 교부자가 의도하는 표시내용과 피교부자 또는 전득자에 의하여 보충된 내용이 다른 경우에는 백지위임장의 교부는 제125조의 대리권 표시의 방법으로 인정할 수 있다는 견해이다.[575] 생각건대 효과가 본인에게 귀속된다는 점에서는 같으나, 대리행위가 교부자의 의도한 바와 다르다는 점을 고려하여 대리권 수여의 표시의 방법으로 인정할 것이다.

서류의 교부를 대리권 수여의 표시로 보기 위해서는 본인을 대리한다고 하는 자가 제출하거나 소지하고 있는 서류의 내용과 그러한 서류가 작성되어 교부된 경위나 형태 및 대리행위라고 주장하는 행위의 종류와 성질 등을 종합하여 판단하여야 한다. 판례는 부동산 처분에 관한 소요서류를 구비하여 타인에게 교부한 경우에 상대방을 특정하지 않은 때에는 타인에게 부동산처분에 관하여 대리권을 수여한 취지를 표시한 것이라고 한다.[576] 그러나 무인 또는 날인한 매매계약서를 교부한 사실,[577] 인감증명서의 교부,[578] 도장과 보증용 과

571) 대판 2007.8.23, 2007다23425; 대판 2001.8.21, 2001다31264; 대판 1998.6.12, 97다53762.

572) 대판 2001.2.9, 99다48801(금융기관의 직원이 고객의 예금을 파출수납의 방법으로 입금 및 인출하여 오던 중 고객으로부터 예금인출 요구를 받지 않았음에도 불구하고 인출을 요구받은 것처럼 가장하여 여러 차례에 걸쳐 금원을 인출한 경우, 파출수납의 방법에 의한 예금 입·출금은 금융기관 직원 자신의 직무를 수행하는 것에 불과하고, 고객이 직원에게 예금 입·출금과 관련한 대리권을 수여하였다거나 그 수여의 의사를 표시한 것으로 볼 수는 없다고 하여 표현대리의 법리를 인정하지 않은 사례).

573) 통설. 그러나 무권대리인의 근거 없는 주장으로 제125조의 표현대리가 될 수도 있다는 이유로 이를 부인하는 견해가 있다(김증한·김학동, 438면).

574) 김상용, 623면; 이영준, 539면.

575) 고상룡, 569면; 곽윤직, 278면; 김주수, 435면; 백태승, 496면; 장경학, 583면.

576) 대판 1959.7.2, 4291민상329.

577) 대판 2001.8.21, 2001다31264.

578) 대판 1978.10.10, 78다75(어떤 자가 매도인의 인장을 위조하여 위임장을 위조하고, 그

세증명서의 소지[579]만으로는 대리권이 수여의 표시가 있었다고 볼 수 없다고 한다.

대리권 수여의 표시는 반드시 대리권 또는 대리인이라는 말을 사용하여야 하는 것이 아니라 사회통념상 대리권을 추단할 수 있는 직함이나 명칭 등의 사용을 승낙 또는 묵인한 경우에도 대리권 수여의 표시가 있은 것으로 볼 수 있다. 판례는 호텔 등의 시설이용 우대회원 모집계약을 체결하면서 자신의 판매점, 총대리점 또는 연락사무소 등의 명칭을 사용하여 회원모집 안내를 하거나 입회계약을 체결하는 것을 승낙 또는 묵인한 경우에는 제125조의 표현대리가 성립한다고 한다.[580]

또한 타인에게 자기명의의 사용을 허락하거나 묵인하여 명의를 대여하는 것도 대리권 수여의 표시가 된다. 판례는 「타인에 대하여 어느 사업에 관하여 자기사업을 자기이름으로 대행할 것을 허용한 사람은 그 사업에 관하여 지기가 책임을 부담할 지위에 있음을 표시한 것이고 그 사업을 대행한 사람 또는 그 피용자가 그 사업에 관하여서 한 법률행위에 관하여 제3자에 대하여 그 책임이 있다」고 한다.[581] 그러나 타인간의 거래에 있어 단지 세무회계상의 필요로 자기의 납세번호증을 이용하게 한 사실만으로는 그 거래에 관한 대리권을 수여하였음을 표시하였다고 보기 어렵다고 한다.[582]

(b) **표시의 성질:** 제125조의 대리권 수여의 표시가 대리권 수여의 효과를 가져오는 것인가 또 상대방에 대해 대리권 수여의 사실을 통지하는 것인가, 아니면 장래에 대리권을 수여할 것이라는 통지인가에 대해서 견해가 대립한다. ① 관념통지설은 대리권수여의 표시는 수권행위가 아니라 수권행위가 있었다는 뜻의 관념의 통지라는 견해이다.[583] ② 의사통지설은 제125조의 경

위임장과 취직하는데 필요하다고 매도인을 속여서 교부받은 매도인의 인감증명을 매수인들에게 제시하여서 매도인의 대리인인 것처럼 가장하여 부동산을 매도한 사례).

579) 대판 2000.5.30, 2000다2566(갑이 주채무액을 알지 못한 상태에서 주채무자의 부탁으로 채권자와 보증계약 체결 여부를 교섭하는 과정에서 채권자에게 보증의사를 표시한 후 주채무가 거액인 사실을 알고서 보증계약 체결을 단념하였으나 갑의 도장과 보증용 과세증명서를 소지하게 된 주채무자가 임의로 갑을 대위하여 채권자와 사이에 보증계약을 체결한 경우에 표현대리의 성립을 부정한 사례).

580) 대판 1998.6.12, 97다53762.

581) 대판 1964.4.7, 63다638(분뇨수거사업의 대행 사례). 이와 같은 명의대여관계에 대해서는, 상법 제24조가 「타인에게 자기의 성명 또는 상호를 사용하여 영업을 할 것을 허락한 자는 자기를 영업주로 오인하여 거래한 제3자에 대하여 그 타인과 연대하여 변제할 책임이 있다」고 규정하고 있으므로, 상법의 적용이 없는 영역에 한해서 제125조가 적용될 것이다.

582) 대판 1978.6.27, 78다864.

우에는 대리인에게 대리권을 수여함이 없었기 때문에 장래에 대리권을 수여하겠다는 표시이므로 관념의 통지가 아니라 의사의 통지라는 견해이다.584) ③ 의사표시설은 대리권수여의 표시는 본인이 상대방에 대하여 하는 수권행위로서 의사표시에 해당한다는 견해이다.585) 생각건대 본인이 대리인에게 대리권을 수여하는 것이 수권행위이지 본인이 상대방에 대하여 하는 대리권수여의 표시를 수권행위라고 할 수는 없다. 또 아직 대리권이 수여되지 않은 상태에서의 대리권수여의 표시이므로 의사의 통지라고 하나, 상대방에 대하여 대리권수여의 표시는 실제로는 대리권의 수여가 있었는가의 여부와 관계없이 대리권이 수여되었음을 표시하는 것이라고 이해할 것이다. 따라서 관념의 통지라고 할 것이다.

(c) 표시의 철회: 대리권수여의 표시를 한 후에도, 이에 기하여 구체적인 대리행위가 행하여지기 전이라면, 원칙적으로 그 표시를 철회할 수 있다. 그러나 이 철회는 표시와 동일한 방법으로 상대방에게 알려서 철회된 것을 알 수 있도록 하지 않으면 안 된다. 즉 교부한 위임장의 회수 등 통지의 외형을 사실상 제거하지 않으면 선의의 제3자에 대해서는 대리권수여의 표시로서 효력이 생기는 것을 저지할 수 없다고 할 것이다.

(나) 표시된 대리권의 범위 내의 행위일 것

위의 통지에 의하여 대리인으로서 표시된 자가 표시된 범위 내에서 대리행위를 하여야 한다. 만일 이 범위를 넘어서 대리행위를 한 때에는 권한을 넘은 표현대리(제126조)가 된다.

또한 표현대리인과 통지를 받은 상대방과의 사이에서 대리행위가 있어야 한다. 특정인에게 통지한 때에는 그 특정인만이 제125조에 의해 보호받는 상대방이 된다. 따라서 대리권 수여 표시의 통지를 우연히 알았다거나 옆에서 본 자가 상대방이 되어 법률행위를 한다고 해도 제125조의 적용은 받지 아니한다. 또 통지가 광고에 의하여 불특정다수인에게 행해진 경우에는 모든 제3자가 보호의 대상이 된다.

(다) 상대방의 선의 · 무과실

통지를 받은 상대방이 대리권의 부존재를 알지 못하는 데 대하여 선의 · 무

583) 고상룡, 569면; 곽윤직, 278면; 김주수, 434면; 김준호, 437면; 김증한 · 김학동, 439면; 백태승, 495면; 이은영, 633면; 장경학, 582면.

584) 김상용, 624면.

585) 이영준, 536면.

과실이어야 한다는 것이다(제125조 단서). 선의(善意)란 대리권이 없다는 것을 모르는 것이고, 대리권이 있는 것으로 오신하는 것이다. 무과실(無過失)이란 선의인 데 과실이 없는 것이고, 일반 보통사람의 주의를 하였음에도 불구하고 대리권이 없음을 알지 못하는 것이다. 그러므로 상대방에게 과실이 있다면 제125조의 표현대리를 주장할 수 없다.

판례는 ㉠ 저당권설정계약 당시 본인의 인감증명서와 인감도장만을 소지하였을 뿐 대리인으로서는 의당 제시될 것이 통상적으로 기대되는 본인 명의의 등기권리증을 소지하지 않았고 막연히 대리인 등의 말만 믿고 저당권설정계약을 체결하였다면 상대방은 대리인을 상대로 저당권을 설정함에 있어 과실이 있다고 하고,[586] ㉡ 상대방이 중개인에게 지급한 매매대금에 대한 영수증이 회사의 명의로 발행되지 아니하고 중개인 명의로 발행된 경우에 오피스텔을 분양받으려는 상대방으로서는 중개인의 대리권 유무의 확인을 게을리 한 과실이 있다고 하였다.[587]

그러나 ㉠ 정당한 권원에 의하여 작성된 매도증서, 위임장, 인감증명서 등 등기신청에 필요한 모든 서류를 구비하여 소지하고 있다면 대리권이 있다고 믿을만한 정당한 사유가 있다고 한다.[588]

그리고 상대방이 악의·과실이 있다는 것의 입증책임은 본인에게 있다.

(라) 적용범위

임의대리는 본인의 수권행위에 의해 대리권이 수여되므로 대리권 수여 표시에 의한 표현대리 규정(제125조)이 적용되는 것은 당연하다.

법정대리에 제125조가 적용되는가에 대해서 견해가 대립하고 있다. ① 적용부정설은 법정대리에는 제125조가 적용되지 않는다는 견해이다.[589] 법정대리인은 본인이 선정하는 자가 아니므로, 본인이 어떤 사람에게 법정대리권을 주었다는 내용의 통지를 한다는 것은 무의미하기 때문이라고 한다. 판례도 호적상으로만 친권자로 되어 있는 자를 법정대리인으로 믿고 거래한 때에는 상대방은 보호를 받지 못한다고 하여 법정대리에는 제125조가 적용되지 않는 것으로 판시하였다.[590] ② 적용인정설은 호적이나 공고를 대리권 수여 표시에 준하는 것으로 보아서 이를 믿은 거래상대방을 보호하여 거래안전을 도모

586) 대판 1984.11.13, 84다카1024.
587) 대판 1997.3.25, 96다51271.
588) 대판 1962.10.18, 62다535.
589) 고상룡, 571면; 곽윤직, 279면; 김증한·김학동, 441면; 백태승, 497면.
590) 대판 1955.5.12, 4287민상208.

할 필요가 있기 때문에 법정대리에도 제125조가 적용된다는 견해이다.[591] ③ 제한적 인정설은 법정대리에도 제125조를 적용하되 거래의 안전보다 무능력자보호를 우선시키는 무능력자의 법정대리에는 적용되지 않는다는 견해이다.[592] 생각건대 부부 간의 가사대리권(제827조)을 발생시키는 허위의 혼인신고나 친권을 발생시키는 허위의 인지신고를 믿고 거래한 상대방을 보호할 필요가 있고, 또한 무능력자의 법정대리의 경우에도 무능력자제도가 무능력자 본인의 보호에 치우치는 제도이므로 거래안전을 꾀하기 위해서도 법정대리에 제125조가 적용된다고 할 것이다.

공법상의 행위에는 제125조가 적용되지 아니한다. 판례는 이행지체가 있으면 즉시 강제집행을 하여도 이의가 없다는 강제집행 수락의사표시[593]나, 공정증서의 집행인낙표시[594]와 같은 소송행위에는 민법상의 표현대리규정이 적용 또는 유추적용될 수 없다고 한다.

(3) 제126조의 표현대리

1) 의 의

제126조의 표현대리는 일정한 행위에 대하여 대리권을 가지는 대리인이 그 권한을 넘은 행위를 한 경우에, 제3자가 그 권한이 있다고 믿을 만한 정당한 이유가 있을 때에는 본인은 그 행위에 대하여 채임을 지게 되는 표현대리이다(제126조). 권한을 넘은 표현대리 또는 월권대리(越權代理)라고도 한다.

2) 요 건

제126조의 요건으로서는 기본대리권의 존재, 제3자가 믿을 만한 정당한 이유를 필요로 한다.

(가) 기본대리권의 존재

(a) 기본대리권의 필요성: 제126조의 월권대리가 성립하기 위해서는 기본대리권(基本代理權)이 유효하게 존재하여야 한다.[595] 권한을 넘은 부분에

---

591) 김상용, 626면; 김주수, 438면; 장경학, 586면.
592) 이영준, 540면; 이은영, 636면.
593) 대판 1983.2.8, 81다카621.
594) 대판 1984.6.26, 82다카1758.
595) 대판 1992.5.26, 91다32190는 「민법 제126조의 표현대리가 성립하기 위하여는 무권대리인에게 법률행위에 관한 기본대리권이 있어야 한다」고 하여 기본대리권의 존재의 필요성을 인정하고 있다(같은 취지: 대판 1984.10.10, 84다카780 등).

대해서는 대리권이 없으나, 적어도 본래 일정한 범위의 대리권은 있어야 권한을 넘어서 행한 대리행위라 할 수 있기 때문이다. 기본대리권이 존재하지 않는 경우까지 월권대리를 인정하면, 제3자의 신뢰를 지나치게 보호하게 되고, 반면에 본인의 이익을 크게 해치게 된다. 따라서 본인의 권리의 정적 안전과 상대방의 이익의 동적 안전과의 조화를 위해서 본인과 표현대리인과의 사이에는 기본대리권의 존재에 의한 연결이 필요하다.596)

그러므로 전혀 대리권이 없는 자의 행위에는 객관적으로 대리권이 있는 것으로 보인다 하더라도 제126조는 적용되지 아니한다. 예컨대 사술을 써서 대리행위의 표시를 하지 아니하고 단지 본인의 성명을 모용(冒用)하여 자기가 마치 본인인 것처럼 기망하여 본인 명의로 직접 법률행위를 한 경우에는 월권대리가 성립될 수 없다.597)

(b) 기본대리권에 관한 판례: 타인의 인장을 소지한 것만으로 기본대리권의 존재를 인정한 판례는 드물다. ㉠ 처가 부의 실인을 가지고 부의 부동산 매매계약을 체결한 경우, ㉡ 처가 남편의 트렁크를 뒤져서 남편의 인감도장을 찾아내어 부동산소유권의 이전등기를 종료한 경우, ㉢ 소지하고 있는 본인의 인장으로 타인을 위한 신원보증계약을 체결한 경우, ㉣ 본인으로부터 인장을 교부받아 이 인장을 사용하여 신원보증서를 작성하여 공사입찰을 한 경우 등은 모두 기본대리권의 존재를 부인하였다.598)

그러나 ㉠ 회사의 상무이사취임등기 절차를 위임하면서 인장을 임치하였는데 이를 이용하여 위임장 등을 위조하여 부동산 매매행위를 한 경우, ㉡ 회사 업무처리상 필요한 인장을 교부받아 임치하는 자가 그 인장을 사용하여 개인 명의로 약속어음의 연대보증을 한 경우, ㉢ 이장이 부락민의 물자배급을 받기 위하여 임치된 인장을 사용하여 약속어음을 발행한 경우 등에서는 인감을 임치하는 것만으로도 기본대리권의 존재를 인정하고 있다.599)

---

596) 대판 2008.1.31, 2007다74713(법률행위시에 기본대리권이 존재하지 않는 경우에는 민법 제126조에 의한 표현대리가 성립하지 않는다고 한 사례).

597) 대판 2002.6.28, 2001다49814(처가 제3자를 남편으로 가장시켜 관련 서류를 위조하여 남편 소유의 부동산을 담보로 금원을 대출받은 경우, 남편에 대한 민법 제126조 소정의 표현대리책임을 부정한 사례); 대판 1993.2.23, 92다52436; 대판 1992.11.13, 92다33329 등 참조.

598) ㉠ 대판 1960.9.15, 4292민상1007,1008, ㉡ 대판 1970.3.10, 69다2218, ㉢ 대판 1959.8.27, 4292민상331, ㉣ 대판 1968.2.20, 67다2762.

599) ㉠ 대판 1965.10.5, 65다1542, ㉡ 대판 1968.11.5, 68다1501, ㉢ 대판 1962.4.18, 4294민상850.

반면에 인장의 교부와 함께 대리권 수여의 추정할 만한 행위가 있는 경우에는 대리권의 존재를 인정한 것이 있다. ㉠ 자기명의의 영업허가를 구청에서 내달라고 부탁한 후, 거기에 사용하라고 자기의 인감도장을 내어준 경우, ㉡ 본인명의의 수표 내지 인장을 가지고 와서 금전차용을 한 경우에는 대리권의 존재를 인정한다.600)

또 인장과 함께 인감증명서의 교부가 이루어진 경우에는 대체로 대리권 수여로 인정한 경우가 많다. ㉠ 본인이 대리인에게 기망당하여 인장과 인감증명서를 교부하였다 하여도 신원보증서 작성에 대한 대리권을 수여한 것으로 본 경우, ㉡ 지입회사가 지입차주 A가 제출한 C의 인감증명서를 잘못하여 B의 지입차량에 관한 보증계약 체결에 사용한 경우, 그 보증인 C의 표현대리 책임을 인정한 경우,601) ㉢ 승용차할부매매계약과 보증보험계약상 A의 연대보증인이 되기로 한 B가 백지의 보증보험약정서상 연대보증인란에 인감도장을 날인하고 A에게 인감증명서와 인감도장을 건네주었는데 A가 C를 구입자로 하여 할부매매계약 및 보증보험계약을 체결한 경우,602) ㉣ 본인이 대리인이라 자칭하는 사람에게 공탁금수령권한을 부여한 바 없더라도 그 자가 공탁금 수령권자의 인감도장과 공탁금회수용 인감증명 1통을 첨부하여 공탁금출급신청을 한 경우에는 모두 기본대리권의 존재를 인정하여 제126조를 적용하고 있다.

그밖에 ㉤ 대리인이 사자 내지 임의로 선임한 복대리인을 통하여 권한 외의 법률행위를 한 경우,603) ㉥ 건축공사를 도급받은 자가 현장대리인을 정하여 도급인에게 그 취지를 신고하고 지정된 현장대리인은 공사현장에서 대리인으로 행세한 경우에도 대리권의 존재를 인정하였다.604)

기본대리권의 존재를 인정하지 아니한 판례로는, ㉠ 금융기관의 직원이 고

---

600) ㉠ 대판 1965.3.30, 65다44, ㉡ 대판 1962.2.8, 4294민상192.

601) 대판 1992.10.13, 92다31781; 대판 1991.12.27, 91다30668; 대판 1991.4.23, 90다16009 참조.

602) 대판 1991.4.23, 90다16009(갑의 자동차 할부구입 보증보험계약상 구상금채무에 관한 연대보증을 승낙하고 보증용 인감증명서와 인감도장을 교부하였는데 갑이 이를 임의로 을을 위한 같은 보증보험계약상 구상금채무에 관한 연대보증을 위해 사용한 경우, 권한을 넘은 표현대리의 성립을 인정한 사례); 대판 1991.12.27, 91다30668(소형트럭의 할부구입보증보험계약상 구상금채무의 연대보증을 위하여 교부한 인감증명과 인감도장을 굴삭기 할부구입보증보험계약상 구상금채무의 연대보증을 위하여 사용한 경우 권한을 넘은 표현대리의 성립을 긍정한 사례) 참조.

603) 대판 1987.12.8, 85다카2340; 대판 1984.10.10, 84다카780 참조.

604) ㉠ 대판 1967.5.23, 67다621, ㉡ 대판 1995.9.5, 95다20973, ㉢ 대판 1992.10.13, 92다31781, ㉣ 대판 1990.5.22, 89다카1121, ㉤ 대판 1998.3.27, 97다48982, ㉥ 대판 1971.5.31, 71다847.

객의 예금을 파출수납의 방법으로 입금 및 인출하여 오던 중 자의로 여러 차례에 걸쳐 금원을 인출한 경우, ㉡ 종중으로부터 임야의 매각과 관련한 권한을 부여받은 갑이 임야의 일부를 실질적으로 자기가 매수하여 그 처분권한이 있다고 하면서 을로부터 금원을 차용하고 그 담보를 위하여 위 임야에 대하여 양도담보계약을 체결한 경우, ㉢ 대리행위의 표시를 하지 아니하고 자기가 본인인 것처럼 기망하여 본인 명의로 직접 법률행위를 한 경우,[605] ㉣ 단순히 대지매매의 중개(알선)를 부탁한 경우 등에서는 제126조의 적용을 인정하고 있지 않다.[606]

(c) **사실행위의 포함 여부:** 사실행위(事實行爲)를 기본대리권으로 하여 표현대리가 성립할 수 있는가, 본인이 법률행위의 위임이 아니라 사실행위만을 위임한 경우에 이를 기본대리권으로 인정할 수 있는가에 대해서 견해가 대립한다.

① 사실행위포함설은 법률행위의 대리권을 가지지 않은 자라도 본인의 업무를 돌보아 왔고 그의 행위를 본인이 알고도 방치한 경우에 묵시적 수권행위를 인정하고 이에 의한 기본대리권을 인정하자는 견해이다.[607] ② 사실행위불포함설은 표현대리가 성립하기 위해서는 반드시 기본대리권이 존재하여야 하며, 사실행위만을 위임받았고 법률행위를 대리할 권한이 없는 경우에는 기본대리권의 존재를 인정할 수 없다는 견해이다.[608]

판례는 현금 등의 영수 청산에 있어 본인의 사자로서 보조한 일은 있으나 본인을 위하여 어음의 발행 등의 법률행위를 한 적이 없는 사안에서, 「대리인이 아니고 사실행위를 위한 사자라 하더라도 외견상 그에게 어떠한 권한이 있는 것의 표시 내지 행동이 있어 상대방이 그를 믿었고 또 그를 믿음에 있어 정당한 사유가 있다면 표현대리의 법리에 의하여 본인에게 책임이 있다」고 하여 사실행위포함설에 따르고 있다.[609] 그러나 그 후 판례에서는 「민법 제

---

605) 대판 1992.11.13, 92다33329(갑이 을의 대리인으로서 매매계약을 체결하였다면 표현대리 문제가 나올는지 몰라도 갑이 을로부터 매수한 임야를 자기 소유라 하여 매도한 이상 매매계약의 당사자는 갑이고 을은 당사자가 아니므로 권한을 넘은 표현대리 이론을 여기에 적용할 수 없다고 한 사례) 참조.

606) ㉠ 대판 2001.2.9, 99다48801, ㉡ 대판 2001.1.19, 99다67598, ㉢ 대판 1993.2.23, 92다52436, ㉣ 대판 1970.2.24, 69다2011.

607) 김증한 · 김학동, 442면; 이은영, 638면(단지 외부적으로 법률행위의 위임과 사실행위의 위임이 구별되기 어려운 경우에 한하여 사실행위를 포함시킨다고 한다).

608) 김상용, 630면; 이영준, 543면.

609) 대판 1962.2.8, 4294민상192.

126조의 표현대리가 성립하기 위하여는 무권대리인에게 법률행위에 관한 기본대리권이 있어야 하는바, 증권회사로부터 위임받은 고객의 유치, 투자상담 및 권유, 위탁매매약정실적의 제고 등의 업무는 사실행위에 불과하므로 이를 기본대리권으로 하여서는 권한초과의 표현대리가 성립할 수 없다」고 하여 사실행위의 배제를 분명히 하고 있다.610)

생각건대 대리는 법률행위에 인정되는 제도이고 또 법률행위를 대리할 권한이 없는 경우에도 표현대리를 인정하는 것은 지나치게 본인의 이익을 해한다고 할 것이므로 사실행위는 기본대리권의 대상에 포함되지 않는다고 할 것이다.

(d) **공법상의 행위의 포함 여부:** 제126조의 표현대리의 기본대리권은 공법상의 행위도 포함하는 것인가, 사법상의 행위에 국한하는 것인가가 문제될 수 있다. 이에 대해서 판례는 기본대리권이 공법상의 행위인 등기신청행위라 할지라도 표현대리인이 그 권한을 유월하여 대물변제라는 사법행위를 한 경우에 표현대리의 법리가 적용된다고 하고,611) 자기명의의 영업허가를 내달라고 부탁한 후 거기에 사용하라고 자기의 인감도장을 내어 준 경우에도 기본대리권을 인정하고 있다.612)

(나) 권한을 넘은 대리행위가 있을 것

제126조의 표현대리가 성립하기 위해서는 최소한의 기본대리권이 존재하고 그 권한을 넘어서 월권행위(越權行爲)를 하였을 것이 요구된다. 이와 같이 기본대리권과 월권행위의 동질성이 요구되는가. 즉 본인이 수여한 기본대리권과 대리인이 행한 월권행위는 동일한 성질의 것이어야 하는가가 문제된다.

판례는 그 동질성을 요구하고 있지 않다. 정당하게 부여받은 대리권의 내용되는 행위와 표현대리는 반드시 같은 종류의 행위에 속할 필요는 없다고 하면서, ㉠ 지역사회개발관계서류에 사용하라고 하여 인장을 임치하였으나 양곡교환신청서 및 상환각서에 그 인장을 모용한 경우에 표현대리를 인정하였다.613) ㉡ 임야불하동업계약을 체결할 권한을 수여받은 대리인이 본인의 부동산을 매각한 경우와 같이 기본대리권과 월권행위가 전혀 다른 성질의 것일

610) 대판 1992.5.26, 91다32190.
611) 대판 1978.3.28, 78다282,283; 대판 1956.3.3, 4288민상396,387(대리인에게 매수한 부동산의 등기절차를 위임하면서 인장과 권리증을 교부하였으나 대리인이 그 부동산을 제3자에게 매도한 사례).
612) 대판 1965.6.29, 65다798.
613) 대판 1969.7.22, 69다548.

때에도 표현대리를 인정하고 있다.[614] 심지어 ㉢ 월권행위가 범죄행위가 된다고 하여도 제126조의 적용을 인정하고 있다.[615]

그밖에도 ㉣ 딸이 아버지에게 은행으로부터 금원을 차용하는데 필요하다고 하여 받은 인감도장과 "대부용" 인감증명서를 이용하여 타인으로부터 금원을 차용하면서 아버지를 보증인으로 하여 작성한 경우,[616] ㉤ 신탁된 아파트의 분양을 수탁자인 신탁회사로부터 위임받은 신탁자인 건설회사가 대물변제를 위하여 분양계약을 체결한 경우,[617] ㉥ 본인이 자동차소유권이전등록을 위임하면서 인감과 부동산의 2분의 1 지분에 관한 등기권리증과 나머지 2분의 1 지분에 대하여 본인 앞으로 지분권이전등기를 경료할 수 있는 인낙조서등본을 교부하였으나 대리인이 이를 사용하여 그 부동산에 대한 가등기담보설정계약을 체결한 경우,[618] ㉦ 대표이사의 직인을 보관하면서 대표이사의 대리인으로서 공사관리업무 등을 처리하여 온 건설회사의 직원이 그 권한을 초과하여 회사의 토지를 처분한 경우[619] 등에서는 모두 표현대리의 성립을 인정하였다.

반면에 기본대리권과 월권행위가 전혀 관련이 없다고 하여 표현대리의 성립을 인정하지 않은 경우도 있다. ㉠ 물품공급계약 제결 및 대금 수금에 관한 권한이 있는 대리인이 면책적 채무인수의 약정을 한 경우,[620] ㉡ 예금주를 대리하여 예금계약을 체결한 자가 그 예탁금 채권에 대한 질권을 설정한 경우[621] 등에서는 표현대리의 성립을 부정하고 있다. 또한 ㉢ 부동산을 매수할 권한을 수여받은 대리인이 매매계약을 체결하여 그 부동산을 매수하였으나 3년이 지난 후에 다시 그 부동산을 처분한 경우에, 부동산을 매수할 권한을 수여 받은 대리인에게 부동산을 처분할 대리권까지 있다고 믿을만한 정당한 이유가 있다고 볼 수 없다고 하여 표현대리를 인정하지 않았다.[622]

---

614) 대판 1963.11.21, 63다418.
615) 대판 1966.6.28, 66다845(대리인이 본인의 인장을 위조하여 권한을 넘은 무권대리행위를 한 경우 그 인장의 위조나 행사가 범죄행위가 된다 하여도 권한을 넘는 표현대리를 인정할 수 있다고 한 사례).
616) 대판 1991.1.15, 90다10605.
617) 대판 2002.3.15, 2000다52141.
618) 대판 1991.2.12, 88다카21647.
619) 대판 1990.10.23, 90다카13212.
620) 대판 1995.4.25, 94다45029.
621) 대판 1995.8.22, 94다59042; 대판 1992.6.23, 91다14987(예금계약 체결을 위임받은 자가 가지는 대리권에 당연히 그 예금을 담보로 하여 대부를 받거나 이를 처분할 수 있는 대리권이 포함되지 않는다고 한 사례).

(다) 상대방의 오신과 정당한 이유

대리인과 거래한 상대방이 대리권한 외의 행위에 관하여 대리권이 있다고 믿고 또한 그렇게 믿는 데 대하여 정당한 이유가 있어야 한다.

(a) 제3자: 제126조의 제3자는 표현대리행위의 직접(直接) 상대방이 된 자만을 지칭한다.[623] 판례는 ㉠ 약속어음의 배서행위의 직접 상대방은 그 배서에 의하여 어음을 양도받은 피배서인만을 가리키고 그 피배서인으로부터 다시 어음을 취득한 자는 민법 제126조 소정의 제3자에는 해당하지 아니하고,[624] 따라서 ㉡ 어음의 제3취득자는 어음행위의 직접 상대방에게 표현대리가 인정되는 경우에 이를 원용하여 피위조자에 대하여 자신의 어음상의 권리를 행사할 수가 있다고 한다.[625] 또 ㉢ 금융기관의 예금취급소장이 예금가입자로부터 적금불입을 위임받아 보관 중인 인장을 부정사용하여 예금가입자가 금융기관으로부터 대출받은 것처럼 관계서류를 위조하여 금원을 인출횡령한 경우에, 예금취급소장은 금융기관을 대리하는 자이고 제3자가 아니므로 위 금원인출행위는 예금가입자의 표현대리행위에 해당하지 않는다고 하였다.[626]

(b) 정당한 이유의 의의: 정당한 이유가 의미하는 것이 무엇인가에 대하여 견해의 대립이 있다.

제126조가 「제3자가 그 권한이 있다고 믿을 만한 정당한 이유가 있는 때」 본인이 책임을 진다고 규정하고, 제125조는 「제3자가 대리권 없음을 알았거나 알 수 있었을 때」, 제129조는 「제3자가 과실로 인하여 그 사실을 알지 못한 때」에는 본인에게 책임이 귀속되지 아니한다고 규정하고 있다. 이와 같이 법문의 규정 형식이 서로 다르기 때문에 제126조는 다른 표현대리 규정과는 다르게 해석하여야 하는가 아니면 모두 표현대리인 점은 같으므로 동일하게 해석할 것인가가 문제이다.

상대방을 기준으로 주관적으로 판단할 것인가, 상대방의 인식에 불구하고 객관적으로 정당한 이유를 판단할 것인가에 대해 견해가 대립한다.

① 주관적판단설은 정당한 이유가 있다는 것은 선의·무과실과 같은 뜻으로 풀이되며, 상대방의 과실이 있는지의 여부는 월권행위 당시에 존재했던 제반의 사정을 객관적으로 관찰하여 통상인이라면 그 행위가 대리권에 기하여

622) 대판 1991.2.12, 90다7364; 대판 1987.4.28, 85다카971.
623) 대판 1997.11.28, 96다21751; 대판 1986.9.9, 84다카2310.
624) 대판 1994.5.27, 93다21521; 대판 1991.6.11, 91다3994.
625) 대판 1999.1.29, 98다27470.
626) 대판 1972.8.22, 72다929.

행한 것이라고 믿는 것이 당연하다고 생각되는 경우를 말한다는 견해이다.[627] 월권행위 당시에 보통인을 기준으로 상대방의 과실의 존부를 판단한다.

② 객관적판단설은 정당한 이유의 유무는 과실보다 더 객관적인 판단에 맡겨져야 하며, 법관이 변론종결 당시까지 존재하는 제반자료 및 사정을 종합하여 판단할 때 대리권의 존재가 명백하다고 여겨지는 경우에 정당한 이유가 있다고 하여야 한다는 견해이다. 정당한 이유의 판단기준은 보통인보다 사리판단력이 높은 이성인이 기준이 되며 판단시점은 월권행위시일 것을 요하지 않는다고 한다.[628]

판례는 대부분의 경우에 그 표현에 불구하고 대리권 수여 여부를 본인에게 쉽게 확인할 수 있었는데도 이를 확인함이 없이 계약을 체결하는 과실이 있는 경우에 정당한 이유를 인정하고 있다.[629] 그리고 판단시점을 대리행위시를 기준으로 하는 것을 보면,[630] 주관적판단설에 따른 것으로 이해된다.

생각건대 정당한 이유를 객관적으로 이성인을 기준으로 하여 행위 당시가 아닌 사후에 판단하는 것은 주관적으로 보통인과 대리행위 당시를 기준으로 하여 판단하는 것보다는 훨씬 표현대리의 성립을 어렵게 하여, 본인의 보호에 더 충실한 것이라 할 것이다. 그러나 표현대리제도의 입법취지가 외관을 신뢰한 상대방을 보호하고 나아가서 거래의 안전을 도모하는 데 있다는 점을 고려하면, 제도의 입법취지와 상반되는 해석으로 보인다. 따라서 표현대리인에게 대리권 없음을 상대방이 알았거나 몰랐더라도 통상의 주의를 기울였다면 알 수 있었을 경우에는 그 상대방은 보호할 가치가 없으므로, 대리권이 있다고 믿고 또한 그렇게 믿은 데 대하여 정당한 이유가 있어야 한다는 것은 선의·무과실과 같은 뜻으로 이해할 것이다.

(c) **정당한 이유의 존재시기:** 표현대리인에게 대리권이 있다고 믿는 데 정당한 이유가 있었는가의 여부는 어느 시점을 기준으로 판단할 것인가에 대해서도 견해가 대립한다. ① 대리행위시설은 정당한 이유의 존부에 대한 판단은 대리행위의 당시를 기준으로 하여야 한다는 견해이다.[631] ② 변론종결시설

---

627) 고상룡, 580면; 곽윤직, 281면; 김민중, 652면; 김주수, 442면; 김준호, 443면; 김증한·김학동, 445면; 장경학, 592면.

628) 김상용, 633면; 백태승, 499면; 이영준, 549면; 이은영, 641면. 다만 김상용, 633면은 판단기준을 이성인이 아니라 보통인으로 하여야 한다고 한다.

629) 대판 2002.7.12, 2002다19254; 대판 2000.2.11, 99다47525; 대판 1992.11.27, 92다31842; 대판 1992.2.25, 91다490 등.

630) 대판 1989.4.11, 88다카13219 등.

631) 고상룡, 587면; 곽윤직, 399면(신정판); 김민중, 652면; 김주수, 443면; 김준호, 443면;

은 월권행위 당시만이 아니라 변론종결시까지의 사정을 고려하여 정당한 이유의 존부를 판단하여야 한다는 견해이다.[632] 판례는 「정당한 이유의 존부는 자칭 대리인의 대리행위가 행하여질 때에 존재하는 제반사정을 객관적으로 판단하여야 하는 것이지 당해 법률행위가 이루어지고 난 훨씬 뒤의 사정을 고려하여 그 존부를 결정해야 하는 것은 아니다」라고 한다.[633] 생각건대 월권행위 당시에 상대방이 어떠한 방법으로든 이미 알고 있는 사정을 기초로 할 것이지 그 이후에 생긴 사실까지 고려한다면 본인에게 과중한 부담이 될 것이다.

(d) **정당한 이유의 입증책임:** 정당한 이유의 유무, 즉 상대방의 선의·무과실의 여부에 관한 입증책임은 누가 지는가에 대해서 견해의 대립이 있다. ① 상대방입증설은 정당한 이유의 입증책임은 표현대리를 주장하는 상대방에게 있다는 견해이다.[634] 월권대리는 다른 표현대리와는 성질이 다르고 선의·무과실보다 엄격한 정당한 이유를 요건으로 하기 때문이라고 한다. ② 본인입증설은 정당한 이유를 선의·무과실로 이해하고 월권대리도 다른 표현대리와 그 성질이 동일하므로 정당한 이유의 입증은 표현대리의 성립을 거부하는 본인에게 있다는 견해이다.[635] 판례는 제126조에 의한 표현대리 행위로 인정된다는 점의 주장 및 입증책임은 그것을 유효하다고 주장하는 자에게 있다고 하여 상대방입증설을 따르고 있다.[636] 생각건대 월권대리가 다른 표현대리와 그 성질이 다르지 않고 상대방보호라는 입법취지를 고려하면 본인에게 입증책임이 있다고 하여야 할 것이다.

김증한·김학동, 445면; 장경학, 594면.

632) 김상용, 633면; 백태승, 499면; 이영준, 550면.

633) 대판 2008.2.1, 2006다33418,33425; 대판 1997.6.27, 97다3828; 대판 1987.7.7, 86다카2475(원심이 별도로 피고가 원고에게 청구해도 좋을 소송비용 등의 지출사정까지 고려하여 표현대리행위라고 판단한 것은 표현대리에 관한 법리를 오해한 것이어서 파기한 사례); 대판 1981.12.8, 81다322(무권대리인이 매매계약 후 그 이행단계에서야 비로소 본인의 인감증명과 위임장을 상대방에게 교부한 사정만으로는 상대방이 무권대리인에게 그 권한이 있다고 믿을 만한 정당한 이유가 있었다고 단정할 수 없다고 한 사례); 대판 1981.8.20, 80다3247(무권대리인이 매매계약 후 잔대금 수령시에 가서야 비로소 본인 명의의 등기권리증, 인감증명서, 위임장, 매도증서 등을 상대방에게 제시한 사정만으로는 상대방이 무권대리인에게 그 권한이 있다고 믿을 만한 정당한 이유가 된다고 할 수 없다고 한 사례) 등.

634) 김상용, 634면; 백태승, 503면; 이영준, 554면; 이은영, 642면. 다만 고상룡, 588면은 정당한 이유를 주관적판단설에 따르면서도 입증책임은 상대방에게 있다고 한다.

635) 곽윤직, 281면; 김민중, 655면; 김주수, 443면; 김준호, 443면; 김증한·김학동, 446면; 장경학, 593면.

636) 대판 1968.6.18, 68다694.

(e) 그 밖의 판단기준: 대리권의 존재와 상대방의 신뢰와의 사이에는 인과관계(因果關係)가 있어야 한다. 그러나 상대방의 신뢰에 관하여 본인의 과실(本人의 過失)을 필요로 하지 않을 뿐더러 본인의 행위에 기인한 것임을 필요로 하지 않는다. 그것은 대리제도의 일반적 신용의 유지와 거래의 동적 안전을 확보하기 위하여 본인에게 일종의 무과실책임을 지게 하는 것이다. 또한 표현대리행위가 성립하는 경우에 그 본인은 표현대리행위에 의하여 전적인 책임을 져야 하고, 상대방에게 과실이 있다고 하더라도 과실상계의 법리를 유추적용하여 본인의 책임을 경감할 수 없다.637)

또한 상대방의 과실 여부를 판단하는 데에는 계약성립 당시의 제반사정을 객관적으로 판단하여 결정하여야 하고 표현대리인의 주관적 사정을 고려하여서는 안 된다.638)

(f) 정당한 이유를 인정한 판례: ㉠ 본인이 발급받은 것으로 기재되어 있는 인감증명서의 용도란에 "공증용", "보증보험 연대보증용"이라고 기재되어 있는 경우, 그 보증인에 대하여 직접 보증의사를 확인하지 아니하였다고 하더라도 그 제출자에게 보증인을 대리하여 연대보증계약을 체결할 권한이 있다고 믿은 데 정당한 사유가 있다고 한 사례639)

㉡ 연대보증계약 체결 당시 대리인이 본인이 직접 발급받은 본인의 인감증명과 납세증명원, 본인의 인감도장을 보증보험회사 직원에게 교부하였고, 대리인이 자신 소유의 승용차를 구입할 때에도 본인을 대리하여 보증보험계약을 체결하면서 본인 명의의 인감증명과 납세증명원, 본인의 인감도장을 이용한 경우 정당한 이유가 있다고 한 사례640)

㉢ 일반적으로 건설회사의 현장소장에게는 회사의 부담으로 될 채무보증 또는 채무인수 등과 같은 행위를 할 권한이 회사로부터 위임되어 있다고 볼 수는 없을 것이지만, 현장소장이 방대한 규모의 공사에 관한 하도급계약과 그 공사에 소요될 장비에 관한 임대차계약의 체결 및 그 대금 등의 지급 등 어느 정도 광범한 권한을 부여받고 있었고, 공사를 함에 있어서도 중기와 같은 장비를 구하기가 어렵고 장비가 투입이 되지 않으면 공사에 큰 지장이 초래될 우려가 있기 때문에 공사에 투입되는 중기를 임차하는 데 보증을 하게 되었으

637) 대판 1996.7.12, 95다49554; 대판 1994.12.22, 94다24985.
638) 대판 2008.1.31, 2007다74713; 대판 1989.4.11, 88다카13219(대리인이라 칭하는 자가 국민학교만을 졸업하여 계약내용을 충분히 이해할 능력이 부족한 점이 주장된 사례).
639) 대판 2002.3.26, 2002다2478.
640) 대판 1997.7.8, 97다9895; 대판 1995.9.5, 95다20973.

며, 그 보증의 내용도 그 공사의 일부를 하도급받은 중기임차인에게 지급할 공사대금 중에서 중기 임대료 등에 해당하는 만큼을 중기임대인에게 직접 지급하겠다는 것이어서 회사로서는 공사대금 중에서 중기임대료 등에 해당하는 만큼을 직접 중기임대인에게 지급하면 그에 상당하는 하도급 공사대금채무를 면하게 되고 그 보증행위로 인하여 별다른 금전적 손해를 입는 것도 아니었다면, 다른 특별한 사정이 없는 한 회사로서는 현장소장에게 위와 같은 보증행위를 스스로 할 수 있는 권한까지 위임하였다고 봄이 상당하고, 설사 그러한 권한이 위임되어 있지 않다고 하더라도 위 보증행위의 상대방으로서는 이러한 권한이 있다고 믿은 데 정당한 이유가 있다고 보아야 한다고 한 사례[641]

㉣ 甲 스스로 乙에게 친분관계 등에 터잡아 그의 사업수행에 필요한 자금을 조달하는 과정에서 보증용으로 사용할 수 있도록 자신의 인감 등을 넘겨줌으로써 乙이 그 권한을 남용하여 발생할 거래안전에 미칠 위험성은 상당 정도 甲에게도 책임 있는 사유로 유발되었고, 더구나 甲이 종전에도 약속어음의 할인에 즈음하여 丙의 직접 확인 전화를 받고 乙의 사업자금 조달을 위하여 보증을 한다는 취지에서 배서를 한 사실을 인정까지 해 준 것이라면 丙으로서는 乙이 甲으로부터 두터운 신뢰를 받고 있어 甲을 대리할 수 있는 적법한 권한을 보유하고 있던 것으로 능히 생각할 수 있었다고 할 것이므로 丙이 乙에게 그와 금전소비대차계약을 체결함에 있어서 甲을 대리할 권한이 있었다고 믿었고 또 그와 같이 믿은 데에 상당한 이유가 있었다고 보아 민법 제126조 소정의 표현대리의 성립을 인정한 사례[642]

(g) 정당한 이유를 인정하지 않은 판례: ㉠ 거래상대방이 후견인으로서 상당기간 피후견인의 재산을 관리하여 왔다고 할지라도 후견인을 상대로 중요한 재산적 가치를 가지는 한정치산자의 부동산을 매수하는 자로서는 친족회의 동의가 있었는지 여부를 확인하였어야 할 것인데도 막연히 부동산 중개업자를 통하여 거래상대방이 후견인으로 선임된 후 1년 이상 부동산의 관리를 전담하여 온 사실만을 확인하였을 뿐 친족회의 동의에 관하여는 전혀 확인하지 아니하였다면, 매수인은 후견인을 상대로 거래하는 자로서 마땅히 해야 할 주의를 다하지 못한 과실이 있다고 하여 표현대리를 인정하지 않은 사례[643]

641) 대판 1994.9.30, 94다20884.
642) 대판 2003.4.11, 2003다7173,7183.
643) 대판 1997.6.27, 97다3828.

㉡ 대리권 수여 여부를 본인에게 쉽게 확인할 수 있었는데도 이를 확인함이 없이 근저당권설정계약을 체결한 경우 대리인에게 본인을 대리할 권한이 있다고 믿을 만한 정당한 이유가 있다고 볼 수 없다고 하여 표현대리의 성립을 부인한 사례644)

㉢ 물품공급계약에 따른 거래로 말미암아 갑이 부담하게 될 채무에 관하여 을의 대리인이라는 갑과 사이에 그 연대보증계약을 체결하면서 을이 대리권을 수여하였는지의 여부를 확인하지 아니한 가운데 을이 직접 발급받은 보증용 인감증명서와 재산세 납부증명서를 소지하고 있었다는 사실만으로는 갑에게 을을 대리하여 연대보증계약을 체결할 권한이 있었다고 믿을 만한 정당한 이유가 있다고 볼 수 없다 하여 표현대리의 성립을 부인한 사례645)

㉣ 금원차용 당시 처가 남편을 대신하여 차용금을 수령하고 근저당권설정서류를 교부하였으며 그 후 이자를 대신 지급하여 왔다고 하더라도 차용시부터 약 4년 후 잔존채무금을 확정하고 분할변제의 약정을 체결함에 있어서도 대리권을 수여받았다고 믿은 데에 정당한 사유가 있다고 보기는 어려우므로 위와 같은 새로운 내용의 약정을 체결하는데 관하여는 표현대리가 성립되지 아니한다고 한 사례646)

㉤ 월권대리에 의하여 체결된 연대보증계약에 대하여 약정서의 형식이나 내용이 이례적이고 대리 발급의 인감증명서가 첨부된 사실 등을 고려하여 민법 제126조에 의한 표현대리 주장을 배척한 사례647)

㉥ 분양계약체결에 있어서 분양대행계약서에 명기된 대행자의 업무 내용이나 이례적인 대금지급방법 등 통상적인 분양계약과는 다른 매우 이례적인 분양계약을 체결하면서 대리권 수여 등에 관하여 전혀 확인하지 아니한 점 등에 비추어 표현대리의 성립을 부정한 사례648)

㉦ 보증보험회사의 직원이 보험계약자로부터 교부받은 보증보험약정서상의 보증인란과 보험계약자란 기재의 필적이 동일하고 보험계약자의 매제인 보증인의 인감증명서가 보험계약자의 여동생에 의해 대리발급된 점을 쉽게 알 수 있었으며 그 사용용도란에 아무런 기재가 없었음에도 회사의 업무처리지침과 달리 인감증명서의 인영만을 서류상으로 대조하여 할부판매보증보험계약을

644) 대판 1992.11.27, 92다31842; 대판 1992.2.25, 91다490.
645) 대판 1992.2.25, 91다490; 대판 1980.4.8, 80다188.
646) 대판 1990.12.26, 88다카24516.
647) 대판 1998.3.27, 97다48982.
648) 대판 2002.7.12, 2002다19254.

체결한 경우, 매제의 표현대리책임을 부정한 사례[649)]

ⓞ 공사를 도급받은 자가 그 공사에 의하여 완성될 다가구주택 전부 또는 일부를 도급인을 대리하여 임대하는 방법으로 공사대금에 충당하는 것이 통상적으로 행하여지는 거래형태라고는 볼 수 없을 것이므로, 하수급인이 하도급받은 공사대금 채권을 담보하기 위하여 하도급인과 사이에 장차 완공될 다가구주택의 일부에 대한 전세계약을 체결함에 있어서는, 건축주에게 직접 확인할 수 없는 부득이한 사정이 있는 경우를 제외하고는 직접 건축주에게 과연 당해 다가구주택을 담보로 제공할 의사를 가지고 있는지를 확인하여 보는 것이 보통인바, 하수급인이 아무런 조사도 하지 아니한 채 건축주의 인감증명서 1통만으로 그 대리권이 있는 것으로 믿었다면 그에게 과실이 있다는 이유로, 표현대리의 성립을 부정한 사례[650)]

ⓩ 보험회사가 받은 보증보험청약서 및 약정서의 보험계약자 날인란에 갑의 날인 이외에도 을의 인영이 날인되었다가 ×로 말소되어 있음에도 그 경위를 확인하지도 아니한 채 갑을 보험계약자로 하는 보증보험계약을 체결한 경우, 보험회사의 보증인들에 대한 표현대리 주장을 배척한 사례[651)]

ⓒ 일반적으로 부동산의 소유자가 아닌 제3자로부터 근저당권을 취득하려는 자로서는 근저당권설정계약을 함에 있어서 그 소유자에게 과연 담보제공의 의사가 있는지 여부 및 그 제3자가 소유자로부터 담보제공에 관한 위임을 받았는지 여부를 서류상 또는 기타의 방법으로 소유자에게 확인하여 보는 것이 보통이라 할 것이므로, 만약 그러한 조사를 하지 아니하였다면 그 제3자에게 소유자를 대리할 권한이 있다고 믿은 데에 과실이 있다고 한 사례[652)]

(라) 적용범위

(a) 법정대리와 제126조: 제126조가 법정대리에도 적용되는가에 관하여 견해가 대립된다. ① 적용가능설은 제126조의 표현대리의 성립에 본인의 과

---

649) 대판 1998.7.10, 98다15835; 대판 1995.4.25, 95다1170.

650) 대판 1995.9.26, 95다23743.

651) 대판 1995.4.25, 95다1170.

652) 대판 1995.2.17, 94다34425(갑 회사의 이사가 부동산 소유자인 을로부터 상호신용금고로부터의 대출을 받아달라는 부탁을 받아 을의 설정용 인감증명서와 인감도장을 소지하고 있음을 기화로 갑 회사가 자기 회사에 대한 병 회사의 광고비채권을 담보하기 위하여 을과 병 회사 명의의 근저당권설정계약을 체결하고, 등기절차를 위임함에 있어서는 등기권리증을 분실한 것처럼 하여 2인의 보증서를 제출하는 방법으로 근저당권설정등기를 경료하여 준 사례); 대판 1994.11.8, 94다29560(채무기한연장을 위한 보증절차에 필요하다고 공증용인감증명서, 인감도장, 주민등록증을 교부받았음을 기화로 다른 금원을 차용하면서 근저당권을 설정하여 준 사례).

실이나 행위에 기할 것은 요구되지 않으므로 제126조가 법정대리에 적용될 수 있다는 견해이다.[653] ② 적용불가설은 무능력자의 법정대리인에 관하여도 월권대리를 인정하는 것은 무능력자의 보호라는 무능력자제도의 목적에 반하므로 제126조의 적용이 불가능하다는 견해이다.[654] 따라서 법정대리인의 권한이 친족회의 동의를 요하는 경우에 법정대리인이 그 동의 없이 대리행위를 할 때에는 월권대리가 인정되지 않는다고 한다. 이에 대하여 판례는 「민법 제126조 소정의 권한을 넘는 표현대리 규정은 거래의 안전을 도모하여 거래상대방의 이익을 보호하려는 데에 그 취지가 있으므로 법정대리라고 하여 임의대리와는 달리 그 적용이 없다고 할 수 없고, 따라서 한정치산자의 후견인이 친족회의 동의를 얻지 않고 피후견인의 부동산을 처분하는 행위를 한 경우에도 상대방이 친족회의 동의가 있다고 믿은 데에 정당한 사유가 있는 때에는 본인인 한정치산자에게 그 효력이 미친다」고 한다.[655] 생각건대 월권대리의 성립에 본인의 과실을 요하지 않는다고 해석하면 법정대리에 제126조가 적용되는 것을 인정할 수 있다. 따라서 법정대리인이 친족회의 동의를 얻지 않고(제950조, 제912조) 대리행위를 하였을 때뿐 아니라, 부모가 공동으로 친권을 행사하지 않고(제909조 1항) 부모의 일방이 쌍방의 명의로 대리행위를 한 때에도 대리권의 범위를 벗어난 경우로서 제126조가 적용될 것이다.

(b) 일상가사대리와 제126조: 부부는 일상의 가사에 관하여 서로 대리권이 있다(제827조 1항). 일상가사(日常家事)는 부부의 가정공동생활에 필요로 하는 통상의 사무를 말하며, 그 내용, 정도, 범위는 부부공동체의 생활정도와 부부의 생활장소인 지역사회의 관습 내지 일반견해에 의하여 결정된다. 보통 식료·의류·연료 등 일용품의 구입, 의료비의 지급, 거주용 가옥의 임차 등은 일상가사에 속하나, 타인명의의 부동산을 처분하거나 이를 담보로 제공하는 행위 등은 일상의 가사에 속하지 않는다.

---

653) 곽윤직, 281면; 김민중, 657면; 김상용, 637면; 김주수, 445면; 김준호, 443면; 백태승, 503면; 장경학, 595면.

654) 고상룡, 591면; 김증한·김학동, 451면; 이영준, 554면; 이은영, 642면.

655) 대판 1997.6.27, 97다3828; 대결 1976.12.21, 75마551(부재자 재산관리인이 법원의 매각처분허가를 얻었다 하더라도 위와 같이 부재자와 아무런 관계가 없는 남의 채무의 담보만을 위하여 부재자 재산에 근저당권을 설정하는 행위는 보통 있을 수 없는 드문 처사라 할 것이니 통상의 경우 객관적으로 그 행위가 부재자를 위한 처분행위로서 당연하다고는 경험칙상 쉽사리 볼 수 없는 처사라 할 것이므로 달리 그 권한 있는 것으로 믿음에 잘못이 없다고 인정되는 정당한 이유가 있다면 모르거니와 그렇지 않다면 그 권한 있다고 믿음에 있어 선의무과실이라 할 수 없을 것이라고 한 사례).

부부의 일방이 일상가사대리권의 범위를 넘어서 다른 일방의 재산을 처분한 때에, 그 대리권의 존재를 기초로 하여 제126조의 표현대리의 성립을 인정할 것인가에 관해서 견해가 대립한다. ① 법정대리설은 일상가사대리권을 법정대리권으로 보고 이를 기본대리권으로 하여 제126조를 적용하자는 견해이다(통설). ② 대표권설은 일상가사대리권을 일종의 대표권으로 이해하면서, 일상가사대리권을 기초로 하여 제126조를 적용하는 것은 부부의 재산의 독립을 해할 우려가 있으므로, 월권행위에 관하여 제3자가 일상가사의 범위 내라고 믿을 만한 정당한 이유가 있는 때에만 제126조를 적용하고 그 밖의 행위에 대해서는 부부의 일방이 다른 일방에게 특별한 대리권을 수여하였을 때에 그 것을 근거로 제126조를 적용하여야 한다는 견해이다.656) 이 견해는 일상가사대리권을 기초로 하여 월권대리를 인정하면 거래의 안전에 치중하여 본인보호에 소홀하게 된다는 취지이지만, 이는 정당한 이유를 엄격하게 해석함으로써 보완할 수 있을 것이다.

판례는 「남편이 처에게 타인의 채무를 보증함에 필요한 대리권을 수여한다는 것은 사회통념상 이례에 속하므로, 처가 특별한 수권 없이 남편을 대리하여 위와 같은 행위를 하였을 경우에 그것이 민법 제126조 소정의 표현대리가 되려면 처에게 일상가사대리권이 있었다는 것만이 아니라 상대방이 처에게 남편이 그 행위에 관한 대리의 권한을 주었다고 믿었음을 정당화할 만한 객관적인 사정이 있어야 한다」고 한다.657) 일상가사대리권을 기초로 하여 월권대리의 성립은 인정하고 있으나, 문제된 행위에 관한 특별수권이 있었다고 믿을 만한 정당한 이유가 있는 경우에 제126조를 적용하고 있다. 또 「처가 본인의 인장을 사용하여 2년 동안에 걸쳐 모두 100여장의 본인 명의의 수표 및 어음을 발행하는 것을 중간에 알고도 방치한 자에게 처가 본인 명의로 수표를 발행하여 할인한 데 대하여 표현대리 책임이 있다」고 한다.658)

(c) **표현대리규정의 중복적용:** 제125조의 대리권수여의 표시에 의한 표현대리, 제129조의 대리권소멸 후의 표현대리 등에서는 엄격한 의미에서 대리권은 없으나, 표현적 대리권한이 있다고 인정되는데, 이때에도 그 권한을 넘은 행위에 제126조가 적용되어 표현대리가 성립하는가가 문제이다. 이에 대하

656) 김주수, 446면.

657) 대판 1998.7.10, 98다18988(처가 임의로 남편의 인감도장과 대리방식으로 발급받은 인감증명서를 소지하고 남편을 대리하여 친정 오빠의 할부판매보증보험계약상의 채무를 연대보증한 경우, 남편의 표현대리 책임을 부정한 사례); 대판 1997.4.8, 96다54942 등.

658) 대판 1991.6.11, 91다3994 등.

여 ① 적용부정설은 현실적으로 대리권이 존재하지 않다는 것을 이유로 월권대리를 인정하지 않는 견해,[659] ② 적용긍정설은 대리권은 존재하지 않지만 상대방과의 관계에서는 대리권 수여가 있었던 것으로 다루어지므로 상대방을 보호하기 위하여 제126조를 적용하여야 한다는 견해이다.[660] 이 견해가 타당하다.

제129조와의 관계에서, 판례는 제129조의 대리권 소멸 후의 표현대리로 인정되는 경우에, 그 표현대리의 권한을 넘는 대리행위가 있을 때에는 민법 제126조의 표현대리의 성립을 인정하고 있다.[661]

제125조와의 관계에 있어서, 판례는 「채무자로부터 그 소유의 부동산에 대한 매도증서와 그 처분을 쉽게 하기 위하여 그의 인감증명서 및 소유권이전등기절차를 이행하는 권한을 위임하는 내용의 위임장 등을 교부받은 채권자와 그 부동산에 대한 매매계약을 체결한 자가 그 채권자의 매매행위를 표현대리라 주장하였을 경우에 본법 제126조의 표현대리로만 해석하고 본조의 표현대리의 점에 대하여 아무 심리판단이 없음은 심리미진과 표현대리에 관한 법리를 오해한 위법이 있다」고 하여,[662] 그 중첩적용을 인정하고 있다.

(4) 제129조의 표현대리

1) 의 의

제129조의 표현대리는 대리인의 대리권이 소멸한 사실을 모르고 그와 거래한 선의·무과실의 상대방을 보호하기 위하여, 본인에게 책임을 지도록 하는 표현대리제도이다. 대리권 존속의 외관이 있는 경우에 상대방은 대리권의 소멸을 쉽게 알 수 없으므로 그 외관을 신뢰한 자를 보호하는 제도이다. 예컨대 해고된 피용자가 해고된 사실을 모르는 고객과 계약을 체결하고 그 대금을 횡령한 경우에 상대방인 고객을 보호하기 위하여 사용자에게 그 계약에 따르는 책임을 지우는 것이다.

---

659) 김기선, 300면, 318면.
660) 고상룡, 594면; 곽윤직, 281면; 김상용, 640면; 김주수, 442면; 장경학, 592면.
661) 대판 1979.3.27, 79다234(민법 제126조에서 말하는 권한을 넘은 표현대리는 현재에 대리권을 가진 자가, 그 권한을 넘은 경우에 성립하는 것이지, 현재에 아무런 대리권도 가지지 아니한 자가, 본인을 위하여 한 어떤 대리행위가 과거에 이미 가졌던 대리권을 넘은 경우에까지, 성립하는 것은 아니라고 할 것이고, 한편 과거에 가졌던 대리권이 소멸되어 민법 제129조에 의하여, 표현대리로 인정되는 경우에, 그 표현대리의 권한을 넘는 대리행위가 있을 때에는 민법 제126조에 의한 표현대리가 성립할 수 있다고 한 사례).
662) 대판 1963.6.13, 63다191.

2) **요 건**

(가) 존재하였던 대리권이 소멸하였을 것

이전에 존재하였던 대리권이 소멸한 후에 대리행위를 한 것이어야 한다. 처음부터 대리권이 없었던 자가 한 대리행위에 대하여는 제129조의 적용은 문제가 되지 않는다. 따라서 제129조를 적용하기 위해서는 과거에 대리권이 존재하였다는 사실이 확정되어야 한다. 그리고 대리권의 범위를 넘어서 한 대리행위의 경우에는 제126조가 중첩적용이 된다.[663)]

판례는 대리인이 대리권 소멸 후 복대리인을 선임하여 복대리인으로 하여금 상대방과 사이에 대리행위를 하도록 한 경우에도, 상대방이 대리권 소멸 사실을 알지 못하여 복대리인에게 적법한 대리권이 있는 것으로 믿었고 그와 같이 믿은 데 과실이 없다면 민법 제129조에 의한 표현대리가 성립할 수 있다고 한다.[664)]

(나) 상대방은 선의·무과실일 것

상대방은 대리권의 소멸에 관하여 알지 못하고 알지 못한 데 대해서 과실이 없어야 한다. 선의·무과실이어야 한다. 선의란 대리권의 존속을 믿는 것이며, 무과실은 그렇게 믿는 데 대해 과실이 없다는 뜻이다. 여기서의 제3자도 대리행위의 상대방만을 가리킨다.

입증책임에 대해서는 견해가 대립한다. ① 본인입증설은 다른 표현대리의 경우와 같이 본인이 상대방의 악의 및 과실에 대해 입증책임을 진다는 견해이다.[665)] ② 각자입증설은 제129조가 선의는 본문에, 무과실은 단서에 규정하고 있음을 볼 때, 선의는 상대방이 무과실은 본인이 입증책임을 진다는 견해이다.[666)] 생각건대 대리권표시가 있었으나 실제로 대리권이 수여되지 않은 사실에 대한 선의·무과실과 대리권소멸 후에 그 소멸에 대한 선의·무과실이 특별히 상대방의 인식에 있어서 구별되어야 할 논리적인 필연성은 발견할 수 없다. 따라서 본인이 상대방의 악의 및 유과실에 대한 입증책임을 부담한다고 하여야 상대방을 두텁게 보호할 수 있을 것이다.

(다) 적용범위

제129조는 임의대리와 법정대리에 적용된다. 판례는 제129조는 법정대리인

663) 대판 2008.1.31, 2007다74713.

664) 대판 1998.5.29, 97다55317.

665) 곽윤직, 282면; 김민중, 661면; 김주수, 451면; 김준호, 445면; 백태승, 508면; 장경학, 597면.

666) 고상룡, 596면; 김상용, 643면; 김증한·김학동, 453면; 이영준, 558면; 이은영, 645면.

의 대리권 소멸에 관하여서도 그 적용이 있다고 인정하고 있다.667)

3. 표현대리의 효과

(1) 본인에의 효과귀속

표현대리가 인정되면 유권대리와 마찬가지로 그 법률효과는 전적으로 본인에게 귀속한다. 표현대리인이 상대방과 행한 법률행위의 당사자는 본인이 되며, 본인은 당사자로서 권리를 취득하고 의무를 부담하게 된다. 본인은 상대방에 대하여 그 표현대리행위에 따르는 채무와 채권을 가지게 된다. 민법은 표현대리의 효과에 관하여 본인이 「행위에 대하여 책임을 진다」(제125조, 제126조), 또는 대리권의 소멸을 가지고 「제3자에게 대항하지 못한다」(제129조)고 규정하고 있다. 그러나 그 의미는 모두 동일하며, 본인은 표현대리인의 행위의 효과가 자기에게 미치는 것을 거부하지 못한다는 것이다.

(2) 표현대리의 주장자

표현대리의 효과는 상대방만이 주장할 수 있으며, 본인 측에서 표현대리를 주장하지 못한다.668) 표현대리의 요건을 충족한다고 하더라도 상대방의 주장이 없는 한 당연히 그 효과가 발생하는 것은 아니다. 유권대리의 주장이 있더라도 그 안에 표현대리의 주장이 당연히 포함되는 것은 아니므로 별도로 표현대리의 주장이 있어야 한다.669) 만약 본인이 표현대리행위의 효과를 원한다면, 상대방이 무권대리행위를 철회하기 전까지 추인을 할 수 있을 뿐이다(제132조, 제134조 참조). 반대로 본인이 무권대리행위의 추인을 거절하였다 하더라도 상대방에 의한 표현대리의 주장은 막지 못한다. 이는 표현대리제도의 취지가 상대방보호 및 거래안전을 위하여 그 의사를 묻지 않고 당연히 본인에게

---

667) 대판 1975.1.28, 74다1199(부친의 사망 후 성년에 달할 때까지 모친이 법정대리인으로서 본인의 상속재산을 처리하여 왔고, 원고가 성년이 된 이후에도 원고는 객지에서 학업에 전념하고 있었던 관계로 모친이 원고를 대리하여 원고 토지의 여러 필지를 처분하여 학비 조달 또는 채무정리 등을 하여 오다가 이 사건 토지를 매도한 사례).

668) 통설. 다만 이은영, 647면은 민법규정상 상대방의 주장을 기다리지 않고 효과가 발생하는 것으로 되어 있고, 본인이 표현대리인의 책임을 면하기 위해서 스스로 책임을 지는 것을 막을 이유가 없고, 이로 인하여 상대방도 예상치 못한 손해를 입지 않으므로 본인도 표현대리를 주장할 수 있다고 한다.

669) 대판 1990.3.27, 88다카181; 대판 1983.12.13, 83다카1489.

책임을 귀속시키는 것이기 때문이다.

(3) 상대방의 최고권 · 철회권 인정여부

표현대리는 상대방의 보호와 거래의 안전을 위하여 본인에게 책임을 지게 하는 것에 불과하며, 그것은 동시에 다음과 같이 무권대리로서의 효과도 생긴다. 상대방은 표현대리의 효과발생을 원하지 않는다면, 철회권을 행사하여 완전히 무효로 확정시킬 수 있으며(제134조), 이에 대응하여 본인은 추인하여 상대방의 철회권을 소멸시킬 수 있다(제130조). 그리고 상대방은 본인에 대하여 추인 여부의 확답을 최고할 수 있다(제131조).

이와 같이 ① 적용긍정설은 표현대리가 인정되었다 하더라도 무권대리의 성질을 잃지 않으므로 상대방의 최고 · 철회권이 인정된다는 견해이다.[670] 이에 대하여 ② 적용부정설은 표현대리가 인정되면 더 이상 무권대리의 효과를 인정할 수 없으므로 제130조 이하의 최고권 · 철회권은 적용되지 않는다는 견해이다.[671] 이는 표현대리의 본질에 관한 견해대립의 연장이다.

(4) 표현대리인의 이행책임 또는 손해배상책임 인정 여부

상대방은 표현대리를 주장하거나 무권대리행위를 철회하지 않고 제135조에 의하여 무권대리인의 책임을 물을 수 있는가에 대해서 견해가 대립된다. ① 제135조 적용긍정설은 상대방의 보호를 이유로 상대방은 표현대리의 효과와 무권대리로서의 효과를 선택적으로 주장할 수 있다는 견해이다.[672] 그러므로 표현대리의 요건이 갖추어진 경우에는 상대방은 표현대리를 주장하여 본인의 책임을 묻거나, 무권대리로서 무권대리인의 책임을 묻거나, 또는 무권대리행위를 철회함으로써 모든 것을 백지화할 수 있는 세 가지 구제방법 중 자유로 선택할 수 있다고 한다. ② 제135조 적용부정설은 표현대리의 요건이 갖추어지면 상대방은 그것으로 목적을 달성할 수 있으므로 무권대리인의 책임을 물을 필요가 없다는 견해이다.[673] 이 문제도 앞에서 서술한 표현대리의 본질에 대한 견해대립에 기한 것이다.

---

670) 고상룡, 571면; 곽윤직, 279면; 김상용, 619면; 김주수, 453면; 김준호, 448면; 백태승, 497면; 장경학, 598면.

671) 김증한 · 김학동, 455면; 이영준, 561면; 이은영, 649면.

672) 고상룡, 573면; 김주수, 454면; 김준호, 448면.

673) 곽윤직, 280면; 김상용, 619면; 김증한 · 김학동, 455면; 백태승, 497면; 이영준, 561면; 이은영, 651면; 장경학, 599면; 주석(하), 383면.

(5) 표현대리인의 본인에 대한 책임

표현대리가 성립하더라도 본인·표현대리인 간에는 특별한 효과가 생기지 않는다. 다만 본인이 손해를 입은 경우에는, 불법행위, 부당이득 또는 사무관리 등에 기한 책임을 표현대리인에게 물을 수 있다. 그리고 제126조의 표현대리에 있어서는 계약상의 채무불이행책임을 물을 수 있을 것이다.

4. 좁은 의미의 무권대리

(1) 의 의

좁은 의미의 무권대리는 대리인이 대리권 없이 대리행위를 한 경우에, 표현대리가 되는 경우를 제외한 무권대리를 말한다. 따라서 넓은 의미의 무권대리에서 표현대리를 뺀 것이 좁은 의미의 무권대리이다. 표현대리의 요건을 충족하는 경우에도 표현대리의 주장자인 상대방이 이를 주장하지 않는 경우에는 좁은 의미의 무권대리가 된다.

표현대리에서는 대리권은 없지만 일정한 경우에 대리행위의 효과는 본인에게 직접 귀속되어 유권대리와 같은 효과가 인정된다. 그러나 좁은 의미의 무권대리에서는 대리권이 없고 본인이 대리권 있는 것과 같은 외관을 만들어내지도 않은 경우이므로 상대방은 본인에게 대리의 효과를 주장하지 못한다. 이렇게 되면 무권대리인을 신뢰한 상대방이 보호받을 수 없게 되므로 이에 대한 대책이 요구된다. 이에 민법은 무권대리행위라 할지라도 본인이 이를 추인하여 유효한 대리행위로 할 수 있고, 상대방은 이러한 본인의 추인을 최고할 수 있다. 또한 상대방은 본인의 추인이 있기까지는 철회권을 행사하여 스스로 그 법률행위에서 벗어날 수 있게 하였다. 그리고 표현대리로 인정되지 않고 본인의 추인도 없는 경우에는 전혀 본인에게 책임을 지울 수 없게 된다. 이때에는 상대방이 무권대리인에 대하여 이행책임 또는 손해배상책임을 지울 수 있게 하여 대리권이 있다고 믿은 상대방을 보호하고 있다.

좁은 의미의 무권대리행위의 효과는 그 대리행위가 계약인 경우와 단독행위인 경우로 구별된다.

(2) 계약의 무권대리

대리의 3면관계를 기준으로 하여 계약의 무권대리도, 본인과 상대방, 상대방과 무권대리인, 본인과 무권대리인의 3면관계로 나누어 볼 수 있다.

1) 본인 · 상대방 사이의 효과

표현대리로 되지 않는 무권대리의 경우에는 원칙적으로 본인에 대하여 효력이 생기지 않는다(제130조). 그러나 무권대리행위라 하더라도 경우에 따라서는 본인에게 이익이 되는 수도 있고, 또한 그 법률행위의 효과를 인정하는 것이 상대방에게도 이익이 된다고 할 것이다. 따라서 본인은 추인권을 행사하여 무권대리에 의한 계약의 효과를 발생시킬 수 있고, 추인거절권을 행사하여 그 효과를 발생시키지 않을 수도 있다. 이와 같이 무권대리행위가 무효이긴 하지만 확정적으로 무효로 하지 않고 본인의 추인 또는 추인거절에 따라 그 효과가 확정된다. 이러한 상태의 무효를 이른바 유동적 무효(流動的 無效)라 한다.

(가) 본인의 추인권

본인이 추인을 하면 대리권이 있었던 것과 마찬가지의 효과가 생긴다.

(a) 추인의 성질: 추인(追認)은 효력의 발생 여부가 불확정한 행위의 효력을 확정적으로 유효하게 하는 의사표시이다. 무권대리행위는 본인의 추인 유무에 따라 본인에 대한 효력발생 여부가 결정되는 것이다. 따라서 일단 효력이 발생한 행위를 확정적으로 유효로 하는 취소할 수 있는 행위의 추인과는 다르다. 그리고 무권대리행위의 추인은 무권대리행위가 있음을 알고 그 행위의 효과를 자기에게 귀속시키도록 하는 단독행위이므로[674] 상대방 또는 무권대리인의 동의나 승낙을 요하지 않는다. 추인은 사후의 대리권의 수여가 아니라 대리권의 흠결을 보충하여 대리행위를 유효하게 하는 행위이고, 추인권은 그 효과를 본인에게 귀속시키는 형성권이다.

(b) 추인권자: 추인은 본인이 할 수 있지만, 그 법정대리인도 추인할 수 있다.[675] 대리행위 당시 본인이 의사무능력자였다는 사실은 본인에 의한 추인에 지장이 없으며, 본인으로부터 수권을 받은 임의대리인도 추인할 수 있다. 본인이 사망한 때에는 그 상속인도 추인할 수 있다.

---

674) 대판 2000.9.8, 99다58471(무권대리인의 주식무상양도 행위를 알기 전에 있었던 본인의 행위를 무권대리의 추인행위로 볼 수는 없다는 사례); 대판 1995.11.14, 95다28090; 대판 1990.4.27, 89다카2100.

675) 대판 1982.12.14, 80다1872,1873(부재자의 재산관리인이 무권대리인으로부터 부재자 소유의 부동산을 매수한 자에게 이전등기에 소요되는 인감증명을 교부하였다면 매매계약을 추인한 것으로 본 사례).

판례는 대리의 방식에 따르지 아니하고, 타인의 권리를 자기의 이름으로 처분하거나 또는 자기의 권리로 처분한 경우에도 본인이 후일 그 처분행위를 인정하면 특별한 사유가 없는 한 그 처분행위의 효력이 본인에게 미친다고 한다.[676]

(c) 추인의 방법: 무권대리행위에 대한 추인은 상대방 있는 단독행위로서 무권대리행위로 인한 효과를 자기에게 귀속시키려는 의사표시이므로 의사표시로서의 요건을 갖추어야 한다. 그러므로 무권대리행위에 대하여 본인이 그 직후에 그것이 자기에게 효력이 없다고 이의를 제기하지 아니하고 이를 장시간에 걸쳐 방치하였다고 하여 무권대리행위를 추인하였다고 볼 수 없고,[677] 별도로 추인의 의사가 표시되었다고 볼 만한 사유가 있어야 한다.[678]

추인에는 특별한 방식이 요구되지 않는다.[679] 따라서 추인은 명시적으로 뿐만 아니라 묵시적인 방법으로도 가능하다.[680] 판례는 본인이 자신의 지분에 대한 지방자치단체와의 협의취득이 유효함을 전제로 무권대리인이 수령한 임야에 대한 손실보상금 중 본인의 지분에 상당한 금원의 반환을 청구하는 것은 무권대리인의 처분행위를 묵시적으로 추인한 것이라고 한다.[681]

추인의 의사표시는 상대방에 하는 것이 보통이지만, 무권대리인에게도 할 수 있다.[682] 그러나 무권대리인에 대하여 추인하는 때에는 상대방이 추인 있음을 알지 못하는 동안에는 상대방에게 추인의 효력을 주장할 수 없다(제132조 단서). 그러므로 상대방은 그 사실을 알기 전까지는 스스로 철회할 수 있지

---

676) 대판 1992.9.8, 92다15550; 대판 1988.10.11, 87다카2238.

677) 대판 1990.3.27, 88다카181.

678) 대판 1998.2.10, 97다31113(권한 없이 기명날인을 대행하는 방식에 의하여 약속어음을 위조한 경우에 그 사실을 알고도 장기간 형사고소를 하지 아니하였다 하더라도 그 사실만으로 묵시적인 추인이 있었다고 할 수는 없다고 한 사례).

679) 대판 1990.4.27, 89다카2100(무권대리인에 의하여 본인명의의 택지분양권이 제3자에게 매각된 사실을 알고 본인이 묵시적으로 추인의 의사표시를 한 것으로 본 사례).

680) 대판 1991.3.8, 90다17088; 대판 1991.1.29, 90다12717 등.

681) 대판 2001.11.9, 2001다44291. 또 판례가 고객이 증권회사 직원의 임의매매를 묵시적으로 추인하였는지 여부의 판단에 대해서 제시한 기준을 보면, 「임의매매의 묵시적 추인을 인정하려면, 고객이 임의매매 사실을 알고도 이의를 제기하지 않고 방치하였는지 여부, 임의매수에 대해 항의하면서 곧바로 매도를 요구하였는지 아니면 직원의 설득을 받아들이는 등으로 주가가 상승하기를 기다렸는지, 임의매도로 계좌에 입금된 그 증권의 매도대금을 인출하였는지 또는 신용으로 임의매수한 경우 그에 따른 그 미수금을 이의 없이 변제하거나, 미수금 변제독촉에 이의를 제기하지 않았는지 여부 등의 여러 사정을 종합적으로 검토하여 신중하게 판단하여야 한다」고 한다(대판 2003.12.26, 2003다49542; 대판 2002.10.11, 2001다59217).

682) 대판 2001.11.9, 2001다44291 등.

만 이를 철회하지 않고 무권대리인에의 추인이 있었음을 주장하는 것도 가능하다. 이와 같이 무권대리인, 무권대리행위의 직접의 상대방 이외에도, 그 무권대리행위로 인한 권리 또는 법률관계의 승계인에 대하여도 추인의 의사표시를 할 수 있다.[683]

추인은 의사표시의 전부에 대하여 행하여져야 하고, 그 일부에 대하여 추인을 하거나 그 내용을 변경하여 추인을 하였을 경우에는 상대방의 동의를 얻지 못하는 한 무효이다.[684]

(d) **추인의 효과:** 원칙적으로 추인은 소급효(遡及效)가 있다. 추인으로 인하여 일단 무효였던 무권대리행위는 소급하여 처음부터 유권대리행위로서 유효였던 것과 같은 법률효과가 발생한다(제133조 본문).[685] 추인의 본체적 효력이다.

예외적으로 추인의 소급효가 제한되는 경우가 두 가지가 있다.

㉠ 다른 의사표시가 있는 때에는 소급효는 배제된다(제134조 본문). 여기서 다른 의사표시란 본인만의 단독의 의사표시로는 불충분하고 본인과 상대방 사이의 계약을 말한다. 상대방은 유권대리로서 처음부터 유효하리라고 믿었을 것이기 때문에 단독으로 소급효를 배제하는 것은 그 신뢰에 반하게 된다.

㉡ 제3자의 권리를 해하는 경우에도 추인의 소급효는 배제된다(제133조 단서). 이 규정은 무권대리행위가 있은 뒤부터 추인이 있을 때까지 사이에 제3자가 취득한 권리가 상대방의 권리와 서로 상충되는 내용을 가지는 때에 제3자의 권리를 보호하기 위한 것이다. 그러나 이 예외적 규정이 실제로 적용되는 경우는 드물 것이다. 왜냐하면 무권대리행위의 상대방의 권리가 배타적 효력이 없고 제3자의 권리는 배타적인 경우에는 당연히 제3자를 해할 수 없고, 양 권리가 모두 배타성이 없다면 공시방법을 갖추는 시기에 따라 결정될 것이므로 이 규정은 실익이 없다. 다만 이 단서가 적용되는 경우는 상대방이 취득한 권리와 제3자가 취득한 권리가 모두 다 배타적 효력을 가지는 이례적인 경우에 한한다.

먼저, 제3자의 권리가 배타적 효력을 가지고 무권대리행위의 상대방의 권리는 배타적 효력이 없는 때에는, 추인으로 제3자의 권리를 침해할 수 없으므로

683) 대판 1981.4.14, 80다2314.
684) 대판 1982.1.26, 81다카549.
685) 대판 1991.11.8, 91다25383(종중을 대표할 권한 없는 자가 종중을 대표하여 한 소송행위는 그 효력이 없으나 나중에 종중이 총회결의에 따라 위 소송행위를 추인하면 그 행위시로 소급하여 유효하게 된다는 사례); 대판 1991.5.24, 90도2190.

제133조 단서는 적용될 필요가 없다. 예컨대 A의 무권대리인 B가 A의 부동산을 C에게 매도한 후, A 자신이 이 부동산을 D에게 매도하고 D 명의로 이전등기가 완료되었다면, A가 B의 무권대리행위를 추인하더라도 D의 권리가 침해되지 않는다.

다음으로, 제3자가 취득한 권리도 배타적 효력이 없는 것이라면, 상대방의 권리와 제3자의 권리 중에서 어느 것이 등기나 인도와 같은 배타적 요건을 갖추는가에 따라 결정된다. 위의 예에서 D도 아직 이전등기를 경료하지 않고 있는 때에는 C와 D는 모두 소유권이전등기청구권이라는 채권을 가질 뿐이고, 본인인 A가 B의 무권대리행위를 추인하더라도 C와 D 중에서 먼저 소유권이전등기를 마친 자가 우선하게 된다.

마지막으로, 상대방이 취득한 권리와 제3자가 취득한 권리가 모두 다 배타적 효력을 가지는 경우에는 제3자의 권리를 보호하기 위하여 본인이 무권대리행위를 추인하더라도 소급효가 인정되지 않는다. 예컨대 A의 무권대리인 B가 채무자 C로부터 변제를 받았고, 그 후에 A의 채권자 D가 A의 C에 대한 대금채권을 압류하고 전부명령을 받은 경우에는, D의 압류 후 A가 B의 변제수령행위를 추인하여도, 이것으로 D의 압류의 효력을 침해하지 못하므로, 추인의 소급효는 배제된다.

또 본인의 추인에 의하여 효력이 확정된 상대방의 청구권의 소멸시효는, 추인의 소급효와는 관계없이 대리행위의 시점으로부터가 아니라 추인의 시점으로부터 진행한다. 추인이 있어야 비로소 행사할 수 있는 권리이기 때문이다(제166조 1항).

(e) **추인을 인정한 판례:** ㉠ 처가 남편의 인감과 관계서류를 위조하여 남편 소유의 부동산을 매도한 데 대하여 남편이 처의 제3자에 대한 채권 등을 양도받고 처와 이혼하는 한편 처의 위 처분행위와 이에 따른 사문서위조행위를 불문에 붙이기로 합의하였다면 남편은 처의 위 무권대리행위를 추인한 것으로 보아야 한다고 한 사례[686]

㉡ 처가 승낙 없이 남편 소유의 부동산에 근저당권을 설정한 것을 알게 된 남편이 그 정산에 관하여 합의하였다가 그 후 합의가 결렬되어 이행되지 않았다고 하더라도, 일단 처가 차용한 사채를 책임지기로 한 이상 남편은 처의 근저당권 설정 및 금원 차용의 무권대리 행위를 추인한 것이라고 한 사례[687]

686) 대판 1991.3.8, 90다17088.
687) 대판 1995.12.22, 94다45098.

㉢ 본인이 매매계약을 체결한 무권대리인으로부터 매매대금의 전부 또는 일부를 받았다면 특단의 사유가 없는 한 무권대리인의 매매계약을 추인하였다고 봄이 타당하다는 사례[688]

㉣ 임야를 상속하여 공동소유하고 있는 친족들 중 일부가 가까운 친척에게 임야의 매도를 위임하여 매도대금을 동인들의 생활비로 소비하였고, 나머지 공유자들은 임야의 매각 소식을 전해 듣고도 15년간 아무런 이의를 제기하지 아니하였다면 위 신분관계, 매도경위, 대금의 소비관계 등 제반사정에 비추어 처분권을 위임하지 아니한 나머지 공유자들도 매매행위를 묵시적으로 추인한 것이라고 보아야 한다고 한 사례[689]

(f) 추인을 인정하지 않은 판례: ㉠ 처가 부의 중요한 재산이며 선조묘가 있는 부동산을 임의로 제3자에게 매도한 경우, 그 매매대금으로 부의 채무를 변제하였고, 매도한 후 처나 그 부가 10년간 아무 이의가 없었으며, 이를 매수한 자가 7, 8년간 그 부동산에 관한 공과금을 납부하였고, 비록 부부간에 별거하고 있다 하더라도, 그 가족들이 언제나 내왕할 수 있는 사정이 있었다는 사실만으로서는, 처의 매도행위가 부의 표현대리행위라고 인정할 자료가 있다거나 무권대리행위를 묵시적으로 추인한 것이라고 단정할 자료가 되지 못한다고 한 사례[690]

㉡ 타인의 형사책임을 수반하는 무권대리행위에 의하여 권리의 침해를 받은 자가 그 침해사실을 알고도 장기간 형사고소나 민사소송을 제기하지 않은 경우에 그 사실만으로 그 행위에 대하여 묵시적인 추인이 있었다고 단정할 수 없다고 한 사례[691]

㉢ 자(子)가 대리권 없이 부 소유의 부동산을 매도한 사실에 관하여 매수인이 자를 고소하겠다고 하는 관계로 부가 매매대금에 해당하는 돈을 반환해 주겠다고 하면서 그 매매계약을 해약해 달라고 요청하고 또 그 금원반환기일에 금원을 반환하지 못하게 되자 그 기일의 연기를 구하였다고 하는 사실만으로는 부가 자의 위 무권대리 행위를 추인한 것이라고 단정할 수 없다고 한 사례[692]

㉣ 부가 자와 공동상속한 거주가옥의 부지를 자의 대리권 없이 매도하고

688) 대판 1963.4.11, 63다64.
689) 대판 1991.1.29, 90다12717.
690) 대판 1965.1.19, 64다1100.
691) 대판 1967.12.18, 67다2294,2295.
692) 대판 1986.3.11, 85다카2337.

사망한 후 자가 매수인에게 그 매매대금상당액을 지급하기로 약정한 것만으로 망부의 무권대리행위를 추인한 것으로 볼 수는 없다고 한 사례[693]

(나) 본인의 추인거절권

(a) 의 의: 추인거절권(追認拒絶權)은 무권대리행위에 대하여 본인이 추인을 하지 않을 것을 적극적으로 표시하여 유동적 무효의 상태에 있는 무권대리행위를 확정적으로 무효로 할 수 있는 본인의 권리이다. 무권대리행위에 대해 추인을 할 것인가의 여부는 본인의 자유이며, 추인도 거절도 하지 않은 상태로 방치하더라도 본인에게 아무런 효과도 생기지 않는다. 그러나 본인이 추인거절권을 행사하면 무권대리행위는 무효로 확정되어 본인에 대하여 아무런 효력이 생기지 아니한다. 따라서 추인거절 후에는 본인은 더 이상 추인할 수 없게 되고 상대방은 최고나 철회를 할 수 없게 된다. 추인거절권의 상대방이나 그 방법은 추인의 경우와 같다.

(b) 상속과 추인거절: 무권대리인에 의한 본인의 상속, 무권대리행위의 목적인 권리의 취득, 본인에 의한 무권대리인의 상속 등 무권대리인의 지위와 본인의 지위가 동일인에게 귀속한 경우에는 당연히 추인이 있은 것과 같은 효과가 생긴다고 할 것인가가 문제이다.

a) 무권대리인이 본인을 상속한 경우: 자(子)가 본인인 부(父)의 대리인이라 칭하여 무권대리행위를 하고, 부가 자의 무권대리행위를 추인하기 전에 사망하고 그 결과 자가 부의 지위를 상속한 경우에 추인거절을 할 수 있는가에 대해 견해가 대립한다.

① 추인거절부정설은 상속에 의하여 본인의 지위와 무권대리인의 지위가 혼동된 것으로 보고, 그 무권대리행위는 당연히 유효로 되므로 본인으로서의 지위에서 추인을 거절하지 못한다는 견해이다.[694] 또 무권대리인이 본인의 자격에서 추인을 거절하는 것은 신의칙에 반하여 허용될 수 없다고 한다.

② 추인거절인정설은 상속에 의하여 당연히 유권대리로 되지 않으며, 무권대리인은 본인으로부터 승계한 추인권·추인거절권을 가지며, 양 지위는 혼동되지 않고 분리되어 존재하므로 무권대리인이 상속받은 본인의 지위에서 추인을 거절할 수 있다는 견해이다.[695] 그러나 본인의 지위에서 추인을 거절하는 것이 신의칙에 반하는 경우에는 권리남용이 되어 인정되지 않는다고 한다.

693) 대판 1991.7.9, 91다261.
694) 곽윤직, 285면; 김증한·김학동, 460면; 이은영, 666면; 장경학, 610면.
695) 김상용, 649면; 백태승, 512면; 이영준, 572면.

③ 절충설은 무권대리인이 단독상속을 하는 경우에는 신의칙에 반하여 추인을 거절할 수 없지만, 공동상속하는 경우에는 다른 공동상속인의 추인거절권을 박탈하는 결과를 가져오기 때문에 추인을 거절할 수 있어야 한다는 견해이다.696)

판례는 「무권대리인은 민법 제135조 제1항의 규정에 의하여 매수인에게 부동산에 대한 소유권이전등기를 이행할 의무가 있으므로 그러한 지위에 있는 무권대리인이 본인인 부(父)로부터 부동산을 상속받아 그 소유자가 되어 소유권이전등기이행의무를 이행하는 것이 가능하게 된 시점에서 자신이 소유자라고 하여 자신으로부터 부동산을 전전매수한 전득자에게 원래 자신의 매매행위가 무권대리행위여서 무효였다는 이유로 전득자 앞으로 경료된 소유권이전등기가 무효의 등기라고 주장하여 그 등기의 말소를 청구하거나 부동산의 점유로 인한 부당이득금의 반환을 구하는 것은 금반언의 원칙이나 신의성실의 원칙에 반하여 허용될 수 없다」고 한다.697) 이는 무권대리인의 지위와 본인의 지위의 혼동으로 무권대리행위가 당연히 유효가 된다는 구성은 취하지 아니하고 이 사안에서 무효의 주장으로 추인을 거절하는 것이 신의칙에 반한다는 구성을 취하고 있다.

생각건대 추인거절부인설은 지위의 혼동으로 추인의 거절을 주장하는 것이 신의칙에 반하므로 당연히 유효로 하는 것이 법률관계를 간명하게 처리할 수 있는 것이라고 한다. 이러한 간명성은 공동상속의 경우에는 유지되지 못하며, 당연무효로 인하여 상대방은 철회권(제134조)의 행사나 무권대리인의 책임(제135조)을 물을 수 없게 될 것이다. 그러므로 무권대리인의 본인상속이나 본인의 무권대리인의 상속, 공동상속과 단독상속의 경우에 해석의 통일성을 기하기 위해서는, 무권대리인도 본인으로부터 승계한 추인권·추인거절권을 가지며, 상대방에 대하여는 무권대리인 자신의 지위에서 이행책임 또는 손해배상책임을 진다고 할 것이다. 그러나 구체적인 경우에 신의칙에 반하는 추인거절은 권리남용으로 다루어야 할 것이다.

b) 무권대리인이 무권대리행위의 목적인 권리를 취득한 경우: 무권대리인이 본인의 부동산을 매수인에게 양도하는 계약을 체결한 후, 무권대리인이 그 부동산을 본인으로부터 양수하여 소유권을 취득하는 경우에도 무권대리인이 본인의 지위를 상속하는 경우와 유사하다. 이 경우에도 무권대리인은

696) 고상룡, 554면; 김민중, 633면; 김주수, 428면; 김준호, 458면.
697) 대판 1994.9.27, 94다20617.

추인거절을 할 수 있고, 상대방은 제135조의 책임을 무권대리인에게 물을 수 있다고 할 것이다.

c) **본인이 무권대리인을 상속한 경우:** 부(父)가 자(子)의 대리인을 자칭하여 자의 부동산을 처분한 경우에 무권대리인인 부가 사망하여 본인인 자가 무권대리인을 상속한 경우에, 상속인인 본인은 추인을 거절할 수 있는가 문제이다.

① 추인거절부인설은 무권대리인의 상속인이 본인으로서의 지위에서 추인을 거절하여도 이는 신의칙에 반하지는 않으나, 본인은 무권대리인의 책임을 상속하므로 그 무권대리행위는 유효하게 되고 추인은 거절하지 못한다는 견해이다.[698]

② 추인거절인정설은 본인이 무권대리행위의 추인을 거절하더라도 신의칙에 반하는 바 없으므로, 본인의 상속에 의하여 유효로 되지 않으며, 따라서 본인은 추인 또는 추인거절권을 가지고 이와는 별도로 무권대리인으로서의 이행책임 또는 손해배상책임을 진다는 견해이다. 본인 고유의 권리와 무권대리인의 의무가 병존한다고 한다.[699]

③ 절충설은 상속인인 본인은 추인을 거절할 수 있고 손해배상의무를 지지만, 특정물의 이행의무만은 면한다는 견해이다.[700]

생각건대 무권대리인의 본인상속의 경우와 마찬가지로 본인은 추인을 거절할 수 있으나 상대방에 대해서는 제135조의 책임을 져야 한다고 할 것이다.

(다) 상대방의 최고권과 철회권

무권대리인과 상대방이 행한 법률행위는 본인의 추인 여부에 따라 효력이 좌우된다. 본인의 추인이 있으면 본인이 책임을 지지만, 추인이 없으면 본인에게 효력이 생기지 않는다. 그러므로 상대방은 불확정한 상태에 놓이게 되고, 이러한 상태에서 벗어나게 하기 위하여 민법은 최고권과 철회권을 인정하고 있다.

(a) **최고권:** 무권대리행위의 상대방은 본인에 대하여 상당한 기간을 정하여, 그 기간 내에 추인 여부의 확답을 하라고 최고(催告)할 수 있고, 만일 본인이 이 기간 내에 확답을 발(發)하지 아니 한 때에는 추인을 거절한 것으

---

698) 곽윤직, 285면.
699) 김민중, 635면; 김상용, 650면; 김주수, 429면; 김준호, 458면; 김증한 · 김학동, 460면; 백태승, 512면; 이영준, 572면; 이은영, 666면; 장경학, 612면.
700) 고상룡, 558면.

로 본다(제131조). 이는 발신주의를 취하여 도달주의에 대한 예외를 인정한 것으로 상대방을 보호하기 위한 것이다(제15조, 제531조 참조). 이 최고권은 무능력자의 상대방이 가지는 최고권과 성질이 같다. 계약 당시 상대방이 무권대리에 의한 계약임을 알고 있어서 악의인 경우에도 최고권이 인정된다. 이 점에서 철회권과는 다르다.

(b) 철회권: 무권대리행위의 상대방은 본인의 추인이 있을 때까지 본인이나 무권대리인에 대하여 계약을 철회(撤回)할 수 있다(제134조 본문). 철회권은 상대방이 스스로 적극적으로 무권대리행위의 유동적 무효의 상태에서 벗어나게 하는 수단으로서 소극적인 보호에 그치는 상대방의 최고권과는 다르다. 상대방이 철회권을 행사하면 무권대리행위는 확정적으로 무효가 되므로 본인은 더 이상 추인을 할 수 없고 상대방도 무권대리인에게 책임을 물을 수 없게 된다. 다만 상대방이 계약 당시에 대리권 없음을 알고 있어서 악의인 때에는 철회권이 인정되지 아니한다(제134조 단서). 스스로 대리권 없음으로 인한 불이익을 감수한 것으로 여겨지기 때문이다. 악의는 계약체결시를 기준으로 판단하여야 하고, 악의에 대한 입증책임은 본인이 부담한다.

2) 상대방과 무권대리인 사이의 효과

(가) 무권대리인의 책임

(a) 의 의: 대리행위에 의하여 그 법률효과가 본인에게 귀속되면 대리인은 어떠한 책임도 지는 일이 없게 된다. 즉 정상적인 수권행위에 의한 유권대리의 경우, 대리권이 제대로 수여되지 않았으나 대리권이 있는 것과 같은 외관이 존재하여 표현대리가 인정되는 경우, 무권대리행위가 있었으나 본인이 추인을 한 경우, 추인이 있기 전에 상대방이 무권대리행위를 철회한 경우에도 대리인은 책임을 지지 아니한다. 그러나 타인의 대리인으로 법률행위를 한 자가 대리권을 증명하지 못하고 또 본인의 추인을 얻지 못한 때에는 상대방의 선택에 좇아 계약의 이행 또는 손해배상의 책임을 진다(제135조 1항). 무권대리행위로 인하여 예측하지 못한 손해를 입게 된 상대방을 보호하기 위한 무거운 책임이다.

(b) 책임의 본질: 무권대리인에게 이와 같은 무거운 책임을 지우는 근거에 대해서 견해가 대립하고 있다. 우리나라에서는 대체로 다음 3가지 학설이 주장되고 있다.

① 신뢰책임설은 제135조의 무권대리인의 책임은 상대방의 보호와 거래의

안전을 꾀하고 대리제도의 신용을 유지하기 위하여 무권대리인에게 부과하는 법정의 무과실책임이라는 견해이다.[701]

② 표시책임설은 그 책임의 근거는 대리인이 대리인이라고 표시 내지 주장한 행위로부터 인정되는 법정의 표시책임이며 무과실책임이라는 견해이다.[702] 대리권이 있다고 주장한 것에 대한 책임이므로 자기책임이라고 한다.

③ 위험귀속설은 대리인이 대리권 있는 것으로 외관을 표시한 데 대한 위험귀속을 무권대리인에게 부담케 하여 거래안전을 도모하려는 견해이다.[703] 타인의 대리인으로 계약을 체결한 자는 자기에게 대리권이 있거나 또는 본인이 추인할 것이라는 묵시적 주장을 내포하고 있으므로 상대방이 이를 믿고 행한 재산적 조치로 말미암아 손해가 발생할 위험은 대리인이 부담해야 한다고 한다.

생각건대 무권대리인의 대리권 표시에 책임의 근거가 있다는 데 대해서는 대리인의 효과의사는 스스로가 법적 효과를 귀속받겠다는 의사가 아니라 본인에게 향하여진 의사이므로 무권대리인의 책임을 의사표시에 의한 책임으로 보기 어렵다는 비판이 있다. 그리고 위험귀속설은 묵시적 주장을 그 근거로 하는 점에서 근본적으로 표시책임설과 차이가 없으며, 무권대리인에게 귀속하게 될 위험의 정도가 불분명하다는 비판이 따른다.

일반원칙에 따르면, 무권대리행위는 본인을 위한 대리행위에 불과하므로 그 자신에게는 아무런 법적 의무가 생기지 않아야 하고, 또 손해배상책임이 인정되기 위해서는 무권대리인에게 고의나 과실이 있는 경우에 한하여야 할 것이다. 그럼에도 불구하고 민법이 무권대리인에게 무거운 책임을 지운 것은 상대방의 신뢰를 존중하고 거래안전을 꾀하며 대리제도의 신용을 유지하기 위한 정책적 배려에서 나온 것이라 할 것이다.

(나) 책임발생의 요건

(a) 대리인은 대리권을 증명하지 못할 것: 무권대리인 자신이 대리권의 존재를 입증하지 못하면 책임을 면하지 못한다. 따라서 상대방은 무권대리인의 대리권 없음을 증명할 필요는 없으며, 대리권이 있다는 입증책임은 무권대

701) 고상룡, 559면; 곽윤직, 286면; 김주수, 429면; 김증한 · 김학동, 462면; 장경학, 606면. 김상용, 653면은 무권대리인이 본인으로부터 대리권을 수여받았다는 것의 묵시적 주장과, 상대방이 무권대리행위인 것이라는 것에 대한 신뢰의 양자가 무권대리인의 책임의 근거라고 한다. 신뢰책임설과 표시책임설의 절충하는 견해로 이해된다.

702) 이영준, 576면; 이은영, 658면.

703) 백태승, 515면; 양창수, 민법연구 제1권, 133면 이하; 민법주해 Ⅲ, 238면(강용현).

리인이 진다. 무권대리인이 자신에게 대리권이 없다는 사실을 알고 있었는가의 여부는 책임발생에 영향을 미치지 아니한다.

(b) **본인의 추인을 얻지 못하거나 표현대리로 인정받지 못할 것:** 본인이 추인하거나 표현대리의 요건을 갖춘 경우에는 본인이 책임을 지게 되어 상대방은 바라던 바의 효과를 거둘 수 있으므로 대리인의 책임을 물을 필요가 없다.

추인을 얻지 못한다는 것의 의미에 대해서 좁게 추인의 거절만을 말하는지 넓게 추인거절만이 아니라 추인하지 않은 경우도 포함되는지에 대하여 견해의 대립이 있다. ① 협의설은 독일민법(제179조)의 경우와 같이 추인거절만을 의미하는 것으로 이해하여 본인이 추인하지 않았으리라는 것이 입증되더라도 제135조 1항을 유추적용할 수 없다는 견해이다.[704] 추인의 거절로 유동적 무효의 상태가 확정으로 무효가 된 경우에만 상대방은 제135조의 책임을 무권대리인에게 물을 수 있다는 것이다. ② 광의설은 추인거절 뿐만 아니라 추인할 가능성이 없거나 또는 추인하지 않으리라는 사정이 입증되면 책임을 물을 수 있다는 견해이다.[705] 무권대리행위의 유동적 무효의 확정권은 추인거절을 통하여 본인에게만 있는 것이 아니라 상대방도 제135조의 책임을 무권대리인에게 물음으로써 유동적 무효 상태를 확정할 수 있고 따라서 그 이후에는 본인은 더 이상 추인할 수 없다고 하는 것이 신의칙에 부합한다고 한다. 생각건대 민법이 특별히 추인거절을 책임발생의 요건으로 하고 있지 않고, 무권대리인의 책임은 대리행위가 유동적으로 무효인 동안에 책임이 발생하여 존재하여 오다가 추인이 있으면 소멸하는 것으로 이해할 것이다. 따라서 추인거절만이 아니라 추인가능성이 없거나 추인하지 않으리라는 사정이 입증되면 상대방은 무권대리인의 책임을 추궁할 수 있다고 할 것이다.

또 추인을 얻지 못하였다는 사실에 대해서 누가 입증책임을 지는가에 관해서도, ① 상대방입증설은 본인의 추인거절은 무권대리인의 책임발생의 요건사실이므로 상대방이 입증하여야 한다는 견해이다.[706] ② 무권대리인입증설은 추인의 부존재는 무권대리인의 책임발생의 요건이 아니기 때문에 추인의 존재는 무권대리인의 책임소멸의 요건으로서 무권대리인이 입증책임을 진다는 견해이다.[707] 무권대리인은 추인을 얻어 면책이 되도록 노력하고 결국 추

704) 이영준, 580면.
705) 김상용, 655면; 김준호, 462면; 백태승, 515면; 이은영, 660면.
706) 이영준, 579면.

인이 없게 되었을 때 제135조의 책임을 지게 되는 것이므로 그 입증책임은 무권대리인에게 있다고 할 것이다.

(c) **상대방은 선의·무과실일 것:** 무권대리인에게 대리권 없음을 상대방이 알지 못하고, 또한 알지 못하는 데 과실이 없어야 한다. 상대방의 선의·무과실을 요구하는 것은 무권대리인에게 무과실책임을 지게 하는 것과 서로 균형을 유지하도록 하기 위한 것이다. 무권대리인의 상대방이 대리권 없음을 알았거나 알 수 있었을 것이라는 점에 대한 입증책임은 책임을 면하려는 무권대리인에게 있다.[708] 제135조의 2항의 규정은 무권대리인의 무과실책임원칙에 대한 예외적인 규정이기 때문이다.

그러나 무권대리인의 과실 여부는 묻지 않는다. 무권대리인이 자기에게 대리권이 있는 줄로 오신하고, 또한 오신하는 데 과실이 없다 하더라도 책임은 져야 한다는 것이다.

(d) **무권대리인이 행위능력자일 것:** 대리인은 행위능력을 요하지 않는다. 그러나 무권대리인인 행위무능력자에게 제135조의 과중한 책임을 지우는 것은 무능력자 보호의 취지에 맞지 않기 때문에 인정되는 요건이다. 그러나 무능력자가 법정대리인의 동의를 얻어서 무권대리행위를 한 경우에는 능력자와 동일한 책임을 지게 된다(독일민법 제179조 3항). 능력의 보충이 이루어진 이러한 경우에까지 제3자를 희생시킬 이유는 없을 것이다.

(e) **상대방이 아직 철회권을 행사하지 않았을 것:** 상대방이 계약을 철회하지 않은 상태여야 한다. 상대방이 무권대리인과 행한 법률행위를 철회하면 그것으로 그 계약은 존재하지 않게 되므로 본인에게는 물론이고 무권대리인과의 관계에서도 아무런 효력도 없고 책임도 물을 수 없게 된다.

(다) 책임의 내용

무권대리인은 상대방의 선택에 좇아 계약의 이행 또는 손해배상의 책임을 진다(제135조 1항). 본인과의 연결이 좌절되고 나서 무권대리인이 대리권 없이 행한 법률행위에 대해 상대방에게 부담하는 책임으로서, 무권대리인의 과실 여부는 묻지 않는 무과실책임이다. 이는 전적으로 상대방의 대리권 존재에 대한 선의·무과실을 기준으로 하여 부여되는 책임이기 때문이다.

(a) **이행책임:** 이행책임(履行責任)을 진다는 것은, 만일에 그 무권대리행위가 본인에 관하여 효력이 발생하였더라면, 본인이 부담하였을 것과 같

707) 고상룡, 560면.
708) 대판 1962.1.11, 4294민상202; 대판 1962.4.12, 4294민상1021.

은 내용의 채무를 이행할 책임을 지는 것이다. 무권대리인이 스스로 이행의무를 지고 그 의무를 이행하는 것을 말한다.

그런데 그 성질은 본인이 추인을 하면 계약에 기한 이행책임을 지지만, 무권대리인의 이행책임은 상대방의 신뢰를 보호하기 위하여 법률이 인정한 책임이지 계약에 기한 이행책임은 아니다. 다만 그 책임의 내용은 같다. 그렇지만 그 대상이 본인의 일신전속적 급부(一身專屬的 給付)인 경우에는 그 이행이 불가능하게 되어, 손해배상책임으로 확정될 것이다(제385조 1항). 또 본인의 특정물인도를 목적으로 하는 특정물급부(特定物給付)는 그 목적물을 무권대리인이 본인으로부터 양수하거나 임차하여 이행할 수 없는 경우에는 불능으로 다룰 것이지만,[709] 추인을 거부한 본인이 그 양도나 임대에 협조할 가능성은 높지 않을 것이다.

쌍무계약인 경우에 무권대리인이 상대방에 대하여 이행책임을 지는 반면에 무권대리인도 상대방에 대해서 반대급부청구권을 행사할 수 있다. 본인의 지위에서 계약의 내용에 따라 동시이행의 항변권·계약해제권·대금감액청구권·손해배상청구권 등을 취득한다.

(b) 손해배상책임: 상대방은 이행책임과 손해배상책임 중에서 자유롭게 선택할 수 있다. 따라서 그 손해배상의 정도는 이행과 동등한 가치 만큼인 것으로 해석된다. 즉 무권대리행위가 유효한 것으로 이행이 되었다면 얻을 수 있었을 이익을 얻지 못한 이행이익(履行利益)의 손해를 말한다.[710] 제135조의 규정도 '이행 또는 손해배상'이라고 표현하고 있고, 상대방의 입장에서 대리권이 있어서 본인에게 계약의 효력이 발생하였더라면 얻을 수 있었을 이익상태를 기준으로 하여야 할 것이기 때문이다.

이행청구권이나 손해배상청구권의 소멸시효의 기간은 해당되는 무권대리행위에 기하여 발생하는 청구권에 적용되어야 할 시효기간이라고 할 것이다. 그리고 그 기산점은 그 선택권을 행사할 수 있는 때부터 진행되며, 선택권을 행사할 수 있는 때란 대리권을 증명하지 못하거나 또는 본인의 추인을 얻지 못한 때이다.[711]

---

709) 같은 취지: 고상룡, 562면; 이은영, 663면.

710) 이행이익의 손해는 채권이 유효하여 그것이 완전히 이행되었을 경우에 채권자가 얻게 될 이익의 손해이며, 목적물의 조사비, 융자금의 이자 등이 그 예이다. 신뢰이익의 손해는 계약이 무효인데 유효인 것으로 믿었기 때문에 입은 손해이며, 목적물의 이용이나 전매로 인하여 발생할 이익 등이 그 예이다.

711) 대판 1965.8.24, 64다1156.

(c) 선택채권: 이행과 손해배상의 책임 중에서 상대방의 선택으로 하나의 책임만을 물을 수 있으므로 선택채권이 발생한다. 선택권자는 채권자인 상대방이 되며 선택권의 이전, 선택권의 행사, 선택의 소급효 등도 선택채무(제380조 이하)의 규정에 의한다.

3) 본인과 무권대리인 간의 효과

좁은 의미의 무권대리행위는 본인이 추인하지 않으면 본인에 대하여 효력이 생기지 않으므로, 그때에는 본인과 무권대리인 간에는 아무런 법률관계가 생기지 않는다. 본인이 추인한 경우에는 사무관리로 될 것이고, 이에 반하여 무권대리인의 행위에 의하여 본인이 손해를 입은 때에는 불법행위로 될 것이며, 그밖에 무권대리인에게 부당한 이득이 생긴 때에는 부당이득의 문제가 될 것이다. 그러나 이것들은 모두 일반적 원칙에 기하여 인정되는 것이고, 무권대리에 특유한 문제는 아니다.

(3) 단독행위의 무권대리

단독행위란 1인의 하나의 의사표시로 성립하는 법률행위이다. 단독행위의 무권대리는 원칙적으로 확정적으로 무효로 된다(제136조). 이는 단독행위의 경우에 계약에서처럼 추인을 인정하는 것은 본인의 이익만을 편중하는 결과로 되는 일이 있는 반면에 상대방 또는 제3자에게는 불공평한 결과를 가져오게 될 것이며, 그렇다고 무권대리인의 책임을 인정한다는 것도 부당하기 때문이다. 따라서 위와 같은 불합리가 없을 때에는 예외를 인정할 수 있으며, 민법이 인정하는 예외는 매우 광범하다.

1) 상대방 없는 단독행위

상대방이 없는 단독행위에 있어서의 무권대리행위는 언제나 무효이며, 본인이 추인하더라도 효력이 없다(제136조). 또 상대방도 없으므로 무권대리인의 책임도 생기지 않는다(제135조).

2) 상대방 있는 단독행위

상대방 있는 단독행위에 있어서의 무권대리행위도 원칙적으로 무효이지만, 대리권 있음을 믿은 상대방을 보호할 필요가 있다.

능동대리의 경우에는, 상대방이 대리인이라 칭하는 자의 대리권 없는 행위에 동의하거나, 그 대리권의 존부에 관하여 다투지 않은 때에 한하여 계약의 경우와 동일한 효력이 생긴다(제136조 전단). 대리권을 다투지 않았다는 것은 이의(異議)를 하지 않았다는 것을 의미하므로 무권대리인이 단독행위를 수령하고 지체없이 이의를 제기하면 다툰 것이 된다. 그러나 다투지 않았으면 대리권 없음을 알았는지의 여부나 다투지 않은 이유는 묻지 않는다.

수동대리의 경우에는 상대방이 대리권 없는 자의 동의를 얻어서 행위를 한 때에는 계약의 무권대리에서와 같은 효력이 생긴다(제136조 후단). 무권대리인의 동의를 얻어서 상대방이 행위를 한 경우에, 본인이 추인을 거절하면 상대방은 무권대리인에게 제135조의 손해배상책임을 물을 수 있다. 즉 무권대리인이 상대방의 본인에 대한 해제 · 취소 · 상계 등의 의사표시를 수령하는 경우에, 상대방이 무권대리인의 동의를 얻지 않고 의사표시를 한 때에는 무권대리인은 책임을 지지 않는다는 것이다.

제 7 관 법률행위의 무효와 취소

I. 서 설

1. 무효 · 취소의 발생

무효 · 취소는 외형상으로는 법률행위가 존재하지만 그 요건을 완전히 갖추지 못하였을 때 법률효과의 발생을 부정하는 법기술이다. 무효(無效)는 법률효과가 처음부터 전혀 생기지 않은 것으로 취급하는 것이고, 취소(取消)는 일단 법률효과가 발생한 후에 이를 소멸시킬 여지를 인정하는 것이다.

무효와 취소의 법기술 중에서 어떤 경우에 무엇을 활용할 것인가에 대해서는 각국의 입법정책에 따라 다른 경우도 있지만, 대체로 일반적인 인정기준은 있다. ㉠ 법질서 전체의 이상(理想)에 비추어 개인의 의사 여하를 묻지 않고 당연히 효력을 인정할 수 없다고 할 만한 객관적 이유가 있는 때에는 대체로 이를 무효로 한다. 예컨대 선량한 풍속 기타 사회질서에 반하는 행위(제103조), 무효가 되는 근친혼(제815조, 친족간 · 직계인척간의 혼인 등) 등이 이에 해당한다. ㉡ 효력의 부인을 특정인의 의사에 일임할 수 있다고 인정되는 경우에는 취소할 수 있는 것으로 하는 수가 많다. 예컨대 행위무능력자 또는 사기・강박을 당한 자와 같이 특정인의 보호가 필요한 경우나, 취소가 되는 근친혼(제816조, 방계인척간의 혼인 등) 등이 이에 속한다.

무효가 되는 것으로는 의사무능력자의 법률행위, 법률행위의 내용의 불능(제137조 참조), 강행법규위반의 법률행위(제105조), 반사회질서의 법률행위(제103조), 불공정한 법률행위(제104조), 비진의표시의 예외의 경우(제107조 단서), 허위표시(제108조), 불법조건이 붙은 경우(제151조) 등이 있다. 취소에 관해서는 행위무능력자의 행위(제5조 이하), 착오에 의한 의사표시(제109조 1항), 사기・강박에 의한 의사표시(제110조 1항, 2항) 등의 규정이 있다. 민법 제137조 내지 제146조에서는 무효・취소에 관한 일반적 통칙을 규정하고 있다. 그밖에 법률행위의 효력발생이 불완전한 경우로는, 조건・기한, 해제・해지 등의 경우가 있다. 조건・기한에 관해서는 총칙편에서, 해제에 관해서는 채권편에서 규정한다.

2. 무효와 취소의 구별

무효인 법률행위는 행위시부터 당연히 효력이 없다. 즉 법률요건으로서의 법률행위에 부여한 법률효과가 처음부터 전혀 생기지 않는 것으로 취급된다. 원칙적으로 무효는 당연히 효력이 없으며, 특정인의 주장에 의하여 비로소 무효로 되는 것이 아니다. 또한 무효를 그대로 방치하더라도 시간의 경과로 보정(補正)되지 않는다. 무효는 누구나, 누구에 대해서나, 언제까지나 주장될 수 있다. 무효는 추인이 있더라도 유효한 것으로 되지 않는 것이 원칙이다(제139조 본문).

취소할 수 있는 법률행위는 일단 유효한 것으로 효력이 생긴 후, 취소권자의 취소에 의하여(제140조) 행위시에 소급하여 효력이 상실된다(제141조 본문). 즉 법률행위의 성립에 의하여 법률효과는 발생하나, 취소에 의하여 소급적으로 소멸한다. 법률행위는 취소할 때까지는 유효하며, 정해진 기간 안에 취소가 없으면 유효로 확정된다(제146조). 또한 취소할 수 있는 법률행위는 추인하면 처음부터 유효인 것으로 된다(제143조). 취소할 때까지는 누구나 유효를 주장할 수 있다.

이상과 같이 무효와 취소는 개념상 구별되지만, 취소의 경우에도 행위시에 소급하여 무효로 되므로, 결과적으로 법률행위의 효력이 없다는 점에서는 다를 바 없다. 다만 취소에 의하여 무효로 되려면 반드시 취소행위가 필요하며, 또한 취소할 수 있는 인적 범위 및 시간적 범위가 한정되어 있다는 점이 다르다. 이를 상세하게 살펴보면 다음과 같다.[712)]

㉠ 효력의 확정성 정도에 따라, 확정적 무효는 무효임을 누구의 의사에 의하여서도 움직이지 못하는 경우(사회질서위반행위, 제103조)이고, 유동적 무효는 일단 무효로 취급되나 특정인의 의사에 의해 유효하게 될 수도 있는 경우이며(추인에 의해 유효화할 수 있는 무권대리행위, 제130조), 유동적 유효는 일단 유효로 되지만 특정인의 의사에 의하여 무효로 될 가능성이 있는 경우이고(취소할 수 있는 행위무능력자의 행위, 제5조 이하), 확정적 유효가 완전한 유효이다.

㉡ 효력의 주장자에 따라, 누구나 주장할 수 있는 무효(사회질서위반행위), 특정인만 주장할 수 있는 무효(취소할 수 있는 행위), 특정인만 주장할 수 있는 유효(선의자보호의 대상이 되는 행위, 제107조 2항, 제108조 2항, 제109조 2항, 제110조 3항), 누구나 주장할 수 있는 유효가 있다.

㉢ 상대방에 따라, 누구에게나 주장할 수 있는 무효(일반적인 무효 · 취소), 특정인에게는 주장할 수 없는 무효(선의자보호의 대상이 되는 행위, 제107조 2항, 제108조 2항, 제109조 2항, 제110조 3항)가 있으며, 누구에게나 주장할 수 있는 유효가 있다.

㉣ 재판상의 절차를 필요로 하는가에 따라, 무효 · 취소는 그 주장에 독립된 재판절차를 요하지 않는 데 반하여, 반드시 재판상 주장하여야 하는 경우가 있다(혼인의 취소, 제816조 이하).

㉤ 무효로 되는 시기에 따라, 법률행위가 있는 때부터 효력이 없는 것으로 다루어지지만(일반적인 무효 · 취소의 효력), 예외적으로 법률행위가 있은 후 일정한 시기로부터 장래에 향해서만 효력이 없는 것으로 취급되는 경우도 있다(혼인취소의 효력, 제824조).

㉥ 시간적 제한의 유무에 따라, 언제나 효력을 부인할 수 있는 경우(일반적인 무효)와 효력의 부인이 허용되는 시기가 정해진 경우가 있다(취소권의 소멸기간, 제146조).

---

712) 곽윤직, 411면(신정판); 장경학, 613면 참조.

3. 무효와 취소의 경합

법률행위가 유효하게 되기 위해서 당사자가 갖추어야 할 요건은 의사능력과 행위능력이다. 의사능력이 없이 한 법률행위는 무효이고, 행위능력이 없이 한 법률행위는 취소할 수 있다. 그런데 어떤 법률행위가 무효와 취소의 양쪽의 사유를 내포하고 있는 경우, 예컨대 미성년자가 의식을 잃을 정도로 만취하여 의사무능력인 상태로 계약을 맺은 경우에 무효와 취소의 효과가 서로 병존하는가, 서로를 배척하는가, 서로가 통합되는가가 문제이다. 이러한 경우에 당사자는 각각 그 요건을 입증하여 무효든 취소든 선택하여 주장할 수 있다는 것이 독일의 키프에 의해 최초로 제창된 무효·취소의 이중효론(二重效論)713)이다. 무효행위의 취소가능성을 인정한 것이다. 우리나라에서도 이중효를 인정하는 데 이견이 없다.

4. 무효·취소의 파생적 효력

민법총칙의 무효나 취소된 법률행위는 그 효력이 없다. 그러나 이는 법률상 전혀 무의미하게 되는 것은 아니며, 무효 이외의 효과가 생기는 것은 다른 문제이다.

무효나 취소할 수 있는 법률행위에 의하여 이미 현실적으로 이행이 되어 어떤 결과가 발생한 경우에는 그 뒤처리로서 부당이득반환(不當利得返還)의 효과가 생긴다(제741조). 예컨대 부동산매매계약이 체결되어서 부동산의 소유권이전과 대금지급이 완료된 상태에서 한정치산자인 매도인이 법정대리인의 동의를 얻지 않았다는 이유로 그 계약을 취소하였다면, 매수인에게 이전된 부동산소유권은 매도인에게, 매도인이 수령한 대금은 매수인에게 반환되어야 하는 것이다. 취소의 효과로 더 이상 부동산이나 대금을 보유할 법률상의 원인이 없게 되었기 때문이다. 그리고 이때 발생하는 쌍방의 반환청구권은 동시이행(同時履行)의 관계에 서게 된다(제536조). 또한 사기나 강박과 같은 취소의 원인이 타인에게 손해를 입혀서 불법행위가 인정된 때에는 법률행위 자체의 효과가 소멸된 것과는 별도로 피해자는 가해자를 상대로 손해배상(損害賠

---

713) Kipp, Über Doppelwirkungen im Recht, inbesondere über die Konkurrenz von Nichtigkeit und Anfechtbakeit, 1911.

償)을 청구할 수 있다(제750조).

Ⅱ. 법률행위의 무효

1. 무효의 의의

법률행위의 무효(無效)란 그 행위가 성립한 처음부터 법률상 당연히 그 효력이 생기지 않는 것으로 확정되어 있는 것을 말한다. 무효의 법률행위에 기하여 현상의 변경을 요구하는 청구권도 부인되고, 현상의 유지를 주장하는 항변도 부인된다. 그러므로 무효는 누구 편에서나, 누구에 대해서나, 그리고 언제나 주장할 수 있다.[714] 무효는 처음부터 무효이므로 원칙적으로 법률행위를 무효로 하기 위하여 별다른 행위를 필요로 하지 않는다.

법률행위의 무효는 불성립과 다르다. 법률행위의 성립요건이 구비되지 않아서 법률행위가 존재하지 않는 것을 불성립(不成立)이라 하고, 일단 법률행위로서의 외형적 존재가 인정되는 경우에 그 성립을 인정하고 다시 그것이 법률요건으로서의 실질을 갖추고 있지 못하기 때문에 처음부터 당사자가 소망한대로의 효력이 생기지 않는 것이 무효(無效)이다. 그러므로 무효를 논하기 위해서는 일단 법률행위의 성립이 전제가 된다. 위와 같이 법률행위가 일단 성립 내지 존재하기 위한 요건을 성립요건이라 하며, 일단 성립한 법률행위가 바라는 대로의 효력발생을 위해 필요로 하는 요건을 유효요건이라 한다. 예컨대 서로 판다고 의사표시를 하였다든가, 또는 어떤 항구에 있는 선박에 실린 면화를 전부 사기로 합의하였는데 그 시기에 같은 이름의 선박이 두 척이 있었고 그 용량이 서로 달랐다면, 당사자가 계약이 체결되었다고 알고 있었다 하더라도 실제상 의사표시의 합치가 없는 「숨은 불합의」가 있는 것이어서 계약 자체가 성립하지 않는다. 이는 합의가 정상적으로 이루어졌으나 도박채무를 변제하는 것이어서 사회질서에 반하여 무효가 되는 것과는 다르다.

---

714) 대판 2003.4.25, 2000다60197(민법상 법인의 이사회의 결의에 부존재 혹은 무효 등 하자가 있는 경우 법률에 별도의 규정이 없으므로 이해관계인은 언제든지 또 어떤 방법에 의하든지 그 무효를 주장할 수 있다고 한 사례); 대판 2000.1.28, 98다26187; 대판 2000.2.11, 99다30039.

무효의 사유는 앞에서 설명한 바와 같다.

2. 무효의 일반적 효과

(1) 효과불발생의 확정성

법률행위가 무효이면 그 법률효과는 확정적으로 발생하지 않는다. 무효는 원칙적으로 확정적이며 종국적이다. 시간의 경과로 보정되지 않으며, 추인하더라도 효력이 생기지 않는다(제139조 본문).

따라서 법원은 당사자의 주장이 없더라도 법률행위의 무효에 관하여는 직권으로 조사하여, 법률효과를 부인하여야 한다. 예컨대 매매계약이 무효일 때에는, 매도인은 대금의 청구를 하지 못하고 매수인은 목적물의 청구를 하지 못하지만, 만약 청구를 하고 상대방이 이에 대한 무효를 주장하지 않는다 하더라도 법원이 그 법률효과를 부인하여야 한다는 것이다.

(2) 당사자 간에 있어서의 효과

무효인 행위로부터 발생한 것으로 보이는 채무는 발생하지 않은 것으로 된다. 따라서 아직 이행하지 않은 경우에는 이행할 필요가 없고, 이미 이행이 있을 때에는 수령자는 수령물을 반환하지 않으면 안 된다. 그리고 이 반환의무의 성질은 부당이득반환의무(제741조 이하)이다. 그러나 불법을 원인으로 하는 급부는 이를 반환청구하지 못한다는 제한이 있다(제746조). 예컨대 마약매매계약을 맺었다면, 이는 법률행위의 목적이 강행법규에 위반하므로 무효가 된다(제103조). 그러나 이 거래로 주고받은 물건이나 금품은 그 원인이 불법이므로 그 반환청구도 할 수 없게 된다. 그리고 당사자 쌍방이 반환청구권을 가지는 경우에는 서로 동시이행의 관계에 서게 된다(제536조).

무효는 언제나 주장할 수 있으므로 시간의 경과로 영향을 받지 않지만, 실제상 무효로 인한 부당이득의 반환청구권이 소멸시효에 걸리기 때문에(제162조 1항 참조), 이러한 의미에서는 무효의 주장이 반드시 시간을 초월하여 영구적으로 가능한 것이라 할 수는 없다.

(3) 제3자에 대한 효력

무효는 원칙적으로 모든 사람에 대하여 주장할 수 있다(절대적 무효). 그 결과 무효인 법률행위에 기하여 표현적으로 생긴 채무의 이행으로, 물권이나 채권 기타 권리를 양수한 자로부터 전득한 제3자에 대해서도 무효를 주장할 수 있다.

그러나 이와 같은 원칙에 대해서는 다음의 예외가 인정된다. 진의 아닌 의사표시의 무효로 선의의 제3자에게 대항하지 못하는 경우(제107조 2항), 통정한 허위표시의 무효로 선의의 제3자에게 대항하지 못하는 경우(제108조 2항)는 거래의 동적 안전을 보호하기 위해서 특정인에 대한 무효의 주장을 제한하는 것이다. 상대적 무효이다.

그밖에도 취득시효(제245조, 제246조)·동산의 선의취득(제249조)·채권의 준점유자에 대한 변제(제470조) 등의 규정에 의하여도 제3자가 보호되기도 하지만, 이는 무효의 문제는 아니다.

3. 무효의 종류

(1) 절대적 무효·상대적 무효

무효는 원칙적으로 누구에 대해서나, 또는 누구에 의해서나 주장될 수 있다. 이를 절대적 무효(絶對的 無效)라 한다. 의사무능력자의 행위·반사회질서의 행위 등의 무효는 이에 속한다. 물론 이 경우에도 제3자는 공신의 원칙(제249조)에 의하여 보호되는 수가 있다. 이에 대해서 예외적으로, 특정인에 대해서는 무효를 주장하지 못하는 상대적 무효(相對的 無效)가 있다. 예컨대 비진의표시와 허위표시의 무효는 선의의 제3자에게 대항하지 못한다(제107조 2항, 제108조 2항). 이는 거래안전을 보호하기 위한 것이다.

(2) 당연무효·재판상 무효

무효는 원칙적으로 당연히 무효이며, 따로 특별한 행위나 절차를 요하지 않는다. 이를 당연무효(當然無效)라 한다. 그러나 무효의 결과가 일반 제3자에게 중대한 영향을 미치게 되는 경우에는, 법률관계의 획일적 확정을 꾀할 필요가 있으므로 재판에 의한 무효선언을 기다려 비로소 효력이 없도록 하는 경우도 있다. 예컨대 회사의 설립·합병의 무효는 소에 의하여서만 이를 주장할 수 있고, 원고적격과 출소기한이 제한되어 있다(상법 제184조, 제236조 참조). 이러한 무효를 재판상 무효(裁判上 無效)라고 한다.

(3) 확정적 무효 · 유동적 무효

확정적 무효(確定的 無效)는 법률행위가 확정적이고 계속적으로 효력이 발생하지 않고 후에 추인하더라도 효력이 생기지 않는 무효를 말한다. 보통의 무효가 이에 속한다. 유동적 무효(流動的 無效)는 법률행위가 행위시에 효력이 발생하지 않으나 추인이나 허가에 의하여 소급하여 유효하게 될 수 있는 무효를 말한다. 국토이용관리법에 의하여 허가를 요하는 토지거래계약은, 허가 또는 불허가처분이 있기까지는 유동적 무효이다. 따라서 허가가 있으면 거래계약시에 소급하여 유효하고, 불허가처분이 있게 되면 확정적으로 무효가 된다.[715] 무권대리행위도 추인이 있기까지는 유동적 무효이다.

(4) 전부무효 · 일부무효

법률행위의 내용의 전부에 관하여 무효원인이 있을 때에는, 그 법률행위의 전부가 무효로 된다. 이를 전부무효(全部無效)라 한다. 그런데 무효원인이 법률행위의 내용의 일부에만 있을 때 그 법률행위의 전부를 무효로 하는가, 일부무효(一部無效)가 생길 뿐이냐가 문제이다. 항을 바꾸어 자세히 설명한다.

4. 일부무효의 법리

(1) 의 의

일부무효의 법리(一部無效의 法理)는 법률행위의 일부분이 무효인 때에는 전부를 무효로 하고, 무효부분이 없더라도 법률행위를 하였을 것이라고 인정될 때에는 나머지 부분은 무효가 되지 않는 것으로 하는 처리방법을 말한다(제137조).[716]

무효원인이 법률행위의 내용의 일부에만 있을 때 원칙적으로 그 법률행위의 전부가 무효로 된다. 전부무효가 원칙이다. 당사자는 무효가 되지 않은 온

---

715) 대판[전합] 1991.12.24, 90다12243; 대판 2006.1.27, 2005다52047; 대판 2000.10.27, 98두13492 등. 또한 판례는 관할 관청의 불허가처분이 있을 때뿐만 아니라 당사자 쌍방이 허가신청 협력의무의 이행거절 의사를 명백히 표시한 경우에는 허가 전 거래계약관계, 즉 계약의 유동적 무효 상태가 더 이상 지속된다고 볼 수 없고 그 계약관계는 확정적으로 무효가 된다고 한다(대판 2007.11.30, 2007다30393).

716) 법무부 민법개정안 제137조는 「법률행위의 일부분이 무효인 때에도 나머지 부분은 효력이 있다. 그러나 효력 있는 부분만으로는 법률행위를 하지 아니하였을 것이라고 인정되는 때에는 그 전부를 무효로 한다.」고 하여 그 표현을 바꾸고 있다.

전한 법률효과를 의욕하였을 것이므로 일부의 효과만을 강요하는 것은 사적자치의 원칙에 반하게 된다. 「일부가 무효이면 전부가 무효이다(*Void in part, void in total*).」

제137조는 임의규정이므로 일부무효의 약정은 유효하다. 그리고 이 조문은 민법이나 특별법에 다른 규정이 있는 때에는 적용되지 않는 보충적 규정이다(제385조, 약관의 규제에 관한 법률 제16조 등). 그러므로 사적자치의 원칙이 적용되는 경우에 한하여 적용된다.[717] 그리고 당사자가 계약 당시 이미 일부분이 무효임을 알고 있는 경우에는, 그 무효부분에 관하여는 법률효과를 바라는 의사가 없는 것이므로 법률행위는 처음부터 나머지 유효한 부분에 관해서만 존재한다. 제137조의 적용은 없다.

(2) 요 건

1) 법률행위에 일체성과 분할가능성이 있을 것

일부가 무효이나 나머지만으로 독립된 법률행위로 존립하기 위해서는, 여러 법률행위가 결합되어 일체를 이루고 있어야 하고, 다수의 법률행위가 개개의 법률행위로 분할가능하여야 한다.

법률행위의 일체성(一體性)은 경제적 및 사실적으로 일체적인 행위를 의미하며, 법률적으로는 이 일체적 행위의 각 부분이 다수의 법률행위로 이루어진 복합체를 말한다. 바꾸어 말하면 법률학적으로 최소 단위의 법률행위의 복합체이면서도 한 개의 일체적 행위로서 행해지고 있는 경우이다.

이와 같은 한 개의 일체적 법률행위는 분할가능(分割可能)한 것임을 요한다. 분할가능한 일부가 무효가 되어도 남은 부분이 여전히 독립의 법률행위로서 존립할 수 있는 것이 아니면, 처음부터 일부무효의 문제가 생기지 아니 하고 전부무효로 된다. 예컨대 한 개의 채무를 담보하기 위하여 수 개의 부동산에 근저당설정등기를 하였을 때, 그 설정 당시 목적물의 일부가 무효이더라도 근저당권 자체가 무효로 된다고 할 수는 없을 것이다.

판례는 그 대상에 장차 불하받게 되는 특정의 토지 외에 양도인이 경작하던 간척지에 대한 임차권이 포함되어 있는 특정의 토지의 매매계약에 있어 임차권의 양도가 무효로 되더라도 수불하토지의 양도부분은 유효라고 한다.[718]

---

717) 대판 2007.6.28, 2006다38161,38178.
718) 대판 1994.5.24, 93다58332.

2) 가정적 의사가 있을 것

법률행위의 일부분이 무효임을 법률행위 당시에 알았다면 당사자 쌍방이 이에 대비하여 의욕하였을 가정적 의사(假定的 意思)가 있어야 한다.[719] 이러한 당사자의 의사는 실제로 존재하는 의사가 아니고, 그것을 인정하는 기준은 당사자의 의사해석을 통하여 객관적으로 정한다. 즉 가정적 의사는 거래의 관행과 신의성실의 원칙에 따라 판단하며, 일반인이 그러한 상황에서 합리적으로 판단하면 의욕하였을 것이라는 추상적 · 일반적 기준에 따라 인정되는 것이다.

가정적 의사는 당사자의 주관적 의사와는 달리 객관적 시각에서 법률행위의 해석을 통하여 발견하게 된다. 따라서 당사자의 이익형량의 문제와 직결되므로 중립적인 입장에서 해석해야 하며, 반사회질서를 이유로 무효가 되는 경우에는 사회질서 및 강행규정의 취지를 고려하여 판단하여야 할 것이다.[720]

잔존부분의 유효에 대한 입증책임은 나머지 부분이 유효하다고 주장하는 자에게 있다고 할 것이다.[721] 따라서 법률행위의 분할가능성과 가정적 의사의 존부에 대해서 잔존부분의 유효를 주장하는 자가 이를 입증하여야 한다.

당사자의 가정적 의사를 추정하여 객관적 해석을 한다는 점에서 일부무효와 무효행위의 전환이 다를 바가 없다. 다만 전자에서는 법률행위를 양적으로 분할하여 그 일부를 유효로 하는 데 반하여, 후자에서는 무효인 법률행위와는 질적으로 다른 새로운 행위로 유효하게 되는 데 차이가 있다.

판례는 ㉠ 불하된 국유임야 중의 일부분이 처분할 수 없는 행정재산이더라도 잔부에 관하여 불하한 세무서장의 처분의사가 규지되고 매수인도 매수의사가 있다고 인정되는 한, 그 잔부에 대한 국유재산 매매행위까지 무효가 아니라고 하고,[722] ㉡ 채권담보의 목적으로 소유권이전등기를 한 경우에는, 그

---

719) 대판 1996.2.27, 95다38875(복수 당사자 사이의 합의 중 일부 당사자의 의사표시가 무효인 경우, 나머지 당사자 사이의 합의가 유효한지는 가정적 의사의 유무에 따라 판단한다는 사례); 대판 1994.9.9, 93다31191; 대판 1993.12.14, 93다45930.

720) 대판 2004.6.25, 2004다2199는 일부무효의 법리의 적용 범위 및 강행법규와의 관계에 대해서 「당해 효력규정 및 그 효력규정을 둔 법의 입법 취지를 고려하여 볼 때 나머지 부분을 무효로 한다면 당해 효력규정 및 그 법의 취지에 명백히 반하는 결과가 초래되는 경우에는 나머지 부분까지 무효가 된다고 할 수는 없다고 할 것이다」고 하였다(상호신용금고의 담보제공약정이 효력규정인 구 상호신용금고법 제18조의2 제4호에 위반하여 무효라고 하더라도, 그와 일체로 이루어진 대출약정까지 무효로 된다고는 할 수 없다고 한 사례). 같은 취지: 대판 2004.6.11, 2003다1601.

721) 같은 취지: 김주수, 464면; 이영준, 618면; 이은영, 681면.

722) 대판 1967.12.26, 67다2405.

채권의 일부가 무효라 하더라도, 나머지 채권이 유효한 이상 채무자는 그것을 변제하지 않고 말소등기절차를 구할 수 없다고 하고,[723] ㉢ 매매계약이 일부 무효인 경우 매수인이 무효인 부분이 없더라도 계약을 유지하고자 할 경우에는 그에 상응하는 자신의 채무는 이행하는 것이 옳고 그렇게 하지 아니하면 이행지체의 책임을 진다고 한다.[724]

5. 무효행위의 추인

(1) 제139조의 비소급적 추인

1) 의 의

무효인 법률행위에서는 아무런 효과도 생기지 않는다. 따라서 후에 행위를 유효하게 하는 의사표시, 즉 추인(追認)을 하더라도 유효로 되지 않는다. 다만 민법은 당사자의 의사를 추측하여 당사자가 무효임을 알고 추인한 때에는 새로운 법률행위로 본다(제139조). 이때에는 당사자가 다시 동일한 행위를 되풀이해야 할 필요가 없게 되므로 편의상 새로운 행위를 한 것으로 보는 것이다. 추인시부터 장래에 향하여 효력이 생긴 것으로 본다. 예컨대 허위표시의 당사자가 추인을 하면 그때부터 비소급적으로 유효한 매매로 된다. 그러나 강행법규에 위반한 행위나 반사회질서 행위 또는 불공정한 법률행위는 아무리 추인해도 유효로 되지 않는다.[725]

제139조의 추인은 무권대리행위의 추인 및 취소할 수 있는 행위의 추인과는 그 성질이 다르다. 외관상으로는 추인의 형식을 취하지만 사실은 새로운 행위를 하는 것이기 때문이다.

2) 추인의 요건

(가) 무효의 원인이 소멸한 후 추인이 있을 것

무효의 원인이 된 법률행위의 객관적 무효원인이 해소되지 않고 그대로 존재하는 경우에는 추인을 해도 유효한 행위가 될 수 없다.

그러나 사회질서에 반하는 행위는 아무리 추인해도 유효로 되지 않는다. 그

723) 대판 1970.9.17, 70다1250.
724) 대판 1992.4.14, 91다43527.
725) 대판 1994.6.24, 94다10900(불공정한 법률행위로서 무효인 경우에는 추인에 의하여 무효인 법률행위가 유효로 될 수 없다고 한 사례).

것은 아무리 새로운 행위로 한 것으로 보더라도, 그 행위는 역시 사회질서에 반하기 때문이다. 판례는 ㉠ 당사자가 도박의 자금에 제공할 목적으로 금전을 대차하여 반사회질서의 무효인 경우에는, 당사자가 그 무효임을 알고 추인하여도 새로운 법률행위를 한 효과마저 생길 수 없는 것이며,[726] ㉡ 취득시효 완성 후 경료된 무효인 제3자 명의의 등기에 대하여 시효완성 당시의 소유자가 무효행위를 추인하여도 그 제3자 명의의 등기는 그 소유자의 불법행위에 제3자가 적극 가담하여 경료된 것으로서 사회질서에 반하여 무효라고 한다.[727]

(나) 무효임을 알고 추인할 것

법률행위의 무효를 알고 추인하여야 한다. 판례도 「무효인 법률행위를 추인에 의하여 새로운 법률행위를 한 것으로 보기 위하여는 당사자가 이전의 법률행위가 무효임을 알고 그 행위에 대하여 추인하여야 한다고 하면서, 추인자가 무효를 일있다는 짐에 관한 그 상내방의 입증이 없으므로, 추인으로 인정할 수 없다」고 한다.[728] 무효임을 알았는가에 대한 입증책임을 그것을 알았다고 주장하는 상대방에게 있다고 한 것이다.

무효인 법률행위로 생긴 의무를 이행하는 것과 같이 묵시적으로 추인하는 것도 가능하다.[729] 그러나 이때에도 무효임을 알고 하여야 한다. 따라서 원인무효인 등기의 경유사실을 알고서 장기간 이의를 한 바 없다는 사유만으로 이를 추인한 것으로는 볼 수 없다.[730]

무효임을 아는 것으로 충분하고 새로운 행위를 하려는 의사는 필요하지 않다. 즉 무효임을 알고 추인하면 새로운 법률행위를 하려는 의사가 있는가를 묻지 않고 새로운 행위를 한 것으로 본다(제139조 단서).

(다) 새로운 행위의 요건을 갖출 것

추인은 새로운 행위를 하는 경우와 동일한 요건을 구비하여야 한다. 추인에

---

726) 대판 1973.5.22, 72다2249.
727) 대판 2002.3.15, 2001다77352,77369.
728) 대판 1998.12.22, 97다15715.
729) 대판 1993.7.13, 93다19146(임야가 소외인에 의해 처분되고, 필지에 따라서는 수차례 전전매매된 상태에서, 소유자들측에서 이에 대한 특별한 이의를 제기하지도 아니한 채 선대 분묘를 타처에 이장하기까지 하였다면, 소유자들의 그와 같은 일련의 행위는 그들의 형인 소외인의 권한 없는 처분행위를 추인하였다고 평가될 소지가 충분하다고 한 사례); 대판 1992.12.8, 92다29689(갑이 여동생인 을에게 부동산에 관한 등기명의를 신탁하였으나 을이 남편 병과 합의하여 병 명의로 소유권이전등기를 경료한 경우 갑과 병의 신분관계와 등기경위 등에 비추어 갑이 이를 묵시적으로 추인함으로써 병 명의의 소유권이전등기가 명의수탁자로서의 등기로서 유효하게 되었다고 본 사례).
730) 대판 1991.3.27, 90다17552.

의해 새로운 법률행위로 보게 될 법률행위가 요식행위인 때에는 그 요건을 갖추어야 한다. 예컨대 어음행위가 무효임을 알면서 추인하는 경우에는 어음행위에 필요한 일체의 방식을 보정하여야 한다.

판례는 ㉠ 양친자관계를 창설할 의사로 친생자 출생신고를 하였으나, 감호·양육 등 양친자로서의 신분적 생활사실이 계속되지 아니하여 입양의 실질적인 요건을 갖추었다고 볼 수 없을 뿐 아니라, 친생자로 신고된 자가 입양에 갈음하는 출생신고를 묵시적으로 추인하였다고 보기 어렵다는 이유로 입양신고로서의 효력을 부정하고 있다.[731] ㉡ 일방적인 혼인신고 후 혼인의 실체 없이 몇 차례의 육체관계로 자를 출산하였다 하더라도 무효인 혼인을 추인하였다고 보기 어렵다 한다.[732]

3) 추인의 효과

추인이 행해지면 당사자의 의사와는 무관하게 새로운 행위로서 효력이 생긴다. 추인은 무효인 행위를 사후에 유효로 하는 것이 아니라 새로운 의사표시에 의하여 새로운 행위가 있는 것으로 그때부터 유효로 되는 것이므로 원칙적으로 소급효가 인정되지 않는다. 제139조의 추인을 한 때에는 그때부터 새로운 법률행위를 한 것으로 본다.[733] 판례는 무효인 가등기를 유효한 등기로 전용키로 한 약정은 그때부터 유효하고 그 가등기가 소급하여 유효한 등기로 전환될 수 없다고 한다.[734]

(2) 약정에 의한 소급적 추인

1) 물권적 소급적 추인

무효행위의 추인은 소급하지 않는 것이 원칙이다. 그러나 추인에 의하여 무효행위를 당사자뿐 아니라 제3자 사이에서도 물권적으로 소급하여 유효하게 할 수 있는 경우가 있다. 무권리자가 권한 없이 권리자의 부동산을 처분한 경우에 권리자의 추인이 있으면 그 처분행위는 그 처분시부터 유효로 된다. 다만 제3자의 권리를 해하여서는 안 된다.[735] 이러한 처분행위의 추인은 단순한

731) 대판 2004.11.11, 2004므1484; 대판 2000.6.9, 99므1633,1640.
732) 대판 1993.9.14, 93므430; 대판 1991.12.27, 91므30.
733) 대판 1995.4.11, 94다53419(무효인 결의를 사후에 적법하게 추인하는 경우에도 새로운 법률행위를 한 것으로 본다는 사례).
734) 대판 1992.5.12, 91다26546.
735) 법무부 민법개정안 제139조의2(무권리자의 처분) ① 무권리자가 권리자의 동의를 얻어

추인이 아니라 권한부여의 성질을 가진다.

판례는 「타인의 권리를 자기의 이름으로 또는 자기의 권리로 처분한 후에 본인이 그 처분을 인정하였다면 특별한 사정이 없는 한 무권대리에 있어서 본인의 추인의 경우와 같이 그 처분은 본인에 대하여 효력을 발생한다」고 한다.[736)]

2) 채권적 소급적 추인

당사자 사이에서만 채권적으로 무효인 행위를 소급하여 유효한 것으로 하는 약정은 인정된다. 누구도 해하지 않기 때문이다. 그러나 이러한 약정은 당사자 사이에서 채권적 효력을 가질 뿐이며, 제3자에게 대항하지는 못한다. 독일민법은 당사자의 의사가 명료하지 않은 경우에 계약의 추인은 소급효를 가진다고 규정하고 있다(동법 제141조 2항).

6. 무효행위의 전환

(1) 의 의

무효행위의 전환(無效行爲의 轉換)은 법률행위가 무효여서 당사자가 의욕한 대로 법률효과가 발생하지 못하지만, 그 행위가 다른 법률행위로서의 요건을 갖추고 있고, 당사자가 그러한 무효를 알았더라면 다른 법률행위를 의욕하였으리라고 인정될 때에는 그 다른 법률행위로서의 효력발생을 인정하는 것을 말한다(제138조). 또 무효인 법률행위와 전환될 법률행위가 사회적이나 경제적인 목적, 법률효과가 유사하고, 당사자에게 무효임을 알았더라면 의욕하였을 것이라는 가정적 의사가 있는 때에는 그 전환을 인정하는 것이 합리적이기 때문이다.

이 제도는 일부무효이론을 응용한 특수한 경우라고 할 것이다. 즉 무효행위의 전환은 당사자의 가정적 의사를 추정하여 무효인 법률행위와 질적으로 다른 새로운 행위로서 효력을 인정하는 것이므로, 법률행위를 양적으로 무효인 부분과 유효인 부분을 분리하여 그 일부의 효력을 유지하는 일부무효이론을

한 처분은 효력이 있다. ② 권리자가 무권리자의 처분을 추인하면 그 처분은 소급하여 효력이 있다. 그러나 제3자의 권리를 해하지 못한다.

736) 대판 1981.1.13, 79다2151(부동산을 매도처분하여 소유권이전등기 절차가 경료된 이후에 권리자가 그 처분을 인정한 사례).

변형한 것으로 볼 수 있다.

민법이 명문으로 이러한 결과를 인정한 경우에는 제138조의 적용은 없다. 예컨대 연착된 승낙(제530조), 조건을 붙인 청약, 기타 변경을 가한 승낙(제534조)을 새로운 청약으로 보며, 또한 비밀증서에 의한 유언이 그 방식에 결함이 있는 경우에 그 증서가 자필증서의 방식을 갖추는 경우에 자필증서에 의한 유언으로서 효력을 인정한다(제1071조).

제138조는 임의규정이다. 따라서 당사자는 법률행위가 무효일 때에는 다른 법률행위의 효력을 인정하다든가 또는 인정하지 않기로 약정할 수 있고 이러한 약정이 있으면 제138조는 적용되지 않는다.

(2) 요 건

1) 법률행위가 무효일 것

법률행위가 존재하고 그것이 무효일 것이 요구된다. 법률행위 자체가 성립하지 않은 경우에는 전환이 문제되지 않는다. 해석을 통하여 법률행위의 무효가 확정되어야 전환 여부를 판단할 수 있다. 계약의 전환이 보통이다.

단독행위에 관해서도 무효행위의 전환이 인정되는가에 관해서는 견해가 대립된다. ① 전환부정설은 단독행위의 성질상 전환을 인정할 수 없다는 견해이다.[737] ② 전환인정설은 민법도 무효인 단독행위의 전환을 인정하고 있으므로 이를 인정하여야 한다는 견해이다.[738] 민법이 무효인 비밀증서 유언을 자필증서 유언으로(제1071조), 연착·변경을 가한 승낙을 새로운 청약으로(제530조, 제534조) 전환을 인정하고 있다. 판례도 혼인외의 출생자를 혼인중의 출생자로 한 출생신고를 인지신고로 인정하고,[739] 허위의 출생신고에 입양의 효력을 인정하고,[740] 무효인 상속포기를 상속재산의 협의분할이 이루어진 것으로 본다.[741] 후설이 타당하다.

2) 다른 법률행위를 의욕하였으리라고 인정될 것

당사자가 법률행위의 무효를 알았더라면 다른 법률행위를 하는 것을 의욕

737) 곽윤직, 295면; 백태승, 529면; 장경학, 633면.
738) 김상용, 679면; 김주수, 467면; 김준호, 474면; 이영준, 626면; 민법주해 Ⅲ, 278면(김용담).
739) 대판 1971.11.15, 71다1983.
740) 대판[전합] 1994.5.24, 93므119; 대판 1991.12.13, 91므153; 대판 1988.2.23, 85므86.
741) 대판 1989.9.12, 88누9305.

하였으리라고 인정되어야 한다. 다른 법률행위는 어디까지나 상상적·가상적인 것이며, 현실적으로 표시되어 존재하여야 하는 것은 아니다. 다른 법률행위로의 전환의 의사는 전환시가 아니라 행위시에 가졌을 가정적 의사를 말한다.

3) 다른 법률행위의 요건을 갖출 것

전환에 의하여 법률효과가 인정될 새로운 법률행위가 요구하는 법률요건을 갖추어야 한다.

불요식행위로 전환하는 것은 무효인 행위가 요식행위이든 불요식행위이든 쉽게 인정될 것이다. 예컨대 등기결여로 무효인 전세권설정계약을 임대차계약으로 인정할 수 있고, 무효인 어음행위를 소비대차계약으로 인정하는 경우이다. 그러나 요식행위로의 전환은 그 법률행위가 요구하는 일정한 방식을 갖추어야 한다.

요식행위를 다른 요식행위로 전환하는 것은 확정적 의사를 서면으로 나타내는 것을 필요로 하는 것으로의 전환은 인정할 수 있을 것이다. 방식이 결여된 비밀증서 유언을 자필증서 유언으로 전환할 수 있고, 출생신고를 인지신고나 입양신고로 인정하는 것 등이 그 예이다.[742] 그러나 어음·수표와 같이 일정한 형식 그 자체를 필요로 하는 것으로의 전환은 인정될 수 없다.

(3) 효 과

전환의 요건을 갖추면, 가정적 의사가 있는 것으로 인정된 법률행위의 효력이 발생한다. 새롭게 인정된 법률행위의 구체적인 효력은 그 자체에 대한 약정이나 법률규정에 따라 결정된다.

---

742) 대판[전합] 2001.5.24, 2000므1493(입양의 의사로 친생자출생신고를 하고 거기에 입양의 실질적 요건이 모두 구비되어 있는 경우, 입양의 효력이 발생한다고 사례). 반대로 요건이 갖추어지지 않아서 전환이 부인된 사례로는 대판 2002.6.28, 2000므1363(구민법 시행당시 입양신고가 이루어졌으나, 입양자가 그 후 실종선고 심판의 확정으로 위 입양일자 이전에 사망한 것으로 간주됨으로써 입양신고가 무효가 된 경우, 입양 당시 입양자가 호주의 장남에 불과하여 사후양자 선정의 실질적 요건을 갖추지 못하였으므로 무효행위전환에 의한 사후양자 신고로서의 효력을 인정할 수 없다고 한 사례); 대판 2007.12.13, 2007므1676 등이 있다.

Ⅲ. 법률행위의 취소

1. 취소의 의의

(1) 의 의

취소(取消)는 원칙적으로 무능력 또는 의사표시의 착오·사기·강박 등을 이유로 하여 일단 유효하게 성립한 법률행위의 효력을 후에 행위시에 소급하여 소멸시키는 특정인의 의사표시이다. 그러한 법률행위가 취소할 수 있는 법률행위이고, 취소할 수 있는 권리를 취소권이라 한다. 취소권은 일방적 의사표시에 의하여 법률관계의 변동을 발생시키는 것이므로 형성권이다. 취소할 수 있는 법률행위는 취소권자가 취소를 하면 처음부터 무효가 되지만, 그 취소의 의사표시가 있을 때까지는 누구에게나 그 법률행위는 유효한 것으로 취급된다. 이러한 상태를 '유동적 유효'라고도 한다. 또 취소권자가 취소권을 포기하거나 또는 제척기간의 경과로 취소권이 소멸되면 그 법률행위는 유효로 확정된다.

원칙적으로 취소는 무능력, 사기·강박, 착오로 인한 의사표시만을 이유로 하는 좁은 의미의 취소(狹義의 取消)만을 의미하며, 이들 취소에만 제140조 내지 제146조의 취소에 관한 일반규정이 적용된다. 좁은 의미의 취소에 적용되는 통칙적 규정에는 취소권자(제140조), 취소의 효과(제141조), 취소의 상대방(제142조), 취소할 수 있는 법률행위의 추인(제142조, 제144조), 법정추인(제145조), 취소권의 소멸(제146조)이 있다. 따라서 이들 규정은 민법이 규정하는 그 밖의 넓은 의미의 취소에는 그 적용이 없다.

좁은 의미의 취소 이외에 민법이 규정하는 넓은 의미의 취소(廣義의 取消)는 다음과 같다. ㉠ 재판 또는 행정처분의 취소(예: 한정치산·금치산·실종 등의 선고의 취소(제11조, 제14조, 제29조), 부재자재산관리명령의 취소(제22조), 법인설립허가의 취소(제38조) 등)는 공법상의 취소이므로 민법상의 법률행위의 취소가 아니다. ㉡ 완전히 유효한 법률행위의 취소(예: 미성년자에 대한 영업허락의 취소(제8조 2항), 부부간의 계약의 취소(제828조), 사해행위의 취소(제406조) 등)는 착오나 하자가 없는 완전히 유효한 법률행위의 취소라는 점에서 제140

조 이하의 취소가 아니다. ⓒ 가족법상의 법률행위의 취소(예: 혼인의 취소(제816조 이하)·이혼의 취소(제838조)·친생자승인의 취소(제854조)·입양의 취소(제884조)·인지의 취소(제861조)·부양관계의 취소(제978조)·부담부유언의 취소(제1111조) 등)는 신분행위의 취소로서 재산법상의 취소인 제140조 이하의 취소와는 다르다. 따라서 이러한 넓은 의미의 취소에는 제140조 이하의 일반원칙에 관한 규정이 적용되지 않는다.

(2) 구별 개념

1) 철 회

철회(撤回)란 법률행위의 효력이 종국적으로 발생하기 전에 장래에 향하여 그 효력발생을 저지하는 일방적 행위를 말한다. 취소가 일단 효력이 발생하고 있는 법률행위의 효력을 소멸시키는 행위라는 점에서 서로 차이가 있다. 철회의 특색은 자기가 행한 법률행위를 그 효과가 발생하기 전에 사정의 변화 또는 결과발생을 원하지 않는다는 등의 이유만으로 소멸시킨다는 점에 있다. 예컨대 무능력자의 상대방은 추인이 있기까지 그 의사표시를 철회할 수 있고(제16조 1항), 무권대리인의 상대방은 추인이 있기까지 무권대리행위를 철회할 수 있으며(제134조), 유언자는 생전에는 언제든지 유언을 철회할 수 있다(제1108조). 모두 아직 법률행위의 효력이 생기지 않은 경우에 의사표시를 거두어 들여서 장래에 효과의 발생을 저지하는 경우이다.

이외에도 일단 의사표시가 행해졌지만 그것만으로는 권리의무가 발생하지 않는 경우에 그것에 기하여 법률행위가 행하여질 때까지 할 수 있는 철회가 있다. 예컨대 미성년자에게 준 법정대리인의 동의와 허락의 철회(제7조), 영업허락에 대한 철회(제8조 2항) 등이 있다.

2) 해 제

해제(解除)란 유효하게 성립하고 있는 계약의 효력을 당사자 일방의 의사표시로 처음부터 존재하지 않았던 상태로 복귀시키는 것을 말한다. 일방적 의사표시에 의해 법률행위를 소급적으로 소멸케 한다는 점에서는 취소와 같다. 그러나 해제는 계약으로 발생한 채무의 불이행을 원인으로 하는 반면에 취소는 무능력, 사기·강박, 착오를 원인으로 하여 모든 법률행위에 적용된다는 점에서 다르다. 효과에 있어서도 취소의 경우에는 이미 이행한 것이 있으면 부당이득에 기한 반환청구가 인정되지만, 해제의 경우에는 원상회복청구가 인정되는 점이 다르다.

2. 취소권

(1) 취소권의 의의

취소는 유효하게 성립한 법률행위의 효력을 처음부터 무효화하는 일방적 의사표시이므로 이는 단독행위이다. 이러한 법률행위를 취소할 수 있는 지위를 취소권(取消權)이라 한다. 그리고 취소권은 일방적 의사표시에 의하여 법률관계를 변동시키는 효력이 있는 것이므로 그 성질은 형성권(形成權)이다.

(2) 취소권자

1) 의 의

취소권자(取消權者)는 취소할 수 있는 법률행위를 취소할 수 있는 지위에 있는 자이며, 무능력자, 하자 있는 의사표시를 한 자와 그 대리인 또는 승계인이다(제140조). 누구나 주장할 수 있는 무효의 경우와는 다르게 특정인만이 권리를 가진다.

2) 무능력자

무능력자는 자기가 한 취소할 수 있는 법률행위를 스스로 단독으로 취소할 수 있으며, 그것으로 취소의 효력은 확정적으로 생긴다. 즉 무능력자가 한 취소는 다시 무능력을 이유로 취소할 수 없다. 이는 무능력자의 법률행위의 효력에 관한 일반원칙의 예외가 된다. 무능력자의 취소를 다시 취소할 수 있다고 하면, 상대방이 매우 불안정한 상태에 빠지게 되므로 부당하고, 또 제140조가 대리인을 취소권자의 하나로 규정한 것은 단독으로 취소할 수 있는 자를 열거한 것으로 볼 수 있기 때문이다.

3) 하자 있는 의사표시를 한 자

하자 있는 의사표시를 한 자는 사기·강박에 의하여 의사표시를 한 자이다(제110조). 그런데 민법은 착오로 인하여 의사표시를 한 자도 취소할 수 있다고 규정하면서(제109조), 피착오자를 별도로 취소권자로 규정하지 않고 있다. 그러므로 제140조의 하자 있는 의사표시를 한 자 중에는 착오로 인하여 의사표시를 한 자도 포함된다.[743)]

743) 법무부 민법개정안 제140조는 「하자 있는 의사표시를 한 자」를 「착오로 인한 의사표시

4) 대리인

무능력자, 착오나 하자 있는 의사표시를 한 자의 대리인도 취소권이 있다. 취소도 의사표시이므로 대리인이 이를 할 수 있으며, 대리인에는 임의대리인과 법정대리인이 포함된다.

임의대리인의 경우에는, 대리인이 한 행위에 취소원인이 있어서 임의대리인이 이를 취소하려면 본인으로부터 그에 관한 수권이 있어야 하며, 취소에 관한 대리권 없이 당연히 취소할 수 있는 것은 아니다. 대리인에 의한 법률행위의 당사자는 본래 본인만이 당사자이므로 취소권자는 본인이지 대리인이 아니기 때문이다.

법정대리인은 능력보충기관으로서 고유의 취소권을 행사하는 것이고 대리하는 것이 아니라고 할 것이다. 법정대리인 스스로의 판단으로 취소 여부를 결정하는 것이 타당하기 때문이다.

5) 승계인

무능력자 또는 착오 및 하자 있는 의사표시를 한 자로부터 취소권을 승계한 자이다. 승계인(承繼人)에는 포괄승계인과 특정승계인이 포함된다.

포괄승계인은 피승계인의 취소권을 승계한다. 상속이나 회사의 합병에 의한 포괄승계인은 당연히 취소권자가 된다. 예컨대 피상속인이 생전에 사기를 당하여 계약을 체결한 경우에 그 사후에는 상속인이 이를 승계하여 취소권을 행사할 수 있다.

특정승계인도 취소권을 승계한다. 다만 취소권만이 양도되는 취소권의 분리양도는 인정되지 않으며, 취소할 수 있는 행위에 의하여 취득한 권리를 승계한 경우에만 취소권자가 된다. 취소권은 취소로서 법률이 보호하려고 하는 법률상의 지위를 떠나서는 존재의의가 없기 때문이다. 그러나 취소할 수 있는 법률행위에 의하여 생긴 하나하나의 권리・의무의 이전에는 반드시 취소권의 양도는 수반하지 않고, 그 법률행위에 의하여 생긴 법률관계의 전부를 승계하는 경우에 취소권도 승계된다고 할 것이다. 그리고 여기의 법률관계의 전부라 함은 개별적인 경우에 구체적으로 판정할 수밖에 없다.[744] 그러므로 채권의 양도・채무의 인수에 의하여 당연히 취소권이 이전하는 것이 아니다. 그러나 매도인이 지상권자에게 사기를 당하여 자기소유 토지에 지상권을 설정한 후

를 한 자, 사기나 강박에 의한 의사표시를 한 자」로 개정하고 있다.

744) 장경학, 640면 참조.

에 매도인으로부터 이 토지를 양수한 매수인은, 당해 법률관계를 승계한 자로서 취소권도 승계한다고 할 것이다.[745]

보증인이 취소권자가 될 것인가 문제이다. 그러나 보증인은 주채무자의 승계인이 아니므로 취소권자가 될 수 없다. 따라서 주채무자의 취소권을 보증인이 나서서 행사할 수 없다. 보증인에게 취소권행사를 인정하는 것은 보증채무의 담보적 작용을 크게 약화시킬 우려가 있으므로 부당하다고 할 것이다. 다만 주채무자가 채권자에 대하여 취소권을 갖고 있는 경우에, 보증인은 채권자에 대하여 보증채무의 이행을 거절할 수 있다(제435조).

3. 취소의 방법

1) 단독의 의사표시

취소권은 형성권이므로 취소권자의 단독의 의사표시로 행사할 수 있다. 상대방에 대한 의사표시로 한다. 취소의 의사표시는 일정한 방식을 요하지 않는다. 반드시 명시적이거나 재판상으로 행사할 것을 필요로 하지 않는다.

명시적이나 묵시적으로 취소권의 행사가 가능하다. 취소의 법률효과를 전제로 하여 그에 기한 급부를 청구하는 경우에는 명시적으로 표현되어 있지 않더라도 청구에 취소의 의사표시가 포함되어 있다고 할 것이다(이른바 포함적 의사표시).[746] 즉 의사표시의 해석에 의하여 취소라고 인정할 수 있으면 묵시의 취소가 된다. 예컨대 매매계약의 취소로 발생할 등기의 말소청구권, 대금의 반환청구권, 증서의 반환청구・손해배상의 청구권 등을 행사하는 경우에는 묵시의 취소가 있는 것으로 인정된다. 판례도 「법률행위의 취소는 상대방에 대한 의사표시로 하여야 하나 그 취소의 의사표시는 특별히 재판상 행하여짐이 요구되는 경우 이외에는 특정한 방식이 요구되는 것이 아니고, 취소의 의사가 상대방에 의하여 인식될 수 있다면 어떠한 방법에 의하더라도 무방하다고 할 것이고, 법률행위의 취소를 당연한 전제로 한 소송상의 이행청구나 이를 전제로 한 이행거절 가운데는 취소의 의사표시가 포함되어 있다고 볼 수 있다」고 한다.[747]

법률행위를 취소하는 의사표시를 함에 있어서 상대방이 이를 알 수 있다고

745) 그러나 이에 대하여 반대하는 견해가 있다(김주수, 471면).
746) 이영준, 630면.
747) 대판 1993.9.14, 93다13162.

할 것이므로 반드시 취소사유를 제시할 필요는 없을 것이다. 그러나 예컨대 사기에 의하여 착오에 빠진 경우에는 사기로든 착오로든 취소할 수 있어서 취소권이 경합한다. 이와 같이 취소권이 경합하는 경우에는 어느 사유에 의한 취소인지를 상대방이 알 수 있어야 할 것이다.

재판상 행사할 것을 요구하지 않는다. 그 행사는 통상의 의사표시로 하는 것이 원칙이다. 그러나 재판상으로 할 것이 요구되는 예외가 있다. 사해행위의 취소(제406조)·회사설립의 취소(상법 제184조 이하)·주주총회결의의 취소(동법 제381조) 등의 재산법상의 취소, 혼인·합의이혼·입양·협의파양 등 신분행위의 취소(제816조, 제838조, 제884조, 제904조)는 반드시 재판상 행사할 것이 요구된다. 소(訴)로서 법원에 청구하여야 한다. 그러나 이러한 넓은 의미의 취소의 규정은 좁은 의미의 취소에 적용되지 아니한다.

2) 일부취소

법률행위의 일부가 취소된 경우에도 일부무효의 법리와 같이 그 나머지만을 유효한 것으로 인정할 수 있는가. 이를 인정하는 이론이 일부취소의 법리이다.

그 요건을 살펴보면 다음과 같다. ㉠ 법률행위가 일체성이 있을 것, ㉡ 그 법률행위가 분할가능성 또는 특정가능성을 가질 것, ㉢ 나머지 부분을 유지하려는 당사자의 가정적 의사가 있을 것, ㉣ 법률행위의 일부에 취소원인이 존재하여야 한다. 이에 대하여 판례도 「하나의 법률행위의 일부분에만 취소사유가 있다고 하더라도 그 법률행위가 가분적이거나 그 목적물의 일부가 특정될 수 있다면, 그 나머지 부분이라도 이를 유지하려는 당사자의 가정적 의사가 인정되는 경우 그 일부만의 취소도 가능하다고 할 것이고, 그 일부의 취소는 법률행위의 일부에 관하여 효력이 생긴다」고 한다.[748] 그러나 그것은 어디까

748) 대판 2002.9.10, 2002다21509(채권자와 연대보증인 사이의 연대보증계약이 주채무자의 기망에 의하여 체결되어 적법하게 취소되었으나, 그 보증책임이 금전채무로서 채무의 성격상 가분적이고 연대보증인에게 보증한도를 일정 금액으로 하는 보증의사가 있었으므로, 연대보증인의 연대보증계약의 취소는 그 일정 금액(3000만원)을 초과하는 범위 내에서만 효력이 생긴다고 한 사례); 대판 2002.9.4, 2002다18435(화해계약이 가분적이거나 그 목적물의 일부가 특정될 수 있는 때에 해당한다고 볼 수는 없다고 하여 일부취소의 법리를 인정하지 않은 사례); 대판 1998.2.10, 97다44737(원고와 피고 사이의 협의매수계약은 원고의 위 착오를 이유로 한 의사표시의 일부 취소로 말미암아 각 그 해당 범위 내에서만 소급적으로 무효가 되었다고 판단한 것은 일부취소의 법리에 따른 것으로 정당하다고 한 사례); 대판 1992.2.14, 91다36062(원고의 이 사건 증여는 그 목적물의 일부가 특정될 수 있다고 보여지고 원고의 증여행위 중 판시의 부지 3,710평방미

지나 어떤 목적 또는 목적물에 대한 법률행위가 존재함을 전제로 한다. 예컨대 매매계약 체결시 토지의 일정 부분을 매매 대상에서 제외시키는 특약을 한 경우, 그 부분에 대해서는 어떠한 법률행위가 이루어지지 않은 것이므로 그 특약만을 기망에 의한 법률행위로서 취소할 수는 없다.[749)]

일부취소의 요건을 갖춘 경우에는, 취소가 된 부분 이외에 나머지 부분은 유효하게 된다. 반대로 일부취소의 요건이 충족되지 못하면 어느 부분도 취소되지 않으므로 법률행위의 전부가 유효하게 될 것이다. 이것이 당사자의 의사에 부합된다. 그러나 일부가 취소되어 그 부분이 무효로 된 경우에, 그 나머지 부분도 모두 무효로 한 사례도 있다. 판례는 「갑이 지능이 박약한 을을 꾀어 돈을 빌려주어 유흥비로 쓰게 하고 실제 준 돈의 두 배 가량을 채권최고액으로 하여 자기 처인 병 앞으로 근저당권을 설정한 사안에서, 갑의 기망을 이유로 한 을의 근저당권설정계약취소의 의사표시는 법률행위의 일부무효이론과 궤를 같이 하는 법률행위의 일부취소의 법리에 따라 소비대차계약을 포함한 전체에 대하여 취소의 효력이 있다」고 한다.[750)] 모두 의사해석의 문제이다.

3) 취소의 상대방

취소의 상대방이 확정되어 있는 경우에는, 상대방에 대한 의사표시로 한다(제142조). 상대방 있는 단독행위의 경우에는 그 상대방에게 취소의 의사표시를 하여야 하며, 계약의 취소의 상대방은 취소할 수 있는 원래 계약의 상대방을 말한다. 즉 계약당사자 일방이다. 판례도 전문건설공제조합이 구 전문건설공제조합법에 의하여 한 보증을 취소하는 경우, 그 보증관계의 해소를 위한 보증 취소의 의사표시는 보증을 신청한 자에 불과한 조합원에 대하여 할 것이 아니라 보증의 의사표시의 상대방인 보증채권자에 대하여 하여야 한다고 한다.[751)]

대리에 의해 계약이 체결된 경우에는 취소의 의사표시는 계약당사자인 본인과 상대방에게 하여야 하고 대리인은 취소의 상대방이 아니다. 또한 제3자를 위한 계약에서는 취소의 상대방은 제3자인 수익자가 아니라 계약의 당사자인 요약자와 낙약자이다.

터와 그 지상시설물에 관한 부분의 착오는 원심이 확정한 사실에 비추어 볼 때 이는 법률행위의 중요부분에 관한 착오라고는 볼 수 없다는 이유로 일부취소의 법리를 인정한 사례).

749) 대판 1999.3.26, 98다56607.

750) 대판 1994.9.9, 93다31191.

751) 대판 1999.11.26, 99다36617.

그런데 이러한 취소의 상대방이 취소권 행사로 발생하는 반환청구의 상대방과 반드시 일치하지 않는 경우도 있다. 예컨대 매매계약의 취소의 상대방은 전득자가 아니라 매수인이 되며, 취소의 결과인 반환청구의 대상은 현재 물건을 보유하고 있는 전득자이다. 이때에는 취소의 의사표시와 취소효과의 주장은 따로 행해지게 된다.

취소할 수 있는 행위의 상대방이 확정되어 있지 않은 경우에는, 취소의 의사표시를 적당한 방법으로 외부에 객관화하면 된다. 현상광고의 철회의 규정(제679조)이 참고가 될 것이며, 또한 공시송달의 방법(제113조)을 취할 수도 있을 것이다.

4. 취소의 효과

(1) 소급적 무효

취소된 법률행위는 처음부터 무효인 것으로 본다(제141조 본문). 이를 취소의 소급효(遡及效)라 한다. 일단 발생했던 법률행위의 효과는 처음부터 전혀 발생하지 않았던 것으로 된다. 이러한 취소의 효과는 당사자의 무능력을 이유로 하는 경우에는 절대적이지만(제5조 이하), 착오 · 사기 · 강박 등을 이유로 하는 경우에는 거래의 안전을 보호하기 위하여 그 취소로 선의의 제3자에게는 대항하지 못하므로(제109조 2항, 제110조 3항) 상대적이다.

(2) 부당이득의 반환의무

취소한다면 그 법률행위는 처음부터 효력이 없는 것으로 되므로, 일단 발생한 채무 등은 이행할 필요가 없게 된다.[752] 사실상 이미 이행한 때에는 받은 이익의 반환의무가 발생한다. 그 반환의무의 법적 성질은 원상회복의무(제548조 참조)가 아니라, 부당이득의 반환의무(제741조 이하)이다.[753] 그 이득반환 범위에 관한 명문의 규정이 없으므로 부당이득의 일반원리에 따라 해결하여

752) 대판 1990.11.13, 90다카17153(원고가 비록 피고들의 강박에 의한 하자 있는 의사표시에 기하여 금원을 교부하였다 할지라도 그 의사표시가 소멸되지 않는 한 피고들의 위 금원보유가 법률상 원인이 없다고 볼 수 없으므로 피고들은 이를 반환할 의무가 없다고 한 사례).

753) 통설. 다만 민법주해 Ⅲ, 299면(김용담)은 부당이득이 아니라 잘못 실행된 계약의 청산관계라고 한다.

야 한다. 따라서 선의의 수익자는 그 받은 이익이 현존하는 한도에서 반환하고, 악의의 수익자는 받은 이익에 이자를 붙여서 반환하여야 하고, 손해가 있으면 배상하여야 한다(제748조). 그러나 무능력자의 경우에는 특별히 예외규정을 두고 있다.

(3) 무능력자의 반환범위의 특칙

1) 반환범위의 축소

민법은 무능력자의 반환범위에 관하여는 특칙을 두어, 무능력자는 그 행위로 인하여 받은 이익이 현존하는 한도에서 배상할 책임이 있다고 규정한다(제141조 단서). 선의나 악의를 묻지 않고 현존이익의 반환을 규정한 것이다. 이는 무능력자를 보호하기 위한 것이므로 오직 무능력을 이유로 하는 취소의 경우에만 적용된다. 무능력자 측에서 취소하는 경우라도 사기·강박, 착오를 이유로 하는 취소의 경우에는 그 취소의 효과는 현존이익에 한하지 않는다.

2) 현존이익의 반환

현존이익(現存利益)이란 취소할 수 있는 행위에 의하여 얻은 이익이 원형대로 존재하거나, 또는 변형되어 남아 있는 부분을 말한다. 따라서 무능력자는 받은 원물이 훼손 또는 변질된 때에도 그것이 동일성이 인정되는 상태에서 현존한다면 그것을 반환하면 되고, 만일 원물이 멸실된 때에는 반환하지 않아도 된다. 원물을 제3자에게 양도한 경우에는 잔존하는 그 대가를 반환하면 되고, 무능력자의 수완으로 특별히 증가한 부분은 반환할 필요가 없다. 한편 받은 금전 등을 채무변제에 충당하거나, 생활비에 사용한 때에는 그 금전은 감소되고 없으나, 다른 재산의 감소를 면한 것이 되므로 그 정도의 이익이 현존하고 있는 셈이 된다. 그러나 유흥비 등으로 소비한 때에는 이익은 현존하지 않는 것으로 본다.

이익의 현존 여부의 판단시점은 취소시를 기준으로 하여야 한다. 취소의 의사표시를 할 때 부당이득반환청구권이 발생하고, 무능력자 측에서도 이익을 보유할 권한이 더 이상 없음을 알 수 있다고 볼 것이다. 따라서 취소 이후의 낭비는 반환범위의 축소로 인한 보호를 받을 수 없다.

3) 현존이익의 입증책임

현존이익의 존재 여부에 대한 입증책임을 누가 지는가에 대해서 견해의 대립이 있다. ① 무능력자입증설은 무능력자가 취득한 이익은 현존하는 것으로 추정하여야 할 것이므로, 무능력자가 현존이익 없음을 입증하여야 한다는 견해이다.[754] ② 상대방입증설은 무능력자보호의 취지에 비추어 반환청구권자인 상대방에게 입증책임이 있다는 견해이다.[755] 생각건대 무능력자의 책임을 경감하는 것이 제141조의 취지이지만, 반환범위의 축소로 무능력자의 보호에 치우친 점을 무능력자에게 입증책임을 지움으로써 거래의 상대방을 배려하는 태도가 타당하다.

5. 취소할 수 있는 행위의 추인

(1) 추인의 의의

취소할 수 있는 법률행위의 추인(追認)은 취소할 수 있는 행위를 취소하지 않겠다고 하는 취소권자의 의사표시이다. 추인에 의하여 취소할 수 있는 행위는 확정적으로 유효한 것으로 된다(제143조). 취소할 수 있는 행위는 일단 처음부터 효력이 생기고 그대로 둔다면 계속 유효하지만, 언제 취소될지 모르는 불안정한 유동적 유효 상태에 있게 된다. 이러한 상태에서 벗어나기 위해서는 이미 발생한 효과를 확정적인 유효로 하는 적극적인 방법이 추인이다. 또한 추인은 취소할 수 있는 행위를 취소하지 않겠다고 하는 단독의 의사표시로서 취소권자에 의한 취소권의 포기라는 소극적인 측면도 있다.

민법상의 추인은 무권대리행위의 추인, 무효행위의 추인, 취소할 수 있는 행위의 추인이 있다. 어느 경우나 사후 동의(事後 同意)라는 점에선 동일하지만, 그 법적 성질은 각각 다르다. 취소할 수 있는 행위의 추인은 일단 유효한 법률행위에서 취소가능성을 제거함으로써 그 유효를 확정시켜서 유동적 유효를 확정적 유효로 하는 점에서, 효력의 발생여부가 불확정한 행위에 직접 효과가 생기게 하여 유동적 무효를 확정적 유효로 하는 무권대리행위의 추인이나, 행위의 효과가 확정적으로 무효인 행위를 새로운 행위로 보아서 확정적 무효를 확정적 유효로 하는 무효행위의 추인과는 다르다.

754) 고상룡, 621면; 곽윤직, 300면; 김상용, 688면; 김주수, 474면; 김증한・김학동, 482면; 백태승, 536면; 이은영, 709면; 장경학, 648면.
755) 김용한, 402면; 이영준, 634면.

(2) 추인의 요건

1) 추인권자의 추인이 있을 것

추인은 권리포기의 성질을 가지므로 포기의 대상이 되는 취소권을 행사할 수 있는 취소권자가 추인을 할 수 있다(제143조). 추인권자인 무능력자, 사기·강박, 착오에 의하여 의사표시를 한 자, 그 대리인, 승계인이 취소할 수 있는 법률행위를 추인하여야 한다.

무능력자의 법률행위에 관하여 무능력자 자신과 법정대리인이 취소권을 가지는 경우에, 법정대리인이 추인을 한 때에는 무능력자의 행위는 추인되고, 확정적으로 유효로 된다. 따라서 무능력자의 추인권은 소멸한다.

2) 취소원인이 종료되었을 것

추인은 취소의 원인이 종료한 후에 하여야 한다(제144조 1항). 즉 무능력자는 능력자가 된 뒤, 착오·사기·강박으로 의사표시를 한 자는 착오·사기·강박의 상태에서 벗어난 뒤가 아니면 추인할 수 없다.[756] 법정대리인이 추인하는 데에는 이러한 제한이 없다.

미성년자와 한정치산자는 취소원인이 종료하기 전이라도 법정대리인의 동의를 얻어 유효하게 추인을 할 수 있다.[757] 그러나 금치산자는 동의를 얻더라도 추인할 수 없다.

3) 취소할 수 있는 행위임을 알고 있을 것

법률행위가 취소할 수 있는 것임을 알고서 추인하여야 한다. 추인은 취소권의 포기이므로, 추인을 하려면 그 행위가 취소할 수 있다는 것을 알고서 하여야 한다.[758] 취소할 수 있는 행위임을 알지 못하고 그 행위에 의하여 성립한 채무를 승인하거나 화해의 청약을 하더라도 그것은 당연히 추인으로 되지는 않는다.

취소할 수 있는 법률행위가 취소되었다면 그 후에는 추인에 의하여 이미

---

756) 대판 1982.6.8, 81다107(강박에서 벗어나지 아니한 상태에 있으면 취소의 원인이 종료되기 전이므로 이때에 한 추인은 그 효력이 없다고 한 사례).

757) 통설. 그러나 이은영, 711면은 미성년자는 능력자가 되기 전에 법정대리인의 동의를 얻어서라도 추인할 수 없다고 한다.

758) 대판 1997.5.30, 97다2986(추인은 취소권을 가지는 자가 취소원인이 종료한 후에 취소할 수 있는 행위임을 알고서 추인의 의사표시를 하거나 법정추인사유에 해당하는 행위를 행할 때에만 법률행위의 효력을 유효로 확정시키는 효력이 발생한다고 한 사례).

취소되어 무효인 것으로 간주된 당초의 의사표시를 다시 확정적으로 유효하게 할 수는 없다.[759]

(3) 추인의 방법

추인은 취소와 동일한 방법으로 할 수 있다(제143조 2항, 제142조). 명시적으로나 묵시적으로도 가능하다.

판례는 「한정치산자가 '횡령혐의로 고소한 바 있으나 쌍방 원만히 합의하였을 뿐만 아니라 피고소인이 범행에 대하여 깊이 반성하고 있으므로 고소를 취소한다'는 내용의 고소취소장을 작성하여 제출할 때에도 아직 한정치산선고를 취소받기 전이므로 여전히 한정치산자로서 독립하여 추인할 수 있는 행위능력을 가지고 있지 못하였을 뿐더러, 고소 취소는 어디까지나 수사기관 또는 법원에 대하여 고소를 철회하는 의사표시에 지나지 아니하고 또 고소취소장에 기재된 문면의 내용상으로도 고소인이 매수인에 대하여 가지는 매매의 취소권을 포기한 것으로 보기 어렵다」고 한다.[760]

(4) 추인의 효과

추인에 의하여 취소할 수 있는 법률행위는 소급적·확정적으로 유효로 된다. 그 후에는 취소할 수 없다. 그러나 취소할 수 있는 행위는 이미 유효로 취급되고 있으므로 추인에 의한 소급효는 실제로는 특별한 의미를 갖지 못한다.

어떤 법률행위에 여러 개의 취소원인이 있어서 취소권이 경합하는 경우에, 추인권자가 그 중 하나의 취소원인만을 알고 추인한 때에는, 이를 원인으로 하는 취소권만을 포기한 것으로 취급되고 다른 원인에 의한 취소권의 행사는 가능하다. 반대로 여러 개의 취소원인이 있음을 알면서 추인한 경우에는 취소권은 소멸하고 법률행위는 유효로 확정된다.

---

759) 대판 1997.12.12, 95다38240(강박에 의한 의사표시임을 이유로 일단 유효하게 취소되어 당초의 의사표시가 무효로 된 후에 추인한 경우 그 추인이 효력을 가지기 위하여는 그 무효 원인이 소멸한 후일 것을 요한다고 할 것인데, 그 무효 원인이란 바로 위 의사표시의 취소사유라 할 것이므로 결국 무효 원인이 소멸한 후란 것은 당초의 의사표시의 성립 과정에 존재하였던 취소의 원인이 종료된 후, 즉 강박 상태에서 벗어난 후라고 보아야 한다고 한 사례).

760) 대판 1997.6.27, 97다3828.

6. 법정추인

(1) 의 의

법정추인(法定追認)은 취소할 수 있는 행위에 관하여 통상 추인이라고 인정할 만한 일정한 행위가 행하여졌을 때 취소권자의 실제 의사와는 관계없이 법률상 추인으로 간주하는 것을 말한다. 추인은 명시적으로나 묵시적으로 할 수 있고 특히 묵시적인 경우에 실제로 추인 여부가 명확하지 않은 경우가 생긴다. 그래서 민법은 취소할 수 있는 행위에 관하여 사회일반의 입장에서 추인이 있다고 인정할만한 현저한 사실이 있는 경우에는 취소권자의 의사를 묻지 않고, 법률상 당연히 추인이 있는 것으로 보는 것이다(제145조). 묵시적 추인의 대표적인 유형을 규정함으로써 거래의 안전을 꾀하려는 취지이다.

(2) 요 건

1) 법정추인의 사유가 있을 것

취소할 수 있는 법률행위에 관하여 다음의 사실 중의 하나가 있어야 한다(제145조).

(가) 전부나 일부의 이행

취소할 수 있는 법률행위로부터 발생한 채권·채무를, 취소권자가 상대방에게 채무를 이행한 경우뿐 아니라 채권자로서 상대방의 채무이행을 수령한 경우도 포함된다. 판례는 취소할 수 있는 법률행위로부터 생긴 채무의 이행을 위하여 발행한 여러 장의 당좌수표 중 일부가 지급된 경우, 나머지 수표금 채무까지 법정추인된 것으로는 볼 수 없다고 한다.[761)]

(나) 이행의 청구

취소권자가 상대방에게 이행을 청구하는 경우만 해당되고, 상대방이 취소권자에게 이행을 청구하는 경우는 포함되지 않는다.

(다) 경 개

경개(更改)는 기존의 채권을 소멸시키고 이를 바탕으로 하여 새로운 채권을 발생케 하는 계약이다(제500조 이하). 따라서 취소할 수 있는 행위에 의하여 성립된 채권 또는 채무를 소멸시키고 이에 갈음하여 다른 채권 또는 채무를 발생시키는 합의가 당사자 사이에 있었다면 더 이상 취소는 할 수 없다.

761) 대판 1996.2.23, 94다58438.

이 경우에 취소권자가 채권자이거나 채무자이거나 이를 묻지 않는다.

(라) 담보의 제공

취소권자가 채무자로서 담보를 제공하는 경우뿐만 아니라, 채권자로서 담보의 제공을 받는 경우도 포함한다. 그리고 제공하는 담보는 물적 담보에 한하지 않고, 인적 담보라도 좋다.

(마) 취소할 수 있는 행위로 취득한 권리의 전부 또는 일부의 양도

취소권자가 양도한 경우에 한하며, 상대방이 양도한 경우는 이에 포함되지 아니한다. 취소할 수 있는 행위로 취득한 권리 위에 설정된 제한적 권리를 설정하는 것도 이에 포함한다. 예컨대 사기에 의하여 부동산을 비싸게 산 매수인이 다시 제3자에게 그 부동산을 매도하거나, 지상권 등의 제한물권을 설정한 경우에는, 다시 매도인에 대하여 사기를 이유로 하여 취소권을 행사할 수 없을 것이다. 그러나 취소 이후에 그로 인한 손해배상의 청구와 같이 취소로 발생할 장래의 채권의 양도는 이에 포함되지 않는다.

(바) 강제집행

취소권자가 채권자로서 강제집행을 한 경우가 포함된다. 반대로 취소권자가 채무자로서 집행을 받는 경우도 이에 포함된다.

2) 취소원인이 종료한 후일 것

법정추인사유가 취소원인의 종료로 추인할 수 있는 때 생긴 것이어야 한다(제145조 본문). 추인의사의 유무, 또는 취소원인이 있음을 알았는가의 여부 등은 문제가 되지 않는다. 그러나 금치산자 이외의 미성년자와 한정치산자가 법정대리인의 동의를 얻어 법정추인사유의 행위를 한 경우와, 법정대리인이 스스로 이들 행위를 한 경우에는 그것이 취소원인의 종료 전에 하였다 하더라도 법정추인이 된다고 보아야 한다.

3) 이의를 보류하지 않을 것

취소권자가 상기의 행위를 하는 데 있어서 이의(異議)를 보류(保留)하지 않았어야 한다(제145조 단서). 이의보류는 법률상 부여되는 법률효과를 배제하는 것을 목적으로 하는 의사표시를 말한다. 예컨대 취소할 수 있는 행위에 의하여 부담한 채무에 관한 강제집행을 면하기 위하여 우선변제를 하는 경우에, 추인이 아니라는 것을 명시하고 변제를 하는 경우가 그것이다.

(3) 법정추인의 효과

법정추인의 효과는 보통의 추인의 효과와 동일하다.

7. 취소권의 소멸

(1) 일반적 소멸원인

취소권은 취소권의 행사나 그 포기로 소멸하며, 추인이나 법정추인에 의해서도 소멸한다. 그리고 일정한 행사기간의 경과에 의해서도 소멸한다. 그리고 무능력자의 취소권은 상대방의 최고에 의하여 추인으로 간주되는 경우(제15조 1항·2항), 상대방이 의사표시를 철회하거나 거절한 경우(제16조), 무능력자가 사술을 쓴 경우(제17조)에도 소멸한다.

(2) 단기소멸

1) 의　의

취소할 수 있는 법률행위를 오랫동안 그대로 방치한다는 것은, 상대방이나 일반 제3자의 입장을 불안정하게 하므로, 민법은 취소의 주장에 대하여 시간적 제한을 가하였다. 취소권은 추인할 수 있는 날로부터 3년 내에, 법률행위를 한 날로부터 10년 내에 행사하여야 한다(제146조).[762] 이 기간의 경과로 취소권은 소멸하게 되고, 상대방은 속히 불안정한 상태로부터 벗어나게 된다. 추인이나 법정추인의 사유가 없더라도 기간의 경과로 당연히 취소권은 소멸한다.

2) 기간의 기산점

단기 3년의 기산점인 추인을 할 수 있는 날은 취소의 원인이 종료한 때를 말한다. 판례도 취소의 원인이 종료되어 취소권행사에 관한 장애가 없어져서

---

762) 대판 2002.2.10, 2002다56031(증여자가 강박에 의한 증여행위시로부터 민법 제146조 후단 소정의 10년의 제척기간 경과 전에 강박상태에서 벗어났음에도 그 제척기간 경과 전까지 증여 의사표시를 취소하지 아니한 것은 물론 그 증여를 내용으로 한 제소전 화해조서에 따른 기판력 배제를 위하여 준재심청구를 하는 등 최소한의 권리행사도 하지 않은 경우, 민법 제146조 후단 소정의 제척기간이 그 법조항의 문언과 다른 시점으로부터 비로소 진행한다고 볼 수 없다고 판단한 원심을 수긍한 사례).

취소권자가 취소의 대상인 법률행위를 추인할 수도 있고 취소할 수도 있는 상태가 된 때를 가리킨다고 한다.[763] 즉 착오가 있는 것을 안 때, 사기당한 것을 안 때, 강박에 의한 공포에서 벗어났을 때,[764] 미성년자가 성년자가 된 때, 한정치산자가 선고의 취소를 받았을 때[765] 등이다. 그러나 금치산자의 경우에는 능력자가 된 후에 자기가 금치산자 당시에 문제의 행위를 한 것임을 안 때이다. 장기 10년의 기산점은 행위시이다. 위의 기간 중 하나가 만료하면 취소권은 소멸한다.

무능력자의 행위에 대한 법정대리인의 취소권에 관하여서는, 무능력자가 법률행위를 한 것을 법정대리인이 안 때를 기산점으로 할 것이다. 실제상 본인에 관한 취소권소멸의 기산점보다 법정대리인의 기산점이 더 앞설 수도 있다. 따라서 무능력자가 능력을 회복하기 이전에 법정대리인의 취소권의 행사기간이 경과한 때에는 무능력자의 취소권도 소멸한다고 하여야 할 것이다.

3) 기간의 성질

민법은 단순히 행사하여야 한다고 하고 있으므로 이는 제척기간으로 해석한다.[766] 취소권은 형성권이므로 불행사의 상태라든가, 중단이라는 것은 생각할 수 없기 때문이다.

4) 취소에 따른 다른 권리의 행사기간

취소기간 내에 취소권을 행사하면 그 효과로서 부당이득반환청구권 내지 현존이익의 반환청구권 등이 생기게 되는데, 이들 청구권도 단기의 제척기간

763) 대판 1998.11.27, 98다7421.

764) 대판 1997.12.12, 95다38240(1980.5. 실시된 비상계엄하의 합동수사단 수사관 등의 강박에 의하여 국가에 대하여 재산 양도의 의사표시를 한 자에 대한 강박의 상태가 종료된 시점은 전국적으로 실시되고 있었던 비상계엄이 해제되어 헌정질서가 회복된 1981. 1.21. 이후라고 한 사례); 대판 1996.10.11, 95다1460; 대판 1993.2.23, 92다14632.

765) 대판 1997.6.27, 97다3828(한정치산자가 스스로 법률행위를 취소함에 있어서는 한정치산선고가 취소되어 피후견인이 능력자로 복귀한 날로부터 3년 내에 그 취소권을 행사하여야 한다고 한 사례).

766) 대판 1996.9.20, 96다25371(민법 제146조는 취소권은 추인할 수 있는 날로부터 3년 내에 행사하여야 한다고 규정하고 있는바, 이때의 3년이라는 기간은 일반 소멸시효기간이 아니라 제척기간으로서 제척기간이 도과하였는지 여부는 당사자의 주장에 관계없이 법원이 당연히 조사하여 고려하여야 할 사항이라고 한 사례); 대판 1964.3.31, 63다214(취소권행사 기간의 성질이 구 민법에서는 시효기간이던 것이 신 민법에서는 제척기간으로 변경된 경우에는 신민법이 시행되면서 소멸시효의 기간은 거기서 그쳐 버리고 그때부터 새로이 제척기간이 진행된다고 한 사례).

내에 행사하여야 할 것이다. 만일 이들 청구권의 행사기간을 그 취득 시부터 다시 10년의 소멸시효기간이 만료될 때까지로 해석한다면, 취소권을 조속히 소멸시켜서 법률관계를 확정하려는 취소권의 본래의 취지에 어긋나게 된다. 따라서 제146조는 취소권의 행사로 인하여 발생하는 청구권의 행사기간도 아울러 규정한 것으로 해석한다.

제 8 관 조건과 기한

Ⅱ. 법률행위의 부관의 의의

법률행위의 부관(附款)은 법률행위의 효력의 발생 또는 소멸을 제한하기 위하여 법률행위의 내용에 덧붙여지는 약관이다. 법률행위는 성립과 동시에 효력이 발생하는 것이 보통이다. 그러나 사적자치의 원칙 아래서 법률행위의 자유가 인정되므로 당사자는 법률행위의 효력의 발생・소멸을 제한하거나 가감할 수 있다.

넓은 의미의 부관은 법률행위에 부수하는 약관을 의미하기도 하며, 그 예로는 환매약관, 이자약관, 담보약관 등이 있다. 이러한 약관은 법률행위의 외부로부터 효과를 제한하려고 부가시킨 별개의 의사표시이다. 그러나 좁은 의미의 부관은 법률행위의 내부에서 효과의사의 내용으로 부가된 약관이며, 법률행위에 대한 부수적인 부분이 아니라 그 운명을 좌우하는 중요한 핵심부분을 차지하는 것이다. 일반적으로 법률행위의 부관이라 함은 좁은 의미의 부관을 말한다.[767)]

민법은 좁은 의미의 부관으로서 조건・기한에 관한 일반적 규정을 두었다. 그밖에 법률행위의 일부로서 부가된 부담(負擔)도 일종의 부관이다. 예컨대 부담부증여(제561조), 부담부유증(제1088조)에서의 부담을 말한다. 그러나 부담부 법률행위의 효력은 법률행위 당시에 발생하고 다만 당사자 일방이 일정한 부담을 지는 데 불과하다. 그렇지만 조건부나 기한부 법률행위는 그 조건・기한이 구비된 때에 비로소 효력이 생기거나 소멸하게 되므로 양자가 구

767) 이에 대해서, 부관을 넓은 의미의 부관과 좁은 의미의 부관으로 구별하는 것이 실익이 없다는 주장이 있다(이영준, 646면).

별된다. 부담에 대해서 민법은 따로 특별규정을 두어서 조건·기한과는 구별하고 있다.

조건·기한이 어떤 효력을 가지는가는 당사자의 의사에 의하여 결정되므로, 민법규정은 주로 법률행위 해석의 기준이 된다.

II. 조 건

1. 조건의 의의와 성질

조건(條件)은 법률행위의 효력의 발생·소멸을 장래의 불확실한 사실의 성부에 의존케 하는 법률행위의 부관이다. 조건이 붙은 법률행위를 조건부 법률행위라 한다. 불확실한 사실 자체를 조건이라고도 한다.

조건은 법률행위를 구성하는 의사표시의 일체적인 내용을 이루는 것이므로, 의사표시의 일반원칙에 따라 조건을 붙이고자 하는 의사, 즉 조건의사와 그 표시가 필요하다.768) 조건의사가 있더라도 그것이 외부에 표시되지 않으면 법률행위의 동기에 불과할 뿐이고 그것만으로는 법률행위의 부관으로서의 조건이 되는 것은 아니다.

조건은 법률행위의 효력의 발생·소멸에 관한 것이며, 법률행위의 성립에 관한 것은 아니다. 법률행위가 정상적으로 성립하였으나 다만 그 효력의 발생 또는 소멸이 조건의 성취 여부에 달려 있는 것이다. 예컨대 혼인을 하면 아파트 한 채를 준다고 하면 아파트 증여계약은 성립한 것이나 혼인이라는 조건이 성취되어야 효력이 생기는 것이고, 취직할 때까지 매월 생활비를 지급한다고

768) 대판 2003.5.13, 2003다10797('횡령금 중 일부를 변제하고 선처받기로 한다.'는 각서문구는 약정을 예정대로 이행하면 선처받을 수 있도록 협조한다는 취지에 불과하므로 조건에 해당하지 않는다고 본 사례); 대판 2000.10.27, 2000다30349(토지 매도인이 토지대금의 지급을 담보하기 위하여 토지 매수인이 그 토지상에 신축한 연립주택에 관하여 소유권보존등기를 마친 후 그 일부 세대에 대하여 토지 매수인 명의로 소유권이전등기를 마쳐주면 이를 담보로 대출을 받아 토지대금을 지급하겠다는 토지 매수인의 제의에 따라 소유권이전등기를 마쳐준 경우, 그 소유권 이전의 합의는 토지 매수인이 그 일부 세대를 담보로 대출을 받아 토지대금을 지급하는 것을 정지조건으로 한 법률행위가 아니라 토지 매도인이 소유권이전등기를 마쳐주는 선이행 채무를 부담하고 이에 대하여 토지 매수인이 토지대금을 지급하는 반대채무를 부담하는 것을 내용으로 하는 무조건의 쌍무계약이라고 본 사례).

하면 계약성립과 함께 효력이 생기지만 취직이라는 조건이 성취되면 그 지급이 중단되는 것이다.

조건이 되는 사실은 장래의 그 성부가 객관적으로 불확실(不確實)한 것이어야 한다. 반면에 장래 반드시 실현되는 사실은 기한이다. 과거의 사실은, 비록 당사자가 알지 못하더라도 객관적으로 기정사실이므로 조건이 되지 못한다. 이미 그 내용이 이루어진 기성조건은 조건이 아니다. 장래의 사실이라도 그 도래가 확실한 것이면 그 도래시기가 불확정하더라도 조건이 아니라 불확정기한이다. 어떤 사실이 도래가 확실한가의 여부는 객관적으로 정하여져야 하며, 이는 결국 법률행위 해석의 문제이다.

판례는 부관이 붙은 법률행위에 있어서 부관이 정지조건인지 불확정기한인지를 판단하는 기준에 대해서, 「부관이 붙은 법률행위에 있어서 부관에 표시된 사실이 발생하지 아니하면 채무를 이행하지 아니하여도 된다고 보는 것이 상당한 경우에는 조건으로 보아야 하고, 표시된 사실이 발생한 때에는 물론이고 반대로 발생하지 아니하는 것이 확정된 때에도 그 채무를 이행하여야 한다고 보는 것이 상당한 경우에는 표시된 사실의 발생 여부가 확정되는 것을 불확정기한으로 정한 것으로 보아야 한다」고 한다.[769)]

조건은 법률행위의 내용의 일부가 되므로 당사자가 임의(任意)로 부가하는 것이어야 한다. 따라서 법률이 일정한 사실을 효과발생을 위한 요건으로 하는 법정조건은 진정한 의미의 조건이 아니다.

2. 조건의 종류

(1) 정지조건 · 해제조건

정지조건(停止條件)은 법률행위의 효력의 발생을 장래의 불확실한 사실에 의존케 하는 조건이다. 법률행위의 효력발생을 조건성취까지 정지시키는 것이다. 해제조건(解除條件)은 법률행위의 효력의 소멸을 장래의 불확실한 사실

769) 대판 2003.8.19, 2003다24215(이미 부담하고 있는 채무의 변제에 관하여 일정한 사실이 부관으로 붙여진 경우 그 부관은 불확정기한이라고 한 사례); 대판 2002.3.29, 2001다41766(지방자치단체와 분쟁이 있던 은행이 분쟁해결을 위하여 지방자치단체가 청구권을 행사하지 않는 대신 지방자치단체의 문화시설 건립비용을 부담하기로 하되 그 비용의 지급방법은 상호 협의에 의하여 정하기로 한 경우, 그 약정은 불확정기한부 화해계약이라고 한 사례).

에 의존케 하는 조건이다. 조건이 성취하면 이미 생긴 법률행위의 효력이 소멸하는 것이다. 예컨대 대학입학시험에 합격하면 노트북을 한 대 사주겠다고 약속할 때의 합격은 정지조건이고, 합격하면 학원비는 그만 주겠다고 할 때의 합격은 해제조건이다.

정지조건부 법률행위는 그 효력은 정지조건의 성취시부터 장래를 향하여 발생하지만, 법률행위의 다른 유효요건에 대한 판단은 조건의 성취시점이 아니라 법률행위 당시를 기준으로 한다. 해제조건부 법률행위는 그 성립시부터 효력이 발생하므로 이러한 문제는 없다.

또 정지조건부 법률행위에 해당한다는 사실에 대한 입증책임은 그 법률행위로 인한 법률효과의 발생을 저지하는 사유로서 그 법률효과의 발생을 다투려는 자에게 있다.[770]

정지조건부 법률행위에 관한 판례로는, ㉠ 농지를 장래 대지화(垈地化) 됨을 정지조건으로 하여 체결된 매매계약,[771] ㉡ 대부금상환전에 상환을 정지조건으로 한 군사원호대상자 정착 대부법 소정 정착재산처분약정[772], ㉢ 상환완료를 정지조건으로 하는 농지매매계약,[773] ㉣ 8·15해방 전에 가격통제령의 적용을 받는 부동산에 대하여 그 가격에 대한 당국의 인가를 정지조건으로 하여 체결한 매매계약,[774] ㉤ 귀속재산에 대한 소유권취득을 정지조건으로 한 매매계약[775] 등이 있다. 그리고 ㉥ 금융기관의 기업에 대한 시설자금 대출이 대출승인 후 일단 채무자 명의의 여신관리자금 계좌에 장부상 입금되었다가 이후 기성고의 비율에 따라 금융기관의 확인절차를 거쳐 채무자나 시공자에게 대출금이 지급되는 방식으로 이루어지는 경우, 그 대출은 정지조건부 대출에 해당한다고 한다.[776]

해제조건부 법률행위에 관한 판례로는, ㉠ 도로개설공사를 시행할 때 수증자가 증여토지를 지자체에 무상증여할 것을 해제조건으로 하여 증여하였고,

770) 같은 취지: 이은영, 722면; 대판 1993.9.28. 93다20832(명의신탁해지를 원인으로 하는 수탁자의 소유권이전등기의무와 신탁자의 사례금지급이 동시이행관계에 놓일 뿐 정지조건부 법률행위는 아니라고 한 사례).
771) 대판 1981.3.24, 80다2506; 대판 1966.10.18, 66다1690; 대판 1966.4.6, 66다329; 대판 1963.7.25, 63다209.
772) 대판 1977.9.28, 77다368; 대판 1976.9.14, 75다1882.
773) 대판 1969.11.25, 69다1627; 대판 1964.4.21, 63다707.
774) 대판 1963.1.24, 62다783.
775) 대판 1969.12.9, 69다1785.
776) 대판 2006.4.27, 2003다65674; 대판 1992.10.27, 91다20876.

도로개설공사가 시행된 후에도 토지를 무상증여하지 아니함으로써 해제조건이 성취되었다고 하고,[777] ㉡ 매도인으로부터 매매계약의 해제를 해제조건부로 전세 권한을 부여받은 매수인이 주택을 임대한 후 매도인과 매수인 사이의 매매계약이 해제됨으로써 해제조건이 성취되어 그 때부터 매수인이 주택을 전세 놓을 권한을 상실하게 된다고 한다.[778] ㉢ 국가의 농지의 당연매수 취득은 나중에 그 매수된 농지가 분배되지 않을 것을 해제조건으로 한다고 하고,[779] ㉣ 구 경매법 시행당시 경락허가 결정이 확정된 사건에 있어서는 경락인은 경락허가 결정과 동시에 경락대금을 그 지급기일내에 지급하지 않는 것을 해제조건으로 경락부동산의 소유권을 취득한다고 한다.[780] ㉤ 가집행으로 인한 변제의 효력은 종국적인 것은 아니고 상소심에서 그 가집행선고 또는 그 본안판결이 취소되지 않을 것을 해제조건으로 하여 효력을 발생한다고 한다.[781] ㉥ 이미 확정적으로 취득한 폐기물 소각처리시설 관리 권리를 포기하는 대신 수주 여부가 분명하지 않은 매립장 복원공사를 상대방으로부터 하도급받기로 한 약정은 상대방이 위 복원공사를 수주하지 못할 것을 해제조건으로 한 경개계약이라고 한다.[782]

(2) 적극조건 · 소극조건

적극조건(積極條件)은 현상의 적극적 변화가 생기는 것을 조건사실로 하는 것으로 예컨대 '내일 비가 온다면'과 같은 형식의 조건을 말한다. 소극조건(消極條件)은 현상의 변화가 생기지 않는 것을 조건사실로 하는 것으로, 예컨대 '내일 비가 오지 않는다면'과 같은 조건을 말한다.

(3) 수의조건 · 비수의조건

조건사실과 당사자의 의사의 관계에 따라서 구별하는 것이다.

1) 수의조건

수의조건(隨意條件)은 조건의 성부가 당사자의 일방적 의사에만 의존하는

777) 대판 1992.5.22, 92다5584.
778) 대판 1995.12.12, 95다32037.
779) 대판 1970.4.28, 70다258.
780) 대결 1969.1.14, 67마918.
781) 대판 1963.7.11, 63다252.
782) 대판 2007.11.15, 2005다31316.

것이다. 이에는 다시 두 가지가 있다.

(가) 순수수의조건

순수수의조건(純粹隨意條件)은 법률행위의 효과를 당사자 일방의 의사에 만 전적으로 의존케 하는 조건이다.[783] 예컨대 내가 갚고 싶으면 갚겠다고 하는 것과 같이 전적으로 당사자 일방의 의사에 의존하는 조건을 말한다.

순수수의조건의 효력에 관해서 견해가 대립한다. ① 무효설은 당사자에게 법률적 구속력을 발생시키려는 의사가 없기 때문에 언제나 무효라는 견해이다.[784] ② 유효설은 사적자치의 원칙상 일방적 법률행위나 쌍방적 법률행위도 당사자가 원하는 경우에 효력을 발생 또는 소멸케 하는 순수수의조건은 언제나 유효하다는 견해이다.[785] ③ 절충설은 채무자의 의사에만 의존하는 정지조건부 순수수의조건인 때에는 법적 구속력을 발생시키려는 의사가 인정되지 않으므로 무효라고 하고, 채권자의 이사에만 의존히는 정지조건부 순수수의조건이나 해제조건부 순수수의조건부 법률행위는 채권자나 채무자 누구의 의사에 의하든 유효하다는 견해이다.[786] 생각건대 임차인이 차임의 증액에 동의하지 않는 것을 해제조건으로 하여 임대차계약을 체결하는 경우와 같이 해제조건의 성취를 당사자 일방의 의사에 의존케 하는 경우, 또 매수인의 마음에 드는 것을 조건으로 하는 시험매매와 같이 채권자의 의사에 의존하는 정지조건부 순수수의조건은 당사자에게 법적 구속을 받으려는 의사가 있다고 볼 것이므로 유효하다고 할 것이다. 다만 채무자의 의사에만 의존하는 정지조건부 순수수의조건은 효력을 인정하기 어렵다.

(나) 단순수의조건

단순수의조건(單純隨意條件)은 조건을 성취시키려는 의사만이 아니라 다

---

783) 대판 2006.10.13, 2004다21862(제작물공급계약의 당사자들이 보수의 지급시기에 관하여 "수급인이 공급한 목적물을 도급인이 검사하여 합격하면, 도급인은 수급인에게 그 보수를 지급한다"는 내용으로 한 약정은 도급인의 수급인에 대한 보수지급의무와 동시이행관계에 있는 수급인의 목적물 인도의무를 확인한 것에 불과하므로, 법률행위의 효력 발생을 장래의 불확실한 사실의 성부에 의존하게 하는 법률행위의 부관인 조건에 해당하지 아니할 뿐만 아니라, 조건에 해당한다 하더라도 검사에의 합격 여부는 도급인의 일방적인 의사에만 의존하지 않고 그 목적물이 계약내용대로 제작된 것인지 여부에 따라 객관적으로 결정되므로 순수수의조건에 해당하지 않는다고 한 사례).

784) 곽윤직, 306면; 백태승, 541면.

785) 김증한·김학동, 491면; 이영준, 658면; 이은영, 724면; 민법주해 Ⅲ, 326면(민영기).

786) 고상룡, 636면; 김민중, 703면; 김용한 423면; 김주수, 491면; 김준호, 497면; 장경학, 663면; 김상용, 698면도 일응 유효하다고 하면서 언제나 유효하다고 볼 수는 없다고 하므로 절충적 견해에 속하는 것으로 이해된다.

른 의사결정에 의한 사실상태의 성립도 있어야만 하는 조건이다. 당사자의 의사 외에 다른 사정이 가중적으로 요구되는 조건이다. 예컨대 내가 제주도에 가게 되면 돌하루방 하나를 사다 주겠다고 하는 것과 같다. 이것은 유효한 조건이다.

2) 비수의조건

비수의조건(非隨意條件)은 조건의 성부가 당사자 일방의 의사에만 의존하지 않는 조건이다. 이는 모두 유효하다.

(가) 우성조건

우성조건(偶成條件)은 조건의 성부가 당사자의 의사와는 관계없이, 자연사실 또는 제3자의 의사나 행위에 의하여 결정되는 경우이다. 예컨대 내일 비가 온다면, 갑이 결혼한다면 등이 그것이다.

(나) 혼성조건

혼성조건(混成條件)은 조건의 성부가 당사자 일방의 의사 외에, 제3자의 의사에 의하여서도 결정되는 것이다. 예컨대 내가 그녀와 결혼한다면 등과 같다.

(4) 가장조건

외관상 형식상으로는 조건이지만, 실질적으로는 조건으로서의 효력이 인정되지 못하는 것을 널리 가장조건(假裝條件)이라 한다. 순수수의조건, 법정조건, 불법조건, 기성조건, 불능조건이 가장조건이다.[787]

1) 법정조건

법정조건(法定條件)은 법률행위의 효력을 발생하기 위하여 법률이 요구하는 요건 내지 사실을 말한다. 예컨대 미성년자의 법률행위에 대한 법정대리인의 동의(제5조 1항), 법인설립행위에 있어서의 주무관청의 허가(제32조), 유언의 효력발생에 있어서의 유언자의 사망(제1073조), 유증에 있어서 유언자 사망 시에 수유자의 생존(제1089조), 농지매매에서의 농지취득자격의 증명(농지법 제8조), 사찰재산의 매매에 대한 주무관청의 허가(전통사찰보존법 제9조 1항), 토지거래계약에 관한 허가(국토의 계획 및 이용에 관한 법률 제118조) 등이

787) 통설. 이에 대하여 이를 하자 있는 조건이라고 하는 견해가 있다(김상용, 700면; 이영준, 659면).

그것이다. 이러한 법정조건을 법률행위의 조건으로 한 경우에 이는 법률상 당연한 것이기 때문에 조건으로서 의미가 없다.

그러나 법정조건이 진정한 의미의 조건이 아니라 하더라도 조건에 관한 규정을 유추적용할 필요는 있다.[788] 법정조건의 성부(成否)가 미정인 동안에는 그 성취로 당사자가 얻는 이익을 보호할 필요가 있기 때문이다. 판례도 농지매매에 있어서의 소재지관서의 증명은 당사자가 임의로 정하는 법률행위의 부관이 아니므로 민법이 정한 바 조건에 해당한다고는 할 수 없으나 구 농지개혁법이 농지매매 효력발생요건으로 정하여 조건에 관한 민법의 규정이 구 농지개혁법에 배치되지 않는 한 유추적용되어야 할 법정조건이라고 하여, 유추적용을 인정하고 있다[789].

2) 기성조건

기성조건(既成條件)은 조건의 성부가 법률행위 당시에 이미 성립하고 있는 조건을 말한다. 행위시에 이 조건의 성부가 확정된 경우라면 당사자가 그 성부 확정을 모르고 한 것이라도, 진정한 조건은 아니다. 가장조건의 일종이다. 조건사실은 장래의 사실에 한하며 과거의 사실은 조건이 될 수 없다고 할 것이다.

민법은 제151조 2항에서 「기성조건이 정지조건이면 조건 없는 법률행위가 되고, 해제조건이면 그 법률행위는 무효이다」라고 규정하고 있다. 이 조문은 당사자가 주관적으로 기정사실을 장래의 불확정사실로 오신하고 그것을 당사자가 조건으로 정한 경우에, 그 법률행위의 효력에 관하여 규정한 것이다. 이와 같이 행위자의 착오의 주장을 배제하여 행위시에 그 효력을 확정한다는 면에서 의의가 있다.

조건의 성취가 확정된 경우에, 정지조건이 부가된 행위는 조건사실이 이미 실현되어 있으므로 조건 없는 법률행위로 되어 그 행위시부터 그 효력이 발생한다. 해제조건이 부가된 행위는 처음부터 효력이 생기지 아니한다. 그 성취로 효력상실을 가져올 조건사실이 이미 성취되었기 때문이다.

---

788) 같은 취지: 고상룡, 650면; 곽윤직, 307면; 김준호, 498면; 백태승, 543면; 이영준, 653면.

789) 대판 1962.4.18, 4294민상1603(원고가 소재지관서의 증명이 앞으로 있을 수 없음을 전제로 손해배상청구 또는 계약금과 중도금의 반환을 청구하고 피고는 계약해제를 주장하는 경우에는 특단의 사유 없는 한 소재지관서의 증명이라는 법정조건은 발생하지 아니하기로 확정되어 조건불성취의 경우와 마찬가지로 보아 본건 농지매매는 효력을 발생할 수 없는 것으로 확정되었다고 보는 것이 사회통념상 타당하고 합리적이라고 한 사례).

조건의 불성취가 확정된 경우에, 정지조건이 부가된 법률행위는 무효이다. 정지조건의 불성취가 법률행위의 당시에 이미 확정되어 그 효력이 생길 여지가 없기 때문이다. 해제조건이 부가된 행위는 무조건의 행위로 된다. 해제조건의 불성취가 법률행위 당시에 확정되어 있고 그 상태가 지속이 되기 때문에 법률행위의 효력은 유지된다. 즉 조건 없이 행위시부터 법률행위의 효력이 발생한다.

3) 불법조건

불법조건(不法條件)은 선량한 풍속 기타 사회질서에 위반하는 조건이며, 이러한 조건이 붙어있는 법률행위는 무효이다(제151조 1항).

불법행위를 하는 것을 정지조건으로 한 경우에는 그 행위 전체를 무효로 한다. 예컨대 밀수에 성공한다면 보수를 준다는 계약과 같은 경우로 보수를 얻기 위해서는 불법행위를 감행하게 되므로, 법률행위 전체가 불법성을 띠게 되기 때문이다.

불법행위를 하는 것을 해제조건으로 하는 경우에도 그 법률행위는 무효로 된다. 판례는 조건부 법률행위에 있어 조건의 내용 자체가 불법적인 것이어서 무효일 경우 또는 조건을 붙이는 것이 허용되지 아니하는 법률행위에 조건을 붙인 경우 그 조건만을 분리하여 무효로 할 수는 없고 그 법률행위 전부가 무효로 된다고 한다.[790] 또 부부관계의 종료를 해제조건으로 하는 증여에 관하여, 조건만이 무효인 것이 아니라 증여계약 자체가 무효라고 한다.[791]

반대로 불법행위를 하지 않을 것을 조건으로 한 경우에도 그 법률행위는 무효로 된다. 예컨대 명예훼손의 범행을 하지 않을 것을 조건으로 금전을 수여하는 계약과 같은 것이다.

4) 불능조건

불능조건(不能條件)은 조건의 성취가 행위 당시에 객관적으로 불가능한

790) 대결 2005.11.8. 2005마541(채무자 대표이사는 채권자에 대하여 이사인 주주들을 상대로 대여금청구소송을 제기할 것과 주주 간 경영권 분쟁과 관련하여 특정 주주의 이익만을 위하여 감사의 지위를 악용하지 않을 것 등을 확약하는 내용의 서면을 제출할 것을 정지조건으로 하여 감사임용계약의 청약을 한 사실이 인정되므로, 채무자의 의사표시를 조건부 의사표시로 본 원심의 판단은 옳고, 거기에 법률행위의 해석에 관한 법리를 오해한 위법이 있다고 할 수 없다고 한 사례).

791) 대판 1966.6.21, 66다530.

것을 말한다. 불능조건은 조건사실이 불가능한 경우를 말하며 조건이 붙은 법률행위 자체가 불가능한 것과는 구별된다.

불능조건을 정지조건으로 하는 법률행위는 무효이며, 불능조건을 해제조건으로 하는 법률행위는 조건이 없는 행위가 된다(제151조 3항).

3. 조건을 붙일 수 없는 법률행위

(1) 의 의

법률행위에 조건을 붙이는 것은 당사자의 자유이며, 사적자치의 원칙이 지배하므로 허용되는 것이 원칙이다.[792] 그러나 법률행위에 조건을 붙이면 조건의 성취 여부에 따라 그 효과의 발생·소멸이 불확정한 상태에 있게 된다. 따라서 법률효과의 발생 또는 존속이 확정될 필요가 있는 법률행위에는 조건을 붙이지 못한다. 이러한 법률행위를 조건에 친하지 않는 법률행위라고도 한다.

(2) 공익상의 불허가

조건을 붙이는 것이 강행법규 또는 사회질서에 반하는 경우에는 허용되지 않는다.

혼인·입양·인지, 상속의 승인·포기 등의 가족법상의 법률행위에는 조건을 붙이지 못한다. 상대방의 법적 지위가 불확정적으로 되며 선량한 풍속 기타 사회질서에 반하는 수가 있기 때문이다. 그러므로 그러한 염려가 없는 유언에는 조건을 붙일 수 있도록 허용하고 있다(제1073조 2항).

어음·수표행위는 객관적 획일성이 요구되므로 조건을 붙일 수 없다. 그러나 조건의 부가가 어음거래의 안전을 해치지 않는 경우에는 예외를 인정할 것이다. 판례는 조건부 어음보증을 유효로 본다고 하여 어음거래의 안전성이 저해되는 것도 아니므로 조건을 붙인 불단순 보증은 그 조건부 보증문언대로 보증인의 책임이 발생한다고 한다.[793]

---

792) 대판 2000.8.22, 2000다3675(민법 제675조에 정하는 현상광고라 함은, 광고자가 어느 행위를 한 자에게 일정한 보수를 지급할 의사를 표시하고 이에 응한 자가 그 광고에 정한 행위를 완료함으로써 그 효력이 생기는 것으로서, 그 광고에 정한 행위의 완료에 조건이나 기한을 붙일 수 있다고 한 사례).

793) 대판 1986.9.9, 84다카2310; 대판 1986.3.25, 84다카2438; 대판 1986.3.11, 85다카1600.

(3) 사익상의 불허가

단독행위는 행위자의 일방적 의사로 그 효력이 생기므로, 조건을 붙인다면 상대방의 지위가 불안정하고 불리하게 될 우려가 있으므로 조건을 붙이지 못하는 것이 원칙이다. 민법은 상계의 의사표시에는 조건과 기한을 붙이지 못한다는 것을 명문으로 규정이 있다(제493조 1항). 그러나 그러한 명문의 규정이 없더라도 계약의 해제·해지(제543조 이하)·취소(제142조)·선택권의 행사(제382조 이하)·환매권의 실행(제590조 이하) 등에도 조건을 붙이지 못한다고 할 것이다.

그러나 단독행위라도 상대방의 동의가 있거나, 또는 조건의 내용이 그 때문에 상대방에게 특히 불이익을 주지 않을 때에는 조건을 붙일 수 있다. 예컨대 상대방에게 이익을 주는 채무의 면제나 유증에 관하여 조건을 붙일 수 있다. 판례는 계약당사자의 일방이 상대방에게 대하여 일정한 기간을 정하여 그 기간 내에 이행이 없을 때에는 계약을 해제하겠다는 의사표시를 한 경우에는 그 기간경과로 계약은 해제된 것으로 해석하는데,[794] 이는 청구와 동시에 기간 내에 이행이 없는 것을 정지조건으로 하여 미리 해제의 의사표시를 한 것이고 이것이 채무자에게 특별히 불이익을 주지 않기 때문이다.

조건에 친하지 않는 행위에 대하여 조건을 붙인 경우에 조건은 법률행위의 효과의사와 내용상 일체를 이루는 것이므로 조건 없는 행위가 아니라 법률행위 자체가 무효이다. 다만 이에 관한 명문의 규정이 있는 경우도 있다(어음법 제12조, 수표법 제15조 참조).

4. 조건의 성취·불성취

(1) 조건성취 여부의 판단

조건부 법률행위의 효력은 장래의 불확실한 사실의 성부에 의존한다. 조건사실이 실현되어 조건이 성립하는 것으로 확정되는 것이 조건의 성취이고, 실현되지 않아서 조건이 성립하지 않는 것으로 확정되는 것이 조건의 불성취이다. 적극조건에서는 그 사실의 발생이, 소극조건에서는 그 사실의 불발생이 확정되는 것이 조건의 성취이고, 적극조건에서는 그 사실의 불발생이, 소극조건에서는 그 사실의 발생이 확정되는 것을 조건의 불성취이다.

---

794) 대판 1970.9.29, 70다1508.

조건의 성취 여부에 대한 판단은 당사자의 의사와 사회통념에 의하여 객관적으로 결정하여야 한다. 조건의 성취에 대한 입증책임은 조건성취로 인하여 법률행위의 효과가 확정되었음을 주장하는 자가 부담한다.[795] 판례도 정지조건부 법률행위에 있어서 조건이 성취되었다는 사실은 이에 의하여 권리를 취득하고자 하는 측에서 그 입증책임이 있다고 한다.[796]

조건의 성취 여부에 대하여 판례는, 근로자들이 미지급 상여금을 포기한다는 동의서에 서명하면서 고용승계를 보장받는 것을 목적으로 특정 회사에 회사가 매각되는 것을 조건으로 한 경우, 그 후 특정 회사에의 회사 매각은 결렬되었으나 다른 회사가 동일한 조건으로 고용승계를 보장하여 회사를 인수한 이상 합목적적으로 해석하여 그 조건이 성취된 것으로 볼 수 있으나, 특정 회사에의 회사 매각이 결렬된 후 다른 회사로 회사가 매각되기 전에 퇴직한 근로자들에게는 그 조건이 성취된 것으로 보아서는 아니 된다고 한다.[797]

(2) 반신의행위에 의한 조건의 성취 · 불성취

1) 의 의

조건의 성취에 대한 반신의행위(反信義行爲)는 조건부 법률행위에서 조건의 성취로 불이익을 받을 당사자가 신의성실에 반하여 조건성취를 방해하거나, 또는 조건성취로 이익을 받을 당사자가 신의성실에 반하여 조건을 성취시키는 행위를 말한다. 이를 조건의 성취로 인정할 것인가, 또는 불성취로 인정할 것인가 문제가 된다. 이에 대해서 민법은 제150조를 두고 있다.

2) 조건성취로 보는 경우

(가) 의 의

조건성취로 불이익을 받을 당사자가 신의성실에 반하여 조건성취를 방해한 때에는 상대방은 그 조건이 성취된 것으로 주장할 수 있다(제150조 1항). 예컨

---

795) 같은 취지: 김상용, 704면; 이영준, 668면; 민법주해 Ⅲ, 344면(민형기).

796) 대판 1983.4.12, 81다카692(정지조건부 채권양도에 있어서 정지조건이 성취되었다는 사실은 채권양도의 효력을 주장하는 자에게 그 입증책임이 있다고 한 사례); 대판 1984.9.25, 84다카967(교회의 담임 목사직을 자진은퇴하겠다는 의사를 표명한데 대하여 교회에서 은퇴위로금으로 부동산을 증여하기로 한 것이라면 이 증여는 목사직 자진사임을 조건으로 한 증여라고 보아야 할 것이므로 목사가 이 증여계약을 원인으로 교회에 소유권이전등기를 구하려면 적어도 그 후 자진사임함으로써 그 조건이 성취되었음을 입증할 책임이 있다고 한 사례).

797) 대판 2002.11.8, 2002다35867.

대 부동산매매의 중개를 의뢰한 자가 계약의 성립을 방해하면, 부동산중개인은 조건이 성취된 것으로 주장하고 보수를 청구할 수 있다. 이는 신의칙에 반하는 행위를 한 자가 그로 인하여 불이익을 면하는 것을 옳지 않기 때문이다.

(나) 요 건

(a) 조건의 성취로 불이익을 받게 될 당사자의 행위일 것: 조건성취로 불이익을 받을 당사자가 조건성취를 방해하여야 한다. 당사자는 조건성취로 직접 불이익을 받게 되는 자 또는 조건불성취로 이익을 받게 되는 자를 말한다. 또한 해제조건부의 제3자를 위한 계약에 있어서 권리를 취득한 제3자, 조건부채무의 보증인 등도 조건성취로 직접 불이익을 받는 자에 포함된다. 그러나 조건성취로 간접적으로 불이익을 받는 자는 이 조문의 당사자에 해당하지 않는다. 예컨대 해제조건부 법률행위로 권리를 취득한 자의 채권자는 여기서의 당사자가 아니다.

(b) 조건이 불성취로 되었을 것: 조건의 성취로 불이익을 받게 될 당사자의 방해행위로 인하여 조건이 불성취로 되어야 한다. 즉 방해행위와 조건의 불성취 사이에 인과관계가 있어야 한다. 방해행위는 작위나 부작위, 사실행위나 법률행위를 묻지 않는다. 비록 방해가 있더라도 조건의 성취에 영향을 주지 않은 경우에는 이에 해당하지 않는다.

(c) 신의칙에 반할 것: 조건을 불성취하도록 방해한 것이 신의성실의 원칙에 반하여야 한다.[798] 조건의 불성취가 있었어도 그것이 신의칙에 반하지 않는 경우에는 조건의 성취로 의제되지 않는다.[799] 그러므로 상대방이 동의를 하였거나, 수의조건인 때에는 신의칙에 반한다고 할 수 없다.

(다) 효 과

상대방은 조건이 성취된 것으로 주장할 수 있다. 일종의 형성권이며, 상대방에 대한 의사표시로 행사한다.[800] 조건성취 방해행위가 조건부권리의 침해

798) 대판 1990.11.13, 88다카29290(조건의 불성취로 의무를 면하게 될 자가 신의성실에 반하여 조건의 성취를 위하여 자기가 이행하여야 할 의무-양도계약의 조건이 된 제3자의 동의를 얻기 위해 전제가 된 일정한 액수의 보증제공과 그 증액분의 지급의무-를 불이행하였다고 하여 상대방이 조건의 성취를 주장할 수 있다고 본 사례).

799) 대판 1996.1.23, 94다21665(바나나 인도를 해제조건으로 하는 금전 반환채무에 있어서 신용장을 개설하지 아니하여 바나나를 수입하여 인도할 수 없게 되었다 하더라도 이는 해제조건의 성취로 인하여 불이익을 받을 당사자가 그 귀책사유로 인하여 해제조건의 성취를 방해한 경우에 해당되지 아니한다고 한 사례).

800) 통설. 이에 반하여 이영준, 671면은 방해가 없었더라면 발생하였을 법률효과가 발생하는 것으로 의제된다고 한다.

가 되는 때에는, 조건성취로 이익을 받을 상대방은 불법행위로 인한 손해배상 청구와 제150조 1항에 의한 권리를 선택적으로 행사할 수 있다.

조건이 성취된 것으로 의제되는 시점은 신의성실에 반하는 행위가 없었더라면 조건이 성취되었으리라고 추산되는 시점이다.[801)]

3) 조건불성취로 보는 경우

조건성취로 이익을 받을 당사자가 신의성실에 반하여 조건을 성취시킨 때에는, 상대방은 그 조건이 성취되지 않은 것으로 주장할 수 있다(제150조 2항). 그 요건과 효과는 조건성취로 의제되는 경우에 준한다.

5. 조건부법률행위의 효력

(1) 조건의 성부확정 전의 효력

1) 조건부권리와 기대권

조건부권리(條件附權利)는 조건의 성취 여부가 확정되기 전에 그 확정으로 인하여 일정한 권리 또는 이익을 취득하게 되리라는 기대 또는 희망을 말하며, 이는 기대권(期待權) 또는 희망권의 일종이다. 조건의 성취 여부가 확정되기 전에는 조건부 법률행위의 효력은 불확정적이어서 아직 유동적 상태에 있다. 그러나 정지조건부 증여의 수증자, 또는 해제조건부 증여의 증여자는 각각 조건의 성취로 증여의 목적물을 취득하게 될 기대나 가능성을 가진다. 민법은 이를 일종의 권리로서 보호한다(제148조, 제149조). 소극적으로 의무자가 침해하지 않도록 조건부권리의 침해를 금지하며(제148조), 적극적으로는 조건부권리를 처분할 수 있도록 규정한다(제149조).

기대권은 조건성부 확정시까지 존재하는 것이며, 조건성취로 권리관계가 확정하게 될 현재의 지위 또는 기대가 그 본체이므로 일종의 상태권이다. 따라서 그 자체는 물권도 채권도 아니고, 지배권도 청구권도 아니다. 다만 재산적 가치가 있는 것인 때에는 재산권의 일종이라 할 수 있다.[802)]

---

801) 대판 1998.12.22, 98다42356(상대방이 하도급받은 부분에 대한 공사를 완공하여 준공필증을 제출하는 것을 정지조건으로 하여 공사대금채무를 부담하거나 위 채무를 보증한 사람은 위 조건의 성취로 인하여 불이익을 받을 당사자의 지위에 있다고 할 것이므로, 이들이 위 공사에 필요한 시설을 해주지 않았을 뿐만 아니라 공사장에의 출입을 통제함으로써 위 상대방으로 하여금 나머지 공사를 수행할 수 없게 한하였다면, 상대방이 조건의 성취를 주장할 수 있다고 인정한 사례).

기대권은 조건이 성취되어 현실적인 권리로 됨으로써 종료하고, 조건이 불성취로 확정되면 그 존립의 기초를 상실하므로 종료한다.

2) 조건부 권리의 침해금지

(가) 제148조의 의의

조건부권리의 채무자는 「조건의 성부가 미정한 동안에 조건의 성취로 인하여 그 행위로부터 생길 상대방의 이익을 해하지 못한다」(제148조). 제148조는 의무자에 대해서는 상대방의 이익을 해하지 않도록 일종의 부작위의무 또는 불가침의무를 지게 하여 상대방의 이익을 법률상의 권리로서 강하게 존중할 것을 규정한 것이다. 여기서 당사자는 조건부 법률행위에 있어서의 권리자와 의무자이고, 의무자는 조건성취로 권리를 상실하거나 또는 의무를 부담하는 자를 말한다. 이 의무자가 상대방의 조건부권리를 침해하지 않을 부작위의무 또는 불가침의무를 진다. 제148조의 규율대상이 되는 행위는 조건성취로 생길 법률효과를 무의미하게 만드는 것을 말한다. 이러한 조건부권리의 침해행위는 그로 인한 손해배상책임과 그밖에 처분행위의 무효 등의 효과를 발생시킨다. 그러나 이러한 효과도 조건성부 확정 전에는 아직 조건부로 발생하며, 조건성취에 의하여 비로소 확정적인 것으로 된다.

(나) 침해로 인한 손해배상책임

조건부권리의 의무자가 상대방 이익의 불가침의무를 침해한 때에는 손해배상책임이 발생한다. 예컨대 정지조건부 매매계약의 매도인이나 해제조건부 매매계약의 매수인이 목적물을 고의·과실로 훼손하거나, 또는 제3자에게 매각한 경우에는 그 후에 조건이 성취되어도 이행이 불가능하게 되므로 이로 인하여 발생된 손해에 대하여 배상책임을 지게 된다.

그런데 이러한 손해배상청구권의 법적 성질에 관하여 견해의 대립이 있다. ① 불법행위책임설은 이를 불법행위에 기한 손해배상책임으로 이해하는 견해이다.[803] ② 채무불이행책임설은 채무자의 충실의무 내지 보호의무의 위반을 원인으로 한 채무불이행책임이라고 이해하는 견해이다.[804] 생각건대 법률행

802) 대판 1970.7.28, 70다937(매매계약의 내용이 목적물을 불하받아 소유권을 취득할 것을 정지조건으로 한 것인지, 단순한 매매계약인지가 불명함에도 불구하고 이를 밝히지 않고 그 어느 것도 아닌 기대권을 양도한 것이라고 판단한 것은 이유불비라고 한 사례).
803) 곽윤직, 310면; 장경학, 675면.
804) 고상룡, 643면; 김민중, 711면; 김준호, 504면; 김증한·김학동, 497면; 백태승, 545면; 이영준, 674면; 이은영, 732면. 이에 대해서 조건부 권리자의 상대방이 침해한 경우

위의 성립과 함께 상대방에 대해 충실의무나 보호의무와 같은 신의칙상의 부수의무가 발생하므로 아직 조건의 성취가 유동적인 상태에서도 이러한 의무에 위반하여 발생하는 손해배상청구권은 채무불이행책임으로 이해할 것이다.

반신의행위로 조건의 성취나 불성취를 방해함으로써 조건부권리를 침해한 경우에는 조건의 성취로 이익을 받을 상대방은 손해배상책임을 묻거나 조건의 성취·불성취의 의제되었음을 주장하거나 이를 선택해서 행사할 수 있다.

제3자가 조건부권리를 침해하는 경우에는 당사자 사이의 침해행위를 규정한 제148조는 적용되지 않고, 불법행위의 일반규정인 제750조가 적용된다.

(다) 침해하는 처분행위의 효력

의무자가 조건부권리를 침해하는 처분행위를 한 경우에, 그 처분행위 자체는 효력이 있는가에 대해 견해가 대립한다.

① 처분행위무효설은 그 처분행위가 무효라는 견해이다.[805] 민법에 명문의 규정은 없지만 독일민법(제161조)과 같이 무효로 해석되고, 제3자에 대한 관계에 있어서는 조건부권리를 등기(가등기)하거나 선의취득에 의해 보호할 수 있기 때문이라고 한다. ② 처분행위유효설은 이러한 처분행위를 유효라는 견해이다.[806] 조건부권리에 대한 의무자는 조건이 성취될 때까지는 완전한 권리자이며, 장래 권리를 취득할 것이라는 불확정한 조건부권리자가 존재한다는 하나의 사유만으로 무효라고 하는 것은 타당하지 않기 때문이라 한다. 다만 조건부권리자와 제3자 중 누가 먼저 권리취득의 요건을 갖추는가가 문제일 뿐이라고 한다. 생각건대 무효설은 조건부권리자의 보호에, 유효설은 제3자의 보호에 더욱 치중한다고 할 수 있다. 제148조의 취지가 그 효과발생이 유동적인 상태에 있는 조건부권리자를 보호하는 데 있음을 고려하면, 처분행위는 원칙으로 무효로 하고 제3자의 보호는 조건부권리의 가등기 또는 선의취득제도에 의하여 가능하다고 할 것이다.

판례는 해제조건부증여로 인한 소유권이전등기를 마친 경우 조건성취 전에

에는 채무불이행책임이지만 제3자의 침해의 경우에는 불법행위책임이라고 할 것인데, 다만 제148조는 당사자에 의한 조건부 권리의 침해의 경우만을 규정하고 있다고 하는 견해가 있다(김상용, 708면; 김용한 430면).

805) 곽윤직, 310면; 김상용, 709면; 김주수, 493면; 김증한·김학동, 497면; 백태승, 545면; 이영준, 674면; 장경학, 675면.

806) 고상룡, 643면; 김민중, 712면; 김준호, 504면. 다만 이은영, 732면은 우리 민법총칙의 조건부 법률행위는 채권행위를 의미하고 독일민법 제161조는 물권행위만을 의미하므로 이를 모든 법률행위에 관해 수용하는 것은 적절치 못하다고 한다. 대체로 무효설을 반대하는 것으로 이해된다.

수증자가 한 처분행위는 조건성취의 효과를 제한하는 한도 내에서는 무효라고 할 것이고, 다만 그 조건이 등기되어 있지 않는 한 그 처분행위로 인하여 권리를 취득한 제3자에게 위 무효를 대항할 수 없다고 한다.807)

3) 조건부권리의 처분가능성

조건부권리・의무는 「일반규정에 의하여 처분・상속・보존・담보로 할 수 있다」(제149조). 이것은 조건부권리・의무의 처분 등의 방법에 관한 규정이다. 조건부권리도 조건이 붙어 있을 뿐 장래의 권리가 아니라 현재의 권리이므로 보통의 권리와 마찬가지로 처분할 수 있다. 이와 같이 조건의 성취 전에 조건부권리의 처분가능성을 인정함으로써 권리자를 적극적으로 보호하는 것이다.

'일반규정에 의한다'는 것은, 조건의 성취에 의하여 확정적으로 그 효력이 생길 권리・의무에 관한 취급과 그 방법을 같이 한다는 것을 의미한다. 그러나 이는 아직 조건이 성취되기 전의 유동적 상태에 있음으로 고려하면 보통의 권리에 준하여 처분할 수 있다는 의미로 이해할 것이다. '처분'이라는 것은 조건부권리의 이전・포기・제한물권의 설정 등으로 그 귀속에 직접 변경을 가하는 행위를 말한다. '보존'에 대해서는 부동산에 관한 정지조건부권리의 가등기가 인정되고 있다(부동산등기법 제3조). '담보로 할 수 있다'는 것은 상대방이 제148조에 위반할 염려가 있는 때에는, 상당한 담보를 제공케 한다는 것이다. 즉 조건부채무에 대하여 보증인을 세운다거나, 담보물권을 설정하는 것이다. 그러나 조건부권리를 어떤 채권을 위한 담보로 제공하는 것은 처분에 해당한다.808)

(2) 조건의 성부확정 후의 효력

정지조건부 법률행위에 있어서는 조건이 성취되면 그때부터 법률행위의 효력이 생기고(제147조 1항), 불성취로 확정되면 그때부터 법률행위의 효력이 상실된다. 한편 해제조건부 법률행위에 있어서는 조건이 성취되면 그때부터 당연히 법률행위의 효력은 소멸하고(제147조 2항), 불성취로 확정되면 당연히 그때부터 소멸하지 않는 것으로 확정된다. 부가된 조건만 성취되면 그이상의 다른 행위는 요구되지 않는다.

---

807) 대판 1992.5.22, 92다5584.

808) 이에 대하여 조건부권리를 위하여 담보를 설정할 수도 있고, 조건부권리를 담보로 제공할 수 있는 것으로 이해하는 견해가 있다(김상용, 709면).

조건성취의 효력은 원칙적으로 소급하지 않는다.[809] 그러나 당사자는 특약으로 소급효가 생기게 할 수 있다. 즉 당사자가 조건성취의 효력을 그 성취 전에 소급하게 할 의사를 표시한 때에는 그 의사에 의한다(제147조 3항). 어느 시점까지 소급시킬 수 있는 것인가에 관하여 규정은 없으나, 조건성취 시부터 법률행위성립 시까지의 사이의 어느 시점까지든지 소급시킬 수 있다고 해석할 것이다. 이와 같은 소급효로 제3자의 권리를 해하지 못함은 물론이다.

Ⅲ. 기 한

1. 의 의

기한(期限)이란 법률행위의 효력의 발생·소멸 또는 채무이행을 장래 도래할 것이 확실한 사실에 의존케 하는 약관이다. 조건과 다른 점은, 조건사실은 장차 그 성부가 불확실한 것인 데 내하여 기한사실은 반드시 도래한다는 데 있다. 예컨대 '1주일 내에 비가 오면'은 과연 그 동안에 비가 올지 불확실한 것이므로 조건이 되지만, '앞으로 처음으로 비가 오는 날 우산을 주겠다'고 하면 비는 언젠가는 내릴 것이기 때문에 장래 도래가 확실한 기한이 된다. 어떤 사실이 도래가 확실한가의 여부는 객관적으로 정해져야 하며, 이는 결국 법률행위 해석의 문제이다.

장래 도래가 확실한 부관이 붙은 법률행위가 기한부 법률행위(期限附 法律行爲)이다. 기한은 당사자가 임의로 붙인 부관이다. 그러므로 법률의 규정에 의하여 권리의 발생·소멸을 장래의 확실한 사실에 의존케 하는 법원의 지정에 의한 법정기한 또는 지정기한(제203조 3항, 제626조 2항), 그리고 시효기간·출소기한·제척기간 등과는 구별된다. 또 도래가 불가능한 불능기한이나 이미 도래한 기성기한도 본래의 기한이라고 할 수 없다.

---

809) 대판 1992.5.22, 92다5584(당사자 간에 별단의 의사표시가 없는 한 그 조건성취의 효과는 소급하지 아니한다고 한 사례).

2. 기한의 종류

(1) 시기 · 종기

시기(始期)란 법률행위의 효력의 발생 또는 채무의 이행의 시기를 장래의 확정적 사실의 발생에 의존케 하는 기한이다. 종기(終期)란 법률행위의 효력의 소멸을 장래의 확정적 사실에 의존케 하는 기한이다. 예컨대 언제'부터'가 시기를 나타내고 언제'까지'가 종기를 말하며, 임대차와 같이 계속적 계약의 경우에 그 존속기간이 정해지는 때에는 시기와 종기를 한꺼번에 약정하게 된다.

(2) 확정기한 · 불확정기한

기한사실은 장래 도래하는 것이 확실한 사실이어야 하지만, 그 도래시기는 반드시 언제라고 확정되어 있을 필요는 없다. 확정기한(確定期限)은 기한사실이 장래 도래하는 것이 확실하고 그 도래시기도 확정되어 있는 기한이고, 불확정기한(不確定期限)은 언제 도래할지 확정되어 있지 않은 기한이다. 구체적인 경우에 있어서는 불확정기한을 조건과 구별하기가 곤란한 경우가 있고 이는 법률행위의 해석을 통하여 해결할 문제이다.

판례는 ㉠ 임대차계약을 체결함에 있어서 임대기한을 '이 토지를 임차인에게 매도할 때까지'로 정하였다면 그것은 도래할지의 여부가 불확실한 것이므로 기한을 정한 것이라고 볼 수 없으니 기간의 약정이 없는 것이라고 하고,[810] ㉡ 지방자치단체와 분쟁이 있던 은행이 분쟁해결을 위하여 지방자치단체가 청구권을 행사하지 않는 대신 지방자치단체의 문화시설 건립비용을 부담하기로 하되 그 비용의 지급방법은 상호 협의에 의하여 정하기로 한 경우, 그 약정은 불확정기한부 화해계약이라고 한다.[811] ㉢ 신축중인 건물의 분양계약에 따른 중도금지급기일을 '1층 골조공사 완료시'로 정한 경우에 그 중도금지급의무는 불확정기한으로 이행기를 정한 것이라고 하고,[812] ㉣ 건축중인 상가건물의 특정점포를 임차하면서 계약서에 그 점포의 인도시기(입점시기)를 기재하지 아니하고 건물의 준공예정일에 관한 설명만 듣고서 임대차계약을 체결한 경우, 그 점포의 인도시기에 관하여 불확정기한을 이행기로 정하

---

810) 대판 1974.5.14, 73다631.
811) 대판 2002.3.29, 2001다41766.
812) 대판 2005.10.7, 2005다38546.

는 합의가 이루어진 것으로 보아야 할 것이고, 그 불확정기한의 내용은 그 건설공사의 진척상황 및 사회경제적 상황에 비추어 예상할 수 있는 합리적인 공사지연기간이 경과한 때라고 하는, 매우 폭 넓고 탄력적인 것으로 보아야 한다고 한다.813)

3. 기한을 붙일 수 없는 법률행위

기한은 어떠한 법률행위에나 붙일 수 있는 것이 원칙이다. 그러나 조건에서와 마찬가지로 기한에 있어서도 기한과 친하지 않은 행위가 있는데, 대체로 그 범위는 조건을 붙일 수 없는 행위의 범위와 같지만 그 성질상 약간의 차이가 있다.

성립과 동시에 즉시로 법률효과가 생길 것이 요구되는 법률행위에는 시기를 붙이지 못한다. 예컨대 혼인 · 이혼, 입양 · 파양 등의 가족법상의 법률행위, 어음행위나 수표행위 등이 이에 속한다. 다만 어음 · 수표행위는 조건에는 친하지 않지만, 시기로 인하여 법률관계가 불확실하게 되지 않기 때문에 시기를 붙이는 것이 허용되고 오히려 시기를 붙이는 것이 보통이다.

취소 · 추인 · 상계(제493조 1항) 등과 같이 소급효가 인정되는 법률행위에 대하여 시기를 붙인다는 것은 무의미하므로 허용되지 않는다. 그리고 상속의 승인 · 포기에 기한을 붙이는 것은 공동상속인 · 수증자 · 상속채권자 · 상속인의 채권자 등의 법적 지위에 영향을 미치므로 허용되지 않는다.

종기를 붙이는 것을 허용하지 않는 행위의 범위는 해제조건에 있어서와 대체로 같다.

4. 기한부법률행위의 효력

(1) 기한의 도래

기한의 도래(期限의 到來)는 기한사실이 실현되는 것을 말한다. 기한사실은 반드시 도래한다. 기한사실이 특정일시나 일정 기간으로 정하여 있는 경우에는 그 일시가 경과한 때나 기간이 만료한 때 기한이 도래한다. 그러나 기한사실이 일정한 사실로 정해진 때에는 그 사실이 발생한 때 기한이 도래한다.

813) 대판 2000.11.28, 2000다7936.

그러나 그 사실의 실현이 불발생으로 확정되면 그 때에 기한이 도래한 것이 된다. 판례는 ㉠ 불확정한 사실이 발생한 때를 이행기한으로 정한 경우 그 사실의 발생이 불가능하게 된 때에도 이행기한이 도래한 것으로 보고,[814] ㉡ 이미 부담하고 있는 채무의 변제에 관하여 일정한 사실이 부관으로 붙여진 경우에는 변제기를 유예한 것으로서 그 사실이 발생한 때 또는 발생하지 아니하는 것으로 확정된 때에 기한이 도래한다고 한다.[815]

또 채무자가 기한의 이익을 포기하거나, 상실한 경우에도(제153조, 제388조 참조) 기한이 도래한 것으로 된다.

(2) 기한도래 전의 효력

민법은 조건부권리의 침해금지(제148조)와 조건부권리의 처분(제149조)에 관한 규정을 기한 있는 법률행위에 준용한다(제154조). 조건이 미확정인 데 반하여 기한의 그 도래가 확실한 것을 고려하면 기한도래 전에 당사자가 받는 이익이나 기대는 역시 보호하여야 하기 때문이다.

그러나 채무의 이행에 시기가 붙은 경우에는 기한도래 전에는 이행을 청구하지 못한다는 것뿐이지(제152조 1항), 채권은 이미 성립하고 있으므로 채권으로서의 보호를 받는 것은 당연하다. 즉 상대방이나 제3자는 이것을 침해해서는 아니 되며, 또한 처분·보존·담보로 할 수 있다. 이는 변제기 이전의 채권의 효력의 문제이다.[816]

(3) 기한도래 후의 효력

시기부 법률행위의 기한이 도래하면 그때부터 행위의 효력이 생긴다(제152조 1항). 채무이행의 기한이 도래하면 이행을 청구할 수 있다. 종기부 법률행위의 기한이 도래하면 그때부터 그 행위는 효력을 잃는다(제152조 2항).

---

814) 대판 2007.5.10, 2005다67353; 대판 2002.3.29, 2001다41766; 대판 1989.6.27, 88다카10579.

815) 대판 2003.8.19, 2003다24215.

816) 대판 1999.7.27, 98다23447(건축설계계약시 잔금은 공사착공시 지급하고 다만 공사착공이 건축허가일로부터 6개월을 초과하는 경우에는 허가일로부터 6개월 내에 지급하기로 약정한 경우, 잔금지급 약정의 경위와 계약의 목적 등에 비추어 볼 때, 계약체결 당시 계약이나 잔금지급채무의 효력을 공사착공 또는 건축허가의 성부에 의존케 할 의사로 위와 같이 약정하였다고 볼 수는 없고, 단지 잔금지급채무를 장래 도래할 시기가 확정되지 아니한 때로 유예 또는 연기한 것으로서 잔금지급채무의 시기에 관하여 불확정기한을 정한 것이라고 한 사례).

기한의 효력에는 소급효가 없다. 이를 인정한다면 기한을 붙이는 것이 무의미하게 되기 때문이다. 당사자의 특약에 의해서도 이를 인정할 수 없다.

5. 기한의 이익

(1) 의 의

기한의 이익이란, 기한이 존재하는 것, 즉 기한이 도래하지 않음으로써 그 동안 당사자가 받는 이익이다. 시기부인 때에는 법률행위의 효력이 아직 발생하지 않는 데서 얻은 이익 또는 이행기가 아직 도래하지 않음으로써 받는 이익, 그리고 종기부인 때에는 법률행위의 효력이 아직 소멸하지 않는 데서 얻은 이익이 각각 기한의 이익이다.[817]

기한의 이익이 당사자 중의 누구에게 있는가는, 법률행위의 종류, 당사자의 약정 또는 구체적 사정에 따라 다르다. 무상임치에서는 채권자만이 기한의 이익을 가지고, 무이자소비대차에서는 채무자만이 기한의 이익을 가지며, 이자부소비대차에서는 채권자·채무자 모두에게 기한의 이익이 있다. 그러나 실제상에서는 채무자만이 가지는 경우가 많다. 그러므로 민법은 당사자의 특약이나 법률행위의 성질상 반대의 취지가 존재하지 않으면, 기한은 채무자의 이익을 위한 것으로 추정하고 있다(제153조 1항). 따라서 기한의 이익이 채권자를 위한다든지 쌍방을 위하여 존재한다는 것은, 이것을 주장하는 채권자가 입증하여야 한다.

(2) 기한의 이익의 포기

기한의 이익은 이를 포기할 수 있다. 그러나 상대방의 이익을 해하여서는 아니 된다(제153조 2항).

당사자 일방을 위해서만 기한의 이익이 존재하는 경우에는 그 당사자는 단독의 의사표시로 자유롭게 이를 포기할 수 있다. 이것은 상대방에 대한 단독행위이다. 예컨대 무이자소비대차의 차주는 기한 전에 변제할 수 있고, 무상임치의 임치인은 언제든지 반환을 청구할 수 있다.

---

817) 대판 1982.12.14, 82다카861(채무이행의 방법으로 교부한 어음이 지급기일에 지급불능이 예상된다 하더라도 잔대금의 이행기일이 경과하지 않은 이상 기한의 이익을 보유하고 있다고 할 것이므로 바로 잔대금지급을 최고하고 계약을 해제할 수 없다고 한 사례).

상대방을 위해서도 기한의 이익이 존재하는 경우에는, 상대방의 손해를 배상하고 포기할 수 있다. 예컨대 이자부 소비대차의 채무자는 이행기까지의 이자를 지급하여 기한 전에 변제할 수 있다.

(3) 기한의 이익의 상실

기한의 이익을 가지는 채무자에게 그의 신용을 잃게 하는 일정한 사실이 생긴 때에는 채무자 측에서 기한의 이익을 주장할 수 없으며, 즉시 변제하여야 한다(제388조). 이 조문의 취지는 채무자의 자산을 상실한다거나 담보에 손상이 있다거나 하여 그의 신뢰관계가 깨진 때에는 채권자가 기한의 도래까지 그의 채권을 행사할 수 없다고 한다면 채권자에 대하여 가혹할 뿐만 아니라 공평의 관념에도 반하기 때문이다. 기한이익의 상실사유는 ㉠ 채무자가 담보를 손상하거나, 감소 또는 멸실시킨 때(제388조 1호), ㉡ 채무자가 담보제공의 의무를 이행하지 않은 때(제388조 2호), ㉢ 채무자의 파산이다.

이와 같은 상실사유가 있으면 채무자는 기한의 이익을 상실하고, 채무자가 더이상 기한을 주장하여 이행을 거절할 수 없다. 그러나 이로써 기한이 도래하는 것은 아니므로 채권자는 상실사유가 발생한 때에 그때까지의 이자만을 받고 곧바로 이행을 청구하든지 또는 기한도래시까지 기다려서 이행기까지의 이자와 함께 이행청구를 하든지 그것은 자유이다.

제5장 기 간

I. 기간의 의의

기간(期間)은 한 시점에서 다른 시점으로 계속된 시간을 말한다. 어느 시점부터 어느 시점까지의 시간이며, 특정한 어느 한 시점을 가리키는 기일(期日)과 구별된다. 기간은 한 시점에서 다른 시점에 이르는 시간의 길이에 초점을 두는 개념인 데 반하여, 기일은 법적으로 중요한 행위가 행해지는 한 시점이며, 시간의 폭 중에서 한 시점에 초점을 두는 개념이다. 또 기간은 법률행위의 부관인 기한과도 다르다.

기간은 사건(事件)이며, 다른 법률사실과 합하여 법률요건을 이룬다. 기간은 임차기간과 같이 당사자의 의사에 의하여, 실종기간이나 시효기간과 같이 법령의 규정에 의하여, 또는 법원의 명령에 의하여 정해진다. 그 밖의 경우에는 민법 제156조 이하의 규정에 의한다(제155조). 이 민법규정은 보충적 규정이다.[1] 그리고 이들 규정은 사법상의 기간뿐만 아니라 널리 공법상의 기간에도 적용된다.

---

1) 대판 2007.8.23, 2006다62942는 「민법 제157조는 "기간을 일, 주, 월 또는 년으로 정한 때에는 기간의 초일은 산입하지 아니한다"고 규정하여 초일 불산입을 원칙으로 정하고 있으나, 민법 제155조에 의하면 법령이나 법률행위 등에 의하여 위 원칙과 달리 정하는 것도 가능하다」고 한다.

Ⅱ. 기간의 계산방법

1. 자연적 계산방법과 역법적 계산방법

기간의 계산방법에는 자연적 계산방법과 역법적 계산방법의 2가지가 있는데, 자연적 계산방법은 순간에서 순간까지 계산하는 방법이며, 정밀하지만 그만큼 불편하다. 역법적 계산방법은 역에 따라 계산하는 방법으로 편리한 반면에 부정확하다. 그러므로 민법은 시·분·초를 단위로 하는 단기간에 대하여는 자연적 계산방법을 채택하고, 일·주·월·년을 단위로 하는 장기간에 대하여는 역법적 계산방법을 채택하였다.

2. 시·분·초를 단위로 하는 기간

기간을 시·분·초로 정한 때에는 자연적 계산법에 따라 즉시부터 기산하며, 정해진 시·분·초가 종료한 때에는 기간은 만료한다(제156조). 예컨대 정오부터 6시간 후에 청약을 마감한다면 그 종료시점은 오후 6시 정각이다.

3. 일·주·월·년을 단위로 하는 기간

(1) 기산점

원칙적으로 기간의 초일(初日)은 산입하지 않고(제157조 본문), 다음날부터 기산한다. 초일의 단수(端數)를 포함시키지 않기 때문에 그 만큼 기간이 연장되는 셈이다. 판례는 근로자의 평균임금을 산정함에 있어 사유가 발생한 날 이전 3월간의 기산에 있어서 사유 발생한 날인 초일은 산입하지 않아야 한다고 한다.[2)]

2) 대판 1996.7.9, 96누5469; 대판 1989.4.11, 87다카2901; 대판 1997.10.28, 96다13415; 대판 1971.5.31, 71다787(농지개혁사업정리에관한특별조치법 제11조의 제척기간 계산에 있어 이 법은 1968.3.13 관보로서 공포시행 되었으므로 그 초일은 산입할 것이 아니니 1년 기간은 1969.3.13로서 만료됨이 명백하다고 한 사례).

예외적으로 기간이 오전 영시로부터 시작하는 때와 연령계산에 있어서는 초일을 산입한다. 기간의 시작이 오전 영시인 경우에는 단수가 생기지 않고 완전히 하루가 기간에 포함될 수 있으므로 초일이 산입된다(제157조 단서). 판례는 '선거일 공고일부터'라 함은 선거일을 공고한 날의 오전 0시부터를 의미한다고 한다.[3)]

또 하나의 예외로 연령계산에는 출생일을 산입한다(제158조). 가족등록부의 신고기간 등에 관해서는 초일을 산입한다. 이 경우에는 출생일의 단수도 1일로 계산하여 그 날로부터 기산한다. 예컨대 출생일 오후 10시에 태어났더라도 그 날 오전 0시에 태어난 것으로 취급하므로 생일의 오전 0시부터 해당 나이를 먹는 셈이다.

(2) 만료점

기간말일의 종료가 기간의 만료점이다(제159조). 기간을 주·월·년으로 정한 때에는, 일(日)로써 환산하지 않고 역에 의하여 계산한다(제160조 1항). 월의 일수의 많고 적음이나 년의 평년·윤년을 묻지 않는다.

이와 같이 처음부터 계산하지 않을 때에는, 최후의 월·년에서 기산일에 해당하는 날의 전일로 만료한다(제160조 2항). 예컨대 2008년 5월 10일에 지금부터 2년이라 하면 기산일은 5월 11일이고, 그 해당일은 2010년 5월 11일이 되며, 그 전일인 2010년 5월 10일이 말일이 된다.

해당일이 없는 경우에는 최종의 월의 말일로써 기간의 말일로 한다(제160조 3항). 예컨대 7월 31일부터 2개월로 정해졌을 경우에 9월에는 31일이 없으므로 9월 30일이 말일이 된다. 그리고 기간의 말일이 토요일[4)] 또는 공휴일에 해당하는 때에는, 기간은 그 다음날로 만료한다(제161조).[5)] 그러나 기간의 초일이 공휴일이라 하더라도 기간은 초일부터 기산한다.[6)]

판례는 ㉠ 정년이 53세라 함은 만 53세에 도달한 날을 말하는 것이지, 만 53세가 만료된 날을 의미하는 것은 아니라고 하고,[7)] ㉡ 어떤 행위를 하여야 하는 종기 또는 유효기간이 만료되는 시점을 "시행일" 또는 "공고일"이라고 하여 "일"로 정하였다면 그 기간의 만료점은 그날 오후 12시가 된다고 하

---

3) 대판 1989.3.10, 88수85.
4) 2007.12.21, 민법의 일부개정으로 삽입되었다.
5) 법무부 민법개정안 제161조는 「익일」을 「다음날」로 바꾸고 있다.
6) 대판 1982.2.23, 81누204.
7) 대판 1973.6.12, 71다2669.

며,[8] ㉢ 공무원이 임용 중 면직되는 경우에는 면직발령장 또는 면직통지서에 기재된 일자에 면직의 효과가 발생하여 그날 영시(00:00)부터 공무원의 신분을 상실한다고 한다.[9] ㉣ 국세기본법상 이의신청결정기간의 말일이 공휴일인 경우 기간은 그 익일로 만료한다고 한다.[10]

4. 기간의 역산

민법의 기간계산의 방법은 기산일부터 과거에 소급하여 계산되는 기간에도 준용되어야 할 것이다. 예컨대 민법상 사원총회는 1주 전에 통지해야 하므로(제71조), 총회일이 2월 20일이면 그 전일인 19일을 기산일로 하여 역산하여 13일이 말일이 되어 그 날의 영시로 기간이 만료하므로 늦어도 2월 12일 자정까지는 총회소집통지가 발송되어야 한다. 이것은 발신주의의 경우이나, 도달주의의 경우에는 그때까지 통지가 상대방에게 도달하여야 한다.

판례는 ㉠ 「양도소득세 부과처분에 대하여 1982. 6. 15 심판청구를 하였다면 이에 대한 국세기본법 제81조 소정의 90일의 결정기간은 같은 해 9.13(월요일)에 만료됨이 역수상 분명하며 위 기간 내에 결정의 통지서를 받지 못하였다면 그에 관한 행정소송은 동법 제56조 제2항의 규정에 따라 위 결정기간의 만료일의 익일부터 기산한 같은 해 11.12(금요일)까지 제기하여야 할 것이다」고 한다.[11] ㉡ '선거일 전 3년간'이라 함은 선거일 전날 24:00을 기산점으로 하고 소급하여 계산한 3년 사이를 의미한다고 한다.[12]

8) 대판 1993.11.23, 93도662.
9) 대판 1985.12.24, 85누531.
10) 대판 1987.10.13, 87누53; 대판 1985.4.23, 84누597; 대판 1968.3.19, 67누100.
11) 대판 1984.2.14, 83누567.
12) 대판 1979.3.27, 79슈1.

제 6 장 소멸시효

제 1 절 서 설

I. 시효제도의 의의

시효(時效)란 일정한 사실상태가 일정기간 계속된 경우에, 그 상태가 진실한 권리관계에 합치하느냐의 여부를 묻지 않고, 그 사실상태를 그대로 권리관계로 인정하는 제도이다. 일정한 사실상태가 일정한 기간 동안 계속되어 권리의 소멸 또는 권리의 취득을 일어나게 하는 법률요건이다.

시효에는 권리의 불행사의 상태가 계속됨으로써 권리소멸의 효과가 생기는 소멸시효(消滅時效)와 권리행사의 외관인 점유상태가 계속됨으로써 권리취득의 효과가 생기는 취득시효(取得時效)가 있다.

민법은 소멸시효는 총칙편(제162조~제184조)에서 규정하고, 취득시효는 물권편(제245조 이하)에서 각각 규정하고 있다. 이와 같이 양 제도를 분리하여 규정하는 태도는 독일민법(제194조 이하, 제990조, 제937조 이하)에 따른 것이다. 프랑스민법이나 일본민법은 소멸시효와 취득시효를 함께 규정하고 있다(프랑스민법 제2219조 이하, 일본민법 제144조 이하). 소멸시효와 취득시효의 규정을 분리하거나 통합하는가 여부는 입법정책상의 문제이다. 시간의 계속성을 기준으로 하여 통합하여 규정할 수도 있고, 대상이 되는 권리의 성질에 따라 분리하여 규정할 수 있을 것이다. 민법은 취득시효는 시효에 의하여 소유권을 취득하는 원인이 되므로 물권편에서 규정하고, 소멸시효는 널리 법률행위로 인하여 발생한 권리가 장시간 행사되지 않아서 이를 소멸하는 것이므로 민법

총칙편에서 규정하고 있는 것이다.

Ⅱ. 시효제도의 존재이유

권리는 법이 인정하는 힘이다. 법이 인정하는 권리관계를 보호하여 진실한 권리자의 이익을 보장하고 유지하는 것이 법제도의 목적이다. 따라서 이러한 권리관계와 모순·상충되는 사실관계는 인정되지도 주장되지도 못한다. 그러나 시효제도는 사실상태가 진실한 권리관계와 일치하지 않음에도 불구하고 그것을 권리관계로 인정하는 제도이다. 따라서 이러한 시효제도가 존재하는 이유에 대해서 밝힐 필요가 있는 것이다.

시효제도의 존재이유로 다음의 세 가지를 드는 것이 보통이다.

(1) 사회질서의 유지

일정한 사실상태가 오랫동안 계속하게 되면, 사회일반이 그 사실상태를 정당한 것으로 신뢰하고, 그것을 기초로 하여 그 위에 새로운 법률관계가 형성된다. 만일 이것이 진정한 권리관계에 기하여 번복되면 사실상태를 신뢰하고 거래한 자는 손해를 보게 된다. 그러므로 이 사실상태를 권리관계로 인정하여 사회질서, 특히 제3자의 보호와 거래사회의 안정을 유지하는 것을 목적으로 하는 것이 시효제도이다. 그리고 이는 주로 취득시효의 존재이유가 된다.

(2) 증거보존의 곤란구제

사실상태가 오랜 기간 동안 계속되면, 그 동안에 정당한 권리관계에 관한 증거가 산일(散逸)·멸실되어 진상을 알기 어려워진다. 이러한 상태에서 다툼이 있으면, 법원은 불확실한 증거에 의하여 권리의 존부를 판단하기가 곤란하므로, 오히려 계속된 사실상태는 진정한 권리관계와 일치할 개연성이 크기 때문에 사실상태를 그대로 권리관계로 인정하여 입증의 곤란을 구제한다는 것이다. 이는 주로 소멸시효의 존재이유가 된다.

(3) 권리불행사자의 보호가치 부인

진정한 권리관계와 모순되는 사실상태가 오랫동안 계속되는데도 불구하고 이를 그대로 방치하는 권리자는 이른바 「권리 위에 잠자는 자」이다. 따라서 권리를 잃는다 하더라도 그것은 권리자의 책임에 속하는 것이다. 이는 주로 소멸시효의 존재이유가 된다.

그런데 이와 같은 전통적인 시효제도의 존재이유에 대해서 다양한 이견이 제기되고 있다. ① 시효제도의 근본적인 이유는 법질서가 스스로 자신의 법적 안정을 추구하는 데 있고 권리를 행사하지 않은 진정한 권리자는 법질서의 법적 안정성이라고 하는 공익을 위하여 희생되는 것이라는 견해,[1] ② 거래의 신속한 결제 및 증거보존기간의 제한이라는 견해,[2] ③ 소멸시효는 권리자가 더 이상 권리를 행사하지 않을 것으로 믿은 의무자의 신뢰보호를, 취득시효는 재화효용의 극대화를 존재이유라고 하는 견해[3] 등이 주장되고 있다. 생각건대 어떠한 이유도 일면타당성은 있고 또 어느 하나의 이유만으로 소멸시효와 취득시효를 일거에 만족시킬 수 있는 통일적인 견해도 찾기 어렵다. 따라서 그 존재이유를 다원적으로 이해하는 것이 필요하고, 크게는 법적안정성을 기하기 위한 제도라고 할 것이다.

판례는 「시효제도는 일정기간 계속된 사회질서를 유지하고 시간의 경과로 인하여 곤란하게 되는 증거・보전으로부터의 구제 내지는 자기 권리를 행사하지 않고 소위 권리 위에 잠자는 자는 법적 보호에서 이를 제외하기 위하여 규정된 제도라 할 것」이라고 한다.[4]

III. 시효의 성질

일반적으로 시효의 법적 성질로 인정되는 것은 다음과 같다.

(1) 시효는 일정한 사실상태의 계속을 요건으로 한다. 이 사실상태가 중단되면 시효는 중단하고, 사실상태를 방해하는 사정이 있으면 시효는 정지한다. 이 점에서 중단이나 정지를 모르는 권리의 제척기간과 다르다. 또 시효는 법

1) 이영준, 683면.
2) 이은영, 748면.
3) 김준호, 519면; 민법주해 Ⅲ, 390면 이하(윤진수).
4) 대판[전합] 1976.11.6, 76다148.

정기간의 계속을 요소로 한다. 시간의 경과를 필요로 한다. 따라서 공신의 원칙에 의하여 인정되는 선의취득(제249조)은, 그와 같은 요소가 없으므로 서로 구별된다.

(2) 시효는 법률요건이다. 따라서 시효가 완성되면, 그것이 법률상 권리 자체의 취득 또는 소멸을 가져온다. 그러나 소멸시효에 대해서는 당연소멸로 이해하는 견해와 원용이 있어야 비로소 소멸한다는 견해가 있다.

(3) 시효는 재산권에 관하여 적용된다. 특히 거래법에서 문제되며, 신분관계에는 적용되지 않는다. 신분관계에 있어서는 사실상태가 아무리 오랫동안 계속하더라도, 그것을 기초로 법률관계를 변경하는 데는 적합하지 않기 때문이다. 신분관계는 시효에 친하지 않는 법률관계이다.

그러나 사실혼부부, 사실상의 양자, 사실상 이혼상태에 있는 경우에, 일정한 신분관계의 유지나 해소에 대해서 어느 정도의 법률적 효과가 인정되기는 하지만, 이는 여기서 말하는 소멸시효나 취득시효의 취지와는 다른 것이다.

(4) 시효에 관한 규정은 강행규정이다. 시효의 존재이유로서 사회공익성이 포함되기 때문이다. 따라서 어떤 권리에 관하여 시효를 배제하는 특약을 하거나 시효요건에 관하여 법정요건보다 어렵게 약정함은 허용되지 않는다. 민법은 소멸시효에 관하여, 특약으로 이를 배제·연장 또는 가중할 수 없으나 단축·경감할 수는 있다(제184조 2항)고 규정하는 것도 이와 같은 취지이다.

Ⅳ. 소멸시효와 유사한 제도

1. 제척기간

(1) 의 의

제척기간(除斥期間)이란 권리에 관하여 법률이 예정하는 존속기간이며, 예정기간이라고도 한다. 이 기간 내에 권리를 행사하지 않으면 권리는 당연히 소멸한다. 이러한 제척기간을 인정하는 이유는 권리관계를 속히 확정하려는 데 있고, 소멸시효도 권리관계의 확정을 그 목적으로 하므로 양자는 유사하다. 그러나 제척기간은 권리소멸의 개연성과는 무관하고, 권리 자체의 성질이나 공익상의 필요에서 권리의 행사기간을 한정하는 점에서, 일정한 기간의 경과와 권리의 불행사라는 사정에 의하여 권리 소멸의 효과를 가져 오는 소멸시효와는 다르다.

민법은 소멸시효에 관하여는 총칙편에서 상세한 규정을 두고 있으나, 제척기간에 관하여는 일반적 규정을 두지 않고, 권리주장의 시간적 한계에 관한 구체적 규정을 개별적으로 마련하고 있다.

(2) 제척기간의 성질

제척기간이 정해져 있는 권리는 그 기간 내에 어떠한 행위를 하면 보전되는가가 문제이다. 즉 제척기간은 그 성질이 재판상의 출소기간인지 아니면 재판외의 권리행사기간인지에 관해서 견해의 대립이 있다.

① 권리행사기간설은 제척기간 내에 재판외의 권리행사로 권리가 보전된다는 견해이다.[5] 제척기간의 규정이 있는 취소권의 행사는 소(訴)에 의해서가 아니라 상대방에 대한 의사표시로 하게 되어 있으므로 특별히 재판상으로 행사하도록 명문의 규정이 있는 경우(채권자취소권(제406조), 혼인취소(제816조), 친생부인(제847조 1항)) 이외에는 원칙적으로 재판외의 행사만으로 충분하다고 한다.

② 출소기간설은 제척기간 내에 재판상 행사하는 것을 필요로 하는 것으로 보아, 제척기간을 출소기간으로 보는 견해이다.[6] 재판외의 권리행사로 이해하면 권리를 단기간 내에 행사하게 하여 권리관계를 속히 확정하려는 제척기간의 취지에 반하고, 권리행사의 결과로 발생하는 권리에 관하여는 통상의 소멸시효에 따른다고 하게 되어 부당하다고 한다.

판례는 제척기간은 출소기간이 아니라 재판상 또는 재판외의 권리행사기간이라고 하여, 재판외에서 의사표시를 하는 방법으로도 권리를 행사할 수 있다고 하고,[7] 또 민법상 수급인의 하자담보책임에 관한 기간은 제척기간으로서

---

5) 김준호, 521면; 김증한 · 김학동, 515면; 이은영, 787면; 민법주해 Ⅲ, 401면(윤진수).
6) 고상룡, 666면; 곽윤직, 320면; 김민중, 731면; 김상용, 724면; 김주수, 506면; 백태승, 555면; 이영준, 686면; 장경학, 701면.
7) 대판 1993.7.27, 92다52795.

재판상 또는 재판외의 권리행사기간이며 재판상 청구를 위한 출소기간이 아니라고 한다.[8] 그러나 점유보호청구권의 행사기간은 제척기간이지만 그 대상이 되는 권리가 형성권이 아니라 통상의 청구권인 점 등을 고려하여 출소기간이라고 한다.[9]

생각건대 제척기간은 주로 형성권에 주어진 권리행사기간이고, 민법상 형성권은 권리자의 일방의 상대방에 대한 의사표시로 행사하는 것을 원칙으로 하고 있다. 따라서 특별히 재판상으로 행사하도록 규정이 있지 않는 한 일반적으로 재판외의 의사표시로도 행사할 수 있다고 할 것이다. 또 출소기간설이 권리행사의 결과로 발생하는 권리에 관하여는 통상의 소멸시효에 따른다고 하게 되어 부당하다고 하지만, 취소권의 제척기간은 그로 인하여 발생한 다른 권리의 행사에도 적용된다고 이해하는 것이 일반적이다.

(3) 소멸시효와 제척기간과의 차이

제척기간은 소멸시효와 다른 점이 있다. 더구나 소멸시효완성의 효과에 관하여, 절대적 소멸설과 상대적 소멸설의 구별과 관련하여 살펴보면 그 차이는 다음과 같다.

1) 소급효의 유무

제척기간에 의한 권리소멸의 효과는 소급하지 않고 장래에 향하여 소멸할 뿐이다. 그러나 소멸시효의 효력은 소급한다(제167조 참조).

2) 중단의 유무

제척기간에서는 권리의 불행사라는 사실상태의 계속을 요건으로 하지 않으므로 중단이 없으며,[10] 정해진 기간 내에 권리자의 권리주장 또는 의무자의 승인이 있더라도 기간이 갱신되지 않는다. 그러나 소멸시효는 일정한 사실상태의 계속을 요건으로 하기 때문에, 이런 상태가 중단되면 시효는 중단되고(제168조 이하, 제247조 2항) 그 기간이 갱신된다.

---

8) 대판 2000.6.9, 2000다15371; 대판 1990.3.9, 88다카31866.

9) 대판 2002.4.26, 2001다8097,8103; 대판 1972.2.22, 71다2641(점유를 침탈당한 자가 점유에 관한 소 이외의 소송에서 원래 계속된 본권의 소와 교환적으로 점유회수의 소로 변경한 경우에도 그 변경할 당시가 침탈시부터 1년이 경과한 때에는 허용될 수 없다고 한 사례).

10) 대판 2003.1.10, 2000다26425(제척기간에 있어서는 소멸시효와 같이 기간의 중단이 있을 수 없다고 한 사례); 대판 2002.11.22, 2001다13952; 대판 2000.8.18, 99므1855.

3) 시효정지에 관한 규정의 유추적용 여부

천재 기타 사변으로 인하여 소멸시효를 중단할 수밖에 없을 때에는 시효가 정지된다(제182조)는 규정을 제척기간에도 준용하는가에 관하여 학설이 갈린다.

① 준용부정설은 제척기간이란 본래 권리의 존속 자체를 제한하여 권리관계를 조속히 확정시키고자 하는 것이므로, 명문의 규정이 없는 우리 민법의 해석상 준용은 인정되지 않는다는 견해이다.[11] ② 일부준용설은 시효의 정지사유 중에서 제182조만은 제척기간에 유추적용하자는 견해이다.[12] 그러한 경우에 유예기간을 주지 않는다면 권리자에게 너무 가혹하며, 또한 그 유예기간은 비교적 짧게 한정되어 있으므로 제척기간의 정지를 인정하더라도 제척기간의 취지에 어긋나지 않는다고 한다. ③ 전부준용설은 제182조만이 아니라 시효의 정지에 관한 모든 규정을 제척기간에 유추적용하자는 견해이다.[13] 미성년자가 그 법정대리인이 존재하지 않은 경우 기타의 정지사유도 제척기간에 인정되어야 한다고 한다. 생각건대 명문의 규정도 없음에도 시효의 정지에 대한 모든 규정을 제척기간에 유추적용하기는 어렵고, 다만 천재·사변과 같은 사회전반의 시스템이 미비된 경우에는 어떠한 권리행사도 기대하기 어렵다고 할 것이므로 제182조는 제척기간에 유추적용하여야 할 것이다.

4) 포기의 유무

시효이익은 그것을 받을 자가 시효기간의 완성 후에 이를 포기할 수 있으나(제181조의 반대해석), 제척기간에서는 이를 인정하지 않는다.

5) 소송상 주장의 여부

상대적 소멸설에 의하면 원용이 있어야 소멸의 효과가 생기고, 절대적 소멸설에 의한다 하더라도 소멸시효의 완성으로 권리는 당연히 소멸하더라도, 이른바 변론주의로 인하여(민사소송법 제203조 참조) 시효이익을 받을 자가 소송상 이를 주장해야 법원은 이를 참작하게 된다. 그러나 제척기간에 의한 권리의 소멸은 당사자가 이를 주장하지 않더라도 법원은 당연히 이를 고려하여야 하는 직권조사사항이라는 점이 다르다.

---

11) 곽윤직, 321면; 백태승, 556면; 이영준, 686면.
12) 고상룡, 668면; 김주수, 506면; 김증한·김학동, 513면; 장경학, 702면.
13) 김민중, 732면; 김상용, 725면; 이은영, 787면.

(4) 소멸시효와 제척기간의 판별

민법이 정하는 권리의 기간이 제척기간인가 소멸시효인가를 판별하는 기준은 조문의 문구에 두어야 한다. 조문에 '시효로 인하여'라고 표현하는 경우에는 소멸시효이고, 그렇지 않은 경우에는 제척기간으로 해석되고 있다.[14] 제척기간에 해당하는 것으로는, 제146조(취소권행사기간), 제88조(채권신고의 공고기간), 제204조 3항(점유회복청구권의 행사기간), 제250조(도품 · 유실물에 대한 반환청구기간), 제573조(권리의 일부가 타인에게 속한 경우에 매도인의 담보책임 행사기간) 등이 있다.

그러나 경우에 따라서 '시효로 인하여'라고 표현한 경우에도 그 제도의 취지 · 권리의 성질 등으로 보아 제척기간으로 해석해야 할 경우도 있다. 예컨대 제1024조 2항(상속의 승인 · 포기의 기간)과, 제1075조 2항(유증의 승인 · 포기의 기간)에서는 '시효로 인하여 소멸한다'고 규정하고 있다. 그러나 이는 제146조의 특별규정이라는 점과 그 권리의 성질로 보아 제척기간으로 보는 것이 일반적이다.

(5) 형성권과 제척기간

형성권에 행사기간의 제한이 있는 경우에는, 언제나 제척기간을 정한 것이라고 할 것이다. 형성권은 권리자의 행사가 있으면 그것으로 바로 법률효과가 생기며 권리 자체는 소멸한다. 그러므로 형성권의 행사로 그 기간이 중단되고, 그것이 다시 진행된다고 할 수 없기 때문이다.

형성권에 행사기간이 규정되어 있지 않는 경우에, 그 행사기간은 몇 년이라고 할 것인가에 대해서 견해가 대립한다. ① 10년설은 형성권의 행사로 발생하는 채권적 권리인 부당이득반환청구권 등의 존속기간을 고려하여 10년으로 하여야 한다는 견해이다.[15] ② 20년설은 형성권은 원칙적으로 20년 내에 행사하여야 하고 그 전이라도 형성권 자체나 이의 행사에 의하여 발생하는 원상회복청구권은 실효의 요건을 갖추면 실효된다는 견해이다.[16] ③ 기초적 법률관계설은 형성권의 행사기간은 그 기초가 되는 법률관계에 의해 정하고 그것

---

14) 통설. 이에 반대하여 대상이 되는 권리의 성질에 따라 청구권에는 소멸시효가 인정되고, 형성권에는 제척기간이 적용된다는 견해가 있다(이은영, 786면).

15) 고상룡, 677면; 곽윤직, 325면; 김민중, 732면; 김상용, 727면; 김주수, 519면; 백태승, 557면; 장경학, 707면.

16) 이영준, 687면.

이 불가능한 때에는 신의칙 내지 실효의 원칙에 의하여 해결하자는 견해이다.[17] 판례는 특별한 규정이 없는 경우에 일반적인 제척기간은 권리의 발생일로부터 10년이라고 한다.[18] 생각건대 형성권의 행사로 발생하는 채권적 권리를 비롯하여 일반 청구권의 소멸시효기간을 고려하여 규정이 없는 형성권의 제척기간은 10년이라고 하는 것이 타당하다.

2. 권리실효의 원칙

권리실효의 원칙(權利失效의 原則)은 권리행사의 기회가 있음에도 불구하고 권리자가 장기간에 걸쳐 그 권리를 행사하지 아니하였기 때문에 의무자인 상대방이 이미 그의 권리를 행사하지 아니할 것으로 믿을 만한 정당한 사유가 있게 됨으로써 새삼스럽게 그 권리를 행사하는 것이 신의성실의 원칙에 위반되는 결과가 될 때 그 권리행사를 허용하지 않는 원칙이다.

그 적용요건은, 권리자가 권리를 상당히 오랫동안 행사하지 않고 있다가 후에 이르러 새삼스럽게 행사하였을 것, 권리행사가 지체된 것이 신의칙에 반하는 특별한 사정이 존재하여야 한다. 이와 같은 요건을 충족하는 권리의 행사는 허용되지 않고, 그에 따르는 법적 효과도 발생하지 아니한다.

이러한 권리실효의 원칙을 신의칙의 파생적 원칙으로 인정하고 지지하는 것이 보통이다. 특히 소멸시효에 걸리지 않는 권리를 장기간 행사하지 않고 있다가 행사하는 경우에 그러한 권리를 무력화시키는 데 유용하다.[19] 판례도 소멸시효제도의 불완전성을 보완하기 위하여 해고무효확인청구권의 실효, 해제권의 실효 등의 경우에 실효의 원칙을 적용하고 있고, 실무상으로는 장기간 권리의 불행사를 이유로 권리실효를 주장하였다가 거부된 사례가 많다.

---

17) 김증한・김학동, 515면; 이은영, 784면; 민법주해 Ⅲ, 428면(윤진수).

18) 대판 2003.1.10, 2000다26425; 대판 2000.10.13, 99다18725; 대판 1997.7.25, 96다47494,47500(매매예약 완결권은 일종의 형성권으로서 당사자 사이에 그 행사기간을 약정한 때에는 그 기간 내에, 그러한 약정이 없는 때에는 그 예약이 성립한 때로부터 10년 내에 이를 행사하여야 하고, 그 기간을 지난 때에는 상대방이 예약 목적물인 부동산을 인도받은 경우라도 예약완결권은 제척기간의 경과로 인하여 소멸한다고 한 사례); 대판 1995.11.10, 94다22682,22699(당사자 사이에 매매예약 완결권을 행사할 수 있는 시기를 특별히 약정한 경우에도 그 제척기간은 당초 권리의 발생일로부터 10년간의 기간이 경과되면 만료되는 것이지 그 기간을 넘어서 그 약정에 따라 권리를 행사할 수 있는 때로부터 10년이 되는 날까지로 연장된다고 볼 수 없다고 한 사례).

19) 김상용, 727면 참조.

제 2 절 소멸시효의 요건

Ⅰ. 서 설

소멸시효는 권리를 행사할 수 있음에도 불구하고 그 불행사의 상태가 일정기간 동안 계속하면 권리소멸의 효과가 생기는 제도이다. 따라서 시효로 권리가 소멸하는 데에는 다음과 같은 요건이 필요하다.

1) 권리가 소멸시효의 목적이 될 수 있는 것이어야 한다. 소멸시효에 걸리는 권리와 걸리지 않는 권리로 나누어서 설명한다.

2) 권리자가 법률상 그의 권리를 행사할 수 있음에도 불구하고 이를 행사하지 않아야 한다. 권리를 행사할 수 있는 기산점에서부터 권리의 불행사가 있어야 한다.

3) 권리를 행사하지 않는 상태가 일정기간 동안 계속되어야 한다. 소멸시효의 진행이 있어야 하고 이를 통하여 소멸시효기간이 완성되어야 한다. 이러한 진행에 장애가 되는 사유로는 소멸시효의 중단과 정지가 있다.

Ⅱ. 소멸시효의 객체

소멸시효의 객체, 즉 그 대상이 되는 권리가 무엇인가는 입법례에 따라 다르다. 소권이 시효로 소멸하는 것으로 하는 프랑스민법(제2219조)과 영미법, 청구권만을 대상으로 하는 독일민법(제191조), 채권만을 대상으로 하는 스위스채무법(제127조 이하)이 있다. 우리 민법은 채권만이 아니라, 소유권을 제외한 기타 재산권에 대해서도 소멸시효를 인정한다(제162조 2항). 다음에서 소멸시효에 걸리는 권리, 소멸시효에 걸리지 않는 권리, 그리고 소멸시효의 객체가 되는가에 대해서 논란이 있는 권리의 순으로 설명한다.

1. 소멸시효에 걸리는 권리

(1) 채 권

채권(債權)은 소멸시효에 걸리는 권리 중 가장 대표적인 권리이다(제162조 1항). 각종 채권에 관하여 자세한 규정이 있다. 이러한 채권에 기한 청구권, 즉 채권적 청구권이 소멸시효에 걸리는 것은 당연하다. 다만 등기청구권은 그 성질이 채권적 청구권인지 물권청구권인지에 대해서, 나아가서 소멸시효의 대상이 되는가에 대해서도 논란이 있으므로 이에 대해서는 후술한다.

(2) 소유권 이외의 재산권

지상권(地上權)·지역권(地役權)이 소멸시효의 대상이 되며 그 기간은 20년이다. 그러나 용익물권 중에서 전세권은 그 존속기간이 10년이므로(제312조 1항) 20년의 소멸시효에 걸리는 일은 없을 것이다. 그밖에 담보물권은 소멸시효에 걸리지 않는다.

(3) 공법상의 권리

공법상의 권리도 소멸시효의 대상이 된다. 판례는 국세의 부과권과 징수권은 다른 특별규정이 없는 한 소멸시효의 대상이 된다고 한다.[20]

2. 소멸시효에 걸리지 않는 권리

(1) 비재산권

소멸시효의 목적이 되는 권리는 재산권에 한하고, 신분권이나 인격권과 같은 비재산권(非財産權)은 소멸시효에 걸리지 않는다.

20) 대판[전합] 1984.12.26, 84누572.

(2) 소유권

소유권(所有權)은 아무리 오랫동안 행사하지 않더라도 소멸시효에 걸리지 않는다. 이것은 소유권의 절대성과 항구성의 표현이다. 그러나 타인의 취득시효로 인한 소유권의 취득으로 인한 반사작용으로 소유권을 잃을 수는 있으나 이는 취득시효의 효과지 소유권이 소멸시효에 걸려서가 아니다. 다시 말하면 누군가 취득시효의 요건을 갖추어서 소유권을 취득해가지 않는 한, 소유자가 아무리 오랫동안 적극적으로 소유권을 행사하지 않더라도 그 소유권은 소멸하지 않는다.

광업권・어업권이나 지적재산권은 사유재산으로서 소유권과 동일한 성질을 가진 재산권으로 인정되고 있으므로, 소멸시효에 걸리지 않는다고 해석된다. 이들 권리에 대하여 특별법에 그 존속기간이 규정되어 있으므로(예: 광업법 제12조(25년), 수산업법 제16조(10년), 특허법 제88조(20년), 상표법 제42조(10년), 실용신안법 제22조(10년), 디자인보호법 제40조(15년), 저작권법 제39조(50년) 등), 민법의 소멸시효 규정은 적용되지 않는다.

(3) 점유권

점유권(占有權)은 그 존부가 사실상의 지배에 좌우되는 것이므로 소멸시효에 걸리지 않는다. 점유라는 사실상태의 소멸로 점유권은 당연히 소멸하기 때문이다.

(4) 일정한 법률관계에 의존하는 권리

일정한 법률관계가 존재하는 경우에, 반드시 거기에 수반하여 존재하는 권리는 그 기초가 되는 법률관계를 떠나서 독립하여 소멸시효에 걸리지 않는다. 예컨대 상린권(제215조 이하)・공유물분할청구권(제268조) 등이 이에 속한다.

(5) 담보물권

담보물권(擔保物權)은 그 부종성으로 인하여 피담보채권이 존속하는 한 존재하는 것이므로, 피담보채권에서 독립하여 담보물권만이 소멸시효에 걸리지 않는다(제369조).

(6) 형성권

형성권(形成權)이란 권리자의 일방적 행위에 법률관계의 발생·변경·소멸을 생기게 하는 권리이다. 형성권은 소멸시효에 걸리지 않는다. 형성권에 존속기간이 정해져 있는 경우에는 제척기간으로 보아야 하고, 존속기간이 정해져 있지 않는 형성권의 제척기간은 10년이라고 하여야 한다. 또한 형성권행사의 결과 생기는 청구권(예: 원상회복청구권·손해배상청구권 등)에 관하여 새로이 시효가 진행되는 것이 아니라, 형성권의 제척기간은 이러한 권리의 존속기간을 함께 정한 것으로 해석한다는 것은 앞에서 설명한 바 있다.

(7) 항변권

항변권(抗辯權)은 청구권의 행사를 저지할 수 있는 권리이다. 청구권자의 청구에 대하여 현상의 유지를 주장하는 방어적인 형태로 행사되는 권리이므로 항변권은 기한의 제한을 받지 않는다. 이를 「항변권의 영구성」이라고 한다. 예컨대 보증인의 최고의 항변권·검색의 항변권(제437조) 또는 쌍무계약상의 동시이행의 항변권(제536조) 등은 그 기초가 되는 쌍무계약이나 보증채무에 수반되는 것이므로, 일정한 기간의 경과로 인하여 독자적으로 소멸시효에 걸리지 않는다.

3. 논란의 대상이 되는 권리

(1) 물권적 청구권

물권적청구권(物權的請求權)은 물권의 내용의 실현이 어떤 사정으로 인하여 방해되고, 또는 방해당할 염려가 있는 경우에 물권자가 방해자에 대하여 그 방해의 제거 또는 예방에 필요한 일정한 행위를 청구할 수 있는 권리이다. 물권적 청구권이 소멸시효의 대상이 되는가는 그 원인이 된 물권의 종류에 따라 결정된다.

1) 소유권에 기한 물권적 청구권

소유권에 기한 물권적 청구권은 소유권과 더불어 존속하는 것이므로 소멸시효에 걸리지 않는다. 이 청구권은 소유권의 내용의 완전한 실현이 방해되거나 또는 방해될 우려가 있는 경우에 소유권자가 방해자에게 그 방해의 제거 또는 예방을 청구하는 권리이다. 따라서 소유권이 존재하는 동안에는 그로부터 부단히 유출되는 것이기 때문에 독립하여 소멸시효에 걸리지 아니 한다.

2) 소유권 이외의 물권에 기한 물권적 청구권

소유권 이외의 물권에 기한 물권적청구권이 소멸시효에 걸리는가에 대해서 견해가 대립한다. ① 시효소멸부정설은 물권적 청구권에 있어서는 방해상태가 발생하는 한 부단히 발생하는 속성이 있으므로 소유권 이외의 물권에 기한 물권적 청구권도 시효로 소멸하지 않는다는 견해이다.[21] ② 시효소멸인정설은 소유권 이외의 물권은 소멸시효에 걸리기 때문에 그로부터 유출하는 물권적 청구권도 소멸시효에 걸린다는 견해이다.[22] 생각건대 물권적청구권은 물권의 배타적 효력에서 나오는 본질적인 속성이며, 물권을 떠나서 독립적으로 행사될 수 없다. 물권의 침해가 있는 경우에 끊이지 않고 계속 물권적청구권이 발생하고 있는 것이므로 독자적으로 소멸시효에 걸릴 이유가 없다. 따라서 물권적청구권은 소유권에 기한 것이든 다른 제한물권에 기한 것이든 소멸시효에 걸리지 않는다고 하여야 한다.

(2) 등기청구권

1) 의 의

등기청구권(登記請求權)은 특정한 상대방에 대하여 등기절차에 협력할 것을 청구할 수 있는 권리이다. 등기신청은 원칙적으로 등기권리자와 등기의무자가 공동으로 하므로(부동산등기법 제28조), 일방당사자가 타방당사자에 대하여 등기절차에 협력할 것을 청구할 수 있게 하고, 그 불이행에 대하여는 재판절차를 통하여 협력을 강제할 수 있도록 한 것이다.

2) 판례의 태도

등기청구권에 대해서 판례는 그 성질을 채권적 청구권으로 이해하고, 10년의 소멸시효에 걸리는 것으로 판단해오고 있다.[23]

---

21) 김민중, 738면; 김상용, 732면; 김준호, 530면; 김증한 · 김학동, 519면; 이은영, 756면.
22) 고상룡, 677면; 곽윤직, 324면; 김용한, 459면; 김주수, 518면; 백태승, 559면; 장경학, 707면.
23) 대판 1995.12.5, 95다24241; 대판 1992.10.13, 92다4666; 대판 1991.3.22, 90다9797; 대판 1991.3.12, 90다카27570(가등기에 기한 소유권이전등기청구권이 시효의 완성으로 소멸된 경우 그 가등기 이후에 부동산을 취득한 제3자가 그 소유권에 기한 방해배제청구로서 그

그런데 판례는 매수인이 목적 부동산을 인도받아 계속 점유하는 경우에는 그 소유권이전등기청구권의 소멸시효가 진행하지 않는다고 하고, 그 이유는 부동산에 관하여 인도, 등기 등의 어느 한 쪽만에 대하여서라도 권리를 행사하는 자는 전체적으로 보아 그 부동산에 관하여 권리 위에 잠자는 자라고 할 수 없다 할 것이기 때문이라고 한다.[24)]

다만 매수인이 목적물을 매도하고 그 점유를 상실한 경우, 점유상실 시점으로부터 매수인의 등기청구권에 관한 소멸시효가 진행한다는 것이 그 동안의 판례의 입장이었다.[25)] 그러나 이에 대해서 그 후의 판례는, 「부동산의 매수인이 그 부동산을 인도받은 이상 이를 사용·수익하다가 그 부동산에 대한 보다 적극적인 권리 행사의 일환으로 다른 사람에게 그 부동산을 처분하고 그 점유를 승계하여 준 경우에도 그 이전등기청구권의 행사 여부에 관하여 그가 그 부동산을 스스로 계속 사용·수익만 하고 있는 경우와 특별히 다를 바 없으므로 위 두 어느 경우에나 이전등기청구권의 소멸시효는 진행되지 않는다고 보아야 한다」고 하여 이를 변경하였다.[26)] 이러한 논리는 부동산매매 등의 처분에 대해서만이 아니라, 취득시효의 경우에도 적용하고 있다. 「취득시효의 완성을 원인으로 한 소유권이전등기청구권에 대하여는 점유자가 그 점유를 계속하는 동안 소멸시효가 진행되지 않으며, 점유자가 취득시효기간의 만료로

가등기권자에 대하여 본등기청구권의 소멸시효를 주장하여 그 등기의 말소를 구할 수 있다고 한 사례); 대판 2004.2.13, 2002다7213.

24) 대판 1991.3.22, 90다9797(매수인이 매매목적물인 부동산을 인도받아 점유하고 있는 이상 매매대금의 지급 여부와는 관계없이 그 소멸시효가 진행되지 아니한다고 한 사례); 대판 1991.12.27, 91다35410(귀속재산인 임야를 점유관리하여 오던 자가 이를 불하받은 사람과 사이에 자신의 부담으로 불하자가 그 매수대금을 완납하여 소유권이전등기절차를 마쳐 주기로 약정하고 계속하여 점유관리하여 왔다면 위 약정에 따른 소유권이전등기청구권의 소멸시효는 진행되지 아니한다고 한 사례) 등.

25) 대판 1996.9.20, 96다68; 대판 1997.7.8, 96다53826; 대판 1997.7.22, 95다17298 등.

26) 대판[전합] 1999.3.18, 98다32175. 위와 같은 다수의견에 대해서, [반대의견]은 「부동산의 매수인이 매매목적물을 인도받아 이를 사용·수익하고 있는 동안에는 그 소유권이전등기청구권의 소멸시효가 진행하지 않는다고 보아야 할 것이나, 매수인이 목적물의 점유를 상실하여 더 이상 사용·수익하고 있는 상태가 아니라면, 매도인에 대한 관계에서 권리의 주장 내지 행사가 계속되고 있다고 볼 만한 사정이 없고, 비록 매수인이 그 부동산을 다른 사람에게 처분하고 인도하여 준 경우라고 하더라도 그 처분은 타인의 권리를 전매한 것에 불과할 뿐이고 그 소유권을 처분 내지 행사하였다고 볼 수는 없으며, 그 인도 또한 매수인이 새로운 매매계약에 따른 자신의 의무를 이행한 것에 지나지 아니할 뿐만 아니라 오히려 그 점유를 이전함으로써 목적물에 대한 사용·수익의 상태에서 벗어나게 된 것이어서 위 처분 내지 인도를 가리켜 매도인에 대한 관계에서 권리 행사라고 볼 수도 없는 것이므로, 점유의 상실원인이 무엇이든지 간에 점유 상실 시점으로부터 그 이전등기청구권의 소멸시효가 진행한다고 봄이 상당하다」고 한다.

일단 소유권이전등기청구권을 취득한 이상, 그 후 점유를 상실하였다고 하더라도 이를 시효이익의 포기로 볼 수 있는 경우가 아닌 한, 이미 취득한 소유권이전등기청구권은 소멸되지 아니 한다」고 한다.[27)]

이와 같이 판례는 매수인이 목적 부동산을 인도받아 계속 점유하는 경우는 물론이고, 사용・수익하다가 처분하여 점유를 타인에게 승계시켜준 경우에도 소유권이전등기청구권의 소멸시효는 진행되지 않는다는 태도를 유지하고 있다.

3) 학 설

이와 같은 판례의 태도에 대해서 이를 지지하는 견해와 이에 반대하는 견해로 견해가 나뉘어 있다.

① 판례반대설은 매도인이 목적물을 인도하여 매수인이 현재 이를 점유하고 있다 하더라도, 그것은 매도인의 목적부동산인도의무의 이행이 있는 상태일 뿐이며, 그것이 동시에 매수인이 등기청구권을 행사하고 있는 것으로 인정할 수 없다는 이유로, 판례에 반대하면서 채권적 등기청구권은 목적부동산의 인도 유무를 묻지 않고 언제나 소멸시효에 걸린다고 한다.[28)]

② 판례지지설은 소멸시효를 인정하지 않은 판례의 태도를 지지하는 견해로서 그 근거가 다양하다. ㉠ 물권적청구권설은 등기청구권은 채권행위로부터 발생하는 것이 아니라 물권적 합의에 의해 발생하므로 그로부터 물권적 기대권이 발생하고 그 성질이 물권적청구권이므로 그 자체가 독립하여 소멸시효에 걸리지 않는다는 견해이다.[29)] ㉡ 실효이론설은 실효이론에 의해서나 시효제도의 존재의의에 비추어 소유권이전등기청구권은 소멸시효에 걸리지 않는다고 하는 것이 타당하다는 견해이다.[30)] ㉢ 승인설은 인도는 부동산등기의무의 승인이 되고 매수인이 사용수익을 계속하는 것은 승인상태가 지속되는 것이라는 견해이다.[31)] ㉣ 사용・처분권한양수설은 사회통념상 부동산을 인도받아 사용하고 있는 것은 매수인의 권리를 행사하고 있는 것이라고 본다는 점도 간과할 수 없고, 인도받아 사용하고 있는 동안에는 외부에 대한 관계에서 소유자로서 인정받지 못할 뿐이며, 매도인에 대한 관계에서는 사용・처분의

27) 대판[전합] 1995.3.28, 93다47745; 대판 1990.11.13, 90다카25352 등.
28) 곽윤직, 324면; 장경학, 706면.
29) 김상용, 733면; 김주수, 517면.
30) 이영준, 698면.
31) 고상룡, 675면.

권한을 양수받은 것이라는 견해이다.[32] ㉢ 소멸시효남용설은 매수인은 매도인이 인도까지 해 준 이상 언제든지 등기절차를 이행해 줄 것으로 믿은 것인데 그 후에 매도인이 소멸시효를 주장하는 것은 부동산 인도라는 선행행위에 모순되는 행위로서 신의칙에 어긋난다는 견해이다.[33]

생각건대 등기청구권은 채권적청구권의 성질을 가지며 소멸시효의 대상이 된다고 할 것이다. 다만 매수인이 목적부동산을 인도받아 사용·수익하는 경우에는 소멸시효가 진행하지 않는다는 판례는 타당하다. 매수인의 때늦은 이전청구에 대해서 매도인이 소멸시효를 주장하지 못하고 등기를 인정할 수밖에 없는 이유는 무엇인가. 여러 견해를 종합하여 정리하여 보면, 매매계약이 유효하게 체결됨으로써 대내적으로는 매수인은 그 부동산의 사용·처분의 권한은 양수받았고 다만 대외적으로는 소유권은 인정받지 못하고 있는 상태가 된다. 이러한 상태는 인도와 그에 이어지는 점유, 나아가서 그것의 처분에까지 이어지게 되고, 이는 등기의 이전만 이루어지지 않았을 뿐 그 부동산에 대한 권리가 행사되고 있는 것이고 결코 방치하는 것은 아니다. 그러므로 매도인의 등기이전을 신뢰하고 있는 매수인의 소유권이전등기청구에 대해 비록 그 주장이 때늦은 것이라 하더라도 이에 대하여 매도인이 소멸시효를 주장하는 것은 신의칙에 어긋나는 소멸시효남용이 된다고 할 것이다.

Ⅲ. 권리의 불행사

1. 소멸시효의 기산점

소멸시효의 기산점(起算點)은 권리를 행사하는 데 장애가 없음에도 불구하고 이를 행사하지 않아서 권리의 불행사가 시작되는 시점을 말한다. 소멸시효는 권리의 불행사가 일정 기간 동안 계속함으로써 완성한다(제162조). 그러면 권리의 불행사가 있어서 소멸시효가 진행되는 시기(始期)는 언제부터인가.

---

32) 이은영, 755면. 백태승, 563면은 유효한 매매계약에 의거 점유사용권을 취득하였기 때문에 그 부동산을 점유할 권리가 있다고 한다.

33) 민법주해 Ⅲ, 416면(윤진수).

소멸시효기간은 권리를 행사할 수 있는 때부터 진행한다(제166조 1항). 권리를 행사할 수 있다는 것은 권리를 행사함에 있어서 법률상의 장애가 없다는 것이며, 사실상의 장애는 포함되지 아니한다. 이러한 권리불행사의 상태에 있으면서 권리를 행사하지 않는 것이 그 소멸시효의 요건이다.[34)]

사실상 장애는 소멸시효의 진행에 영향을 미치지 아니한다. 예컨대 채권자의 질병 등 개인적인 사정, 법률지식의 부족, 권리존재의 부지 또는 채무자를 알지 못하는 것 등이다. 사실상 권리의 존재나 권리행사가능성을 알지 못하였고 알지 못함에 과실이 없다고 하여도 이러한 사유는 법률상 장애가 아니다.[35)] 예외적으로 권리자가 권리의 존재를 안 때부터 시효기간을 기산하는 것으로 하는 특별규정이 있는 경우에는 사실상의 장애이긴 하지만 소멸시효에 영향을 미친다. 예컨대 손해배상청구권의 소멸시효는 피해자가 손해 및 가해자를 안 날부터 개시된다(제766조).

법률상의 장애는 이행기의 미도래 또는 정지조건의 미성취 등이 있다. 판례는 건물에 관한 소유권이전등기청구권에 있어서 그 목적물인 건물이 완공되지 아니하여 이를 행사할 수 없었다는 사유는 법률상의 장애사유에 해당한다고 한다.[36)] 비록 법률상의 장애라 하더라도 권리자의 의사로 이를 제거할 수 있는 경우에는 시효의 진행을 정지시키지 못한다. 예컨대 동시이행의 항변권(제536조)이 붙어 있는 채권도 이행기부터 소멸시효는 진행한다. 또 채권자가 먼저 이행한 후가 아니면 청구할 수 없는 경우에도 소멸시효는 진행한다. 어떤 채권에 보증인의 최고의 항변권 또는 검색의 항변권(제437조)이 붙어 있는 경우에도 마찬가지이다.

소멸시효의 기산일과 변론주의와 관련하여 판례는, 「본래의 소멸시효 기산일과 당사자가 주장하는 기산일이 서로 다른 경우에는 변론주의의 원칙상 법원은 당사자가 주장하는 기산일을 기준으로 소멸시효를 계산하여야 하는데, 이는 당사자가 본래의 기산일보다 뒤의 날짜를 기산일로 하여 주장하는 경우는 물론이고 특별한 사정이 없는 한 그 반대의 경우에 있어서도 마찬가지이다」라

---

34) 대판 2006.4.27, 2006다1381; 대판 2003.4.8, 2002다64957,64964(법인의 내부적인 법률관계가 개입되어 있어 제3자인 청구권자가 권리의 발생 여부를 객관적으로 알기 어려운 상황에 있고 과실 없이 이를 알지 못한 경우, 청구권의 소멸시효의 기산점은 객관적으로 청구권의 발생을 알 수 있게 된 때라고 한 사례).

35) 대판 2007.5.31, 2006다63150; 대판 2005.4.28, 2005다3113; 대판[전합] 1992.3.31, 91다32053.

36) 대판 2007.8.23, 2007다28024,28031.

고 한다.[37)]

구체적으로 특정일의 특정시각을 기한으로 하는 때에는 그 날의 오전 0시부터 시작되는 경우가 아니면 초일은 산입되지 않으므로(제157조) 그 다음날부터 기산한다.

2. 각종 권리의 소멸시효 기산점

(1) 확정기한부 채권

확정기한부 채권의 기산점은 그 기한이 도래한 때이다. 다만 합의나 조정에 의하여 기한을 연기하는 때에는, 새로운 변제기가 그 기준이 된다.[38)]

판례는 「부동산에 대한 매매대금 채권이 소유권이전등기청구권과 동시이행의 관계에 있다고 할지라도 매도인은 매매대금의 지급기일 이후 언제라도 그 대금의 지급을 청구할 수 있는 것이며, 다만 매수인은 매도인으로부터 그 이전등기에 관한 이행의 제공을 받기까지 그 지급을 거절할 수 있는 데 지나지 아니하므로 매매대금 청구권은 그 지급기일 이후 시효의 진행에 걸린다」고 한다.[39)]

(2) 불확정기한부 채권

불확정기한부 채권의 기산점은 기한이 객관적으로 도래한 때이다. 채무자의 기한의 도래에 관한 지 · 부지나 과실의 유무를 불문한다. 따라서 이행지체 책임은 채무자가 기한의 도래를 안 때이므로(제387조 1항 후단) 소멸시효의 기산점과는 다르다.

(3) 기한을 정하지 않은 채권

채무이행에 관하여 기한을 정하지 않은 채권의 소멸시효의 기산점은 채권이 발생한 때이다.[40)] 그것은 채권에 기한이 없는 경우에는 채무자는 언제라

---

37) 대판 1995.8.25, 94다35886. 이에 대하여 김상용, 734면은 법원이 진실한 권리행사 가능시점을 기준으로 하여 소멸시효기간을 산정하여야 한다고 한다.

38) 대판 1992.12.22, 92다40211(채권의 소멸시효는 이행기가 도래한 때로부터 진행되지만 이행기일이 도래한 후에 채권자가 채무자에 대하여 기한을 유예한 경우에는 유예시까지 진행된 시효는 포기한 것으로서 유예한 이행기일로부터 다시 시효가 진행된다고 한 사례).

39) 대판 1991.3.22, 90다9797.

도 청구를 할 수 있고 이행청구가 없으면 언제까지나 소멸시효가 진행되지 않는 불합리한 결과가 생기기 때문이다. 그러나 그 지체책임은 채무자가 이행청구를 받은 때부터 진다(제387조 2항).

법정채권에 있어서도 채권이 발생한 때부터 시효가 진행한다. 부당이득반환청구권은 그 발생과 동시에 소멸시효가 진행한다.[41] 불법행위로 인한 손해배상청구권도 손해와 가해자를 안 날부터, 즉 채권이 발생한 때부터 시효가 진행한다.[42] 판례는 검사의 불법구속으로 인한 손해배상청구권의 소멸시효는 불법구속시부터 진행하고 구속된 범죄사실에 관한 형사재판이 확정될 때까지 소멸시효가 진행하지 않는다고 볼 수 없다고 한다.[43] 그러나 상해의 후유증(後遺症)으로 인하여 불법행위 당시에는 예견할 수 없었던 손해가 발생하거나 예상외로 손해가 확대된 경우, 이와 같이 새로이 발생 또는 확대된 손해부분에 대하여는 그러한 사유가 판명된 때부터 시효소멸기간이 진행된다.[44]

권리가 발생한 때부터 소멸시효가 진행한다는 점은 채권 이외의 권리에 대하여도 같다. 물권과 같이 권리의 발생과 행사할 수 있는 최초의 시기와의 사이에 간격이 없는 권리의 소멸시효 기산점은 권리가 발생한 때이다. 판례는 신축중인 건물에 관한 소유권이전등기청구권의 소멸시효 기산점은 그 건물이 완공되었을 때라고 한다.[45]

(4) 채무불이행으로 인한 손해배상청구권

채무불이행에 의한 손해배상청구권의 소멸시효의 기산점에 대해서는 본래의 채권과 관련하여 견해의 대립이 있다. ① 채권행사가능시설은 손해배상의무가 본래의 채무의 형태가 변경된 것이고 그 동일성이 여전히 유지되고 있으므로, 그 소멸시효는 본래의 채권을 행사할 수 있을 때부터 진행한다는 견해이다.[46] ② 채무불이행시설은 손해배상청구권은 채무불이행을 원인으로 발생

---

40) 대판 1992.1.21, 91다10152(계속적 물품공급계약에 기하여 발생한 외상대금채권은 특별한 사정이 없는 한 발생한 때로부터 3년이 경과함으로써 소멸시효가 완성된다고 볼 것이지 거래 종료일부터 기산하여야 한다고 할 수 없다고 한 사례).

41) 대판 2005.1.27, 2004다50143(오납금에 대한 부당이득반환청구권의 소멸시효 기산점은 납부 또는 징수시라고 한 사례).

42) 대판 1999.3.23, 98다30285(불법행위가 계속적으로 행하여지는 결과 손해도 계속적으로 발생하는 경우 그 각 손해를 안 때로부터 각별로 소멸시효가 진행된다고 한 사례).

43) 대판 2002.6.28, 2000다22249.

44) 대판 2001.9.14, 99다42797; 대판 1995.2.3, 94다16359.

45) 대판 2007.8.23, 2007다28024,28031.

46) 곽윤직, 327면; 장경학, 713면.

하는 권리이므로 그 소멸시효는 채무불이행이 있었던 때로부터 진행한다는 견해이다.[47] 생각건대 손해배상청구권은 채무불이행을 전제로 하는 권리이므로 후설이 타당하다.

판례는 채무불이행으로 인한 손해배상청구권의 소멸시효는 채무불이행시부터 진행한다고 한다.[48] 결국 손해배상청구권이 발생된 때를 기산점으로 하는 것이다.

(5) 청구나 해지통고를 한 후 일정 또는 상당기간의 경과 후 청구할 수 있는 권리

이러한 채권(제603조 2항 본문, 제635조, 제659조, 제660조)에 있어서는, 청구나 해지통고를 할 수 있는 때부터 정해진 유예기간이 경과한 때부터 소멸시효는 진행한다.

(6) 기한이익상실특약부채권

급부가 할부(割賦) 형식으로 되어 있는 경우에서 1회만이라도 변제를 게을리 하면, 잔금 전액을 일시에 청구하더라도 이의가 없다든가 하는 계약 조항이 삽입되는 수가 많다. 이러한 경우에 할부채무의 불이행이 있은 경우에는 전(全) 채무에 대한 소멸시효는 언제부터 진행되는가가 문제이다.

판례는 기한이익상실특약의 종류에 대해서, 기한이익 상실의 특약은 그 내용에 의하여 일정한 사유가 발생하면 채권자의 청구 등을 요함이 없이 당연히 기한의 이익이 상실되어 이행기가 도래하는 것으로 하는 정지조건부 기한이익 상실의 특약과 일정한 사유가 발생한 후 채권자의 통지나 청구 등 채권자의 의사행위를 기다려서 비로소 이행기가 도래하는 것으로 하는 형성권적 기한이익 상실의 특약의 두 가지로 대별한다.[49]

그리고 전자의 특약을 하였을 때에는 그 특약에 정한 기한이익의 상실사유가 발생함과 동시에 기한이익 상실의 의사표시가 없더라도 이행기 도래의 효과가 발생하고, 채무자는 이행지체의 상태에 놓이게 된다고 한다.[50] 또 후자의

---

47) 고상룡, 681면; 김상용, 736면; 김주수, 523면; 김증한 · 김학동, 521면; 백태승, 565면; 이영준, 702면; 이은영, 759면.

48) 대판 2005.9.15, 2005다29474(소유권이전등기 말소등기의무의 이행불능으로 인한 전보배상청구권의 소멸시효는 말소등기의무가 이행불능 상태에 돌아간 때로부터 진행된다고 한 사례); 대판 2005.1.14, 2002다57119; 대판 2002.12.27, 2000다47361 등.

49) 대판 2002.9.4, 2002다28340; 대판 1997.8.29, 97다12990.

특약을 하였을 때에는, 이는 채권자의 이익을 위한 것으로서 기한이익의 상실사유가 발생하였다고 하더라도 채권자가 나머지 전액을 일시에 청구할 것인가 또는 종전대로 할부변제를 청구할 것인가를 선택할 수 있으므로, 할부채무에 있어서 1회의 불이행이 있더라도 각 할부금에 대해 그 변제기의 도래시마다 그 때부터 순차로 소멸시효가 진행하고, 채권자가 잔존채무 전액변제의 의사표시를 한 경우에만 전액에 대하여 그때부터 소멸시효가 진행한다고 한다.[51)]

이에 대하여 학설은 ① 즉시진행설은 판례에 반대하는 견해이며, 1회의 불이행이 있으면 채권전액에 관하여 당연히 시효가 진행된다고 하는 견해이다.[52)] ② 채권자의사설은 소멸시효의 기산점은 채권자가 기한이익의 상실의 의사표시 내지 전액의 이행청구를 한 때라고 하는 견해이다.[53)] 생각건대 기한상실특약은 채권자의 이익을 위한 것이므로 채권자의 선택에 좇을 수 있도록 하는 판례의 입장이 타당하다.

(7) 정지조건부권리

이러한 채권은 조건성취로 인하여 발생하고 그와 동시에 행사할 수 있으므로 조건이 성취된 때부터 소멸시효는 진행한다. 판례도 정지조건부권리의 경우에는 조건 미성취인 동안은 권리를 행사할 수 없는 것이어서 소멸시효가 진행되지 않는다고 한다.[54)]

(8) 부작위채권

부작위를 목적으로 하는 채권은 위반행위를 한 때부터 소멸시효가 진행한다(제166조 2항). 이런 종류의 채권에 있어서는 채무자 측의 위반행위가 있기까지는, 채권자 측이 적극적인 권리행사를 할 여지가 없기 때문이다.

3. 소멸시효기간

소멸시효의 완성에는 권리불행사가 일정기간 동안 계속될 것이 요구되는데,

50) 대판 1999.7.9, 99다15184; 대판 1989.9.29, 88다카14663.
51) 대판 2002.9.4, 2002다28340; 대판 1997.8.29, 97다12990.
52) 고상룡, 681면; 곽윤직, 328면; 김상용, 736면; 김주수, 523면; 김증한·김학동, 522면; 이영준, 704면; 장경학, 715면.
53) 이은영, 채권총론, 216면.
54) 대판 1992.12.22, 92다28822; 대판[전합] 1984.12.26, 84누572.

이 기간을 소멸시효기간이라 한다. 우리 민법상 채권의 소멸시효기간은 원칙적으로 10년이다. 그러나 법률에 의하여 10년 이하의 단기로 정해진 경우도 적지 않다. 이를 보통 단기소멸시효라고 한다.[55)]

(1) 보통의 채권

보통의 채권의 소멸시효기간은 10년이다(제162조 1항). 상행위로 생긴 채권의 소멸시효기간은 5년이다(상법 제64조).

판례는 ㉠ 물상보증인의 채무자에 대한 구상권은 그 소멸시효에 있어서 민법상 일반채권에 관한 규정이 적용된다고 하고,[56)] ㉡ 근로자의 근로계약상 주의의무 위반으로 인한 손해배상청구권의 소멸시효기간은 5년의 상사 소멸시효기간이 아니라 10년의 민사 소멸시효기간이 적용된다고 하며,[57)] ㉢ 부동산에 대한 점유취득시효 완성을 원인으로 하는 소유권이전등기청구권은 채권적 청구권으로서, 취득시효가 완성된 점유자가 그 부동산에 대한 점유를 상실한 때로부터 10년간 이를 행사하지 아니하면 소멸시효가 완성한다고 하고,[58)] ㉣ 신용협동조합 이사장의 조합에 대한 임무해태로 인한 손해배상책임은 일반 불법행위책임이 아니라 위임관계로 인한 채무불이행책임이므로 그 소멸시효기간은 일반채무의 경우와 같이 10년이라고 한다.[59)]

(2) 3년의 소멸시효에 걸리는 채권

1) **이자 · 부양료 · 급료 · 사용료 기타(그밖의) 1년 이내의 기간으로 정한 금전 또는 물건의 지급을 목적으로 하는 채권**(제163조 1호)

1년 이내의 기간으로 정한 채권은 1년 이내의 정기로 지급되는 정기급부채권을 말하며, 변제기가 1년 이내의 채권이라는 의미가 아니다.[60)] 이러한 정기급부채권은 일정한 금전 등을 정기로 급부시키는 것을 목적으로 하는 정기금채권의 지분채권을 말한다. 판례는「금전채무의 이행지체로 인하여 발생하는 지연손해금은 그 성질이 손해배상금이지 이자가 아니며, 민법 제163조 제1호

55) 단기소멸기간에 관한 민법규정 중에서 법무부 민법개정안에서 개정하고자는 내용이 많으므로, 개정되는 부분에만 괄호를 하여 구분하였다.
56) 대판 2001.4.24, 2001다6237.
57) 대판 2005.11.10, 2004다22742.
58) 대판 1995.12.5, 95다24241.
59) 대판 2007.5.31, 2007다248; 대판 2006.8.25, 2004다24144.
60) 대판 1980.2.12, 79다2169.

가 규정한 '1년 이내의 기간으로 정한 채권'도 아니므로 3년간의 단기소멸시효의 대상이 되지 아니 한다」고 한다.61)

근로기준법의 적용을 받는 임금채권의 소멸시효기간은 3년이지만(동법 제41조), 민법의 적용대상이 아니다.

또 1년 이내의 정기로 지급되는 부동산 사용료로서의 차임이나 지료는 여기에 해당한다. 다만 동산의 사용료는 1년의 시효에 걸린다(제164조 2호).

2) 의사·(치과의사·한의사·수의사)·조산원(사)·간호원(사), 약사(및 한약사)의 치료·근로 및 조제에 관한 채권(제163조 2호)

의사 등의 직업적 활동인 노무제공에 대한 대가에 관련된 채권이다. 여기의 의사는 의료법·수의사법 등에서 말하는 자격 있는 의사·치과의사·한의사·수의사 등이다. 이들의 치료에 관한 채권은 진료 및 수술상의 채권이다.

약사도 약사법에 의해 자격을 얻은 자만을 말하며, 약사의 조제란, 의약품을 조합하여 약제를 만드는 것을 의미한다. 따라서 단순한 매약(賣藥)의 판매로 생긴 채권은 제163조 6호의 상인의 상품판매대가에 해당한다. 그러나 그 시효기간은 역시 3년이다. 무자격자의 의사의 치료상의 채권이나 무자격약사의 조제로 인한 채권, 병원 내지 의료법인이 취득하는 채권에 대해서도 제163조 2호가 적용된다.

장기의 치료로 생긴 채권의 소멸시효기산점에 대해서는 견해가 대립한다. ① 치료종료시설은 특약이나 관습이 없는 한 그 질병에 관한 의사와 환자 사이의 의료관계가 종료한 때로부터 소멸시효기간을 기산하여야 한다는 견해이다.62) ② 비용발생시설은 개개의 진료비, 수술비, 약가청구권이 발생한 시기부터 각각 소멸시효가 진행된다는 견해이다.63) 생각건대 단지 계산상의 번거로움을 덜기 위해서 각 채권의 기산점을 한꺼번에 정할 수는 없으므로 비용이 발생한 때 각각 시효가 진행된다고 할 것이다.

판례도 의사의 치료비 채권의 소멸시효의 기산점은 개개 진료행위의 종료시이며 장기간의 입원 치료의 경우에도 같다고 한다.64)

---

61) 대판 1998.11.10, 98다42141; 대판 1995.10.13, 94다57800; 대판 1993.9.10, 93다20139; 대판 1991.12.10, 91다17092(은행이 그 영업행위로서 한 대출금에 대한 변제기 이후의 지연손해금 채권은 민법 제163조 제1호 소정의 단기소멸시효의 대상에 해당하지 않는다고 한 사례).

62) 곽윤직, 330면; 김상용, 738면; 김증한·김학동, 524면; 백태승, 566면; 장경학, 718면.

63) 고상룡, 684면; 김주수, 524면; 이영준, 708면.

64) 대판 2001.11.9, 2001다52568; 대판 1998.2.13, 97다47675.

3) 도급받은 자 · 기사 기타(그밖의) 공사의 건설 또는 감독에 종사하는 자의 공사에 관한 채권(제163조 3호)

공사의 완성을 목적으로 하는 계약에 기한 수급인의 보수청구권 또는 비용상환청구권 등이다. 따라서 수급인에게 고용된 자는 이에 해당하지 아니한다. 그리고 특약이 없는 한 공사가 완료된 때부터 시효가 진행한다.

판례는 「우수현상광고의 당선자가 광고주에 대하여 우수작으로 판정된 계획설계에 기초하여 기본 및 실시설계계약의 체결을 청구할 수 있는 권리를 가지고 있는 경우, 이러한 청구권에 기하여 계약이 체결되었을 경우에 취득하게 될 계약상의 이행청구권은 "설계에 종사하는 자의 공사에 관한 채권"으로서 이에 관하여는 민법 제163조 제3호 소정의 3년의 단기소멸시효가 적용되므로, 위의 기본 및 실시설계계약의 체결의무의 불이행으로 인한 손해배상청구권의 소멸시효 역시 3년의 단기소멸시효가 적용된다」고 한다.[65]

4) 변호사 · 변리사 · 공증인 · 공인회계사 · 법무사(공인노무사 · 세무사 · 관세사 · 감정평가사)에 대한 직무상 보관한 서류의 반환을 청구하는 채권(제163조 4호)

이러한 채권이 단기소멸시효에 걸리게 하는 이유는 사건종료 후 곧 이들 서류를 반환하는 것이 보통이고, 특히 변호사 등은 날마다 많은 서류를 취급하는 점을 고려하여 이들을 보호하기 위한 것이다. 이들이 보관하는 서류 중에서 등기필증과 같이 원래 의뢰인의 소유인 것은 소유권에 기한 물권적 청구로 반환받을 수 있으므로 이는 시효에 걸리지 않는다. 단기소멸시효에 걸리는 서류는 변호사 등이 작성한 서류에 한한다고 할 것이다.

시효기간의 기산점은 변호사의 경우는 사건종료 시이며, 공증인의 경우는 유언서의 작성 등 직무가 종료된 때이다.

5) 변호사 · 변리사 · 공증인 · 공인회계사 · 법무사(공인노무사 · 세무사 · 관세사 · 감정평가사)의 직무에 관한 채권(제163조 5호)

이러한 채권은 사건종료 후 즉시 행사되기도 하고 업무를 착수할 때 수수되기도 하므로 단기소멸시효에 걸리는 것으로 한 것이다. 변호사의 직무에 관하여는 재판상의 것이든 재판 외의 것이든 불문한다. 변호사의 직무에 관한

---

65) 대판 2005.1.14, 2002다57119.

채권의 예로서는, 변호료·사례금·입체금 등이다. 시효기간의 기산점은 의뢰한 사건이 종료된 때이다.[66]

6) 생산자 및 상인이 판매한 생산물 및 상품의 대가(제163조 6호)

'상인이 판매한 상품의 대가'란 상품의 매매로 인한 대금 그 자체의 채권만을 말하는 것으로서, 상품의 공급 자체와 등가성 있는 청구권에 한한다.[67] 그리고 상인이 아닌 일반인이 생산자 또는 상인에게 물건을 매도한 경우는 포함되지 않는다. 전매를 목적으로 한 자에 대한 판매에도 적용한다.[68] 생산자와 상인은 모두 상법상의 상인이므로 이들이 판매한 생산물과 상품의 대가는 상행위로 생긴 것이므로, 5년의 시효에 걸려야 하지만, 상법 제64조 단서의 규정에 의하여 제163조 6호가 적용되는 것이다.

판례는 농업협동조합이 조합원이 생산하는 물자의 판매사업을 한다고 하더라도 상인은 아니기 때문에 제163조 6호는 적용되지 않는다고 한다.[69]

7) 수공업자 및 제조자의 업무에 관한 채권(제163조 7호)

수공업자는 자기의 일터에서 주문을 받아 주문자와 고용관계에 서지 않고 타인을 위하여 일을 하는 자로서 재봉사·이발사·세탁업자 등을 말하고, 제조업자는 주문을 받아 물건을 가공하여 다른 물건을 제조하는 것을 업으로 하는 자를 말하며, 표구사·신발제작자·가구제조자 등이 이에 속한다.

(3) 1년의 단기소멸시효에 걸리는 채권

1) 여관·음식점·대석·오락장의 숙박료·음식료·대석료·입장료·수비물의 대가 및 체당금의 채권(제164조 1호)

2) 의복·침구·장구 기타 동산의 사용료의 채권(제164조 2호)

---

66) 대판 1995.12.26, 95다24609(변호사의 성공보수청구권의 소멸시효 기산점은, 심급대리의 원칙에 따라 수임한 소송사무가 종료하는 시기인 제1심 판결을 송달받은 때라고 한 사례).

67) 대판 1996.1.23, 95다39854(위탁자의 위탁상품 공급으로 인한 위탁매매인에 대한 이득상환청구권이나 이행담보책임 이행청구권은 위탁자의 위탁매매인에 대한 상품 공급과 서로 대가관계에 있지 아니하여 등가성이 없으므로 민법 제163조 제6호 소정의 '상인이 판매한 상품의 대가'에 해당하지 아니하여 3년의 단기소멸시효의 대상이 아니라고 한 사례).

68) 대판 1963.4.18, 63다92.

69) 대판 2000.2.11, 99다53292.

3) 노역인 · 연예인의 임금 및 그에 공급한 물건의 대금채권(제164조 3호)

노역인이란 사용자와 종속관계에 서지 않고, 주로 육체적 노력을 제공하는 자를 말한다. 목수 · 정원사 등이 이에 속한다.

4) 학생 및 수업자의 교육 · 의복 및 유숙에 관한 교주 · 숙주(학원주) · 교사의 채권(제164조 4호)

교주 등의 개인이 가지는 채권뿐 아니라, 교사 등을 이행보조자로 사용하여 교육사업을 하는 법인인 학교, 권리능력 없는 사단 또는 재단인 학교 등의 채권에 대하여도 적용된다. 국공립학교의 학생에 대한 채권도 사법상의 채권이므로 이 조문이 적용될 것이다.

국가재정법(제96조 1항), 지방재정법(제82조 1항) 등에서는 국가 · 지방자치단체의 채권은 5년의 시효에 걸린다고 규정한다.

(4) 판결 등으로 확정된 채권의 소멸시효

판결에 의하여 확정된 채권은 단기의 소멸시효에 해당하는 것이라도 그 소멸시효는 10년이다(제165조 1항). 이는 확정판결뿐만 아니라 파산절차에 의하여 확정된 채권 및 재판상의 화해 · 조정 기타 재판과 동일한 효력을 가지는 것(청구의 인낙조서, 지급명령) 등에 의하여 확정된 채권에도 적용된다.[70] 본래 채권 그 자체로서는 10년보다 짧은 시효기간이 정해진 것이라도, 그 기간은 10년의 장기로 된다(제165조 2항). 다만 확정 당시에 변제기에 도래하지 않은 채권에는 위의 규정은 적용되지 아니 한다(제165조 3항).

판례는 확정판결로 주채무의 소멸시효기간이 10년으로 연장되었다 할지라도 그 보증채무까지 당연히 단기소멸시효의 적용이 배제되어 10년의 소멸시효기간이 적용되는 것은 아니며 종전의 소멸시효(5년)에 따른다고 한다.[71]

(5) 기타의 재산권의 소멸시효기간

채권 및 소유권 이외의 재산권도 소멸시효에 걸리는데 그 시효기간은 20년이다(제162조 2항).

---

70) 대판 1992.4.14, 92다169(약속어음에 공증이 된 것이라고 하여 이 약속어음이 "판결과 동일한 효력이 있는 것에 의하여 확정된 채권"이라고 할 수 없고, 이 약속어음채권이 민법 제165조 제2항 소정의 채권으로서 10년의 소멸시효에 걸린다고 할 수 없고 3년의 소멸시효에 걸린다고 한 사례).

71) 대판 2006.8.24, 2004다26287,26294.

제 3 절 소멸시효의 중단

I. 의 의

소멸시효의 중단(消滅時效의 中斷)은 소멸시효의 기초가 되는 권리불행사라는 사실상태와 상용(相容)할 수 없는 사실이 생긴 경우에 그때까지 진행되어온 시효기간이 효력을 잃게 되는 것을 말한다. 중단이 되면 그 동안의 시효기간은 효력을 잃게 되고, 그 중단사유가 종료한 때부터 새로이 시효가 진행한다(제178조 1항).

시효중단을 인정하는 이유는 원래 시효제도는 진실한 권리관계와 모순되는 사실상태의 영속성을 존중하는 것이므로, 진실한 권리관계를 주장하거나 의무자가 상대방의 권리를 승인함으로써 이 사실상태가 깨어지는 경우에는 시효를 인정하는 기초가 무너지기 때문이다. 소멸시효의 중단에 관한 규정은 취득시효에도 준용한다(제247조 2항).

소멸시효의 중단에 대한 입증책임은 시효의 완성을 다투는 자, 즉 시효의 중단으로 이익을 받는 자가 부담한다. 채권의 소멸시효의 경우에는 채권자, 취득시효의 경우에는 소유자가 이에 해당한다.

II. 중단사유

1. 청구(제168조 1호)

청구(請求)란 권리자가 이익을 얻는 자에 대하여 재판상 또는 재판외에서 권리를 행사하는 행위이다. 권리의 내용을 주장하는 행위이다.

(1) 재판상의 청구(제170조)

1) 재판상 청구의 종류

재판상 청구는 소(訴)의 제기를 말하며, 소의 종류는 묻지 않는다. 소는 청구의 소·확인의 소·형성의 소, 본소·반소도 이에 해당된다.

응소(應訴)도 포함되는가. 상대방이 제기한 소에 소극적으로 응소하여 승소하는 것도 재판상의 청구가 되는가에 관해 판례는 처음에는 부정하였다.[72] 그러나 지금은 이를 긍정하여, 시효를 주장하는 자가 원고가 되어 소를 제기한 데 대하여 피고로서 응소하여 그 소송에서 적극적으로 권리를 주장하고 그것이 받아들여진 경우에도 재판상 청구에 해당하여 시효중단의 효력이 있다고 한다.[73] 이러한 응소행위로 인한 시효중단의 효력은 피고가 현실적으로 권리를 행사하여 응소한 때에 발생한다.[74]

행정소송과 행정소원은 행정청 또는 그 소속기관의 위법한 행정처분의 취소·변경을 구하는 것을 목적으로 하는 것이고 사권의 행사가 아니므로 사권에 대한 시효중단사유가 되지 않는다. 다만 판례는 오납한 조세에 대한 부당이득반환청구권을 실현하기 위한 수단이 되는 과세처분의 취소 또는 무효확인을 구하는 소는 비록 행정소송일지라도 부당이득반환청구권에 관한 재판상 청구에 해당한다고 한다.[75]

형사소송은 피고인에 대한 국가형벌권의 행사를 그 목적으로 하는 것이므로, 형사재판이 피해자가 가해자를 상대로 고소하거나 그 고소에 기하여 개시된 경우에 그 고소나 형사재판은 소멸시효의 중단사유인 재판상의 청구에 해당하지 않는다.[76]

---

72) 대판 1971.3.23, 71다37; 대판 1974.11.12, 74다416,417.

73) 대판 2006.6.16, 2005다25632; 대판 2003.6.13, 2003다17927,17934(피고로서 응소하여 적극적으로 권리를 주장하고 그것이 받아들여진 경우 시효중단사유인 재판상의 청구에 포함된다고 한 사례); 대판 1997.12.12, 97다30288; 대판 1997.2.28, 96다26190; 대판 1996.9.24, 96다11334; 대판[전합] 1993.12.21, 92다47861. 다만 「물상보증인이 제기한 저당권설정등기의 말소등기절차이행청구소송에서 채권자 겸 저당권자의 응소행위가 직접 채무자에 대하여 재판상 청구를 한 것으로 볼 수는 없는 것이므로 피담보채권의 소멸시효에 관하여 규정한 민법 제168조 제1호 소정의 '청구'에 해당하지 아니한다」고 한다(대판 2004.1.16, 2003다30890).

74) 대판 2005.12.23, 2005다59383,59390.

75) 대판[전합] 1992.3.31, 91다32053(이에 대한 [반대의견]은 「오납금환급청구권의 경우 그 환급청구권의 이행청구나 확인청구를 구하는 경우만이 아니라 과세처분의 취소 또는 무효확인을 구하는 행정소송의 제기가 환급청구권의 소멸시효를 중단시키는 재판상 청구에 해당한다고 해석하는 것은 타당하지 아니하다」고 한다).

2) 기본적 법률관계와 파생적 권리

기본적 법률관계에 관한 확인청구도 파생적 권리의 시효중단의 효력이 있는 재판상의 청구에 해당한다. 예컨대 무효인 과세처분으로 인한 오납금에 대한 부당이득청구권이 발생한 상태에서 그 기본적 법률관계인 과세처분의 취소 또는 무효확인을 구하는 소송을 하는 것은 파생적 권리인 부당이득반환청구권의 소멸시효를 중단시킨다.[77] 또 파면처분무효확인소송에서의 승소는 처분 후 무효확정 전까지의 미지급된 급료지급청구권의 소멸시효를 중단하는 역할을 한다.

이와는 반대로 파생적 권리의 행사로 원인채권의 시효 중단이 인정되는 경우도 있다. 즉 어음채권에 관한 집행력 있는 채무명의 정본에 기하여 배당요구를 하는 것은 그 원인채권의 소멸시효를 중단시키는 효력이 있다.[78] 그렇지만 원인채권에 기하여 청구를 한 것만으로는 어음채권 그 자체를 행사한 것으로 볼 수 없어 어음채권의 소멸시효를 중단시키지 못한다.[79]

또 근저당권설정등기청구의 소제기가 그 피담보채권이 될 채권에 대한 소멸시효 중단사유로 되며,[80] 소유권에 기한 부당이득반환청구소송도 소유권의 취득시효의 중단사유인 재판상 청구에 해당한다고 한다.[81]

3) 효 과

재판상 청구에 의하여 소멸시효중단의 효력이 발생하는 시기는 소를 제기한 때이고, 소의 변경 또는 중간확인의 소에서는 그 청구의 서면을 법원에 제출한 때이다(민사소송법 제265조).[82] 시효중단의 효력이 발생하기 위해서는 청구가 인용되어야 한다. 따라서 청구의 내용에 따라 시효중단의 효력이 인정된다.

일부청구(一部請求)에 대하여, 판례는 그 청구된 일부에 대해서만 시효중단의 효력이 있고, 그 나머지 부분에 대해서는 시효중단의 효력이 발생하지 않는다고 한다.[83] 그러나 일부청구의 취지를 명백히 한 경우에는 중단의 효

---

76) 대판 1999.3.12, 98다18124.
77) 대판[전합] 1992.3.31, 91다32053(앞에서 소개).
78) 대판 2002.2.26, 2000다25484; 대판 1999.6.11, 99다16378(채권자가 어음채권을 피보전권리로 하여 채무자의 재산을 가압류함으로써 그 권리를 행사한 사례).
79) 대판 1999.6.11, 99다16378; 대판 1994.12.2, 93다59922.
80) 대판 2004.2.13, 2002다7213.
81) 대판 1997.3.14, 96다55211.
82) 대판 2007.11.30, 2007다54610(소송을 이송한 경우에 소제기에 따른 시효중단의 효력발생시기는 이송한 법원에 소가 제기된 때라고 한 사례).

력이 그 일부에 관하여만 발생하지만, 비록 일부청구이지만 그 취지로 보아 전부청구로 해석된다면 그 전부에 관하여 시효중단의 효력이 발생한다고 한다.[84] 그리고 청구의 대상으로 삼은 채권 중 일부만을 청구한 경우에도 그 취지로 보아 채권 전부에 관하여 판결을 구하는 것으로 해석되는 경우에는 그 동일성의 범위 내에서 그 전부에 관하여 시효중단의 효력이 발생한다.[85] 또 채권자가 동일한 목적을 달성하기 위하여 여러 채권을 갖고 있는 경우에 그 중 어느 하나의 청구를 한 것만으로는 다른 채권에 대한 소멸시효 중단의 효력은 없다.[86]

소의 각하·기각 또는 취하의 경우에는, 시효중단의 효력이 생기지 않는다(제170조 1항). 다만 이러한 경우에 6월내에 재판상의 청구, 파산절차참가, 압류 또는 가압류·가처분을 한 때에는 시효는 최초의 재판상의 청구로 인하여 중단된 것으로 본다(제170조 2항[87]).

(2) 파산절차참가(제171조)

파산절차참가(破產節次參加)는 채권자가 파산재단의 배당에 가입하기 위하여 그의 채권을 법원에 신고하는 행위이다(채무자 회생 및 파산에 관한 법률 제32조 2호). 이러한 파산절차참가의 신청이 있으면 시효중단의 효력이 생기

---

83) 대판 1975.2.25, 74다1557(그 나머지 부분에 관하여는 소를 제기하거나 그 청구를 확장(청구의 변경)하는 서면을 법원에 제출한 때에 비로소 시효중단의 효력이 생긴다고 한 사례).

84) 대판 1992.4.10, 91다43695(신체의 훼손으로 인한 손해배상청구 사건에서 앞으로 법원의 신체감정절차를 거친 후 그 결과에 따라 청구금액을 확장하겠다는 뜻을 소장에 객관적으로 명백히 표시한 경우 소제기에 따른 시효중단의 효력이 손해배상청구권 전부에 대하여 미친다고 한 사례).

85) 대판 2006.1.26, 2005다60017,60024(보험회사가 본소로 피고와 그 부모 상대로 보험금지급채무부존재 확인청구소송을 제기한 데 대하여 피고와 그 부모가 반소로 보험금지급청구를 하였다가 부모는 보험금청구권의 소멸시효기간이 경과한 사실을 뒤늦게 인식하고 피고에게 보험금을 전부 지급하라는 청구를 한 경우에, 피고는 반소장 제출 당시부터 보험금 전부의 지급을 구한다는 뜻을 객관적으로 명백히 표시하였다고 보아 반소장 제출에 의한 시효중단의 효력도 이 사건 보험금 중 1/3에 대하여만 아니라 이 사건 보험금 전부에 대하여 발생한다고 한 사례).

86) 대판 2002.6.14, 2002다11441(상법 제399조에 기한 손해배상청구의 소를 제기한 것이 일반 불법행위로 인한 손해배상청구권에 대한 소멸시효 중단의 효력은 없다고 한 사례); 대판 1998.5.29, 96다51110(채무불이행으로 인한 손해배상청구권에 대한 소멸시효 항변이 불법행위로 인한 손해배상청구권에 대한 소멸시효 항변을 포함한 것으로 볼 수는 없다고 한 사례).

87) 법무부 민법개정안 제170조에 지급명령의 신청, 재산명시신청을 추가하고 있다.

나, 채권자가 신고를 취소하거나 또는 그 청구가 각하된 때에는 중단의 효력이 없다(제171조).

파산선고신청(破産宣告申請)은 민법이 명문으로 규정하지는 않았으나 파산절차참가보다 더욱 강력한 권리실행방법이므로 당연히 중단사유로 보아야 할 것이다.

회생(回生)절차참가 또는 개인회생절차참가도 시효중단에 관하여 재판상 청구로 간주되어 중단의 효력이 인정된다(채무자 회생 및 파산에 관한 법률 제32조 1호, 3호). 강제집행절차에 있어서 배당청구(配當請求)를 하는 것도 파산절차참가와 동일시해야 하므로 역시 중단의 효력이 생긴다.

(3) 지급명령(제172조)

지급명령(支給命令)은 보통의 소송절차에 의하지 않고 독촉절차에 의하여 간이·신속하게 채권자가 그 권리를 행사할 수 있도록 하는 간이절차이다(민사소송법 제462조 이하). 시효중단의 효력발생시기는 지급명령신청서를 관할법원에 제출하여 지급명령을 신청한 때이다.

법원의 지급명령에 대하여 채무자가 적법한 이의신청을 하면, 지급명령신청을 한 때에 소를 제기한 것으로 간주되므로(동법 제472조), 지급명령은 소의 제기로서 시효중단의 효력을 유지한다. 그러나 적법한 이의신청이 없든가, 이의신청의 취하나 각하결정이 확정된 때에는, 지급명령은 확정판결과 같은 효력이 있다(동법 제474조). 강제집행으로 실현할 수 있는 집행력이 생긴다(동법 제56조 3호). 그러나 그 신청이 각하 또는 취하된 경우에는 시효중단의 효력이 없다.[88]

(4) 화해를 위한 소환(제173조 전단)

화해(和解)는 민사상 다툼에 관하여 청구의 취지·원인과 다투는 사정을 밝혀 상대방의 보통재판적이 있는 곳의 지방법원에 신청할 수 있다(민사소송법 제385조 1항). 소멸시효가 중단되는 시점은 화해를 위하여 실제로 소환되는 때가 아니라 화해를 신청한 때이다.[89] 그러나 법원의 소환을 받고도 상대방

---

88) 법무부 민법개정안 제172조는 「지급명령의 신청은 그 신청이 각하 또는 취하된 때에는 시효중단의 효력이 없다」고 바꾸어 규정하고 있다.

89) 법무부 민법개정안 제173조는 그 제목을 「화해를 위한 소환」에서 「화해신청」으로 바꾸고자 한다.

이 출석하지 않거나 또는 출석하더라도 화해가 성립하지 않은 경우에, 화해신청인이 1월내에 소를 제기하지 않으면, 중단의 효력이 생기지 않는다(제173조 전단). 화해가 이루어지지 않아서 소송제기신청이 있으면 화해를 신청한 때 소가 제기된 것으로 보므로, 시효의 중단도 화해를 신청한 때에 생긴다.

조정은 재판상의 화해와 동일한 효력이 있으므로(민사조정법 제29조), 조정신청도 화해신청과 마찬가지로 중단의 효력이 생기며, 그것이 취하된 때에는 시효중단의 효력이 없다(동법 제35조).

(5) 임의출석(제173조 후단)

임의출석(任意出席)은 임의로 법원에 출석하여 소송에 관한 변론을 하면서 구두로 소를 제기하는 방식이다(소액사건심판법 제5조). 이는 소액사건의 심판에만 적용되는 방식이다. 임의출석의 방식에 의해서도 화해신청이 가능하고, 이러한 신청에 의해서 시효중단의 효과가 발생한다. 그러나 화해가 성립하지 않을 경우에는 1년 내에 소를 제기하지 아니 하면 중단의 효력이 생기지 아니 한다.

(6) 최고(제174조)

최고(催告)란 채권자가 채무자에 대하여 채무의 이행을 청구하는 의사의 통지이다. 최고는 재판외의 행위이며 아무런 방식을 필요로 하지 않으므로, 그 중단의 효력은 잠정적이고 일시적이다. 판례는 행위 당시 당사자가 시효중단의 효과를 발생시킨다는 점을 알거나 의욕하지 않았다 하더라도 이로써 권리 행사의 주장을 하는 취지임이 명백하다면 최고에 해당하는 것으로 본다.[90]

최고 후 6월내에 재판상의 청구, 파산절차참가, 화해를 위한 소환, 임의출석이나, 또는 압류·가압류·가처분을 하지 않으면, 중단의 효력은 없다(제174조).[91] 또한 최고가 있은 후, 6월 이내에 거듭하여 최고를 하더라도 중단의 효력은 유지되지 아니한다.[92] 따라서 최고는 시효기간의 만료에 즈음하여 일단

---

90) 대판 1992.2.11, 91다41118(민사소송법 소정의 재산관계명시신청에 대한 결정이 채무자에게 송달된 경우 "최고"로서의 효력을 인정하여야 한다고 한 사례).

91) 법무부 민법개정안은 제174조에 지급명령의 신청, 재산명시신청을 추가하고 화해를 위한 소환을 화해신청으로 변경하고 있다.

92) 대판 1983.7.12, 83다카437; 대판 1970.3.10, 69다1151,1152(시효중단을 위한 최고가 수회 있을 경우 재판상의 청구 등을 중심으로 그 이전의 제일 가까운 최고를 중심으로 6월

임시로 중단을 막고 다시 제대로 법적 대응을 하기 위한 예비조치의 성격을 가질 뿐이다.

6월의 기간의 기산점에 대해서, 판례는 채무이행의 최고를 받은 채무자가 그 이행의무의 존부 등에 대하여 조사를 해볼 필요가 있다는 이유로 채권자에 대하여 그 이행의 유예를 구한 경우에 채권자가 그 회답을 받을 때까지는 최고의 효력이 계속된다고 보아야 하고, 6월의 기간은 채권자가 채무자로부터 회답을 받은 때로부터 기산된다고 한다.[93]

2. 압류 또는 가압류 · 가처분(제168조 2호)

압류(押留)는 확정판결 기타 집행권원에 의하여 하는 강제집행이며(민사집행법 제188조), 가압류(假押留)와 가처분(假處分)은 강제집행이 불능 또는 심히 곤란하게 될 염려가 있는 경우에 강제집행을 보전하는 수단이다(민사집행법 제276조 이하, 제300조 이하). 이들 보전수단은 보통은 재판상 청구의 전제가 되지만, 공증이 된 금전채권과 같이 다시 재판절차를 거칠 필요가 없는 경우라든가 또는 판결이 있더라도 다시 새로운 시효가 진행될 것이기 때문에 이들 보전수단을 재판절차와 무관하게 독자적인 시효중단사유로 할 수 있다. 판례는 가압류의 집행보전의 효력이 존속하는 동안 가압류에 의한 시효중단의 효력이 계속된다고 한다.[94]

압류 · 가압류 · 가처분에 의하여 시효중단의 효력이 발생하는 시기는 그 명령을 신청한 때라고 하여야 한다. 이는 재판상의 청구, 파산절차참가, 지급명령 등에서도 그 신청시를 효력발생 시기로 한다. 그러나 이러한 명령이 권리자의 청구에 의하여, 또는 법률의 규정에 따르지 않았기 때문에 취소된 때에

을 계산하면 된다고 한 사례).

93) 대판 2006.4.28, 2004다16976; 대판 1995.5.12, 94다24336(국방부장관을 상대로 토지반환에 대한 진정서의 제출은 소멸시효 중단사유가 되는 최고에 해당하고 국방부장관이 이에 대하여 위에서 본 바와 같은 회신 및 재회신을 한 사실이 인정된다면, 피고는 원고의 청구권의 존부에 관한 조사를 위하여 위 진정에 대한 조사와 심의, 결정을 통보할 때까지는 그 이행의 유예를 구한 것에 해당한다고 할 것이므로 이 경우 민법 제174조 소정의 6월의 기간은 위 진정에 대한 회신이 있을 때까지는 진행하지 아니한다고 보아야 할 것이라고 한 사례).

94) 대판 2006.7.4, 2006다32781; 대판 2000.4.25, 2000다11102(민법 제168조에서 가압류와 재판상의 청구를 별도의 시효중단사유로 규정하고 있는데 비추어 보면, 가압류의 피보전채권에 관하여 본안의 승소판결이 확정되었다고 하더라도 가압류에 의한 시효중단의 효력이 이에 흡수되어 소멸된다고 할 수 없다고 한 사례).

는 시효중단의 효력이 생기지 않는다(제175조). 그러므로 채무자의 주소불명으로 압류 등의 절차에 착수하지 않은 경우에는 중단의 효력이 생기지 않는다. 이에 반하여, 압류절차를 개시한 이상, 압류할 물건이 없기 때문에 집행불능에 그치더라도 중단의 효력은 생긴다.[95]

압류・가압류・가처분은 시효이익을 받을 자에 대하여 하지 않은 때에는, 이것을 그 사람에게 통지한 후가 아니면, 시효중단의 효력이 없다(제176조). 예컨대 채권자가 채무자 이외의 자인 물상보증인으로부터 설정받은 담보물을 압류하였을 때에는, 채무자에게 그 사실을 통지하지 않으면 시효중단의 효력이 없다. 판례는 ㉠ 채권자가 물상보증인이나, 저당부동산의 제3취득자에 대하여 그 피담보채권의 실행으로서 임의경매를 신청하여 경매법원이 경매개시결정을 하고 경매절차의 이해관계인인 채무자에게 그 결정이 송달된 경우에는 시효의 이익을 받은 채무자는 민법 제176조에 의하여 당해 피담보채권의 소멸시효 중단의 효과를 받는다고 한다.[96] ㉡ 채권자가 채무자의 제3채무자에 대한 채권을 압류 또는 가압류한 경우에 채무자에 대한 채권자의 채권에 관하여 시효중단의 효력이 생긴다고 할 것이나, 압류 또는 가압류된 채무자의 제3채무자에 대한 채권에 대하여는 시효중단의 효력을 인정하지 않는다.[97] ㉢ 가압류 결정 이전에 이미 피보전권리인 어음채권의 시효가 완성되어 소멸한 경우에는 그 가압류 결정에 의하여 그 원인채권의 소멸시효를 중단시키는 효력을 인정할 수 없다.[98]

그리고 법무부 민법개정안은 제175조 1항에서 이들 보전수단 이외에 재산명시를 추가하여 시효중단의 효과를 인정하려고 한다. 재산명시(財産明示)는 1990년 1월 13일 민사소송법 일부개정에 의하여 법규화한 제도로서, 금전채무를 부담하는 채무자가 채무를 이행하지 아니하는 경우에 법원이 강제집행의 대상이 되는 재산의 목록을 제출하게 하는 법적 절차이다(민사집행법 제61조~제69조). 또 개정안 제175조 2항은 「민사집행법 제62조 제7항에 의하여 재산명시결정이 취소되고 재산명시신청이 각하되는 경우, 6개월 내에 재판상의 청구, 파산절차참가, 지급명령의 신청 또는 압류를 한 때에는 시효는 최초의 재산명시신청으로 인하여 중단된 것으로 본다」고 하고 있다.

95) 대판 2001.8.21, 2000다12419.
96) 대판 1997.8.29, 97다12990; 대판 1990.6.26, 89다카32606.
97) 대판 2003.5.13, 2003다16238.
98) 대판 2007.9.20, 2006다68902.

지금까지의 판례는 재산관계명시신청에 대한 결정이 채무자에게 송달된 경우 최고로서의 효력을 인정하지만,[99] 소멸시효 중단사유인 압류 또는 가압류, 가처분에 준하는 효력까지 인정될 수는 없고, 재산관계명시결정으로부터 6월 내에 다시 소를 제기하거나 압류 또는 가압류, 가처분을 하는 등의 절차를 속행하지 아니하는 한 상실되는 것으로 본다고 하였다.[100]

3. 승인(제168조 3호)

승인(承認)이란 시효이익을 받을 당사자가 시효로 인하여 권리를 잃은 자에 대하여 상대방의 권리의 존재를 인식하고 있다는 것을 표시하는 관념의 통지이다. 의사표시가 아니므로 중단하려고 하는 효과의사는 필요로 하지 않고 통지에 의하여 법률에 규정된 시효중단의 효과가 발생한다. 그러나 준법률행위로서 법률행위에 관한 규정이 유추적용된다. 따라서 채권자의 대리인에 대한 승인이나, 채무자의 대리인의 승인도 가능하며, 그 효력은 상대방에 도달한 때에 발생한다.[101] 또 승인은 이를 할 수 권한이 있는 자가 하여야 한다.[102]

승인에는 특별한 방식은 필요 없으며, 권리의 존재를 인식하고 표시하였다고 인정되는 행위가 있으면 된다. 명시적이든 묵시적이든 묻지 않는다.[103] 예컨대 증서를 고쳐 주거나, 일부를 변제하거나,[104] 이자를 지급하거나, 담보를 제공하는 행위는 모두 묵시적인 승인으로 유효하다. 그러나 그 묵시적인 승인

---

99) 대판 1992.2.11, 91다41118.

100) 대판 2001.5.29, 2000다32161.

101) 대판 1995.9.29, 95다30178.

102) 대판 1965.12.28, 65다2133(일반적으로 회사의 경리과장, 총무과장 또는 출장소장은 다른 특별한 사정이 없는 한 회사가 부담하고 있는 채무에 관하여 소멸시효의 중단사유가 되는 승인을 할 수 없다고 한 사례).

103) 대판 2000.4.25, 98다63193(채권양수인이라고 주장하는 자가 채무자를 상대로 제기한 양수금 청구소송에서 채무자가 채권자로부터 채권을 양도한 사실이 없다는 취지의 진술서를 작성·교부받아 이를 증거로 제출하여 승소판결을 받은 경우, 채무자는 채권자로부터 위 진술서를 교부받음으로써 채무를 승인하였으므로 그 무렵 소멸시효가 중단되었다고 본 사례).

104) 대판 2001.2.23, 2000다65864(객관적으로는 수건의 미변제 대출금 채무 중 일부의 변제이지만 주관적으로는 수건의 채무 전부를 변제한다는 의사가 있었던 경우에 이는 채무 전부에 대한 승인에 해당한다고 한 사례); 대판 1996.1.23, 95다39854(시효완성 전에 채무의 일부를 변제한 경우에는, 그 수액에 관하여 다툼이 없는 한 채무승인으로서의 효력이 있어 시효중단의 효과가 발생한다고 한 사례); 대판 1993.10.26, 93다14936.

의 표시는 적어도 채무자가 그 채무의 존재 및 액수에 대하여 인식하고 있음을 전제로 하여 그 표시를 대하는 상대방으로 하여금 채무자가 그 채무를 인식하고 있음을 그 표시를 통해 추단하게 할 수 있는 방법으로 행해져야 한다.[105)]

승인은 반드시 상대방에게 하여야 한다. 채무자가 당사자가 아닌 제3자에 대하여 채무 있음을 승인하였다 하여도 이것은 승인의 효력이 없다.[106)] 판례는 검사 작성의 피의자신문조서 중 피의자가 채무를 승인하는 의사가 표시된 진술기재 부분만으로 소멸시효의 중단사유로서 승인의 의사표시가 있는 것으로 볼 수 없다고 한다.[107)]

시효중단의 효력이 있는 승인에는 상대방의 권리에 대한 처분의 능력이나 권한이 있음을 요하지 않는다(제177조). 이는 승인은 상대방의 권리의 존재를 인정하는 행위에 불과하기 때문에 이를 처분하는 권한이나 능력이 없는 승인도 중단의 효력이 있다는 것이다.

소멸시효의 중단사유로서 채무자에 의한 채무승인이 있었다는 사실은 이를 주장하는 채권자측에서 입증하여야 하는 것이다.[108)]

시효중단이 되는 승인은 시효의 완성 전에 하여야 한다. 시효완성 후에는 승인은 시효이익의 포기의 문제로 된다. 반대로 소멸시효의 중단사유로서 승인은 소멸시효의 진행이 개시된 이후에만 가능하고 그 이전에 승인한다 하더라도 시효가 중단되지 아니 한다.[109)] 채무자의 승인에 대하여 채권자가 채무

105) 대판 2007.11.29, 2006다64552; 대판 2007.7.26, 2006다43651; 대판 2006.9.22, 2006다22852,22869(채권자의 요청으로 매 분기 말일에 물품대금이 포함된 잔액확인통지서를 작성·교부하여 준 행위는 승인에 해당한다는 사례); 대판 2005.2.17, 2004다59959(당사자 간의 계속적 거래관계에서 물품을 추가로 주문하고 공급받은 행위가 기왕의 채무의 존부 및 액수에 대한 인식을 묵시적으로 표시하였다고 볼 수 없다고 한 사례); 대판 2000.4.25, 98다63193; 대판 1998.11.13, 98다38661(공사도급계약의 수급인이 인접 주택의 소유자에게 배상하여야 할 손해를 건축주로부터 직접 지급받도록 요청하는 통지서를 보낸 경우, 채무승인에 해당한다고 한 사례); 대판 1995.9.29, 95다30178; 대판 1992.4.14, 92다947(갑이 행정소송에서 을측 증인으로 출석하여 "을로부터 금 3,500만원을 차용한 사실이 있다"고 진술하였다면 이는 소멸시효중단사유인 채무의 승인에 해당한다고 한 사례).

106) 대판 1960.5.5, 4292민상672.

107) 대판 1999.3.12, 98다18124; 대판 1998.10.13, 98다17046.

108) 대판 2005.2.17, 2004다59959.

109) 대판 2001.11.9, 2001다52568(진료계약을 체결하면서 "입원료 기타 제요금이 체납될 시는 병원의 법적 조치에 대하여 아무런 이의를 하지 않겠다."고 약정하였다 하더라도, 소멸시효의 중단사유로서의 승인에 해당하지 않는다고 한 사례).

의 변제를 유예해 주었다고 인정되는 경우, 만약 그 유예기간을 정하지 않았다면 변제유예의 의사를 표시한 때부터, 그리고 유예기간을 정하였다면 그 유예기간이 도래한 때부터 다시 소멸시효가 진행된다.[110]

Ⅲ. 시효중단의 효과

1. 중단의 상대적 효력

시효가 중단되면, 그때까지 경과한 시효기간은 이를 산입하지 않는다(제178조 1항 전단). 시효중단의 효력은 상대적이며 원칙적으로 당사자 및 승계인 사이에서만 그 효력이 있다(제169조). 여기의 당사자란 시효중단행위에 관여한 자를 말하며, 승계인에는 포괄승계인과 특정승계인을 포함된다. 그러나 사망한 사람을 채무자로 한 임의경매절차가 진행된 경우에는 시효중단의 효력이 없다.[111]

원칙적으로 제3자에게는 중단의 효력이 미치지 않는다. 즉 부동산 공유자 중 1인이 공유물의 보존행위로서 일부 지분에 관해서만 재판상 청구를 한 경우에도 다른 공유자에 대하여 그 시효중단 효력이 미치지 않는다.[112]

예외적으로, 이러한 시효 중단의 효력이 제3자에게 미치는 경우가 있다. 지역권은 요역지가 수인의 공유인 경우에, 공유자 1인에 의한 지역권의 취득·소멸에 중단사유가 발생하면 다른 공유자에게도 시효중단의 효력이 인정된다. 연대채무에 있어서도 연대채무자 1인에 대한 시효중단은 다른 연대채무자에게도 효력이 있다(제416조, 제421조).[113] 같은 이유에서 부진정연대채무자 1인에 대한 이행 청구로 인한 시효중단의 효력이 다른 채무자에게도 미치지 않는

110) 대판 2006.9.22, 2006다22852,22869.

111) 대판 1996.4.12, 95다15537.

112) 대판 1999.8.20, 99다15146(부동산 공유자 중의 한 사람은 당해 부동산에 관하여 제3자 명의로 원인무효의 소유권이전등기가 경료되어 있는 경우 공유물에 관한 보존행위로서 그 제3자에 대하여 그 등기 전부의 말소를 청구할 수 있다고 한 사례).

113) 대판 2001.8.21, 2001다22840(채권자의 신청에 의한 경매개시결정에 따라 연대채무자 1인의 소유 부동산이 압류된 경우, 이로써 위 채무자에 대한 채권의 소멸시효는 중단되지만, 압류에 의한 시효중단의 효력은 다른 연대채무자에게 미치지 아니하므로, 경매개시결정에 의한 시효중단의 효력을 다른 연대채무자에 대하여 주장할 수 없다고 한 사례).

다.[114] 또 보증채무에 있어서 주채무자에 대한 시효중단의 효력은 보증채무의 부종성에 의하여 보증인에게도 미친다(제440조).[115]

가분채권의 경우에 경매신청서의 청구금액에 포함되어 있었다 하더라도 채권계산서에 기재된 채권에 한하여 소멸시효중단의 효력이 있다.[116]

2. 중단 후의 시효진행

시효가 중단된 후에 그 시효의 기초가 되는 사실상태가 계속되면, 그때부터 새로이 시효기간이 진행한다(제178조 1항 후단). 다만 이 시효는 전혀 새로운 것이므로 그 기간도 새로 계산하여야 한다. 중단된 시효가 다시 진행을 개시하는 시기는 중단사유의 종료시이다(제178조 1항 후단).

재판상 청구로 중단된 시효는 재판이 확정된 때부터 새로이 진행한다(제178조 2항). 판례는 채권자가 연대채무자 1인의 소유 부동산에 대하여 경매신청을 한 경우, 이는 최고로서의 효력을 가지고 있고, 연대채무자에 대한 이행청구는 다른 연대채무자에게도 효력이 있으므로, 채권자가 6월내에 다른 연대채무자를 상대로 재판상 청구를 하였다면 그 다른 연대채무자에 대한 채권의 소멸시효가 중단되지만, 이로 인하여 중단된 시효는 위 경매절차가 종료된 때가 아니라 재판이 확정된 때로부터 새로 진행된다고 한다.[117]

압류·가압류·가처분으로 중단된 때에는 그 절차가 종료한 때부터 다시 진행을 개시한다.

승인으로 중단된 때에는 승인이 상대방에 도달한 때부터 시효는 새로이 진행하게 된다.

114) 대판 1997.9.12, 95다42027.
115) 대판 2002.5.14, 2000다62476.
116) 대판 1991.12.10, 91다17092.
117) 대판 2001.8.21, 2001다22840(앞에서 소개).

제 4 절 소멸시효의 정지

Ⅰ. 정지의 의의

소멸시효의 정지(停止)란 시효기간이 거의 완성될 무렵에 중단이 불가능하거나, 매우 곤란한 경우에 일정기간 동안 시효완성을 유예하는 것을 말한다. 권리의 불행사가 권리자의 태만에 기인한 것이 아닌 경우에 권리자를 보호하려는 취지이다. 이것은 단지 일정기간 동안 시효의 완성을 정지시키는 데 그치며, 정지사유가 종료한 후 그때부터 남은 시효기간이 진행되고 정지 이전에 경과한 기간을 포함하여 총 시효기간이 경과하면 시효가 완성한다. 이 점에서 그 동안의 기간의 경과는 없던 것으로 하여 다시 처음부터 진행하는 중단과는 다르다. 이러한 소멸시효의 정지는 시효완성의 정지이다. 독일민법은 시효완성의 정지 이외에도, 소멸시효가 개시되었으나 진행을 방해하는 시효진행의 정지를 인정하고 있다(독일민법 제205조).

소멸시효의 중단에 관한 규정은 취득시효에도 준용되지만(제247조 2항), 소멸시효의 정지에 관한 규정은 그 준용에 대해서 명문의 규정이 없다. 그러나 이는 입법상의 불비로 정지에 관한 규정도 취득시효에 준용되어야 할 것이다.

Ⅱ. 정지사유

다음의 각 경우에는 일정한 기간 동안 소멸시효가 완성하지 않는다.

1. 무능력자를 위한 정지

소멸시효의 기간만료 전 6월내에 무능력자에게 법정대리인이 없는 때에는 그가 능력자로 되거나 법정대리인이 취임한 때부터 6월 내에는 시효가 완성하지 아니 한다(제179조). 무능력자가 자신의 권리를 보호할 수 없기 때문이다.

또 무능력자가 그 재산을 관리하는 부모 또는 후견인에 대하여 가지는 권리는, 그가 능력자가 되거나 후임의 법정대리인이 취임한 때로부터 6월 내에는 소멸시효가 완성하지 않는다(제180조 1항). 이는 무능력자와 법정대리인과의 사이에 권리관계가 있는 경우에, 이해가 상반되는 법정대리인이 스스로 무능력자를 위하여 시효중단 조치를 취할 것을 기대하기는 어렵기 때문이다.

2. 부부관계 종료에 의한 정지

부부의 일방의 타방에 대한 권리는 혼인관계의 종료 시부터 6월 내에는 소멸시효가 완성하지 아니 한다(제180조 2항). 혼인관계의 계속 중에는 시효중단의 절차를 밟기가 곤란하다는 점에서 인정되는 것이다. 혼인관계의 종료에는 이혼·혼인취소·배우자 일방의 사망·실종선고 등이 포함된다.

3. 상속재산에 관한 정지

상속재산에 속한 권리나 상속재산에 대한 권리는 상속인의 확정, 관리인의 선임 또는 파산선고가 있는 때부터 6월 내에는 소멸시효가 완성하지 아니 한다(제181조). 상속재산에 속한 권리는 피상속인이 다른 사람에게 가지는 상속채권 등을 말하며, 상속재산에 대한 권리는 다른 사람이 피상속인에게 가지는 권리로서 상속채무 등을 말한다. 이러한 상속재산을 둘러싼 권리관계의 확정을 위해서는 상속인이 누구인지 분명해야 하고 재산관리가 요구되는 경우에는 그 관리인이 존재해야 한다.

4. 천재·사변에 의한 정지

천재 기타 사변으로 인하여 소멸시효를 중단할 수 없을 때에는 그 사유가 종료한 때로부터 1월 내에는 시효가 완성하지 아니 한다(제182조). 천재(天災)란 지진·홍수·폭설 등의 자연력을 의미하며, 기타 사변(事變)이란 폭동·전란·교통두절 등 천재와 동일시할 수 있는 외부적 장해를 의미한다. 권리자의 질병·부재 등의 주관적 사유는 제외된다.

제 5 절 소멸시효의 효력

Ⅰ. 소멸시효완성의 효과

1. 완성의 의의

민법은 소멸시효의 효과에 관한 규정에서 모두 「소멸시효가 완성한다」고 규정한다(제162조, 제163조, 제164조). 그런데 그 완성(完成)의 의미가 무엇인지에 대해서는 아무런 규정을 두고 있지 않다. 그러므로 민법제정 후 위의 완성의 의미에 관하여 학설이 대립하게 되었다.

완성을 소멸시효의 완성으로 권리가 절대적으로 소멸하는 것으로 이해할 것인가, 아니면 절대적으로 소멸하지는 아니하고 다만 권리자의 청구에 대응하여 그 시효의 완성을 주장하여 소송상 항변을 할 수 있는 것을 말하는가에 그 초점이 있다.

입법례를 살펴보면, 프랑스민법은 법관은 직권으로 시효를 보충하지 못하므로(동법 제2223조), 당사자가 시효완성을 이유로 소권의 소멸을 주장하여야 하고 이에 따라 본래의 채무는 자연채무로 전환된다(동법 제2262조). 독일민법은 시효의 완성으로 영구적 항변권이 생기며 이를 행사하여 이행을 거절할 수 있다(동법 제222조). 스위스채무법은 소멸시효의 주장이 없이 직권으로 시효의 완성을 고려해서는 안 된다고 한다(동법 제142조). 일본민법은 일정한 기간 동안 권리를 행사하지 않으면 소멸하고(동법 제145조), 시효는 당사자가 이를 원용하지 않으면 법원이 이에 의하여 재판하지 못한다고 한다(동법 제145조).

2. 절대적 소멸설

절대적 소멸설(絶對的 消滅說)은 소멸시효의 완성으로 권리는 당연히 소멸한다고 보는 견해이다.[118] 그 근거로는, ㉠ 현행민법은 구민법과 달라서 시효의 원용(援用)에 관한 규정을 두고 있지 않다는 점, ㉡ 부칙 제8조 1항은 「소멸한 것으로 본다」고 하고 있는데, 이는 현행 민법이 소멸시효의 완성의 의미를 소멸을 의미하는 것으로 보았다는 점을 든다. 그 밖에도 소멸로 표현한 규정은 「저당권으로 담보한 채권이 시효의 완성 기타의 사유로 인하여 소멸한 때에는 …」이나(제369조), 「불법행위로 인한 청구권은 … 시효로 인하여 소멸한다」(제766조 1항) 등이 있다. 따라서 입법자의 의사는 완성의 의미를 절대적 소멸로 보았다는 것이다.[119]

3. 상대적 소멸설

상대적 소멸설(相對的 消滅說)은 소멸시효가 완성되어도 권리가 당연히 소멸하는 것이 아니고, 시효의 이익을 받을 자에게 권리의 소멸을 주장할 수 있는 권리가 생길 뿐이라고 하는 견해이다.[120] 그 근거로 드는 것은, ㉠ 시효의 완성으로 권리가 소멸한다고 이해하면, 원용이 없어도 법원은 직권으로 소멸시효를 고려하게 되어, 당사자의 의사에 반하는 결과가 생긴다는 점, ㉡ 소멸시효완성 후 변제한 경우에 채무자가 소멸시효완성의 사실의 시·부지를 불문하고, 어느 경우나 원용이 없는 동안은 채권이 소멸하지 아니 하므로, 시효완성 후라도 변제는 채무의 변제로서 유효하게 되나, 절대적 소멸설에 의하면 비채변제가 되어 반환을 청구할 수 없게 되므로 이는 사회관념에 적합하지 않다는 점, ㉢ 시효이익의 포기는 원용권의 포기로 이해하는데, 절대적 소멸설에 의하면 이를 설명하기가 어렵다는 점을 들고 있다.

4. 이 원 설

이원설(二元說)은 상대적으로 소멸하는 것이 원칙이지만 단기소멸시효의

118) 곽윤직, 341면; 김민중, 764면; 김주수, 538면; 김준호, 563면; 이영준, 724면; 이은영, 778면; 장경학, 733면.

119) 민의원 법제사법위원회 민법안 심의소위원회의 민법심의록(103)에서 「현행법에서는 일면 시효의 효과로서 권리의 득상이 생긴다고 규정하고(구민법 제162조, 제163조, 제167조), 동시에 시효의 원용(구민법 제145조)을 요한다는 지를 규정한 결과, 종래 시효의 원용에 관하여 각종의 학설이 발생하였는 바, 초안은 이를 정리하여 원용에 관한 규정을 삭제함으로써 시효에 관하여 금후 절대적 소멸설이 확정되고, 따라서 원용은 위와 같은 하나의 항변권으로 화한 것이다」라고 하였다. 국회본회의에서도 위와 같은 초안이 통과되어 구민법의 원용에 관한 규정이 삭제되었다.

120) 김상용, 757면; 김증한·김학동, 544면; 백태승, 581면; 민법주해 Ⅲ, 483면(윤진수).

경우에는 절대적으로 소멸한다는 견해이다.[121] 시효는 진실한 권리자의 권리를 보호하고 변제자가 이중변제를 하지 않도록 하기 위한 제도이므로 상대적 소멸로 이해하고, 다만 거래의 안전 등을 이유로 법률관계를 단기적으로 처리해야 하는 단기소멸의 경우에는 절대적 소멸을 인정한다는 것이다.

5. 검 토

학설은 다음의 세 가지 쟁점에 대하여 그 이론구성을 달리한다.

(1) 원용 여부

법원이 직권으로 시효를 고려할 수 있는가. 상대적 소멸설은 당사자의 원용이 없이는 법원은 이를 직권으로 고려하지 못한다고 한다. 이에 반하여 절대적 소멸설은 당사자의 원용이 없어도 시효의 완성으로 절대적으로 권리는 소멸하지만, 소송상의 변론주의 원칙에 따라 당사자의 원용이 없이는 법원이 직권으로 고려할 수 없다는 것이다. 결과적으로 당사자의 원용이 필요하다는 점에서 양설은 차이가 없다. 그러나 절대적 소멸설에 의하면 실체관계에서는 소멸하고 없는 권리이지만 재판상으로 원용이 없으면 소멸하지 않는 것이 되어 부당하다.

(2) 시효완성 후의 변제

소멸시효의 완성 후에 채무자가 변제하는 경우이다. 상대적 소멸설은 소멸시효의 완성 사실을 알고 변제하였거나 모르고 변제하였거나를 묻지 않고 상대방의 청구에 대해서 원용이 없이 변제한 것은 모두 유효한 변제가 되어서 이의 반환청구는 인정되지 않는다. 그러나 절대적 소멸설은 소멸시효의 완성 사실을 알고 변제한 것은 시효이익의 포기가 되고 채무 없음을 알고 변제한 경우에 해당하므로 채무자는 그 반환을 청구할 수 없다(제742조). 그리고 시효완성 사실을 모르고 변제한 경우에는 그 반환을 청구할 수 있는 것이 당연하지만, 다만 그 변제가 도의관념에 적합한 변제(제744조)가 되므로 그 반환을 청구할 수 없게 된다. 그러나 소멸시효가 완성되어도 채무자에게 도덕적 의무가 남아 있게 되는 점을 설명하는 데 난점이 있다. 결과적으로는 어떤 학

121) 고상룡, 709면.

설에 의하더라도 시효완성 후에 한 변제는 반환청구할 수 없게 된다.

(3) 시효이익의 포기

시효이익의 포기의 이론구성에 있어서, 상대적 소멸설은 시효이익의 포기를 원용권의 포기로 보며 이에 의하여 권리는 시효로 소멸하지 않은 것으로 확정된다. 이에 대해서 절대적 소멸설은 시효이익의 포기는 시효완성의 이익을 받지 않겠다는 의사표시이며, 이 의사표시에 의하여 시효이익이 생기지 않았던 것으로 된다고 한다. 그러나 시효의 완성으로 권리는 그 기산일에 소급하여 소멸하게 되는데 이미 소멸한 권리를 아직 소멸하지 않은 것으로 전제하여 그 이익을 포기하는 것이 되는 점이 난점이다.

(4) 사 견

시효가 완성된 권리의 효과가 절대적 소멸인가 상대적 소멸인가에 대한 학설의 대립은 입법자의 의사를 존중하는 해석을 할 것인가 보다 논리적으로 타당한 해석을 할 것인가의 문제로 파악된다. 입법자의 의사와 법문의 표현은 절대적 소멸설에 보다 적합한 것으로 보인다. 그러나 논리적으로는 원용권 여부, 시효완성 후의 변제, 시효이익의 포기 등에서 난점을 보이고, 결과적으로 차이가 없다는 것도 절대적 소멸설이 그 이론적 일관성을 접어두고 상대적 소멸설의 결론에 동조한 것으로 파악된다. 따라서 소멸시효가 완성되어도 시효의 이익을 받을 자에게 권리의 소멸을 주장할 수 있는 원용권이 생기는 데 불과하다고 할 것이다.

6. 판례의 태도

판례는 절대적 소멸설의 입장을 취한다. ㉠ 당사자의 원용이 없어도 시효완성의 사실로써 채무는 당연히 소멸되고, 다만 변론주의의 원칙상 소멸시효의 이익을 받을 자가 실제 소송에서 권리를 주장하는 자에 대항하여 시효소멸의 이익을 받겠다는 뜻을 항변하지 않는 이상 그 의사에 반하여 재판할 수 없을 뿐이라고 하고,[122] ㉡ 시효의 이익을 받을 자가 권리를 주장하는 자에 대항하여 시효의 이익을 받겠다는 뜻으로 항변하지 않는 이상 그 의사에 반하여 재

122) 대판 1979.2.13, 78다2157; 대판 1966.1.31, 65다2445.

판할 수 없음은 변론주의의 원칙상 당연하다고 하며,123) ⓒ「소멸시효에 있어서 그 시효기간이 만료되면 권리는 당연히 소멸하지만 그 시효의 이익을 받는 자가 소송에서 소멸시효의 주장을 하지 아니하면 그 의사에 반하여 재판할 수 없고, 그 시효이익을 받는 자는 시효기간 만료로 인하여 소멸하는 권리의 의무자를 말한다」고 한다.124)

소멸시효 주장을 원용할 수 있는 자의 범위에 대해서, 판례는 ⓓ 채무자에 대한 일반 채권자는 자기의 채권을 보전하기 위하여 필요한 한도 내에서 채무자를 대위하여 소멸시효 주장을 할 수 있을 뿐 채권자의 지위에서 독자적으로 소멸시효의 주장을 할 수 없다고 하고,125) ⓔ 채권자대위소송의 제3채무자는 직접 시효이익을 받는 자가 아니므로 채무자의 채권자에 대한 소멸시효의 항변을 원용할 수 없으며,126) ⓕ 채무자에 대하여 아무런 채권이 있는 것도 아닌 자는 소멸시효주장을 대위 원용할 수 없다고 한다.127)

Ⅱ. 소멸시효의 소급효

소멸시효의 효력은 그 기산일에 소급한다(제167조). 즉 소멸시효의 완성으로 권리가 소멸하는 시기는 시효기간이 만료한 때이지만, 그 효과는 시효기간의 개시시에 소급한다. 본래 소멸시효는 그 시효기간 동안 계속된 사실상태를 보호하려는 제도이기 때문에 이와 같은 소급효를 인정하는 것이 당연하다 할 수 있다.

소멸시효로 채무를 면한 자는, 시효기간 중의 이자를 지급할 필요가 없다. 또한 주된 권리의 소멸시효가 완성된 때에는 종된 권리에 그 효력이 미친다(제183조).

소멸시효가 완성된 채권이 그 완성 전에 이미 상계할 수 있었던 경우에는, 그 채권자는 자동채권으로 상계할 수 있다(제495조). 소멸시효의 소급효에 대한 예외규정이라고 할 수 있다. 이는 당사자 쌍방의 채권이 상계적상에 있는

123) 대판 1968.8.30, 68다1089; 대판 1964.9.15, 64다488.
124) 대판 1991.7.26, 91다5631; 대판 1991.3.27, 90다17552.
125) 대판 1997.12.26, 97다22676; 대판 1995.7.11, 95다12446.
126) 대판 1997.7.22, 97다5749; 대판 1995.5.12, 93다59502; 대판 1992.11.10, 92다35899.
127) 대판 1991.3.27, 90다17552.

때에는, 당사자는 채권관계가 이미 결제된 것으로 생각하는 것이 보통이므로, 이러한 당사자 사이의 신뢰를 보호하기 위한 것이다.

III. 시효이익의 포기

1. 시효기간완성 전의 포기금지

시효이익의 포기란 소멸시효의 완성으로 소멸한 권리의 의무자가 그 이익을 받지 않겠다는 일방적 의사표시이다.

소멸시효의 이익은 시효기간이 완성되기 전에 미리 포기하지 못한다(제184조 1항). 민법은 사전의 포기는 허용하지 않는다. 사전포기의 성질은 절대적 소멸설에 의하면 실체법상으로는 시효이익의 향수의 사전포기이며, 소송법상으로는 시효완성으로 인한 권리의 소멸을 공격방어방법으로 주장하지 않겠다고 하는 사전포기라고 한다. 이에 반하여 상대적 소멸실은 이를 시효원용권의 사전포기라 할 것이다.

시효이익의 사전포기를 금지하는 것은, 시효제도는 공익적 제도이므로 개인의사에 의하여 미리 이익향수를 배제할 수 있게 한다는 것은 부당하며, 강자인 채권자가 채무자의 궁박을 이용하여 사전에 포기의 특약을 강제할 우려가 있기 때문이다. 시효완성을 곤란하게 하는 특약은 무효이다. 그러나 시효기간을 단축하거나 시효요건을 경감하는 특약은 유효하다(제184조 2항). 오히려 채무자에게 이익이 되기 때문이다.

2. 시효기간완성 후의 포기

소멸시효완성 후에 시효이익을 포기하는 것은 허용된다. 이로써 시효제도의 공익성과 개인의사와의 조화를 꾀할 수 있을 뿐만 아니라, 시효중단에 있어서 승인(제168조 3호)과도 조화가 된다. 또한 시효완성 전의 포기와 같은 폐해는 따르지 않는다.

시효완성 후의 포기는 시효완성으로 발생할 권리소멸을 주장할 수 있는 원용권을 포기하는 일방적 의사표시이다. 포기의 의사표시는 반드시 명시적인 의사표시를 요하지 않으며 묵시적으로도 가능하다. 판례는 ㉠ 소멸시효가 완성된 채무를 피담보채무로 하는 근저당권의 실행시 채무자가 아무런 이의를 제기하지 않은 것을 시효이익의 포기로 보며,128) ㉡ 소유권이전등기절차를 이행해 줄 채무의 존재를 승인함으로써 소멸시효완성으로 인한 이익을 포기한 사실을 추인할 수 있다고 한다.129)

포기는 재판외에서도 할 수 있다. 판례는 소유권이전등기청구권의 소멸시효기간이 지난 후 등기의무자가 소유권이전등기를 해 주기로 약정한 것은 시효이익의 포기로 본다.130)

시효이익의 포기를 위하여 포기자에게 처분의 능력과 권한 등이 필요하다.

시효이익의 포기는 상대적이다. 시효이익을 받을 자가 수인인 경우에, 그 중 1인이 포기하더라도 그 효과는 다른 자에게 미치지 않는다. 예컨대 주채무자가 시효이익을 포기하더라도, 보증인이나 연대채무자, 물상보증인 등에게는 그 영향이 미치지 않는다.131)

IV. 종속된 권리에 대한 소멸시효의 효력

주된 권리의 소멸시효가 완성된 때에는 종속된 권리에 그 효력이 미친다(제183조). 예컨대 원본채권의 소멸시효가 완성하면 이자채권도 시효로 소멸한다.

128) 대판 2001.6.12, 2001다3580.

129) 대판 1992.3.27, 91다44872; 대판 1990.11.27, 90다카21541.

130) 대판 1993.5.11, 93다12824.

131) 대판 1991.1.29, 89다카1114(주채무자가 시효이익을 포기하더라도 보증인에게는 그 효력이 없다고 한다고 한 사례); 대판 1995.7.11, 95다12446(채무자가 이미 그 가등기에 기한 본등기를 경료하여 시효이익을 포기한 것으로 볼 수 있다고 하더라도 그 시효이익의 포기는 상대적 효과가 있음에 지나지 아니하므로 채무자 이외의 이해관계자에 해당하는 담보 부동산의 양수인으로서는 여전히 독자적으로 소멸시효를 원용할 수 있다고 한 사례).

사항색인

[ㄱ]

가급적근사해석의 원칙 265
가분물 299
가상적 의사 403
가압류 660
가장등기 433
가장조건 606
가장행위 430
가정적 의사 577
가족권 61
가주소 169
가처분 660
각자대리 499
간접계수 23
간접대리 482
간접의무 58
간접점유 482
간주 46
감사 242
감정의 표시 328
강박에 의한 의사표시 461
강박행위 461
강제주의 200
강행법규 359
개량행위 495
객관적 불능 357
거래관행 406
거소 169
거절권 160
건물 306
——의 개수 308
게르만법 24
격지자 472
결의 346
결의권 247
결합적 합동행위 346
경솔 393
경자유전 311
경찰법규 363
계속적 채권관계 80
계약 344
계약자유의 원칙 40
계약체결상의 과실책임 453
공공복리 39
공공용물 299
공동대리 499
공동선조 275
공물 299
공법과 사법 5
공법인 194
공법행위 455
공시송달 475
공시최고 179
공신의 원칙 434
공용물 299
공익권 249
공익신탁 197, 352
공정증서 347
공증 347
과실 317
과실수취권 319
과실책임의 원칙 41
과태료 271
관념의 통지 328
관념적 용태 329
관리가능성 291
관리가능한 자연력 291

관리행위 173, 494
관습법 15
———의 근거 16
———의 효력 17
교회 278
——의 분열 279
구분소유권 308
구체적 타당성 48
국유재산법 299
궁박 392
권능 57
권리 55
——의 객체 289
——의 경합 68
——의 발생 323
——의 변경 325
——의 변동 322
——의 보호 98
——의 본질 56
——의 소멸 324
——의 의의 55
——의 충돌 66
——의 행사 70
——의 행사방법 71
권리남용금지의 원칙 90
권리능력 104
——— 없는 사단 274
——— 없는 재단 285
——— 평등의 원칙 104
———의 발생 109
———의 소멸 121
권리능력자 105
권리법력설 56
권리실효의 원칙 635
권리의무관계 54
권리주체 103
권리행사자유의 원칙 72
권원 57
권한 57
——을 넘은 표현대리 534
규범적 해석 400
규칙 15
근로계약 133
금반언의 원칙 82
금전 312
금제물 299
금치산선고의 요건 155
————의 절차 155
————의 취소 156
금치산자 154
기간 623
——의 역산 626
기관 230
——의 종류 231
기대권 66, 72, 613
기망행위 458
기명날인의 착오 442
기본대리권 534
기본재산의 처분 256
기성조건 607
기업재산 298
기일 623
기초적 내부관계 488
기한 617
기한부 법률행위 617
기한의 도래 619
기한의 이익 621
————의 상실 622
————의 포기 621
기한이익상실특약부채권 647
긴급명령 13
긴급피난 101

[ㄴ]

낭비자 151
내국법인 194
내용의 착오 444

넓은 의미의 취소 584
노예계약 358
논리해석 47
농작물 310
———의 부합문제 311
능동대리 484

[ㄷ]

단독대표 235
단독행위 342
단속법규 361
단슈단속법규 362
단순수의조건 605
단일물 295
단체설립행위 133
담보책임과 착오 456
당사자 339
당사자능력 107, 272, 283
당연무효 574
대리 478
——의 3면관계 478
——의 본질 479
대리권 147, 486
———의 남용 501
———의 성질 486
———의 소멸 504
대리권수여의 표시에 의한 표현대리 529
대리인의 능력 515
———의 사망 506
대리행위 143
————의 하자 512
대리효과 517
대물반환의 예약 386
대전회통 27
대체물 300
대표 220, 482
대표권 235
———의 범위 235
———의 제한 235
대표기관 220
대화자 472
도달 470
도달주의 469
독립정착물 306
독립행위 353
독일민법전 26
독점규제 및 공정거래에 관한 법률 제15조 367
동기의 불법 379
——의 착오 441, 444
동산 312
동시사망 123
————의 추정 123
동시이행 571
동의권 146
등기능력 272
등기의 공신력 434
등기청구권 640
등록기준지 166
디자인권 60

[ㄹ]

로마법 23
로마법대전 24

[ㅁ]

만민법 24
만조수위선 304
명령 14
명예법 24
명의대여계약 365
명인방법 309
모순행위금지의 원칙 82
목적론적 해석 47
목적의 가능성 355

——의 사회적 타당성 368
——의 적법성 358
——의 확정성 354
무경험 393
무과실책임론 42
무권대리 484, 525
무권대리인의 책임 562
무권대리제도 525
무권대리행위의 추인 593
무권해석 44
무기명채권 312
무능력자 586
————의 반환범위 592
무상행위 351
무인행위 351
무체물 291
무체재산권 60
무한책임사원의 행위 143
무효 568, 572
——와 취소의 경합 130, 571
——와 취소의 구별 569
——와 취소의 이중효 130
무효·취소의 이중효론 571
무효행위의 전환 581
————의 추인 578, 593
문리해석 47
물건의 구성부분 295
——의 분류 298
——의 용법 318
물권 59
물권법정주의 59
물권적 청구권 59, 639
물권행위 349
미분리의 과실 311
미성년자 135
미채굴의 광물 304
민법상 신탁행위 352
민법상의 추인 593
민법의 기본원리 36
민법의 해석 43
민법전의 구성 33
————의 역사 23
————의 제정과정 28
민사책임 42
민사회사 195
민상이법통일론 7

[ㅂ]

반대해석 44
반사적 이익 57
반신의행위 611
발기인조합 207
발신주의 469
방식의 자유 347
배임적 대리행위 428
백지위임장 491
범죄행위 457
법규의 경합 69
법률 11
——의 착오 443
법률관계 53, 322
법률문제 416
법률불소급 49
법률사실 322, 326
법률상의 장애 644
법률요건 322, 325
법률요건분류설 338
법률의사설 48
법률적 불능 357
법률행위 330, 484
————의 목적 354
————의 부관 600
————의 요건 338
————의 종류 342
————의 해석의 기준 405
법률행위자유의 원칙 333
법률행위지 167

법률행위 해석 396
―――――――의 대상 397
―――――――의 방법 398
법률효과 322
법원 9
법의 충돌 50
법인 187
――의 감독 270
――의 권리능력 215
――의 능력 214
――의 등기 267
――의 본질 189
――의 불법행위능력 222
――의 설립 197
――의 소멸 256
――의 종류 193
――의 주소 250
――의 청산 260
――의 해산 257
――의 행위능력 219
법인격부인의 법리 188
법인격평등의 원칙 37
법인등기 267
법인본질론 189
법인부인설 190
법인실재설 191
법인의제설 190
법인제도 187
―――――의 필요성 187
―――――의 한계 188
법전논쟁 26
법정과실 319
법정대리 483
법정대리권의 발생원인 487
법정대리인 145
――――――의 권한 146
법정대리제도 479
법정조건 606
법정추인 596
법정추인제도 157
법정후견인 146, 154
변경권 63
변경등기 269
보조행위 353
보존행위 495
보충규정 412
보충적 해석 403
보통거래약관 335
보통실종 178
복대리 519
복대리인 519
―――――의 복임권 524
―――――의 지위 523
복임권 520
복임행위 519
본국 166
본인의 추인권 554
본인의 파산 507
본체적 방식 348
부가적 방식 348
부담 600
부담부유증 351
부당약관 413
부당이득 433
부당이득반환 571
부당이득죄 387
부대체물 300
부동문자 413
부동산 303
부동산등기법 272
부수적 주의의무 79
부작위채권 648
부재자 171
부진정연대채무 230
부합계약 335
분사무소설치 268
분필 305
불가분물 299

불공정한 법률행위 386
불능조건 608
불문법주의 10
불법원인급여 383
불법조건 608
불법행위 328, 457, 485
불법행위능력 107, 128
불법행위책임 42, 228
불성립 572
불요식행위 347
불융통물 298
불특정물 300
불확정기한 618
비소비물 301
비송절차 8
비수의조건 606
비영리법인 195
비영리성 201, 208
비진의표시 423, 512
비출연행위 351

[ㅅ]

사건 329, 623
사기에 의한 의사표시 457
사기 · 강박 513
사기와 착오 456
사단법인 196
————의 설립행위 201
————의 정관변경 252
사력구제 100
사망신고 123
사망의 시점 121
——의 의제 179
——의 증명 123
——의 효과 122
사망의제의 범위 181
————의 시기 180
사무소 167
사무집행권 238
사법인 194
사변 667
사서증서의 인증 347
사술 162
사실문제 416
사실상 장애 644
사실인 관습 406
사실적 계약관계론 133
사실적 불능 357
사실행위 328, 485, 537
사용이익 320
사용자책임 223
사원권 61, 248
사원명부의 작성 239
사원의 고유권 245
사원총회 243
————의 권한 245
————의 소집 239
사자 481
사적자치의 보충 479
————의 원칙 40, 333
————의 확장 479
사정변경의 원칙 88
사찰 280
사해행위 434
사행성 377
사회적 가치설 192
사회질서 370
사후행위 353
상대권 64
상대방 없는 단독행위 343
상대방 있는 단독행위 342
상대방의 최고권과 철회권 561
상대적 무효 574
상대적 소멸설 669
상속과 추인거절 559
상표권 60
상호주의 120

생전행위 353
생존추정 181
선량한 관리자의 주의 234
선량한 관습 369
선량한 풍속 370
선례구속성의 원칙 20
선박실종 178
선의 · 무과실 540
선의자보호규정 434
선의취득 434
선임후견인 146, 154
선택채권 567
선행주의 67
설립등기 206, 214, 268
설립중의 사단법인 206
설립행위 201, 208
———의 성질 202, 208
설립허가의 취소 258
설정적 승계 324
성년선고제도 136
성년의제 136
———의 효과 137
성문법주의 10
소권법체계 98
소극대리 484
소극조건 604
소멸권 63
소멸시효 627
———에 걸리는 권리 637
———에 걸리지 않는 권리 637
———의 기산점 643
———의 소급효 672
———의 정지 666
———의 중단 654
———의 효력 668
소멸시효 기산점 645
소비물 301
소송절차 8
소송행위 455
소수사원권 246
소유권절대의 원칙 38
속인주의 50
속지주의 50
손해배상책임 566
수권행위 487
———의 방식 490
———의 성질 488
———의 철회 506
수동대리 484
수령능력 476
수령의무 79
수목 308
수의조건 604
수취권자 318
순수수의조건 605
숨은 불합의 442, 572
승계인 587
승계취득 323
승인 662
시기 618
시민법 23
시카네의 금지 91
시효 627
——의 성질 629
시효이익의 포기 673
시효제도의 존재이유 628
신뢰이익의 배상 428, 453
신분질서 372
신분행위 350
신의성실의 원칙 74
신의칙 413
———의 기능 76
———의 적용 77
신자유주의 421
신탁법 197
———상 신탁행위 352
신탁행위 352, 440
실용신안권 60

실종기간만료시주의 180
실종선고 127, 177
———의 취소 182
———의 효과 179
실종선고취소의 요건 182
————의 절차 183
————의 효과 183
실종자 177
실체법 8
실체법체계 98
실효의 원칙 85
심리유보 423
심소 165
심신박약자 151
심신상실 155
12표법 22
쌍방대리 496

[ㅇ]

압류 660
약관 600
양도담보 352
업무감독 270
연기적 항변권 64
연대책임 234
연유의 착오 444
영구적 항변권 64
영리법인 195
영업소 167
예문해석 413
오표시무해의 원칙 400
외국법인 194
외국인 119
———의 권리능력 119
외형표준설 226
요식행위 347
요지주의 469
우성조건 606
원물 317
원시적 불능 356
원시취득 323
원인된 법률관계의 종료 506
월권대리 534
위난실종 178
위법행위 328
위임명령 14
위임장 490
유권대리 484
유권해석 44
유기체설 191
유동적 무효 570, 575
유동적 유효 570, 584, 593
유상행위 351
유언행위 143
유인행위 351
유질계약의 금지 386
유책배우자 81
유체물 291
유추 45
유추해석 44
융통물 298
은닉행위 439
응소 655
의결정족수 247
의무 58
의무부담행위 349
의무의 이행 97
의사 정족수 246
의사능력 106, 128
의사무능력과 행위무능력의 경합 130
————의 효과 129
의사무능력자 128
의사와 표시의 불일치 422
의사의 통지 327
의사적 용태 329
의사주의 420
의사표시 326, 416

————의 본질 420
————의 효력발생시기 469
이사 231
——의 복임권 237
——의 임면 232
이사회 239
이용행위 495
이익상반 237
이자 319
이전적 승계 324
이중매매 373
이해관계인 178
이해상반행위 148
이행보조자 483
이행이익의 손해 566
이행책임 565
인가주의 199
인간다운 생존 38
인격권 60
———의 보호 108
인스티투치오넨시스템 33
인정사망 126
일물일권주의 294
일반규정 74
일반법 6
일반사법 7
일반적 확실성 48
일반조항 369
일부무효 575
————의 법리 575
일부불능 357
일부취소 589
————의 법리 589
일상가사 547
일상가사대리 547
일신전속권 65
임금의 청구 143
임시이사 240
임시총회 243
임의대리 483
임의대리권의 발생원인 487
임의대리제도 479
임의법규 359, 412
임의적 기재사항 205
임의적 합동행위 346
임의출석 659
입목 309
입목법 309
입법자의사설 48
입증책임의 분배 338

[ㅈ]

자격부여법규 365
자기계약 496
자력구제 101
자연적 해석 399
자유설립주의 198
자익권 249
자치법규 15
자치산제도 136
잔여재산 265
————의 귀속권리자 265
재단법인 196
————의 설립행위 208
————의 정관변경 254
재산 297
재산관리인 172
재산권 59
재산목록의 작성 238
재산소재지 167
재산출연 209
재산행위 350
재판상 무효 574
재판상 청구 655
재판제도 98
저작권 60
적극가담 373

적극대리 484
적극조건 604
적법행위 326
전달기관 481
전부무효 575
전부불능 357
전쟁실종 178
절대권 64
절대적 무효 574
절대적 소멸설 668
절차법 8
정관 201
——의 기재사항 204
——의 법적 성질 202
——의 변경 251
——의 보충 213
——의 작성 201, 213
정당방위 101
정지조건 602
정지조건부권리 648
제125조의 표현대리 529
제126조의 표현대리 534
제129조의 표현대리 549
제3자 466
제반사정 406
제척기간 630
————의 성질 631
조건 601
조건부권리 613
조례 15
조리 18
——의 법원성 19
조약 14
조정제도 99
조직체설 191
조합 273
좁은 의미의 무권대리 553
좁은 의미의 취소 584
종기 618
종된 행위 353
종물 313
——의 요건 313
——의 효과 315
종물이론의 준용 316
종속정착물 306
종손 277
종원 276
종장 277
종중 275
종중재산 278
주관적 불능 357
주된 행위 353
주무관청의 허가 206, 214
주물 313
주민등록법 167
주민등록지 167
주사무소 268
주소 164
준거법 166
준물권행위 349
준법률행위 138, 327, 485
준용 45
준총유 283
준칙주의 198
중간법인 195
중개인 483
중대한 과실 451
중요부분 448
————의 착오 447
중재제도 100
지급명령 658
지배권 62, 71
지상 305
지적재산권 60
지정후견인 146
지표면 303
지하 304
직무견련행위 226

직무남용행위 227
직무대행자 241
직무행위 226
진의 아닌 의사표시 423
집합물 296
집합적 합동행위 346
집행명령 14

[ㅊ]

착오 440, 513
——의 정의 441
창설권 63
채권 60
채권신고 264
채권자취소권 434
채권자평등의 원칙 67
채권행위 348
채무불이행 79, 328
채무불이행책임 42
책임능력 107, 128, 228
처분문서 414
처분의 허락 140
처분행위 173, 350
천연과실 317
천재 667
철회 585
철회권 160, 562
청구 654
청구권 62, 71
———의 경합 68
청산법인 260
————의 성질 257
청산사무 262
청산인 239, 261
———의 해임 262
청산절차 260
청산종결 266
초일 624
총유 272, 283
총회의 결의방법 246
——의 성립 246
총회의사록의 작성 239
최고 659
최고권 158, 561
추인 159, 554
추인거절권 559
추정 46
축소해석 45
출생 109
——의 시점 109
——의 증명 110
——의 효과 110
출연 209
출연재산의 귀속시기 210
출연행위 351
취득시효 627
취소 160, 584, 568
——의 방법 588
——의 효과 591
취소권 147, 586
———의 단기소멸기간제도 158
———의 배제 161
———의 소멸 598
취소권자 586
취소할 수 있는 행위의 추인 593
취업규칙 335
친권자 145
친족회의 동의 147

[ㅌ]

탈법행위 366
————의 한계 367
태아 111
——의 권리능력 111
——의 법률상의 지위 116
토지 303

——의 개수 305
——의 정착물 306
통상총회 243
통정 432
통정허위표시 430
특별대리인 237, 241
특별법 6
특별사법 7
특별실종 178
특정물 300
특정승계 324
특허권 60
특허주의 199

[ㅍ]

파산 258
파산관재인 261
파산신청 239, 266
파산절차참가 657
판결 20
판덱텐시스템 33
판례 20
——의 법원성 20
판례법 20
포괄승계 324
포함적 의사표시 588
폭리자의 악의 394
폭리행위 386
표백주의 469
표시기관의 착오 443
표시상의 착오 442
표시의사 418
표시주의 420
표시행위 419
표의자의 손해배상책임 453
표현대리 525
————의 본질 526
————의 주장자 551
————의 효과 551
표현대리제도 525
표현행위 327
피용자 483
필수계약의 법리 134
필요적 기재사항 204
필요적 합동행위 346

[ㅎ]

하자 있는 의사표시 456
한정치산선고의 요건 151
——————의 절차 152
——————의 취소 154
한정치산자 150
합동행위 345
합성물 296
합필 305
항공실종 178
항변권 64, 72
해산 257
해산등기 269
해산사유 257
해석규정 412
해약 461
해제 585
해제권 80
해제조건 602
해지권 80
행위능력 106, 131
행위무능력자제도 131
행위의사 419
행정법규 363
행정소송 655
행정소원 655
행정재산 299
허가주의 198, 199
허위표시 430, 512
————의 철회 437

헌법재판소의 결정 12
현명의 방법 508
현명의 본질 508
현명주의 507
현재지 169
현저한 불균형 390
현존이익 592
———의 반환 592
현존하는 이익 186
형사소송 655
형성권 63, 71
형식주의 349
호의관계 54
호의동승 55
혼성조건 606
혼인질서 371
화해계약 455
화해를 위한 소환 658
확장해석 45
확정기한 618
확정적 무효 570, 575
확정적 유효 570
효과의사 417
———의 본체 417
효력법규 362
효력주의 421
후견인 146, 154, 156
후발적 불능 356

조문색인

가사소송규칙
제7조 152
제26조 179
제32조 155
제33조 151
제37조 152
제41조 172
제44조 176
제47조 176
제49조 172, 176
제53조 179
제54조 179
제55조 179

가사소송법
제2조 154, 155
제12조 168
제24조 107
제28조 107
제31조 107

가족관계의 등록 등에 관한 법률
제9조 167
제44조 109
제46조 110
제84조 123
제85조 123
제87조 126

건설업법
제29조 365
제96조 365

경륜 · 경정법
제3조 377

경범죄처벌법
제1조 293

공무원연금법
제25조 122

공유수면관리법
제2조 304

공유수면매립법
제4조 304

공인회계사법
제42조 200

공중위생관리법
제2조 363
제3조 363
제20조 363

공증인법
제25조 347

광업법
제8조 365
제10조 60
제11조 365
제12조 638

구수산업법
제28조 365

국가공무원법
제64조 363

국가배상법
제2조 69
제7조 120

국가재정법
제96조 653

국적법
제5조 169
제7조 169
제18조 119

국제사법
제3조 166
제17조 167
제19조 167

국토의 계획 및 이용에 관한 법률
제118조 606
제56조 337

근로기준법
제20조 337
제23조 337
제27조 337
제65조 144, 148, 153
제66조 143, 148, 153
제67조 133, 484
제68조 133

노동조합 및 노동관계조정법
제6조 199
제31조 337

농산물품질관리법
제19조 363
제36조 363

농지법
제8조 337, 342, 606

도로법
제5조 304

도선법
제6조 119

독점규제 및 공정거래에 관한 법률
제15조 367

디자인보호법
제4조 120
제40조 638

문화재보호법
제35조 299

민법
제1조 9, 17, 19, 336, 352, 411
제2조 99, 188, 228, 309, 336, 352, 502
제2조 1항 74, 97
제2조 2항 91
제3조 37, 104, 309
제4조 109, 136, 299
제5조 77, 138, 139, 299, 332, 341, 345, 477, 569, 591, 606
제6조 99, 140, 167, 297, 332, 413, 477
제6조 1항 77
제7조 144, 585
제8조 141, 477, 584, 585
제8조 2항 145
제9조 150, 151
제10조 45, 152, 334, 341, 477
제11조 584
제12조 154
제14조 156, 584
제15조 105, 158, 309, 419, 470, 562, 598
제16조 160, 585, 598
제17조 161, 598
제18조 164, 328
제19조 169
제20조 169
제21조 170
제22조 168, 172, 175, 504, 584
제23조 176, 504
제24조 174, 175, 176
제25조 173, 176, 493, 495
제26조 174, 176
제27조 168, 177

제28조 179
제29조 127, 182, 584
제30조 123
제31조 197
제32조 195, 198, 199, 201, 206, 208, 270, 606
제33조 194, 198, 206, 267, 268, 340
제34조 216
제35조 222, 482, 485, 659
제36조 99, 194, 205
제37조 270
제38조 258, 270, 584
제39조 199
제40조 167, 201, 204, 213, 232, 257, 348
제41조 205
제42조 205, 245, 248, 252, 258, 270
제43조 161, 208, 213, 232, 257, 348
제44조 213
제45조 254, 255, 258, 270
제46조 255, 270
제47조 209, 213
제48조 210, 280
제49조 167, 194, 233, 253, 254, 268
제50조 268
제51조 167, 269
제52조 269
제53조 268, 269
제54조 233, 253, 254, 255, 266, 267, 269
제55조 238
제56조 250, 658
제57조 220, 224, 232, 346
제58조 205, 232, 235, 238, 239, 261
제59조 57, 220, 235, 236, 261, 482, 515
제60조 46, 236, 261
제60조의2 241
제61조 230, 234, 261
제62조 205, 237, 261
제63조 220, 224, 240, 241, 262
제64조 220, 224, 237, 241, 261, 499
제65조 230, 234, 261, 352, 499
제66조 205
제67조 243, 270
제68조 57, 205, 245
제69조 239, 243
제70조 205, 239, 243, 246, 261
제71조 244, 470, 626
제72조 246
제73조 205, 246, 247
제74조 247
제75조 205, 247, 248
제76조 239, 248
제77조 245, 255
제78조 205, 248
제79조 239, 258
제80조 205, 265, 270
제81조 216, 260
제82조 205, 220, 224, 239, 261
제83조 224, 262, 270
제84조 262, 270
제85조 58, 262, 269
제86조 262
제86조 270
제87조 261, 262, 263
제88조 58, 264, 634
제89조 264, 265
제90조 264
제91조 264
제93조 58, 266
제94조 58, 266, 270
제95조 270
제96조 261
제97조 11, 235, 239
제98조 290
제99조 301, 303, 312
제100조 313

제100조 2항 66
제101조 317, 319
제103조 336, 368, 568, 569, 570, 573
제104조 335, 360, 386, 569
제105조 359, 405, 412, 569
제106조 334, 355, 405, 406
제107조 228, 341, 423, 428, 501, 512, 569, 570, 574
제108조 204, 341, 430, 433, 512, 569, 570, 574
제108조 2항 46
제109조 341, 441, 513, 569, 570, 586, 591
제109조 2항 46
제110조 161, 341, 457, 464, 514, 569, 570, 586, 591
제111조 159, 244, 443, 468, 470
제112조 156, 159, 477
제113조 475, 591
제114조 105, 220, 235, 478, 508, 517, 523
제115조 508, 509, 510, 523
제116조 443, 512, 514
제117조 143, 156, 229, 488, 515, 523
제118조 57, 172, 493, 494, 523
제119조 499, 519, 523
제120조 237, 483, 521
제121조 238, 483, 519, 522
제122조 237, 483, 522
제123조 519, 523, 524
제124조 203, 345, 346, 496
제125조 105, 329, 526, 529, 548, 551
제126조 227, 235, 500, 502, 526, 532, 534, 540, 549, 551
제127조 232, 504
제128조 483, 488
제129조 46, 235, 526, 549, 551
제130조 237, 524, 526, 552, 554, 564, 570
제131조 419, 470, 552, 562
제132조 551
제133조 556, 557
제134조 551, 552, 556, 560, 562, 585
제135조 526, 552, 560, 562, 564, 567
제136조 567, 568
제137조 357, 367, 383, 569, 575
제138조 581, 582
제139조 569, 578
제140조 138, 159, 569, 584
제141조 130, 584, 591
제142조 584, 590, 595, 610
제143조 159, 569, 593, 594, 595
제144조 584, 594
제145조 157, 419, 584, 596, 597
제146조 158, 569, 584, 598, 634
제147조 616
제148조 66, 613, 614, 620
제149조 66, 613, 616, 620
제150조 611
제151조 355, 378, 569, 607, 608
제152조 620
제153조 620, 621
제154조 66, 620
제155조 268, 623
제156조 624
제157조 624, 645
제158조 136, 625
제159조 625
제160조 625
제161조 625
제162조 637, 643, 649, 653
제163조 651
제163조 1호 649
제163조 2호 650
제163조 3호 651
제163조 4호 651
제163조 5호 651
제163조 6호 652

제163조 7호 652
제164조 1호 652
제164조 2호 652
제164조 3호 653
제164조 4호 653
제165조 653
제166조 557, 644, 648
제167조 632, 672
제168조 632, 673
제168조 2호 660
제168조 3호 662
제169조 664
제170조 655
제170조 1항 657
제170조 2항 657
제171조 657, 658
제172조 658
제173조 658, 659
제174조 327, 659
제175조 661
제176조 661
제178조 654, 665
제178조 1항 664
제179조 667
제180조 667
제181조 633, 667
제182조 633, 667
제183조 672, 674
제184조 630, 673
제186조 211, 302, 306
제187조 211, 306
제188조 211, 302
제194조 482
제195조 312
제197조 329
제201조 318, 321
제203조 617
제204조 68, 634
제209조 102
제211조 318
제212조 303
제213조 68, 312
제214조 312
제215조 308, 638
제238조 505
제245조 302, 323, 574, 627
제246조 302, 574
제247조 632, 654, 666
제249조 302, 312, 323, 434, 574, 630
제250조 312, 634
제252조 302, 323, 328
제253조 323
제254조 323, 328
제256조 57, 296, 302, 310, 325, 332
제257조 302
제259조 328
제262조 412
제268조 638
제269조 300
제271조 273
제275조 283
제276조 284
제277조 284
제278조 283
제279조 302, 318
제285조 57, 63
제286조 63, 80
제287조 63
제289조 360
제289조의2 305
제291조 302
제302조 429
제303조 302, 318
제311조 63
제312조 333, 637
제312조의2 63
제316조 63
제320조 467

제323조 318
제329조 302
제330조 340
제339조 360, 386
제342조 325
제343조 318
제356조 302
제358조 412
제359조 318
제369조 638, 669
제370조 325
제373조 59
제374조 300
제375조 355
제376조 355
제380조 57, 567
제382조 610
제385조 566
제387조 327, 645
제388조 620, 622
제389조 11
제390조 68, 79, 234, 328, 357
제391조 46, 79, 483
제392조 79
제394조 412
제398조 412
제404조 1항 65
제406조 63, 71, 434, 584, 589, 631
제408조 300
제409조 300
제416조 664
제421조 664
제424조 412
제428조 105
제431조 1항 156
제435조 588
제437조 64, 639, 644
제440조 665
제449조 46
제450조 325, 328
제452조 82
제455조 470
제460조 79
제466조 325, 340, 498
제467조 167, 168, 300
제469조 329
제470조 574
제472조 57, 658
제474조 658
제487조 265
제488조 328
제493조 161, 344, 610, 619
제495조 672
제500조 498, 596
제506조 161
제508조 213
제523조 213, 312
제527조 474
제528조 58, 328
제530조 582
제531조 562
제532조 327, 419
제534조 582
제535조 79, 356, 428, 453
제536조 64, 571, 573, 639, 644
제537조 357
제538조 357
제543조 610
제544조 327
제547조 343
제548조 591
제554조 297
제555조 139, 454
제556조 328
제557조 210
제559조 58, 210
제561조 600
제562조 116, 122, 353

제563조 297
제568조 105
제570조 456, 514
제571조 514
제572조 63
제573조 634
제580조 300, 514
제581조 300
제587조 318
제590조 610
제598조 300, 301
제603조 647
제607조 386
제608조 360, 386
제609조 301, 318
제612조 58
제618조 68, 301, 319
제621조 325
제623조 105
제626조 617
제628조 80
제635조 647
제638조 174
제639조 419
제647조 57
제651조 333
제652조 360
제655조 488
제659조 647
제660조 647
제664조 488
제667조 105
제679조 591
제680조 65, 488
제681조 174, 176, 524
제682조 105
제684조 524
제686조 524
제688조 524
제689조 232
제690조 233, 505, 507
제691조 174, 176, 233, 505, 506, 507
제700조 167
제702조 300
제703조 273, 488
제712조 274
제725조 65
제731조 455
제733조 455
제734조 328, 329
제741조 68, 433, 571, 573, 591
제742조 670
제744조 670
제746조 383, 396
제748조 186, 592
제750조 68, 108, 161, 223, 228, 328, 428, 457, 572
제751조 108
제753조 108
제754조 108
제755조 108
제756조 69, 223, 225, 483, 485, 522
제758조 223
제760조 230
제761조 1항 101
제761조 2항 101
제762조 112, 113
제766조 644, 669
제801조 132, 153
제802조 153, 156
제807조 132, 153
제808조 153, 156
제810조 122, 185, 360
제812조 340, 348
제815조 429, 455, 568
제816조 185, 467, 569, 570, 585, 589, 631
제818조 185

제823조 467
제826조 328, 360
제826조의2 136
제827조 534, 547
제828조 584
제830조 2항 46
제835조 153, 156
제838조 467, 585, 589
제840조 63, 185
제841조 328
제846조 63, 71
제847조 631
제854조 585
제856조 156
제858조 112, 114
제859조 348
제861조 467, 585
제866조 137
제869조 132
제871조 153
제873조 153, 156
제878조 348
제883조 429, 455
제884조 63, 585, 589
제894조 467
제900조 153
제902조 153, 156
제904조 589
제905조 63
제909조 145, 147, 500, 547
제910조 516
제911조 145
제912조 547
제913조 145
제916조 297
제918조 150, 297
제920조 148, 493
제920조의2 147
제921조 148, 499
제923조 319
제923조 1항 137
제924조 97, 504
제925조 504
제927조 504
제928조 105, 146
제929조 154
제930조 154, 156
제931조 146
제932조 146
제933조 154
제934조 154
제936조 146, 154
제937조 132, 156, 504, 516
제938조 146
제939조 504
제940조 504
제948조 493
제949조 148, 493
제950조 148, 154, 160, 302, 547
제951조 499
제957조 137, 504
제974조 59
제978조 585
제997조 122
제998조 168
제1000조 124, 215
제1000조 3항 112, 114
제1001조 112, 114, 125
제1003조 105, 124
제1003조 1항 110
제1005조 59
제1008조의3 293
제1013조 438
제1020조 153
제1023조 493, 495
제1024조 634
제1028조 64
제1041조 343, 438

제1047조 493
제1053조 493
제1055조 504
제1060조 161, 210, 340, 343, 348, 353
제1061조 132, 143
제1062조 132
제1063조 132, 156
제1064조 112, 114, 116
제1065조 210
제1071조 582
제1072조 137, 156, 210
제1073조 122, 341, 344, 353, 468, 606, 609
제1075조 634
제1078조 210
제1079조 319
제1085조 210
제1087조 210
제1088조 351, 600
제1089조 125, 606
제1090조 210
제1098조 137, 156, 516
제1101조 493
제1103조 493
제1108조 585
제1111조 585
제1118조 114

민사소송규칙

제54조 476

민사소송법

제3조 168
제11조 167
제20조 302
제30조 272
제51조 107, 215
제52조 107, 272, 283, 288
제55조 107, 137, 143
제60조 107
제95조 505
제172조 169
제194조 475
제195조 476
제196조 476
제203조 633
제265조 656
제385조 658
제423조 416
제462조 658

민사집행법

제78조 302
제79조 303
제188조 302
제189조 302
제241조 263
제276조 660
제300조 660

변리사법

제11조 200

변호사법

제41조 199
제64조 200
제65조 199
제78조 200
제79조 199

복권 및 복권기금법

제3조 377

부동산등기법

제14조 306
제15조 305
제28조 640
제30조 284, 287
제136조 305
제137조 305
제139조 305, 308

사립학교법
제6조 201
제10조 199
제15조 240
제16조 342
제28조 337, 342
제46조 201

사회복지사업법
제17조 201

상법
제1조 7
제5조 196
제6조 142
제7조 143
제19조 205
제34조 142
제37조 145, 206
제40조 145
제48조 511
제50조 505
제64조 649, 652
제93조 488
제101조 482, 488
제169조 196
제172조 198, 199
제173조 216
제184조 574, 589
제197조 250
제199조 499
제210조 215
제236조 574
제260조 266
제269조 215, 499
제290조 297
제299조 266
제320조 455
제355조 250
제382조 205
제389조 215
제390조 240
제398조 499
제538조 266
제567조 215
제612조 266
제622조 271
제727조 122
제730조 122

상표법
제5조 120
제42조 638

선박법
제2조 119

수산업법
제5조 121
제16조 638
제18조 60
제24조 304

수표법
제1조 337, 348
제2조 348
제8조 168

식품위생법
제22조 363
제74조 363

신용정보의 이용 및 보호에 관한 법률
제4조 363
제32조 363

신탁법
제1조 197
제15조 197
제34조 197
제38조 197
제52조 197
제66조 197

제72조 197

실용신안법
제3조 120
제22조 638

약관의 규제에 관한 법률
제6조 337
제17조 337

약사법
제11조 200
제12조 200
제13조 199
제93조 365

양곡관리법
제15조의 2 337

어음법
제1조 337, 340, 348
제2조 168, 348
제4조 168
제21조 168

여객자동차운수사업법
제62조 199

외국인토지법
제3조 120
제4조 120

외국인투자촉진법
제6조 121

우주손해배상법
제3조 120
제4조 42

유통산업발전법
제8조 363
제49조 363

의료법
제26조 200
제29조 199
제48조 199
제87조 365

이자제한법
제4조 367

장기 등 이식에 관한 법률
제17조 121

저작권법
제3조 121
제39조 638

전통사찰보존법
제9조 606

전파법
제20조 120

제조물책임법
제3조 1항 42

중소기업협동조합법
제32조 199

증권거래법
제63조 365

지방자치법
제26조 15

지방재정법
제82조 653

지적법
제2조 305
제3조 305

채무자 회생 및 파산에 관한 법률
제3조 168
제23조 263, 270
제32조 657
제295조 258
제296조 258
제297조 258
제305조 258
제306조 258

제312조 261
제314조 263
제328조 258
제355조 215
제342조 507
제473조 507

총포 · 도검 · 화약류 등 단속법
제6조 363
제70조 363

특허법
제25조 120
제88조 638

하천법
제3조 304
제20조 364
제33조 304

한국마사회법
제36조 377

한국해운조합법
제9조 199

항공법
제6조 119
제114조 120

헌법
제6조 1항 14
제6조 2항 119
제10조 40
제11조 1항 37
제13조 1항 49
제23조 39
제23조 2항 73
제34조 38
제76조 13
제211조 39
제212조 39
제216조 39
제356조 44
제390조 42
제750조 42
제752조 45
제758조 42

헌법재판소법
제47조 12
제67조 12
제75조 12

형법
제1조 49
제43조 232
제159조 293
제198조 299
제207조 299
제283조 457
제347조 457
제349조 387
제350조 457

환경정책기본법
제31조 42

판례색인

대결 1953.5.21, 4286민재항7 171
대결 1957.10.14, 4290민재항104 173
대결 1965.2.9, 64스9 171
대결 1967.1.16, 66마1189 368
대결 1967.1.18, 66마1120 368
대결 1967.6.2, 66마872 262
대결 1969.1.14, 67마918 604
대결 1971.2.26, 71스3 175
대결 1972.7.27, 72마741 295, 305
대결 1975.3.31, 74마562 240
대결 1976.12.10, 76마394 240
대결 1976.12.21, 75마551 174, 547
대결 1980.9.8, 80스27 179
대결 1983.9.17, 83스30 183
대결[전합] 1984.3.15, 84마20 476
대결 1984.9.13, 84스11 123
대결 1990.2.14, 89재다카9 477
대결 1990.10.11, 90마679 295
대결 1992.1.23, 91마581 280
대결 1992.4.14, 92스4 · 92스5 · 92스6 179
대결 1992.7.3, 91마730 241
대결 1995.7.5, 94스26 123
대결 1995.8.16, 95모20 477
대결 1997.11.27, 97스4 177
대결 1999.8.16, 99마2084 258
대결 2000.1.5, 99마4307 84
대결 2000.11.2, 2000마3530 314
대결 2001.9.21, 2000그98 218
대결 2004.2.13, 2003마44 496
대결 2005.11.8, 2005마541 608
대결 2005.11.16, 2003마1419 281
대결 2006.6.9, 2003마1321 279
대결 2007.11.15, 2007마887 258
대판 1949.4.9, 4281민상197 114
대판 1954.3.31, 4287민상77 162
대판 1954.12.23, 54민상70 390
대판 1955.3.31, 4287민상77 368
대판 1955.5.12, 4287민상208 533
대판 1955.7.7, 4288민상66 390
대판 1955.7.14, 4288민상156 371
대판 1955.10.13, 4288민상245 371
대판 1955.11.10, 4288민상321 452
대판 1956.1.26, 4288민상96 372
대판 1956.2.16, 4288민상401 394
대판 1956.2.25, 4288민상455 173
대판 1956.3.3, 4288민상396,387 538
대판 1956.3.29, 4288민상448 455
대판 1956.5.24, 4288민상526 314
대판 1957.12.26, 4290민상262 304
대판 1959.7.2, 4291민상329 530
대판 1959.8.27, 4291민상365 226
대판 1959.8.27, 4292민상331 535
대판 1960.2.4, 4291민상636 174
대판 1960.4.21, 4292민상252 171
대판 1960.5.5, 4292민상672 663
대판 1960.8.25, 4292민상101 455
대판 1960.9.15, 4292민상1007,1008 535
대판 1960.9.29, 4293민상302 371
대판 1961.11.23, 4293민상623 · 624 308
대판 1961.12.19, 4294민재항649 179
대판 1962.1.11, 4294민상202 565
대판 1962.1.31, 4293민상859 308
대판 1962.2.8, 4294민상192 481, 536, 537
대판 1962.3.15, 4294민상903 113

대판 1962.3.22, 4294민상1051 364
대판 1962.4.12, 4294민상1021 565
대판 1962.4.18, 4294민상1397 282
대판 1962.4.18, 4294민상1603 607
대판 1962.4.18, 4294민상850 535
대판 1962.7.12, 62다133 279
대판 1962.9.20, 62다333 139, 509
대판 1962.9.27, 62다424 96
대판 1962.10.18, 62다535 533
대판 1962.11.15, 62다240 407
대판 1962.11.22, 62다655 455
대판 1963.1.24, 62다783 603
대판 1963.2.21, 62다913 310
대판 1963.3.21, 62다800 241
대판 1963.3.28, 62다862 388
대판 1963.4.11, 63다64 558
대판 1963.4.18, 63다92 652
대판 1963.5.8, 63다67 509
대판 1963.6.13, 63다191 549
대판 1963.7.11, 63다252 604
대판 1963.7.25, 63다209 603
대판 1963.11.7, 63다479 395
대판 1963.11.7, 63다587 371
대판 1963.11.21, 63다418 539
대판 1963.12.12, 63다321 240
대판 1963.12.12, 63다449 241
대판 1964.3.31, 63다214 599
대판 1964.4.7, 63다638 531
대판 1964.4.21, 63다707 603
대판 1964.5.19, 63다821 388
대판 1964.5.19, 63다915 376
대판 1964.5.26, 63다778 365
대판 1964.6.23, 64다120 295, 304
대판 1964.7.14, 64아4 96
대판 1964.7.23, 64다108 173
대판 1964.8.31, 63다547 148
대판 1964.9.15, 64다488 672
대판 1964.10.31, 63다1168 220
대판 1964.12.29, 64다1188 390
대판 1964.12.29, 64다1246 407
대판 1965.1.19, 64다1100 558
대판 1965.3.30, 65다44 536
대판 1965.4.13, 64다1940 208
대판 1965.6.15, 65다596 374
대판 1965.6.15, 65다610 391
대판 1965.6.29, 65다798. 538
대판 1965.6.29, 65다848 234
대판 1965.7.20, 65다874 310
대판 1965.8.24, 64다1156 566
대판 1965.8.24, 65다1174 492
대판 1965.8.31, 65다693 286
대판 1965.9.28, 65다1519 406
대판 1965.10.5, 65다1542 535
대판 1965.11.23, 65사28 388
대판 1965.11.30, 65다1707 215
대판 1965.12.21, 65다1910 94
대판 1965.12.28, 65다2133 662
대판 1966.1.31, 65다2445 671
대판 1966.2.22, 65다2567 377
대판 1966.2.28, 65다2630 234
대판 1966.3.15, 65다2329 94
대판 1966.4.6, 66다329 603
대판 1966.5.31, 66다551 307
대판 1966.5.31, 66다626 80
대판 1966.6.21, 66다530 608
대판 1966.6.28, 66다845 539
대판 1966.10.18, 66다1690 603
대판 1967.2.21, 66다1347 233
대판 1967.3.7, 66누176 313
대판 1967.3.28, 67다135 365
대판 1967.5.23, 67다621 536
대판 1967.7.4, 67다549 282
대판 1967.10.6, 67다1134 371
대판 1967.12.5, 67다2251 69
대판 1967.12.18, 66다2382,2383 309
대판 1967.12.18, 67다2093,2094 407
대판 1967.12.18, 67다2294,2295 558
대판 1967.12.26, 67다2302 282

대판 1967.12.26, 67다2405 577
대판 1968.2.20, 67다2762 535
대판 1968.3.5, 67다2869 113
대판 1968.3.19, 67누100 626
대판 1968.3.26, 67다2160 449
대판 1968.4.30, 65다1651 286
대판 1968.4.30, 67다2117 173
대판 1968.5.21, 68다461 219
대판 1968.5.28, 67누55 259
대판 1968.6.4, 68다337 364
대판 1968.6.18, 68다694 542
대판 1968.7.16, 68다736 282
대판 1968.7.30, 68다88 392
대판 1968.8.30, 68다1089 672
대판 1968.11.5, 68다1501 535
대판 1968.12.3, 68다1981 173
대판 1969.2.4, 68다2147 139
대판 1969.2.18, 68도906 310
대판 1969.2.25, 68다1822 108
대판 1969.3.25, 69다2449 473
대판 1969.4.22, 68다757 282, 284
대판 1969.6.24, 69다571 497
대판 1969.7.8, 68다2406 108
대판 1969.7.8, 69다563 401
대판 1969.7.22, 69다548 538
대판 1969.7.24, 69다594 391, 395
대판 1969.8.19, 69므18 375
대판 1969.11.11, 69다1374 497
대판 1969.11.25, 66다1565 374
대판 1969.11.25, 69다1627 603
대판 1969.12.9, 69다1785 603
대판 1969.12.30, 69다1873 395
대판 1970.1.27, 69다719 175
대판 1970.2.10, 69다2013 278
대판 1970.2.24, 69다1568 139
대판 1970.2.24, 69다1774 278
대판 1970.2.24, 69다2011 537
대판 1970.3.10, 69다1151,1152 659
대판 1970.3.10, 69다2218 535
대판 1970.4.28, 70다258 604
대판 1970.5.26, 69다1239 304
대판 1970.7.28, 70다937 614
대판 1970.9.17, 70다1250 578
대판 1970.9.17, 70다1256 232
대판 1970.9.22, 70다1494 295, 304
대판 1970.9.22, 70다1611 414
대판 1970.9.29, 70다1508 610
대판 1970.11.24, 70다2065 394
대판 1970.11.24, 70다2155 467
대판 1970.11.30, 68다1995 310
대판 1970.12.22, 70누105 201
대판 1970.12.29, 70다2494 414
대판 1971.2.23, 70다2916 149
대판 1971.3.23, 70다2986 108
대판 1971.3.23, 71다37 655
대판 1971.3.23, 71다189 175
대판 1971.3.31, 71다352 · 353 · 354 80
대판 1971.5.31, 71다847 536
대판 1971.6.22, 71다940 162
대판 1971.7.27, 71다1113 148
대판 1971.10.11, 71다1645 372
대판 1971.11.15, 71다1983 582
대판 1971.12.14, 71다2045 162, 163
대판 1972.2.22, 71다2152 176
대판 1972.2.22, 71다2641 632
대판 1972.4.25, 71다2255 392
대판 1972.4.28, 72다343 375
대판 1972.7.11, 72다801 219
대판 1972.8.22, 72다929 540
대판 1972.9.12, 72다1090 275
대판 1972.9.26, 71다2488 304
대판 1972.10.31, 72다1271,1272 380
대판 1972.12.12, 72다1351 310
대판 1972.12.12, 72다1530 510
대판 1973.2.28, 72다2344 · 2345 209, 211
대판 1973.5.22, 72다2249 377, 383, 579
대판 1973.5.22, 72다2351 310

대판 1973.5.22, 73다231 390, 393
대판 1973.6.12, 71다2669 625
대판 1973.7.24, 72다2136 176
대판 1973.8.31, 73다91 96
대판 1973.9.25, 73다1229 309
대판 1973.10.23, 73다437 497
대판 1973.10.23, 73다995 · 73다996 75
대판 1974.3.12, 73다1736 363
대판 1974.5.14, 73다631 618
대판 1974.5.28, 73다2014 226
대판 1974.6.11, 74다165 510
대판 1974.6.25, 74다7 219
대판 1974.7.16, 73다1741 363
대판 1974.9.24, 74다573 282
대판 1974.11.12, 74다416,417 655
대판 1974.11.12, 74다960 377
대판 1974.11.26, 74다310 219
대판 1975.1.14, 74누252 201
대판 1975.1.28, 74다1199 551
대판 1975.2.25, 74다1557 657
대판 1975.3.25, 73다1048 461
대판 1975.3.25, 74다1452 502
대판 1975.4.22, 74다410 237, 245
대판 1975.5.13, 75다92 389
대판 1975.6.10, 73다2023 175
대판 1975.8.19, 74다2243 375
대판 1975.10.7, 75다867 395
대판 1975.11.25, 73다1323 310
대판 1975.12.23, 75다1479 219, 221
대판 1976.1.11, 76다1656 211
대판 1976.3.9, 75다2340 149
대판 1976.3.23, 74다2088 219
대판 1976.4.27, 76다72 309
대판 1976.7.13, 76다983 410
대판 1976.9.14, 75다1882 603
대판 1976.9.14, 76다1365 113, 118
대판 1976.10.26, 76다1771 240
대판[전합] 1976.11.6, 76다148 629
대판 1976.12.28, 76다2557 309
대판 1977.1.25, 76다2194 282
대판[전합] 1977.2.22, 76누263 473
대판 1977.3.22, 76다1437 173
대판 1977.3.22, 77다81,82 175
대판 1977.4.12, 76다1124 410
대판 1977.4.26, 76다3020 79
대판 1977.5.10, 76다2953 393
대판 1977.5.24, 77다354 108
대판 1977.7.26, 77다492 110
대판 1977.8.23, 76누145 258
대판 1977.9.13, 74다954 189
대판 1977.9.28, 77다368 603
대판 1977.12.13, 76다2179 390
대판 1978.1.24, 77다1804 374
대판 1978.2.14, 77누250 201
대판 1978.2.14, 77다2324, 2325 94, 96
대판 1978.3.14, 77누246 201
대판 1978.3.14, 78다132 224
대판 1978.3.28, 78다282,283 538
대판 1978.5.9, 78다213 365
대판 1978.6.27, 78다864 531
대판 1978.7.11, 78다719 445, 449
대판 1978.7.11, 78다729 108
대판 1978.7.25, 76누276 424
대판 1978.8.22, 78다1038 · 1039 256
대판 1978.9.26, 78다1435 254, 277
대판 1978.10.10, 78다75 530
대판 1978.11.14, 78다1269 246
대판 1978.11.28, 78다1805 108
대판 1978.12.26, 78다2028 316
대판 1979.2.13, 78다2157 671
대판 1979.3.27, 79다234 549
대판 1979.3.27, 79슈1 626
대판 1979.4.10, 78다2457 391, 394
대판 1979.4.10, 79다275 394
대판 1979.5.22, 79다508 402
대판 1979.7.24, 79다942 375
대판[전합] 1979.11.13, 79다483 383
대판 1979.11.27, 79다1141 415

대판 1979.11.27, 79다1193 523
대판 1979.12.26, 79누248 206
대판 1979.12.26, 79다1851 491, 499
대판 1980.1.15, 78다2364 282
대판 1980.1.15, 79다1498 473
대판 1980.2.12, 79다2169 649
대판 1980.4.8, 79다2036 260, 261
대판 1980.4.8, 80다188 545
대판 1980.5.27, 80다484 96
대판 1980.5.27, 80다565 385
대판 1980.6.24, 80다458 372
대판 1980.7.8, 80다639 425
대판 1980.8.26, 80누167 201
대판 1980.11.11, 79다2164 173
대판 1981.1.13, 79다2151 581
대판 1981.1.13, 80다1959,1960 367
대판 1981.2.24, 80다2811 310
대판 1981.3.13, 80다1049 · 1050 219
대판 1981.3.24, 80다2506 603
대판 1981.4.14, 80다2314 556
대판 1981.5.26, 80다2922 364
대판 1981.6.23, 80다3221 487
대판 1981.7.28, 80다2668 175
대판 1981.8.20, 80다3247 542
대판 1981.8.25, 80다3149 144
대판 1981.10.13, 81다649 149, 499
대판 1981.11.10, 80다2475 444, 450
대판 1981.12.8, 81다322 542
대판 1981.12.22, 80다1475 439
대판 1981.12.22, 80다2762 · 2763 211
대판 1981.12.22, 81다731, 732 364
대판 1982.1.26, 81다카549 556
대판 1982.2.9, 81다534 115, 118
대판 1982.2.9, 81다1134 374
대판 1982.2.23, 81누204 625
대판 1982.5.25, 80다1403 436
대판 1982.5.25, 81다1349,81다카1209 509
대판 1982.6.8, 81다107 594
대판 1982.6.22, 82다카90 376
대판 1982.9.14, 80다2859 96
대판 1982.9.14, 82다144 180
대판 1982.9.28, 82다카177 490
대판 1982.9.28, 82다카499 256
대판 1982.10.12, 81도2621 109
대판 1982.10.26, 81누363 258, 259
대판 1982.12.14, 80다1872,1873 554
대판 1982.12.14, 82다카861 621
대판 1983.1.18, 82다594 435, 436
대판 1983.2.8, 80다1194 277
대판 1983.2.8, 81다카621 534
대판 1983.2.8, 82다카1275 407
대판 1983.2.22, 81다584 276
대판 1983.2.22, 82사18 175
대판 1983.4.12, 81다카692 611
대판 1983.4.12, 82누444 278
대판 1983.4.26, 81다289 394
대판 1983.4.26, 83다카57 374, 385
대판 1983.6.14, 80다3231 17
대판 1983.6.14, 80다3231 409, 410, 411
대판 1983.7.12, 83다카437 659
대판 1983.8.23, 82다카439 471
대판 1983.9.13, 83누320 472
대판 1983.10.11, 83다카335 94, 95
대판 1983.12.13, 80누496 201
대판 1983.12.13, 83다카1347 374
대판 1983.12.13, 83다카1463 277
대판 1983.12.13, 83다카1489 528, 551
대판 1984.2.14, 83누233 473
대판 1984.2.14, 83누567 626
대판 1984.2.14, 83다카1645 407
대판 1984.4.10, 83다카1328,1329. 450
대판 1984.5.15, 83다카1565 248
대판 1984.5.29, 82다카963 455, 467
대판 1984.6.26, 82다카1758 534
대판 1984.7.24, 84다카68 434
대판 1984.7.24, 84도1093 492
대판 1984.9.25, 84다카967 611

대판 1984.10.10, 84다카780 534, 536
대판 1984.10.23, 84다카855 78
대판 1984.11.13, 84다284 504
대판 1984.11.13, 84다카1024 533
대판 1984.12.11, 84다447 21
대판[전합] 1984.12.26, 84누572 637, 648
대판 1985.3.26, 84다카1923 234
대판 1985.4.9, 85도167 456
대판 1985.4.23, 84누597 626
대판 1985.4.23, 84다카890 441
대판 1985.4.23, 84다카2053 277
대판 1985.6.25, 84다카1954 242
대판 1985.8.20, 84누509 252
대판 1985.9.24, 85누455 320
대판 1985.11.26, 85다카1580 374
대판 1985.12.24, 85누531 626
대판 1986.3.11, 85다카1600 609
대판 1986.3.11, 85다카2337 558
대판 1986.3.25, 84다카2438 609
대판 1986.9.9, 84다카2310 540, 609
대판 1987.2.24, 86다215 277
대판 1987.2.24, 86므119 110
대판 1987.3.10, 85므80 148
대판 1987.3.24, 85다카1151 175
대판 1987.4.14, 86다카1065 450
대판 1987.4.28, 85다카971 494, 540
대판 1987.4.28, 86다카2534 228
대판 1987.5.12, 86다카1824 394
대판 1987.5.12, 86다카2705 244
대판 1987.7.7, 86다카1004 423
대판 1987.7.7, 86다카2475 542
대판 1987.10.13, 86다카1522 219, 221, 228, 502
대판 1987.10.13, 87누53 626
대판 1987.11.10, 87다카473 226
대판 1987.11.24, 86다카2484 236
대판 1987.12.8, 85다카2340 536
대판 1987.12.8, 86누824 201
대판 1987.12.22, 87다카1932 110
대판 1987.12.22, 87므59 372
대판 1988.2.23, 85므86 582
대판 1988.2.23, 87다카600 314
대판 1988.3.22, 85다카1489 280
대판 1988.3.22, 86다카1197 279
대판 1988.8.9, 86다카1858 228
대판 1988.9.13, 86다카563 395
대판 1988.9.27, 84다카2267 374
대판 1988.9.27, 86누827 201
대판 1988.10.25, 85누941 297
대판 1988.10.11, 87다카2238 555
대판 1988.11.22, 87다카1671 189
대판 1988.11.22, 88다카7306 366
대판 1988.12.27, 86다카2452 365
대판 1988.12.27, 87누1043 297
대판 1989.1.31, 87다카2954 177
대판 1989.2.14, 88다카3113 278
대판 1989.2.28, 87다카823,824 497
대판 1989.3.10, 88수85 625
대판 1989.4.11, 88다카13219 541, 543
대판 1989.5.9, 88다카2745 108
대판 1989.6.27, 88다카10579 620
대판 1989.7.25, 88다카9364 449
대판 1989.8.8, 88다카26123 259
대판 1989.8.8, 89다카5628 414
대판 1989.9.12, 88누9305 582
대판 1989.9.12, 88다카28044 149
대판 1989.9.29, 88다카14663 648
대판 1989.9.29, 88다카17181 75
대판 1989.9.29, 88다카19804 84
대판 1989.9.29, 89다카5994 383
대판 1989.10.10, 89다카1602 · 1619 148
대판 1989.10.13, 89다카9064 309
대판 1989.11.14, 89다카227 408
대판 1989.11.24, 89다카2483 266
대판 1989.11.28, 89다카14295 374
대판 1990.2.13, 89다카23022 309
대판 1990.2.23, 88다카30108 491

대판 1990.3.9, 88다카31866 632
대판 1990.3.13, 89다카24360 228
대판 1990.3.27, 88다카181 528, 551, 555
대판 1990.4.10, 89다카6102 244, 408
대판 1990.4.27, 89다카2100 554, 555
대판 1990.5.22, 87다카1712 95
대판 1990.5.22, 89다카1121 536
대판 1990.5.25, 89다카30884 492
대판 1990.6.26, 89다카27116 430
대판 1990.6.26, 89다카32606 661
대판 1990.6.26, 90다카8692 281
대판 1990.10.23, 90다카13212 539
대판 1990.10.30, 89다카34572 430
대판 1990.11.13, 88다카29290 612
대판 1990.11.13, 90다카17153 464, 591
대판 1990.11.27, 90다카21541 674
대판 1990.12.7, 90다카23561 279
대판 1990.12.11, 90다카27853 499
대판 1990.12.26, 88다카20224 297
대판 1990.12.26, 88다카24516 545
대판 1990.12.26, 90누2536 207
대판 1991.1.15, 90다10605 491, 539
대판 1991.1.29, 89다카1114 674
대판 1991.1.29, 90다4419 282
대판 1991.1.29, 90다9247 493
대판 1991.1.29, 90다9520,9537 497
대판 1991.1.29, 90다12717 555, 558
대판 1991.2.12, 88다카21647 539
대판 1991.2.12, 90다7364 494, 540
대판 1991.2.12, 90다17927 450
대판 1991.2.22, 90누5641 281
대판 1991.3.8, 90다17088 555, 557
대판 1991.3.12, 90다카27570 640
대판 1991.3.22, 90다6545 430
대판 1991.3.22, 90다9797 640, 641, 645
대판 1991.3.27, 90다17552 579, 672
대판 1991.4.12, 90다20220 310
대판 1991.4.23, 90다16009 536
대판 1991.4.23, 91다3987 282
대판 1991.4.23, 91다4478 282
대판 1991.4.26, 91다1523 408
대판 1991.5.14, 91다2779 314
대판 1991.5.24, 90도2190 556
대판 1991.5.28, 90다19770 395
대판 1991.5.28, 90다20398 367
대판 1991.5.28, 91다7750 282
대판 1991.6.11, 91다3994 540, 548
대판 1991.6.14, 91다9336 286
대판 1991.7.9, 91다261 559
대판 1991.7.12, 90다11554 425
대판 1991.7.26, 91다5631 672
대판 1991.8.27, 90다19848 377
대판 1991.8.27, 91다11308 449, 453
대판 1991.9.10, 91다6160 399
대판 1991.9.10, 91다18989 466
대판 1991.10.22, 91다26072 374, 375
대판 1991.10.25, 91다27273 94, 96
대판 1991.11.8, 91다25383 556
대판 1991.11.12, 91다10732 391
대판 1991.11.22, 91다8821 218, 219
대판 1991.11.26, 91다11810 175
대판 1991.11.26, 91다31661 276
대판 1991.11.26, 91다32466 149
대판 1991.12.10, 91다17092 665
대판 1991.12.13, 91므153 582
대판[전합] 1991.12.24, 90다1224 575
대판 1991.12.27, 91다1165 459
대판 1991.12.27, 91다3208 439
대판 1991.12.27, 91다30668 536
대판 1991.12.27, 91므30 580
대판 1992.1.17, 91다37331 364
대판 1992.1.21, 91다10152 646
대판 1992.1.21, 91다30118 87
대판 1992.2.11, 91다21954 415
대판 1992.2.11, 91다41118 659, 662
대판 1992.2.14, 91다1172 276
대판 1992.2.14, 91다24564 236
대판 1992.2.14, 91다36062 589

대판 1992.2.25, 91다490 541, 545
대판 1992.2.25, 91다38419 445
대판 1992.2.25, 91다40351 391, 394
대판 1992.2.25, 91다44605 181
대판 1992.3.13, 91다30491 277
대판 1992.3.27, 91누3819 473
대판 1992.3.27, 91다44872 674
대판[전합] 1992.3.31, 91다32053 644, 655, 656
대판 1992.4.10, 91다43695 657
대판 1992.4.14, 91다23660 391, 392
대판 1992.4.14, 91다26850 250
대판 1992.4.14, 91다43107 484, 493
대판 1992.4.14, 91나43527 578
대판 1992.4.14, 92다169 653
대판 1992.4.14, 92다947 663
대판 1992.4.28, 91다29972 93
대판 1992.4.28, 92다3328 518
대판 1992.5.12, 91다26546 580
대판 1992.5.22, 92다2295 425, 426
대판 1992.5.22, 92다5584 604, 616,
대판 1992.5.26, 91다32190 534, 538
대판 1992.5.26, 91다35571 402
대판 1992.5.26, 91도2963 433
대판 1992.5.26, 92다84 395
대판 1992.5.26, 92다3670 86, 425, 426
대판 1992.6.12, 92다12018 · 12025 280
대판 1992.6.12, 92다12384 · 92다912391 93
대판 1992.6.23, 91다14987 494, 539
대판 1992.6.23, 92다12933 256, 282
대판 1992.7.10, 92다2431 274, 282
대판 1992.7.14, 91다40276 430
대판 1992.7.14, 92다2455 181
대판 1992.7.24, 92다749 240
대판 1992.7.28, 92다16911 · 92다16928 95
대판 1992.8.14, 92누909 424
대판 1992.8.14, 92다21036 426
대판 1992.9.1, 92다26260 425, 426
대판 1992.9.8, 92다15550 555
대판 1992.9.14, 91도2994 460
대판 1992.9.14, 92다17754 367, 425
대판 1992.9.22, 92다15048 276
대판 1992.9.22, 92다24769 365
대판 1992.10.9, 92다23087 259
대판 1992.10.13, 92다25427 490
대판 1992.10.13, 92다27034 278
대판 1992.10.13, 92다31781 536
대판 1992.10.13, 92다4666 640
대판 1992.10.13, 92다6433 152
대판 1992.10.23, 92다29337 395, 450
대판 1992.10.27, 91다20876. 603
대판 1992.11.10, 92다20170 93
대판 1992.11.10, 92다35899 672
대판 1992.11.10, 92므549 81
대판 1992.11.13, 92다33329 510, 535, 537
대판 1992.11.24, 92디428 240
대판 1992.11.24, 92다25830,25847 451
대판 1992.11.24, 92다31514 400
대판 1992.11.27, 92다7719 376
대판 1992.11.27, 92다31842 541, 545
대판 1992.11.27, 92다34124 248
대판 1992.11.27, 92다40785 415
대판 1992.12.8, 91누13700 58
대판 1992.12.8, 92다29689 579
대판 1992.12.11, 92누13127 473
대판 1992.12.11, 92다23285 86, 87
대판 1992.12.22, 91다35540,35557 432
대판 1992.12.22, 92다28822 648
대판 1992.12.22, 92다40211 645
대판 1992.12.24, 92다25120 461, 463, 464
대판 1993.1.15, 92다37673 426
대판 1993.1.15, 92다39365 494, 497
대판[전합] 1993.1.19, 91다1226 279
대판 1993.1.26, 91다36093 228

대판 1993.1.26, 91다44902 247
대판 1993.2.12, 92도3234 314
대판 1993.2.23, 92다14632 599
대판 1993.2.23, 92다52436 535, 537
대판 1993.3.9, 92다18481 149
대판 1993.3.9, 92다39532 282
대판 1993.3.9, 92다56575 364
대판 1993.3.23, 92다46905 378
대판 1993.4.13, 92다24950 316
대판 1993.4.13, 92다49171 87
대판 1993.4.13, 92다54524 148
대판 1993.4.27, 92누8163 274, 282
대판 1993.4.27, 92다51747 433
대판 1993.4.27, 92다56087 465
대판 1993.4.27, 93다4663 113
대판 1993.5.11, 92다2530 473
대판 1993.5.11, 93다3264 95
대판 1993.5.11, 93다12824 674
대판 1993.5.14, 93다4366 95
대판 1993.5.14, 93다4618,4625 494
대판 1993.5.25, 91다41750 426
대판 1993.5.25, 92다35950 282
대판 1993.5.25, 92다47694 244
대판 1993.5.25, 92다49430 79
대판 1993.5.25, 93다296 364
대판 1993.5.27, 93다4908,4915,4922 355
대판 1993.6.8, 92다8750 129
대판 1993.6.8, 92도2622 459
대판 1993.6.11, 93다7938 492
대판 1993.6.29, 92누14168 201
대판 1993.6.29, 92다38881 451
대판 1993.7.13, 93다19146 579
대판 1993.7.16, 92다41528,41535 424
대판 1993.7.16, 92다53910 244
대판 1993.7.27, 92다52795 631
대판 1993.8.13, 92다42651 363
대판 1993.8.13, 92다43142 314, 315
대판 1993.8.13, 92다52665 460
대판 1993.8.27, 93다12930 440
대판 1993.8.27, 93다21156 521
대판 1993.9.10, 93다20139 650
대판 1993.9.14, 93다8054 211
대판 1993.9.14, 93다13162 588
대판 1993.9.14, 93다28799 233
대판 1993.9.14, 93므430 580
대판 1993.9.28. 93다20832 603
대판 1993.9.28, 93다31634,93다31641 449
대판 1993.10.12, 93다19924 392
대판 1993.10.22, 93다14912 448
대판 1993.10.26, 93다2629,2636 400
대판 1993.11.23, 93도662 626
대판 1993.11.26, 93누17478 473
대판 1993.12.6, 91다44902 408
대판 1993.12.10, 93다42399 295, 308
대판 1993.12.14, 93다45930 577
대판[전합] 1993.12.21, 92다46226 89
대판[전합] 1993.12.21, 92다47861 655
대판 1994.1.11, 92다40402 245
대판 1994.1.11, 93누10057 424
대판 1994.1.11, 93다22043 307
대판 1994.1.25, 92다23834 430
대판 1994.1.25, 93도3430 475
대판 1994.1.28, 93다50215 207
대판 1994.2.8, 93다39379 484, 493
대판 1994.3.11, 93다40522 373
대판 1994.3.11, 93다55289 374
대판 1994.3.25, 93다32668 402
대판 1994.4.12, 93다52747 256
대판 1994.4.26, 93다51591 274, 275, 284
대판 1994.4.29, 94다1302 518
대판 1994.5.10, 93다21750 250
대판 1994.5.24, 93다58332 576
대판[전합] 1994.5.24, 93므119 582
대판 1994.5.27, 93다21521 540
대판 1994.6.10, 93다24810 450
대판 1994.6.10, 94다1883 110

대판 1994.6.10, 94다11606 314
대판 1994.6.24, 94다10900 395, 578
대판 1994.6.28, 93다26212 87
대판 1994.6.28, 93다56152 281
대판 1994.9.9, 93다31191 129, 577, 590
대판 1994.9.9, 94다28598 402
대판 1994.9.27, 94다20617 560
대판 1994.9.27, 94다21542 180, 182
대판 1994.9.30, 94다11217 445
대판 1994.9.30, 94다20884 544
대판 1994.10.11, 94다16090 430
대판 1994.10.14, 94다18539,18546(반소) 394
대판 1994.10.25, 94다18683 182
대판 1994.11.8, 94다29560 546
대판 1994.11.25, 94다12234 87
대판 1994.11.25, 94다32917 55
대판 1994.12.2, 93다59922 656
대판 1994.12.2, 93다62577 318
대판 1994.12.13, 93다43545 286
대판 1994.12.22, 93다55234 383
대판 1994.12.22, 94다24985 543
대판 1995.2.3, 93다23862 282
대판 1995.2.3, 94다16359 646
대판 1995.2.10, 94다13473 260, 265
대판 1995.2.17, 94다34425 546
대판 1995.2.17, 94다52751 179
대판 1995.3.10, 94다33552 87
대판 1995.4.11, 94다17000,17017 391, 392
대판 1995.4.11, 94다53419 580
대판 1995.4.25, 94다45029 539
대판 1995.4.25, 95다1170 546
대판 1995.5.9, 94다48738 363
대판 1995.5.12, 93다59502 672
대판 1995.5.12, 94다24336 660
대판 1995.5.12, 95다573 · 580 321
대판 1995.5.23, 94다60318 446, 447
대판 1995.6.13, 94다56883 450
대판 1995.6.29, 94다6345 314
대판 1995.6.30, 94다52416 430
대판 1995.7.11, 95다12446 672, 674
대판 1995.7.14, 93다60038 280
대판 1995.7.14, 94다40147 377
대판 1995.7.28, 94다42679 182
대판 1995.7.28, 94다44903 497
대판 1995.7.28, 94다44910 497
대판 1995.7.28, 95다19515,19522 460
대판 1995.8.22, 94다59042 494, 539
대판 1995.8.25, 94다27069 87
대판 1995.8.25, 94다35886 645
대판 1995.8.25, 95다18659 304
대판 1995.9.5, 95다20973 536, 543
대판 1995.9.26, 95다23743 546
대판 1995.9.29, 95다7031 460
대판 1995.9.29, 95다30178 662, 663
대판 1995.10.12, 93다31078 55
대판 1995.10.13, 94다57800 650
대판 1995.11.10, 94다22682,22699 635
대판 1995.11.14, 95다16103 275, 276
대판 1995.11.14, 95다28090 554
대판 1995.11.21, 94다15288 282
대판 1995.11.21, 95다5516 446, 447
대판 1995.12.5, 95다24241 640, 649
대판 1995.12.8, 95다3282 390
대판 1995.12.12, 95다32037 604
대판 1995.12.22, 93다61567 202
대판 1995.12.22, 94다42129 75
대판 1995.12.22, 94다45098 557
대판 1995.12.22, 95다12736 181
대판 1995.12.22, 95다37087 448
대판 1995.12.26, 94다44675 367
대판 1995.12.26, 95다24609 652
대판 1996.1.23, 94다21665 612
대판 1996.1.23, 95다39854 652, 662
대판 1996.1.26, 94다30690 521
대판 1996.1.26, 95다44290 321
대판 1996.2.9, 95다10549 491

대판 1996.2.9. 95다27431 90
대판 1996.2.13. 95다34842 276
대판 1996.2.13. 95다41406 443, 512, 513
대판 1996.2.23. 94다58438 596
대판 1996.2.23. 95도2754 311
대판 1996.2.27. 95다38875 577
대판 1996.3.22. 95다24302 55
대판 1996.3.26. 93다55487 446, 447
대판 1996.4.9. 96다1320 417
대판 1996.4.12. 94다37714 116
대판 1996.4.12. 95다15537 664
대판 1996.4.12. 95다49882 492
대판 1996.4.23. 95다34514 129
대판 1996.4.26. 94다12074 435, 436
대판 1996.4.26. 94다34432 375, 376, 462, 464
대판 1996.4.26. 94다43207 366
대판 1996.4.26. 95다2562,2579 425
대판 1996.4.26. 95다52864 316
대판[전합] 1996.5.16. 95누4810 252, 254
대판 1996.6.14. 94다41003 459
대판 1996.6.14. 94다46374 391, 392
대판 1996.6.14. 94다53006 307
대판 1996.6.14. 95누14435 201
대판 1996.6.28. 96다16582 282
대판 1996.7.12. 95다49554 543
대판 1996.7.26. 94다25964 450
대판 1996.7.26. 96다14616 356
대판 1996.7.30. 94다51840 86
대판 1996.7.30. 95다6861 465, 466
대판 1996.8.20. 96다19581,19598 400
대판 1996.8.23. 96다18076 430, 432
대판 1996.8.23. 96다20567 276
대판 1996.9.6. 94다18522 237, 273
대판 1996.9.10. 95누18437 206
대판 1996.9.10. 96다18182 425, 427
대판 1996.9.10. 96다25463 319
대판 1996.9.20. 96다68 641
대판 1996.9.20. 96다25371 599
대판 1996.9.24. 96다11334 655
대판 1996.9.24. 96다21492 427
대판 1996.10.11. 95다1460 395, 464, 599
대판 1996.10.25. 94다41935,41942 497, 511
대판 1996.10.25. 95다56866 246
대판 1996.10.25. 96다16049 402
대판 1996.10.25. 96다29151 375
대판 1996.11.12. 96다34061 395
대판 1996.11.22. 96다10270 148
대판 1996.11.26. 95다49004 87
대판 1996.12.6. 95다24982,24999 453
대판 1996.12.23. 95다35371 448
대판 1996.12.23. 95다40038 464
대판 1997.1.21. 96누3401 241
대판 1997.1.24. 96다39721 · 39738 273
대판 1997.2.25. 96다38322 474
대판 1997.2.28. 95다44986 248, 408
대판 1997.2.28. 96다26190 655
대판 1997.3.11. 96다49353 463
대판 1997.3.14. 96다55211 656
대판 1997.3.25. 96다47951 395, 463
대판 1997.3.25. 96다51271 494, 533
대판 1997.3.28. 95다51397 430
대판 1997.4.8. 96다54942 548
대판 1997.4.11. 96다31109 446
대판 1997.4.22. 96다56122 487
대판 1997.4.22. 97다3408 260, 266
대판 1997.4.25. 96다46484 281
대판 1997.5.16. 96다43799 366
대판 1997.5.16. 96다49513 466
대판 1997.5.28. 97다18059 228
대판 1997.5.30. 97다2986 594
대판 1997.6.24. 97다14453 57
대판 1997.6.27. 96다49674 430
대판 1997.6.27. 97다3828 542, 544, 547, 595, 599

대판 1997.6.27, 97다6124 455
대판 1997.6.27, 97다9529 366
대판 1997.7.8, 96다53826 641
대판 1997.7.8, 97다9895 491, 543
대판 1997.7.8, 97다12273 497
대판 1997.7.22, 95다17298 641
대판 1997.7.22, 97다5749 672
대판 1997.7.25, 96다47494,47500 635
대판 1997.7.25, 96다52649 93
대판 1997.7.25, 97다362 374
대판 1997.7.25, 97다8403 425, 432
대판 1997.7.25, 97다15371 395
대판 1997.8.22, 96다26657 451
대판 1997.8.22, 97다13023 450, 451
대판 1997.8.26, 97다6063 449
대판 1997.8.29, 97다12990 647, 648, 661
대판 1997.8.29, 97다18059 219
대판 1997.9.9, 96다15183 465
대판 1997.9.9, 97디22720 494
대판 1997.9.12, 95다42027 665
대판 1997.9.26, 95다6205 250
대판 1997.9.30, 97다23372 494
대판 1997.9.30, 97다26210 446, 447
대판 1997.10.10, 95다44283 275
대판 1997.10.10, 96다35484 467
대판 1997.10.10, 97다3750 314
대판 1997.10.24, 95다11740 455
대판 1997.10.24, 95다49530,49547 384
대판 1997.10.24, 97다28704 459
대판 1997.11.14, 96다25715 276
대판 1997.11.14, 97다35344 55
대판 1997.11.25, 97다31281 471, 472, 473
대판 1997.11.28, 96다21751 540
대판 1997.11.28, 97다26098 459
대판 1997.11.28, 97다32772,32789 451
대판 1997.12.9, 94다41249 280, 281
대판 1997.12.12, 95다38240 595, 599
대판 1997.12.12, 97다30288 655
대판 1997.12.26, 96다44860 466
대판 1997.12.26, 97다22676 672
대판 1998.1.23, 96다41496 466
대판 1998.2.10, 97다31113 555
대판 1998.2.10, 97다44737 446, 447, 589
대판 1998.2.13, 97다47675. 650
대판 1998.2.27, 97다38152 463
대판 1998.2.27, 97다45532 375, 512
대판 1998.2.27, 97다50985 434
대판 1998.3.10, 97다55829 457
대판 1998.3.13, 97다51506 392
대판 1998.3.27, 97다48982 536, 545
대판 1998.4.10, 96므1434 371
대판 1998.4.10, 97다4005 149
대판 1998.5.12, 97다56020 207
대판 1998.5.29, 96다51110 657
대판 1998.5.29, 97다55317 526, 550
대판 1998.6.12, 96다52670 94
대판 1998.6.12, 97다53380 459
대판 1998.6.12, 97다53762 530, 531
대판 1998.6.23, 98므15, 98므22 81
대판 1998.6.26, 97다42823 96
대판 1998.6.26, 98다11826 89
대판 1998.7.10, 96다488 276
대판 1998.7.10, 98다15835 546
대판 1998.7.10, 98다18988 548
대판 1998.7.24, 97다35276 90
대판 1998.9.4, 98다17909 432
대판 1998.9.22, 98다23706 447, 448
대판 1998.10.13, 97다44102 247, 492
대판 1998.10.13, 98다17046 663
대판 1998.11.10, 98다42141 650
대판 1998.11.13, 98다38661 663
대판 1998.11.27, 98다7421 599
대판 1998.12.11, 98다36924 426
대판 1998.12.22, 97다15715 579
대판 1998.12.22, 98다42356 613
대판 1998.12.23, 97다20649 427

대판 1999.1.15, 98다39602 226, 228
대판 1999.1.15, 98다46082 90
대판 1999.1.26, 98다46198 425
대판 1999.1.29, 98다27470 540
대판 1999.1.29, 98다33512 282
대판 1999.2.9, 98다53141 55
대판 1999.2.12, 98다45744 426
대판 1999.2.23, 98다47924 447, 451
대판 1999.2.23, 98다60828,60835 466
대판 1999.3.9, 97다7721 228
대판 1999.3.12, 98다18124 656, 663
대판 1999.3.12, 98다48989 430
대판[전합] 1999.3.18, 98다32175 641
대판 1999.3.23, 98다30285 646
대판 1999.3.23, 98다64301 415
대판 1999.3.26, 98다56607 590
대판 1999.4.13, 98다50722 408
대판 1999.4.13, 98다51077·51084 69
대판 1999.4.23, 98다45546 446, 447
대판 1999.4.23, 99다4504 273, 275, 282
대판 1999.5.28, 98다58825 392
대판 1999.6.11, 99다16378 656
대판 1999.7.9, 98다9045 209, 210
대판 1999.7.9, 99다15184 648
대판 1999.7.27, 98다23447 620
대판 1999.7.27, 98다32540 307
대판 1999.7.27, 98다35020 308
대판 1999.7.27, 98다46167 389
대판 1999.7.27, 99다19384 228
대판 1999.8.20, 99다15146 664
대판 1999.9.3, 97다56099 372, 521
대판 1999.9.7, 98다8028 415
대판 1999.10.22, 97다26555 69
대판 1999.10.22, 98다6381 223
대판 1999.11.9, 99다34420 282
대판 1999.11.26, 99다36617 590
대판 1999.12.7, 98다42929 93
대판 1999.12.28, 99다25938 90
대판 2000.1.28, 98다26187 233, 267, 572
대판 2000.1.28, 98두16996 254
대판 2000.1.28, 99다35737 206, 207, 224
대판 2000.2.11, 99다30039 572
대판 2000.2.11, 99다31193 85
대판 2000.2.11, 99다47525 541
대판 2000.2.11, 99다53292 652
대판 2000.2.11, 99다56833 372, 380, 388, 389
대판 2000.2.25, 99다20155 247, 248
대판 2000.3.23, 99다64049 461, 462, 464
대판 2000.4.11, 2000다3095 146
대판 2000.4.25, 98다63193 662, 663
대판 2000.4.25, 99다34475 84, 424, 425
대판 2000.4.25, 2000다11102 660
대판 2000.5.12, 99다64995 451
대판 2000.5.12, 99다64995 451
대판 2000.5.12, 99다69983 280
대판 2000.5.12, 2000다12259 446, 447, 451
대판 2000.5.30, 2000다2566 531
대판 2000.6.9, 98다35037 19
대판 2000.6.9, 99므1633,1640 580
대판 2000.6.9, 2000다15371 632
대판 2000.7.6, 99다51258 433, 435, 436
대판 2000.8.18, 99므1855 632
대판 2000.8.22, 2000다3675 609
대판 2000.9.5. 99므1886 81
대판 2000.9.8, 99다58471 554
대판 2000.10.13, 99다18725 635
대판 2000.10.13, 2000다20069 509
대판 2000.10.27, 98두13492 575
대판 2000.10.27, 2000다20052 474
대판 2000.10.27, 2000다22881 278
대판 2000.10.27, 2000다30349 601
대판 2000.11.10, 98다31493 401
대판 2000.11.24, 99다12437 202
대판 2000.11.28, 2000다7936 619
대판 2000.12.8, 98두5279 265, 498

대판 2000.12.8, 99다37856 487
대판 2000.12.26, 99다19278 174
대판 2001.1.19, 97다21604 188
대판 2001.1.19, 99다67598 510, 537
대판 2001.1.19, 2000다20694 429, 503
대판 2001.1.19, 2000다51919,51926 424
대판 2001.1.30, 99다42179 280
대판 2001.2.9, 99다38613 378, 380
대판 2001.2.9, 99다48801 530, 537
대판 2001.2.13, 99다13737 466
대판 2001.2.23, 2000다45303,45310 518
대판 2001.2.23, 2000다48135 449
대판 2001.2.23, 2000다65864 430, 662
대판 2001.3.9, 99다13157 125
대판 2001.3.13, 2000다48517 · 2000다 48524 · 2000다48531 81
대판 2001.3.23, 2000다40858 401
대판 2001.4.10, 2000다49343 373
대판 2001.4.24, 2000다71999 372
대판 2001.4.24, 2001다6237 649
대판 2001.4.24, 99다30718 373
대판 2001.5.8, 2000다58804 405
대판 2001.5.8, 2001다14733 431
대판 2001.5.15, 99다53490 74, 84
대판[전합] 2001.5.24, 2000므1493 583
대판 2001.5.29, 99다55601,55618 460
대판 2001.5.29, 2000다32161 662
대판 2001.5.29, 2000다3897 339, 400
대판 2001.5.29, 2001다11765 430
대판 2001.6.12, 2001다3580 674
대판 2001.7.13, 99다38583 460
대판 2001.7.13, 2000다5909 81
대판 2001.7.13, 2001다9267 415
대판 2001.7.27, 2000다56037 247
대판 2001.8.21, 2000다12419 661
대판 2001.8.21, 2001다22840 664, 665
대판 2001.8.21, 2001다31264 530
대판 2001.9.14, 99다42797 405, 646
대판 2001.9.25, 2000다24078 84
대판 2001.9.28, 2001다14689 405
대판 2001.10.12, 2001다24082 243
대판 2001.10.12, 2001다49326 455
대판 2001.11.9, 2001다44291 555
대판 2001.11.9, 2001다44987 373
대판 2001.11.9, 2001다52568 650, 663
대판 2001.11.9, 2001두7251 78
대판 2001.11.13, 99다32899 94
대판 2002.1.8, 2001다47535 431
대판 2002.1.8, 2001다60019 88
대판 2002.1.11, 2001다41971 173
대판 2002.1.11, 2001다65960 149
대판 2002.2.5, 2001다70559,70566 473
대판 2002.2.5, 2001다72029 149
대판 2002.2.10, 2002다56031 598
대판 2002.2.26, 99다35300 299
대판 2002.2.26, 2000다25484 656
대판 2002.2.26, 2000다48265 401, 417
대판 2002.3.12, 2000다24184,24191 431
대판 2002.3.15, 2000다9086 234
대판 2002.3.15, 2000다52141 539
대판 2002.3.15, 2001다67126 74, 84
대판 2002.3.15, 2001다77352,77369 373, 375, 579
대판 2002.3.26, 2002다2478 543
대판 2002.3.29, 2001다41766 602, 618, 620
대판 2002.4.9, 2000다42625 364
대판 2002.4.12, 2000다16800 276
대판 2002.4.23, 2000다50701 409
대판 2002.4.26, 2000다16350 307
대판 2002.4.26, 2001다8097,8103 374, 385, 632
대판 2002.5.10, 99다24256 307
대판 2002.5.10, 2000다55171 430
대판 2002.5.10, 2002다4863 276
대판 2002.5.14, 2000다62476 665
대판 2002.5.31, 2002다1673 89, 90
대판 2002.6.14, 2000다38992 494

대판 2002.6.14, 2001다2112 68
대판 2002.6.14, 2002다11441 657
대판 2002.6.14, 2002다14853 459
대판 2002.6.28, 2000다22249 646
대판 2002.6.28, 2000므1363 583
대판 2002.6.28, 2001다5296 276
대판 2002.6.28, 2001다49814 535
대판 2002.6.28, 2002다23482 401, 417
대판 2002.7.8, 2002다74817 233
대판 2002.7.12, 2002다19254 541, 545
대판 2002.7.26, 2000다25002 473
대판 2002.7.26, 2001다36450 450
대판 2002.8.23, 2001다58870 276
대판 2002.9.4, 2000다54406,54413 365, 395, 460
대판 2002.9.4, 2002다18435 589
대판 2002.9.4, 2002다22083 · 22090 95, 96
대판 2002.9.4, 2002다28340 647, 648
대판 2002.9.6, 2000다41820 373, 374
대판 2002.9.6, 2001다5111 366
대판 2002.9.10, 2000다96 282
대판 2002.9.10, 2002다21509 589
대판 2002.10.11, 2001다7445 430, 432
대판 2002.10.11, 2001다10113 128, 129
대판 2002.10.11, 2001다59217 555
대판 2002.10.22, 2000다65666,65673 405
대판 2002.10.22, 2002다38927 392, 394
대판 2002.10.25, 2000다63110 307
대판 2002.10.25, 2002다32332 80, 93
대판 2002.11.8, 2000다19281 466
대판 2002.11.8, 2002다35867 611
대판 2002.11.22, 2001다13952 632
대판 2002.11.22, 2002다11496 374
대판 2002.11.26, 2001다5876 429, 503
대판 2002.11.26, 2001두9103 78
대판 2002.11.26, 2002다34727 459
대판 2002.12.6, 2002다43516 364
대판 2002.12.10, 2002다56031 464
대판 2002.12.27, 2000다47361 374, 376, 378, 380, 424, 647
대판 2003.1.10, 2000다26425 632, 635
대판 2003.1.10, 2000다70064 19
대판 2003.1.10, 2001다1171 233
대판 2003.1.24, 2000다22850 356
대판 2003.1.24, 2002다64377 494
대판 2003.2.11, 99다66427 · 73371 257, 260
대판 2003.2.14, 2002다62319 · 62326 95, 96
대판 2003.2.28, 2000므582 89
대판 2003.3.14, 2003다2109 415
대판 2003.3.28, 2002다72125 433, 435
대판 2003.4.8, 2002다38675 432
대판 2003.4.8, 2002다64957,64964 644
대판 2003.4.8, 2002다70181 282
대판 2003.4.11, 2002다59337 282
대판 2003.4.11, 2002다70884 448, 451
대판 2003.4.11, 2003다7173,7183 544
대판 2003.4.22, 2003다2390 · 2406 74
대판 2003.4.25, 2000다60197 240, 572
대판 2003.4.25, 2002다11458 424
대판 2003.5.13, 2000다50688 282
대판 2003.5.13, 2002다73708,73715 463, 464
대판 2003.5.13, 2003다10797 601
대판 2003.5.13, 2003다16238 661
대판 2003.5.27, 2002다69211 237
대판 2003.5.30, 2002다21592 · 21608 307
대판 2003.6.10, 2001두3136 77
대판 2003.6.13, 2003다17927,17934 655
대판 2003.6.24, 2002다48214 435
대판 2003.6.24, 2003다7357 432
대판 2003.6.27, 2002다68034 389
대판 2003.7.8, 2002다74817 233
대판 2003.7.22, 2002다64780 282
대판[전합] 2003.7.24, 2001다48781 16

대판 2003.7.25, 2001다57778 78, 84
대판 2003.7.25, 2001다60392 92
대판 2003.7.25, 2002다27088 227, 282, 283
대판 2003.8.19, 2003다24215 602, 620
대판 2003.8.22, 2003다19961 74, 81
대판 2003.9.26, 2001다52773 306
대판 2003.9.26, 2003다22028 280
대판 2003.11.14, 2001다32687 261, 279
대판 2003.11.27, 2003다5337 364
대판 2003.11.27, 2003다40422 95, 96
대판 2003.12.12, 2003다44059 339, 400
대판 2003.12.26, 2003다50078,50085 436
대판 2004.1.15, 2002다31537 435
대판 2004.1.16, 2003다30890 655
대판 2004.1.29, 2003다52210 364
대판 2004.2.13, 2002다7213 641, 656
대판 2004.2.13, 2003다43490 509, 511
대판 2004.2.26, 2003다59662 429, 503
대판 2004.2.27, 2003다15280 226, 227
대판 2004.2.27, 2003므1890 81
대판 2004.3.26, 2001다72081 85, 87
대판 2004.3.26, 2003다34045 228, 429, 503
대판 2004.4.9, 2003두13908 78
대판 2004.5.27, 2003다24840 84
대판 2004.5.28, 2003다70041 373, 435, 436
대판 2004.6.11, 2003다1601 364, 577
대판 2004.6.25, 2004다2199 577
대판 2004.8.20, 2002다20353 368
대판 2004.9.3, 2004다27488,27495 375
대판 2004.9.24, 2004므1033 81
대판 2004.10.28, 2002두10766 252
대판 2004.10.28, 2004다5556 84, 365
대판 2004.10.28, 2004다5563 365
대판 2004.10.28, 2004다32206 · 32213 280
대판 2004.11.11, 2004므1484 580
대판 2004.11.12, 2002다46423 275, 282
대판 2004.11.12, 2002다66892 189
대판 2005.1.14, 2002다57119 647, 651
대판 2005.1.27, 2004다50143 646
대판 2005.1.27, 2004다50877 398
대판 2005.1.28, 2004다60287 278
대판 2005.2.17, 2004다59959 663
대판 2005.3.25, 2004다65336 233
대판 2005.4.15, 2004다70024 430
대판 2005.4.28, 2005다3113 644
대판 2005.5.12, 2005다6228 448
대판 2005.5.27, 2004다43824 442, 458
대판 2005.5.27, 2004두7214 201
대판 2005.5.27, 2005다480 219
대판 2005.6.24, 2003다54971 281
대판 2005.6.24, 2005다10388 281
대판 2005.6.24, 2005다17501 398
대판 2005.7.15, 2003다46963 85, 86
대판 2005.7.15, 2003다61689 277
대판 2005.7.15, 2005다19415 307, 398, 401
대판[전합] 2005.7.21, 2002다13850 275, 408
대판 2005.7.28, 2005다23858 373
대판 2005.8.19, 2003므1166 · 1173 81
대판 2005.8.25, 2005도4910 278
대판 2005.9.9, 2005다34407 424
대판 2005.9.15, 2005다29474 647
대판 2005.10.7, 2005다38546 618
대판 2005.10.28, 2005다45827 83
대판 2005.11.10, 2004다22742 649
대판 2005.11.25, 2005다38270 425, 426
대판 2005.12.8, 2005다36298 278
대판 2005.12.23, 2003다30159 224
대판 2005.12.23, 2005다59383,59390 655
대판 2006.1.13, 2004므1378 81
대판 2006.1.26, 2005다60017,60024 657
대판 2006.1.27, 2005다52047 575
대판 2006.1.27, 2005다59871 278

대판 2006.2.9, 2005다59864 435
대판 2006.2.23, 2005다19552 · 19569 247, 282
대판 2006.3.9, 2004재다672 401
대판 2006.3.10, 2002다1321 93, 435, 436
대판 2006.3.10, 2006다3844 476
대판[전합] 2006.3.16, 2006두330 90
대판 2006.3.23, 2004다25727 256
대판 2006.3.24, 2005다48253 429, 503
대판 2006.3.24, 2005다66411 471
대판 2006.4.13, 2005다14083 87
대판[전합] 2006.4.20, 2004다37775 279
대판 2006.4.27, 2003다65674 603
대판 2006.4.27, 2005도8875 233
대판 2006.4.27, 2006다1381 644
대판 2006.4.28, 2004다16976 660
대판 2006.4.28, 2005다76265 433
대판 2006.5.12, 2005다68295,68301 398
대판 2006.5.26, 2003다18401 93
대판 2006.6.15, 2004다10909 232
대판 2006.6.16, 2005다25632 655
대판 2006.6.29, 2005다11602 · 11619 74
대판 2006.6.30, 2000다15944 279
대판 2006.6.30, 2004다51771 83
대판 2006.7.4, 2004다30675 90
대판 2006.7.4, 2006다32781 660
대판 2006.7.13, 2004다7408 274, 282
대판 2006.7.28, 2005다33060 278
대판 2006.8.24, 2004다26287 · 26294 93, 653
대판 2006.8.24, 2006다20023 278
대판 2006.9.22, 2004다51627 85
대판 2006.9.22, 2004다56677 84
대판 2006.9.22, 2006다22852,22869 663, 664
대판 2006.9.22, 2006다29358 128, 129
대판 2006.9.28, 2004다44506 80
대판 2006.10.12, 2004다48515 80
대판 2006.10.12, 2005다75729 84
대판 2006.10.13, 2004다21862 605
대판 2006.10.26, 2004다47024 250, 277
대판 2006.10.26, 2006다29020 316
대판 2006.11.10, 2004다10299 435, 436
대판 2006.11.23, 2005다13288 404
대판 2006.12.7, 2006다41457 447, 448
대판 2007.1.11, 2005다47175 83
대판 2007.1.26, 2004도1632 218
대판[전합] 2007.2.15, 2004다50426 385
대판 2007.3.15, 2006다12701 80
대판 2007.3.29, 2004다31302 89, 90
대판 2007.4.12, 2004다51542 503
대판 2007.4.12, 2006다77593 245
대판[전합] 2007.4.19, 2004다60072 · 60089 274, 282, 284
대판 2007.4.26, 2006다78732 99
대판 2007.7.26, 2006다43651 663
대판 2007.7.26, 2006다64573 284
대판 2007.8.23, 2006다15755 444
대판 2007.8.23, 2006다52815 448, 451
대판 2007.8.23, 2007다28024,28031 646
대판 2007.9.6, 2007다34982 275
대판 2007.9.20, 2006다68902 661
대판 2007.10.25, 2006다14165 275
대판 2007.10.26, 2005다42545 435, 436
대판 2007.11.15, 2005다31316 604
대판 2007.11.29, 2006다64552 617, 663
대판 2007.11.29, 2007다53013 432, 436

조고판 1916.4.14, 집3507 114
조고판 1918.3.12 372
조고판 1933.10.12 372
대구지판 1991.9.17, 91가합8269 372

[저자약력]

동국대학교 졸업(법학사)
동국대학교 대학원 졸업(법학석사·박사)
사법시험, 행정고시, 변리사시험 등 각종 국가시험 위원
현재 동국대학교 법과대학 교수

[주요저서]

공익신탁에 관한 연구
Cy-prés doctrine(가급적근사해석의 원칙)에 관한 고찰
신탁제도의 형성과 확대에 관한 고찰
프랑스 민법제정 이후의 불법행위책임법의 소사
프랑스의 교통사고피해자배상법의 성립과정과 그 구성에 관한 소고
프랑스 교통사고피해자배상법에서의 「관여」(l'implication) 개념에 관한 소고
「민법총칙」 등.

민법총칙[제2판]

2007년 8월 25일 제1판 1쇄 발행
2008년 8월 25일 제2판 1쇄 발행

저 자 이 준 성
발행인 조 양 희
조 판 광 암 문 화 사

110-102
발행처 서울특별시 종로구 평동 19번지의 1호
도서출판 三 英 社
등록 1972년 4월 27일 제1-202호(윤)
전화 737-1052, 734-8979 FAX 739-2386

정가 30,000원
ISBN 978-89-445-0097-8-93360